Sonntag / Frieling / Stegmaier
Lehrbuch Arbeitspsychologie

Verlag Hans Huber
Psychologie Lehrbuch

Karlheinz Sonntag
Ekkehart Frieling
Ralf Stegmaier

Lehrbuch
Arbeitspsychologie

3., vollständig überarbeitete Auflage

Verlag Hans Huber

Programmleitung: Tino Heeg
Lektorat: Dipl. Psych. Edeltraud Schönfeldt, Berlin
Gestaltung und Herstellung: Peter E. Wüthrich
Umschlagillustration: Jean Tinguely @, Basel
Umschlaggestaltung: Claude Borer, Basel
Druckvorstufe: punktgenau gmbh, Bühl
Druck und buchbinderische Verarbeitung: Kösel, Krugzell-Altusried
Printed in Germany

Bibliografische Information der Deutschen Nationalbibliothek
Die Deutsche Nationalbibliothek verzeichnet diese Publikation in der Deutschen Nationalbibliografie;
detaillierte bibliografische Daten sind im Internet über http://dnb.d-nb.de abrufbar.

Anregungen und Zuschriften bitte an:
Verlag Hans Huber
Lektorat Psychologie
Länggass-Strasse 76
CH-3000 Bern 9
Tel: 0041 (0)31 300 4500
Fax: 0041 (0)31 300 4593
verlag@hanshuber.com
www.verlag-hanshuber.com

3., vollständig überarbeitete Auflage 2012
© 2012 by Verlag Hans Huber, Hogrefe AG, Bern
(E-Book-ISBN [PDF] 978-3-456-95002-0)
(E-Book-ISBN [EPUB] 978-3-456-75002-6)
ISBN 978-3-456-85002-3

Inhalt

Teil III
Personale Voraussetzungen und deren Förderung 185

Teil V

Beispiele arbeitspsychologischen Handelns in Praxis und Forschung   583

Vorwort zur dritten Auflage

Wir freuen uns, Ihnen die dritte Auflage des Lehrbuchs Arbeitspsychologie nunmehr vorlegen zu können. Wiederum hieß es den vielfältigen Veränderungen in der Arbeitswelt innerhalb einer Dekade gebührend Rechnung zu tragen. Für die arbeitspsychologische Forschung und Gestaltung stellen diese technologischen, ökonomischen und gesellschaftlichen Veränderungen zentrale Rahmenbedingungen dar. Sie wirken als Herausforderungen und Chancen, arbeitspsychologisches Wissen im Interesse der Arbeitenden und Beschäftigten weiterzuentwickeln und nachhaltig umzusetzen.

In den letzten zehn Jahren konnten wir eine enorme Anreicherung der Wissensbestände durch vielfältige internationale und nationale Forschung in unserem Fach erfahren. Wir haben versucht, dieses aktuelle Wissen in unser Lehrbuch aufzunehmen, Bestehendes zu überarbeiten und thematische Ergänzungen vorzunehmen, wie beispielsweise innovative Ansätze in der arbeitspsychologischen Feldforschung (wie etwa Tagebuchstudien), Gefährdungsanalysen psychischer Belastungen, Ansätze zu Work-Life-Balance-Forschung, Leistungspotenziale älterer Organisationsmitglieder oder Büroraumgestaltung.

Langjährige Projekterfahrungen in der grundlagen- und anwendungsbezogenen Forschung mit unterschiedlichen Partnern aus Industrie, Dienstleistung, Verwaltung und Forschungsinstituten bilden den Hintergrund für die Ausgestaltung der einzelnen Kapitel und münden in die Beispiele im Teil V des Lehrbuchs. Wir berichten nicht nur über Ergebnisse, vielmehr ist uns wichtig – etwa im Sinne eines «Werkstattberichts» –, ausführlich Untersuchungsanlage und -planung sowie Durchführung und Erschwernisse zu beschreiben, damit die Studierenden einen umfassenden Einblick in die arbeitspsychologische Forschung und Gestaltung in einem realen, natürlichen organisationalen Umfeld erhalten.

Wir haben die thematische Struktur des Lehrbuchs beibehalten. Sie hat sich bewährt. Ältere Literaturquellen wurden übernommen, wenn wir der Ansicht waren, dass es sich um grundlegende Beiträge oder Standardwerke handelt, die auch für gegenwärtige Problemlösungen Relevanz besitzen oder die Entwicklung arbeitspsychologischer Forschung und Gestaltung beeinflussten. Auch sind wir der Meinung, dass klassische ergonomische und arbeitswissenschaftliche Themen und Grundlagen unabdingbar sind für die psychologische Gestaltung persönlichkeitsförderlicher Arbeitstätigkeiten.

Wir wollen kein spezifisches Lehrbuch für den Bachelor- und/oder Masterstudiengang schreiben; thematische Aufteilungen und Abgrenzungen hierfür, etwa in Modulhandbücher, halten wir für artifiziell und willkürlich. Vielmehr ist dies ein grundlegendes Lehrbuch für alle Studierenden der Psychologie (aber auch der Ingenieurwissenschaften, der Betriebswirtschaft, der Soziologie, der Bildungswissenschaften), die dieses faszinierende Teilgebiet der Psychologie gewählt haben. Natürlich ist es auch ein Nachschlagewerk für interessierte Wissenschaftler, Berater und Praktiker, die mit der Analyse und Gestaltung menschlicher und produktiver Arbeit betraut sind.

Dieses umfangreiche Werk zu erstellen war kaum möglich ohne die Unterstützung von

Kollegen, Mitarbeitern und Studierenden des Faches. Gedankt sei ihnen für kritische Diskussionen, ihre Beiträge zur Gestaltung des Textes und vielfältige Korrekturleistungen. Unser Dank gilt besonders den Diplom-Psychologinnen und -Psychologen Simone Brandstädter, Julia Hilse, Christoph Nohe, Dr. Eva Schraub, Nadine Seiferling, und Sarah Turgut sowie für vielfältige Koordinations- und Korrekturleistungen Herrn cand. psych. Ivan Vasilev. Schließlich danken wir Herrn Tino Heeg und Dr. Susanne Lauri vom Verlag Hans Huber in Bern für ihre Unterstützung und Geduld.

Karlheinz Sonntag
(im Namen der Autoren)
Heidelberg, im Frühjahr 2012

Teil I

Einführung und theoretische Grundlagen

1 Zielsetzung und thematische Struktur des Lehrbuchs

Die Arbeitswelt unterliegt kontinuierlichen Veränderungsprozessen. Vielfältige ökonomische, gesellschaftliche und technologische Entwicklungen tragen dazu bei. Zu diesen Entwicklungen gehören

- die Verbreitung sich ständig erneuernder Informations- und Kommunikationstechnologien,
- die Auflösung stabiler Berufsverläufe in variable Tätigkeitsmuster mit zeitlich begrenzten Einsatzfeldern,
- die Alterung der Gesellschaft bei gleichzeitiger Veränderung der Lebensarbeitszeit,
- die strukturellen Veränderungen von Arbeitsorganisationen (bspw. flache Hierarchien, Projekt- und Teamarbeit, Netzwerke) zur Optimierung effizienter Prozesse und Systeme.

All diese Änderungen sind substanziell, variieren in ihrer Intensität, Dauer und Häufigkeit und wirken sich auf den arbeitenden Menschen mittel- oder unmittelbar aus. Sie betreffen Arbeitsprozesse und Arbeitsbedingungen, soziale Beziehungen, Technikeinsatz und Organisationsstrukturen.

Arbeitspsychologisches Forschen und Handeln, wie es dieses Lehrbuch beschreibt, bezieht sich auf das Erleben und Verhalten des Menschen bei der Arbeitstätigkeit in einem spezifischen organisationalen Kontext mit teilweise erheblichem Veränderungspotenzial. Ziel einer Psychologie der Arbeit muss es sein, solche Arbeitstätigkeiten für die Menschen

innerhalb einer Organisation bewältigbar zu machen sowie deren psychische und physische Leistungsvoraussetzungen zu erhalten und weiterzuentwickeln.

Dem Lehrbuch liegt deshalb folgende inhaltliche und thematische Struktur zugrunde: (s. **Abb. I-1**)

Der *erste Teil* des Lehrbuchs ist dem Selbstverständnis und der historischen Entwicklung dieser Disziplin der Psychologie gewidmet, die zwischen Grundlagenforschung und Anwendung angesiedelt und auf Erkenntnisgewinn und gesellschaftlichen Nutzen ausgerichtet ist. Theoretische Modelle zur Beschreibung, Erklärung und Vorhersage von Arbeit aus behavioristischer, kognitivistischer und tätigkeitsspezifischer Perspektive werden in einem weiteren zentralen Kapitel dieses in die Arbeitspsychologie einführenden Teils dargestellt.

Der *zweite Teil* geht näher auf jene Methoden der empirischen Sozialforschung ein, die eine gewisse Verbreitung in der arbeitspsychologischen Forschung und Gestaltung finden, beispielsweise unterschiedliche Befragungsformate und Beobachtungsarten oder physiologische Messmethoden. Besonderes Augenmerk ist dabei den verschiedenen Ansätzen der Arbeitsanalyse zugedacht. Neben solchen Verfahren und Instrumenten, die vorwiegend in der arbeitspsychologischen Feldforschung eingesetzt werden, wird auch auf Experimente und auf Verfahren der Simulation eingegangen, die

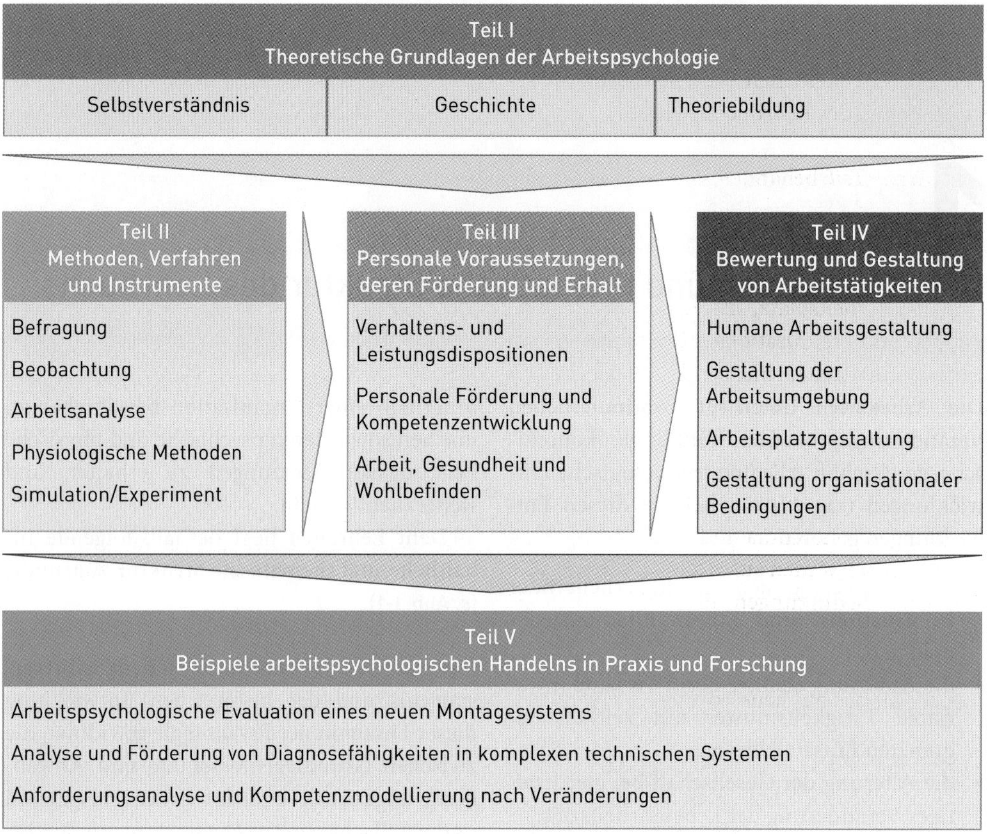

Teil I
Teil I Theoretische Grundlagen der Arbeitspsychologie

Selbstverständnis	Geschichte	Theoriebildung

Teil II Methoden, Verfahren und Instrumente	**Teil III** Personale Voraussetzungen, deren Förderung und Erhalt	**Teil IV** Bewertung und Gestaltung von Arbeitstätigkeiten
Befragung Beobachtung Arbeitsanalyse Physiologische Methoden Simulation/Experiment	Verhaltens- und Leistungsdispositionen Personale Förderung und Kompetenzentwicklung Arbeit, Gesundheit und Wohlbefinden	Humane Arbeitsgestaltung Gestaltung der Arbeitsumgebung Arbeitsplatzgestaltung Gestaltung organisationaler Bedingungen

Teil V Beispiele arbeitspsychologischen Handelns in Praxis und Forschung
Arbeitspsychologische Evaluation eines neuen Montagesystems Analyse und Förderung von Diagnosefähigkeiten in komplexen technischen Systemen Anforderungsanalyse und Kompetenzmodellierung nach Veränderungen

Abbildung I-1: Inhaltlich-thematische Struktur des Lehrbuchs

man bei gefahrengeneigten oder risikoreichen Arbeiten anwendet.

Der *dritte Teil* befasst sich mit den individuellen Voraussetzungen der Arbeitstätigkeit. Zunächst werden die differenziellen Aspekte psychischer und physischer Leistungsdispositionen, deren Veränderbarkeit und Entwicklungsfähigkeit dargestellt. Im Kapitel «Personale Förderung» steht die Kompetenzmodellierung und -entwicklung der Organisationsmitglieder im Mittelpunkt. Neben den Grundlagen und Ansätzen zur Wissensvermittlung, Verhaltensmodifikation und Persönlichkeitsentwicklung der Führungskräfte und Mitarbeiter wird besonders das innovative Konzept des arbeitsorientierten Lernens

(«workplace learning») dargestellt. Ausführlich ist daran anschließend die Evaluation und Qualitätssicherung personaler Fördermaßnahmen thematisiert.

Neben der Entwicklung individueller, personaler Ressourcen spielt deren Erhalt eine zentrale Rolle in der Arbeitspsychologie. Diesem Thema widmet sich ausführlich das Kapitel «Arbeit, Gesundheit und Wohlbefinden». Dargestellt werden zunächst unterschiedliche Konzepte und Erklärungsansätze für Belastung, Beanspruchung und Stress bei Arbeitstätigkeiten. Im Sinne eines ressourcenorientierten Ansatzes zur Gesunderhaltung der Organisationsmitglieder werden dann verschiedene Maßnahmen vorgestellt. Ausgewählte «pathologische» Phänomene, die in

Zusammenhang mit Arbeitstätigkeiten auftreten, wie Mobbing, Burnout oder Alkohol am Arbeitsplatz, schließen diesen mitarbeiterbezogenen Teil des Lehrbuchs ab.

Der *vierte Teil* behandelt die psychologische Arbeits- und Organisationsgestaltung. Gegenstand einer humanen Arbeitsgestaltung, deren Kriterien ausführlich beschrieben werden, sind der Arbeitsplatz, die Umgebungsbedingungen und organisationale Bedingungen. Im Mittelpunkt stehen hierbei die bauliche Umwelt, innovative Raumkonzepte und darüber hinaus konkrete Gestaltungsbefunde und Empfehlungen zur Arbeitsplatz- und Arbeitsmittelgestaltung hinsichtlich ergonomischer Kriterien, Lärm, Klima und Beleuchtung.

Diskutiert werden außerdem die Gestaltung zeitlicher Bedingungen der Arbeitstätigkeit sowie zentrale Prinzipien der aufbau- und ablauforganisatorischen Gestaltung, insbesondere im Hinblick auf neue Formen der Arbeit.

Der *fünfte Teil* setzt sich ausführlich mit Beispielen arbeitspsychologischen Handelns in der Praxis und in der Forschung auseinander. Dieser Teil stellt dar, wie Untersuchungen geplant, Instrumente entwickelt und Maßnahmen evaluiert werden. Exemplarisch beleuchtet er drei arbeitspsychologische Forschungs- und Gestaltungsfelder: die Evaluation eines neuen Montagesystems, die Analyse und Förderung von Diagnosefähigkeiten im Umgang mit komplexen technischen Systemen und die Entwicklung von Kompetenzmodellen nach Reorganisationen.

Arbeitspsychologie ist eine *kontextbezogene* Wissenschaft. Wir befürchten, dass unsere Studierenden in der Lehre und Forschung dieses Faches oftmals sehr abstrakt an die Arbeitswelt herangeführt werden. Eine Arbeitswelt, die nur in Laborstudien und Experimenten mit teilweise artifiziell anmutenden Untersuchungsdesigns analysiert und beschrieben wird, trägt zum Erkenntnisgewinn *und* gesellschaftlichen Nutzen vergleichsweise wenig bei und birgt das Risiko einer Trivialisierung der komplexen Zusammenhänge und Wirkmechanismen menschlicher Arbeit.

Unseren Beiträgen zu diesem Lehrbuch liegt das Prinzip zugrunde, arbeitspsychologische Forschung und Gestaltung so aufzubereiten, dass der dargestellte situative Kontext, in dem Arbeitstätigkeiten stattfinden und ausgeführt werden, stets die Realität abbildet. Wir haben bei der Darstellung von Untersuchungen versucht, die authentischen Rahmenbedingungen und realen betrieblichen Verhältnisse ausführlich zu thematisieren. Uns liegt daran, in diesem gesellschaftlich bedeutsamen Feld eine hohe externe Validität arbeitspsychologischen Handelns herzustellen.

2 Zum Selbstverständnis der Arbeitspsychologie

2.1 Gegenstandsbestimmung und Definition

Betrachten wir zunächst die *klassischen* Beschreibungsmerkmale und Definitionen von Arbeitspsychologie im deutschsprachigen Raum (s. Infobox I-1). Arbeitspsychologie versteht sich als Querschnittsdisziplin der Allgemeinen Psychologie und Teilgebiet der Angewandten Psychologie. Als Querschnittsdisziplin übernimmt sie Erkenntnisse der psychologischen Grundlagenforschung und entwickelt Methoden, die für die Analyse, Bewertung und Gestaltung menschlicher Arbeit von Bedeutung sind. Als Teilgebiet der Angewandten Psychologie betreibt arbeitspsychologische Forschung gestaltungswirksame und praxisbezogene Intervention.

Infobox I-1

Definitionen von Arbeitspsychologie

«Die Arbeitspsychologie ist ein Teilgebiet der Angewandten Psychologie und befaßt sich forschend, lehrend und praxisbezogen mit psychologischen Problemen, die im Zusammenhang mit menschlicher Arbeit entstehen» (Hoyos, 1980, S. 57).

«Die Arbeits- und Organisationspsychologie beschäftigt sich mit dem Erleben und Verhalten des Menschen bei der Arbeit in Abhängigkeit von Arbeitsbedingungen, Arbeitsaufgaben und den personalen Voraussetzungen des Menschen» (Kleinbeck, 1982, S. 207).

«Die Arbeitspsychologie ist eine (Querschnitts-)Disziplin der Psychologie, die jene psychologischen Erkenntnisse und Methoden umfaßt, welche für die Analyse, Bewertung und Bestgestaltung des gesellschaftlichen Arbeitsprozesses bedeutsam sind, üblicherweise wird ‹Arbeitspsychologie› als Oberbegriff verstanden, der die ingenieur- und organisationspsychologischen Gegenstände und Anlagen mit einschließt. Gegenstand der so verstandenen Arbeitspsychologie ist die psychische Regulation der Arbeitstätigkeiten von organisatorischen Einheiten, Gruppen und individuellen Persönlichkeiten im Zusammenhang ihrer Bedingungen und Auswirkungen» (Hacker, 2005, S. 21).

«Immerhin stimmt die Mehrzahl der deutschsprachigen Arbeitspsychologen wohl überein, daß die Aufgabe der Arbeitspsychologie in der Analyse und Bewertung von Arbeitstätigkeiten und Arbeitsstrukturen nach definierten Humankriterien sowie einer darauf aufbauenden Erarbeitung von Gestaltungsvorschlägen besteht» (Ulich, 1994, S. 16).

Wie man den Definitionen von Ulich (1994; 2005, S. 137 ff.) oder von Nerdinger, Blickle & Schaper (2011, S. 4) entnehmen kann, ist arbeitspsychologisches Handeln bestimmten *Humankriterien* verpflichtet. Arbeitstätigkeiten müssen – so die Konvention – *ausführbar, schädigungslos, belastungsarm* und *persönlichkeitsförderlich* sein. Arbeitstätigkeiten dürfen also die physische und psychische Gesundheit des Arbeitenden nicht schädigen und dessen Wohlbefinden nicht – allenfalls vorübergehend – beeinträchtigen; sie sollen den Mitarbeiterbedürfnissen und -qualifikationen angemessen sein, individuelle und kollektive Einflussnahme auf Arbeitsbedingungen und -inhalte ermöglichen sowie zur Förderung der Persönlichkeit im Sinne der Potenzial- und Kompetenzentwicklung beitragen.

Damit ist eine anspruchsvolle normative Setzung vorgegeben, deren Umsetzung ein ambitioniertes, verantwortungsvolles Handeln von Wissenschaftlern und Praktikern in diesem gesellschaftlich bedeutsamen Feld der Arbeitstätigkeit voraussetzt. Die geschichtliche Entwicklung zeigt (s. Teil I, Kap. 2.2), dass es der Arbeitspsychologie lange Zeit an solchen verpflichtenden Kriterien für die in Forschung und Praxis tätigen Psychologen (bzw. Arbeitswissenschaftler) mangelte, mit entsprechenden Konsequenzen für die Entwicklung und das Selbstverständnis dieser Disziplin.

Um einen vertieften Zugang zum Selbstverständnis der Arbeitspsychologie zu schaffen, thematisieren wir im Folgenden

- das zwischen Grundlagenforschung und Praxisbezug angesiedelte Erkenntnisinteresse,
- die Stellung innerhalb der Psychologie (intradisziplinär) und
- die Bedeutung der Nachbardisziplinen (interdisziplinär).

Abbildung I-2 verdeutlicht diese Zusammenhänge.

Erkenntnisinteresse und Nutzen der Arbeitspsychologie

Psychologie zu betreiben, um konkrete praktische Probleme in realen Arbeitssituationen zu lösen, ist ohne Grundlagenforschung ebenso wenig sinnvoll, wie anwendungsneutrales Grundlagenwissen auf aktuelle betriebliche Probleme zu übertragen. Das Erkenntnisinteresse der Arbeitspsychologie ist dreifach bestimmt: Es ist grundlagen-, anwendungs- und praxisbezogen. Zur Charakterisierung dieser Bereiche ziehen wir «idealtypische Merkmale» psychologischer Grundlagenforschung, Angewandter Psychologie und Praktischer Psychologie heran (vgl. etwa Hoyos, Frey & Stahlberg, 1988; Kleinbeck & Przygodda, 1993; v. Rosenstiel, 2007a; oder Nerdinger et al., 2011):

1. *Psychologische Grundlagenforschung* formuliert allgemeingültige, raum-zeitlich unabhängige Gesetzesaussagen (bzw. Theorien) und überprüft daraus abgeleitete Hypothesen anhand systematisch angelegter Labor- und Felduntersuchungen. Psychologieintern ist das Problem, das es zu erklären und zu beobachten gilt, als ein Ausschnitt der Wirklichkeit (bzw. nachempfundener Wirklichkeit) vorgegeben.

2. *Angewandte Psychologie* entwickelt Modelle zur Problemlösung unter Bezug auf eine oder mehrere Theorien und Disziplinen. Dadurch werden eine «neue Wirklichkeit» und Handlungsregeln entwickelt, deren Effektivität kontextspezifisch (in Feldstudien) zu überprüfen ist: Das vorgegebene Problem ist psychologieintern und durch den Einbezug situativer Variablen komplexer.

3. *Praktische Psychologie* stellt die unmittelbare Analyse und Intervention an konkreten Einzelfällen dar. Gegenstand ist die optimale Umsetzung und spezifische Anwendung von Wissen und Techniken, um Gestaltungsbedürfnissen der Praxis zu genügen, zum Beispiel bei der Arbeitsstrukturierung oder bei der Verhaltensmodifikation.

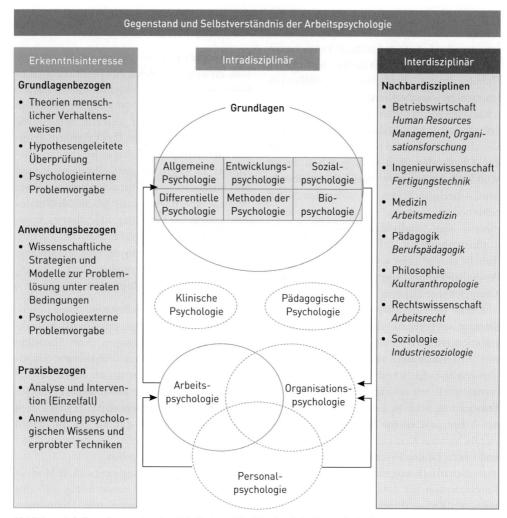

Abbildung I-2: Zum Gegenstand und Selbstverständnis der Arbeitspsychologie

Diese Kategorisierung ist nicht unproblematisch, zumal eine «Nachrangigkeit» der angewandten Forschung und mangelndes Selbstbewusstsein gegenüber der *Grundlagenforschung* impliziert sein könnte; dass dem nicht so sein muss, verdeutlichen Westmeyer (1993) oder Frey (2007). Grundlagenwissenschaftliche Theorien sind weitgehend kontextunspezifisch, untersuchen die Gesetzmäßigkeiten menschlichen Erlebens und Verhaltens in einem allgemeinen Sinne im Laborkontext und haben für angewandte Forschung

vor allem eine heuristische Funktion. Westmeyer (1993) ermuntert auch für den Feldkontext zur Konstruktion geeigneter Theorieelemente, wie sie für die sogenannten angewandten Teildisziplinen der Psychologie charakteristisch sind. Sie «verdienen höchste Anerkennung» und sind «jenen in der Regel vorzuziehen, deren Anwendbarkeit auf Laborkontexte beschränkt bleibt» (Westmeyer, 1993, S. 60) – eine Position, die wir bereits bei Stern (1903/1904) ausführlich thematisiert finden (s. Teil I, Kap. 2.2.2; Infobox I-5). Theoriebildung bzw. deren Bestandteile gibt es somit auch in der Angewandten Psychologie. Eindeutig formuliert Frey das Postulat, dass keine Angewandte Psychologie ohne Rückgriff auf die Theorie betrieben werden kann: «Jegliche theoriefreie Intervention oder Interpretation von Daten ist mangelhaft» (Frey, 2007, S. 260). Notwendigerweise sind diese Theorien komplexer und zwingen Wissenschaftler, Theoriebestandteile aus verschiedenen Grundlagen- und Bezugswissenschaften miteinzubeziehen.

Als weiteres Spannungsfeld zwischen «reiner» Grundlagenforschung und *Anwendung* nennen Kleinbeck & Przygodda (1993) oder Kanning, v. Rosenstiel, Schuler et al. (2007) das der Gültigkeit von Forschungsmethoden und plädieren für eine Stärkung externer und ökologischer Validität, um nicht den Kontakt zu den eigentlichen Problemen der Arbeitswelt zu verlieren: «Ohne externe Validität gibt sie [die Angewandte Psychologie; d. Verf.] ihre Existenzberechtigung auf und bleibt entweder eine – mehr oder weniger – kluge Anwendung des gesunden Menschenverstandes, oder sie entwickelt sich zu einer Grundlagendisziplin mit Aussagen, die über eine hohe interne Validität verfügen, ohne jedoch praktisch anwendbar zu sein» (Kleinbeck & Przygodda, 1993, S. 86). Oftmals wird hohe interne Validität auf Kosten einer geringen oder gar fehlenden externen Validität erzielt, mit der bedauerlichen Konsequenz, dass solche Ergebnisse der Grundlagenforschung meist nicht als Grundlage für die Anwendung dienen können (vgl. z. B. Kanning et al., 2007). *Anwendungsorientierte Forschung ist immer kontextbezogen!* Daraus bezieht sie ihren Nutzen für die Gesellschaft, die Organisation, das Individuum. Natürlich sind solche Lösungswege anzustreben, die auch die interne Gültigkeit angemessen berücksichtigen und den jeweiligen fachwissenschaftlichen (Mindest-)Standards der Methodenentwicklung genügen – nicht zuletzt, um allzu forsche Generalisierungen und methodisch unseriöse Untersuchungsanlagen zu vermeiden; denn solcherlei Erkenntnisse wä-

ren auch für die anwendungsorientierte Forschung wertlos.

Auf der *praxisbezogenen Ebene* gilt es, das aus vorangegangenen Forschungen entwickelte «Handwerkszeug» (bspw. in Form von Mitarbeiterbefragungen und Online-Tools) und gewonnene Erkenntnisse über Wirkmechanismen psychologischer Konstrukte (z. B. «resistance to change» bei Reorganisationen aufgrund mangelnder Partizipation) zur Lösung praktischer Probleme bereitzustellen. Damit lassen sich Arbeitsbedingungen und Organisationsstrukturen bewerten und verändern, Leistungsvoraussetzungen durch Trainings optimieren oder Verhaltensweisen modifizieren. Im Allgemeinen sind in der betrieblichen Praxis tätige Psychologen aus Zeitgründen nicht in der Lage, entsprechende Techniken und Instrumente zu entwickeln und zu überprüfen. Diese Aufgabe übernimmt die anwendungsbezogene Forschung an den Hochschulen und sonstigen Forschungsinstituten (bspw. an arbeits-, organisations- oder personalpsychologischen Beratungsinstituten).

Die Effizienz arbeitspsychologischen Forschens und Handelns hängt in entscheidendem Maße davon ab, inwieweit Grundlagenforschung, angewandte Forschung und betriebliche Praxis voneinander profitieren können. Dies setzt einen wechselseitigen Informationsaustausch mit jeweiligen Rückmeldungen voraus (s. Abb. I-2). So kann der wechselseitige Prozess auf der praxisbezogenen Ebene beginnen, wenn zum Beispiel die Produktionsleitung bei suboptimaler Verfügbarkeit komplexer technischer Anlagen und Systeme mangelnde Problemlösekompetenz ihrer Mitarbeiter bei der Störungsdiagnose feststellt. Es bedarf in diesem Falle eines Strategietrainings zur Störungsdiagnose, das zu entwickeln und zu erproben nun Aufgabe der angewandten Forschung wird. Arbeitspsychologisches Wissen im Bereich der Trainings- und Lernforschung (vgl. Sonnentag, Niessen & Ohly, 2004; Sonntag & Stegmaier, 2007a; Rowold, Hochholdinger & Schaper, 2008; Sonntag & Stegmaier, 2010b) ist vorhanden (s. auch Teil V,

Beispiel 2, Kap. 3) und kann auf die spezifische technische Fragestellung ausgerichtet werden. Dies setzt allerdings eine hohe Bereitschaft der mit diesem Forschungsauftrag betrauten Arbeitspsychologen voraus, sich auch mit dem spezifischen Kontext (hier der Produktions- und Steuerungstechnik) – nicht nur oberflächlich, sondern vertieft – auseinanderzusetzen. Die theoretischen Vorarbeiten zur Konstruktion des Trainings – um beim Beispiel zu bleiben – zwingen den Psychologen darüber hinaus, sich mit grundlagenbezogenen Fragestellungen zum Problemlösen in komplexen Situationen zu befassen (vgl. z. B. Dörner, Kreuzig, Reither & Stäudel, 1983; Funke, 2006) und Forschungsarbeiten zum Strategietraining zu rezipieren (vgl. z. B. Friedrich & Mandl, 1992; Mandl & Friedrich, 2006). Studien hierzu hat man allerdings meist im Laborkontext bzw. anhand computergestützter Simulation durchgeführt. Insofern liefern die Ergebnisse des im Praxisfeld erprobten Strategietrainings zur Störungsdiagnose an komplexen Realanlagen wiederum wichtige Erkenntnisse für die Theoriebildung und Methodenentwicklung in der Grundlagenforschung zum Diagnosehandeln in komplexen Systemen (vgl. Sonntag & Schaper, 1997a) und zur Evaluation und Transfersicherung (vgl. Rowold et al., 2008).

Der Prozess kann sich aber ebenso aus der Grundlagenforschung entwickeln, wie es die in der gegenwärtigen deutschsprachigen Arbeitspsychologie (vgl. Kleinbeck & Schmidt, 2010) noch immer favorisierte Handlungsregulationstheorie nahelegt. Sie wurde auf grundlagenwissenschaftlicher Theoriebildung (vgl. Rubinstein, 1964; Leontjew, 1973) und Modellentwicklungen der kognitiven Psychologie aufgebaut (vgl. Miller, Galanter & Pribram, 1960) und – in Gegenposition zu behavioristischen Konzepten – als Entwicklungsansatz menschlicher Arbeit von Volpert (1987, 2003) und Hacker (1986, 2005, 2010) weiterentwickelt (s. Teil I, Kap. 3.2.2). Daraus abgeleitet liegt für die anwendungsbezogene Forschung eine Reihe analytischer Verfahren zur Bewertung von Arbeitstätigkeiten vor

(s. Teil II, Kap. 2.3), deren weitere Konkretisierungen und Umsetzungen (z. B. in Form von Leitfäden) auf der praxisbezogenen betrieblichen Ebene Antworten auf Gestaltungsfragen im Zusammenhang mit persönlichkeitsförderlichen Arbeitsbedingungen zu geben versuchen (s. Teil IV).

Die Beispiele machen deutlich, wie zentral der Austausch zwischen Grundlagenforschung, anwendungsbezogener Forschung, betrieblicher Praxis und deren wechselseitige Beeinflussung für den Erkenntnisgewinn und Nutzen in der Arbeitspsychologie ist. Spector (2008, S. 6) bemerkt hierzu: «There is no other area of psychology in which a close correspondence between application and science exists.»

Interessante und vertiefende Beiträge zum Spannungsfeld zwischen Grundlagenorientierung und Anwendung liefern der Reader von Bungard & Herrmann (1993), ein Positionspapier angewandt forschender Psychologen (vgl. Kanning et al., 2007) mit Kommentaren von Frey (2007) und Wottawa (2007) sowie ein lesenswerter programmatischer Aufsatz von v. Rosenstiel (2004), der aus der berechtigten Besorgnis entstand, dass sich die Arbeits- und Organisationspsychologie nicht genug am Anwendungsnutzen orientieren könnte.

Stellung der Arbeitspsychologie innerhalb der Psychologie

Die intradisziplinäre Stellung der Arbeitspsychologie, wie Abbildung I-2 sie darstellt, orientiert sich an der inhaltlichen Struktur des bisherigen Diplomstudienganges Psychologie. Als Anwendungsfach musste Arbeits- und Organisationspsychologie neben Pädagogischer und Klinischer Psychologie im zweiten Studienabschnitt obligatorisch angeboten werden. Diese Eigenständigkeit der Arbeits- und Organisationspsychologie in Studium und Lehre findet sich auch in den Inhalten, Strukturen und Modulen der neuen Bachelor- und Masterstudiengänge des Psychologiestudiums.

Die Bezeichnung «Arbeits- und Organisationspsychologie» kann als eine Art «fachhistorischer Kompromiss» (Greif, 1994) verstanden werden. Zur Etablierung und Festigung der Profession, weniger theoretisch oder wissenschaftssystematisch begründet, fasste man die im deutschsprachigen Raum bisher dominierenden Gebietsbezeichnungen pragmatisch zusammen. So nannte sich die Fachgruppe in der «Deutschen Gesellschaft für Psychologie» (DGPs) jahrelang «Arbeits- und Organisationspsychologie»; die entsprechende Sektion im «Berufsverband deutscher Psychologinnen und Psychologen» (BDP) ist thematisch wesentlich breiter als «Wirtschaftspsychologie» aufgestellt und umfasst neben den klassischen arbeits-, organisations- und personalpsychologischen auch markt- und werbepsychologische Themenfelder. Dieser Sichtweise hat sich inzwischen auch die Fachgruppe in der DGPs angeschlossen und nennt sich seit 2010 «Arbeits-, Organisations- und Wirtschaftspsychologie».

Auch wenn die Trennung zwischen Arbeitspsychologie und Organisationspsychologie bei bestimmten Themen (z. B. Einführung von Gruppenarbeit, Change Management) fragwürdig und artifiziell erscheinen mag, ergeben sich – historisch gesehen – Aufgabenfelder und Entwicklungslinien, deren theoretische Orientierungen und zugrunde liegende Forschungsparadigmen durchaus Kontrastierungen erlauben und entsprechende Elaborationen erfordern (so z. B. Arbeitsanalyse und -gestaltung, Belastung/Beanspruchung und Gesundheit, Training, Hard- und Software-Ergonomie; vgl. Kleinbeck & Schmidt, 2010; Ulich, 2005). Dadurch lässt sich ein oberflächliches Gegenstandsverständnis der Arbeitspsychologie (oder der Organisationspsychologie) vermeiden. Andererseits versucht man in aktuellen Lehrbüchern (vgl. Schuler & Sonntag, 2007; Nerdinger, Blickle & Schaper, 2011), einen Überblick über das Gesamtgebiet der Arbeits- und Organisationspsychologie zu geben, indem man sowohl die gemeinsamen theoretischen und methodischen Grundlagen als auch die Besonderheiten der Teildisziplinen, deren Fragestellungen, Zielsetzungen und Ergebnisse berücksichtigt. Meist geht man dabei von einer Aufteilung in die Themenfelder Arbeit, Individuum, Interaktion und Organisation aus. Je nach Forschungsschwerpunkt der jeweiligen Autoren fokussiert man auf organisationspsychologische Aspekte (Organisationsforschung, Führung, Unternehmenskultur; vgl. z. B. v. Rosenstiel, 2007a), personalpsychologische Aspekte (Diagnose beruflicher Eignung und Leistung, Personalentwicklung; vgl. z. B. Schuler, 2006a) oder beide Schwerpunkte (vgl. Weinert, 2004).

Wie Abbildung I-2 verdeutlicht, baut das Anwendungsfach Arbeitspsychologie auf den psychologischen Grundlagenfächern auf. Traditionell ist hier die Allgemeine Psychologie von besonderer Relevanz, mit Inhalten wie Wahrnehmung, Lernen, Gedächtnis, Motivation usw. (vgl. hierzu insbesondere die entsprechenden Beiträge in dem Enzyklopädieband «Arbeitspsychologie» von Kleinbeck & Schmidt, 2010). Das entspricht dem Verständnis Hackers (1986 u. 2005), dass die Arbeitspsychologie theoretische und praktische Probleme bearbeiten kann, die eng mit der Allgemeinen Psychologie verflochten sind, und «bei der Lösung psychologischer Fragen von Arbeitsprozessen rückwirkend den Erkenntnisstand der gesamten Psychologie an wesentlichen Stellen begründet und vermehrt» (S. 31). Auch in den anderen Grundlagenfächern ließen sich genügend Beispiele für relevante Themen finden, die in der arbeitspsychologischen Forschung anwendbar sind, so zum Beispiel die Biopsychologie in der Trainingsgestaltung und der beruflichen Wiedereingliederung, die Sozialpsychologie in der Erprobung von Team- und Arbeitsgruppenkonzepten oder die Differenzielle und Persönlichkeitspsychologie mit der Thematisierung interindividueller Unterschiede von Menschen hinsichtlich des Verhaltens, des Handelns und der Persönlichkeitsentwicklung. Profunde Kenntnisse in den psychologischen Grundlagenfächern sind mehr als nur hilfreich; sie sind eine notwendige Voraussetzung für die wirkungsvolle Bearbeitung kontextbezogener Fragestellungen in der Arbeitspsychologie.

Arbeitspsychologie und Nachbarwissenschaften

Zur Analyse, Bewertung und Gestaltung menschlicher Arbeit bedarf die Arbeitspsychologie der Erkenntnisse einer Reihe von Nachbarwissenschaften. Zu nennen sind hier, wie Abbildung I-2 zeigt, unter anderem die *Ingenieurwissenschaften*, wenn es z. B. um Kompetenzen beim Umgang mit neuen Produktionssystemen oder um die Gestaltung von Mensch-Maschine-Interaktionen geht; die *Betriebswirtschaft*, wenn es z. B. um die Festlegung des qualitativen Personalbedarfs, um die Optimierung von Entscheidungsabläufen oder um die Gestaltung von Informations- und Kommunikationsverläufen bei Restrukturierung geht; die *Arbeitsmedizin*, wenn es z. B. um neurotoxische Wirkungen auf das Befinden und die Gesundheit oder um die physiologische Bestimmung von Stress geht; die *Rechtswissenschaft*, wenn es z. B. um das Betriebsverfassungsrecht bei der Mitwirkung an Gestaltungsprojekten oder um die Rechtsprechung zur beruflichen Eignungsdiagnostik geht, und die *Pädagogik*, wenn es z. B. um die Entwicklung neuer didaktisch-methodischer Konzeptionen zur Förderung beruflicher Handlungskompetenz geht.

Interdisziplinäre Kooperation wird bei der Bearbeitung komplexer Aufgabenstellungen der Arbeitswelt in Zukunft immer bedeutsamer werden; von einer nur auf Grundlagenwissen der Psychologie aufbauenden Arbeitspsychologie allein sind solche Aufgaben nicht zu bewältigen.

Arbeitspsychologie im internationalen Kontext

Auch in anderen Ländern finden wir unterschiedliche Denominationen derjenigen psychologischen Teildisziplinen, die sich mit dem Erleben und Verhalten des Menschen bei der Arbeit befassen. Tabelle I-1 gibt einen Überblick über ausgewählte Titel vorwiegend im angloamerikanischen Sprachraum verbreiteter Lehrbücher.

Eine Durchsicht dieser Text- oder Handbücher auf Inhalte und Themenfelder zeigt, dass Arbeitspsychologie («work psychology») sich in den USA unter der älteren Bezeichnung «industrial psychology» wiederfindet (vgl. Blum & Naylor, 1968). In der Folgezeit finden sich Bezeichnungen wie «industrial and organizational psychology» eher in den nordamerikanischen Ländern, in Australien und Neuseeland, «occupational psychology» in Großbritannien (vgl. Warr, 2002; Furnham, 2005), «work and organizational psychology» in weiteren europäischen Ländern (vgl. Chmiel, 2008).

Die «American Psychological Association» (APA) führte als einflussreiche berufliche Standesorganisation 1973 den Terminus «industrial/organizational psychology» ein, um den vielfältigen Zusammenhängen und Wechselwirkungen zwischen Arbeit und Individuum in einem organisatorischen Kontext gerecht zu werden. In der Mitte der 1970er-Jahre gab Marvin D. Dunnette das erste Handbuch einer «Industrial and Organizational Psychology» (1976) heraus, das Beiträge der damals führenden Wissenschaftler dieses Faches enthält. Mit etlichen Erweiterungen wurde das Lehrbuch in der 1990er-Jahren zum Standardwerk (vgl. Dunnette & Hough, 1992), das Themenfelder arbeits-, organisations- und personalpsychologischer Forschung und Gestaltung behandelte und in mehreren Auflagen erschien. Dieser Tradition folgend, gaben Borman, Ilgen & Klimoski (2003) in einer Handbuchreihe zur Psychologie den Band 12 «Industrial and Organizational Psychology» heraus. Dargestellt werden in 22 Kapiteln Theoriebildung, Methodenentwicklung und Forschungsstand zu Themen wie «job analysis», «job performance», «human abilities», «recruitment and selection», «work motivation and job satisfaction», «work design», «human factors and ergonomics», «training», «organizational development», «leadership» und «occupational health».

Ähnliche Gegenstände arbeits-, personal- und organisationspsychologischen Wirkens international anerkannter Autoren finden sich in dem zweibändigen Herausgeberwerk

Tabelle I-1: Ausgewählte Titel internationaler Lehrbücher zur Psychologie im Arbeitskontext

Titel	Autor/Hrsg.
Work psychology. Understanding Human Behaviour in the Workplace (5th Edition)	Arnold, J., & Randall, R. (Eds.) (2010)
Industrial and Organizational Psychology: Research and Practice	Spector, P. E. (2008)
An Introduction to Work and Organizational Psychology: A European Perspective	Chmiel, N. (Ed.) (2008)
Psychology applied to work	Muchinsky, E. (2008)
Business Psychology and Organisational Behaviour: A Student's Handbook	McKenna, E. (2006)
The Psychology Of Behaviour At Work: The Individual in the Organisation	Furnham, A. (2005)
Industrial and Organizational Psychology	Borman, W. C., Ilgen, D. R., & Klimoski, R. J. (Eds.) (2003)
Psychology at Work	Warr, P. (2002)
Handbook of Industrial, Work & Organizational Psychology: Volume 1: Personnel Psychology	Anderson, N., Ones, D. S., Sinangil, H. K., & Viswesvaran, C. (Eds.) (2001)
Psychology of Work Behavior	Landy, F. J. (1998)
Handbook of Industrial and Organizational Psychology	Dunnette, M. D. (1976), erweitert Dunnette, M. D., & Hough, L. M. (Eds.) (1992)
Industrial Psychology	Blum, M. L., & Naylor, J. C. (1968)

«Handbook of Industrial, Work and Organizational Psychology» von Anderson, Ones, Sinangil und Viswesvaran (2001). Eine aktuelle Darstellung der Forschung und deren Umsetzung in die organisationale Praxis unter mehr methodischem und personalpsychologischem Blickwinkel liefert das 2008 in neuer Auflage erschienene Lehrbuch «Industrial and Organizational Psychology: Research and Practice» von Spector.

In Großbritannien wird «work psychology» gleichgesetzt mit «occupational psychology» (vgl. Warr, 2002) und ist inhaltlich definiert von der «Division of Occupational Psychology of the British Psychological Society» (BPS). Potenzielle Mitglieder dieser Standesorganisation müssen über Wissen und Kenntnisse in folgenden acht beruflichen Anwendungsfeldern der Arbeitspsychologie verfügen (vgl. Furnham, 2005, S. 9 ff.):

1. Human-machine interaction
2. Design of environments and work – health and safety
3. Personal selection and assessment, including test exercise design
4. Performance appraisal and career development

5. Counseling and personal development
6. Training – identification of needs, training design and evaluation
7. Employee relations and motivation
8. Organizational development and change

Detaillierte inhaltliche Beschreibungen der in den genannten Feldern erforderlichen Methoden und Instrumente der Analyse, Intervention und Evaluation sowie die Umsetzung Letzterer zur Lösung praktischer Probleme leiten sich daraus ab (vgl. ausführlich Furnham, 2005, S. 8 ff.). In dem Lehrbuch von Arnold, Randall und Kollegen «Work Psychology: Understanding Human Behaviour in the Workplace» (2010) findet sich eine Vielzahl dieser Aufgabengebiete wieder, ebenso in dem von Nik Chmiel (2008) herausgegebenen Handbuch «An Introduction to Work and Organizational Psychology: A European Perspective», an dem in einer mehr europäischen Perspektive renommierte Autoren aus acht europäischen Ländern mitgewirkt haben.

Einen interessanten Einblick in die internationale arbeits- und organisationspsychologische Forschung liefert eine Übersicht von Borman, Ilgen und Klimoski (2003). In diese Überblicksarbeit bezogen die Autoren 119 in führenden einschlägigen I/O-Journals veröffentlichte Metaanalysen aus den Jahren 1992 bis 2001 ein und sichteten sie auf ihre zentralen Forschungsfragen und -inhalte hin (s. Tab. I-2).

Wie man sieht, beschäftigen sich die meisten Studien mit dem «Job-Performance»-Konstrukt, häufig in seiner Beziehung beispielsweise zu Rollenambiguität, Konflikt, Erwartungshaltung von Vorgesetzten, Arbeitserfahrung und Expertise, Feedback und Trainingsinterventionen, Arbeitszufriedenheit oder Führungsverhalten. Am zweithäufigsten vertreten sind metaanalytische Studien zur Vorhersage der Leistungsfähigkeit von Organisationsmitgliedern aus Persönlichkeitsmerkmalen, gefolgt von einer größeren Anzahl von Forschungsarbeiten über Arbeitszufriedenheit oder organisationales Commitment und deren Beziehung zu flexibler Arbeits(zeit)gestaltung, Führungs-

Tabelle I-2: Übersicht über arbeits- und organisationpsychologische Forschungsinhalte in Metaanalysen aus den Jahren 1992 bis 2001 (vgl. Borman, Ilgen & Klimoski, 2003, S. 9)

Forschungsinhalt	Anzahl der Metaanalysen
Job performance	62
Leadership	8
Turnover	9
Goal theory and motivation	13
Ethnic group and gender	11
Job satisfaction and organizational commitment	22
Selection predictors	35
Training	4
Miscellaneous	17

verhalten, beruflichem Interesse und Status sowie Arbeitswechsel. Häufig untersuchte man auch Zusammenhänge zwischen motivationalen Konstrukten (z. B. Partizipation an Entscheidungen, Einbezug in die Zielbildung und Aufgabengestaltung) und der Arbeitsleistung und -zufriedenheit.

Neben den Inhalten internationaler arbeits- und organisationspsychologischer Forschung thematisieren die Lehrbücher immer wieder das Verhältnis zwischen Wissenschaft und Praxis. Schon in der ersten zusammenfassenden Darstellung der «Industrial and Organizational Psychology» von Dunnette (1976) weist dieser auf die erfolgskritische Bedeutung eines wirkungsvollen Zusammenspiels zwischen Forschung und Praxis hin («Scientist-Practitioner-Model»). In keiner anderen Teildisziplin der Psychologie lassen sich Synergien für die Weiterentwicklung des Faches so intensiv nutzen («both wings of our discipline working in synergy»); s. Infobox I-2.

Infobox I-2

Das «Scientist-Practitioner-Model» nach Dunnette (1976)

«I believe that success for the field [...] is just around the corner. Industrial and Organizational Psychology is today an academic discipline, an emerging blend of research, theory, and practice. The blend offers great promise, in the years ahead, for further developing and extending our knowledge of those behavioral processes which are critical to an understanding of interactions between persons and the institutions and organizations of society.» (Dunette, 1976, pp. 11–12.)

Diese optimistische Einschätzung Dunnettes sehen 25 Jahre später Anderson et al. (2001) zu einem großen Teil als realisiert an. Dennoch wird immer wieder von Problemen und suboptimalen Arbeitsweisen bzw. -möglichkeiten zwischen Forschung und Praxis berichtet, die aus dem jeweiligen Selbstverständnis und Sozialisationsprozess entstehen. In diesem Zusammenhang ist ein Beitrag von Spector (2008) über Untersuchungsanalyse, Datensammlung und -analyse in der arbeits- und organisationspsychologischen Forschung von Interesse. Spector fokussiert auf das Spannungsfeld zwischen den methodischen Ansprüchen des Forschers, denen das Laborexperiment genügt, und den natürlichen Bedingungen eines organisationalen Settings in der Feldforschung, die schwer zu kontrollieren und manipulieren sind. Er vergleicht zwei führende internationale Fachzeitschriften, das «Journal of Organizational and Occupational Psychology» (JOOP) und das «Journal of Applied Psychology» (JAP). Dabei stellt sich zweierlei heraus: Mehr als ein Drittel der Forschungsarbeiten, die JAP publiziert, wurden mit Studierendenstichproben durchgeführt, wohingegen JOOP in seinen Untersuchungen meistens auf Mitarbeiter, Angestellte und Bewerber bei einer Organisation

zurückgreift; und 82 Prozent der Stichproben in JAP-Artikeln rekrutieren sich aus US-amerikanischen Untersuchungsteilnehmern, wohingegen die in JOOP aufgeführten Samples wesentlich globaler zusammengesetzt sind.

Spectors Befunde belegen die Grundlagen- und Anwendungsorientierung des Faches, verdeutlichen aber auch das große Dilemma zwischen interner und externer Validität der Untersuchungsansätze und die Disparitäten zwischen Erkenntnisgewinn für die Grundlagenforschung und Nutzen für die Praxis bzw. die Gesellschaft. Die internationale arbeits- und organisationspsychologische Forschung muss darauf bedacht sein, ihre gewonnenen Erkenntnisse zum Nutzen der Praxis zu verwenden, und sollte deshalb den Anteil an Feldforschung erhöhen – auch wenn das den Aufwand für den Forscher teilweise erheblich erhöht.

Vergleicht man zusammenfassend die in den Lehr- und Handbüchern (s. Tab. I-1) angesprochenen Themen, so spiegeln sie im Wesentlichen den Kanon der oben genannten acht Forschungs- und Anwendungsfelder wider. Je nach Vorliebe und Forschungsinteresse des Wissenschaftlers werden akzentuiert:

- Modelle und Theorien (hypothesengenerierend, -testend),
- Methoden der Datengewinnung und -auswertung,
- Instrumente/Verfahren der Analyse, Intervention und Evaluation,
- Umsetzung und Anwendung in der organisationalen Praxis oder
- Kontextbezug und aktuelle gesellschaftliche, technische und ökonomische Entwicklungen.

Unabhängig von jeweiligen Schwerpunktsetzungen der internationalen Autoren und Herausgeber in den entsprechenden Lehrbüchern ist festzustellen, dass Arbeitspsychologie auch im internationalen Kontext

- sowohl grundlagen- als auch anwendungsbezogen Theoriebildung, Methodenentwicklung, Verfahrenseinsatz und Lösungsfindung betreibt und die Synergien zwischen Praxis und Wissenschaft nutzt und

- Voraussetzungen und Konsequenzen des Erlebens und Verhaltens von Menschen bei ihrer Arbeit in einem spezifischen organisationalen Setting analysiert, Wirkmechanismen aufzeigt, Interventionen ableitet und diese evaluiert.

Arbeitspsychologisches Handeln und Wirken in diesem Sinne dient der Gesundheit und dem Wohlbefinden des arbeitenden Menschen ebenso, wie es die Produktivität der Organisation verbessern kann.

2.2 Geschichte der Arbeitspsychologie

Die Geschichte einer eigenständigen Psychologie, die menschliche Arbeit zum Erkenntnisgegenstand hat, ist noch vergleichsweise kurz. Lange bevor sich die Psychologie «herabließ», auch eine angewandte Disziplin zu werden, und ihre theoretischen Erkenntnisse in den Dienst praktischer Verwertbarkeit stellte, um zum Beispiel das konkrete Erleben und Verhalten von Menschen bei deren Arbeitstätigkeit näher zu betrachten, beschäftigten sich Mediziner und Physiologen mit dem Studium der Arbeit und den Auswirkungen der Arbeit auf den Menschen.

Einen weiteren Entwicklungspfad hin zur Entstehung der Arbeitspsychologie als eigenständiger Disziplin kann man in der Etablierung der Angewandten Psychologie und der Rationalisierung industrieller Arbeit(-sformen) zu Beginn des 20. Jahrhunderts sehen.

Mit der Veröffentlichung seines Werkes «Psychologie und Wirtschaftsleben» versuchte im Jahr 1912 Hugo Münsterberg (1863–1916), ein Schüler Wundts, eine «angewandte Experimental-Psychologie» programmatisch und planmäßig in den Dienst des Wirtschaftslebens zu stellen, und begründete damit die wohl bedeutendste und prägendste Phase in der kurzen Geschichte der Arbeitspsychologie: die wirtschaftliche Psychotechnik.

Unter dem Einfluss der Human-Relations-Bewegung thematisierte die bis dahin individualistisch orientierte Arbeitspsychologie in der Folgezeit eine mehr sozialpsychologische Betrachtung menschlichen Arbeitsverhaltens.

Der gegenwärtige Stand arbeitspsychologischer Aktivitäten wird zum einen von einer handlungstheoretischen Fundierung der Erforschung von Arbeitsstrukturen und Persönlichkeit, zum anderen von allgemein- und sozialpsychologischen Ansätzen zur Erklärung und Beschreibung menschlichen Handelns und Entscheidens in Organisationen repräsentiert.

Für die historische Entwicklung der Arbeitspsychologie im deutschsprachigen Raum lassen sich somit fünf inhaltlich-thematisch relativ eigenständige Etappen unterscheiden (vgl. Sonntag, 1990; zum Studium einzelner Quellen vgl. auch Sachse, Hacker & Ulich, 2008):

1. medizinische und physiologische Vorarbeiten zum Studium der Arbeit,
2. Angewandte Psychologie und Industrialisierung als Ausgangspunkt arbeitspsychologischer Aktivitäten,
3. die psychotechnische Forschung zur optimalen Anpassung von Mensch und Arbeit,
4. das Interesse an der sozialen Bestimmtheit des menschlichen Arbeitsverhaltens und
5. die Erforschung der psychischen Struktur von Arbeitstätigkeiten.

Weitere historiografische Bearbeitungen der Arbeitspsychologie finden sich unter anderem bei Furnham (2005, S. 61 ff.) oder McKenna (2006, S. 6 ff.).

2.2.1 Medizinische und physiologische Vorarbeiten zum Studium der Arbeit

Medizin

Als medizinische Disziplin zur Erforschung der Körperkräfte und Organfunktionen sowie zum Erkennen, Behandeln und Verhüten von Körperschäden, die durch Arbeit entstehen, ist die *Arbeitsmedizin* wahrscheinlich genauso alt wie die menschliche Arbeit selbst. Ihre Entwicklung und entsprechende Formen der Gesundheitssicherung und medizinischen Versorgung sind auf das Engste mit der Entwicklung von besonders gefährlichen Arbeitsformen und Arbeitssituationen verbunden.

Schädliche und krankheitsbedingende Faktoren wie Hitze, Feuchtigkeit, Staub, giftige Dämpfe oder solche, die zu schlechten Haltungen und Beschwerden führen, beschrieb man für einzelne Berufe wie Schmied, Glasbläser, Gießer, Flachs- und Hanfbereiter bereits im 13. Jahrhundert ausführlich (vgl. Valentin,

1983). In seinem grundlegenden Handbuch des Berg- und Hüttenwesens («De re metallica libri XII») erfasste der Mediziner und Chemnitzer Bürgermeister Georg Agricola (1494–1555) alles, was mit Bergbau und metallurgischen Verfahren zusammenhing, und kam darüber hinaus im sechsten Buch ausführlich auf Unglücksfälle und Krankheiten der Bergleute sowie vorbeugende Maßnahmen zu sprechen (s. Infobox I-3).

Mit den Krankheiten der Arbeiter beschäftigte sich auch der italienische Mediziner Bernardino Ramazinni in seinem 1701 er-

---

Infobox I-3

Arbeitsbedingte Erkrankungen von Bergleuten (Auszug aus De re metallica libri XII v. Agricola, 1977, S. 183 f.)

«Das Wasser, das in manchen Schächten in großen Mengen und recht kalt vorhanden ist, pflegt den Unterschenkeln zu schaden, denn die Kälte ist ein Feind der Muskeln. Die Bergleute sollen sich daher in solchen Fällen genügend hohe Stiefel beschaffen, welche die Beine vor der Kälte des Wassers schützen. Wer diesem Ratschlag nicht folgt, der leidet großen Schaden an seinem Körper, besonders in hohem Alter. Andererseits gibt es aber auch Gruben, die so trocken sind, daß sie völlig frei von Wasser sind. Diese Trockenheit bringt den Arbeitern ein noch größeres Übel, denn der Staub, der bei der Grubenarbeit erzeugt und aufgewirbelt wird, gelangt in die Luftröhre und in die Lunge und erzeugt Atembeschwerden und ein Leiden, das die Griechen Asthma nennen. Wenn dieses zerstörende Kraft erhält, bringt es die Lungen zum Eitern und erzeugt im Körper die Schwindsucht. […]

Auf den Gruben der Karpathen findet man Frauen, die sieben Männer gehabt haben, welche alle jene unheilvolle Schwindsucht dahingerafft hat. In Altenberg im Meißnischen findet sich schwarzer Hüttenrauch in den Gruben, der Wunden und Ge-

schwüre bis auf die Knochen ausnagt. Auch das Eisen verzehrt er, daher sind die Nägel der Häuser alle von Holz. Auch gibt es eine Art Cadmia, welche die Füße der Arbeiter, wenn sie vom Wasser naß werden, und auch die Hände zerfrißt, ebenso beschädigt sie die Lungen und Augen. Die Bergleute versehen sich daher nicht nur mit Stiefeln, sondern auch mit langen Handschuhen bis zum Ellbogen und bedecken das Gesicht mit Gesichtsmasken, denn durch diese kommt der Staub weder in die Luftröhre noch in die Lunge, auch gelangt er nicht in die Augen. In gleicher Weise schützen sich in Rom die Verfertiger des Zinnobers, damit sie den tödlichen Staub nicht atmen. […]

Es bleibt noch übrig, von den Unglücksfällen und Krankheiten der Bergleute zu sprechen und von den Mitteln, durch die sie sich von ihnen bewahren können. Denn wir müssen größeren Wert auf die Erhaltung der Gesundheit legen als auf den Gewinn, damit wir ungehindert mit unseren Körperkräften die Arbeit verrichten können. Von den Unglücksfällen schädigen einige die Glieder, andere befallen die Lungen, andere die Augen, einige endlich töten die Menschen.»

schienenen Werk «De morbis artificum diatriba». Mit ausführlichen Berufsbeschreibungen versuchte Ramazinni, pathologische Zustände zu erfassen und präventive Maßnahmen abzuleiten. So wollte er unter anderem den durch intensive Lichteinwirkung hervorgerufenen Sehstörungen bei Glasbläsern vorbeugen, ebenso denen, die bei Präzisionsarbeiten durch verstärkte Akkomodation verursacht wurden. Auf berufsbedingte septische Unfälle und Geschlechtskrankheiten der Hebammen, Ammen und Totengräber wies er ebenso besorgt hin wie auf inhalationsbedingten Alkoholismus der Schnapsbrenner. Seine Erkenntnisse gewann er «vor Ort» in den Werkstätten, Fabriken und Bergwerksstollen, um den Arbeitern zu helfen und die Ursachen ihrer Leiden in den Arbeitsbedingungen zu suchen. Die Arbeitsmedizin verdankt Ramazinni die erste zusammenfassende und für anderthalb Jahrhunderte grundlegende Darstellung arbeitsbedingter Erkrankungen (vgl. Müller & Milles, 1984).

Die Bedeutung der damaligen Arbeitsmedizin wuchs in dem Maße, in dem die Auswüchse der industriellen Pathologie immer stärker sichtbar wurden. Die rasche Ausweitung der Industrialisierung und die damit einhergehenden Probleme Armut, Krankheit und Alkoholismus führten zur «sozialen Frage», deren Lösung die Medizin allerdings auf eher systemstabilisierende Weise betrieb, ohne die Ursachen arbeitsbedingter Erkrankungen zu bekämpfen.

Die aus der damaligen industriellen Produktionsweise erwachsenden arbeitsbedingten Erkrankungen wurden «dethematisiert», nicht zuletzt wegen der betrieblichen Ökonomie und politischer Zwänge (vgl. Milles, 1984). Gewerbehygienische Forschungen und daraus resultierende Erkenntnisse blieben zu Beginn des 20. Jahrhunderts ohne griffige sozialpolitische Konsequenzen bzw. Änderungen der krankmachenden Arbeitsbedingungen. Wie aus einer Zusammenstellung damaliger Gewerbekrankheiten deutlich zu erkennen ist (s. **Tab.** I-3), wurde wohl eher an den jeweiligen Symptomen kuriert, als dass man die Ursachen beseitigt bzw. die Arbeitsbedingungen verbessert hätte.

So dürfte die Empfehlung der Gewerbehygieniker, «transportable Aborte» für Bergleute zur Verfügung zu stellen, die von der Anchylostomiasis (Wurmkrankheit) befallen waren, wohl eher Heiterkeit ausgelöst als die Ursachen bekämpft haben.

Denn die Erfüllung präventiver Aufgaben in der Arbeitsmedizin ist abhängig von der Pathogenese der Arbeitserkrankungen und den sie verursachenden Bedingungen.

Arbeitsphysiologie

Physiker und Physiologen des 17. und 18. Jahrhunderts leisteten grundlegende Vorarbeiten zur wissenschaftlichen Erforschung der menschlichen Arbeit. So entwickelten Bernoulli, Euler und Schulz die mathematische Formel zur Berechnung der Leistung des Menschen, das Produkt aus Kraft (P) und Geschwindigkeit (v). Diese Leistung ($P \cdot v$), mit der effektiven Dauer der Arbeit (t) multipliziert, ergibt die maximale Arbeit $L = P \cdot v \cdot t$.

Coulombs (1736–1806) Abhandlungen über die Kräfte des Menschen («Mémoire sur la force des hommes») bilden die Grundlage der heutigen Arbeitsphysiologie. In Experimenten verglich er für verschiedene Berufe Arbeitsleistung und Ermüdungsgrad. Er versuchte, zwischen kurzzeitigen Höchstleistungen und langzeitigen Durchschnittsleistungen den optimal nutzbaren Weg zu finden. Dabei kam er zu dem Ergebnis, dass man dem menschlichen Energiehaushalt am ehesten Rechnung trägt, wenn man die Arbeitszeit jener Menschen, die schwere Lasten zu tragen haben, in kurze Arbeits- und Ruheabschnitte unterteilt. Nach seiner Ansicht kann man Belastungen durch ein aufwandsökonomisches Tempo, verbunden mit Ruhezeiten, verringern und so ein Gleichgewicht der Funktionen herbeiführen.

Mit seinen Versuchen über die Atmung des Menschen bei der Arbeit und bei der Rast («Expériences sur la respiration de l'homme au

Tabelle I-3: Gewerbekrankheiten (Zusammenfassung nach der Zeitschrift für Gewerbehygiene, 1912, 16. Jg., S. 563–591)

Gewerbe	Krankheit	Krankheitszeichen	Vorbeugung, erste Hilfe und Behandlung
Bergleute	Rheumatische Rückenschmerzen, Kreuzweh/ Ischias	Schmerzhaftigkeit der betroffenen Muskeln bei Bewegungen, Kreuzschmerzen, Schmerzen in der Gesäßgegend und in den Beinen	Ruhe, feuchte Wärme, Aspyrin
Bergleute	Anchylostomiasis (Wurmkrankheit)	Hochgradige Blutarmut, Blässe des Gesichts, Mattigkeit, Herzklopfen, Magen- und Darmschmerzen	Abtreibungsmittel (Filix mas, Thymol, Eucalyptusöl). Vorbeugung: Transportable Aborte
Ziegelarbeiter	Vergiftung durch Kohlenoxyd	Schwindel, Kopfschmerz, Ohrensausen, Benommenheit, Krämpfe, Bewußtlosigkeit	Künstliche Atmung, Sauerstoffinhalation, kalte Übergießungen, Aderlass
Zementarbeiter	Perforation an der Basis der Nasenscheidewand	Perforation an der Basis der Nasenscheidewand, verursacht durch fortwährendes Bohren in der Nase, um die in der ausgetrockneten Nasenscheidewand befindlichen Staubpartikel zu entfernen	Vorbeugung: Verabfolgung von Vaseline an die Arbeiter behufs Einschmierung der Nasenlöcher
Steinbrucharbeiter	Nitrobenzolvergiftung	Übelkeit, Erbrechen, Blauwerden	Schwarzer Kaffee, Arzt holen
Hutmacher	Akute Arsenvergiftung	Erbrechen, Durchfall, Wadenkrämpfe, Angstgefühle, Atemnot, Delirien, Bewusstlosigkeit	Brechmittel, «Antidosum Arsenici». Eiweiß und Milch. Später heiße Bäder und harntreibende Mittel
Gummiarbeiter	Akute Schwefelkohlenstoffvergiftung	Rauschartiger Zustand, starke Benommenheit, Gesichtsfarbe blaß, Glieder schlaff, Pupillen reagieren nicht, Aussetzen aller Reflexe, Schlafsucht	Sofortige Entfernung aus dem Betrieb, Aufenthalt in frischer Luft, systematische Behandlung. Geistesstörungen erfordern die Abgabe in die Irrenanstalt
Arbeiter in Dynamitfabriken	Nitroglyzerinvergiftung	Heftiger und stechender Kopfschmerz, der sich oft bis zu Schwindel und Erbrechen steigert. Die Wirkung macht sich geltend sowohl bei äußerlicher Einwirkung in flüssigem Zustande auf die Schleimhäute als bei Einatmung der Dämpfe, die um so leichter erfolgt, als schon bei 30° das Nitroglyzerin eine bedeutende Dampftension hat	Reiner Kaffee, und zwar ein starker Absud davon, kalte Umschläge auf Hinterkopf und Nacken
Maler, Anstreicher, Lackierer	Terpentinvergiftung	Kopfweh, Speichelfluss, Erbrechen, Ohrensausen, Schlafsucht	Eismilch, Opium

travail et au repos») wendete Lavoisier (1743–1794) erstmals die Methode an, durch die Analyse der Menge des verbrauchten Sauerstoffs die Produktion von «Kraft» zu bestimmen. In der Folgezeit versuchte eine Reihe von Physiologen, Veränderungen der Körpervorgänge unter den Bedingungen der Arbeit zu erforschen. Sie untersuchten die Leistungsfähigkeit der Muskulatur, des Energiehaushaltes, der Nerven- und Sinnestätigkeiten mit dem Ziel, allgemeingültige physische Leistungsgrenzen festzustellen.

Im 19. Jahrhundert schuf die experimentelle Physiologie eine Reihe apparativer Hilfsmittel, zum Beispiel Ergografen und Dynamometer. So entwickelten Chaveau (1827–1917) und Marey (1830–1904) die grafische Aufzeichnung physiologischer und mechanischer Parameter durch pneumatische Gehäuse und eine rotierende Registriertrommel. Damit konnten sie Leistungen und Bewegungen der Arbeiter sowie Atmung und Kreislauf untersuchen und aufzeichnen.

Die grundlegende Arbeit zur Ermüdungsforschung, die Arbeitsphysiologie und Arbeitspsychologie beeinflusste, leistete schließlich der Turiner Professor für Physiologie Angelo Mosso (1892). Für seine umfangreichen Untersuchungen zur Ermüdung (definiert als Absinken der Muskelkraft während mechanischer Arbeit) konstruierte er Fixier- und Aufzeichnungsapparate, um Muskelkontraktionen zu erfassen. Hierzu fixierte er den Unterarm der Probanden und forderte sie auf, mit dem Mittelfinger in Abständen von zwei Sekunden drei Kilogramm schwere Gewichte über einen Seilzug nach oben zu ziehen. Die Ergebnisse (Kraftleistung der Fingerbeuge) hielt er in sogenannten Ermüdungskurven fest. In mehreren Versuchen gelangte er so zu Aussagen über die Auswirkung körperlicher, geistiger sowie emotionaler Befindlichkeit «auf die Dauerleistung der Muskelkraft». Insgesamt lieferten die Arbeiten Mossos eine Reihe von Anregungen zur Erforschung der Ermüdung durch Muskelarbeit. Die lineare Kausalität, die der Interpretation der Untersuchungsergebnisse zugrunde liegt, und die Operationalisierung der Kraftleistung, nämlich mit dem Endglied des Mittelfingers in bestimmtem Rhythmus ein Gewicht zu heben, werden dem vielschichtigen Phänomen der Ermüdung allerdings nur sehr begrenzt gerecht.

2.2.2 Angewandte Psychologie und Industrialisierung als Ausgangspunkt arbeitspsychologischer Aktivitäten

Zur Entwicklung der Angewandten Psychologie

Die Entwicklung der Angewandten Psychologie, auch der späteren Arbeitspsychologie, beeinflusste wesentlich ein Wundt-Schüler: Emil Kraepelin (1856–1926). Seine Aufmerksamkeit galt der Frage, auf welche Weise und in welchem Umfang die Ergebnisse der experimentellen Psychologie für die Bearbeitung psychiatrischer Probleme nutzbar gemacht werden können. Kraepelin (1896) befasste sich erstmals systematisch mit dem Phänomen der «psychischen Arbeit», die er als das Zusammenwirken verschiedener Faktoren kennzeichnete: der *Übungsfähigkeit* hinsichtlich der Auffassung von Sinneseindrücken und der Einübung motorischer Operationen; der *Übungsfestigkeit*, das heißt des zeitlichen Wirkungsgrades der Übung; der *Anregung* als motivierender Kraft; der *Ermüdbarkeit* und *Erholungsfähigkeit*; schließlich der *Ablenkbarkeit* und der *Gewöhnungsfähigkeit* an ständige Einflüsse. Kraepelin entwickelte in diesem Zusammenhang für diagnostische Zwecke Methoden zur Messung der Reaktionszeit, Additionsmethoden, Buchstabenzählen, ergografische Messmethoden und dergleichen mehr. Um die «Stetigkeit und Nachhaltigkeit der Arbeitskraft» (Kraepelin, 1899, S. 238) zu sichern bzw. zu gewährleisten, war für ihn ebenso die Art und Weise des Einübens von Interesse. Kraepelins Erkenntnisse und Methoden übernahm mit einigen kritischen Anmerkungen Meumann (1907) zur Erforschung individuel-

2. Zum Selbstverständnis der Arbeitspsychologie

ler Leistungsunterschiede bei Kindern in die experimentelle Pädagogik.

Angeregt durch Kraepelins Arbeiten setzte sich der Nationalökonom Max Weber in zwei bemerkenswerten Beiträgen «Zur Psychophysik der industriellen Arbeit» (1908 u. 1909) sehr differenziert mit den physiologischen und psychologischen Bedingungen menschlicher Leistungsfähigkeit auseinander. Sie bilden nach Weber für alle sozialwissenschaftlichen Probleme der modernen (speziell der großindustriellen) Arbeit den Ausgangspunkt der Betrachtung.

Poppelreuther (1928) wies später darauf hin, dass mit den Arbeiten Kraepelins das Fundament einer ärztlich orientierten psychologischen Arbeitswissenschaft und Individualpsychologie bereits zu einer Zeit gelegt war, als die Psychologie sich noch ganz im Fahrwasser wirklichkeitsfremder Probleme bewegte.

Programmatisch setzte sich William Louis Stern (1871–1938) 1903/1904 für eine Angewandte Psychologie ein, da «sich nun auch [...] die Psychologie in die Reihe der Wissenschaften zu stellen [beginnt], welche ihre Leistungsfähigkeit für Angelegenheiten der praktischen Kultur bewähren wollen» (S. 4). Er war von der Möglichkeit und Nützlichkeit einer Angewandten Psychologie überzeugt, die ihre Mittelstellung zwischen «Intuitiven» (Psychologiefremden) und «Psychologisten» (Wissensfanatikern) zu sichern hat (s. Infobox I-4). Beide Extrempositionen waren ihm suspekt.

Betätigungsfelder der Angewandten Psychologie lagen zu diesem Zeitpunkt vor allem in der Rechtspflege, Pädagogik und Medizin (Psychiatrie). Von einem Anwendungsbezug zur Wirtschaft war noch nicht die Rede.

Als Hauptaufgaben der Angewandten Psychologie sah Stern die «Psychognostik» (psychologische Beurteilung) und die «Psychotechnik» (psychologische Einwirkung): «Die angewandte Psychologie [liefert] als Psychognostik die Hilfsmittel, persönliche Werte zu beurteilen [...], als Psychotechnik die Hilfsmittel, wertvolle Zwecke durch geeignete Handlungsweisen zu fördern» (Stern 1903/

1904, S. 28). Beide Aufgabenfelder der Angewandten Psychologie unterteilte er jeweils in allgemeine und differenzielle Sachverhalte.

Hinsichtlich des erstmals in der psychologischen Literatur verwendeten Begriffs Psychotechnik erklärte Stern: «Ihre Aufgabe ist: Herstellung des Optimums in dem Verhältnis von

---

Infobox I-4

«Intuitive» und «Psychologisten» (nach Stern, 1903, S. 6–14)

Unter «Intuitiven» werden von Stern Juristen und Pädagogen subsumiert, die «bestenfalls die sichere intuitive Gabe» besitzen, «sich in andere Menschenseelen verständnisvoll einzufühlen» (S. 6). Diesen Intuitiven gegenüber erscheint es angebracht, «mehr Psychologie im Schulzimmer und in den Schulplänen», «mehr Psychologie im Gerichtssaal und in den Strafprozeß- und Strafrechtsordnungen» zu verlangen (S. 7). Hierin sieht Stern «reformatorische Einzelleistungen der angewandten Psychologie» (S. 7). Eine zweite Gruppe von Intuitiven setzt sich aus Geisteswissenschaftlern zusammen, die sich mit der Psychologie des gesunden Menschenverstandes begnügen, «ja jede Einmischung der theoretischen Psychologie als unberechtigt zurückweisen». Unter «Psychologisten» wurden zur damaligen Zeit die Verfechter einer Anschauung gezählt, welche die Psychologie zur Grundlage aller Geisteswissenschaften und zum bestimmenden Grundfaktor der gesamten praktischen Kultur machen wollte. Als Auswüchse des Psychologismus sieht Stern «die Gefahren der ‹intellektualistischen Wertblindheit›» (S. 13) und dass «Psychologie als analysierende und isolierende Betrachtung seelischer Phänomene» ihr ganzes Streben auf solche Atomisierung des Psychischen richtet (S. 14).

Mittel und Zweck» (S. 28). Technik lehrt, die Mittel so zu verwerten und zu gestalten, dass sie zum einen in möglichst ökonomischer Weise genutzt werden und zum anderen die größtmögliche Annäherung an das erstrebte Ziel bewirken. Das Selbstverständnis einer in diesem Sinne betriebenen Angewandten Psychologie charakterisierte Stern in Unterscheidung zur theoretischen Psychologie nach Lebensnähe/Exaktheit, Differenzierung und Massematerial. Insbesondere seine Ausführungen zur Lebensnähe und Exaktheit (s. Infobox I-5) sind für die arbeitspsychologische Forschung auch heute noch aktuell (z. B. für die experimentell

ausgerichtete Forschung zur Mensch-Computer-Interaktion).

Sterns Ausführungen zur Angewandten Psychologie und seine Arbeiten zur Differenziellen Psychologie beeinflussten den weiteren Entwicklungsverlauf der Angewandten Psychologie ebenso wie die spätere Wirtschaftspsychologie Münsterbergs.

Industrialisierung und Rationalisierung

Der Zeitraum von 1871 (Reichsgründung) bis 1914 markierte in Deutschland eine wichtige Etappe in der quantitativen und qualitativen

---

Infobox I-5

Sterns Plädoyer für lebenswahre Experimente (aus Stern, 1904, S. 35–39)

Stern plädiert für «lebenswahre» (S. 36) psychologische Experimente. Im Gegensatz zur experimentellen Gedächtnisforschung in der theoretischen Psychologie, in der «sinnlose Silben [...] auf ihre Erlernbarkeit hin untersucht werden» (S. 35) und das psychologische Experiment zwar unser Wissen «von den elementaren Strukturverhältnissen der menschlichen Seele geradezu ins Mikroskopische potenziert hat», man andererseits aber in Kauf genommen hat, «daß man sich unendlich weit von der Lebenswahrheit entfernt hatte» (S. 35), muss das Gedächtnis an Gedächtnisstoffen geprüft werden, «die komplexer sind und daher der natürlichen Wirklichkeit näher stehen» (S. 36).

«Gerade auf dem Gebiet der Schulermüdung hat ein zu weit gehender Psychologismus dem Kredit der experimentellen Psychologie mehr geschadet als genützt, indem er den weltfernen Abstand, welcher die künstliche Einfachheit der Laboratoriumsresultate von der Lebenswirklichkeit trennt, übersah und seine Ergebnisse daher voreilig in Forderungen für die Praxis umsetzte» (S. 36). Stern macht aber deutlich, daß das

Experiment «auch für die Angewandte Psychologie unschätzbar und unaufgebbar» ist (S. 37). «Ohne eine gewisse Entfernung von der Lebenswahrheit und ohne eine gewisse künstliche Vereinfachung geht es also nicht; sonst hätten wir eben kein Experiment mehr, sondern die gewöhnliche Beobachtung, welche sich mit den ihr zufällig begegnenden Fällen begnügen muß» (S. 37). Allerdings ist an das Experiment in der Angewandten Psychologie nicht der Exaktheitsmaßstab der theoretischen Experimente zu legen: «Das theoretische exakt-analytische Experiment wird zwar zu Zwecken der Vorbereitung und Wegweisung, der Kontrolle und Nachprüfung das angewandt-psychologische Experiment noch stets begleiten müssen [Stern verweist hier auf die umfassenden Experimentaluntersuchungen Kraepelins], aber nicht mehr mit ihm identisch sein. Exaktheit darf i. d. Sinne niemals Selbstzweck sein, sondern nur Mittel zum Zweck, und jeder Exaktheitskult, der die absolute Größe der Exaktheit zum Maßstabe des wissenschaftlichen Wertes macht, ist geradezu eine Lahmlegung der Forschungsarbeit» (S. 39).

Weiterentwicklung der deutschen Industrie. In dieser «zweiten industriellen Revolution» (Friedmann, 1952, S.20) wurde die Struktur menschlicher Arbeit wiederum tiefgreifend verändert. Die Auswirkungen technischer Entwicklung und wirtschaftlicher Prosperität verschärften die Arbeitsteilung und intensivierten die Arbeit.

War die (un)menschliche Arbeitsleistung in den Anfängen der Industrialisierung im 19. Jahrhundert gekennzeichnet durch einen überlangen Arbeitstag und intensive Fabrikarbeit, begann man im weiteren Verlauf von Seiten der Industrie Überlegungen anzustellen, wie die Produktivkraft der Arbeit weiter gesteigert werden kann, da einer gleichzeitigen Extension und Intensivierung der Arbeit «natürliche» Grenzen gesetzt zu sein schienen. Man ging daran, die Arbeitszeit zu verkürzen und gleichzeitig die Arbeit zu intensivieren. Neben diesen «verbesserten» Arbeitsbedingungen unterstützten betriebliche Sozialisations- und Disziplinierungsstrategien, der Zwang zu ökonomischen Verhaltensweisen der Arbeiterschaft und die Wirkung von Arbeitstugenden eine systematische Steigerung des Intensitätsgrades menschlicher Arbeitsleistung. Die Wirksamkeit dieser Methoden ließ im Zeitablauf allerdings zu wünschen übrig, «und dies ist der Ausgangspunkt, sich systematisch der Entwicklung verfeinerter Strategien der Intensifikation von Arbeit und der Sozialisation am Arbeitsplatz zuzuwenden: die Arbeitswissenschaft tritt ihren Dienst an» (Volpert, 1975, S. 19).

Medium dieser Art von Arbeitswissenschaft ist die Rationalisierung. Der Zwang zur systematischen Reorganisation innerhalb des Betriebes fiel in die letzte Dekade des 19. Jahrhunderts, als der Kapitalismus in eine neue Phase eintrat und «in seinem Bestreben, zu Ordnung und zur Überwindung seiner inneren Widersprüche zu kommen, diese wesentliche Hilfe notwendig hat» (Friedmann, 1952, S. 25). Zu genau diesem Zeitpunkt entwickelte der amerikanische Ingenieur Frederic Winslow Taylor (1856–1915) sein System der «wissenschaftlichen Arbeitsorganisation». Ziel des «scientific management» war es, durch

- straffste Zeitausnutzung,
- technische Vervollkommnung,
- ein Differentiallohnverfahren («Pensumlohn») und
- rationale Organisation (z.B. durch die Arbeitsvorbereitung)

einen maximalen Wirkungsgrad der technischen Ausrüstung und der Mitarbeiter zu erzielen. Um für jede Operation «the one best way», die einzige und beste Verfahrensweise, zu finden, wurden einzelne Arbeitsvollzüge in kleinste Bewegungseinheiten zerlegt («atomisiert») und durch Zeit- und Bewegungsstudien analysiert (s. auch Infobox II-3).

Dieses «peinlich genaue Studium» (Taylor, 1919, S. 106; er meinte damit minutiös; d. Verf.) führte zur Beseitigung unproduktiver Störfaktoren im Tätigkeitsablauf. Eine weitere Voraussetzung zur Erreichung der maximalen Arbeitsleistung stellte die systematische Auslese der Arbeiter dar: «das Verlangen nach besseren, für den speziellen Fall geeigneteren Personen, nach dem rechten Mann am rechten Platz» (S. 3).

Da «erstklassige» Menschen aber nicht nur von der Natur geschaffen sind, sondern auch richtig geschult werden müssen, trat die «wissenschaftliche Erziehung und Weiterbildung» (S. 140) in den Vordergrund. Welche Intention einer solchen Schulung zugrunde lag, machte Taylor am Beispiel des unbeholfenen «Pennsylvania Dutchman» namens Schmidt deutlich: «Eine erste Kraft ist der Arbeiter, der genau tut, was ihm gesagt wird, und nicht widerspricht» (S.49). Zur Erreichung dieses «Bildungsideals» verlangte Taylor ein «individuelles Studium und eine individuelle Behandlung jedes einzelnen Mannes» (S.87) und führte, wenn notwendig, Sanktionsmechanismen ein, wie Strafgelder, Lohnherabsetzung und Aussperrung (vgl. Taylor, 1919, S. 89 ff.). Als «Strategien der Lenkung beruflicher Sozialisationsprozesse» bezeichnet Volpert (1975, S.29) diese Maßnahmen der «wissenschaftlichen Betriebsführung», um die Idealvorstellung des sich höchstverausgabenden, wohlverhaltenden und zufrieden fühlenden Arbeiters zu verwirklichen.

Weiter soll hier nicht auf die Grundsätze des Taylor-Systems eingegangen werden. Eine Vielzahl von Beiträgen macht sein Werk zum Gegenstand unterschiedlicher Betrachtungsweisen. Verwiesen sei zunächst auf die interessant und leicht zu lesende faksimilisierte Neuherausgabe der Hauptschrift Taylors «Die Grundsätze wissenschaftlicher Betriebsführung» von 1919. Vier weitere Arbeiten der Darstellung und Interpretation des Taylor-Systems sind zu nennen: Friedmann (1952) versuchte, den wissenschaftlichen Anspruch, den Taylor immer wieder hervorhob, zu überprüfen; Volpert (1975) sah im Taylorismus den Anfang bürgerlicher Arbeitswissenschaft, einer sich in Stufen vollziehenden Verfeinerung arbeitsplatzbezogener Sozialisationsstrategien; Hinrichs (1981) nahm eine weitgehend soziologische und Walther (1950) eine klassisch arbeitspsychologische Aufbereitung vor.

Einig war man sich unter den genannten Autoren, dass der Taylorismus, obgleich oder gerade weil er psychische Faktoren bei der Erforschung industrieller Arbeit außer Acht ließ, zum Ausgangspunkt für die Untersuchung menschlichen Erlebens und Verhaltens bei der Arbeitstätigkeit geworden ist. Die wissenschaftliche Betriebsführung analysierte nicht nur industrielle Arbeitsverfahren, sondern interessierte sich auch für Fragen der Auslese der Mitarbeiter, Fragen nach ihren Beweggründen und ihrer Ermüdung. Die technizistische und beschränkte ingenieurwissenschaftliche Sichtweise konnte in diesen Bereichen ihrem selbstauferlegten «wissenschaftlichen» Anspruch nicht genügen und blieb ineffektiv.

Die Entwicklung der experimentellen zur Angewandten Psychologie schuf mit ihrem Methodeninstrumentarium die grundlegende Möglichkeit zur Erfassung und Bewältigung dieser von der Industrie aufgeworfenen Probleme. Dazu Münsterberg: «Das psychotechnische Problem selbst liegt nun klar vor uns.

Es gilt bestimmte wirtschaftliche Aufgaben unter dem Gesichtspunkt der für sie notwendigen oder gewünschten psychischen Eigenschaften zu analysieren und gleichzeitig Methoden zu finden, um diese Eigenschaften zu überprüfen» (1912, S. 41).

Die Arbeitspsychologie begann sich als Psychotechnik im Wirtschaftsleben zu etablieren.

2.2.3 Die psychotechnische Forschung zur optimalen Anpassung von Mensch und Arbeit

Die heutige Arbeitspsychologie hat ihr klassisches Fundament in der Psychotechnik. Viele der damaligen Untersuchungsmethoden und Forschungsansätze oder Standardwerke ihrer exponierten Vertreter beeinflussten nachhaltig arbeitspsychologische Folgeaktivitäten. Als erste bedeutende und zusammenfassende arbeitspsychologische Schrift nennt man im Allgemeinen Münsterbergs Arbeit «Psychologie und Wirtschaftsleben», erschienen im Jahr 1912. Teilweise bis heute findet sich in der traditionelleren Arbeitswissenschaft und Ergonomie psychotechnisches Gedankengut. Ihre Blütezeit hatte die Psychotechnik in Deutschland zwischen den beiden Weltkriegen. Die Krise setzte zu Beginn der 1930er-Jahre ein. Psychotechnik verbreitete sich rasch, vor allem in Europa, den USA und in Russland.

Wirtschaftliche Psychotechnik

In den «Grundzügen der Psychotechnik» fasste Münsterberg (1914) das Gebiet der Psychotechnik als unbegrenzt auf: «Jede Sphäre menschlicher Kultur bietet […] Probleme der Psychotechnik dar» (S. 10). Er ging damit zunächst weiter als zum Beispiel Stern, der Psychotechnik auf pädagogische und therapeutische Einwirkungen des Psychologen beschränkte. Nachdem Münsterberg aber als Erster das wirtschaftliche Gebiet in das Gesamtsystem psychologischer Anwendungsmöglichkeiten eingefügt und erste Forschungsarbeiten und praktische Experimente auf diesem Gebiet durchgeführt hatte, schränkte sich der zunächst allgemein gehaltene Begriff immer mehr ein und konzentrierte sich schließlich ganz auf das wirtschaftliche Gebiet.

Die Auffassung, das Gebiet «Psychologie und Wirtschaftsleben» wäre gleichzusetzen mit Psychotechnik, engte das Anwendungsfeld ein und folgte «einem nicht unbegründeten Konservatismus» (Erdély, 1933, S. 8). In seinem «Lehrbuch der Psychotechnik» bezog sich auch Moede (1930) eindeutig auf die industrielle Fertigung und behandelte nur wirtschaftliche Fragen. Manche Psychotechniker gingen so weit, durch Überbetonung technischer und wirtschaftlicher Gesichtspunkte den Faktor Mensch nur in seiner Rolle als wirtschaftliches Produktionselement zu betrachten. So formulierte Moede in seinem Lehrbuch – man beachte die Reihenfolge –, «der Betrieb benötigt Material, Maschinen, Werkzeuge, Geld sowie Menschen» (Moede, 1930, S. 6).

Münsterberg prägte entscheidend das Selbstverständnis der Psychotechnik: Sie ist Mittel zum Zweck und «vollkommen von der Vorstellung der wirtschaftlichen Ziele beherrscht» (Münsterberg, 1912, S. 18). Ob diese Ziele richtig sind, dürfe den Wissenschaftler nicht interessieren. Der Psychotechniker liefere nur die Technik und die Mittel zur Zielerreichung. «Auch im Gebiet des Wirtschaftslebens lehrt der Psychotechniker den Industriellen lediglich, wie er mit psychologischen Hilfsmitteln vorgehen soll, um etwa tüchtige Mitarbeiter auszuwählen. Aber ob es richtig ist, tüchtige Arbeiter heranzuziehen oder statt dessen nur der Gesichtspunkt der Lohnhöhe maßgebend sein soll, das ist eine Frage, die der Psychologe nicht zu entscheiden hat» (S. 19). Mit dieser Argumentation begründete Münsterberg eine «vollkommene objektive Unparteilichkeit», da der Psychotechniker es «schließlich auch gar nicht mit einem parteiischen Bevorzugen oder Zurücksetzen oder mit irgendeiner subjektiven Bewertung zu tun hat» (S. 19).

Ähnlich äußerte sich hierzu auch Kurt Lewin (1920): «Die Psychologisierung der Arbeitsmethoden und der Verteilung der Individuen auf die Berufe bedeutet zunächst nichts als ein Hilfsmittel ihrer allgemeinen Rationalisierung [...]. Zu entscheiden, in welcher Richtung ein solches bewußtes Gestalten geschehen soll, ist nicht Sache der angewandten Psychologie; sie kann sich ebensogut der gesellschaftlichen Klassenstruktur einfügen, wie dazu dienen, sie zu sprengen» (S. 5).

Diese scheinbare Objektivität in der psychotechnischen Forschung handelte man sich ein, indem man auf gesellschaftspolitische Selbstreflexion verzichtete und gesellschaftliche Verhältnisse unhinterfragt ließ.

Aufgaben und Anwendungsgebiete

Münsterberg teilte die Aufgabenbereiche der damaligen Wirtschaftspsychologie in folgende drei Gebiete ein (1912, S. 22):

1. die Eignungsfeststellung und wissenschaftliche Beratung bei der Berufswahl – Aufgaben also, bei denen die psychischen Eigenschaften der Persönlichkeit bedeutungsvoll sind; gemeint ist «die Auslese der geeigneten Persönlichkeit» (S. 23 ff.);
2. das Optimieren psychischer Arbeiten; gemeint ist «die Gewinnung der bestmöglichen Leistungen» (S. 86 ff.); als Untersuchungsgegenstände nannte er:
   - Einüben und Lernen,
   - Anpassung der Technik an die psychischen Bedingungen,
   - Bewegungsersparnis,
   - Probleme der Monotonie,
   - Störungen der Aufmerksamkeit,
   - Ermüdung,
   - physische und soziale Einflüsse auf die Leistungsfähigkeit;
3. das Einwirken auf psychische Faktoren; gemeint ist «die Erzielung der erstrebten psychischen Wirkungen» (S. 143); darunter fallen Untersuchungen zur Befriedigung wirtschaftlicher Bedürfnisse sowie Experimente zur Wirkung von Anzeigen und sonstigen Werbemitteln.

Während die ersten beiden Aufgabenkomplexe arbeitspsychologische Anwendungsgebiete umfassen, ist der dritte Bereich eher der Werbepsychologie zuzuordnen. Im Gliederungssystem für den arbeitspsychologischen Aufgabenbereich finden sich differenzielle und experimentelle Psychologie, die Kraepelin'-schen Untersuchungen zur Arbeitsleistung sowie die Ergebnisse der wissenschaftlichen Betriebsführung von Taylor und Gilbreth. Intendiert war, «dass die wissenschaftliche Betriebsleitung und das psychologische Laboratorium von vornherein einander näher rücken» (S. 113).

Dieses «Mixtum compositum» an Aufgabenstellungen wurde im Entwicklungsverlauf der Arbeitspsychologie weiter strukturiert und fand seine endgültige Formung in den 1950er-Jahren und später in der Dichotomie «Anpassung des Menschen an die Arbeit» und «Anpassung der Arbeitsbedingungen an den Menschen» (vgl. Hische, 1950; Walther, 1950; Bornemann, 1967; Herwig, 1970). Aus dem wechselseitigen Anpassungsprozess von Mensch und Arbeit kristallisierten sich drei Themenschwerpunkte der Arbeitspsychologie heraus: Eignung, Ausbildung/Anlernung, Arbeitsbedingungen.

Auf ein umfassendes und relativ ausgereiftes Werk von Giese (1927), das aus der Kritik an der «rasanten Entwicklung» der Psychotechnik entstand, soll etwas näher eingegangen werden. Sein System der «Wirtschaftspsychologie» gibt Abbildung I-3 wieder.

Giese wies darauf hin, dass die zugrunde liegende Systematik kein «wissenschaftstheoretisch wohl aufgebautes, logisch geordnetes Gerüst benutzt» (S. 123); je nach Bedarf entwickelten sich diese oder jene Anwendungsgebiete stärker.

Giese schrieb die umfassende Arbeit «Methoden der Wirtschaftspsychologie», um dem «leidigen Begriff Psychotechnik ausdrücklich zu begegnen, dessen Ruf dank des geschäftstüchtigen Handwerkertums gewisser Kreise nicht der beste mehr ist, der vor allem methodisch und gegenständlich falsche Auslegungen unterstellen könnte» (S. 19). Er wählte daher den Begriff «Wirtschaftspsychologie», um die Entwicklung eines überbetont individualistischen Zuges in der Psychologie zu relativieren, die seit dem Ersten Weltkrieg von 1914 die angewandte Wissenschaft allgemein sehr beeinflusste, «denn fast restlos wurde nur das eine

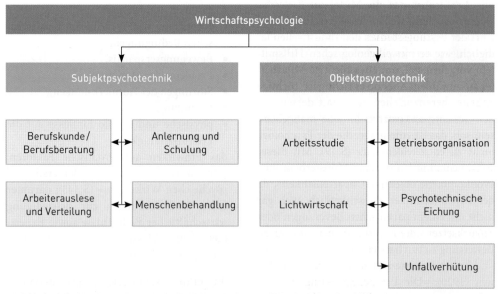

Abbildung I-3: Gliederungssystematik «Wirtschaftspsychologie» (Giese, 1927)

Problem der Ausleseverfahren oder Eignungsprüfungen gepflegt» (S. 121). Giese stellte nicht die «abgeschliffene Phrase ‹vom rechten Mann am rechten Platz›» in den Mittelpunkt der Betrachtungen, sondern «die Behandlung des Faktors ‹Mensch›» (S. 121) im Betrieb. Aus diesen Überlegungen resultierte die Aufteilung der Wirtschaftspsychologie in «Subjektpsychotechnik» und «Objektpsychotechnik». Von *Subjektpsychotechnik* ist die Rede, wenn es darum geht, den «Mensch[en] als Betriebsfaktor» (S. 122) den Bedingungen des Wirtschaftslebens anzupassen, von *Objektpsychotechnik*, wenn «die Materie, der Gegenstand, die Umwelt oder das Gerät [...] der gegebenen psychologischen Natur der Menschen» (S. 123) angepasst werden soll.

Giese wies ausdrücklich darauf hin, «dass im Wirtschaftsleben die Objektpsychotechnik eine wesentlich größere Rolle spielen muss als die Subjektpsychotechnik» (S. 123). Mit einem Teilbereich der Objektpsychotechnik befasse sich die «Arbeitspsychologie im Betrieb» (S. 450). Die Gegenstände ihrer Anwendung seien die «allgemeine Leistungsstudie» sowie «die Rationalisierung des Arbeitsplatzes». Zur Rationalisierung des Arbeitsplatzes führe man eine «psychotechnische Eichung» durch, um alle Arbeitselemente eines Arbeitsplatzes daraufhin zu überprüfen, ob sie den anerkannten, aus den Leistungsstudien hervorgehenden Bedingungen der jeweiligen Tätigkeit entsprechen. Hier legte Giese ein sehr eng begrenztes Anwendungsgebiet der Arbeitspsychologie zugrunde.

Eindeutig und ganz in der Tradition Münsterbergs und Lewins nahm Giese zum Selbstverständnis der Wirtschaftspsychologie Stellung: «Solange im Wirtschaftsleben als Maximen Rationalisierung und Utilitarismus gegeben sind, tritt die Psychotechnik als Hilfswissenschaft ein, um diesen Zielen ihre Unterstützung zu leihen. Die Auseinandersetzung darüber, ob die Wirtschaftsziele richtig oder sittlich oder wertvoll sind, interessiert die angewandte Psychologie keinesfalls» (S. 124). Interessant sind in diesem Zusammenhang die Ausführungen zur praktischen Menschenbehandlung: «Im Wirtschaftsleben hat die rationelle Menschenbehandlung die Aufgabe, die Arbeitsmitglieder so zu beeinflussen, daß ihre Mentalität zweckentsprechend gestaltet und für die Prosperität des Unternehmens wie die nützliche Gesinnung der eigenen Person zubereitet wird» (S. 124).

Trotz der gesellschaftspolitisch fraglichen und – wie sich später zeigen sollte – gefährlichen bedingungslosen Unterordnung unter ökonomische Zielsetzungen kommt der Arbeit Gieses große Bedeutung zu, insbesondere hinsichtlich der systematischen und umfassenden Aufarbeitung psychotechnischer Methoden und Anwendungsfelder. Neu war zu diesem Zeitpunkt vor allem die sogenannte «optische Eichung», etwa die Licht- und Farbgestaltung.

Institutionalisierung, Verbreitung und Krise
Für die Psychotechnik in Europa ist der Weltkrieg der eigentliche Schrittmacher gewesen (vgl. auch Häcker & Stapf, 2009). Die kriegswirtschaftliche Mangelökonomie während und nach dem Ersten Weltkrieg führte zu einer raschen Ausbreitung psychotechnischer Tätigkeitsfelder. Im Einzelnen sind zu nennen:

- Auswahl und beschleunigte Ausbildung von Militärpersonal. – Neue Waffen erforderten bei der Musterung die Berücksichtigung besonderer funktionaler Anlagen. Die militärische Psychotechnik befasste sich unter anderem mit Untersuchungen der Eignung und Leistungsbedingungen von Flugzeugführern, Funkern, Kanonieren, Kraftfahrern.
- Ersetzung der Eingezogenen und sparsame Anwendung vorhandener menschlicher Arbeitskraft in den Betrieben. – Die möglichst schnelle Gewinnung von Schulabgängern und Frauen für den Produktionsprozess und ihre kurzfristige Anlernung führten zum Ausbau von Berufsberatung, psychotechnischen Eignungsuntersuchungen (z. B. Auslese von weiblichem Straßenbahn- und Eisenbahnpersonal) und Anlernverfahren.

- Wiederherstellung der Arbeitskraft von Hirnverletzten und Kriegsversehrten. – Motorische und kognitive Ausfälle wurden psychotechnisch diagnostiziert, um ausgefallene Funktionen wiederherzustellen oder durch die verbliebenen Fähigkeiten zu kompensieren.

Nach dem Kriegsende sollten psychotechnische Verfahren und Methoden der Wirtschaft zu neuem Aufschwung verhelfen. Durch Verbesserung der Arbeitsbedingungen und Rationalisierung der Fertigungsverfahren wirkte man der absinkenden Produktivität und vermehrten Unfällen und Fehlzeiten entgegen, reduzierte überlange Arbeitszeiten und veränderte das Schichtsystem.

Insbesondere der dringend erforderliche Abbau des kriegsbedingten Mangels an qualifizierten Arbeitskräften führte dazu, dass Lehrlingsauslese und Lehrlingsausbildung zu einem Hauptanwendungsgebiet der Psychotechnik wurden. Eingeführt wurde die «psychotechnische Begutachtung» zunächst in der Großindustrie, bei Firmen wie AEG, Borsig, Krupp, MAN oder Siemens.

Die Psychotechnik institutionalisierte sich in Deutschland im ersten Jahrzehnt nach dem Ersten Weltkrieg durch die Schaffung und Einrichtung von psychotechnischen Labors und Versuchsstellen

- an den Hochschulen (vgl. hierzu die Auflistung psychotechnischer Lehr- und Forschungsanstalten bei Dorsch, 1963, S. 82),
- bei der Reichsbahn und Reichspost (die Reichspost begann ihre psychotechnischen Studien mit Eignungsprüfungen für Telefonistinnen),
- bei der Reichswehr,
- bei Städten und Kommunen und
- bei der Reichsanstalt für Arbeitsvermittlung und Arbeitslosenversicherung.

Das relativ breite Aufgabenspektrum der damaligen Arbeitspsychologie umfasste die Auslese und Schulung der Mitarbeiter, die Ratio-

nalisierung der Fertigungsverfahren und die Verbesserung der Arbeitsplätze sowie der Werkzeuge und Maschinen. Je nach Notwendigkeit oder Bedarf arbeitete man auf dem jeweiligen Gebiet mehr oder minder pragmatisch.

Zu Hauptanwendungsfeldern der Psychotechnik wurden Eignungsdiagnostik, Personalauslese und Anlernung. Andere Aufgabenbereiche traten in den Hintergrund. Dazu Tramm: «Die Ermüdungsfrage im Rahmen des 8-Stundentages eingehend und objektiv zu studieren, war bisher der Psychotechnik mangels geeigneter Aufträge und geeigneter Mittel nicht möglich» (Tramm, 1932, S. 94). Andere Psychotechniker, zum Beispiel Schlesinger, negierten in naiver Sichtweise schlechte Arbeitsbedingungen. Anstatt durch Gestaltungsmaßnahmen die Arbeitsbedingungen zu verbessern, appellierte man in schwülstigen Formulierungen an die Arbeitswissenschaftler der damaligen Zeit: «Darum aber gerade müssen wir versuchen, ihre Wesensart [die der Arbeiter; d. Verf.] zu ergründen, dem Geheimnis näher zu kommen, dessen Enthüllung ihre volle Entfaltung erst ermöglicht, durch Erweckung der Freude am Beruf die Sonne der Lust und Liebe an der Arbeitsstätte leuchten zu lassen, die auch in dunklen Werkstattecken bei eintönigem Tun noch Helligkeit und Wärme verbreitet» (Schlesinger, 1920, S. IV).

Schon kurz nach der Blütezeit der Psychotechnik begann ihre Krise. Diese Krise war dreifach bestimmt: theoretisch, inhaltlich-methodisch und ideologisch.

Von einer *theoretischen* Krise der Psychotechnik sprach auf der VII. Internationalen Konferenz für Psychotechnik in Moskau Spielrein (1933). Für ihn wird die Unzulänglichkeit ihrer Theorie und die Losgelöstheit der Praxis von der Theorie immer offenkundiger. Erdély (1933, S. 3) bemängelte in diesem Zusammenhang den «logischen Ausbau ihres Begriffssystems» und forderte, «eine Grundlage zu schaffen, worauf ein gesundes System der Erkenntnis und ein sicheres Vorgehen der Praxis aufzubauen ist».

Die geforderte theoretische Grundlegung wurde zwar nicht geschaffen, dafür aber eine Vielzahl von Begriffsbestimmungen (vgl. die Aufsätze von Erdély, Stern und Lipmann in der Zeitschrift für angewandte Psychologie, Bd. 44, 1933), die aufgrund ihrer sophistizierenden Auswüchse nicht klärend, sondern eher verwirrend wirkte.

Inhaltlich-methodisch erwuchs die Krise aus der einseitigen Ausrichtung auf die Eignungsdiagnostik (s. Infobox I-6).

Diese differenzialpsychologische Orientierung hatte zur Folge, dass sich die Einstellung der Gewerkschaften zur Psychotechnik, die zunächst positiv war, ins Gegenteil verkehrte. Unklar aus der Sicht der Arbeiter war bei psychotechnischen Eignungsprüfungen auch die soziale Stellung der Psychotechniker. Tramm (1933a) veranlassten die seiner Ansicht nach

«unbegründeten Angriffe» zu einer polemisch-arroganten Aussage: «Im Betriebe waren es Leute, die kaum das Wort ‹Psychotechnik› richtig aussprechen konnten und von der Sache überhaupt nichts wussten» (S. 190).

Auf den Vorwurf, dass sich die psychotechnische Begutachtung nicht nur Eingriffe, sondern auch Übergriffe in die Wesens- und Anspruchssphäre der von ihr behandelten Individuen gestatte, reagierte Stern (1933) mit dem sogenannten «Harmonie-Argument»: «die psychotechnische Prüfung komme, indem sie anderen Zielen diene, von selbst auch denen zugute, an denen sie vorgenommen werde» (S. 55). Denn erstens – so argumentierte er weiter – setze sie jeden Menschen an diejenige Stelle, die seiner Leistungsfähigkeit angemessen sei, und zweitens schaffe sie die Überzeugung, dass die Auslese nicht nach Belieben und

Infobox I-6

Kritik an der individualistischen Sichtweise der Psychotechnik (Giese, 1927, S. 121)

«Wie kommt es, daß man in diesem Sinne eine abwegige Entwicklung der Wirtschaftspsychologie zu verzeichnen hat?

Es beruht dies auf dem überbetonten individualistischen Zug in der Psychologie, der in und seit dem Kriege von 1914 die angewandte Wissenschaft beeindruckte. Die Auslese der Mannschaften, die Rentenbegutachtung der Hirnverletzten, die Förderung der Begabten in den Schulen; das alles liegt auf einer Linie: Es ist kennzeichnend, wie auch in der Pädagogik die experimentelle Didaktik gegenüber der Individualpsychologie ganz zurücktrat, so daß die Erziehungslehre seit Meumann in der Unterrichtslehre eigentlich so gut wie keine wesentlichen psychologischen Fortschritte erzielte. Und doch bieten schon die Darlegungen Münsterbergs den Gesamtstoff im wesentlichen. Seine schlichte Stoffgliederung in ‹Auslese›, ‹Gewinnung bestmöglicher Leistungen› und ‹Erzielung erstrebter psychischer Wirkungen› ist nach wie vor gültig; aber sie blieb praktisch unerfüllt, denn fast restlos wurde nur das eine Problem der Ausleseverfahren oder Eignungsprüfungen gepflegt; wurde für die Psychotechnik mit der abgeschliffenen Phrase vom ‹rechten Mann am rechten Platz› geworben. Es wird hervorzuheben sein, daß im großen Zusammenhang des Wirtschaftslebens die Eignungsprüfung nur eine äußerst bescheidene Rolle spielen kann. Ja, wir werden betonen, daß sie als Grundidee in neuzeitlichen Betrieben sogar überflüssig werden mag. Nur wer einseitig – etwa vom Schreibtisch her – die Sachlage beobachtet, mag eine übertrieben hohe Geltung des Ausleseprinzips annehmen. Wer die realen Befunde kennt, weiß, daß dagegen ein ungeheuer großes Stück Arbeit übrigbleibt für die andere Seite des individualistischen Prinzips im Wirtschaftswerk: die Behandlung des Faktors ‹Mensch›.»

Willkür, sondern aus Gründen objektiver Gerechtigkeit erfolge. Stern wies allerdings darauf hin, dass sich die Psychotechnik eingehender als bisher mit der Rückwirkung ihrer Maßnahmen auf die Betroffenen zu beschäftigen habe: «Denn wenn auch die Psychotechnik nichts anders als eine Gehilfin der Wirtschaft sein will – sie ist doch stets zugleich Schicksal für Menschen» (S. 56).

Stern (1921) war es auch, der relativ frühzeitig hinsichtlich methodischer Standards bei der Eignungsuntersuchung intervenierte. Er wollte damit verhindern, dass «Nicht-Psychologen und Halb-Psychologen, die sich die äußere Technik unserer Prüfmethoden angeeignet haben [...], glauben, dennoch berechtigt zu sein, selber den Psychotechniker spielen zu dürfen» (Stern, 1921, S. 11).

Sterns Aufruf und der einiger anderer Psychotechniker (wie Giese, Lipmann, Rupp), Eignungsuntersuchungen nicht von Fachfremden durchführen zu lassen, fruchtete wenig: «Moedes Modell, in dem der Psychotechniker gemeinsam mit dem Betriebsingenieur die gewünschten Untersuchungsverfahren entwickelt, eicht und überprüft und deren Durchführung dem Unternehmen überlässt, setzte sich durch» (Jaeger & Staeuble, 1983, S. 81).

Der politische Umbruch in Deutschland führte zur *ideologischen* Krise der Psychotechnik. Schneller als in anderen Teilbereichen der Psychologie vollzog sich in der Psychotechnik die Anpassung an faschistisches Gedankengut. Viele der in Deutschland gebliebenen Psychotechniker oder Inhaber von Psychologie-Lehrstühlen «versuchten eher, die Stunde zu nutzen» (Geuter, 1984, S. 24). In diesem Zusammenhang weist Geuter darauf hin, dass hinsichtlich institutioneller und professioneller Aspekte die Zeit des Nationalsozialismus für die Psychologie keine Zeit des Niedergangs, «sondern eine Zeit ihrer Förderung war» (S. 26). Ein Niedergang lag darin, «dass einige Psychologen bereitwillig ihre Theorien änderten, um die NS-Ideologie zu stützen, und damit die theoretische Entwicklung der Psychologie ihrer politischen Opportunität opferten» (S. 26).

So sah sich die Psychotechnik «neuen Aufgaben» gegenübergestellt, die sich «bei Einführung und Durchführung der allgemeinen Arbeitspflicht und der Herausbildung einer Führerschicht ergeben» (Tramm, 1933b, S. 163). In einem von Moede, Couvé und Tramm in der Zeitschrift «Industrielle Psychotechnik» unterzeichneten «Aufruf der Gesellschaft für Psychotechnik» heißt es: «Alle auf dem Gebiet der angewandten Psychologie und Psychotechnik tätigen Praktiker und Wissenschaftler, die den neuen Staat bejahen, müssen sich endlich zusammenfinden» (1933, S. 161).

Die Wehrmacht bediente sich bei der Spezialistenauslese herkömmlicher Methoden aus der industriellen Psychotechnik. Ein eigenes arbeitswissenschaftliches Institut, das Psychologen beschäftigte, richtete man bei der «Deutschen Arbeitsfront» (DAF)» ein. Das 1925 vom Verein deutscher Eisenhüttenleute gegründete «Deutsche Institut für Technische Arbeiterschulung» (DINTA) arbeitete eng mit Psychotechnikern wie Poppelreuther und Moede zusammen und wuchs sich unter Leitung von Arnhold nach Eingliederung in die DAF zum rührigsten Trommler für das nationalsozialistische Gedankengut aus. Wie Vertreter der Psychotechnik zur DINTA bzw. zu ihrer Führung standen, zeigt die Einschätzung Moedes (1935): «Arnhold, der Führer der DINTA, des Deutschen Instituts für Nationalsozialistische Arbeiterschulung, hat sich vor allem seit Jahren erfolgreich und führend für gute und vertiefte Anlernung und Menschenführung in industriellen Betrieben eingesetzt und verdient gemacht» (S. 248).

Insgesamt hatte die Psychotechnik im Dritten Reich nach Jaeger & Staeuble (1983) theoretisch und praktisch aber nur «eine sehr beschränkte Aufgabe». Begründet lag dies darin, dass die Grenzen des psychotechnischen Ansatzes bereits vor 1933 deutlich geworden waren.

Für die Entwicklung der Arbeitspsychologie – nicht nur in Deutschland – war die psychotechnische Phase zweifellos von Bedeutung. Inhaltlich unterschiedlich akzentuiert und in unterschiedlichen Zeitspannen betrieb man Psychotechnik in Frankreich und England (auf physiologisch-arbeitswissenschaftliche Fragestellungen ausgerichtet), in den USA (eignungsdiagnostisch ausgerichtet) und in Russland (vgl. Baumgarten, 1924). Die in der Schweiz, in den Zentren Genf und Zürich, vollzogene psychotechnische Entwicklung ist noch am ehesten mit der deutschen vergleichbar (zur internationalen Ausbreitung psychotechnischer Forschungs- und Prüfstellen vgl. Jaeger & Staeuble, 1983, S. 72).

Georges Friedmann, «ein ebenso kritischer wie schöpferischer Autor mit großen Kenntnissen der marxistischen Theorie» (Volpert, 1975, S. 57), würdigt die Psychotechnik wie folgt: «Ohne sie [die industrielle Psychotechnik; d. Verf.] wäre niemals der Hilfsarbeiter in den Großserienbetrieben so vielen Beobachtern in seiner Funktion als ‹ein Betriebsmittel unter anderen Betriebsmitteln› sichtbar geworden. Niemals wären ohne die Psychotechnik die beängstigenden Probleme der Entmenschlichung der Arbeit […], die uns hier beschäftigen, auf die Tagesordnung der wissenschaftlichen Forschung und Erkenntnis gesetzt worden.» (Friedmann, 1952, S. 47.)

Insbesondere der Arbeit einzelner Psychotechniker wird hohe Anerkennung entgegengebracht. So würdigt Hacker (1982) den 1935 emigrierten Walter Blumenfeld (1882–1967) mit seiner wissenschaftlichen Arbeit als einen Vorläufer und Begründer der modernen Arbeitspsychologie: «[Er] ist das unerreichte Vorbild für das Dresdner Bemühen um theoretische und methodische Fundierung der Arbeitspsychologie bei bewußter Bezugsstiftung zur Allgemeinen Psychologie» (Hacker, 1982). Für Dorsch (1963) verdankt die Psychologie den Psychotechnikern «sehr viel mehr als nur den Auftrieb der Psychotechnik»; er lobt «ihre extensive Art zu forschen», «ihre vielseitige und flüssige geistige Beweglichkeit», «ihr anschaulich empirisches Vorgehen» (S. 91).

Fassen wir zusammen: Psychotechnisches Forschen und Handeln war vielfältig in der Methoden- und Instrumentenentwicklung, produktiv in der Umsetzung und effizient in der Zusammenarbeit mit der Wirtschaft. Das psychotechnische Betätigungsfeld war jedoch inhaltlich auf diagnostische und differenzialpsychologische Aspekte menschlicher Arbeit eingeschränkt und entbehrte weitgehend einer theoretischen Basis. Die immer wieder von ihren exponierten Vertretern beschworene «objektive Unparteilichkeit» und das Nichthinterfragen gesellschaftlicher Verhältnisse führten schließlich zur ideologischen Vereinnahmung und so zum Ende der Psychotechnik.

2.2.4 Das Interesse an der sozialen Bestimmtheit des menschlichen Arbeitsverhaltens

Immer deutlicher wurde, dass es nicht ausreicht, sich auf die Betrachtung des Individuums zu beschränken, wenn man menschliche Arbeit analysieren und gestalten will. Die Einsicht, dass selbst rein technische und psychophysiologische Probleme wie Leistung, Ermüdung und Monotonie auch von sozialen Faktoren abhängen, führte zu einer mehr sozialpsychologischen Betrachtung des Menschen. Man thematisierte die soziale Determiniertheit menschlichen Arbeitsverhaltens. Wir verdeutlichen dies an drei Entwicklungssträngen: den Hawthorne-Experimenten, dem soziotechnischen Ansatz des Tavistock-Institutes und der Etablierung einer sozialpsychologisch orientierten Betriebspsychologie.

Hawthorne-Experimente

Vorangetrieben wurde die neue Entwicklungsstufe in der Arbeitspsychologie zweifellos durch die Untersuchungen Mayos und seiner Mitarbeiter. Die Studien von Mayo (1950) und Roethlisberger & Dickson (1939) in den Hawthorne-Werken der Western Electric Company in Chicago und Cicero wiesen nach, wie bedeutsam Einstellungen und Motivationen sowie soziale Beziehungen in Arbeitsgruppen für die betriebliche Leistungsfähigkeit sind.

Bekannt sind vor allem die Feldstudien mit Arbeiterinnen in der Relaismontage. Trotz konstant gehaltener unabhängiger Variable (Beleuchtungsstärke) in der Kontrollgruppe und ihrer systematischen Variation in der Experimentalgruppe (die Beleuchtungsstärke wurde nach oben und unten variiert) zeigten sich beim Prüfen der abhängigen Variable bei beiden Gruppen erhöhte Arbeitsleistungen. Die Leistung verschlechterte sich feststellbar erst bei «Mondlicht»-Beleuchtung. Auch wenn nachträgliche Recherchen ergaben, dass es sich um ein ungenügend kontrolliertes Feldexperiment handelte (privilegierte Testpersonen, Versuchsleitereffekte; vgl. zusammenfassend Rice, 1982) und der Hawthorne-Effekt damit entmythologisiert wurde, kristallisierte sich doch die These heraus, dass das Arbeitsverhalten am entschiedensten von den zwischenmenschlichen Beziehungen, insbesondere innerhalb der informellen Gruppe, abhänge und dass soziale Spannungen in erster Linie aus den persönlichen inneren Einstellungen der Arbeitenden und aus ihren Beziehungen zueinander entstehen.

Die Hawthorne-Untersuchungen in den Jahren 1927 bis 1932 lassen sich als Ausgangspunkt der sogenannten *Human-Relations-Bewegung* interpretieren. Ziel dieser Bewegung war es, die zwischenmenschlichen Beziehungen, die Informations- und Kommunikationsprozesse innerhalb von Arbeitsgruppen sowie zwischen Vorgesetzten und Unterstellten zu pflegen, um die Mitarbeiter auf diese Weise zufriedener zu stimmen und so letztlich höhere Leistungen zu erzielen (zur Darstellung und Kritik der Human-Relations-Bewegung vgl. Neuberger, 1977; McKenna, 2006, S. 10 ff.).

Der soziotechnische Systemansatz des Tavistock-Institutes

Im «Tavistock Institute for Human Relations» in London hatte zu Beginn der 1950er-Jahre ein auf die Gestaltung von Arbeitssystemen ausgerichteter Ansatz seinen Ursprung (vgl. Emery, 1959). Ziel war die gemeinsame Optimierung des sozialen und technischen Systems. Technologie, Aufgabenstruktur, Bedürfnisse und Qualifikationen der Organisationsmitglieder waren aufeinander abzustimmen, wobei im Sinne einer holistischen Herangehensweise die Komplexität der in der Arbeitssituation wechselwirkenden Einflussfaktoren berücksichtigt werden sollte. Nicht mehr als Individuum, sondern als Mitglied eines komplexen sozialen, organisationalen und technischen Systems war der Arbeiter Gegenstand dieses von der Gestaltpsychologie, der Psychoanalyse und der Systemtheorie beeinflussten Ansatzes.

Bekannt sind vor allem die frühen empirischen Arbeiten aus den Jahren 1951 bis 1958 im englischen Kohlebergbau (vgl. z. B. Trist & Bamforth, 1951). Die mit der Einführung einer neuen teilmechanisierten Abbaumethode entstandenen Probleme (schlechtes Betriebsklima, steigende Unfallquoten, erhöhte Fluktuations- und Absentismusraten) sollten analysiert und gelöst werden. Die Lösung bestand letztendlich darin, die alte Arbeits- und Sozialstruktur wiederherzustellen, da die bisherige Selbstregulation in teilautonomen Gruppen motiviertere und zufriedenere Bergleute hervorbrachte. Obwohl in Vergleichsstudien die Überlegenheit teilautonomer Gruppen durch Produktivitätserhöhung und verringerte Abwesenheitsraten belegt war, wurde von Seiten der Industrie das soziotechnische Konzept aus Gründen des Verlusts von Macht und Einflussnahme nicht umgesetzt.

Die Erkenntnisse aus diesen Studien mündeten in weitere Untersuchungen, etwa in das sogenannte «Ahmedabad-Experiment» in der indischen Textilindustrie (vgl. Rice, 1958). Gegenstand dieser Studie war die Restrukturierung extrem arbeitsteiliger Tätigkeiten an automatisierten Webstühlen zugunsten gruppenbezogener Formen der Arbeitsorganisation. Die zugrunde gelegten Gestaltungsannahmen gibt Infobox I-7 wieder.

Auch bei diesem Projekt ergaben sich Umsetzungsschwierigkeiten, die aus der mangelnden Berücksichtigung von Konflikt- und Machtaspekten herrührten.

Insgesamt wird den konzeptionellen wie empirischen Arbeiten des Tavistock-Institutes

Infobox I-7

Annahmen zur Gestaltung soziotechnischer Systeme nach Rice, 1958 (aus Ulich, 2005, S.193)

1. «Unabhängig von den Entlohnungs- und Arbeitsbedingungen will eine Gruppe aus der effizienten Organisation und Aufgabenerfüllung Befriedigung beziehen. Deshalb soll eine Gruppe weder mehr noch weniger Mitglieder haben, als sie zur effizienten Aufgabenerfüllung benötigt.
2. Weil in der Vollendung einer Aufgabe eine wichtige Quelle von Zufriedenheit vermutet wird, soll eine Arbeitsgruppe eine solche Anzahl von Mitgliedern aufweisen, dass diese – soweit praktikabel – die Vollendung ganzheitlicher Aufgaben erleben können. (...)
3. Wenn die individuellen Aufgaben der Gruppenmitglieder voneinander abhängig sind, sind die Beziehungen zwischen den Gruppenmitgliedern für die Produk-

tivität bedeutsam. Deshalb sollte in einer Arbeitsgruppe für befriedigende soziale Beziehungen gesorgt sein.
4. Weil konkret-praktische Selbstregulation für die Gruppenmitglieder befriedigend sein kann, sollte die Gruppe selbst Kontrolle haben über ihre alltägliche Arbeit und Organisation.
5. Die physikalische Abgrenzung des Raumes, innerhalb dessen eine Gruppe arbeitet, ermöglicht es ihr, sich mit dem eigenen ‹Territorium› zu identifizieren. Arbeitsgruppen, die «ein eigenes Territorium» besitzen, entwickeln eher intern strukturierte, stabile Beziehungen mit gutem Zusammenhalt als Gruppen mit unklaren oder einander überlappenden Territorien.»

für die Weiterentwicklung der Arbeitspsychologie und heutigen Arbeitsgestaltung zentrale Bedeutung beigemessen (vgl. Ulich, 2005). Hervorzuheben sind die unter Beteiligung der Mitarbeiter entwickelten verschiedenartigen neuen Formen der Arbeitsorganisation (wie z.B. inhaltlich angereicherte Tätigkeiten, Arbeitsplatzwechsel, teilautonome Gruppe), um Monotonie, Entfremdung und partialisierte Arbeitshandlungen zu verhindern.

Zwar befassten sich ansatzweise bereits Psychotechniker mit den sozialpsychologischen Aspekten der Gruppenarbeit. Sie entwickelten zum Beispiel Kooperationsformen wie die «Gruppenfabrikation» (vgl. Lang & Hellpach, 1922) oder die «Werkstattaussiedlung» (vgl. Rosenstock, 1922). Wie Ulich (2005) ausführt, ist es allerdings problematisch, die «Gruppenfabrikation» als frühen Vorläufer der Konzepte teilautonomer Arbeitsgruppen zu charakterisieren. Weder eine Erweiterung der Arbeitsin-

halte noch die Selbstorganisation innerhalb der Gruppe war mit der «Gruppenfabrikation» intendiert.

Entwicklung einer Sozialpsychologie des Betriebes

Ausgehend von den angloamerikanischen Forschungsarbeiten über bedeutsame sozialpsychologische Wirkfaktoren zwischen technisch-ökonomisch-organisatorischen Bedingungen auf der einen Seite und den mit ihnen interagierenden Menschen auf der anderen begann sich zu Beginn der 1950er-Jahre in der Bundesrepublik eine sozialpsychologisch orientierte Arbeitspsychologie zu etablieren.

Nach seinen eigenen Worten präsentierte Arthur Mayer 1951 «die erste deutsche systematische theoretische Grundlegung einer ‹Sozialpsychologie des Betriebes›» (Mayer, 1970, S.32). Ausgehend von einer anthropologischen

Position in der Psychologie erschien es Mayer (1951) besonders bedeutsam, neben der Erforschung der individualpsychologischen Struktur und Funktion «der leibseelischen Ganzheit des Menschen und ihrer Verwobenheit in Welt und Umwelt mehr und mehr die sozialpsychologische Seite des Menschen, d.h. sein ‹mitmenschliches› Wesen, zu erhellen» (S. 13). Das Zusammentreffen von «Seele und Sachwelt» geschieht im Lebensbereich des modernen Großbetriebs.

In Erweiterung der Arbeitspsychologie, die sich bislang in erster Linie auf die Erforschung des optimalen Verhältnisses zwischen Mensch und Arbeit konzentrierte, richtete sich Mayers Augenmerk auf «die Anpassung des Menschen an den Mitmenschen in der Betriebsarbeit» (S. 18). «Die soziale Rationalisierung» basiere auf «mitmenschlichen Wirkkräften im Betriebsleben» (S. 39), nämlich auf Strebungen (Triebfedern), Gefühlen und Gesinnungen. Diese Wirkkräfte teilte Mayer auf in «mitseelisch-verbindende Strebungen» wie

- die «gemeinschaftsschaffenden» Strebungen: das Gesellungsstreben, das Nachahmungsstreben und das Fürsorgestreben,
- die «kontaktsuchenden» Strebungen: das Führungsstreben, das Unterordnungsstreben, das Geltungsstreben, die Neugier und den Spieltrieb,

und «mitseelisch-trennende Strebungen» wie

- die Selbstsucht, die Habsucht, die Herrschsucht, die Geltungssucht, die Vergeltungssucht.

Interessant sind in diesem Zusammenhang die idealistischen und teilweise weltfremden Vorstellungen Mayers von der «Gesellung» im Betrieb (s. Infobox I-8).

Infobox I-8
Zur Bedeutung des Gesellungsstrebens (Mayer, 1951, S. 67)

1. «Der Industriearbeiter hat ein urtümliches, starkes Bedürfnis, in sich ‹gesellig› zu arbeiten, d.h. bei Verrichtung seiner Arbeit ‹nicht allein zu sein›, sondern in möglichst engem, dauerndem Kontakt mit seinen Mitarbeitern zu stehen.
2. Die Nichterfüllung dieses unbewussten Verlangens verursacht auf die Dauer erhebliche Störungen im individuellen Wohlbefinden und Minderungen der Leistungswilligkeit und Leistungsfähigkeit.
3. Die Befriedigung des Gesellungsstrebens schließt die einzelnen Arbeiter zu einer Gruppe zusammen.
4. Die Gesellung einer Gruppe greift über sich hinaus und veranlasst – bei gegebener Möglichkeit – auch andere zum Gruppenzusammenschluß.
5. Die Stillung des Gesellungsbedürfnisses hebt das allgemeine Wohlbefinden und die Arbeitsfreude und steigert dadurch die Leistungsfähigkeit und Leistung des Einzelnen wie der Gruppe.
6. Als Folge hiervon steigt das Verantwortungsgefühl gegenüber der Gruppe und der Betriebsführung und damit auch die Betriebsverbundenheit.
7. Mit dem Erleben der geselligen Verbundenheit mit den Arbeitskameraden wird auch das außerbetriebliche Verhalten geselliger, froher, was sich seinerseits wieder günstig auf die Arbeitsgesellung auswirken dürfte.
8. Durch die natürliche Befriedigung des Gesellungsstrebens bei der Arbeit hören unnatürliche Ersatzbefriedigungen (‹in irgendeiner illegalen Kneipe›) von selbst auf.
9. Der arbeitende Mensch erholt sich von den Anstrengungen der Arbeit neben der Ruhe am besten durch natürliche Geselligkeit.»

Ausgehend von der Diskrepanz zwischen technischem, wirtschaftlichem und naturwissenschaftlichem Fortschritt und zunehmender Verkümmerung der menschlichen und sozialen Werte versuchte Mayer durch seinen normativen Ansatz der «sozialen Betriebsgestaltung» (S. 31), «die Sinnentleerung der Arbeit, die mangelnde Entfaltung der Persönlichkeit und den Verlust der befriedigenden mitmenschlichen Beziehungen zwischen den Betriebsangehörigen» (S. 221) zu überwinden.

Nach diesen Vorstellungen ist «Betriebspsychologie» der umfassende Begriff, der sowohl die Arbeitspsychologie als auch die Sozialpsychologie des Betriebes miteinbezieht (zur Systematik der Betriebspsychologie vgl. auch Mayer & Herwig, 1970).

Aus der Sozialpsychologie des Betriebes entwickelte sich im Zeitablauf aufgrund verstärkter eigenständiger Forschungen aufgrund von Replikationen nordamerikanischer Arbeiten zum menschlichen Erleben und Verhalten in Organisationen im deutschsprachigen Raum die *Organisationspsychologie* (vgl. die grundlegende Arbeit von v. Rosenstiel, 1980).

2.2.5 Die Erforschung der psychischen Struktur von Arbeitstätigkeiten

Ende der 1960er-Jahre deutete sich in der Arbeitspsychologie ein «Paradigmenwechsel» insofern an, als die in der Allgemeinen Psychologie eingetretene Abkehr von behavioristischen Grundauffassungen auch in dieser angewandten Disziplin eine Beschäftigung mit der psychologischen Handlungstheorie einleitete. Arbeitspsychologische Forscher waren von nun an bemüht, eine eigenständige psychologische Handlungstheorie zu Zwecken der Analyse, Bewertung und Gestaltung von Arbeitstätigkeiten zu entwickeln und anwendungsbezogen zu gestalten. Das zunehmende Interesse an der psychologischen Handlungstheorie wird auf zwei wesentliche Einflüsse zurückgeführt:

1. auf das 1960 erschienene Buch «Plans and the Structure of Behavior» (deutsch 1973), in dem Miller, Galanter & Pribram durch

eine Integration von Kybernetik und Kognitiver Psychologie versuchen, das «theoretische Vakuum» (1973, S. 80) zwischen Kognition und Aktion zu überwinden.

Das Modell von Miller, Galanter & Pribram lieferte als Alternative zu den behavioristischen Reiz-Reaktions-Modellen ein erstes wissenschaftliches Konzept für die Struktur und Regulation komplexer Tätigkeiten (vgl. Teil I, Kap. 3.2.2).

2. auf die verstärkte Rezeption tätigkeitspsychologischer Arbeiten russischer oder polnischer Psychologen, wie zum Beispiel Rubinstein (1964), Leontjew (1973, 1977) und Tomaszewski (1978). Als notwendigen Gegenstand der Psychologie thematisieren diese Autoren die psychischen Aspekte der Tätigkeit. Die menschliche Tätigkeit verstehen sie im Sinne des dialektischen Materialismus als ganzheitliche wechselseitige Veränderung von Subjekt und Objekt (vgl. Teil I, Kap. 3.2.3).

Basierend auf den Konzepten der russischen Psychologie und der nordamerikanischen Verhaltenswissenschaftler entwickelten die Arbeitspsychologen Hacker (1973, 1986, 2005, 2010) und Volpert (1974) ihre Theorie zur psychischen Regulation von Arbeitstätigkeiten. Nach Volpert versteht sich der Ansatz einer (arbeits-)psychologischen Handlungstheorie als eine Verbindung beider Konzepte: «Individuen entwickeln eine hierarchisch sequentielle Handlungsstruktur mit gemeinsamen, allgemeinen Merkmalen. Sie tun dies, indem sie Handlungsanforderungen genügen, welche sich aus einem überindividuellen Zusammenhang der Einzeltätigkeiten ableiten. Dieser Zusammenhang und damit auch die individuelle Tätigkeit ist historisch-gesellschaftlich geformt.» (Volpert, 1974, S. 14.)

Vor dem Hintergrund des zunehmenden Einsatzes der Mikroelektronik und des universellen Arbeitsmittels Rechner in der Arbeits- und Berufswelt gewann die Ausformulierung des Modells der hierarchisch-sequentiellen Regulation menschlichen Handelns schnell an Bedeutung. Die mit dem technologischen Wandel einhergehenden Anforderungsverschiebungen zugunsten intellektueller Tätigkeitsanteile ließen schnell die Unzulänglichkeit des behavioristischen Ansatzes erkennen. Um von dem – in der Ergonomie noch weit verbreiteten – Input-Output-Modell (S-O-R-Modell) wegzukommen, war eine Psychologie der Handlung und ihrer Regulation gefordert – eine Theorie, auf deren Grundlage man genauer herausarbeiten konnte, wie der Mensch in zielgerichteter, denkender und planender Auseinandersetzung mit seiner Umgebung handelnd seine Umgebungsbedingungen verändert und dabei gleichzeitig seine Persönlichkeit entwickelt.

In den 1970er-Jahren und danach bemühte sich eine Reihe von Wissenschaftlern in unterschiedlichsten Forschungsvorhaben, eine Handlungsregulationstheorie im arbeitspsychologischen Kontext zu etablieren. Besonders sind hier die umfangreichen Arbeiten der Dresdner Forschungsgruppe um Winfried Hacker zu nennen. In strikter Gegenposition zur bisherigen «bürgerlichen» Arbeitspsychologie, die nach Hacker (1986) charakterisiert ist durch eine «praktizistische» Anwendungslehre, durch ein unzureichendes theoretisches Fundament und durch das Fehlen von Wechselbeziehungen mit den Grundlagendisziplinen, entwickelte er eine «Allgemeine Arbeitspsychologie». Hackers Standardwerk «Allgemeine Arbeits- und Ingenieurpsychologie» (1973; Neufassung 1998 als «Allgemeine Arbeitspsychologie», 2005 in zweiter Auflage) realisiert erstmals als Kernstück einer allgemeinpsychologischen Grundlegung der Arbeitspsychologie strukturiert und materialreich das hierarchisch-sequentielle Handlungsmodell.

Das systematische Identifizieren von Gesetzmäßigkeiten psychischer Vorgänge, die an der Arbeitstätigkeit beteiligt sind, und deren theoretische Fundierung setzt nach Hacker (1986) ein neues Verhältnis der Arbeitspsychologie zur Allgemeinen Psychologie voraus. Als Bindeglied wird eine «Allgemeine Arbeitspsychologie» benötigt, «die sich vorzugsweise mit prinzipiellen Arbeitstätigkeiten zu befassen hat» (S. 32). Gegenstand einer solchen arbeitspsychologischen Grundlagenforschung sind Wahrnehmungsleistungen, Gedächtnis-, Lern- und Denkprozesse bei der Arbeit sowie dazugehörige Motivations-, Aufmerksamkeits- und Entscheidungsbesonderheiten. Der Enzyklopädieband «Arbeitspsychologie», herausgegeben von Kleinbeck & Schmidt (2010), trägt diesen allgemein- und sozialpsychologischen Grundlagen zur Erklärung und Beschreibung menschlichen Arbeitshandelns in mehreren Beiträgen Rechnung. Die vielfältigen Überlegungen und Untersuchungen in unterschiedlichen Anwendungsfeldern (der psychologischen Arbeitsanalyse, der Beanspruchungsoptimierung und der Trainingsgestaltung) liefern wiederum Erkenntnisse für die Allgemeine Psychologie und können, so Herrmann (1994), überzeugend demonstrieren, «wie psychische Vorgänge generell unter dem Aspekt der Zielgerichtetheit, der Antriebs- und Ausführungsregulation – und eben nicht nur als die Aufnahme, Verarbeitung und Nutzung von Informationen – verstanden werden können» (S. 21).

Eine konsequente Ausformulierung des Modells der hierarchisch-sequentiellen Regulation menschlichen Handelns betrieben die Berliner Arbeitspsychologen Volpert (1974, 1975, 1979, 1987) und Oesterreich (1981), der in seiner Arbeit das Ebenenmodell der Handlungsregulation wesentlich erweiterte und differenzierte. Die Forschungsarbeiten hierzu lassen sich hauptsächlich der experimentellen Überprüfung von Hypothesen, die sich aus der psychologischen Handlungsregulationstheorie ableiten, und der Entwicklung von Verfahren zur Arbeitsanalyse zuordnen.

Zweifellos birgt eine unkritische Übernahme des Handlungsregulationsmodells die Gefahr, menschliches Denken und maschinelle Prozeduren in Form von Computermetaphern gleichzusetzen. Eine Rückkehr zu tayloristischen und behavioristischen Grundpositionen wäre die Folge. Volpert (1987) weist zu Recht darauf hin, dass Arbeitstätigkeiten nur dann umfassend zu beschreiben und zu erklären sind, «wenn mit aller Konsequenz der Unterschied zwischen menschlichem Denken, Fühlen und Handeln einerseits und maschinellen Prozeduren andererseits (auch wenn diese das Denken simulieren) untersucht und beachtet wird» (S. 34). Dies stellt die arbeitspsychologische Forschung vor die Aufgabe, die Unzulänglichkeiten der Handlungsregulationstheorie hinsichtlich motivationaler, emotionaler und sozialer Aspekte zu beseitigen und die theoretischen Bemühungen um eine Ausformulierung des Leontjew'schen Konzepts der Tätigkeit zu forcieren (vgl. Leontjew, 1977; s. Teil I, Kap. 3.2.3), das ein umfassendes und ganzheitliches Analysespektrum von Arbeitstätigkeiten ermöglicht.

Bedeutsam war in diesem Zeitraum neben den Arbeiten zur theoretischen Fundierung und Erforschung der psychischen Struktur von Arbeitstätigkeiten insbesondere die Entwicklung von Konzepten persönlichkeitsförderlicher Arbeitsgestaltung und deren anwendungsbezogene Umsetzung, wie sie vor allem von Ulich und Mitarbeitern an der ETH Zürich betrieben wurde. Diese auf dem soziotechnischen Systemansatz basierenden Konzepte und die breite Diskussion über «Handlungsspielraum» in der Arbeitstätigkeit (vgl. Ulich, 1972) führten dazu, dass Arbeits-

strukturierung und Aufgabengestaltung zu integralen Bestandteilen der deutschsprachigen Arbeitspsychologie wurden (vgl. Ulich, 1994 und 2010).

Mit dem breiten Einsatz neuer Informations- und Kommunikationstechniken in Produktion, Verwaltung und Dienstleistung und mit der Entstehung neuer Arbeitsformen (z.B. Telearbeit) und Berufsmuster ist in der gegenwärtigen und aktuellen Phase der Bedarf an übertragungsfähigen und anwendungsbezogenen arbeitspsychologischen Erkenntnissen und Konzepten erheblich gewachsen, um nachteiligen Auswirkungen auf den arbeitenden Menschen im Rahmen einer humanen Gestaltung von Technik und Arbeitsorganisation gegenzusteuern.

Die inzwischen eingeleiteten vielfältigen Forschungstätigkeiten und arbeitspsychologischen Interventionen, über die in den nachfolgenden Kapiteln zum Teil ausführlich berichtet wird, fühlen sich den eingangs genannten Kriterien humaner Arbeit verpflichtet: der Ausführbarkeit, Schädigungslosigkeit, Beeinträchtigungsfreiheit und Persönlichkeitsförderlichkeit. Die Arbeitspsychologie insgesamt ist aufgerufen, ihren Forschungsbestand zur Analyse, Bewertung und Gestaltung der Arbeitstätigkeit in eine sich ändernde Umwelt einzubringen und auszubauen.

3 Theoretische Grundlagen der Arbeitspsychologie

3.1 Arbeit als Gegenstand der Psychologie

Wie im Eingangskapitel gezeigt, befasst sich die Arbeitspsychologie mit der Beschreibung, Erklärung und Vorhersage des Erlebens und Verhaltens von Menschen in Arbeitssituationen. Damit stellt sich die Frage nach den Bestimmungsmerkmalen von *Arbeit*.

Ganz allgemein bemerken Viswesvaran, Sinangil, Ones und Anderson (2001, S. 1) in ihrer Einführung zum «Handbook of Industrial, Work and Organizational Psychology»: «Work – the expenditure of effort and energy to achieve a goal – has been around since the Big Bang.» Dieser Begriffsauslegung von Arbeit als einer essenziellen Komponente bei der Entstehung der Erde und Entwicklung der Lebewesen, wie die Autoren sie hier formulierten, wollen wir im Weiteren nicht folgen, vielmehr uns aktuelleren Sachverhalten einer inhaltlich differenzierten Auslegung des Arbeitsbegriffs widmen.

Was grenzt Arbeit ab von Freizeit, Spiel oder Vergnügen? Stellt der Börsenspekulant einen Sonderfall dar, der mit seinem oder dem Kapital anderer Leute spekuliert und diese Beschäftigung als Spiel betreibt, mit Vergnügen damit seine Freizeit verbringt und das Ganze als seine «Arbeit» bezeichnet? Oder die Prostituierte, die ihrer Arbeit nachgeht, indem sie auf einen Freier wartet? Wie verhält es sich mit dem Politiker, dem freischaffenden Künstler, der Hausfrau, dem Hausmann?

Zu einer ersten Annäherung an die Bestimmungsmerkmale von Arbeit sei zunächst auf eine ältere berufssoziologische Darstellung verwiesen. Beck-Gernsheim & Ostner (1977) formulierten vier Gegensatzpaare, um idealtypisch Lohnarbeit von Hausarbeit zu unterscheiden:

- Naturgebundenheit versus Naturbeherrschung,
- Fehlen von Freizeit versus Existenz von Freizeit,
- diffuse Ganzheit der Arbeit versus spezifische Detailarbeit,
- konkretes Erfahrungslernen und -wissen versus berufliches Spezialwissen und abstrakte Ausbildung.

Für *Lohnarbeit* sind natürliche Bedürfnisse keine ablaufbestimmenden Größen, besteht eine institutionalisierte Zuweisung von Freizeit, sind Arbeitsaufgaben tauschgerecht ausdifferenziert, und notwendiges Wissen muss in gesonderten Ausbildungsgängen und Lernsituationen vermittelt bzw. erworben werden.

Diese mehr soziologisch orientierte Beschreibung der Lohnarbeit und ihre Gegenüberstellung zu der archaischen Form der Hausarbeit ist aus Sicht der Arbeitspsychologie um zusätzliche Aspekte zu erweitern.

In einem ursprünglichen Sinne setzt man Arbeit mit Mühe, Plage, Kraftaufwand gleich. Um zu leben, seinen Lebensunterhalt zu verdienen, muss notgedrungen gearbeitet werden. Arbeit stellt aber auch Wirkungs- und Gestaltungsfeld dar; sie gibt dem Leben Sinn und Gehalt. Kurz: Arbeit selbst ist Leben. Diese beiden zentralen Aspekte menschlicher Arbeit finden sich bereits bei Lewin (1920, S. 11 ff.) und sind nicht unbedingt als antagonistisch zu betrachten, wie dies etwa das Konstrukt der Segmentation in der Work-Life-Balance-Forschung nahelegen könnte (vgl. z. B. Hecht & Allen, 2009).

Die in Infobox I-9 ausgewählten klassischen Arbeitsbegriffe zeigen zusätzliche Aspekte auf (weitere Definitionsversuche finden sich bei Neuberger, 1985; Conze, 2004; Hacker, 2005; Kirchler, 2005; Ulich, 2005; Sonntag, 2007).

Demnach ist *Arbeit*

- zielgerichtete Tätigkeit und zweckrationales Handeln,
- Daseinsvorsorge, die zur Schaffung optimaler Lebensbedingungen dient,
- mit gesellschaftlichem Sinngehalt versehen und aufgabenbezogen,
- ein vermittelnder Prozess zwischen Mensch und Umwelt, der sich in eingreifenden und verändernden Tätigkeiten äußert.

Arbeit als eine existenzbestimmende Lebensäußerung des Menschen ist (vgl. Leontjew, 1973) immer *Tätigkeit*, die die gegenständliche Umwelt ebenso verändert wie den Menschen, der sie ausführt.

Arbeitstätigkeiten sind in diesem Sinne raum-zeitlich dimensioniert, finden in spezifischen Situationen statt, sind psychisch reguliert und äußern sich in typischen Verhaltensweisen. Mit dieser operationalen Definition lassen sich erste Analysezugänge nennen, zum Beispiel Arbeitssituationen, die räumlich-zeitliche Bedingungen der Arbeit, psychische Struktur und Regulation menschlicher Arbeit und Verhaltensweisen.

Für den Arbeitspsychologen bedeutet dies, dass er sich darüber Gedanken machen muss, durch welche Merkmale Situationen als Arbeitssituationen charakterisierbar sind. Arbeitssituationen lassen sich nicht allein durch die stimulativen Aspekte (die Reize, die Belastungen, die Stressoren oder wie immer man die Einwirkbedingungen bezeichnen mag) be-

---

Infobox I-9
Auswahl von Arbeitsbegriffen

1. «Arbeit ist ein epochales Phänomen, das einer zweckhaft gerichteten Tätigkeit auf berufsbedingte Kulturziele durch Individuum und Gemeinschaft entspricht, auf dem Boden biologischer wie technologischer Energetik erwächst, aber teleologischen Leitlinien folgt» (Giese, 1927, S. 450).
2. «In operationaler Definition wird unter Arbeit im allgemeinen alles verstanden, was der Mensch zur Erhaltung seiner eigenen Existenz und/oder der Existenz der Gesellschaft tut, soweit es von der Gesellschaft akzeptiert und honoriert wird» (Rohmert, 1972, S. 4).
3. «Arbeit ist ein Grundaspekt menschlicher Lebenswirklichkeit, der durch zielstrebige Auseinandersetzung mit der Umwelt zum Zwecke der Daseinsvorsorge gekenn-

zeichnet wird. Ihre Voraussetzungen, Erscheinungsformen und Auswirkungen zeigen sich konkret in den unauflöslichen Wechselbeziehungen kulturell vermittelter, technisch-wirtschaftlich-sozial-organisierter und persönlich erlebter Situationen» (Fürstenberg, 1975, S. 140).
4. «Arbeit ist die auf der Basis eines dialektischen Prozesses der Vermittlung zwischen Mensch und Natur (Subjekt und Gegenstand) vom Menschen bewußt intendierte Veränderung der Natur zum Zwecke der Schaffung optimaler Lebensbedingungen unter Einsatz psycho-physischer Kräfte und unter Zuhilfenahme technologischer Energien und Mittel» (Schmale, 1983, S. 83).

schreiben, sondern im Wesentlichen durch den Charakter der sie bestimmenden Aufgaben. Ein solcher typischer *Aufgabencharakter* zeigt sich darin, dass im weitest verstandenen Sinne gesellschaftlich nützliche Produkte materieller oder immaterieller Art hergestellt werden. Die Arbeitstätigkeit unterliegt daher gesellschaftlich verankerten ökonomischen Gesetzmäßigkeiten und dient dem Arbeitenden zur Sicherung seiner Existenz.

In der Lohnarbeit sind die Aufgaben in der Regel in Form von Aufträgen fremd vorgegeben. Die Art der Aufgabenteilung hängt ab von betrieblichen und/oder gesellschaftlichen Organisationsformen und spiegelt sich wider in der spezifischen Form der Qualifikationsvermittlung und im Qualifikationsbedarf, der für die Erledigung der Aufgaben als notwendig unterstellt wird. Mit der Arbeitstätigkeit sind soziale Macht- und Herrschaftsansprüche verbunden, die sich in der gesellschaftsspezifischen Wertung und Bewertung der Tätigkeit, aber auch in der Definition der eigenen Rolle innerhalb der Gesellschaft zeigen. Die zur Erledigung der Aufgaben verwendeten Arbeitsmittel und technischen Ausrüstungen sind nicht nur Gradmesser für den Entwicklungsstand menschlicher Arbeitskraft, sondern auch ein Charakteristikum der typischen Arbeits- und Lebensgewohnheiten einer Gesellschaft.

Da sich die Arbeitstätigkeit auf die Verwirklichung eines Ziels richtet, sind *Planung* und *Kontrolle* der Teil- bzw. Endergebnisse erforderlich, und das Ziel der Handlung muss ideell oder anschaulich vorgegeben sein. Die Vorstellung des Ziels, die gedankliche Vorwegnahme des fertigen Produktes, ist zugleich Motiv und Bewertungsgrundlage für den Tätigkeitsvollzug. Das mit dem Arbeitsauftrag verbundene Ziel muss nicht in jedem Fall mit dem Aufgabenziel identisch sein. Ein wichtiges Merkmal der Lohnarbeit ist die häufig zu beobachtende Diskrepanz zwischen den Vorstellungen desjenigen, der den zu erledigenden Auftrag formuliert, und desjenigen, der den Auftrag auszuführen hat. Die Ursache hierfür

liegt in der unterschiedlichen Begründung: Der Auftraggeber möchte durch die entsprechende Person ein bestimmtes Produkt erzeugen; die ausführende Person versucht den Auftrag zu erledigen, um zum Beispiel eine Dauer- oder Weiterbeschäftigung zu sichern. Deutlich wird die Zieldiskrepanz etwa, wenn ein pazifistisch gesinnter Mitarbeiter eines Konstruktionsbüros einen Behälter für Splitterbomben konstruiert oder ein überzeugter «Grüner» an der Entwicklung eines Zwölf-Zylindermotors für sportliche Pkws arbeitet.

In der Arbeitstätigkeit entwickeln sich aber auch Fähigkeiten, Fertigkeiten, Einstellungen und Kenntnisse (Qualifikationen). Veränderungen in den Arbeitstätigkeiten, in den Aufgaben, den Arbeitsmitteln, den Arbeitsumgebungsbedingungen gehen somit einher mit der Verschiebung der individuellen Qualifikationsstruktur.

Fassen wir zusammen: Der Begriff *Arbeitstätigkeit* stellt keinen Pleonasmus dar; vielmehr werden herkömmliche Definitionen, die Arbeit lediglich als zweckgerichtete körperliche oder geistige Tätigkeit von Menschen verstehen, die für andere von Wert ist, der Komplexität des Gegenstandsbereichs Arbeit nicht gerecht und sind um die genannten Beschreibungsmerkmale einer *Arbeit als Tätigkeit* zu erweitern.

3.2 Psychologische Modellvorstellungen zur Beschreibung der Arbeitstätigkeit

Das an Forschungsmoden und -richtungen reiche Fachgebiet Psychologie hat innerhalb der Arbeitspsychologie eine Vielzahl von Modellen und theoretischen Konzepten erzeugt, um das Verhalten von Menschen in Arbeitssituationen – oder, häufiger, in arbeitsähnlichen Laboruntersuchungen – zu beschreiben oder zu erklären. Viele dieser Modelle haben durch die Änderung der gesellschaftlichen Rahmenbedingungen und der sie prägenden Menschenbilder an Bedeutung verloren (vgl. hierzu den geschichtlichen Abriss im vorangegangenen Kapitel); einige wenige haben sich, wenn auch wechselseitig kritisiert, durchgesetzt.

Die Auswahl der vorgestellten Modelle orientiert sich zum einen an der jeweiligen Verbreitung in der einschlägigen Literatur und zum anderen an ihrer praktischen Bedeutung bei der Bearbeitung arbeitspsychologischer Fragestellungen. Hinter jedem der diskutierten Modelle stehen Annahmen, die wir hier nur oberflächlich darstellen können. Es ist daher zweckmäßig, bei intensiverer Beschäftigung mit diesen Modellen auf die jeweilige Primärliteratur zurückzugreifen. Den Sinn einer solchen Modelldiskussion sehen wir im Wesentlichen darin, darauf hinzuweisen, dass in Abhängigkeit von bestimmten Fragestellungen diese Modelle ihre Berechtigung haben können, dass ihre Aussagekraft jeweils begrenzt ist und dass kein Modell in der Lage ist, allen Ansprüchen zur Beschreibung und Erklärung der Arbeitstätigkeit zu genügen.

3.2.1 Reiz-Reaktions-Modelle: Arbeit als «Reaktion»

Reiz- Reaktions-Modelle, auch Stimulus-Response-Modelle (S-R) genannt, gibt es unter anderem innerhalb der Wahrnehmungs-, der Motivations- und der Lernpsychologie. Da diese psychologischen Teildisziplinen sich auf die Arbeitspsychologie auswirken, ist es verständlich, dass auch hier das behavioristische S-R-Modell Eingang gefunden hat.

Unter *Reizen* versteht man in der Arbeitspsychologie in der Regel jene Reizgegenstände, die ein Arbeitsverhalten auslösen oder verändern können. In Übereinstimmung mit Bischof (1966, S. 41) sollte zwischen Fern- und Nahreizen (distalen und proximalen Reizen) unterschieden werden. Die distalen Reize sind die Reizquellen, der Reizgegenstand. Der Reiz, im engeren Sinne der proximale, sollte als Begriff nur für die durch den Gegenstand ausgelösten Rezeptorprozesse verwendet werden. Bei den Fernsinnen (Auge und Ohr) liegt zwischen Reizquelle und Sinnesorgan ein Medium. Bei

den Nahsinnen (Geruchs-, Geschmacks-, Tastsinn usw.) wirkt die Reizquelle unmittelbar auf das Sinnesorgan oder den Reizempfänger. Nach Metzger (1966, S. 17) hat sich die ursprüngliche Auffassung von Reiz als einer Münze, die in einen Automaten fällt und dadurch einen Mechanismus in Gang setzt, insoweit verändert, als der «Reiz» als Änderung der Randbedingungen eines ständig sich in Tätigkeit befindlichen Systems zu betrachten ist. Reize sind eingebunden in eine raum-zeitliche Konfiguration oder Konstellation. Die durch Reize ausgelösten Reaktionen zeigen sich in beobachtbaren Verhaltensänderungen und/oder in physiologischen Zustandsänderungen (z. B. Rötung der Haut, Schweißabsonderung, Herzjagen, Adrenalinausschüttung; zu den Methoden der Erfassung physiologischer Parameter vgl. Teil II, Kap. 2.4.5).

Das einfache Reiz-Reaktions-Modell (S-R) oder auch das erweiterte S-O-R-Modell, wobei «O» für «Organismus» steht, lässt sich wie folgt darstellen (s. Abb. I-4):

In diesem Modell erscheint der Organismus als ein System, das reagiert, wenn es durch eine außenstehende Instanz gereizt wird. Die Verbindung von Reiz und Reaktion erfolgt dabei entweder durch einen Kurzschluss auf niedrigem Niveau (Reflexbogen) oder über höhere, bewusstseinsfähige Gehirnbezirke.

Das einfache Belastungs- und Beanspruchungs-Modell der Ergonomie beruht auf einem vergleichbaren schlichten Konzept (vgl. Schmidtke, 1981, S. 111 ff. und S. 118 ff.). Die als Arbeitsgegenstand, Arbeitsumwelt und Arbeitsmittel auf den Menschen im Arbeitsvollzug einwirkenden Einflüsse werden in Analogie zur Technischen Mechanik als «Belastung» bezeichnet (s. ausführlich Teil III, Kap. 3.1).

Dieser so verstandene Belastungsbegriff führt in arbeitspsychologischen und arbeitswissenschaftlichen Diskussionen häufig zu Missverständnissen, da «Belastung» in der Alltagssprache meist mit negativen Assoziationen verbunden ist. Umgangssprachlich wird fälschlicherweise unter «Belastung» eine negative Beanspruchungsfolge verstanden. Um die-

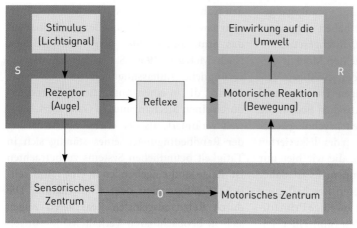

Abbildung I-4: Einfaches S-O-R-Modell

ses Missverständnis zu vermeiden, bezeichnet man «Belastungen» in der Arbeitspsychologie meist mit dem Begriff «Anforderungen».

Stresstheoretisch werden Belastungen als *Stressoren* definiert, wenn sie im Menschen zu Stressreaktionen führen. Da aber in Abhängigkeit von persönlichen Merkmalen und Eigenschaften nicht jeder Stressor zu Stressreaktionen führen muss, fasst man die Belastungen als potenzielle Stressoren auf. Ein einfaches Beispiel mag dies verdeutlichen:

Eine Verkäuferin erhält in einer Arbeitssituation die Aufgabe, unter Aufsicht die Preise mehrerer Artikel möglichst schnell zu addieren. Die Belastung, der potenzielle Stressor Addieren von Zahlen, ist für die Verkäuferin an sich unproblematisch, wenn als «Aufsicht» ein Kunde auftritt. Handelt es sich aber um den Vorgesetzten, der die Lösung der Aufgabe zum Auswahl- oder Platzierungskriterium macht (und weiß die Verkäuferin dies), so wird aus dem potenziellen Stressor ein Stressor, der zu erheblichen Stressreaktionen führen kann (z. B. Handschweiß, Zittern, Herzjagen).

Dieses Beispiel soll deutlich machen, dass das einfache S-R-Konzept offensichtlich ungeeignet ist, das Verhalten der Verkäuferin richtig abzubilden, denn trotz gleichbleibendem Stimulus (Aufgabe, Artikelpreise zu addieren) verändert sich die Situation für die Verkäuferin, wenn sie weiß, dass die an sich einfache

Aufgabe als Bewertungs- und Entscheidungskriterium für ihre weitere berufliche Zukunft herangezogen wird. Die einfachen S-R-Modelle lassen diese für die Person so bedeutsamen situativen bzw. kognitiven Variablen unbeachtet.

Fazit: S-R-Modelle taugen nur, solange man einfache Reiz-Reaktionen im Labor untersucht und die Einstellungen, Meinungen oder Persönlichkeitseigenschaften für den Ausgang der Untersuchung unbedeutend sind bzw. wenn man durch Auswahl der Versuchspersonen (in der Regel Studierende oder Soldaten ohne besondere Auffälligkeiten) die Bedeutung der «intervenierenden Variable» möglichst vernachlässigen kann. Experimente dieser Art finden sich in vielfältiger Form in der älteren arbeitswissenschaftlichen Literatur oder in der klassischen Human-Factor-Forschung, wie zum Beispiel in Untersuchungen über die Reaktionszeit in Abhängigkeit von der Lautstärke eines Signals (s. **Abb. I-5**).

Die Gültigkeit dieser einfachen Beziehung – je lauter ein Signal, umso schneller wird darauf reagiert – bezieht sich auf den Bereich von 65 bis 110 Phon. Wird der Signalton aber lauter, so verlängert sich durch die Schreckreaktion die Reaktionszeit wieder.

In einfachen S-R-theoretisch begründeten Experimenten werden die Stimuli (die Belastungen, potenziellen Stressoren, Anforderun-

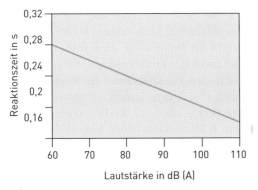

Abbildung I-5: Einfluss der Lautstärke eines Reizes auf die Reaktionszeit in einer einfachen Reiz-Reaktions-Situation (vgl. Schmidtke, 1981, S. 152)

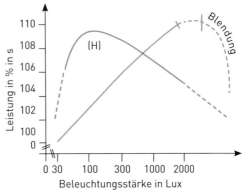

Abbildung I-6: Leistung in Abhängigkeit von der Beleuchtungsstärke (vgl. Hartmann, 1981, S. 195)

gen) variiert und die sich dadurch ändernden Reaktionen gemessen. Überträgt man die experimentell gewonnenen Ergebnisse auf die konkrete Arbeitssituation, so ist bei gleichartiger Variation des einen Stimulus (der im Labor untersucht wurde) nicht immer von den vorhergesagten Reaktionen auszugehen.

Die klassischen Hawthorne-Experimente, durchgeführt unter Leitung von Mayo bei der Western Electric Company in den Jahren 1927 bis 1932 (s. Teil I, Kap. 2.2.4), sind ein Symbol dafür geworden, dass die deterministischen S-R-Modelle zur Beschreibung des Arbeitsverhaltens in bestimmten Situationen nicht ausreichen. Untersucht wurde zu Anfang der Experimente der Zusammenhang zwischen Beleuchtungsstärke und Arbeitsleistung bei einfachen Montagetätigkeiten. Im Labor würde man vereinfacht folgenden Zusammenhang herstellen können: Mit Zunahme der Beleuchtung nimmt die Arbeitsleistung so lange zu, bis durch Blendung eine Verschlechterung der Leistung eintritt.

Als Leistung wurde im Laborexperiment das Auffädeln von Holzperlen auf einen Draht gemessen. In den Hawthorne-Experimenten handelte es sich um einfache Montagetätigkeiten bzw. einfache Kontrollaufgaben. Als überraschendes Ergebnis aus der Hawthorne-Betriebsstudie ergab sich im Gegensatz zu dem Laborexperiment, dass bei abnehmender Be-

leuchtungsstärke die Leistung sogar bis zu einem gewissen Grade stieg (idealtypisch in **Abb.** I-6 als Kurve H eingetragen), um dann bei entsprechend geringer Beleuchtungsstärke stark abzufallen (vgl. Blum & Naylor, 1968, S. 306 ff.).

Die widersprüchlichen Daten lassen zwei Aussagen zu: (1) Zunehmende Beleuchtungsstärke bewirkt innerhalb einer bestimmten Bandbreite eine Leistungssteigerung, und (2) die Arbeitsleistung von Arbeitnehmern hängt zum Teil von den äußeren Arbeitsbedingungen ab, lässt sich aber nicht durch systematische Variation dieser Bedingungen korrekt vorhersagen, da zwischen dem jeweiligen Stimulus (Beleuchtung) und der Reaktion (Arbeitsleistung) keine eindeutige Beziehung besteht.

Bei den Hawthorne-Experimenten zeigte sich, dass die Arbeiter trotz niedriger Beleuchtungsstärken höhere Arbeitsleistungen erbrachten, weil sie das Gefühl hatten, die Firmenleitung würde sich darum bemühen, bessere Arbeitsbedingungen zu schaffen.

Die Arbeitsleistung, das Arbeitsverhalten, hängt nicht von einer einzigen Variablen ab; sie ist das Ergebnis komplexer Verarbeitungsprozesse. Der Arbeitspsychologie stellt sich daher die Aufgabe, nach komplexeren theoretischen Modellen zu suchen, die dem Gegenstand «Arbeitstätigkeit» eher entsprechen, als dies beim S-R-Modell der Fall ist.

3.2.2 Kognitionsorientierte Modelle: Arbeit als «Handlung»

Regelkreismodelle

Da menschliches Verhalten spontan ausgelöst werden kann, in der Regel zielgerichtet ist und umweltverändernd wirkt, lässt es sich durch eine Reiz-Reaktions-Kette nicht hinreichend beschreiben. Einfache Experimente (z. B. das Schreiben eines handschriftlichen Textes mit geschlossenen Augen) zeigen, dass ohne Rückmeldung, das heißt ohne einen Vorher-Nachher-Vergleich, keine gezielte oder koordinierte Bewegung oder Handlung ausführbar ist. Das gewünschte Ergebnis muss in irgendeiner Form im Kopf des Menschen abgespeichert sein, um es als Vergleichsgrundlage für den Veränderungsprozess bzw. die Teil- und Endergebnisse heranziehen zu können. Ohne solche Vergleichsprozesse sind ähnliche Operationen oder Handlungsabläufe nicht vorstellbar, es sei denn, das Verhalten ist weitgehend genetisch determiniert (Reflexe oder angeborene Auslösemechanismen bzw. instinktgebundenes Verhalten).

Diese im Wesentlichen über die Sinnesorgane ablaufende Rückmeldung berücksichtigte man in der Psychologie schon früh, zum Beispiel durch den Funktionskreis von v. Uexküll (1920), den Funktionskreis des Erlebens von Lersch (1942), den Gestaltkreis von v. Weizsäcker (1940) oder das Reafferenzprinzip von Holst & Mittelstaedt (1950). Eine einfache Abbildung verdeutlicht dieses Rückmelde- oder Regelkreisprinzip (s. **Abb. I-7**).

In den höheren psycho-physischen Teilsystemen finden die zur Steuerung der Ausführungsorgane wichtigen Vergleichs- und Bewertungsprozesse statt. Bei reinen Reflex-Reaktionen besteht über die niedrigen zentralnervösen Teilsysteme eine enge Koppelung der Rezeptoren an die Ausführungsorgane. In der Arbeitspsychologie und Ergonomie zieht man solche Modellvorstellungen im Rahmen der «Mensch-Maschine-Systembetrachtung» (MMS) bzw. der Analyse und Beschreibung von Regel- und Steuertätigkeiten heran. Ergänzt werden diese relativ weit verbreiteten Regelungsmodelle durch theoretisch begründete Mutmaßungen über die zur Regelung erforderlichen Informationsverarbeitungsprozesse (s. **Abb. I-8**).

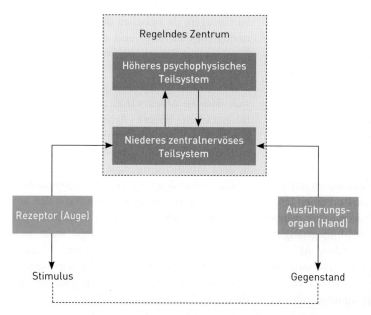

Abbildung I-7: Rückkoppelungssystem (vgl. Bischof, 1966, S. 308)

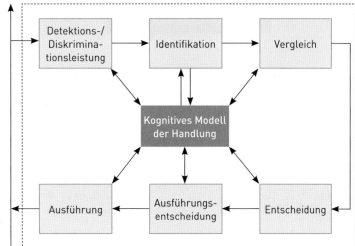

Abbildung I-8: Vereinfachende Darstellung der vermutlich erforderlichen Informationsverarbeitungsprozesse zur Steuerung/Regelung eines Vorganges (vgl. Neumann & Timpe, 1976, S. 144)

Durch Detektions- und Diskriminationsleistungen nehmen die Sinnesorgane relevante Reize bzw. Reizkonfigurationen über die Prozessveränderungen wahr. Die Güte der Detektions-/Diskriminationsleistungen hängt ab von der Güte des kognitiven Modells, also den Vorstellungen von dem Prozess und seinen Veränderungsmöglichkeiten. Da man nur diejenigen Ereignisse, Gegenstände usw. aus der Umwelt bewusst wahrnehmen kann, für die ein begriffliches Verständnis vorhanden ist, hängt die Wahrnehmungsleistung davon ab, wie gut die phänomenale Welt strukturiert ist und wie gut sie die Außenwelt «abzubilden» in der Lage ist.

Die Identifikation der wahrgenommenen Signale führt zu Vergleichen mit den in den höheren psycho-physischen Teilsystemen abgespeicherten «Signalen». Nach dem Vergleich erfolgt die Entscheidung, was zu tun ist, und der entsprechende Ausführungsentwurf, der in die konkrete Ausführung, die Handlung, Operation oder Bewegung mündet.

Das Regelkreismodell eignet sich zwar zur Abbildung von Steuerungs- und/oder Regelungstätigkeiten, es ist aber unzureichend, wenn es darum geht, Handlungen zu strukturieren, bei denen unterschiedliche Operationen auszuführen sind. Hierzu haben Miller,

Galanter & Pribram (1973) das sogenannte «TOTE-Modell» vorgelegt, das als Erweiterung des einfachen Regelkreismodells angesehen werden kann; in der Arbeitspsychologie haben Hacker (1973), Volpert (1974) und Oesterreich (1981) das TOTE-Modell bei der Ausformulierung der Handlungsregulationstheorie zum Teil erheblich modifiziert.

Beim TOTE-Modell steht T für Test, O für Operate und E für Exit. Verhalten ist nach Auffassung der drei Autoren hierarchisch organisiert und läuft in den sogenannten TOTE-Einheiten ab. Das vielzitierte Nageleinschlag-Beispiel soll dies veranschaulichen (s. **Abb. I-9**).

Zunächst prüft man den Nagel. Ist er oben, prüft man den Hammer. Ist dieser unten, hebt man ihn, prüft, ob er oben ist, und, falls das der Fall ist, schlägt man zu. Anschließend prüft man erneut den Nagel. Der Handlungskreis wird so lange wiederholt, bis der Nagel im Holz ist. Hier wird die Analogie zu einem Computerprogramm deutlich (s. **Abb. I-10**).

Dieses TOTE-Modell ist relativ simpel, weil es sich auf eine einfache Operation bezieht. Bei Oesterreich (1981, S. 10 ff.) findet sich eine weitaus komplexere Darstellung der hierarchisch-sequentiellen Handlungsregulation, die erforderlich ist, um zum Beispiel in der Stadt ein Hemd zu kaufen.

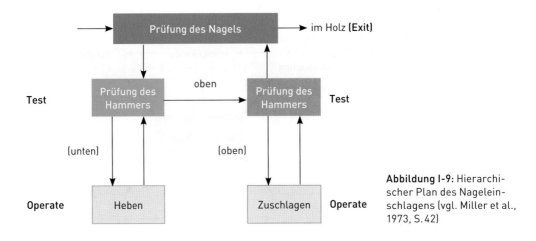

Abbildung I-9: Hierarchischer Plan des Nageleinschlagens (vgl. Miller et al., 1973, S.42)

```
while (Nagel = oben)        /* Test auf Abbruchbedingungen*/
{
    if (Hammer = unten)     /* Test des Hammers*/
    {
        hebe Hammer         /* Operation 1*/
    } else {                /* oder*/
        schlage zu          /* Operation2*/
    }
} wend                      /* Gehe zum Anfang der Schleife*/
```

Abbildung I-10: TOTE-Beispiel als Computerprogramm

Handlungsregulationstheorie

Die axiomatische Annahme einer hierarchischen Verhaltensorganisation bei Miller et al. (1973) ist nur aufrechtzuerhalten, wenn es gleichzeitig so etwas gibt wie einen Plan, der die Handlungen so steuert, dass sie in der richtigen Reihenfolge ausgeführt werden können. Wie gezeigt (s. Abb. I-10), besteht der Plan aus einer Hierarchie von Instruktionen und hat eine ähnliche Funktion wie ein Computerprogramm, das systematische Befehle enthält. Trotz der Analogie zum Rechenprogramm funktioniert die Handlungskette faktisch nicht immer so; denn wie ist es sonst zu erklären, dass im Gegensatz zu einem funktionierenden Computerprogramm im menschlichen Verhalten spontane Einfälle, Variationen oder Irrationalitäten vorkommen, die mit der formalen Ablauflogik nicht übereinstimmen und dennoch vernünftige Lösungen produzieren?

Ein Plan kann sich auf eine Verhaltensstrategie oder eine Verhaltenstaktik beziehen. Eine Strategie betrifft größere Handlungsketten (sog. «molare» Einheiten der Verhaltensorganisation), wohingegen die Taktik zur Ausgestaltung kleiner («molekularer») Verhaltenseinheiten dient. Neben «Plan», «Strategie» und «Taktik» führen Miller et al. noch einen weiteren Begriff ein, den des «Bildes» («image»). Dieses Bild besteht aus «all dem angehäuften, organisierten Wissen, das der Organismus über sich selbst und seine Umwelt gesammelt hat» (1973, S. 27; vgl. hierzu auch Bischofs «phänomenale Repräsentation», 1966, S. 29). Der Begriff des «Bildes» entspricht in etwa dem des kognitiven Modells der Handlung (bei Lomow, 1965; s. Abb. I-8) oder dem des operativen Abbildsystems – OAS – bei Hacker (1986, S. 120 f.). Als *die* zentrale kognitive

Grundlage menschlichen Handelns ermöglicht das OAS die Regulation mehrfach verschachtelter zyklischer Einheiten als hierarchisch-sequentiell organisierte Handlungsfolge. Die wesentlichen Elemente und Begriffe dieser Handlungsregulationstheorie nach Hacker (1986, 2005) und Volpert (1992; Neuausgabe 2003) gibt Infobox I-10 wieder.

Infobox I-10

Die wesentlichen Elemente und Begriffe der Handlungsregulationstheorie nach Hacker (1986, 2005) und Volpert (1992, 2003)

Zyklische Einheiten: Grundelemente menschlichen Handelns, bestehend aus einem Ziel (Zustand, den eine Person zu erreichen versucht) und mehreren Transformationen, die untereinander verbunden und auf das Ziel bezogen sind. Solche Transformationen können beobachtbare Bewegungsmuster oder gedankliche Informationsverarbeitungsprozesse darstellen, die das Individuum schrittweise bei der Annäherung an das Ziel ausführt.

Hierarchisch-sequentielle Handlungsregulation: Komplexe Strukturen menschlicher Handlungen lassen sich durch die Verknüpfung vieler solcher zyklischer Einheiten bilden; sie sind hierarchisch organisiert und werden sequentiell bearbeitet.

Vergleichs-Veränderungs-Rückkoppelungs (VVR)-Einheiten: Rückkoppelungskreise (analog TOTE-Einheiten bei Miller et al., 1973), die das antizipierte Ziel (oder Teilziel) mit dem erreichten Ergebnis (oder Teilergebnis) vergleichen. Wenn das rückgemeldete Resultat mit dem Ziel übereinstimmt, wird die Handlung fortgesetzt. In dem Maße wie eine Handlung hierarchisch-sequentiell organisiert ist, in dem Maße sind VVR-Einheiten verschachtelt.

Operatives Abbildsystem (OAS): die kognitive Grundlage menschlichen Handelns als relativ beständige tätigkeitsregulierende psychische Repräsentation (analog «Bild» bei Miller et al., 1973), bestehend aus dem Wissen, das der Organismus über sich selbst und seine Umwelt gesammelt hat. Bei Arbeitsprozessen beziehen sich Bereiche von OAS auf Ziele als folgenkritisch bewertete Antizipationen (vorweggenommene Arbeitsergebnisse), Repräsentationen der Ausführungsbedingungen (Wissen über Produkteigenschaften) und Repräsentationen der Transformationsmaßnahmen vom Ist- in den Sollzustand (Pläne, Funktionsweisen von Arbeitsmitteln).

Regulationsebenen: Ebenenmodelle zur Beschreibung des Regulationsniveaus einer Handlung. Die Anzahl der Ebenen ist variabel; sie hängt von der Differenziertheit der Betrachtungsweise ab, angefangen bei nicht bewusstseinspflichtigen sensumotorischen Handlungssequenzen über die bewusste Verarbeitung informationshaltiger Signale bis hin zur Ebene intellektueller Operationen und komplexer Handlungen. Geeignet für die Analyse und Bewertung kognitiver Anforderungen bzw. Denkleistungen (z. B. Planungs- oder Diagnoseleistungen).

Hacker (2005) hat die Überlegungen von Miller et al. (1973) weiterentwickelt und in seiner Handlungstheorie unterschiedliche Regulationsniveaus eingeführt, auf denen die Funktionseinheiten gesteuert werden. Auf der untersten Ebene kognitiver Regelungsvorgänge sind die Funktionseinheiten der *sensumotorischen*, bewegungsorientierten Abbilder anzunehmen. «Bewegungsorientierte Abbilder lenken unselbständige Komponenten von Handlungen, einschl. automatisierter Vollzüge. Bewegungsorientierende Abbilder sind nicht bewusstseinspflichtig und höchstens vermittels ihrer exteriozeptiven und taktilen (nicht kinästhetischen) Komponenten bewusstseinsfähig» (Hacker, 2005, S. 241 f.).

Auf der mittleren Ebene, der *begrifflich-perzeptiven*, wird deutlich, dass begrifflich überformte Wahrnehmungen und Vorstellungen Handlungen vorbereiten und Handlungsvollzüge auslösen. Die *intellektuelle Regulationsebene* ist durch komplexe begriffliche Abbildsysteme gekennzeichnet, die sich aus einer intellektuellen Analyse und Synthese in Form individueller Arbeitspläne ergeben (vgl. Hacker, 2005, S. 238 ff.).

Aus **Abbildung I-11** geht hervor, dass sich als Ergebnis der intellektuellen Analyse Abfolgen von Handlungen mit komplexen Handlungsplänen ergeben können. Diese enthalten auf den jeweils niedrigeren Stufen begrifflich-perzeptive Vorgänge und bewegungsorientierende Abbilder, die in Handlungsschemata bzw. Bewegungsentwürfe münden können. Diese Dreigliederung erfährt bei Oesterreich (1981, S. 144 f.) eine erhebliche Modifikation, indem er die begrifflich-perzeptive Ebene der intellektuellen zuordnet. Die intellektuelle Ebene unterteilt er in mehrere Stufen, so dass sich ein fünfstufiges Modell ergibt. Von unten nach oben umfasst das Modell die Ebenen Handlungsausführung, Handlungsplanung, Zielplanung, Bereichsplanung und Erschließungsplanung (vgl. Oesterreich, 1981, S. 142 f.).

Ohne auf diese Konzeption zur Handlungsregulation näher einzugehen, erscheint uns eine Dreigliederung der Regulationsebenen dennoch zweckmäßig. Ergonomisch orientierte Analysen der Bedien- und Steuertätigkeiten, wie Rasmussen (1983, S. 257 ff.) sie vorgelegt hat, machen deutlich, dass eine hypothetische Dreistufung der kognitiven Handlungsregula-

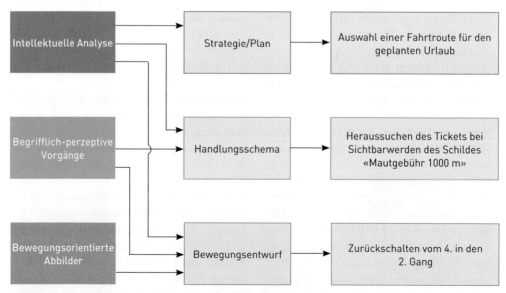

Abbildung I-11: Schematische Darstellung handlungsvorbereitender und realisierender Regulationskomponenten auf verschiedenen Regulationsebenen (vgl. Hacker, 2005, S. 119)

tion sinnvoll sein kann. Eine grafische Darstellung (s. **Abb.** I-12) veranschaulicht die Stufung und dient darüber hinaus dazu, verständlich zu machen, was Hacker mit der begrifflich-perzeptiven Stufe gemeint haben könnte.

Der Wert der Konzeption von Rasmussen liegt darin, dass sie versucht, von dem in der Ergonomie noch weit verbreiteten simplen Input-Output-(oder S-O-R-)Modell wegzukommen, und darauf hinweist, dass das Individuum aktiv eigene Handlungsziele auswählt und eigenständig nach relevanten Informationen Ausschau hält.

In Übereinstimmung mit der Hacker'schen Konzeption laufen bei Rasmussen auf der sensumotorischen Regulationsebene weitgehend automatisierte Bewegungsmuster ohne bewusste Aufmerksamkeit oder Kontrolle ab. Um beim Beispiel in Abbildung I-11 zu bleiben, heißt dies, dass bei Wahrnehmung des Signals «1000 Meter Mautstation» der Auto-

fahrer die Fahrzeuggeschwindigkeit durch Zurücknahme des Gaspedals reduziert.

Auf der zweiten Ebene, der «regelgesteuerten», hat das Schild «Zeichencharakter» und löst beim Fahrer die Assoziation aus, dass bald eine Mautstation mit Kassierer kommt. Um die Fahrt nicht unnötig aufzuhalten, empfiehlt es sich für den Fahrer, das Mautticket herauszusuchen und möglichst griffgünstig zu deponieren.

Auf der dritten Ebene, der «wissensgesteuerten», hat das Signal Symbolcharakter für einen privatwirtschaftlich betriebenen Straßenbau, das heißt, es löst beim Autofahrer Überlegungen aus, inwieweit es sich für ihn lohnt, statt Mautgebühr zu zahlen, einen Umweg in Kauf zu nehmen.

Aus dem Schema wird deutlich, dass man durch eine solche Drei-Ebenen-Analyse die Funktionsweise der Verhaltensregulierung theoretisch plausibel darstellen kann.

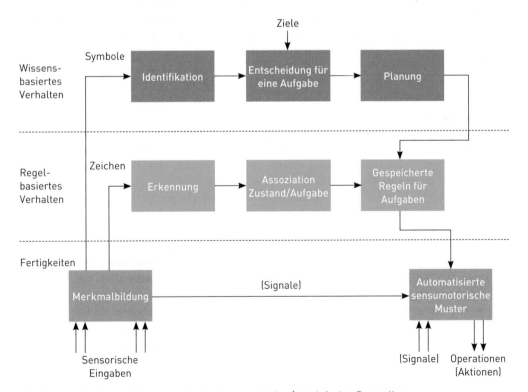

Abbildung I-12: Die drei Ebenen der Verhaltensregulation (vereinfachte Darstellung; vgl. Rasmussen, 1983)

Weiterhin ist von Bedeutung, dass die wahrgenommene Information je nach Steuerungsebene Signal-, Zeichen- oder Symbolcharakter haben kann; mit anderen Worten, es kommt darauf an, in welchem Kontext die Informationen aufgenommen und verarbeitet werden. Darüber hinaus legt die Hierarchie der Steuerungsebenen nahe, selbst einfache Verhaltensabläufe in eine komplexere kognitive Struktur einzuordnen, die von der individuellen Zielbildung und Lerngeschichte beeinflusst wird. Letztere ist dafür verantwortlich, in welcher Form das Individuum Regeln lernt, Pläne und Strategien entwickelt und damit Vergleichsgrößen für die erforderliche Rückmeldung generiert.

Psychologische Zielkonzepte

Handlungstheoretisch orientierte Ansätze betonen das aktive und zielbewusste Handeln des Menschen. Deshalb ist das Zielkonzept für die arbeitspsychologische Theoriebildung von Bedeutung, nicht zuletzt wegen attraktiver Anwendungsthemen im Zusammenhang mit der Förderung von Arbeitsproduktivität, der Durchführung von Zielvereinbarungs- und Feedbackgesprächen oder dem Einsatz der Führungstechnik des «management by objectives».

Einen wesentlichen Beitrag leisten hierzu die Forschungsarbeiten von Locke Latham (1990 und, für einen Überblick, 2002). In ihrer *Zielsetzungstheorie* («goal setting») setzen sie sich damit auseinander, wie Ziele beschaffen sein müssen, welche Merkmale und Mechanismen den Zielen innewohnen sollten, damit sie leistungsförderlich wirken, und welche Strategien der Aufgabenbearbeitung und der Zielerreichung zugrunde liegen müssen. In zahlreichen Labor- und Feldstudien mit unterschiedlichen Stichproben (bspw. gewerblichen Mitarbeitern, Führungskräften) und Aufgabenstellungen (bspw. Montagetätigkeiten, Führungsaufgaben) konnte belegt werden, dass anspruchsvolle, spezifische Ziele im Vergleich zu anspruchslosen und eher allgemeinen Zielvorgaben (sog. «do your best goals») bei der Aufgabenbearbeitung zu höheren Leistungen führen. Wegge (2000) wies in seinen Arbeiten zur Zielsetzungstheorie nach, dass die ursprünglich für individuelle Leistungen formulierte Theorie auch zur Vorhersage von Gruppenleistungen taugt (vgl. auch Kleinbeck, 2010).

Die vielfältigen Arbeiten aus der Leistungsmotivationsforschung, der sozialpsychologischen oder persönlichkeitsorientierten Forschung untersuchen Determinanten der Zielbildung (bspw. Selbstwirksamkeitserwartungen, Anreize), strukturelle Merkmale von Zielen (bspw. Richtung und Konflikthaftigkeit von Zielen, Motivkongruenz), Determinanten der Zielbindung (bspw. organisationale Verbundenheit – «organizational commitment») oder der Zielablösung (bspw. «innere Kündigung»). Diese Modelle und Konstrukte stoßen in der Arbeitspsychologie auf zunehmendes Interesse (vgl. Schüler & Brandstätter, 2010), ebenso volitionale Prozesse der Zielverfolgung (vgl. Scheffer & Kuhl, 2010; vgl. auch Teil III, Kap. 1.1.5).

Allerdings ist der kritischen Reflexion von Schüler und Brandstätter (2010, S. 77) zuzustimmen. Ziele werden aus forschungspragmatischen Gründen meist als einzelne isolierte Einheiten betrachtet und aus dem Kontext herausgenommen, um Wirkungsmechanismen methodisch korrekt überprüfen zu können. Diese Vereinfachung wird der Komplexität des menschlichen Arbeitslebens nicht gerecht. Menschen verfolgen nicht ein einzelnes Ziel; ihr Leben besteht vielmehr aus einem Gefüge von beruflichen und privaten Zielen, die nicht unabhängig voneinander sind. Um komplexe und realitätsgerechte Zielsysteme abbilden und beschreiben zu können, sind deshalb Methoden erforderlich, die die Interdependenzen von Zielen und deren Konsequenzen in Feldstudien und realen organisationalen Settings zu erfassen in der Lage sind. Studierendenstichproben in Laborexperimenten dürften dies nicht leisten.

3.2.3 Arbeit als «Tätigkeit»

Die handlungs- oder kognitionsorientierte Sichtweise der Arbeitstätigkeit gerät schnell in Gefahr, Arbeit etwas vereinfachend als eine Kette von Handlungen, Vollzügen, Operationen zu begreifen, ohne die zentralen sozialen Komponenten der Tätigkeit mitzubeachten. Wie bei der Eingrenzung des Gegenstandsbereiches «Arbeit» auf die Arbeitstätigkeit dargestellt, muss die Tätigkeit des menschlichen Individuums als Teilsystem der gesellschaftlichen Beziehungen begriffen werden.

Theoretische Positionen

Alexej N. Leontjews (1977) tätigkeitstheoretische Überlegungen entspringen der Frage: «Warum wird der Mensch überhaupt tätig?» Sind es äußere Reize, auf die er reagiert (i. S. des Behaviorismus), oder innere Beweggründe, die ihn zum Handeln treiben? Nach Leontjew liegt der Ausgangspunkt der psychologischen Analyse weder im Individuum noch im Aufforderungscharakter des Umfeldes, sondern in der Vermittlung zwischen beiden: in der praktischen, vom Subjekt gesteuerten und nach außen gerichteten Tätigkeit. Folgende

zentrale theoretische Positionen lassen sich formulieren (nach Leontjew, 1977):

- Tätigkeit stellt keine Reaktion dar, sondern ein System mit eigener Struktur, mit eigenen inneren Übergängen und Umwandlungen sowie eigener Entwicklung (Tätigkeit als *vermittelnde* Instanz zwischen Person und Umwelt).
- Tätigkeit ist immer gegenständlich, da sich der subjektive Antrieb (Motiv) zum Tätigwerden auf einen ideellen oder materiellen Gegenstand richtet, durch dessen Veränderung individuellen und gesellschaftlichen Bedürfnissen entsprochen wird (Tätigkeit als *gegenständliche* Tätigkeit).
- In seiner Tätigkeit setzt sich der Mensch aktiv mit seiner Umwelt auseinander und verändert sie nach seinen Zielen. In der Gestaltung der Umwelt eignet sich der Mensch ihre sachlichen und sozialen Bedeutungen an und entwickelt zugleich seine Motive, seine Fähigkeiten und sein Denken (Tätigkeit als *gestaltendes* und *persönlichkeitsförderndes* Element).

Abbildung I-13 veranschaulicht diese Beziehungen.

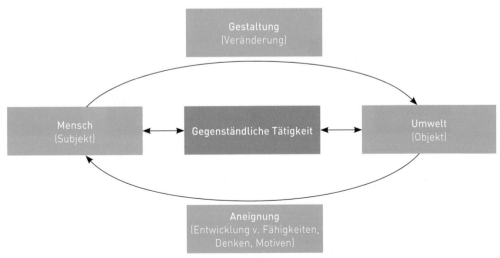

Abbildung I-13: Gegenständliche Tätigkeit als vermittelnde Instanz sowie gestaltendes und persönlichkeitsförderndes Element

Ganzheitliche Tätigkeit

Der Tätigkeit des Menschen und damit auch der Arbeitstätigkeit liegt (vgl. Leontjew 1977) eine ganzheitliche Betrachtungsweise zugrunde: Tätigkeit ist vielschichtig, und sie ist zugleich planvolle, sinnliche und sinnvolle Lebensäußerung. Auf der Ebene der *sinnlichen Wahrnehmung* und *Erfahrung* wird der Bezug zur Welt als sachlich-stofflicher Realität mit bestimmenden chemischen und physikalischen Eigenschaften hergestellt. Auf der Ebene der *Kognition* und des bewussten, planvollen, zielgerichteten Handelns greift der Mensch gestaltend in die gegenständliche Welt ein. Auf der Ebene des *Sinns* schließlich ist der Gegenstand, mit dem sich die Tätigkeit befasst, Träger persönlicher und lebensgeschichtlicher Bedeutung.

Die Verbindung dieser drei Ebenen menschlicher Tätigkeit – Sinnlichkeit, Kognition und Sinn – charakterisiert das ganzheitliche Konzept der Tätigkeitstheorie. Liegt eine mangelnde Integration der Ebenen vor, zum Beispiel durch fehlende Sinnlichkeit, fehlende Eingriffsmöglichkeiten oder erlebte Sinnlosigkeit des eigenen Handelns, dann sind die Entwicklungspotenziale in der Tätigkeit nicht gegeben bzw. suboptimal. Das bedeutet: Die soziale und persönliche Bedeutung des individuellen Arbeitsbeitrags muss transparent, also erfahrbar

sein. Von Interesse ist hier zum Beispiel, inwieweit die eigene Arbeit einen Beitrag zum Endprodukt leistet und welche Mitsprachemöglichkeiten es bei der Auftragsübernahme oder der Ausgestaltung der Arbeitsinhalte gibt.

Strukturmodelle menschlicher Tätigkeit

Bei der Analyse von Arbeitstätigkeiten bieten sich in Übereinstimmung mit Leontjew (1977) zwei unterschiedliche Betrachtungsweisen an: zum einen eine eher hierarchisch-(makro-)strukturelle, die sich mit dem Problem der Auslösung und Steuerung der Tätigkeit befasst, und zum anderen eine mehr dynamisch-prozessuale, die besonders auf die Vermittlungsfunktion der Tätigkeit zwischen Subjekt und Objekt (Umwelt) eingeht.

Hierarchische Makrostruktur der Tätigkeit

Die erste Sichtweise ist weitgehend mit derjenigen der Handlungsregulationstheorie (im Sinne Hackers, 1986 u. 1998, oder Volperts, 1987) in Einklang zu bringen; sie hat darüber hinaus viele Gemeinsamkeiten mit den Konzepten von Miller, Galanter & Pribram (1973).

Die Tätigkeit ist nach diesem Konzept hierarchisch strukturiert und in drei bzw. vier Ebenen zu gliedern (s. **Abb. I-14**).

Tätigkeit als Einheit umfasst die Gesamtheit innerer (geistig-mentaler) und äußerer (prak-

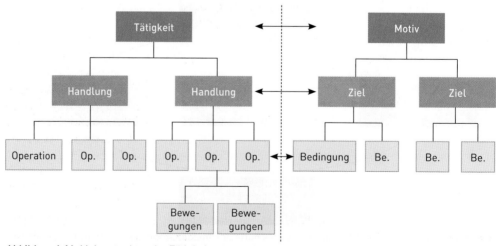

Abbildung I-14: Makrostruktur der Tätigkeit

tischer, gegenstandsbezogener) Prozesse, die einem bestimmten Motiv, einem Gegenstand, zu- bzw. untergeordnet sind. Handlungen und Operationen dienen zur Realisierung des Gesamtprozesses.

Handlungen verkörpern die einem bewussten Ziel untergeordneten Prozesse, die über Operationen im Sinne der Handlungsausführung, des Handlungsvollzuges, realisiert werden. Handlung hat neben ihrem intentionalen Aspekt (was soll erreicht werden?) auch einen operationalen (wie, auf welche Weise lässt sich das Ziel erreichen?), der nicht nur durch das Ziel an sich, sondern auch durch die objektiv-gegenständlichen Bedingungen zu seiner Erreichung bestimmt wird (vgl. Leontjew, 1977, S. 33 ff.).

Die *Operationen* sind Verrichtungen, die an objektiv-gegenständliche Bedingungen gebunden sind. Operationen können auch als unselbstständige Teilhandlungen verstanden werden.

Bewegungen als sichtbare Korrelate der Operationen sind die kleinsten «Einheiten» der Tätigkeit.

Wie aus Abbildung I-14 ersichtlich, ist die Tätigkeit mit dem Motiv ebenso verbunden wie die Handlung mit dem Ziel und die Operationen mit den äußeren Bedingungen. Was den Menschen zur Tätigkeit anregt, ist in der Regel nicht identisch damit, worauf sich die einzelnen Handlungen beziehen; das heißt, das Motiv, die eigene Existenz zu sichern, realisiert sich in einer arbeitsteiligen Gesellschaft in sehr unterschiedlichen Handlungen. Nur bei der sogenannten Eigenarbeit eines Robinsons mündet das Motiv der Existenzsicherung in Handlungen (z.B. Haus bauen, Früchte sammeln, Kleider nähen, Tiere jagen, pflanzen), die sich diesem Motiv direkt zuordnen lassen. Für die Arbeitspsychologie ist es von besonderer Bedeutung, dass man bei der Analyse der Handlungen erkennt, welchen Tätigkeiten sie zugeordnet sind.

Die Handlung «Fahren eines Fahrzeugs von A nach B» kann je nach Tätigkeit des Fahrers (Mietwagen zurückholen, Arzneimittel transportieren, Versuchsperson bei einem verkehrspsychologischen Experiment sein, in den Urlaub fahren, als Polizist im Einsatz sein) einen unterschiedlichen Stellenwert haben. Die Analyse der Fahr- und Steueroperationen bei gleicher Fahrstrecke und gleichem Fahrzeug wird zu vergleichbaren Ergebnissen kommen; die Analyse der Tätigkeit hingegen wird zu sehr unterschiedlichen Erkenntnissen führen. Der Charakter der Fahrstrecke ändert sich mit dem Motiv, sie zu fahren. Die Bedeutung der Fahrstrecke in der Gesamtheit des Tätigkeitsvollzugs variiert ebenfalls. Je nachdem, ob der Streckenabschnitt A–B eine Teilstrecke, das Ende oder der Anfang einer längeren Handlungskette ist, ändert sich der Aufgabencharakter, den diese Teilstrecke trägt. In den Mensch-Maschine-System-Untersuchungen wird diesem Aspekt zu wenig Aufmerksamkeit geschenkt; nur so kann es geschehen, dass bei Landfahrzeugen nicht zwischen Panzern und Lkws, bei Fluggeräten nicht zwischen Passagiermaschinen und Mehrzweckkampfflugzeugen unterschieden wird; das heißt, man vernachlässigt das Motiv zur Tätigkeit (anderen zu dienen oder andere zu töten) zugunsten der teilweisen Handlungsidentität.

Prozessuale Mikrostruktur der Tätigkeit

In der mikro- oder ringstrukturellen Betrachtung geht Leontjew besonders auf die Vermittlungsfunktion der Tätigkeit zwischen Subjekt und Objekt ein. Die Betrachtung der Mikrostruktur verdeutlicht, wie die Tätigkeit Austausch- und Wechselwirkungsprozesse zwischen Individuum und Umwelt vermittelt. Wie die folgende Abbildung I-15 zeigt, lassen sich diese Vermittlungen durch vier Übergänge beschreiben.

Die erweiterte Ringstruktur bietet ein Erklärungsmodell zur Entwicklung der Persönlichkeit. Die individuelle Tätigkeit verändert durch Gestaltung und Aneignung, durch Rückkoppelung und Widerspiegeln ständig die Persönlichkeit und die Umwelt. Nur so ist zu erklären, dass sich Menschen im Laufe ihrer Berufsarbeit verändern, sich

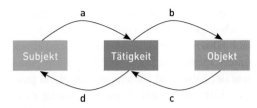

Abbildung I-15: Ringstruktur der Tätigkeit (vgl. Leontjew, 1977)

a) Der Übergang Subjekt – Tätigkeit umfasst alle Vorgänge, die die Auslösung und Steuerung der Gesamttätigkeit (der Handlungskette) durch das Subjekt betreffen, also auch die Prozesse der Antriebs- und Ausführungsregulation.

b) Der Übergang Tätigkeit – Objekt beinhaltet die Einflussnahme der Tätigkeit auf die Umwelt; das heißt, die Erzeugung von Produkten informatorischer und gegenständlicher Art verändert die Umwelt.

c) Der Übergang Objekt – Tätigkeit erfasst die Rückwirkungen der Umwelt durch die Art ihrer Bedingungen auf die Tätigkeit; das heißt, durch die Schaffung neuer Umwelten verändern sich die Bedingungen der Arbeitsausführung.

d) Der Übergang Tätigkeit – Subjekt betont diese (Rück-)Wirkung der Tätigkeit auf das Subjekt; der Gegenstand wird wieder in eine subjektive Form überführt, in ein Abbild. Erfahrungen aus dem Tätigkeitsvollzug tragen zur Modifikation der Pläne, Strategien und Taktiken bei und verändern das Bild («image») der gegenständlichen Welt.

entwickeln, Kenntnisse und Fertigkeiten ausbilden.

Die in Abbildung I-15 dargestellte Ringstruktur ist somit offen im Sinne einer Fortentwicklung des arbeitenden Menschen und einer ständigen Veränderung der Arbeitssituation durch die sich ändernden Resultate. Je weniger sich allerdings die Resultate ändern, je mehr die Situation gleich bleibt und die individuelle Tätigkeit stereotypen Operationen unterliegt, umso weniger wahrscheinlich ist eine positive Entwicklung der Persönlichkeit.

Operationalisierungsmöglichkeiten

Aus der strukturellen und prozessualen Betrachtungsweise menschlicher Arbeitstätigkeit kann man eine Vielzahl von Fragestellungen

ableiten und Untersuchungshypothesen formulieren. Die Leontjew'sche Konzeption der Tätigkeit fördert durch ihre Offenheit unterschiedliche Problemsichten. So lassen sich aus dem strukturellen Konzept zum Beispiel Problemschwerpunkte herausarbeiten, die sich mit den unterschiedlichen Diskrepanzen zwischen Motiv und Ziel, Motiv und Bedingungen und Ziel und Bedingungen auseinandersetzen. Tabelle I-4 fasst solche «stressrelevanten» Beziehungen in einem tätigkeitstheoretischen Stresskonzept überblicksartig zusammen (s. vertiefend Teil III, Kap. 3.2.5).

Motiv-Ziel-Diskrepanzen spielen innerhalb der Lohnarbeit dann eine wichtige Rolle, wenn die Arbeitnehmer stark an einer eigenständigen Entwicklung von Arbeitsabläufen interessiert sind und zugleich einige Vorgaben den Ablauf reglementieren oder detaillierte und partialisierte Zielvorgaben eine positive Arbeitsidentifikation erschweren. (Ein typisches Beispiel aus der Automobilindustrie: Vom Konstrukteur des Türschlosses wird eine hohe Identifikation mit dem Gesamtfahrzeug erwartet, ohne dass man ihn vorher, bei der Konzeption des Fahrzeugs, nach seiner Meinung gefragt hat.)

Motiv-Bedingungs-Diskrepanzen finden sich beispielsweise dann, wenn die Umwelt lärmhaltig ist und gleichzeitig informelle Gespräche gewünscht werden oder wenn Konstrukteure bei einer Beleuchtungsstärke um 5 Lux und einer Temperatur von 33 °C kreative Einfälle am CAD-System produzieren sollen.

Ziel-Bedingungs-Diskrepanzen finden sich zum Beispiel in Unternehmen, die exzellente Qualität von ihren Mitarbeitern fordern, aber unzureichende Arbeitsmittel zur Verfügung stellen.

Das Auffinden solcher Diskrepanzen ist für eine – humanen Zielsetzungen verpflichtete – Arbeitspsychologie eine wichtige Aufgabe, denn nur so ist es zu erreichen, dass – bezogen auf die theoretische Konzeption – relevante Daten erhoben und nützliche Gestaltungsvorschläge gemacht werden.

Tabelle I-4: «Stressrelevante Beziehungen» im tätigkeitstheoretischen Stresskonzept (vgl. Frieling, Facaoaru, Benedix, Pfaus & Sonntag, 1993)

Übergänge	Stressrelevante Beziehungen
Subjekt – Tätigkeit	*Motiv-Ziel-Diskrepanzen:* Redefinitionsprozesse werden erschwert, verhindert, da die Ziele mit den tätigkeitsauslösenden Motiven nicht vereinbar sind.
	Motiv-Bedingungs-Diskrepanzen: Bedingungen, die die Aufrechterhaltung oder Entwicklung von Motiven bzw. motivinitiierten Tätigkeiten gefährden, erschweren oder verhindern können.
Tätigkeit – Objekt	*Ziel-Bedingungs-Diskrepanzen:* Diskrepanzen dieser Art liegen vor, wenn die Realisierung übernommener Ziele durch betriebliche Bedingungen in Frage gestellt ist.
Objekt – Tätigkeit	*Rückwirkungen der Umwelt auf die Tätigkeit:* Stressrelevant sind alle Zustände und Prozesse der gegenständlichen Umwelt, die Motive, Ziele und Bedingungen und damit Tätigkeiten, Handlungen und Operationen bedingen und verändern.
Tätigkeit – Subjekt	*Rückwirkungen der Tätigkeit auf das Subjekt:* An diesem Übergang manifestieren sich die Rückwirkungen der Diskrepanzen. Als entsprechende Rückwirkungen sind Veränderungen zwischen Tätigkeit und Handlungen anzunehmen, z. B. aufgrund von Copingmechanismen und Bewegungsprozessen.

Aus der prozessbezogenen Betrachtungsweise ergeben sich modellhaft folgende Problemstellungen (vgl. Leontjew, 1977):

1. *Übergang: Subjekt – Tätigkeit*
   Hier finden sich Fragestellungen, die sich mit der Zuordnung von Personen zu Aufgaben befassen, mit dem Wechselspiel zwischen vorhandenen, vorausgesetzten, erwarteten und abgerufenen Qualifikationen, mit der Art der Aufgabenteilung bzw. mit der Formalisierung und Standardisierung der Auftragserteilung.
2. *Übergang: Tätigkeit – Objekt, Objekt – Tätigkeit*
   Probleme in diesen Übergängen ergeben sich bei der Ausgestaltung der Arbeitsbedingungen und bei deren Einwirkungen auf die Ausführung, die Handlungen oder Operationen. Wie müssen zum Beispiel organisatorisch-technische Bedingungen der Fertigungssteuerung gestaltet sein, damit Arbeitsgruppen die angestrebte Selbststeuerung auch realisieren können? Wie verhalten sich Akkordarbeiter bei ungenügender Auftragslage? Wie wirken sich Materialfehler bei der Bearbeitung auf das Handlungsziel aus?
3. *Übergang: Tätigkeit – Subjekt*
   In diesen Übergang fallen alle Probleme, die sich aus einer langfristigen Arbeitsausführung für den jeweiligen Menschen ergeben, also die kurz-, mittel- und langfristigen Folgen der Arbeitstätigkeit für das Wohlbefinden, die Gesundheit und die Qualifikation des arbeitenden Menschen.

Für die Arbeitspsychologie bieten (neben den handlungstheoretischen und Mensch-Maschine-System-Betrachtungen) die Analysen der Motiv-Ziel-Bedingungs-Diskrepanzen in Verbindung mit denen der Übergänge Subjekt – Tätigkeit – Objekt wesentliche Strukturierungshilfen zur Bestimmung relevanter Fragestellungen.

3.3 Fazit und weitere Entwicklungen

Den vielfältigen Formen arbeitspsychologischen Handelns in Forschung und Praxis kann ein zentrales theoretisches Modell wohl kaum genügen. So stellen die oben beschriebenen Theorien nur eine begrenzte, allerdings die Entwicklung der arbeitspsychologischen Theoriebildung wesentlich beeinflussende Auswahl dar.

Die Brauchbarkeit von behavioristischen Modellannahmen zur Beschreibung von Arbeitstätigkeit beschränkt sich auf experimentelle Settings ohne Berücksichtigung innerer psychischer Vorgänge. Als attraktiv für die Erklärung kognitiver Prozesse bei der Arbeitstätigkeit hat sich dagegen die Handlungsregulationstheorie erwiesen. Verschiedene Konstrukte zur differenzierten Analyse der Denk-, Planungs- und Entscheidungsanforderungen bei der Bewältigung von Arbeitsaufgaben wurden durch zahlreiche Neuentwicklungen von Arbeitsanalyseverfahren auf handlungstheoretischer Basis operationalisiert (s. Teil II, Kap. 2.3). Auch unter Gestaltungsgesichtspunkten bietet die Handlungsregulationstheorie einen Rahmen zur Verbesserung kognitiver Regulationsgrundlagen durch Beanspruchungsoptimierung und Training; zahlreiche Studien belegen die empirische Bewährung der Theorie (vgl. Bergmann, 2006; Iwanowa, 2006).

Tätigkeitstheoretische Modellvorstellungen verhindern eine allzu kognitivistisch orientierte Auslegung menschlicher Arbeit (Computermetapher). Der Anregungsgehalt der Tätigkeitstheorie für die Arbeitspsychologie ist enorm. So liefert dieser ganzheitliche Ansatz Erklärungsmuster für das Auftreten (potenzieller) Stressoren in der Arbeitstätigkeit und hieraus resultierender negativer Beanspruchungsfolgen. Auch scheinen tätigkeitstheoretische Überlegungen geeignet, bislang separierte motivations-, emotions- und kognitionstheoretische Betrachtungen zu integrieren. So versucht das von Kannheiser (1992) entwickelte Modell der dualen Handlungssteuerung, das kognitiv-zielbezogene und emotional-motivbezogene Bewertungs- und Regulationsmechanismen integriert, die «emotionale Lücke» in der Arbeitspsychologie zu schließen. Die empirische Überprüfung der Tauglichkeit des Modells steht immer noch aus.

Eine Erweiterung der Theorie psychischer Regulation von Arbeitstätigkeiten unternahm Stengel (1997) durch die Übernahme von Perspektiven der ökologischen Psychologie. Die ökologische Sichtweise beschränkt sich nicht nur auf die Zusammenhänge mit der biophysikalischen Umwelt; explizit einbezogen werden auch soziokulturelle, technische und ökonomische Umfeldbedingungen menschlicher Arbeit. Unter Bezugnahme auf systemtheoretische Positionen werden die komplementären und teilweise komplexen Bedingungs- und Wirkmechanismen beschrieben. Mehr der systematisierenden Beschreibung arbeitspsychologischer Themenfelder dienend, liefert dieser Ansatz interessante Aspekte zur Weiterentwicklung der Theoriebildung in der Arbeitspsychologie.

Dörner (2006) versucht mit einem simulationsbasierten Ansatz, weit entfernt von der Wirklichkeit, Handlungsstile und Verhaltensformen als Zusammenspiel kognitiver, emotionaler und motivationaler Prozesse zu erklären und zu beschreiben. Seine Versuchspersonen sind virtuelle Mäuse (sog. Psi-Wesen). Mit ihnen lässt sich nach Ansicht Dörners (2006) modellhaftes Handeln erzeugen, das Parallelen zum menschlichen Handeln aufweist und Zugänge zur Erklärung komplexen menschlichen Verhaltens ermöglicht.

Das Niveau praktischer Anwendbarkeit haben die genannten Ansätze noch lange nicht erreicht.

Zur Lösung dringender Probleme der Analyse, Bewertung und Gestaltung von Arbeitstätigkeiten wurden handlungstheoretische und soziotechnische Systemansätze integriert, so

- bei Strohm (1996) und Strohm & Ulich (1997), die einen ganzheitlichen Analyseansatz zur Optimierung des Zusammen-

wirkens von Mensch, Technik und Arbeitsorganisation bei der Restrukturierung
rechnergestützter Produktionssysteme entwickelten und erprobten,

- oder bei Weber (1997), dessen theoretisch-
konzeptionelles Integrationsmodell es ermöglichen soll, eine kollektive Handlungsregulation zu beschreiben und auf diese Weise
teilautonome und restriktive Formen der
Gruppenarbeit empirisch zu unterscheiden.

Dennoch ist – vor allem über eine kontextbezogene Anwendung zieltheoretischer, hand-
lungsregulationstheoretischer und tätigkeitspsychologischer Ansätze – weitere Grundlagenforschung erforderlich, um menschliches
Verhalten in realen Arbeitssituationen als Einheit von Kognition, Emotion und Motivation
adäquat beschreiben und erklären zu können.

Im Kontext konkreter Anwendungsfelder
arbeitspsychologischer Bewertung und Gestaltung werden an späterer Stelle zusätzlich zu
den bisher dargestellten zentralen theoretischen Modellen und Konzepten zur Arbeitstätigkeit weitere spezifische theoretische Konzepte vorgestellt.

Teil II

Methoden der Arbeitspsychologie

1 Einführung

Die Arbeitspsychologie als kontextgebundene Teildisziplin der Psychologie bezieht ihre Methoden aus der Psychologie, den Sozial- und Naturwissenschaften und fokussiert diese auf die Arbeitstätigkeit von Menschen, die einzeln, in Gruppen, Betrieben oder sonstigen Organisationen arbeiten. Untersuchungsgegenstand ist das spezifische Verhalten von Menschen in Arbeitssituationen. Im Sinne von soziotechnischer und tätigkeitstheoretischer Orientierung bedeutet das für die Auswahl der Methoden, dass sie dazu taugen müssen, Arbeitstätigkeiten innerhalb eines Arbeitssystems, einer Arbeitsgruppe, einer Dienstleistungseinheit möglichst umfassend zu analysieren und zu bewerten.

Um dies zu gewährleisten, ist es erforderlich, unterschiedliche Methoden, Verfahren und Instrumente einzusetzen (vgl. Bortz & Döring, 2006; Holling & Schmitz, 2010; Tashakkorie, 2003). Die Einengung auf einen spezifischen Verfahrenskanon beschränkt die Forschungsfragen und begrenzt die untersuchbaren Gegenstandsbereiche. Kleining (1994) geht in seinen frühen Arbeiten zur qualitativ-heuristischen Sozialforschung sehr ausführlich auf diese Thematik ein, indem er an verschiedenen qualitativen Methoden der Sozialforschung den Zusammenhang zwischen Fragestellung, Untersuchungsgegenstand und Forschung diskutiert (vgl. auch Lamnek, 2005; oder v. Rosenstiel, 2007a, der sich besonders mit den Forschungsmethoden im Kontext der Organisationspsychologie auseinandersetzt).

Die Vertreter der qualitativen Forschungsmethoden betonen zu Recht den Zusammenhang zwischen Forscher, Gegenstand und Prozess der Forschung sowie beforschter Person, der selbstverständlich auch beim Einsatz quantitativer Forschungsmethoden besteht. Im Falle quantitativer Methoden ist die persönliche Distanz zwischen Forscher und Beforschtem allerdings größer als beim Durchführen von offenen qualitativen Interviews, bei denen der Forscher auf die individuellen Besonderheiten des zu befragenden Menschen eingehen muss.

Im Rahmen arbeitspsychologischer Untersuchungen kommt erschwerend hinzu, dass der Zugang zum Forschungsfeld (einem arbeitenden Menschen, einer Gruppe, einer Abteilung oder einem Betrieb etc.) reglementiert ist. Es gibt eine Vielzahl von Hindernissen bzw. Problemen, die überwunden werden müssen, um den direkten Kontakt zwischen Forscher und beforschter Person herstellen zu können. Dieser Kontakt ist aber eine Grundvoraussetzung für arbeitspsychologisches Handeln, unabhängig von der eingesetzten Methodik. Im Folgenden gehen wir daher kurz auf einige dieser Hindernisse und Probleme ein.

Reglementierung des Zugangs und Vertraulichkeit der Daten

Da die zu untersuchenden Arbeitstätigkeiten in der Regel in Organisationen oder Betrieben stattfinden, müssen die Eigentümer bzw. das leitende Management den geplanten Untersuchungen ebenso zustimmen wie die Betroffenen und deren offizielle Repräsentanten (Betriebs- bzw. Personalräte etc.). Das Betriebsverfassungsgesetz regelt die entsprechenden Mitbestimmungsmöglichkeiten. Ähnliches gilt für Organisationen, die dem Personalvertretungsgesetz unterliegen. Das Datenschutzgesetz und die informationelle Selbstbestimmung erfordern darüber hinaus die Zustimmung des Datenschutzbeauftragten, um Missbrauch von personenbezogenen Daten zu verhindern.

Um den Schutz betriebsrelevanter Daten (z. B. neue Produkte, ökonomische Kennziffern, Organigramme und Organisationsmodelle mit Zuordnung der Leitungspersonen) zu sichern, müssen externe Forscher in der Regel ein Papier unterschreiben, in dem der Forscher dem Betrieb zusichert, alle Daten vertraulich zu behandeln. Als Wissenschaftler ist er aber aufgefordert, Dinge beim Namen zu nennen und zu veröffentlichen. Ein Problem entsteht für Wissenschaftler dann, wenn sie sich mit der Anonymisierung der Daten besondere Mühe geben und der zuständige Betriebsrat oder Manager in öffentlichen Vorträgen die Daten aus dem Forschungsprojekt präsentiert. Ein solcher Fall trägt zur Verunsicherung beim Abschätzen bei, welche Daten zu schützen sind und welche öffentlich gemacht werden dürfen. Betriebe und Organisationen verunsichern die Wissenschaftler oftmals durch vage und weitreichende Vertragsäußerungen und Regressforderungen im Falle der Zuwiderhandlung. In der Praxis besteht hier ein erheblicher Präzisierungsbedarf.

Divergierende Interessen der Forscher, der Beforschten, des Managements und des Betriebs- bzw. Personalrates

Zur Verdeutlichung dieser Interessengegensätze mag das Beispiel der Entwicklung eines Arbeitsanalyseverfahrens für Mitarbeiter im Vertrieb dienen. Um das Instrument praktisch zu erproben und auf seine Tauglichkeit für spezifische Tätigkeiten zu überprüfen, ist es notwendig, eine Auswahl verschiedener Vertriebs-

tätigkeiten systematisch zu analysieren. Der unmittelbare Nutzen liegt primär beim Wissenschaftler, da er die Daten benötigt, um Angaben zur Reliabilität und Validität des Verfahrens vorlegen zu können. Das Interesse der Beforschten besteht darin, verbesserte Arbeitsbedingungen zu erreichen und geeignetere Softwaretools zu erhalten, um die Kundenbesuche besser und leichter dokumentieren zu können. Die Vertriebsmitarbeiter beteiligen sich nur dann an der Untersuchung, wenn durch anonymisierte Offenlegung zwar die Mängel, nicht aber ihre privaten Aktivitäten benannt, das heißt, wenn keine personenbezogenen Daten erhoben werden (z. B. während der Arbeitszeit einkaufen, Privatfahrten, essen gehen mit der Ehefrau statt mit dem Kunden). Die Geschäftsleitung hat ein Interesse an der Optimierung der Besuche und an objektiven Daten, anhand derer sie die Anzahl von Kundenbesuchen pro Tag festlegen kann. Der Betriebsrat wiederum möchte mit der Untersuchung Aufklärung darüber erhalten, warum die Mitarbeiter so häufig krank sind, über Rückenbeschwerden klagen und mit der Spesenabrechnung unzufrieden sind.

Diese disparaten Zielsetzungen und Erwartungshaltungen lassen sich nur durch einen nicht unerheblichen Zusatzaufwand in Einklang bringen: Der Wissenschaftler muss zusätzlich Daten erheben, die für seine ursprüngliche Fragestellung eigentlich nicht erforderlich sind. Die Daten muss er je nach Adressat separat auswerten und darstellen. Aus den Ergebnissen muss er Gestaltungsvorschläge ableiten, die den Betroffenen, dem Betriebsrat und dem Management nützen. Mit anderen Worten, der Gesamtuntersuchungsaufwand geht weit über das hinaus, was ursprünglich intendiert war. Ohne diesen Zusatzaufwand ist eine methodisch orientierte Arbeit der angesprochenen Art aber kaum zu realisieren. In vielen Fällen ist es sogar angezeigt, den eigentlichen Untersuchungszweck zu kaschieren. Nur wenige Betroffene, Betriebsräte und Manager sind bereit, zu Zwecken der Wissenschaftsförderung und des Erkenntnisgewinns als Datenquellen zu dienen. Arbeitspsychologische Feldforscher müssen versuchen, für die Beforschten, das Management und die Betriebs- bzw. Personalräte relevante Forschungsfragen zu formulieren und diese mit ihren eigenen wissenschaftlichen Interessen zu verbinden – eine aufwandsintensive und vielfach belastende Aufgabenstellung für die Tätigkeit des Forschers im angewandten Bereich.

Wes' Brot ich ess', des' Lied ich sing'

Je größer die Widerstände im Feld sind und je geringer die Forschungsmittel an den Universitäten werden, umso größer ist für den Wissenschaftler die Gefahr, die eigentlichen Forschungsfragen zugunsten unternehmensrelevanter Problemstellungen zurückzustellen und aus angewandter Forschung Unternehmensberatung werden zu lassen. Den Studenten nützt dies zweifelsohne, bietet sich ihnen doch die Chance, durch Hilfskrafttätigkeiten Geld zu verdienen und durch Betriebskontakte die Berufschancen zu verbessern. Für die Wissenschaftler ergeben sich Zusatzverdienste, eine verbesserte Infrastruktur, neue Beschäftigungsfelder und intensivere Einsichten in die Organisationen. Kritisch-distanzierte Sichtweisen, Fragestellungen, die die arbeitspsychologische Themenbildung weiterbringen, sozialpolitisch motivierte Reflexionen und die Dokumentation von Managementfehlern, sozialen Kosten, psychischen Beeinträchtigungen und schlechten Arbeitsbedingungen können da allzu leicht unterbleiben.

Um die Arbeitswelt im Interesse der Beschäftigten langfristig zu verbessern, ist jedoch eine arbeitspsychologisch motivierte Unternehmensberatung ebenso von Bedeutung wie arbeitspsychologisch orientierte Felduntersuchungen, in denen der Wissenschaftler/die Wissenschaftlerin die bestehenden Schwachstellen und Unzulänglichkeiten deutlich herausarbeitet. An derartigen Forschungen haben die Betriebe verständlicherweise weniger Interesse, und die reduzierten staatlichen Forschungsetats werden eher dazu eingesetzt,

Forschungen auf dem Gebiet der Technikentwicklung zu fördern.

Für die Arbeitspsychologie heißt dies, noch mehr Kompromisse zu machen, wenn es darum geht, neue Methoden, Verfahren und Instrumente zu entwickeln. Inwieweit darunter die wissenschaftliche Originalität des Faches leidet, ist offen. Die gesellschaftliche Relevanz der Arbeitspsychologie hat nicht gelitten, im Gegenteil.

In den folgenden Ausführungen zu den Methoden der Arbeitspsychologie wird auf die oben geschilderten allgemeinen Einsatz- und Anwendungsprobleme nicht mehr eingegangen; lediglich methoden- oder verfahrensspezifische Besonderheiten werden berücksichtigt. Für eine umfassende Wertung der Verfahren und ihrer Einsatzbedingungen ist es aber wichtig, diese gesellschafts- und betriebspolitischen Rahmenbedingungen mitzubedenken, da sie zu einem erheblichen Teil Inhalt und Art der Untersuchungsplanung und der Datenerhebung mitbestimmen.

Unter Bezugnahme auf soziotechnische und tätigkeitstheoretische Überlegungen erscheint es sinnvoll, von den in der *Feldforschung* üblichen Methoden, Verfahren und Instrumenten auszugehen, da diese einen wesentlichen Beitrag dazu leisten, die Wechselwirkungen zwischen Subjekt, Tätigkeit und Arbeitsbedingungen in einem soziotechnischen Umfeld aufzuklären. Die Analyse und Gestaltung dieser Wechselwirkungen mit dem Ziel, gesundheits- und persönlichkeitsförderliche Arbeitstätigkeiten in einem ökonomisch effizienten Umfeld (Betrieb, Organisation) unter Einbeziehung geeigneter Arbeitstechniken (Werkzeuge, Maschinen, Anlagen, EDV-Systeme etc.) zu schaffen, verlangt von Arbeitsanalytikern und Arbeitsgestaltern, sich auf konkrete Situationen vor Ort einzulassen. Die Analyse und Gestaltung bezieht sich somit auf die psychologischen Kategorien *und* auf die organisatorisch-technischen Rahmenbedingungen, unter denen sich Arbeit vollzieht.

Für die eingesetzten Methoden heißt dies, auch solche Verfahren und Instrumente in der Arbeitspsychologie mitzunutzen, die zur Erfassung *physikalisch-chemischer* und *physiologischer* Parameter geeignet sind. Auf der Basis derart erhobener Daten lassen sich unter Beachtung gesetzlicher Vorgaben (Betriebsverfassungsgesetz, Arbeitsstättenverordnung, EU-Richtlinien und sonstige Arbeitsschutzbestimmungen; vgl. Pieper & Vorath, 2005; oder Kittner, 2009) Arbeitsgestaltungsmaßnahmen eher umsetzen; denn unabhängig von der zum Teil geringen Reliabilität physikalischer Messwerte (z. B. Lärmmessungen bei variierenden Produktionsprozessen) misst man diesen im betrieblichen Alltag eine höhere Priorität bei als qualitativen Befragungsdaten, die häufig ungleich relevanter für den genannten Produktionsprozess sind.

Im Vergleich zur Feldforschung spielt die *Laborforschung* in der Arbeitspsychologie eine eher untergeordnete Rolle, da sich Arbeitstätigkeiten im Labor nicht hinreichend simulieren lassen. So kann man zum Beispiel einzelne Handlungen eines Konstrukteurs, einer Konstrukteurin am Computer-Aided-Design-(CAD-)Bildschirm in Form einer vereinfachten Konstruktionsaufgabe simulieren, nicht aber die Tätigkeit mit all ihren Kooperations- und Informationsbeziehungen. Laboruntersuchungen haben ihre Berechtigung, wenn es darum geht, die Auswirkungen einzelner Arbeitsmittel (z. B. verschiedener Softwaretools) oder Umgebungsbedingungen (Lärm, Klima, Schadstoffe, Vibration) auf den Menschen unter definierten und konstanten Bedingungen zu testen. Ähnliches gilt für Untersuchungen zur Optimierung verschiedener Schnittstellen von Mensch-Maschine-Systemen (vgl. Johannsen, 1993), von Mensch-Computer-Interaktionen (vgl. Konrad, 2010; Shneiderman & Plaisant, 2004) oder für Untersuchungen am Simulator zur Erprobung von gefahrengeneigten Fahr- und Steuertätigkeiten (vgl. Manzey & Müller, 2006; Wickens, Lee, Liu & Gordon Becker, 2004).

Im Folgenden werden zunächst verbreitete Methoden der arbeitspsychologischen Feldforschung, danach solche der Laborforschung dargestellt und diskutiert.

2 Methoden der Feldforschung

Bevor wir detailliert auf die einzelnen Methoden der Feldforschung eingehen, wollen wir kurz verdeutlichen, anhand welcher Kriterien sich die Güte wissenschaftlicher Studien bewerten lässt. Häufig zielen arbeitspsychologische Untersuchungen darauf, kausale Beziehungen zwischen Variablen aufzuzeigen. Entsprechendes Wissen lässt sich zu Zwecken der Erklärung, Beschreibung oder Prognose einsetzen. Unter einer kausalen Beziehung versteht man, dass eine Variable eine andere Variable ursächlich beeinflusst bzw. einen Effekt auf diese ausübt. Nach Freund und Holling (2007, S. 78) liegt ein Hinweis auf eine *kausale Beziehung* vor, wenn folgende drei Bedingungen erfüllt sind: «(1) die Ursache muss dem beobachteten Effekt zeitlich vorausgehen, (2) die Ursache und der Effekt müssen kovariieren und (3) es darf keine plausiblen Alternativerklärungen für den beobachteten Effekt geben». Bei einem Experiment können die Bedingungen (1) und (3) als erfüllt gelten, da sich die unabhängigen Variablen systematisch variieren und etwaige Störgrößen leichter kontrollieren lassen. Korrelationsstudien genügen meist nur der zweiten Bedingung, sodass Rückschlüsse auf kausale Beziehungen ausgehend von einer aufgezeigten Kovariation hier weniger überzeugend sind (vgl. Freund & Holling, 2007).

Allerdings interessiert man sich in der Forschung häufig nicht nur dafür, welche Beziehung zwischen zwei Variablen besteht, sondern auch für die Bedingungen, unter denen sich eine Beziehung zeigt (Moderatorperspek-

tive), sowie für die Mechanismen bzw. Prozesse, die eine entsprechende Beziehung (Mediatorperspektive) vermitteln (vgl. Baron & Kenny, 1986). Ein *Moderator* ist eine Variable, deren Ausprägung die Beziehung zwischen zwei Variablen beeinflusst, das heißt sie beispielsweise abschwächt, verstärkt oder in ihrer Richtung umkehrt. Wundert man sich zum Beispiel, warum sich keine konsistent positive Beziehung zwischen Autonomie bei der Arbeit und der Leistung von Organisationsmitgliedern feststellen lässt, könnte man mit dem Moderator Selbstvertrauen folgende *Moderatorhypothese* formulieren: «Bei starkem Selbstvertrauen zeigt sich eine positive Beziehung zwischen Autonomie und Leistung, bei schwachem Selbstvertrauen hingegen eine negative Beziehung.» In diesem fiktiven Fall läge eine inverse Form der Moderation vor, da sich die Richtung der Beziehung zwischen den beiden Variablen Autonomie und Leistung abhängig von der Ausprägung des Moderators Selbstvertrauen umkehrt.

Ein *Mediator* ist eine vermittelnde Variable, die anzeigt, über welchen kausalen Prozess eine Beziehung zwischen zwei Variablen zustande kommt. Angenommen, Forscher/-innen hätten herausgefunden, dass ein positiver Zusammenhang zwischen einer vertrauensvollen Beziehung zum Vorgesetzten und der Leistung von Mitarbeiterinnen und Mitarbeitern besteht, so wollen die Wissenschaftler als Nächstes wissen, warum diese Beziehung besteht. Sie suchen also mögliche Mediatoren dieser Beziehung. Rollenklarheit könnte ein solcher Mediator sein. Die dazugehörige *Mediatorhypothese* würde lauten: «Die positive Beziehung zwischen vertrauensvoller Beziehung und Leistung wird vermittelt durch die Rollenklarheit, wobei eine vertrauensvolle Beziehung die Rollenklarheit steigert, die ihrerseits die Aufgabenleistung fördert.» Je nach Untersuchungsdesign und Skalenniveau der Variablen bieten sich unterschiedliche statistische Vorgehensweisen zur Prüfung von Moderator- und Mediatorhypothesen an (vgl. den Überblick bei Baron & Kenny, 1986; MacKinnon, Fairchild & Fritz, 2007).

Wissenschaftliche Studien sollen ferner generalisierbare Ergebnisse liefern. *Generalisierung* bedeutet, dass Ergebnisse nicht lediglich für den spezifischen Untersuchungskontext gültig sind, in dem sie gewonnen wurden, sondern auch auf andere Stichproben, Zeitpunkte oder Operationalisierungen übertragen werden können (vgl. Freund & Holling, 2007, S. 79). Damit sich kausale Beziehungen identifizieren und generalisierbare Ergebnisse gewinnen lassen, bietet es sich an, bei der Planung von Untersuchungen folgende *Gütekriterien* und ihre möglichen Gefährdungen zu berücksichtigen (vgl. ausführlich Freund & Holling, 2007, S. 79 ff.; Schulze & Holling, 2004; Shadish, Cook & Campbell, 2002):

- *Validität statistischer Schlüsse:* Hierbei geht es darum, inwieweit ein bestimmtes Untersuchungsdesign geeignet ist, statistisch eine Kovariation zwischen Variablen aufzuzeigen. Erschwert wird dies beispielsweise dann, wenn Messinstrumente nicht ausreichend reliabel sind, die untersuchten Merkmale in der Stichprobe nur in einem sehr eingeschränkten Bereich streuen oder die Teststärke bei einer sehr kleinen Stichprobe zu gering ausfällt.
- *Interne Validität:* Dieses Kriterium zielt auf die Frage, ob man eine kausale Beziehung zwischen zwei beobachteten Variablen annehmen kann, ob also eine Variable A (Ursache) tatsächlich einen kausalen Einfluss auf eine Variable B (Effekt) hat. Die interne Validität wird beispielsweise dann beeinträchtigt, wenn Probanden nicht zufällig auf Untersuchungsbedingungen verteilt werden, Reifungsprozesse zu einer von der Intervention unabhängigen Veränderung der Person führen oder Probanden aus Untersuchungsbedingungen systematisch herausfallen, zum Beispiel bei Längsschnittstudien.
- *Konstruktvalidität:* Ob man durch eine bestimmte Beobachtung, Messung oder Intervention auch tatsächlich das latente Konstrukt operationalisiert, das man aus seiner Theorie heraus ansprechen möchte, ist eine Frage der Konstruktvalidität. Gerade bei Interventionsstudien kann es vorkommen, dass sich eine Maßnahme über die eigentlich angedachte Untersuchungsgruppe hinaus verbreitet. Dies kann geschehen, wenn Führungskräfte aus einer Trainingsgruppe ihren Kollegen aus der Kontrollgruppe beim Mittagessen berichten, was sie alles im Führungstraining gelernt haben, und die Kollegen dann sofort versuchen, das neue Wissen auch bei ihrer Arbeit anzuwenden. Gibt es mehrere Untersuchungsbedingungen, von denen einige von den Probanden als attraktiver wahrgenommen werden als andere, kann es außerdem passieren, dass die Motivation der Probanden in einer weniger geschätzten Untersuchungsbedingung sinkt. Auch kann Konkurrenz zwischen Probanden aus unterschiedlichen Bedingungen unerwünschte Wirkungen haben (z. B. eine nicht eigentlich auf die Intervention zurückgehende unspezifische verstärkte Anstrengung). Derartige Effekte beeinträchtigen die Konstruktvalidität ebenso wie klassische Versuchsleiter- oder Reaktivitätseffekte (z. B. Placebo-Effekt).
- *Externe Validität:* Hierbei geht es um die Frage, inwieweit sich Ergebnisse über kausale Beziehungen zwischen Variablen auf andere Untersuchungskontexte (z. B. andere Berufsgruppen, Branchen, Organisationsgrößen, Zeitpunkte) übertragen lassen. Interaktionen der kausalen Beziehung mit

Merkmalen von Person, Beobachtung, Maßnahme oder Kontext deuten auf Einschränkungen der externen Validität hin.

Mit der Bezeichnung «Feld» ist im Gegensatz zu Labor oder Experiment die konkrete Arbeitstätigkeit gemeint, das heißt, der Untersuchungsgegenstand ist der tätige Mensch in seiner ihm vertrauten Arbeitssituation vor Ort. Als arbeitspsychologisches Feld können der Betrieb, die Organisation, eine Abteilung, ein Fahrzeug in einem Verkehrssystem oder sonstige Tätigkeitsbereiche bezeichnet werden, in denen ein Mensch «gesellschaftlich nützliche» Arbeitsprodukte erzeugt. Felduntersuchungen haben den Vorteil größtmöglicher Realitätsnähe. Die Inhaltsgültigkeit der gewonnenen Ergebnisse braucht im Allgemeinen nicht gesondert nachgewiesen zu werden. Über Schwierigkeiten, den Feldzugang zu ermöglichen, wurde eingangs schon gesprochen. Viele Störquellen (konjunkturelle Schwankungen, klimabedingte saisonale Unterschiede, Tarifverhandlungen, Produktanläufe, Wechsel im Management etc.) können die Datenqualität bzw. die Dateninterpretation beeinträchtigen.

Die arbeitspsychologische Feldforschung dient zur Erhebung *qualitativer* und/oder *quantitativer* Daten. Bei *qualitativ* ausgerichteten Forschungen handelt es sich meist um eine kleinere Zahl von Untersuchungspersonen und keine echte Stichprobenauswahl nach dem Zufallsprinzip, es handelt sich um keine quantitativ (ordinal, intervall- oder metrisch) skalierten Variablen und nicht um statistische Analysen. Im Gegensatz dazu steht die *quantitative* Forschung. Sie ist an größeren, möglichst repräsentativen Stichproben orientiert und arbeitet mit quantifizierbaren Variablen, die sie meist einer umfangreichen statistischen Analyse unterzieht. In der Arbeitspsychologie dominiert in den einschlägigen Veröffentlichungen derzeit zweifellos die quantitativ orientierte Forschung.

Will man die Ergebnisse aus einer Vielzahl von Einzelstudien quantitativ zusammenfassen, bietet sich die Methode der *Metaanalyse*

an. Die Metaanalyse erlaubt es außerdem, ergebnisverfälschende Artefakte einzelner Studien im Sinne einer Validitätsgeneralisierung korrigierend zu berücksichtigen; ein solches Artefakt kann zum Beispiel auf die Selektivität oder Größe der Stichprobe zurückzuführen sein, auf die Varianzeinschränkung in untersuchten Variablen oder auf die mangelnde Reliabilität der Messinstrumente, die man zur Ermittlung des «wahren» Zusammenhangs oder Unterschieds von Variablen in der Population einsetzt (vgl. Schmidt & Hunter, 2001). So ermöglichen Metaanalysen die Kumulation und Generalisierung von Forschungsergebnissen über Stichproben und Untersuchungskontexte hinweg und schaffen die Grundlage für evidenzbasierte Handlungsempfehlungen, die sich auf praktische Probleme anwenden lassen. Es verwundert daher nicht, dass man die Methode der Metaanalyse in arbeits- und organisationspsychologischen Studien zunehmend einsetzt. So berichten Landy und Conte (2010, S. 77), dass in den Jahren 1991 bis 2008 rund 400 internationale Publikationen der Arbeits- und Organisationspsychologie metaanalytisch ausgerichtet waren.

Ihre Wurzeln verdankt die Arbeitspsychologie zu einem Großteil qualitativ orientierten Forschungen, zum Beispiel der Studie über die Arbeitslosen in Marienthal aus den 1920er-Jahren (vgl. Jahoda, 1991; Jahoda, Lazarsfeld & Zeisel, 1980) oder den Hawthorne-Studien (1927–1933) von Roethlisberger und Dickson (1939; s. Teil I, Kap. 2.2.4).

Betriebliche Einzelfallstudien, die Veränderungsprozesse qualitativ beschreiben, werden in Zukunft bedeutsamer, wenn es darum geht, die individuellen Arbeitsbedingungen zu verbessern bzw. für einzelne Beschäftigte in systematischer Form Entwicklungsmöglichkeiten zu schaffen. Darüber hinaus ist die qualitative Forschung immer dann einschlägig, wenn man nach Ursachen dafür sucht, warum sich Menschen in Arbeitssituationen ganz spezifisch verhalten und welche individuellen Gründe dafür verantwortlich sein können (vgl. hierzu Arnold & Randall, 2010; Senghaas-

Knobloch, Nagler & Dohms, 1996). Um aus solchen Analysen konkrete Vorschläge für Veränderungen und Gestaltungsmaßnahmen ableiten zu können, ist eine Kombination von qualitativen und quantitativen Erhebungsmethoden unabdingbar.

In der folgenden Darstellung arbeitspsychologischer Feldforschungsmethoden werden daher qualitative und quantitative Methoden angesprochen, auch wenn der Standardkanon arbeitspsychologischer Methoden quantitativ ausgerichtet ist (vgl. hierzu Arnold & Randall, 2010; Bungard, Holling & Schulz-Gambard, 1996; Holling & Kuhn, 2007).

2.1 Befragungsmethoden

Wie aus Abbildung II-1 ersichtlich und in entsprechenden Texten vielfach vorfindbar, kann man die Befragungsmethoden grundsätzlich in quantitative und qualitative, nach dem Medium (mündlich/schriftlich), der sozialen Dimension (einzeln/Gruppe) und nach dem Grad der Standardisierung einteilen (vgl. hierzu auch Atteslander, 2003; Bouchard, 1976, S. 364–369; Borg, 2003; Bortz & Döring, 2006; Bungard, Holling & Schulz-Gambard, 1996; Lamnek, 2005; Tashakkorie, 2003).

Die folgenden Ausführungen stellen nur diejenigen Methoden näher und beispielhaft dar, die einen engeren Bezug zur Arbeitspsychologie haben. Theoretisch können innerhalb der arbeitspsychologisch orientierten Datensammlung nahezu alle denkbaren Befragungsformen vorkommen. Durch die neuen Kommunikationsmedien (E-Mail, Intra- und Internet) ergeben sich zusätzliche Möglichkeiten, Menschen zu befragen. Hinsichtlich der Vor- und Nachteile sogenannter internetbasierter Befragungsmethoden sei insbesondere auf Stanton & Rogelberg (2001), Thompson, Surface, Martin & Sanders (2003), Birnbaum (2004) oder Gnambs & Batinic (2010) verwiesen.

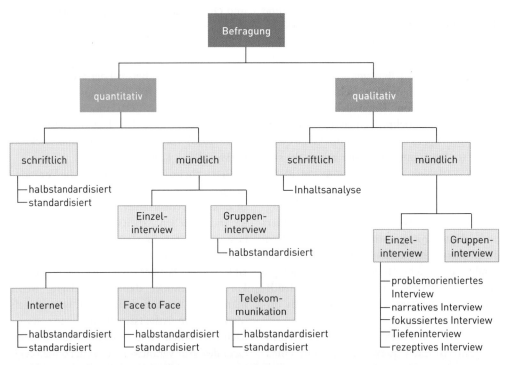

Abbildung II-1: Einteilung der Befragungsmethoden/-formen

2.1.1 Quantitative Befragungsmethoden

In Übereinstimmung mit der klassischen Einteilung von Bouchard (1976, S. 371 ff.) lassen sich nach Art der Interviewerfrage und der Antwortmöglichkeit vier Befragungstypen unterscheiden.

Verknüpft man die Inhalte von Tabelle II-1 und Abbildung II-1, so wird deutlich, dass sich die halbstandardisierten Mischformen aus der Variation von standardisierter Fragestellung und offener Antwortmöglichkeit sowie offener Frage und standardisierter Antwortmöglichkeit ergeben.

Schriftliche Befragungsformen

Standardisierte Befragungen (Typ I)
Bei standardisierter Befragung sind die Fragen und Antwortmöglichkeiten vorgegeben. Ein Beispiel ist in Abbildung II-2 aufgeführt (zu weiteren Beispielen vgl. Borg, 2003, S. 83 ff.; Loo, 2010).

Diese Form der Befragung wählt man, wenn eine repräsentative Stichprobe aus einem Betrieb oder eine bestimmte Personengruppe in mehreren Betrieben miteinander verglichen werden sollen. Wenn es darum geht, ein Stimmungsbild von Mitarbeitern in einem Unter-

Tabelle II-1: Formen der Standardisierung bei Befragungen

Antwortmöglichkeit	Fragestellung	
	standardisiert	nicht standardisiert
standardisiert	I	III
nicht standardisiert	II	IV

Was führt hauptsächlich zu Zeitdruck bei Ihrer Arbeit?

	sehr oft	oft	manchmal	selten	sehr selten
Drängelei durch Vorgesetzte	❏	❏	❏	❏	❏
Drängelei durch die Kollegen	❏	❏	❏	❏	❏
Unrealistische Vorgaben (Takt)	❏	❏	❏	❏	❏
Materialengpässe	❏	❏	❏	❏	❏
Unterschiedlicher Arbeitsanfall	❏	❏	❏	❏	❏
Unklare Aufgaben	❏	❏	❏	❏	❏
Ausfüllen von Formularen	❏	❏	❏	❏	❏

Wie zufrieden sind Sie mit dem Inhalt Ihrer Tätigkeit?
Berücksichtigen Sie zum Beispiel, ob Ihre Tätigkeit langweilig und festgefahren ist oder ob Sie Ihre Fähigkeiten einsetzen und selbstständig arbeiten können, ob sie Ihnen gefällt, usw.

Abbildung II-2: Ausgewählte Items eines Fragebogens zur Evaluation der Gruppenarbeit in der europäischen Automobilindustrie (Frieling & Freiboth, 1997)

nehmen zu erhalten (vgl. Borg, 2003; oder Neuberger & Allerbeck, 1978), können derartige Befragungen nützlich sein, da für die Beschäftigten die Möglichkeit besteht, anonym zu antworten. Da diese Fragen in der Regel mit dem betrieblichen Management und dem Betriebsrat (je nach Hierarchieebene) abgestimmt werden müssen, spielt das entsprechende «wording» bei der Formulierung der Statements eine nicht unerhebliche Rolle. Fragen zum Betriebsklima, wie sie beispielsweise in Abbildung II-2 aufgeführt sind, beinhalten üblicherweise nur solche Aspekte, die das Management auch in seiner negativen Variante tolerieren kann.

Borg (2003) gibt in seinem Text zur Mitarbeiterbefragung eine Vielzahl von Beispielen, wie sich im Sinne des Managements derartige Befragungen im Betrieb durchführen lassen. Gleichzeitig vermittelt die Darstellung, in welcher Weise man als Sozialwissenschaftler um Akzeptanz im Unternehmen werben muss, wenn man beabsichtigt, mit derartigen Befragungen im Unternehmen erfolgreich zu sein.

Durch die Einführung von Qualitätsaudits nach der DIN-ISO 9001 oder VDA 61 (Richtlinie zur Erfassung des Qualitätsmanagements in der Automobilindustrie; vgl. Verband der Automobilindustrie, 1996) gewinnt die *Mitarbeiterbefragung* an Bedeutung. So wird zum Beispiel bei der Auditierung (Bewertung) der Personalarbeit gefragt: «2.1.5 Ist die Mitarbeiterzufriedenheit im Unternehmen ein Grundsatz der Leitung, und wird sie kontinuierlich gepflegt?» (VDA 61, 1996, S. 78.) Diese Frage, die für die Qualitätsbewertung eines Unternehmens eine Rolle spielt, kann nur beantwortet werden, wenn Unternehmen tatsächlich Mitarbeiterbefragungen zur Arbeitszufriedenheit durchführen und den Veränderungsprozess kontinuierlich bewerten. Das heißt, die für die Bewertung der Wettbewerbsfähigkeit eines Unternehmens relevante Qualitätsmanagement-Auditierung beinhaltet solche Mitarbeiterbefragungen und fördert somit (un)gewollt arbeitspsychologisch orientiertes Handeln in Unternehmen.

In der Arbeits- und Organisationspsychologie gibt es eine Vielzahl standardisierter Befragungsinstrumente, für die Bezugswerte (Normen) vorliegen. Dazu gehören zum Beispiel der Fragebogen zur Arbeitszufriedenheit von Neuberger und Allerbeck («Arbeitsbeschreibungsbogen» [ABB], 1978), der «Job Diagnostic Survey» (JDS) von Hackman und Oldham (1975), die «Eigenzustandsskala» (EZ) von Nitsch (1976) und eine Modifikation von Apenburg und Häcker (1984), die «Subjektive Arbeitsanalyse» (SAA) von Udris und Alioth (1980), das Verfahren zur «Subjektiven Tätigkeitsbewertung» (STB) von Nehring (1982), der «Erhebungsbogen zur Erfassung des Betriebsklimas» von v. Rosenstiel et al. (1983) und der «Fragebogen zur Erfassung von Ermüdung, Monotonie, Sättigung und Stress» (BMS) von Plath und Richter (1984). Bei Richter (2010) sind zirka einhundert Instrumente zur Erfassung der psychischen Beanspruchung aufgeführt, von denen die überwiegende Zahl Befragungsmethoden einsetzt.

Darüber hinaus existieren jede Menge betriebsspezifischer Fragebogen zur Erfassung des Betriebsklimas, der Arbeitszufriedenheit, der Arbeitsbedingungen, der Gruppen- (s. Teil IV, Kap. 4.3.3) bzw. Telearbeit oder anderer spezifischer Arbeitssituationen. Im Gegensatz zu den veröffentlichten Verfahren fehlen bei diesen betriebsspezifischen Eigenentwicklungen Vergleichsmaßstäbe und Normen, so dass man Gruppen, Abteilungen, Bereiche oder Werke nur innerhalb der eigenen Organisation miteinander vergleichen kann. Zu Zwecken der Organisationsentwicklung genügt dies zweifelsohne (vgl. hierzu die sehr ausführlichen und praxisnahen Beispiele bei Borg, 2003). Zu wissenschaftlich orientierten Betriebsvergleichen sind diese Verfahren meist nicht geeignet, zumal die Verfahren und Daten verständlicherweise nicht veröffentlicht werden.

Vielfältige Erfahrungen aus eigenen empirischen Studien zeigen, wie auch die Arbeiten von Schwarzer (1983, S. 305 ff.), Atteslander (2003) und Holling und Kuhn (2007), dass mit schriftlichen Befragungen folgende Vor- und Nachteile verbunden sind:

Vorteile

1. *Verteilungsmodus:* Über den (postalischen) Versand können zwar viele Personen angesprochen werden. Die zum Teil geringen Rücklaufquoten bei Betriebsbefragungen (4000 bis 5000 Anschreiben, zirka 100 bis 200 Rückantworten) erhöhen jedoch die Kosten. Eingespart werden in diesem Fall Reisen und telefonische Terminabsprachen. Bei telefonischer Vorankündigung der schriftlichen Befragung und Unterstützung durch Betriebsrat und Management erhöht sich allerdings die Rücklaufquote erheblich. Bei Befragungen von Mitarbeitern in Unternehmen hat es sich bewährt, die Fragebogen im Rahmen von Gruppensitzungen oder Abteilungsbesprechungen zu verteilen und sie vor Ort ausfüllen zu lassen. Mit diesem Verfahren lassen sich Rücklaufquoten von über 90 Prozent erzielen. Im Falle von sprachlichen und inhaltlichen Verständnisproblemen kann der Fragebogenverteiler entsprechende Erläuterungen geben.
2. *Zeitersparnis:* Einfache Auswertung durch EDV-Einsatz mit statistischen Auswertungsprogrammen (z.B. SAS, SPSS).
3. *Bequemlichkeit für den Befragten:* Der Befragte kann sich den Zeitpunkt der Fragebogenbeantwortung selbst aussuchen.
4. *Anonymität:* Über den Postversand oder die Abgabe in Urnen bei Betriebserhebungen ist die Anonymität für den Befragten leichter herzustellen als bei direktem Kontakt. Die Befragten haben häufig Schwierigkeiten, zwischen dem persönlichen Kontakt zum Interviewer und der anonymisierten Datenauswertung zu unterscheiden.
5. *Interviewereinfluss* ist nicht vorhanden. Durch persönliche Kontakte zwischen Interviewer und Befragtem können bei mündlichen Befragungen im Unterschied zu schriftlichen systematische Fehler entstehen, zum Beispiel dann, wenn der Befragte

sich über den Führungsstil seiner Vorgesetzten äußert und der Interviewer Freude signalisiert, da nach seiner Meinung in dem untersuchten Betrieb auf diesem Gebiet vieles im Argen liegt.

6. *Standardisierung:* Für alle Befragten sind die Formulierungen gleich, wenn auch nicht immer gewährleistet ist, dass die Befragten unter den verwendeten Begriffen das Gleiche verstehen (wenn konnotative Unterschiede bestehen).
7. *Informationssuche:* Der Befragte hat Zeit, Informationen zu suchen, zum Beispiel bei Fragen zur Qualifikation von Mitarbeitern oder bei Erhebungen über den Lagerbestand, die Pufferzeiten oder Störungen im Transportprozess.
8. *Zugänglichkeit:* Regional verstreute Mitarbeiter (z.B. im Außendienst) lassen sich leichter erfassen. Die Organisation von persönlichen Interviews ist demgegenüber mit erheblichem Zeit- und Kostenaufwand verbunden.

Nachteile

1. *Rücklaufquoten:* Je nach Fragestellung, Relevanz, Aktualität und Beantwortungsaufwand kann die Rücklaufquote zwischen 90 und unter 5 Prozent erheblich variieren. Erstaunlicherweise liegen die Rücklaufquoten von Onlinebefragungen weit unter denen von gedruckten Fragebogen. Hohe Rücklaufquoten sind nur zu erwarten, wenn die Befragten in dem Thema eine hohe Relevanz sehen oder aus der Beantwortung der Fragebogen einen unmittelbaren Nutzen ableiten können. Bei geringen Rücklaufquoten ist mit einer Verzerrung der Ergebnisse gegenüber der Grundgesamtheit zu rechnen.
2. *Unvollständige Daten:* Ohne Hilfestellung durch einen Interviewer oder durch eindeutige Instruktionen sind bei schriftlichen Befragungen Missverständnisse nicht auszuschließen. Je nach Lust und Laune der Befragten bleiben auch Fragen offen, so dass bei der Auswertung mit wechselnden Da-

tensätzen und «missing values» gerechnet werden muss.

3. *Unkontrollierbare Erhebungssituation:* Besonders bei Arbeitnehmer(inne)n mit einer fremden Muttersprache oder bei schreibungewohnten Menschen ist nicht auszuschließen, dass andere (die Kinder oder der Ehemann bzw. die Ehefrau) den Fragebogen ausfüllen.

4. *Mangelnde Flexibilität:* Das starre Antwortschema lässt in der Regel keine individuellen Antwortvarianten zu, die der Situation der Befragten möglicherweise besser entsprechen würden. Die vorgegebenen Antwortalternativen treffen nicht immer zu, ein Abweichen ist nicht vorgesehen. Ergänzende offene Antwortmöglichkeiten werden erfahrungsgemäß nur in geringem Umfang genutzt; sie erhöhen darüber hinaus den Auswertungsaufwand beträchtlich.

Um die Vorteile standardisierter Erhebungen voll ausnutzen zu können, müssen die Fragen (Items) sorgfältig formuliert werden. In Übereinstimmung mit Borg (2003) und van de Loo (2010) sollten bei arbeitspsychologisch orientierten Befragungen folgende Ansprüche an Items gestellt werden:

- Die Items sind möglichst spezifisch zu formulieren. Je allgemeiner eine Frage/Aussage, umso vieldeutiger ist sie; Beispiel: «Die Klimabedingungen im Betrieb sind im Großen und Ganzen gut» (trifft zu – trifft nicht zu). Welche Klimabedingungen sind gemeint – das Vorgesetztenverhalten, die Kollegen, die Hitze, die Kälte, die Windgeschwindigkeit oder die wirtschaftliche Lage?
- Der sprachliche Ausdruck muss das Ausbildungsniveau der Mitarbeiter berücksichtigen (Vermeiden von Fremdwörtern und spezifischen Fachbegriffen; kurze, einfache Sätze/Fragen).
- Negationen sind zu vermeiden, da häufig unklar ist, ob Zustimmung oder Ablehnung gemeint ist; Beispiel: «Die Arbeitsbedingungen sind nicht schlecht» (trifft zu – trifft nicht zu).

- Herabsetzungen der Befragten sind zu vermeiden; Beispiel: «Durch die neuen Arbeitsstrukturen bin ich geistig überfordert» oder «Für die jetzige Tätigkeit bin ich zu alt».
- Querverweise oder «Sprungbefehle» innerhalb einzelner Items können die Befragten verunsichern; Beispiel: «Wenn Frage 3 mit ja beantwortet wird, entfallen 9 und 11, wenn mit nein geantwortet wird, bitte weiter mit Frage 4.»
- Zu vermeiden sind Unterstellungen und suggestive Fragen; Beispiel: «Sie sind doch mit den Arbeitsbedingungen zufrieden?»
- Zu vermeiden sind Items, die praktisch von allen Befragten in gleicher Weise beantwortet werden; Beispiel: «Ihr Entgelt ist zu hoch?»

Neben der inhaltlichen Ausgestaltung der Items kommt es darauf an, in welcher Form die verwendeten Antwortkategorien standardisiert sind. Nach Borg (2003, S. 90) sind folgende Aspekte zu beachten:

«Die Items sollten in ihren Antwortkategorien:

- So weit wie möglich geschlossen sein: Wenn sich die Antworten vorab überschauen lassen, dann kann man so spezifischere und besser vergleichbare Daten erheben
- Dann offen bleiben, wenn nicht genug bekannt ist […], um eine erschöpfende Batterie geschlossener Antwortkategorien zu konstruieren
- Dann offen bleiben, wenn die Zahl der möglichen Antworten sehr groß ist (z. B. bei der Frage nach Fort- und Weiterbildungsmaßnahmen, die dem Mitarbeiter bei seiner weiteren Entwicklung helfen könnten)
- Disjunkt sein und eindeutige Antworten erlauben: ein Brei von überlappenden Inhalten, Ober- und Unterbegriffen erlaubt keine sinnvolle Deutung
- Für den Befragten in ihrer Anzahl überschaubar sein, d. h. nicht mehr als etwa 10 Antwortkategorien bereitstellen oder die Antwortkategorien entsprechend unterglie-

dern; bei komplizierten Inhalten sollten mehrere Fragen gestellt werden

- Dann ‹Weiß-nicht›- oder ‹Keine-Meinung›-Möglichkeiten bereitstellen, wenn man sich über die Antwortkategorien unsicher ist»

Sonderformen schriftlicher Befragungen

Selbstaufschreibung

In der Arbeitspsychologie ist die Methode der standardisierten Selbstaufschreibung ein bewährtes Verfahren, um individuelle Zeitbudget-Analysen durchzuführen (s. **Abb. II-3**; vgl.

hierzu auch die Ausführungen von Ohly & Zapf, 2010, zur Methode des Event-Samplings). So untersucht man zum Beispiel bei der Analyse von Konstrukteurstätigkeiten (vgl. Derisavi-Fard, Frieling & Hilbig, 1989) oder von Tätigkeiten Technischer Zeichner/-innen (vgl. Vittur, 1996) nach einem vorgegebenen Teiltätigkeitsraster über zwei Arbeitswochen hinweg, zu welchem Prozentsatz der täglichen Arbeitszeit Konstrukteure bzw. Technische Zeichner/-innen bestimmte Teiltätigkeiten mithilfe der CAD-Technik verrichten. Die Befragten müssen pro Tag in einem Stundenras-

Tätigkeit		Stunden 0	1	2	3	4	5	6	7	8	9	10
konzipieren	Prinzip erarbeiten											
	Berechnen — mit CAD / ohne CAD											
ausarbeiten	Entwerfen/Gestalten — mit CAD / ohne CAD											
	Detaillieren — mit CAD / ohne CAD											
	Zusammenst.-Zeichnung — mit CAD / ohne CAD											
	Stücklisten bearbeiten — mit CAD/PC / am Brett											
	Kontrollieren — mit CAD / ohne CAD											
	Ändern — mit CAD / ohne CAD											
	Informieren — mit CAD / ohne CAD											
Allg. Büroarbeit												
Meldungen, Berichte abfassen												
Besprechungen/Telefonate												
Sonstige Tätigkeit												
Pausen												

Abbildung II-3: Selbstaufschreibebogen für Konstrukteure (Derisavi-Fard et al., 1989)

ter, das in 15-Minuten-Schritte unterteilt werden kann, eintragen, welche Teiltätigkeiten sie über den Tag hinweg ausführen.

Solche Zeitaufschreibungen werden von den Befragten zum Teil als störend empfunden, da sie den gewohnten Arbeitsablauf unterbrechen; sie bieten aber einen sehr guten Überblick über die ausgeübten Teiltätigkeiten. Aus den Auswertungen der untersuchten Konstrukteursprotokolle wurde zum Beispiel sichtbar, dass diese Personengruppe die eigentliche Konstruktionsarbeit (Entwerfen, Berechnen, Detaillieren oder Stücklisten bearbeiten) relativ häufig unterbricht (durch Besprechungen, Telefonate, allgemeine Büroarbeit etc.) und längere homogene Arbeitsphasen (über zwei Stunden) eher die Ausnahme darstellen. Die Durchschnittswerte für die einzelnen Teiltätigkeiten pro Person (pro Woche oder 14 Tage) geben einen guten Überblick über die Tätigkeitsschwerpunkte und lassen Aussagen über interindividuelle und tätigkeitsspezifische Unterschiede (Konstrukteur, Spezialist, Programmierer etc.) zu.

Zeitbudget-Analysen lassen sich bei beliebigen Arbeitstätigkeiten durchführen; Voraussetzung ist allerdings, dass die aufgeführten Teiltätigkeiten zu einer weitgehend erschöpfenden Kategorisierung der Gesamttätigkeit geeignet sind und die Kategorie «Sonstiges» möglichst nicht mehr als fünf Prozent der gesamten Arbeitszeit ausmacht.

Die Anzahl der Teiltätigkeiten (Tätigkeitskategorien) sollte möglichst zehn nicht überschreiten, da den Befragten sonst der Überblick schwerfällt. Die einzelnen Teiltätigkeiten sind möglichst klar zu definieren, sodass der jeweilige Protokollant keine Schwierigkeiten bei der Einordnung seiner individuellen Teiltätigkeiten in das Kategoriensystem hat. Bei Untersuchungen mit Berufskraftfahrern hat sich gezeigt, dass eine Aufwandsentschädigung von 100 Euro für zehn Arbeitstage die Akzeptanz der Selbstaufschreibemethode erheblich fördert (vgl. Kiegeland, 1997; zu Zeitbudget-Analysen vgl. auch Bungard, Holling & Schulz-Gambard, 1996.)

In ihrer Untersuchung kumulativer psychischer und physiologischer Effekte bei fliegendem Personal auf der Kurzstrecke benutzte Niederl (2007, vgl. S. 87 ff.) einen Pocket-PC (HP Jornada 568), um bei Piloten den Grad der Ermüdung vor und nach den individuellen Arbeits- und Schlafphasen in Form einer Selbstprotokollierung zu erfassen. Dieses Selbstaufschreibegerät kann gut in einer Hand gehalten werden (Handheld-PC) und verfügt über einen Touchscreen, auf dem man die Eintragungen vornimmt (s. **Abb. II-4**).

Dieses Gerät hat darüber hinaus den Vorteil, dass sich auf ihm auch Reaktionszeittests (Tests der psychomotorischen Vigilanz; vgl. Niederl, 2007, S. 90 f.) programmieren lassen. Durch die Benutzung des Rechners ist die genaue Erfassung der Zeiten möglich, zu denen die Eintragungen erfolgen. Dies erleichtert die Datenauswertung, verlangt aber von den Untersuchungsleitern die strikte Einhaltung der anonymisierten Auswertung. In dieser Untersuchung schrieben die Piloten (13 Kapitäne und 16 Erste Offiziere auf einer Boeing 737) über acht Wochen selbst auf und nahmen darüber hinaus während und nach der Arbeit an

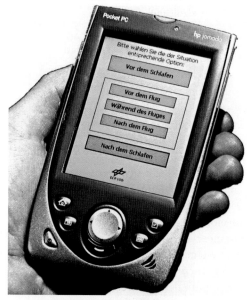

Abbildung II-4: Pocket-PC (Hp Jornada 568) zur Erfassung der Aktivitäten (Niederl, 2007)

verschiedenen psychologischen und physiologischen Messungen teil. Die Teilnahme an den Untersuchungen war freiwillig. Für den Aufwand erhielten die Probanden, die bis zum Ende der Untersuchung durchhielten, 500 Euro.

Tagebuchstudien

In den vergangenen Jahren haben Tagebuchstudien in der arbeits- und organisationspsychologischen Forschung an Bedeutung gewonnen (vgl. Ohly, Sonnentag, Niessen & Zapf, 2010). Der Grund hierfür liegt in einem zunehmenden Interesse an dynamischen Prozessen, die sich während eines relativ eng begrenzten Zeitabschnitts innerhalb eines Individuums abspielen. Der Begriff «Tagebuch» bezeichnet ein Verfahren, das darauf abzielt, das Erleben und Verhalten von Individuen im Alltag zu erfassen (vgl. Bolger, Davis & Rafaeli, 2003). Kennzeichnend für Tagebuchstudien ist, dass dieselben Individuen innerhalb eines definierten Zeitraums mehrmals befragt werden; die Befragungen können ein- oder mehrmals täglich über einen Zeitraum von wenigen Tagen bis hin zu mehreren Wochen stattfinden. In der arbeits- und organisationspsychologischen Forschung liegt die Länge des Befragungszeitraums häufig zwischen einer und drei Arbeitswochen (jeweils Montag bis Freitag).

Tagebuchstudien teilt man üblicherweise in drei Arten ein, die sich darin unterscheiden, wodurch eine Befragung ausgelöst wird. (1) Beim *intervallkontingenten* Befragen liegen zwischen den einzelnen Befragungen fixe zeitliche Abstände wie beispielsweise ein Arbeitstag. Diese Form des Tagebuchs wird in der Arbeits- und Organisationspsychologie häufig verwendet. (2) Beim *signalkontingenten* Befragen werden die Teilnehmer über einen Signalgeber (z. B. ein Smartphone) zur Beantwortung aufgefordert. Die Abstände der einzelnen Befragungen können völlig zufällig sein oder aber systematisch variieren. (3) Beim *ereigniskontingenten* Befragen sollen die Teilnehmer immer nach dem Auftreten eines bestimmten Ereignisses (z. B. Konflikt mit einem Kollegen) ihr Tagebuch ausfüllen.

Während intervall- und signalkontingente Tagebücher mittlerweile fester Bestandteil der arbeits- und organisationspsychologischen Literatur sind, finden sich ereigniskontingente Tagebücher eher selten (vgl. Ohly et al., im Druck). Welche dieser drei Arten man für eine Studie verwendet, hängt von der inhaltlichen Fragestellung ab. Ereigniskontingente Tagebücher eignen sich vor allem, um eher seltene Ereignisse zu untersuchen. Intervall- und signalkontingente Tagebücher hingegen lassen sich verwenden, um beispielsweise intraindividuelle Zusammenhänge zwischen verschiedenen Konstrukten zu untersuchen.

Während herkömmliche Befragungen meist auf *interindividuelle* (zwischen Personen) Unterschiede abzielen, liegt der Fokus bei Tagebuchstudien auf *intraindividuellen* (innerhalb von Personen) Veränderungen und Zusammenhängen. In der englischsprachigen Literatur wird dieser Unterschied häufig als «between» versus «within-person design» bezeichnet.

Typische Fragestellungen

Die meisten Tagebücher in der arbeits- und organisationspsychologischen Forschung widmen sich einer der folgenden drei Fragestellungen (vgl. Ohly et al., 2010):

1. Wie verläuft bzw. verändert sich ein Konstrukt über eine bestimmte Zeitspanne hinweg? Beispielsweise untersuchten Grech, Neal, Yeo, Humphreys und Smith (2009) über die Zeitspanne von einem Tag den Verlauf von Müdigkeit bei Besatzungsmitgliedern einer Marinepatrouille. Ihre Ergebnisse zeigen einen U-förmigen Verlauf, dem zufolge Müdigkeit zwischen Mitternacht und Mittag abnimmt und zwischen Mittag und Mitternacht wiederum steigt.

2. Welche intraindividuellen Zusammenhänge existieren zwischen verschiedenen Konstrukten? Beispielsweise untersuchten Ilies, Scott und Judge (2006) über einen Zeitraum von drei Arbeitswochen den intraindividuellen Zusammenhang zwischen positivem Affekt und «Organizational Citizenship Be-

havior» (OCB). Ihre Ergebnisse zeigen, dass intraindividuell ein positiver Zusammenhang zwischen positivem Affekt und OCB besteht.

3. Inwiefern hängen intraindividuelle Zusammenhänge von stabilen Merkmalen ab? Stabile Merkmale können sich auf die Person (z. B. Persönlichkeitsvariablen) oder auf deren Umwelt beziehen (z. B. Arbeitsbedingungen). Beispielsweise untersuchten Ilies et al. (2006) in ihrer oben erwähnten Studie, ob der positive Zusammenhang zwischen positivem Affekt und OCB von dem stabilen Personenmerkmal Gewissenhaftigkeit abhängt. In Übereinstimmung mit ihren Hypothesen zeigten die Ergebnisse, dass der Zusammenhang bei Menschen mit niedrig ausgeprägter Gewissenhaftigkeit stärker ist als bei Menschen mit hoch ausgeprägter Gewissenhaftigkeit.

Durchführung einer Tagebuchstudie

Eine Tagebuchstudie lässt sich mit Papierfragebogen, Pocket-Computern oder über das Internet durchführen. Jede der drei Methoden hat Vor- und Nachteile (vgl. hierzu auch Ohly & Zapf, 2010). Papierfragebogen sind vergleichsweise kostengünstig und erfordern keine Instruktion durch einen Versuchsleiter. Dem steht der Nachteil gegenüber, dass nicht kontrollierbar ist, ob die vorgesehenen Befragungszeiten eingehalten werden. Pocket-Computer bieten den Vorteil, dass Teilnehmer durch Signale an die Befragung erinnert werden können. Zudem sind sie ortsungebunden einsetzbar und scheinen bei der Akquise von Teilnehmern hilfreich zu sein (vgl. Ohly & Zapf, 2010). Nachteile von Pocket-Computern liegen in den hohen Anschaffungskosten, im Aufwand der Softwareprogrammierung und in der zeitaufwendigen Einweisung der Teilnehmer. Verschiedene Internetplattformen bieten (teilweise unentgeltlich) die technische Grundlage für internetbasierte Tagebücher. Den Teilnehmern kann man per E-Mail eine Erinnerung sowie einen Link zur entsprechenden Befragung senden. Tagebuchbefragungen über das Internet haben den Vorteil, dass sie mit vergleichsweise wenig Aufwand kostengünstig durchzuführen sind. Der Nachteil dieser Form liegt darin, dass ein Computer mit Internetzugang zur Verfügung stehen muss, gegebenenfalls mehrmals täglich zu bestimmten Zeiten.

Prinzipiell kann man mit Tagebüchern sowohl qualitative als auch quantitative Informationen erheben, wobei in der Arbeits- und Organisationspsychologie quantitative Messungen den weitaus größten Teil der Tagebuchstudien ausmachen (vgl. Ohly et al., im Druck). Zur Operationalisierung der interessierenden Konstrukte verwendet man entweder Fragebogen, die speziell für Tagebücher entwickelt wurden (vgl. z. B. Hooff, Geurts, Kompier & Taris, 2007), oder man passt herkömmliche Fragebogen an die Besonderheiten einer Tagebuchstudie an. Im Vergleich zu herkömmlichen Befragungen werden in Tagebüchern generell weniger Items verwendet, um die einzelnen Befragungen so kurz wie möglich zu halten. Auch die Formulierungen der einzelnen Items unterscheiden sich von herkömmlichen Befragungen. Entsprechend der Intention, aktuelle Zustände und Ereignisse zu messen, beziehen sich die Fragen auf *jetzt gerade* (z. B. «Wie fühlen Sie sich *jetzt gerade?*») oder auf den *heutigen Tag* (z. B. «*Heute* bin ich Probleme aktiv angegangen»; vgl. Frese, Fay, Hilburger, Leng & Tag, 1997). Vertiefend sei auf die praktischen Empfehlungen von Ohly et al. (2010) verwiesen.

Infobox II-1 erläutert die praktische Durchführung einer Tagebuchstudie an einem Beispiel ausführlicher (vgl. auch Nohe, Rexroth, Peters, Schumacher, Michel & Sonntag, 2012).

Zur *Auswertung* von Tagebuchdaten verwendet man sogenannte Mehrebenen-Analysen. Mehrebenen-Analysen basieren auf Regressionsanalysen und berücksichtigen im Vergleich zu herkömmlichen Verfahren die Abhängigkeit der Daten, die durch mehrfache Befragung eines und desselben Menschen entsteht. Inhaltlich ermöglichen es Mehrebenen-Analysen, zwischen einer intraindividuellen

Infobox II-1

Tagebuchstudie zur Work-Life-Balance (aus Nohe et al., 2012)

Die beschriebene Studie ist Teil eines größeren BMBF-Forschungsprojekts, das sich mit der Vereinbarkeit von Arbeit und Privatleben befasst. Das Ziel der Tagebuchstudie bestand darin, den interpersonellen Zusammenhang zwischen Arbeitsstressoren (z. B. Arbeitspensum, Arbeitsstunden) und der Zufriedenheit mit dem Ausgleich zwischen Arbeit und Privatleben («satisfaction with work-family balance»; Valcour, 2007) zu untersuchen.

Vor allem während der Planungsphase der Studie stellt sich die Frage, was und wie viel den Teilnehmern «zugemutet» werden kann. Die Schwierigkeit besteht darin, durch relativ kurze Befragungen die Abbruchquote so gering wie möglich zu halten und gleichzeitig ein anspruchsvolles Tagebuchdesign zu realisieren, mit dem die entsprechende Fragestellung beantwortet werden kann. Vor diesem Hintergrund wurde ein Befragungszeitraum von einer Arbeitswoche gewählt (Montag bis Freitag), in der die Teilnehmer intervallkontingent täglich am Ende des Arbeitstages zu Arbeitsstressoren und am darauffolgenden Morgen zu ihrer Zufriedenheit mit dem Ausgleich zwischen Arbeit und Privatleben befragt wurden. Da die Stichprobe am Arbeitsplatz über ständigen Internetzugang verfügt, wurden die täglichen Befragungen online am PC durchgeführt. Der Screenshot im unteren Teil der Infobox zeigt ein Item zur Zufriedenheit mit der Work-Life-Balance.

Während der Durchführung erhielten die Teilnehmer jeden Morgen und jeden Nachmittag eine E-Mail mit einem Link zur Befragung. Um verschiedenen Arbeitszeiten gerecht zu werden, konnten die Teilnehmer innerhalb eines mehrstündigen Zeitfensters ihr Tagebuch ausfüllen. So war die Befragung abends zwischen 15 und 21 Uhr und morgens zwischen 6 und 10 Uhr geöffnet. Nach Beendigung der Durchführung sind die Daten aufzubereiten und auszuwerten.

Bitte fahren Sie fort mit der Beantwortung folgender Fragen.

Wie zufrieden sind Sie damit, wie Sie **gestern** ...

	gar nicht zufrieden				sehr zufrieden
... Ihre Zeit zwischen Arbeit und Privatleben aufgeteilt haben?	O	O	O	O	O
... die Verpflichtungen Ihrer Arbeit mit denen Ihres Privatlebens vereinbart haben?	O	O	O	O	O
... Ihre Arbeit gut ausführen und die Aufgaben Ihres Privatlebens angemessen erfüllen konnten?	O	O	O	O	O

---

und einer interindividuellen Ebene zu unterscheiden. Beim erstmaligen Planen einer Tagebuchstudie ist die Einarbeitungszeit in die Theorie der Mehrebenen-Analyse und in den Umgang mit entsprechenden Softwarepaketen zu berücksichtigen. Weitere Informationen über Mehrebenen-Analysen finden sich im Standardwerk von Hox (2010). Das Buch von Geiser (2010) enthält eine sehr praxisnahe Einführung in die Berechnung von Mehrebenen-Modellen mit dem Softwarepaket Mplus (vgl. Muthén & Muthén, 1998–2010).

Vor- und Nachteile

Tagebuchstudien zeichnen sich im Vergleich zu herkömmlichen Fragebogenerhebungen durch mehrere Vorteile aus (vgl. hierzu auch Landmann & Schmidt, 2010). Sie eignen sich wie kein anderes Verfahren zur Erfassung von alltäglichen und «flüchtigen Zuständen» und Ereignissen (z. B. affektiven Zuständen infolge bestimmter Arbeitsstressoren). Bei herkömmlichen Befragungen muss man vielfach mit Erinnerungsfehlern rechnen, da das zu berichtende Ereignis in der Vergangenheit liegt. Durch eine zeit- oder ereigniskontingente Erhebung in Tagebuchstudien lassen sich solche Erinnerungsfehler verringern (vgl. Reis & Gable, 2000). Zudem kann man – wie oben beschrieben – eine Reihe von Fragestellungen untersuchen, die weit über die Möglichkeiten herkömmlicher Befragungen hinausgehen. So lassen sich beispielsweise intraindividuelle Zusammenhänge oder auch zeitliche Verläufe eines Konstrukts untersuchen (vgl. Bolger et al., 2003; Landmann & Schmidt, 2010).

Den dargestellten Vorteilen stehen gewisse Nachteile gegenüber. So handelt es sich meist um subjektive Daten, deren Zuverlässigkeit man gegebenenfalls durch die Erhebung objektiver Kriterien überprüfen sollte (vgl. Landmann & Schmidt, 2010). Zudem sind Tagebücher für die Teilnehmer mit einem hohen Aufwand verbunden. Täglich mehrere Befragungen über einen Zeitraum von einer bis zu mehreren Wochen verlangen ein hohes Maß an Motivation, Disziplin und verfügbarer Zeit. Nicht selten kommt es daher bei Tagebuchstudien zu Abbrüchen oder zumindest zu fehlenden Daten. Aus diesem Grund sind die einzelnen Befragungen meist sehr kurz, was wiederum die Untersuchung eines Gegenstandes in seiner vollen Tiefe einschränkt (vgl. Bolger et al., 2003). Weiterhin ist relativ wenig über den Einfluss der Befragung an sich bekannt (vgl. Bolger et al., 2003). Denkbar ist, dass die Teilnahme an einer Tagebuchstudie an sich Reflexions- und Regulationsprozesse aktiviert, die möglicherweise das Zielverhalten beeinflussen (vgl. Landmann & Schmidt, 2010).

Die Bedeutung von Tagebuchstudien wird in den nächsten Jahren wohl weiter wachsen. Den häufigen Einwand des «self-report bias» kann man durch «harte» Kriterien oder Vorge-

setztenurteile zur Erfassung von täglicher Leistung entkräften. Überdies werden die Untersuchungsdesigns und Auswertungsmethoden an Komplexität zunehmen. Längere Zeitspannen, häufigere tägliche Befragungen und Einbezug von Fremdurteilen werden in künftigen Studien zu finden sein. Derzeit konzentrieren sich Tagebuchstudien auf die Bereiche Gesundheit, Affekt und Leistung (vgl. bspw. Harris, Daniels & Briner, 2003). Wann immer es sich in Untersuchungen um Konstrukte handelt, die sich innerhalb einer relativ kurzen Zeitspanne verändern, stellen Tagebuchstudien einen wichtigen Untersuchungsansatz dar. Es ist zu erwarten, dass man in Zukunft auch in anderen Themenfeldern der Arbeits- und Organisationspsychologie vermehrt Tagebuchstudien einsetzt.

Halbstandardisierte Befragungen (Typ II/III)

Bei diesem Typ der schriftlichen Befragung dominiert der Typ II (standardisierte Fragestellung und nicht standardisierte Antwortmöglichkeit). Der Befragte hat die Möglichkeit, die Antwort selbst zu formulieren. Typ III (nicht standardisierte Fragestellung und standardisierte Antwortmöglichkeit) kommt bei mündlichen Befragungen nur in Ausnahmefällen vor. Die Antworten werden schriftlich niedergelegt. Je nach Art der Befragung genügt als Antwort ein Wort, oder es wird eine längere Stellungnahme erwartet, zum Beispiel auf Fragen wie:

- «Wenn Sie sich an die Einführung von Gruppenarbeit erinnern, was hat Sie am meisten überzeugt, in einer Gruppe mitzuarbeiten?»
- «Welche Nachteile bringt für Sie das neue Arbeitszeitmodell: 4 Tage pro Woche einschließlich der Frühschicht am Samstag?»
- «Welche Berufsausbildung haben Sie in diesem Betrieb abgeschlossen?»

Diese halbstandardisierte schriftliche Befragung eröffnet dem Befragten mehrere Möglichkeiten, mit der Frage umzugehen und individuell darauf zu antworten. Für schreibungewohnte Personen ist dieses Verfahren nicht geeignet.

Der erste in der Literatur bekannte halbstandardisierte Fragebogen für Arbeiter stammt von Karl Marx und wurde 1880 an Beschäftigte verteilt, um die Situation der arbeitenden Bevölkerung in systematischer Weise zu erfassen. Obgleich keine Ergebnisse aus dieser Befragung vorliegen, ist der Verweis auf diesen Fragebogen sinnvoll, da auch neuere Verfahren oftmals das abfragen, was Marx damals schon interessiert hat. Der Marx'sche Fragebogen ist in vier Abschnitte gegliedert und besteht aus 98 Fragen (s. Infobox II-2).

Dieser Fragebogen hatte die Absicht, auf die misslichen Arbeitsverhältnisse des Jahres 1880 hinzuweisen und sie den Arbeitern durch die Form der Befragung deutlich zu machen (vgl. Karsunke & Wallraff, 1970).

Meist wird die halbstandardisierte Frageform in ein standardisiertes Verfahren integriert. Die Erfahrung zeigt, dass wenig motivierte Befragungsteilnehmer die freien/offenen Antwortmöglichkeiten kaum nutzen. Bei Expertenbefragungen (z. B. bei der Analyse von EDV-technischen Abstimmungsproblemen zwischen Konstrukteuren der Automobilindustrie und der Zulieferindustrie; vgl. Frieling & Schmitt, 1996) bietet sich dieser Fragebogentyp an, da der Interviewer (d. h. derjenige, der die Fragen formuliert) nicht über das Fachwissen verfügt, die relevanten Antwortalternativen vorab zu formulieren.

Für die Auswertung der freien Antworten müssen eindeutige Auswertungskategorien entwickelt werden, um eine möglichst reliable Zuordnung von individueller Antwort und vorgegebener Kategorie zu erreichen. Eine Sonderform der halbstandardisierten Befragung ist die oben erörterte Tagebuchmethode, bei der der Arbeitnehmer zu vorgegebenen Zeitpunkten nach einem standardisierten Raster- oder Kategoriensystem seine aktuellen Befindlichkeiten einträgt.

Schriftliche unstandardisierte Befragungen (Typ IV)

Die schriftliche unstandardisierte Befragung kommt als quantitativ orientierter Befragungstyp in der arbeitspsychologischen Praxis nur in Form quantitativer Inhaltsanalysen vor. Zum Beispiel bittet man Auszubildende, einen Aufsatz über die besonderen Probleme an ihrem aktuellen Arbeitsplatz (nicht in der Lehrwerkstatt, sondern im Betrieb selbst) zu schreiben, und wertet diese Texte anhand vorgegebener Kategorien aus. Als Auswertungskategorien kann man je nach den Untersuchungshypothesen zum Beispiel die Anzahl der Formulierungen verwenden, die mit positiven Konnotationen verbunden sind (Freude, Spaß, Vergnügen etc.). Die gewählten Auswertungskategorien bieten das Raster, nach dem man die spezifischen Textmerkmale auswählt.

Infobox II-2

Themenstruktur des Fragebogens von Karl Marx

Abschnitt I: Beschreibung der Arbeitsbedingungen, Darstellung des Betriebes, in dem der Arbeiter beschäftigt ist (29 Fragen)

Abschnitt II: Fragen zur Arbeitszeitregelung (16 Fragen)

Abschnitt III: Rechtliche Stellung und Entlohnung des Arbeiters (36 Fragen)

Abschnitt IV: Fragen zur Art der Organisation, von der der Arbeiter seine Interessen vertreten lässt (7 Fragen).

Strukturlegetechnik

Strukturlegetechniken werden in der arbeitspsychologischen Forschung zur Erfassung von Expertenwissen genutzt. Diese Methode ermöglicht es, Wissenselemente und ihre Zusammenhänge in Form komplexer Ursache-Wirkungsketten zu visualisieren.

Um bspw. rechnergestützte Diagnosesysteme zu entwickeln, die dazu dienen sollen, die Störungsdiagnose an komplexen technischen Anlagen zu erleichtern, benutzte man in verschiedenen Forschungsprojekten (vgl. hierzu Rothe, 1994; oder Timpe, Rothe & Seifert, 1994) die von Scheele und Groeben (1984) entwickelte Strukturlegetechnik in stark modifizierter Form, um mithilfe von Expertenbefragungen (Instandhaltern) Ursachen und Symptome von Störungen an technischen Anlagen zu systematisieren.

Strukturlegetechniken kann man darüber hinaus auch zur Ermittlung von Trainingsbedarf und Trainingsinhalten einsetzen. Schaper und Sonntag (1995) verwendeten beispielsweise eine ähnliche Strukturlegemethode wie Timpe et al. (1994), um Inhalte und Strukturen des Störungswissens von erfahrenen Instandhaltern zur Gestaltung von Diagnosetrainings zu ermitteln und aufzuarbeiten. (s. Teil V, Beispiel 2).

Die Technik besteht im Wesentlichen darin, auf Karten notierte oder zu notierende Zustands- und Prozessveränderungen danach zu ordnen, welcher Sachverhalt Ursache oder Folge welcher anderen Bedingungen ist. Als Resultat ergeben sich Netzwerkstrukturen, die die wechselseitigen Abhängigkeiten deutlich machen. Man kann diese Methode einzeln oder in Gruppen anwenden, um Wissensstrukturen vereinfacht abzubilden. Über eine anwendungsbezogene Form der Strukturlegetechnik berichten Sonntag, Stegmaier, Schaupeter und Schaper (1996).

Wie die Ausführungen von Timpe, Rothe & Seifert (1994) zeigen, kann man diese Befragungstechnik mit anderen Methoden kombinieren (z.B. lautem Denken, mündlichen Interviews), um ein besseres Verständnis von den gelegten Strukturen zu gewinnen (vgl. auch Knoblich & Öllinger, 2006). Als quantitative Kennwerte solcher Netzwerkstrukturen können zum Beispiel folgende Werte dienen: die Anzahl der gelegten Begriffe und Relationen; die Anzahl der – bezogen auf eine Vergleichsstruktur – nicht verwendeten Begriffe und Relationen; oder die relative Häufigkeit des Legens einzelner Begriffe und Relationen.

Mündliche Befragungsformen

Bei den quantitativen mündlichen Befragungsformen dominiert der Typ II (standardisierte Fragestellung und nicht standardisierte Antwortmöglichkeit). Die voll standardisierte Befragung (Typ I) ist dann gebräuchlich, wenn der oder die zu befragende Beschäftigte aufgrund von Lese- oder Verständnisschwierigkeiten Probleme mit der Beantwortung schriftlicher Fragen hat. Der Interviewer hat in diesem Fall die Aufgabe, die Frage und die Antwortmöglichkeiten vorzulesen. Diese Art des Interviews ist äußerst mühsam und für beide Seiten sehr ermüdend. Eingesetzt wird diese Form der Befragung bei den halbstündigen Telefoninterviews der Erwerbstätigenbefragung (mit zirka 20 000 Beschäftigten), durchgeführt vom Bundesinstitut für Berufsbildung (BiBB) und von der Bundesanstalt für Arbeitsschutz und Arbeitsmedizin (BAuA) (s. hierzu weiter unten die Ausführungen zu den Sonderformen der Befragung – Telefoninterviews).

Bei der halbstandardisierten Form stellt der Interviewer die Fragen mündlich und notiert die Antworten. Durch Nachfragen lassen sich Unklarheiten schnell beseitigen. Die Protokollierung der Antworten mithilfe eines Tonbandes beeinträchtigt erheblich die Akzeptanz des Verfahrens. Verweigerungshaltungen begründen die Mitarbeiter häufig mit dem mangelnden Vertrauen in die Anonymität der Datengewinnung. Ohne Tonband ist eine befriedigende schriftliche Fixierung nur schwer zu gewährleisten. Je weniger Antwortalternativen möglich sind, umso einfacher ist die Protokollierung.

Wenn es dem Interviewer gelingt, eine vertrauensvolle und sozial angenehme Gesprächssituation zu schaffen, ist die halbstandardisierte Befragungsform besonders hilfreich, um Probleme und Schwachstellen (organisatorische, technische, personelle) herauszuarbeiten und Ansatzpunkte für Gestaltungsvorschläge abzuleiten. Bevorzugt setzt man diese Interviewtechnik im Rahmen von Organisationsentwicklungsprojekten ein.

Der Nachteil der Methode besteht in dem erheblichen Transkriptions- und Auswertungsaufwand, der wesentlich größer ist als bei halbstandardisierten schriftlichen Befragungstechniken.

Befragungen vom Typ III (nicht standardisierte Frage und standardisierte Antwortmöglichkeit) werden kaum praktiziert. Im Rahmen eines Gesprächs über tätigkeitsspezifische Stressoren kann es jedoch sinnvoll sein, dass Befragte spontan genannte Stressoren auf einer vorgegebenen Beanspruchungsskala einstufen («Dieser Stressor belastet mich: dauernd, häufig, manchmal, selten, nie»). Auf diese Weise lassen sich ganz spezifische Stressoren in ihrer subjektiven Beanspruchung einstufen und vergleichen, zum Beispiel die spezifischen Stressoren von Altenpflegern (der Geruch, das häufige Wiederholen von Fragen, das Wechseln der Windeln, das Waschen etc.) oder von Polizisten (alkoholisierte Obdachlose, Ausländer mit fehlenden Deutschkenntnissen, Identifizierung von Verbrennungsopfern, Mitteilung von Todesnachrichten an Angehörige etc.). Durch Interviews werden die jeweiligen Stressoren identifiziert und vom Befragten in standardisierter Form skaliert.

Der Typ IV (nicht standardisierte Fragestellungen und Antwortmöglichkeiten) wird bei den qualitativen Methoden abgehandelt (s. Teil II, Kap. 2.1.2).

Nach Schwarzer (1983, S. 308 ff.) und Borg (2003) haben mündliche Befragungen eine Reihe von Vor- und Nachteilen, die wir hier aus arbeitspsychologischer Sicht und nach eigenen Erfahrungen in gekürzter Form modifiziert und stark gekürzt wiedergeben.

Vorteile mündlicher Befragungen

1. *Flexibilität:* Der Interviewer kann sich den Bedürfnissen des Befragten anpassen und unverständliche Fragen erläutern. Bei arbeitsanalytisch ausgerichteten Interviews ist es zuweilen angebracht, aufgrund konkreter Erläuterungen von Seiten des Interviewten die Reihenfolge der Fragen zu variieren.

2. *Spontaneität:* Die impulsiven Reaktionen des Befragten geben manchmal mehr Aufschluss als wohlüberlegte Antworten. Dem Interviewer stellt sich die nicht immer leichte Aufgabe, diese Äußerungen angemessen festzuhalten.

3. *Non-verbale Reaktionen:* Neben den verbalen Äußerungen können Reaktionen wie Gesten, Lachen, Erröten etc. aufschlussreiche Zusatzinformationen bieten, die im Rahmen arbeitspsychologischer Untersuchungen jedoch sehr zurückhaltend interpretiert und ausgewertet werden sollten.

4. *Identifikation:* Der Befragte muss persönlich Stellung nehmen, er kann sich nicht (wie beim Fragebogen) hinter einer anonymen Antwort verstecken.

5. *Vollständigkeit:* Der Interviewer kann dafür sorgen, dass alle Fragen, insoweit sie für den Befragten beantwortbar sind, auch beantwortet werden. Verweigerungen aus Gründen der Bequemlichkeit sind kaum möglich.

6. *Verweigerungsquote:* Die Verweigerungsquote ist bei Interviews, die das Unternehmen organisiert, sehr gering (meist unter zehn Prozent). Bei Interviews, die der Betrieb/die Organisation und die Mitarbeiter zulassen und von denen der Forscher einen größeren Nutzen hat als der Betrieb und/oder die Mitarbeiter/-innen, ist die Quote hingegen sehr hoch.

7. *Lese- und Schreibfähigkeit:* Der Befragte muss nicht lesen und schreiben können; für Menschen mit geringen Schreib- und Lesekenntnissen ist das mündliche Interview am geeignetsten; selbst bei schlechten Deutschkenntnissen lässt sich vieles durch

Umschreibungen und einfache Erklärungen verdeutlichen. Viele Menschen sind eher bereit, etwas zu sagen, als schriftlich zu reagieren. Bei Leih- oder Zeitarbeitskräften aus dem Ausland ist die Skepsis gegenüber Fragebogen besonders groß.

Nachteile mündlicher Befragungen

1. *Kostenaufwand:* Bezieht man größere Stichproben aus mehreren Unternehmen in die Untersuchung ein, sind die Kosten für Reisen, Terminvereinbarungen, Interviewertraining, Untersuchungsabsprachen mit den Unternehmen etc. ungleich höher als bei schriftlichen Befragungen. In der Regel kann ein Interviewer in einem Betrieb oder einer Organisation zwei bis drei ein- bis zweistündige Interviews pro Tag durchführen. Die Interviews müssen vorbereitet und nachbereitet werden. Die Kosten pro Interview betragen im Durchschnitt 100 bis 250 Euro – ohne Reisekosten.
2. *Zeitaufwand:* Bei größeren Stichproben und wenigen Interviewern erstreckt sich der Erhebungszeitraum über mehrere Monate bzw. ein bis zwei Jahre. In diesem Zeitrahmen kann sich vieles in den Betrieben geändert haben, sodass das Untersuchungsergebnis erheblich an Aktualität verliert («die Zeitung von gestern»).
3. *Eingeschränkte Anonymität:* Die Aufhebung der Anonymität im Gespräch kann als eine Art Bedrohung empfunden werden, die zu einer Verfälschung der Antworten oder zur Teilnahmeverweigerung führt.
4. *Belästigung:* Bei Befragungen am Arbeitsplatz kann die Durchführung des Interviews als Belästigung und Störung empfunden werden. Umgekehrt können die Arbeitsumgebung und die sich darin aufhaltenden Menschen die Durchführung der Interviews behindern. Bei arbeitsplatznahen Befragungen sind störungsfreie Interviews eher die Ausnahme als die Regel.
5. *Interviewereinfluss:* Persönliche Merkmale des Interviewers wie Alter, Geschlecht, Dialekt, äußere Erscheinung und Auftreten können zu systematischen Fehlern führen.
6. *Geringe Standardisierung:* Das flexible Eingehen des Interviewers auf den Befragten und seine spezifische Arbeitsumwelt schränkt die Vergleichbarkeit der Daten ein.

Sonderformen der mündlichen Befragung

In der arbeitspsychologischen Forschung spielen zwei Sonderformen der Befragung eine größere Rolle: das Telefoninterview und die halbstandardisierte Gruppendiskussion.

Telefoninterview

Telefoninterviews (standardisierte Fragestellung, nicht standardisierte/offene oder standardisierte Antwortmöglichkeit) eignen sich dazu, ohne großen Kostenaufwand (Reisekosten, Zeitaufwand) Daten von Menschen zu gewinnen, die räumlich weit entfernt vom Interviewer tätig sind. Antoni (1995) berichtet über eine telefonische Expertenbefragung, in die er die einhundert umsatzstärksten deutschen Unternehmen eingebunden hatte. Man befragte Personen aus dem Bereich des Personalwesens (Personalabteilung/Aus- und Weiterbildung) zum Stand der Gruppenarbeit in ihren jeweiligen Unternehmen. Nach Meinung von Antoni (1995, S. 26) liegen die Vorteile dieser Vorgehensweise gegenüber einer schriftlichen Befragung vor allem darin, «dass mit einer höheren Teilnahmebereitschaft gerechnet werden kann. Außerdem können beide Gesprächspartner Rückfragen stellen, wodurch Missverständnisse vermieden und auch spezifische Informationen erhoben werden können.» Von den einhundert Betrieben hatten nur vier die Teilnahme an der Untersuchung verweigert. Die Gespräche dauerten zirka dreißig Minuten.

Ein anderes Beispiel für diese Art der standardisierten Befragung sind die Telefoninterviews, die TNS-Infratest (ein großes Meinungsforschungsinstitut) bei zirka zwanzigtausend repräsentativ ausgewählten Befragten durchführte. Sie dauerten im Durchschnitt eine halbe Stunde. Diese vom Bundesinstitut für Berufsbildung (BiBB) und der Bundesanstalt für Arbeitsschutz und Arbeitsmedizin (BAuA) in Auftrag gegebene Erwerbstätigenbefragung fand 2005/2006 statt; Thema war Arbeit und Beruf im Wandel – Erwerb und Verwertung beruflicher Qualifikationen. Die Studie ist für Arbeitspsychologen von besonderem Interesse, da die Daten für Forschungszwecke öffentlich zugänglich sind.

Der «Deutsche Gewerkschaftsbund» (DGB) führt seit 2007 ebenfalls in größerem Umfang Telefoninterviews durch (mehrere tausend Befragte jährlich), um die Entwicklung der Arbeitsbedingungen aus Sicht der Arbeitnehmerinnen und Arbeitnehmer zu dokumentieren (vgl. hierzu Fuchs & Kistler, 2009). Die Befragung umfasst 31 Items. Deren Einstufungen werden zu einem Index «GUTE ARBEIT» verdichtet. Arbeitgeber und Arbeitswissenschaftler kommentieren diese Indexbildung kritisch (z. B. Prümper & Richenhagen, 2009a u. 2009b), da die Gewichtung der einzelnen Items zu einem Index schwer nachvollziehbar ist.

Expertenbefragungen mittels Telefon sind nur dann so erfolgreich wie in den geschilderten Beispielen, wenn der Interviewer und seine Institution einschlägig bekannt und der Interviewpartner in allen gestellten Fragen kompetent ist. Bei Betriebserhebungen zu spezifischen Belangen (z. B. Organisation der Logistik, eingesetzte Techniken und Produktionskennzahlen) ist dies durch telefonische Recherchen kaum zu gewährleisten; in solchen Fällen muss man auf schriftliche Erhebungen zurückgreifen. Anders als bei der telefonischen Befragung kann der Befragte bei schriftlichen Erhebungen nachfragen, wenn er sich unsicher ist. Bei telefonischen Umfragen ist eher mit einer Antworttendenz in Richtung soziale Erwünschtheit zu rechnen – wer will sich die Blöße geben, bestimmte Informationen nicht zu haben oder zu kennen? Durch schriftliche Voranmeldung des Telefoninterviews kann sich der/die Befragte von der fragenstellenden Institution (Universitätsinstitut, Forschungsinstitut, öffentliche oder private Einrichtung

etc.) ein Bild machen und sich in groben Zügen auf die Fragen vorbereiten. Das verbessert die Seriosität der Befragungsaktion erheblich.

Halbstandardisiertes Gruppeninterview

Nach Lamnek (2005) handelt es sich bei der Gruppendiskussion um eine relativ junge Forschungsmethode, die in den 1930er und 1940er-Jahren Kurt Lewin und seine Schüler Lippitt, Cartwright und Zander entwickelten. Bei Lewin standen nicht so sehr die inhaltlichen Äußerungen der Gruppenmitglieder im Vordergrund, sondern deren Verhalten (zur Geschichte der Gruppendiskussion vgl. Lamnek, 2005).

In der arbeitspsychologischen Forschung gewinnt die Methode des Gruppeninterviews durch die Verbreitung von Gruppenarbeit an Bedeutung; sie ist die Methode der Wahl, um die Meinung der Gruppe zum Stand der Gruppenarbeit in strukturierter Form zu erfassen und deren Vor- und Nachteile zu spezifizieren. Bei der Einführung von Gruppenarbeit (s. Teil IV, Kap. 4.3.3) setzt man in den Veranstaltungen meist Moderations- und Kooperationstechniken ein. Die Gruppenmitglieder sind in der Regel den Umgang mit Kartenabfragen, Pinnwänden und Punktekleben (Metaplantechnik) gewohnt. Nach einem strukturierten Vorgehen bittet ein Moderator die Gruppe, die aus nicht mehr als fünf bis acht Personen bestehen sollte, zu einzelnen Problemen der Gruppenarbeit Stellung zu nehmen.

Der Vorteil der moderierten Gruppendiskussion erwächst daraus, dass die einzelnen Gruppenmitglieder durch die Beiträge der anderen den eigenen Standpunkt reflektieren und kommentieren können. Auf diese Weise erhält man einen guten Überblick über die Einstellungen der Mitarbeiter zur Gruppenarbeit. Zur Evaluation von Gruppenarbeit aus Sicht der Mitarbeiter ist diese Methode sehr geeignet, da man aus den Diskussionsergebnissen im Sinne einer formativen Evaluation Gestaltungsvorschläge für Verbesserungen ableiten kann. Die Strukturierung der Gruppeninterviews nach bestimmten Themen (z. B.

Arbeitsbedingungen, Qualifizierung, Vorgesetzte, Meister, Gruppensprecher/-in oder Auftragsabwicklung) erlaubt einen quantifizierbaren Vergleich zwischen den einzelnen Gruppen und somit eine Systematisierung und Standardisierung von organisationsspezifischen Einführungs- und Veränderungsprozessen.

Die Vorteile und Möglichkeiten von Gruppeninterviews liegen im Erzeugen von Anregungen, im Erarbeiten von gemeinsamen Vorschlägen mit größerer Akzeptanz der Betroffenen, in der Zeitersparnis und in der Transparenz der Informationsgewinnung.

Die Nachteile liegen in der oft schwierigen Durchführung in Abhängigkeit von der richtigen (d. h. repräsentativen) Auswahl der Gruppenmitglieder, der Termin- und Raumkoordination, in der Furcht der Teilnehmer, offen vor anderen die eigene Meinung zu vertreten, und in der aufwendigen Form der Dokumentation. Für strukturierte Gruppeninterviews benötigt man entsprechende Räumlichkeiten und Ausstattungen: Pinnwände, Flipcharts, Karten und dergleichen. Die quantitative Auswertung erfordert eine straffe Strukturierung der Diskussionen, die manche Teilnehmer als ärgerlich empfinden, ebenso die Kartenabfragen oder das Punkten (quantifizierbare Zustimmung/Ablehnung zu einem Sachverhalt auf einer Skala). Dem Interviewer stellt sich die relativ komplexe Aufgabe, die Teilnehmer zu motivieren, zu moderieren und die Daten auswertbar zu fixieren.

Ein Beispiel für die systematische Auswertung von Gruppeninterviews liefert das «Kasseler Kompetenz-Raster» (KKR) (vgl. Kauffeld 2006; Kauffeld, Grote, Frieling, 2003). Mithilfe des KKR können in Gruppendiskussionen die Handlungskompetenzen von Arbeits- oder Projektgruppen systematisch analysiert und bewertet werden. Jede Gruppe besteht aus fünf bis sieben Teilnehmern, die sich in sechzig bis neunzig Minuten über anstehende gemeinsame Probleme in ihrem Arbeitskontext auseinandersetzen und nach Lösungen suchen. Typische Probleme sind zum Beispiel die Verbesserung der eingesetzten Arbeitsmittel/

Werkzeuge, die Optimierung der Arbeitsprozesse oder die Verbesserung der Produktqualität. Alle Gruppenteilnehmer haben ein – mehr oder minder stark ausgeprägtes – Interesse daran, einen Weg zur Problemlösung zu finden. Die Gruppendiskussion wird mit Einverständnis der Teilnehmer und des Managements auf Video aufgezeichnet. Anschließend codieren geschulte Beurteiler die verbalen Äußerungen der Teilnehmer «Akt für Akt» nach den fünfzig Kriterien des KKR (aufteilbar in die Bereiche Fach-, Methoden-, Sozial- und Selbstkompetenz) und werten sie aus (vgl. hierzu auch die ausführliche Darstellung bei Kauffeld, 2006).

Durch die Auswertungen bestimmt man für einzelne Gruppen die unterschiedlichen Ausprägungen der verschiedenen Kompetenzfacetten. Die Auswertung dient dazu, die Ergebnisse mit den Gruppenmitgliedern zu diskutieren und auf diese Weise die Qualität der Problemlösung in Gruppen zu verbessern; mit anderen Worten, die Evaluationsergebnisse lassen sich als Input für Trainingsseminare heranziehen.

Die folgenden Abbildungen (**Abb. II-5** und **Abb. II-6**) zeigen: Bei 92 dokumentierten Gruppendiskussionen sind die Sinneinheiten für das konkrete Problemlösen (Abb. II-5 oben) relativ gering ausgeprägt; die Teilnehmer verlieren sich in Details und Beispielen (Abb. II-5 unten), beschäftigen sich mehr mit sozialen Aktivitäten (Abb. II-6 oben) und jammern mit Vorliebe (Abb. II-6 unten). Zur Entwicklung von Problemlösetrainings liefern solche Befunde eine Reihe von Ansatzpunkten, zum Beispiel auf die soziale Verstärkung des Jammerns verzichten lernen, mehr konkrete Lösungsvorschläge erarbeiten oder Tadel und Abwertung unterlassen, auch wenn dies «Spaß macht».

2.1.2 Qualitative Befragungsmethoden

Die qualitativen Befragungsmethoden spielen in der Arbeitspsychologie gegenüber den quantitativen eine untergeordnete Rolle; den-

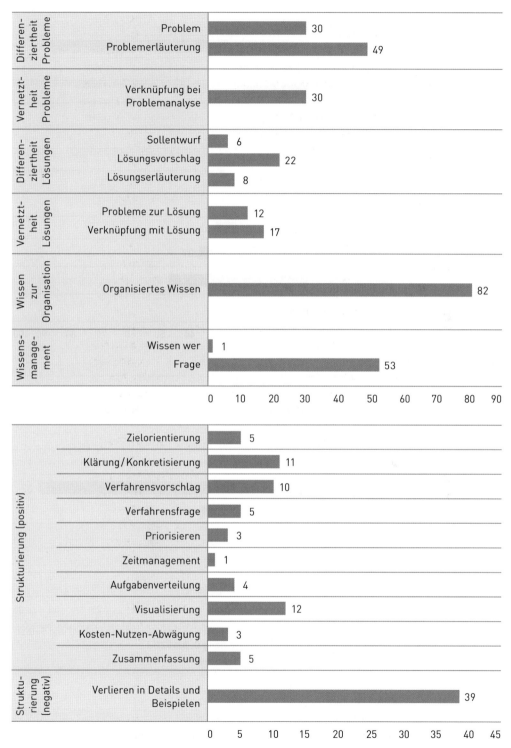

Abbildung II-5: Anzahl der Sinneinheiten pro Stunde für die Kriterien Methodenkompetenz (oben) und Fachkompetenz (unten), N = 92 Gruppen (vgl. Kauffeld, 2006, Anhang C, S. 402 ff.)

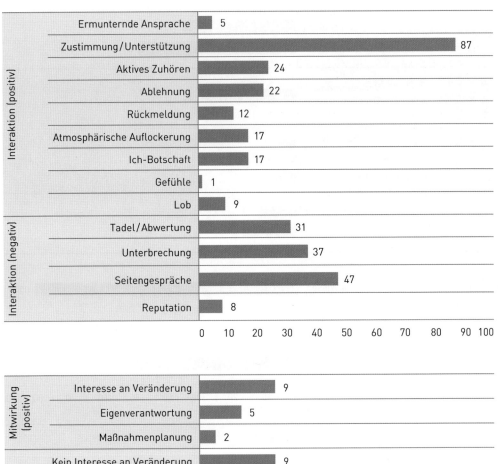

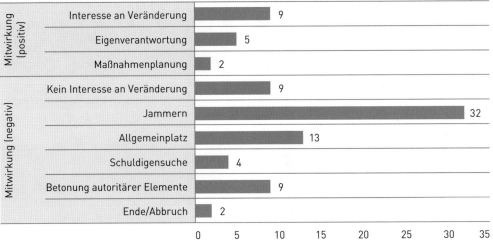

Abbildung II-6: Anzahl der Sinneinheiten pro Stunde für die Kriterien Sozialkompetenz (oben) und Selbstkompetenz (unten), N = 92 Gruppen (vgl. Kauffeld, 2006, Anhang C, S. 402 ff.)

noch sind sie häufig eine Voraussetzung, um quantitative Verfahren und Instrumente entwickeln zu können. Das offene unstandardisierte Gespräch mit verschiedenen Arbeitnehmern eines Unternehmens ist wichtig, um ein Gefühl für den Betrieb, die vorhandenen Probleme und Schwierigkeiten zu entwickeln. Bevor eine Mitarbeiterbefragung durchgeführt wird, benötigt man Informationen darüber, was abgefragt werden sollte. Die Informationen aus qualitativen Befragungen dienen letztendlich der Hypothesengenerierung.

Im Rahmen von Organisationsentwicklungsmaßnahmen sind Gespräche mit den Betroffenen erforderlich, um die Auswirkungen der geplanten Maßnahmen besser abschätzen zu können; dies kann in Form von Einzel- und Gruppengesprächen erfolgen. Systematische Textanalysen von schreibenden Mitarbeiter(inne)n oder von Aufsätzen Auszubildender geben Hinweise darauf, was diese Menschen am Arbeitsplatz belastet, worunter sie leiden.

Im Folgenden sprechen wir nur die wichtigsten qualitativen Befragungsmethoden kurz an. Ausführliche Darstellungen finden sich bei Kleining (1994), Lamnek (2005) oder Mayring (2005).

Schriftliche Befragungsformen

In den 1970er-Jahren spielte in der Bundesrepublik die Arbeiterliteratur eine wichtige Rolle. Angeregt durch gesellschaftskritische Gruppen und Gewerkschaften forderte man die Arbeiter auf, ihre Erfahrungen aus der Arbeitswelt niederzuschreiben. Dieses Material, das in vielen Werkbüchern vorliegt, lässt sich als Ausgangsbasis für qualitative Inhaltsanalysen heranziehen. In einer explorativen Phase ist das vorliegende Material zu sichten und auszuwählen. Anschließend sind die Auswertungskategorien festzulegen, nach denen das Material untersucht werden soll (z.B.: Unter welchen Bedingungen werden emotionale Erlebnisse angesprochen? oder: Wie, wann und warum werden Lernprozesse reflektiert?). Für jeden Einzelfall muss man spezifische Merkmalskombinationen herausarbeiten und anschließend fallübergreifend generalisieren.

Diese stark verkürzte exemplarische Darstellung macht deutlich, dass mit derartigen Inhaltsanalysen ein erheblicher Aufwand verbunden ist. Für Arbeitspsychologen ist es schwierig, geeignetes Material aufzufinden und auszuwerten. Interessant sind zum Beispiel inhaltsanalytische Auswertungen von Pressemitteilungen über Betriebe, die im Rahmen von Forschungsprojekten zur Organisationsentwicklung einem Veränderungsprozess unterworfen werden. Über die Innensicht im Vergleich mit der Außensicht (Presseberichte) ließen sich interessante Untersuchungen über die Einflüsse und Abhängigkeiten der veröffentlichten Meinung von den faktischen innerbetrieblichen Prozessen durchführen.

In einer interessanten Studie haben Palmer, Kabanoff und Dunford (1997) inhaltsanalytisch rund 500 Geschäftsberichte von 87 australischen Organisationen aus den Jahren 1986 bis 1992 ausgewertet, um zu beleuchten, wie das Management umfangreichen Personalabbau gegenüber internen und externen Interessengruppen rechtfertigte. Neun inhaltsanalytisch ermittelte Themenfelder verdichtete man mithilfe einer Faktorenanalyse auf die drei Dimensionen «strategische Sprache», «prozessorientierte Sprache» sowie «Kosten- versus Mitarbeiterperspektive». Vor allem strategische Gründe, wie zum Beispiel die Steigerung der Produktivität oder ein verändertes Wettbewerbsumfeld, wurden für den Personalabbau genannt. Auffällig war, dass das Management sich in erster Linie auf externe Faktoren konzentrierte, die scheinbar nicht kontrollierbar waren. Bei der «prozessorientierten Sprache» ging es um die konkrete Umsetzung des Personalabbaus (z.B. Reorganisation zur Verringerung von Hierarchieebenen). Diese Themen wurden aber seltener behandelt als die strategischen Gründe. Die Konsequenzen des Personalabbaus für die Mitarbeiter thematisierten die Geschäftsberichte kaum. Das Thema Kostenreduzierung hingegen wurde in den 1990er-Jahren als Rechtfertigung für

den Personalabbau besonders intensiv dargestellt.

Durch qualitative und quantitative Inhaltsanalysen von Textdokumenten lassen sich Zusammenhänge darstellen und Einsichten gewinnen, die mit anderen Methoden so nicht zu
erreichen sind. Ein amüsantes und zum Nachdenken anregendes Beispiel für die Sinnhaftigkeit der Inhaltsanalyse bietet Kleining (1994)
mit seiner qualitativ-heuristischen Textanaly-
se der Neujahrsansprachen von Alt-Bundes-
kanzler Helmut Kohl in den Jahren 1987, 1988
und 1989.

Techniken der qualitativen Inhaltsanalyse
lassen sich aber auch zur Auswertung von In-
terviewdaten und Beobachtungsprotokollen
verwenden (vgl. Schaper & Sonntag, 1995).
Hierzu eignen sich insbesondere die inhaltsanalytischen Techniken nach Mayring (2005).
Er unterscheidet zwischen zusammenfassenden, explizierenden und strukturierenden Inhaltsanalysen.

Ziel der *zusammenfassenden Inhaltsanalyse*
ist es, das Material so zu reduzieren, dass die
wesentlichen Inhalte erhalten bleiben. Durch
Abstraktion ist ein überschaubarer Corpus zu
schaffen, der noch Abbild des Ausgangsmateri-
als ist. Das Grundprinzip bei der Durchführung einer zusammenfassenden Inhaltsanalyse
besteht darin, die jeweilige Abstraktionsebene
der Zusammenfassung genau festzulegen, auf
die das Material transformiert werden soll.
Durch die Schritte der Paraphrasierung, Generalisierung, Selektion sowie Bündelung und
Integration verallgemeinert und reduziert man
sukzessive die verbalen Daten. Auf diese Weise
hat man zum Beispiel Befragungsprotokolle
von Instandhaltern zum Vorgehen bei der Störungsdiagnose und -behebung bei verschiedenen Instandhaltertätigkeiten ausgewertet (s.
Teil V, Beispiel 2, Kap. 2.3).

Während das Ziel der zusammenfassenden
Inhaltsanalyse die Reduktion des Materials ist,
definiert sich die Intention der *explizierenden
Analyse* in entgegengesetzter Richtung. Zu einzelnen interpretationsbedürftigen Textstellen
trägt man zusätzliches Material heran, um die

Textstelle zu erklären, verständlich zu machen
und zu erläutern. Entscheidend ist bei dieser
Art der Inhaltsanalyse, dass genau definiert
wird, was an zusätzlichem Material zur Erklärung der Textstelle zugelassen ist. Mit dieser
Vorgehensweise kann man beispielsweise den
Sinngehalt von Begriffen, die nicht aus sich
heraus verständlich sind, aus dem Interview-
kontext und unter Heranziehung lexikalischer
Begriffsbestimmungen erklären und vertiefen.

Die *strukturierende Inhaltsanalyse* hat zum
Ziel, die aus einer Fragestellung abgeleitete inhaltliche Struktur aus dem Material herauszu-
filtern. Diese Struktur wird in Form eines Ka-
tegoriensystems an das Material herangetragen,
mit dem man alle Textbestandteile, auf die die
Kategorien zutreffen, systematisch aus dem
Datenmaterial extrahiert. In weiteren Auswer-
tungsschritten lassen sich dann quantitative
Verfahren auf die extrahierte Struktur an-
wenden. Anhand eines solchen Vorgehens
hat man beispielsweise die Beobachtungs- und
Befragungsdaten eines Experten-Novizen-
Vergleichs bei der Fehlersuche in komplexen
Fertigungsanlagen ausgewertet (vgl. Schaper &
Sonntag, 1998; s. Teil V, Beispiel 2, Kap 2.5).

Mündliche Befragungsformen

Nach Lamnek (2005) führt man qualitative Interviews im alltäglichen Milieu des Befragten
durch, um eine möglichst natürliche Situation
herzustellen und authentische Informationen
zu erhalten. Wichtig ist das Vertrauensverhältnis zwischen Fragendem und Befragtem. Im
Unterschied zu quantitativen Befragungen sind
die Fragen vorab nicht formuliert und nicht in
einer festen Reihenfolge geordnet. Die Fragen
sind offen und lassen keine einfachen Ja/Nein-
Antworten zu.

Der Interviewer benötigt eine erhebliche
Fachkompetenz; deshalb ist in der Regel der
Forscher der Interviewer. Der zu Befragende
muss über sprachliche Kompetenz verfügen
und das ausdrücken können, was er meint. Der
Interviewer verhält sich anregend-passiv, das
heißt, er stimuliert den Befragten, korrigiert

ihn aber nicht und diktiert nicht den Interviewverlauf; er verhält sich kollegial, weckt Vertrauen und ist freundlich. Der Interviewer hört zu und motiviert den Befragten zu sprechen. Der Befragte muss Sprachaufzeichnungen und, wenn möglich, Videoaufnahmen akzeptieren. Die Auswertung geschieht meist mithilfe transkribierter Texte. Die Interpretation der Daten oder Texte leistet in der Regel eine Forschungsgruppe, um subjektive Einflüsse zu reduzieren.

Die Interviews dauern üblicherweise länger als quantitative Erhebungen. Für qualitative Interviews ist eine private Raumsituation hilfreich; Räumlichkeiten in den Betrieben kommen für derartige Interviews daher weniger in Frage. Um Aspekte des Mobbings, sexueller Belästigung, betriebspolitischer Einflussnahme, individueller beruflicher Erwartungen oder sozialer Unterdrückung zu untersuchen, ist das qualitative Interview eine geeignete Methode, sich dem Problem zu nähern. Oft genügen einige wenige Personen, zum Beispiel solche, die im Rahmen eines sogenannten Verschlankungsprogramms in den Vorruhestand geschickt worden sind, um sich mit dem Problemraum vertraut zu machen. Auf diese Weise lassen sich Strategien aufzeigen, die ein Betrieb anwendet, um Beschäftigte zum Ausscheiden aus dem Betrieb anzuregen. In quantitativen Erhebungen kann man diese Strategien validieren.

Die Bereitschaft von Unternehmen, derartige qualitative Interviews zu unterstützen, ist gering, da aus Sicht des Managements die Gesprächssituation nicht ausreichend kontrolliert werden kann.

Lamnek (2005) unterscheidet fünf verschiedene Typen qualitativer Interviews:

- narratives Interview,
- problemzentriertes Interview,
- fokussiertes Interview,
- Tiefeninterview und
- rezeptives Interview.

Das narrative Interview

Der Interviewer bittet den Befragten in sehr offener Gesprächsführung, zu erzählen (z. B.: «In welchen Arbeitssituationen hatten Sie das Gefühl, etwas zu lernen? Wie, wo, wann haben Sie dieses Gefühl an sich selbst erfahren?» oder: «Wie kam es zu der Situation, dass Sie sich von Ihrem Vorgesetzten erniedrigend behandelt fühlten?»). Die Erzählungen sind retrospektive Interpretationen des Handelns, aus denen der Forscher die Orientierungsmuster dieses Handelns rekonstruieren kann. Durch Nachfragen sichert er seine Interpretation. In der Erzählung und durch die Erzählung kommt es zu einer Rekonstruktion des früheren Handelns. Der Interviewer muss den Befragten zum Erzählen anregen, wobei unterstellt wird, dass nahezu jeder über eine – mehr oder weniger stark ausgeprägte – Erzählkompetenz verfügt.

Grundlegende Arbeiten zum narrativen Interview, dessen Durchführung, Auswertung und Interpretation lieferte vor allem Schütze (1977), der seine Studien im kommunalpolitischen Kontext durchführte. Narrative Interviews eignen sich in der arbeitspsychologischen Forschung besonders für Untersuchungen zur Berufsbiografie bestimmter Menschen bzw. Berufsgruppen (vgl. Jakob, 2003).

Das problemzentrierte Interview

Beim problemzentrierten Interview geht der Forscher im Gegensatz zum narrativen Interview mit einem theoretisch-wissenschaftlichen Vorverständnis in die Gesprächssituation. Ähnlich wie im narrativen Interview bittet er den Befragten, in einem bestimmten Problembereich Alltagserfahrung und Alltagserleben erzählend darzustellen. Der Interviewer versucht, das Erzählte unter Beachtung seiner eigenen theoretischen Konzeption zu interpretieren, indem er das Erzählte mit seinen eigenen Worten dem Befragten zurückspiegelt. Der Befragte kann das Gesagte interpretieren, korrigieren und gegebenenfalls modifizieren. Zusätzlich kann man in einem problemzentrierten Interview vorab formulierte Fragen stellen (standardisierter Kurzfragebogen), die während der Erzählphase noch nicht angesprochen wurden.

Ausführlichere Informationen zum problemzentrierten Interview finden sich bei Lamnek (2005). Problemzentrierte Interviews werden vor allem in der Arbeitslosigkeitsforschung eingesetzt.

Das fokussierte Interview

Beim fokussierten Interview geht der Forscher von einer Situation aus, in der sich die Befragten befunden haben und die er beobachtet hat, zum Beispiel einer Diskussion zwischen Meister und Mitarbeiter, weil der Mitarbeiter zu spät zur Arbeit gekommen ist – er hatte verschlafen. Den Forscher interessiert an dieser Gesprächssituation, warum der Meister aus einer derart simplen Situation eine konfliktträchtige macht und den Mitarbeiter durch die Art seiner Gesprächsführung in hohem Maße demotiviert. Ziel eines fokussierten Interviews wäre es, die subjektiven Erfahrungen der Befragten (Meister und Mitarbeiter) zu erfassen und herauszufinden, warum die Gesprächspartner so reagieren, wie sie reagieren. Der Forscher will durch derartige Interviews seine Hypothese an der Realität überprüfen (z. B. die Hypothese: Meister reagieren in der vorgefundenen Weise, weil sie unter Druck gesetzt werden und den Druck weitergeben; sie versuchen nicht, zusammen mit ihren Mitarbeitern den Druck zu entschärfen, sondern sie empfinden sich als Endglieder des Managementsystems und damit als Druckverstärker). Der Forscher versucht anhand eines Leitfadens, das Gespräch zu strukturieren, ohne aber die Antworten im Sinne seiner Hypothesen zu beeinflussen. Der Interviewer verhält sich beim fokussierten Interview strikt neutral.

Das Tiefeninterview

Im Tiefeninterviews, auch Intensivinterview genannt, versucht man, beeinflusst von psychoanalytischen Überlegungen, die Motivstruktur des Befragten zu ermitteln, um dessen Verhaltensweisen zu verstehen. Zusammen mit dem Befragten bemüht sich der Interviewer herauszufinden, warum ein Mensch in einer bestimmten Situation so reagiert hat und welche Bedeutung er den einzelnen Handlungen beimisst. Die Nachfragen des Interviewers beruhen im Wesentlichen auf psychoanalytischen Annahmen; eine Offenheit für andere Erklärungsmuster auf Seiten des Forschers sollte unterbleiben. Eine solche Orientierung am Befragten ist zwingend notwendig, um in der Interviewsituation Alltagsnähe und Vertrautheit zu erzeugen.

Das rezeptive Interview

Die von Kleining (1994) entwickelte Interviewform des rezeptiven Interviews besteht darin, dass der Interviewer im Wesentlichen Zuhörer (Rezipient) ist. Er protokolliert zum Beispiel spontan geäußerte Gespräche und Argumente von Mitarbeitern in einer Gruppensitzung, oder er provoziert Gespräche zu einem bestimmten Thema. Diese Art des Interviews bietet sich an, wenn der Forscher in einem Betrieb tätig ist und Mitarbeiter/-innen Themen, Meinungen, Äußerungen an ihn herantragen. Er kann die «Befragten» durch einfache umgangssprachliche Fragen anregen (z. B.: «Was gab's in der Gruppenbesprechung?» oder: «Wie geht es in der Insel/Gruppe?»). Der Interviewer hört zu, er fragt nicht systematisch nach, sondern motiviert den «Befragten» durch positive Gesten und Mimik. Nach Kleining (1994) hat eine solche asymmetrische Kommunikation expressive bzw. kathartische Funktion. Im Unterschied zum narrativen Interview nimmt sich der Interviewer sehr zurück. Rezeptive Interviews sind an Alltagssituationen gebunden, sie sind befragtenorientiert und zentrieren sich auf dessen Alltagserfahrungen.

In einer Übersichtstabelle hat Lamnek (2005, S. 383) die fünf verschiedenen Interviewformen zu Vergleichszwecken gegenübergestellt (s. Tabelle II-2).

Tabelle II-2: Methodologischer Vergleich verschiedener Formen qualitativer Interviews (Lamnek, 2005, S. 383)

methodolo-gisches Phänomen	narratives Interview	problem-zentriertes Interview	fokus-siertes Interview	Tiefen-interview	rezeptives Interview
Offenheit	völlig	weitgehend	nur bedingt	kaum	völlig
Kommuni-kation	erzählend	zielorientiert befragend	Leitfaden	fragend, erzählend	erzählend, beobachtend
Prozess-haftigkeit	gegeben	gegeben	nur bedingt	gegeben	gegeben
Flexibilität	hoch	relativ	relativ gering	relativ hoch	hoch
Explikation	ja	ja	ja	ja	bedingt
Theoretische Voraussetzung	relativ ohne	Konzept vorhanden	weitgehendes Konzept	Konzept vorhanden	relativ ohne, nur Vorverständnis
Hypothesen	Generierung	Generierung, Prüfung	eher Prüfung, auch Generierung	eher Prüfung, auch Generierung	Generierung, Prüfung
Perspektive des Befragten	gegeben	gegeben	bedingt	bedingt	absolut

Sonderformen mündlicher Befragung – das qualitative Gruppeninterview

Gruppendiskussionen bzw. Gruppeninterviews haben ihren Ursprung in den sozialpsychologischen Kleingruppenexperimenten von Kurt Lewin in Nordamerika. Qualitative Gruppeninterviews spielen in der Arbeitspsychologie beispielsweise im Rahmen der Forschungen zur Gruppenarbeit eine größere Rolle (vgl. Schwager & Udris, 1995; Senghaas-Knobloch, Nagler & Dohms, 1996). Die Gruppendiskussion oder synonym das Gruppeninterview dient zur Moderation und Affektivierung von Gruppenprozessen im Rahmen betrieblicher Aktionsforschung und – als ermittelnde Gruppendiskussion – zur Gewinnung von Informationen über Einstellungen in

der Gruppe, über Meinungen und Verhaltensweisen. Der Forscher übernimmt in der Regel die Moderation der Gruppe. Der Verlauf der Gruppendiskussion wird über Sprach- und/oder Bildaufzeichnungssysteme dokumentiert. Die sprachlichen Äußerungen werden transkribiert und ausgewertet.

Je nach Zweck der Untersuchung wählt man die Gruppenmitglieder nach speziellen Kriterien aus oder greift auf schon bestehende Gruppen zurück (z. B. bei Aktionsforschungsprojekten). Bei schon bestehenden Gruppen ist besonders auf die Freiwilligkeit der Teilnahme an den Gruppensitzungen zu achten; ohne diese Freiwilligkeit sind qualitative Gruppeninterviews nicht vertretbar. Bei qualitativen Interviews kommt es im Wesentlichen darauf an, die Wortprotokolle möglichst realitätskonform abzubilden, das heißt zu transkribieren. Wenn die Teilnehmer ihren Dialekt benutzen, ist die realitätsnahe Transkribierung auch durch noch so qualifiziertes Schreibpersonal kaum gewährleistet; noch problematischer ist die schriftliche Dokumentation, wenn die Teilnehmer durcheinanderreden. Der Moderator hat die schwierige Aufgabe, den Gruppenprozess in Gang zu setzen, eine gewisse Sprachdisziplin zu gewährleisten und bei zu weiten Abschweifungen wieder auf das Thema zurückzulenken, ohne die Diskussion allzu sehr zu steuern. Dominante Gruppenmitglieder können den Verlauf der Gruppendiskussion maßgeblich beeinflussen und die Gesamtmeinung der Gruppe prägen.

Qualitative Gruppeninterviews dienen im Wesentlichen der Herausarbeitung von sozialinteraktiven Zusammenhängen. Durch die Kombination quantitativer Beobachtungsverfahren (z. B. die Bales'sche Interaktionsanalyse, vgl. Bales, 1968, oder das SYMLOG-Verfahren, vgl. Fassheber, Niemeyer & Kordowski, 1990) mit inhaltsanalytischen Verfahren lassen sich mehrere Auswertungsmethoden miteinander kombinieren (zur ausführlichen Beschreibung qualitativer Gruppeninterviews vgl. Bungard, Holling & Schulz-Gambard, 1996; Kauffeld, 2006; Lamnek, 2005).

2.2 Beobachtungsmethoden

Die Beobachtung von Arbeitstätigkeiten hat eine lange Tradition. Der Lehrling beobachtet den Meister, der Meister den Lehrling, und dies schon seit Jahrtausenden – in den Manufakturen der Chinesen vor dreitausend Jahren ebenso wie zu Zeiten des Pyramidenbaus in Ägypten, bei den Handwerkszünften des 16. ebenso wie in der Berufsausbildung des 21. Jahrhunderts.

Mit dem Beginn des 20. Jahrhunderts gewann die Beobachtung von Arbeitstätigkeiten an Bedeutung; sie wurde systematisiert und so zu einem wesentlichen Bestandteil der wissenschaftlichen Betriebsführung von Taylor (1919; s. Teil I, Kap. 2.2.2). Am Beispiel der Endkon-

trolle von Stahlkugeln für Fahrradkugellager wies Taylor das Rationalisierungspotenzial auf, das sich zeigt, wenn man Menschen bei der Arbeit beobachtet. Daran hat sich bis heute nichts geändert.

Geradezu auffällig stimmt die Taylor'sche Methode mit der Kaizen-Methode von Imai (1992) überein, bei der es um das Minimieren von Verschwendung geht. Beklemmend ist dies deshalb, weil die Verfechter des japanischen Modells davon ausgehen, mit diesem Ansatz den Taylorismus in der modernen Industrie zu überwinden. Aus den Analysen ausgewählter Produktionssysteme in Deutschland (vgl. Neuhaus, 2010) wird deutlich, dass man – besonders in der Automobil- und Zulieferindustrie – den konkreten Arbeitsbedingungen zunehmend weniger Aufmerksamkeit schenkt. Es erscheint eher so, als fielen diese Methoden hinter die Taylor'sche zurück. Taylor war in seinen Methoden zum Teil fortschrittlicher und humaner orientiert als die Protagonisten des «Lean Managements» seit Womack, Jones und Roos (1990), die sich um die Auswirkungen auf die betroffenen Mitarbeiter/-innen weniger kümmern, als Taylor dies in seiner Zeit tat. Das Beispiel der Kugelprüferinnen, das leicht gekürzt in Infobox II-3 dargestellt ist, eignet sich besonders zur Auseinandersetzung mit Beobachtungsmethoden, da zur Arbeitstätigkeit selbst Beobachtung dazugehört.

In der Arbeitspsychologie richtet sich die Beobachtung auf die Arbeitstätigkeit, besser noch auf den Handlungsvollzug, dem ein subjektiver Sinn ebenso zukommt wie eine objektive soziale Bedeutung. Um beobachten zu können, muss man die mit der Tätigkeit verbundene konkrete Zielsetzung verstehen und den subjektiven Sinn der Tätigkeit zutreffend interpretieren.

Eine Beschreibung der in der Infobox aufgeführten Tätigkeit ohne Bezugnahme auf den Sinn ist zwar korrekt, aber sinnlos. Das zeigt zum Beispiel diese Beschreibung: Das Mädchen sitzt auf einem Stuhl, greift im Durchschnitt alle zehn Sekunden vier Kugeln aus einer Kiste, legt diese mit der rechten Hand in

Infobox II-3

Frederick W. Taylor (1919): Grundsätze der wissenschaftlichen Betriebsführung, S. 90–102 (Auszug: Optimierung der Endkontrolle von Stahlkugeln – gekürzt)

«Als vor einigen Jahren die Radfahrwut ihren Höhepunkt erreicht hatte, wurden jährlich mehrere Millionen kleiner Kugeln aus gehärtetem Stahl für die Kugellager gebraucht. Von den 20 oder mehr Arbeitsoperationen, die zur Herstellung der Stahlkugeln nötig waren, war die des Inspizierens, nachdem die Kugeln die letzte Politur erhalten hatten, vielleicht die allerwichtigste. Denn alle im Feuer gesprungenen oder aus einem anderen Grunde nicht einwandfreien Kugeln müssen aussortiert werden, bevor man sie in Kisten verpackt.

Mir wurde die Aufgabe zuteil, die größte Fabrik in Amerika zur Herstellung solcher Fahrradkugeln neu zu organisieren. Die Gesellschaft bestand seit etwa acht bis zehn Jahren und beschäftigte ihre Leute im Stundenlohn, bevor ich die Reorganisation übernahm. Die 120 oder mehr Mädchen, die die Kugeln nachprüften, waren also ‹alteingesessen› und sehr geschickt in ihrer Tätigkeit.

Unmöglich kann man, selbst bei den einfachsten Verrichtungen, plötzlich von der alten unabhängigen Arbeitsweise zu wissenschaftlich-methodisch geregelter Zusammenarbeit übergehen. Trotzdem existieren in den meisten Fällen gewisse Unvollkommenheiten in den Arbeitsbedingungen, die sich ohne weiteres zum Vorteil aller Beteiligten verbessern lassen.

Im vorliegenden Fall stellte es sich heraus, daß die ‹Kugelprüferinnen› täglich 10½ Stunden zu arbeiten hatten. (Samstag nachmittags war allerdings frei.) Ihre Arbeit bestand darin, daß sie gleichzeitig einige Kugeln auf den Rücken der linken Hand in die Furche zwischen zwei zusammengepreßten Fingern legten, sie nach allen Seiten hin und her rollten und peinlichst untersuchten. Jedes Mädchen

hatte einen Magneten in der rechten Hand zum Aussortieren der fehlerhaften Kugeln. Man unterschied davon vier verschiedene Arten: gezahnte, weiche, zerkratzte und im Feuer gesprungene. Die Fehler waren meist so gering, daß sie einem ungeübten Auge vollständig entgingen. Die Arbeit erforderte somit große Aufmerksamkeit und Konzentration; die Nervenanspannung war deshalb recht beträchtlich, trotzdem die Arbeiterinnen dabei bequem sitzen konnten und sich körperlich nicht ermüdeten.

Eine ganz unauffällig angestellte Untersuchung ergab, daß ein großer Teil der 10½ Stunden, während deren man die Mädchen an der Arbeit glaubte, tatsächlich mit Nichtstun verging. Die Arbeitsperiode war eben zu lang.

Der gesunde Menschenverstand verlangt es, den Arbeitstag so einzuteilen, daß während der zur Arbeit bestimmten Zeit wirklich gearbeitet und während der Ruhepausen wirklich geruht wird; d. h., es soll eine scharfe Grenze gezogen werden und nicht beides gewissermaßen gleichzeitig geschehen.

Ich beschloß daher, die Arbeitsstunden zu kürzen, noch bevor Sanford E. Thompson in die Fabrik eintrat, der erst den ganzen Vorgang zum Gegenstand eines wissenschaftlichen Studiums machen sollte.

Der alte Meister, der seit Jahren den Prüfungsraum unter sich hatte, wurde beauftragt, mit den besseren und bei ihren Kolleginnen einflußreicheren Arbeiterinnen einzeln zu reden und sie davon zu überzeugen, daß sie in 10 Stunden genauso viel leisten könnten wie in 10½. Er sagte jedem Mädchen, daß, wenn auch ihre Arbeitszeit auf 10 Stunden herabgesetzt würde, sie doch genauso viel verdienen würde wie vorher. Nach ungefähr zwei Wochen konnte er berichten, daß alle Mädchen, mit denen er gesprochen hatte, erklärt hätten, sie könnten ihr Arbeitsquantum ebensogut in 10 wie in 10½ Stunden bewältigen und wären mit der beabsichtigten Änderung einverstanden.

Da ich noch keine Gelegenheit gehabt hatte, besonderes Entgegenkommen an den Tag zu legen, hielt ich jetzt den richtigen Moment dazu für gekommen und ließ daher die Mädchen selbst über den neuen Vorschlag abstimmen. Dieser Schritt erwies sich allerdings als kaum gerechtfertigt. Denn als die Abstimmung vorgenommen wurde, erklärten die Mädchen einstimmig, daß 10½ Stunden eigentlich ganz nach ihrem Geschmack seien und sie keine Neuerungen wünschten.

Damit war die Angelegenheit bis auf weiteres erledigt. Einige Monate später ließ ich jedoch jedes Zartgefühl beiseite und setzte die Arbeitszeit nach meinem Ermessen nach und nach von 10 auf 9½ auf 9 und schließlich auf 8 Stunden herab. Der Tageslohn blieb trotzdem ganz derselbe, und die Produktion stieg, anstatt zu fallen. Der Übergang von der alten zur neuen Methode geschah unter der Leitung von Sanford E. Thompson, vielleicht des erfahrensten Mannes Amerikas auf dem Gebiete des Bewegungs- und Zeitstudiums, und unter der Oberaufsicht und Direktive von H.L. Gantt. Thompson erkannte bald, daß die für eine Stahlkugelprüferin notwendigste Eigenschaft ein geringer ‹persönlicher Koeffizient› ist. Natürlich dürfen die gewöhnlichen Eigenschaften, wie Ausdauer und Fleiß, nicht fehlen.

Es lag also im Interesse der Arbeiterinnen wie auch der Gesellschaft, alle Mädchen ohne niederen ‹persönlichen Koeffizienten› [d.h. mit relativ langer Reaktionszeit, d. Verf.] von dieser Arbeit auszuschließen. Leider verloren wir so viele von den intelligentesten, fleißigsten und ehrlichsten Mädchen, lediglich, weil ihnen schnelle Wahrnehmung und Entschlußfähigkeit fehlten.

Ganz allgemein gesprochen, besteht die Gefahr, daß, wenn der Lohn von der Quantität der Leistung abhängig gemacht wird, die Qualität leidet unter dem Bestreben, die Quantität zu erhöhen.

Es ist deshalb in fast allen Fällen nötig, erst energische Vorkehrungen gegen eine Verschlechterung der Qualität zu treffen, bevor man in irgendeiner Weise etwas zur Vergrößerung der Quantität tut. Bei dieser speziellen Arbeit war noch dazu die Qualität das wesentlichste Moment, denn die Mädchen waren ja angestellt, um alle fehlerhaften Kugeln auszulesen.

Das erste war es deshalb, ihnen unmöglich zu machen, liederlich zu arbeiten, ohne daß es sich hätte nachweisen lassen. Dies konnte durch eine Oberinspektion oder Nachkontrolle gut erreicht werden. Den vier zuverlässigsten unter den Prüferinnen wurde täglich eine Anzahl Kugeln zum Nachprüfen gegeben, die am Tag zuvor von einer der regulären Prüferinnen examiniert worden waren. Die Zahl auf den Kugelkästchen, an der man hätte erkennen können, um was für Kugeln es sich handelte, wurde von dem Meister willkürlich verändert, so daß keine der Nachprüferinnen wußte, welche Arbeiterin die Kugeln schon vorher geprüft hatte. Am folgenden Tag wurde dann noch eines der nachgeprüften Kästchen durch den sog. Generalinspektor untersucht. Für diese Stellung wurde ein Mädchen bestimmt, das sich immer durch besondere Sorgfalt und Zuverlässigkeit ausgezeichnet hatte. Ein sehr wirksames Mittel zur Kontrolle für die Ehrlichkeit und Sorgfalt der Nachprüferinnen bestand darin, daß alle 2 bis 3 Tage ein Kästchen von dem Meister besonders mit Kugeln gefüllt wurde, von denen eine bekannte Anzahl einwandfrei und eine bekannte Anzahl fehlerhaft war. Weder die gewöhnlichen Prüferinnen noch die Nachprüferinnen hatten eine Möglichkeit, diese so hergerichteten Kästchen von den für den Verkauf bestimmten zu unterscheiden. Auf diese Weise wurde jegliche Versuchung, die Arbeit auf die leichte Schulter zu nehmen – zu hudeln, wie der Terminus technicus lautet –, beseitigt.

Nachdem man sich so gegen die Verschlechterung der Qualität gesichert hatte, konnte man nun auch wirksame Maßregeln zur Erhöhung der Produktion treffen. Es wurden genaue tägliche Rapporte über Quantität und Qualität der Arbeit eingeführt, um jedes persönliche Moment seitens des Meisters bei der Beurteilung der Leistungen auszuschließen und absolute Unparteilichkeit und Gerechtigkeit jeder Arbeiterin gegenüber zu gewährleisten. Die Aufstellungen ermöglichten es dem Meister, nach verhältnismäßig kurzer Zeit den Ehrgeiz der Mädchen zu wecken, und zwar dadurch, daß er den Lohn derjenigen erhöhte, die in Quantität und Qualität Besonderes leisteten, andere, die nur mittelmäßig arbeiteten, in ihrem Lohn herabsetzte und solche, deren Langsamkeit oder Nachlässigkeit nicht zu bessern war, entließ.

Nun wurde sorgfältig untersucht, wie jedes Mädchen seine Zeit anwandte. Genaue ‹Zeitstudien› mithilfe einer Stoppuhr und Eintragung der gefundenen Resultate in entsprechend vorgedruckte Bogen ermöglichten es zu bestimmen, wie schnell die jedesmalige Kontrolle der auf die Hand gelegten Kugeln ausgeführt werden konnte, und die genauen Bedingungen festzulegen, unter welchen jedes Mädchen die schnellste und beste Arbeit zu liefern imstande war. Gleichzeitig erhielt man dadurch eine Garantie gegen die Gefahr, den Mädchen ein so großes Pensum nachzuweisen, daß es Ermüdung oder Erschöpfung zur Folge haben konnte. Wie diese Untersuchung zeigte, verbrachten bisher die Mädchen einen großen Teil ihrer Zeit in halber Untätigkeit, indem sie gleichzeitig plauderten und arbeiteten, oder tatsächlich mit Nichtstun.

Selbst nachdem die Arbeitszeit von 10½ auf 8½ Stunden herabgesetzt war, pflegten sie, wie eine genaue Beobachtung zeigte, nach 1½ stündiger unausgesetzter Arbeit nervös zu werden. Sie brauchten augenscheinlich mehr Ruhe. Ich halte es für unbedingt nötig, sofort haltzumachen, sobald sich die geringste Überanstrengung zeigt; deshalb trafen wir Vorkehrungen, daß die Mädchen nach je $\frac{5}{4}$ Stunden eine Erholungspause von 10 Minuten hatten. Während dieser Pausen (zwei am Morgen und zwei am Nachmittag) durften sie gar nichts tun. Es wurde ihnen freundlich zugeredet, ihre Plätze zu verlassen, sich anderweitig zu beschäftigen, spazieren zu gehen, zu plaudern usw. Man kann allerdings mit Recht sagen, daß sie in einer Beziehung ‹brutal› behandelt wurden. Sie wurden nämlich so weit auseinandergesetzt, daß sie sich während der Arbeit nicht gut unterhalten konnten. Aber die Verkürzung der Arbeitszeit und die Einführung der nach unserem Urteil vorteilhaftesten Arbeitsbedingungen machte es ihnen nun leicht möglich, während der Arbeitsstunden wirklich zu arbeiten und nicht nur so zu tun.

Erst wenn die Reorganisation so weit fortgeschritten ist, d. h., wenn die geeigneten Arbeiter entsprechend ausgewählt und die nötigen Vorkehrungen getroffen sind, so daß einerseits die Gefahr einer Überanstrengung, andererseits die Versuchung, die Arbeit zu vernachlässigen, ausgeschlossen ist, mit einem Wort, wenn die günstigsten Arbeitsbedingungen bestehen, erst dann sollte der letzte Schritt unternommen werden, der den Arbeitern das bringt, wonach sie am meisten streben, nämlich hohe Löhne, und den Arbeitgebern das, was ihnen am meisten am Herzen liegt, nämlich die höchst erreichbare Quantität und Qualität der Arbeit.

Das Endresultat aller Änderungen war, daß 35 Mädchen dieselbe Arbeit lieferten wie vorher 120. Dabei war die Genauigkeit der Arbeit trotz der Arbeitsbeschleunigung ⅔ mal höher als bei dem früheren Tempo.

Die Vorteile der Mädchen waren dabei folgende:

Erstens: Sie verdienten 80 bis 100 % mehr als vorher.

Zweitens: Ihre Arbeitsstunden waren von 10½ auf 8½ pro Tag herabgesetzt. Samstag nachmittag hatten sie frei. Außerdem hatten sie vier richtig verteilte Erholungspausen pro Tag, die ein Überarbeiten für eine gesunde Arbeiterin unmöglich machten.

Drittens: Jede einzelne hatte das Gefühl, als ob sich die Leitung besonders für sie interessiere und sorge. Sie wußte, daß sie jederzeit einen hilfsbereiten und verlässlichen Lehrer in der Leitung finden würde, auf den sie rechnen konnte.

Viertens: Alle jungen Mädchen sollten zwei aufeinanderfolgende Tage, die sie sich beliebig aussuchen konnten, frei haben, aber trotzdem die gleiche Bezahlung wie an Arbeitstagen erhalten. Ob sie diese Vergünstigung tatsächlich genossen haben, weiß ich nicht bestimmt, doch ich glaube es.

Von den Änderungen hatte die Gesellschaft selbst folgende Vorteile:

Erstens: Eine wesentliche Verbesserung in der Qualität.

Zweitens: Eine merkliche Verringerung der Prüfungskosten trotz der Sonderausgaben, die das größere Bureau, die Lehrer, die Zeitstudien, die Oberinspektoren und die höheren Löhne mit sich brachten.

Drittens: Bestes Einvernehmen zwischen Leitung und Angestellten. Arbeitsschwierigkeiten irgend welcher Art oder gar ein Streik waren dadurch ausgeschlossen.»

die Rille zwischen Mittel- und Zeigefinger, lässt sie einen Zentimeter hin- und herrollen, pickt mit einem Stift eine an und wirft diese in den linken Kasten, die anderen in den rechten. Das Picken passiert im Durchschnitt alle zwei bis drei Minuten. Nach 75 Minuten steht sie auf, geht durch die Halle und spricht mit zwei Mädchen, die das Gleiche getan haben; nach zehn Minuten setzt sie sich und macht, was sie vorher auch gemacht hat.

Ohne die genaue Aufgabenstellung (die Zielsetzung Null-Fehler-Produktion, mithin fast 100 Prozent Gutteile), die Entlohnungsgrundsätze und die Sanktionsmöglichkeiten zu kennen, ergibt eine solche Beschreibung keinen Sinn; das heißt, sinnvolles Beobachten wird leichter, wenn man die Regeln kennt. Die Ermittlung der Regeln, nach denen beobachtbares Verhalten abläuft, aus der Beobachtung selbst ist ein sehr mühsames und langwieriges Unterfangen (vgl. hierzu die Ausführungen von Wickler, 1991, S. 142 ff., über die Feldstudien von Jane Goodall, die 28 Jahre lang eine Schimpansenpopulation beobachtete und immer wieder neue Verhaltensregeln entdeckte). Da beim Menschen die Regeln erfragt werden können, sind Beobachtungen meist mit Befragungen über den Sinn der Handlung verbunden, anders als in der Ethologie (der Verhaltensforschung an Tieren in ihrer natürlichen Umwelt), in der man aus der Beobachtung regelhafte Verhaltensmuster ableitet.

Im Folgenden werden – unter Bezug auf die von Faßnacht (1979) und Feger (1983) vorgelegten Einteilungen – die verschiedenen Formen der Beobachtung dargestellt, soweit sie sich im Rahmen der arbeitspsychologischen Feldforschung wiederfinden (s. Abb. II-7).

2.2.1 Direkte Beobachtung

Wie aus Abbildung II-7 ersichtlich, kann man die direkte Beobachtung unterteilen in eine Alltagsbeobachtung (eine orientierende Beobachtung, die dazu beiträgt, das Leben zu bewältigen; sie wird auch als «naive Beobachtung» bezeichnet, da sie nicht von wissenschaftlichen Hypothesen geleitet ist; vgl. Faßnacht, 1979) und eine wissenschaftliche Beobachtung. Letztere kann man unterteilen in qualitative und quantitative Beobachtung. Beide Formen lassen sich nach dem Grad der Beteiligung spezifizieren.

Im Folgenden stellen wir nur diejenigen wissenschaftlich-systematischen Beobachtungsformen dar (vgl. hierzu auch Seidel

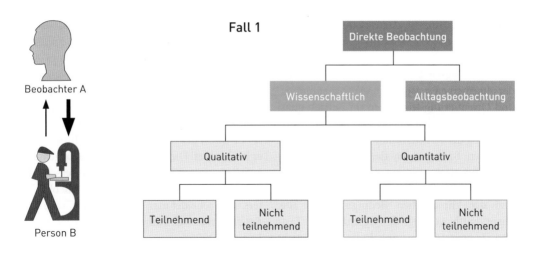

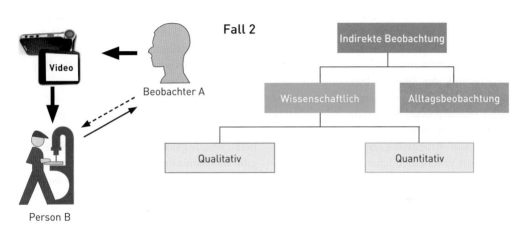

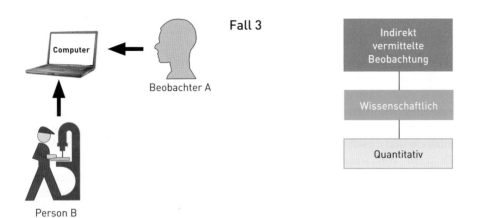

Abbildung II-7: Formen der Beobachtung

& Prenzel, 2010), die das direkte Beobachten von Menschen in Arbeitssituationen zum Ziel haben.

Die Alltagsbeobachtung läuft im Rahmen der allgemeinen sensorischen Wahrnehmungs- und Orientierungsleistungen im Betrieb quasi parallel. Neben den Augen sind bei der Wahrnehmung der Arbeitssituation und der sie umgebenden Bedingungen der Gehör- und Geruchssinn wichtige Sinnesorgane. Zusätzlich spielen bei der Beurteilung der Arbeitsobjekte und der klimatischen Bedingungen (Kälte, Hitze, Luftbewegung) der Geschmacks-, Tast- und Temperatursinn eine Rolle. Diese nicht optischen Sinne prägen das Abbild eines Arbeitsplatzes häufig mehr als das, was man sieht. Der Gestank bakteriell verunreinigter Kühlschmiermittel in der spanenden Fertigung, der Gummigeruch in Reifenlagern, die hohen Temperaturdifferenzen in Bäckereien, die mit der Technik der Gärunterbrechung arbeiten, oder das Vibrieren des Körpers in der Nähe von Exzenterpressen formen das Bild industrieller Arbeitsprozesse oft mehr als der sichtbare Ablauf von Arbeitstätigkeiten. Welchen Einfluss diese unterschiedlichen Reize beim Beobachten und Beurteilen der Arbeitstätigkeit auf die arbeitspsychologischen Experten ausüben, ist eine offene Forschungsfrage. Bei der Beurteilung von Umgebungsbedingungen und Arbeitssituationen durch direkte Beobachtung/Wahrnehmung spielt die Gewöhnung im Sinne der Habituation und Adaptation an Umweltreize eine entscheidende Rolle (Habituation: langfristige Gewöhnung an Bedingungen; Adaptation: kurzfristige Anpassung). Je vertrauter man mit bestimmten Arbeitsbedingungen ist, umso eher nimmt man diese als «normal» wahr und stellt sein Bezugssystem auf den Durchschnitt eigener Erfahrungen ein. Zwei Experten werden ein und dieselbe Arbeitssituation je nach ihren Vorerfahrungen unterschiedlich beurteilen.

Der *wissenschaftlichen direkten* Beobachtung stellt sich daher die Aufgabe, Beobachtungskriterien zu definieren, die eine möglichst vergleichbare, objektive und damit nachvollziehbare Bewertung von Beobachtungsdaten erlauben (vgl. Seidel & Prenzel, 2010). Die Beobachtung von Menschen in Arbeitssituationen geschieht in sozialen Situationen. Der Beobachter ist Teil dieser sozialen Situation; je mehr er in die soziale Situation eingebunden ist, umso eher beeinflusst er diese. Er ist es, der die Situation mitdefiniert, die er beobachtet. Die Wirkungen des Beobachters auf die sozialen Prozesse können unterschiedlich groß sein. Je nach der Rolle des Beobachters unterscheidet man verschiedene Grade des *Beteiligtseins* (vgl. Faßnacht, 1979; Feger, 1983; Lamnek, 2005).

Ein *hohes Maß* an Beteiligung besteht, wenn der Beobachter sich selbst beobachtet (z.B. bei der Selbstausübung einer Tätigkeit), wenn er der Arbeitsgruppe, die untersucht werden soll, selber angehört oder wenn die Beobachtungsergebnisse unmittelbare Folgen für den Beobachter selbst haben.

Ein *mittleres Maß* an Beteiligung liegt vor, wenn der Beobachter die Beobachtungssituation durch seine Anwesenheit mitgestaltet, das heißt, wenn er sich als Beobachter zu erkennen gibt und damit den «Beobachtungszustand» – zum Beispiel das Arbeitsverhalten einer Arbeitsgruppe oder eines Einzelnen – beeinflusst.

Gering ist die Beteiligung, wenn der Beobachter sich außerhalb des zu beobachtenden Geschehens stellt, das heißt, wenn er zum Beispiel hinter Trennscheiben in einem Labor (Reinraum) steht und durch die Scheiben Beschäftigte beobachtet oder wenn er an einem Schreibtisch in einem Großraumbüro sitzt und bei einer entfernteren Arbeitsgruppe die Häufigkeit der Interaktionen auszählt.

Mit der Intensität der Beteiligung des Beobachters am Geschehen wächst die Gefahr einer einseitigen und damit parteiischen Datenerfassung, die nicht dem «Ideal» wissenschaftlicher Datengewinnung entspricht. Dieses Ideal größter Distanz zum Forschungsgegenstand gilt vor allem dann nicht, wenn der Beobachter durch eigene Erfahrung herausfinden möchte, warum sich Menschen in bestimmten Situationen so und nicht anders verhalten. So kann es in bestimmten Fällen nützlich sein, eine Arbeitstätigkeit zeitweise selbst auszuführen, um Schwierigkeiten kennenzulernen oder die spezifischen Sozialstrukturen in einem Betrieb aus eigener Anschauung zu erleben – immer unter der Voraussetzung, dass der Beobachter die eigene Rolle offenlegt.

Im Rahmen der «Lean-Management»-Diskussion in der Automobilindustrie fördert man die nicht quantitative, unsystematische Beobachtung von Arbeitstätigkeiten durch Schlagworte wie «Ingenieure ans Band» oder Empfehlungen wie «Jeder Personalsachbearbeiter muss in seinem Personalbereich für ein paar Tage praktisch mitarbeiten» (z. B. mitmontieren, Hilfstätigkeiten ausführen). Diese Maßnahmen sollen dazu dienen, die Arbeitsbereiche anderer Menschen kennenzulernen, für die man verantwortlich ist. Aus der teilnehmenden Beobachtung dieser Arbeitsbereiche sollen Veränderungsprozesse abgeleitet werden; gleichzeitig erhofft man sich bessere Kontakte zu den jeweiligen Beschäftigten. So hat ein Ingenieur nach einer solchen praktischen Erfahrung bspw. weniger Probleme, wenn er als Planer mit den Werkern kooperieren soll, um den Neuanlauf eines Fahrzeugs möglichst ohne große Schwierigkeiten zu bewerkstelligen.

Die emotionale oder räumliche Distanz zu einem beobachteten Geschehen oder zu einem arbeitenden Menschen ist nicht immer ein Garant für objektive Beobachtung; denn die Beobachtung eines Geschehens, eines Objektes bedeutet letztlich auch Reduktion und Selektion von Daten.

Faßnacht (1979, S. 39 ff.) unterscheidet beim Beobachtungsvorgang drei verschiedene Selektionsprozesse:

1. *Primäre oder physisch bedingte Selektion*
   Wegen der begrenzten Leistungsfähigkeit der Sinnesorgane kann man innerhalb einer Zeiteinheit nur bestimmte Reize wahrnehmen. Gleichzeitig auftretende Reize (z. B. unterschiedliche Lärmquellen) sind nur eingeschränkt unterscheidbar. Für bestimmte physikalische und chemische «Reize» hat der Organismus keine Sinnesorgane (z. B. nimmt man Ultraschall oder CO_2 nicht wahr).

2. *Sekundäre oder psychisch bedingte Selektion*
   Je nach Aktiviertheit eines Menschen heben sich nur die für diesen Menschen interessanten Reize heraus. Der Beobachtungsvorgang geschieht in bewusster Hinwendung zu einem Objekt, einem Menschen, einem Prozess oder einem Ereignisablauf. Das übrige Geschehen bleibt weitgehend unbemerkt.

3. *Tertiäre Selektion*
   Eine zusätzliche Selektion erfolgt durch Zuordnen von Begriffen, Zahlen, Symbolen oder grafischen Zeichen zu den Wahrnehmungsinhalten.

Das Gesamtgeschehen wird durch diese Selektionsprozesse in vielfältiger Weise reduziert, so dass das Beobachtungsergebnis selbst bei sorgfältigstem Vorgehen und bei bewusster Vermeidung einer Reihe von Fehlern immer ein vereinfachtes (manchmal auch verzerrtes) Abbild der «Wirklichkeit» darstellt.

Unbefriedigend ist bei systematischer Beobachtung auch das Verhältnis zwischen Aufwand und Ertrag – ein Aspekt, der besonders im Rahmen der *Arbeitsanalyse* eine wichtige Rolle spielt. Beobachtungen sind meist aufwendiger als Befragungen und liefern nicht in jedem Fall genauere Daten. Ein einfaches Beispiel soll dies verdeutlichen: Will man, um die körperliche Belastung richtig einzuschätzen, wissen, ob der untersuchte Arbeitsplatz ein Steh- oder Sitzarbeitsplatz ist, so wird man im Fall eines Konstrukteurs, den man über acht Stunden beobachtet, vielleicht feststellen, dass er an dem betreffenden Tag vier Stunden und dreißig Minuten gesessen hat, zwei Stunden nicht am Arbeitsplatz anwesend war und den Rest der Zeit, nämlich neunzig Minuten, gestanden hat bzw. zwischen mehreren Kollegen hin- und hergelaufen ist. Um sich zu vergewissern, dass dieser Tag «die Regel ist», also repräsentativ für den betreffenden Konstrukteur, muss man an unterschiedlichen Tagen, zu unterschiedlichen Jahreszeiten die gleichen Beobachtungen vornehmen: Es gilt zu beobachten, ob bestimmte saisonale und konjunkturelle Einflüsse Veränderungen der Arbeitstätigkeit bzw. der Arbeitsbedingungen hervorrufen.

Fazit: Der forschungstechnische Aufwand steht in keinem Verhältnis zu dem damit verbundenen Erkenntnisgewinn. Die einfache Frage: «Welchen Prozentsatz Ihrer Arbeitszeit verbringen Sie im Durchschnitt im Sitzen: unter einem Zehntel, zwischen einem Zehntel und einem Drittel, zwischen einem Drittel und zwei Drittel, über zwei Drittel, beinahe die gesamte Arbeitszeit?» führt vermutlich zu ähnlichen Ergebnissen wie die Beobachtung, ist aber ungleich weniger aufwendig. Interessiert jedoch die Frage, mit welcher Genauigkeit die betroffenen Arbeitnehmer zu beurteilen vermögen, welchen Zeitanteil sie im Sitzen, Stehen, Laufen usw. verbringen, dann mag ein umfangreiches Beobachtungsverfahren wissenschaftlich gerechtfertigt sein.

Im Folgenden veranschaulichen wir in Übereinstimmung mit der Klassifikation direkter Beobachtungsverfahren (s. Abb. II-7) qualitative und quantitative teilnehmende und nicht teilnehmende Beobachtungsformen anhand praktischer Beispiele.

Qualitative teilnehmende Beobachtung

Die Untersuchung von Jahoda et al. (1980) ist ein klassisch gewordenes Beispiel für qualitative teilnehmende Beobachtung (vgl. hierzu Jahoda, 1991). Die Verfasser dieser Studie haben im Jahre 1933 mit großem sozialen Engagement die Arbeitslosen von Marienthal, in der Nähe von Wien, in ihrem Verhalten beobachtet, sich als Beobachter zu erkennen gegeben und versucht, durch ihre Arbeit die Situation der Arbeitslosen zu verbessern, zum Beispiel durch Kleidersammlungen, ärztliche Sprechstunden oder Erziehungsberatungen. Die Beobachtungen erstreckten sich auf die verschiedenen Bereiche des täglichen Lebens und wurden in sogenannten Katasterblättern festgehalten und klassifiziert.

Diese Art der teilnehmenden Beobachtung ist *unstrukturiert*, denn man hatte vorab kein striktes Beobachtungsschema entwickelt. Sie erfolgt in Face-to-Face-Interaktionen im sozialen Feld; sie ist offen und flexibel, weil sich erst in der Beobachtung die Gegenstände und Perspektiven der Beobachtung entwickeln; und sie ist natürlich und authentisch, weil sie im konkreten Arbeitsfeld abläuft (vgl. hierzu die Ausführungen von Lamnek, 2005, S. 558 ff.).

Im Rahmen von Arbeitsgestaltungsprojekten fördert eine qualitative Beobachtung das Verständnis für vorhandene Arbeitsprozesse und Arbeitsbedingungen. Die Beobachtungsbefunde erleichtern häufig den Einstieg in Gespräche über besondere Arbeitsbelastungen oder schwer nachzuvollziehende Arbeitsabläufe.

Qualitative nicht teilnehmende Beobachtung

Qualitative nicht teilnehmende Beobachtung findet bei Betriebsbegehungen und distanzierter Betrachtung von Arbeitsabläufen statt (z. B. bei der Beobachtung von Tätigkeiten in Lackierereien, Reinräumen oder geschützten Laboren). Die Mitarbeiter sind meist an derartige Beobachtungen durch Besucher gewöhnt. Im Rahmen von wissenschaftlichen Untersuchungen sind unstrukturierte Beobachtungen notwendig, um sich ein Bild von der Arbeitstätigkeit zu machen und auf der Basis dieser Daten differenzierte Versuchspläne für systematische Arbeitsanalysen zu entwickeln.

Die wissenschaftliche Beobachtung unterscheidet sich in diesem Fall von der naiven eines prototypischen Betriebsbesichtigers (der z. B. als potenzieller Kunde den Betrieb kennenlernen soll) dadurch, dass der wissenschaftliche Beobachter über ein Konzept verfügt, nach dem er die Arbeitsbedingungen (Klima, Beleuchtung, Farbgestaltung etc.), die Arbeitsabläufe (stehend, sitzend), beanspruchende Körperhaltungen, das Kommunikationsverhalten der Beschäftigten alters- oder geschlechtsdifferenziert beobachtet, um auf diese Weise einen groben Überblick zu erhalten. Der Beobachter muss Besonderheiten erkennen können, die für einen bestimmten Arbeitsbereich untypisch sind, zum Beispiel überdurchschnittlich viele Frauen in der Montage, viele ältere Arbeitnehmer, primitive Sitzgelegenheiten (Bierkisten mit Styropor) oder das Nichttragen von persönlichem Lärmschutz trotz lauter, unangenehmer hochfrequenter Geräusche. Besonderheiten werden als solche erkannt, wenn man viele Arbeitssituationen gesehen hat und über ein grobes mentales Abbild verfügt, wie Arbeitsbedingungen und Arbeitsabläufe unter den gegebenen technologisch realen Bedingungen aussehen können.

Quantitative teilnehmende Beobachtung

Quantitative Beobachtungsformen (das gilt auch für die Fälle II und III in Abb. II-7) benötigen eindeutig definierte Kriterien der Wissenschaftlichkeit, nach denen man Beobachtungsgegenstände einstufen kann. In Anlehnung an Feger (1983) können in der Arbeitspsychologie zwischen Zeichensystemen, Kategoriensystemen und Schätzskalensystemen unterschieden werden.

Zeichensysteme
Bei Zeichensystemen werden einzelne beobachtbare Merkmale definiert, die eine eindeutige Beurteilung zulassen. Ein Beispiel wäre das Übertreten einer Trennlinie bei der Fließbandmontage.

Für die Montageplaner ist es wichtig, dass Mitarbeiter in der Lage sind, das Bauteil in einem vorgegebenen Takt zu montieren, während sich das Fahrzeug von A nach B nach C usf. bewegt. Überschreitet der Bandarbeiter die schwarze gestrichelte Linie, so bedeutet dies, dass er mit der Montageaufgabe nicht in der vorgegebenen Zeit (z. B. 70 Sekunden) fertig wird. Der teilnehmende Beobachter registriert über eine Woche an einem Bandabschnitt, wie häufig die Bandarbeiter die Linie übertreten. Das Zeichen ist definiert als: «Der

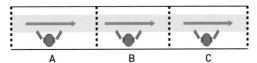

Abbildung II-8: Idealisierte Abtaktung, gekennzeichnet durch Trennlinie

Beschäftigte übertritt während des Montierens die Linie». Auf einem Protokollblatt werden zum Beispiel für drei Arbeitsplätze die «Übertretungen» protokolliert (s. **Abb. II-8**).

Im Zuge der fortschreitenden Standardisierung von Montageprozessen werden Zeichensysteme definiert, um die strikte Einhaltung von definierten Arbeitsabläufen zu überprüfen. So markiert man in einem Unternehmen der Automobilindustrie auf dem Boden die Schrittfolgen, in denen ein Beschäftigter die einzelnen Montagestationen abzugehen hat. Abweichungen werden von Vorgesetzten als Verletzung der vorgeschriebenen Standards moniert (vgl. Neuhaus, 2010; Schmid, 2005).

Ein Beispiel für ein anderes Zeichensystem ist die Auflistung von Werkzeugen bei der Wicklung von Kabelbäumen. Die dahinterstehende Fragestellung lautet: «Welche Arbeitsmittel (Tesaroller, Schraubenzieher, Ahle etc.) werden wie häufig während einer Schicht in Abhängigkeit von unterschiedlich komplexen Kabelbäumen verwendet?» Die Zeichen sind die eindeutig definierten Werkzeuge. Auf einem Protokollblatt können alle Arbeitsmittel aufgeführt werden. Eine solche Untersuchung kann sinnvoll sein, wenn es zum Beispiel darum geht zu erklären, warum Frauen an bestimmten Montageplätzen über Beschwerden im Handgelenk klagen.

Kategoriensysteme
Die Verwendung von Kategoriensystemen in der Arbeitswissenschaft und Arbeitspsychologie ist sehr alt. Das Beispiel der Kugelsortiererinnen von Taylor (s. Infobox II-3) bezieht sich auf die Verwendung von Kategorien («arbeitet», «arbeitet und plaudert», «tut nichts»). Aufbauend auf den Studien von Taylor und Gilbreth (vgl. hierzu die Ausführungen über

Zeitstudien bei Hettinger & Wobbe, 1993, S. 360 ff.) hat sich die Methodik der Arbeitszeitstudien entwickelt. Für die Arbeitspsychologie sind die sogenannten Multimoment-Häufigkeits-Zählverfahren von gewisser Relevanz, da mit ihrer Hilfe systematische Vergleiche von realen Arbeitsabläufen möglich sind. Bei diesem Verfahren werden auf der Basis statistisch abgesicherter Zeitstichproben unregelmäßige Arbeitsvorgänge registriert. Die Bildung der Beobachtungskriterien orientiert sich überwiegend an dem REFA-System, des Verbands für Arbeitsstudien und Betriebsorganisation, zur Gliederung der Ablauf- und Zeitarten (vgl. REFA, 1991b). Abbildung II-9 zeigt die Struktur dieses sehr ausdifferenzierten Gliederungsmodells.

Beim «Multimoment-Häufigkeits-Zählverfahren» (MMHZ) kann man die Unterteilung in die Ablaufarten auf eine konkrete Tätigkeit beziehen und so für diese Tätigkeit beobachtbare Einheiten definieren.

Am Beispiel einer Untersuchung zum Vergleich der Effizienz zweier Montagesysteme soll das MMHZ kurz erläutert werden. Im Rahmen einer empirischen Studie über die Auswirkungen damals neuer Arbeitsstrukturen auf die Fertigungssteuerung (vgl. Frieling, Kölle, Maier, Reisser, Scheiber & Weber, 1980) wurden die Montagetätigkeiten an einem herkömmlichen Fließband mit Gruppenmontage (unter Verwendung von fahrerlosen Transportsystemen) verglichen.

In beiden Systemen wurden Elektroküchenherde montiert. Die Beschäftigten (jeweils zehn pro System) wurden über zirka zwanzig Arbeitstage fünfmal pro Tag zufallsgesteuert beobachtet. Für das Beobachtungsraster wählte man in Anlehnung an die Ablaufgliederung (s. Abb. II-9) folgende Kategorien aus: «Montiert» (Haupttätigkeit des Beschäftigten); «Materialhandling»: Der Arbeiter holt Material, bereitet Teile vor (Nebentätigkeit); «Kein Material am Arbeitsplatz»; «Störung» (d.h., das Band stoppt, oder das fahrerlose Transportsystem fährt nicht in die Box ein, obwohl die Montagebox leer ist); «Nicht am Arbeitsplatz» (der Stelleninhaber ist auf der Toilette, beim

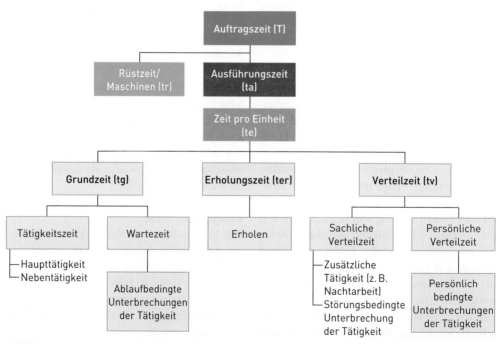

Abbildung II-9: Ablauf- und Zeitartengliederung nach REFA (1991b)

Meister oder anderswo); «Sonstiges» (z. B. Unterbrechung der Arbeit, weil ein Vorgesetzter mit dem Mitarbeiter spricht).

Der Beobachter trägt bei seinen zufallsgesteuerten Rundgängen für jede Person die jeweils beobachtete Aktivität ein. Aus den Durchschnittswerten der hundert Beobachtungsdaten pro Person und der jeweils zehn Personen pro System rechnet man den Zeitanteil pro Teiltätigkeit aus.

Durch das MMHZ wird deutlich (s. **Abb. II-10**), dass im Gruppenarbeitssystem die reine Montagezeit (Hauptzeit) gegenüber dem Bandsystem um zirka zehn Prozent höher ist, der Zeitanteil für die Nebenzeiten geringer und die Wartezeiten in etwa vergleichbar, obgleich bei den fahrerlosen Transportsystemen die technischen Störungen mehr Zeit beanspruchen als am Band.

Das «neue» Arbeitssystem Gruppe führt in Verbindung mit geringen konstruktiven Veränderungen am Produkt (im Sinne verbesserter Montagefreundlichkeit) zu einer erheblichen Effizienzsteigerung. Eine zusätzliche standardisierte Befragung der Arbeitnehmer ergab, dass die Beobachtungsdaten sehr gut mit den subjektiven Daten der Betroffenen übereinstimmten: Sie waren mehrheitlich der Meinung, sie müssten für das gleiche Geld mehr arbeiten.

Bei dieser Art der Beobachtung handelt es sich um eine Form mittlerer bis geringer Beteiligung. Die Mitarbeiter sind über die Beobachtung informiert, kennen den Beobachter, wissen aber nicht, wann er auftritt; das Beobachtungsintervall ist sehr kurz. Die Beeinflussung des zu beobachtenden Arbeitsverhaltens durch den Beobachter ist als gering einzustufen.

Kategoriensysteme werden auch dazu verwendet, ähnlich wie bei Selbstaufschreibungen die Tätigkeit nach relevanten Teiltätigkeiten aufzugliedern und sie unter dem Aspekt der zeitlichen Verteilung zu analysieren. Teilnehmende Beobachtungen verbindet man für derartige Charakterisierungen in der Regel mit Befragungen. Für vier Poliere in der Bauwirtschaft hat Köchling (1993) im Rahmen einer begleitenden Beobachtung die in **Tabelle II-3**

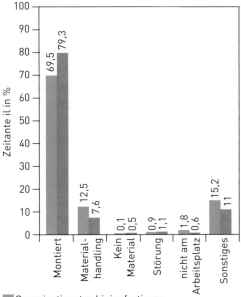

Organisationstyp Linienfertigung
Organisationstyp Gruppenarbeit

Abbildung II-10: Ergebnis des Multimoment-Häufigkeits-Zählverfahrens bei zwei unterschiedlichen Montagesystemen (Band/Gruppe) für Elektroküchenherde (vgl. Frieling, Kölle, Maier, Reisser, Scheiber & Weber, 1980)

Tabelle II-3: Durchschnittliches Zeitbudget über vier Poliere für relevante Teiltätigkeiten (nach Köchlin, 1993)

Arbeitsplatzeinweisung / Anleitung	17,3 %
Plan lesen / planbearbeitende Tätigkeit	10,5 %
Arbeitsplanung	10,3 %
Berichtswesen	10,0 %
Vermessungswesen	8,7 %
Materialdisposition	8,4 %
Arbeitskontrolle	6,6 %
Baustelleneinrichtungs-Disposition	6,2 %
Personalintegration / -motivation	5,9 %
Betriebsmitteldisposition	5,4 %
körperliche Mitarbeit	5,3 %

dargestellten Werte ermittelt. Die Kategorien versuchen das gesamte Tätigkeitsspektrum inhaltlich abzudecken. Die Kategorien selbst sind komplexer und abstrakter formuliert als beim MMHZ.

Durch eine Methodenkombination von mündlicher Befragung und begleitender teilnehmender Beobachtung lassen sich weitgehend valide und reliable Ergebnisse erzielen. Da der Beobachter über mehrere Tage als ständiger Begleiter des Beschäftigten auftritt, sind Beobachtereffekte nicht auszuschließen (z. B. Reduzierung versteckter Pausen und privater Gespräche über die geplante Schwarzarbeit am Wochenende).

In der arbeitspsychologischen Forschung gewinnen Kategoriensysteme zur Beurteilung des Verhaltens in Gruppen oder spezifischen Gruppensituationen (z. B. beim wöchentlichen Gruppengespräch, in Problemlösegruppen) an Bedeutung. Durch «Interaktionsprozess-Analysen» (IPA) nach Bales (1968) lassen sich mit einem Kategoriensystem zur Erfassung unterschiedlicher Interaktionen Aussagen über sozioemotionale und aufgabenbezogene Aspekte in der Gruppe treffen (sozioemotional: zeigt Solidarität, Befriedigung, Zustimmung, Ablehnung, Spannung, Antagonismus; aufgabenbezogen: macht Vorschläge, äußert Meinung, informiert, erfragt Orientierung, erfragt Meinungen, erbittet Vorschläge).

Bei Frey, Bente & Frenz (1993, S. 366) findet sich eine Einschätzung der von Bales & Cohen (1982) unter dem Begriff «SYMLOG» (System for the Multiple Level Observation of Groups) vorgestellten erweiterten Fassung der IPA. Diese Methode verlangt vom Beobachter, Interaktionsverhalten nach sehr unterschiedlichen Kategorien einzustufen. Nach Meinung von Frey et al. (1993) stellt eine solche Interaktionsprozess-Analyse sehr hohe Anforderungen an den Beobachter.

Dem SYMLOG-Konzept liegt die Annahme zugrunde, dass sich das Verhalten von Gruppen (vgl. Fassheber, Niemeyer & Kordowski, 1990) durch drei Dimensionen beschreiben lässt: *Einfluss*, *Akzeptanz* und *Zielorientierung*. Jede dieser drei Dimensionen hat eine dreifache Ausprägung (s. **Tab. II-4**).

Für wissenschaftliche Untersuchungen sind längerfristige Trainings und Mehrfachratings zur Überprüfung der Reliabilität dieser Beobachtungsverfahren notwendig (vgl. Seidel & Prenzel, 2010).

Auf der Basis des SYMLOG-Konzeptes und unter Verwendung einer von Fassheber, Niemeyer & Kordowski (1990) entwickelten Beobachtungskriterienliste für die Beurteilung von Gruppen wurde der in **Abbildung II-11** wiedergegebene Erhebungsbogen erstellt. Die drei Dimensionen mit den drei Ausprägungen ergeben $3 \times 3 \times 3$ Beobachtungsmerkmale (insgesamt 27). Diese charakterisieren den jeweiligen Teilwürfel, der sich ergibt aus U, D/P, N und F+, F− (s. **Abb. II-12**). Jedes der Beobachtungsmerkmale wird durch seine Ausprägun-

Tabelle II-4: Dimensionen zur Beschreibung des Gruppenverhaltens (SYMLOG)

Einfluss	1 U(pward)	Einfluss nehmend
	2 Neutral	trifft nicht zu
	3 D(ownward)	auf Einfluss verzichtend
Akzeptanz (Sympathie)	1 P(ositive)	freundlich, beliebt
	2 Neutral	
	3 N(egative)	unfreundlich, unbeliebt
Zielorientierung (Kompetenz)	1 F(orward)	F + zielgerichtet-kontrolliert
	2 Neutral	
	3 B(ackward)	F − gefühlsbestimmt, ausdrucksvoll

Lfd. Nr.: 4 Rating durch: Baron	Zeit: 16.30–17.30 Ort: Werk D	Gruppe: B Anzahl: 5 + GS
Thema: Übertragung der angesammelten Freischichten auf das nächste Jahr		

U	handelt und ergreift das Wort	GS(1)
UP	geht auf andere zu	GS(23)
UPF+	nimmt bestimmt, aber freundlich Einfluss	GS(21)
UF+	spricht wie eine Person, die weiß, was sie will	GS(11)
UNF+	versucht, seine Meinung durchzusetzen	D(14) D(28)
UN	sagt anderen Unfreundlichkeiten	A(2)
UNF−	spielt sich arrogant auf	
UF−	gibt spontaner Eingebung freien Lauf	D(3) D(23)
UPF−	gibt direkte persönliche Zuwendung	GS(9)
P	wirkt freundlich	C(19) C(29)
PF+	verfolgt das Gruppenziel freundschaftlich	E(13)
F+	arbeitet zielstrebig	E(15) E(24)
NF+	gibt kritische Wertung	D(7)
N	äußert Ablehnung	A(8) A(16)
NF−	weigert sich mitzumachen	A(10)
F−	behindert das Gruppenziel	A(12)
PF−	geht freundschaftlich mit anderen um	E(26)
DP	nimmt auf andere Rücksicht	C(6)
DPF+	übernimmt die Meinung anderer	C(27)
DF+	wägt seine Worte sorgfältig ab	GS(4) GS(30)
DNF−	bleibt trotz Unlust bei der Sache	C(17)
DN	wirkt zurückgezogen	B(18)
DNF−	gibt Zeichen der Entmutigung	D(25)
DF−	wirkt ängstlich gespannt	
DPF−	zieht sich zufrieden zurück	
B(5) D	zeigt keine Gesprächsinitiative	B(10)

Legende:

F+:	Vorwärts, zielorientiert
F−:	Rückwärts, zielhemmend
U:	Einfluss nehmend
D:	Auf Einfluss verzichtend
N:	Negativ, unfreundlich
P:	Positiv, Freundlich
GS:	Gruppensprecher
A,B,C,D,E	Gruppenmitglieder
(23)	Die Zahl in der Klammer gibt die Reihenfolge der Interaktionen an.

Abbildung II-11: Beispiel für einen SYMLOG-Erhebungsbogen zur Erfassung von Interaktionsverhalten

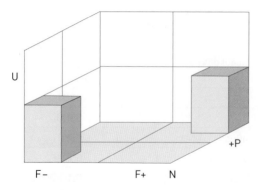

Abbildung II-12: Dreidimensionale Darstellung des SYMLOG-Modells

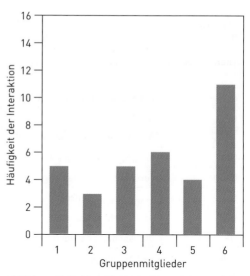

Abbildung II-13: Verteilung der Interaktionshäufigkeit pro Gesprächsteilnehmer anlässlich einer Gruppensitzung mit sechs Teilnehmern

gen in den drei Dimensionen charakterisiert. Das Merkmal 0/0/0 bleibt in Abbildung II-11 unberücksichtigt; deshalb enthält die Liste nur 26 Merkmale. Die kontinuierliche Beobachtung eines Gespräches von einer Stunde («wer sagt was wie») ist für den Beobachter sehr schwierig. Einfacher ist es, die Gruppengespräche über Video aufzuzeichnen und auszuwerten. Da Videoaufnahmen in der betrieblichen Praxis umstritten sind, bleibt häufig nur die direkte Beobachtung durch einen Experten übrig.

Im konkreten Fall einer vereinfachten SYMLOG-Analyse von Gruppenverhalten in der Automobilindustrie ergab sich die Schwierigkeit, dass die Mitarbeiter den Begleitforscher, der die Registrierung durchführte, gleichzeitig als «Dolmetscher» für betriebliche Probleme zwischen Gruppe und Management betrachteten und in den Gruppengesprächen häufig direkt ansprachen, damit er etwas weiterleitete bzw. bestimmte Fragen klärte. Dies stört die Beobachtung und beeinträchtigt die Datenqualität erheblich.

Neben der inhaltlichen Klassifikation der beobachtbaren Interaktionen genügt manchmal die bloße Erfassung der Interaktionshäufigkeiten pro Gruppenmitglied (s. **Abb. II-13**).

Im Verlauf längerer Projekte verschiebt sich bei stichprobenartiger Interaktionsregistrierung oft die Häufigkeit von Interaktionen der jeweiligen Person.

Die SYMLOG-Methode bietet für arbeitspsychologische Fragestellungen mehrere Auswertungsmöglichkeiten; man kann zum Beispiel die Art und Häufigkeit der Interaktionen pro Person und Gruppe untersuchen oder die Veränderung der relativen Häufigkeiten einzelner Interaktionsformen über die Zeit. Die Methode eignet sich auch zur Evaluation von Moderationstrainings für Gruppenmitglieder und -sprecher/-innen: Mit ihr kann man empirisch belegen, dass sich durch ein solches Training das Kommunikations- und Interaktionsverhalten in der gewünschten Richtung entwickelt – F+ (vorwärts, zielführend), U+ (Einfluss nehmend) und P (freundlich), während D (auf Einfluss verzichtend), F– (rückwärts, zielhemmend) und N (negativ, unfreundlich) seltener auftreten als zuvor (weitere Ausführungen und einschlägige Literaturangaben finden sich bei Feger, 1983, und Frey et al., 1993).

Schätzskalensysteme

Schätzskalensysteme geben quantifizierbare Skalen vor (z. B. Kooperationsbereitschaft sehr hoch – 5, hoch – 4, mittel – 3, gering – 2, sehr gering – 1), nach denen Beobachter andere Menschen einstufen. Diese Art der Beobachtung findet sich vor allem in sogenannten Assessment-Centern, bei denen mehrere teilnehmende Beobachter (trainierte Manager) eine Gruppe von vier bis sieben internen oder externen Bewerbern nach mehreren vorgegebenen Schätzskalen bewerten (zum Assessment-Center gibt es umfangreiche Literatur, z.B. Kleinmann, 2003, oder Schuler, 2007a).

2.2.2 Indirekte Beobachtung

Bei der indirekten Beobachtung wird das zu beobachtende Verhalten mit einer Video- oder Filmkamera festgehalten und anschließend mithilfe von Zeichen-, Kategorien- oder Schätzskalensystemen ausgewertet oder unter qualitativen Aspekten begutachtet. Die optische und akustische Dokumentation von Arbeitsverhalten hat den Vorteil, dass sich die zu beobachtende Sequenz beliebig oft wiederholen und nach differenzierten Zeichen- oder Kategoriensystemen auswerten lässt. Da bei den Video- oder Filmaufnahmen (im Folgenden wird aus Vereinfachungsgründen von Videoaufnahmen gesprochen) eine Kamerafrau/ein Kameramann anwesend sein muss, ist ein mittleres bis hohes Maß an Beteiligung gegeben. Die Beobachteten sind durch die Technik zum Teil verunsichert. Es ist daher bei Videoaufnahmen notwendig, die zu beobachtenden Menschen über den Sinn der Untersuchung aufzuklären und die Untersuchungsergebnisse – soweit das gewünscht wird – mitzuteilen. Ohne Berücksichtigung des Freiwilligkeitsprinzips sind Videoaufnahmen nicht vertretbar. Das Filmen mit versteckter Kamera ist für Wissenschaftler ethisch nicht zu rechtfertigen (zur Anwendung von Videoaufnahmen in der Feldforschung vgl. Seidel, Prenzel & Kobarg, 2005).

Da die Aufnahmetechnik aufwendig und die Auswertung zeitintensiv ist, dauern Beobachtungssequenzen kaum länger als ein bis zwei Stunden. Der Nutzen von Videoaufzeichnungen besteht darin, Arbeitstätigkeiten (z.B.

das Bedienen von Maschinen oder Anlagen, das Montieren, Fügen, Schrauben) zu dokumentieren oder Körperhaltungen (Stehen, Gehen, Heben, Tragen, Knien, Kriechen, Bücken etc.) zu erfassen, die zum Teil sehr kurzzeitig ablaufen und erst nach mehrmaliger Wiederholung ins Auge fallen. Zur Schulung von Beobachtern sind Videoaufnahmen ebenso geeignet wie zur Überprüfung der Zuverlässigkeit von Beobachtern (vgl. Feger, 1983, S. 17 f.). Am Beispiel einer Video-Analyse von Konstruktionstätigkeiten werden wir nun die Probleme, die mit einer solchen Videoaufnahme verbunden sind, näher erläutern.

Im Rahmen einer Untersuchung (Derisavi-Fard, Frieling & Hilbig, 1989) zur computerunterstützten Konstruktion verglich man drei verschiedene CAD-Systeme (die in der Automobil- und Flugzeugindustrie zu diesem Zeitpunkt [1988] verwendet wurden: CATIA, CADAM, CD 2000) miteinander und stellte sie der konventionellen, zum Zeitpunkt der Erhebung noch weit verbreiteten Zeichenbrett-Arbeit gegenüber. Mithilfe der Videoaufzeichnung wollte man untersuchen, wie lange geübte Konstrukteure benötigen, um eine Standardaufgabe (Veränderung einer gegebenen Konstruktion) mit dem jeweiligen Arbeitsmittel auszuführen. Jedes der CAD-Systeme verfügte über unterschiedliche Eingabemedien (z.B. Tastatur, Lichtgriffel, Funktionstastatur, Menütablett, Maus).

Um die Aufgabenausführung auf Video zu dokumentieren, sind mindestens zwei Kameras notwendig, die zeitlich synchronisiert werden müssen. Eine Kamera nimmt den Bildschirminhalt auf und eine zweite die beiden Hände, um mitzuverfolgen, welches Eingabemedium benutzt wird. Zur Auswertung benötigt man ein Kategoriensystem, mittels dessen man die einzelnen Handlungsvollzüge (Operationen, Teilhandlungen) klassifiziert. Tabelle II-5 zeigt, dass diese Kategorisierung in Abhängigkeit vom beobachteten CAD-System differenziert werden muss; das heißt, die Teiltätigkeit «Erstellen der Ansichten» kann je nach Arbeitsmittel unterschiedlich ausfallen.

Tabelle II-5: Arbeitsschritte und Bearbeitungszeiten (Derisavi-Fard, Frieling & Hilbig, 1989)

Arbeitsschritte	Bearbeitungszeit [min]			
	Brett	CATIA	CADAM	CD 2000
Anmelden, Festlegung der Systemparameter und Auswahl der Rahmen	–	6	6,5	10,5
Erstellen der Ansichten (Summenwert in Klammern)	(32)	(49)	(30,5)	(46)
– Vorderansicht	–	14	15	37
– isometrische Darstellung	–	17	–	–
– Seitenansicht	–	18	15,5	9
– Bleistiftzeichnung	12	–	–	–
– Tuschezeichnung und Darstellung der Bemaßungshilfslinien	20	–	–	–
Bemaßen	29	28	26	28,5
Schraffieren	3	7	3,5	4
Beschriftung des Schriftfeldes	4	9	2,5	3
Verschieben der Ansichten und/oder Einpassen der Ansichten in den Rahmen	–	3	5	2
Suchen nach Bearbeitungszeichen in der System-Symbolbibliothek	–	–	–	8,5
Erstellen der Bearbeitungszeichen	–	11	11,5	8
Kontrollieren	3	5	2	2
Speichern und Plot absenden	–	2	2	3,5
Summe	**71**	**120**	**89,5**	**116**

Die Leerstellen in der Tabelle verdeutlichen, dass für das jeweilige Arbeitsmittel keine beobachtbaren Teiltätigkeiten differenziert werden können. Die Auswertung erfolgt nach den einzelnen Arbeitsschritten. Mit der Video-Analyse kann man den benötigten Zeitbedarf für einzelne Teiltätigkeiten und die Gesamttätigkeit (Aufgabe) bestimmen. Das Ergebnis zeigt, dass geübte und professionelle CAD-Benutzer (sie hatten mehrjährige Erfahrungen und waren motiviert, die Aufgabe möglichst schnell zu erledigen) gegenüber der Brettarbeit erheblich längere Zeit benötigen (teilweise über 70 Prozent Mehrzeit, wenn mit dem CAD-System gearbeitet wurde).

Interessiert nun die Benutzungshäufigkeit und die durchschnittliche Zeitdauer des Einsatzes einzelner Arbeitsmittel, so kann man durch die Videoaufnahmen so detaillierte Ergebnisse erzeugen, wie sie bei direkter Beobachtung nicht möglich sind. Ein Vergleich zwischen CAD-Systemen zeigt dies (s. **Tab. II-6**).

Tabelle II-6: Einsatzhäufigkeit der Eingabemethoden (Derisavi-Fard et al., 1989)

Arbeitsschritte	CADAM					CD 2000		
	BZ [min]	FTB [Anzahl]	ZI [sec]	LG [Anzahl]	ZI [sec]	BZ [min]	ES [Anzahl]	ZI [sec]
Anmelden im System, Festlegung der Systemparameter sowie Auswahl der Rahmen	6,5	37	10	66	5,8	10,5	59	10,6
Erstellen der Ansichten	30,5	461	4,0	610	3,0	46	675	4,1
Bemaßen	26,0	377	4,1	562	2,8	28,5	285	6,0
Schraffieren	3,5	58	3,5	40	5,2	4,0	88	2,7
Beschriftung des Schriftfeldes	2,5	43	3,4	26	5,8	3,0	14	12,8
Verschieben der Ansichten und/oder Einpassen der Ansichten in den Rahmen	5,0	48	6,1	88	3,4	2,0	10	12,0
Suchen nach Bearbeitungszeichen in der System-Symbolbibliothek	–	–	–	–	–	8,5	98	5,2
Erstellen der Bearbeitungszeichen	11,5	168	4,1	208	3,3	8,0	139	3,5
Kontrollieren	2,0	7	17,0	10	12,0	2,0	21	5,7
Speichern und Plot absenden	2,0	–	–	–	–	3,5	–	–
Summe aller Teiltätigkeiten	**98,5**	**1200**	**4,5**	**1610**	**3,3**	**116**	**1390**	**5,0**

Erläuterung der verwendeten Abkürzungen:
BZ: Bearbeitungszeit
FTB: Funktionstastaturblock
ZI: Durchschnittliches Zeitintervall
LG: Lichtgriffel
ES: Elektrischer Stift

Die Zahlen in der Tabelle verdeutlichen die sehr hohe system- und arbeitsschrittabhängige Benutzungshäufigkeit der Eingabemedien. Der CADAM-Konstrukteur betätigt mit der linken Hand im Durchschnitt alle fünf Sekunden den Funktionstastaturblock zur Auswahl einer Hauptfunktion. Mit der rechten Hand benutzt er alle dreieinhalb Sekunden den Lichtgriffel zum Identifizieren oder Selektieren eines Elementes oder einer Unterfunktion am Grafikbildschirm. Beim CD-2000-System beträgt das durchschnittliche Betätigungsintervall des elektronischen Stiftes auf dem Menütablett zirka fünf Sekunden, wobei der Konstrukteur nur mit der rechten Hand arbeitet (näheres zu den Projektergebnissen vgl. Derisavi-Fard, Frieling & Hilbig, 1989).

Um die Zuverlässigkeit solcher Auswertungen abzusichern, ist es notwendig, dass mindestens zwei Beobachter unabhängig voneinander die Videoauswertungen vornehmen und dass die Ergebnisse mehrerer Beobachterpaare statistisch abgesichert werden (vgl. Feger, 1983, S. 26 ff.; Seidel et al., 2005).

Ein weiterer Vorteil der Videoaufzeichnung besteht neben der Wiederholbarkeit der Registrierung darin, dass man das Kategoriensystem aufgrund differenzierter Analyse während der Auswertung optimieren kann: Erkennt man bei der Auswertung der Daten, dass die Kategorie «Sonstiges» sehr hoch ist oder dass das entsprechende Arbeitsmittel (z. B. eine technische Anlage) einen spezifischen Zwangsablauf der Teilhandlungen erzeugt, den man bei der Konzipierung des Kategoriensystems nicht bedacht hatte, so ist eine nachträgliche Korrektur und Anpassung möglich. Bei der direkten Beobachtung scheidet diese Möglichkeit aus.

Ein anderes indirektes Beobachtungsverfahren setzt man in der Industrie ein, um die körperlichen Belastungen der Beschäftigten zu beurteilen und daraus Gestaltungsmaßnahmen abzuleiten. Das Mitte der 1970er-Jahre in einem finnischen Stahlwerk entwickelte Verfahren «OWAS» (Ovako Working Posture Analysing System) zur Klassifizierung und Bewertung von Körperhaltungen in Verbindung mit Lastenhandhabung (vgl. Ellegast, 2005) kennt 84 Grundarbeitshaltungen, die sich aus der Kombination verschiedener Rücken-, Arm- und Beinhaltungen ergeben, sowie drei Lastgewichtsklassen. Dem Beurteiler stehen also insgesamt 252 verschiedene Kombinationen aus Körperhaltungen und Lastgewichten zur Verfügung. Jede dieser 252 Möglichkeiten ist einer von vier Belastungsstufen zugeordnet, die in OWAS «Maßnahmenklassen» genannt werden (vgl. Stoffert, 1985); jede Maßnahmenklasse wird farbig codiert (s. **Abb. II-14**).

- Maßnahmenklasse 1 (grün):
  «Die Körperhaltung ist normal. Maßnahmen zur Arbeitsgestaltung sind nicht notwendig.»
- Maßnahmenklasse 2 (gelb):
  «Die Körperhaltung ist belastend. Maßnahmen, die zu einer besseren Arbeitshaltung führen, sind in der nächsten Zeit vorzunehmen.»

- Maßnahmenklasse 3 (orange):
  «Die Körperhaltung ist deutlich belastend. Maßnahmen, die zu einer besseren Arbeitshaltung führen, müssen so schnell wie möglich vorgenommen werden.»
- Maßnahmenklasse 4 (rot):
  «Die Körperhaltung ist deutlich schwer belastend. Maßnahmen, die zu einer besseren Arbeitshaltung führen, müssen unmittelbar getroffen werden.»

Weiterhin stehen dem Anwender zur Einordnung drei Zusatzhaltungen der Beine sowie fünf Kopfhaltungen zur Verfügung, die zwar keiner Maßnahmenklasse zugeordnet sind, aber dennoch statistisch ausgewertet werden können. Durch Beobachtung, das heißt Auswertung der Videoaufzeichnungen, identifiziert man die eingenommenen Körperhaltungen und überträgt sie in die OWAS-Klassifikation. Die so gewonnenen Daten lassen sich anschließend statistisch auswerten (vgl. Ellegast, 2005).

Neben der prozentualen Verteilung aller Körperhaltungen in den vier Maßnahmenklassen kann man auch die Häufigkeit einzelner Körperteilhaltungen ermitteln. Abhängig davon, ob die bei der beurteilten Tätigkeit eingenommenen Körperhaltungen eher dynamisch oder eher statisch waren, wurden die einzelnen Körperteilhaltungen über den prozentualen Anteil ihres Vorkommens ebenfalls den vier Maßnahmenklassen zugeordnet. Der Anwender kann aus diesen komplexen Auswertungsmöglichkeiten gezielte Präventionsmaßnahmen ableiten (vgl. Ellegast, 2005; s. **Abb. II-15**).

Als Beobachtungsverfahren ist OWAS für den betrieblichen Praktiker konzipiert. Zur Gefährdungsbeurteilung mit OWAS braucht man einen geschulten und geübten Arbeitsplatzbeobachter. Die Auswertung erfolgt auf der Basis von Videoaufzeichnungen und direkter Beobachtung des jeweiligen Arbeitsplatzes, um den Tätigkeitsablauf besser zu verstehen. Kritisiert werden an OWAS die auf «Expertenmeinungen» zurückzuführende Zuordnung der Körperhaltungen zu den vier

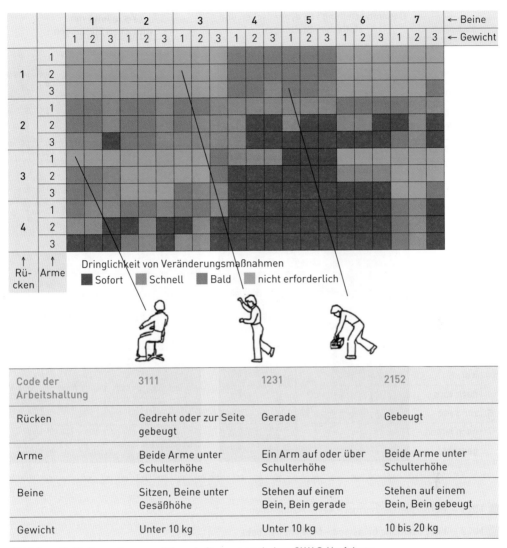

Abbildung II-14: Bewertung von Körperhaltungen nach dem OWAS-Verfahren

Maßnahmenklassen sowie die zum Teil sehr grobe Klassifizierung der Körperhaltungen und Lastgewichtsklassen (vgl. Bongwald, Luttmann & Laurig, 1995).

Betrachtet man die in der arbeitswissenschaftlichen Forschung und Praxis durchgeführten videogestützten Maßnahmen indirekter Beobachtung insgesamt, so sind neben den vielen Vorteilen auch einige Probleme und Nachteile zu nennen, beispielsweise:

- Durch den Einsatz mehrerer Kameras ist die Technik aufwendig.
- Häufig schränken die räumlichen Verhältnisse die Qualität der Aufnahmen ein.
- Lärm und andere Umweltreize (Klima, Geruch etc.) lassen sich nicht adäquat wiedergeben.
- Bei Gruppenaufnahmen müssen zusätzliche Mikrofone aufgestellt werden.
- Die langfristige Datensicherung ist durch

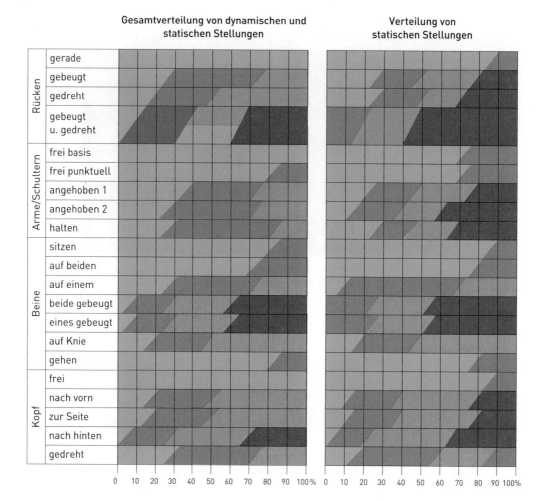

Abbildung II-15: Zuordnung der OWAS-Körperteilhaltungen über die Häufigkeit ihres Vorkommens in den vier Maßnahmenklassen; die diagonal verlaufenden Grenzen der Maßnahmenklassen deuten einen fließenden Übergang an (Ellegast, 2005)

wechselnde Wiedergabenormen und schnelles Veralten der Aufnahme- und Abspielgeräte erschwert.

- Bei großen Helligkeitskontrasten lässt die Wiedergabequalität manchmal zu wünschen übrig.
- Ohne längere Erfahrungen mit Videoaufzeichnungen sind befriedigende Aufnahmen, die nachträglich ausgewertet werden können, nicht zu erzielen.
- Auswertbare Aufnahmen erhält man nur, wenn man bereits während der Aufnahme die Auswertungskategorien berücksichtigt.

2.2.3 Indirekte vermittelte Beobachtung

Die indirekte vermittelte Beobachtung wird in Felduntersuchungen selten allein eingesetzt; üblich sind Kombinationen von *nicht direkter teilnehmender* Beobachtung und *strukturierter* Befragung. Das wesentliche Merkmal der indirekt vermittelten Beobachtung besteht darin, dass man technische Sensoren verwendet und die Daten mittels Rechnereinsatz speichert. Das zu beobachtende Verhaltensmerkmal wird über einen technischen Parameter erfasst. Es könnte auch durch direkte Beobachtung erfasst werden, doch wäre dies sehr zeitaufwendig und schwierig; vom Beobachter würde die direkte Beobachtung eine so genaue, hochkonzentrierte Beobachtungsleistung verlangen, wie sie kaum zu erbringen ist. Am Beispiel eines Forschungsprojektes zur Ermittlung der tätigkeitsbezogenen Anforderungen und Belastungen von Berufskraftfahrern (vgl. Frieling, Bogedale & Kiegeland, 1990; Kiegeland, 1997) erläutern wir die indirekt vermittelte Form der Beobachtung näher.

Dieses Projekt vertrat die Hypothese, dass sich bei längerer Fahrzeugbedienung über acht und mehr Stunden deutliche Verhaltensänderungen zeigen, die auf Ermüdung, Monotonie, Sättigungs- und/oder Stressverhalten zurückzuführen sind. Um die Fahrzeugbedienung (Fahrer-Fahrzeug-Verhalten) kontinuierlich zu erfassen (zu beobachten), setzte man technische Registrierhilfen (Sensoren) ein, obgleich

ein teilnehmender Beobachter im Lkw mitfuhr. Da sich die Untersuchung auf reale Arbeitsbedingungen richtete, mussten die teilnehmenden Beobachter über acht bis vierzehn Stunden beifahren. Eine kontinuierliche Registrierung mehrerer Merkmale ist aber über einen solchen Zeitraum wissenschaftlich nicht vertretbar.

Folgende Daten der Fahrzeugbedienung erhob man separat: Lenkwinkelausschlag, gefahrene Geschwindigkeit, Kupplungs- und Bremsbedienung. Der teilnehmende Beobachter dokumentierte die Fahrstrecke (Autobahn, Landstraße, Stadt, Rangieren, Dämmerung, Nacht, Nebel, Niederschläge) und die Nebentätigkeiten (warten bzw. Bereitschaft, Laden überwachen, Kundenkontakte etc.) auf einem Zeiterfassungsbogen (quantitative teilnehmende Beobachtung unter Verwendung eines Kategoriensystems). Zusätzlich setzte man Befragungsdaten (Eigenzustand etc.) und physiologische Parameter ein (vgl. Kiegeland, 1997).

Die Komponenten des «Fahrzeugdaten-Erfassungs-Systems» (FES) sind der Abbildung II-16 zu entnehmen. Ein tragbarer PC speichert die Daten auf Disketten. Der Multiplexer und Verstärker stellt die Verbindung zwischen Messwertgebern und Rechner her. Der Lenkwinkelaufnehmer übermittelt die Bewegungen des Lenkrades an zwei Impulsgeber, die diese Daten in digitalisierter Form weitergeben. Der Geschwindigkeitsaufnehmer (an der Kardanwelle) registriert die Fahrzeuggeschwindigkeit, und je ein Schalter an Bremse und Kupplung erfasst, ob geschaltet und/oder gebremst wird. Die Messapparatur wurde für jeden eingesetzten Lkw angepasst und geeicht.

Ohne auf die Ergebnisse der Untersuchung näher einzugehen, ist festzuhalten, dass im Lenkwinkelverhalten über längere Fahrstrecken erhebliche individuelle Unterschiede erkennbar sind (vgl. hierzu detailliert Kiegeland, 1997). Tendenziell zeigen sich nach mehrstündigen Fahrten vermehrt größere Lenkwinkelausschläge von mehr als zehn Grad, die dafür sprechen, dass Ermüdungseffekte die Feinkoordination beeinträchtigen.

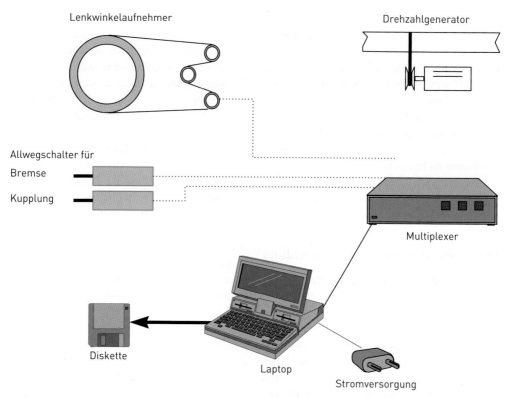

Abbildung II-16: Schematische Darstellung des «Fahrzeugdaten-Erfassungs-Systems (FES)» (Kiegeland, 1997)

Durch den verbreiteten Einsatz von Rechnern (PCs) als Arbeitsmittel bietet es sich an, über *«Logfile-Analysen»* (s. hierzu ausführlich Teil II, Kap. 3.1) das Arbeitsverhalten am Rechner vom Rechner selbst dokumentieren zu lassen. Bei Feldforschungsuntersuchungen ist dies eine Möglichkeit, die einzelnen Operationen über einen längeren Zeitraum sehr genau auszuzählen. So lassen sich über die Verwendungshäufigkeit bestimmter Funktionen (Korrekturen, zurück zum Hauptmenü, Aufruf von Hilfssystemen etc.) Lernkurven ermitteln oder die Nutzerfreundlichkeit bestimmter Softwareprogramme im Anwendungsfeld testen. Da man in diesem Fall personbezogene Leistungsdaten erhebt, ist mit großen Widerständen der Mitarbeiter und der Betriebs- und Personalräte zu rechnen.

Der Wert der indirekt vermittelten Beobachtung besteht darin, dass man ohne direkte Beobachtung valide Daten im Feld erheben kann. Die von Niederl (2007) durchgeführte Untersuchung zu kumulativen psychischen und physiologischen Effekten bei Piloten im Kurzstreckenverkehr verdeutlicht die Vorteile der indirekt vermittelten Beobachtung. Die Autorin konnte durch Datenerhebung mittels eines Aktometers (eines Verfahrens zur Registrierung der körperlichen Aktivitäten) über acht Wochen hinweg die Aktivitäten von 31 Piloten dokumentieren, ohne die Piloten kontinuierlich begleiten zu müssen.

Der am Arm getragene Bewegungsmesser (er registriert Beschleunigungen ab 0,1 g) erfasst zuverlässig die Wach- und Schlafphasen (s. **Abb. II-17**). Ein Pocket-PC von der Größe eines Mobiltelefons speichert die Daten. Zusätzlich dient dieses Gerät dazu, die Reaktionszeiten vor und nach dem Schlaf und weitere Variablen zu messen.

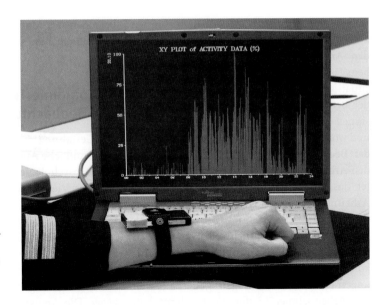

Abbildung II-17: Aufzeichnung der motorischen Aktivität eines Probanden über 24 Stunden mittels Aktometer (Niedel, 2007)

Die neuen Speicher- und Eingabemedien erleichtern die Online-Registrierung von relevanten Daten ohne permanente direkte Beobachtung der Versuchspersonen.

Indirekte vermittelte Beobachtungsformen haben zusammengefasst die folgenden Vor- und Nachteile:

Vorteile
- Durch die Verwendung von Sensoren und Rechnern kann man Verhaltensdaten mit hoher zeitlicher Auflösung «beobachten».
- Die Beobachtungssequenzen hängen von der Arbeitsperson ab und nicht vom Beobachter.
- Bei funktionierender Technik sind die Daten reliabel und valide.
- Die Datenauswertung kann ohne Medienwechsel erfolgen: Eine Übertragung von Daten aus Beobachtungsbogen oder Videoaufzeichnungen entfällt.

Nachteile
- Die Arbeitspersonen müssen damit einverstanden sein, dass personbezogene Daten erhoben werden.
- In der Regel ist die Datenerhebung für die Arbeitsperson mit Zusatzbelastungen oder Komforteinbußen verbunden.

- Der technische Aufwand im Feld kann sehr hoch sein, ebenso die Störanfälligkeit, zum Beispiel durch Wetter, Klima, Vibrationen.
- Die Kosten für derartige Messeinrichtungen sind hoch, da Hard- und Software (zur Aufbereitung der Daten) an den jeweiligen Anwendungszweck angepasst werden müssen.
- Die Bereitschaft der Arbeitgeber und Arbeitnehmer, an solchen Untersuchungen teilzunehmen, ist begrenzt, da die Untersuchungen zum Teil den Arbeitsablauf beeinflussen (z.B. durch die Installation der Messtechnik) oder einen vorher bestimmten Turnus erfordern.

2.2.4 Akzeptanzprobleme bei der Durchführung von Beobachtungen und Videoaufzeichnungen

Führt man Beobachtungen mittels optischer Aufzeichnungsgeräte (Film, Video) durch, so sind mehrere Probleme zu bedenken. Mehr noch als bei Befragungen kommt es bei der Beobachtung darauf an, den Betroffenen und die zuständige Arbeitnehmervertretung zu informieren. Eine Beobachtung ohne Information, aber mit Stoppuhr und Protokollblatt verstehen die betroffenen Arbeitnehmer/-innen als Signal für Maßnahmen, die dazu führen, den Arbeitsplatz zu rationalisieren, die Arbeitsleistung zu intensivieren oder die Arbeitssituation in anderer Weise zu verändern. Bei der Befragung entnehmen die Arbeitnehmer/-innen aus der Art der Fragestellung, warum und wozu die Fragen nützlich sein können. Bei der Beobachtung ist dies nicht der Fall. Für den Arbeits- und Sozialwissenschaftler bedeutet das, die Ängste und Befürchtungen der Arbeitnehmer/-innen ernst zu nehmen, ihnen den Grund der Beobachtung sehr ausführlich mitzuteilen (was eigentlich selbstverständlich sein sollte) und ihnen Einblick in die Protokolle zu geben sowie die Protokollergebnisse ungefragt zu erläutern (ungefragt deshalb, weil der Arbeitnehmer häufig nicht gelernt hat, dass er Fragen stellen darf). Für den Beschäftigten muss der Sinn der Untersuchung nachvollziehbar sein. Ist dies nicht der Fall, begleiten unablässig Missverständnisse und Misstrauen die Untersuchung.

Vor den Bildaufnahmen haben nicht nur Arbeitnehmer/-innen verständliche Hemmungen (wer lässt sich schon gern bei der Arbeit beobachten?), sondern auch die Arbeitgeber, allerdings aus anderen Gründen. Die Betriebsleitungen fürchten meist nicht zu Unrecht, dass durch Filmaufnahmen bestimmte Unzulänglichkeiten des Betriebes (z. B. schlechte Sitzgelegenheiten, veraltete Maschinen, verstellte Transportwege, ungünstige Zwangshaltungen, schlechte Bedienbarkeit von technischen Einrichtungen) dokumentiert und einer breiten Öffentlichkeit in einer dem Werk wenig zuträglichen Weise bekannt werden. Sie wehren sich daher mit bürokratischen Mitteln auch dann gegen solche Aufnahmen, wenn es nur darum geht, zu Trainingszwecken den Handlungsvollzug aufzunehmen.

Sollte es dem Arbeitspsychologen dennoch gelingen, die Betriebsleitung von der Notwendigkeit solcher Aufnahmen zu überzeugen, so ist es im Sinne vertrauensbildender Maßnahmen zweckmäßig, sowohl die betroffenen Arbeitnehmer/-innen als auch die zuständigen Personen des Managements ausführlich über die Untersuchungsergebnisse zu unterrichten.

2.3 Kombinierte Befragungs- und Beobachtungsmethoden

Die Gestaltung menschlicher Arbeit setzt deren gründliche Analyse voraus. Hierfür hat die Arbeitspsychologie in den letzten vierzig Jahren eine Vielzahl von Verfahren und Instrumenten entwickelt, die sich meist durch eine Kombination von Befragungs- und Beobachtungsmethoden auszeichnen. In der Regel kombiniert man halbstandardisierte Interviews mit halbstandardisierten direkten Beobachtungen zu sogenannten *Beobachtungsinterviews*. Die Analysedaten sind zum einen das Ergebnis von *Verhaltensbeobachtungen*, die in der Regel unsystematisch und nicht unter dem Aspekt repräsentativer Zeitstichproben gewonnen werden, und zum anderen von *Befragungen*, die sich auf den Arbeitsinhalt, den Arbeitsablauf, die sozialen Beziehungen, Beanspruchungen und sonstige Arbeitsaspekte beziehen. Zu den sonstigen Aspekten gehören zum Beispiel Reisen, Verhandlungen mit Kunden, Kollegen oder Tätigkeiten außerhalb des Betriebes, die für den befragten Stelleninhaber arbeitsrelevant, aber durch Beobachtung schlecht zu erfassen sind.

2.3.1 Anwendungsbereiche und Zielsetzungen arbeitsanalytisch orientierter Beobachtungsinterviews

Aus der Analyse der Wechselwirkungen soziotechnischer Subsysteme (Technik, Person, Organisation) und unter Berücksichtigung tätigkeitstheoretischer Überlegungen lassen sich für Arbeitsanalysen auf der Basis von Beobachtungsinterviews eine Vielzahl von Anwendungszwecken ableiten, die wir hier in vier Bereiche zusammenfassen (vgl. hierzu auch ausführlich Dunckel, 1999; Dunckel & Resch, 2010; Sackett & Laczo, 2003; Sanchez & Levine, 2001):

1. *Ermittlung von Schwachstellen im Bereich der Arbeitsgestaltung und Arbeitsorganisation*
Als Schwachstellen werden all jene Merkmale des Arbeitsplatzes, des Arbeitsvollzuges und der Arbeitsorganisation betrachtet, die zu Beeinträchtigungen der Arbeitsperson oder der Arbeitsorganisation führen können. Die Schwachstellenerfassung kann sich zum Beispiel auf die Arbeitsmittel (Werkzeuge), die Arbeitsumgebung, den Arbeitsablauf, die Arbeitshandlungen, den Arbeitsinhalt (Produkt) oder auf die Arbeitsorganisation und -planung einschließlich der innerorganisatorischen Informations- und Kommunikationssysteme beziehen (vgl. hierzu auch die verschiedenen Methodenkombinationen bei der Bewertung von Arbeitsmitteln, Werkzeugen und Softwaresystemen bei Strasser, 2007).

2. *Bestimmung von Qualifikationserfordernissen und -inhalten zum Aufbau von Trainings- und Schulungseinheiten*
Qualifizierung – verstanden nicht nur als Anpassung betrieblicher Mitarbeiter an sich ständig verändernde technisch-organisatorische Arbeitsbedingungen, sondern vor allem als Beitrag zur Förderung beruflicher Kompetenzen – macht die empirische Ableitung von Qualifikations*erfordernissen* notwendig. Die sich ändernde Arbeitsteilung, der Einsatz neuartiger Techniken in unterschiedlichen Berufen verlangt von Zeit zu Zeit nach empirischen Arbeitsanalysen, um den stattgefundenen Tätigkeitsveränderungen durch entsprechende Trainings zu genügen. Aufgabenangemessene Qualifizierungsmaßnahmen tragen dazu bei, die psychischen Beanspruchungen, beispielsweise beim Umgang mit neuer Software oder neuer Steuerungstechnik, zu reduzieren. Trainingsprogramme für Leistungsgewandelte, Rehabilitanden oder «umgesetzte» Mitarbeiter sind ohne differenzierte Anforderungsanalysen nicht erfolgreich aufzubauen. Gerade für arbeitsorientiertes Lernen («workplace learning»), das sich mit der Erfahrungsbildung, dem Wissenserwerb

und der Verhaltensänderung beim Menschen beschäftigt, sind Arbeitsanalysen eine Grundvoraussetzung für die entsprechende Gestaltung von Lernumgebungen am Arbeitsplatz (vgl. Sonntag & Stegmaier, 2007a).

Durch differenzierte Anforderungsanalysen (vgl. Sonntag, 2006b, S. 206 ff.) kann der Trainingsbedarf ermittelt bzw. abgeleitet werden. Besonders ist hier auf die transferfördernde Funktion des Einsatzes von Anforderungsanalysen im Trainingskontext zu achten (vgl. Sonntag, 1997b). Eine ausführliche Darstellung unterschiedlicher Arbeitsanalyseverfahren zur Entwicklung kognitiver computergestützter Trainings findet sich in Teil V, Beispiel 2, Kap. 3 u. 4.

3. *Ermittlung von Eignungsanforderungen für die Personalauswahl und -platzierung*
Maßnahmen der Personalauswahl und Platzierung im weitest verstandenen Sinne erfordern Kenntnisse über konkrete Arbeitstätigkeiten, für die man Bewerber auswählen bzw. zuordnen kann. Die Diskussion über Assessment-Center und ihre Validität (vgl. Kleinmann, 2003) zeigt, dass Arbeitsanalysen wichtig sind, um tätigkeitsrelevante Testaufgaben zu entwickeln (vgl. hierzu ausführlich Schuler, 2006b).

Arbeitsanalysen haben im eignungsdiagnostischen Prozess auch dann eine Funktion, wenn es darum geht, ohne psychologische Testverfahren systematisch Anforderungen abzuleiten, denen Stellenbewerber oder -inhaber entsprechen sollen. So ist zum Beispiel die zunehmend schwieriger werdende Suche nach Arbeitsplätzen für Mitarbeiter in Rahmen des Wiedereingliederungsmanagements ohne entsprechende Arbeitsanalyseverfahren nicht möglich.

In jüngerer Zeit werden Anforderungsanalysen als Grundlage für Kompetenzmodelle im eignungsdiagnostischen Prozess angewandt (vgl. Arnold & Randall, 2010, S. 134 ff.; Sonntag & Schmidt-Rathjens, 2004). Eine ausführliche Beschreibung der Ermittlung von Kompetenzmodellen auf der

Basis von Anforderungsanalysen enthält Teil V, Beispiel 3.

4. *Systematische Vergleiche von Arbeitstätigkeiten zu Dokumentations- und Evaluationszwecken und zur Abschätzung von Technikfolgen*

Vergleiche von Arbeitstätigkeiten mit gleichen, ähnlichen oder verschiedenen Berufsbezeichnungen können dazu dienen, aus den Änderungen, Abweichungen oder Ähnlichkeiten entsprechend der Untersuchungshypothese Schlussfolgerungen zu ziehen. Vergleiche der Arbeitsanforderungen auf der Basis theoretisch begründeter Analysekriterien dienen als Voraussetzung für epidemiologische Untersuchungen mit der Zielstellung, Erkrankungen definierten Arbeitsbedingungen zuzuordnen. Vergleichsuntersuchungen spielen immer dann eine wichtige Rolle, wenn Entlohnungssysteme, Einstufungsverfahren und Bewertungssysteme im Interesse einer «belastungsgerechteren» Bewertung neu gestaltet bzw. geändert werden sollen. Wissenschaftliche Analyseverfahren dienen hier als Datenlieferanten für die Tarifparteien.

Die *empirische Berufsforschung* (Berufsanalyse, Berufsklassifikation, berufliche Rehabilitation) ist auf Vergleichsuntersuchungen angewiesen, um bedeutsame Unterschiede oder Ähnlichkeiten zwischen Arbeitstätigkeiten herauszuarbeiten (vgl. Frieling, 1980; Sanchez & Levine, 2001; Sonntag & Schneider, 1983). Hier ist insbesondere das im Auftrag der US-amerikanischen Arbeitsbehörde entwickelte «Occupational Information Network» (O*NET) zu nennen (vgl. Peterson, Mumford, Borman, Jeanneret & Fleishman, 1999; Sackett & Laczo, 2003).

Umfassende und differenzierte Arbeitsanalyseverfahren sind hilfreich, um die Auswirkungen von Arbeitstätigkeiten in Abhängigkeit von spezifischen Techniken auf den Menschen abzuschätzen. Ähnliches gilt für Vorher-Nachher-Vergleiche der Arbeitsanforderungen in Abhängigkeit von organisatorisch-technischen Veränderungen, um die Auswirkungen von Maßnahmen auf die betroffenen Mitarbeiter und die Arbeitsorganisation bewerten zu können.

2.3.2 Klassifikation arbeitsanalytisch orientierter Beobachtungsinterviews

Seit den 70er-Jahren des letzten Jahrhunderts wurden in Deutschland eine Reihe von arbeitspsychologischen Verfahren entwickelt, um im Rahmen der Humanisierungsdebatte einen Beitrag zur Verbesserung der Arbeitsbedingungen zu leisten. Die in den USA (vgl. Gael, 1988; Sanchez & Levine, 2001) vorgelegten Arbeitsanalyseverfahren dienen im Wesentlichen der Berufsklassifikation, der Auslese und Platzierung von Mitarbeitern, der Gleichbehandlung von Minderheiten sowie Trainingszwecken. Wesentliche Förderer der Entwicklung von Arbeitsanalyseverfahren waren dort die Air Force, die Navy und die Arbeitsbehörden. In Deutschland lag die Forschungsförderung im Wesentlichen in den Händen des Bundesforschungsministeriums (BMBF) und der von ihm finanzierten Förderprogramme «Humanisierung der Arbeit» und «Arbeit und Technik». Mit dem Auslaufen dieser Förderprogramme verliert die Methodenentwicklung auf dem Gebiet der Arbeitsanalyse an Bedeutung. Industrie und Dienstleistungsunternehmen nutzen zwar vereinzelt die Verfahren, tragen aber wenig zu deren Verbreitung bei.

Die auf Beobachtungsinterviews beruhenden Arbeitsanalyseverfahren lassen sich nach verschiedenen Kriterien klassifizieren. Im Folgenden werden die Verfahren nach dem Grad ihrer «Objektivität», nach ihrer theoretischen Fundierung und den Nutzungsmöglichkeiten unterschieden. Eine Übersicht über derzeit aktuelle psychologisch orientierte deutschsprachige Arbeitsanalyseverfahren bietet Tabelle II-7; darüber hinaus finden sich ähnliche Darstellungen bei Dunckel (1999), Dunckel und Resch (2010) und im angloamerikanischen Kontext bei Sackett und Laczo (2003), Sanchez und Levine (2001) oder Spector (2008).

Tabelle II-7: Übersicht über ausgewählte (personunspezifische) Arbeitsanalyseverfahren
(Fortsetzung nächste Seiten)

Arbeitswissenschaftliches Erhebungsverfahren zur Tätigkeitsanalyse (AET) (Rohmert & Landau, 1979)	
theoretische Fundierung	– Stimulus-Organism-Response-Modell (SOR) – verhaltensorientiert – Theorie des Arbeitssystems – Belastungs- / Beanspruchungskonzept – ergonomische Ausrichtung
Geltungsbereich	universell
Anwendungsfelder	– Arbeitsgestaltung – Anforderungsanalyse, Arbeitsschutz – Arbeitsstudium – Belastungsforschung
Verfahrensanwender	Arbeitswissenschaftler oder -psychologen, arbeitswissenschaftlich gebildete Fachkräfte
Verfahrensdauer	2 bis 4 Std.
Anzahl der Items	216
Verfahren zur Analyse von Tätigkeitsstrukturen und zur prospektiven Arbeitsgestaltung bei Automatisierung (ATAA) (Wächter, Modrow-Thiel & Roßmann, 1989, 1999)	
theoretische Fundierung	– Handlungsregulationstheorie (HRT) – Regulationsebenenkonzepte nach Volpert & Oesterreich – Partialisierung der Arbeitshandlung
Geltungsbereich	– Automationsarbeit in der Fertigung des metallverarbeitenden Gewerbes, Maschinenbau, vergleichbare Industrien – Arbeitsplätze in der Fertigung vor- und nachgelagerter Bereiche
Anwendungsfelder	– Arbeitsgestaltung – Ermittlung von Qualifikationsanforderungen
Verfahrensanwender	Betriebsräte, Meister, Techniker, Ingenieure, Personalplaner/-entwickler, Arbeitsvorbereiter, Fertigungsplaner, Manager, Betriebs-/Werksleiter
Verfahrensdauer	ungeübt: 4 bis 5 Std. geübt: 1 bis 2 Std.
Anzahl der Items	zwei vorgelagerte Analyseebenen vor eigentlicher dritter Ebene mit 105 Items
Fragebogen zur Arbeitsanalyse (FAA) (Frieling & Hoyos, 1978)	
theoretische Fundierung	– SOR-Modell – verhaltensorientiert
Geltungsbereich	– universell
Anwendungsfelder	– Vergleich verschiedener Arbeitsplätze – Berufsklassifikation – Berufsberatung – Eignung
Verfahrensanwender	Psychologen und psychologisch ausgebildete Arbeitsanalytiker
Verfahrensdauer	4 Std.
Anzahl der Items	221

Tabelle II-7: *(Fortsetzung)*

Fragebogen zur Sicherheitsdiagnose (FSD) (Hoyos & Ruppert, 1993)	
theoretische Fundierung	– Theorie der Arbeitssicherheit – Modelle sicheren Verhaltens – Gefahr, Gefahrtypen usw.
Geltungsbereich	– Industrie – Dienstleistungssektor
Anwendungsfelder	bestehende/zu planende Arbeitsplätze in Form einer Gefährdungsanalyse oder Unfallursachenanalyse
Verfahrensanwender	Fachkräfte für Arbeitssicherheit (Vorgesetzte, Sicherheitsexperten usw.)
Verfahrensdauer	keine Angaben
Anzahl der Items	149
Instrument zur stressbezogenen Tätigkeitsanalyse (ISTA) (Semmer, 1984)	
theoretische Fundierung	– HRT – kognitive Stereotype
Geltungsbereich	– industrielle Tätigkeiten – Büro und Verwaltung – Dienstleistung
Anwendungsfelder	Grobanalyse von Belastungsschwerpunkten
Verfahrensanwender	Arbeitswissenschaftler oder Psychologen
Verfahrensdauer	2 Std Fragebogen 50 Min.
Anzahl der Items	75 (Fragebogen) 50 (Beobachtung) 125 (Gesamt)
Kontrastive Aufgabenanalyse im Büro (KABA) (Dunckel et al., 1993; Dunkel & Pleiss, 2007)	
theoretische Fundierung	– HRT – handlungsregulationstheoretisch fundiertes Belastungskonzept
Geltungsbereich	Büro-/Verwaltungsbereich inkl. qualifizierter Sachbearbeitung im öffentlichen Dienst, in Versicherungen, Banken und Industrieverwaltungen
Anwendungsfelder	– Technik- und Organisationsbewertung – Beurteilung von I&K-Technik – Arbeitsgestaltung
Verfahrensanwender	Organisatoren, Systemgestalter, Psychologen, Sozialwissenschaftler, arbeitswissenschaftlich vorgebildete Betriebs- oder Personalräte und Arbeitsplaner
Verfahrensdauer	7,5 Std.
Anzahl der Items	218

Tabelle II-7: *(Fortsetzung)*

Leitfaden zur qualitativen Personalplanung bei technisch-organisatorischen Innovationen (LPI) (Sonntag, Schaper & Benz, 1999, s. auch Teil V, Kapitel 2)	
theoretische Fundierung	– aufgabenanalytische – informationstheoretische und – handlungstheoretische Analyseansätze
Geltungsbereich	– industrielle Tätigkeiten im operativen Managementbereich
Anwendungsfelder	– Ermittlung von Qualifikationsanforderungen – qualitative Personalplanung – Trainingsgestaltung – Curriculumentwicklung und -revision
Verfahrensanwender	Arbeitspsychologen/-wissenschaftler, Personal-/Bildungsreferenten
Verfahrensdauer	– LPI/V 1 Std. (Vorgesetztenversion) – LPI/S 2 Std. (Stelleninhaberversion) – LPI/P 2 Std. (Planerversion)
Anzahl der Items	– LPI/V 29 Items – LPI/S 444 Items – LPI/P 142 Items
Verfahren zur Ermittlung von Regulationshindernissen in der Arbeitstätigkeit (RHIA – Vera-Produktion) (Oesterreich, Leitner & Resch, 2000)	
theoretische Fundierung	– HRT – handlungsregulationstheoretisch fundiertes Belastungskonzept (bes. Regulationsbehinderungen) – Partialisierung des Arbeitshandelns – Stresskonzepte
Geltungsbereich	– produzierende Bereiche der Industrie (tätigkeits- und branchen-übergreifend) – nicht in Büro/Verwaltung oder Handwerksbetrieben
Anwendungsfelder	– Belastungsanalyse – Hinweise für Belastungsabbau – Arbeitsgestaltung – Bewertung technisch-organisatorischer Umstellungen
Verfahrensanwender	Psychologen, Arbeitspädagogen, Sozialwissenschaftler, arbeitswissenschaftlich vorgebildete Betriebsräte, Arbeitsplaner, Techniker oder Betriebswirtschaftler
Verfahrensdauer	1 bis 3 Std.
Anzahl der Items	durch Verfahrensaufbau keine eindeutige Festlegung möglich
RHIA/VERA – Büro – Verfahren (Leitner et al., 1993)	
theoretische Fundierung	– HRT – handlungsregulationstheoretisch fundiertes Belastungskonzept – Partialisierung des Arbeitshandelns – Stresskonzepte

Tabelle II-7: *(Fortsetzung)*

Geltungsbereich	– alle Büroarbeiten von Industrieunternehmen inkl. qualifizierter Sachbearbeitung – Bürotätigkeiten in Banken, Versicherungen, Behörden
Anwendungsfelder	– Anforderungs- und Belastungsanalyse für Denk- und Planungsaufgaben – Arbeitsbedingungsanalyse
Verfahrensanwender	Psychologen, Arbeitspädagogen, Betriebsärzte, arbeitswissenschaftlich vorgebildete Betriebsräte, Arbeitsplaner und Betriebswirtschaftler
Verfahrensdauer	4 Std. + 3 Std. Ergebnisdokumentation
Anzahl der Items	durch Verfahrensaufbau keine eindeutige Festlegung möglich

Tätigkeits-Analyse-Inventar (TAI) (Frieling, Facaoaru, Benedix, Pfaus & Sonntag, 1993)

theoretische Fundierung	– HRT – Tätigkeitstheorie (Leontjew) – ergonomische & funktionsorientierte Konzepte – Belastungs-/Beanspruchungskonzept – Modelle menschlicher Informationsverarbeitung
Geltungsbereich	universell
Anwendungsfelder	– Belastungsanalyse – Arbeits- und Organisationsgestaltung – Ermittlung von Qualifikationserfordernissen und Ableitung von Eignungsanforderungen – Vergleichsuntersuchungen
Verfahrensanwender	Arbeitswissenschaftler und -psychologen
Verfahrensdauer	Anwendung aller Module ist zeitaufwendig, abhängig von der Breite der Verfahrensanwendung zwischen 4 und 10 Std. und mehr + Einstufung
Anzahl der Items	insgesamt 2055 Items, modulare Anwendung ist möglich

Tätigkeitsbewertungssystem (TBS) (Hacker, Fritsche, Richter & Iwanowa, 1995)

theoretische Fundierung	– HRT – Tätigkeitstheorie
Geltungsbereich	– industrielle Tätigkeiten – Montage-, Bedien-, Überwachungstätigkeiten – **nicht** Leitungstätigkeit
Anwendungsfelder	– Bewertung der Persönlichkeitsförderlichkeit der Tätigkeit und Ableitung von Gestaltungsvorschlägen – korrigierende und projektierende Arbeitsgestaltung
Verfahrensanwender	Psychologen und Arbeitswissenschaftler
Verfahrensdauer	8 bis 16 Std.
Anzahl der Items	43 + Teil 0: Vorsortierung mit 9 Items

Tabelle II-7: *(Fortsetzung)*

Lernförderlichkeitsinventar (LFI) (Frieling, Bernard, Bigalk & Müller, 2006)	
Theoretische Fundierung	– HRT – Tätigkeitstheorie – Lernen im Prozess der Arbeit
Geltungsbereich	– Produktionstätigkeiten, mit Einschränkungen auch administrative Tätigkeiten
Anwendungsfelder	– Ermittlung der Lernförderlichkeit von Arbeitstätigkeiten – Gestaltung von lernförderlichen Arbeitstätigkeiten
Verfahrensanwender	– Arbeitswissenschaftler, Arbeitspsychologen – Betriebsräte (für sie gibt es eine Kurzfassung, herausgegeben von der IG Metall)
Verfahrensdauer	ca. 30–60 Min. (je nach Kenntnis der Arbeitssituation)
Anzahl der Items	129
Gefährdungsbeurteilung Psychische Belastung (GPB) (Michel, Menzel & Sonntag, 2009)	
Theoretische Fundierung	– Job-Demand-Control-Modell (Karasek, 1979)
Geltungsbereich	– Produktion, Dienstleistung, Verwaltung
Anwendungsfelder	– objektive Ermittlung kritischer psychischer Belastungsdimensionen – gesundheitsförderliche Gestaltung der Arbeitstätigkeit
Verfahrensanwender	– Arbeitsmediziner, Arbeitspsychologen, Vorgesetzte, Fachreferent und Betriebsrat (Analyseteam)
Verfahrensdauer	ca. 45–60 Min. (je nach Komplexität der Arbeitstätigkeit)
Anzahl der Items	61

Personunspezifische versus personspezifische Arbeitsanalyseverfahren

Als *personunspezifische* Arbeitsanalyseverfahren bezeichnet man diejenigen Verfahren, die im weitesten Sinne Arbeitsbedingungen analysieren. Ihr Zweck besteht in der Ableitung notwendiger Gestaltungsmaßnahmen. Oesterreich & Volpert (1987, S.54 ff.) sprechen in diesem Zusammenhang von bedingungsbezogenen *objektiven* Arbeitsanalysen und stellen diesen die personbezogenen (subjektiven) Arbeitsanalysen gegenüber. Nach unserer Auffassung müssen sich die bedingungsbezogenen Arbeitsanalysen aber notwendigerweise auf Personen beziehen, da die Arbeitstätigkeiten per definitionem an Personen gebunden sind. Die Art der Aufgabenteilung und der Aufgabenbündelung zu einer Arbeitstätigkeit konkretisiert sich in der tätigen Person. Das wesentliche Merkmal dieser Art von Arbeitsanalyse besteht darin, dass man nicht die individuelle Arbeitsausführung, die persönlichkeitsspezifischen Besonderheiten im Arbeitsvollzug oder die Qualität der Arbeitsausführung analysiert, sondern die Arbeitsbedingungen und Arbeitsabläufe, die von individuellen Besonderheiten nur in geringem Maße geprägt sind. Die meisten Menschen haben trotz verstärkter Bemühungen um Standardisierung einige Freiheitsgrade bei der Arbeitsausführung, sodass sie ihre eigenen Arbeitsbedingungen mitdefinieren; zum Beispiel gibt es verschiedene Möglichkeiten, arbeitsspezifische Informationsunterlagen und Werkzeuge zu nutzen und bereitzuhalten. Anders ausgedrückt, je mehr Freiheitsgrade aus Sicht des arbeitenden Menschen in den Arbeitsbedingungen bestehen, umso eher sind in die bedingungsbezogenen Arbeitsanalysen auch personbezogene Aspekte mitverwoben. Im Analysevorgang ist diese Trennung daher nicht immer möglich.

Im Gegensatz zu den personunspezifischen Verfahren (alle in Tab. II-7 aufgeführten Verfahren kann man dieser Kategorie zuordnen) handelt es sich bei den *personspezifischen* um subjektbezogene Verfahren. Mit ihnen will man die individuellen Besonderheiten, Leistungen, Merkmale, Einstellungen, Werthaltungen sowie die (Selbst-)Wahrnehmungen einzelner Arbeitspersonen erfassen. Es handelt sich somit um Instrumente zur Erfassung der unterschiedlichen Arten der Auftrags- oder Belastungsbewältigung. Auf diese *subjektiven* Verfahren gehen wir im Folgenden nicht näher ein, da es sich hier nicht um Beobachtungsinterviews handelt, sondern um halbstandardisierte Befragungsverfahren. Um Arbeitsgestaltung im Sinne der Betroffenen zu betreiben, ist eine Kombination personunabhängiger und personbezogener Arbeitsanalysen sinnvoll. Dazu werden Beobachtungsinterviews mit schriftlichen/mündlichen halbstandardisierten Befragungen kombiniert, um die aus den Beobachtungsinterviews abgeleiteten Expertenmeinungen mit den subjektiven Einstellungen der Betroffenen zu spiegeln. Ein Beispiel für eine solche Methodenkombination geben die Autoren Hacker, Fritsche, Richter & Iwanowa (1995) im Handbuch zum «Tätigkeitsbewertungssystem» (TBS), indem sie die objektiven Arbeitsanalysedaten mit subjektiven aus dem BMS-Verfahren (vgl. Plath & Richter, 1984) kombinieren.

Einen kombinierten Ansatz mit subjektiven und objektiven Analysezugängen verwenden zur Erfassung psychischer Belastung und Beanspruchung bei Verladetätigkeiten im Logistikbereich eines internationalen Airports auch Michel, Noefer und Sonntag (2011). Eine interessante Studie zum vergleichenden Einsatz objektiver und subjektiver Verfahren zur Operationalisierung von «job demands» und «decision latitude» (vgl. Gebele, Morling, Rösler & Rau, 2011) zeigte, dass auch objektive Analysezugänge die Ergebnisse subjektiver Bewertungen von Tätigkeitsmerkmalen bestätigen.

Im Folgenden führen wir die wesentlichen Kriterien auf, nach denen sich die dreizehn in Tabelle II-7 genannten arbeitsanalytischen Beobachtungsinterviewverfahren klassifizieren lassen.

Übersicht über ausgewählte Arbeitsanalyseverfahren

Tabelle II-7 vergleicht die dreizehn ausgewählten Verfahren anhand folgender Merkmale: theoretische Fundierung, Geltungsbereich, Anwendungsfelder, Verfahrensanwender, Aufwand und Anzahl der Analysemerkmale (Items). Allen Verfahren ist gemeinsam, dass es sich um mehr oder weniger standardisierte Beobachtungsinterviews handelt, die nur von geschulten Fachwissenschaftlern (Arbeitswissenschaftlern, Arbeitspsychologen, Sozialwissenschaftlern) durchgeführt werden sollten. Die aus ideologischen Gründen häufig formulierte Notwendigkeit, dass die Betroffenen selbst oder deren betriebliche Repräsentanten (Betriebs- oder Personalräte) diese Verfahren nutzen sollten, hat sich in der Praxis als wenig zweckmäßig erwiesen. Die meisten der genannten Verfahren sind ohne einschlägige Fachqualifikation nicht anwendbar. In der Regel setzt man diese Analyseverfahren auch nicht als Routineverfahren in der betrieblichen Praxis ein, sondern in Forschungsprojekten, an denen externe oder interne Berater (Fachwissenschaftler) beteiligt sind.

Die überwiegende Zahl der Verfahren orientiert sich an industriellen Produktionsbereichen und dient der Erfassung von Belastungsschwerpunkten, die mit negativen Beanspruchungsfolgen verbunden sind. Für den Dienstleistungsbereich gibt es zurzeit weit weniger Verfahren, so zum Beispiel das «Tätig-keits- und Arbeitsanalyseverfahren für das Krankenhaus» (TAA-KH) (vgl. Büssing & Glaser, 2002) oder den «Leitfaden zur kontrastiven Aufgabenanalyse» (KABA) (vgl. Dunckel & Pleiss, 2007). Für die Zukunft sind bei einigen der hier vorgestellten Verfahren Anpassungs- bzw. Weiterentwicklungen zu erwarten.

Theoretische Orientierung bzw. Fundierung

Der Theorie kommt im Rahmen der Verfahrensentwicklung die wichtige Funktion zu, den Gegenstandsbereich der Arbeitstätigkeit zu definieren bzw. begründet auszuwählen. Arbeitsanalyseverfahren werden die unterschiedlichsten theoretischen Konzepte zugrunde gelegt, zum Beispiel Reiz-Organismus-Reaktions-Modelle (Stimulus-Organism-Response [SOR]; vgl. McCormick 1979), motivationstheoretisch orientierte Ansätze (vgl. Hackman & Oldham, 1975), Mensch-Maschine-System-Modelle (MMS; vgl. Johannsen, 1993), Belastungs- und Beanspruchungsmodelle (vgl. Schönpflug, 1987), arbeitspsychologische Handlungsregulationstheorien (HRT; vgl. Hacker, 1986 u. 2005; Oesterreich & Volpert, 1987), Tätigkeitstheorien (vgl. Leontjew, 1977), der soziotechnische Systemansatz (vgl. zu einem Überblick Trist, 1990) oder Theorien zur Informationsaufnahme und -verarbeitung (vgl. Facaoaru & Frieling, 1985). Je nach theoretischer Ausrichtung erfasst man inhaltlich abweichende Aspekte der Arbeitstätigkeit und setzt bei der Dateninterpretation unterschiedliche Schwerpunkte. Ein Großteil der in Tabelle II-7 vorgestellten deutschsprachigen Verfahren beruht auf einer handlungsregulationstheoretischen Orientierung (s. hierzu Teil I, Kap. 3.2.2).

Die theoretische Fundierung von Arbeitsanalyseverfahren hat zwei wesentliche Funktionen. Die erste besteht darin, aus der Beliebigkeit möglicher Analysemerkmale diejenigen herauszugreifen, die für die Beschreibung des Arbeitsverhaltens und seiner Bedingungen als relevant erachtet werden, die zweite darin,

Auswertungskategorien zu formulieren, nach denen die beobachtbaren und abfragbaren Analysemerkmale zu psychologisch interpretierbaren Kategorien zusammenfassbar sind. Beide Anforderungen werden von allen aufgeführten Verfahren zwar berücksichtigt, aber nicht in gleicher Weise erfüllt.

2.3.3 Sonderformen des Beobachtungsinterviews

Critical Incident Technique (CIT)

Die «Critical Incident Technique» (CIT) wurde von Flanagan (1954) entwickelt und bezieht sich auf einen Ausschnitt des Arbeitsverhaltens, der mit «besonders erfolgreich» oder «besonders wenig erfolgreich» umschrieben werden kann. Die Methode ist dadurch gekennzeichnet, dass man Experten oder Vorgesetzte über das mehr oder weniger erfolgreiche Verhalten von Mitarbeitern befragt. Primär handelt es sich bei diesem Verfahren um ein halbstandardisiertes Interview. Da sich die CIT aber nicht ohne vorherige Beobachtung des kritischen Verhaltens anwenden lässt, ist ihre Kategorisierung als Beobachtungsinterview gerechtfertigt.

Die Erfassung der kritischen Ereignisse bezieht sich auf eine Handlung oder Handlungs- (bzw. Operations-)abfolge, zum Beispiel auf das Fahren eines Lkws, das Bedienen eines Krans, die Führung von Mitarbeitern oder das Unterrichten von Studenten. Sie dient dazu, Basisdaten für die Entwicklung von Trainings- oder Schulungsprogrammen zu gewinnen, um besonders kritische Verhaltensweisen besser beurteilen zu können.

Flanagan (1954) versteht unter einem Ereignis «jede beobachtbare menschliche Aktivität, die in sich abgeschlossen ist und Vorhersagen über die zu handelnde Person erlaubt». Damit ein Ereignis kritisch ist, muss es in einer Situation stattfinden, in der sich der Beobachter über Zweck und Ziel der Handlung (z. B. beim Kranfahren: den möglichst schnellen und gefahrlosen Transport einer Last von Ort A nach

Ort B) im Klaren ist und die Konsequenzen dieser Handlung erfassen kann.

Die CIT soll eine möglichst objektive Datensammlung mit einem Minimum an Schlussfolgerungen und subjektiven Informationen gewährleisten. Sie ist nicht als starre Vorgehensstrategie zu verstehen, sondern muss immer an die zu untersuchende Population und Situation angepasst werden.

Die CIT geht in fünf Schritten vor sich:

1. *Zielbestimmung*
   (z.B. erfolgreicher Transport von Lasten mittels eines Krans)
   Mit der Zielsetzung ist der Gegenstandsbereich der Analyse bestimmt. Die Zielbestimmung wird dann zum Problem, wenn sich keine präzisen Angaben über das erfolgreiche bzw. angestrebte Verhalten machen lassen (z.B. beim Führungsverhalten).
2. *Planung der Untersuchung*
   Zur Planung gehört dreierlei:
   - Auswahl und Instruktion der Beobachter.
     Von den Beobachtern wird verlangt, dass sie den betrieblichen Ablauf aus eigener Erfahrung kennen. Sie müssen geschult werden, damit die Beobachtungsergebnisse verwertbar sind. Ihnen sind Beurteilungskriterien an die Hand zu geben.
   - Auswahl der zu untersuchenden Population
     Bei den zu beobachtenden Personen soll es sich um eine möglichst repräsentative Stichprobe handeln – repräsentativ hinsichtlich der Bandbreite möglicher Verhaltensweisen.
   - Festlegung der Beurteilungskriterien in Zusammenarbeit mit den Experten.
3. *Datenerhebung*
   Zwei Arten des Ereignisberichtes sind möglich:
   - Beschreibung der Verhaltensweisen einer Person aus dem Gedächtnis ohne Benutzung einer Checkliste;
   - tägliche Beobachtung in der gewöhnlichen Arbeitssituation. Die Bewertung

und Klassifikation erfolgt möglichst unmittelbar, spätestens jedoch nach 24 Stunden.
Die zweite Vorgehensweise ist meist zu aufwendig, und man bevorzugt in der Praxis den erinnerten Ereignisbericht.

4. *Datenanalyse*
   Zur Datenanalyse ist ein Auswertungsschema nützlich, um die Ereignisse genau klassifizieren zu können. Die Wahl der Kategorien (im Fall des Kranführers sind dies z.B. Genauigkeit beim Absetzen der Last, Koordination der Steuerbewegungen, Zusammenarbeit mit dem Anschläger, Durchführung von Sicherheitsmaßnahmen) sollte sich nach dem Ziel der Tätigkeit richten. In die Auswertung einbezogen werden nur diejenigen Ereignisse, die der Beobachter selbst wahrgenommen und detailliert beschrieben hat.
5. *Interpretation und Darstellung des Ergebnisses.*

Die CIT hat ihre Stärken, wenn es darum geht, sicherheitskritische Verhaltensweisen zu erfassen, um daraus Anregungen zur Entwicklung von Trainingsbausteinen zu gewinnen; das heißt, mit der CIT lassen sich Verhaltens- bzw. Operationssequenzen ermitteln, die man durch ein spezielles Trainingsprogramm optimieren kann. Der Nachteil besteht darin, dass die Beobachtungskategorien mit großem Aufwand entwickelt und die Experten geschult werden müssen. Der Aufwand lohnt sich nur, wenn eine relativ große Zahl von Mitarbeitern trainiert werden soll und das Fehlverhalten mit einem hohen Risiko behaftet ist.

In den letzten Jahren hat die CIT eine Reihe von Anwendungen und Adaptationen im Bereich der Personalauswahl und Personalentwicklung angeregt. So setzen Patterson, Ferguson und Thomas (2008) eine gruppenorientierte CIT zur Ermittlung von Kompetenzmodellen im Gesundheitsbereich ein.

In dem von Schuler (2002) entwickelten «Multimodalen Interview» (MMI) für Einstellungsgespräche stellen sogenannte situative

Fragen eine wesentliche validitätserhöhende Komponente dar; erfolgskritische Situationen in der angestrebten Tätigkeit werden anforderungsanalytisch ermittelt. Anhand einer verhaltensverankerten Einstufungsskala bewertet man die Verhaltensweisen, die der Kandidat äußert. Klehe und Latham (2005) berichten von guten bis sehr guten Werten der prädiktiven und inkrementellen Validität.

Behrmann (2007) berichtet von einem «Situational Judgement Test» (SJT), bei dem man Stellenbewerbern vorgegebene Situationen zur Beurteilung vorlegt. Jedes Item besteht aus der Beschreibung einer erfolgskritischen Situation und einer Anzahl vorgegebener Antwortalternativen. Der Bewerber soll die Antwort- oder Handlungsalternativen hinsichtlich Wirksamkeit der eigenen Verhaltenstendenzen auswählen, einschätzen oder sortieren. Der Vergleich der Antworten mit einer Referenzlösung erlaubt eine Vorhersage späteren Verhaltens.

Gefährdungsbeurteilung Psychischer Belastung (GPB)

Das Verfahren zur «Gefährdungsbeurteilung Psychischer Belastung» (GPB) (vgl. Michel, Sonntag & Menzel, 2009) ist ein objektiver, konsensorientierter Analyseansatz.

Ausgangspunkt der Entwicklung war die Zunahme psychischer Belastungen am Arbeitsplatz mit den daraus resultierenden unterschiedlichen Beanspruchungsmustern für die Organisationsmitglieder. Die negativen Folgewirkungen psychischer Belastungen auf Leistung, Motivation und Gesundheit sind empirisch evident (s. hierzu Teil III, Kap. 3). Unternehmensseitig zeigen sich solche negativen Beanspruchungsfolgen in Fehlzeiten, erhöhten Krankenständen und Fluktuation. Die Bundesanstalt für Arbeitsschutz und Arbeitsmedizin berechnete für das Jahr 2005 einen Produktionsausfall aufgrund von Arbeitsunfähigkeitstagen, der sich auf 37,8 Mrd. Euro beziffern lässt (über alle Arbeitnehmer in Deutschland bei einem Jahresdurchschnitt von 12,2 Fehltagen; vgl. Bundesanstalt für Arbeitsschutz und Arbeitsmedizin [BAuA], 2006).

In Zusammenarbeit mit einem süddeutschen Automobilunternehmen wurde ein Analyseinstrument entwickelt, das

- die bisherige Praxis der Ermittlung psychischer Belastungsfaktoren durch subjektive Verfahren (mittels standardisierter Fragebogen) um einen *objektiven Zugang* erweitert,
- ein *Analyseteam* bestehend aus Arbeitspsychologen, Betriebsarzt, Fachreferent, Betriebsrat und Vertreter der Geschäftsleitung erfordert,
- praktikabel und aufwandsökonomisch die Begehung des Arbeitsplatzes und die Beobachtung der Arbeitstätigkeit ermöglicht und
- als eine Art Screening-Verfahren bei kritischen bzw. auffälligen Werten darauf hinweist, wo vertiefende Analysen zur Entstehung psychischer Belastungen erforderlich sind.

Theoretischer Hintergrund

Theoretischer Hintergrund ist das aus der Belastungs- und Stressforschung bekannte Anforderungs-Kontrollmodell («Job Demand Control») von Karasek (1979). Dieses Modell stellt zwei Dimensionen gegenüber: Arbeitsanforderungen («job demand») und Handlungs- und Entscheidungsspielraum («decision latitude»). Die zentrale Aussage des Modells ist, dass psychische Fehlbeanspruchung zunimmt, wenn die Anforderungen steigen (z. B. Aufgabenkomplexität) und gleichzeitig der Handlungs- und Entscheidungsspielraum sinkt (z. B. geringes Ausmaß an Autonomie bei zu treffenden Entscheidungen). Eine solche kritische Kombination der Belastungsfaktoren bedingt psychische Fehlbeanspruchung und stellt ein erhöhtes Gesundheitsrisiko für das Organisationsmitglied dar (zur näheren Darstellung des Modells s. Teil III, Kap. 3).

Die arbeits- und organisationspsychologische Forschung hat gezeigt, dass bei der Erfassung psychischer Belastung am Arbeitsplatz weitere Dimensionen ebenfalls eine Rolle spielen (vgl. Rydstedt, Devereux & Sverke, 2007; Zapf & Semmer, 2004).

Aufbau des Verfahrens
Nach Sichtung der Forschungsliteratur zur psychischen Belastung, Abstimmung mit den Bedürfnissen des Praxispartners und Überprüfung der inhaltlichen Validität durch ein Expertenrating nahm man in die GPB die in Tabelle II-8 aufgeführten Dimensionen und deren entsprechende Definitionen auf.

Diese Dimensionen basieren teilweise auf den Skalen der «Stressbezogenen Tätigkeits-analyse (ISTA)» (vgl. Semmer, 1984), dem «Fragebogen zur Arbeitsanalyse (FAA)» (vgl. Frieling & Hoyos, 1978) und selbstentwickelten Skalen. Zur Operationalisierung der Skalen stehen 61 Items zur Verfügung. Die Einstufung erfolgt auf einer fünfstufigen Likert-Skala (nie – selten – manchmal – häufig – ständig).

Die GPB setzt sich aus drei Teilen zusammen:

A: allgemeine stellenbezogene Daten (z. B. Einarbeitungszeit, Kompetenzen),
B: Aufgabeninhalte (tätigkeitsspezifische Aufgaben, Funktionen),
C: Belastungs-/Anforderungsdimensionen.

Tabelle II-8: Belastungs- und Anforderungsdimensionen zur Gefährdungsbeurteilung Psychischer Belastung (GPB, vgl. Michel, Sonntag & Menzel, 2009)

Arbeitskomplexität (Ak)	beinhaltet die Erfassung und Verarbeitung qualitativ unterschiedlicher Vorgänge und Informationen, um die Tätigkeit erfolgreich auszuführen; Planungsleistungen sind erforderlich
Handlungsspielraum (Hs)	beinhaltet Entscheidungen, die vom Mitarbeiter selbstständig getroffen werden (z. B. Reihenfolge, Ausführungsart, Kontrolle)
Variabilität (Va)	beinhaltet die Ausführung unterschiedlicher Aufgaben (Auftragswechsel), die Anwendung verschiedener Arbeitsmittel oder den Wechsel des Arbeitsortes
Zeitspielraum (Zs)	beinhaltet die selbständige Festlegung der täglichen Arbeitszeit, Arbeitsschritte und Arbeitsgeschwindigkeit
Verantwortungsumfang (Vu)	beinhaltet die Aufgaben, die bei fehlerhafter Ausführung zu erheblichem Schaden führen
Arbeitsunterbrechungen (Au)	beinhaltet die Störung oder Unterbrechung der sachlich und zeitlich optimalen Bereitstellung von Informationen und Arbeitsmitteln
Konzentrations-erfordernisse (Ke)	beinhaltet die Aufrechterhaltung einer dauerhaften Aufmerksamkeit
Kooperations-erfordernisse (Koop)	beinhaltet die wechselseitige Abhängigkeit von Arbeitstempo oder Arbeitsqualität der Kollegen
Kundenorientierung (Ko)	beinhaltet das nachhaltige Eingehen auf die Wünsche und Bedürfnisse der Kunden sowie das Erbringen bestmöglicher Leistung für den Kunden; dies schließt ein freundliches und höfliches Auftreten im Kundenkontakt mit ein
Emotionsregulierung (Er)	beschreibt die Anforderung, in bestimmten Situationen wahre Gefühle zu unterdrücken und positive Emotionen zu zeigen

Die in Teil B aufgeführten Inhalte und Verrichtungen werden im Sinne eines Aufgabeninventars («task analysis inventory») erfasst und nach Häufigkeit und Bedeutsamkeit beurteilt. Diese aufgabenspezifische Operationalisierung dient dazu, potenziell kritische Belastungskombinationen fachinhaltlich präzise zu beschreiben und einzelnen Aufgaben zweifelsfrei zuzuordnen.

Durchführung der GPB

Im Unterschied zur üblichen Erfassung der subjektiven Wahrnehmung von Tätigkeitsmerkmalen durch den Stelleninhaber mittels standardisierter Fragebogen liegt mit der GPB ein *objektiver* Zugang vor. Damit sollten der sogenannte «self report bias», das heißt die Verzerrung der Bewertung von Arbeitsbedingungen durch das Individuum (z. B. Tendenz der sozialen Erwünschtheit), und der sogenannte «common method bias» vermieden werden. Der letztere Effekt tritt auf, wenn man sowohl die Tätigkeitsmerkmale als auch die psychischen Beanspruchungsfolgen mit dem gleichen Verfahren erfasst.

Indem man ein Analyseteam einsetzt, bestehend aus Arbeitsmedizinern, Arbeitspsychologen, Vorgesetzten, Fachreferenten und Betriebsräten, wird mit dem GPB die psychische Belastung am Arbeitsplatz fremdeingeschätzt und dadurch objektiv erfasst.

Zunächst wird das Analyseteam von einem Arbeits- und Organisationspsychologen in der Handhabung des Instruments geschult. Dabei ist es wichtig, dass alle Mitglieder des Analyseteams die Struktur, die Inhalte und die Antwortmöglichkeiten des Instruments verinnerlicht haben. Gerade hinsichtlich der Inhalte ist es unabdingbar, dass das Analyseteam umfassende Informationen über die einzustufenden Arbeitsaufgaben und Tätigkeiten sowie über die Belastungsdimensionen erlangt.

In der nun folgenden *Beobachtungsphase* beobachtet jedes Mitglied des Analyseteams die ausgewählten Arbeitsplätze direkt vor Ort. Anhand der eigenen Beobachtungen bewertet jedes Mitglied sowohl die allgemeinen Daten als auch Relevanz und Bedeutsamkeit der Arbeitsaufgaben sowie die einzelnen Aussagen zur Erfassung der verschiedenen Dimensionen psychischer Belastungen für den beobachteten Arbeitsplatz. Als Grundlage der Bewertung dient selbstverständlich das Analyseinstrument.

In der *Bewertungsphase* setzt sich das Analyseteam zur gemeinsamen Diskussion aller Angaben und Aussagen pro Arbeitsplatz zusammen. Die Bewertung der einzelnen Aussagen muss im Konsens getroffen werden. Das heißt, dass die verschiedenen Perspektiven und Gesichtspunkte jedes Mitgliedes so lange erörtert werden, bis eine gemeinsame Bewertung erreicht ist. Nur so wird die Objektivität garantiert.

Auswertung

Die Auswertung und Ermittlung kritischer Kombinationen psychischer Belastungen erfolgt über ein EDV-gestütztes Tool. Die kritischen Kombinationen psychischer Belastungen werden durch die Berechnung von Mittelwerten sowie Cut-Off-Werten ermittelt und in einer Auswertungsmatrix dargestellt. Die kritischen Cut-Off-Werte wurden aufgrund von weiteren Studien in der Automobilindustrie und in Gesprächen mit betrieblichen Experten auf die Werte «< 2,5» und «> 3,5» festgelegt. Entsprechend wird beispielsweise ein geringer Handlungsspielraum (Wert < 2,5) in Kombination mit hoher Arbeitskomplexität (Wert > 3,5) als kritisch bewertet (s. **Tab. II-9**).

Die Tabelle zeigt eine Auswertungsmatrix, die erkennen lässt, welche Kombinationen psychischer Belastungen bei einer Überschreitung der Cut-Off-Werte kritisch werden können (rote Markierung).

Seit 2006 wird die GPB in Unternehmen verschiedener Branchen und unterschiedlicher Organisationseinheiten erfolgreich eingesetzt.

Tabelle II-9: Beispiele möglicher kritischer Kombinationen psychischer Belastung (rote Markierung); «T» = niedrige Ausprägung, «H» = hohe Ausprägung. Abkürzungen s. Tabelle II-8.

	Ak H	Ak T	Hs H	Hs T	Va H	Va T	Zs H	Zs T	Vu H	Vu T	Au H	Au T	Koop H	Koop T	Ko H	Ko T	Er H	Er T
Ak H																		
Ak T																		
Hs H																		
Hs T	■																	
Va H																		
Va T																		
Zs H																		
Zs T	■																	
Vu H				■	■		■											
Vu T																		
Au H				■	■		■											
Au T																		
Koop H							■		■		■							
Koop T																		
Ko H	■				■		■											
Ko T																		
Er H																		
Er T				■			■								■			

2.3.4 Zum praktischen Einsatz von Arbeitsanalyseverfahren bei Gestaltungsmaßnahmen

In Übereinstimmung mit der bereits von Matern (1983) vorgestellten Methodik psychologischer Arbeitsuntersuchungen erscheint es zweckmäßig, zu Beginn einer geplanten Untersuchung die Gesamtorganisation (Betrieb, Unternehmen, Werk, Dienstleistungsorganisation) grob zu erfassen, in die der zu untersuchende Bereich (Arbeitsplatz) eingebettet ist. Die Erfassung betrieblicher Strukturdaten durch entsprechende Dokumentenanalyse und Arbeitsmaterialien (vgl. Arnold & Randall, 2010) erleichtert in vielen Fällen das Verständnis für organisatorische Besonderheiten. Im Anschluss daran ist eine Auftrags- und Bedingungsanalyse sinnvoll, um die Anforderungen durch die Art der Arbeitsaufträge zu bestimmen. Nach diesen beiden Analyseebenen, die weitgehend personunabhängig und personunspezifisch betrachtet werden, erfolgt die Tätigkeitsanalyse im engeren Sinne, die in Kooperation mit dem Stelleninhaber durchgeführt wird. Nach Abschluss der Arbeitsanalysen sind die Analyseergebnisse zu komprimieren, grafisch und textlich aufzubereiten und mit den Auftraggebern und den Betroffenen zu diskutieren. Die Ableitung von Gestaltungsmaßnahmen erfolgt in der Regel mit den zuständigen betrieblichen Fachstellen zusammen. Dieses abgestimmte Vorgehen ist wichtig, um die Kooperationsbereitschaft der Betroffenen und der betrieblichen Planer, Organisationsentwickler oder sonstiger Fachstellen zu erhalten und deren aktive Mithilfe bei der Umsetzung sicherzustellen.

Nach Umsetzung der Gestaltungsmaßnahmen ist es zweckmäßig, mit dem Arbeitsanalyseverfahren nochmals die Tätigkeiten zu analysieren, um den Veränderungsprozess zu dokumentieren und zu evaluieren. Häufig begnügt man sich mit subjektiven, personspezifisch orientierten Befragungen und erfasst nicht die objektivierbaren Veränderungen. Zur Prozessevaluation ist ein solches Vorgehen (personunspezifische und personspezifische Mehrpunktmessungen, vgl. Antoni, 1996) aber unbedingt erforderlich. Der Veränderungsprozess wird kritisch beleuchtet, und aus den erkannten Fehlern lassen sich im Sinne der lernenden Organisation Handlungskonsequenzen ableiten.

Wie aus **Tabelle II-10** ersichtlich, erlangt die Arbeitsanalyse im Rahmen von Arbeitsgestaltung ihren zentralen Stellenwert im Ablauf der einzelnen Projektmaßnahmen erst relativ spät (Block 7). Die Konzeption der Methoden und die Auswahl der Instrumente/Verfahren werden allerdings schon durch die ersten Projektbausteine mitbestimmt. Die Vision des Managements davon, was mit Arbeitsgestal-

tungsprojekten beabsichtigt wird, strukturiert unter Einbeziehung der Projektpartner die Zielsetzungen, die man mit konkreten Maßnahmen verfolgt. Die Ausführungen von Kannheiser, Hormel & Aichner (1997) oder die Erläuterungen zum Projektmanagement bei Arbeitsstrukturierungsprojekten von Grinda, Pieper, Strina, Strötgen & Südhoff (1993) veranschaulichen diese Problemstellung.

Mit der jeweiligen Zielsetzung werden die Methoden und Instrumente bestimmt. Dies gilt auch für die Evaluation der Gestaltungsmaßnahmen, denn mit der Definition der Projekt-(Gestaltungs-)Ziele ist die Notwendigkeit verbunden, auch die Messkriterien festzulegen, an denen man den Erfolg oder Misserfolg der Gestaltungsmaßnahmen misst (s. Block 8 der Tab. II-10). Dies wiederum erleichtert den Projektbeteiligten und -verantwortlichen die Ausrichtung ihrer einzelnen Arbeitsschritte. Für die betroffenen Mitarbeiter und den Betriebs-/Personalrat bieten sich Interventionsmöglichkeiten, wenn die einzelnen Maßnahmen nicht mit den vereinbarten Zielsetzungen übereinstimmen.

Die im Block 7 aufgeführten Arbeitsanalysen betreibt man je nach Fragestellung/Zielsetzung umfassender oder eingeschränkt. So kann es in einem Fall zweckmäßig sein, Licht-, Lärm-, Klima- und Schadstoffmessungen durchzuführen, Analysen zur Optimierung der

Tabelle II-10: Einbindung der Arbeitsanalyse in den Arbeitsgestaltungsprozess (modellhafter Verlauf) *(Fortsetzung nächste Seite)*

Projektbaustein	Verantwortliche/ durchführende Stelle
1 Vision, z.B.: – Entwicklung einer fraktalen Fabrik – Selbstbestimmtes Arbeiten – Partizipatives Produktionsmanagement	Management
2 Definition der Projektziele, z.B.: – Gruppenarbeit – Reduzierung der Fehlzeiten – Verbesserung der Qualität – Steigerung der Produktivität um X %	Management Betriebsrat (BR)/ Personalrat (PR)

Tabelle II-10: *(Fortsetzung)*

Projektbaustein	Verantwortliche/ durchführende Stelle
3 Definition des Projektes/Bereichs – Auswahl eines Pilotbereichs – Definition der Betroffenen – Festlegung des Budgets – Definition des Steuerungsteams	Management BR/PR
4 Information der Beteiligten – Startbrief an alle betroffenen Mitarbeiter – Kick-off-Veranstaltung – Abteilungsbesprechung	Management BR/PR
5 Bildung einer Projektgruppe – Definition des Kernteams/Projektteams – Auswahl von Experten (intern/extern)	Management Mitarbeiter
6 Konstitution der Projektgruppe und Organisation der Projektarbeit – Bestimmung des Projektleiters – Stellvertreter-Regelung – Klärung der Protokollführung – Dokumentation des Projektfortschritts – Festlegung der Sitzungshäufigkeiten	Projektleiter BR/PR Mitarbeiter
7 Projektmaßnahmen – Information der Mitarbeiter – *Durchführung der Ist-Analysen* – *Arbeits- und Tätigkeitsanalysen* – technisch, organisatorisch, personell orientierte Schwachstellen-analyse – physikalisch-chemische Messungen – Mitarbeiterbefragungen (mündlich/schriftlich) – Auswertung/Dokumentation der Analyseergebnisse – Rückmeldung an Management und Mitarbeiter – Ableitung von Gestaltungsmaßnahmen – technische/organisatorische/personelle Umsetzung und Dokumentation der Maßnahmen	Projektleiter Experten (intern/extern) BR/PR Mitarbeiter

8 Evaluation
– Dokumentation der Prozesse
– *Arbeits- und Tätigkeitsanalysen*
– Effizienzmessung durch:
  – Fehler pro Teil
  – Qualitätsaudit
  – Produktivität pro Mitarbeiter (schichtbezogen)
  – Kosten pro Bauteil
  – Verbrauch der Hilfs- und Betriebsstoffe (pro Monat)
– durchgeführte Trainingsmaßnahmen
– Einstellungsmessung, (z. B.: Arbeitszufriedenheit, Betriebsklima, Führungsverhalten)
– Projektbewertung durch Vorgesetzte/Mitarbeiter
	Projektleiter
	Experten (intern/extern)
	BR/PR
	Mitarbeiter

Auftragssteuerung zu betreiben, Materialflüsse zu analysieren, Fehler an bestimmten technischen Anlagen mittels Fehlerbaumanalysen zu klassifizieren, Körperhaltungen und sonstige physische Anforderungen zu definieren oder psychische und physische Belastungen zu ermitteln. Im anderen Fall mag es genügen, den «Betriebsklimabogen» (vgl. v. Rosenstiel et al., 1983) anzuwenden, um das Vorgesetztenverhalten vor und nach bestimmten Maßnahmen der personalen Förderung von Vorgesetzten zu bewerten, oder den «Fragenbogen zur Sicherheitsdiagnose» von Hoyos & Ruppert (1993) einzusetzen, wenn es darum geht, Gefährdungen an spezifischen Arbeitsplätzen abzubauen.

Die in der Übersicht (Tab. II-7) aufgeführten Verfahren decken den für Arbeitsgestaltungsmaßnahmen erforderlichen Informationsbedarf nur in Teilen ab. Für konkrete Projekte empfiehlt sich daher in Abhängigkeit von der Zielsetzung ein Methoden-, Verfahrens- und Instrumentenmix. Zusätzliche Videoaufzeichnungen des «alten» und «neuen» Zustandes (soweit es sich um konkrete Gestaltungsmaßnahmen des Arbeitsplatzes und der Arbeitsbedingungen handelt) bewähren sich beim Veranschaulichen der Veränderungsergebnisse. Ein ausführliches Beispiel einer Methodenkombination unterschiedlicher Analyseverfahren im Kontext der Trainingsgestaltung ist in Teil V Beispiel 2 , Kap 2 dargestellt.

2.4 Physikalische und physiologische Messmethoden

Im Rahmen arbeitswissenschaftlicher, arbeitspsychologischer oder sozialwissenschaftlicher Felduntersuchungen kann es zweckmäßig sein, die Bedingungen der Arbeitsumgebung mittels physikalischer Messungen möglichst genau und objektiv zu bestimmen, um diese mit den subjektiven und «objektiven» Beanspruchungen (bzw. negativen Beanspruchungsfolgen) der arbeitenden Person in Beziehung zu setzen. Zur Messung «objektiver» Beanspruchungen bedient man sich in der Regel physiologischer Methoden.

Die folgenden Ausführungen berücksichtigen nur solche Methoden, die ohne großen Zusatzaufwand bei Felduntersuchungen einsetzbar sind. Spezielle Methoden, die man im Rahmen experimenteller arbeitsmedizinischer, arbeitswissenschaftlicher und psychologischer Laborforschung nutzt, bleiben hier unberücksichtigt (vgl. hierzu Hettinger & Wobbe, 1993; Konietzko & Dupuis, 1999; Letzel & Nowak, 2010; Schlick, Bruder & Luczak, 2010; Strasser, 2007; Triebig, Kentner & Schiele, 2008).

2.4.1 Messung des Lärms

Als Lärm bezeichnet man Schallempfindungen, die störend, belästigend oder unangenehm sind und gesundheitsschädigend sein können. Die Wirkung von Lärm auf den Menschen äußert sich in subjektiv empfundener Belästigung (z.B. Störungen der Sprachverständigung, Störungen der Konzentration durch fremdverursachten Lärm, Beeinträchtigung der Erholzeiten), unspezifischen physiologischen Reaktionen (z.B. Herzfrequenz, Blutdruck, Atmungsfrequenz, Pupillengröße, Hautdurchblutung oder Hauttemperatur; vgl. hierzu vor allem Jansen & Schwarze, 1998) und bei sehr hohen Intensitätswerten in einer Schädigung des Gehörs (vgl. Griefahn, 2011). Das menschliche Ohr hört Schall mit einer Frequenz von 16 bis zirka 16 000 oder 20 000 Hertz (im Folgenden: Hz), wobei im Alter die obere Hörschwelle absinkt. Als Ton bezeichnet man Schallwellen, die nur aus einer Frequenz gebildet werden. Töne sind in der Arbeitswelt eher die Ausnahme als die Regel. Üblich sind Geräusche, die aus einer Mischung von Schallwellen unterschiedlicher Frequenzen bestehen. Das menschliche Gehör ist für unterschiedliche Frequenzen unterschiedlich empfindlich.

Wie Abbildung II-18 verdeutlicht, nimmt man Töne sehr tiefer und sehr hoher Frequenzen leiser wahr als mittlere Frequenzen. Die Kurven von Lautstärken, die subjektiv als gleich empfunden werden (sog. Isophone), zei-

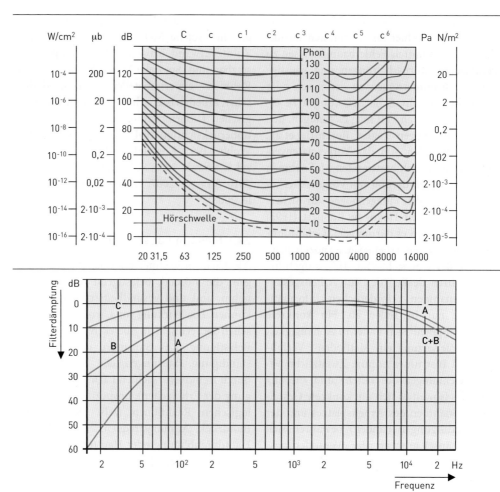

Abbildung II-18: Kurven gleicher subjektiver Lautstärke (Phon) im hörbaren Frequenz- und Intensitätsbereich (oben) mit frequenzabhängiger Dämpfung der Bewertungsfilter A, B und C (unten) (Hettinger & Wobbe, 1993, S. 248)

gen, dass die Wahrnehmungsempfindlichkeit bei 3000 bis 4000 Hz am größten ist.

Die Lärmschwerhörigkeit beginnt im Allgemeinen mit einer Anhebung der Hörschwellen im Frequenzbereich von 3000 bis 6000 Hz, die sich im Audiogramm als sogenannte c5-Senke darstellt (vgl. Griefahn, 2011).

Um die Empfindlichkeit des menschlichen Ohrs bei der Lärmmessung zu berücksichtigen, benutzt man Filter (A, B, C), die frequenzabhängig die Messwerte dämpfen, das heißt,

diese Filter (s. Abb. II-18, unterer Teil) dämpfen als reziproke «Kurven gleicher Lautstärke» die Intensität in den jeweiligen Frequenzbereichen mehr oder weniger stark. Auf diese Weise tragen die Schallpegel niedriger und hoher Frequenzen weniger zum Messwert bei als Frequenzen zwischen 1000 und 4000 Hz. Für Messungen im Bereich bis zu 60 Dezibel (im Folgenden: dB) wird Filter A verwendet, bei Werten zwischen 60 und 90 dB Filter B und bei über 90 dB Filter C. In der Praxis verwendet man meist nur den Filter A (dB[A]); das führt dazu, dass tatsächlich der auf das menschliche Ohr einwirkende Schalldruck bei höheren Schalldruckpegeln eher unterschätzt wird.

Bei 1000 Hz beträgt die Hörschwelle, das heißt der Schalldruck, der gerade noch eine Hörempfindung ausdrückt, zirka $3 \cdot 10^{-5}$ Pa (Pascal); die Schmerzschwelle liegt bei etwa 10^2 Pa (N/m^2). Diese große Bandbreite (von 10^{-5} bis 10^2) ist in der Praxis zu unhandlich, um die Schallintensität auf einer übersichtlichen Skala abzubilden.

Da die Hörempfindung des Menschen Veränderungen des Schalls im logarithmischen Verhältnis bewertet, nimmt man bei der Ermittlung des an Arbeitsplätzen auf das Gehör einwirkenden Schalls oder aber bei der Feststellung der von Maschinen und Geräten abgestrahlten Schallleistung zur Geräuschmessung eine Schallpegelbildung vor (vgl. Griefahn, 2011; Spreckelmayer & Münte, 2008). Dies geschieht durch Logarithmieren des Verhältnisses der gemessenen Schallintensität zu einer definierten Bezugsintensität: «Schallintensität $L_I = 10 \cdot \log I$ in Dezibel $I_0 = 10^{-12}$ Watt/m². Dem gerade noch hörbaren Schallreiz ordnet man bei 1000 Hz den Schalldruckpegel von 0 dB zu und der Schmerzschwelle 130 dB (60 N/m^2 bzw. 1,44 Watt/²)» (Christ, 1989, S. 3).

Eine Erhöhung um 10 dB bedeutet eine Verdoppelung des Lautstärkeempfindens.

Mithilfe eines Diagramms (s. **Abb. II-19**) ist ablesbar, was geschieht, wenn man den Lärm von zwei Lärmquellen (z. B. Maschinen) addiert. Das Diagramm zeigt, dass sich der größte Erhöhungsbetrag ergibt, wenn der Differenzbetrag 0 ist, das heißt, wenn beide Schallquellen gleich laut sind (z. B. 80 dB[A] + 80 dB[A] = 83 dB[A]). Je größer der Differenzbetrag ist, umso geringer wird der Erhöhungsbetrag; mit anderen Worten, addiert man den Lärm von 86 dB(A) einer Maschine zu einer mit 75 dB(A) hinzu, so erhöht sich der Wert lediglich auf 86,4 dB(A). Praktisch heißt dies, dass der Lärm einer Schallquelle dann zu vernachlässigen ist, wenn er um 10 dB(A) geringer ist als der einer schon existierenden Lärmquelle.

Schallintensität

$$I = \frac{P}{A} = \frac{\text{Schallleistung}}{\text{Fläche}} \quad \left[\frac{W}{m^2} = \frac{N}{m \cdot s} \right]$$

Schallintensitätspegel

$$L_I = 10 \cdot \log \frac{I}{I_0} \, [\text{dB}] \quad \begin{array}{l}\text{mit Bezugs-}\\ \text{schallintensität}\end{array} \quad I_0 = 10^{-12} \frac{W}{m^2}$$

Schallintensitätspegel zweier Maschinen mit gleichem Schallintensitätspegel ($L_{I1} = L_{I2} = 80 dB$)

$$L_{Iges} = L_{I1} + L_{I2}$$

$$= 10 \cdot \log \frac{I_1}{I_0} + 10 \cdot \log \frac{I_2}{I_0}$$

$$= 10 \cdot \log \frac{I_1 + I_2}{I_0} \qquad \text{mit } I_1 = I_2 \Rightarrow$$

$$= 10 \cdot \log \frac{2 \cdot I_1}{I_0}$$

$$= 10 \cdot \log 2 + 10 \cdot \log \frac{I_1}{I_0} \quad \text{mit } \log 2 = 0,3 \Rightarrow$$

$$= 10 \cdot 0,3 + 10 \cdot \log \frac{I_1}{I_0}$$

$$= 3 + L_{I1} \qquad\qquad \text{mit } L_{I1} = 80 db \Rightarrow$$
$$= 3 + 80 dB$$
$$= 83 dB$$

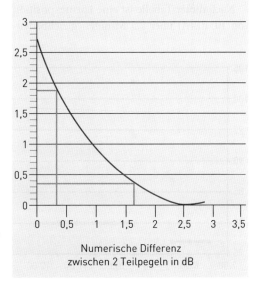

Numerische Differenz
zwischen 2 Teilpegeln in dB

Abbildung II-19: Berechnungsbeispiel zweier (gleicher/ungleicher) Lärmquellen (Christ, 1989)

Schallpegelmessung

Zur Messung des Lärms verwendet man Schallpegelmesser. Sie dienen der Messung des momentan auftretenden Schalldruckpegels Lp bzw. der Messung mehrerer Schallpegelintervalle (s. **Abb. II-20**). Das Schalldosimeter für Personen (ein tragbares Gerät) dient dazu, die auf das menschliche Ohr einwirkende Schallimmission über mehrere Stunden zu registrieren, das heißt die tägliche persönliche Lärmexposition zu erfassen.

Als Grenzwert für eine dauerbelastende Lärmexposition über acht Stunden gilt der Wert 85 dB(A), das heißt, die Energieäquivalenz von 85 dB(A) für 480 Minuten gilt als Beurteilungspegelgrenzwert (vgl. hierzu auch Schlick et al., 2010, S. 770 ff.).

Um die Lärmgefährdung an einem Arbeitsplatz zu ermitteln, bezieht man die Messungen auf die Lärmdosis über acht Stunden. Die Einzelschallpegel eines Arbeitstages werden durch Multiplizieren mit ihrer jeweiligen Einwirkdauer gewichtet und auf acht Stunden normiert. Auf der Basis der Energieäquivalenz ergeben sich in Abhängigkeit von der Zeitdauer und der Höhe des Lärmpegels Werte wie sie in Tabelle II-11 dargestellt sind.

Nach dieser Tabelle ist eine Lärmexposition von 103 dB(A) über 7,5 Minuten gleichbedeu-

tend mit 85 dB(A) über acht Stunden. Diese rein physikalische Betrachtungsweise (Energieäquivalenz) wird von Arbeitswissenschaftlern zunehmend kritisiert. So schreibt zum Beispiel Strasser (1995, S. 18): «Ein z.B. mit 100 dB(A) ertönender Krankenwagen oder vielleicht auch der 10 Sekunden lang mit 105 dB hörbare Überflug eines tieffliegenden Flugzeugs innerhalb ansonsten 8 Stunden Ruhe oder andererseits ständiges 8stündiges Rasenmähen des Nachbarn mit 70 dB(A) sind zwar hinsichtlich der Energieäquivalenz, jedoch keinesfalls hinsichtlich ihrer psychischen Wirkung identisch.» In einem weiteren Beispiel führt Strasser (2009) aus, dass sich zum Beispiel bei einem Dauerlärm von 94 dB über eine Stunde und einem nachfolgenden Lärmpegel von 70 dB über drei Stunden der durchschnittliche Beurteilungspegel um marginale 0,1 dB auf 85,1 dB erhöht, die erforderliche Restitutionszeit (die Zeit, die benötigt wird, um die durch den Lärm verursachte Hörschwellenverschiebung wieder rückgängig zu machen) sich aber von zwei auf zirka vier Stunden verdoppelt. Das heißt, die «physiologischen Kosten» sind trotz geringfügig angestiegenem Beurteilungspegel erheblich höher. Strasser folgert daraus, dass das Gehör nicht wie ein Dosimeter funktioniert und die Energieäquivalenz zur Beurteilung von Umgebungsbelastungen nicht

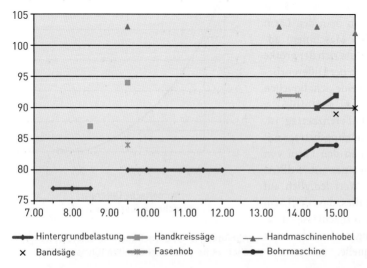

Abbildung II-20: Messung mehrerer Schallpegelintervalle in einer Zimmerei (vgl. Pfuhl, 1998, S. 109)

Tabelle II-11: Energieäquivalenz (Christ, 1989, S. 7)

Beurteilungspegel dB(A)	Zulässige Einwirkzeit in Minuten
85	480
88	240
91	120
94	70
97	30
100	15
103	7,5
106	4,0

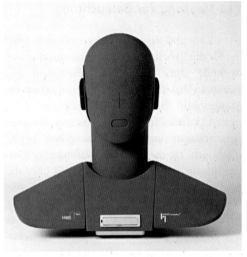

Abbildung II-21: Kunstkopfmessgerät mit eingebauten Mikrofonen (Firma Head Acoustics)

als ergonomisches Paradigma für Arbeitsschutz und Energie betrachtet werden sollte.

Für sehr hohe Schallpegel gilt die proportionale Beziehung ohnedies nicht, da Werte zwischen 120 und 130 dB(A) zu Traumata führen können (vgl. Griefahn, 2011).

Der Abbildung II-20 kann man die schichtbezogene Lärmverteilung in einer Zimmerei entnehmen; hierbei zeigt sich, dass bestimmte Bearbeitungsmaschinen den zulässigen Lärm von 85 dB erheblich überschreiten. Besonders belastend ist der hochfrequente Lärm von Handmaschinenhobeln.

Für Forschungen im Rahmen der Lärmmessung eignet sich immer besser die Kunstkopfmesstechnik. Mit dieser Technik kann man Lärm bzw. Geräusche nicht nur differenziert und gerichtet messen (Frequenzspektren, Lautheitsmaße und -schärfe), sondern auch so abspeichern, dass eine korrekte Wiedergabe des Lärms über Kopfhörer möglich ist. Der Schalldruck ist bei dieser Messtechnik ein über die gesamte Messdauer gemittelter Wert, sowohl ohne Filter als auch mit Filter A, B und C (je nach Schallintensität und Frequenz).

Die adäquate Lärmwiedergabe erzeugt bei den Verantwortlichen im Betrieb meist großes Entsetzen, wenn man in einem Bürobereich den Lärm über Kopfhörer wiedergibt, dem Mitarbeiter in den gemessenen Hallen des Produktionsbereichs täglich ausgesetzt sind. Bei der Kunstkopfmessung (s. **Abb.** II-21) werden zwei Mikrofone verwendet, die den menschlichen Ohren vergleichbar angeordnet sind (daher Kunstkopf). Der Kunstkopf wird dort hingestellt, wo sich während der Arbeit in der Regel der Kopf des Beschäftigten befindet. Auch in der Fahrzeugentwicklung im Bereich des «Sounddesigns» wendet man die Kunstkopfmesstechnik an (vgl. hierzu Schulte-Fortkamp, Genuit & Fiebig, 2006).

Ausführlichere Darstellungen zur Lärmdefinition und -messung finden sich bei Christ, 1989; Hettinger & Wobbe, 1993; Schmidtke, Bubb, Rühmann & Schäfer, 1991; Schlick et al., 2010; oder Strasser, 2009. Praktische Hinweise zur Lärmmessung finden sich in Zülch, v. Kiparski und Grießer (1997, S. 75 ff.) oder in dem Sammelband über Lärm und Vibrationen des Instituts für angewandte Arbeitswissenschaft (2000). Hinweise zur Lärmschwerhörigkeit am Arbeitsplatz sind bei Griefahn (2011) aufgeführt.

2.4.2 Messung der Beleuchtung

Die Licht- und Beleuchtungsverhältnisse spielen für die Arbeitstätigkeiten eine entscheidende Rolle. Ohne ausreichende Helligkeit sind Fehler an Produkten nur schwer zu erkennen. Mangelhafte Beleuchtungsverhältnisse können zu Unfällen führen, die Leistungsfähigkeit einschränken und die Sehaufgaben beeinträchtigen. Da mehr als drei Viertel aller Umweltinformationen visuell, das heißt über das Sehorgan aufgenommen werden (vgl. Fahle, 2008; Griefahn, 2011; Schierz & Krueger, 1996), ist es notwendig, sich als Arbeitspsychologe mit diesem Belastungsschwerpunkt zu befassen. Neue Technologien (Bildschirme) und erhöhte Qualitätsansprüche an die Produkte und Prozesse verstärken den Zwang, sich qualifiziert mit Beleuchtungsfragen auseinanderzusetzen. Die um das 45. Lebensjahr einsetzenden altersbedingten Defizite im Sehapparat (z. B. Reduzierung der Sehschärfe, Altersweitsicht, Trübung der Linse) verlangen darüber hinaus eine sorgfältige Gestaltung der Beleuchtungsverhältnisse, damit potenzielle Einschränkungen weitgehend kompensiert werden können.

Ein Großteil der Arbeitstätigkeiten erfolgt in Gebäuden, in künstlichen Umwelten. Durch künstliche Beleuchtung wird zwar die Nacht der fensterlosen Räume zum Tage, und die Nachtarbeit wird im Hellen ausgeführt; aber die Beleuchtung ist immer gleich und verändert sich mit dem Wechsel der Jahreszeiten und dem Sonnenstand nicht. Je weniger Tageslicht an die Arbeitsstätten gelangt, umso mehr überwiegt diese künstliche Situation mit all ihren Einschränkungen.

Arbeitsmediziner und Augenärzte, Lichttechniker, Arbeitsphysiologen und zum Teil auch Arbeitspsychologen bemühen sich darum, die mit der künstlichen Beleuchtung häufig verbundenen Beeinträchtigungen zu mildern und Arbeitssituationen zu schaffen, die der natürlichen Umwelt wenigstens ansatzweise entsprechen. Darüber hinaus versucht man, Beleuchtungsverhältnisse zu entwickeln, die

der erforderlichen Sehaufgabe gerecht werden und keine vermeidbaren zusätzlichen Belastungen verursachen. Licht und Farbe bewusst als Mittel einzusetzen, um die Widernatürlichkeit der Arbeitssituationen zu mildern, ist für den Arbeitsgestalter eine wichtige Aufgabe.

Im Folgenden führen wir nur einige wenige lichttechnische Größen auf und bieten Anregungen zur Weiterbeschäftigung mit dem Gestaltungsschwerpunkt Licht. Zur ausführlicheren Auseinandersetzung mit dem Problem Beleuchtung in der Arbeitswelt gibt es didaktisch gut aufgebaute Texte (z. B. Konietzko & Dupuis, 1999; Letzel & Nowak, 2010). Weitere Literaturhinweise und einschlägige Informationen finden sich bei der Deutschen Lichttechnischen Gesellschaft (www.litg.de).

Lichttechnische Größen

Das subjektive Helligkeitsempfinden hängt nicht nur von der Strahlungsleistung (gemessen in Watt) ab, die in das Auge eindringt, sondern auch von der spektralen Zusammensetzung der Strahlungsleistung. Verschiedene monochromatische Lichtreize (Licht einer «Farbe», einer Wellenlänge) erzeugen je nach Wellenlänge unterschiedliche Helligkeitsempfindungen. Wie man in Abbildung II-22 sieht, wird am Tage (fotooptisches Sehen, Zäpfchensehen) bei gleicher Strahlungsleistung ein Licht von der Farbe Grüngelb heller wahrgenommen als ein Licht von der Farbe Violett oder Rot. Bei dunkel adaptiertem Auge (in der Nacht – skotopisches Sehen, Stäbchensehen) verschiebt sich die Hellempfindlichkeit in Richtung Blau (vgl. hierzu auch Mather, 2009; Schmidt, 1995). Bei älteren Menschen nimmt die Nachtsichtempfindlichkeit stärker ab als die Tagsichtempfindlichkeit (vgl. Schieber, 2006).

Fotometrische Messgeräte, insbesondere Beleuchtungsstärkemesser (s. unten), sind üblicherweise auf das Tagsehen eingestellt. Man versucht mit dem Messgerät, ähnlich wie bei der Lärmmessung, das menschliche Helligkeitsempfinden physikalisch möglichst

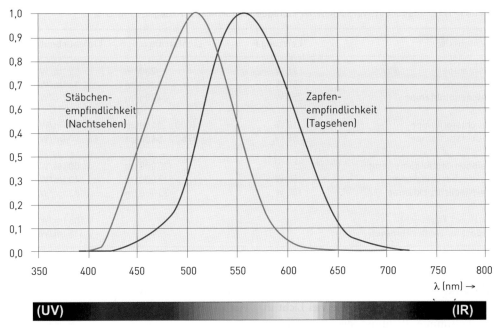

Abbildung II-22: Spektrale Hellempfindlichkeitsgrade des menschlichen Auges in Abhängigkeit von der Wellenlänge λ

adäquat abzubilden; das bedeutet, die Messgeräte sind entsprechend der Vλ-Kurve kalibriert.

Lichtstrom

Der Lichtstrom Φ (s. **Abb. II-23**) ist die von der Strahlungsleistung einer Lichtquelle abgeleitete fotometrische Größe. Der Lichtstrom (Maßeinheit Lumen, lm) beschreibt, welche Menge sichtbarer Strahlung (400–760 nm) eine Lichtquelle allseitig abstrahlt. Ein Lumen ist der Lichtstrom einer monochromatischen Strahlenquelle (555 nm) mit einem Strahlungsfluss von 1/683 Watt.

Lichtausbeute

Die Lichtausbeute η gibt an, wie wirksam die elektrische Leistung in sichtbares Licht umgewandelt wird. Die Lichtausbeute ergibt sich als Quotient η = φ/p. Nach Schierz & Krueger (1996) beträgt der theoretische Höchstwert 427 lm/Watt.

Der folgenden Tabelle II-12 kann man die verschiedenen Lichtausbeuten für unterschied-

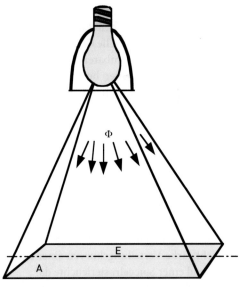

Abbildung II-23: Lichtstrom Φ, beleuchtete Fläche A und Beleuchtungsstärke E (Lux)

liche Lichtquellen entnehmen. Im Zuge der Energieeinsparung gewinnt die Diskussion um die Lichtausbeute an Bedeutung.

Tabelle II-12: Lichtausbeute verschiedener Lichtquellen (Schierz & Krueger, 1996, S. 5)

Lichtquelle	Leistung P	Lichtstrom φ	Lichtausbeute η
Glühlampe	25 W	230 lm	9 lm/W
Glühlampe	100 W	1380 lm	14 lm/W
Halogenglühlampe	250 W	4200 lm	17 lm/W
Leuchtstofflampe	18 W	1000 ... 1450 lm	55...80 lm/W
Leuchtstofflampe	58 W	3750 ... 5400 lm	65...90 lm/W
Halogen-Metalldampflampe	250 W	20 000 lm	80 lm/W
Na-Hochdrucklampe	150 W	17 000 lm	113 lm/W
Na-Niederdrucklampe	180 W	33 000 lm	183 lm/W
mittleres Tageslicht			~ 105 lm/W
bedeckter weißer Himmel			~ 115 lm/W

Lichtstärke

Die Lichtstärke I beschreibt, wie viel Licht in eine bestimmte Richtung des Raumes gestrahlt wird. Sie ist der Quotient aus dem Lichtstrom Φ in eine bestimmte Richtung und dem Raumwinkel Ω, der den Lichtstrom ausfüllt.

Die Maßeinheit für den Lichtstrom heißt Candela (cd). Die vektorielle Größe beschreibt, welche «Menge» an sichtbarer Strahlung von einer Lichtquelle in einer bestimmten Richtung ausgeht. Eine Kerze hat die Einheit 1 cd. Eine 100-Watt-Glühlampe gibt in Gegenrichtung zum Lampensockel 115 cd ab, die unbedeckte Sonne $2 \cdot 10^{27}$ cd.

Lichtquellen (Lampen/Leuchten) geben das Licht nicht gleichmäßig in den Raum ab; daher ist es beim Kauf von Leuchten sinnvoll, die Lichtstärkeverteilungskurven abzulesen, um zu erkennen, inwieweit durch direktes Licht eine Blendung möglich ist. **Abbildung II-24** stellt die Lichtstärke-Verteilungskurven einer Glühlampe und einer Spiegelrasterleuchte dar.

Um nicht für alle Größen einer Lampenart (z. B. Leuchtstoffröhren definierter Länge) eine spezifische Lichtverteilungskurve aufführen zu müssen, wird eine Einheits-Lichtstärke-Verteilungskurve für eine Leuchte mit einer Strahlungsleistung von 1000 lm angegeben. Beträgt die Leuchtstärke einer Lampe 4000 lm,

so braucht man die Werte in der Kurve nur mit vier zu multiplizieren.

Beleuchtungsstärke

Die Beleuchtungsstärke E ist der Quotient aus dem auf eine Fläche auftreffenden Lichtstrom Φ und der Größe dieser Fläche. Die Maßeinheit heißt Lux (lx). Die Beleuchtungsstärke beschreibt, mit welcher Intensität das Licht auf eine Fläche strahlt, unabhängig davon, aus welcher Richtung das Licht kommt.

Je nach Art der Auftrefffläche unterscheidet man die horizontale, vertikale und zylindrische Beleuchtungsstärke. In ergonomischen Richtlinien wird meist die horizontale Beleuchtungsstärke genannt (s. **Tab. II-13**).

Die Beleuchtungsstärke wird mit dem Luxmeter gemessen. Die Luxmeter berücksichtigen durch eingebaute Filter die spektrale Empfindlichkeit des menschlichen Auges V (λ). Der Messkopf kann frei beweglich (s. **Abb. II-25**) oder direkt mit dem Messgerät verbunden sein. Die Geräte sind meist sehr handlich (8 × 14 cm) und überall schnell einsetzbar.

Leuchtdichte

Die Leuchtdichte beschreibt die Helligkeit einer Lichtquelle oder einer reflektierenden Oberfläche. Sie ist die einzige Größe, die unmittelbar wahrgenommen wird. Mit einem

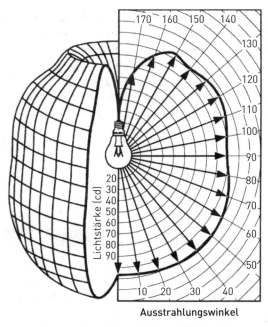

Ausstrahlungswinkel

Lichtstärke-Verteilungskörper mit Lichtstärke Verteilungskurve als Schnitt

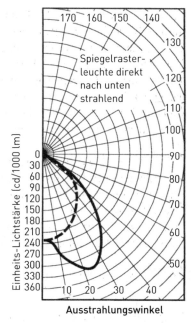

Ausstrahlungswinkel

Einheits-Lichtstärke-Verteilungskurven

Abbildung II-24: Lichtstärke-Verteilung für eine Glühlampe und eine Leuchtstoffröhre in einer Spiegelrasterleuchte (Schierz & Krueger, 1996, S. 6)

Tabelle II-13: Beispiele von typischen mittleren horizontalen Beleuchtungsstärken (vgl. Schierz & Krueger, 1996, S. 7)

Beleuchtungsart	Beleuchtungs- stärke E
klarer Sonnenhimmel	
Mittag im Sommer	bis 100 000 lx
Mittag im Winter	bis 10 000 lx
Dämmerung	100 ... 3000 lx
klarer Nachthimmel mit Vollmond	ca. 0,2 lx
klarer Nachthimmel, Sterne ohne Vollmond	ca. 0,001 lx
künstliche Straßenbeleuchtung	1 ... 50 lx
künstliche Innenraumbeleuchtung ältere Anlagen – Fabrikräume / Lager	150 ... 3000 lx
neuere Anlagen – Produktion / Montage	750 ... 2000 lx

Abbildung II-25: Luxmeter

Fotometer aus Richtung des Beobachters gemessen, ist sie die relevante Gestaltungsgröße. Die Maßeinheit für die Leuchtdichte ist der Quotient aus der Lichtstärke I einer Lichtquelle oder einer leuchtenden Fläche und der gesehenen Größe dieser Fläche; das heißt, die Leuchtdichte ist die Lichtstärke, bezogen auf die gesehene Fläche. Die Maßeinheit heißt cd/m².

Da die Leuchtdichte schwierig zu messen ist, wenn kein Leuchtdichtemessgerät vorhanden ist, wird in der Praxis gewöhnlich die Beleuchtungsstärke angegeben. Über den Reflexionsgrad der betrachteten Fläche ist die Beziehung zur Leuchtdichte herzustellen:

$$L = \frac{E \cdot \rho}{\pi} \; ; \text{mit } \rho = \text{Reflexionswert}$$

Beispiel: Fällt ein Lichtstrom von 500 lx auf eine weiße Fläche von 1 m², die einen Reflexionswert von 85 Prozent hat, so beträgt die Leuchtdichte:

$$\frac{500 \cdot 0,85}{\pi} = \frac{425}{\pi} = 135,28 \; \frac{cd}{m^2}$$

Der Reflexionsgrad stellt das Verhältnis von auftreffendem zu reflektiertem Lichtstrom dar. Das weiße Papier, auf dem diese Zeilen gedruckt sind, hat einen Reflexionsgrad von etwa 85 Prozent (p = 0,85) (s. Tab. II-14).

In der Abbildung II-26 sind die Reflexions- bzw. Absorptionsgrade für verschiedene Materialien aufgeführt.

2.4.3 Klimamessung

Die Klimasituation am Arbeitsplatz wird durch die Produktionsverfahren, die Umgebungstemperatur, die baulichen Bedingungen, die Bekleidung und die Art der Arbeitsausführung bestimmt. Wie Abbildung II-27 zu entnehmen ist, besteht nur ein relativ enger Klimakorridor, den man als Behaglichkeitszone bezeichnen kann (vgl. hierzu Eissing, 1990; oder Griefahn, 2011).

Zu den wichtigsten Klimaelementen gehören die Temperatur, die Feuchtigkeit, die Luftbewegung sowie die Wärmestrahlung. Nicht behandelt werden hier die Luftzusammensetzung, die Verunreinigungen, der Luftdruck

Tabelle II-14: Beispiele von typischen Leuchtdichten verschiedener Lichtquellen und lichtreflektierenden Objekten (Schierz & Krueger, 1996)

Lichtquellen	Leuchtdichte		
Natürliche Lichtquellen			
Mittagssonne	1000 ...	$1500 \cdot 10^6$	cd/m²
Sonne am Horizont		ca. $6 \cdot 10^6$	cd/m²
Vollmond	2500 ...	3500	cd/m²
klarer Himmel	3000 ...	7000	cd/m²
sonnige Kumuluswolken		ca. 16 000	cd/m²
bedeckter Himmel	100 ...	2500	cd/m²
künstliche Lichtquellen			
Glühlampe klar	2 ...	$20 \cdot 10^6$	cd/m²
Glühlampe matt, 100 W	50 ...	$400 \cdot 10^3$	cd/m²
Halogenglühlampen		bis $22 \cdot 10^6$	cd/m²
Halogen-Metalldampflampen	100 ...	$80\,000 \cdot 10^3$	cd/m²
Leuchtstofflampen	3000 ...	16 000	cd/m²
Wannenleuchten mit Leuchtstofflampen	1000 ...	3000	cd/m²
beleuchtetes weißes Papier mit E = 500 lx		ca. 130	cd/m²

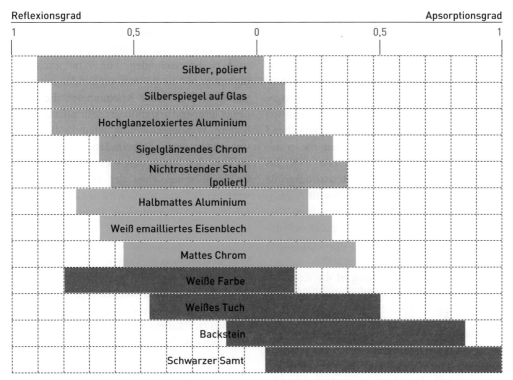

Abbildung II-26: Ausgewählte Beispiele von Objekten mit unterschiedlichen Reflexionsgraden

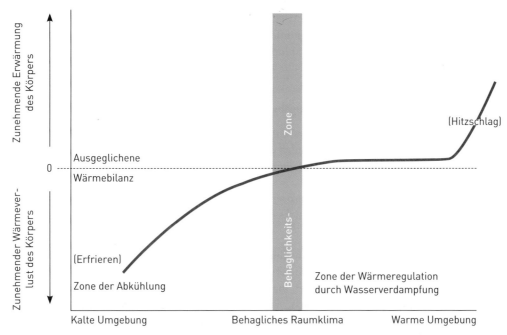

Abbildung II-27: Wärmebilanz des Körpers bei verschiedenen Klimabedingungen (Grandjean, 1991, S. 344)

oder die Strahlungseinflüsse (vgl. hierzu Hettinger & Wobbe, 1993; Schlick et al., 2010; Zülch et al., 1997).

Durch die Entstehung immer neuer künstlicher Umwelten wird die Gestaltung des Klimas zu einer wichtigen Aufgabe der Arbeitsgestalter. Weil die Anzahl von gekühlten Lagerräumen wächst und dementsprechend auch die Anzahl von Beschäftigten, die in solchen Kühlräumen im Bereich von +3 °C bis −24 °C arbeiten, nimmt die Belastungsgröße «Kälte/Kältearbeit» zu (vgl. Gebhardt & Müller, 2003). Hierbei ist zu berücksichtigen, dass Kälte ältere Beschäftigte trotz guter Schutzkleidung stärker belastet als jüngere (vgl. hierzu Kluth, Penzkofer & Strasser, 2009).

Grundlage der Gestaltung ist die Kenntnis der wesentlichen Messgrößen. Im Folgenden können wir nur die wichtigsten ansprechen.

Lufttemperatur (Trockentemperatur)

Die Messung erfolgt über ein Flüssigkeitsthermometer (z. B. Quecksilber) oder Bimetallthermometer. Um die Einflüsse der Wärmestrahlung (z. B. der Sonne oder wärmeabstrahlender Maschinen) zu minimieren, muss das Thermometer geschützt werden. Hettinger (1989) schlägt vor, den Messfühler mit Aluminiumfolie zu verkleiden, um so die Wärmestrahlung besser abzuleiten.

Luftfeuchtigkeit

Die Luftfeuchte lässt sich durch zwei Angaben bestimmen:

- absolute Luftfeuchtigkeit; hierbei handelt es sich um die Wasserdampfmasse (g), die in 1 kg bzw. 1 m³ Luft enthalten ist;
- relative Luftfeuchtigkeit; sie gibt den prozentualen Anteil des Sättigungsdampfdrucks in der Luft bei gegebener Temperatur an.

Die relative Luftfeuchtigkeit misst man üblicherweise mit sogenannten Haarhygrometern. Bei diesem Messinstrument verwendet man ein künstliches oder menschliches Haar, das sich je nach relativer Luftfeuchtigkeit in seiner Länge verändert. Die Längenänderung gibt den Grad der Luftfeuchtigkeit an.

Luftgeschwindigkeit

Mithilfe von Anemometern misst man die Luftgeschwindigkeit. Zwei Messgerätetypen sind zu unterscheiden. Für Windgeschwindigkeiten bis zu 0,5 m/s verwendet man sogenannte thermische Anemometer, die allerdings temperaturstabilisiert sein müssen. Für höhere Windgeschwindigkeiten (> 0,5 m/s) verwendet man Flügelradanemometer, die auch in der Meteorologie eingesetzt werden. Da in Bürobereichen der zulässige Grenzwert bei 0,2 m/s liegt, wird man in der Regel mit dem thermischen Anemometer auskommen.

Wärmestrahlung

Zur Messung der Wärmestrahlung hat man spezielle Sensoren entwickelt (vgl. hierzu Eissing, 1990, S. 431), die die Temperaturdifferenzen von zwei unterschiedlichen Empfängerflächen messen. Die eine Fläche besteht aus einer Goldbeschichtung, die andere ist schwarz. Die effektive Bestrahlungsstärke wird in W/m^2 gemessen. Das entwickelte Messsystem kann die Wärmestrahlung sowohl aus einer Richtung als auch aus allen messen: Es gibt einen Sensor, der nur aus einer Richtung die Wärmestrahlung erfasst, und einen zweiten, der die Wärmestrahlung aus sechs verschiedenen Richtungen bestimmt (Vollraummessung; vgl. Hettinger, 1989, S. 4).

Normal-Effektiv-Temperatur (NET)

Das Zusammenwirken von Lufttemperatur, Luftfeuchtigkeit und Luftgeschwindigkeit ist charakterisiert durch die Normal-Effektiv-Temperatur (NET) und beeinflusst wesentlich unser Temperaturempfinden. Eine NET von 25 °C wird definiert durch die Lufttemperatur 25 °C, eine relative Luftfeuchtigkeit von 100 Prozent und eine Luftgeschwindigkeit von 0,1 m/s. In Versuchen ermittelte man, welche Kombination der drei Klimagrößen ein vergleichbares Temperaturempfinden auslöst. Die NET bezieht sich auf das Temperaturempfinden eines bekleideten Menschen.

Bei den Versuchen mussten die Versuchspersonen aus dem Bezugsklima (25 °C, 100 %, 0,1 m/s) in einen zweiten Raum wechseln, der eine davon abweichende Klimakombination aufwies. Es zeigte sich, dass das Klimaempfinden gleich blieb, obwohl die Trockentemperatur zwischen 25° und 37 °C schwankte. Durch die Veränderung der Luftgeschwindigkeit und der Luftfeuchte lässt sich so das Wärmeempfinden wesentlich beeinflussen. Zu beachten ist, dass die Versuchspersonen nicht arbeiten, sondern nur eine Sitzposition einnehmen mussten. Diese Klimaexperimente liefern wesentliche Grundlagen für die Büroraumgestaltung (insbesondere in großflächigen Büroeinheiten; s. Teil IV, Kap. 2.3).

In Büroräumen sollte die Temperatur 20 °C nicht unterschreiten und die Luftgeschwindigkeit nicht über 0,1 bis 0,2 m/s hinausgehen. Die relative Luftfeuchtigkeit ist in den Grenzen zwischen 35 und 65 Prozent optimal (vgl. Griefahn, 2011).

2.4.4 Messungen von mechanischen Schwingungen (Vibrationen)

Mechanische Schwingungen kommen an einer Vielzahl von Arbeitsplätzen und Arbeitsgeräten vor. Hierzu zählen beispielsweise Arbeitsplätze auf Nutzfahrzeugen, an landwirtschaftlichen Geräten, Erdbaumaschinen, in Hubschraubern, Schiffen oder Gabelstaplern, aber auch Arbeiten an Pressen und Stanzen oder Motorenprüfständen. Handgeführte energiebetriebene Arbeitsmittel wie Drucklufthämmer, Schleifmaschinen, Bohrhämmer, Nagler, Rüttelplattenverdichter oder Motorkettensägen führen zu Vibrationen der Extremitäten oder des ganzen Körpers. Es ist davon auszugehen, dass mehrere hunderttausend Menschen an jedem Arbeitstag solchen Ganzkörperschwingungen ausgesetzt sind. Daher ist es wichtig, sich mit dem arbeitsbedingten Einfluss von Schwingungen auf den Menschen zu befassen und Maßnahmen zu deren Beseitigung einzuleiten (vgl. hierzu Hartung, Dupuis & Christ, 2000; oder Schlick et al., 2010).

An Arbeitsstellen übertragen sich die Schwingungen in der Regel über die Füße und Beine (z. B. bei Arbeiten an Pressen und Stanzen), beim Sitzen über das Gesäß, den Rumpf oder den Kopf (z. B. auf Landmaschinen) oder die Hände und Arme (z. B. beim Arbeiten mit Bohrhämmern, Nietgeräten oder Schraubern) auf den Menschen.

Zur Messung mechanischer Schwingungen verwendet man nach Dupuis (2007) überwiegend Beschleunigungsaufnehmer. Die sich ändernde Schwingungsbeschleunigung der Masse misst man üblicherweise durch Induktivitätsveränderung oder piezoelektrisch. Je nach Richtung der Schwingungen (horizontal, vertikal oder diagonal) muss man separate Beschleunigungsaufnehmer anbringen.

Als Maß für die Vibrationsbelastung verwendet man im Wesentlichen die Schwingungsbeschleunigung (m/s^2). Sie beschreibt den Grad der Beschleunigung nach Überwindung des oberen oder unteren Totpunktes. Die Schwingungsfrequenz (Hz) gibt an, wie oft pro Vibrationssekunde der Körper (die Messstelle) eine vollständige Auf-und-Ab-Bewegung um seine Ruhelage durchläuft. Die Frequenz der Schwingung bedingt das Ausmaß der pathogenen Wirkung von Vibrationen. Bedeutsam sind insbesondere Frequenzen, die im Bereich der Eigenfrequenzen des menschlichen Körpers liegen (Resonanzschwingungen). Vertikal in Richtung der Körperachse angeregte Schwingungen sind beim Menschen in der Regel gefährlicher und unangenehmer als horizontale. Detaillierte Ausführungen zur Messung und Wirkung von Schwingungen finden sich bei Dupuis (2009), Hartung, Dupuis und Christ (2000) oder Hecker, Fischer, Kaulbaars, Hartung und Dupuis (2010).

2.4.5 Physiologische Messmethoden im Feld

In arbeitspsychologischen und arbeitswissenschaftlichen Felduntersuchungen setzt man arbeitsphysiologische Methoden ein, um Erkenntnisse über spezifische Beanspruchungen zu gewinnen. Diese Messungen finden in den Betrieben üblicherweise in Kooperation mit dem werksärztlichen Dienst statt. Sie tragen dazu bei, Hinweise auf besondere betriebliche Belastungsschwerpunkte herauszuarbeiten. Bei arbeitspsychologisch orientierten Untersuchungen dienen die physiologischen Messwerte dazu, die subjektiv empfundenen Beanspruchungen (gemessen mit standardisierten Fragebogen, Beanspruchungsskalen oder sonstigen Selbsteinstufungen) zu objektivieren.

Kontinuierliche physiologische Messungen liefern darüber hinaus Hinweise auf Veränderungen der Beanspruchung während eines Arbeitstages (vgl. hierzu Boucsein, 2006). Auf der Basis dieser Messungen lassen sich Anregungen für eine beanspruchungsoptimierte Arbeitsgestaltung gewinnen. Die Suche nach physiologischen Parametern, die geeignet sind, die physische und psychische Beanspruchung zu bestimmen, beschäftigt Arbeitswissenschaftler, Arbeitspsychologen, Arbeitsmediziner und Arbeitsphysiologen. Ein allseits akzeptierter Kanon physiologischer Parameter, mit dem man definierte physische und psychische Beanspruchungsformen eindeutig bestimmen könnte, existiert nicht. Weitgehende Übereinstimmung besteht aber darin, dass sich bestimmte physiologische Messmethoden dazu eignen, physische Anstrengungen, physische und psychische Ermüdung und psychische Aktivierung und Erregung relativ genau zu bestimmen (vgl. bspw. Fahrenberg, 2008; Kahder & Rösler, 2010). In einer Übersichtstabelle hat Boucsein (2006, S. 347 ff.) die verschiedenen psychophysiologischen Indikatoren nach ihrer Einsatztauglichkeit für Untersuchungen im Feld geordnet und nach ihrer Gebrauchstauglichkeit, Reliabilität und Indikatorfunktion eingestuft. Bei Baltissen (2005) finden sich Hinweise auf Alterseffekte; denn bestimmte psycho-physische Parameter wie Hautleitfähigkeit, Blutdruck oder Lidschlagfrequenz verändern sich mit dem Alter. Bei Untersuchungen im Feld sind daher die verschiedenen Alterskohorten zu berücksichtigen, da mit zunehmendem Alter die Beanspruchungen bei gleichen Belastungen steigen

können. Weitere Informationen zu arbeitsphysiologischen Methoden finden sich im «Handbuch der Arbeitsmedizin» (Letzel & Nowak, 2010).

Im Folgenden werden nur die Methoden dargestellt, die unblutig sind, sich im betrieblichen Alltag ohne großen messtechnischen Aufwand realisieren lassen und für die Arbeitnehmer/-innen noch zumutbar sind. Zu den physiologischen Grundlagen sei insbesondere auf Silbernagl und Despopoulos (2007) verwiesen; in diesem «Taschenatlas der Physiologie» werden die Grundlagen sehr anschaulich dargestellt (vgl. auch Letzel & Nowak, 2010).

Um Beanspruchungen im Feld zu messen, ist es häufig zweckmäßig, die physiologischen mit physikalischen Messwerten (Lärm, Klima, Beleuchtung) und mit subjektiven Befragungen zu kombinieren (vgl. Scheuch, 2008). Die Zusammenstellung des jeweils geeigneten Erhebungsinventars muss in Abhängigkeit von der Art des Arbeitsplatzes und dem angestrebten Erkenntnisziel erfolgen. Zu beachten ist, dass für eine ganze Reihe von physiologischen Parametern nicht nur diese selbst, sondern auch diverse Umweltfaktoren mitregistriert werden müssen, da die interessierenden Größen durch Umweltfaktoren mitbeeinflusst sein können.

Nachfolgend werden ausgewählte Methoden zur Messung von

- Herzschlagfrequenz,
- Herzschlagarrhythmie,
- Blutdruck,
- Atmung,
- Bewegung von Körpergliedern/Aktivität,
- Körpertemperatur,
- elektrodermaler Aktivität,
- Lidschlussfrequenz und
- Flimmerverschmelzungsfrequenz

näher beschrieben. (Weitere Methoden finden sich bei Boucsein, 2006; Fahrenberg, 2008; Luczak, 1998; Scheuch, 2008; oder Silbernagl & Despopoulos, 2007.)

Herzzyklus, Herzschlagfrequenz

Der arterielle Blutdruck stellt die zentrale Regelgröße des kardiovaskulären Systems dar und ist unter den Risikofaktoren für Herz-Kreislauf-Erkrankungen eine zentrale Größe. Das Herz pumpt mit seiner linken Kammer (dem linken Ventrikel) das Blut durch die arteriellen Blutgefäße des großen Kreislaufes zu den Blutkapillaren der Körperperipherie. Über die Venen gelangt das Blut zurück zum Herzen und wird nun im kleinen Lungenkreislauf von der rechten Herzkammer durch die Lunge gepumpt und wieder dem Herzen zugeleitet. Die Pumpleistung des Herzens beträgt in Ruhe (zirka 70 Herzschläge/min) bei Frauen 4,5 l/min und bei Männern 5,5 l/min. Pro Herzschlag werden zirka 0,06 bis 0,08 l/min gepumpt.

Die Erregung des Herzens erfolgt normalerweise durch den Sinusknoten; er ist der physiologische Schrittmacher. Vom Sinusknoten gehen etwa 60 bis 80 (bei gut durchtrainierten Menschen zum Teil auch deutlich weniger) Impulse pro Minute zur Steuerung des Herzmuskels aus. Diese Grundfrequenz wird durch das vegetative Nervensystem beeinflusst und so auf die jeweiligen Erfordernisse des Körpers eingestellt. Belastungen in Form von körperlicher Aktivität, Hitzeeinwirkung oder psycho-mentalen Aufgaben führen durch ihre Beanspruchung des menschlichen Körpers, beeinflusst über das vegetative Nervensystem, zu Herz-Kreislauf-Reaktionen.

In der Regel erhöhen Arbeitstätigkeiten die Herzschlag- bzw. Pulsfrequenz. Dadurch lässt sich insbesondere das Ausmaß der körperlichen Beanspruchung von Personen ermitteln (vgl. Rau, Hoffmann, Metz, Richter, Rösler & Stephan, 2008; Scheuch, 2008). Wenn man von einigen klinischen Befunden absieht (z. B. sog. Kammerflimmern), die hier nicht weiter betrachtet werden sollen, entsprechen Herzschlag und Pulsfrequenz einander.

Die Steuerung des Herzschlags durch den Sinusknoten bzw. das vegetative Nervensystem erfolgt durch schwache elektrische Signale.

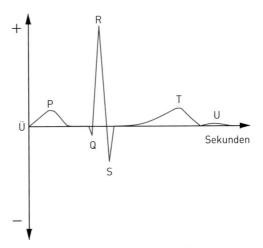

Abbildung II-28: Herzstromkurve (Silbernagl & Despopoulos, 2007)

Diese lassen sich mit geeigneten Geräten erfassen und aufzeichnen. Die so ermittelbare Herzstromkurve hat beim gesunden Menschen ein typisches Aussehen, das schematisch in **Abbildung II-28** wiedergegeben ist. Die Wellen und Zacken dieser Kurve lassen sich jeweils ganz bestimmten Phasen des Herzschlags zuordnen.

Zur Bestimmung der Pulsfrequenz dienen in der Regel die unmittelbar aufeinanderfolgenden R-Zacken der Herzschläge als sogenannte Herzperiodendauer (HPD); die Ermittlung erfolgt entweder durch Auszählen von Hand unter Verwendung von analogen Aufzeichnungen der Herzstromkurve über einen längeren Zeitraum oder – besser und komfortabler – automatisch durch spezielle Aufzeichnungs- und Auswertungsgeräte (mehrkanalige Messwertspeichersysteme). Zur Aufzeichnung der Herzstromkurve ist es notwendig, geeignete Elektroden direkt auf vorbereiteten Hautflächen zu befestigen. Die Hautvorbereitung besteht aus dem eventuell notwendigen Entfernen von starker Körperbehaarung, dem Entfetten und leichten Anrauen der Haut.

Aus Gründen der Hygiene und der einfacheren Handhabung sind speziell bei Felduntersuchungen Einwegelektroden zu empfehlen. Diese sind nach Abziehen einer Schutzfolie sofort einsetzbar, da auch die Elektrodenpaste herstellerseitig schon aufgetragen ist.

Zur Platzierung der Elektroden sind unterschiedliche Verfahren bekannt. Die Unterschiede betreffen die Positionierung und die verwendete Anzahl von Elektroden.

Für arbeitsmedizinisch relevante Herzfrequenzmessungen empfiehlt sich die vereinfachte EKG-(Elektrokardiogramm-)Ableitung, wenn es darum geht, die Herzstromkurven analog darzustellen und Abweichungen der Kurvenverläufe zu diagnostizieren. Für arbeitspsychologische Felduntersuchungen genügt die Herzfrequenzmessung über Ohrclips (Ohrabnehmer; s. Abb. II-29); sie verwenden als Indikator für den Herzschlag die Lichtdurchlässigkeitsveränderungen bei jeder Pulswelle (sog. Fotoplethysmografie).

Als Vorteile dieser Ohrclipmessung, die man auch bei Heimtrainern (Fahrradergometern) anwendet, gelten nach Luczak (1998) die einfache Anbringung und die Unempfindlichkeit gegenüber elektromagnetischen Störfel-

Abbildung II-29: Ohrclip zur Messung der Herzfrequenz

dern. Anders als bei der Brustwandableitung beeinträchtigt vermehrte Schweißbildung bei hoher Außentemperatur oder körperlichen Anstrengungen die Messung über den Ohrclip kaum. Mit dem EKG bzw. dem Ohrclip lassen sich folgende Größen bestimmen:

- Anzahl der Herzschläge pro Minute (durchschnittliche Herzschlagfrequenz),
- Messung der Zeit zwischen zwei aufeinanderfolgenden Schlägen und Berechnung der Momentan-Herzschlagfrequenz,
- Variabilität der zeitlichen Aufeinanderfolge der Herzschläge oder Schwankungen der Momentan-Herzschlagfrequenz (auch als Sinusarrhythmie oder Herzraten- bzw. Herzfrequenzvariabilität bezeichnet).

Für Beanspruchungsmessungen verwendet man in der Regel die durchschnittliche Herzschlagfrequenz pro Minute. Je nach körperlichem Training und individueller Leistungsfähigkeit wird die Herzfrequenz bei gleicher Arbeitsbelastung unterschiedlich ausfallen. So kann die Herzfrequenz beim Tragen eines mittelschweren Koffers (15 kg) über eine längere Strecke bei einem kleinen, untrainierten Mann von vierzig Jahren auf 115/min ansteigen, während sie bei einem großen, trainierten Gepäckträger über dieselbe Strecke bei vergleichbarem Tempo möglicherweise nur auf 90/min ansteigt.

Bei der Beurteilung der Pulsfrequenz als Bewertungsparameter verwendet man in der Arbeitswissenschaft den Arbeitspuls (vgl. Luczak, 1998). Er ergibt sich aus der Differenz von Gesamtpuls minus Ruhepuls. Als Ruhepuls wird der Wert ermittelt, den ein Mensch nach zehn- bis fünfzehnminütiger Pause auf einer Liege erreicht. Da man in der betrieblichen Praxis meist keine Zeit hat, die Versuchsperson (den Beschäftigten) auf eine Liege zu legen, zieht man entweder den Pulswert heran, der sich im Sitzen nach zirka zehn Minuten ergibt, oder man nimmt den um 10 Prozent reduzierten niedrigsten Wert, der während einer Arbeitsschicht erzielt wird.

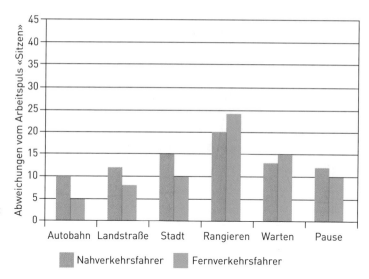

Abbildung II-30: Zunahme der Mittleren Herzfrequenz von Fernfahrern und Nahverkehrsfahrern in vergleichbaren Arbeitssituationen

Im Rahmen einer Untersuchung zur Beanspruchung von Nah- und Fernverkehrsfahrern (vgl. Frieling, Bogedale & Kiegeland, 1990) stellte man fest, dass typische Fahrintervalle (s. Abb. II-30) zu unterschiedlichen Beanspruchungen führen. Diese Werte weisen darauf hin, dass die Dauerbeanspruchungsgrenzen nicht erreicht werden. Interessant ist bei diesen Ergebnissen, dass sich bei vergleichbaren Teiltätigkeiten unterschiedliche Beanspruchungsfolgen ergeben. So zeigt sich, dass der Arbeitspuls von Fernverkehrsfahrern bei langen Autobahnfahrten nur geringfügig über dem Ruhepuls liegt; die Gefahr des Einschlafens bei diesen monotonen Teiltätigkeiten ist daher sehr groß. Darüber hinaus fällt auf, dass die Kreislaufbelastung bei störungsbedingten Wartezeiten höher ist als bei Autobahn- und Landstraßenfahrten. Wartezeiten dieser Art haben demnach keinen Erholungswert. Die Rangiertätigkeit ist bei Fernverkehrsfahrern mit ihren großen Lkws etwas beanspruchender als bei Nahverkehrsfahrern (vgl. hierzu die bei Boucsein, 2006, aufgeführten Untersuchungen zu verschiedenen Fahr- und Steuertätigkeiten).

Die körperliche Beanspruchung ist nicht nur auf die körperlichen Aktivitäten zurückzuführen, sondern auch auf die Umgebungsbedingungen. Das Beispiel in Abbildung II-31 zeigt, dass durch ein Ansteigen der Effektivtemperatur von 9 °C die Herzfrequenz bei einer Arbeit von 90 Watt (Fahrradergometer) stark ansteigt und die Dauerleistungsgrenze schnell überschritten wird.

In der Arbeitswissenschaft unterscheidet man je nach Verursachung unterschiedliche Pulse (vgl. Hettinger & Wobbe, 1993, S. 136 ff.):

- dynamischer Puls (hervorgerufen durch körperliche Aktivität wie gehen, heben, tragen, steigen, klettern, montieren etc.),
- statischer Puls (hervorgerufen durch Haltearbeit, z. B. das Festhalten eines Brettes an der Decke eines Zimmers),
- Klimapuls (Einfluss von Hitze auf die Pulsfrequenz; s. Abb. II-31) und
- psychischer Puls (psychische Belastungen bei Tätigkeiten, z. B. Rangieren eines Lkws [s. Abb. II-30] oder Prüfungssituationen).

Arrhythmie

Auf der Suche nach einem geeigneten Maß für psycho-mentale Beanspruchung versuchte man, dazu die Arrhythmie des Herzschlags zu benutzen. Dieser Indikator beschreibt, wie

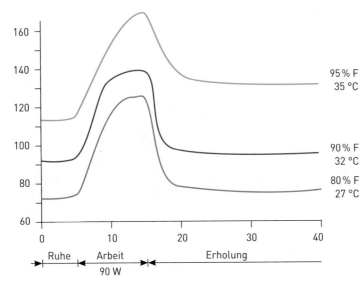

95 % F
35 °C

90 % F
32 °C

80 % F
27 °C

Abbildung II-31: Herzfrequenz und Arbeit bei unterschiedlichem Klima (Hettinger & Wobbe, 1993, S. 138)

stark sich die Zeitintervalle zwischen den einzelnen Herzschlägen unterscheiden. Die Zeitabstände zwischen zwei R-Zacken der Herzstromkurve (auch R-R-Intervall oder Herzperiodendauer [HPD] genannt) sind nicht immer gleich, sondern variieren. Die frühen klassischen Untersuchungen von Bartenwerfer (1960) oder Strasser (1982) zeigen anschaulich, dass die Art der Tätigkeit das Ausmaß der Arrhythmie beeinflusst (s. **Abb. II-32**).

Wie in Abbildung II-32 zu erkennen ist, nimmt das Ausmaß der Arrhythmie mit zunehmender mentaler Belastung ab; die höchsten Werte der Herzschlag-Arrhythmie werden im Schlaf erreicht, sehr geringe Werte dagegen beim Pauli-Test (Rechnen unter Zeitdruck) und beim Steuern eines schnell fahrenden Modellautos. Man erklärt diese Effekte häufig mit der größeren Präzision der Herzerregung in Leistungssituationen, während die Pumptätigkeit des Herzmuskels in Ruhesituationen offenbar einem relativ hohen Freiheitsgrad unterliegt. Diese Zusammenhänge lassen sich nicht in allen Untersuchungen auf diesem Gebiet bestätigen. Teilweise fand man bei einzelnen Menschen keine oder auch sehr stark von diesen Befunden abweichende Ergebnisse.

Auszugehen ist daher von einer interindividuell unterschiedlichen Ausprägung dieses Effekts (vgl. hierzu Pfendler, 1981).

Nach Boucsein (2006) weist eine deutliche Abnahme der Herzfrequenzvariabilität auf mentale Beanspruchungen hin; moderate Abnahmen sind ein Indikator für Ermüdung, und eine Zunahme der Arrhythmie geht einher mit Entspannung bzw. Erholung.

Erfassen lässt sich die Pulsfrequenz-Arrhythmie durch Verrechnungsverfahren aus dem EKG. Derzeit existieren sehr viele Berechnungsverfahren für die Pulsfrequenz-Arrhythmie (vgl. Boucsein, 2006; oder Silbernagl & Despopoulos, 2007).

Blutdruck

Neben Herzfrequenz und Arrhythmie ist der arterielle Blutdruck eine weitere wichtige Kenngröße des kardiovaskulären Systems. Beim Pumpvorgang des Herzens lässt sich eine Kontraktionsphase (Systole) und eine Erschlaffungsphase (Diastole) unterscheiden. Während der Systole wird das Blut durch das Adersystem bis in die Peripherie des Körpers gedrückt, während der Diastole füllt sich das

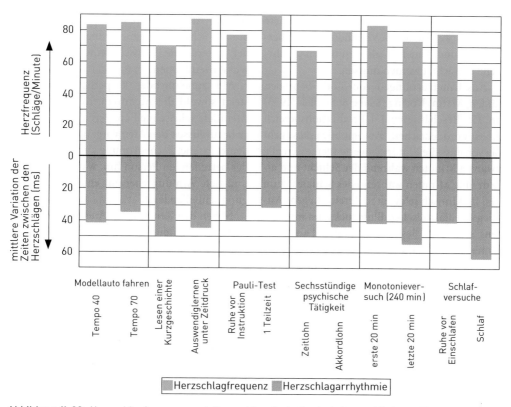

Abbildung II-32: Herzschlagfrequenz und Herzschlag-Arrhythmie bei verschiedenen Tätigkeiten (vgl. Bartenwerfer, 1960)

Herz wieder mit Blut. Entsprechend diesen Phasen unterscheidet man zwischen systolischem und diastolischem Blutdruck (vgl. Silbernagl & Despopoulos, 2007). Sowohl physische als auch psychische Einflüsse verändern den Blutdruck. So steigt bei körperlicher Arbeit der systolische Blutdruck stark an, der diastolische dagegen nur geringfügig.

Emotionale Erregungen, in besonderem Maße Frustrationen, führen ebenfalls zu einem raschen systolischen Blutanstieg. Das Gleiche gilt für das Einwirken von Stressoren, insbesondere dann, wenn mehrere Stressoren gleichzeitig wirken.

Zur Messung des Blutdrucks wird dem Probanden eine etwa 13 cm breite aufblasbare Manschette um den Oberarm gelegt (etwa 4 cm oberhalb des Ellenbogens) und aufgeblasen. Die Luft wird anschließend langsam abgelassen, bis durch das Stethoskop ein pochendes Geräusch hörbar (systolischer) bzw. nicht mehr hörbar (diastolischer Blutdruck) wird. Die Messergebnisse sind zum Teil sehr störanfällig (Artefakte); daher empfiehlt es sich, zur Verbesserung der Zuverlässigkeit Messwiederholungen durchzuführen.

Die Werte systolischer/diastolischer Blutdruck betragen bei jüngeren Erwachsenen etwa 120 mm Hg zu 70 mm Hg. Die Differenz zwischen beiden Werten (Druck-Amplitude) beträgt etwa 50 mm Hg. In einer Untersuchung an Montagearbeitern in der Automobilindustrie (vgl. Frieling, Buch, Weichel & Urban, 2007) ließ sich zeigen, dass die Gruppe der Jüngeren (36 bis 45 Jahre, n = 49) mit einem durchschnittlichen systolischen Blutdruck von 129,9 und einer Streuung von 15,8 und die Älteren (über 45 Jahre, n = 32) mit einem Wert von 133,3 und einer Streuung von 17,0 höhere Werte aufweisen, die in Verbindung mit Übergewicht und Rauchen als gesundheitsgefährdend betrachtet werden müssen.

Aus Untersuchungen von Stork, Schrader, Lüden, Mann, Nöring, Saake & Spallek (1995) an 158 Beschäftigten im Produktionsbereich eines norddeutschen Automobilwerkes geht hervor, dass die Blutdruckwerte (gemessen alle zwanzig Minuten während der Schicht und alle dreißig Minuten während des Schlafes) zum Teil im klinisch relevanten Bereich liegen (Anstieg des diastolischen Blutdrucks um mindestens 5 mm Hg). Besonders auffallend an dieser Untersuchung ist, dass in der Spätschicht die höchsten Anstiege des systolischen und diastolischen Blutdrucks auftraten. Der arbeitsassoziierte Bluthochdruck wird von Stork et al. (1995) als ein relevanter Indikator angesehen, um präventiv arbeitsgestalterische Maßnahmen zu ergreifen. Je höher der arbeitsassoziierte Bluthochdruck ist und je länger dieser Zustand anhält (während der Arbeitszeit), umso größer ist die Gefahr eines klinisch relevanten Bluthochdrucks mit dem Risiko des Herzinfarkts.

Um Belastungs- und Beanspruchungsprozesse zu erfassen oder Überforderung und Erholungsverläufe zu bestimmen, werden neben den klassischen Blutdruckmessungen und EKGs zunehmend auch multimodale (auf mehrere Ebenen angelegte) physiologische Assessments in Form von ambulanten Blutdruck- und EKG-Monitorings durchgeführt (vgl. Fahrenberg, 2008).

Atmung

Die Versorgung des Körpers mit lebensnotwendigem Sauerstoff geschieht durch den Atemvorgang. Die beim Einatmungsvorgang (Inspiration) in die Lunge gelangte Luft gibt Sauerstoff (O_2) an das Blut ab und nimmt gleichzeitig im Blut gelöste Kohlensäure in Form von CO_2 auf. Die Ausatmung (Expiration) schließt den Atemzyklus ab (vgl. Scheuch, 2008). Die Kenngrößen der Atmung, insbesondere Atemfrequenz und -tiefe, unterliegen breiten Schwankungen; darüber hinaus kann der untersuchte Mensch seine Atmung bewusst beeinflussen.

Mit zunehmender körperlicher Aktivität steigt sowohl die Atemfrequenz als auch die Atemtiefe sehr schnell an. Psychische Vorgänge beeinflussen den Atemvorgang ebenfalls. So deutet rasche, flache Atmung auf Anspannung der betreffenden Person hin, während häufige und tiefe Atmung eher auf emotionale Erregung schließen lässt.

Neben den Kenngrößen Atemfrequenz und -tiefe ist noch eine Reihe weiterer Parameter erfassbar.

Die Bestimmung der Atemcharakteristika erweist sich als relativ schwierig und aufwendig. Das Tragen einer Respirationsgasuhr oder auch nur von Luftsäcken zum Auffangen der ausgeatmeten Luft zwecks späterer Analyse empfinden die meisten Menschen als sehr hinderlich, zumal Schläuche und Mundstücke weitere Beeinträchtigungen sowohl der Bewegungsfreiheit als auch der Kommunikation mit sich bringen. Diese Art der Erfassung gleicht mit ihren apparativen Hilfsmitteln eher der inzwischen historischen physiologischen Leistungsdiagnostik.

Für Untersuchungen außerhalb des Labors kommt daher in den meisten Fällen nur die Aufzeichnung der Atemfrequenz in Frage. Gängige Methoden hierfür sind Nasen- oder Mundthermistoren, die auf dem Prinzip beruhen, dass ausgeatmete Luft wärmer ist als eingeatmete. Der Temperaturunterschied wird registriert. Die Erfassung der Veränderung des Brustumfangs durch spezielle Atemgürtel (mit Dehnungsmessstreifen) stellt eine weitere Methode zur Erfassung der Atemfrequenz dar. Beide Methoden haben Vor- und Nachteile. Durch Atemgürtel werden sehr leicht Bewegungsartefakte miterfasst; so führen zum Beispiel rhythmische Bewegungen zu verzerrten Aufzeichnungen. Ferner ist zu berücksichtigen, dass es «Brustatmer» (vorwiegend Frauen) und «Bauchatmer» (vorwiegend Männer) gibt, was durch Vorversuche bei den jeweiligen

Testpersonen ermittelt werden muss. Thermistoren haben den Nachteil, dass je nach Positionierung Nasen- bzw. Mundatmung und (bei Nasenthermistoren) Sprechphasen miterfasst werden. Zudem können die Sensoren bei den Untersuchten unangenehme Empfindungen hervorrufen.

Nicht möglich ist es bei beiden Methoden, mit den Zeitparametern der Atemfrequenz brauchbare Werte zum Atemvolumen zu berechnen. Sind derartige Maße erforderlich, muss man zu aufwendigen Methoden greifen (vgl. hierzu Luczak, 1998).

Aktivität

Mit Aktivität ist die körperliche Aktivität gemeint. Als Maß verwendet man sie selten allein, sondern im Zusammenhang mit weiteren Daten, zum Beispiel der Herzfrequenz und der Atmung; hohe Aktivität geht meist mit einer Erhöhung dieser beiden Parameter einher. Bei entsprechendem Versuchsdesign lassen sich aber auch Effekte nachweisen, die durch statische Haltearbeit entstehen.

Zur Artefakterkennung ist die Registrierung von körperlicher Aktivität bei Untersuchungen über die Auswirkungen von psychomentalen Belastungen sinnvoll, da schon geringe körperliche Bewegungen bei psychophysiologischen Messgrößen oft stärkere Effekte aufweisen als selbst starke psycho-mentale Belastungen.

Man erfasst die Aktivität am einfachsten durch die oben erwähnten Beschleunigungsaufnehmer. Die Beschleunigung wirkt auf einen Piezokristall, wobei die Stromerzeugung im Kristall als eine Funktion der Beschleunigung aufgefasst werden kann. Die Mindestbeschleunigung sollte 0,1 g betragen.

Beschleunigungsaufnehmer gibt es in verschiedenen Ausführungen, die je nach Bauart ein, zwei oder drei Beschleunigungsrichtungen registrieren. Wo man den Aufnehmer platziert, muss sorgfältig der zu untersuchenden Fragestellung angepasst werden (z.B. Arm, Bein, Oberkörperaktivität). Links- oder Rechtshändigkeit des Probanden ist zu beachten.

Relativ komfortabel sind Beschleunigungsaufnehmer, die am Handgelenk getragen werden (s. Abb. II-17 in Teil II, Kap. 2.4.3). Dabei handelt es sich um piezoelektrische Beschleunigungsaufnehmer (Aktometer). Indem die durch Bewegung ausgelösten Signale summiert und gespeichert werden, kann man die Bewegungsaktivität (Anzahl der Bewegungen pro Minute) kontinuierlich erfassen. Mithilfe einer solchen Aktivitätsmessung lässt sich der Ruhe- und Aktivitätsrhythmus über Tage und Wochen erfassen, ohne den Probanden zu sehr zu belasten. «Da der Ruhe- und Aktivitätszyklus und der Schlaf-Wachzyklus synchron verlaufen, können mit der Aktometrie wichtige Schlafparameter hinreichend genau erfasst werden» (Niederl, 2007, S. 84).

Temperatur

Bei Temperaturmessungen ist zwischen der Kerntemperatur und der Schalentemperatur zu unterscheiden. Die Kerntemperatur ist auf die Bereiche des inneren Gehirns, des Herzens und der Abdominalorgane (Bauch und Unterleib) beschränkt. Der Körper versucht, die Temperatur in diesen Bereichen so konstant wie möglich zu halten; eine langsame, stetige Erhöhung ist in der Regel ein Zeichen, dass die Dauerleistungsgrenze überschritten ist.

Der Begriff Schalentemperatur bezieht sich auf den Bereich der Extremitäten und deren Muskeln sowie insbesondere auf die Haut, in der die Temperaturschwankungen am größten sind. Bei kühler Außenluft sind selbst zwei Zentimeter unter der Haut noch 35 °C feststellbar; der gleiche Bereich erwärmt sich aber bei Hitzeeinwirkung sehr schnell auf 36 bis 37 °C. Starke körperliche (Muskel-)Aktivität, Kleidung und die Umgebungstemperatur beeinflussen die Körpertemperatur.

Die Kerntemperatur schwankt darüber hinaus in einem zirkadianen Rhythmus, der bei langfristigen Messungen als mögliches Artefakt zu berücksichtigen ist. Die Erfassung der

Oberflächen- oder Schalentemperatur bietet sich an, wenn man Hinweise auf thermoregulatorische Prozesse sucht, die ihrerseits die Beanspruchung durch verschiedene Außenvariablen ausdrücken können. Eigenschaften von bestimmten Kleidungsstücken, zum Beispiel Wärmestau bei Schutzkleidung, oder die Wirkung bestimmter Medikamente lassen sich durch Oberflächentemperatur belegen (vgl. hierzu Hettinger, Averkamp & Müller 1987; oder Kluth et al., 2009).

Die Kerntemperatur ist nur durch geeignete Thermistoren (Messfühler) erfassbar, die in Körperöffnungen einzuführen sind. Geeignete Ableitungsorte sind das Rektum, der Gehörgang unmittelbar vor dem Trommelfell, der Schlund bzw. die Rachenhöhle und das Körperinnere (Magen-Darm-Trakt). Zur Messung der Hauttemperatur befestigt man Oberflächentemperaturfühler auf den interessierenden Hautpartien.

Während Oberflächentemperaturmessungen recht unproblematisch durchführbar sind, stoßen Kerntemperaturmessungen speziell bei Felduntersuchungen oft auf Ablehnung. Die Probanden fühlen sich zum Teil durch die Thermistoren belästigt (Rektum, Mund-/Rachenhöhle). Ein gewisses Verletzungsrisiko (Gehörgang) lässt sich nicht ausschließen. Berücksichtigt man bei Langzeitmessungen den zirkadianen Rhythmus (falls dieser nicht selbst Untersuchungsgegenstand ist) und bei Oberflächenmessungen den Einfluss von Wärmestrahlung, sind Temperaturmessungen recht unproblematisch und liefern gute Ergebnisse.

Differenzierte Messungen zum Verhältnis von Kerntemperatur und Oberflächentemperatur bei Hitzebelastungen in der Glasindustrie finden sich bei Hettinger et al. (1987). Dieser Text enthält darüber hinaus eine Vielzahl von Hinweisen, mit welchen physiologischen Methoden man temperaturbelastete Arbeitsplätze untersuchen kann. Untersuchungen zum Einfluss der Kälte auf die Schalen- und Kerntemperatur und die Herzfrequenz in Abhängigkeit vom Alter finden sich bei Kluth et al. (2009).

Elektrodermale Aktivität (EDA)

Elektrische Hauterscheinungen hat man insbesondere im Bereich der Physiologischen Psychologie gründlich untersucht. Die Begriffsverwendungen sind bedauerlicherweise zahlreich und uneinheitlich; dies gilt sowohl für den deutschen als auch für den angloamerikanischen Sprachraum. Wir verwenden als übergeordneten Begriff für alle hautelektrischen Erscheinungen den Ausdruck «elektrodermale Aktivität» (EDA) (vgl. auch Vögele, 2008). Die EDA beschreibt Veränderungen der elektrischen Leitfähigkeit bzw. Potenzialschwankungen der Haut.

Trotz intensiver Forschungen auf diesem Gebiet sind die physiologischen Prozesse, die der EDA zugrunde liegen, noch nicht vollständig geklärt. Es scheint jedoch, dass die Schweißdrüsen der Haut einen wesentlichen Anteil an dieser Reaktion haben; dafür spricht, dass sich an Körperstellen, die sich zur Ableitung der EDA als besonders geeignet erwiesen haben (wie Handflächen, Finger, Fußsohlen), Schweißdrüsen in hoher Anzahl und Dichte befinden.

Als nicht zutreffend erwies sich jedoch die Vorstellung, dass der Schweiß selbst die Herabsetzung des Hautwiderstandes bewirken könne, denn damit diese Reaktion eintritt, ist das Austreten von Schweiß aus den Hautporen gar nicht nötig. Wahrscheinlicher ist, dass die Aktivität der Schweißdrüsenkanalmembrane – unabhängig von der Schweißproduktionsmenge – und die Füllhöhe des Schweißes im Schweißdrüsenkanal wesentliche, bestimmende Größen der EDA sind (vgl. Fowles, 1974).

Vor allem die emotionale Stimulation der Testpersonen sowie mental-informatorische Belastungssituationen beeinflussen anscheinend die EDA. Dabei scheint der Hautwiderstand mit zunehmender Gefühlsintensität abzunehmen. Schachter (1964) betont jedoch nachdrücklich die Bedeutung kognitiver Prozesse für die Interpretation von individuellen physiologischen Merkmalsveränderungen beim Entstehen von Emotionen. Auch die bei spezifischer Stimulierung (z. B. emotionaler Erregung) auftretenden wellenförmig verlaufenden Widerstandsänderungen (bis zu einigen hundert Ohm) dienen der Auswertung.

Nach Arbeiten von Faber (1980) kann man die Hautleitfähigkeit mit hoher Zuverlässigkeit zur Beurteilung von mental-informatorischen Belastungskomponenten heranziehen. Die Ableitung der EDA kann sowohl exosomatisch als auch endosomatisch erfolgen. (Exosomatisch: Ein schwacher Strom wird zwischen zwei Elektroden durch das Gewebe geschickt. Endosomatisch: Man erfasst verschiedene Modalitäten des elektrischen Hautpotenzials; das ist ohne weitere Stromzuführung realisierbar.) Beide Verfahren erfassen offenbar Ähnliches; welche Methode man verwendet, ist vor allem ein methodologisches und technisches Problem.

Die Elektroden sollte man, wie bereits erwähnt, auf die vorbereitete Haut an den Handinnenflächen, den mittleren Fingergliedern oder Fingerspitzen, den Daumen- und Kleinfingerballen oder den Fußsohlen platzieren; den Ort wählt man je nach der zu analysierenden Tätigkeit. Auch die Stirnableitung hat sich in einigen Felduntersuchungen als geeignet zur Messung des Hautwiderstands erwiesen.

Bei der Auswertung ist insbesondere auf Bewegungsartefakte sowie auf den zirkadianen Rhythmus zu achten. Darüber hinaus stellen folgende Variablen Einflussgrößen der EDA dar: Umgebungstemperatur, Haut- und Körpertemperatur, Luftfeuchtigkeit, Alter, Geschlecht, Kleidung, Adaptation, körperliche und geistige Gesundheit. Vor den bzw. während der Messungen ist es daher notwendig, diese Größen zu kontrollieren.

Ausführliche Darstellungen zur Theorie, Methodik und Anwendung der EDA-Messung in der Psychologie und Arbeitswissenschaft finden sich bei Boucsein (2006) oder Vögele (2008).

Muskelaktiviertheit

Aufzeichnungen mit einem Elektromyogramm (EMG) geben Aufschluss über die Kraftentfaltung bzw. Aktiviertheit eines Muskels. Mit einem EMG ist ferner feststellbar, welche Muskeln an bestimmten Bewegungsabläufen beteiligt sind.

Im Bereich der physischen Belastung ist das dadurch bedingte Ausmaß der körperlichen Beanspruchung erfassbar. Darüber hinaus existieren Zusammenhänge zwischen EMG und psychischen Vorgängen. Goldstein (1972) gibt hierzu eine Übersicht (vgl. ergänzend Boucsein, 2006).

Für die Arbeitswissenschaft ist besonders die Erfassung der Aktiviertheit von Menschen bei der Arbeit interessant. So treten bei nachlassender Aufmerksamkeit oder bei Schläfrigkeit relativ niedrige Muskelaktionspotenzial-(MAP-)Amplituden auf. Beim Vorliegen von Stress oder anderen angstauslösenden Situationen zeigen sich dagegen verstärkte elektrische Aktivitäten unterschiedlicher Muskelgruppen. Festgestellt wurden Zusammenhänge zwischen MAP und Aufgabenschwierigkeit sowie subjektiv eingeschätztem Anspruchsniveau in Leistungssituationen (vgl. Rogge, 1981).

Zur Datenerfassung macht man sich zunutze, dass Muskeln kurz vor bzw. während ihrer Anspannung elektrische Potenziale erzeugen. Diese lassen sich mithilfe von Nadelelektroden gezielt für den einzelnen Muskel aufzeichnen. Arbeitswissenschaftliche Untersuchungen wenden jedoch in erster Linie die unblutige Messung mit Oberflächenelektroden an. Oberflächenelektroden erfassen allerdings einen additiven Wert, der sich zusammensetzt aus dem MAP mehrerer zur erforderlichen Kraftentfaltung aktivierter motorischer Einheiten, der Innervationsfrequenz und eventuell der synchronen Aktivität vieler Muskelfasern, die verschiedenen motorischen Einheiten angehören.

Wie sich herausstellte, ergeben jedoch nur alle drei Aspekte gemeinsam einen linearen Zusammenhang zwischen integriertem EMG und muskulärer Kraft. Will man die Beanspruchung größerer Muskelgruppen erfassen, ist eine EMG-Ableitung an mehreren Stellen erforderlich. Vergleichbar sind bei EMG-Messungen nicht die Absolutwerte, da diese sehr von der Lage der Elektroden abhängen, sondern die Regressionsgrade des aufbereiteten (verstärkten und gleichgerichteten) Signals (vgl. hierzu Schnauber & Zerlett, 1984).

Die Aufnahme eines EMG ist, insbesondere bei Verwendung von Oberflächenelektroden, aufgrund der nur geringen Ströme (10–100 μV) nicht unproblematisch. Besondere Aufmerksamkeit muss man Artefakten schenken, die durch Einstreuungen von EKG, Elektrookulogramm (EOG), EDA oder EEG entstehen. Eine Veränderung der Elektrodenposition oder, falls dies nicht möglich ist, eine simultane Aufzeichnung dieser Parameter zur Kontrolle sind mögliche Abhilfen.

Weitere Einflussfaktoren, die bei der Auswertung berücksichtigt werden müssen, sind das Alter der Versuchsperson und die Raumtemperatur.

Lidschlussfrequenz

Ein weiterer sensorischer Parameter zur Beanspruchungsobjektivierung ist die Lidschlussfrequenz. Der Lidschlag fällt im weitesten Sinne unter die Augenbewegungen. Er erfolgt in der Regel unbewusst, um die Tränenflüssigkeit gleichmäßig über das Auge zu verteilen und so die Hornhaut vor dem Austrocknen zu bewahren.

Untersuchungen verschiedener Autoren haben ergeben, dass die Lidschlusshäufigkeit, zusammen mit anderen Indikatoren, ein Maß für die Aktiviertheit des Organismus darstellt. Sie hängt unter anderem von Beanspruchung, Beleuchtungsniveau, Belastungsdauer und Aufgabenschwierigkeit ab. Zunehmende Aktiviertheit soll mit einer deutlichen Erhöhung der Lidschlussfrequenz einhergehen. Stern, Boyer & Schroeder (1994) konnten nachweisen, dass Aktivationssteigerungen, die mit internen Problemlösevorgängen bzw. erhöhter Emotionalität verbunden sind, mit einer Zunahme der Lidschlussfrequenz einhergehen. Nach Haider & Rohmert (1976) kann man die Lidschlussfrequenz als motivational-psychischen Indikator für den Grad der willkürlich eingesetzten Leistungsreserven ansehen.

Die Datenerhebung erfolgt ähnlich wie beim EMG: Die Elektroden befestigt man dicht unter dem Auge und dicht über der Augenbraue. Nach Boucsein (2006) lässt sich die Lidschlussfrequenz einfach über ein Videosystem erfassen.

Artefakte können eintreten durch Zugluft, unterschiedliche Temperatur und Luftfeuchtigkeit sowie verschiedene Beleuchtungsdichten. Zu beachten ist weiter, dass die Lidschlussfrequenz, ähnlich dem Hautwiderstand, einem zirkadianen Rhythmus unterliegt.

Flimmerverschmelzungsfrequenz (FV)

Als Flimmerverschmelzungsfrequenz gibt man die Frequenz an, von der an eine Versuchsperson nicht mehr erkennen kann, ob eine Lichtquelle kontinuierlich leuchtet oder alternierend ein- und ausgeschaltet wird. Den Versuchspersonen präsentiert man dazu meist mehrere Lichtquellen innerhalb eines Einblicktubus, von denen in mehreren Durchgängen jeweils die «flimmernde» Lichtquelle erkannt werden soll. Hierbei erfolgt eine systematische Frequenzveränderung.

Nach Grandjean (1979) sind deutliche Abnahmen der FV zu erwarten bei

- pausenloser, hoher mentaler Belastung,
- Augenarbeiten mit hohen Anforderungen und
- reizarmen, monotonen Situationen.

Keine bzw. nur geringe Effekte sind zu erwarten bei

- mittlerer mentaler Belastung und verhältnismäßig freier Zeiteinteilung,
- körperlicher Beanspruchung und
- repetitiver Arbeit mit mittlerer mentaler Belastung.

Ein Nachlassen der Fähigkeit, ein Flimmern gerade noch als solches zu erkennen, interpretieren die meisten Autoren als ein Zeichen von

Ermüdung, wobei die Ermüdung weniger durch ein Nachlassen der Leistungsfähigkeit des Auges selbst als vielmehr durch zunehmende kortikale Desaktivation verursacht wird. Dies ist jedoch als Hypothese zu betrachten.

Vergleicht man Daten zum «subjektiven Ermüdungsempfinden» mit den Werten der FV, so zeigt sich eine gute Übereinstimmung. Eine besondere Eigenheit der FV besteht darin, dass es offenbar unmöglich ist, diese Fähigkeit zu trainieren.

Bei der Durchführung eines Tests zur Bestimmung der FV ist zu beachten, dass möglichst gleiche Umgebungsbedingungen herrschen und Geräte mit gleichem Funktionsprinzip und gleicher Bauart eingesetzt werden, um vergleichbare Daten zu erhalten.

Im Rahmen einer Untersuchung der Beanspruchung von 104 Konstrukteuren (vgl. Derisavi-Fard, Frieling & Hilbig, 1989) wurde die Flimmerverschmelzungsfrequenz vor Arbeitsbeginn und am Ende gemessen. Die Werte schwankten zwischen den beiden Messungen nur sehr geringfügig. Für die gesamte Gruppe ergaben sich Werte zwischen 32,8 und 32,6 Hz mit einer Schwankungsbreite zwischen 27 und 34 Hz. Die größten Unterschiede gab es bei den Brettkonstrukteuren (n = 20). Hier lag der erste Wert im Durchschnitt bei 33,3 Hz und der zweite Wert (Arbeitsende) bei 32,7 Hz. Diese Unterschiede sind zwar signifikant, aber die Differenzbeträge sind sehr gering. Diese Daten stimmen mit Untersuchungen von Grandjean (1979) überein, der davon ausgeht, dass bei relativ abwechslungsreichen mentalen Belastungen und relativ freier Zeiteinteilung keine oder nur sehr geringe Auswirkungen auf die Flimmerverschmelzungsfrequenz zu erwarten sind.

Zum Abschluss dieses Kapitels sei nochmals auf die zusammenfassende Darstellung und Bewertung der unterschiedlichen somatischen Parameter in der arbeitsphysiologischen Forschung zur Beanspruchungsobjektivierung von Scheuch (2008, S. 456 f.) hingewiesen.

2.5 Quasi-experimentelle Untersuchungen im Feld

Wissenschaftliche Experimente in der Feldforschung sind in der Regel nicht realisierbar, da beispielsweise eine Randomisierung der Untersuchungsobjekte (Arbeitspersonen) auf definierte Untersuchungsbedingungen kaum möglich ist. In natürlichen Organisationseinheiten im Feld kann man die Beschäftigten nicht beliebig zwischen definierten Arbeitssituationen «hin- und herschieben». Die im Laborexperiment angestrebte Randomisierung der Versuchspersonen bewirkt, dass sich – nach dem Prinzip des statistischen Fehlerausgleichs – die Besonderheiten der einzelnen Personen in der einen Gruppe durch Besonderheiten der Personen in den anderen Gruppen ausgleichen und personbezogene Störvariablen dadurch neutralisiert werden.

Bei quasi-experimentellen Untersuchungen arbeitet man hingegen mit natürlichen Gruppen. Anders gesagt: Es findet keine zufällige Zuweisung der Untersuchungsteilnehmer zu den Untersuchungsbedingungen statt. Allgemein wird quasi-experimentellen Untersuchungen eine geringere interne Validität als experimentellen Untersuchungen zugesprochen. In der Arbeitspsychologie muss man jedoch insbesondere im Bereich der Feldforschung aufgrund der betrieblichen Gegebenheiten bei vielen Fragestellungen quasi-experimentelle Untersuchungen durchführen, selbst dann, wenn eine Randomisierung theoretisch möglich wäre. So untersuchten Cohen & Ledford (1994) in einem Unternehmen der Telekommunikation den Einfluss des Selbstmanagements auf die Leistungsfähigkeit von Arbeitsgruppen. Hierzu erhoben sie die Leistungen bereits existierender Arbeitsgruppen, von denen einige mit der Technik des Selbstmanagements arbeiteten und die anderen traditionell geführt wurden. Eine randomisierte Aufteilung von Mitarbeitern in Gruppen mit unterschiedlichen Selbstmanagementkonzepten war aus betriebspolitischen und ethischen Gründen nicht möglich; man konnte die Mitarbeiter des Unternehmens nicht zu Experimentierzwecken unterschiedlichen Vorgesetzten zuordnen. Bei quasi-experimentellen Untersuchungen im Feld versucht man daher, die realen Bedingungen möglichst wenig durch die Untersuchung selbst zu beeinflussen (vgl. hierzu auch Kannheiser, 2006; oder die klassische Arbeit von Cook & Campbell, 1979).

Der Preis für die Erhebung der Daten in der natürlichen Umgebung besteht in einem Verzicht auf die Kontrolle untersuchungsbedingter Störvariablen, wie Laboruntersuchungen sie anstreben. Prinzipiell lassen sich sowohl Feld- als auch Laboruntersuchungen experimentell oder quasi-experimentell durchführen (zu quasi-experimentellen Versuchsplänen s. Freund & Holling, 2007; Hertel, Klug & Schmitz, 2010; oder Shadish, Cook & Campbell, 2002).

Der Feldforschung wird in der psychologischen Literatur in der Regel eine höhere externe Validität zugesprochen.

Nach Dipboye & Flanagan (1979) kann von einer der Felduntersuchung innewohnenden externen Validität nicht ausgegangen werden. Sie fordern eine kombinierte, Feld- und Laborforschung integrierende Forschungsstrategie, um in der Arbeitspsychologie external valide Ergebnisse zu gewährleisten. Schönpflug (1993) entwickelte einen «idealen Untersuchungszyklus», der einen solchen Wechsel von Felderhebungen und Laborversuchen umfasst (s. **Abb. II-33**).

Ob sich ein solch alternierendes Feld-Labor-Untersuchungsdesign allerdings in der Realität des betrieblichen Alltags umsetzen lässt, hängt in entscheidendem Maße von dem Verständnis und der Betroffenheit des Projektpartners ab.

Wie Schmidt und Kleinbeck (1996) ausführen, besteht in der Feldforschung das Problem, hinreichend große und über die Laufzeit des Experiments bzw. der Untersuchung stabile Untersuchungsstichproben zu gewährleisten. Kurzfristige Auftragsschwankungen, Erkrankungen der Beschäftigten und komplexe Arbeitszeitregelungen beeinträchtigen die «Stabilität» der Untersuchungsbedingungen.

Im Gegensatz zu Laboruntersuchungen, die in der Regel auf Kurzfristigkeit angelegt sind (maximal mehrere Tage oder Stunden), dauern quasi-experimentelle Feldstudien erheblich länger. So dauerte eine Studie von Antoni (1996) zirka acht Jahre und eine Untersuchung zur Arbeitsmotivation und Arbeitsgestaltung von Kleinbeck, Schmidt & Rutenfranz (1982) vier Jahre. Die langen Zeiträume sind einerseits erforderlich, um mögliche Effekte unterschiedlicher Arbeitsbedingungen deutlich nachweisen zu können; andererseits treten in längeren Zeiträumen verschiedene Ereignisse ein, die die Versuchsbedingungen wesentlich verändern. Das schränkt die Aussagekraft über die ursprünglich festgelegten Wirkgrößen ein. Bei Untersuchungen zur Gruppenarbeit hat sich beispielsweise gezeigt, dass zwischen Versuchsgruppen (z. B. Arbeitsgruppen mit gewählten Gruppensprecher(inne)n und regelmäßigen Gruppengesprächen) und Meistereien ohne Gruppenarbeit (Kontrollgruppen) kommunikative Austauschprozesse stattfinden und dadurch Veränderungen in beiden Gruppen zu erwarten sind, die die Effekte der intendierten Gruppenarbeit in der Experimental- und Kontrollgruppe beeinflussen. In Laborexperimenten lassen sich solche Austauschprozesse verhindern.

Längsschnittuntersuchungen an möglichst homogenen Untersuchungsgruppen (z. B. Montagebeschäftigten in der Automobilindustrie) können einen wesentlichen Beitrag dazu leisten, die Auswirkungen von Veränderungsmaßnahmen auf die Beschäftigten zu klären. Hierzu ist es erforderlich, quasi-experimentell die Arbeitsbedingungen systematisch zu verändern (z. B. durch den Einsatz ergonomisch gestalteter Arbeitsmittel, durch die Einführung strukturierter Trainingsmaßnahmen oder durch eine systematische Job Rotation innerhalb eines definierten Arbeitssystems) und die Auswirkungen auf die Beschäftigten durch relevante Indikatoren (Gesundheitszustand, körperliche Beschwerden, Selbstkompetenz etc.) zu überprüfen (vgl. Frieling, Buch & Weichel, 2008; s. auch das Beispiel 1 in Teil V).

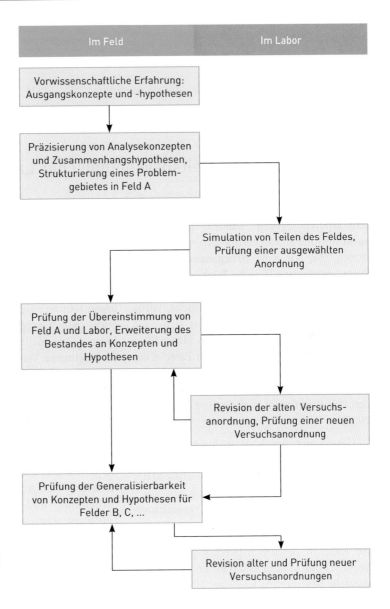

Im Feld | Im Labor

Vorwissenschaftliche Erfahrung:
Ausgangskonzepte und -hypothesen

Präzisierung von Analysekonzepten
und Zusammenhangshypothesen,
Strukturierung eines Problem-
gebietes in Feld A

Simulation von Teilen des Feldes,
Prüfung einer ausgewählten
Anordnung

Prüfung der Übereinstimmung von
Feld A und Labor, Erweiterung des
Bestandes an Konzepten und
Hypothesen

Revision der alten Versuchsanordnung, Prüfung einer neuen
Versuchsanordnung

Prüfung der Generalisierbarkeit
von Konzepten und Hypothesen für
Felder B, C, ...

Revision alter und Prüfung neuer
Versuchsanordnungen

Abbildung II-33: Wechsel von Felderhebungen und Laborversuchen in einem Untersuchungszyklus (vgl. Schönpflug, 1993)

Die quasi-experimentelle Feldforschung wird in Zukunft einen erheblich höheren Stellenwert einnehmen, wenn es darum geht, die Wirkung vorgeschlagener arbeitspsychologischer Gestaltungsmaßnahmen nachzuweisen. Diese Nachweise sind notwendig, um innerhalb des arbeitspsychologischen Handelns in Unternehmen eine Qualitätssicherung voranzutreiben. Gleichzeitig werden damit innerhalb der Arbeitspsychologie Theorien weiterentwickelt und überprüft. Durch Feldexperimente trägt man der Situationsspezifik arbeitspsychologischer Theoriebildung Rechnung. Arbeitstätigkeiten im Leontjew'schen Sinne (s. Teil I, Kap. 3.2.3) lassen sich im Labor nicht adäquat abbilden. Dort kann man nur Handlungen oder Operationen im Sinne von Teiltätigkeiten exemplarisch untersuchen, unter Ausschaltung der Spezifik der Organisationen, in denen sich das zu untersuchende Arbeitsverhalten zeigt.

3 Methoden arbeitspsychologischer Laborforschung

Arbeitspsychologische Laborforschung versucht mithilfe von Experimenten und Simulationen, Aspekte von Arbeitshandlungen in ihren spezifischen Ursache-Wirkungs-Zusammenhängen zu untersuchen und theoretisch aufzuklären (vgl. Ellermeier & Bösche, 2010). Die experimentelle Methode lässt sich nach Rehm & Strack (1994, S. 510 f.) als planmäßige Manipulation von Variablen zum Zwecke der Beobachtung unter kontrollierten Randbedingungen definieren. Drei Merkmale kennzeichnen das Experiment (vgl. Freund & Holling, 2007):

1. Herstellung der Untersuchungsbedingungen,
2. systematische Variation (Manipulation) der zu untersuchenden Ursache und
3. randomisierte Zuteilung der Versuchspersonen zu den einzelnen Bedingungen.

Im Rahmen der arbeitspsychologischen Laborforschung kommt es darauf an, die experimentelle Realisierung so zu gestalten, dass sie der Situation der Versuchsperson angemessen ist; eine möglichst arbeitsähnliche Gestaltung der Experimente scheidet damit aus. Arbeitstätigkeiten sind auf Dauer angelegt, dienen meist der Sicherung des Lebensunterhaltes, sind in ein soziales Wertesystem eingebettet und finden in speziellen Arbeitsumwelten (Betrieben, Organisationen) statt. Das Experiment im klassischen Sinne (vgl. hierzu die Ausführungen bei Hager & Westermann, 1983) muss sich daher im Rahmen arbeitspsychologischer Untersuchungen auf bestimmte

Ausschnitte des Arbeitsverhaltens beschränken. In der Regel handelt es sich um Untersuchungen zu Mensch-Maschine-Systemkomponenten, bei denen man überprüft, welche Arbeitsbedingungen (Display oder Informationsgestaltung, Gestaltung von Bedienteilen oder Arbeitsumgebungsbedingungen, z. B. Lärm, Hitze, Helligkeit, Vibration, Schadstoffe) bestimmte Verhaltensweisen, Fehler, physiologische Reaktionen oder Befindlichkeiten beeinflussen.

In dem klassischen Text zu psychologischen Aspekten der Arbeitsgestaltung in Mensch-Maschine-Systemen von Schmidtke und Hoyos (1970) wird eine Vielzahl von Experimenten dargestellt und diskutiert, die sich mit der Optimierung von Anzeigen, Displays und Körperhaltungen und deren Einfluss auf definierte Leistungsparameter befassen (vgl. hierzu auch Bubb & Sträter, 2006; oder Kannheiser, 2006).

Ein relativ einfaches Experiment mit weitreichenden Schlussfolgerungen, von dem Schmidtke und Hoyos (1970) berichteten, wollen wir hier kurz wiedergeben. In diesem Experiment ging es um die Frage, ob bessere Konzentrationsleistungen im Sitzen oder im Stehen erbracht werden können. Man bat Versuchspersonen (vermutlich männliche Studenten), im Stehen bzw. im Sitzen 240 Minuten lang Aufgaben zu erledigen, wie sie der «Konzentrations-Leistungstest» (KLT) von Düker und Lienert fordert. Die Ergebnisse der Untersuchung (s. **Abb. II-34**) machen deutlich, dass die Leistungsmenge und Leistungsgüte (weniger Fehler) bei derartigen Tätigkeiten im Sit-

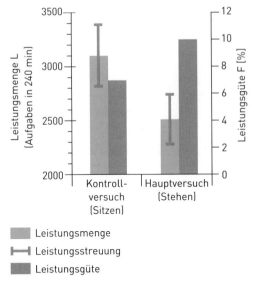

Abbildung II-34: KLT-Leistung bei sitzender versus stehender Tätigkeit über 240 Minuten (vgl. Schmidtke & Hoyos, 1970, S. 133)

zen erheblich besser ist als im Stehen. Nach Meinung der Autoren (Schmidtke & Hoyos, 1970, S. 133) kann «kein Zweifel daran bestehen, dass es unwirtschaftlich ist, eine Tätigkeit im Stehen verrichten zu lassen, da offenbar durch eine Beeinträchtigung der Sauerstoffversorgung des Zentralnervensystems die Sicherheit und Schnelligkeit der assoziativen Prozesse zurückgeht».

Auch wenn dieses Experiment durch die Art der Aufgaben (KLT-Testitems über vier Stunden bearbeiten) nur wenig mit konkreten Arbeitstätigkeiten zu tun hat und somit die ökologische Validität des Experiments (vgl. Rehm & Strack, 1994) gering ist bzw. gegen null geht, sind die Schlussfolgerungen aus dem Experiment für die Arbeitsgestaltung von Bedeutung. Eine sitzende Arbeitshaltung ist für Konzentrations- und Überwachungsaufgaben zweckmäßiger als eine stehende. Interessant wäre es zu untersuchen, inwieweit ein individuell beliebiger Wechsel von Steh- und Sitzpositionen bei Aufgaben, die hohe Konzentrationsleistungen verlangen, zu noch besseren Ergebnissen führt (im Vergleich zu denen bei nur sitzender Körperhaltung).

Eine originale Studie von Morse (1975) ist ein schönes Beispiel für ein arbeitspsychologisches Feldexperiment. Untersucht wurde, welche Rolle die Passung von Job und Persönlichkeit für das Selbstbild der Kompetenz von Mitarbeitern spielt. In der Experimentalbedingung erhielten Berufseinsteiger zu ihrer Persönlichkeit passende Jobs, in der Kontrollbedingung erfolgte die Auswahl des Jobs zufällig. Man betrachtete zwei Arten von Jobs mit unterschiedlicher Routinisierung: anforderungsreiche (hohe Autonomie, geringe Routine) und anforderungsarme (geringe Autonomie, hohe Routine). Hinsichtlich der Persönlichkeit der Berufseinsteiger wurde unter anderem die Ambiguitätstoleranz untersucht. Das entscheidende Ergebnis der Studie war, dass die Passung von Persönlichkeit und Routinisierung der Arbeit in Beziehung zum Selbstbild stand, nicht die Routinisierung des Jobs an sich. Das Selbstbild von Berufseinsteigern mit hoher Ambiguitätstoleranz entwickelte sich vor allem in Jobs mit geringer Routinisierung positiv; bei den Kollegen mit geringer Ambiguitätstoleranz zeigte sich eine positive Entwicklung des Selbstbildes hingegen bei stark routinisierter Arbeit.

Experimente dieser Art haben in der Arbeitspsychologie eine lange Tradition, besonders im Zusammenhang mit Untersuchungen zur psychischen Beanspruchung und Ermüdung, über die ausführlich Bartenwerfer berichtet (1970). Ähnliches gilt für Untersuchungen über den Zusammenhang zwischen Pausenverhalten und Leistungen. Diese Experimente, die Graf schon 1922 und 1927 ausführte (vgl. Graf, 1970), haben trotz ihrer für Arbeitstätigkeiten untypischen Versuchsaufgaben (Addieren einstelliger Zahlen) wesentliche Erkenntnisse über die Wirksamkeit der Pausenlänge und die Arbeitsleistung erbracht. Wie Abbildung II-35 zeigt, ist der Nutzeffekt von kurzen Pausen und längeren Pausen geringer als der Nutzeffekt mittlerer Pausen; die durch die Pausen verlorengegangene Arbeitsleistung wird durch Pausen mittlerer Länge (im Experiment 6 Minuten) mehr als ausgeglichen.

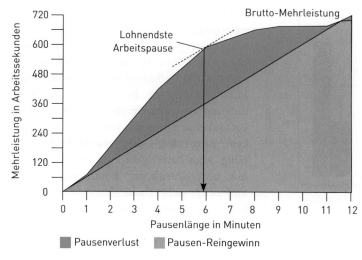

Abbildung II-35: Mehrleistung in Abhängigkeit von den Pausenlängen bei zweistündiger Additionsarbeit mit Pausen von 1, 3, 5 und 10 Minuten Länge nach 80 Minuten. Das Maximum der Mehrleistung gilt als Kriterium der lohnendsten Arbeitspausen. (Graf, 1970, S. 255.)

Dieses Ergebnis stimmt weitgehend mit den Beobachtungen überein, die schon Taylor (s. Infobox II-3) dazu veranlassten, Zwangspausen nach 75 Minuten für die Frauen vorzuschlagen, die Kugellager optisch und taktil überprüften. Wie Graf (1970) in seinem Aufsatz über Arbeitszeit und Arbeitspausen zeigen konnte, bestehen zwischen den Ergebnissen aus den Experimenten (obgleich sie mit relativ einfachen Testaufgaben realisiert wurden) und Beobachtungen in der industriellen Praxis hohe Übereinstimmungen.

Die Verbreitung EDV-gestützter Arbeitsmittel verändert durch den Rechner auch das arbeitspsychologische Experiment und erleichtert – beispielsweise durch ambulantes Monitoring in der Beanspruchungsforschung – die Erfassung physiologischer Parameter (vgl. Fahrenberg, 2008).

Viele empirische Untersuchungen im Feld und noch mehr Experimente im Labor befassen sich seit Ende der 1970er-Jahre mit der Verbesserung der Mensch-Rechner-Interaktion. Dabei geht es erstens um die Optimierung des Arbeitsmittels (Software, Bildschirmoberfläche, Bedienelemente etc.), zweitens um die Gestaltung von Arbeitssystemen und Arbeitsprozessen, in denen der Rechner zunehmend an Bedeutung gewinnt, und drittens um die

Simulation von Arbeitssituationen (vgl. hierzu die sehr ausführlichen Darstellungen bei Bubb & Sträter, 2006; Johannsen, 1993; Helander, 2006; Preece, Rogers, Sharp, Benyon, Holland & Carey, 1994; Schlick et al., 2010).

Am Beispiel der Softwaregestaltung und Fahrzeugsimulation stellen wir die arbeitspsychologische Laborforschung ausführlicher dar, um exemplarisch deren Möglichkeiten und Grenzen aufzuzeigen.

3.1 Laborforschung zur Softwareoptimierung

Im Rahmen eines größeren Forschungsprojektes zur Optimierung von CAD-Systemen in der Architektur (vgl. Frieling, Pfitzmann & Hammer, 1996) wurden zwei CAD-Systeme (APC und ProCad) hinsichtlich ihrer Bedienungsfreundlichkeit («usability») im Labor untersucht. Aus den ermittelten Schwachstellen sollten softwareergonomische Verbesserungsvorschläge abgeleitet und konkret umgesetzt werden. Eine Überprüfung der modifizierten CAD-Systeme sollte dem Nachweis dienen, dass ergonomisch sinnvoll gestaltete Softwaresysteme einen Beitrag zur effizienteren Arbeitsausführung leisten können.

3.1.1 Versuchsdesign

Im Folgenden werden in Übereinstimmung mit Tabelle II-15 die einzelnen Phasen des Laborexperimentes kurz dargestellt.

Phase 1: Auswahl der Versuchspersonen

Um die Bedienungsfreundlichkeit der drei Systeme (zwei alter und eines modifizierten) zu testen, muss sichergestellt sein, dass die Testpersonen keine Vorerfahrungen mit dem jeweiligen System haben und hinsichtlich ihrer CAD- und EDV-technischen Grundkenntnisse relativ homogen sind. Alle Versuchspersonen sollten über Erfahrungen mit manueller Zeichnungserstellung verfügen und am PC gearbeitet haben. Insgesamt ließen sich für den Versuch 54 Personen mit den Studienschwerpunkten Architektur, Bauwesen, Stadt- und Landschaftsplanung gewinnen. Das Durchschnittsalter betrug 27 Jahre, das heißt, es handelte sich um fortgeschrittene Studierende. Über differenzierte CAD-Kenntnisse verfügte keiner. Die Versuchspersonen wurden weitgehend nach dem Zufall auf die drei Gruppen verteilt; gewisse Einschränkungen ergaben sich aus Terminsetzungen für die CAD-Trainingstage (Phase 2). Für die Studenten bot das Training die Chance, ein CAD-System aus dem Bauwesen kennenzulernen; daher war das Teilnahmeinteresse an den Versuchen relativ groß, obgleich drei Termine im Abstand von je einer Woche wahrzunehmen waren.

Phase 2: CAD-Training

Jede der drei Testgruppen erhielt ein Training für das System. 17 Vpn wurden am System APC geschult, weitere 17 am System ProCad

Tabelle II-15: Versuchsdurchführung, gegliedert nach dem zeitlichen Ablauf aus Sicht der Versuchspersonen; die Angaben in Klammern beziehen sich auf das IFA-CAD-System (Frieling, Pfitzmann & Hammer, 1996)

Ablauf der Versuche	CAD-Systeme im Test	
	APC (IFA-CAD)	ProCad
1. Auswahl der Versuchspersonen	n = 17 (20) CAD-Kenntnisfragebogen (20 min)	n = 17
2. CAD-Training mit praktischen Übungen	1 Tag	1 Tag
3. Versuchsreihe I Aufgaben 1–11	Wissensfragebogen 10 min	10 min
	Aufgabenbearbeitung 90 min (65)	110 min
	Interview 10–20 min	10–20 min
4. Versuchsreihe II Aufgabe 12	Wissensfragebogen 54 min (41)	90 min
5. Versuchsreihe III Aufgaben 13	Wissensfragebogen 10 min	10 min
	Aufgabenbearbeitung 139 min (76)	160 min
	Eigenzustand 10 min	10 min
	Interview 10–20 min	10–20 min

und 20 am modifizierten APC-System (IFA-CAD; das Training am IFA-CAD entspricht dem des CAD-APC, ebenso der Versuchsablauf). Das Training führten Trainingsexperten der beiden Softwarehäuser durch. Die theoretische Unterweisung dauerte jeweils einen Vormittag; am Nachmittag konnten die Vpn selbstständig im Beisein des Trainers üben.

Dieses Training sollte sicherstellen, dass alle Versuchsteilnehmer annähernd die gleichen qualifikatorischen Ausgangsvoraussetzungen für die Versuche mitbrachten.

Phase 3: Versuchsreihe I (Aufgaben 1 bis 11)

In der ersten Versuchsreihe mussten die Vpn mit dem jeweils trainierten CAD-System unter weitgehend standardisierten Umgebungsbedingungen (CAD-Labor) im Einzelversuch elf verschiedene, relativ einfache repräsentative Zeichenaufgaben lösen. Zu Beginn der Versuchsreihe hatten die Vpn einen Wissensfragebogen zum jeweiligen CAD-System zu beantworten. Wenn Unklarheiten oder Wissenslücken bestanden (aufgrund des zeitlichen Abstands zwischen dem Training und dem ersten Versuch), beseitigte der Versuchsleiter diese im Gespräch mit der Versuchsperson. Die Zeit zur Aufgabendurchführung schwankte je nach System erheblich (zwischen 65 und 110 Minuten).

Nach Beendigung des Versuchs führte man ein zirka zwanzigminütiges halbstandardisiertes Interview durch, um Schwierigkeiten im Umgang mit dem System abzufragen. Der Versuchsleiter saß während des Versuchs im Raum und konnte bei großen Problemen eingreifen. Die Vpn wurden aber gebeten, möglichst wenig auf diese Hilfe zurückzugreifen und stattdessen die Handbücher und das Hilfesystem zu nutzen. Durch das mitlaufende Logfile und die begleitende Beobachtung ließen sich die einzelnen Aufgabenlösungen systematisch dokumentieren.

Phase 4: Versuchsreihe II (Aufgabe 12)

Wie aus Tabelle II-15 ersichtlich, lief der zweite Versuchstermin, der etwa eine Woche später stattfand, analog zum ersten ab. Die Vpn hatten allerdings nur eine, aber relativ umfangreiche Zeichenaufgabe zu bearbeiten (mehrere Wände eines Gebäudes mit unterschiedlichen Höhen). Die Aufgabe ließ sich je nach System innerhalb von 41 und 90 Minuten lösen.

Phase 5: Versuchsreihe III (Aufgabe 13)

In dieser dritten Versuchsreihe mussten die Vpn eine relativ komplexe Aufgabe durchführen (Konstruktion eines Erkers mit Fenstern und Türen, Ausführung einer speziellen Bemaßung und Einfügung von Texten), die für CAD-Anfänger als schwer einzustufen ist.

Vor und nach der Aufgabenbearbeitung (s. Tab. II-15), die zwischen 76 und 160 Minuten dauerte, mussten die Vpn zusätzlich die «Eigenzustandsskala» von Nitsch in der Modifikation von Apenburg und Häcker (1984) ausfüllen. Die Erfassung des Eigenzustands der Vpn sollte Hinweise auf deren verändertes Beanspruchungserleben geben. Wie bei den vorherigen Versuchsreihen erfolgten auch hier begleitende Beobachtungen und die Logfile-Erfassung.

3.1.2 Auswertung und Ergebnisdarstellung

Im Folgenden gehen wir etwas näher auf die Logfile-Auswertung ein, da diese Methode sich besonders gut dazu eignet, den Arbeitsprozess kontinuierlich durch den Rechner dokumentieren zu lassen. Durch Registrieren jedes einzelnen Arbeitsschrittes und der dazu benötigten Zeiten sind Funktionsnutzungszeiten und -häufigkeiten relativ leicht zu erfassen, ebenso die Pausen, Fehler oder Funktionsabbrüche. Bei dem Logfile handelt es sich um eine ASCII-Datei, die sich mit dem Statistikpaket (SPSS) auswerten lässt.

Aufbau des Logfiles

Wie Tabelle II-16 zeigt, besteht das Logfile aus zehn Komponenten (Spalte 1 bis 10), die jeden Arbeitsschritt präzise dokumentieren.

Spalte 1: Fortlaufende Nummerierung der einzelnen Arbeitsschritte, die durch einen Anfang (Funktion auswählen) und ein Ende (Funktion ausgeführt) definiert sind.

Spalte 2: Angabe der benutzten Funktionsnummer. Je nach Komplexität bestehen CAD-Systeme aus mehreren hundert Funktionen. Durch die Auszählung der einzelnen Funktionen lassen sich Aussagen über die Häufigkeitsverteilung einzelner Funktionen in Abhängigkeit von der Arbeitsaufgabe und/oder der Vpn machen.

Spalte 3: Häufigkeit der Wiederholungen einer Funktion bis zum nächsten Arbeitsschritt.

Spalte 4: Aktuelle Zeitdauer.

Spalte 5: Erfassung der Zeit, die zur Ausführung eines Arbeitsschrittes benötigt wurde.

Spalte 6: Zeitdauer zwischen zwei Arbeitsschritten; dabei kann es sich um Pausen und/oder um Suchzeiten handeln.

Spalte 7: Eingabemedien (Maus, Tastatur, Menütablett); sie können codiert und somit identifiziert werden.

Spalte 8: Abbruch einer Funktion bzw. nicht ordnungsgemäße Ausführung der Funktion.

Spalte 9: Nummer der Versuchsperson.

Spalte 10: Nummer des Versuchs.

Die Vpn wurden darüber informiert, dass zu Zwecken der Auswertung eine Logfile-Erfassung erforderlich ist. Im Labor bestehen dage-

Tabelle II-16: Ausschnitt aus einem Logfileprotokoll des Systems APC

1	2	3	4	5	6	7	8	9	10
1	251	1	16,56,34,81	15	188	1	1	8	1
2	15	1	16,57,05,46	4	16	1	0	8	1
3	251	2	16,57,09,46	17	0	1	0	8	1
4	15	2	16,58,16,25	4	50	1	0	8	1
5	251	3	16,58,20,25	76	0	1	0	8	1
6	15	4	17,02,32,08	5	176	1	0	8	1
7	24	1	17,03,13,71	0	36	1	0	8	1

Realzeit (Std., Min., Sek., 1/100 Sek.)

Wiederholung

Funktionsnummer

Arbeitsschritte

Versuchsnummer

Versuchsteilnehmer

Abbruch

Eingabemedium (Tastatur)

Pausenzeit (Sek.)

Funktionszeit (Sek.)

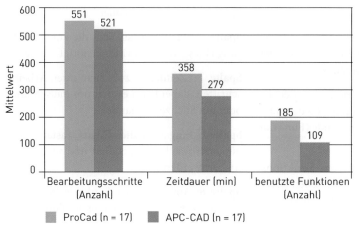

Abbildung II-36: Bearbeitungsschritte, Zeitdauer und benutzte Funktionen bei der Aufgabenbearbeitung (Frieling, Pfitzmann & Hammer, 1996)

gen kaum Widerstände; anders ist dies bei Logfile-Analysen, die im Feld durchgeführt werden. Hier sind die Widerstände groß. Die CAD-Nutzer fürchten die Auswertung von personbezogenen Daten (Zeitdauer, Fehler, Abbrüche, Pausen etc.), aber auch die Preisgabe individueller Arbeitsstile und Ideen. Theoretisch kann man aus den Analysen der Logfiles das Konstruktionsprodukt rekonstruieren.

Aus dem Systemvergleich (zwischen ProCad und APC-CAD) wird bei einer zusammenfassenden Auswertung deutlich, dass bei der systemspezifischen Bearbeitung derselben Aufgaben erhebliche Unterschiede bestehen (s. **Abb. II-36**).

Das APC-CAD-System erfordert im Durchschnitt aller Aufgaben weniger Bearbeitungsschritte, eine erheblich reduzierte Bearbeitungszeit und weniger Funktionen. Betrachtet man die Gesamtbearbeitung aller Aufgaben genauer, so ergibt sich, dass die reine Funktionsbearbeitungszeit zwischen 27 und 29 Prozent der Gesamtheit ausmacht und der größte Anteil von Überlegungen zur Funktionsauswahl (Pausenzeit) beansprucht wird.

Eine Aufschlüsselung der Bearbeitungszeiten nach Funktions- und Pausenzeiten über die drei Versuchsreihen zeigt weiter, dass erhebliche Unterschiede zwischen den CAD-Systemen existieren, egal ob einfache oder

komplexe Aufgaben zu erledigen sind. Das heißt, unter dem Aspekt der Benutzerfreundlichkeit ist das APC-CAD-System erheblich besser als das ProCad-System. Das Ziel des Forschungsprojektes bestand darin, eine möglichst benutzerfreundliche Dialoggestaltung für unterschiedliche CAD-Systeme zu entwickeln, und aufgrund der Logfile-Analysen und der Interviews mit den Versuchspersonen ließ sich eine Vielzahl von Anregungen (auf die hier nicht weiter eingegangen werden soll; vgl. dazu Frieling, Pfitzmann & Hammer, 1996) zur Verbesserung der Systeme ableiten. Wie **Abbildung II-37** zeigt, erbringt die Modifikation des APC-Systems (IFA-CAD) bei gleicher Versuchsdurchführung (Versuchsreihen I bis III) gegenüber der Originalversion anhand von n = 20 Vpn erhebliche Verbesserungen: Die Bearbeitungsschritte vermindern sich ebenso wie die benutzten Funktionen. Bei komplexen, schwierigen Aufgaben werden die Gestaltungsunterschiede besonders deutlich. Die Bearbeitungszeit reduziert sich über alle drei Versuchsreihen bei dem modifizierten APC-CAD-System (IFA-CAD) um 38 Prozent und die Anzahl der Bearbeitungsschritte um 34 Prozent.

Die Ergebnisse der Laborversuche und die daraus abgeleiteten Gestaltungsmaßnahmen zeigen deutlich, dass derartige Untersuchungen auch unter wirtschaftlichen Aspekten relevant

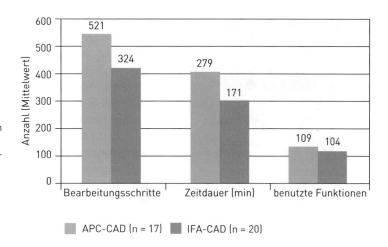

Abbildung II-37: Vergleich der Bearbeitungsschritte und der benutzten Funktionen bei der Lösung aller Aufgaben unter Einbeziehung eines modifizierten APC-CAD-Systems (IFA-CAD) (Frieling, Pfitzmann & Hammer, 1996)

sind, da modifizierte und benutzerfreundlich gestaltete EDV-Systeme zu erheblichen Effizienzsteigerungen führen können, ohne die Beschäftigten zusätzlich zu beanspruchen.

Die experimentelle Untersuchung zu Fahrkartenautomaten von Sengpiel (2010) zeigt, dass arbeitspsychologische Laboruntersuchungen einen ganz praktischen Nutzen haben, wenn es zum Beispiel darum geht, die Gebrauchstauglichkeit von Alltagsgegenständen zu bewerten und zu verbessern. Bei der Bedienung herkömmlicher Fahrkartenautomaten hatten besonders ältere Nutzer Probleme, die zum Abbruch des Kaufversuches führten. Sengpiel (2010) konnte aus seinen Experimenten unterschiedliche Gestaltungsmaßnahmen hinsichtlich Soft- und Hardware ableiten und dadurch die Akzeptanz von Fahrkartenautomaten erhöhen.

3.2 Simulation als Sonderform der Laborforschung

Die Simulation von Teiltätigkeiten, Handlungen oder Operationen bietet sich immer dann an, wenn bestimmte Ereignisse, die beobachtet und analysiert werden sollen, in der Realität (im Feld) entweder nur sehr selten oder aber in Verbindung mit Gefahren auftreten. Die ersten Simulationsversuche waren die Sandkastenspiele der Militärs, die mit dem maßstäblichen Nachbau von Hügeln, Gräben, Flüssen und Brücken eine der Wirklichkeit ähnliche Landschaft geschaffen haben, um daran gedanklich die richtige Strategie und Taktik zu erproben. Durch den Einsatz von Großrechenanlagen bzw. schnellen Prozessrechnern hat sich diese Art der anschaulichen Simulation erheblich geändert. So verfügen das Militär und größere Fluggesellschaften über perfekt ausgestattete Flugsimulatoren, in denen sich das Flugverhalten in extrem kritischen Flugsituationen nachahmen lässt, ohne den Piloten und die dazugehörige Crew zu gefährden (z.B. Brand von Triebwerken, Ausfall des Fahrwerks, Beschädigung von Flugzeugteilen). Daneben gibt es Simulatoren für Hubschrauber (vgl. Hartz, 1997), Schiffe (Tanker und U-Boote), Panzer und zivile Fahrzeuge (Automobile). Durch eine möglichst realistische Situationsdarstellung soll bei diesen Simulatoren eine Generalisierung der Ergebnisse auf Realsituationen gewährleistet sein (vgl. hierzu die verschiedenen Darstellungen in Johannsen, 2006; Manzey & Müller, 2006).

Damit stellt sich dem Konstrukteur der Simulationsanlage die Frage: Welche Aspekte der Arbeitssituation müssen nachgebildet werden, um sicherzustellen, dass die simulierte Aufgabe die wesentlichen Einflussmerkmale auf die Arbeitsausführung aufweist? Was wesentlich ist, lässt sich jedoch erst dann bestim-

Abbildung II-38: Mercedes-Benz-Fahrsimulator (mit freundlicher Genehmigung der Daimler AG)

Abbildung II-39: Aufnahme aus einer Fahrerkabine des Mercedes-Benz-Fahrsimulators (mit freundlicher Genehmigung der Daimler AG)

men, wenn die im Simulationsexperiment gewonnenen Erkenntnisse, auf den Ernstfall übertragen, zu vergleichbaren Ergebnissen führen.

Nach Schönpflug (1993) kann man zwischen symbolischen und anschaulichen Simulationen unterscheiden. Symbolische Simulationen beinhalten eine sprachliche oder bildliche Abbildung der nachzubildenden Zustände auf der Grundlage von Computermodellen; diese verknüpfen die Variablen der zu simulierenden Situation miteinander. Bei anschaulichen Si-

mulationen erfolgen im Gegensatz dazu Situationseingriffe in Form motorischer Aktionen, und die Situationen sind sinnlich erfahrbar (vgl. hierzu Hartz, 1997). So hört der «Fahrer» im Mercedes-Benz-Fahrsimulator (vgl. Drosdol & Panik, 1985; Käding, 1995) das «Rauschen des Windes», sieht die «vor ihm fahrenden Fahrzeuge» und nimmt die «Beschleunigung des Wagens» über Rezeptoren des vestibulären Systems wahr. Ort des Geschehens ist der Projektionsdom, in den ein komplettes Fahrzeug integriert ist (s. Abb. II-38 und II-39).

Wie der Infobox II-4 zu entnehmen ist, hat man sich bei der Fahrsimulation darum bemüht, durch die 360-Grad-«Rundumsicht» eine möglichst realitätsgetreue Fahrsituation zu schaffen (s. hierzu Abb. II-39).

Hosemann (1990) untersuchte im Mercedes-Benz-Fahrsimulator die Auswirkungen einer optischen Rückmeldung gefährlicher Traktionsverhältnisse auf das Fahrverhalten. (Die Rückmeldung korrespondierte mit der Umschaltung von Heckantrieb auf Vierrad-Antrieb.) Die «Warnleuchten» im Tachometer des Fahrzeugs baute man mit dem Ziel ein, die fluktuierende Aufmerksamkeit des Fahrers in den selektiven Modus zu überführen. Diesem Vorgehen liegt das Prinzip der Funktionsrückmeldung im Sinne der Vorankündigung von potenziell gefährlichen Situationen zugrunde, um die objektive Fahrsicherheit zu erhöhen. Ob dies tatsächlich gelingt, überprüfte man im Fahrsimulator ebenso wie die Frage, ob es zu negativen Fahrverhaltensänderungen kommt, die als unerwünschte Lernprozesse zu interpretieren sind. Untersuchen wollte man, inwieweit eine Warnleuchte das Fahrverhalten beeinflusst, wenn diese das Traktionsverhalten des Fahrzeugs anzeigt: Bei nassen, rutschigen, vereisten Straßen leuchtet die Lampe auf und weist darauf hin, dass Schleudergefahr besteht.

Zur Überprüfung wurden im Fahrsimulator Traktionsverhältnisse simuliert, die einer stellenweise sehr glatten, ungleichmäßig vereisten Straßenoberfläche entsprachen. Zusätzlich zur Aufgabe, die vorgegebene Strecke abzufahren,

Infobox II-4

Funktionsweise des Mercedes-Benz-Fahrsimulators Sindelfingen

Eine reale Fahrzeugkabine, in der der Testfahrer Platz nimmt, befindet sich in einer großen Kuppel, dem Fahrsimulatordom, dessen Innenfläche als 360-Grad-Projektionsfläche ausgebildet ist, auf der die Fahrzeugumgebung sowie der Straßenverkehr realitätsgetreu mit bewegten Fußgängern, Gegenverkehr und Häusern dargestellt werden. Der gesamte Dom befindet sich auf einem sogenannten Hexapoden, einem elektrisch angetriebenen Sechsbein, das durch gezieltes Ein- oder Ausfahren einzelner Zylinder Längs- und Drehbewegungen auf die Fahrzeugkabine überträgt. Das Sechsbein ist wiederum auf einem elektrisch angetriebenen 12 m langen Schienensystem montiert, mithilfe dessen Quer- oder Längsbewegungen mit Beschleunigungen bis zu 10 m/s^2 und mit Geschwindigkeiten bis zu 10 m/s (= 36 km/h) erzielt werden können, sodass sich beispielsweise auch Doppelspurwechsel realitätsnah simulieren lassen.

Die Steuereinrichtungen der Fahrzeugkabine sind über Datenleitungen mit der Computersteuerung des Fahrsimulators verbunden. Lenkt der Testfahrer, gibt er Gas oder betätigt er die Bremse, werden diese Reaktionen von der Computersteuerung registriert. Über 1000-mal pro Sekunde berechnet der Computer das Fahrverhalten des Autos und erteilt der Elektrik entsprechende Befehle. Die Fahrereingaben haben deshalb dieselben Auswirkungen wie im realen Verkehr. Die Fahrzeugbewegungen werden über das Bewegungssystem auf die Kabine übertragen,

die relative Lage des Autos zur Umgebung, beispielsweise das Einnicken beim Bremsen oder die Seitenneigung bei schneller Kurvenfahrt, wird dadurch spürbar. Auch die dargestellte Fahrzeugumgebung wird ständig mit einem Bildrechnercluster neu berechnet und ohne Zeitverzögerung auf der Projektionsfläche dargestellt. Die Software stellt die Verkehrssituation äußerst realistisch dar; so bewegen sich beispielsweise Fußgänger, und Bäume werfen Schatten.

Technische Daten:

- Antrieb des Hexapoden und des Linearbewegungssystems: elektrisch
- 90-Grad-Drehteller zur Drehung der Fahrzeugkabine im Dom und damit zur Nutzung der Linearachse zur Quer- bzw. Längsbewegungsdarstellung
- Länge des Bewegungsraumes in Längs- oder Querrichtung: 12,5 m
- Maximale Beschleunigung: $1g = 10$ m/s^2
- Maximale Geschwindigkeit: 10 m/s (= 36 km/h)
- 360-Grad-Rundumprojektion
- Fotorealistische Bilddarstellung, u.a. mit bewegten Fußgängern, Schattenwurf, autonomen Verkehr, Kreuzungsverkehr und Nachtfahrten
- Außerdem wird ein Teil der zum Antrieb des Simulators benötigten Energie beim Bremsen mithilfe der sogenannten Rekuperation zurückgewonnen und in das Stromnetz des Werkes Sindelfingen eingespeist.

erhielten die Fahrer die belastende Nebenaufgabe, in unregelmäßigen Abständen ein Tonsignal mit der Lichthupe zu beantworten, wobei die Reaktionszeit als abhängige Variable diente. Die Ergebnisse der Simulator-Untersuchung erfüllten die eingangs dargestellte Zielsetzung. Unter der Rückmeldebedingung kam es seltener zu Schleudervorgängen, und das Geschwindigkeitsniveau wurde homogener. Die erhöhten Reaktionszeiten unter der Rückmeldebedingung indizierten, dass das Informationsangebot der «Warnleuchten» verarbeitet wurde. Die subjektiv empfundene Sicherheit indessen erhöhte sich nicht.

Durch die stetig wachsende Zahl von Fahrer-Assistenzsystemen (vgl. hierzu Johannsen, 2006) nimmt auch die Erprobung neuer Systeme in Fahrsimulatoren zu. Die sinkenden Rechnerkosten fördern diesen Trend.

Fahrsimulatoren, die sich in abgespeckter Form auch zu Fahrsicherheitstrainings oder Schulungen verwenden lassen (z. B. für teure Tankfahrzeuge), haben im Rahmen von *Laborexperimenten* eine Reihe von Vor- und Nachteilen, die hier kurz aufgelistet werden:

Vorteile

- Fahrsimulatoren sind *kostengünstig*: Beliebige Straßen können simuliert werden; die Verläufe können je nach Versuchsbedingungen variieren (z. B. Landstraßen, Autobahn, städtischer Verkehr).
- Fahrsimulatoren sind *flexibel*: Die Straßen lassen sich je nach Zielstellung des Versuchs beliebig ausgestalten, mit Bäumen, Inseln, Leitplanken, alten und neuen Verkehrszeichen etc.
- Fahrsimulatoren sind *kontrollierbar*: Auch die Randbedingungen sind kontrollierbar.
- Fahrsimulatoren sind *ungefährlich*: Ohne Gefährdung der Vpn und der Umwelt (andere Verkehrsteilnehmer, Fahrzeuge etc.) lassen sich Schleuderversuche, Alkoholversuche, Medikamentenversuche, Mehrfachaufgaben (z. B. Telefonieren beim Überholen) etc. durchführen.

- Fahrsimulatoren sind *genau*: Die Verhaltenskriterien sind genau definierbar; die Versuchssituationen sind immer identisch.

Nachteile

- Fahrsimulatoren sind *realitätsfern*: Die Darstellungen der Umgebung wirken zum Teil etwas künstlich (besonders im Stadtbereich); weil bestimmte Umweltreize fehlen, neigen zirka 10 bis 30 Prozent der Versuchspersonen im Simulator zu Übelkeit, was dahin führen kann, dass die Versuche abgebrochen werden müssen; unterschiedliche Wetterbedingungen sind nur eingeschränkt simulierbar.
- Fahrsimulatoren sind *kompliziert*: Beim Versuchsaufbau ist die Technik aufwendig und teuer, sofern man sie nicht intensiv zu Forschungszwecken nutzt.
- Fahrsimulatoren führen zu Ergebnissen von teilweise *eingeschränkter Generalisierbarkeit*: Da die Vpn wissentlich an einem ungefährlichen Versuch teilnehmen, ist die Bereitschaft zu risikoreicherem Verhalten größer; das schränkt die Übertragbarkeit auf Realsituationen zum Teil ein.

Die Simulation von Arbeitstätigkeiten dient in der Arbeitspsychologie nicht nur der Foschung; auch in der angewandten Arbeitspsychologie werden Simulationsstudien und Simulatoren eingesetzt. Insbesondere bei komplexen Anlagen wie Schiffen, Panzern, Helikoptern, Flugzeugen, Raumfähren und Kraftwerken setzt man zur Ausbildung des Betriebspersonals Trainingssimulatoren ein (vgl. Johannsen, 2006; Manzey & Müller, 2006). Hier überwiegen die Vorteile der Simulatoren. Kritische Situationen können ohne Gefahr für das Betriebspersonal, die soziale und gegenständliche Umwelt und die Betriebsmittel geübt werden. Die genannten Vorteile wiegen die Entwicklungs- und Konstruktionskosten bei Weitem auf.

Eine weitere Form der Simulation von Arbeitstätigkeiten zu Trainingszwecken sind computergestützte Lernprogramme («computer-based trainings»). Kritische Aspekte der Tätigkeit (Gefahren, Kosten), die der Lernende durch Übung zu bewältigen lernt, werden auf dem Rechner simuliert. Beispielsweise entwickelten Sonntag, Lohbeck & Thomas (1997) einen computergestützten Prototyp zur Ausbildung von Störungsdiagnosekompetenz für künftige Instandhalter. Zu diesem Zweck lassen sich technologisch verschiedenartige Störungen (pneumatische, hydraulische und elektrische) mit variierendem Schwierigkeitsgrad simulieren. Zur Störungsdiagnose stellt das Programm dem Lernenden Messoperationen (Druck, Volt) über Mausfunktionen zur Verfügung, die an definierten Punkten des Systems durchzuführen sind. Die Störungsbeseitigung wird über den Austausch von Komponenten des Systems vollzogen; daraufhin erfolgt eine Rückmeldung (s. dazu ausführlich Teil V, Beispiel 2). Evaluationsstudien belegten die positive Wirkung des simulationsorientierten Diagnosetrainings (vgl. Schaper & Sonntag, 1998; sowie Hochholdinger, Schaper & Sonntag, 2008). Semmer, Tschan, Hunziger & Motsch (2011) berichten ebenfalls von erfolgreichen Trainingssettings auf der Basis von High-Fidelity-Simulationen in der Notfallmedizin.

Sengpiel, Struve, Dittberner und Wandtke (2008) haben ein Trainingsprogramm für ältere Benutzer von Fahrkartenautomaten entwickelt und am simulierten Fahrkartenautomaten getestet. Wie erwartet zeigte sich, dass jüngere Nutzer in Bezug auf die Schnelligkeit besser abschneiden als ältere. Durch mangelndes Interaktionswissen haben die Älteren Nachteile bei der Bedienung der simulierten Geräte. Durch entsprechende Trainingsprogramme und eine altersdifferenzierte Programmierung der Systeme lässt sich die Erfolgsquote bei der Bedienung entsprechender Geräte erheblich verbessern.

Auch auf dem Gebiet der Gestaltung von Arbeitsplätzen und Arbeitsmitteln setzt man – insbesondere in der ergonomischen Grundlagenforschung – Simulationsprogramme ein. Simuliert werden Mensch-Maschine-Systeme auf der Basis biomechanischer Modelle des Menschen (vgl. Bolte & Bubb, 1990; Bubb & Sträter, 2006; Helander, 2006) oder eingegrenzter Teilfunktionen wie der des Hand-Arm-Systems (vgl. Bullinger & Tsotsis, 1985).

Im Rahmen der Arbeitsprozessplanung setzt man für Bearbeitungszentren, Transferstraßen oder Fertigungszellen Rechner-Simulationen ein, um die Reihenfolgeplanung, die Abläufe, die Materialbereitstellung und die Prozesszeiten aufeinander abzustimmen (vgl. hierzu Schlick et al., 2010, S. 472 ff.). Durch die Nutzung weiterentwickelter digitaler Menschmodelle («digital human models») sehen Ergonomen zunehmend die Möglichkeit, dass sich menschliche Eigenschaften im Computer immer besser repräsentieren lassen. Inwieweit bei diesen Simulationen auch die Belange der Beschäftigten (Einrichter, Bediener, Logistiker) berücksichtigt werden, ist eine Frage, die häufig offen bleibt.

Anders ist dies bei der Simulation von Arbeitssystemen mithilfe des sogenannten *«Cardboard-Engineerings»*, auch «3P-Technik» genannt (vgl. hierzu Becker & Kreher, 2008). Bei diesem Simulationsverfahren werden, unter direkter Beteiligung der Mitarbeiter/-innen, mit Kartons, Klebstreifen und Schere künftige Arbeitsplätze (meist Montagearbeitsplätze) nachgebaut, um den Platzbedarf für die Maschinen und Anlagen, die Materialbereitstellungsflächen, die erforderlichen Körperhaltungen, die Bewegungen und die Greifräume zu simulieren. Diese Simulationstechnik des Cardboard Engineerings bzw. 3P wird trotz des Einsatzes von CAD-Simulationsverfahren (sog. virtuelle Absicherung) angewendet, weil die betroffenen Mitarbeiter/-innen hier in einer 1:1-Simulation eine bessere Vorstellung von den künftigen Arbeitssystemen entwickeln können. Zusätzlich können sie ihre Gestaltungspräferenzen zur Diskussion stellen und «praktisch» erproben. Diese Methode funktioniert nur (vgl. hierzu Becker & Kreher, 2008), wenn die Teilnehmer über einfache Grundkenntnisse auf dem Gebiet der Ergonomie verfügen und mit ihrer Hilfe verschiedene simulierte Varianten bewerten.

Teil III

Personale Voraussetzungen und deren Förderung

1 Verhaltens- und Leistungsdispositionen bei Arbeitstätigkeiten

Menschliche Verhaltensmerkmale und individuelle Leistungsdispositionen bei der alltäglichen Bewältigung von Arbeitsaufgaben und deren wechselseitige Wirkungsweisen zu kennen, ist eine der zentralen Voraussetzungen arbeitspsychologischer Diagnostik und Intervention: Über- oder Unterforderungen bei Organisationsmitgliedern lassen sich vermeiden und Entwicklungspotenziale sichern. Arbeitsinhalte und -strukturen sind so konzipierbar, dass zum einen genügend Spielraum zur Persönlichkeitsentwicklung und Potenzialentfaltung vorhanden ist und zum anderen die Arbeitsaufgaben und Ausführungsbedingungen an individuelle Leistungsvoraussetzungen anpassbar sind.

Eine psychologisch fundierte Eignungsdiagnostik, Personalentwicklung und Arbeitsgestaltung, die auch differenzielle und persönlichkeitsförderliche Zielsetzungen miteinbezieht, muss ihre Konzepte und Instrumente vor dem Hintergrund folgender grundlegender Fragestellungen reflektieren:

- Anhand welcher psychologischen Merkmale, Konstrukte und Dimensionen lassen sich personale Verhaltens- und Leistungsbedingungen in der Arbeit bewerten und prognostizieren, und welche sollte man unter den jeweiligen Anwendungsgesichtspunkten heranziehen?
- Wie stabil sind Persönlichkeitsmerkmale, und von welchem Ausmaß an individuellen Differenzen kann man ausgehen?

- Welche Wirkfaktoren und Bedingungen sind im Prozess der Persönlichkeitsentwicklung entscheidend?
- Welche Zusammenhänge zwischen Arbeit und Persönlichkeitsentwicklung sind dabei besonders zu berücksichtigen?

Diese Fragen beziehen sich auf Erkenntnisgegenstände der psychologischen Grundlagenforschung; nicht nur persönlichkeits- oder differenzialpsychologische, sondern auch entwicklungs- und lernpsychologische Themenbereiche sind angesprochen. Wir gehen zunächst auf diese grundlegenden Fragen ein und diskutieren dann die Implikationen für die Eignungsdiagnostik, Personalentwicklung und Arbeitsgestaltung.

1.1 Beschreibung personaler Merkmale

Die Vielfalt, in der man personale Verhaltens- und Leistungsmerkmale im Kontext von Arbeit und Organisation beschreiben kann, ist groß. Im Sinne einer eher pragmatischen Gliederung lassen sich verschiedene Merkmalsbereiche unterscheiden: Fähigkeits- und Kompetenzmerkmale, motivationspsychologische Konstrukte, Temperamentsmerkmale, Einstellungen und Werthaltungen.

1.1.1 Fähigkeitsmerkmale

Individuen unterscheiden sich bei der Aufgaben- bzw. Tätigkeitsausführung in ihrem Wissen und ihren Fähigkeiten. Mit *Wissen* ist nicht nur der Bestand an Kenntnissen gemeint, die ein Mensch zur Bewältigung einer Aufgabe besitzt und nutzt, sondern auch deren Repräsentation, Organisation und Nutzung. Zur Diagnose solcher Merkmale individueller Wissensstrukturen eignen sich zum Beispiel Strukturlegetechniken (s. Teil II, Kap. 2.1.1). Anhand von Karten, die Wissenssachverhalte (sog. Konzepte) und Relationen (Beziehungen zwischen Konzepten) kennzeichnen, lassen sich mit Strukturlegetechniken Wissensstrukturen in Form von Wissensnetzen legen bzw. visualisieren. Diese Methoden werden mittlerweile auch zur Lernerfolgsprüfung und qualitativen Wissensdiagnose im Kontext beruflichen Lernens eingesetzt (vgl. Sonntag & Stegmaier, 1996; 2007a).

Fähigkeiten stellen nach Hacker (2010) «verfestigte Systeme verallgemeinerter psychischer Prozesse dar, die den Tätigkeitsvollzug steuern». Sie betreffen hauptsächlich kognitive Vorgänge, zum Beispiel perzeptive bei der Signalaufnahme und -verarbeitung, mnestische als Leistungen des Gedächtnisses und intellektuelle als gedanklich analysierende und synthetisierende Vorgänge. Diese vor allem geistigen Fähigkeiten beziehen sich auf alle anderen Merkmale der Qualifikation und lassen sich nach Hacker (2010, S. 13 f.) und Volpert (1985) anhand von drei Ebenen unterscheiden.

Auf der sensumotorischen Regulationsebene stehen Fertigkeiten im Vordergrund, also die Beherrschung von eingeübten und automatisierten Bewegungsabläufen. Gegenstand der Handlungsregulation auf der perzeptiv-begrifflichen Ebene sind «Formen des Könnens», das heißt regelbasiertes Verhalten in vertrauten Situationen. Zur Bewältigung komplexer Situationen und Aufgaben bedarf es hingegen «verallgemeinerter Verfahren» in Form von Plänen, Strategien oder Heuristiken. Diese verallgemeinerten Verfahren dienen zur Auswahl und Organisation von Handlungen und Wissensbestandteilen, die auf der intellektuellen Ebene reguliert werden.

1.1.2 Berufliche Handlungskompetenz

Von «Kompetenz» spricht man vor allem dann, wenn es um die Lern- und Leistungsfähigkeit des Menschen in anwendungsbezogenen beruflichen Kontexten geht (vgl. Sonntag, 2009). In Überblicksarbeiten hat Weinert (1999; 2001) verschiedene Kompetenzbegriffe systematisiert. Je nach theoretischer Orientierung werden Kompetenzen schwerpunktmäßig als allgemeine oder kontextbezogene kognitive Leistungsdispositionen, motivationale Leistungsvoraussetzungen oder situationsübergreifend einsetzbare Schlüssel- bzw. Metakompetenzen definiert. Hartig und Klieme (2006) betonen, dass Kompetenzen sich immer auf einen spezifischen Aufgabenkontext beziehen, durch Lern- und Erfahrungsprozesse gebildet und nach situationsspezifischen Anforderungen strukturiert werden.

Der Kompetenzbegriff im Kontext beruflichen Handelns bezieht neben den fachlich-funktionalen und kognitiven Fähigkeiten in höherem Maße auch die sozialen, motivationalen und emotionalen Aspekte menschlichen Arbeitshandelns mit ein (vgl. ausführlich Sonntag, 2009). Bei der Frage nach beruflich relevanten Kompetenzen geht es darum, die psychischen und physischen Leistungsvoraussetzungen zur Bewältigung beruflicher Anforderungen zu bestimmen (vgl. Sonntag & Stegmaier, 2007a). In diesem Sinne definieren Sonntag und Schaper (2006a) berufliche Handlungskompetenz als die «Befähigung eines Mitarbeiters, die zunehmende Komplexität seiner beruflichen Umwelt zu begreifen und durch zielgerichtetes, selbstbewusstes, reflektiertes und verantwortliches Handeln zu gestalten» (S. 270). Ferner drückt sich Kompetenz auch in der selbstorganisierten Anpassung und Weiterentwicklung der Leistungsvoraussetzungen an veränderte Umfeldbedingungen, Anforderungen und Aufgaben aus (vgl. Erpenbeck & v. Rosenstiel, 2003).

Das Kompetenzkonstrukt wird in unterschiedlichen Zusammenhängen verwendet (vgl. Sonntag & Schaper, 2006a):

- als globales Ausbildungsziel in handlungstheoretischen Instruktionsansätzen (vgl. Hacker & Skell, 1993; Volpert, 1985),
- als Selbstkonzeptvariable in kognitionspsychologischen Modellen (vgl. Stäudel, 1987),
- als Strukturierungshilfe zur Klassifikation von beruflich relevanten Qualifikationen und ihren Elementen (insbesondere sog. Schlüsselqualifikationen; vgl. Stangel-Meseke, 1994).

Mittlerweile liegen unterschiedliche Ansätze zur Klassifikation von Kompetenzen vor. So haben beispielsweise Sonntag und Schaper (2006a; s. Infobox III-1) eine pragmatische, den Grundkonsens der Diskussion widerspiegelnde Unterteilung von Kompetenzfacetten vorgeschlagen, die in der Tradition der arbeitspsychologischen bzw. berufspädagogischen Theoriebildung zur *beruflichen Handlungskompetenz* steht. Bartram (2005) konnte in einer Reihe von Studien in verschiedenen Ländern acht *grundlegende Kompetenzen* («great eight competencies») identifizieren und validieren, die für den beruflichen Kontext von Bedeutung sind:

1. führen und entscheiden,
2. unterstützen und zusammenarbeiten,
3. interagieren und präsentieren,
4. analysieren und interpretieren,
5. Ideen und Konzepte entwickeln,
6. organisieren und ausführen,
7. anpassen und Coping sowie
8. unternehmerisch handeln und Leistung erbringen.

Darüber hinaus liegen detaillierte Modellierungen für *spezifische Kompetenzen* vor, zum Beispiel für soziale Kompetenzen. Kanning (2007) gelang es, soziale Kompetenzen mithilfe von Faktorenanalysen durch die vier Sekundärkompetenzen soziale Orientierung, Selbststeuerung, Offensivität und Reflexibilität sowie 22 Primärkompetenzen empirisch abzubilden (z. B. Selbstkontrolle, emotionale Stabilität, Handlungsflexibilität und Internalität als Primärkompetenzen der Sekundärkompetenz

Infobox III-1

Bereiche beruflicher Handlungskompetenz

Berufliche Handlungskompetenz lässt sich in vier Kompetenzbereiche aufteilen: Fach-, Methoden-, Sozial- und Personalkompetenz. Unter *Fachkompetenz* werden vor allem die zur Bewältigung von Aufgaben einer beruflichen Tätigkeit erforderlichen spezifischen Kenntnisse, Fertigkeiten und Fähigkeiten verstanden. *Methodenkompetenz* bezieht sich auf situationsübergreifende, flexibel einsetzbare kognitive Fähigkeiten (z. B. zur Problemlösung oder Entscheidungsfindung), die eine Person zur selbstständigen Bewältigung komplexer und neuartiger Aufgaben befähigen. *Sozialkompetenz* beinhaltet kommunikative und kooperative Verhaltensweisen oder Fähigkeiten, die das Realisieren von Zielen in sozialen Interaktionssituationen erlauben. *Selbst- oder Personalkompetenz* schließlich bezieht sich am deutlichsten auf persönlichkeitsbezogene Dispositionen, die sich in Einstellungen, Werthaltungen, Bedürfnissen und Motiven äußern und vor allem die motivationale und emotionale Steuerung des beruflichen Handelns betreffen (aus Sonntag & Schaper, 2006a.

Selbststeuerung). Schließlich liegen auch Kompetenzklassifikationen für *spezifische Zielgruppen* wie zum Beispiel Führungskräfte vor (vgl. Tett, Guternamn, Bleier & Murphy, 2000).

Um die berufliche Handlungskompetenz zu beurteilen und zu bestimmen, setzt man unter anderem Instrumente zur Selbsteinschätzung der vorhandenen Kompetenzen ein (vgl. Sonntag & Schäfer-Rauser, 1993). Diese Verfahren beruhen auf der Annahme, dass Vorstellungen über die Art und Ausprägung der eigenen beruflichen Kompetenzen als Facetten des Selbstkonzepts repräsentiert sind und auf diese Weise das Arbeitsverhalten, zum Beispiel bei der Wahl zu übernehmender Aufgaben, entscheidend beeinflussen können.

1.1.3 Expertise und Erfahrung

Laut einer weithin akzeptierten Definition von Posner (1988) und ihrer Ergänzung durch Krems (1994) meint «Expertise» die bereichs- und aufgabenspezifische Problemlösefähigkeit einer Person in einem Sachgebiet, die diese in die Lage versetzt, dauerhaft Hervorragendes zu leisten. Um Expertise zu beschreiben und zu analysieren, werden Experten üblicherweise Novizen oder weniger leistungsstarken Personen gegenübergestellt. Die besonderen Merkmale von Expertenleistungen ermittelt man vorwiegend durch Kontrast- bzw. Extremgruppenvergleiche, die sich vor allem auf besondere Merkmale der Informationsverarbeitung und des Vorgehens beziehen. Zur Charakterisierung von Expertenleistungen bei komplexen Arbeitstätigkeiten liegen sowohl Einzelstudien vor (z. B. Schaper & Sonntag, 1998; Sonnentag, 1995) als auch Überblickdarstellungen (z. B. Hacker, 1992; 2005; Rothe, 1990; Salas & Rosen, 2010; Sonnentag, 2000).

Expertise drückt sich in einer hohen Leistung in einem Aufgabenbereich aus; mit anderen Worten, Experten «machen etwas besser bzw. effizienter als andere» (Hacker, 2005, S. 381). Hacker (2005, S. 381 ff.) hat folgende entscheidende Faktoren systematisiert, die der Spitzenleistung von Experten zugrunde liegen:

- bereichsspezifisches Wissen,
- bereichsübergreifende heuristische Strategien,
- intensive Planungsprozesse,
- Wissen um leistungsbestimmende Komponenten der Tätigkeit,
- Vorstellungen von einer idealen Vorgehensweise,
- reflektiertes und kontrolliertes Vorgehen bei der Aufgabenbearbeitung,
- implizite Kenntnisse,
- automatisierte Prozeduren sowie
- metakognitives Können.

Entscheidend für die Expertenleistung ist schließlich das Zusammenspiel der verschiedenen Faktoren. Selbst bei stärker körperlich geprägten Arbeitstätigkeiten sind es weniger Kraft, Geschicklichkeit oder Tempo, die das Expertenhandeln auszeichnen, sondern ein «qualitativ andersartiges Vorgehen mit kognitiven sowie auch mit motivationalen Grundlagen» (Hacker, 2005, S. 383).

Die Methodik der Kontrastgruppenvergleiche lässt sich allerdings nur zur Deskription von Expertisemerkmalen heranziehen. Sie erlaubt keine Aussagen über die Entstehung von Expertise oder die Wirksamkeit von definierten Förderungsmodalitäten. Da die geeignete Alternative in Form von Längsschnittstudien aus aufwandstechnischen Gründen nur selten durchgeführt wird, behilft man sich mit retrospektiven Analysen, Interventionsstudien und Modellkonstruktionen. Folgende Einflussfaktoren auf die Entwicklung und Wirkung von Expertise wurden untersucht und diskutiert:

- Einfluss von Begabung; zum Beispiel hohe Intelligenz, Überlegenheit des kognitiven Apparats (z. B. besseres Gedächtnis) oder ungewöhnliche Anlagen (z. B. erweiterte visuelle Vorstellungskraft). Unterschiede in den genannten dispositionalen Merkmalen ließen sich jedoch nicht finden (vgl. Mandl, Gruber & Renkl, 1993), sodass die Bedeutung dieses Forschungsansatzes mittlerweile als gering eingeschätzt wird.
- Einfluss von Übung und Erfahrung (vgl. Sonntag, 1997a); hierbei kommt es weniger auf die Beschäftigungsdauer in einer Domäne an als auf gut durchdachte Übungsformen (z. B. in Bezug auf Intensität, tägliche Dauer und Strategie der Übung; vgl. Ericsson, Krampe & Tesch-Römer, 1993) und die Breite und Vielfalt der Erfahrungen (vgl. Sonnentag, 1995).
- Einfluss nicht kognitiver Merkmale; neben kognitiven Variablen fördern auch motivationale Komponenten (z. B. positive Einstellung zum Lernen) und Selbstkonzeptvariablen (Entwicklung der eigenen Fähigkeiten)

die Herausbildung von Expertise (vgl. Gruber & Ziegler, 1996).

- Einfluss von Kultur; auch die situativen Bedingungen und die soziokulturellen Rahmenbedingungen (z. B. in Form einer Expertenkultur), unter denen das Wissen erworben wurde, beeinflussen die Wissensanwendung (vgl. Mandl, Gruber & Renkl, 1993).

- Einfluss von Aufgabenmerkmalen; die objektive Komplexität einer Aufgabe spielt eine Rolle dabei, welche Leistung abhängig von unterschiedlichen Expertisegraden erzielt werden kann (vgl. Harem & Rau, 2007).

1.1.4 Allgemeine und spezielle kognitive Fähigkeiten

Neben diesen eher auf spezifische Tätigkeiten orientierten Fähigkeits- und Kompetenzaspekten spielen auch kognitive Fähigkeiten wie Intelligenz oder Kreativität bei der Arbeitsausführung eine wichtige Rolle. Insbesondere bei der Intelligenz handelt es sich zweifellos um ein Konstrukt mit hoher Bedeutung für den arbeits- und organisationspsychologischen Kontext. Es gibt nur wenige berufliche Tätigkeiten, deren Leistungen nicht mit Unterschieden in der generellen intellektuellen Leistungsfähigkeit zusammenhängen (vgl. Hunter & Hunter, 1984). In seiner Bedeutung umfasst dieses Konstrukt Basisfähigkeiten des Denkens (z. B. Beziehungen erfassen), kulturbezogene kognitive Fähigkeiten (vor allem verbale Fähigkeiten, etwa das Sprachverständnis) und die Fähigkeit, (komplexe) Probleme zu lösen. In erweiterte Ansätze bezieht man darüber hinaus auch «soziale» und «praktische» Intelligenzleistungen mit ein (vgl. Brocke, 1995). Wir stellen nun einige Modelle und Befunde zu allgemeinen und speziellen kognitiven Fähigkeiten dar.

Allgemeine kognitive Fähigkeiten

Als «Intelligenz» bezeichnet man geistige bzw. kognitive Fähigkeiten, die sich beispielsweise dann zeigen, wenn Menschen planen und entscheiden, Probleme lösen, ausgehend von Erfahrungen und Informationen Schlussfolgerungen ziehen, Neues lernen oder sich an die Bedingungen einer veränderten Umwelt anpassen (vgl. den Überblick von Sternberg & Kaufmann, 1998). Aus einer stärker diagnostischen Perspektive drückt sich Intelligenz darin aus, wie schnell und wie gut Menschen neue oder unbekannte Aufgaben lösen können, für die sie keine direkt anwendbaren Routinen oder Automatismen besitzen (vgl. Schuler & Höft, 2006, S. 105). Wann Menschen andere als intelligent ansehen, kann allerdings zwischen verschiedenen Kulturen deutlich variieren (vgl. Landy & Conte, 2010, S. 101). Während in manchen Kulturen die Geschwindigkeit der Verarbeitung von Informationen als Ausdruck von Intelligenz gilt, räumen andere Kulturen der Sorgfalt einen höheren Stellenwert ein (vgl. Sternberg & Kaufmann, 1998).

Zahlreiche Theorien haben es sich zum Ziel gesetzt, diese kognitive Fähigkeit im Hinblick auf ihre strukturalen sowie prozessualen Aspekte näher zu beleuchten. Vergleicht man verschiedene Intelligenztheorien, so unterscheiden sie sich in Art und Zahl abgegrenzter Faktoren der Intelligenz, in der hierarchischen bzw. nicht hierarchischen Ordnung verschiedener Intelligenzfaktoren und in der Frage, inwieweit sich die einzelnen Faktoren in einem homogenen Generalfaktor («g»-Faktor) als Ausdruck der Allgemeinen Intelligenz verdichten lassen (vgl. Hell, 2007; Schuler & Höft, 2006).

Das Berliner Intelligenzstrukturmodell (BIS-Modell; vgl. Jäger, 1984) verbindet Elemente verschiedener faktorenanalytisch orientierter Strukturmodelle der Intelligenz (vgl. Hell, 2007, S. 442; Schuler & Höft, 2006, S. 105 ff.). Im BIS-Modell werden Operationen, Inhalte sowie eine Allgemeine Intelligenz unterschieden. Die vier Operationen Bearbeitungsgeschwindigkeit, Merkfähigkeit, Einfallsreichtum und Verarbeitungskapazität werden hierbei mit den drei Inhalten figuralbildhaft, verbal und numerisch zu zwölf Fähigkeitskomponenten kombiniert. Die Allgemeine Intelligenz wird als Aggregation dieser einzelnen Fähigkeitskomponenten verstanden. Bei einer intelligenten Leistung wirken die verschiedenen Fähigkeitskomponenten zusammen, wobei deren jeweilige Bedeutung sich abhängig von den Anforderungen einer Aufgabe verändert.

Mittlerweile liegen zahlreiche Metaanalysen vor, die sich der Frage nach dem Zusammenhang von Allgemeiner Intelligenz und der Berufs- und Trainingsleistung widmen (vgl. den Überblick bei Hell, 2007; Schmidt & Hunter, 1998; Schuler & Höft, 2006). So konnten Hunter und Hunter (1984), basierend vor allem auf US-amerikanischen Studien, eine durchschnittliche Validität der Allgemeinen Intelligenz bezogen auf Leistung und Erfolg im Beruf von r = .53 ermittelt. Dass Allgemeine Intelligenz jedoch nicht nur im US-amerikanischen Kulturraum für die Leistung im Beruf bedeutsam ist und in ihrer Wirkung auch von der Komplexität der Tätigkeit abhängt, haben Salgado et al. (2003) in ihrer Metaanalyse von Studien aus der Europäischen Union nachgewiesen. Bei wenig komplexen Berufen ergab sich eine durchschnittliche Validität von r = .51, bei hoch komplexen Berufen oder zum Beispiel Managementaufgaben hingegen von r = .64 (vgl. Salagado et al., 2003). Im Vergleich zu anderen Prädiktoren erweist sich die Allgemeine Intelligenz in den meisten Fällen zur Vorhersage bzw. Erklärung der Leistung und des Erfolgs im Beruf als besser geeignet (vgl. Schmidt & Hunter, 1998a).

Spezielle kognitive Fähigkeiten

Neben der Allgemeinen Intelligenz lassen sich verschiedene spezielle kognitive Fähigkeiten unterscheiden, die für den beruflichen Kontext bedeutsam sind. Hierzu zählen unter anderem allgemeines Wissen, Fachkenntnisse, Aufmerksamkeit oder auch Konzentration (vgl. ausführlich Schuler & Höft, 2006, S. 113 ff.). Fachkenntnisse meinen das Wissen eines Menschen über Sachverhalte, Prozesse und Ursache-Wirkungs-Beziehungen in seinem

Arbeitskontext und lassen sich durch Fachkenntnistests, Tests des impliziten Wissens sowie situative Aufgaben ermitteln (vgl. Schuler & Höft, 2006, S. 113).

Für schriftliche Tests von Fachkenntnissen bestimmten Dye, Reck und McDaniel (1993) in ihrer Metaanalyse durchschnittliche korrigierte Validitäten von r = .45 für die Leistung im Beruf und von r = .47 für den Erfolg in Trainingssituationen, wobei die Validitäten mit r = .57 bei komplexen Tätigkeitsfeldern höher ausfielen. Motowidlo und Tippins (1993) konnten für situative Aufgaben, bei denen Personen angeben, wie sie sich in einer beschriebenen Situation konkret verhalten würden, eine Validität von r = .28 ermittelt.

Die «Arbeitsprobe zur berufsbezogenen Intelligenz für Büro- und kaufmännische Tätigkeiten» (AZUBI-BK) ist ein interessantes Beispiel für ein gemischtes Verfahren, das die methodischen Zugänge konstruktorientierter Tests und simulationsorientierter Arbeitsproben kombiniert und es erlaubt, tätigkeitsbezogene Fertigkeiten sowie diese fundierende, allgemeinere kognitive Fähigkeiten orientiert am BIS-Modell zu bestimmen (vgl. Schuler & Höft, 2006, S. 116 f.; Schuler & Klingner, 2005). Unkorrigierte Validitäten für die AZUBI-BK lagen bei r = .61 (Vorhersage der Leistung in der Berufsschule) sowie r = .43 (Leistungsbeurteilung durch Vorgesetzte).

1.1.5 Motivationspsychologische Konstrukte

Neben individuellen Fähigkeiten ist die Art und Ausprägung der *Arbeitsmotivation* zentral für die Ausführung und das Erleben von Arbeit. Unter Arbeitsmotivation wird hier in Anlehnung an Kleinbeck (1996) die Bereitschaft verstanden, Fähigkeiten und Fertigkeiten zum Zweck produktiver und zielorientierter Arbeit einzusetzen. Die Arbeitsmotivation lässt sich – wie jedes motivierte Handeln – außerdem nach ihrer Richtung, Intensität und Ausdauer bestimmen (vgl. Locke & Latham,

2004). Motivation entsteht als Wechselwirkung aus Motiven, also den Wertungsdispositionen eines Menschen, und Anreizen der Situation, die passende Motive aktivieren und so Handeln anregen können (vgl. Nerdinger, 2006, S. 386). Geprägt wird Arbeitsmotivation zum einen von persönlichen Motiven, zum Beispiel Leistung erbringen, Anschluss finden, zum anderen vom Anregungsgehalt der Arbeitssituation bzw. der Arbeitsaufgabe für die Verwirklichung des entsprechenden Motivs.

Je nach ihrem inhaltlichen Schwerpunkt lassen sich Theorien der Arbeitsmotivation den Inhaltstheorien, den Theorien der Zielwahl oder den Theorien der Zielrealisierung zuordnen (vgl. ausführlich Brandstätter & Schnelle, 2007, S. 52). Theorien der Zielwahl und der Zielrealisierung können auch als Prozesstheorien begriffen werden, die die Entstehung von Motivation näher erklären, ohne sich hierbei auf eine festgelegte Menge an grundlegenden Bedürfnissen zu beziehen. Stattdessen betrachtet man detailliert an der Motivation beteiligte kognitive, volitionale und vor allem selbstregulative Prozesse.

Inhaltstheorien der Motivation

Inhaltstheorien der Motivation (z. B. Deci & Ryan, 1985; Maslow, 1954; McClelland, 1985) stellen Taxonomien menschlicher Motive bzw. Bedürfnisse auf (wie bspw. Anschluss, Selbstverwirklichung, Kompetenzerleben, Sinnerleben) und ordnen diesen Anreize der Umwelt zu, die zu einer Aktivierung der Motive führen können (vgl. Nerdinger, 2006, S. 388). Man kann Arbeitstätigkeiten danach beurteilen, welches Motivierungspotenzial sie für ein spezifisches Motivsystem enthalten (vgl. z. B. Schmidt, Kleinbeck, Ottmann & Seidel, 1985). Anhand von fünf Kernmerkmalen der Arbeitstätigkeit (Variabilität, Ganzheitlichkeit, Bedeutung, Autonomie, Feedback) erlaubt auch das «job characteristic model» nach Hackman und Oldham (1976) eine Bestimmung des Motivationspotenzials. Konkrete Wirkung zeigt Arbeitsmotivation in der Aus-

wahl, Übernahme und Verfolgung von Arbeitszielen. Anders ausgedrückt, Ziele sind konkrete Antizipationen von Handlungsergebnissen und Ergebnisfolgen, die zur Befriedigung von bestimmten Motiven dienen.

Motivationstheorien der Zielwahl

Theorien der Zielwahl erklären, wie sich Menschen für ein Handlungsziel entscheiden (vgl. Brandstätter & Schnelle, 2007, S. 54 f.). So gehen Erwartungs-mal-Wert-Modelle davon aus, dass sich ein Mensch für die Handlungsoption entscheidet, bei der das Produkt aus der Wahrscheinlichkeit, durch Handeln ein Ergebnis zu erreichen (Erwartung), und dem Nutzen bzw. der Attraktivität des Handlungsergebnisses (Wert) am höchsten ist (vgl. Nerdinger, 2006, S. 390 f.).

Die «Valenz-Instrumentalitäts-Erwartungs-Theorie» (VIE-Theorie) von Vroom (1964) detailliert diesen Grundgedanken weiter, indem sie Handlungen, Handlungsergebnisse, Handlungsfolgen, verschiedene Erwartungsformen sowie Valenzen unterscheidet (vgl. Brandstätter & Schnelle, 2007, S. 54; Nerdinger, 2006, S. 391). Ergebniserwartungen drücken aus, wie wahrscheinlich eine Handlung zu einem Ergebnis führt; Instrumentalitätserwartungen charakterisieren, wie wahrscheinlich ein Handlungsergebnis mit einer Handlungsfolge verbunden sein wird. Valenzen schließlich stehen für die Nutzenbewertungen der einzelnen Handlungsfolgen. Auch hier lässt sich die Motivation für eine Handlungsoption über die Verrechnung der verschiedenen Erwartungs- und Werteelemente bestimmen.

Mit dem «Risikowahl-Modell» (vgl. Atkinson, 1957) lässt sich erklären, warum sich Menschen in Organisationen bei ihren Aufgaben unterschiedlich anspruchsvolle Ziele setzen (vgl. Kleinbeck, 2009, S. 351). Ist die Motivation eines Menschen eher durch Hoffnung auf Erfolg geprägt, wird er bevorzugt mittelschwere Aufgaben auswählen, da er bei diesen das eigene Leistungsvermögen am besten einschätzen und weiterentwickeln kann. Dominiert bei einem Menschen die Furcht vor Misserfolg, lässt sich eine Präferenz für einfache oder schwierige Aufgaben beobachten. Die einfachen Aufgaben wird der Mensch mit hoher Wahrscheinlichkeit erfolgreich bewältigen, und bei den schwierigen Aufgaben kann er mangelnden Erfolg mit deren Schwierigkeit begründen, ohne am eigenen Leistungsvermögen zweifeln zu müssen.

Motivationstheorien der Zielrealisierung

Bei den Theorien der Zielrealisierung geht es um die Frage, welche volitionalen und selbstregulativen Prozesse dazu beitragen können, dass man gewählte Handlungsziele auch tatsächlich verfolgt und erreicht (vgl. Brandstätter & Schnelle, 2007, S. 56). Typische Vertreter dieser Kategorie sind die «Handlungskontrolltheorie» (vgl. Kuhl, 1992) und die «Zielsetzungstheorie» (vgl. Locke & Latham, 1990, 2002).

Kuhl (1992) geht in der *Handlungskontrolltheorie* davon aus, dass Handlungskontrollstrategien, wie zum Beispiel die Emotionskontrolle, eingesetzt werden müssen, damit Handlungsziele angesichts konkurrierender Handlungstendenzen sowie beim Handeln auftretender Schwierigkeiten und Misserfolge dennoch erfolgreich verfolgt werden können. Wie gut Menschen Handlungskontrollstrategien nutzen können, hängt davon ab, ob sie eher handlungs- oder eher lageorientiert sind (vgl. Brandstätter & Schnelle, 2007, S. 56). Handlungsorientierte Menschen setzen beispielsweise Strategien zur Emotionskontrolle situationsadäquat ein, wohingegen lageorientierte Menschen bei auftretenden Schwierigkeiten negative Gedanken und Gefühle nicht leicht kontrollieren oder unterdrücken können, sodass es ihnen schwerfällt, sich auf die zu bearbeitende Aufgabe zu konzentrieren.

Die *Zielsetzungstheorie* (vgl. Locke & Latham, 1990, 2002) befasst sich mit der Frage, wie Ziele und Rahmenbedingungen beschaffen sein müssen, damit sich durch das Setzen von Zielen eine Steigerung der Arbeitsleistung

erreichen lässt (vgl. Kleinbeck, 2009, S. 352 f.; Nerdinger, 2006, S. 393 ff.). Zahlreiche Studien konnten belegen, dass spezifische, herausfordernde und dennoch realistische Ziele die Arbeitsleistung verbessern (vgl. Locke & Latham, 1990, 2002). Diese Ziele entfalten ihre Wirkung über vermehrte Anstrengung, erhöhte Ausdauer, Fokussierung der Aufmerksamkeit sowie eine klare Ausrichtung des Verhaltens (vgl. Nerdinger 2006, S. 395). Verstärkt wird die leistungssteigernde Wirkung der Zielsetzung, wenn ein Mensch sich an das Ziel gebunden fühlt, die notwendigen Fähigkeiten zum Handeln besitzt und während der Zielverfolgung Rückmeldungen zu Zwischenergebnissen erhält (vgl. Kleinbeck, 2009, S. 353).

Das Rubikon-Modell als integrative Motivationstheorie

Das «Rubikon-Modell» (vgl. Heckhausen & Heckhausen, 2006) verbindet Elemente aus Motivationstheorien der Zielwahl und der Zielrealisierung. Es unterscheidet vier Phasen der Handlungssteuerung (vgl. Kleinbeck, 2009, S. 349 f.; Nerdinger, 2006, S. 389). In der prädezisionalen Motivationsphase (Phase 1) wägt man verschiedene Möglichkeiten und Ziele gegeneinander ab und trifft schließlich die Entscheidung für ein Handlungsziel (Wählen). In der präaktionalen Volitionsphase (Phase 2) vergleicht man unter Berücksichtigung vorhandener interner und externer Ressourcen Handlungsoptionen miteinander und formuliert einen Plan zur Zielerreichung (Planen). Im Zentrum der aktionalen Volitionsphase (Phase 3) steht die willensgesteuerte und zielorientierte Initiierung und Aufrechterhaltung der Handlung, durch die man das Ziel – auch angesichts von Schwierigkeiten und Rückschlägen – erreichen will (Handeln). Den Abschluss bildet die postaktionale Motivationsphase (Phase 4), in der das erreichte Ergebnis mit dem angestrebten Ziel verglichen wird, wobei durch Attributionsprozesse für den jeweiligen Erfolg bzw. Misserfolg entsprechende internale oder externale Ursachen identifiziert werden.

Zentrale Motive im Arbeitskontext

Motive werden in der Motivationspsychologie als überdauernde Dispositionen aufgefasst, die sich auf eine Inhaltsklasse von Handlungszielen beziehen, in denen sich die angestrebten Folgen des eigenen Handelns widerspiegeln. Zentrale Motive für die Arbeitsmotivation beziehen sich auf das leistungsthematische und das anschlussthematische Handeln, wobei unter differenziellen Aspekten jeweils zwei Ausprägungsformen zu unterscheiden sind («Hoffnung auf Erfolg» und «Furcht vor Misserfolg» beim Leistungsmotiv; «Hoffnung auf Anschluss» und «Furcht vor Zurückweisung» beim anschlussthematischen Motivsystem). Bedeutung haben darüber hinaus das Machtmotiv, das Neugiermotiv, das Aggressionsmotiv und die Ängstlichkeit (vgl. Kleinbeck, 1996).

Der *Leistungsmotivation* kommt im beruflichen Kontext eine wichtige Rolle zu. Mit dem «Leistungsmotivations-Inventar» (LMI) von Schuler und Prochaska (2001) lassen sich 17 Dimensionen der Leistungsmotivation (z.B. Beharrlichkeit, Erfolgshoffnung, Selbstständigkeit, Selbstvertrauen) per Fragebogen bestimmen und zu einem Wert für das Ausmaß der Leistungsmotivation verdichten. Die Leistungsmotivation wird hier als eine in einer Reihe von Persönlichkeitsmerkmalen fundierte Verhaltensdisposition verstanden (vgl. Schuler & Höft, 2006, S. 126). Sie lässt sich auch als Dimension im Rahmen von Persönlichkeitsfragebogen wie dem «Bochumer Inventar zur berufsbezogenen Persönlichkeitsentwicklung» (vgl. Hossiep & Paschen, 2003) oder dem «NEO-Persönlichkeitsinventar» (vgl. Ostendorf & Angleitner, 2004) ermitteln (vgl. Trapmann, 2007, S. 461). Ein im englischen Sprachraum eingesetzter Fragebogen zur Erfassung der Leistungsmotivation ist der «Motivational Trait Questionnaire» (MTQ), mit dem sich sechs Dimensionen bestimmen lassen, darunter Lernmotivation, Wettbewerbsorientierung und Emotionalität in Leistungssituationen (vgl. Kanfer & Ackerman, 2000).

Gelingt es, die Leistungsmotivation zu fördern, so lassen sich hierdurch Fehlzeiten reduzieren und Arbeitsleistungen verbessern (vgl. Kleinbeck & Wegge, 1996). Auch haben Studien positive Effekte der Leistungsmotivation auf den Berufserfolg, das durchschnittliche Jahresgehalt, die erreichte hierarchische Position in einer Organisation, das organisationale Commitment sowie die geleistete Wochenarbeitszeit nachgewiesen (vgl. den Überblick bei Trapmann, 2007, S. 460). In einer Metaanalyse konnten Judge und Ilies (2002) zeigen, dass auch die Persönlichkeit die leistungsbezogene Motivation beeinflusst. So ergab sich für Neurotizismus ein negativer Zusammenhang mit der Leistungsmotivation, für Gewissenhaftigkeit hingegen eine positive Beziehung. Demnach setzen sich gewissenhafte Personen häufiger herausfordernde Ziele, glauben eher, dass sich ihre Anstrengungen lohnen, und vertrauen stärker auf ihre Handlungsfähigkeit.

Interessen im Arbeitskontext

Neben Motiven stellen auch Interessen relevante motivationspsychologische Konstrukte im Arbeitskontext dar. *Interessen* sind Präferenzen bzw. Einstellungen gegenüber Aktivitäten, Themen oder anderen Gegenständen und können als motivationale Dispositionen verstanden werden, die zentral für das Selbstkonzept einer Person sind (vgl. Krapp, 2009, S. 53). Beschäftigt sich ein Mensch mit einem Gegenstand seines Interesses, ist dies üblicherweise mit positiven Gefühlen und dem Erleben hoher subjektiver Bedeutung verbunden (vgl. Krapp, 2009, S. 56).

Eignungsdiagnostische Informationen über berufliche Interessen können bei der Berufsberatung, der Personalauswahl, dem Personalmarketing oder auch der Personalentwicklung nützlich sein (vgl. Trapmann, 2007, S. 463 ff.). Beispielsweise lassen sich mit dem deutschsprachigen «Allgemeinen Interessen-Struktur-Test» (AISTR) von Bergmann und Eder (2004) folgende sechs Interessentypen ermitteln (vgl. Schuler & Höft, 2006, S. 127): realistische Orientierung, intellektuelle Orientierung, soziale Orientierung, konventionelle Orientierung, unternehmerische Orientierung sowie künstlerische Orientierung. Mit dem dazugehörigen «Umwelt-Struktur-Test» (UST-R) lassen sich dieselben Dimensionen bezogen auf die berufliche Umwelt bestimmen, sodass im nächsten Schritt geprüft werden kann, inwieweit berufliche Interessen eines Menschen und Angebote der Umwelt (z. B. Arbeitsinhalte, berufliche Entwicklungschancen) zueinander passen. Die wissenschaftliche Diskussion über das geeignete Maß zur Bestimmung der Passung oder «Kongruenz» sowie den praktischen Stellenwert derartiger Informationen bei Personalentscheidungen ist allerdings keineswegs abgeschlossen (vgl. Schuler & Höft, 2006).

1.1.6 Allgemeine und spezielle Persönlichkeitsmerkmale

Persönlichkeitsmerkmale werden als Konstrukte betrachtet, die vielfältigen Erlebens- und Verhaltensweisen im Arbeitskontext zugrunde liegen und so über verschiedene berufliche Situationen und Zeitpunkte hinweg zur Stabilität und Kontinuität menschlicher Eigenschaften beitragen (vgl. Hough & Ones, 2001; Schaper, 2007). Es gilt daher zunächst herauszufinden, durch welche und durch wie viele Merkmale sich die Persönlichkeit eines Menschen angemessen beschreiben lässt (vgl. ausführlich Schuler & Höft, 2006, S. 117 ff.). Erkenntnisse darüber erlauben es, die Komplexität bei der Beschreibung und Klassifizierung menschlicher Erlebens- und Verhaltensweisen durch den Rückgriff auf Persönlichkeitsmerkmale zu reduzieren.

Allgemeine Merkmale der Persönlichkeit

Ausgehend von Studien mit unterschiedlichen methodischen Zugängen hat sich mittlerweile ein Fünf-Faktoren-Modell der Persönlichkeit (Big-Five-Modell) in der Forschung durchgesetzt (vgl. Goldberg, 1993; McCrae & Costa, 1987; Schuler & Höft, 2006, S. 117). Inzwischen

liegt eine deutschsprachige Version des «NEO-Persönlichkeitsinventars» nach Costa und McCrae zur Messung der Big-Five-Faktoren vor (vgl. Ostendorf & Angleitner, 2004). Schuler und Höft (2006, S. 118) charakterisieren die einzelnen Faktoren des Big-Five-Modells: Extraversion (u. a. gesellig, aktiv, dominant), Neurotizismus (u. a. ängstlich, besorgt, unsicher), Verträglichkeit (u. a. freundlich, flexibel, vertrauensvoll), Gewissenhaftigkeit (u. a. sorgfältig, verlässlich, organisiert) und Offenheit für Erfahrung (u. a. aufgeschlossen, einfallsreich, vielseitig).

Nachdem in der Forschung ein gewisser Konsens über das Fünf-Faktoren-Modell erreicht worden ist, wird diskutiert, durch welche und wie viele Facetten sich die fünf Faktoren jeweils angemessen untergliedern lassen und wann sich die Faktoren oder aber die Facetten besser dazu eignen, spezifische bzw. allgemeine berufliche Leistungen vorherzusagen (vgl. Schuler & Höft, 2006, S. 117). Roberts, Chernyshenko, Stark und Goldberg (2005) haben sich beispielsweise mit der Frage beschäftigt, in welche Facetten sich der Faktor Gewissenhaftigkeit aufgliedern lässt.

Wie bedeutsam einzelne der Big-Five-Faktoren für die Arbeitsleistung sind, konnten Barrick, Mount und Judge (2001) in ihrer Metaanalyse zweiter Ordnung aufzeigen, in die sie 15 Metaanalysen einbezogen. Für das Kriterium Arbeitsleistung ergaben sich folgende korrigierten Validitäten: Gewissenhaftigkeit (r = .24), Neurotizismus (r = −.15), Extraversion (r = .15), Verträglichkeit (r = .11) sowie Offenheit für Erfahrung (r = .07). Die eindeutigsten Ergebnisse im Sinne einer Generalisierbarkeit der Validitäten über verschiedene Messungen der Arbeitsleistung und unterschiedliche berufliche Kontexte hinweg ergaben sich für Gewissenhaftigkeit und Neurotizismus (vgl. die Diskussion bei Schuler & Höft, 2006, S. 120 f.).

Die Bedeutung der Big-Five-Faktoren für die Prognose der Arbeitsleistung wurde sowohl anhand von Daten aus den USA (vgl. Hurtz & Donovan, 2000) als auch aus Europa (vgl. Salgado, 1997) belegt. Außerdem konnte man demonstrieren, dass sich der positive Effekt der Gewissenhaftigkeit auf die Arbeitsleistung durch die Autonomie der Tätigkeit verstärkt (vgl. Barrick & Mount, 1993). Auch in der Führungsforschung wurde die Rolle der Big-Five-Faktoren untersucht. Für Extraversion berichten Foti und Hauenstein (2007) über positive Beziehungen zur Durchsetzung und zur Übernahme von Führungsrollen im beruflichen Kontext. In weiteren metaanalytischen Studien wies man außerdem nach, dass Extraversion und Gewissenhaftigkeit positiv und Neurotizismus negativ mit dem Führungserfolg zusammenhängen (vgl. Judge, Bono, Ilies & Gerhardt, 2002). Mit einem Leitfaden versucht Lord (2011) das NEO-Persönlichkeitsinventar für die berufsbezogene Anwendung und für Rückmeldegespräche nutzbar zu machen.

Spezifische Merkmale der Persönlichkeit

Neben den Big-Five-Faktoren gibt es weitere spezifische Merkmale der Persönlichkeit, die im beruflichen Kontext bedeutsam sind (vgl. ausführlich Hossiep, 2006, S. 452; Schuler & Höft, 2006, S. 124 f.). So lassen sich mit dem «Bochumer Inventar zur berufsbezogenen Persönlichkeitsbeschreibung» (BIP) mit 14 Skalen die berufliche Orientierung, das Arbeitsverhalten, die sozialen Kompetenzen sowie die psychische Konstitution erfassen (vgl. Hossiep & Paschen, 2003). Der an Cattell orientierte 16-Persönlichkeitsfaktoren-Test lässt sich einsetzen, um 16 Primärfaktoren wie zum Beispiel Selbstsicherheit/Besorgtheit, Flexibilität/Perfektionismus oder Traditionalismus/Offenheit zu ermitteln (vgl. Schneewind & Graf, 1998). Auf zwei spezifische Persönlichkeitsmerkmale gehen wir kurz näher ein.

Kontrollüberzeugung: Das Persönlichkeitsmerkmal Kontrollüberzeugung («locus of control») stammt aus der sozialen Lerntheorie von Rotter (1966) und drückt eine generalisierte Erwartung aus, inwieweit ein Mensch persönlich bedeutsame Konsequenzen als durch internale oder aber externale Faktoren verursacht ansieht (vgl. Schuler & Höft, 2006, S. 124). Menschen mit einer internalen Kontrollüberzeugung gehen davon aus, dass sie Konsequenzen durch ihr eigenes Handeln maßgeblich beeinflussen können, wohingegen sich Menschen mit einer externalen Kontrollüberzeugung von ihrer Umwelt kontrolliert sehen. Für den beruflichen Kontext eignet sich der «Fragebogen zu Kompetenz- und Kontrollüberzeugungen», um die Kontrollüberzeugungen zusammen mit dem Selbstkonzept eigener Fähigkeiten zu bestimmen (vgl. Krampen, 1991).

Zentrale Selbstbewertungen: Im Konzept der zentralen Selbstbewertungen («core self-evaluations») werden die verschiedenen Persönlichkeitsmerkmale emotionale Stabilität, Selbstwertgefühl, Selbstwirksamkeit und internale Kontrollüberzeugung unter der Perspektive der Selbstbewertung zusammengeführt (vgl. Judge, Erez, Bono & Thoresen, 2003). Menschen mit einer positiven zentralen Selbstbewertung sind mit sich zufrieden, erleben sich als handlungsfähig, setzen sich anspruchsvolle Ziele, die sie hartnäckig verfolgen, und sind davon überzeugt, dass sie ihre Umwelt durch eigenes Handeln aktiv beeinflussen können (vgl. Erez & Judge, 2001).

1.1.7 Einstellungen und Werthaltungen

Einstellungen sind als Bereitschaft oder Disposition eines Menschen zu verstehen, Gegenstände ihrer Erfahrungswelt in bestimmter Weise aufzufassen, zu bewerten und zu behandeln. Man erschließt sie aus den Äußerungen und Verhaltensweisen eines Menschen gegenüber den jeweiligen Erfahrungsgegenständen. Einstellungen entstehen somit aus dem Umgang mit Angeboten und Anforderungen der Umwelt und bilden sich gegenüber Klassen von Objekten oder Ereignissen aus. Im organisationalen Kontext untersucht man relevante Einstellungen als Fragen zur Arbeitszufriedenheit, zur Identifikationsbereitschaft mit der Arbeit («job involvement»; vgl. Brown 1996) oder mit der Organisation («organizational commitment»; vgl. Moser, 1996; Six & Felfe, 2004). Einstellungen der genannten Art spielen eine bedeutsame Rolle im Zusammenhang mit der Arbeitsmotivation und damit der Arbeitsleistung, dem Verbleib in Organisationen und dem körperlichen und psychischen Wohlbefinden von Arbeitenden.

Arbeitszufriedenheit

Die Arbeitszufriedenheit drückt aus, welche Einstellung ein Mensch gegenüber seiner Arbeit als Ganzes oder einzelnen Facetten seiner Arbeit besitzt (vgl. Six & Felfe, 2004, S. 605). Erfüllt die Arbeit Bedürfnisse und Ansprüche, ist mit einer positiven Einstellung zu rechnen; eine negative Einstellung resultiert, sofern die Arbeit den persönlichen Erwartungen nicht gerecht werden kann. Vielfältige Theorien zur Arbeitszufriedenheit liegen vor, die bei der Behandlung des Themas unterschiedliche Schwerpunkte setzen und im Blick auf das Phänomen jeweils andere Perspektiven einnehmen. Je nach Theorie stehen bei der Beschäftigung mit der Arbeitszufriedenheit die Erfüllung von Bedürfnissen, die Verwirklichung von Werten, die Informationsverarbeitung von Ist-Soll-Werten, das Umgehen mit arbeitsbezogenen Erwartungen oder affektive Reaktionen auf Ereignisse und Bedingungen der Arbeit im Vordergrund (vgl. Six & Felfe, 2004, S. 607 f.).

Die «Affective Events Theory» (vgl. Weiss & Cropanzano, 1996) geht davon aus, dass Merkmale der Arbeit die Arbeitszufriedenheit nicht nur direkt beeinflussen, sondern dass Arbeitsmerkmale wie zum Beispiel Zeitdruck oder Rollenkonflikte zu bestimmten arbeitsbezogenen Ereignissen führen, die für die Mitarbeiter mit affektiven Erlebnissen verbunden sind, und dass sich diese affektiven Erlebnisse ihrerseits auf die Zufriedenheit auswirken (vgl. Wegge, 2007, S. 275). Zusätzlich Emotionen bei der Arbeit zu berücksichtigen, kann so dazu beitragen, Arbeitszufriedenheit besser zu erklären.

Soll in einer Mitarbeiterbefragung ein differenziertes Bild von der Arbeitszufriedenheit gewonnen werden, dann sind üblicherweise Fragen zur Zufriedenheit mit folgenden Facetten der Arbeit relevant (vgl. Six & Felfe, 2004, S. 605): Inhalte und Organisation der Arbeit, physikalische und technische Bedingungen, Entlohnung, soziale Beziehungen zu Führungspersonen und Kollegen, Betriebsklima, Karrieremöglichkeiten, Kommunikation sowie Unterstützungsangebote der Organisation.

Maße der Arbeitszufriedenheit können in der arbeitspsychologischen Forschung unterschiedliche Funktionen übernehmen (vgl. Six & Felfe, 2004, S. 604 f.). Überprüft man beispielsweise, ob die Mitarbeiter/-innen nach der Einführung eines neuen Entlohnungssystems zufriedener sind als zuvor, dient die Arbeitszufriedenheit als *Evaluationskriterium*. Interessiert man sich für die Frage, ob zufriedene Mitarbeiter/-innen mehr leisten als ihre frustrierten Kolleg(inn)en, kommt der Arbeitszufriedenheit die Rolle eines *Prädiktors* zu. Will man herausfinden, inwieweit ein möglicher Zusammenhang von arbeitsbezogenen Fähigkeiten und Arbeitsleistung davon abhängt, wie zufrieden die Mitarbeiter/-innen sind, hat man es mit der Arbeitszufriedenheit als *Moderatorvariable* zu tun.

Ergebnisse aus Studien zur Arbeitszufriedenheit zeigen, dass sich Mitarbeiter/-innen häufig als sehr zufrieden mit ihrer Arbeit äußern, obwohl gleichzeitig hohe Fehlzeiten oder Fluktuationsdaten auf Missstände hinzudeuten scheinen (vgl. Six & Felfe, 2004, S. 606). Dieses Phänomen, das Zweifel an der Validität des Konstruktes Arbeitszufriedenheit wecken kann, lässt sich unterschiedlich interpretieren (vgl. Six & Felfe, 2004, S. 607). Möglicherweise sorgen sich die Befragten, dass sie die Organisation trotz zugesicherter Anonymität für kritische Einschätzungen sanktioniert. Auch ist denkbar, dass Menschen ihr persönliches Anspruchsniveau senken, um sich mit einer schlechten Arbeitssituation zu arrangieren.

Wie zufrieden Menschen bei der Arbeit sind, hängt ab von Merkmalen der Arbeitsumgebung, Merkmalen ihrer Person sowie der Passung von Arbeitsumgebung und Personmerkmalen (vgl. den Überblick zu entsprechenden Metaanalysen bei Six & Felfe, 2004, S. 610 ff.). Daher ist es möglich, dass Menschen unter identischen Arbeitsbedingungen dennoch unterschiedlich zufrieden mit ihrer Arbeit sind. Metaanalysen belegten Zusammenhänge mit Maßen der Arbeitszufriedenheit unter anderem für folgende Merkmale der Arbeit: Autonomie mit einer durchschnittlichen Korrelation von .45 (vgl. Fried & Ferris, 1987), Partizipation mit .30 (vgl. Wagner, Leana, Locke & Schweiger, 1997) und Rollenambiguität mit −.30 (vgl. Jackson & Schuler, 1985).

Eine weitere Metaanalyse konnte Beziehungen zwischen der Arbeitszufriedenheit und den Big-Five-Persönlichkeitsmerkmalen belegen: durchschnittliche Korrelation von −.29 für Neurotizismus, .25 für Extraversion, .26 für Gewissenhaftigkeit und .17 für Verträglichkeit (vgl. Judge, Heller & Mount, 2002). In einer längsschnittlichen Studie erwiesen sich Werte der Arbeitszufriedenheit über ein Zeitintervall von zehn Jahren als relativ stabil, was als Hinweis auf einen dispositionalen Anteil der Arbeitszufriedenheit gewertet werden kann (vgl. Steel & Rentsch, 1997). Gleichzeitig scheinen Menschen mit zunehmendem Alter zufriedener mit ihrer Arbeit zu sein. Darauf verweist zunächst die durchschnittliche Korrelation von Alter und Arbeitszufriedenheit in Höhe von .22 aus der Metaanalyse von Brush, Mock und Pooyan (1987). Allerdings ergab eine weitere Studie Hinweise auf eine eher U-förmige Beziehung zwischen Alter und Arbeitszufriedenheit, wobei die Zufriedenheit bis zum 30. Lebensjahr sank und danach stetig zunahm (vgl. Clark, Oswald & Warr, 1996).

Auch die Konsequenzen von Arbeitszufriedenheit hat man intensiv untersucht (vgl. Six & Felfe, 2004, S. 614 ff.). Dass die globale Arbeitszufriedenheit auch mit der Arbeitsleistung in Beziehung steht, zeigt zum Beispiel die durchschnittliche Korrelation in der Metaanalyse von Judge, Bono, Thoresen und Patton (2001) in Höhe von .30. Globale Maße der Arbeitszu-

friedenheit – im Unterschied zu inhaltsspezifischen Facetten – sowie komplexe Tätigkeitsanforderungen verstärkten darüber hinaus die positive Beziehung zwischen Zufriedenheit und Leistung. Ein anderes Bild zeigt sich in Metaanalysen zur Beziehung zwischen Arbeitszufriedenheit und Fehlzeiten. Hier weisen Zufriedenheitswerte einzelner Facetten der Arbeit – vor allem Inhalt und Gestaltung der Arbeit – stärkere Beziehungen zu Fehlzeiten auf als die Zufriedenheit mit der Arbeit insgesamt (vgl. Hacket & Guion, 1985; Six & Felfe, 2004).

Organisationales Commitment

Organisationales Commitment (vgl. Allen & Meyer, 1990) drückt aus, wie stark die Verpflichtung bzw. die Bindung ist, die Mitglieder gegenüber ihrer Organisation empfinden (vgl. Six & Felfe, 2004, S. 620 ff.). Commitment lässt sich konzeptionell und empirisch vom verwandten Konstrukt Arbeitszufriedenheit abgrenzen (vgl. Mathieu & Zajac, 1990). Beim Commitment geht es vor allem um die häufig affektiv gefärbte Bindung an eine Organisation, wohingegen sich in der Arbeitszufriedenheit stärker eine kognitiv geprägte Bewertung der persönlichen Arbeitssituation ausdrückt (vgl. Six & Felfe, 2004, S. 621). Für beide Konstrukte dürfte es prinzipiell eine Rolle spielen, inwieweit bei der Arbeit persönlichen Bedürfnissen Rechnung getragen wird. Dennoch müssen Commitment und Zufriedenheit nicht immer gemeinsam auftreten. Zu denken ist hier beispielsweise an den unzufriedenen Mitarbeiter, der aus Tradition bei seinem Unternehmen bleibt, oder an die zufriedene Führungskraft, die ihr Unternehmen für den nächsten Karriereschritt verlässt (vgl. Six & Felfe, 2004, S. 622).

Allen und Meyer (1990) haben mit ihrem Drei-Komponenten-Modell einen integrativen Ansatz zum Commitment vorgelegt. Beim affektiven Commitment basiert die Bindung vor allem auf der persönlichen Identifikation mit den Werten und Zielen der Organisation sowie dem persönlichen, emotional gefärbten Wunsch, in der Organisation zu verbleiben. Die Bindung beim kalkulatorischen Commitment geht darauf zurück, dass ein Mensch bisherige Investitionen in eine Tätigkeit sowie Kosten und Nutzen denkbarer Alternativen rational bewertet. Das normative Commitment schließlich drückt eine Bindung aus, die auf einer wahrgenommenen sozialen oder moralischen Verpflichtung gegenüber der Organisation beruht. Die dreifaktorielle Struktur des Commitment-Konstrukts ließ sich mit englischsprachigen (vgl. Irving, Coleman & Cooper, 1997) und deutschsprachigen (vgl. Schmidt, Hollmann & Sodenkamp, 1998) Messinstrumenten bestätigen.

Darüber hinaus konnten Riketta und van Dick (2005) in ihrer Metaanalyse deutlich machen, dass es sinnvoll ist, Commitment auch bezogen auf kleinere Einheiten wie Teams oder Abteilungen zu bestimmen, da hier die Commitment-Werte sogar höher ausfielen als für die Organisation insgesamt. Diese Ergebnisse unterstreichen, dass Menschen soziale Bindungen unter unterschiedlichen Perspektiven (z. B. Team, Abteilung, Organisation, Berufsgruppe) entwickeln können (vgl. van Dick, 2007, S. 291).

Intensiv wurde untersucht, welche Voraussetzungen zur Entstehung von Commitment beitragen und welche Konsequenzen das Commitment im beruflichen Kontext mit sich bringt (vgl. den Überblick bei Six & Felfe, 2004, S. 626 ff.; van Dick, 2007, S. 290 f.).

Was die *Voraussetzungen* betrifft, wurden positive Zusammenhänge mit organisationalem Commitment unter anderem für Variabilität und Autonomie bei der Arbeit sowie partizipative und transformationale Führung belegt (vgl. Mathieu & Zajac, 1990; Podsakoff, MacKenzie & Bommer, 1996; Schmidt et al., 1998).

Auch in der arbeitspsychologischen Veränderungsforschung ergaben sich ähnliche Befunde. So zeigten Michaelis, Stegmaier & Sonntag (2009, 2010), dass transformationale und charismatische Führung positiv mit com-

mitment für Veränderungen und Implementation von Innovationen zusammenhängen.

Typische häufig untersuchte *Konsequenzen* des organisationalen Commitments sind die Arbeitsleistung, die Kündigungsabsicht sowie die tatsächliche Kündigung. In der Metaanalyse von Mathieu und Zajac (1990) ergaben sich durchschnittliche Korrelationen von Commitment mit Fluktuationsabsicht (−.46) sowie Fluktuationsverhalten (−.27). Deutlich geringer fielen mit .13 (vgl. Mathieu & Zajac, 1990) sowie .14 (vgl. Podsakoff et al., 1996) die durchschnittlichen Korrelationen von Commitment und Arbeitsleistung aus. In einer weiteren Metaanalyse zeigten sich, vor allem für das affektive Commitment, deutliche durchschnittliche Korrelationen mit der Arbeitsleistung (.16), dem Extrarollenverhalten (.32) sowie in Höhe von −.17 der Kündigung (vgl. Meyer, Stanley, Herscovitch & Topolnytsky, 2002).

Werthaltungen

Neben Einstellungen beeinflussen auch Werte das Erleben und Verhalten in Organisationen. Bei *Werten* handelt es sich um Überzeugungen, welche Ziele, Zustände oder Handlungsweisen erstrebenswert sind; Werte vermitteln durch ihren allgemeineren Charakter über unterschiedliche Kontexte und Handlungen hinweg Orientierung (vgl. Bilsky, 2009, S. 47 f.; Schwartz & Bilsky, 1987). Sie stellen eine als verbindlich erlebte Erwartung an das eigene Handeln dar und helfen als Standard, wenn es gilt, Ereignisse zu bewerten, interpersonales Verhalten zu koordinieren und sozialen Anforderungen gerecht zu werden. In Organisationen kommen Wertvorstellungen in der Unternehmenskultur zum Ausdruck. Aber auch die Mitarbeiter/-innen selbst sind durch Werthaltungen geprägt.

Werte im Zusammenhang mit der beruflichen Entwicklung und dem Stellenwert einer Karriere im Leben werden unter dem Begriff Berufsorientierung thematisiert (vgl. v. Rosenstiel, 2006). Was die *Berufsorientierung* betrifft, lassen sich Karriereorientierung, Freizeitorientierung sowie alternatives Engagement unterscheiden (vgl. v. Rosenstiel, 2006; v. Rosenstiel & Nerdinger, 2000). Längsschnittliche Studien konnten vielfältige Wirkungen der Berufsorientierung belegen (vgl. ausführlich v. Rosenstiel, 2006, S. 107 ff.). So beeinflusste die Berufsorientierung die Einstellungschancen von Bewerbern, die Karrieremöglichkeiten im neuen Job, den Verbleib in der Organisation und die Veränderung der Berufsorientierung nach dem Eintritt in eine Organisation. Interessant ist hier auch der Vergleich von Daten aus Studien der 1980er- und 1990er-Jahre. Jemand, der in den 1980er-Jahren mit der Berufsorientierung «alternatives Engagement» einen Job annahm, veränderte seine Berufsorientierung mit großer Wahrscheinlichkeit nicht. Ein anderes Bild ergab sich für die 1990er-Jahre. Hier kam es häufig vor, dass sich die Berufsorientierung von Menschen, die mit einem «alternativen Engagement» in eine Organisation eingetreten waren, hin zu einer Karriereorientierung wandelte. Dies lässt sich als ein Hinweis auf eine größere Offenheit von Organisationen in den 1990er-Jahren für neue Ideen und Veränderungsimpulse interpretieren (vgl. v. Rosenstiel, 2006. S. 109).

1.2 Stabilität und Variabilität von Persönlichkeitsmerkmalen

Eine zentrale Frage hinsichtlich der Bedeutung personaler Merkmale im Kontext von Arbeitstätigkeiten betrifft deren Stabilität bzw. Variabilität, also das Ausmaß, in dem arbeitsrelevante Verhaltens- und Leistungsdispositionen als stabil oder variabel anzunehmen sind. Es folgen Befunde aus differenzial-, entwicklungs- und arbeitspsychologischer Sicht.

1.2.1 Unterschiede in Leistung und Persönlichkeit

Leistung im beruflichen Kontext

Zunächst ist zu verdeutlichen, was man unter Leistung im beruflichen Kontext versteht und welche Faktoren die Arbeitsleistung beeinflus-

sen. Zentrale Konzepte in diesem Zusammenhang sind aufgabenbezogene und umfeldbezogene Leistung (vgl. Borman & Motowidlo, 1993), adaptive Leistung (vgl. Pulakos, Arad, Donovan & Plamondon, 2000) sowie typische und maximale Leistung (vgl. Klehe & Kleinmann, 2007).

Aufgabenbezogene und umfeldbezogene Leistung: Borman und Motowidlo (1993) unterscheiden zwischen aufgabenbezogener Leistung («task performance»), die vor allem durch kognitive Fähigkeiten beeinflusst wird, und umfeldbezogener Leistung («contextual performance»), die stark von der Persönlichkeit abhängt. Aufgabenbezogene Leistung drückt aus, wie gut jemand die eigentliche Kernaufgabe erfüllt und so dazu beiträgt, organisationale Ziele zu erreichen. Die umfeldbezogene Leistung bezieht sich eher auf den weiteren sozialen bzw. organisationalen Kontext; sie ist nicht explizit Gegenstand des Arbeitsvertrags oder der Rollenbeschreibung und hat somit freiwilligen Charakter. Theoretisch akzentuieren lassen sich bei der umfeldbezogenen Leistung *stabilisierende* Aktivitäten (z. B. Kollegen helfen, Loyalität gegenüber der Organisation, sich an die Regeln halten), die bestehende organisationale Routinen und Prozesse unterstützen, und *dynamisierende* Aktivitäten (z. B. Verbesserungen vorschlagen, Probleme offen ansprechen), die Veränderungsimpulse in die Organisation bringen und so den Status quo in Frage stellen. Empirisch lässt sich die umfeldbezogene Leistung nach den Ergebnissen einer Studie von Scotter und Motowidlo (1996) in die beiden Facetten «interpersonal facilitation» (u. a. prosoziales Verhalten) sowie «job dedication» (u. a. Einsatz, Einhaltung von Regeln) aufspalten.

Adaptive Leistung: Im Kontext von Innovationen und Restrukturierungen stellen auch das Bewältigen von Veränderungen und Prozesse der Anpassung eine Form beruflicher Leistung dar. Pulakos, Arad, Donovan und Plamondon (2000) haben in diesem Zusammenhang acht

Dimensionen adaptiver Leistungen empirisch bestätigt. Sie unterscheiden: Umgehen mit Notfällen und Krisensituationen; Bewältigung von Stress bei der Arbeit; kreatives Lösen von Problemen; Umgehen mit unsicheren, nicht vorhersagbaren Situationen bei der Arbeit; Erlernen neuer Arbeitsweisen und Aneignung neuer Technologien; interpersonale Anpassungsfähigkeit unter Beweis stellen; kulturelle Anpassungsfähigkeit demonstrieren; und sich einstellen auf unterschiedliche physikalische Umgebungsbedingungen.

Typische und maximale Leistung: Klehe und Kleinmann (2007, S. 254 ff.) haben sich mit dem Verhältnis von typischer und maximaler Leistung beschäftigt. Sie sehen die Leistung eines Menschen als eine Funktion seiner Fähigkeiten (Wissen, kognitive und interpersonelle Fähigkeiten) und seiner über Situationen hinweg variierenden Motivation (Ausmaß von Anstrengung und Ausdauer). In einer typischen Leistungssituation können Menschen mangelnde Fähigkeiten meist durch verstärkte Motivation kompensieren und umgekehrt. Hingegen ist in maximalen Leistungssituationen die Varianz der Motivation stark eingeschränkt, so dass die Leistung vor allem vom Niveau der Fähigkeiten der Person abhängt. Entsprechend zeigte sich, dass Messungen typischer bzw. maximaler Leistungen kaum geeignet sind, um die Ausprägung der jeweils anderen Leistungsart vorherzusagen (vgl. Klehe & Kleinmann, 2007, S. 256).

Determinanten beruflicher Leistung

Campbell, McCloy, Oppler und Sager (1993) haben ein Modell zur beruflichen Arbeitsleistung entwickelt, das die aus acht Dimensionen bestehende Arbeitsleistung (u. a. aufgabenspezifische Tüchtigkeit, Anstrengung, Unterstützung der Kollegen, schriftliche und mündliche Kommunikation) durch die multiplikative Verbindung von deklarativem Wissen, prozeduralem Wissen sowie Motivation erklärt. Weitere Variablen wie Persönlichkeitsmerk-male, berufliche Erfahrung, Interessen oder Fähigkeiten wirken in diesem Modell nur indirekt über ihre Auswirkungen auf das deklarative bzw. prozedurale Wissen auf die Arbeitsleistung (vgl. für einen ausführlichen Überblick zu Theorien beruflicher Leistung Schuler & Marcus, 2004, S. 950 ff.).

Stabilität von Personmerkmalen

Einerseits weisen menschliche Individuen durch genetische Determination und soziale Normierungsprozesse in hohem Maße gemeinsame Merkmale auf und sind damit in vielerlei Hinsicht vergleichbar. Andererseits entwickeln sie gleichzeitig in beträchtlichem Ausmaß auch inter- und intraindividuelle Unterschiede in Bezug auf diese Merkmale, die Fragen nach Art und Ausmaß sowie Gründen dieser Unterschiedlichkeit aufwerfen. Menschen hinsichtlich ihrer Unterschiede in psychischen Merkmalen zu beschreiben, gehört zu den Kernaufgaben der Differenziellen Psychologie (vgl. z. B. Stemmler et al. 2010). Man erhofft sich Antworten auf Fragen wie die, ob die Variabilität in der Intelligenz größer ist als die in der Motivation oder die des Temperaments (s. Infobox III-2).

Zahlreiche Studien haben untersucht, wie stabil Persönlichkeitsmerkmale oder andere Personmerkmale wie zum Beispiel Intelligenz über den Zeitverlauf sind, insbesondere im Erwachsenenalter (vgl. ausführlich die zusammenfassende Diskussion bei Brandstätter, 2006, S. 62 ff.; Filipp & Schmidt, 1995). Es geht also um Fragen der zeitlichen Stabilität und der strukturellen Invarianz von Persönlichkeitsmerkmalen. Conley (1985) konnte zum Beispiel für die Persönlichkeitsmerkmale Neurotizismus, Extraversion und Impulskontrolle über einen Zeitraum von 46 Jahren Retestkorrelationen von .32 bis .50 ermitteln. In der Baltimore-Studie (vgl. Costa & McCrae, 1988) wurden für ein Drei- bzw. Sechs-Jahresintervall Retestkorrelationen von .63 bis .83 für verschiedene Persönlichkeitsmaße berechnet, wobei die Korrelationen für Neurotizismus,

Infobox III-2

Zur Bestimmung des Ausmaßes von Merkmalsvariationen

Um das Ausmaß der Unterschiedlichkeit bei verschiedenen Persönlichkeitsmerkmalen zu bestimmen, hat Wechsler (1952) durch Kontrastierung von Messwerten, die drei Standardabweichungen über bzw. unter dem Mittelwert lagen (das sind die Prozentränge mit den Werten 0,13 und 99,87), Vergleiche angestellt. Auf deren Basis errechnete er einen Koeffizienten K, der angibt, in welchem Verhältnis der «höchste» zum «kleinsten» Wert einer Variable steht. Für das Körpergewicht beispielsweise ermittelte er ein K von 2,44; das heißt, der gewichtigste Proband wog 2,44-mal mehr als der leichteste. Für psychologische Merkmale wie Reaktionszeit (K = 2,24), Behaltensumfang (K = 2,5) oder Intelligenz (K = 2,86) sind solche Berechnungen jedoch nur dann statthaft, wenn dem Messvorgang eine Absolutskala zugrunde liegt, was insbesondere auf den letztgenannten Fall und die Mehrzahl psychologischer Variablen nicht zutrifft. Dies gilt natürlich auch für Variabilitätsvergleiche bei eignungsdiagnostisch relevanten Variablen.

Zur Nutzenbestimmung bei Personalauswahlverfahren ist die Kenntnis derartiger Parameter jedoch von hohem Interesse (vgl. Brandstätter, 1982; Schuler & Funke, 1993; Sonntag, 1980), denn schließlich wäre es nicht besonders sinnvoll, Eignungsmerkmale zu erheben, die nur wenig Leistungsvarianz aufweisen oder aufklären. In diesem Zusammenhang behilft man sich daher mit Schätzungen. Das Verhältnis der Leistung des unproduktivsten zum produktivsten Mitarbeiter geben McCormick und Tiffin (1974) beispielsweise für Arbeiter in der industriellen Fertigung mit 1 : 2 bis 1 : 3 an, für Manager mit 1 : 3 bis 1 : 6 und für Versicherungsverkäufer mit 1 : 14. Schmidt und Hunter (1983) schätzten, dass die durchschnittliche Standardabweichung der Leistung bei einer Vielzahl von Tätigkeiten 50 Prozent des mittleren Leistungswerts beträgt. Insgesamt ist zu vermuten, daß der Umfang der Leistungsdifferenzen von der Autonomie und Komplexität der Tätigkeit abhängt (vgl. Schuler, 2000).

Extraversion und Offenheit höher ausfielen als die für Verträglichkeit und Gewissenhaftigkeit. Roberts und DelVecchio (2000) untersuchten in einer Metaanalyse, basierend auf 150 Studien, wie stabil Merkmale der Persönlichkeit, die orientiert an den Big-Five-Faktoren kategorisiert wurden, über ein Zeitintervall von rund sieben Jahren waren. Für die Altersgruppen 20, 30 und 60 Jahre ergaben sich, gemessen als Test-Retestkorrelationen, Stabilitäten in Höhe von .54, .64 sowie .74. Das Niveau der Stabilität war für einzelne Dimensionen der Persönlichkeit oder verschiedene Methoden der Messung vergleichbar (vgl. Brandstätter, 2006, S. 63 f.).

Wie stabil Merkmale der Persönlichkeit zwischen dem 33. und 75. Lebensjahr waren, ermittelten Jones, Livson und Peskin (2003). Für die mit dem «California Personality Inventory (CPI)» zu mehreren Zeitpunkten gemessenen Persönlichkeitswerte zeigte sich bei den durchschnittlichen Verläufen ein Anstieg der Selbstkontrolle und ein Absinken der Flexibilität. Die Werte für soziale Extraversion und Dominanz waren weitestgehend konstant. Insgesamt ergaben sich jedoch für alle Merkmale signifikant unterschiedliche individuelle Verläufe (vgl. Brandstätter, 2006, S. 64). Hinweise auf eine gewisse Stabilität von Persönlichkeitsmerkmalen lieferte auch eine Metaanalyse von Judge, Higgins, Thoresen und Barrick (1999), die für die Big-Five-Faktoren über ein Zeitintervall von rund dreißig Jahren eine durchschnittliche Korrelation in Höhe von .43 ermitteln konnte. Was die zeitliche Stabilität von Werten der Intelligenz betrifft, ließen sich über Zeiträume von fünfzig bis sechzig Jahren Test-Retest-Korrelationen größer .60 ermitteln (vgl. Deary, Whiteman, Starr, Whalley & Fox, 2004).

Obwohl die langfristige differenzielle und im Erwachsenenalter bisweilen auch absolute Stabilität einzelner Eigenschaften belegt werden konnte, ist die Befundlage heterogen und unübersichtlich. Verallgemeinerte Aussagen zur Niveaustabilität von Persönlichkeitsmerkmalen sind auf dieser Basis kaum möglich (vgl. Filipp & Schmidt, 1995). Die Ergebnisse zu einzelnen Merkmalen differieren außerdem stark in Abhängigkeit vom Erhebungsmodus und dem untersuchten Lebensalter. Für die Betrachtung personaler Merkmale in arbeitspsychologischer Perspektive bedeutet dies, dass im Allgemeinen von einer Stabilität bzw. gesetzmäßigen Variabilität berufsrelevanter Persönlichkeitsmerkmale ausgegangen werden kann. Da aber je nach Merkmal, Lebensabschnitt und Entwicklungskontext mit unterschiedlichen Stabilitätsgraden und Entwicklungsverläufen zu rechnen ist, sind Prognosen hinsichtlich der Stabilität und Entwicklungsrichtung von Persönlichkeitsmerkmalen sehr vorsichtig zu handhaben.

Die Rolle von Erb- und Umweltfaktoren bei Personmerkmalen

Die Entwicklung individueller Differenzen bei Personmerkmalen lässt sich laut Scarr (1992) vor allem auf den jeweiligen individuellen Genotyp zurückführen. Als Belege für diese Annahme führt sie eine Reihe von Befunden aus der verhaltensgenetischen Forschung an – im Wesentlichen die einschlägigen Zwillings- und Adoptionsstudien. Aber selbst überzeugte Verhaltensgenetiker betonen (vgl. z. B. Plomin, 1988; Plomin & Spinath, 2004), dass die hohen Korrelationen, die zum Beispiel für Intelligenzleistungen bei eineiigen Zwillingen, sowohl der zusammen (.87) als auch der getrennt aufgewachsenen Paare (.74) ermittelt wurden,

nicht einseitig erbpsychologisch zu interpretieren sind. Zwar kann man davon ausgehen, dass etwa 50 Prozent der Varianz genetischen Differenzen zwischen Individuen zuzuschreiben sind (vgl. Plomin, 1988, S. 9). Dies bedeutet umgekehrt aber auch, dass die andere Hälfte der Varianz nicht genetisch determiniert ist. Hinzu kommt, dass man für Persönlichkeitsmerkmale im nicht kognitiven Bereich deutlich niedrigere Zusammenhänge gefunden hat (vgl. Goldsmith, 1983).

Im Unterschied zu Scarr (1992) geht Bronfenbrenner (1992) davon aus, dass das individuelle genetische Potenzial nur in der Auseinandersetzung mit entsprechend entwicklungsförderlichen Umwelten phänotypisch zur Geltung kommen kann. Hierbei wird ein reziproker Interaktionsprozess zwischen einem aktiven, sich entfaltenden Individuum und seiner unmittelbaren menschlichen und dinglichen Umwelt angenommen. Das individuelle genetische Potenzial kommt demnach nur insoweit zur Entfaltung, als es die konkreten Umweltbedingungen zulassen. Es steckt aber die Grenzen für den Verlauf der Persönlichkeitsentwicklung ebenso ab wie die faktisch wirksamen Entwicklungsopportunitäten.

Welche Bedeutung der Umwelt für die Entwicklung der Intelligenz zukommt, verdeutlicht auch ein Phänomen, das als «Flynn-Effekt» bezeichnet wird (vgl. Flynn, 1987). Man hat beobachtet, dass die Intelligenzwerte in den letzten Jahrzehnten deutlich angestiegen sind. Nun könnte man vermuten, dass eine verbesserte formale Bildung oder die größere Vertrautheit der Menschen mit Testverfahren für diesen Anstieg verantwortlich sind (vgl. Brandstätter, 2006, S. 70 f.). Wenngleich diese Faktoren eine Rolle spielen dürften, reichen sie allein zur Erklärung des Effekts nicht aus. Zu vermuten ist vielmehr, dass hierbei Wechselwirkungen zwischen genetisch festgelegter Intelligenz und breiter gefassten Veränderungen intelligenzförderlicher Lebensbedingungen eine wichtige Rolle spielen (z. B. besserer Gesundheitsversorgung, höherer Umweltkomplexität; vgl. Flynn, 1987; Sternberg & Kaufman, 1998).

Brandstätter (2006, S. 75) formuliert in seiner Schlussfolgerung zur Frage der Veränderbarkeit von Personmerkmalen, dass «bei aller genetisch bedingten Festlegung art- und individuenspezifischer Lernfähigkeiten innerhalb des kognitiven Leistungs- und des sozialen Verhaltensbereichs ein unermesslicher Spielraum für Bildung besteht und dass eine sinnvolle Nutzung dieses Spielraums für die Gestaltung des persönlichen und gesellschaftlichen Lebens von ganz großer Bedeutung ist».

Selbstgestaltung von Entwicklung – eine Life-Span-Perspektive

Menschliche Entwicklung ausschließlich unter einer erb- oder umweltdeterministischen Perspektive zu betrachten, reicht jedoch nicht aus. Diese Perspektive muss ergänzt werden um das Prinzip zielgerichteten Handelns, das Entwicklung schon in der Kindheit bestimmt und im Jugend- und Erwachsenenalter zum zentralen Einflussfaktor wird (vgl. Oerter, 2006).

Für eine differenziell ausgerichtete Arbeitspsychologie ist darüber hinaus von Interesse, welche besonderen Fragen und Konzepte bei der Persönlichkeitsentwicklung im Erwachsenenalter zu berücksichtigen sind, da sie es vor allem mit Erwachsenen zu tun hat. Untersuchungen zur Leistungsentwicklung im mittleren und höheren Erwachsenenalter zeigen zwar, dass es neben einer Stabilisierung vieler Eigenschaften auch zu einem Leistungsabfall in einer Reihe von Merkmalen kommt, der insbesondere im höheren Alter deutlich zunimmt (vgl. Kliegl & Baltes, 1989). Diese auf den ersten Blick übersichtliche Befundlage erweist sich bei näherem Hinsehen aber, was die entwicklungspsychologischen Wirkmechanismen betrifft, als äußerst komplexer und nicht eindeutig zu interpretierender Sachverhalt. Die in diesem Zusammenhang relevanten Konzepte werden unter dem Begriff «Entwicklungspsychologie der Lebensspanne» diskutiert (vgl. Baltes, 1990). Persönlichkeitspsychologische Aspekte wurden vor allem im Zusammenhang mit der kognitiven Entwicklung im mittleren und höheren Erwachsenenalter untersucht (vgl. Maciel, Heckhausen & Baltes, 1994).

Mittlerweile hat man sich in der Forschung von einem Defizitmodell des Alterns verabschiedet, demzufolge Rückgänge in kognitiven Funktionen wie fluider Intelligenz oder Gedächtnisleistungen unvermeidlich sind, verursacht durch nicht umkehrbare und kumulative Abbauprozesse (vgl. Brehmer & Lindenberger, 2007, S. 410 f.). Vielmehr betrachtet man verstärkt die Plastizität kognitiver Funktionen, wobei es darum geht herauszufinden, wie durch Training, Übung oder Instruktion die kognitive Funktionsfähigkeit erhalten, verbessert oder nach Verlusten wiederhergestellt werden kann. Brehmer und Lindenberger (2007, S. 411) berichten von empirischen Studien, die überzeugend belegen konnten, dass sich die fluide Intelligenz oder das episodische Gedächtnis von älteren Menschen durch Interventionen deutlich verbessern lassen (vgl. z. B. Baltes, Dittmann-Kohli & Kliegl, 1986).

Entwicklung wird aus der Perspektive der Lebensspannen-Psychologie (vgl. Baltes, 1990) als multidimensional, multidirektional und multifunktional verstanden (vgl. ausführlich Staudinger, 2007, S. 75 f.).

- *Multidimensionalität* drückt aus, dass in verschiedenen Bereichen wie Persönlichkeit oder kognitivem System vielfältige Entwicklungen parallel stattfinden.
- Als *Multidirektionalität* wird der Sachverhalt bezeichnet, dass die parallelen Entwicklungen nicht gleichgerichtet verlaufen müssen und somit Abbauprozesse (Verluste) in einem Bereich von Aufbau- oder Wachstumsprozessen (Gewinnen) in einem anderen Bereich begleitet sein können. Zu jedem Zeitpunkt der Lebensspanne lässt sich so eine Gewinn-Verlust-Bilanz der Entwicklung aufstellen, wobei mit steigendem Alter die Verluste an Bedeutung zunehmen.
- Schließlich erinnert das Konzept der *Multifunktionalität* daran, dass sich der Erfolg von Entwicklung nicht einfach an einem einzelnen Kriterium festmachen lässt. Was

zunächst wie ein klarer Verlust erscheinen mag (z. B. weniger Autonomie beim eigenen Handeln), kann sich bei näherer Betrachtung auch als ein Gewinn erweisen (z. B. verstärkte soziale Kontakte infolge des Autonomieverlustes). Will man eine Entwicklung als Verlust oder Gewinn bewerten, sollte man daher deren Konsequenzen aus multiplen Perspektiven betrachten.

Entwicklungsaufgaben: Entwicklungsprozesse kann man mithilfe des Konzepts Entwicklungsaufgaben beleuchten (vgl. Havighurst, 1972). Entwicklungsaufgaben stellen Ziele dar, die von der Gesellschaft für bestimmte Altersstufen vorgegeben und von Individuen angestrebt werden (z. B. Schuleintritt, Wahl eines Berufes, Finden eines Partners). Eine ähnliche Sichtweise liegt in der Regel auch stadienorientierten Entwicklungsmodellen wie zum Beispiel den acht Lebenskonflikten von Erikson (1976) zugrunde. Stadienorientierte Modelle versuchen darüber hinaus, universelle bzw. sehr generelle Entwicklungsaufgaben zu identifizieren und zu beschreiben. Eng verbunden ist damit die Perspektive vom Individuum als Gestalter seiner Entwicklung (vgl. Lerner, 1982): Nicht nur beeinflusst der Kontext den Menschen, sondern der Mensch kann seinerseits den Kontext verändern und gestalten. Will man die Möglichkeiten der Selbstgestaltung von Entwicklung systematisieren, muss man die Passung von Individuum und Umwelt verstehen. Zentrale Elemente dieses Passungsmodells nehmen starken Bezug auf persönlichkeitspsychologische Variablen wie Temperamentsmerkmale, Kompetenzen und Motivationslagen (vgl. Oerter, 2006).

Entwicklungsreserven: Zum besseren Verständnis der Möglichkeiten von Entwicklung trägt auch das Konzept der Entwicklungsreserven bei (vgl. Staudinger, 2007). Der zu einem bestimmten Zeitpunkt beobachtete Stand der Entwicklung eines Menschen, zum Beispiel bezogen auf das kognitive Funktionsniveau, bildet gemeinhin nicht die Grenze der

Entwicklungsmöglichkeiten ab, da Menschen noch über Entwicklungsreserven verfügen. Diese Reserven lassen sich für die unterschiedlichen Funktionen Wachstum, Erhalt oder Wiedergewinnung sowie Regulation einsetzen, wobei sich die Aufteilung der Ressourcen auf die jeweiligen Funktionen über die verschiedenen Lebensphasen hinweg verändert (vgl. ausführlich Staudinger, 2007, S. 76 f.). Wachstum zielt auf ein höheres Funktionsniveau in einem Bereich (vor allem in der Kindheit). Der Erhalt oder die Wiedergewinnung eines Funktionsniveaus wird bedeutsam, wenn sich Anforderungen verändern oder umkehrbare Verluste in einer Funktion bereits eingetreten sind (vor allem im Erwachsenenalter). Kommt es zu einem irreversiblen Verlust, dient die Regulation schließlich dazu, Funktionen auf einem geringeren Niveau zu stabilisieren und Akzeptanz für den neuen Zustand herzustellen (vor allem im höheren Alter).

Bewältigungsprozesse: Will man Entwicklungsprozesse – besonders im späteren Erwachsenenalter – verstehen, sollte man betrachten, wie Menschen mit ihren Zielen und Ressourcen umgehen. Eine gelungene Entwicklung bzw. Veränderung lässt sich beispielsweise mithilfe der Prozesse Selektion, Optimierung und Kompensation darstellen (vgl. Freund & Baltes, 2002; Freund, 2007, S. 605 f.). Bei der Selektion geht es darum, widerspruchsfreie und sich gegenseitig bekräftigende Ziele auszuwählen und so Handlungsmöglichkeiten einzuschränken und den Einsatz von Ressourcen zu fokussieren. Im Prozess der *Optimierung* werden Ressourcen zielbezogen angewendet, so dass sich Funktionen erhalten oder gar verbessern lassen. Bei der *Kompensation* schließlich gilt es, Verluste auszugleichen, indem man neue Ressourcen entwickelt oder andere Formen der Unterstützung mobilisiert (z. B. Werkzeuge, Hilfsmittel, soziale Unterstützung).

Wie Menschen in ihrer Entwicklung mit Zielen umgehen, kann man auch durch die Prozesse Assimilation und Akkomodation beschreiben (vgl. Brandtstädter & Renner, 1990; Freund, 2007, S. 608). Von *Assimilation* spricht man, wenn ein Mensch Ziele hartnäckig verfolgt und hierbei versucht, äußere Bedingungen an die eigenen Ziele anzupassen. Bei der *Akkomodation* werden Ziele kognitiv neu strukturiert, indem ein Mensch beispielsweise sein Anspruchsniveau ändert, ein Ziel neu formuliert oder ein nicht zu erreichendes Ziel als wenig attraktiv bewertet. Ressourcenverluste im Alter machen derartige akkomodative Prozesse zunehmend wichtiger und tragen dazu bei, dass ältere Menschen trotz eingetretener Verluste oder gesundheitsbedingter Probleme ihre Lebenszufriedenheit und ihr Wohlbefinden erhalten (vgl. Brandtstädter & Renner, 1990; Freund, 2007).

1.2.2 Zusammenhang von Arbeit und Persönlichkeitsentwicklung

Bei der Untersuchung von Arbeit und Persönlichkeitsentwicklung hat sich mittlerweile eine interaktionistische Sicht durchgesetzt (vgl. den Überblick bei Baitsch, 1998; Bergmann, 2010; Hoff, 1994; Schallberger, 2000; Sonntag & Stegmaier, 2007a; Stegmaier, 2007). Darunter versteht man die wechselseitige Beeinflussung von Arbeit und Persönlichkeit im Arbeitshandeln bzw. Berufsverlauf. Dem liegt das bereits beschriebene Entwicklungsverständnis von Menschen als Selbstgestaltern ihrer Entwicklung zugrunde: Menschen gestalten als handelnde, realitätsverarbeitende Subjekte auch ihr berufliches Verhalten, ihre Arbeitsbiografien und ihre Arbeitsumwelten aktiv mit. Die Begriffe Sozialisation und Persönlichkeitsentwicklung verwendet man bei einem solchen Verständnis weitgehend synonym, da neben beruflicher Fremdsozialisation immer auch Prozesse der Selbstsozialisation mitgenommen werden. In den Studien zu Arbeit und Persönlichkeit geht es neben der Frage, in welcher Form sich beide Bereiche beeinflussen, auch darum, welche Personmerkmale mit welchen Arbeitsmerkmalen korrelieren und in welcher Form sie dies tun bzw. wie diese Zusammenhänge

inhaltlich zu interpretieren sind. Schließlich ist hier auch nach den Beziehungen zwischen Arbeit und Freizeit zu fragen und danach, welche Wirkungen diese Beziehungen auf die Persönlichkeitsentwicklung haben.

Merkmalsbereiche des Zusammenhangs: Quer- und Längsschnittstudien zum Zusammenhang von Person- und Arbeitsmerkmalen kann man nach der Art der betrachteten Personmerkmale einteilen (vgl. Hoff, 1994). Im Bereich sozio-emotionaler Merkmale wurden neben einzelnen Konstrukten wie Depressivität, Angst, Selbstvertrauen etc. auch allgemeine Indikatoren erfasst (z.B. psychische Gesundheit) oder globale Kennwerte durch die Zusammenfassung von Einzelindikatoren gebildet. Die Befunde weisen weitgehend in dieselbe Richtung: Alle Arten negativ getönter emotionaler Zustände oder motivationaler Orientierungen finden sich häufiger bei Erwerbstätigkeiten mit restriktiver Arbeit, während hohe Werte in Merkmalen psychischer Gesundheit mit anspruchsvoller Arbeit bei ausreichenden Entscheidungs- und Handlungsspielräumen einhergehen. Darüber hinaus korrelieren auch Intelligenz, Moralbewusstsein, soziale Kompetenz, eine proaktive Herangehensweise an die Arbeit sowie eine internale Kontrollüberzeugung positiv mit den vorhandenen Handlungsspielräumen und Kontrollmöglichkeiten in der Arbeit (vgl. Axtell & Parker, 2003; Morgeson, Delaney-Klinger & Hemingway, 2005; Mortimer & Finch, 1986).

Längsschnittstudien zum Zusammenhang von Arbeit und Persönlichkeitsentwicklung: Querschnittuntersuchungen erlauben keine kausale Interpretation der Befunde. Antworten auf die Frage, wie diese Zusammenhänge zustande kommen, können nur Längsschnittstudien geben. Kohn und Schooler (1978 u. 1982) untersuchten in einer integrierten Quer- und Längsschnittstudie mit über 3000 erwerbstätigen Männern in den USA Zusammenhänge zwischen Arbeitsmerkmalen und Personmerkmalen; nach zehn Jahren befragte man 700 Personen erneut. Es zeigte sich, dass sich die inhaltliche Komplexität der Arbeit förderlich auf die intellektuelle Flexibilität der Arbeitenden auswirkte (Sozialisationseffekt). Es ergaben sich jedoch auch Hinweise auf Einflüsse in umgekehrter Wirkrichtung; das heißt, die Personen beeinflussten auch die Arbeit (Selektionseffekt). Kohn und Schooler (1978) ermittelten in ihren Auswertungen einen Sozialisationseffekt der objektiv eingeschätzten Komplexität der Arbeit auf die Entwicklung der intellektuellen Flexibilität in Höhe von .17. Im Vergleich dazu lag der Selektionseffekt bei .45. In einer weiteren umfangreichen Längsschnittstudie untersuchten Häfeli, Kraft und Schallberger (1988) Lehrlinge beim Übergang von der vorberuflichen in die berufliche Sozialisation. Auch hier wurde ein reziproker Zusammenhang zwischen Intelligenz und Berufsausbildung ermittelt. Dabei verstärkten sich die gefundenen Selektions- und Sozialisationsprozesse im Rahmen der Berufsausbildung gegenseitig, so dass es zu einer Scherenentwicklung zwischen höher und weniger befähigten Auszubildenden kommt.

Wechselwirkungen von Arbeits- und Personmerkmalen konnten auch Roberts, Caspi und Moffitt (2003) in ihrer längsschnittlichen Studie belegen. Die Autonomie der Arbeit wirkte sich positiv auf die Veränderung der Leistungsorientierung ($r = .10$) und die soziale Einflussfähigkeit ($r = .11$) von Mitarbeitern acht Jahre später aus. Vergleichbar waren die Effekte des Anregungsgehalts der Arbeit auf die Leistungsorientierung ($r = .17$) und auf die soziale Einflussfähigkeit ($r = .11$). Die Personmerkmale zum ersten Messzeitpunkt beeinflussten darüber hinaus die Merkmale der Arbeit in den kommenden sieben Jahren: Abhängig von ihren Personmerkmalen suchten sich die Mitarbeiter vor allem solche beruflichen Positionen, die wiederum genau diese Personmerkmale verstärkten.

Wenn auch die Ergebnisse der beschriebenen Quer- und Längsschnittstudien tendenziell übereinstimmen, sind die gefundenen Zusammenhänge – mit Ausnahme der Befunde von Kohn und Schooler (1983) und Roberts et al. (2003) – insgesamt doch als schwach zu bezeichnen. Dies hängt mit einer Reihe von inhaltlichen und methodischen Problemen dieses Forschungsparadigmas zusammen (vgl. Hoff, 1994). Diese Probleme veranlassten Forscher, den Zusammenhang von Arbeit und Persönlichkeitsentwicklung mithilfe eines anderen Typs von Untersuchungen zu analysieren.

Es handelt sich um *qualitativ* orientierte Studien, in denen man mithilfe offener Erhebungsinstrumente und qualitativer Auswertungsmethoden prozessbegleitend komplexe Merkmalskonfigurationen und Wechselwirkungen untersucht (vgl. Hoff, Lempert & Lappe, 1991). Ein zentrales Ergebnis der letztgenannten Studie ist, dass es in erster Linie Diskrepanzen zwischen restriktiven und nicht restriktiven Lebensbedingungen in Form von Widersprüchen und Konflikten sind, die die psychische Entwicklung vorantreiben. Und zwar bezieht sich das nicht nur auf Widersprüche innerhalb der Arbeit, sondern auch auf Diskrepanzen zwischen beruflichen und privaten Lebensbedingungen sowie auf biografische Diskontinuitäten und Brüche im Lebensverlauf.

Wünschenswert wären weitere Studien, die verstärkt mit längsschnittlichen Designs und mit unterschiedlichen Datenquellen arbeiten, um Selektions- und Sozialisationseffekte bzw. Kohorten-, Zeit- und Entwicklungseffekte voneinander unterscheiden zu können und die Wahrscheinlichkeit artifizieller Zusammenhänge, zum Beispiel durch gemeinsame Methodenvarianz, zu vermindern (vgl. Schallberger, 2000). Darüber hinaus gilt es, verstärkt Wechselwirkungen zwischen (1) unterschiedlichen Arbeitsmerkmalen sowie zwischen (2) Arbeits- und Personmerkmalen hinsichtlich ihrer persönlichkeitsförderlichen Wirkung zu untersuchen. Axtell und Parker (2003) konnten in diesem Sinn demonstrieren, dass eine Erweiterung der Kernaufgabe um zusätzliche Aufgaben («job enlargement») nur dann zu einer proaktiveren Herangehensweise an die

Arbeit führt, wenn gleichzeitig auch die Einflussmöglichkeiten auf die Arbeit zunehmen. Was die Wechselwirkung von Arbeits- und Personmerkmalen betrifft, konnten beispielsweise Frone, Russel und Cooper (1995) in ihrer Studie belegen, dass eine hohe Rollenambiguität nur bei Menschen mit einem ausgeprägten Job Involvement mit reduzierter psychischer Gesundheit und vermehrtem Alkoholkonsum einherging.

1.3 Implikationen für die Arbeitspsychologie

1.3.1 Berufliche Eignungsdiagnostik und Anforderungsanalyse

Für die Konzeption eignungsdiagnostischer Instrumente ist die Frage zentral, anhand welcher personeller Leistungsvoraussetzungen man den beruflichen Erfolg bzw. die Eignung für eine bestimmte Tätigkeit vorhersagen kann. Dabei ist Bezug zu nehmen auf die beruflichen Anforderungen und Merkmale eines Arbeitsplatzes, denn die Eignung ergibt sich aus dem Ausmaß der Übereinstimmung von Arbeitsplatzanforderungen und Leistungsvoraussetzungen eines Menschen (vgl. Arnold & Randall, 2010, 134–167; Sackett & Laczo, 2003). Es wird angenommen, dass der Grad dieser Übereinstimmung die Erfolgswahrscheinlichkeit in einer Berufstätigkeit mitbestimmt.

Schuler und Höft (2007) halten beim Vergleich von Tätigkeit und Person im Kontext berufsbezogener Entscheidungen vor allem folgende Aspekte für wichtig: (1) Den *Aufgaben und Anforderungen* einer Tätigkeit sind *Fähigkeiten, Fertigkeiten und Kenntnisse* auf Seiten der Person gegenüberzustellen, um die Leistungsdeterminanten beruflichen Erfolgs zu kennzeichnen. (2) Aus einer stärker subjektorientierten Sicht ist darüber hinaus die Passung von *Interessen und Bedürfnissen* eines Individuums mit dem *Befriedigungspotenzial* einer Arbeit (z.B. Art und Ausprägung der Freiheitsgrade) zu untersuchen, um Zufriedenheit, Gesundheit und die Persönlichkeitsförderung potenzieller Mitarbeiter/-innen als Zielkriterien in die Auswahlentscheidung miteinzubeziehen. (3) Schließlich ist zu berücksichtigen, dass *Tätigkeiten sich verändern* und Menschen zwischen Tätigkeiten wechseln; mit anderen Worten, das entsprechende *Entwicklungs- und Anpassungspotenzial* ist zu erfassen.

Aufgaben- und Anforderungsanalyse: Die Arbeitsanalyse spielt bei der Entwicklung und Präzisierung von eignungsdiagnostischen Vorhersagemodellen eine wichtige Rolle, um mit ihrer Hilfe sowohl die Prädiktoren als auch die vorherzusagenden Erfolgs- und Leistungskriterien zu identifizieren, die für eine bestimmte berufliche Tätigkeit von Bedeutung sind (vgl. Algera & Greuter, 1989; Arnold & Randall, 2010; Schuler, 2006b; Sonntag, 2006b). Ziel ist die Beschreibung von Menschen und der Arbeitsumwelt in vergleichbaren Messgrößen, um einen Abgleich zwischen dem Anforderungsprofil von Tätigkeiten und dem Fähigkeits- und Persönlichkeitsprofil von Bewerber(inne)n zu ermöglichen. Bei der Anforderungsbeschreibung und/oder -ableitung sind somit die Arbeitsmerkmale in eigenschaftsbezogene Personenbegriffe zu übersetzen. Methodisch erfolgen kann dies entweder mithilfe des Verfahrens der «synthetischen Validierung» (s. Infobox III-3) oder durch direkte Beschreibung bzw. Übersetzung des Kriteriumsverhaltens in Personenbegriffe wie beim «ability requirement approach» (vgl. Fleishman & Quaintance, 1984). Im letzten Fall schätzen Tätigkeitsexperten die Bedeutung und/oder das Ausmaß von Fähigkeitsattributen für die Aufgabenbewältigung ein. Ein standardisiertes Instrument zur Anforderungsanalyse von Arbeitstätigkeiten anhand von sensumotorischen, kognitiven und sozial-kommunikativen Fähigkeitsattributen liegt vor: der «Job-Analysis Survey» (FJAS) von Fleishman (1992). Sowohl bei der synthetischen Validierung als auch bei der direkten eigenschaftsbezogenen Anforderungsanalyse sind Eignungsattribute heranzuziehen, die potenziell mit menschli-

Infobox III-3

Synthetische Validierung

Im Unterschied zu den herkömmlichen prognostischen und konkurrenten Validierungsansätzen prognostiziert man bei der synthetischen Validierung ein komplexes Kriterium der Arbeitsleistung («overall job performance») nicht als Ganzes, sondern zerlegt das Kriteriumsverhalten in wesentliche Elemente, die dann einzeln vorhergesagt werden (Frieling, 1977). Die molekulare Betrachtung des Kriterienbereichs (vgl. Dunnette, 1976b) durch eine vorgeschaltete Arbeitsanalyse und der Versuch, im Rahmen der Anforderungsableitung die Leistung in diesen Bereichen durch menschliche Attribute (Fähigkeiten, Fertigkeiten, Kenntnisse, Interessen, Persönlichkeitsmerkmale etc.) einzeln vorherzusagen und anschließend zu aggregieren, ist typisches Merkmal der synthetischen Validierung. Der wesentliche Vorteil der synthetischen Validierung ist, dass die elementaren Beziehungen zwischen Prädiktoren und Kriterienelementen nur einmal bestimmt werden müssen und dann auf Arbeitstätigkeiten generalisiert werden können, die aus denselben Arbeitselementen (Teiltätigkeiten, Aufgaben, Verrichtungen) bestehen. Hat man die personellen Leistungsvoraussetzungen für verschiedene Arbeitskomponenten ermittelt, dann können allein über die Kenntnis der Arbeitskomponenten, die eine Tätigkeit konstituieren, die personenbezogenen Gesamtanforderungen einer Arbeitstätigkeit synthetisiert werden, und man kann über die Operationalisierung dieser Personenmerkmale eine valide Testbatterie für die Personalauwahl zusammenstellen. Das personenbezogene Anforderungsprofil für die Arbeitstätigkeit ergibt sich dabei aus der Bedeutung der einzelnen Arbeitselemente für die Gesamttätigkeit und der Bedeutung der Attribute für die einzelnen Arbeitselemente.

cher Leistung in Zusammenhang stehen. Entsprechende Taxonomien von Attributen liegen vor von French, Ekstrom & Price, 1963; Peterson & Bownas, 1982; Hough, 1992; oder Fleishman, 1992. Eine deutschsprachige Bearbeitung des «Fleishman Job Analysis Survey» (FJAS) haben Kleinmann, Manzey, Schumacher und Fleishman (2010) geleistet.

Im Rahmen der synthetischen Validierung des «Leitfadens zur qualitativen Personalplanung bei technisch-organisatorischen Innovationen» (LPI) von Sonntag, Schaper und Benz (1999) mithilfe des Verfahrens des Attributenratings wurden zur Charakterisierung der Personenseite die kognitiven und sozial-kommunikativen Fähigkeitsattribute des FJAS von Fleishman (1992) ausgewählt (vgl. Edelmann, 1996). Tabelle III-1 veranschaulicht am Beispiel einer Instandhaltertätigkeit das Grundprinzip der Synthetisierung von Gesamttätigkeits-Anforderungsprofilen. Zu diesem Zweck sind die *arbeitsanalytischen Bewertungen* der einzelnen Aufgaben über den LPI mit den *fähigkeitsanalytischen Bewertungen* dieser Aufgaben durch das Attributenrating zu einem Gesamtprofil zu verrechnen. Über die Befragung von Stelleninhabern einer Instandhaltertätigkeit mittels LPI wurde ermittelt, dass die Arbeitszeit der betreffenden Tätigkeit zu 30 Prozent aus der Aufgabe Störungsdiagnose besteht, zu 60 Prozent aus der Aufgabe Störungsbehebung bzw. Instandsetzung und zu 10 Prozent aus Programmieraufgaben. Die anforderungsanalytische Untersuchung des LPI-Attributenratings ergab für diese Aufgaben die in Tabelle III-1 dargestellten Anforderungsstrukturen. Die Zahlen verdeutlichen die Rangplätze einer Auswahl von 10 der insgesamt 29 von den Experten eingestuften Attribute. Das Attribut, an das eine Aufgabe die höchsten Anforderungen stellt,

Tabelle III-1: Grundprinzip der Synthetisierung eines Anforderungsprofils für eine Instandhaltertätigkeit (vgl. Edelmann, 1996). Die hochgestellte Zahl 1 verdeutlicht den Rangplatz.

Ergebnisse der LPI-Arbeitsanalyse:		Instandhaltertätigkeit			Synthetisiertes Anforderungsprofil der Instandhaltertätigkeit
		30%	60%	10%	
Relevanz der Aufgabenelemente für die Arbeitstätigkeit		Störungs-diagnose	Störungs-behebung	Program-mierung und Optimierung	
	Attribute				
	Flüssigkeit der Ideenproduktion	15[1]	22	18	18,5
	Orginalität	26	24	16	20
	Problem-sensitivität	1	2,5	2	1,75
Ergebnisse des Attributenratings: Fähigkeitsan-forderungen der Aufgaben-elemente	Mathematisches Schlussfolgern	22	26,5	5	24,25
	Deduktives Denken	4	10	3	7
	Induktives Denken	2	9	4	5,5
	Informations-anforderung und Ablaufwissen	3	1	1	2
	Räumliches Vorstellungs-vermögen	5,5	2,5	18	4
	Widerstand gegen vor-schnelle Urteile	15	23	22	19
	Soziale Sensitivität	29	28	29	28,5

erhält den Rangplatz 1, dem für die Ausführung einer Aufgabe am wenigsten relevanten Attribut weist man den Rangplatz 29 zu. Geteilte Rangplätze ergeben sich, wenn Experten die Anforderungshöhe der Attribute identisch beurteilen. Bei der als «critical behaviour method» bekannt gewordenen Synthetisierungsform (vgl. Sparrow, Patrick, Spurgeon & Barwell, 1982) beeinflusst die Aufgabe Programmierung und Programmoptimierung das Gesamtanforderungsprofil nicht, da sie keinen essenziellen Anteil an der Gesamtarbeitszeit ausmacht. Addiert man die Rangplätze der beiden verbleibenden Aufgaben auf und relativiert diesen Wert auf die Anzahl der betrachteten Aufgaben, dann resultiert ein Anforderungsprofil, das belegt, dass für diese Instandhalter-tätigkeit vor allem Problemsensitivität sowie Informationsanordnung und Ablaufwissen, aber auch räumliches Vorstellungsvermögen benötigt werden.

Diagnose von Fähigkeiten: Die Diagnose von Fähigkeiten, Fertigkeiten und Kenntnissen ist Gegenstand der ganzen Palette eignungsdiagnostischer Verfahren. Im Unterschied zur differenziellen Psychologie geht es dabei weniger um grundlegende Persönlichkeitsmerkmale als um Prädiktoren, die substanziell mit Kriterien beruflicher Leistung zusammenhängen. Man bemüht sich daher, die Prädiktorenkonstrukte den zu prognostizierenden Kriteriumskonstrukten anzunähern. Eine direkte Entsprechung zwischen Prädiktor und Kriterium findet man bei «simulationsorientierten» Auswahlverfahren wie Arbeitsproben, Assessment-Center, situativen Fragen im Einstellungsinterview etc. Aber auch in «eigenschaftsorientierten» Auswahlverfahren wie psychometrischen Tests sollte dieser Grundsatz beherzigt werden, da speziellere leistungsrelevante Prädiktorenkonstrukte in der Regel eine höhere Validität aufweisen als allgemeine Persönlichkeitsmerkmale, die diesen ähneln (vgl. Schuler & Höft, 2007).

Interessen und Befriedigungspotenzial: Beruflicher Erfolg hängt nicht nur von Fähigkeiten und ihrem Verhältnis zu den Anforderungen einer Tätigkeit ab, sondern auch davon, ob die gewählte oder zu wählende Tätigkeit den eigenen Interessen, Wünschen, Einstellungen und Werthaltungen entspricht und so auch Zufriedenheit, psychisches und physisches Wohlbefinden und den Verbleib des Mitarbeiters/der Mitarbeiterin in der Organisation fördert. Diesen Aspekt der Personalauswahl thematisieren Modelle und Untersuchungen zur motivationalen Person-Umwelt-Korrespondenz (vgl. z.B. die Kongruenztheorie von Holland, 1985). Diagnoseinstrumente zur Bestimmung beruflicher Interessen liegen in Form von Berufsinteressentests vor (z.B. der BIT von Irle & Allehoff, 1983; vgl. den Überblick bei

Trapmann, 2007). Um die andere Seite, das Befriedigungspotenzial von Tätigkeiten, zu erfassen, zieht man Verfahren der Arbeitszufriedenheitsmessung und zum Betriebsklima heran.

Tätigkeitsveränderungen und Entwicklungspotenziale von Menschen: Die Veränderung von Arbeitsanforderungen abzuschätzen, ist methodisch schwierig, da solche Prognosen unsicherheitsbehaftet sind. Trotzdem ist es in der Regel von Nutzen, Richtung und Ausmaß der zu erwartenden Veränderungen zu bestimmen. Ein Verfahren, das dies für Qualifikationsanforderungen und Eignungsvoraussetzungen bei industriellen Tätigkeiten ermöglicht, ist der erwähnte «Leitfaden zur qualitativen Personalplanung bei technisch-organisatorischen Innovationen» (LPI) (vgl. Sonntag, Schaper & Benz, 1999). Zusätzlich ist aber auch mit einem nicht bestimmbaren Anteil an Änderungen zu rechnen. Die Bestimmung des Entwicklungspotenzials eines Menschen sollte daher zum einen auf den zu erwartenden Veränderungsbedarf Bezug nehmen; zum anderen sollte darüber hinaus aber auch berücksichtigt werden, inwieweit dieser Mensch künftigen Entwicklungen ungewisser Art gewachsen ist.

Hier ist vor allem auf Persönlichkeitseigenschaften zu rekurrieren, die sich in unterschiedlichsten Berufskontexten als erfolgsrelevant erwiesen haben. Zu ihnen gehören vornehmlich Intelligenz, Leistungsmotivation, soziale Kompetenz und Selbstvertrauen (vgl. Schuler & Höft, 2007). Weitere Möglichkeiten zur Diagnose des Entwicklungspotenzials bestehen darin, die Lernfähigkeit und Lernbereitschaft von Bewerbern zu bestimmen. Methodisch wird ein Vorgehen in Analogie zu den Lerntests nach Guthke (1991) empfohlen. Praktische Anwendungen dieses Modells im Kontext beruflicher Eignungsdiagnostik existieren zum Beispiel in Form von Lernpotenzial-Assessment-Centern (vgl. Sarges, 2000; Stangel-Meseke, Akli & Schnelle, 2005) und Arbeitsproben zur Bestimmung der Trainierbarkeit von Auszubildenden (vgl. Görlich, 2007b).

1.3.2 Personalentwicklung

Mit Bezug auf die bereits beschriebenen Ergebnisse zur Veränderbarkeit personaler Merkmale ist davon auszugehen, dass in Organisationen ein sehr großer, wenn auch nicht genau abschätzbarer Spielraum für Lernen besteht. Auch fortgeschrittenes Alter schließt effizientes Lernen nicht aus, vor allem dann nicht, wenn das nötige Vertrauen in die eigene Lernfähigkeit und die Bereitschaft zu Veränderungen gefördert werden (vgl. auch Maciel, Heckhausen & Baltes, 1994; Molloy & Noe, 2010; Staudinger & Heidemeier, 2009; s. auch Teil III, Kap. 2.5.4).

Brandstätter (2006) resümiert weiter, dass man bestmögliche Effizienz der Bildungsbemühungen in bedeutsamem Maße durch die Abstimmung der Lehr- und Trainingsmethoden auf die Persönlichkeitsmerkmale der Lernenden erreicht und dass bei der Auswahl und Gestaltung von Bildungsmaßnahmen individuelle Unterschiede vor allem dann zu berücksichtigen sind, wenn es um Aufgaben geht, die eine komplexe, bewusst gesteuerte Informationsverarbeitung verlangen. Greift man die letzten beiden Punkte auf, so impliziert dies zudem Konsequenzen für die Planung von Bildungsmaßnahmen und die Berücksichtigung von Adaptationsmöglichkeiten im Lernverlauf.

Person- und zielgruppenorientierte Bildungsbedarfsanalyse: Modelle zur Planung von Bildungsmaßnahmen, die man im angloamerikanischen Raum auch als «instructional design models» bezeichnet, beinhalten grundsätzlich auch den Schritt, die Voraussetzungen der Lerner zu analysieren (vgl. Schott, 1991). Dies umfasst die Bestimmung des Vorwissens und anderer Charakteristika der Lerner bzw. der Zielgruppe einer Maßnahme. Methodisch kann dies durch Mitarbeiterbefragungen zum subjektiven Lernbedarf (vgl. Müller & Stürzl, 1992) und vielfältige Instrumente der Leistungs- und Potenzialbeurteilung erfolgen (vgl. Schuler & Görlich, 2006). Diese Daten sind dann Anforderungsanalysen gegenüberzustel-

len, um aus dem Vergleich im Sinne einer Ist-Soll-Gegenüberstellung (Voraussetzungen der Lerner auf der einen Seite, Tätigkeitsanforderungen auf der anderen) die Lerninhalte und -ziele abzuleiten. Wichtige Ausgangsinformationen zur Gestaltung des Lernprozesses betreffen die Lernmotivation und Lernbereitschaft, die Einstellungen und Werthaltungen gegenüber den geplanten Lernzielen sowie Präferenzen der Lerngruppe in Bezug auf Lernformen, -medien und -strategien (vgl. Pekrun & Schiefele, 1996).

Differenzielle Gestaltung von Lernmaßnahmen: Bei der Planung von Bildungsmaßnahmen ist zu überlegen, ob bei der Gestaltung des Lernverlaufs Adaptationsmöglichkeiten zu berücksichtigen sind, die eine Anpassung an individuelle Lernbedarfe und somit den Einsatz adaptiver tutorieller Strategien vorsehen (vgl. Leutner, 1992). Wissenschaftlich fundierte Erkenntnisse zur Ableitung und Begründung entsprechender Lehrstrategien liefert die «Aptitude-Treatment-Interaction-(ATI)» Forschung (für einen Überblick vgl. Gully & Chen, 2010; oder Snow & Swanson, 1992). Die ATI-Forschung hat eine Vielzahl von kognitiven, motivationalen, emotionalen und volitionalen Persönlichkeitsmerkmalen identifiziert, die die differenzielle Wirkung von Lernmaßnahmen auslösen bzw. moderieren. Die praktische Verwertbarkeit der ATI-Forschung wird zwar mit Skepsis beurteilt, gewinnt aber mit den wachsenden Möglichkeiten zur Individualisierung von Unterricht durch computergestützte Lernmedien an Bedeutung.

Persönlichkeitsförderliche Lerngestaltung: Lernkontexte sind so zu gestalten, dass sie bei der Vermittlung von Kompetenzen auch persönlichkeitsförderlich wirken. Hier ist vor allem das Modell des «Handeln-Lernens» nach Volpert (1985) und seine praktische Umsetzung im Konzept «genetische Vorformen» heranzuziehen. Ausgehend von komplexen Arbeitsaufgaben entwickelt man hierbei Vorformen; das sind in ihrer Komplexität reduzierte Formen der zu erlernenden Gesamthandlung. Dabei bleibt die Ganzheitlichkeit des Handlungszusammenhangs gewahrt, und der Lernende wird schrittweise an die Komplexität der Gesamthandlung herangeführt. Persönlichkeitsförderliche Lernprozesse lassen sich auch durch die Gestaltung des beruflichen Lernens nach konstruktivistischen Lerntheorien und ansätzen erzielen (vgl. Friedrich & Mandl, 1997; Reinmann-Rothmeier & Mandl, 2001; Sonntag, 1996). Im Vordergrund steht hierbei die Förderung eines selbstgesteuerten und problemorientierten Wissenserwerbs anhand von authentischen und komplexen Aufgaben bzw. Anwendungssituationen. Weitere Gestaltungsprinzipien beziehen sich darauf, dass der Wissenserwerb situiert in multiplen Kontexten und unter multiplen Perspektiven erfolgt und ein kooperatives Lernen in sozialen Kontexten unterstützt wird.

Lern- und Entwicklungspotenziale in der Arbeit: Mittel zur Veränderung und persönlichkeitsförderlichen Weiterbildung sind nicht nur in geplanten und systematischen Bildungsmaßnahmen zu sehen, sie liegen auch in der Arbeitstätigkeit selbst und in ihrer jeweils spezifischen Struktur (vgl. Sonntag & Stegmaier, 2007a). Auf diese Annahme nimmt vor allem eine der ersten fundierten Untersuchungen von Franke und Kleinschmitt (1987) Bezug, in der die lernrelevanten Merkmale von Arbeitssituationen (z. B. Problemhaltigkeit, Handlungsspielraum oder Abwechslungsreichtum) im Kontext von elektrotechnischen Ausbildungsgängen analysiert wurden (vgl. auch Franke, 1993). Rahmenmodelle zur Bestimmung des Qualifizierungs- und Persönlichkeitsentwicklungspotenzials von Arbeitstätigkeiten haben außerdem Frei, Duell und Baitsch (1984) formuliert, deren Ansatz die Determinanten «Qualifizierungsangebot», «Qualifizierungsbereitschaft» und «Qualifizierungsinventar» umfasst, ferner Alioth (1980), dessen Modell auf einer Erweiterung des Handlungsspielraumkonzepts beruht. Diesen Modellen zufolge bestimmen Merkmale der Arbeitsauf-

gabe und ihrer Ausführungsbedingungen sowie motivationale und leistungsbezogene Eigenschaften der Mitarbeiter/-innen, inwieweit in einer konkreten Arbeitssituation Entwicklungschancen bestehen, die auch erkannt und tatsächlich genutzt werden. Darüber hinaus hat Volpert (1989) eine Reihe von Prinzipien zur Gestaltung entwicklungsförderlicher Arbeits- und Lernaufgaben formuliert, die sich auf evolutions-, tätigkeits- und handlungstheoretische Konzepte zur Persönlichkeitsförderung beziehen.

1.3.3 Arbeits- und Organisationsgestaltung

Wie Untersuchungen zum Zusammenhang von Arbeit und Persönlichkeit gezeigt haben, ist der Einfluss von Arbeitstätigkeiten und -bedingungen auf die Persönlichkeitsentwicklung bedeutsam (vgl. Kap. 2.3.4). Im Sinne des Kriteriums Persönlichkeitsförderlichkeit bei der Bewertung humaner Arbeit zielen die praktischen Konsequenzen daher auf eine persönlichkeitsförderliche Gestaltung von Arbeits- und Organisationsstrukturen ab (vgl. Hacker, 2010; Ulich, 2010; Ulich & Wülser, 2009). Als Intervention bedeutet dies, Arbeit partizipativ, differenziell und dynamisch zu gestalten.

- *Partizipative Arbeitsgestaltung:* Wie verschiedene Studien (vgl. z. B. Baitsch, 1985) und Überblicksarbeiten zeigen (vgl. z. B. Baitsch, 1998; Bergmann, 2000), genügt offenbar ein betriebliches Angebot neuer Arbeitsinhalte und -strukturen nicht, um die Bereitschaft zur Kompetenz- und Persönlichkeitsentwicklung in der Arbeit auch zu aktivieren. Als weitere Bedingung ist erforderlich, die Beschäftigten durch aktive Mitwirkung in den Prozess der Veränderung von Arbeits- und Organisationsstrukturen miteinzubeziehen, sie als «Betroffene zu Beteiligten zu machen». Ein entsprechendes Instrumentarium zum Einbezug von Mitarbeiter(inne)n in Prozesse betrieblicher

Veränderung liegt mit der «Heuristik qualifizierender Arbeitsgestaltung» von Duell und Frei (1986) vor. Dabei handelt es sich um einen anwendungsbezogenen Leitfaden, der es ermöglicht, unter Einbezug der betroffenen Mitarbeiter/-innen und unterschiedlicher Instrumente (wie z. B. subjektive Arbeitsanalyse, Instrumente zur Ideenfindung und -bewertung, Ursache-Wirkungs-Diagramme) in Kleingruppen betriebliche Veränderungen zu nutzen und lern- sowie persönlichkeitsförderliche Arbeitsstrukturen zu entwickeln.

- *Differenzielle Arbeitsgestaltung:* Für eine optimale Persönlichkeitsentwicklung in der Auseinandersetzung mit der Arbeitstätigkeit sind jedoch auch interindividuelle Differenzen der Arbeitenden zu berücksichtigen; denn bei der Gestaltung von Arbeitsplätzen wird in der Regel so getan, als ob alle Arbeitenden gleich wären und es bei der Ausführung der Tätigkeit einen «best way» gäbe. Das Prinzip der differenziellen Arbeitsgestaltung sieht daher das gleichzeitige Angebot verschiedener Arbeitsstrukturen vor, zwischen denen die Beschäftigten wählen können (vgl. Ulich, 1997).
- *Dynamische Arbeitsgestaltung:* Um außerdem intraindividuellen Differenzen im Prozess der Persönlichkeitsentwicklung Rechnung zu tragen, sollte das Prinzip der differenziellen Arbeitsgestaltung schließlich noch um das Prinzip der dynamischen Arbeitsgestaltung ergänzt werden. Damit ist die Möglichkeit gemeint, bestehende Arbeitsstrukturen zu erweitern oder neue zu schaffen, die dem Lernfortschritt der Beschäftigten Rechnung tragen (vgl. Ulich, 2005).

Lantermann (1991) warnt vor einer (zu) hohen subjektiven Bedeutungszuweisung von Arbeit als Voraussetzung für Prozesse der Persönlichkeitsentwicklung im Arbeitskontext. Verringert sich infolgedessen der Spielraum zur Verwirklichung und Wahrung selbstgesetzter Ziele und selbstwertdienlicher Erfahrungen außerhalb der Arbeitssphäre, so ist das Risiko umso höher, dass dem/der Betroffenen bei Entlassung oder erheblichen Misserfolgen bei der Arbeit die Möglichkeit zur weiteren positiven Persönlichkeitsentwicklung abhanden kommt.

1.4 Zusammenfassung

Personale Verhaltens- und Leistungsbedingungen sind ein Themenbereich mit vielfältigen Bezügen zu psychologischen Grundlagendisziplinen und Anwendungsfeldern der Arbeitspsychologie.

Die angesprochenen Forschungs- und Anwendungsfelder wurden teilweise sehr intensiv untersucht, insbesondere was eignungsdiagnostische Fragen zur Prognose von beruflichem Erfolg anhand von personalen Merkmalen betrifft. Teilweise steht die Forschung aber noch am Anfang; dies gilt zum Beispiel für den Einfluss personaler Merkmale auf die Expertiseentwicklung in komplexen Arbeitskontexten. Ungeklärt sind darüber hinaus Fragen zur Abbau- bzw. Verlustproblematik von Fähigkeiten im fortgeschrittenen Lebensalter und deren Auswirkungen auf die Arbeitsleistung.

Wenn die Erhaltung und Förderung personaler Ressourcen zu einem zentralen Einflussbereich für unternehmerischen Erfolg werden soll, müssen sich allerdings auch die verantwortlichen Manager und Personalfachleute mehr denn je mit Modellen und Erkenntnissen personaler Verhaltens- und Leistungsbedingungen im Arbeits- und Organisationskontext auseinandersetzen. Nur wenn der arbeitende Mensch entsprechend seinen persönlichen Voraussetzungen eingesetzt und gefördert wird sowie entsprechende Kontextbedingungen dafür erhält, kann er seine Qualifikations- und Persönlichkeitspotenziale im Sinne des Unternehmens voll entfalten. Dieser Thematik wenden wir uns nun zu.

2 Personale Förderung und Kompetenzentwicklung

2.1 Gegenstand und Ablauf personaler Förderung

Gegenstand personaler Förderung

Gegenstand personaler Förderung von Organisationsmitgliedern ist menschliches Verhalten und dessen Veränderbarkeit. Es verändern sich Wissen, Fertigkeiten, Fähigkeiten, Motivationen, Emotionen und Einstellungen, also jene psychischen und physischen Dispositionen, die das *Gesamtsystem Persönlichkeit* repräsentieren und steuern. Intendiertes Ziel personaler Fördermaßnahmen ist demzufolge *nicht* der durch methodisch verfeinerte Instrumentarien relativ leicht zu bewirkende «Drill» elementarer Fertigkeiten motorischer und intellektueller Art; vielmehr ist es die Gesamtpersönlichkeit des in einer Organisation tätigen Menschen.

Beabsichtigt sind der Aufbau und die Weiterentwicklung von Qualifikationspotenzialen und Kompetenzen, die zur Meisterung beruflicher, aber auch alltäglicher Situationen befähigen; nahe legt dies die gegenwärtig feststellbare Zielkongruenz von pädagogischen Anliegen und betrieblichen Interessen, die sich in vermehrten Forderungen nach Qualifikationen mit hohem Transfercharakter wie Problemlösefähigkeit oder selbstgesteuertem, reflektiertem Handeln zeigt. Verhaltens- und Wissensveränderung sowie die persönlichkeitsförderliche Weiterentwicklung des Mitarbeiters geschieht nicht nur in geplanten und systematischen (Bildungs-)Maßnahmen, sondern auch in der Arbeitstätigkeit selbst (arbeitsimmanent) mit ihrer jeweils spezifischen Struktur.

Eine in diesem Sinne betriebene Personalentwicklung stellt einen komplexen Gegenstandsbereich dar, den die traditionell damit betraute Betriebswirtschaftslehre und die Berufs- und Wirtschaftspädagogik nicht angemessen bearbeiten können. Benötigt werden theoretische Konzeptionen, Methoden und Erkenntnisse aus psychologischen Grundlagen- und Anwendungsfächern, die für Fragen der personalen Förderung unmittelbar relevant sind (vgl. zusammenfassend Sonntag, 2006a; Kozlowski & Salas, 2010).

Ein Phasenmodell personaler Förderung

Personale Förderung ist wenig effektiv und sinnvoll, wenn man sie ohne eine vorausgegangene fundierte Bedarfserfassung und nach Durchführung der Maßnahme ohne ausreichende Effektkontrolle durchführt. Die in der Literatur vorfindlichen Aufgabenbereiche lassen sich in Hauptphasen zusammenfassen (vgl. **Abb. III-1**), die zudem einem in der betrieblichen Praxis realistischen Handlungsmodell in etwa entsprechen und sich mit einer Reihe von Methoden und Strategien bearbeiten lassen (vgl. Goldstein & Ford, 2002; Sonntag, 2006a; Sonntag & Stegmaier, 2010b).

- Analyse des Entwicklungsbedarfs
  Die Bedarfsermittlung liefert vielfältige Informationen über Ziele und Inhalte der

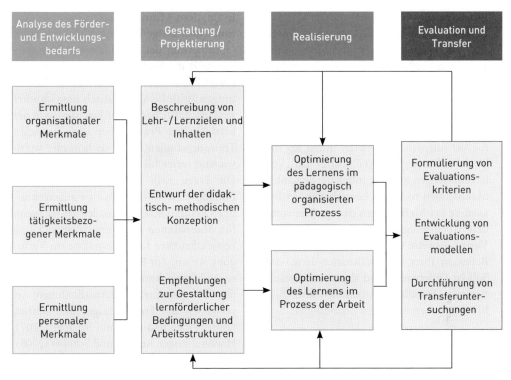

Abbildung III-1: Phasenmodell der Aufgaben und Strategien personaler Förderung (Sonntag, 2006a)

einzuleitenden Fördermaßnahmen, über Gestaltungsprinzipien von Trainingsmethoden, Lernaufgaben und Lernumfeld und formuliert Kriterien für die Evaluation. Eine «Trichotomie der Bedarfsermittlung» (i. S. einer «training needs analysis»; vgl. Arnold & Randall, 2010; Goldstein, 1986; Latham, 1988) sieht empirische Zugänge zur Ermittlung organisationaler, tätigkeits- und personbezogener Merkmale in der

- *Organisationsanalyse*, die aus Unternehmungs- und Führungsphilosophien bzw. -grundsätzen, aus Daten der strategischen Planung oder aus organisationsdiagnostischen Variablen wie Betriebsklima oder Arbeitszufriedenheit Zielvorgaben für die personale Förderung ableitet (vgl. Kleinmann & Wallmichrath, 2004; Sonntag, Stegmaier & Schaper, 2006);

- *Aufgaben-/Anforderungsanalyse*, die die zur Aufgabenbewältigung erforderlichen Kenntnisse, Fähigkeiten und Fertigkeiten eines Stelleninhabers erfasst (z. B. kognitive und sozial-kommunikative Anforderungen); tätigkeitsanalytische Verfahren auf der Basis von Beobachtung und Befragung kommen hierfür in Frage (vgl. Schuler, 2006b; Sonntag, 2006b);

- *Personanalyse*, die individuelle Leistungs- und Verhaltensdefizite und Entwicklungspotenziale ermittelt; eine Vielzahl unterschiedlicher Verfahren zur Einschätzung vergangenen Leistungsverhaltens und zur Beurteilung des Förder- und Entwicklungspotenzials liegen hierfür vor. Für Letzteres bevorzugt man Methoden des Mitarbeitergesprächs, psychologische Testverfahren, biografische Fragebogen, Arbeitsproben und Assessment-Center (vgl. Schuler & Marcus, 2004).

- Projektierungs-/Gestaltungsphase
  In dieser Phase sind die ermittelten Daten und Informationen aufzubereiten: Lehrziele/Lerninhalte sind festzulegen, didaktisch-methodische Konzeptionen zu entwerfen und Gestaltungsempfehlungen lernförderlicher Bedingungen und Arbeitsstrukturen zu formulieren. Hierbei müssen die betroffenen Mitarbeiter/-innen als die betrieblichen Expert(inne)n ihrer Tätigkeiten einbezogen werden, sollen die geplanten Maßnahmen nicht ins Leere laufen. Insbesondere bei Maßnahmen der qualifizierenden Arbeitsgestaltung ist eine partizipative Vorgehensweise der Mitarbeiter/-innen zur Reflexion ihrer Arbeitssituation bzw. von Soll-Ist-Differenzen und den daraus resultierenden Handlungsintentionen und Qualifizierungsbereitschaften unabdingbar.

- Realisierungsphase
  Lernen tritt in Organisationen in vielfältiger Form auf: *keineswegs* nur als institutionalisierte und organisierte Lerntätigkeit im Rahmen betrieblicher Aus- und Weiterbildung, sondern auch im Arbeitsprozess selbst, als pädagogisch nicht organisierter Prozess. Während im ersteren Falle die vielfältigen und zum Teil bekannten Methoden und Lerntechniken zu nennen sind, die der Wissensvermittlung, Verhaltensmodifikation und Persönlichkeitsentwicklung von Organisationsmitgliedern dienen (vgl. Kozlowski & Salas, 2010; Sonntag & Stegmaier, 2006; Sonntag & Schaper, 2006a), sind es beim arbeitsimmanenten Lernen arbeitsplatzbezogene Dimensionen wie Tätigkeitsspielraum, Abwechslungsreichtum, Problemhaltigkeit, Kooperationserfordernisse, Entscheidungs- und Kontrollspielraum, die den Förderprozess positiv beeinflussen sollen (vgl. Franke, 1993; Sonntag & Stegmaier, 2007a; Ulich, 2010). Zielsetzung beider Formen der Personalentwicklung ist die Förderung der beruflichen Handlungskompetenz der Mitarbeiter/-innen.

- Evaluations-/Transferphase
  Eine zuverlässige Rückmeldung und damit Optimierung der Personalentwicklungsarbeit setzt die Evaluation der implementierten Maßnahmen voraus. Derartige Bewertungen mithilfe systematisch angewandter wissenschaftlicher Techniken werden in der betrieblichen Praxis, aber auch in vielen Trainingsstudien leider noch immer wohlwollend vernachlässigt.
  Die Frage stellt sich, wie ein sinnvolles Bildungscontrolling oder eine aussagekräftige Qualitätssicherung zu leisten ist, wenn für Maßnahmen der Personalentwicklung keine effizienten Kontrollsysteme zur Verfügung stehen. Zur Formulierung von Kriterien und Entwicklung von Evaluationsmodellen für einzelne Fördermaßnahmen sei verwiesen auf Ford, Kraiger und Maritt, (2010); Hochholdinger und Schaper (2007); Hochholdinger, Rowold und Schaper (2008); Thierau-Brunner, Wottawa und Stangel-Meseke (2006) sowie für Ansätze zur Evaluation der gesamten betrieblichen Bildungsarbeit auf Schöni, Wicki und Sonntag (1996).
  Erkenntnisse aus durchgeführten Evaluationen werden, wie Abbildung III-1 verdeutlicht, mit vorangehenden Phasen rückgekoppelt, einzelne Interventionen werden optimiert und damit der gesamte Förderprozess. Eine bedeutsame Rolle zur Überprüfung der Wirksamkeit personaler Fördermaßnahmen spielen Transferstudien, die zeigen, inwieweit das erworbene Wissen oder Verhalten am Arbeitsplatz umgesetzt oder auf andere Tätigkeiten übertragen werden kann. Hinweise auf die Gestaltung transferförderlicher Umgebungen im Lern- und Arbeitsprozess liefern unter anderem Arbeiten von Bergmann & Sonntag (2006) oder Hesketh (1997).
  Der Phasenaufteilung in Abbildung III-1 folgend, stellen wir in den anschließenden Kapiteln Ansätze und Verfahren zur personalen Förderung dar. Wir beginnen mit der Analyse des Förderbedarfs.

2.2 Identifikation und Beschreibung von Qualifikationsanforderungen, Entwicklungsbedarf und Lernpotenzialen

2.2.1 Qualifikationsanforderungen und Lernpotenziale in Arbeitstätigkeiten

Die *Arbeitsaufgabe* mit ihren Auftrags- und Ausführungsbedingungen bestimmt in entscheidendem Maße die Regulation und Organisation einer Tätigkeit. Demzufolge ist die Arbeitsaufgabe zentrale Analyseeinheit, wenn es darum geht,

1. Lern- und Entwicklungspotenziale zu beschreiben und zu bewerten, um persönlichkeitsförderliche Strukturen am Arbeitsplatz zu gestalten;
2. den qualifikatorischen Gehalt von Arbeitstätigkeiten zu bestimmen, um Anforderungen an die berufliche Handlungskompetenz für arbeitsbezogene Curricula zu nutzen;
3. Lernaufgaben und -umgebungen zu modellieren, um praxisnahe, ganzheitliche Lernprozesse einzuleiten.

Zu 1:
Zur Identifikation und Bewertung von *Lernpotenzialen* in Arbeitstätigkeiten liegt eine Reihe psychologischer Analyseverfahren vor, die theoretisch begründet sind, ein strukturiertes, aufwandsökonomisches Vorgehen ermöglichen und den Nachweis erbracht haben, objektiv, zuverlässig und gültig Daten zu erheben (s. Teil II, Kap. 2.3.2).

Mittels entsprechend gestalteter Instrumente beobachtet und/oder befragt man den Stelleninhaber am Arbeitsplatz, während er seine Tätigkeit ausführt. Bewertungskriterien und Analysedimensionen sind zum Beispiel im «Tätigkeitsbewertungssystem» (TBS) von Hacker, Fritsche, Richter und Iwanowa (1995) Vielfalt und Variabilität der Tätigkeiten, Routinegrad, Beeinflussbarkeit, Kooperation, Verantwortung, Qualifikations- und Lernerfordernisse. Fragebogen wie der «Job Diagnostic Survey» (JDS) von Hackman und Oldham (1976) oder, in einer deutschsprachigen Version, von Schmidt und Kleinbeck (1999) erfassen Lernpotenziale anhand der Dimensionen Anforderungsvielfalt («skill variety»), Ganzheitlichkeit der Aufgaben («task identity»), Bedeutsamkeit der Aufgabe für das Leben und die Arbeit anderer («task significance»), Autonomie («autonomy») und Rückmeldung aus der Aufgabenbewältigung («feedback from the job»). Zu einer Übersicht über weitere Verfahren, die im arbeitsstrukturalen Kontext einsetzbar sind, sei auf Dunckel (1999), Dunckel und Resch (2010) sowie Frieling und Buch (2007) verwiesen.

Zu 2:
Ein spezifisches Verfahren zur Beschreibung der in Arbeitstätigkeiten enthaltenen *Qualifikationsanforderungen* stellt der «Leitfaden zur qualitativen Personalplanung bei technisch-organisatorischen Innovationen» (LPI) dar (vgl. Sonntag, Schaper & Benz, 1999; s. auch Teil II, Kap. 2.3). Unter «Qualifikationsanforderungen» versteht man dabei allgemein die aus definierten Arbeitsaufgaben resultierenden Anforderungen an die Handlungskompetenz des Mitarbeiters/der Mitarbeiterin. Der LPI beschreibt sowohl fachliche als auch übergreifende Anforderungen (wie etwa solche an die Methoden- und Sozialkompetenz). Als strategisch ausgerichtete Konzeption ermöglicht das Verfahren nicht nur den Ist-Zustand abzubilden, sondern auch mittelfristige Anforderungsentwicklungen, zum Beispiel in den Dimensionen Denkanforderungen sowie Kommunikations- und Kooperationsanforderungen in Abhängigkeit von den jeweiligen technisch-organisationalen Strukturen (s. **Abb. III-2** am Beispiel von Rede- und Sprechleistungen). Man befragt hierzu betriebliche Planungsexperten, Meister/Vorgesetzte und Stelleninhaber/-innen.

Zu 3:
Zur Gestaltung von Lernprozessen, die die Mitarbeiter/-innen zur Bewältigung geistig

Frage:	Welche der nachfolgenden Rede-/Sprechleistungen sind erforderlich, um die Tätigkeit effektiv ausführen zu können?									
Rede-/Sprechleistungen	**Häufigkeit**									
	nie 0	selten 1	monatlich 2	wöchentlich 3	täglich 4	nie 0	selten 1	monatlich 2	wöchentlich 3	täglich 4
	gegenwärtig					**zukünftig**				
Informationen geben Auskünfte erteilen, Hinweise über Sachverhalte mittels einzelner Wörter oder kurzer Sätze geben	0	1	2	3	4	0	1	2	3	4
Anweisen Erteilen von fachlichen Anordnungen, Vorgeben von Richtlinien in knappen Sätzen, Aufträge vergeben	0	1	2	3	4	0	1	2	3	4
Beraten Erteilen von Ratschlägen, fachliche Unterstützung bei Problemlösungen	0	1	2	3	4	0	1	2	3	4
Instruieren Vermittlung von Wissen und Fertigkeiten, Unterrichten unter Einsatz von Medien	0	1	2	3	4	0	1	2	3	4
Vortragen/Präsentieren Ergebnisse darstellen, Vorträge halten	0	1	2	3	4	0	1	2	3	4
Verhandeln Austauschen von Ideen, Informationen und Meinungen, um gemeinsam zu Lösungen oder Entscheidungen zu gelangen; Diskussionen, Gruppengespräche leiten und moderieren	0	1	2	3	4	0	1	2	3	4

Abbildung III-2: LPI-Items zur Erfassung von Anforderungen an die Rede- und Sprechleistungen in gegenwärtigen und zukünftigen Arbeitssystemen (vgl. Sonntag, Schaper & Benz, 1999)

anspruchsvoller Arbeitsaufgaben befähigen sollen, reicht das Analyseniveau des oben genannten Verfahrens nicht aus. Beim Modellieren komplexer *Lernaufgaben* geht es zudem nicht etwa darum, durchschnittliche Bewältigungsformen, sondern besonders effektive Regulationsstrukturen zu ermitteln, wie sie Könner oder Experten besitzen (vgl. Hacker, 2010). Um solche Komponenten des Expertenhandelns bzw. -wissens zu erfassen, sind arbeitsanalytische Verfahren um wissensanalytische Methoden zu ergänzen (vgl. Sonntag, 2006b).

Einen solchen kombinierten Methodeneinsatz zur authentischen Lernaufgabengestaltung bei komplexen Aufgabenstellungen verdeutlicht **Abbildung III-3** am Beispiel betrieblicher Störungsdiagnosetätigkeiten.

Auf dieser Basis entwickelte und evaluierte Lernaufgaben und Übungen scheinen den aufwendigen Ansatz zu rechtfertigen. Im Anschluss an eine differenzierte Tätigkeits- und Anforderungsanalyse bedient man sich wissensanalytischer Methoden und deren formalisierter Darstellungen (Strukturlegetechnik,

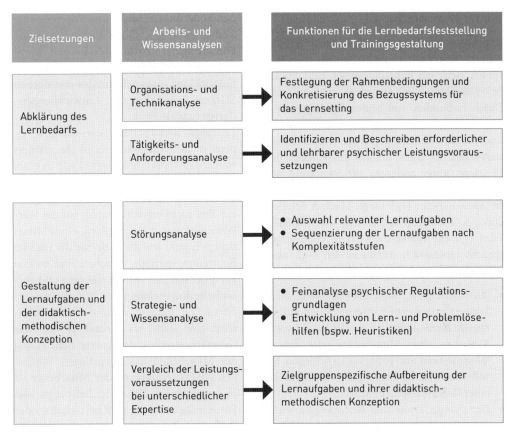

Abbildung III-3: Zielsetzungen und Methodeneinsatz bei der Lernbedarfsanalyse komplexer Aufgaben-stellungen (Schaper & Sonntag, 1995)

Hierarchischer Aufgabenanalyse), um für definierte Schwierigkeitsklassen strategische Anforderungen und handlungsleitendes Wissen zu erfassen und so anspruchsvolle Lernaufgaben mit hohem Realitätsgehalt didaktisch-methodisch aufzubereiten (s. ausführlich Teil V, Beispiel 2).

2.2.2 Verfahren zur Potenzial-einschätzung

Neben tätigkeitsbezogenen Merkmalen, also der «Anforderungsseite», sind die personalen Merkmale des Förder- und Entwicklungsbedarfs der Organisationsmitglieder zu thematisieren. Gegenstand der Beurteilung und Einschätzung, die durch Vorgesetzte (Fremd-

einschätzung), den Mitarbeiter selbst (Selbsteinschätzung) oder Kolleg(inn)en («peer rating») erfolgen kann, ist die Leistungs- und/oder Verhaltensebene. Bezieht sich die Einschätzung nur auf *vergangene* Leistungen und gezeigtes Verhalten, so bedient man sich insbesondere der formalisierten und vielfach erprobten Leistungsbeurteilungsverfahren wie zum Beispiel Einstufungs- und Rangordnungsverfahren der traditionellen Mitarbeiterbeurteilung (vgl. hierzu Schuler, 1991; Schuler & Marcus, 2004). Will man dagegen auch das Förder- und Entwicklungspotenzial künftiger Leistungsmöglichkeiten der Mitarbeiter/-innen einschätzen, so bietet sich eine Reihe von Methoden und Instrumenten an, die im Folgenden kurz beschrieben werden.

Mitarbeitergespräche

Ein Mitarbeitergespräch wird üblicherweise charakterisiert als ein institutionalisiertes Gespräch zwischen Führungsperson und Mitarbeiter, das terminlich festgelegt, mit konkreten Zielen verbunden, von beiden Beteiligten systematisch vorbereitet und nachbereitet wird, und mit ausreichend geplanter Gesprächszeit stattfindet. Es dient als ein Instrument der Führung, unter anderem zur Steuerung des Mitarbeiterverhaltens, orientiert an den Unternehmenszielen (vgl. Fiege, Muck & Schuler, 2006, S. 484; Muck & Sonntag, 2007, S. 567). Fünf typische Funktionen des Mitarbeitergesprächs lassen sich unterscheiden (vgl. ausführlich Fiege et al., 2006, S. 488 ff.).

- *Austausch von Sachinformationen:* Hier können zum Beispiel Informationen ausgetauscht werden, die sich auf die Verantwortlichkeiten eines Mitarbeiters oder dessen Wissensstand und Fähigkeiten beziehen. So soll das Mitarbeitergespräch vor allem zu einer Rollenklärung beitragen.
- *Beziehungsklärung und Beziehungsentwicklung:* Bei dieser Funktion dient das Mitarbeitergespräch dazu, dass sich Führungsperson und Mitarbeiter über wechselseitige Erwartungen sowie die Sichtweise auf den anderen und die eigene Person austauschen. Dies kann dazu verhelfen, dass eine vertrauensvolle Beziehung entsteht, in der jeder offen für die Bedürfnisse des anderen ist.
- *Feedback und Zielsetzung:* Bei Feedback handelt es sich um die Rückmeldung von Informationen über vergangenes Verhalten oder erzielte Ergebnisse, die ein Feedbacknehmer von einem Feedbackgeber erhält und die dem Feedbacknehmer Hinweise und Orientierungen für zukünftiges Verhalten liefern können (vgl. Muck & Sonntag, 2007, S. 568). Fiege et al. (2006, S. 491 ff.) unterscheiden vier wichtige Funktionen des Feedbacks: Aufzeigen von Diskrepanzen zwischen Ist- und Sollzuständen (Informationsfunktion), Hilfestellung beim Erkennen änderungswürdiger und angemessener Verhaltensweisen (Informationsfunktion), Förderung der Leistungsbereitschaft (Motivierungsfunktion) sowie Unterstützung der Entwicklung eines Selbstbildes von eigenen Stärken, Schwächen und Entwicklungsbedarfen (soziale Funktion).
- *Leistungs- und Potenzialbeurteilung:* In einem solchen Gespräch sollte thematisiert werden, inwieweit festgelegte Ziele in einer vergangenen Beurteilungsperiode erreicht wurden, welche Ursachen es dafür gab, dass ein Ziel nicht erreicht wurde, wo die Stärken und Entwicklungsbedarfe eines Mitarbeiters liegen, wie die Ziele für die nächste Beurteilungsperiode aussehen und welche Perspektiven sich für die Karriere und persönliche Entwicklung des Mitarbeiters eröffnen (vgl. Fiege et al., 2006, S. 498). Üblicherweise sollte als Grundlage für das Gespräch eine standardisierte Beurteilung der Mitarbeiterleistung vorliegen. Förderlich für die Akzeptanz der Mitarbeiter ist es, wenn die Ergebnisse der Leistungs- und Potenzialbeurteilung auch bei Gehalts- oder Beförderungsentscheidungen berücksichtigt werden und die Führungsperson die konkreten Anforderungen der Arbeitsaufgaben des Mitarbeiters gut kennt.
- *Förderung und Entwicklung:* Hier geht es darum, dass die Führungsperson einen Mitarbeiter bei der Entwicklung seiner Fähigkeiten berät und unterstützt (vgl. Muck & Sonntag, 2007, S. 571). Im Gespräch lassen sich geeignete Maßnahmen (z.B. Mitwirkung an Projekten, Übernahme neuer oder veränderter Aufgaben, Teilnahme an Trainingsmaßnahmen) identifizieren und deren Umsetzung gemeinsam planen (vgl. Fiege et al., 2006, S. 501). Erkenntnisse aus einer Leistungs- und Potenzialbeurteilung bieten hierbei wichtige Anhaltspunkte. Schließlich sollte im Gespräch auch diskutiert werden, welche Karrieremöglichkeiten sich dem Mitarbeiter durch die Weiterentwicklung der Fähigkeiten in der Organisation eröffnen können.

Konkrete Durchführungshinweise für Mitarbeitergespräche, bezogen auf die zeitliche Gestaltung, die organisatorische Vor- und Nachbereitung und die inhaltliche Strukturierung, sowie eine kommunikationspsychologische Reflexion der Rolle verschiedener Gesprächsführungsstile in Mitarbeitergesprächen finden sich mit anschaulichen Praxisbeispielen ausführlich bei Fiege et al. (2006) oder auch kurzgefasst bei Muck und Sonntag (2007).

Fiege et al. (2006, S. 496 f.) haben in ihrem Überblick zu Feedback in Mitarbeitergesprächen herausgearbeitet, dass die Reaktion des Feedbacknehmers unter anderem von dessen Persönlichkeit, von der Beziehungsqualität zwischen Feedbackgeber und Feedbacknehmer sowie von der Glaubwürdigkeit des Feedbackgebers abhängt (vgl. z.B. die Studien von Kinicki, Prussia, Wu & McKee-Ryan, 2004; Lam, Yik & Schaubroeck, 2002; Nathan, Mohrman & Milliman, 1991).

Positive Effekte von Feedback auf die Leistung ließen sich metaanalytisch belegen; als besonders wirksam erwiesen sich vor allem ein mit Zielen verbundenes Feedback sowie ein Feedback, das die Aufmerksamkeit auf die Aufgabe richtet (vgl. Kluger & de Nisi, 1996). Wie sich zeigt, wirken Ziele vor allem dann leistungssteigernd, wenn eine Zielbindung («goal commitment») existiert; die Zielbindung lässt sich durch ein partizipatives Vorgehen bei der Auswahl und Formulierung der Ziele fördern (vgl. die Metaanalyse von Klein, Wesson, Hollenbeck & Allge, 1999).

Assessment-Center (AC)

Ein Assessment-Center (AC) ist ein stellenspezifisches diagnostisches Vorgehen, bei dem eine Reihe von geschulten Beobachtern mehrere Personen (z.B. Bewerber oder interne Kandidat(inn)en für ein Führungskräfteprogramm) beim Durchlaufen einiger diagnostischer Verfahren, die sich auf mehrere Anforderungen beziehen, systematisch und strukturiert beurteilt (vgl. ausführlich Höft, 2007, S. 475 ff.). Zum Kreis der Beobachter gehören üblicherweise Linienvorgesetzte, Vertreter der Personalabteilung sowie externe Berater. Das Assessment-Center wird eingesetzt, um interne oder externe Personen für Stellen oder Laufbahnen auszuwählen oder auch um bei Mitarbeitern oder Führungskräften Potenziale und Entwicklungsbedarfe zu identifizieren. Die verwendeten diagnostischen Verfahren sollen in erster Linie relevante berufliche Situationen der Zielposition simulieren; ergänzend setzt man im AC mittlerweile auch eigenschafts- oder biografieorientierte Verfahren ein (vgl. Höft, 2007, S. 475). Stangel-Meseke, Akli und Schnelle (2005) berichten von der Anwendung einer spezifischen AC-Form, mit der sich Lernpotenziale ermitteln lassen.

Einem Assessment-Center geht normalerweise eine Arbeits- und Anforderungsanalyse voraus, in der die zentralen Anforderungsdimensionen einer Zielposition bestimmt und so verhaltensbezogen operationalisiert werden, sodass die Beobachter sie später im AC möglichst eindeutig einschätzen können (vgl. Höft, 2007, S. 476). Über eine Anforderungs-Verfahrens-Matrix legt man fest, welche Anforderungen mithilfe welcher Verfahren (z.B. Rollenspiel, Test, Fragebogen, Gruppendiskussion) zu ermitteln sind (vgl. Höft, 2007, S. 478 f.). Die simulationsorientierten Verfahren lassen sich weiter in motorische Aufgaben (z.B. manuelle Arbeitsprobe), individuelle Aufgaben (z.B. Postkorbübung, Präsentation) sowie interaktive Aufgaben (z.B. Rollenspiel, Gruppendiskussion) unterteilen.

Bevor ein AC durchgeführt wird, trainiert man üblicherweise die Beobachter. Mit diesem Training lassen sich verschiedene Ziele verbinden (vgl. Höft & Funke, 2006, S. 169 f.). Meist geht es darum, für typische Beurteilungsfehler zu sensibilisieren, das Umgehen mit den konkreten Beurteilungsdimensionen zu vermitteln, Hinweise zum präzisen Protokollieren und zum Verhältnis von Beobachtung und Bewertung zu geben und schließlich durch das Arbeiten mit prototypischen Verhaltensweisen einen gemeinsamen Kontext für die Beurteilung zu schaffen. Evaluationsstudien von Beobachtertrainings (vgl. z.B. die Metaanalyse von Woehr & Arthur, 2002) konnten überzeugend belegen, dass sich die Beurteilungen der Beobachter, bezogen auf Genauigkeit, Differenziertheit und Anforderungsbezug, durch das Training verbessern lassen (vgl. ausführlich Höft & Funke, 2006, S. 170).

Die Einzelurteile der Beobachter können entweder in einer Beobachterkonferenz zusammengeführt oder einfach statistisch aggregiert werden. Höft und Funke (2006, S. 171 f.) fanden bei ihrer Zusammenschau empirischer Studien keine Hinweise, dass die aufwendigere Beobachterkonferenz zu einem valideren Gesamturteil führt als die statistische Aggregation. Ein Vorteil der Beobachterkonferenz dürfte daher eher in einer erhöhten Akzeptanz von Personalentscheidungen liegen.

Die in der Metaanalyse von Arthur, Day, McNelly und Edens (2003) ermittelte korrigierte kriteriumsbezogene Validität von .37 entspricht der mittleren Position, die ACs hinsichtlich ihrer Validität im Vergleich zu anderen Instrumenten der Personalauswahl einnehmen (vgl. Schmidt & Hunter, 1998a). Was die Konstruktvalidität von Assessment-Centern betrifft, so konvergieren die Einschätzungen gleicher Anforderungen mit verschiedenen Verfahren kaum, und die Diskriminanz verschiedener Anforderungen, die mit einem Verfahren ermittelt werden, fällt gering aus (vgl. Höft & Funke, 2006; Sacket & Dreher, 1982). Eine ausführliche Diskussion der multifaktoriellen Ursachen dieser unzureichenden Konstruktvalidität und möglicher Interventionsansätze findet sich bei Höft und Funke (2006, S. 174 ff.).

Biografische Fragebogen

Mit einem biografischen Fragebogen befragt man Personen nach vergangenen Ereignissen, Verhaltensweisen oder Entscheidungen in ihrem Lebenslauf (vgl. ausführlich Klehe, 2007, S. 496; Schuler & Marcus, 2006). Derartige biografische Daten eignen sich zur Prognose künftigen Verhaltens, da sie Ergebnisse von Ent-

scheidungen darstellen, die ihrerseits als Ausdruck von teilweise stabilen Fähigkeiten, Motiven, Interessen oder auch Persönlichkeitsmerkmalen verstanden werden können. Items in biografischen Fragebogen sollten einen klaren Vergangenheitsbezug aufweisen sowie Sachverhalte betreffen, die sich objektiv überprüfen lassen und die die befragte Person selbst maßgeblich beeinflussen konnte (vgl. Mael, 1991). Man erwartet von derartigen Fragen, dass die Antworten weniger leicht verfälscht werden können, als dies bei Fragen zu Verhaltensabsichten oder zur Wahrnehmung der eigenen Person aus der Perspektive Dritter möglich ist. Ausführlich dargestellt und hinsichtlich ihrer Vor- und Nachteile diskutiert werden die unterschiedlichen Konstruktionsansätze für biografische Fragebogen – empirisch, deduktiv, induktiv, subgrouping – von Schuler und Marcus (2006).

Für biografische Daten ließ sich in Auswahlsituationen, in denen man bereits Persönlichkeitsmerkmale und Intelligenzwerte herangezogen hatte, eine inkrementelle Validität belegen (vgl. Mount, Witt & Barrick, 2000). Was die Akzeptanz von biografischen Fragebogen betrifft, nehmen diese hinter stärker akzeptierten Verfahren wie Interviews oder Arbeitsproben eine mittlere Position ein (vgl. die Metaanalyse von Hausknecht, Day & Thomas, 2004; Schuler & Marcus, 2006, S. 209).

Arbeitsproben und situative Fragen

Arbeitsproben sind Aufgaben, die sich durch einen unmittelbaren Bezug zur Arbeitstätigkeit auszeichnen und die üblicherweise ausgehend von einer systematischen Anforderungsanalyse konstruiert werden (vgl. ausführlich Görlich, 2007b, S. 468 f.). Hierbei soll die Vorgabe einer möglichst standardisierten Aufgabe ein Verhalten des Kandidaten sichtbar machen, das für die spätere Arbeitstätigkeit erfolgskritisch ist. Metaanalysen berichteten für Arbeitsproben mittlere korrigierte Validitäten von .54 (vgl. Schmidt & Hunter, 1998a) oder .33 (vgl. Roth, Bobko & McFarland, 2005) sowie, ausgehend von Werten aus Intelligenztests, eine inkrementelle Validität (zu einer methodenkritischen Diskussion dieser Ergebnisse vgl. Görlich, 2007b, S. 470 f.).

Arbeitsproben lassen sich pragmatisch in die drei Kategorien Probearbeit, Arbeitssimulation sowie arbeitsprobenartiges Testverfahren unterteilen (vgl. Görlich, 2007b, S. 469). Probearbeit findet im wirklichen Arbeitskontext statt (z. B. an einer Produktionsanlage eine Störung beheben). Bei der Arbeitssimulation wird eine Aufgabe simuliert, so dass eine hohe Standardisierung der Testsituation möglich ist (z. B. berät ein angehender Mitarbeiter in einer Bank in einem Rollenspiel einen «simulierten» Kunden). Zu den arbeitsprobenartigen Testverfahren zählen Faktenwissenstests, berufsbezogene Tests sowie «Situational Judgement Tests».

Bei einem «Situational Judgement Test» (SJT) werden dem Kandidaten Beschreibungen erfolgskritischer beruflicher Situationen zusammen mit möglichen Handlungsalternativen vorgegeben (vgl. ausführlich Behrmann, 2007, S. 483 ff.). Die Präsentation kann schriftlich oder auch audiovisuell erfolgen. Man bittet den Kandidaten, sich gedanklich in die Situation zu versetzen, und lässt ihn entweder eine dem eigenen Handeln entsprechende Alternative auswählen oder die Alternativen nach ihrer Effektivität in eine Rangreihe bringen. Typische Inhalte von SJT-Items, die häufig von einer Analyse kritischer Ereignisse ausgehend entwickelt werden (vgl. Flanagan, 1954), sind Interaktionsprobleme, anspruchsvolle und herausfordernde Aufgaben, arbeitsbezogene Probleme oder unvorhergesehene Ereignisse sowie schwierige Entscheidungssituationen. Anders als bei der Probearbeit oder der Arbeitssimulation beobachtet man bei einem SJT nicht das wirkliche Verhalten eines Menschen, sondern erschließt dessen Verhaltensintention aus der Antwort und bewertet diese Intention mithilfe einer Referenzlösung als effektives oder nicht effektives Verhalten. Ergebnisse aus einem SJT können über kognitive Fähigkeiten, Berufserfahrung und Persönlichkeitsmerkmale hinaus zur Vorhersage der Arbeitsleistung beitragen (vgl. Chan & Schmitt, 2002). In Zukunft ist ein verstärkter internet- und videobasierter Einsatz von SJTs zu erwarten (vgl. Behrmann, 2007, S. 488).

Mehrebenenmodell effizienter Beurteilung und Potenzialeinschätzung

Zur umfassenden und systematischen Potenzialbeurteilung wird ein Drei-Ebenen-Modell vorgeschlagen (vgl. Schuler & Görlich, 2006). Die drei Beurteilungsebenen bilden ein hierarchisches System, in dem die höheren Ebenen stets die niedrigeren beinhalten sollten. Die Potenzialbeurteilung (Ebene 3) überbrückt die größte zeitliche Spanne, indem man Fähigkeiten einschätzt und künftige Leistung prognostiziert. Potenzialaussagen beruhen großenteils auf der gegenwärtigen Leistung (Ebene 2). Potenzialurteile der alltäglichen Verhaltensbeurteilung finden auf Ebene 1 in Form eines «Day-to-Day»-Feedbacks statt. Tabelle III-2 gibt einen

Tabelle III-2: Die drei Ebenen der Beurteilung (vgl. Schuler & Görlich, 2006, S. 257)

Ebene	Funktion	Verfahrensweise
1. Ebene **Day-to-Day-Feedback**	Verhaltenssteuerung Lernen	Gespräch, Unterstützung geben
2. Ebene **Leistungsbeurteilung**	Leistungseinschätzung Zielsetzung	Systematische Beurteilung
3. Ebene **Potenzialbeurteilung**	Fähigkeitseinschätzung Prognose	Eignungsdiagnose Assessment Center

Überblick über die drei Beurteilungsebenen, ihre Funktionen und die Verfahrensweisen.

Während auf der ersten Ebene des Beurteilens noch auf systematische Beurteilungsverfahren verzichtet werden kann, sollte man die Einzelbeobachtungen auf der zweiten Ebene durch systematische Beurteilungsinstrumente zusammenfassen. Die prognostische Funktion der dritten Ebene macht den Einsatz von Instrumenten erforderlich, die Fähigkeiten und andere erfolgsrelevante Eigenschaften diagnostizieren. All diese Methoden sollten, um die Akzeptanz und den Nutzen solcher Maßnahmen zu erhöhen, in den sozialen Kontext des Unternehmens eingebettet und mitarbeitergerecht gestaltet sein.

2.3 Innovative Ansätze zur Wissensvermittlung, Verhaltensmodifikation und Persönlichkeitsentwicklung

Zielsetzung und zentrale Gegenstandsbereiche personaler Förderung sind die Wissensvermittlung, die Modifikation menschlichen Verhaltens und die Entwicklung der Persönlichkeit. Die Möglichkeiten des Auf- und Ausbaus von Kompetenzen und Potenzialen in diesem Sinne sind vielfältig und reichen von der didaktisch-methodischen Ausgestaltung neuer Trainingsansätze über die problemorientierte, situative Vermittlung von Erfahrungswissen und Handlungsweisen bis zum Einsatz computergestützter Medien und der Gestaltung förderlicher Arbeitsinhalte und -strukturen. Die in der Übersicht (Tab. III-3) dargestellten Gestaltungsansätze mit ihren Zielsetzungen und Elementen werden im Folgenden beschrieben.

2.3.1 Lernen durch Trainingsgestaltung

Kompetenzorientierte Ansätze

Gegenstand *kompetenzorientierter Ansätze* sind die Verbesserung beruflicher Fertigkeiten, die Vermittlung von Wissen und die Förde-

rung situationsübergreifender, flexibel einsetzbarer kognitiver Fähigkeiten (z. B. zur selbstständigen Problemstrukturierung und -lösung oder Entscheidungsfindung). Sogenannte *kognitive Trainingsverfahren* verfolgen das Ziel, für wechselnde und problemhaltige Arbeitssituationen verfahrens- und ergebnisgünstige Vorgehenslösungen zu finden. Sie beruhen auf der Anwendung und Kombination verschiedener lernpsychologischer Gestaltungsprinzipien, wie der etappenweisen Ausbildung geistiger Handlungen, dem Einsatz von Regeln und Verfahrensvorschriften und der Verwendung von Selbstinstruktions- und Reflexionstechniken (vgl. ausführlich Sonntag, 1993; und Hacker & Skell, 1993).

- Die *Theorie der etappenweisen Ausbildung geistiger Handlungen* (vgl. Galperin, 1967) wird zur Gestaltung verschiedener Phasen und Etappen der Lernhandlung eingesetzt. Insbesondere im Ausführungsteil einer Handlung erfolgt eine etappenweise Verinnerlichung (Interiorisation) der (äußeren) praktischen Handlung über die Sprache. Durch unterschiedliche Formen der Sprechtätigkeit (verallgemeinernde, verkürzende, innere) verlagern sich Handlungen als geistige Operationen schließlich in das Bewusstsein des Lernenden. So stützte zum Beispiel Skell (1980) die Konzeption seines Trainings zur Interiorisierung von Verfahrensvorschriften für Rangieraufgaben auf die Galperin'sche Theorie. Die Aneignung und Verinnerlichung der Regeln durch verschiedene Formen der Sprechtätigkeiten wendete er hier zur Verbesserung von Strategien bei der Güterzugbildung und -rangierung an.
- *Heuristische Regeln* sind denkpsychologische Hilfen bei der Planung, Realisierung und Kontrolle komplexer Arbeitstätigkeiten (vgl. Sonntag, 1996). Heuristische Regeln oder Verfahrensvorschriften basieren auf der Formulierung und Vermittlung von möglichst knappen, aber eindeutigen Anweisungen, die den Lernenden zu einer

Tabelle III-3: Innovative Ansätze zur Gestaltung arbeitsorientierter Lernprozesse

Gestaltungsansätze	Intentionen	Elemente
• trainingsbezogene Ansätze		
– kompetenzorientierte (Fach-, Methodenkompetenz)	Förderung von Denk- und Problemlösefähigkeiten	heuristische Regeln; Selbstreflexionstechniken
– ganzheitliche	Einbezug motivationaler und emotionaler Lernaspekte; Abbau von Lernbarrieren; Schaffung einer positiven Lernatmosphäre; Verbesserung der Lernbereitschaft	Lernkonzepte; nonverbale Kommunikation; Lernumgebung
– verhaltensorientierte	z. B. Förderung gruppenorientierten Verhaltens; Konfliktbewältigung	sach- und beziehungsorientierte Rückmeldung und Reflexion
• situativ-erfahrungsbezogene Ansätze		
– «cognitive apprenticeship», «community of practice»	Vermeidung von «trägem Wissen» und mangelndem Transfer, Förderung von strategischem Handlungswissen und Expertise	Modellierung von Expertise, Reflexion
– «coaching/mentoring»	Persönlichkeitsentwicklung, Karriereförderung	Autorität/Vorbild; Beratung
• computergestützte, mediale Ansätze	Erhöhung des Aktivierungs- und Motivationspotenzials; Förderung explorativen Lernens	Simulation, Planspiele, multimediale Lernumgebungen
• arbeitsstrukturale Ansätze	Schaffung von Lern- und Entwicklungspotenzialen in der Arbeit, Förderung von Persönlichkeitsdimensionen (bspw. Selbstwertgefühl, Selbstkonzept)	Handlungsspielraum, Partizipation, Problemhaltigkeit, qualifikatorischer Nutzen

präziseren Situationsanalyse, zur Mitgestaltung des Problemraums und zur Reflexion und Bewertung bereits vollzogener Denkschritte auffordern bzw. anregen sollen (z. B. «Erfasse das Ziel», «Mache dir gedanklich ein Bild von der Steuerung»).

• *Selbstreflexionstechniken* beruhen darauf, dass man Lernende im Anschluss an den Problemlösungsprozess oder währenddessen mittels relativ einfacher Fragen zur Reflexion und Modifikation ihres eigenen Denkens und Handelns anregt. Verschiedene Untersuchungen (vgl. z. B. Tisdale, 1993; Schaper & Sonntag, 1997) konnten zeigen, dass ein Training mit Selbstreflexionstechniken die eigenständige Verhaltensorganisation verbessern, die Handlungsflexibilität erhöhen und den Transfer von Problemlösefähigkeiten verbessern kann.

• *Selbstinstruktionstechniken* leiten Lernende dazu an, sich selbstständig aufgabenrelevante Kenntnisse anzueignen, indem sie zum Beispiel ihre eigenen Arbeitsvollzüge protokollieren, bewerten und unter Mithilfe des Experten gegebenenfalls korrigieren oder erfahrene Arbeitskollegen hinsichtlich bestimmter Tätigkeitsmerkmale beobachten. Zum selbstständigen Erlernen komplexer Arbeitsverfahren entwickelte Rühle (1988) ein didaktisches Konzept zur selektiven kognitiven Selbstausbildung. Der Ansatz wurde für Bedientätigkeiten entwickelt, bei denen hohe interindividuelle Leistungsunterschiede auftraten, verursacht von der unterschiedlichen Verfügbarkeit spezifischer operativer Abbilder vom Fertigungsprozess und zielbezogener Strategien. Ziel war die Förderung einer weitgehend selbstständigen Auseinandersetzung mit den leistungsbestimmenden Komponenten der Tätigkeit und ihren kognitiven Regulationsgrundlagen.

Zur Wissenserweiterung und Strategieentwicklung bietet sich eine Kombination von einzelnen Trainingstechniken an. Man geht davon aus, dass das Wissen dann in mehrfach codierter und elaborierter Form im Gedächtnis repräsentiert ist und Transferprozesse leichter fallen. Observatives Training (Beobachtungslernen) wechselt mit aktionalem und verbalem (sprachgestütztem) Training ab, Reflexionsphasen zum Überdenken der ausgeführten Handlungsschritte werden zwischengeschaltet. Bergmann und Zehrt (1999) setzten zur Förderung der Diagnoseleistungen von Auszubildenden an produktionstechnischen Anlagen ein multiples kognitives Training erfolgreich ein.

Zu Entwicklungs- und Erprobungsarbeiten kognitiver Trainingsverfahren liegen mehrere Studien vor, die die Wirksamkeit und Überlegenheit dieser kompetenzorientierten Ansätze bei komplexen Aufgabenstellungen im Gegensatz zu traditioneller Unterweisung deutlich belegen (vgl. Bergmann, Wiedemann & Zehrt, 1995; Eberspächer, 2004; Helander, 2006; Immenroth, 2003; Sonntag & Schaper, 1988 u. 1993; s. insbesondere Teil V, Beispiel 2 in diesem Lehrbuch).

Ganzheitliche Ansätze

Um eine einseitige Ausrichtung auf die kognitive Dimension menschlichen Lernens zu vermeiden, sollen auch die emotionalen Aspekte beruflicher Lernprozesse berücksichtigt werden. Um Lernen zu wollen, muss ein Bedürfnis oder Interesse vorhanden sein. Gefühle (wie Langeweile, Zuversicht, Angst, Freude, Zufriedenheit) begleiten den gesamten Lernprozess.

Zum Beschreiben und Erklären ganzheitlicher Prozesse beim Lernen zieht man häufig hirnphysiologische und lern- und gedächtnispsychologische Erkenntnisse heran. Die lern- und gedächtnispsychologische Forschung konnte nachweisen, dass bei Informationen, die der Lernende multimodal (d. h. über mehrere Sinneskanäle, z. B. visuelle, auditive, haptische) aufnehmen kann, Lernvorteile entstehen. Man begründet dies damit, dass sich mehrere unterschiedliche netzwerkartige Assoziationen bilden können, die ein späteres Aufgreifen aufgrund vielfacher Möglichkeiten des Wiederauffindens erleichtern.

Indem sie ein angenehmes und angstfreies Lernklima schafft und gleichzeitig bewusst analytische Denkprozesse und parabewusst intuitive Vorgänge anregt, versucht die suggestopädische Lehrmethode, kognitive, emotionale und motivationale Aspekte des Lernens zu integrieren. Ziel des suggestopädischen Lernvorgangs ist es, die Aufnahmefähigkeit und die Gedächtnisleistung zu verbessern, indem man ungenutzte Lernpotenziale aktiviert. Dies erreicht man durch verschiedene Lehr- und Unterrichtsprinzipien, die das Zusammenwirken kognitiver, emotionaler und motivationaler Prozesse fördern (s. Infobox III-4).

In einer betrieblichen Untersuchung ließ sich nachweisen, dass Ausbilder, die ihren Unterricht mit der suggestopädischen Methode gestalten, bei den Lernenden einen Anstieg der Lernleistung und einen Abbau von Lernbarrieren bewirkten (vgl. Kluge, 1994; Kluge & Sonntag, 1996).

Verhaltensorientierte Ansätze

Vielfältig sind die Intentionen, die man mit dem Einsatz verhaltensorientierter Verfahren verbindet: Verbesserung des Führungsverhaltens, wirksame Konfliktbearbeitung, Förderung der Teamfähigkeit und dergleichen mehr.

Infobox III-4

Wirkmechanismen der suggestopädischen Lehrmethode
(vgl. Edelmann, 1988; Kluge & Sonntag, 1996)

- Abbau von Lernbarrieren durch desuggestive und/oder suggestive Beeinflussung
- Parabewusste Beeinflussung des Lerners durch Elemente der nonverbalen Kommunikation und durch spezifische Gestaltung der Lernumwelt («double plane behavior»)
- Schaffung einer von positiven Emotionen geprägten Lernatmosphäre
- Darbietung des Lernstoffs mit Musik als einem ästhetischen Erlebnis (Pseudopassivität)

- Schaffung von Vertrauen in die eigene Leistungsfähigkeit; Herstellung von Erfolgszuversicht (nondirektives Verhalten)
- Ermüdungsfreies Lernen im Zustand körperlicher und geistiger Entspannung
- Ansprechen möglichst vieler Eingangskanäle und Aktivieren beider Gehirnhälften durch teils sprachliches, kognitiv-analytisches und teils bildhaftes, imaginatives dramaturgisches Lernmaterial

---

Mittlerweile liegt eine Reihe von Überblicksarbeiten zur Wirksamkeit und zu den Gestaltungsprinzipien verhaltensorientierter Ansätze vor (vgl. Baldwin & Padgett, 1993; Sonntag & Stegmaier, 2006 u. 2007c; Taylor, Russ-Eft & Chan, 2005).

Seit geraumer Zeit dürften gruppenorientierte Verhaltensweisen im Zentrum der Interventionswünsche betrieblicher Personalführung stehen: Team- und Kooperationsfähigkeit ist angesagt, nicht zuletzt wegen offensichtlicher Schwächen individualistisch gefärbter Führungsphilosophien, wegen motivationaler Probleme bei tayloristisch entmündigten Arbeitenden in manchen Produktionsbereichen oder wegen überdimensionierter Hierarchieebenen.

Die Wirksamkeit von Verhaltenstraining ist aber teilweise umstritten (vgl. die Metaanalyse von Faith, Wong & Carpenter, 1995; oder den Überblick bei Kanning & Winter, 2007). Die Kritik bezieht sich zum Beispiel auf solche *gruppendynamischen Ansätze*, die – meist losgelöst von der konkreten inhaltlichen Thematik – einen Transfer in den Arbeitsalltag selten leisten. Treten dabei Verhaltensänderungen ein, beziehen sie sich eher auf private als auf berufliche Bereiche.

Mit gebührender Vorsicht sind auch die erlebnisorientierten sogenannten *Outdoortrainings* zu betrachten. Als Gruppenübungen setzt man Orientierungsaufgaben ein (mit Karte, Kompass und Wegbeschreibung einen Zielort erreichen, wobei Teile der Strecke zu Fuß, mit Pkw, Mountainbike oder auch Schlauchboot zurückzulegen sind), Geschicklichkeits- und Konstruktionsübungen (Flussüberquerung mit wenigen Hilfsmitteln) oder Konditionsaufgaben (Wand erklimmen, Abseilen von einer Anhöhe; vgl. Winkler & Stein, 1994). Eine weitere Übungsvariante stellen die sogenannten Stressübungen dar. Hierbei konfrontiert man die Teilnehmer mit einer emotional belastenden Situation (möglichst realistische Darstellung z. B. eines Unfalls), für die in kürzester Zeit eine geeignete Problemlösung gefunden und umgesetzt werden muss. Durch derartige Übungen kann ein erlebnisorientiertes und erfahrungsbezogenes Lernen stattfinden, dessen Reflexion es den Teilnehmenden erlauben soll, Verhaltensroutinen in Frage zu stellen und sich gegebenenfalls neue Verhaltensweisen anzueignen (vgl. Meyer, 2003). Über die Auswirkungen von Outdoortrainings auf Verhaltens- und Persönlichkeitsmerkmale ist wenig bekannt. Studien, die überprüfen, inwieweit überhaupt ein Transfer auf den betrieblichen Alltag gewährleistet ist oder inwieweit Outdoorprogramme nur den Freizeitwert solcher Veranstaltungen erhöhen, liegen kaum vor. Belegen konnte man zum Beispiel positive Effekte auf das Selbstkonzept der Teilnehmenden (vgl. Marsh, Richards & Barnes, 1987), auf die Kommunikation im Team (vgl. Wagner & Weigand, 1994; Krüger, 2000) oder auf die Offenheit für neue Ideen (vgl. Meyer, 2003).

Als erfolgversprechender sieht man die Variante *Teamentwicklung*, bei der natürliche organisatorische Einheiten wie Abteilungen, Arbeits- oder Projektgruppen gebildet und aktiv in die Lösung von Sach- und Kommunikationsproblemen eingebunden werden. Eine Studie bei einem schwedischen Automobilhersteller konnte nachweisen, dass durch Teamentwicklung die Qualität der Arbeit und die Leistung der Organisation anstiegen (vgl. Kuipers & de Witte, 2005). Comelli (1993) dokumentiert ausführlich Ablauf, Voraussetzungen und Instrumente von erfolgreichen Teamentwicklungstrainings (s. auch Infobox III-5).

Für eine «reflexive *Teamentwicklung*», der gemäß sich Gruppen als Elemente der sie umgebenden Organisationen entwickeln, plädiert Heintel (1995). Dies setzt zweierlei voraus: zum einen die Selbstreflexion der Gruppe (ausreichend Zeit zu Reflexion, Nachdenken und Feedbackschleifen muss verfügbar sein), zum anderen die Umgebungsreflexion (als ständige Reflexion des Verhältnisses von Gruppe und der sie umgebenden Organisation). Reflexionsprozesse sollen dabei auf drei Ebenen stattfinden: der sach- und zielorientierten, der emotionellen, beziehungsorientierten sowie auf der strukturellen hierarchischen Ebene. Erst durch die Bildung dieses Reflexionspotenzials sind Gruppen und ihre Mitglieder imstande, sich ablaufende Prozesse bewusst zu machen, ihre Wirkungen zu kennen und sie gemeinsam zu steuern. Eine bedarfsorientierte Teamentwicklung sollte auf einer systematischen und gezielten Teamdiagnose aufbauen. Mit dem «Fragebogen zur Arbeit im Team» (FAT) von Kauffeld (2001) werden Zielorientierung, Aufgabenbe-

wältigung, Kooperation und Verantwortungsübernahme in einem Team ermittelt, um daraus geeignete Maßnahmen der Teamentwicklung abzuleiten.

Infobox III-5

Ablauf eines Teamentwicklungsprozesses

Comelli (1993) unterscheidet vier Phasen der Teamentwicklung: Vorbereitung, Diagnose, Durchführung und Nachfassen. Bei der *Vorbereitung* und Kontaktaufnahme sind Problemlage, Zielsetzungen, Vorgehensweisen und gegenseitige Erwartungen sowohl mit dem Auftraggeber als auch mit den Betroffenen zu klären. In der *Diagnosephase* werden Ist- und Sollzustand, vermutete Ursachen und Vorgeschichten von Problemen, Beziehungen von Mitarbeitern untereinander sowie das Verhältnis zu Vorgesetzten, Stärken und Schwächen der Gruppe und ihre Stellung innerhalb der Gesamtorganisation ermittelt. Im Rahmen einer Prozessanalyse wird die Gruppe angehalten, ihre alltägliche Arbeitssituation selbst zu diagnostizieren und entsprechend der Ist-Soll-Abweichungen zu intervenieren. Inhaltliche Schwerpunkte der *Durchführung* der Teamentwicklung sind akute oder künftige Probleme der täglichen Zusammenarbeit; es werden Arbeitstechniken (wie Problemlöse- oder Entscheidungstechniken, der Umgang mit Arbeitsmitteln wie Metaplan oder Flipchart), soziale Fähigkeiten, Spielregeln sowie die Diagnose und Beeinflussung sozialer Prozesse entwickelt und eingeübt. Beim *Nachfassen* treffen sich die Teilnehmer an einem Workshop-Tag, um zu diskutieren, was und wie viel von den Trainingsinhalten in der betrieblichen Praxis realisiert wurde. In den Rückfragen wird eine aktivierende Wirkung gesehen, die den Transfer unterstützen kann.

Behavior Modeling Training

Das «Behavior Modeling Training» (BMT) basiert auf der Theorie des sozialen Lernens, die davon ausgeht, dass Verhalten erlernt werden kann, indem reale oder symbolische Modelle beobachtet werden (vgl. Bandura, 1977). Daher demonstrieren im BMT Verhaltensmodelle (im Film oder unmittelbar durch Akteure dargeboten), welche Verhaltensweisen (Lernpunkte) in einer schwierigen Situation wirksam und zielführend sind. Angewendet wird das BMT unter anderem in der Schulung von Führungs-, Kommunikations-, Verkaufs- und Dienstleistungsfertigkeiten, aber auch im Bereich der interkulturellen und technischen Trainings. Das «Behavior Modeling Training» läuft klassischerweise in sechs Schritten ab (vgl. Latham & Saari, 1979; Sonntag & Stegmaier, 2007c; Taylor, Russ-Eft & Chan, 2005):

1. Einführung in den Problembereich durch den Trainer,
2. Formulierung von Lernpunkten (z. B. Verhaltensregeln),
3. Präsentation des Verhaltensmodells bzw. positiver und negativer Modelle,
4. Gruppendiskussion über die Wirksamkeit des präsentierten Modells,
5. Anwendung der Lernpunkte im Rollenspiel,
6. Feedback von der Gruppe zum Verhalten im Rollenspiel.

Das Beobachtungslernen im BMT beruht auf vier zentralen Prozessen (vgl. Taylor et al., 2005). Erst einmal müssen relevante Merkmale des Modellverhaltens und der Situation als Lernpunkte wahrgenommen werden (Aufmerksamkeitsprozesse). Dann gilt es, das beobachtete Modellverhalten verbal oder bildhaft zu codieren (Gedächtnisprozesse). Als Nächstes sollte der Lernende die im Gedächtnis repräsentierten neuen Verhaltensweisen selbst zeigen (motorische Reproduktionsprozesse). Das neue Verhalten wird schließlich in Zukunft eher umgesetzt, wenn der Lernende eine Verstärkung dieses Verhaltens erwartet (Motivationsprozesse). Zahlreiche Studien und

mehrere Metaanalysen konnten belegen, dass BMT vor allem dann zu einem Lern- und Transfererfolg führt, wenn folgende Designprinzipien Berücksichtigung finden (vgl. Burke & Day, 1986; Davis & Yi, 2004; Sonntag & Stegmaier, 2007c; Taylor et al., 2005):

1. regelhafte Lernpunkte, die die Teilnehmer selbst entwickeln,
2. Arbeit mit Szenarien, die von den Teilnehmern gestaltet werden,
3. Steigerung der Modellvariabilität durch Darbieten von positiven und negativen Verhaltensmodellen,
4. symbolische Codierung (z. B. durch sprachliches Benennen) und symbolisches Wiederholen (z. B. durch bildhaftes Vorstellen) von Lernpunkten,
5. videounterstützte Rückmeldung für die Teilnehmer,
6. Festlegen von Transferzielen durch die Teilnehmer.

Taylor, Russ-Eft und Chan (2005) demonstrierten in ihrer Metaanalyse von 117 Studien zum «Behavior Modeling Training», dass der Verhaltenstransfer am größten war, wenn mit positiven und negativen Modelldarbietungen gearbeitet wurde ($d = .32$), wenn die Teilnehmer sich mit selbst entwickelten Szenarien auseinandersetzten ($d = .28$) und wenn sie klare Ziele für den Transfer nach dem Training formulierten ($d = .35$). Insgesamt ergaben sich die deutlichsten Effekte des BMT auf der Ebene des Lernerfolgs ($d = .69$), gefolgt von schwächeren Effekten auf Einstellungen ($d = .56$) und Verhalten ($d = .33$).

2.3.2 Situativ-erfahrungsbezogene Ansätze

Gemeinsames Merkmal der kaum erprobten situativ-erfahrungsbezogenen Ansätze personaler Förderung ist erfahrungsgeleitetes Lernen, das im realen Anwendungskontext stattfindet. Expert(inn)en (z. B. Meister, Vorgesetzte, interne/externe Berater) kommt dabei eine herausragende Rolle zu. Lerngegenstand ist Erfahrungswissen, das weitergegeben, oder Verhalten, das rückgemeldet und modifiziert werden soll.

«Cognitive Apprenticeship» und «Community of Practice»

Die an der traditionellen Handwerkslehre orientierten instruktionspsychologischen Ansätze «Cognitive Apprenticeship» und «Community of Practice» versuchen, während sinnvoller und zweckgebundener Arbeit in einer Experten-Novizen-Gemeinschaft anwendungsbezogene Vermittlungsprozesse nutzbar zu machen (vgl. z.B. Collins, Brown & Newman, 1989). Nicht manuelle Fertigkeiten sind Gegenstand der Vermittlung, sondern strategisches Wissen, das es Experten bei der Bewältigung von Aufgaben oder Problemen ermöglicht, Fak-

tenwissen, inhaltliche Zusammenhänge und Prozeduren anzuwenden. Weil das Lernen in authentischen Lernumgebungen stattfindet, werden die *Anwendungsbedingungen* des Wissens gelernt, und man fördert aktiv die Fähigkeit zur flexiblen Nutzung und zum Transfer des Gelernten auf reale Situationen. Ablauf und Methodenelemente eines solchen Ansatzes gibt Infobox III-6 wieder.

Um die genannten Prinzipien des Verbalisierens, Reflektierens und der Exploration zu realisieren, müssen allerdings entsprechende Instrumente bzw. Techniken bereitstehen. So lassen sich für einen authentischen Problembereich («Störung einer CNC-Drehmaschine») Wissensinhalte oder Denk- und Problemlöseprozesse zum Beispiel durch die Strukturlegetechnik (s. Abb. III-4) sichtbar machen (externalisieren).

Infobox III-6

Methodenelemente des «Cognitive Apprenticeship»

Bei der Gestaltung von Lernumgebungen nach dem «Cognitive-Apprenticeship»-Ansatz (vgl. Collins et al., 1989) sind vor allem folgende methodische Elemente von Bedeutung:

- *Kognitives Modellieren:* Durch kognitives Modellieren werden Expertenleistungen oder Prozesse vorgemacht. Dabei fungiert der Experte als Modell, indem er den Lernenden seine Vorgehensweise bei der Lösung eines Problems oder einer Aufgabe in der konkreten Praxis demonstriert. Er verbalisiert dabei seine Wahrnehmungen und Überlegungen (innere Prozesse), die normalerweise von außen nicht beobachtbar sind.
- *Anleiten und Zurücknehmen:* Durch Coaching wird der Lernende durch den Experten bei der Aufgabenlösung oder Problembearbeitung beobachtet und unterstützt, wobei Unterstützungen in Form

von Feedback, Hinweisen oder Erinnerungen an Teilprozesse gegeben werden. In Abhängigkeit vom Wissens- und Erkenntnisstand des Lernenden wird die unterstützende Anleitung durch den Experten sukzessive zurückgenommen (sog. Fading).
- *Hilfestellungen geben:* Durch Hilfestellungen wird der Lernende von aktuellen Schwierigkeiten, wenn er allein nicht weiterkommt, entlastet. Dadurch kann eine Überforderung im Lernprozess vermieden und die Motivation zum Weiterlernen gefördert werden. Begleitende und diese Phasen verstärkende Mechanismen sind Artikulation, Reflexion und Exploration.
- *Artikulation / Verbalisierung:* Über die Sprache als wichtigstes Kommunikationsmittel im Lernprozess werden Wissensinhalte, Denk- und Problemlöseprozesse geäußert (externalisiert). Dies geschieht zunächst beim kognitiven Modellieren,

wenn der Experte seine Vorgehensweise am konkreten Problem durch lautes Denken äußert. In einem weiteren Schritt des Lernprozesses fassen dann die Lernenden ihr eigenes Vorgehen beim Lösen von Problemen in Worte, indem sie z.B. erklären, wie sie vorgegangen sind, wo Probleme aufgetreten sind und wie sie diese behoben haben.

- *Reflexion:* Durch die Reflexion wird der Lernende angeregt, über seine Problemlöseprozesse nachzudenken und sie zu analysieren. Auf diese Weise kann er sein Lernhandeln verändern und optimieren. Der Vorgang des Reflektierens beinhaltet grundsätzlich auch die Möglichkeit, übergeordnete (metakognitive) Strategien für effektiveres Lernen zu entwickeln.

- *Exploration:* Durch Aufforderungen zum selbstständigen Explorieren von Lernumgebungen und Arbeitsaufgaben wird entdeckendes Lernen innerhalb eines vorgegebenen Problembereiches gefördert.

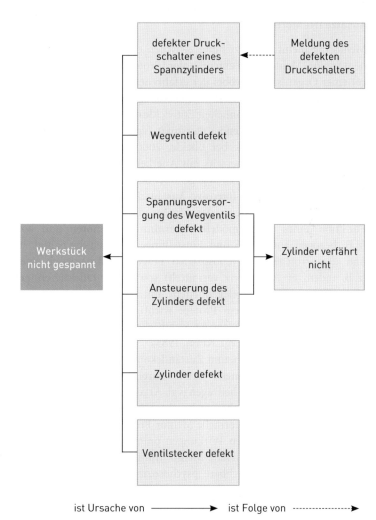

Abbildung III-4: Symptom-Ursache-Struktur der Störung eines defekten Druckschalters (Sonntag, Rothe & Schaper, 1994)

ist Ursache von ⟶   ist Folge von ⤑

Solche visualisierten Strukturen bilden dann die kommunikative Grundlage, um in der Gruppe mit den Expert(inn)en die Problemfindung und -lösung zu explorieren und kritisch zu reflektieren. Methoden des «Cognitive Apprenticeship» hat man beispielsweise erfolgreich eingesetzt, um Wissen auf dem Gebiet des Qualitätsmanagements zu vermitteln und das Qualitätshandeln zu verbessern (vgl. Hron, Lauche & Schultz-Gambard, 2000), in der praktischen Krankenpflegeausbildung (Schaper, 2000) oder in der technischen Berufsbildung (Sonntag, Stegmaier, Baumgart und Schaupeter, 2000).

Beratungs- und betreuungsorientierte Ansätze (Mentoring)

Mentoring meint die Beziehung zwischen einem Senior (Mentor) und einem Junior (Protegé) einer Organisation, wobei der erfahrenere Mentor (Vorgesetzter oder erfahrener Kollege) den Protegé bei der persönlichen Entwicklung in der Arbeitswelt beratend unterstützt (vgl. den Forschungsüberblick bei Blickle, 2000). Der Protegé reagiert seinerseits mit Anerkennung, Verehrung und Loyalität gegenüber dem Mentor. So entsteht eine intensive Austauschbeziehung, innerhalb derer der Mentor die Funktion eines Rollenmodells übernimmt (z. B. bezogen auf Werte und Einstellungen) und den Protegé in psychosozialen Fragen (z. B. indem er Akzeptanz vermittelt) sowie karrierebezogenen Angelegenheiten unterstützt (z. B. indem er dem Protegé wichtige Aufgaben überträgt oder dessen Sichtbarkeit im Unternehmen erhöht; vgl. Kram, 1985).

Die Organisation kann zum Zustandekommen derartiger Beziehungen durch Anreiz- und Entlohnungssysteme beitragen (vgl. Aryee, Chay & Chew, 1996), wobei zu beachten ist, dass sich informelle und formelle Mentor-Protegé-Beziehungen in ihren Wirkungen unterscheiden. Formell zugewiesene Mentor(inn)en leisten zwar eine vergleichbare psychosoziale Unterstützung wie informelle Mentor(inn)en, jedoch weniger karrierebezogene Unterstüt-

zung (vgl. Noe, 1988). Die Form der Unterstützung durch einen Mentor hängt auch davon ab, ob es sich um einen Kollegen oder einen Vorgesetzten handelt. In einer Feldstudie mit 325 Führungskräften aus dem Personalbereich konnten Blickle und Boujataoui (2005) demonstrieren, dass Frauen in formellen Programmen seltener Vorgesetzte als Mentoren zugeordnet wurden als Männern, wobei Vorgesetzte in einer vergleichbaren Mentorenrolle ihre Protegés stärker karrierebezogen unterstützten als Kolleg(inn)en.

Weitergehender als Personalentwicklungsgespräche zielt Mentoring darauf ab, die Persönlichkeitsentwicklung des Protegés durch kognitive, affektive und verhaltensbezogene Lernprozesse über eine längere Lebens- oder Karrierephase zu fördern (vgl. Hezlett, 2005). Lernen am Modell und Erklärungen des Mentors spielen hierbei eine wichtige Rolle. So kann ein positiv bewertetes Modell zeigen, welche Verhaltensweisen überhaupt möglich sind. Motivational dürfte dies das solideste Fundament darstellen, Lernprozesse freizusetzen und Potenziale zu fördern. An den Mentor stellt es freilich hohe Anforderungen im Hinblick auf die fachliche und moralische Dimension seiner Persönlichkeit. Unauffälliges Beobachten und sensitives Diagnostizieren, aktives Zuhören und konstruktives Feedback, aber auch die Fähigkeit des Mentors/der Mentorin, selbstkritisch eigene Stärken und Schwächen zu reflektieren, gehören zu den Grundfertigkeiten.

In schwierigen beruflichen Übergangsphasen, wie bspw. bei Neueinstellung, Versetzung in eine neue Abteilung, Auslandseinsatz, Restrukturierung von Organisationseinheiten sowie in Übergangskrisen (Balance von Beruf und Privatleben, Bewältigung gesundheitlicher Probleme, berufliche Sinnkrisen) steigt die Inanspruchnahme von Mentorenunterstützung.

Auch im Facharbeiterbereich wird die Erprobung von Mentorensystemen bedeutsam (s. Infobox III-7). Als Facharbeiter wird der ehemalige Auszubildende in der Anfangszeit im

Infobox III-7

Ein Mentorenprogramm für Auszubildende und Jungfacharbeiter

In einem vom Bundesinstitut für Berufsbildung geförderten Modellversuch wurde ein formelles Mentorensystem erprobt, mit dem Ziel, den Auszubildenden den Übergang vom Ausbildungs- in das Beschäftigungssystem auf fachlicher und verhaltensbezogener Ebene zu erleichtern (vgl. Sonntag, Stegmaier & Schaupeter, 1997). Begleitend zu einer Phase arbeitsintegrierten Lernens in den letzten beiden Ausbildungsjahren wurden Auszubildende von Ausbildern, die als Mentoren für einzelne Auszubildende verantwortlich waren, betreut. Regelmäßig fanden Mentoren-gespräche statt. Hierbei sollten Stärken und Schwächen der beruflichen Handlungskompetenz der Auszubildenden bzw. Facharbeiter aus Fremd- und Selbstperspektive diagnostiziert werden, um dann gemeinsam Entwicklungsziele inhaltlich und zeitlich festzulegen. Zur Erreichung der Entwicklungsziele legten Mentor und Protegé Entwicklungsaufgaben fest. In nachfolgenden Mentorengesprächen fand eine Überprüfung der Zielerreichung statt und der Kreislauf begann erneut (vgl. Abbildung).

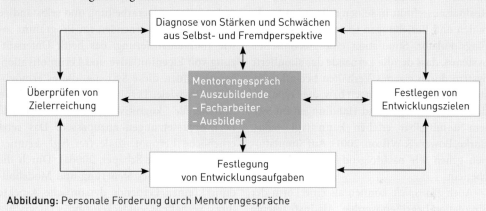

Abbildung: Personale Förderung durch Mentorengespräche

Arbeitssystem von seinem Mentor begleitet. Hierbei sind insbesondere Einarbeitungs- und Übergangsprobleme zu identifizieren, um dann gemeinsam mit der Jungfachkraft und dem verantwortlichen Vorgesetzten Maßnahmen zur Reduzierung der Probleme einzuleiten. Durch das Mentoring sollen die angehenden Facharbeiter leichter von der Ausbildungs- in die Arbeitsrealität wechseln.

2.3.3 Computergestützte mediale Ansätze und Simulationen

Bei den bisher beschriebenen Ansätzen individuellen und gruppenbezogenen Lernens zur Potenzialentwicklung kann der Einsatz von Computern eine sinnvolle und teilweise notwendige Ergänzung für die methodisch-didaktische Ausgestaltung liefern.

Die Computerunterstützung ermöglicht vielfältige Trainings- und Lernformen (vgl. Brown & Ford, 2002; Konradt, 2007; Sonntag, 2004; Sonntag & Schaper, 2006b): Lernen als Wiederholen und Memorieren (Trainingssysteme), als interaktiver und konstruktiver Prozess (tutorielle Systeme) oder als explorativer und entdeckender Prozess (lernergesteuerte Systeme und Simulationen). Trainingssysteme ermöglichen die Elaboration und Festigung von einfachen Wissenselementen und -arbeiten hierzu mit Abfolgen von Frage, Antwort und Rückmeldung (z. B. Grammatiktrainer, Rechentrainer). Tutorielle Systeme erlauben zusätzlich zur Vermittlung von Wissen auch eine individualisierte Kontrolle und Förderung des Lernerfolgs. «Intelligente tutorielle Systeme (ITS)» modellieren kontinuierlich die kognitiven Prozesse, Stärken und Schwächen des Lerners, was eine gezielte, bedarfsorientierte Instruktion für den Lernenden ermöglicht (vgl. Goldstein & Ford, 2002). Typische lernergesteuerte Systeme sind Hypertext- oder Hypermediasysteme, in denen der/die Lernende nicht durch eine lineare Abfolge von Bearbeitungsschritten eingeschränkt wird, sondern flexibel beliebige Informationsknoten aufrufen kann. In einer Simulation wird ein Realitätsausschnitt in seinen relevanten Merkmalen und Beziehungen so repräsentiert (z. B. Flugsimulator, Simulation eines technischen Systems), dass der/die Lernende das simulierte System durch eigenes Verhalten beeinflussen, steuern und die Wirkungen bzw. die Dynamik der Entscheidungen und Handlungen im System unmittelbar erleben kann (vgl. Salas, Burke, Bowers & Wilson, 2001). Auf Simulationen gehen wir nachfolgend etwas ausführlicher ein.

Auch *Planspiele* können als eine Form der Simulation begriffen werden. Als Instrumente personaler Förderung werden Planspiele in Form von Unternehmensplanspielen vorwiegend zur Vermittlung von Fach-, Methoden- und Führungskompetenz im Bereich des Managements eingesetzt. Man konfrontiert die Teilnehmer/-innen dabei mit komplexen Problemen aus Personalführung, Betriebswirtschaftslehre, Marketing usw. (vgl. zusammenfassend Geilhardt & Mühlbradt, 1995; Strauß & Kleinmann, 1995; oder Blötz, 2003). Orientiert an der Kritik des Lernens nach herkömmlichen Methoden, das vielfach mit Angst, Stress, Frustration und Prestigekämpfen verknüpft ist, ermöglichen Planspiele – trotz oder gerade wegen des spielerischen Elements – das begreifende Erfassen von Zusammenhängen sowie Freude und Neugier

beim entdeckenden Lernen. Darüber hinaus sieht man im Planspiel eine realistische Möglichkeit, aus einem Fehler zu lernen, und zwar nicht nur in dem Sinne, dass man ihn beim nächsten Mal vermeidet, sondern vor allem, indem man ihn versteht, einordnet und herausfindet, warum dies ein Fehler ist und inwiefern er vom richtigen Tun abweicht. Fehler werden im Planspiel nicht bestraft und verdrängt, sondern genutzt.

Neben Planspielen enthalten auch *Simulationssysteme* erhebliche Lernpotenziale. Anspruchsvollere Software und unterstützende audiovisuelle Medien ermöglichen ihre Neu- und Weiterentwicklung. Solche computergestützten Lernumgebungen bewirken bei den Teilnehmer(inne)n explorative Prozesse. Aktive Informationsverarbeitung und selbständige Navigation des Lernenden im Programm sowie Individualisierung, das heißt Unterstützung von Eigeninitiative und Lernmotivation, kennzeichnen diese Systeme, die es ermöglichen, Lernziele, Lerninhalte und Lernzeit an individuelle kognitive und motivationale Lernvoraussetzungen anzupassen. Das setzt erhebliche Lernpotenziale frei (vgl. Leutner, 1995; Sonntag & Schaper, 2006a). Durch die spezifische Art der Steuerung und Modellbildung können Lernende dynamische Aspekte ihres Verhaltens entdecken und strategisches Wissen erlernen.

Der Einsatz von Simulationen zu Trainingszwecken bietet sich vor allem für Abläufe an, die in der Realität mit Risiken und Gefahren einhergehen oder die bei Handlungsfehlern kosten- und zeitintensive Systemausfälle verursachen könnten. Bei der Bearbeitung der Simulation hingegen lassen sich auch Fehler risikofrei als Lernchance nutzen. Es ist üblich, das Verhalten in der Simulation aufzuzeichnen, da man die Aufnahme in einer Phase der Nachbearbeitung zur Unterstützung von Selbstreflexion und Feedbackprozessen nutzen kann. Simulationen zu Trainingszwecken sind in unterschiedlichen Gebieten einsetzbar: Qualifizierung von Instandhaltungspersonal für die Diagnose und Behebung von technischen Störungen an automatisierten Fertigungssystemen (vgl. Schaper, Hochholdinger & Sonntag, 2004; Schaper, Sonntag, Zink & Spenke, 2000), Schulung von Operateuren in Kernkraftwerken zur Überwachung und Störfallbewältigung (vgl. Baker & Marshall, 1989), Training von Piloten sowie Flug- und Bodenpersonal in der Luftfahrt (vgl. Salas et al., 2001) oder im medizinischen Bereich für Operations- und Narkoseteams (vgl. Weller, Wilson & Robinson, 2003).

Arthur, Bennet, Edens und Bell (2003) berichten in ihrer Metaanalyse von simulationsgestützten Trainingseffekten auf der Ebene Lernen für kognitive Fähigkeiten (d = .87) und bei psychomotorischen Fertigkeiten auf der Ebene Verhalten (d = 1.81) bzw. Ergebnisse (d = .38).

Vor allem bei Teams in der Luftfahrt oder Medizin verbindet man den Einsatz von Simulationen häufig mit Elementen des «Crew Resource Management Training» (CRM), um fachlich-inhaltliche und teambezogene Kompetenzen zu fördern, menschliche Fehlleistungen und Unfälle zu vermindern, die Reaktionen auf Gefahren zu verbessern und eine effektive Koordination im Team zu gewährleisten (vgl. Salas, Burke, Bowers & Wilson, 2001). Im CRM-Training lernen die Mitglieder des Teams, wie sie effektiv kommunizieren, Aufgaben sinnvoll priorisieren und verteilen, Ressourcen mobilisieren und nutzen sowie die Situation kontinuierlich überwachen und neu einschätzen. Neben dem klassischen Feld der Pilotenausbildung beziehen Studien sich auch auf die Narkoseführung (vgl. Schaper, Schmitz, Graf & Gruber, 2003).

Auf Facharbeiterebene setzen sich immer mehr Simulationsprogramme durch, zum Beispiel grafisch-dynamische CNC-Simulationen («Computerized Numerical Control») als Vorstufe zur Bedienung komplexer Produktionsmaschinen. Sie eignen sich besonders für spanabhebende Tätigkeiten als Einstieg in die Informationstechnik. Die lernfördernden Eigenschaften von CNC-Simulationen liegen im kognitiven Bereich in der Reduktion komplexer Sachverhalte. Auf der emotional-motivationalen Ebene vermindert eine solche Komplexitätsreduktion und Verteilung der Bearbeitung auf verschiedene Schritte und Anforderungsstufen subjektiv erlebbare Bedrohlichkeiten. Für Lernende, die gegenüber teuren und komplexen computergesteuerten Realmaschinen Berührungsängste empfinden, schaffen Simulatoren so bessere emotionale Lernbedingungen.

Über eine erfolgversprechende Einsatzmöglichkeit computergestützter Lernprogramme und die Entwicklung eines «Computer Based Trainings» (CBT) zur Verbesserung strategischer Fähigkeiten und komplexen Problemlösens berichten Sonntag und Lohbeck (1995). Sie entwickelten die Computersimulation eines Produktionsprozesses in einer Fertigungszelle auf PC-Basis. Mit diesem softwareergonomisch optimierten CBT in Form einer problemorientierten Simulation ließen sich – wie Vergleichsuntersuchungen zeigten – Potenziale für transferierbare Kompetenzen schaffen (vgl. Sonntag, Lohbeck & Thomas, 1997). Authentische Störungen unterschiedlicher Schwierigkeitsgrade lassen sich durch Eingriffsmöglichkeiten diagnostizieren und beheben (s. ausführlich Teil V, Beispiel 2).

Zweifellos ist mit der Entwicklung von computergestützten Simulationen und Planspielen zur Ausschöpfung der Lernpotenziale ein erheblicher Aufwand, eine umfangreiche Vorbereitung, Begleitung und Nachbereitung verbunden (vgl. auch Keys & Wolfe, 1990; Tannenbaum & Yukl, 1992; Thornton & Cleveland, 1990). Auch sollte der Einsatz von Simulationen in eine sinnvolle Entwicklungssequenz integriert sein. Tannenbaum und Yukl (1992) nennen für den Umgang mit Simulation, Nachbereitung der Erfahrungen und Möglichkeiten für Coaching und Feedback eine Reihe flankierender Maßnahmen. Canon-Bowers und Bowers (2010) formulieren eine Reihe von Rahmenbedingungen für die Ausgestaltung sogenannter synthetischer Lernumgebungen («synthetic learning environment») von Planspielen und Simulationen.

2.3.4 Arbeitsstrukturale Maßnahmen («workplace learning»)

Arbeitsstrukturale Maßnahmen gehen davon aus, dass in der Gestaltung der Aufgaben und der Arbeitsinhalte erhebliche Potenziale zur Kompetenz- und Persönlichkeitsentwicklung liegen. Konzepte der Arbeitsstrukturierung, wie man sie insbesondere in den 1970er- und 1980er-Jahren diskutierte, finden sich in unterschiedlicher Ausprägung wieder – angefangen von der Integration strukturell verschiedenartiger Tätigkeitselemente, wie Planung, Durchführung und Kontrolle in «ganzheitlichen» Aufgaben, die auch antizipatorische und diagnostische Denkleistungen miteinbeziehen (*job enrichment*), über den planvollen kontinuierlichen Wechsel innerhalb anspruchsvoller Tätigkeitselemente (*job rotation*) bis hin zur kollektiven Aufgabenerweiterung in Arbeitsgruppen, denen man einen möglichst wohldefinierten Aufgabenbereich zur Erledigung in weitgehend eigener Verantwortung überträgt (*teilautonome Arbeitsgruppen*). Studien belegten positive Effekte von Job Enrichment in Richtung auf eine proaktive Herangehensweise an die Arbeit auch außerhalb der eigenen Kernaufgabe (vgl. Parker, 1998) und von Job Rotation auf arbeitsbezogene Kenntnisse und Fertigkeiten der Mitarbeiter/-innen (vgl. Campion, Cheraskin & Stevens, 1994).

Zu der arbeitspsychologisch bedeutsamen Frage, ob und in welchem Ausmaße sich Lernpotenziale und Persönlichkeitsdimensionen durch entsprechende Arbeitsstrukturierungsmaßnahmen fördern lassen, liegt mittlerweile eine Reihe von Überblicksarbeiten vor. Eine Vielzahl quer- und längsschnittlich orientierter Studien konnte mit einheitlicher Tendenz nachweisen, dass geringe Restriktivität in arbeitsbezogenen Dimensionen (z. B. Handlungsspielraum, Variabilität, Komplexität) positiv mit psychologischen Dimensionen wie intellektueller Leistung, Selbstkonzept, Leistungsmotivation oder Gesundheit zusammenhängt, die als förderlich zu werten sind (vgl. die Über-

blicksarbeiten von Baitsch, 1998; Bergmann, 2000, 2010; Sonntag, 2004).

Eine fundierte Studie von Franke und Kleinschmitt (1987; vgl. auch Franke, 1993) sah folgende arbeitsbezogene Merkmale als bedeutsam an: Problemhaltigkeit, Handlungsspielraum, Variabilität, soziale Unterstützung und qualifikatorischer Nutzwert (s. Infobox III-8).

Die Schaffung solcher entwicklungförderlicher Bedingungen ist abhängig von übergeordneten organisatorischen Rahmenbedingungen wie Betriebsklima, Organisationsstruktur, Technologieentwicklung, Lernförderung durch die Organisation und insbesondere von Wechselwirkungen personseitiger Merkmale: Je nach Motivation, Expertise und habitualisiertem Verhalten können zum Beispiel Problemhaltigkeit oder Handlungsspielraum als Heraus-, Über- oder Unterforderung erlebt werden. Instrumente, die es ermöglichen, unter Einbezug der betroffenen Mitarbeiter/-innen in Kleingruppen entwicklungsförderliche Aufgabenstrukturen und Arbeitsinhalte zu gestalten, liegen vor allem für die operative Ebene und industrielle Arbeitstätigkeiten vor, zum Beispiel eine «Heuristik qualifizierender Arbeitsgestaltung» von Duell & Frei, 1986, oder die «Subjektive Tätigkeitsanalyse» von Ulich, 2005. Speziell für Tätigkeiten im Management liegt mit dem «Job Challenge Profile» (JCP) ein Instrument zur Führungskräfteentwicklung vor, mit dem man die Entwicklungspotenziale einer Aufgabe bestimmen kann (vgl. Ruderman, Ohlott & McCauley, 1990). Zu übertragende Aufgaben oder Projekte («job assignment») lassen sich mithilfe des JCP so auswählen, dass die Führungsperson Fähigkeiten entwickeln kann, die sie für ihren nächsten Karriereschritt benötigt.

Neben teilautonomen Arbeitsgruppen, die Bestandteil der regulären Arbeitsorganisation sind, gibt es parallel weitere gruppenorientierte Fördermaßnahmen wie *Lernstatt* (s. Infobox III-9), *Qualitätszirkel* oder *Projektgruppen* (vgl. Antoni, 2007; Antoni & Bungard, 2004).

Qualitätszirkel oder *Projektgruppen*: Während man *Projektgruppen* zur Bearbeitung

Infobox III-8

Lernrelevante Dimensionen der Arbeit (aus: Franke, 1993)

Problemhaltigkeit: Diese Dimension bezieht sich auf das Ausmaß an erforderlichen Denkprozessen in der Arbeit. Hierbei entscheidende Merkmale sind etwa die Neuartigkeit der Arbeit, Klarheit und Vollständigkeit der Zielbestimmung, Fachwissen oder Planungsbedarf.

Handlungsspielraum: Diese Dimension betrifft die Menge der objektiven «Freiheitsgrade» bei der Verrichtung der Arbeit, also die unterschiedlichen Möglichkeiten zu aufgabengerechtem Handeln. Der Handlungsspielraum hängt davon ab, ob der Arbeitende an der Organisation des Arbeitsablaufs beteiligt ist, selbst über die Vorgehensweise bei der Arbeit entscheiden, die Arbeitszuteilung beeinflussen und bei der Arbeit neue Vorgehensweisen ausprobieren kann.

Abwechslungsreichtum: Diese Dimension bezieht sich auf die Häufigkeit der Veränderung der Arbeitssituation und des organisatorischen Arbeitsumfeldes. Sie hängt zum Beispiel davon ab, in wie vielen betrieblichen Arbeitsbereichen (Einkauf, Verkauf, Arbeitsvorbereitung, Fertigung, Entwicklung, Qualitätskontrolle, Reparatur, Kundendienst usw.) der Lernende eingesetzt wird, wie viele Betriebsabteilungen er durchläuft und wie häufig er aus dem Arbeitsprozess herausgezogen und an anderen Lernorten ausgebildet wird («lokale Mobilität»).

Vollständigkeit der Handlung: Hier wird die Vielfalt der Handlungsfunktionen, die bei der Arbeit zu erfüllen sind, thematisiert. Diese Dimension steht zur (vertikalen) Arbeitsteilung und Parzellierung der Tätigkeitsstrukturen in konträrer Beziehung. Der Vollständigkeitsgrad wird bestimmt durch die Anzahl der Operationen im Bereich der Orientierung, Planung, Ausführung und Kontrolle, an denen der Lernende beteiligt wird.

Qualifikatorischer Nutzwert: Gemeint ist die Einschätzung der Verwertungschancen der für die Bewältigung der aktuellen Arbeiten notwendigen Qualifikationen im Hinblick auf das künftige Berufsleben. Die künftigen Verwertungschancen werden im Wesentlichen durch die technologische und organisatorische Entwicklung sowie den künftigen Produktbedarf bestimmt.

Soziale Unterstützung: Diese Dimension bezieht sich auf die Anregungen und die Hilfe, die der Lernende von den Mitarbeitern des Betriebes bekommt. Soziale Unterstützung wird wesentlich durch Organisation und Führung mitbestimmt.

neuartiger und komplexer Problemstellungen zeitlich begrenzt und abteilungsübergreifend ab Meisterebene bildet, bearbeiten und lösen Mitarbeiter/-innen der unteren Hierarchieebene betriebliche Problemstellungen aus ihrem unmittelbaren Arbeitsbereich in *Qualitätszirkeln.* Positive Effekte von Qualitätszirkeln auf ökonomische Indikatoren (z. B. Qualität, Produktivität, Fehlzeiten) sowie auf soziale Kenngrößen (z. B. Betriebsklima, Arbeitszufriedenheit) wurden berichtet (vgl. Antoni, 1990). Auch konnten Qualitätszirkel negative Effekte einer Restrukturierung auf soziale Effizienzindikatoren (z. B. Teilnahme an Entscheidungen) von Abteilungen kompensieren (vgl. Marks, Mirris, Hacket & Grady, 1986). Allerdings können bei der Arbeit mit Qualitätszirkeln auch Probleme auftreten. Hierzu zählen zeitlich verzögerte oder inhaltlich unangemessene Rückmeldungen zu

Infobox III-9

Lernstattkonzept

Beim Lernstattkonzept handelt es sich um einen gruppenorientierten Weiterbildungsansatz für an- und ungelernte Mitarbeiter, deren Handlungskompetenzen durch arbeitsplatzbezogenes und selbstorganisiertes Lernen in Gruppen verbessert werden sollen. Die Gestaltung der Lernprozesse setzt zuallererst an persönlichen Erfahrungen und Betroffenheiten an und verknüpft damit in weiteren Schritten die Behandlung beruflicher Tätigkeitselemente. Übergeordnete Ziele des Konzepts sind die Vermittlung fachbezogener Kenntnisse und Fertigkeiten, die Optimierung von Arbeitsbedingungen und -abläufen, die Verbesserung der Kommunikation sowie die Förderung von Problembewusstsein (vgl. Bednarek, 1985). In einer Evaluationsstudie zur Wirkung eines Lernstattkonzepts bei der Krupp Stahl AG konnte festgestellt werden, dass die beteiligten Mitarbeiter ihre Arbeitstätigkeiten als vielgestaltiger, ganzheitlicher, intrinsisch motivierender und herausfordernder bewerteten als die Kontrollgruppe. Außerdem zeigten sich Steigerungen der Produktqualität, der Arbeitssicherheit und der Anlagenauslastung sowie Minderungen der Fehlzeiten und der Fluktuationsrate, der Kundenreklamationen und der Ausschuss- und Reparaturquoten (vgl. Paulsen & Stötzel, 1992).

erarbeiteten Konzepten oder die langsame Implementierung von Maßnahmen, von denen sich die Arbeitsgruppe bereits verabschiedet hat. Da man die kontinuierliche Verbesserung von Prozessen und Strukturen immer stärker in die reguläre Arbeitsorganisation integriert, lassen sich Qualitätszirkel, Projektgruppen oder reguläre Arbeitsgruppen als Formen der Arbeitsorganisation immer schwerer voneinander abgrenzen (vgl. Antoni & Bungard, 2004).

In einer Studie zur Einführung und Wirksamkeit verschiedener Formen der Gruppenarbeit konnte Lehnert (1994) belegen, dass positive Auswirkungen auf Lernpotenziale und Qualifikationen bei teilautonomen Gruppen und Projektgruppen in stärkerem Maße feststellbar sind als bei Qualitätszirkeln. Antoni, Lehnert & Bungard (1994) berichten von subjektiven Einschätzungen, denen zufolge sowohl die Anforderungen und die Einsatzmöglichkeiten von Qualifikationen als auch die Qualifizierungs- und Aufstiegschancen von Teammitgliedern weit über denen von Mitarbeitern an Einzelplätzen liegen. In einer europäischen Vergleichsstudie zur Einführung von Gruppenarbeit im Kontext «lean» gestalteter Fertigungsstrukturen in der Automobilindustrie konnten Frieling & Freiboth (1997) eindeutige Verbesserungen in den Qualifikationen der Gruppenmitglieder feststellen, wobei allerdings auf Länderebene und auch auf Unternehmensebene innerhalb eines Landes zum Teil erhebliche Unterschiede auffielen. Die vielfältigen Ausformungen gruppenorientierter Arbeitsstrukturen lassen generalisierbare Aussagen nicht zu. Tendenziell lässt sich sagen, dass Gruppenmitglieder, bei denen die Einsatzflexibilität, der Umfang an dispositiven Aufgaben, an Selbstorganisation und autonomer Gestaltung hoch ist, die Auswirkungen auf das Lernpotenzial insgesamt positiver einstufen als Gruppenmitglieder, bei denen das nicht der Fall ist.

Arbeitsorientiertes Lernen («workplace learning»): Sonntag und Stegmaier (2007a, S. 20 f.) haben arbeitsorientiertes Lernen als eine Form des Lernens beschrieben, bei der Wissenserwerb oder Verhaltensmodifikation entweder direkt im Arbeitsprozess oder durch Lernaktivitäten im Umfeld der Arbeit stattfinden (vgl. auch das sog. «workplace learning»; Smith,

2003). Hierbei lassen sich zwei Komponenten der Lernprozesse unterscheiden. Die *arbeitsstrukturale* Komponente betrifft die Lernpotenziale unmittelbar in der Arbeit und steht beim arbeitsintegrierten Lernen im Vordergrund; die *instruktionale* Komponente ist relevant für das Design arbeitsbezogener Lernumgebungen im Sinne eines arbeitsbezogenen Lernens. Für beide Lernformen entscheidend ist der unmittelbare Bezug zu den Anforderungen an die Leistungsvoraussetzungen, die sich aus der Arbeit ergeben. Arbeitsaufgaben, Arbeitsinhalte und Arbeitsanforderungen stellen daher einen zentralen Bezugspunkt für arbeitsorientierte Lernprozesse dar. **Tabelle III-4** stellt die wesentlichen Charakteristika des arbeitsintegrierten und des arbeitsbezogenen

Lernens gegenüber (vgl. Sonntag & Stegmaier, 2007a, S. 21).

Arbeitsintegriertes Lernen (strukturale Komponente) vollzieht sich unmittelbar am Arbeitsplatz oder im Arbeitsprozess. Was gelernt wird (Lernaufgabe/Lerninhalt), ergibt sich aus dem Arbeitsauftrag und den Ausführungsbedingungen der Arbeit. Gefördert werden arbeitsintegrierte Lernprozesse durch das wiederholte Ausführen von Au«fgaben, das Lösen arbeitsbezogener Probleme, die Reflexion von Arbeitserfahrungen oder den Austausch von Wissen mit anderen Organisationsmitgliedern.

Beim *arbeitsbezogenen Lernen* (instruktionale Komponente) in Lern- und Trainingsumgebungen, die auf reale Arbeitsaufgaben und

Tabelle III-4: Charakteristik arbeitsorientierten Lernens (Sonntag & Stegmaier, 2007a, S. 21)

Formen / Charakteristik	Arbeitsintegriert (Strukturale Komponente)	Arbeitsbezogen (Instruktionale Komponente)
Lerngegenstand	Lernpotenziale in der Arbeitstätigkeit	Lerntätigkeit in arbeitsbezogenen Umgebungen
Lernziel	Gestaltung kompetenzerhaltender und -förderlicher Arbeitsstrukturen	Vermeidung «trägen Wissens», Erhöhung des Transfers
Lernvorgang /-zuwachs	bei der Arbeitsausführung (implizit)	durch pädagogisch-psychologische Intervention (explizit)
Lernaufgabe /-inhalt	identisch mit der Arbeitsaufgabe	konstruiert auf der Basis vorausgegangener Aufgaben-/ Anforderungsanalysen
Lernort	Arbeitsplatz, Arbeitsumgebung	Arbeitsumgebungen, Labors, Lerninseln, Schulungsräume
«Lehrende»	Kollegen, Vorgesetzte, Kunden, Ausbildungsbeauftragte	Trainer, Ausbilder, Coaches usw.
Erklärungsansätze (Theorien, Modelle)	z.B. Theorie der arbeitsimmanenten Qualifizierung, Handlungsregulationstheorie	z.B. instruktionstheoretische Ansätze
Maßnahmen/Instrumente (Beispiele)	Job Rotation, Projektgruppen, Qualitätszirkel, Teamarbeit	computergestützte Trainings, Simulationen, Behavior Modeling

Arbeitsanforderungen Bezug nehmen, sollen gezielte pädagogische Interventionen Lernprozesse unterstützen. Entsprechend systematisch sind Lernaufgaben, Lerngegenstände, Lernziele, instruktionale Unterstützung sowie Lernkontext zu gestalten.

2.4 Evaluation und Qualitätssicherung personaler Fördermaßnahmen

Personale Förderung und die Nutzung von Qualifikationspotenzialen kann nur in dem Maß erfolgreich sein, in dem man die eingeleiteten Maßnahmen überprüft, bewertet und gegebenenfalls modifiziert; also in dem Ausmaß, in dem Qualität gesichert wird. Solchermaßen professionelles Handeln wird – vergleicht man andere Unternehmensbereiche (z. B. die Produktion) – in der Personalentwicklung noch immer vernachlässigt. Das hat zur Konsequenz, dass Anspruch und Wirklichkeit betrieblicher Bildungsarbeit und personaler Förderung weiterhin auseinanderklaffen, Fehlinvestitionen in Trainer und Lernprogramme getätigt, Frustrationen bei den Lernenden durch Über- oder Unterforderung erzeugt, gewünschte Verhaltensweisen und Kompetenzen nicht in den betrieblichen Alltag transferiert und Selbst- und Fremdtäuschungen über die Wirkung der Fördermaßnahmen produziert werden. Für eine systematische Evaluation sprechen somit eine Reihe guter Gründe:

- Die Fördermaßnahmen werden legitimiert, indem man nachweist, dass die beabsichtigten Ziele tatsächlich erreicht wurden.
- Die didaktisch-methodische Gestaltung der Fördermaßnahmen wird optimiert.
- Die Lernfähigkeit der Trainer und Dozenten wird bewertet.
- Lern- und Transfererfolg der Maßnahmen werden überprüft.
- Die Verteilung der Ressourcen für Fördermaßnahmen erfolgt nach Effizienzkriterien.

Die Qualitätssicherung, die Wirkung und Nutzen von Fördermaßnahmen bewertet, nützt den Teilnehmern dieser Maßnahmen, den Trainer(inne)n, der Unternehmensleitung und der betrieblichen Aus- und Weiterbildung.

2.4.1 Phasen der Qualitätssicherung

Professionelles Management der Qualitätssicherung personaler Förderung lässt sich in drei Phasen beschreiben (s. **Abb. III-5** und vgl. ausführlich Reinmann-Rothmeier, Mandl & Prenzel, 1994; Sonntag, 2006a; Sonntag & Stegmaier, 2007a):

1. *Vorbereitungsphase:* Nach einer Zielpräzisierung, bei der operationalisierbare Ziele der durchzuführenden Fördermaßnahmen

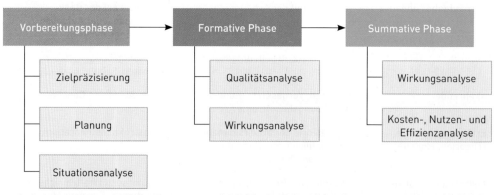

Abbildung III-5: Phasen der Evaluation und Qualitätssicherung personaler Förderung

hinsichtlich Lern- und Transfererfolg festgelegt werden, sollte man der Planung ein realistisches Evaluationsmodell zugrunde legen. Das Evaluationsmodell umfasst alle Aspekte des Vorhabens von der Festlegung der Stichprobe und der Teilnehmer, von den Evaluationsinstrumenten, dem Untersuchungsdesign und dem Ablauf der Informationssammlung über die Datenauswertung und die angedachten statistischen Verfahren bis hin zur Planung und organisatorischen Vorbereitung der Berichterstattung über die Schritte und Ergebnisse des Evaluationsgeschehens. Eine Situationsanalyse, die die rechtlichen, zeitlichen, finanziellen und organisatorischen Rahmenbedingungen erfasst, kann hierzu wichtige Informationen liefern.

2. *Formative Phase:* Zweck der formativen Evaluation ist die fortlaufende Optimierung des Vorgehens während des Verlaufs der Maßnahme. Auf diese Weise lassen sich eventuelle Änderungsvorschläge in der Maßnahme noch berücksichtigen. Zur prozessbegleitenden Qualitätssicherung zählen insbesondere die Bewertung der eingeleiteten Maßnahmen nach inhaltlichen, didaktischen und medienspezifischen Aspekten durch Experten und Teilnehmerfeedback hinsichtlich Akzeptanz, Lehr- und Lernprozess, Lern- und Transfererfolg.

3. *Summative Phase:* Gegenstand der summativen Evaluation sind üblicherweise systematische Wirkungsanalysen, die ausschließlich den Lern- und Transfererfolg überprüfen. Sie müssen entsprechenden methodischen Standards genügen, das heißt, es muss sichergestellt sein, dass die Effekte einer Maßnahme auch tatsächlich nachweisbar sind. Kosten-Nutzen-Analysen schätzen die Höhe des Nutzens im Vergleich zu den aufgewendeten Kosten. Der Nutzen wird mithilfe der zu Beginn festgelegten Bewertungskriterien und der kritischen Werte für den monetären Vergleich quantifiziert. Bei der Nutzenbemessung ist insbesondere das Zeitintervall zu bedenken, in dem die Manifestation des Nutzens erwartet werden kann. Bei einer weiteren mittelbaren Effizienzanalyse geht es vor allem um den Beitrag, den die Fördermaßnahme zu den Unternehmenszielen leistet.

2.4.2 Untersuchungsdesign und -instrumente

Zur Messung von Veränderungen, vorwiegend bei der ergebnisorientierten (summativen) Evaluation, müssen Bedingungen konstruiert werden, unter denen die Effekte der Maßnahmen auch tatsächlich nachweisbar sind. Zu diesem Zweck sind entsprechende Untersuchungsdesigns zu gestalten, die Störgrößen kontrollieren sowie Kontrollgruppenvergleiche, Vorher-Nachher-Untersuchungen und Zeitreihenmessungen ermöglichen (vgl. Hochholdinger & Schaper, 2007; Sonntag, 1996; Thierau-Brunner et al., 2006). Auch wenn organisatorische und betriebliche Bedingungen experimentelle Untersuchungsanordnungen nicht sinnvoll erscheinen lassen, sind zumindest quasi-experimentelle Designs anzustreben (z. B. Vergleich von Trainings- und Kontrollgruppen). Geschieht dies nicht, dann ist keine seriöse Qualitätssicherung der eingeleiteten Maßnahmen gegeben.

Das Grundmodell einer Veränderungsmessung besteht im Vergleich der Messwerte vor und nach dem Trainingsgeschehen (Messung → Training → Messung). Um zu entscheiden, ob die gefundenen Veränderungen auch tatsächlich auf die Fördermaßnahme zurückzuführen sind, kann man die Daten denen einer ansonsten ähnlichen Kontrollgruppe gegenüberstellen, die nicht an dem Training (oder an einem anderen) teilgenommen hat (Trainingsgruppe: Messung → Training → Messung; Kontrollgruppe: Messung → keine Intervention → Messung). Veränderungen zwischen den Messungen zum ersten und zweiten Erhebungszeitpunkt, die bei der trainierten Gruppe größer sind als bei der untrainierten, gehen dann auf die Maßnahme zurück.

Zeitreihendesigns ermöglichen die Beobachtung von Entwicklungsprozessen im länge-

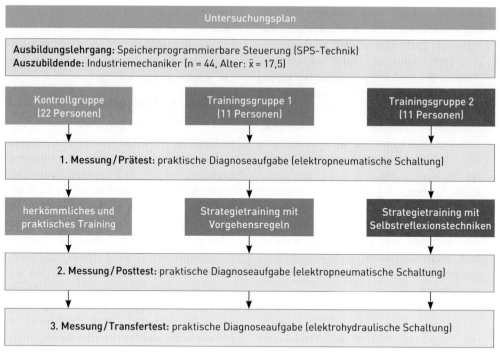

Abbildung III-6: Untersuchungsplan zur Evaluation eines Strategietrainings für komplexe berufliche Aufgaben (Sonntag & Schaper, 1993)

ren Verlauf dadurch, dass man mehrere Messungen sowohl vor als auch nach dem Training durchführt.

Als Beispiel für eine summative Evaluation eines kognitiven Trainings in zwei Varianten (mit heuristischen Regeln und mit Selbstreflexionstechniken) dient das folgende Design (s. **Abb. III-6**). Überprüft wurde die Hypothese, ob Auszubildende mit Strategietraining bei der Störungsdiagnose effektiver und systematischer vorgehen als herkömmlich trainierte Auszubildende. Als Prüfkriterien für diese Annahme zog man die zur Lösung steuerungstechnischer Probleme aufgewandte Zeit, die Anzahl der Prüfschritte und die Anzahl der irrelevanten Prüfschritte heran.

Als *Untersuchungsinstrumente* zur Datengewinnung bieten sich zur prozessbezogenen (formativen) Evaluation eine Reihe bekannter Methoden an, zum Beispiel Beobachtungen, Einzel- und Gruppengespräche oder Interaktionsanalysen. Zur ergebnisbezogenen Kontrolle

eignen sich vor allem Tests, Arbeitsproben, strukturierte Befragungen, Planspiele, Strukturlegetechniken, Fallstudien, Leistungsbeurteilungen und dergleichen. Wichtig ist in diesem Zusammenhang, dass man neben einer Fremdbeurteilung (durch Experten, Vorgesetzte, Trainer/-innen) auch die Selbsteinschätzung der Teilnehmer hinsichtlich ihrer Leistungsfähigkeit, ihres Selbstkonzeptes und ihrer Kompetenzentwicklung systematisch erfasst. Sonntag und Schäfer-Rauser (1993) haben für Evaluationsvorhaben einen Fragebogen zur «Selbsteinschätzung beruflicher Kompetenzen» (SBK) entwickelt und standardisiert, um die Informationsquelle, die der konkreten Arbeitstätigkeit am nächsten steht – also die Meinung des Mitarbeiters von sich selbst –, systematisch nutzbar zu machen. Mithilfe des standardisierten Bogens beurteilt der Mitarbeiter seine Fach-, Methoden- und Sozialkompetenz. Inhaltliche Struktur und Beispiel-Items gibt **Tabelle III-5** wieder.

Tabelle III-5: Inhaltliche Strukur und BeispielItems des Fragebogens zur «Selbsteinschätzung beruflicher Kompetenzen (SBK)» (vgl. Sonntag & Schäfer-Rauser, 1993)

Fachkompetenz	Methodenkompetenz	Sozialkompetenz
Fertigkeiten	**Denken und Problemlösen**	**Kommunikation**
• berufspraktische Fertigkeiten • Handhabung von Arbeits-geräten • Genauigkeit, Sorgfalt und Geschicklichkeit bei der Arbeitsausführung	• abstraktes Denken • Diagnostizieren, Fehlersuche • Problemlösen, Fehlerbeseitigung • Informationsbeschaffung • Planung, Kontrolle, Bewertung	• Kontaktfähigkeit • um Unterstützung/Hilfe bitten können • Vertreten des eigenen Standpunktes, Meinungsäußerung • Informationsweitergabe
z. B.: «Ich brauche ziemlich lange bis ich neue Handgriffe so gut drauf habe, dass sie einwandfrei sitzen.»	z. B.: «Es fällt mir schwer, das Wesentliche einer Sache zu erkennen.»	z. B.: «Wenn ich anderen Personen etwas mitteile, achte ich darauf, mich so auszudrücken, dass sie mich gut verstehen.»
Kenntnisse	**Kreativität**	**Kooperation**
• berufsspezifische Kenntnisse • Wissen über Arbeitsabläufe, Geräte und Maschinen, Arbeitsmittel • Fachtermini • Kenntnis der Arbeitsschutz-maßnahmen	• Kreativität, Einfallsreichtum • Flexibilität • Interesse, Neues auszuprobieren	• Fähigkeit zur Zusammen- und Gruppenarbeit • aktive Mitarbeit und Durchsetzungsfähigkeit in Gruppen • Konfliktfähigkeit • Hilfsbereitschaft, Kollegialität
z. B.: «Ich weiß, bei welchen Arbeiten es sehr gefährlich oder teuer werden kann, wenn etwas falsch gemacht wird.»	z. B.: «Ich probiere in meiner Arbeit gerne neue Ideen aus, um zu sehen, ob sich die Arbeit dadurch verbessern lässt.»	z. B.: «Ich arbeite gerne mit mehreren zusammen, weil man sich gegenseitig ergänzen kann.»
	Lernfähigkeit	
	• Allgemeine Lernfähigkeit • Gedächtnis, Merkfähigkeit • Arbeits- und Lerntechniken • Auffassungsgabe	
	z. B.: «Ich kann mir nur für kurze Zeit etwas merken.»	

Im Kontext von Evaluationsprogrammen sind Tests und andere Verfahren nicht als Auswahl- und Bewertungsinstrumente im engeren Sinne zu verstehen; sie haben vielmehr eine informierende und veränderungsorientierende Funktion, indem sie zum Beispiel Hinweise auf Mängel der Maßnahmen liefern können. Aus diesem Grunde sind bei der Evaluation kriteriumsorientierte Interpretationen (die Kriterien wurden in der Vorbereitungsphase festgelegt) normorientierten Verfahren vorzuziehen.

Abschließend beschreiben wir einige Ergebnisse der Evaluation betrieblicher Trainings. Trainingsmaßnahmen lassen sich auf unterschiedlichen Ebenen evaluieren. Üblicherweise unterscheidet man folgende Kriterien (vgl. Kirkpatrick, 1998):

- *Reaktionen:* Hier geht es darum, wie den Trainees das Training gefallen hat bzw. als wie nützlich sie das Training einschätzen.
- *Lernen:* Auf dieser Ebene steht die Wissens-

zunahme durch das Training im Mittelpunkt.

- *Verhalten bzw. Transfer:* Hier wird bewertet, inwieweit neues Wissen oder neue Verhaltensweisen aus dem Training auch in der täglichen Arbeit eingesetzt werden.
- *Ergebnisse:* Schließlich interessiert man sich bei einem Training auch dafür, ob sich unabhängig von den Bewertungen der Trainees der Nutzen eines Trainings an objektiven Indikatoren der Leistung erkennen lässt.

In einer Metaanalyse haben Arthur, Bennett, Edens und Bell (2003) die Effektivität organisationaler Trainings mithilfe der genannten Evaluationskriterien bewertet. Verschiedenste Trainingsmethoden (z. B. Vorträge, Simulationen, Selbststudium, Diskussionen) wurden in den in die Metaanalyse einbezogenen Studien untersucht. Insgesamt sprechen die Ergebnisse für mittlere bis starke Effekte der organisationalen Trainings. Im Einzelnen ermittelten die Autoren folgende Effekte: Reaktionen d = 0.60, Lernen d = 0.63, Verhalten d = 0.62 und Ergebnisse d = 0.62. Als sehr wirksam erwies sich über verschiedene Fertigkeiten und Aufgabenkontexte hinweg die Trainingsmethode «Vortrag». Weitere Studien zeigen, wie wichtig es ist, bei der Trainingsevaluation auch die Rolle von Persönlichkeitsmerkmalen zu berücksichtigen. Herold, Davis, Fedor und Parsons (2002) fanden heraus, dass angehende Piloten mit starker emotionaler Stabilität und hoher Offenheit für neue Erfahrungen komplexe psychomotorische Fertigkeiten in einem Cockpit-basierten Training schneller erwerben konnten.

Einige Trainingsstudien beschäftigten sich mit der Frage, welche Beziehungen zwischen den verschiedenen Evaluationskriterien bestehen. So konnten Warr, Allan und Birdi (1999) demonstrieren, dass die Reaktionen der Trainees stärker mit dem Lernen in Beziehung standen als mit dem Verhalten oder dem Transfer. Der Transfer hingegen ließ sich besser durch das Transferklima und das lernbezogene Selbstvertrauen vorhersagen. Andere Ergebnisse lieferte eine Studie von Alliger, Tannen-

baum, Bennett, Traver und Shotland (1997), in der die Autoren affektive und nutzenbezogene Reaktionen auf das Training unterschieden. Im Vergleich zu affektiven Reaktionen zeigte sich ein stärkerer positiver Zusammenhang von nutzenbezogenen Reaktionen und Lern- bzw. Transfermaßen. Die nutzenbezogenen Reaktionen hingen sogar stärker mit dem Transfer zusammen als unmittelbare oder verzögerte Lernmaße.

2.4.3 Qualitätssicherung betrieblicher Bildungsarbeit

Nicht einzelne Fördermaßnahmen und Entwicklungsarbeiten, sondern das Bildungsmanagement («Human Resource Development») in seiner Gesamtheit, seine Intentionen, Maßnahmen, Strukturen und Ressourcen, steht im Mittelpunkt der Qualitätssicherung betrieblicher Bildungsarbeit. Es gilt zu bewerten, ob und inwieweit man den veränderten Umfeldbedingungen Rechnung tragen kann und die normativen Setzungen der Unternehmensleitung überhaupt wirksam in die Bildungspraxis umsetzbar sind: Anspruch und Wirklichkeit der betrieblichen Bildungsarbeit stehen auf dem Prüfstand.

Die Durchführung einer solchen Evaluation ist sehr komplex und vielschichtig. In Abhängigkeit von den Aufgabenfeldern (Bedarfsermittlung, Planung und Lernzielfindung, Schulung und Erfolgskontrolle sowie Umsetzung und Lerntransfer) und von den Kriterien zu deren Analyse (wie inhaltliche Orientierung, methodisch-didaktische Ausgestaltung, organisatorische Stellung und Institutionalisierung) lassen sich zahlreiche handlungsleitende Fragestellungen und Untersuchungsbereiche ableiten.

Ein solcher Ansatz lag einer Schweizer Studie zugrunde, bei der die Wirksamkeit und Qualität industrieller Aus- und Weiterbildung in Unternehmen der chemischen und textilverarbeitenden Industrie überprüft wurden (vgl. Schöni, Wicki & Sonntag, 1996). Einbezogen in die Untersuchung wurden alle Aktivitäten der Bildungsarbeit, sämtliche Formen der Schulung in den betreffenden Produktionsbereichen und alle an der Bildungsarbeit beteiligten Personengruppen (s. Tab. III-6).

Übergeordnetes Evaluations- und Analysekriterium war die berufliche Handlungskompetenz. Die betriebliche Bildungsarbeit wurde daraufhin untersucht, inwieweit berufliche

Tabelle III-6: Fragestellungen und Untersuchungsbereiche eines Evaluationsansatzes der betrieblichen Bildungsarbeit (Schöni, Wicki & Sonntag, 1996)

Tätigkeitsbereiche	Kriterien zur Analyse der Bildungsarbeit		
	Inhaltliche Orientierung	Methodisch-didaktisches Vorgehen	Organisatorische Stellung
1. **Bedarfsermittlung: Anforderungen und Qualifizierungsziele**	1.1 Inhalte der Bildungsbedarfsanalyse: Auf welche Aspekte/ Akteure wird geachtet (Anforderungen, Bedürfnisse, Ziele)? Kriterium: *Wie ist der Bedarf analytisch zu bestimmen?*	1.2 Praxis der Bildungsbedarfsermittlung: Wie werden Anforderungen, Qualifizierungsbedürfnisse und -ziele ermittelt? Kriterium: *Breite der Abstützung und Beteiligung*	1.3 Stellenwert der Bildungsarbeit in der Firma: Welche Bedeutung hat die Bildungsarbeit in der Firmenorganisation, in der Unternehmenskultur (Leitbild, Lernkultur)? Kriterium: *organisatorischer/strategischer Stellenwert*
2. **Schulungsplanung und Lernzielformulierung**	2.1 Inhalte und Ziele der Bildungsplanung: Welche Qualifikationen werden als Lernziele für Schulungsmaßnahmen geplant? Kriterium: *Bedarfs- und Bedürfnisorientierung*	2.2 Methodik der Bildungsplanung: Wie wird die Schulung geplant? Werden MA beteiligt? Existiert eine Lernzielformulierung? Kriterium: *Zielgruppenorientierung/Beteiligung*	2.3 Organisatorischer Rahmen der Planung: Welche Vorkehrungen werden geplant, um Teilnahme und Lernerfolg zu gewährleisten? Kriterium: *lernförderlicher Rahmen*
3. **Schulung und Erfolgskontrolle**	3.1 Inhalte der Schulung und Ausbildung: Welche Qualifikationen werden den Mitarbeitern faktisch vermittelt? Kriterium: *Bedarfs-/ Bedürfnis-/Zielorientierung*	3.2 Methodik der Schulung und Ausbildung: Wie werden Qualifikationen vermittelt? Wie ist die Qualifikation der Ausbilder/-innen? Kriterium: *Zielgruppenorientierung/Pädagogische Qualifikation*	3.3 Organisatorischer Rahmen der Schulung: Wie werden Ablauf und Erfolg der Bildungsmaßnahme sichergestellt? Kriterium: *Koordination Bildung/Produktion*
4. **Umsetzung und Lerntransfer**	4.1 Inhalte der Umsetzung/des Transfers: Welche der vermittelten Qualifikationen werden tatsächlich am Arbeitsplatz genutzt? Kriterium: *Qualifikatorischer Nutzwert*	4.2 Methodik des Qualifikationstransfers: Wie wird der Transfer vorbereitet, begleitet und auf Dauer unterstützt? Kriterium: *Potenzialorientierung/Nachhaltigkeit*	4.3 Organisatorische Unterstützung der Umsetzung: Erlaubt der organisatorische Rahmen eine bedarfsgerechte, nachhaltige Umsetzung? Kriterium: *Koordination der Umsetzung*

Handlungskompetenz auch tatsächlich ermittelt, geplant, vermittelt und umgesetzt wird. Mithilfe des gewählten Evaluationsansatzes ließen sich die komplexen Wirkmechanismen betrieblicher Bildungsarbeit und die Diskrepanzen zwischen Anspruch und Wirklichkeit des Lernens in den untersuchten Betrieben deutlich aufzeigen (vgl. Schöni, Wicki & Sonntag, 1996).

Eine erweiterte Evaluationsperspektive für das gesamte Human Resource Management, bei der die Nutzensbetrachtung von Aktivitäten der Personalentwicklung im Mittelpunkt steht, liefern Sonntag und Stegmaier (2006b).

2.4.4 Transfer

Kurzlebige Qualifikationen und Wissensbestandteile sowie sich verändernde Arbeitsanforderungen machen den Transfer, also die Anwendung und Generalisierung erlernten Wissens, neu erworbener Strategien und Verhaltensweisen am Arbeitsplatz, zu einer erfolgskritischen Größe durchgeführter Fördermaßnahmen.

Arten und Effekte von Transfer

Gelegenheit zum Transfer besteht dann, wenn in einem Zusammenhang («Source») ein Lernprozess stattgefunden hat und der Lerner in einem zweiten, veränderten Zusammenhang («Target») mit einer Aufgaben- und Problemstellung konfrontiert wird, bei der er das Gelernte sinnvoll anwenden oder hilfreich verwenden kann (vgl. den Überblick bei Bergmann & Sonntag, 2006; Hochholdinger & Schaper, 2007). Die Lern- bzw. Trainingssituation kann man als *Lernfeld* und die Aufgaben- und Problemsituation, auf die eine Übertragung erwartet wird, als *Funktionsfeld* bezeichnen. Bezogen auf die Personalentwicklung wäre ein Lehrgang oder eine Trainingsmaßnahme (z. B. über Problemlösen oder Konfliktbewältigung) innerhalb oder außerhalb des Unternehmens das *Lernfeld*. Das Hauptziel einer Weiterbildungsmaßnahme besteht jedoch nicht darin, während des Lehrgangs eine hohe Zuwachsrate an Wissen zu erlangen, sondern darin, das erworbene Wissen, Verhalten oder die Strategien auf die Aufgabenerfüllung am Arbeitsplatz, also in das *Funktionsfeld*, zu übertragen.

Mehrere Transferarten werden unterschieden. Wenn eine Übertragung auf nicht trainierte Aufgaben förderlich ist, spricht man von *positivem Transfer*. Wirkt sich das Training bestimmter Aufgaben auf die Ausführung anderer Aufgaben hinderlich aus, weil Handlungsprogramme verwechselt oder sachlich nicht mögliche Übertragungen von Handlungsprogrammen versucht werden, in deren Folge Fehler und Korrekturaufwand entstehen, so spricht man von *negativem Transfer*. Wirken sich Lernen bzw. Training auf andere Aufgaben nicht aus, so spricht man von *Null-Transfer*. Bei positivem Transfer sind zwei Arten unterscheidbar. Von *horizontalem* oder auch *lateralem Transfer* spricht man, wenn die Übertragung des Gelernten in das Funktionsfeld für den gelernten Inhalt gelingt. So kann bspw. der in einem Weiterbildungslehrgang erlernte Umgang mit einem neuen Softwarepaket am Arbeitsplatz genutzt werden und insgesamt effektivere Arbeitsabläufe ermöglichen. Denkbar und erwünscht ist jedoch vor allem der sogenannte *vertikale Transfer* (vgl. Ford, 1990). Damit ist gemeint, dass eine Person im Funktionsfeld die erworbene Kompetenz nicht nur anwendet, sondern dass ihr darüber hinaus eine weitere Kompetenzsteigerung im Sinne des sukzessiven Dazulernens gelingt (vgl. Gagné, 1985; Mandl, Prenzel & Gräsel, 1991). Mit «vertikalem Transfer» ist also gemeint, dass eine Lern- oder Trainingsmaßnahme bei den Lernenden zu einem Startimpuls für selbstständiges Lernen führt.

Zur Überprüfung der Generalisierbarkeit im organisationalen Kontext empfiehlt Laker (1990) das Konzept der *Transferdistanzen*. Von *nahem Transfer* spricht man, wenn die Aufgabenstellungen am Arbeitsplatz denen im Training ähnlich sind. Ein *weiter Transfer* meint dagegen entsprechend größere Unterschiede zwischen Trainings- und Aufgabensituation (s. das Anwendungsbeispiel 2 in Teil V).

Der Transfernachweis ist methodisch schwierig. Deshalb wird er in der betrieblichen Praxis selten geführt. Campbell & Campbell berichteten bereits (1988), dass Evaluationen betrieblicher Bildungsmaßnahmen häufig nur den Binnenerfolg, nicht aber den Transfer in das Funktionsfeld berücksichtigen. Diese Aussage ist leider nach wie vor gültig.

Der Transfernachweis erfordert Mehrpunktmessungen, mindestens ein Prä-Post-, idealerweise ein Zeitreihendesign, insbesondere zum Nachweis von vertikalem Transfer. Ein Versuchs-/Kontrollgruppendesign ist wünschenswert. Ökologisch valide Transferkriterien werden gebraucht. Da aber Arbeitstätigkeiten in Fachabteilungen sehr unterschiedlich sind, bedeutet das Verwenden tätigkeitsbezogener Transferkriterien einen sehr hohen Aufwand. Auch die Nutzung betriebswirtschaftlicher Kennziffern stellt einen Lösungsweg dar. Wöltje (1995) schlägt zum Beispiel Kennziffern der Produktion wie Produktionssteigerung pro Zeiteinheit, Maschinenverfügbarkeit oder Stückzahlen vor, des Weiteren Kennziffern der Qualität wie Ausschuss- und Reklamationsquoten oder Kennziffern des Betriebsklimas wie Ausfalltage durch Krankheit und Fluktuationsquoten. Weiter Ergebnisgrößen zur Wirkung von Maßnahmen sind bei Sonntag und Stegmaier, (2006b) genannt. Diese Kriterien müssen aber für die konkrete Fachabteilung spezifiziert werden, in der Transferwirkungen nachzuweisen sind. Das ist nicht immer leicht und macht es oft erforderlich, Rohdaten gesondert zu erheben und in solche Kennziffern umzurechnen.

Solche Aussagen beschränken sich jedoch auf einen allgemeinen Wirkungsnachweis. Sie geben keine Antwort auf die Frage nach dem «Wie» der Wirkung. Für diejenigen, die mit der Entwicklung und Durchführung von Trainingsmaßnahmen oder Lernunterstützungen beschäftigt sind, ist eine Aufklärung des Wirkungsweges und der Transfermechanismen ebenso wichtig.

Ein Rahmenmodell zur Beschreibung des Transferprozesses

Zur Erklärung und insbesondere zur Förderung transferorientierten Lernens hat man eine Vielzahl von Konzepten und Maßnahmen entwickelt (einen Überblick geben z.B. Bergmann & Sonntag, 2006; Singley & Anderson, 1989; Sternberg & Dettermann, 1993).

In dem klassischen Beitrag zur Transferforschung legen Baldwin und Ford (1988) ein allgemeines Rahmenmodell zur Erklärung und Beschreibung des Transferprozesses zugrunde, das mehrere Wirkfaktoren unterscheidet (s. **Abb. III-7**).

Nach diesem Modell beeinflussen den Transferprozess der Transfer selbst bzw. seine Bedingungen sowie der Trainingsinput und -output. *Transfer* wird an den Bedingungen festgemacht, inwieweit eine Verallgemeinerung des gelernten Materials im Arbeitskontext stattfindet und wie lange das erworbene Wissen oder Verhalten erhalten (bewahrt) wird und dem Funktionsfeld zur Verfügung steht. Den *Trainingsoutput* definiert dieses Modell als die Menge des ursprünglich gelernten und behaltenen Stoffes nach Beendigung der Schulungsmaßnahme. *Trainingsinputs* leisten das didaktisch-methodische Design der Maßnahme (z.B. Lehr-/Lernprinzipien, Lehr-/Lernmethoden, kontextbezogene Lerninhalte), die Persönlichkeit des Lernenden (z.B. Fähigkeiten, Fertigkeiten, Motivation, Lernstile und -strategien) und die Bedingungen des Arbeitsumfeldes (z.B. Unterstützung durch Vorgesetzte, Bereitstellen neuer Arbeitsmittel, Möglichkeiten der Anwendung des Gelernten).

Wie das Modell zeigt, wirken sich Trainingsinput und -output sowohl direkt als auch indirekt auf den Transfer aus. Die Fähigkeit des Transferierens hängt ab von den Trainingsergebnissen und dem Umfang des Gelernten und Behaltenen (Bezugslinie 6). Einen direkten Einfluss auf den Transfer haben ebenso die Persönlichkeit des Lernenden und die Kontextbedingungen der Arbeit (Bezugslinien 4 und 5). So werden zum Beispiel in Trainings erworbe-

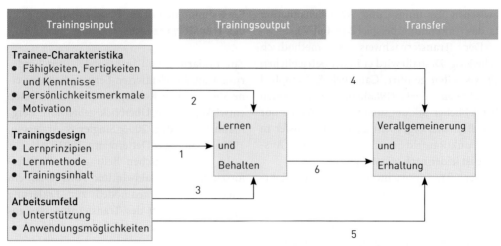

Abbildung III-7: Ein Modell zur Beschreibung des Transferprozesses (nach Baldwin & Ford, 1988; aus Bergmann & Sonntag, 2006)

ne Fertigkeiten und Kenntnisse im Funktionsfeld eher dann angewandt, wenn das Verhalten des Vorgesetzten eine transferförderliche und motivierende Umgebung schafft. Design, Arbeitsumfeld und Lernerpersönlichkeit (Bezugslinien 1, 2 und 3) beeinflussen den «Output» der Maßnahme aber auch direkt.

Studien über Merkmale der Trainingsteilnehmer (z. B. Zielorientierung, Motivation, Lernstrategien) und des Arbeitsumfelds (z. B. soziale Unterstützung, Betriebsklima) im Hinblick auf die Trainingsergebnisse liefert ein Überblicksbeitrag von Sonntag und Stegmaier (2010b).

Spezifische Ansätze zur Förderung des Lerntransfers

In Anlehnung an Mandl, Prenzel und Gräsel (1991) sowie Bergmann und Sonntag (2006) stellen wir im Folgenden drei zentrale Ansätze vor und diskutieren ihren Anwendungsbezug (s. Tab. III-7).

Angleichung von «Source» und «Target»
Dieser Ansatz geht auf die klassische Transfertheorie «identischer Elemente» nach Thorndike zurück (vgl. Thorndike, 1914).

Die stark von einer behavioristischen Position geprägte Auffassung sieht den entscheidenden Transfermechanismus im Erlernen von Situations-Reaktions-Verbindungen. Wenn Lern- und Funktionsfeld identische Elemente haben, gelingt die Übertragung. Im Lernfeld erworbene Handlungsprogramme können dann auch im Funktionsfeld abgerufen werden. Leistungsvorteile lassen sich auf die Zeitersparnis beim Abrufen fertiger Handlungsprogramme aus dem Gedächtnis gegenüber dem Aufwand für deren aktuelle Erzeugung zurückführen.

Schwächen dieses Konzepts betreffen die methodische Bestimmung des für einen Transfer notwendigen Ausmaßes an Identität oder Ähnlichkeit von Lern- und Funktionsfeld. Diese Schwächen räumt auch das Transfermodell von Gage und Berliner (1986) nicht aus. Eine Möglichkeit, Lern- und Funktionsfeld optimal anzugleichen, sieht man in der analytischen Beschreibung des Funktionsfeldes. Aufgaben und Anforderungen im Funktionsfeld lassen sich arbeitsanalytisch erfassen und zu validen Gestaltungsaussagen über das Lernfeld verarbeiten. Aus der Sicht der Transferforschung ergeben sich bei der Modellierung einer Lernaufgabe nach vorausgegangenen Arbeitsanalysen jedoch Probleme (vgl. auch Hesketh, 1997). So wird bei der behavioristischen Orientierung des Ansatzes «identischer Elemente» nur die

Tabelle III-7: Ansätze zur Erklärung und Förderung von Transfer (Bergmann & Sonntag, 2006)

Ansätze zur Erklärung des Transfers	Transferförderliche Intentionen	Instrumente/Techniken zur Transferunterstützung in realen Settings
durch: • identische Elemente (behavioristischer Ansatz)	Strukturelle und inhaltliche Übereinstimmung bzw. Angleichung von «Source» und «Target»	• Transfer of Training Needs Analysis (TTNA; vgl. Hesketh, 1997) • kombinierte Arbeits-/Wissensanalysen (vgl. Sonntag, 1996) • Strategische Arbeitsanalyse (SJA, vgl. Schneider & Konz, 1987); Leitfaden zur Personalplanung bei technisch-organisatorischen Innovationen (LPI, Sonntag, Schaper & Benz, 1999)
• Strategie- und Analogiebildung (kognitiver Ansatz)	Vermittlung allgemeiner Strategien und Heurismen, Fördern von Analogieschlüssen	• Schemabasierte Trainings (vgl. Bergmann et al., 1987) • Kognitive Trainings mit Reflexions-/Verbalisierungsphasen, Heuristische Regeln (vgl. Schaper & Sonntag 1999)
• problemorientierte Lernumgebung (konstruktivistischer Ansatz)	Gestaltung von Lernkontexten nach den Prinzipien Authentizität, Situiertheit, Multipler Kontext, Sozialer Kontext	• Cognitive-Apprenticeship-Ansatz mit Coaching, Fading, Reflexion usw. (vgl. Collins, Brown & Newman, 1989) • Videounterstützung, Multimediale Ausgestaltung, Expertenkultur

Oberflächenstruktur einer Aufgabe abgebildet; kognitive Prozesse bleiben unbeachtet. Zudem ist eine vollständige Angleichung des Lernfeldes an das Funktionsfeld weder möglich noch pädagogisch sinnvoll, da das Lernfeld immer auch spezielle Elemente enthalten muss, die den Lernprozess anregen und steuern. Und schließlich muss man neu auftretende Elemente oder sich verändernde Aufgabenmerkmale jeweils neu im Lernfeld implementieren.

An Arbeitsanalysen, die im Rahmen transferförderlicher Trainingsgestaltung eigesetzt werden, sind daher eine Reihe anspruchsvoller Kriterien zu stellen (vgl. Sonntag, 2006b). Sie müssen (1.) einen breit angelegten Qualifikationsbegriff zugrunde legen, der (2.) nicht nur die fachlichen Aufgaben- und Anforderungsstrukturen, sondern auch die psychischen Leistungsvoraussetzungen zu ermitteln ermöglicht, das heißt kognitive und soziale (extrafunktionale) Anforderungen. Des Weiteren sind (3.) über den Ist-Zustand der erforderlichen Qualifikationen in gegenwärtigen Arbeitssystemen hinaus auch künftige mittelfristige technisch-organisatorische Entwicklungen als Soll-Vorgaben abzubilden. Auf dieser Datengrundlage sind dann (4.) Lerninhalte zu formulieren und Lernaufgaben zu gestalten, die Bestandteile eines transferförderlichen Trainings sind.

In einem Review zur Transferforschung plädiert Hesketh (1997) für sogenannte «Transfer of Training Need Analyses» (TTNA), die den genannten Anforderungen entsprechen, mehr kognitiv ausgerichtet sind und so das Transferumfeld insgesamt valider abbilden. In diesem Zusammenhang empfehlen sich als transferförderliche Verfahren entwickelte strategische Analyseinstrumente wie die «Strategy Job Analysis» (SJA) von Schneider und Konz (1989) oder der «Leitfaden zur qualitativen Personalplanung bei technisch-organisatorischen Innovationen» (LPI) von Sonntag, Schaper und Benz (1999). Ferner bieten sich kombinierte wissens- und arbeitsanalytische Ansätze an, um zu begründeten Annahmen über Strukturen und Inhalte kognitiver Prozesse bei der Bewältigung komplexer realer Aufgaben zu gelangen und diese lehr- und transferierbar aufzubereiten (s. auch Teil II, Kap. 2.3.2).

Vermittlung von Denk- und Problemlösestrategien

Dieser Ansatz geht davon aus, dass Lernende mithilfe allgemeiner, bereichsunabhängiger Strategien auch Anforderungen im Funktionsfeld bewältigen können, mit denen sie sich im Lernfeld noch nicht auseinandergesetzt haben. Hier nimmt man an, dass die Beherrschung generell anwendbarer Denk- und Problemlösestrategien (z.B. die Mittel-Ziel-Analyse, das Hypothesentesten oder das logische Schlussfolgern) einen Lerner/eine Lernerin in die Lage versetzt, diese Strategien auf die Lösung unterschiedlichster konkreter realer Probleme anzuwenden. Man hat daher versucht, solche Denk- und Problemlösestrategien durch Trainingsprogramme zu vermitteln. Die hochgesteckten Erwartungen in diese Trainingsprogramme erfüllten sich jedoch nicht. Eine Reihe von Untersuchungen (vgl. für einen Überblick Mandl & Friedrich, 2006) zeigt, dass ein spontaner Strategietransfer eher selten ist. Der Grund dafür liegt darin, dass Problemlöse- und Denkstrategien immer im Kontext spezifischer Inhalte erworben und dabei in inhalts- bzw. materialspezifische Schemata eingebunden werden, aus denen sie nur schwer wieder zu lösen sind (vgl. Adams, 1989). Die Autorin führte in diesem Zusammenhang die Unterscheidung zwischen abstraktem und abstrahiertem Wissen ein. Während «abstraktes» Wissen zwar potenziell auf verschiedene Aufgaben transferiert werden kann, aber fremdvermittelt und nicht aus eigener Erfahrung erworben wird, bildet sich «abstrahiertes» Wissen durch die eigenständige Erprobung von Strategien, kognitiven Prozeduren und Wissen in unterschiedlichen Situationen. Im ersten Fall wird nicht gelernt, das Wissen auf relevante Kontexte anzuwenden. Im zwei-

ten Fall ist der Lerner zunehmend in der Lage, von den spezifischen Kontexten zu abstrahieren und sein Wissen auf andere Aufgaben zu transferieren. Der Erwerb abstrahierten Wissens erfordert jedoch viel Zeit und muss systematisch geplant werden. Perkins und Salomon (1989) definieren diesen Lernprozess als eine überlegte, in der Regel metakognitiv gesteuerte, über viele Situationen hinweg verbundene Dekontextualisierung eines Prinzips, einer Hauptidee oder einer Strategie. Notwendig ist ein explizites Lehren des Transfers, das heißt, der bzw. die Lernende muss erfahren, dass die abstrahierte Fertigkeit erfolgreich in anderen Bereichen anwendbar ist.

Dieses Prinzip lässt sich auch im Kontext von Arbeitsaufgaben anwenden. In Fertigungsabteilungen beispielsweise gehört zu vielen Aufgaben das Bedienen von Maschinen oder Anlagen. Ein umfangreiches Produktsortiment bei kleinen Serien ist die Ursache dafür, dass die Arbeitenden eine Reihe spezialisierter Handlungen beherrschen müssen. Davon auszugehen, dass sie in der Einarbeitungszeit perfekt angeeignet werden, sodass anschließend fertige Handlungsprogramme abrufbereit existieren, ist nicht immer realistisch. Die Wiederholungsfrequenz ist im normalen Arbeitsalltag oft nicht hoch genug, um eine solche psychische Automatisierung zu erreichen. Deshalb sind Einarbeitungsmethoden hilfreich, die zunächst ein Grobmodell der zu erlernenden Aufgaben vermitteln, das die invariante Grobstruktur verschiedener Tätigkeiten darstellt, zum Beispiel Etappen der Anlagenbedienung bei der Herstellung unterschiedlicher Produkte. Man gibt also, um zu dem erforderlichen Analogieschluss hinzuführen, ein schematisiertes Grobmodell vor und lässt die Lernenden üben, unterschiedliche konkrete Tätigkeitsvarianten in dieselbe abstrakte Grobstruktur zu transformieren. Das unterstützt den im Arbeitsprozess zunehmend gewünschten Prinzipientransfer. Ein solches Vorgehen hat man bei Einarbeitungs- und Trainingskonzepten mit Gewinn umgesetzt, zum Beispiel bei Lernkonzepten für das Herstellen von Bauteilen in der mikroelektronischen Industrie (vgl. Bergmann, Kant, Mähnert & Pinzer, 1987).

Gestaltung von problemorientierten Lernumgebungen

Nach konstruktivistischer Auffassung ist der traditionelle Transferbegriff obsolet; dafür nimmt der *Kontext* einen besonderen Stellenwert ein (vgl. Cognition and Technology Group at Vanderbilt [CTGV], 1992, 1993; Spiro, Feltovich, Jacobson & Coulson, 1991). Sowohl in der Lern- als auch in der Anwendungssituation finden Konstruktionsprozesse statt, die in entscheidendem Maße vom Kontext abhängen. Der Kontext erst verleiht einer Lernsituation die Bedeutung («context of meaning»), und ebenso der Fall ist dies bei der Wissensanwendung («context of use»). Der Transfer hängt davon ab, ob und welche Anwendungsbedingungen man für das Wissen konstruiert. Je vielfältiger, problemorientierter

und realistischer Lernumgebungen bzw. Anwendungsbedingungen gestaltet sind, desto besser gelingt der Transfer. Instruktionen, die nur die leicht zugänglichen Wissensbestände vermitteln, losgelöst von realen Problemkontexten, führen zu «trägem» Wissen («inert knowledge»), also Wissen, das anscheinend vorhanden ist, aber nicht angewandt wird. Wie Wissen erworben wird, hängt somit in hohem Maße ab vom konkreten Bedeutungs- und Überzeugungskontext, in dem das Lernen stattfindet bzw. «situiert» ist.

Vor dem Hintergrund dieser Überlegungen sind die in Infobox III-10 aufgeführten Gestaltungsprinzipien für Lernumgebungen als transferförderlich anzusehen (vgl. Bergmann & Sonntag, 2006; Mandl & Reinmann-Rothmeier, 1995; Sonntag & Schaper, 1997).

Ausschlaggebend für die Entwicklung anwendbarer und zunehmend generalisierbarer Wissensbestände ist neben der spezifischen Beschaffenheit der Lernumgebung die Einbin-

---

Infobox III-10

Prinzipien konstruktivistisch gestalteter Lernumgebungen

- Authentizität: Lernumgebungen werden so gestaltet, dass sie reale Situationen in ihrer ganzen Komplexität widerspiegeln. Dadurch sammeln die Lernenden vielfältige und realitätsnahe Lernerfahrung und erwerben mit dem Wissen zugleich die Anwendungsbedingungen dieses Wissens.
- Situiertheit: Wenn das Lernen anhand authentischer Probleme nicht möglich ist, bettet man Probleme und Aufgaben in einen größeren Kontext ein oder simuliert sie. Das versetzt die Lernenden in Situationen, die ihnen anschaulich – meist medial gestützt – einen Anwendungskontext für das zu erwerbende Wissen vor Augen führen.
- Multiple Kontexte: Um zu verhindern, dass das erworbene Wissen auf eine Situa-

tion fixiert bleibt, wendet man dieselben Inhalte in mehreren verschiedenen Kontexten an. So erfahren die Lernenden, dass das Wissen auf andere Problemstellungen übertragen werden kann.
- Multiple Perspektiven: Die Lernenden reflektieren die Inhalte oder Probleme in unterschiedlichen Sichtweisen.
- Sozialer Kontext: Lernen ist kein ausschließlich individueller Prozess. Soziales Wissen als Wissen über kooperative und unterstützende Verhaltensweisen erarbeiten und «erfahren» die Lernenden gemeinsam und wenden es gemeinsam an. Dazu braucht es kooperative Phasen, in denen sie in der situierten Lernumgebung miteinander und mit Experten zusammen lernen und arbeiten.

dung der Lernenden in eine Expertenkultur. Hier «erlebt» der/die Lernende, was Expertise ausmacht, wie der Experte sich in Entscheidungssituationen verhält, wie und nach welchen Strategien und Prinzipien er Probleme löst oder wie er sein Wissen in neuartigen Situationen anwendet. Der Unterschied zum Erklärungsansatz von Transfer durch Vermittlung allgemeiner Denk- und Problemlösestrategien liegt in der *Authentizität* der Problemlösung, darin, dass der Experte/die Expertin bei einer aktuellen komplexen und problemorientierten Aufgabenstellung Strategien entwickelt. Einer in diesem Sinne adaptiven Expertise schreibt man in der Transferforschung erhebliche Bedeutung für den Transfererfolg zu (vgl. Hesketh, 1997).

In mehreren instruktionspsychologischen Ansätzen wurde versucht, die in Infobox III-10 genannten Prinzipien umzusetzen. Zu nennen sind hier vor allem

- der «Cognitive-Apprenticeship»-Ansatz (vgl. Collins et al., 1989; Collins & Brown, 1993),
- der «Anchored-Instruction»-Ansatz (vgl. Cognition and Technology Group at Vanderbilt, 1993) und
- die «Cognitive-Flexibility»-Theorie (vgl. Spiro et al., 1991).

Die Studien hierzu berichteten vorwiegend von Anwendungen im schulischen Kontext (vgl. Cognition and Technology Group at Vanderbilt, 1993), in der medizinischen Ausbildung (vgl. Spiro et al., 1991) oder in der sprachtherapeutischen Schulung (vgl. Michael, Klee, Bransford & Warren, 1993). Hier waren eindeutige Verbesserungen in den Transferleistungen feststellbar. Für den arbeitsbezogenen Kontext liegen erste Erfahrungen vor, zum Beispiel für die Einrichtung von Mentorensystemen nach den oben genannten Gestaltungsprinzipien in der Ausbildung von Krankenschwestern (vgl. Oetzel, 1997) oder von Instandhaltern (vgl. Sonntag, Stegmaier, Müller, Baumgart & Schaupeter, 2000; Schaper, 1997).

2.5 Personale Förderung älterer Organisationsmitglieder

Herausforderungen des demografischen Wandels aktuell durch verstärkte Einstellung jüngerer und Frühverrentung älterer Mitarbeiter zu begegnen, stellt für Unternehmen keine langfristig erfolgreiche Strategie dar (vgl. Roth, Wegge & Schmidt, 2007). Der Wegfall altersdiskriminierender Regelungen im Arbeitsrecht, der Anstieg des Renteneintrittsalters sowie der zunehmende Mangel an geeigneten jüngeren Mitarbeiter(inne)n im Zuge des demografischen Wandels sind nur einige Gründe, die eine solche Einschätzung nahelegen.

Organisationen können diesen Entwicklungen durch eine altersfreundliche Personalpolitik Rechnung tragen und auch dadurch, dass sie die Leistungsfähigkeit und -bereitschaft älterer Mitarbeiter/-innen mit ergonomischen und arbeitsgestalterischen Interventionen in der unmittelbaren Arbeitsumgebung sowie altersgerechten Maßnahmen der personalen Förderung erhalten und entwickeln. Welcher Handlungsbedarf hier vorliegt, zeigt eine Befragung bei rund 2200 europäischen Unternehmen (vgl. Moraal, Lorig, Schreiber & Azeez, 2009). Nur zirka ein Drittel der befragten Unternehmen setzte bereits altersspezifische Maßnahmen der Arbeitsgestaltung oder personalen Förderung ein.

2.5.1 Zusammenhänge von Alter und Leistung sowie kognitiven und motivationalen Merkmalen

Als «ältere Mitarbeiter» bezeichnet man in Forschung und Praxis per Konvention Menschen, die das 40. Lebensjahr erreicht oder überschritten haben. Diese Praxis geht unter anderem auf eine Definition im Anti-Diskriminierungsgesetz der USA zurück («Age-Discrimination in Employment Act» von 1967); sie findet sich als Abgrenzungskriterium verschiedener Altersgruppen auch in internationalen Veröffentlichungen (vgl. Peeters & van Emmerik, 2008; Roßnagel, 2008).

Auf die Frage, wie sich das Alter auf die berufliche Leistung auswirkt, gibt es keine einfache Antwort, da die vorliegenden Befunde teilweise widersprüchlich sind oder eine Vielzahl von moderierenden Faktoren aufdecken (vgl. den Überblick bei Görlich, 2007a). Exemplarisch genannt seien die Metaanalyse von Waldman und Avolio (1986), die eine positive Korrelation zwischen Alter und Arbeitsleistung fanden, und die umfassender konzipierte Metaanalyse von McEvoy und Cascio (1989) ohne Hinweise auf einen systematischen Zusammenhang. Daher lässt sich aus einem Nachlassen grundlegender sensorischer, motorischer und kognitiver Funktionen keine grundsätzliche altersbedingte Verschlechterung der beruflichen Leistung ableiten. Dies gilt vor allem für Tätigkeiten, bei denen die berufliche Leistung stark von der über die Zeit gesammelten Arbeitserfahrung abhängt (vgl. Ackermann, 2008; Warr, 1994) oder bei denen eine Fokussierung der Informationsaufnahme und -verarbeitung möglich ist (vgl. Jex, Wang, Zarubin, Shultz & Adams, 2007).

Eine geringere Leistungsfähigkeit älterer Mitarbeiter findet man in Berufen, die mit komplexer Informationsverarbeitung und Handeln unter Zeitdruck einhergehen (vgl. Sonntag, 2012; Warr, 1995). Dies dürfte damit zu tun haben, dass die fluide Intelligenz und die Kapazität des Arbeitsgedächtnisses mit dem Alter absinken, wohingegen die kristallisierte Intelligenz zunimmt oder zumindest stabil bleibt (vgl. Kruse & Rudinger, 1997). Älterer Mitarbeiter benötigen zum Beispiel für komplexe Montagearbeiten mehr Zeit als jüngere, verursacht durch verminderte Bewegungsgeschwindigkeit, begrenztes Blickfeld sowie eingeschränkte Beweglichkeit im Greifraum (vgl. Kawakami, Inoue, Ohkubo & Ueno, 2000). Auch verlangsamen sich mit dem Alter präzise Zielbewegungen (vgl. Hegele & Heuer, 2010).

Dem Nachlassen physiologischer Grundfunktionen (z. B. maximale Sauerstoffaufnahme) und den altersbedingten Veränderungen des Muskel-Skelett-Apparats lässt sich durch regelmäßiges körperliches Training sowie sportliche Betätigung entgegenwirken (vgl. Hamberg van Reenen et al., 2009; Kenny, Yardley, Martineau & Jay, 2008). Auch für den kognitiven Bereich hat man wirksame Trainingsansätze erprobt. Die Vermittlung von Lernstrategien (z. B. Mnemotechniken, semantischen Hinweisen) glich Defizite bei der Speicherung und beim Abrufen von Informationen bei älteren Menschen teilweise aus (vgl. Kruse & Rudinger, 1997).

Studien wiesen negative Zusammenhänge zwischen Alter und einer Reihe motivationaler Voraussetzungen von Lernprozessen nach; negativ korrelierte das Alter zum Beispiel mit der individuellen Lernbereitschaft (vgl. Kruse & Rudinger, 1997; Maurer, Weiss & Barbeite, 2003; Wrenn & Maurer, 2004), der Trainingsmotivation und Selbstwirksamkeit für Wissenstransfer (vgl. Colquitt, LePine & Noe, 2000), der Offenheit für Veränderung (vgl. Wanberg & Banas, 2000) und der entwicklungsbezogenen Selbstwirksamkeit (vgl. Maurer et al., 2003). Bei der Interpretation dieser Befunde sollte man jedoch berücksichtigen, dass ältere Mitarbeiter/-innen in Unternehmen häufig mit Bedingungen konfrontiert sind, die das Lernen einschränken und wenig entwicklungsförderlich sind:

- Jüngere Kollegen oder Vorgesetzte halten ältere Mitarbeiter häufig nicht für lernfähig (vgl. Rosen & Jerdee, 1976).
- Ältere Mitarbeiter erleben eine altersbezogene Diskriminierung, wenn es um den Zugang zu Trainings- und Entwicklungsangeboten geht (vgl. Chiu, Chan, Snape & Redman, 2001).
- Inhalte der Trainings für ältere Mitarbeiter sind häufig sehr stark funktionsspezifisch ausgerichtet und bereiten so die Älteren nicht angemessen auf Veränderungen und neue Aufgaben vor (vgl. Boerlijst, 1994; Hübner, Kühl & Putzing, 2003).
- In ihrem Arbeitsumfeld erleben ältere Mitarbeiter von Kollegen oder Vorgesetzten weniger situationale Unterstützung für ihre

berufliche Entwicklung als jüngere Kollegen (vgl. Maurer et al., 2003).

2.5.2 Altersgerechte Arbeitsgestaltung

Eine altersgerechte Arbeitsstrukturierung berücksichtigt die alternsbedingten Veränderungen der kognitiven und motivationalen Leistungsvoraussetzungen, um so zum Erhalt der Arbeitsfähigkeit beizutragen. Folgende Prinzipien der Arbeitsstrukturierung für ältere Mitarbeiter wurden ermittelt (vgl. Ilmarinen, 2000; Ilmarinen, Tuomi & Klockars, 1997; Kruse & Packebusch, 2006; Leibold & Voelpel, 2006; Park, 1994; Sonntag, 2012; Sonntag & Stegmaier, 2007b):

- Vermeiden zu hoher physischer Anforderungen und Umgebungsbelastungen (z. B. niedrige Lagerung von Material für leichte Entnahme, kleinere Packungsgrößen zur Gewichtsreduzierung, Wechsel von sitzenden und stehenden Arbeitspositionen, angemessene Beleuchtung, vibrierende oder blinkende Signalgeber bei Lärm und beeinträchtigtem Hören);
- Klären von Rollenerwartungen zur Vermeidung von Konflikten und Angst vor Fehlleistungen;
- Autonomie bei der Arbeit schaffen;
- ausreichend Zeit für die Arbeit zur Verfügung stellen;
- Einfluss auf Ziele, Inhalte und Methoden der Arbeit ermöglichen;
- Leistungen anerkennen;
- umfangreiche Arbeitserfahrungen älterer Mitarbeiter/-innen nutzen.

Stegmaier, Noefer und Sonntag (2008) konnten in ihrer Studie demonstrieren, dass Autonomie der Arbeit bei älteren Mitarbeitern in einer stärkeren positiven Beziehung zum Lernen neuer Technologien stand als bei jüngeren. Ein ähnlicher Effekt ergab sich auch für die positive Beziehung zwischen der Variabilität der Arbeit und dem Umgehen mit unsicheren Situationen. In einer weiteren Untersuchung ließen sich bei einer Stichprobe älterer Mitarbei-ter positive Effekte der Autonomie bei der Arbeit auf die Entwicklung und Umsetzung von innovativen Ideen nachweisen (vgl. Stegmaier, Noefer, Molter & Sonntag, 2006).

2.5.3 Altersfreundliche Personalpolitik

Eine altersfreundliche Personalpolitik kann die Akzeptanz für ältere Mitarbeiter/-innen in der Organisation erhöhen. Dies erscheint notwendig, da negative Altersstereotype und Altersdiskriminierung in Organisationen sowohl in Labor- wie auch in Feldstudien nachgewiesen wurden (vgl. Posthuma & Campion, 2009). Häufig betrifft dies den Zugang zu entwicklungsrelevanten Ressourcen wie zum Beispiel Weiterbildungsmöglichkeiten (vgl. Wrenn & Maurer, 2004). Die Personalpolitik kann wirksam zum Abbau von Altersdiskriminierung in Organisationen beitragen. So führten altersfreundliche Personalleitlinien einer Studie zufolge dazu, dass Vorgesetzte ältere Arbeitnehmer/-innen als anpassungsfähiger einschätzten und dass man die Älteren beim Zugang zu Trainingsangeboten weniger diskriminierte (vgl. Chiu et al., 2001). Die Karriereförderlichkeit der Personalentwicklung erleichterte es gerade älteren Mitarbeitern, unsichere Situationen im beruflichen Kontext zu bewältigen (vgl. Stegmaier et al., 2008). Intergenerationales Lernen sowie Intergruppenkontakte können dazu beitragen, Vorurteile gegenüber Mitgliedern anderer Altersgruppen zu vermindern, Stereotypenbedrohungen abzuschwächen und positive Intergruppeneinstellungen zu fördern (vgl. Abrams, Eller & Bryant, 2006; Kessler & Staudinger, 2007).

2.5.4 Altersgerechte Trainingsgestaltung

Eine altersgerechte Trainingsgestaltung setzt voraus, dass man die Besonderheiten der Lernprozesse abhängig vom Lebensalter kennt und berücksichtigt. Für das Lernen im Erwachsenenalter sind Autonomie, intrinsische Motivation, Einbeziehung persönlicher Erfahrungen,

Problemzentriertheit, Freiwilligkeit und die eigene Formulierung von Lernzielen bedeutsam (vgl. Kruse & Rudinger, 1997). Aufbauend auf diesem Verständnis von Lernprozessen älterer Mitarbeiter/-innen hat man konkrete Prinzipien für die Gestaltung von Trainings formuliert (vgl. Callahan, Kiker & Cross, 2003; Sonntag & Stegmaier, 2007b; Sterns & Doverspike, 1989):

- relevante Inhalte vermitteln,
- ausreichend Zeit einplanen,
- Lerninhalte in steigender Komplexität sequenzieren,
- Erfolgserlebnisse ermöglichen,
- neues Wissen im Training anwenden,
- an bestehendes Wissen der Teilnehmer anknüpfen,
- Organisation des Lernens unterstützen.

Einzelne Trainingsstudien sowie Metaanalysen konnten belegen, dass unter anderem die Designmerkmale «selbstgesteuerte Lernzeit», «Entlastung des Gedächtnisses» sowie «Modellierung und Anwendung von Wissen» für den Lern- und Transfererfolg älterer Mitarbeiter/-innen eine besonders wichtige Rolle spielen (vgl. Callahan et al., 2003; Kubeck, Delp, Haslett & McDaniel, 1996).

Auch Identifikationsprozesse beeinflussen das Lernen älterer Mitarbeiter. Bausch, Sonntag, Stegmaier und Noefer (2010) konnten in einer Trainingsstudie demonstrieren, dass ältere Trainingsteilnehmer bei einem Behavior Modeling Training im E-Learning-Format zum Thema Zeit- und Selbstmanagement einen höheren Lernerfolg erzielten, wenn man ihnen Videos mit einem alterskongruenten Verhaltensmodell präsentierte. Der Lernerfolg wurde gemessen als Verbesserung des prozeduralen Wissens sowie des persönlichen Verhaltens im Bereich Zeit- und Selbstmanagement. Es ist zu vermuten, dass die stärkere Identifikation mit einem ähnlich alten Verhaltensmodell die Aufmerksamkeit der Trainingsteilnehmer/-innen für das Modellverhalten erhöhte und zu einer elaborierten Verarbeitung der Trainingsinhalte und Lernpunkte führte.

2.6. Lernkultur als Grundvoraussetzung der Förderung und Nutzung von Lernpotenzialen

Grundvoraussetzung der Förderung und Nutzung von Qualifikationspotenzialen ist das Vorhandensein einer Lernkultur in Organisationen. Für eine solche dauerhafte Etablierung und Pflege des Lernens im Unternehmen muss ein Grundkonsens der Einflussreichen bestehen, so dass Machtpromotoren existieren, und das Führungssystem muss motivierend und potenzialorientiert sein.

Eine Reihe von Bedingungen und Merkmalen bestimmt, in welchem Ausmaß Lernen im Unternehmen gepflegt wird (s. **Abb. III-8** u. vgl. ausführlich Sonntag, 1996).

Lernkultur im Unternehmen ist also abhängig:

1. vom Stellenwert, den das Lernen im jeweiligen Unternehmen genießt.
   Hierüber geben zum Beispiel die normativen Setzungen der Unternehmenspolitik oder *Leitbilder* Auskunft, des Weiteren *Ressourcen* organisationaler (Lernorte, Arbeitsstrukturen, Ausstattung usw.) und personaler Art (wie Fähigkeiten, Einstellungen oder Lernbereitschaft der Mitarbeiter und Führungskräfte), die dem Bildungsmanagement zur Verfügung stehen bzw. zur Verfügung gestellt werden. Dies wiederum hängt in entscheidendem Maße davon ab, inwieweit Lernen und Potenzialförderung als integraler Bestandteil der Unternehmensplanung gilt, eine *qualitative* Personalplanung und -entwicklung betrieben wird und *alle* Organisationsmitglieder hierarchieübergreifend am Lernprozess partizipieren.
2. von der Art und Weise, in der die Mitarbeiter selbst und das Unternehmen als Ganzes lernen und Potenziale nutzen.

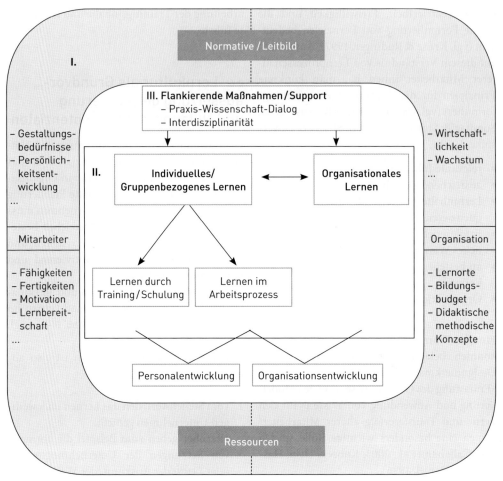

Abbildung III-8: Merkmale und Bedingungen einer Lernkultur in Organisationen (Sonntag, 1996)

Angesprochen ist zum einen das *individuelle* und *gruppenbezogene Lernen* durch geplante Trainings- bzw. Schulungsmaßnahmen und/oder durch den Arbeitsprozess selbst (in Form von potenzialförderlichen Arbeitsstrukturen), zum anderen das *organisationale* Lernen durch Reflexion und Anpassung an Umweltveränderungen, durch hierarchie- und bereichsübergreifende Kommunikation und die grundsätzliche Hinterfragbarkeit der Macht durch die Mitarbeiter. Interventionen erfolgen durch die vielfältigen Maßnahmen der Personal- und Organisationsentwicklung.

3. vom Ausmaß des Supports, damit Kulturgestaltung im Sinne einer lernfähigen und potenzialorientierten Kultur überhaupt betrieben werden kann.

Zu nennen sind hier ein offener Praxis-Wissenschaft-Dialog und eine interdisziplinäre Herangehensweise an die Entwicklung und Erprobung neuer Gestaltungskonzepte und innovativer Lernformen. Das Vorhandensein einer «Lernoberfläche» des Unternehmens, das heißt die Nutzung vielfältiger Kontakte, Interaktionsbeziehungen und Erfahrungsaustausche mit der Umwelt, stellt ebenfalls eine wichtige Lernquelle dar.

Als konstitutive Elemente einer Lernkultur lassen sich somit formulieren:

- Entwicklungs- und lernorientierte Leitbilder,
- Lernoberfläche des Unternehmens,
- Lernen als integraler Bestandteil der Unternehmensplanung,
- Partizipation aller Organisationsmitglieder am Lernprozess,
- Einbindung in die betriebliche Karriereplanung,
- Lern- und Entwicklungspotenziale in der Arbeit,
- Lernen im Unternehmen als Gegenstand interdisziplinärer Forschung.

Ausgehend von diesen fundierenden Überlegungen entwickelten Sonntag, Schaper & Friebe (2005) als Messinstrument das «Lernkulturinventar (LKI)», das es erlaubt, arbeits-, organisations- und personalpsychologisch relevante Merkmale einer Lernkultur im Unternehmen zu bestimmen. Das LKI stellt eine Weiterentwicklung der von Sonntag (1996) entwickelten Checkliste zur Lernkultur dar. Lernkultur wird hierbei verstanden als Ausdruck des Stellenwertes von Lernprozessen in einer Organisation. Die Lernkultur umspannt dem Lernen förderliche Wertvorstellungen, Denkmuster, Handlungsweisen und Rahmenbedingungen in der Organisation. Orientiert an einem Modell des strategischen Managements (vgl. Bleicher, 1996), lässt sie sich auf normativer, strategischer und operativer Ebene betrachten (normativ: u. a. lernbezogene Werte und Normen; strategisch: u. a. das Lernen unterstützende Rahmenbedingungen; operativ: u. a. vielfältige Formen individuellen, gruppenbezogenen und organisationalen Lernens; vgl. Sonntag, 1996).

Um die Lernkultur möglichst ganzheitlich erfassen zu können, liegen zwei verschiedene Versionen des LKI vor. Die Expertenversion ermittelt die Sichtweise von Personalentwicklungsfachleuten, Weiterbildungsexperten und Human-Resource-Managern, die Mitarbeiterversion die Perspektive der von der Gestaltung lernrelevanter Merkmale betroffenen Mitarbeiter/-innen. Das LKI ist nach Dimensionen und Subdimensionen aufgebaut, die jeweils mittels mehrerer Likert-skalierter Items messbar sind. Die Dimensionen und Subdimensionen des LKI werden nun kurz beschrieben (vgl. Sonntag, Schaper & Friebe, 2005; Sonntag, Stegmaier, Schaper & Friebe, 2004):

1. *Lernen als Teil der Unternehmensphilosophie*
   Hier geht es darum, ob in der Organisation lernorientierte Leitlinien (1.1.) vorliegen und klare Erwartungen an lernende Mitarbeiter (1.2.) formuliert sind.

2. *Rahmenbedingungen für das Lernen im Unternehmen*
   Ermittelt wird, inwieweit Organisationsstrukturen (2.1.), Entgelt- und Anreizsysteme (2.2.) sowie Arbeitszeitregelungen (2.3.) Lernen unterstützen. Außerdem wird bestimmt, ob Lernen in Veränderungsprozessen (2.4.) durch begleitende Angebote gefördert wird.

3. *Aspekte der Personalentwicklung*
   Diese Dimension befasst sich mit der Reichweite und Nutzung von PE-Maßnahmen (3.1.), der Unterstützung der Mitarbeiter durch die Personalentwicklung (3.2.), der Erfassung des Lernbedarfs (3.3.), der Überprüfung der Qualität der Personalentwicklung (3.4.), dem Stellenwert der Personalentwicklung in der Organisation (3.5.) sowie der strategischen Ausrichtung der Personalentwicklung (3.6.).

4. *Formalisierung der Kompetenzentwicklung*
   Betrachtet wird, in welchem Ausmaß erforderliche Kompetenzen über Stellenbeschreibungen festgelegt sind oder inwieweit das Unternehmen neu erworbene Kompetenzen der Mitarbeiter/-innen zertifiziert.

5. *Lernatmosphäre und Unterstützung durch Kollegen*
   Diese Dimension erfasst Aspekte wie gegenseitige Hilfe bei der Arbeit, Austausch und Weitergabe von Erfahrungen oder auch das konstruktive Umgehen mit Kritik.

6. *Lernorientierte Führungsaufgaben*
Fragen beziehen sich hier darauf, inwieweit die Führungsperson mit ihren Mitarbeitern Lern- und Entwicklungsziele festlegt, regelmäßig Feedbackgespräche führt und beim Lernen eine Vorbildrolle ausübt.

7. *Information und Partizipation*
Interessant sind hier die verfügbaren Informationswege und -möglichkeiten (7.1.), die Einflussmöglichkeiten der Mitarbeiter auf die Gestaltung von Lernen und Personalentwicklung (7.2.), das Lernen durch Wissensaustausch (7.3.) sowie die Möglichkeiten interner Netzwerke zum Lernen und Wissensaustausch (7.4.).

8. *Wissensaustausch des Unternehmens mit der Umwelt*
Ermittelt wird der Stellenwert interorganisationaler Netzwerke sowie die Zufriedenheit der Mitarbeiter mit unternehmensübergreifenden Kontaktmöglichkeiten.

9. *Lern- und Entwicklungsmöglichkeiten im Unternehmen*
Betrachtet werden die im Unternehmen vorhandenen und unterstützten Lernformen (9.1.) sowie die Möglichkeiten zur Anwendung des Gelernten und zur Transfersicherung (9.2.).

Das Lernkulturinventar wurde bislang in verschiedenen Studien eingesetzt, um zum Beispiel Lernkulturen in unterschiedlichen Branchen zu vergleichen oder Zusammenhänge zwischen den verschiedenen Dimensionen der Lernkultur und Facetten beruflicher Handlungskompetenz zu ermitteln (vgl. für eine ausführliche Darstellung der Ergebnisse Sonntag, Schaper & Friebe, 2005). Insgesamt sind die Einsatzmöglichkeiten des Verfahrens vielfältig und reichen von der Ermittlung eines Stärken-Schwächen-Profils einer Lernkultur über die Qualitätssicherung von Maßnahmen der Personalentwicklung bis hin zur Evaluation von Interventionen, mit denen das Lernen im Unternehmen verbessert werden soll.

Die Konkretisierung und Umsetzung der Lernkultur ist nur durch professionelle Bildungs- und Personalarbeit im Unternehmen leistbar. Dabei sollte die Qualitätssicherung und fortlaufende Optimierung betrieblicher Fördermaßnahmen, auch wenn sie mit erheblichem finanziellen, personellen und zeitlichen Aufwand verbunden ist, ein selbstverständlicher Anspruch der beteiligten Akteure, insbesondere der Auftraggeber bzw. der Unternehmensleitung und der Trainer, sein. Allein der Erfolg, also das rechtzeitige Verfügen über das mit der Maßnahme intendierte Verhalten, Wissen oder Lernpotenzial in der konkreten Arbeitssituation, muss Gütemaßstab der betrieblichen Bildungsarbeit sein. Erst dann kann man überzeugend vom «Denken und Investieren in Humanressourcen» sprechen.

3 Arbeit, Gesundheit und Wohlbefinden

Der Erhalt der Gesundheit und das körperliche, psychische und soziale Wohlbefinden des arbeitstätigen Menschen sind ein zentrales Anliegen der Arbeitspsychologie, sowohl unter dem Aspekt des Arbeits- und Gesundheitsschutzes als auch unter dem Aspekt persönlichkeitsförderlicher Gestaltung des Arbeitslebens und unter sozialpolitischen und unternehmerischen Gesichtspunkten.

Zum Erhalt der Gesundheit und des Wohlbefindens sind zwei übergreifende Aspekte zu berücksichtigen, auf die wir in diesem Kapitel eingehen. Zum einen ist dies der größtmögliche Abbau beeinträchtigender Belastungen und Stressoren bei der Arbeitstätigkeit, zum anderen die Förderung personaler und organisationaler Ressourcen zur Gesundheitssicherung. Erforderlich sind weiterhin spezielle Strategien und Maßnahmen zur Prävention von Mobbing, Alkoholismus, Burnout und Arbeitssucht, um pathologische Phänomene im Zusammenhang mit Arbeitstätigkeiten zu vermeiden.

3.1 Das Belastungs- und Beanspruchungskonzept

Das Belastungs- und Beanspruchungs-Konzept ist in den verschiedenen arbeitswissenschaftlichen Disziplinen – in der Ergonomie, der Arbeitsmedizin, der Arbeitspsychologie – ein leitender theoretischer Entwurf, um Arbeitsbedingungen insbesondere in ihren negativen physischen und psychischen Auswirkungen auf den Menschen zu untersuchen (vgl. Bamberg, 2007; Kirchner, 1993; Rohmert, 1984; Semmer, Grebner & Elfering, 2010).

In der deutschsprachigen Arbeitswissenschaft und Arbeitspsychologie hat sich infolge einer definitorischen Trennung der Begriffe «Belastung» und «Beanspruchung» durch Rohmert und Rutenfranz (1975) ein einheitlicher Sprachgebrauch durchgesetzt. Danach sind unter Belastungen objektive, von außen her auf den Menschen einwirkende Größen und Faktoren zu verstehen. Beanspruchungen sind die subjektiven Folgen derartiger Belastungen für den Menschen. Nach dieser eindeutigen Abgrenzung ist es nicht mehr sinnvoll, von «Muskelbelastung», oder «Herz-Kreislauf-Belastung» zu sprechen; stattdessen müssten von Beanspruchung der Muskeln oder des Herz-Kreislauf-Systems durch Belastungen die Rede sein, beispielsweise durch das Tragen schwerer Gewichte oder einseitige Körperhaltung.

Seit 1987 werden «Psychische Belastung» und «Psychische Beanspruchung» auch als Deutsche Industrienorm Nr. 33405 geführt (vgl. Deutsches Institut für Normung, 1987; s. Infobox III-11).

Das ingenieurwissenschaftliche Belastungs- und Beanspruchungskonzept

Belastung und Beanspruchung wurden in der technischen Mechanik in Form einer Ursache-Wirkungs-Beziehung konzipiert und entsprechen damit den Begriffen «Stimulus» und

Psychische Belastung / Psychische Beanspruchung (nach DIN 33405)

«Psychische Belastung wird verstanden als die Gesamtheit der erfaßbaren Einflüsse, die von außen auf den Menschen zukommen und auf ihn psychisch einwirken.» (Deutsches Institut für Normung, 1987.)

«Psychische Beanspruchung wird verstanden als die individuelle, zeitlich unmittelbare und nicht langfristige Auswirkung der psychischen Belastung im Menschen in Abhängigkeit von seinen individuellen Voraussetzungen und seinem Zustand.» (Deutsches Institut für Normung, 1987.)

Belastung (Stress / Stimulus)

Blech

Beanspruchung (Strain / Reaktion)

Abbildung III-9: Vereinfachte Darstellung der Beziehung zwischen Belastung und Beanspruchung analog der technischen Mechanik

jektiv gleichen Belastungen können somit in Abhängigkeit von den Eigenschaften, Fähigkeiten, Fertigkeiten und Bedürfnissen der arbeitenden Personen interindividuell unterschiedliche Beanspruchungen resultieren. Ebenso kann die Beanspruchung bei ein- und derselben Belastung in Abhängigkeit von den sich zeitabhängig ändernden individuellen Voraussetzungen innerhalb eines Menschen intraindividuell unterschiedlich ausfallen. Umgekehrt gilt natürlich auch, dass unterschiedliche Belastungen gleichartige Beanspruchungen nach sich ziehen können.

Welche Belastungen bei einer Arbeitstätigkeit auftreten, hängt vom Arbeitsinhalt und vor allem von den jeweiligen Arbeitsbedingungen ab. So könnte eine technische Vorrichtung zum Umsetzen der Lasten die muskuläre Beanspruchung beenden. Die technischen, aber auch die organisatorischen, psychosozialen und materiell-finanziellen Arbeitsbedingungen sind die Ansatzpunkte für arbeitsgestalterische Maßnahmen, um Belastungen und damit Beanspruchungen zu reduzieren. Qualifizierung und Training der Arbeitstätigen können zusätzlich zu einer optimalen Passung von Mensch und Arbeitsumfeld beitragen.

«Response» der behavioristischen Psychologie (s. Teil I, Kap. 3.2.1). Das einfache mechanistische Modell lässt sich am Beispiel der Blechbiegeprobe – einem klassischen Experiment der technischen Materialprüfung – veranschaulichen (s. **Abb. III-9**).

«Stress» heißt in diesem Kontext zunächst nichts anderes als «Druck», «Kraft», «Gewicht» und ist die von außen auf das Material einwirkende Kraft bzw. Belastung. «Strain» bedeutet «Zerrung», «Inanspruchnahme», «Beanspruchung» und meint die im Material auftretenden vorübergehenden oder bleibenden Änderungen. Verantwortlich für die Größe der Materialveränderung bei einer gegebenen Beanspruchung ist die Materialkonstante.

Übertragen auf die menschliche Arbeitstätigkeit bedeutet dies, dass zum Beispiel die Beanspruchung der Muskulatur eines Arbeiters durch Hebe- und Haltetätigkeiten zum einen von dem Gewicht der umzusetzenden Lasten sowie von der Dauer der Tätigkeit (Belastung) und zum anderen von seiner Muskelkraft, von seiner Geschicklichkeit beim Umsetzen der Lasten (individuelle Fähigkeiten, Fertigkeiten) und von seinen Ressourcen abhängt. Aus ob-

Erweiterungen des Belastungs- und Beanspruchungs-Modells

Das ergonomisch-ingenieurwissenschaftliche Belastungs- und Beanspruchungs-Konzept ist mehrfach erweitert worden. So berücksichtigt Rohmert (1984) zunächst im integrierten Belastungs- und Beanspruchungs-Konzept sowohl körperliche und informatorische als auch

Tabelle III-8: Beispiele für quantitative und qualitative Belastungen aus dem industriellen und dem Dienstleistungsbereich

Belastungen	quantitative	qualitative
körperliche	Gewichte, Lärm, Strahlung	Körperhaltung
informatorische	Anzahl aufzunehmender Informationen	Art der Informationen (Zahlen, Symbole, Grafiken)
psychologische	Anzahl der Kunden, Patienten	Kundenverhalten

psychosoziale Belastungen und deren aktuelle sowie langfristige Auswirkungen. Rohmert spricht von Belastungs*größen* (z.B. Gewichte, Lärmwerte), wenn Schwere, Dauer und Zusammensetzung der Belastungen objektiv auf metrischen Skalen messbar sind. Belastungen, die lediglich qualitativ beschreibbar sind (z.B. Kundenverhalten), werden als Belastungs*faktoren* bezeichnet (s. **Tab. III-8**).

Die resultierenden Beanspruchungen lassen sich entsprechend unterteilen in *physische Beanspruchung* (z.B. Beanspruchung der Muskeln, des Skeletts, des Herz-Kreislauf-Systems) und *psychische Beanspruchung* (z.B. Beanspruchung des Gedächtnisses, der Aufmerksamkeit). Damit hat sich der Geltungsbereich des Belastungs- und Beanspruchungs-Konzeptes auf die Beschreibung psychischer Belastungen bzw. Beanspruchungen erweitert.

Fehlbeanspruchung und Beanspruchungsfolgen

Fehlbeanspruchung entsteht nach Hacker & Richter (1980; vgl. auch Richter & Hacker, 1997) aus Diskrepanzen zwischen Anforderungen an den Mitarbeiter/die Mitarbeiterin, die sich aus Arbeitsauftrag und objektiven Ausführungsbedingungen ergeben, und den jeweils individuellen Leistungsvoraussetzungen und deren Inanspruchnahme. Nach Plath & Richter (1984) können sowohl *positive* «Beanspruchungsfolgen» im Sinne eines Anregungseffektes (Aufwärmeffekt und Aktivierung) als auch *negative* Beanspruchungsfolgen (Monotonie, Ermüdung, Sättigung, Stress)

auftreten. **Infobox III-12** gibt einen Überblick über Arten und Symptomatik solcher negativer Beanspruchungsfolgen.

3.2 Modelle und Erklärungsansätze von Stress in Arbeitstätigkeiten

Die Begriffe «Stress», «Stressor» und «Stressreaktion» haben neben «Belastung/Beanspruchung» in der arbeitspsychologischen Forschung zunehmende Bedeutung erlangt (vgl. Sonnentag & Frese, 2003). Nach Greif, Bamberg & Semmer (1991, S. 13) wird *Stress* definiert als «ein subjektiv intensiv unangenehmer Spannungszustand, der aus der Befürchtung entsteht, dass eine stark aversive, subjektiv zeitlich nahe (oder bereits eingetretene) und subjektiv lang andauernde Situation sehr wahrscheinlich nicht vollständig kontrollierbar ist, deren Vermeidung aber subjektiv wichtig erscheint.» (Zu dem im Angloamerikanischen verwendeten Begriff «occupational stress» vgl. Hart & Cooper, 2008.)

Stressoren fasst man als externe oder innerpsychische Stimuli auf, die mit erhöhter Wahrscheinlichkeit zu Stressreaktionen in Form von psychischen Zuständen und Verhaltensweisen führen (vgl. Semmer, 1984). Eine Reihe von Längsschnittstudien zeugen von der empirischen Evidenz der Wirkung von Stressoren auf Gesundheit und Wohlbefinden (vgl. den Überblick bei Sonnentag & Frese, 2003, S. 462–466).

Der Begriff «Stress» wird oft uneindeutig verwendet, einesteils als Zustand der Person

Infobox III-12

Monotonie, Sättigung, psychische Ermüdung
(vgl. Plath & Richter, 1984; Richter & Hacker, 1997)

Mit **Monotonie** wird ein Zustand herabgesetzter Aktivität umschrieben, der von Müdigkeit und Schläfrigkeit begleitet ist. Die Umstellungs- und Reaktionsfähigkeit ist gesenkt, und es treten Leistungsschwankungen, bzw. Leistungsminderungen auf. Monotoniezustände sind Folge qualitativer (einseitiger) bzw. quantitativer Unterforderung.

Monotoniezustände treten gehäuft bei gleichförmigen, häufig wiederkehrenden Handlungen auf, die über längere Zeit (mehrere Stunden) ausgeübt werden. Sie erfordern Konzentration, erlauben jedoch weder eine gedankliche Lösung der Handlungsausführung noch die Möglichkeit zu einer sachbezogenen geistigen Auseinandersetzung mit dieser Aufgabe.

Zusätzliche monotoniefördernde Wirkung haben einförmig-rhythmische Dauerreize mittlerer Intensität, fehlende Möglichkeit zur körperlichen Bewegung zusammen mit erhöhter Raumtemperatur am Arbeitsplatz sowie Reizarmut der Gesamtsituation, zum Beispiel Dunkelheit oder soziale Isolierung. Monotonieerleben ist durch einen Tätigkeitswechsel schnell behebbar.

Unter **Sättigung** versteht man einen Zustand gesteigerter Gereiztheit, unlustbetonter Spannung und des Widerwillens gegenüber der Fortsetzung einer spezifischen Tätigkeit, verbunden mit einer affektiv ausgelösten Steigerung der Wachheit. Sättigung kann sowohl bei objektiv gleichförmigen als auch bei abwechslungsreich erscheinenden Tätigkeiten auftreten und ist abhängig von der individuell unterschiedlichen emotionalen Bewertung und den Zielen der arbeitenden Person.

Arbeitsbedingte **psychische Ermüdung** meint die reversible Minderung personeller Leistungsvoraussetzungen, die zu Effizienzminderung der Tätigkeit führt. Psychische Ermüdung ist gekennzeichnet durch eine anfängliche kompensatorische Anspannungssteigerung, später durch das Erleben von Anstrengung, Mühe, Konzentrationsverlust und Müdigkeit. Ermüdung kann infolge zu hoher Anforderungen auftreten, in extremer Ausprägung bei Arbeit unter Zeitdruck, aber auch bei ausreichender Bewältigungszeit, wenn die Anforderungen zu komplex bzw. kompliziert sind.

(«Ich stehe unter Stress») und anderenteils als Bezeichnung von Stressoren («Der Zeitdruck bei meiner Arbeit stresst mich»).

In der Stressforschung lassen sich im Allgemeinen drei unterschiedliche Sichtweisen bzw. Erklärungsansätze von Stress unterscheiden (vgl. auch Hart & Cooper, 2008; Semmer, McGrath & Beehr, 2005; Sonnentag und Frese, 2003; Zapf & Semmer, 2004):

1. Der reaktionsorientierte Ansatz

Ob Stress vorliegt, hängt nach diesem Ansatz vom Auftreten bestimmter Reaktionen ab. Nach Selye (1983) ist Stress eine unspezifische Reaktion des Organismus bei seiner Anpassung an innere oder äußere Anforderungen. Ausgangspunkt von Selyes Stresskonzept waren Versuche mit neuen Hormonpräparaten an Ratten. Dabei fanden sich die bei Menschen bekannten körperlichen Symptome nach einschneidenden negativen Erlebnissen bei den Versuchstieren wieder: Vergrößerung der Nebennierenrinde, Schrumpfung des thymikolymphatischen Gewebes und akute Magen-Darm-Geschwüre. Diese Symptome stellen nach Selye ein stereotypes Muster biochemischer, funktioneller und struktureller Veränderungen dar, das sich beim Bewältigen jeder erhöhten Anforderung einstellt, insbesondere bei der Anpassung an neue Situationen.

In weiteren Untersuchungen erwies sich jedoch kein organismisches Reaktionsmuster als völlig unspezifisch. Der Ansatz vernachlässigt zudem kognitive und emotionale Reaktionen und liefert für die Prävention negativer Stressreaktionen keinerlei Ansatzpunkte.

2. Der reiz-, anforderungs- oder situationsorientierte Ansatz

Nach diesem Ansatz entsteht Stress durch das Auftreten bestimmter Umfeldstimuli oder Lebensereignisse. Im arbeitsbezogenen Kontext tritt er auf, wenn physikalische Stressoren (z.B. Lärm, Dreck, unangenehme Gerüche), arbeitsorganisatorische Stressoren (z.B. Schicht, Akkordarbeit, Zeitdruck, Anpassung an neue Technologien) und/oder soziale Stressoren (z.B. tägliche kleine zwischenmenschliche Ärgernisse oder Spannungen der Mitarbeiter untereinander) vorliegen. Unberücksichtigt bleibt dabei, wie der/die einzelne Arbeitende diese Stressoren subjektiv bewertet und welche Reaktionen sie in Abhängigkeit von den individuellen Bewältigungsstrategien hervorrufen.

3. Der transaktionale und kognitive Ansatz

Stress wird nach dem transaktionalen und kognitiven Ansatz weder durch beobachtbare Stimulus- oder Umgebungsmerkmale noch durch physiologische oder emotionale Reaktionen definiert. Stress entsteht infolge einer dynamischen Beziehung zwischen dem Menschen und äußeren (externen Ereignissen) oder inneren Anforderungen (erstrebenswerten Zielen, Werten, Programmen oder Aufgaben), und zwar dann, wenn die Anforderungen die Anpassungsfähigkeiten («resources») der Person beanspruchen oder übersteigen (vgl. Lazarus, 1966; Lazarus & Launier, 1981). Dabei kommt der subjektiven Wahrnehmung sowie der kognitiven Bewertung («cognitive appraisal») der Inkongruenz zwischen den Anforderungen und den Kapazitäten eine zentrale Rolle zu (sog. «Imbalance»-Modell; vgl. McGrath, 1970).

Die drei wesentlichen stressrelevanten Beurteilungen des aktuellen Geschehens im Hinblick auf das Wohlbefinden einer Person («primary appraisal») sind diesem Ansatz zufolge:

- Schädigung/Verlust («harm»/«loss»): Eine Schädigung (z.B. des Selbstwertgefühls) ist bereits eingetreten;
- Bedrohung («threat»): Die Schädigung oder der Verlust ist noch nicht eingetreten, wird jedoch antizipiert;
- Herausforderung («challenge»): Die Situation kann, wenn auch schwer und unter Umständen risikoreich, gemeistert werden.

Von der Bewertung («secondary appraisal») seiner Bewältigungsfähigkeiten und -möglichkeiten («coping resources and options») hängt die Gestaltung der Bewältigungsmaßnahmen des unter psychologischem Stress stehenden Menschen ab. Die sekundäre Bewertung ist auch bedeutsam für die Ausformung der primären Bewertungsprozesse selbst. So sieht man Anforderungen nur dann als Bedrohung an, wenn ungenügende Bewältigungsmöglichkeiten antizipiert werden. Die Einteilung der kognitiven Bewertungen in «primary» und «secondary appraisal» beinhaltet keine zeitliche Ordnung oder unterschiedliche Bedeutsamkeit. Beide beeinflussen sich gegenseitig und sind gleich wichtig. Im Anschluss an die Bewertungsprozesse kommt es dann zum Bewältigungsverhalten.

Zwei typische Formen der Stressbewältigung («Coping») lassen sich unterscheiden (vgl. Folkman & Moskowitz, 2004; Lazarus & Folkman, 1984; Zapf & Semmer, 2004). Beim *problemorientierten Coping* geht es darum, durch gezieltes Suchen nach Informationen und durch aktives Handeln die Bedrohung der Situation zu reduzieren und die eigenen Kontrollmöglichkeiten auszuweiten. Das löst den Stressor idealerweise auf oder schwächt ihn zumindest ab. *Emotionsorientiertes Coping* zielt hingegen vor allem auf die Regulation der eigenen stressbezogenen Gefühle, indem man sich zum Beispiel ablenkt oder eine Bedrohung bagatellisiert. Der Stressor selbst bleibt hierdurch unverändert. Problemorientiertes Coping wird meist in Situationen eingesetzt, die durch eigenes Handeln leichter beeinflusst werden kann, wohingegen das emotionsorientierte Coping vor allem in nicht kontrollierbaren Situationen und bei starken negativen Emotionen bedeutsam wird (vgl. Zapf & Semmer, 2004, S. 1062).

Der transaktionale Ansatz ist kein lineares Ursache-Wirkungs-Modell, das generell von der Umwelt oder Situation ausgeht und über die kognitive Bewertung bzw. Vermittlung zur Reaktion führt. Vielmehr ist der Mensch aktiv Handelnder in der Person-Umwelt-Transaktion. Seine Reaktionen und Bewältigungsversuche bewirken ihrerseits im Sinne einer Rückkoppelung Veränderungen in der Umwelt. Diese werden sodann wiederum neu bewertet («reappraisal»). Das Modell betont also die fortlaufende Dynamik von Person-Umwelt-Interaktionen. Diese Interaktionen sind nach Lazarus & Launier (1981) zunächst in rein deskriptiven Begriffen zu untersuchen, bevor man die mehr analytische Frage nach der jeweils ursächlichen Rolle von Person- und Umweltvariablen stellt.

Um die Ursachen und Wirkungen von Stress am Arbeitsplatz zu klären, genügt es somit nicht, den Beschäftigten eine Liste möglicher Stressoren vorzugeben oder sie auf körperliche und psychische Anzeichen von Stressreaktionen zu untersuchen. Als Untersuchungsgegenstände miteinzubeziehen sind subjektive Bewertungen und Bewältigungsstrategien ebenso wie personale Ressourcen (z.B. Fertigkeiten, Fähigkeiten, Kenntnisse) und Ressourcen, die die Arbeitstätigkeit selbst enthält (z.B. Entscheidungsspielraum, Kontrollmöglichkeiten). Gefordert sind längsschnittliche Untersuchungen und ein gezielter Einsatz sowohl quantitativer als auch qualitativer Forschungsmethoden.

Das jeweilige Stresskonzept und die damit verbundenen Untersuchungshypothesen bestimmen weitgehend, welche Stressoren und welche intervenierenden Variablen man in eine Untersuchung über Stress am Arbeitsplatz

einbezieht. Sonnentag und Frese (2003) stellen in einer Übersichtsarbeit systematisch die empirische Evidenz längsschnittlicher Studien zu Effekten von Stressoren auf Gesundheit und Wohlbefinden dar. Die folgenden Modelle fokussieren jeweils unterschiedliche Stressoren in der Arbeitswelt.

3.2.1 Das Konzept Rollenstress

Das Konzept Rollenstress war Gegenstand des Forschungsprojektes «Soziale Umwelt und seelische Gesundheit» am Institute for Social Research der Universität Michigan (vgl. Kahn, 1978). Kahn, Wolpe, Quinn, Snoek und Rosenthal (1964) begannen mit einer Untersuchung zum Rollenmuster. Ziel war es, das Ausmaß an Konflikt versus Harmonie, Klarheit versus Ambiguität von Rollenanforderungen zu erfassen und die organisatorischen Ursachen sowie die Wirkung auf den Einzelnen zu bestimmen. Konzeptionell entsteht Stress nach diesem Ansatz infolge von Rollenkonflikt, rollenbezogener Überforderung, Ambiguität und Verantwortung.

- Unter *Rollenkonflikt* versteht man unvereinbare Rollenanforderungen, die zwei oder mehr Menschen (Rollensender), deren Tätigkeit funktionell mit der Tätigkeit eines Individuums zusammenhängt, an dieses Individuum stellen. Als anschauliches Beispiel kann die (Sandwich-)Position des Meisters dienen, der zum einen den Erwartungen des Unternehmens bzw. des Abteilungsleiters, zum anderen denen seiner ihm anvertrauten Mitarbeiter entsprechen muss. Unterscheidbar sind (vgl. Semmer, 1984; Udris, 1981):
  a) *Inter-Sender-Konflikt:* Zwei verschiedene Rollensender stellen unvereinbare Anforderungen an das Verhalten des Rollenträgers.
  b) *Intra-Sender-Konflikt:* Von ein- und demselben Rollensender gehen widersprüchliche Anforderungen an den Rollenträger aus.

c) *Inter-Rollen-Konflikt:* Ein Rollenträger muss verschiedenen miteinander unvereinbaren Rollen entsprechen.

d) *Person-Rollen-Konflikt:* Die Rollenerwartungen stehen im Konflikt mit Merkmalen und/oder dem Wertesystem des Rollenträgers.

- *Rollenbezogene Überforderung* entsteht infolge einer quantitativen und/oder qualitativen Arbeitsüberforderung.
- *Rollenambiguität* liegt dann vor, wenn die Informationsmenge (z. B. hinsichtlich der Erwartungen von Arbeitskollegen und Vorgesetzten, Ausmaß an Verantwortung usw.), die ein Mensch besitzt, nicht ausreicht, um seine Rollen angemessen zu realisieren. Neben der Unklarheit über die Rollenerwartungen wird auch die Unklarheit über die eigene Zukunft (z. B. Aufstiegschancen) der Rollenambiguität zugerechnet.
- *Rollenbezogene Verantwortung* meint das Ausmaß an Verantwortung, die ein arbeitender Mensch durch seine Position bzw. Rolle im Unternehmen für andere Menschen und Sachen trägt.

Empirische Überprüfung des Modells

Zur Operationalisierung des Ausmaßes, in dem sich ein berufstätiger Mensch im *Rollenkonflikt* befindet, befragte man 381 «Rollensender» hinsichtlich ihres Wunsches nach Verhaltensänderung der Kernperson, mit der sie in ihrer Arbeitstätigkeit in Kontakt standen. Den Antworten nach erlebten Menschen mit hohem Konfliktindex tendenziell auch einen stärkeren Konflikt, signifikant höhere arbeitsbezogene Spannungen, weniger Arbeitszufriedenheit, weniger Vertrauen in die Organisation und schätzten die Interaktionspartner ihres Rollenmusters negativer ein. Je häufiger Rollenträger und Rollenübermittler miteinander kommunizierten, je größer die funktionelle Abhängigkeit des Rollenträgers vom Rollenmuster war und je größer die Macht des Rollenmusters über den Rollenträger, desto mehr Zeichen von Stressreaktionen

zeigte der Rollenträger in der Konfliktsituation (vgl. Kahn, 1978, S. 28).

Hinsichtlich der *Rollenambiguität* stellte man fest, dass sie einherging mit arbeitsbezogenen Spannungen (r = .50), Arbeitsunzufriedenheit (r = .30) und mit dem Gefühl der Unzulänglichkeit (r = .40; vgl. Kahn et al., 1964; Kahn, 1978). Als weitere Korrelate der Rollenambiguität zeigten sich geringes Vertrauen, geringe Sympathie gegenüber Arbeitskollegen und Befürchtungen physischer und psychischer Beeinträchtigungen.

Nach Cobb (1978) stellt die übertragene *Verantwortung* eine arbeitsbezogene Belastung dar, ein Risiko für psychosomatische Erkrankungen wie Magen-Darm-Geschwüre und koronare Herzerkrankungen.

In einer von Jackson und Schuler (1985) durchgeführten Metaanalyse von 96 empirischen Arbeiten zum Rollenstress zeigten sich jedoch zum einen nur sehr geringe Zusammenhänge zwischen Rollenkonflikt und -ambiguität mit Absentismus sowie Arbeitsleistung. Zum anderen lag die durchschnittliche Varianzaufklärung in den meisten Fällen unter 10 Prozent.

Tubre und Collins (2000) konnten in ihrer Metaanalyse eine negative Beziehung zwischen Rollenambiguität und Arbeitsleistung belegen, wohingegen Rollenkonflikte für die Arbeitsleistung eher eine zu vernachlässigende Rolle spielten. Es fällt Menschen demnach schwer, bei der Arbeit gute Leistung zu erzielen, wenn sie sich nicht klar darüber sind, welche genauen Erwartungen man an ihr Vorgehen und an die Ergebnisse ihrer Arbeit stellt.

3.2.2 Das Job-Demand-Control-Modell

Das «stress-management model of strain» von Karasek (1979) stellt zwei Dimensionen gegenüber: zum einen die Arbeitsanforderungen (vor allem quantitative Arbeitsbelastung und konfligierende Anforderungen), zum anderen den Entscheidungsspielraum («job decision latitude»), das ist die Möglichkeit, Entscheidungen selbstständig treffen bzw. variabel auf

Anforderungen reagieren zu können. Unterteilt man grob zwischen geringen und hohen Arbeitsanforderungen sowie geringem und hohem Entscheidungsspielraum, ergeben sich vier Kombinationen bzw. Tätigkeitstypen (s. **Abb. III-10**).

Nach diesem Modell nimmt Stress und damit die Wahrscheinlichkeit von Stresssymptomen zu, wenn die Arbeitsanforderungen steigen (z. B. Arbeitsmenge und dadurch bedingter Zeitdruck), der Entscheidungsspielraum (z. B. hinsichtlich der Abarbeitungsreihenfolge) jedoch gering bleibt. Hohe Arbeitsanforderungen verbunden mit großem Entscheidungsspielraum führen hingegen zu ausgeprägter Aktivität.

Zugrunde liegt die Annahme, dass hohe Arbeitsanforderungen einen Zustand mit starker Handlungstendenz bzw. einen motivierten oder angetriebenen Zustand bewirken, den Karasek (1979), abweichend von der allgemeinen Terminologie, als (Arbeits-)Stress definiert. Das Ausmaß, in dem der Arbeitende Entscheidungen treffen kann, moduliert die Freisetzung oder die Transformation der Energie in eine Handlung. Wenn nun keine Handlung ausgeführt werden kann oder der Arbeitende andere Wünsche und Vorstellungen verfolgen muss, kann er das Reservoir an indu-

zierter Energie nicht in anforderungsadäquate Handlungen umsetzen, und es manifestiert sich als «mental strain» mit Symptomen wie Erschöpfung, Depression und Arbeitsunzufriedenheit. Die Pfeile in Abbildung III-10 veranschaulichen den gesundheitlich belastenden Extremfall (Diagonale von links oben nach rechts unten), wenn bei steigenden Arbeitsanforderungen der Entscheidungsspielraum kleiner wird, und den leistungsfördernden Extremfall (Diagonale von links unten nach rechts oben), wenn der Entscheidungsspielraum mit steigender Höhe der Arbeitsanforderungen wächst.

Empirische Überprüfung des Modells

Karasek (1979) überprüfte sein Modell anhand von Daten aus repräsentativen Stichproben arbeitender Männer aus Schweden (n = 1896) und Amerika (n = 911). Entsprechend den Erwartungen berichteten vor allem diejenigen Arbeitenden über Erschöpfung nach der Arbeit, Schwierigkeiten aufzustehen, depressive Verstimmungen, Nervosität, Angstgefühle und Schlafstörungen, die bei der Arbeit hohen Anforderungen ausgesetzt waren, jedoch nur geringe Entscheidungsbefugnisse hatten (vgl. auch Karasek & Theorell, 1990).

Regressionsanalytisch überprüfte Karasek weiter, inwieweit sich Stresssymptome (Kriterium) durch Arbeitsanforderungen und Entscheidungsspielraum (Prädiktoren) vorhersagen lassen. Sowohl in der schwedischen als auch in der amerikanischen Untersuchungsstichprobe ergaben sich bei der Vorhersage von Erschöpfung und Depressivität für die Prädiktoren signifikante β-Gewichte. Dies weist auf eine lineare Beziehung zwischen Arbeitsanforderungen und Entscheidungsspielraum auf der einen und psychischen Stressreaktionen auf der anderen Seite hin, wobei Erschöpfung mehr eine Folge der Anforderungen als des Entscheidungsspielraums zu sein scheint. Mit den vorgenommenen Auswertungen ist Karasek allerdings nicht in der Lage, die postulierten interaktiven Bezieh-

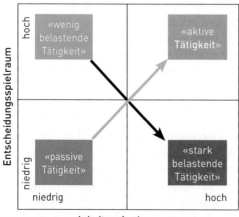

Abbildung III-10: Tätigkeitstypen nach Karasek (1979)

ungen zwischen Arbeitsanforderungen und Entscheidungsspielraum abzubilden. In den letzten Jahren zeigt eine Reihe empirischer Arbeiten den Nutzen dieses Modells (vgl. z. B. Turner, Chmiel & Walls, 2005). In Teil II, Kapitel 2.3.4, haben wir ein Verfahren zur Erfassung psychischer Belastung auf der Grundlage dieses Modells vorgestellt.

Basierend auf dem *Job-Demand-Control-Modell* wurde das *Job-Demands-Resources-Modell* entwickelt (vgl. Demerouti, Bakker, Nachreiner & Schaufeli, 2001). Demerouti et al. (2001) kritisierten, dass sich das Job-Demand-Control-Modell ausschließlich auf die Variable Entscheidungsspielraum als möglichen Puffer von Arbeitsanforderungen beschränkt. Die Autoren bemängeln, dass sich das Modell mit dieser Einschränkung nur auf eine begrenzte Auswahl von Berufen anwenden lässt, da Entscheidungsspielraum/Kontrolle nicht in allen Berufen eine Ressource darstellt. Das Job-Demands-Resources-Modell versucht, diese Schwäche auszugleichen, indem es diese Risikofaktoren in zwei allgemeine Kategorien fasst: Arbeitsanforderungen und Ressourcen – wenn auch jede Berufsgruppe ihre eigenen Risikofaktoren besitzt, hervorgerufen durch den spezifischen Stress an ihrem Arbeitsplatz. Das Job-Demands-Resources-Modell erklärt die Entstehung von Gesundheitsbeeinträchtigungen sowie der Motivation der Mitarbeiter und geht somit über die Aussagekraft des Job-Demand-Control-Modells hinaus.

Ein weiteres Modell, das sich mit Anforderungen und Ressourcen bei der Arbeit beschäftigt, ist das «*Demand-Induced Strain Compensation Model*» (vgl. de Jonge & Dormann, 2006). Dieses Modell postuliert, dass Anforderungen und Ressourcen kognitiver, emotionaler oder physischer Natur sein können. Hauptannahme des Modells ist die «Matching-Hypothese», derzufolge Ressourcen negative Stresseffekte am besten dann kompensieren können, wenn diese zur gleichen Domäne gehören (z. B. kognitive Anforderungen und kognitive Ressourcen).

3.2.3 Das Person-Environment-Fit-Modell (PE-Fit)

Das Person-Environment-Fit-Modell entstand ebenso wie das Konzept Rollenstress im Rahmen von Forschungsarbeiten am Institute for Social Research der Universität Michigan. Im Zentrum des Modells steht die Übereinstimmung zwischen Person (P) und Umwelt (E). Nach diesem Modell führt ein Nichtübereinstimmen zwischen den Anforderungen der Umwelt und den Fähigkeiten eines Menschen (abilities-demands misfit) und/oder zwischen den Angeboten der Umwelt und den Bedürfnissen eines Menschen (need-supplies misfit) zu physiologischen Stressreaktionen, Arbeitsunzufriedenheit und negativer Gestimmtheit bis hin zu Depressionen (vgl. French, 1978; Caplan, 1983; Caplan & Harrison, 1993).

Hinsichtlich der Beziehung zwischen Person(P)-Umwelt(E)-Übereinstimmung und Stress gibt es unterschiedliche Sichtweisen (s. **Tab. III-9**). Edwards und Harrison (1993) verdeutlichen anhand der mathematischen Darstellung der Regressionsgleichungen zur Vorhersage von Stressreaktionen die impliziten einschränkenden Annahmen der fünf Fit-Modelle.

Empirische Überprüfung des Modells

Die Theorie geht davon aus, dass die Person-Umwelt-Übereinstimmung neben den Effekten von Umwelt- und Personenvariablen bei vorliegenden Stressreaktionen eine zusätzliche Varianzaufklärung leistet. In empirischen Studien zur Überprüfung des PE-Fit-Modells setzte man zur Vorhersage der psychologischen und physiologischen Stressreaktionen jedoch lediglich das Ausmaß des PE-Misfits ein (vgl. French, 1978; French, Caplan & Harrison, 1982). Um die Übereinstimmung zum Beispiel zwischen Bedürfnissen eines Menschen und Angeboten der Umwelt zu quantifizieren, gab man den Versuchspersonen Itempaare vor (vgl. French, 1978; Caplan, 1983), bei denen sie sowohl die Merkmale der Arbeitsumwelt («Wie viel Verantwortung haben Sie

Tabelle III-9: Beziehungen zwischen Person(P)-Environment(E)-Übereinstimmung und Stress (vgl. Edwards & Harrison, 1993)

Fit-Modell	Postuliert wird eine monotone Beziehung zwischen Stress und der Differenz zwischen E und P.
Defizienz-Modell	Stress steigt mit zunehmender negativer Differenz zwischen E und P. Kein Stress tritt auf, wenn E = P und wenn E → P.
Exzess-Modell	Stress tritt auf, wenn E → P, kein Stress tritt auf, wenn E ← P oder E = P.
Poor-Fit-Modell	Stress tritt auf, wenn $(E - P| \to 0)$, d. h. wenn die Anforderungen der Umwelt die Fähigkeiten einer Person über- oder unterschreiten.
Fit-squared-Modell	Stress tritt dann auf, wenn $(E - P)^2 \to 0$, kein Stress tritt auf, wenn E = P.

für die Arbeit anderer Menschen?») als auch ihre eigenen arbeitsbezogenen Bedürfnisse («Wie viel Verantwortung für die Arbeit anderer Menschen möchten Sie haben?») auf quantitativ gegliederten Skalen einstuften (z. B. *gar nicht* 1---2---3---4---5 *viel*). Als Maß für die *subjektive Person-Umwelt-Übereinstimmung* diente die Differenz zwischen den tatsächlichen und den gewünschten Einstufungen.

Edwards & Harrison (1993) fordern, bei der Vorhersage von Stressreaktionen den separaten Einfluss von Umwelt- und Personenvariablen nicht zu vernachlässigen. Sie unterzogen die Daten von French et al. (1982), die diese an 2010 Personen aus 23 verschiedenen Berufssparten erhoben hatten, einer Reanalyse. Zur Vorhersage von allgemeiner Arbeitsunzufriedenheit, Unzufriedenheit mit dem Arbeitsinhalt, Langeweile, Depressivität, Angst, Ärger und körperlichen Beschwerden dienten als Prädiktoren:

1. Arbeitskomplexität,
2. Rollenambiguität,
3. Verantwortung für Personen und
4. quantitative Arbeitsbelastung.

Berechnet wurde der Zusammenhang zwischen den vier Arbeitsmerkmalen und den sieben Stressreaktionen für alle fünf PE-Fit-Modelle. Darüber hinaus untersuchten die Autoren die Korrelationen der tatsächlichen und der erwünschten Arbeitsmerkmale mit den Stressreaktionen. Sie prüften das Ausmaß der Varianzaufklärung durch die verschiedenen Fit-Modelle sowie die Signifikanz und postulierte Richtung der Regressionskoeffizienten.

Je nach gewähltem PE-Fit-Modell zeigten sich unterschiedlich starke Zusammenhänge. So lassen sich die höchsten Korrelationen zwischen Arbeitskomplexität und Stressreaktionen mit dem «Poor-Fit»- oder dem «Fit-squared»-Modell erzielen. Danach stellen sich allgemeine Arbeitsunzufriedenheit (Poor-Fit: r = .31, Fit squared: r = .23) oder Langeweile (Poor-Fit: r = .36, Fit squared: r = .32) umso deutlicher ein, je mehr die gewünschte Arbeitskomplexität die tatsächliche unter- oder überschreitet. Langeweile korreliert jedoch mit der tatsächlichen Arbeitskomplexität mit −.51 deutlich höher – ein Hinweis darauf, dass durch die Berechnung des PE-Fits der separate Einfluss von E oder P unberücksichtigt bleibt. Darüber hinaus zeigten sich, je nach Prädiktor und zu erklärender Stressreaktion, die unterschiedlichsten Zusammenhänge, zum Teil in Abhängigkeit von der Höhe der tatsächlichen und gewünschten Arbeitsanforderungen. Es gab sogar Hinweise darauf, dass die Stressreaktionen dann am geringsten ausfielen, wenn E *nicht* mit P übereinstimmte:

- Allgemeine Arbeitsunzufriedenheit, Unzufriedenheit mit dem Arbeitsinhalt und Langeweile waren bei Abweichungen zwischen gewünschter und tatsächlicher Arbeitskomplexität stärker ausgeprägt, wenn beide auf recht niedrigem Niveau lagen.

- Bei niedriger gewünschter und auch tatsächlicher Arbeitskomplexität fielen allgemeine Arbeitsunzufriedenheit, Unzufriedenheit mit dem Arbeitsinhalt und Niedergeschlagenheit am geringsten aus, wenn die Anforderungen etwas höher waren als gewünscht. Hingegen zeigten sich bei hoher gewünschter und tatsächlicher Arbeitskomplexität die geringsten negativen Reaktionen dann, wenn die Anforderungen geringfügig unter dem erwünschten (hohen) Niveau lagen.
- Unabhängig von der Höhe der tatsächlichen und der gewünschten Arbeitskomplexität entstand weniger Langeweile, wenn die tatsächliche die gewünschte Arbeitskomplexität etwas überstieg, als wenn sie sich nahezu deckten.

Neben der subjektiven hat man in weiteren Studien auch die *objektive Person-Umwelt-Übereinstimmung* hinsichtlich ihres Zusammenhangs mit Stressreaktionen untersucht (vgl. Caldwell & O'Reilly, 1990; Caplan & Harrison, 1993). Die Übereinstimmung bzw. Korrelation zwischen dem Anforderungs- und dem Qualifikationsprofil stellte das Maß für den «Person-Job Fit» dar und diente zur Vorhersage der Arbeitsleistung.

Die Ergebnisse zeigten, dass die Übereinstimmung zwischen den Anforderungen der Tätigkeit und den Qualifikationen des Stelleninhabers mit der Arbeitsleistung positiv einhergeht. Unterteilte man die Probanden in zwei Gruppen – hohe versus geringe Arbeitsleistung –, war festzustellen, dass die Personen mit hoher Arbeitsleistung mit einer durchschnittlichen Korrelation von .47 einen deutlich höheren Person-Job Fit zeigten als die Personen mit geringerer Arbeitsleistung (r = .26). Ein hoher Person-Job Fit ging mit hoher Arbeitszufriedenheit und geringeren körperlichen Beschwerden sowie geringerer Fluktuationsabsicht einher.

Caplan (1983) erweiterte das Modell und fokussierte dabei auf vergangene und antizipierte Person-Umwelt-Übereinstimmung. Unter Berücksichtigung der zeitlichen Perspektive von Fit-Scores in der Vergangenheit, Gegenwart und Zukunft ließ sich die Höhe von Stressreaktionen vorhersagen.

3.2.4 Stress durch Beeinträchtigung der Handlungsregulation

Nach der Handlungsregulationstheorie sensu Hacker (2005) und Volpert (1987) sind Handlungen zielgerichtet und werden durch innere Abbilder der Realität (Operative Abbildsysteme) reguliert (s. Teil I, Kap. 3.2.2; vgl. auch Überblick bei Brodbeck & Guillaume, 2010). Um eine Arbeitsaufgabe erfolgreich und «stressfrei» zu erfüllen, muss das Ziel des Arbeitshandelns ebenso bekannt sein wie die Wege bzw. die zielführenden Operationen. Letztere müssen vom Arbeitenden selbst beherrscht werden und mit hinreichender Sicherheit zum gewünschten Ergebnis führen. Stressoren können die Erfüllung von Arbeitsaufgaben bzw. das Erreichen des Handlungszieles beeinträchtigen und die Regulationskapazität des Arbeitstätigen überschreiten.

Semmer (1984) klassifiziert nun Stressoren (etwa Merkmale der Arbeitsumwelt, Merkmale der Arbeitsaufgabe, Merkmale des Arbeitstätigen) danach, ob sie zu

- zusätzlichem Regulationsaufwand,
- Regulationsunsicherheit oder
- Zielunsicherheit

führen (s. **Abb. III-11**).

- *Zusätzlicher Regulationsaufwand* ist erforderlich, wenn es zu Unterbrechungen im motorischen Handlungsablauf oder zu Handlungsbeeinträchtigungen kommt. Unterbrechungen können zum Beispiel durch Stockungen im Materialnachschub oder defekte Arbeitsinstrumente entstehen, Beeinträchtigungen können aus Merkmalen der Arbeitsumwelt, zu hohen Anforderungen

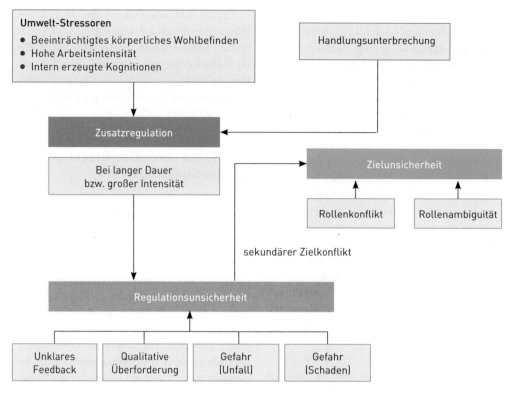

Abbildung III-11: Beeinträchtigung der Handlungsregulation durch verschiedene Stressoren (Semmer, 1984, S.61)

oder individuellen Voraussetzungen resultieren.

Handlungsunterbrechungen und Handlungsbeeinträchtigungen ist gemeinsam, dass sie eine Abweichung vom gewohnten Handlungsablauf erforderlich machen und dem Arbeitenden bei der Handlungsregulation erhöhte kompensatorische Anstrengungen abfordern. Werden die Regulationskapazitäten eines Menschen dadurch längere Zeit überschritten, kann es neben Befindensbeeinträchtigungen zur Regulationsunsicherheit kommen.

- *Regulationsunsicherheit* liegt dann vor, wenn zwar das angestrebte Ziel bekannt ist, jedoch Ungewissheit darüber besteht, ob und gegebenenfalls wie es erreicht werden kann. Dies kann dann der Fall sein, wenn der Handelnde qualitativ überfordert ist, das heißt nicht über die notwendige Hand-

lungsfertigkeit verfügt, oder wenn die Handlungsunterbrechungen die prinzipiell beherrschten Handlungen zu stark beeinträchtigen. Bei ungenügenden Informationen über den Ausgangszustand kann Unsicherheit dahingehend auftreten, ob die ergriffenen Maßnahmen tatsächlich zielführend sind. Stressinduzierend ist eine Situation insbesondere dann, wenn die Folgen bei einem Fehlschlag gravierend sind und unvermeidbare Unfälle oder Schäden größeren Ausmaßes drohen.

Zu einem Entscheidungskonflikt und damit zur Regulationsunsicherheit kommt es dann, wenn das primäre Handlungsziel gefährdet ist und nun zwischen alternativen, mit annähernd gleicher Wahrscheinlichkeit zielführenden, jedoch mit unterschiedlichen Risiken verbundenen Vorgehensweisen gewählt werden muss («sekundärer

Zielkonflikt»). Ist zum Beispiel das primäre Handlungsziel, eine qualitativ hochwertige Produktmenge bis zu einem festgesetzten Termin zu liefern, infolge von Zeitverzögerungen gefährdet, gilt es zu entscheiden, ob ein Vorgehen gewählt wird, mit dem das Mengenziel unter hohem Qualitätsrisiko erreicht wird, oder ob man an den Qualitätsstandards in der Produktion festhält, mit der Gefahr, die angestrebten Stückzahlen nicht zu erreichen.

- Unklarheit der Ziele oder Vorgehensweise, zum Beispiel aufgrund widersprüchlicher Arbeitsanweisungen, kann zu *Zielunsicherheit* führen. Semmer (1984) verweist in diesem Zusammenhang auf unvereinbare Anforderungen, wie sie beim Rollenkonflikt auftreten, sowie auf unklare Anweisungen und Erwartungen als Merkmale der Rollenambiguität. Diese führen dazu, dass das primäre Handlungsziel unklar bleibt.

Umsetzung des Modells in Verfahrensentwicklung

Beeinflusst durch das vorliegende Modell haben Leitner, Volpert, Greiner, Weber & Hennes (1987) zur Analyse belastender Arbeitsbedingungen bei industriellen Arbeitstätigkeiten das «Verfahren zur Ermittlung von Regulationshindernissen in der Arbeitstätigkeit» (RHIA) entwickelt (s. Teil II, Kap. 2.3.2). Es erlaubt mittels Beobachtungsinterview die «objektive» Erfassung der aufgabenbezogenen Belastungen, das heißt derjenigen Stressoren, die aufgrund betrieblich festgelegter Arbeitsbedingungen entstehen. Unterschieden werden:

a) *Regulationshindernisse*
Regulationshindernisse entstehen aufgrund wiederholter Unterbrechungen des Arbeitshandelns durch Menschen (z. B. Zwischenfragen, Telefonanrufe), aufgrund von Funktionsstörungen (z. B. Maschinenstörung, Bruch von Werkzeugen) oder Blockierungen (z. B. fehlendes Rohmaterial).
  Durch Zusatzaufwand oder riskantes Handeln wird insbesondere bei hoher Zeit-

bindung versucht, das angezielte Arbeitsergebnis dennoch zu erreichen.

b) *Regulationsüberforderungen*
Charakteristisch für Regulationsüberforderungen sind der für eine bestimmte Arbeitsaufgabe typische Dauerzustand (Zeitdruck oder hohe Aufmerksamkeitsbindung bei sich ständig wiederholenden Arbeitsoperationen) oder Umgebungsbedingungen (Lärm, Hitze usw.), die das Arbeitshandeln zwar nicht direkt behindern, jedoch im Verlauf des Arbeitstages zur Überschreitung der menschlichen Leistungskapazität führen.

Die Analyseergebnisse ermöglichen die Ableitung von Lösungsvorschlägen bzw. Gestaltungsmaßnahmen. Diese können sich auf die Verbesserung der Betriebsmittel oder technischer Lösungen zur Vermeidung von belastenden Arbeitsbedingungen beziehen, auf die Veränderung der Struktur der untersuchten Arbeitsaufgabe selbst oder auch auf die Erhöhung der Planungs- und Entscheidungskompetenzen des Arbeitenden, so dass er dem Regulationshindernis durch bessere Planung (vorausschauend, umdisponierend) begegnen kann.

Zur Ermittlung psychisch belastender Arbeitsbedingungen im administrativen Bereich steht das *«RHIA/VERA-Büro-Verfahren»* zur Verfügung (vgl. Leitner, Lüders, Greiner, Ducki, Niedermeier & Volpert, 1993). In einer Längsschnittuntersuchung (1990–1991) an 222 Büroangestellten in mittleren und großen Produktionsbetrieben konnten die Autoren nachweisen, dass ein höherer Zusatzaufwand infolge von Regulationshindernissen unter anderem zu vermehrten psychosomatischen Beschwerden und Gereiztheit führt (vgl. Leitner et al., 1993).

3.2.5 Tätigkeitstheoretisches Stresskonzept

Kannheiser (1983, 1984) kritisiert am handlungstheoretischen Stresskonzept die Vernachlässigung von «emotionalen Problemsituationen» bei der Entstehung von Stress in der Arbeitstätigkeit, die dann zum Tragen kommen, wenn die Erfüllung von dominierenden Tätigkeitsmotiven bedroht oder nicht möglich ist.

Auf der Grundlage der Tätigkeitstheorie von Leontjew (1977) (s. Teil I, Kap. 3.2.3) stellt Kannheiser (1984) ein Prozess- und Strukturmodell belastender Zusammenhänge und Bedingungen auf.

- *Motiv- und Ziel-Diskrepanzen:* Sie ergeben sich, wenn Handlungen auszuführen sind, die nicht mit den ursprünglich tätigkeitsauslösenden Motiven vereinbar sind.
- *Motiv-Bedingungs-Diskrepanzen:* Sie entstehen, wenn betriebliche, über- und außerbetriebliche Bedingungen die Entwicklung oder Aufrechterhaltung motivinitiierter Tätigkeiten beeinträchtigen oder verhindern und die Arbeitsaktivitäten zu motiventleerten Handlungen machen (s. Tab. III-10).

Die stresserzeugende Wirkung der aufgeführten Diskrepanzen wird verstärkt bzw. langfristig aufrechterhalten, wenn der/die Beschäftigte diese als durch aktive – auf den Umweltbereich gerichtete – Maßnahmen als nicht oder nur schwer veränderbar beurteilt.

Aufgrund der ringstrukturellen Betrachtungsweise der Tätigkeit als vermittelnder Instanz zwischen Umwelt und Subjekt (s. Teil I, Kap. 3.2.3) tritt die Annahme einer unidirektionalen Wirkrichtung belastender «Umweltmerkmale» in den Hintergrund. Die Stressanalyse muss auch die Rückwirkungen der Umwelt bzw. der Resultate eigener und vor allem auch der Tätigkeit anderer Menschen auf die Tätigkeiten eines Menschen betrachten. Indem die Tätigkeiten bzw. die genannten Diskrepanzen auf den Menschen rückwirken, führen sie dazu, dass sich Bewertungsprozesse, emotionale Einstellungen zur Arbeit, Bewältigungsbemühungen usw. verändern, bis hin zu veränderten Motiven des arbeitenden Menschen.

Empirische Umsetzung des Modells

Die Umsetzung dieses anspruchsvollen tätigkeitstheoretischen Stressmodells wurde bis jetzt erst auf der Ebene der Motiv-Bedingungs-Diskrepanzen geleistet. Unter Einbezug industriesoziologischer und betriebswirtschaftlicher Ansätze entwickelte Kannheiser (1984) ein Analyseverfahren zur Erfassung potenziell beanspruchungsrelevanter organisatorisch-technischer Bedingungsstrukturen von Arbeitstätigkeiten. In Form eines Beobachtungsinterviews erfasste er anhand von 188 Merkmalen allgemeine, im Betrieb oder in Be-

Tabelle III-10: Beispiel für Motiv-Bedingungs-Diskrepanzen

betriebliche Arbeitsbedingungen	mögliche gefährdete Motive
hoher Grad betrieblicher Arbeitsteilung bzw. Spezialisierung	Autonomie, Identifikation mit dem «ganzen» Produkt, Kommunikation, Kooperation (soziale Motive)
Zentralisierung betrieblicher Entscheidungsbefugnisse	Selbstbestimmung, Innovation und Kreativität, Autonomie
technische Strukturierung der Arbeitsbereiche nach dem Fließ- oder Reihenprinzip, Einzelarbeitsplatz	Kommunikation, Kooperation
Starrheit/Flexibilität der eingesetzten Technologie	materialgebundene Motive (z. B. Vorliebe für bestimmte Materialien)
physikalisch-chemische Umgebungsbedingungen (Lärm, Hitze, Strahlen, Zugluft usw.)	Vermeidung von gesundheitsgefährdenden Arbeitsbedingungen

triebsbereichen vorfindliche Tätigkeitsbedingungen (Makrostressoren) und Bedingungen, die sich ausschließlich auf die Arbeitsplatz- oder Arbeitsbereichsebene beziehen (Mikrostressoren). Die allgemeinen organisatorisch-technischen Bedingungen einer Tätigkeit unterteilt er in externe und interne Bedingungen.

Die objektiven Belastungsbedingungen sind zu thematisch geordneten Klassen bzw. Stressoren konfiguriert (s. Tab. III-11 und III-12).

Tabelle III-11: Systematik der makrostrukturellen Stressoren (vgl. Kannheiser, 1984)

Stressoren zur Erfassung beanspruchungsrelevanter organisatorisch-technischer Bedingungsstrukturen im Makrobereich		
	externe Bedingungen	**interne Bedingungen**
Betrieb	Abhängigkeit von • Fremdfirmen • Zentralgesellschaft	• Entscheidungs-/Funktionsvielfalt des Betriebes • Spezialisierung/Strukturierung des Betriebs • Ausmaß der Mechanisierung/Automatisierung • Vielfalt der eingesetzten Technologie • geringe Planbarkeit/Gewissheit • Dominanz von Zeit-/Leistungsdruck
Betriebsbereich	Abhängigkeit von • Fremdfirmen • zentralen betrieblichen Einrichtungen	• Zentralisierung • Standardisierung von Funktionen • Spezialisierung • Überwachung/Kontrolle • Selbstbestimmung der Beschäftigten • schützende Regelungen • Störanfälligkeit

Tabelle III-12: Systematik der mikrostrukturellen Stressoren (vgl. Kannheiser, 1984)

Stressoren zur Erfassung beanspruchungsrelevanter organisatorisch-technischer Bedingungsstrukturen im Mikrobereich	
Autonomie	• Abhängigkeit des Stelleninhabers von Vorgesetzten • Abhängigkeit des Stelleninhabers von anderen Beschäftigten • Abhängigkeit der Arbeitshandlungen von technischen Einrichtungen • tätigkeitsspezifische Bürokratisierung • Ausmaß der Fremdkontrolle • Selbstbestimmungsmöglichkeiten
Interaktion	• Kommunikations- und Hilfeleistungsmöglichkeiten • Handlungsspezifische Abstimmungserfordernisse
Pensumsdruck	• tätigkeitsspezifischer Zeitdruck • tätigkeitsspezifischer Leistungsdruck • tätigkeitsspezifischer Konkurrenzdruck
Vielfalt/Monotonie	• Handlungsvariabilitäten aufgrund tätigkeitsspezifischer organisatorischer Bedingungen • Handlungsvariabilitäten aufgrund technischer Bedingungen
Arbeitsorientierung	• Automatisierungsniveau der Technik • Störanfälligkeit • tätigkeitsimmanente Wartezeiten • tätigkeitsspezifische Ungewissheit • schützende Regelungen/Einrichtungen

Differenzierungsfähigkeit und Unabhängigkeit der Stressoren wurden überprüft und als zufriedenstellend bezeichnet (vgl. Kannheiser, 1984).

Die potenziell beanspruchungsrelevante Wirkung der Stressoren sieht der Autor darin, dass

- sich tätigkeitsinitiierende Motive gar nicht oder nur schwer in der Arbeitstätigkeit verwirklichen bzw. aufrechterhalten lassen;
- durch ihr kombiniertes Auftreten Tätigkeiten oder Handlungen erschwert ausführbar sind oder verhindert werden und es so zu Mehrfachbelastung kommt;
- sich aufgrund ihrer fehlenden oder geringen Ausprägung die Wirkung anderer Stressoren nicht relativieren lässt;
- makrostrukturelle und mikrostrukturelle Stressoren divergieren und dadurch die Erfüllung individueller Motive und Ziele erschwert oder unmöglich wird.

Insgesamt handelt es sich um ein komplexes, aus sechs Abschnitten bestehendes Verfahren, bei dem 800 Beurteilungsvorgänge mit sechs Antwortschlüsseln unterschiedlichen Skalenniveaus erforderlich sind.

3.2.6 Soziale Stressoren und Emotionsarbeit

Im beruflichen Kontext spielen angesichts der Zunahme von Dienstleistungen, von Teamarbeit, Projektarbeit und wachsenden Ansprüchen von Kunden auch soziale Stressoren eine immer wichtigere Rolle. Konflikthaltige soziale Beziehungen mit Kollegen, Vorgesetzten oder Kunden sind typische Formen sozialer Stressoren und stehen häufig in Verbindung mit der Arbeitsaufgabe, der Form des Umgehens miteinander, unklaren Rollendefinitionen, unfairem Verhalten, der Bedrohung des Selbstwerts oder auch der Auseinandersetzung um knappe Ressourcen. Soziale Stressoren können das psychische Wohlbefinden beeinträchtigen und sogar zur Entstehung depressiver Erkrankungen beitragen (vgl. den Überblick über entsprechende Studien bei Zapf & Semmer, 2004, S. 1033).

Im Zusammenhang mit Belastungen aus sozial-interaktiven Situationen ist auch die Rolle von Emotionsarbeit zu sehen. *Emotionsarbeit* (vgl. Hochschild, 1990) bezeichnet die Anforderung an die Steuerung und Kontrolle der eigenen Gefühle, abhängig von Situation und geltenden Darstellungsregeln bei der Arbeitstätigkeit durch Stimme, Gestik oder Mimik bestimmte Emotionen sichtbar nach außen auszudrücken, unabhängig davon, ob diese gezeigten Emotionen den innerlich erlebten Gefühlen entsprechen oder nicht (vgl. Zapf & Holz, 2009, S. 758; Zapf & Semmer, 2004, S. 1038 f.). Erwünschte Emotionen auszudrücken, wird so zum Bestandteil von Arbeitsaufgaben. Gerade in Dienstleistungsberufen will man durch den gezielten Ausdruck von positiven Emotionen – oder die Unterdrückung negativer Emotionen wie Ärger angesichts unfreundlicher Kunden – die Chance nutzen, eine ausgeprägte Kundenorientierung zu signalisieren (vgl. Hochschild, 1990; Rupp, McCance, Spencer & Sonntag, 2008).

Je nach Tätigkeit kann es auch erforderlich sein, dass man neutrale (z. B. Richter) oder negative (z. B. Erzieher) Emotionen ausdrückt bzw. Empathie und Mitgefühl ausstrahlt (z. B. helfende und therapeutische Tätigkeiten) und sensibel auf die Gefühle anderer reagiert (vgl. Zapf & Holz, 2009, S. 759). Mehrere Instrumente liegen vor, mit denen sich die Emotionsarbeit anhand verschiedener Dimensionen differenziert erfassen lässt (vgl. Brotheridge & Lee, 2003; Zapf, Vogt, Seifert, Mertini & Isic, 1995).

Emotionsarbeit kann als Anforderung an die Regulation der eigenen Gefühle gesehen werden (vgl. Grandey, 2000; ausführlich Zapf & Holz, 2009, S. 758 f.). Bei der Emotionsregulation lassen sich Tiefenhandeln («deep-acting») und Oberflächenhandeln («surface-acting») unterscheiden. Beim Tiefenhandeln bemüht man sich, eine nach außen dargestellte Emotion auch tatsächlich zu empfinden, wohingegen man beim Oberflächenhandeln allein darauf zielt, eine Emotion gemäß gültigen

Darstellungsregeln auszudrücken, ohne diese auch empfinden zu wollen. Es gibt erste Hinweise, dass vor allem das Oberflächenhandeln eher mit emotionaler Erschöpfung einhergeht (vgl. Grandey, 2003). Gerade in der Dissonanz zwischen ausgedrückten und tatsächlich empfundenen Gefühlen bei Emotionsarbeit wird eine zentrale Ursache für Stresserleben und Konsequenzen wie Burnout gesehen (vgl. Zapf, 2002). Von emotionaler Dissonanz kann dann gesprochen werden, wenn ein Mensch eine andere Emotion empfindet, als er nach außen zeigt, oder wenn er in Wirklichkeit überhaupt keine Emotion empfindet (vgl. Zapf & Holz, 2009, S. 759).

Wie sich Emotionsarbeit auswirkt, hängt neben der erlebten emotionalen Dissonanz davon ab, wie häufig, mit welcher Vielfalt, wie lange und mit welcher Intensität Emotionen ausgedrückt werden müssen (vgl. Morris & Feldman, 1996). Die Konsequenzen von Emotionsarbeit sind keineswegs immer nur negativ. Gelingt es beispielsweise einem Menschen, die Gefühle anderer zu erkennen und darauf angemessen zu reagieren, kann sich dies positiv auf das Wohlbefinden des Handelnden auswirken, da man sich als persönlich leistungsfähig erlebt (vgl. Zapf & Holz, 2006).

3.3 Ansätze zur Stressbewältigung und Gesundheitsförderung

3.3.1 Ressourcen als Vehikel der Beanspruchungsoptimierung

Bei der Diskussion von Ansätzen zur Stressbewältigung wird die klassisch pathogenetische Frage nach den krankmachenden Faktoren ergänzt um die Frage nach der Salutogenese: Was erhält Menschen trotz Belastungen gesund (vgl. Antonovsky, 1987; sowie den Überblick zur Ressourcenförderung bei Jerusalem, 2009).

In diesem Zusammenhang kommt der Ressourcenforschung eine zentrale Rolle zu. Rimann & Udris (1993) definieren «gesund» so: «Gesundheit ist ein transaktional bewirkter Zustand eines dynamischen Gleichgewichts zwischen dem Individuum, seinem autonomen Potenzial zur Selbst-Organisation und Selbst-Erneuerung und seiner sozial-ökologischen Umwelt. Dieses Gleichgewicht ist abhängig von der Verfügbarkeit und der Nutzung von gesundheitsschützenden bzw. -wiederherstellenden Faktoren in der Person und in der Umwelt, die als innere und äußere Ressourcen bezeichnet werden.» (S. 10.)

Ein Modell, das die Ergebnisse der bisherigen Stressforschung unter dem Blickwinkel der Ressourcen integriert, ist das «Modell der Ressourcenkonservierung» («model of conservation of resources») von Hobfoll (1988, 1989, 2002). Die Grundannahme des Modells der Ressourcenkonservierung besagt, dass Menschen danach streben, wertgeschätzte Ressourcen aufzubauen und zu erhalten, wobei der Aufbau von Ressourcen mit Wohlbefinden und Gesundheit einhergeht. Der potenzielle oder aktuelle Verlust dieser Ressourcen wirkt bedrohend.

Stress wird demzufolge definiert als Reaktion auf eine Umweltsituation, in der

a) die Gefahr des Ressourcenverlustes besteht,

b) ein aktueller Verlust von Ressourcen auftritt oder

c) auf die Investition von Ressourcen kein angemessener Gewinn von Ressourcen folgt.

Als *Ressourcen* gelten

a) Objekte (Dinge der materiellen Umwelt, z. B. Transportmittel), Lebensumstände (und damit verbundene Rollen, z. B. Partnerschaft, beruflicher Status), persönliche Merkmale (überdauernde Persönlichkeitsmerkmale und Fähigkeiten, z. B. Selbstachtung, Optimismus) und Energien (z. B. Geld, Informationen, Wissen), die ein Mensch wertschätzt, und

b) Mittel, um diese wertgeschätzten Ressourcen zu erreichen.

Man definiert Ressourcen demnach primär durch das zunächst subjektive Kriterium der

Wertschätzung. In jeder Kultur, Gesellschaft oder Gruppe existieren jedoch normative, das heißt von allen geteilte Werte, die beeinflussen, was als Ressource und damit auch, was als bedeutsamer Ressourcenverlust anzusehen ist. Somit haben Ressourcen sowohl subjektive wie auch objektive Anteile.

Ressourcen können auf unterschiedliche Art das Stressgeschehen beeinflussen und auf die Gesundheit einwirken (vgl. Zapf & Semmer, 2004, S. 1042). (1) Wenn eine Ressource sich positiv auf die Gesundheit und das Wohlbefinden auswirkt, handelt es sich um eine *direkte* Wirkung. (2) Trägt eine Ressource dazu bei, einen Stressor abzuschwächen, liegt eine *indirekte* Wirkung auf die Gesundheit vor. (3) Schwächt eine Ressource die negative Beziehung zwischen einem Stressor und der Gesundheit ab, entspricht dies einer *Moderatorwirkung*. Die Ressource kann in diesem Fall dazu beitragen, dass der Stressor als weniger bedrohlich bewertet wird oder dass der Mensch über ein größeres Handlungsspektrum zur Bewältigung der Situation verfügt.

Das für das Modell zentrale Konzept *Ressourcenverlust* wurde in Anlehnung an Ergebnisse der Life-Event-Forschung entwickelt. Die Ergebnisse dieses Forschungszweiges lassen sich so interpretieren, dass Ereignisse oder Übergänge nur dann Stress auslösen, wenn mit ihnen ein Verlust an Ressourcen einhergeht, nicht aber, wenn damit ein Gewinn an Ressourcen verbunden ist. Das Modell der Ressourcenkonservierung von Hobfoll nimmt weiter an, dass Menschen danach streben, einen befürchteten oder tatsächlichen Verlust von Ressourcen durch die Investition der ihnen zur Verfügung stehenden Ressourcen auszugleichen, wenn möglich verlorene Ressourcen direkt zu ersetzen oder durch andere zu kompensieren.

Das Konzept der Investition von Ressourcen zur Bewältigung von Stress bzw. zum Ausgleich des Ressourcenverlustes erhält im Modell großes Gewicht; in Anlehnung an das PE-Fit-Modell von French et al. (1982) geht es davon aus, dass die Übereinstimmung zwischen Ressourcen und Anforderungen, die aus dem Ressourcenverlust resultieren, eine Rolle dabei spielt, ob Stress bewältigt werden kann (vgl. auch Edwards & Harrison, 1993).

Ein Vorteil des Modells der Ressourcenkonservierung von Hobfoll ist sicherlich darin zu sehen, dass es die Frage behandelt, wann Situationen Stress erzeugen. Dies ist dann der Fall, wenn Merkmale der Situation zu einem Verlust von Ressourcen führen. Bei der Stressbewältigung steht die Investition von Ressourcen zum Ausgleich des Ressourcenverlustes im Vordergrund, die aufgrund der Gefahr der Ressourcenerschöpfung selbst zur Stressverstärkung beitragen kann. Das Modell kann damit konkrete Ansatzpunkte für Prävention und Intervention geben, die sowohl an den Ressourcen der Person wie auch an den Ressourcen der Umwelt ansetzen können.

Teilweise bestätigt wurde das Modell im Bereich der Burnoutforschung (vgl. Hobfoll & Freedy, 1993; vgl. auch Büssing & Schmitt, 1998). So stellen sich spezifische Beanspruchungsfolgen (z. B. Burnout) dann ein, wenn ein Verlust von wichtigen Ressourcen und ein Missverhältnis von Ressourcen und Belastungen vorliegt oder wenn es aufgrund der in der Arbeit vorgefundenen Ressourcen und Belastungen nicht zu den erwarteten Ergebnissen kommt. Als Belastungen kommen insbesondere rollenbezogene Belastungen, Arbeitsmenge, Arbeitsdruck usw. in Betracht; als Ressourcen werden soziale Unterstützung, «job enhancement opportunities» (z. B. Autonomie, Partizipation, Handlungsspielräume) und «reinforcement contingencies» (z. B. Belohnung und Bestrafung) genannt.

Die Ressourcenperspektive hat man in der bisherigen arbeitspsychologischen Stressforschung zugunsten der Belastungsperspektive vernachlässigt. Erst weitere Forschung betont die gesundheitsförderlichen Aspekte der Arbeitstätigkeit (vgl. Edelmann, 2002; Gulmo, 2008; Sonntag, 2010). Dabei werden Ressourcen eingeteilt in innere, das heißt personale, und äußere, das heißt organisationale und soziale, was dem Modell der Ressourcenkonservierung nicht widerspricht. Richter & Hacker (1997) haben wesentliche Ressourcen zusammengestellt, die seither in der Arbeits- und Gesundheitspsychologie intensiv diskutiert werden (s. Tab. III-13).

Das Modell der Ressourcenkonservierung könnte die Perspektive der bisherigen Belastungs- und Beanspruchungs-Forschung sowie der Stressforschung in der Arbeitspsychologie um das Konzept Ressourcenverlust erweitern. So würde zum einen klar, wie Belastungen wirken und wie sie bewältigt werden, zum anderen gewänne neben der Belastungsreduzierung auch die Ressourcenstärkung an Bedeutung. Darüber hinaus wäre denkbar, die Wirkung organisationaler Veränderungsprozesse zu untersuchen, wie zum Beispiel die Einführung neuer Technologien oder Arbeitsformen und deren Auswirkungen auf die Mitarbeiter.

Soziale Unterstützung als zentrale Ressource in der Arbeit

Soziale Unterstützung stellt eine besonders häufig untersuchte Ressource dar, die im Arbeitskontext unterschiedliche Formen annehmen kann (vgl. Cohen & Wills, 1985; Zapf & Semmer, 2004). Instrumentelle soziale Unterstützung drückt sich in Form konkreter Hilfe aus (indem z. B. ein Kollege eine schwierige Aufgabe übernimmt). Wenn ein Mensch einem anderen dabei hilft, ein Problem und mögliche Lösungen aus verschiedenen Perspektiven zu beleuchten, handelt es sich um informationale soziale Unterstützung. Zuhören, Verständnis zeigen oder einen anderen Menschen beruhigen sind typische Beispiele für emotionale soziale Unterstützung. Bei der bewertungsbezogenen sozialen Unterstützung signalisiert ein Mensch einem anderen Wertschätzung sowie Akzeptanz und trägt so zu dessen Selbstvertrauen bei. Zapf und Semmer (2004) wiesen darauf hin, dass verschiedene Formen der sozialen Unterstützung gemeinsam auftreten können und Maße für die einzelnen Unterstützungsformen daher häufig miteinander korrelieren.

Sowohl Metaanalysen wie auch Überblicksarbeiten kommen zu dem Fazit, dass sich soziale Unterstützung positiv auf das Wohlbefinden und auf physiologische Prozesse auswirkt (vgl. Cohen & Wills, 1985; Uchino, Cacioppo & Kiecolt-Glaser, 1996; Viswesvaran, Sanchez & Fischer, 1999). Zwei interessante längsschnittliche Studien von Frese (1999) und Dormann und Zapf (1999) konnten auch Moderatoreffekte für die soziale Unterstützung nachweisen.

Frese (1999) demonstrierte in einer längsschnittlichen Studie Moderatoreffekte von sozialer Unterstützung auf die Beziehung zwi-

Tabelle III-13: Organisationale, soziale und personale Ressourcen (Richter & Hacker, 1997, S. 25)

Ressourcen-Aspekte		
Organisationale	**Soziale**	**Personale**
• Aufgabenvielfalt	Unterstützt durch	*Kognitive Kontrollüberzeugungen*
• Tätigkeitsspielraum	• Vorgesetzte	• Kohärenzerleben
• Qualifikationspotenzial	• Arbeitskollegen	• Optimismus
• Partizipationsmöglichkeit	• Lebenspartner	• Selbstkonzept: Kontaktfähigkeit
	• andere Personen	Selbstwertgefühl
		Handlungsmuster
		• positive Selbstinstruktionen
		• Situationskontrollbemühungen
		• Copingstile

schen Stressoren bei der Arbeit und verschiedenen Maßen psychischer Beeinträchtigung. Am deutlichsten waren die Effekte, wenn die soziale Unterstützung mögliche negative Effekte sozialer Stressoren bei der Arbeit auf soziale Aspekte psychischer Beeinträchtigung wie soziale Ängstlichkeit oder Irritation abpufferte.

Dormann und Zapf (1999) zeigten in ihrer längsschnittlichen Studie mit drei Messzeitpunkten einen Moderatoreffekt von sozialer Unterstützung durch Vorgesetzte auf die Beziehung zwischen sozialen Stressoren bei der Arbeit und Symptomen von Depressivität. Bei geringer sozialer Unterstützung durch Vorgesetzte gingen soziale Stressoren bei der Arbeit mit verstärkten Depressivitätssymptomen einher. Hingegen ergab sich bei hoher sozialer Unterstützung eine negative Beziehung zwischen sozialen Stressoren und Depressivitätssymptomen. Allerdings fand man diesen Effekt nur für die Messung der Depressivitätssymptome nach acht Monaten. Bezogen auf früher oder später ermittelte Werte zeigte sich kein entsprechender Moderatoreffekt. Die Autoren interpretierten diese zunächst überraschenden Ergebnisse in Analogie zur Wirkung der aktiven Jobs aus dem Demand-Control-Modell von Karasek und Theorell (1990). Menschen, die bei ihrer Arbeit in hohem Maß sozialen Stressoren ausgesetzt sind und gleichzeitig hohe soziale Unterstützung von ihren Vorgesetzten erhalten, erleben ihre Arbeit möglicherweise im positiven Sinn als herausfordernd und nicht als belastend.

Zapf und Semmer (2004) benannten allerdings auch mögliche negative Konsequenzen sozialer Unterstützung. Erscheint man als hilfebedürftig, kann dies dem Ansehen in der Abteilung schaden. Hat man soziale Unterstützung erhalten, fühlt man sich möglicherweise verpflichtet, einen anderen Menschen ebenfalls unterstützen zu «müssen», und erlebt dies als belastend. Infolge von sozialer Unterstützung beschäftigt man sich vielleicht auch stärker mit einer Situation, und diese erscheint dadurch negativer als zuvor. Schließlich besteht das Risiko, dass man durch soziale Unterstützung passiver wird und möglicherweise notwendige Verhaltensänderungen hinauszögert.

Personale Ressourcen und personale Risikofaktoren

Personale Ressourcen ermöglichen es Menschen, besser mit stressrelevanten Situationen umzugehen, so dass sie seltener von stressbedingten psychischen oder physischen Beeinträchtigungen betroffen sind (vgl. für einen ausführlichen Überblick über die Rolle von Personmerkmalen im Stressprozess Semmer, 2003). Studien identifizierten unter anderem folgende personale Ressourcen:

- *Selbstwirksamkeit* als personale Ressource drückt sich darin aus, dass Menschen sich in einer Situation als handlungsfähig erleben und ihren eigenen Fähigkeiten vertrauen (vgl. z. B. die Studien von Edelmann, 2002; Jex, Bliese, Buzzel & Primeau, 2001; Jimmieson, 2000; und den Überblick zur Bedeutung der Selbstwirksamkeit im Gesundheitskontext bei Hohmann & Schwarzer, 2009).

- Bei der personalen Ressource *Widerstandsfähigkeit* («hardiness») wirken die innere Verpflichtung («commitment») gegenüber einer Aufgabe, die wahrgenommene Kontrolle sowie eine positive Bewertung von Herausforderungen zusammen (vgl. z. B. die Studien von Florian, Mikulincer & Taubman, 1995; Green & Nowack, 1995).

- Im *Kohärenzerleben* drückt sich das Vertrauen in die Verstehbarkeit, Bewältigbarkeit und Sinnhaftigkeit von Herausforderungen und Geschehnissen aus (vgl. die Studien von Feldt, 1997; Feldt, Kinnunen & Mauno, 2000).

- Menschen mit einer internalen *Kontrollüberzeugung* sind davon überzeugt, dass sie Geschehnisse und ihre Konsequenzen durch ihr eigenes Handeln maßgeblich beeinflussen können (vgl. z. B. die Studie von Parkes, 1991).

Semmer und Zapf (2004, S. 1058) gelangen bei ihrer Diskussion der Rolle von personalen Ressourcen für das Erleben und die Bewältigung von Stress zu folgendem Fazit: Für personale Ressourcen zeigten sich konsistent in zahlreichen Studien direkte positive Beziehungen zu Merkmalen der Gesundheit. Auch wenn man in vielen Fällen eine Pufferfunktion der personalen Ressourcen auf die Beziehung von Stressoren und Gesundheit annahm, wurden derartige Moderatoreffekte deutlich seltener belegt als direkte Haupteffekte.

Neben den personalen Ressourcen identifizierte man auch personale *Risikofaktoren*, die das Bewältigen von stresshaltigen Situationen eher erschweren und die Vulnerabilität gegenüber stressbedingten psychischen oder physischen Beeinträchtigungen erhöhen (vgl. Semmer, 2003, S. 94 ff.; Zapf & Semmer, 2004, S. 1059 f.). Hierzu zählen vor allem negative Affektivität (vgl. Booth-Kewley & Friedman, 1987) – unter anderem erhöhte Ängstlichkeit, verstärkte Depressivität, gefühlsbezogene Labilität – sowie kognitive, emotionale und verhaltensbezogene Aspekte von Feindseligkeit (vgl. Miller, Smith, Turner, Guijarro & Hallet, 1996). Feindseligkeit und ein übersteigertes Anspruchsniveau stellen auch die Aspekte des Typ A-Verhaltens dar, die als besondere Risikofaktoren für Herz-Kreislauf-Erkrankungen gelten können (vgl. Birks & Roger, 2000).

In einer größeren Studie in der Automobilindustrie setzte man einen solchen ressourcenorientierten Ansatz ein, um die Wirkung organisationaler Veränderungen auf die Gesundheit, das sicherheitsgerechte Verhalten und die Motivation der Mitarbeiter zu untersuchen (vgl. Benz, 2002; Edelmann, 2002; Sonntag, Benz, Edelmann & Kipfmüller, 2001). Gerade im Kontext der Belastungen von organisationalen Veränderungen gewinnt die salutogenetisch motivierte Frage, wie Menschen trotz Belastungen ihre Gesundheit erhalten können, an Bedeutung. Ausgehend von einer differenzierten Erfassung von Stressoren und Ressourcen implementierte und evaluierte man in der Studie bedarfsorientierte

Maßnahmen zur Förderung von Gesundheit, Wohlbefinden und Motivation der Mitarbeiter.

Gulmo (2008) setzte einen ressourcenorientierten Ansatz ein, um die Belastungen und Bewältigungsmöglichkeiten von bundesdeutschen Arbeitnehmervertretern zu untersuchen. Bei einer Stichprobe von rund 600 Arbeitnehmervertretern erwiesen sich vor allem die Ressourcen Gesundheitsverhalten, allgemeine Selbstwirksamkeitserwartung sowie soziale Unterstützung als geeignet, um Beeinträchtigungen der Gesundheit und des Wohlbefindens infolge von arbeitsbezogenen Stressoren entgegenzuwirken.

3.3.2 Maßnahmen der Verhaltens- und Verhältnisprävention

In der sogenannten Ottawa-Charta der Weltgesundheitsorganisation (WHO) von 1986 bestimmte man Gesundheitsförderung als einen Prozess, um allen Menschen ein höheres Maß an Selbstbestimmung über ihre Gesundheit zu ermöglichen und sie damit zur Stärkung ihrer Gesundheit zu befähigen (vgl. World Health Organisation, 1993). Ziel ist ein umfassendes körperliches, seelisches und soziales Wohlbefinden durch Befriedigung der Bedürfnisse, durch Verwirklichung von Wünschen und Hoffnungen sowie durch die Möglichkeit, die Umwelt zu verändern und zu meistern (vgl. auch den Überblick zum Gesundheitsverständnis bei Faltermaier, 2009).

Damit zeichnete sich eine Abkehr vom traditionellen biomedizinischen Risikovermeidungskonzept und der klassischen Gesundheitserziehung ab, hin zu einer Befähigung des Einzelnen, sein Leben in befriedigender und verantwortungsvoller Weise zu gestalten.

Übertragen auf die Arbeitswelt heißt dies, Maßnahmen zu ergreifen, die den Einzelnen befähigen, sich mit belastenden Arbeitsbedingungen auseinanderzusetzen, um gesund zu bleiben. Hierzu gehören die Identifikation und Förderung *personaler* und *organisationaler Ressourcen* der Gesundheit sowie die Veränderung von belastenden Arbeitsbedingungen (vgl. Ulich & Wülser, 2009; Sonntag, 2010). Von einem umfassenden Gestaltungsmodell für die Arbeitsumgebung, das sowohl verhaltens- als auch verhältnisbezogene Aspekte berücksichtigt, berichten Büch, Schraub, Stegmaier und Sonntag (2010).

In Anlehnung an Udris & Frese (1988) und Schwager & Udris (1995) lassen sich die Ansatzpunkte zur Belastungsreduktion und Gesundheitsförderung wie in Tabelle III-14 aufteilen.

Wie Mohr und Udris (1997) ausführen, bestehen die diesbezüglichen betrieblichen Anstrengungen jedoch zum größten Teil aus individuumsbezogenen Maßnahmen. Die Verantwortung für Gesundheit sehen Betriebe überwiegend in der einzelnen Person. Litzke und Schuh (2011) berichten in anschaulicher Form von einer Reihe aktueller verhaltensbezogener Maßnahmen zur Bewältigung von Stress, Mobbing und Burnout am Arbeitsplatz.

Zwei Formen gesundheitsbezogener Interventionen, die man vor allem in den USA einsetzt, sind das «Employee Assistance Program (EAP)» und das «Health Promotion Program (HPP)» (vgl. Semmer & Zapf, 2004). Im Rahmen eines «Employee Assistance Programs» können sich Menschen, bei denen Probleme aufgefallen sind, von einem EAP-Service beraten lassen. Typischerweise empfiehlt ein Vorge-

setzter seinem Mitarbeiter, eine solche Beratung in Anspruch zu nehmen, wenn bei diesem zum Beispiel Probleme im Zusammenhang mit Alkohol, Fehlzeiten oder Leistungsabfall zu Tage traten. Die Betroffenen können sich aber auch selbst beim EAP-Service melden.

An einem «Health Promotion Program» können sich, anders als beim EAP, prinzipiell alle Mitarbeiter/-innen beteiligen und nicht nur Beschäftigte mit bereits auffälligen Problemen. Gewicht, Ernährung, Bewegung, Blutdruck, Rauchen oder Alkoholkonsum sind klassische Themen, die mit einem HPP behandelt werden können. Entsprechende Programme zielen darauf ab (vgl. Semmer & Zapf, 2004, S. 779), (1) durch Information Interesse an Gesundheitsthemen zu wecken (z. B. durch Rückmeldung der Ergebnisse eines Gesundheitschecks), (2) Beschäftigte darin zu unterstützen, ihren gesundheitsbezogenen Lebensstil zu verändern (z. B. durch Ernährungsberatung oder Sportprogramme), und (3) eine gesundheitsförderliche Arbeitsumgebung zu schaffen (z. B. Rauchverbot, gesundes Kantinenessen). Semmer und Zapf (2004, S. 779 ff.) berichten in ihrer Übersicht über Wirksamkeitsstudien von HPPs gesundheitsförderliche Effekte in den Bereichen Bluthochdruck, Gewichtskontrolle, Ernährung, Cholesterinkontrolle und körperliche Bewegung (vgl. z. B. Wilson, Holman & Haminock, 1996).

Tabelle III-14: Klassische verhaltens- und verhältnisorientierte Maßnahmen zur Gesundheitssicherung

	Individuell (Person) verhaltensorientiert	Institutionell (Situation, Betrieb) verhältnisorientiert
Reduktion von Belastungen und Beanspruchungen (korrektiv)	– Stressmanagement – Kurse zur Veränderung gesundheitsschädlicher Verhaltensweisen	– ergonomische Arbeitsplatzgestaltung – Abbau belastender Umgebungsbedingungen – Pausengestaltung – Entlohnungssysteme
Förderung von Ressourcen (prospektiv)	– Qualifizierung, Schulung, Kompetenztraining	– Erhöhung des Handlungs- und Kontrollspielraums – Verbesserung des Kooperationsklimas – Einrichtung von Gesundheitszirkeln

Maßnahmen der Verhaltensprävention

Ansätze zur Verhaltensprävention beabsichtigen eine Änderung individuellen gesundheitsgefährdenden Verhaltens bzw. die Übernahme gesünderer Verhaltensmuster, Einstellungen und Haltungen (vgl. Allmer, 1992; Gundlach, 1991; Schwager & Udris, 1995; Semmer & Zapf, 2004). Hierzu zählen unter anderem:

- die Durchführung von Gesundheitswochen (Blutdruckmessungen, Kontrolle der Blutwerte, Informationsstände),
- die Einrichtung von firmeneigenen Sport- und Fitnessstudios,
- betriebseigene Kursangebote, die die Beschäftigten motivieren sollen, Verhaltensänderungen auszuprobieren (Stressbewältigung, Gewichtsreduktion, Raucherentwöhnung, Ernährungsberatung, Rückenschule).

Betrachtet man die Anzahl der Arbeitsunfähigkeitstage nach Krankheitsgruppen, so wird deutlich, warum den verhaltensorientierten Maßnahmen in den Unternehmen große Bedeutung zugemessen wird. 2009 entfielen 77,3 Prozent aller Arbeitsunfähigkeitstage auf die in Tabelle III-15 dargestellten sechs Krankheitsgruppen.

Aus der Erfahrung der betrieblichen Praxis leiten sich einige Empfehlungen bzw. erfolgsfördernde Strategien für die Durchführung verhaltensorientierter Maßnahmen ab (vgl. Büchner & Schröer, 1996):

- sorgfältige Problem- und Bedürfnisanalyse (Anteil der Krankheitsgruppen getrennt für Arbeiter und Angestellte, getrennt für Männer und Frauen sowie für verschiedene Altersgruppen); wiederholte Befragung zum Gesundheitsverhalten («health risk appraisal») mit anschließender Beratung;
- Analyse der Einstellungen der Mitarbeiter/-innen zum Programmangebot und zum Programmnutzen;
- Einbeziehung von Beschäftigten in Arbeitsgruppen zur Planung und Implementierung;
- Unterstützung durch das Management;
- Zielgruppen ansprechende Einführungsveranstaltungen;
- soziale Unterstützung im Gruppensetting;
- finanzielle Anreize in Form von Wettbewerben;
- Einbeziehung der Familie des/der Beschäftigten, um den Transfer neuer Verhaltensweisen in den Alltag zu erleichtern.

Nach Auffassung von Ducki, Leitner und Kopp (1992) und Allmer (1992) sind verhaltensorientierte Maßnahmen dem arbeitsmedizinischen Präventionsverständnis zuzuordnen; fälschlich subsumiert man sie unter dem Stichwort «Ge-

Tabelle III-15: Anteil der Krankheitsarten an den Ausfalltagen im Jahr 2009 (BKK, 2010)

Krankheitsart	Anteil an Arbeitsunfähigkeitstagen
Muskel- und Skeletterkrankungen	25,4 %
Atemwegssystem	17,2 %
Verletzungen	13,5 %
psychische Störungen	10,7 %
Verdauungssystem	6,1 %
Herz-Kreislaufsystem	4,4 %

sundheitsförderung». Bewegungsprogramme, zum Beispiel um verspannte Muskelpartien zu lockern, stellen Bemühungen dar, Symptome zu lindern, ohne die Ursachen, zum Beispiel Zwangshaltungen durch technische Arbeitsbedingungen, zu beseitigen. Eine Möglichkeit der Verhaltensmodifikation sieht man im *Stressmanagement*.

Stressmanagement bezeichnet jede Art von Aktivitäten, Programmen oder Möglichkeiten, die darauf abzielen, den Menschen im Umgang mit Stressoren zu stärken oder ihn zu befähigen, Stressoren zu vermeiden oder ihre Wirkung zu neutralisieren. Semmer und Zapf (2004, S. 804 f.) beschreiben, orientiert unter anderem an Bunce (1997), vier Komponenten einer verhaltenspräventiven Stressmanagement-Intervention, die sich einzeln oder kombiniert einsetzen lassen:

1. *Information*
   Hier geht es darum, Wissen über das Phänomen Stress zu vermitteln. Die Teilnehmer sollen verstehen, an welchen Symptomen sie Stress erkennen, was typische Stressoren im Arbeitskontext sind, wie sich Stress auf die Gesundheit auswirkt und wie sie Stress bewältigen können.
2. *Spannungsreduktion*
   Durch diese Komponente sollen die Teilnehmer lernen, wie sie Spannungen reduzieren können. Hierzu eignen sich Methoden wie zum Beispiel autogenes Training, Biofeedback, körperliche Aktivität oder Entspannungstraining.
3. *Kognitiv-behaviorale Verfahren*
   Bei dieser Komponente sollen die Teilnehmer erkennen, welche Rolle Bewertungsprozesse im Stressgeschehen spielen und wie sie kognitive und behaviorale Strategien einsetzen können, um Stress besser zu bewältigen.
4. *Kompetenztraining*
   Im Mittelpunkt steht hier nicht eine spezifische Stresssituation, sondern die Teilnehmer sollen Kompetenzen entwickeln (z. B. Konflikt- oder Problemlösekompetenzen),

die ihnen als allgemeine Ressourcen in vielfältigen Situationen helfen können, Stress erfolgreich zu bewältigen.

Sonntag und Spellenberg (2005) berichten von einem Stressmanagementtraining, das solche Komponenten einer verhaltensbezogenen Prävention umfasst. Es wurde entwickelt und erfolgreich erprobt, um potenziell negativen Beanspruchungsfolgen bei Führungskräften aufgrund unterschiedlicher organisationaler Veränderungsprozesse vorzubeugen.

Bamberg und Busch (1996) unterzogen 27 Evaluationsstudien über betriebliche Stressmanagementtrainings, vorwiegend durchgeführt mit Beschäftigten im sozialen oder pädagogischen Bereich, einer Metaanalyse. Danach zählen zu den Angeboten zur Stressbewältigung Trainings zu den Themenfeldern Kommunikation, Zeitmanagement und zielorientiertes Verhalten, Entspannungsverfahren und vor allem das Stressimmunisierungstraining («Stress Inoculation Training» [SIT]) nach Meichenbaum (1991) oder Meichenbaum und Jaremko (1993).

Das SIT ist keine Einzeltechnik, sondern ein Oberbegriff für ein halbstrukturiertes und flexibles Trainingsprogramm. Vorgegeben ist eine Grobstruktur, die der Trainer/die Trainerin variieren kann und die auf diese Weise flexibel auf die jeweiligen Anwendungsbereiche und Klientelen zugeschnitten ist. Das SIT basiert auf dem transaktionalen Stresskonzept und ist eine Methode der kognitiv orientierten Verhaltenstherapie. Die Bezeichnung «Stressimpfung» oder «Stressimmunisierung» verdeutlicht, dass – vergleichbar mit der medizinischen Impfung – «psychologische Antikörper» aufgebaut und die Widerstandsfähigkeit der Trainingsteilnehmer/-innen gegenüber Stress erhöht werden. Dies erreicht man dadurch, dass über stresserzeugende oder einer Stressbewältigung zuwiderlaufende Kognitionen (Bewertungen, Antizipationen, innere Dialoge) und Emotionen informiert und zur bewussten Beobachtung und Reflexion der eigenen Stress(bewältigungs)mechanismen angeregt wird. Ziel ist der Aufbau und das Einüben von effektiven und handhabbaren Bewältigungsstrategien. Das SIT lässt sich sowohl präventiv als auch therapeutisch einsetzen. Vorgegangen wird in drei Phasen, die sich innerhalb des Trainings wiederholen und überlappen können (s. Tab. III-16).

Nach Bamberg und Busch (1996) beziehen sich die angebotenen Programme zur Reduzierung von Stress am Arbeitsplatz sowie die Überprüfung ihrer Effekte primär auf die individuelle Stressreaktion des/der Arbeitstätigen. Es überwiegen deutlich die *individuumsbezogenen Interventionen*, während *organisationsbezogene Maßnahmen* zur Verhältnisprävention (Reduzierung von Stressoren durch Veränderung des Arbeitsplatzes oder der Arbeitsorganisation) und Maßnahmen, die auf eine Veränderung der *Schnittstelle Individuum/Organisation* abzielen (vgl. Ivancevich, Matteson, Freedman & Phillips, 1990), weitgehend unberücksichtigt bleiben.

Richardson und Rothstein (2008) haben in ihrer Metaanalyse untersucht, wie wirksam verschiedene Stressmanagement-Interventionen vor allem bezogen auf psychologische Ergebnisvariablen waren. Sie bezogen 36 experimentelle Studien ein, die insgesamt 55 Interventionen und eine Stichprobe von 2847 Probanden repräsentierten. Die Interventionen wurden als kognitiv-behavioral, entspannungsbezogen, organisational, multimodal oder alternativ codiert. Über die verschiedenen Arten der Intervention und die unterschiedlichen Ergebnisvariablen hinweg ergab sich eine durchschnittliche Effektstärke von $d = .52$. Als am wirksamsten erwiesen sich mit $d = 1.16$ kognitiv-behaviorale Interventionen. Dieser Befund entspricht auch Ergebnissen einer früheren Metaanalyse von Klink, Blonk, Scheue und Dijk (2001). Die Autorinnen sehen als eine Ursache für die Überlegenheit der kognitiv-behavioralen Interventionen, dass diese Interventionen die Teilnehmer/-innen anre-

Tabelle III-16: Phasen und Maßnahmen des Stress Inoculation Training (SIT) nach Meichenbaum (1991)

Phase	Ziele	Maßnahmen
Informationsphase	• Aufbau eines Arbeitsbündnisses • Information über das Stresskonzept des SIT • Erstellen eines individuell angepassten Trainingsplans	• Analyse der Erwartungen und Ziele der Teilnehmer • Information über Rolle der Kognitionen und Emotionen bei der Auslösung und Aufrechterhaltung von Stress • Anleitung zur Selbstanalyse der Stressprobleme und Bewältigungsstile der Teilnehmer (Interviews, Selbstbeobachtung, Vorstellungsübungen, Fragebogen)
Lern- und Übungsphase	• Erlernen und Einüben eines flexiblen Repertoires zur problem- und emotionsbezogenen Belastungsverarbeitung	• Erfassen der Einstellungen und Erwartungen der Teilnehmer bzgl. der möglichen Bewältigungsstrategien • Information über und Einüben von Entspannungstechniken • Einüben von kognitiven Techniken (kognitive Umstrukturierung, Problemlösestrategien, funktionale Selbstinstruktion)
Anwendungs- und Posttrainingsphase	• Generalisierte Verhaltensmodifikation: Transfer der Bewältigungsstrategien auf möglichst viele Alltagssituationen	• Vorstellungsübungen • Rollenspiele • Modelllernen • schrittweise Konfrontation mit den Stressoren

gen, auf bestehende Probleme zu fokussieren und dysfunktionale Kognitionen, Emotionen oder Verhaltensweisen aktiv zu verändern. Bei entspannungsbezogenen Interventionen sollen die Teilnehmer sich gerade nicht mehr auf den Stress und seine Ursachen konzentrieren, sondern sich von negativen Gedanken und Gefühlen lösen, um eine Entspannung zu erreichen. Die entspannungsbezogene Intervention stellte gleichwohl mit 69 Prozent die in den betrachteten Studien am häufigsten eingesetzte Form der Intervention dar. Allerdings darf man nicht übersehen, dass die kognitiv-behavioralen Interventionen, bezogen auf psychologische Ergebnisvariablen, wirksamer waren als entspannungsbezogene Methoden. Möglicherweise müsste die Wirksamkeit anders beurteilt werden, wenn physiologische Ergebnisvariablen verwendet würden.

Maßnahmen der Verhältnisprävention

Maßnahmen der Verhältnisprävention streben eine Veränderung gesundheitsbeeinträchtigender betrieblicher Verhältnisse an, indem sie physische und psychosoziale Arbeitsbelastungen reduzieren und Motivation, Arbeitszufriedenheit und Persönlichkeitsentwicklung in der Arbeit ermöglichen. Im Rahmen solcher Maßnahmen bemüht man sich unter anderem um

- die Gestaltung der Arbeitsplätze bzw. die Verbesserung der Arbeitsbedingungen,
- die Gestaltung der Arbeitsabläufe, zum Beispiel Möglichkeiten zur freien, selbst gewählten Pause, sowohl was den Zeitpunkt als auch was den Inhalt der Pause betrifft,
- das Kantinenangebot (Vollwertkost, vegetarisches Essen).

Die Idee, Projektgruppen einzurichten, um mit unmittelbarer Beteiligung der Beschäftigten und ihres Erfahrungswissens («Bottom-up»-Ansatz) zu praktisch umsetzbaren und bedarfsgerechten Maßnahmen zur gesundheitsgerechten Arbeitsgestaltung zu gelangen, entstand Mitte bis Ende der 1980er-Jahre in-

nerhalb des Programms «Arbeit und Technik» im Rahmen eines Forschungsprojektes am Institut für Medizinische Soziologie der Universität Düsseldorf. In einem weiteren Kooperationsprojekt von VW Wolfsburg und der Universität Berlin wurde der Gedanke aufgegriffen und zu einem eigenen Ansatz entwickelt. Die Erfahrungen und positiven Ergebnisse aus diesen beiden Projekten trugen maßgeblich zur Verbreitung und Diskussion von Gesundheitszirkeln in den Betrieben sowie in der Wissenschaft bei (vgl. Susen, Niedermeier & Mahltig, 1996; Westermayer & Bähr, 1994).

Der Düsseldorfer Ansatz

Kernstück des «Düsseldorfer Ansatzes» ist die Einrichtung von Gesundheitszirkeln. Nach Slesina (1994, 2008) sind Gesundheitszirkel zeitlich befristete Projektgruppen, die sich damit befassen, gesundheitlich bedeutsame Belastungen am Arbeitsplatz zu klären (z. B. durch Tätigkeits- und Beanspruchungsanalyse) sowie Verbesserungsvorschläge zu erarbeiten. Eine Reihe von Gestaltungsmerkmalen charakterisiert diese Projektgruppen; sie sind:

1. *verhältnisorientiert*
   Ziel der Gesundheitszirkel ist es, zu einer gesundheits- und menschengerechten Arbeitsgestaltung beizutragen und beruflich bedingte Risiken degenerativer und funktioneller Erkrankungen abzubauen.
2. *heterogen*
   Gesundheitszirkel setzen sich zusammen aus Betriebsleiter, Betriebsarzt, Sicherheitsfachkraft/Ergonom, Betriebsrat, Vertretern unterschiedlicher, jedoch miteinander kooperierender Berufsgruppen sowie dem für den betreffenden Betriebsbereich zuständigen Meister.
3. *beschäftigtenorientiert*
   Die Beschäftigten selbst sind Experten für ihre Arbeitssituation. Sie tauschen ihre Erfahrungen aus und suchen nach Ursachen für die beanspruchenden Arbeitsaspekte.

4. *thematisch offen*

Die Gesundheitszirkel begrenzen sich nicht auf die Beschäftigung mit bestimmten Arbeitsbedingungen. Sie thematisieren Belastungen aus der Arbeitsumgebung (z. B. Hitze, Kälte, Nässe, Lärm), aus der sozialen Arbeitsumwelt (z. B. Ärger mit Kollegen) sowie aus der Arbeitsaufgabe (z. B. schwere körperliche Arbeit, ungünstige Körperhaltung) und der Arbeitsorganisation (z. B. Zeit- und Leistungsdruck, Schichtarbeit, unzureichende Arbeitsmittel). Um ein umfassendes Meinungsbild zu erhalten, werden die am Zirkel nicht unmittelbar beteiligten Mitarbeiter/-innen schriftlich befragt.

5. *zielorientiert*

Die Gesundheitszirkel erarbeiten praktisch umsetzbare Vorschläge zur Beseitigung oder Reduzierung der beanspruchenden Arbeitsaspekte. Jedoch haben die Gesundheitszirkel selbst keine Entscheidungskompetenz.

6. *regelorientiert*

Regeln der Zusammenarbeit sollen einen gleichberechtigten Austausch des Erfahrungswissens aller Beteiligten und einen sachbezogenen, von Dominanzansprüchen freien Dialog ermöglichen.

7. *konsensorientiert*

Die Zirkelmitglieder sollten sich nach Möglichkeit darüber einigen, welche Arbeitsaspekte änderungsbedürftig sind. Alle Teilnehmer/-innen sollten die Vorschläge für arbeitsgestalterische Maßnahmen mittragen.

8. *moderiert*

Die Sitzungen werden von einer Person vorbereitet und moderiert, die gegenüber den im Zirkel vertretenen betrieblichen Gruppen neutral ist.

Seit 1991 führt der Bundesverband der Betriebskrankenkassen (BKK BV) auf der Grundlage des «Düsseldorfer Ansatzes» Gesundheitszirkel durch. Vorgeschaltet sind betriebliche Gesundheitsberichte bzw. Analysen der Arbeitsunfähigkeitsdaten und der Krankheitsarten. Sie zeigen auf, in welchem Unternehmen und in welcher Abteilung aufgrund welcher Krankheitsarten Handlungsbedarf besteht (vgl. Schröer & Sochert, 1994). Tabelle III-17 veranschaulicht das vom BKK BV bisher erprobte Vorgehen bei der Vorbereitung und Durchführung von Gesundheitszirkeln.

Gesundheitszirkel als Instrument der betrieblichen Gesundheitsförderung können nach Erfahrungen des Bundesverbandes der Betriebskrankenkassen nur dann effektiv sein, wenn Folgendes gewährleistet ist:

- Zugang zu gesundheitsrelevanten Betriebsunterlagen (Krankenstand, Fluktuation, betriebliches Vorschlagswesen),
- Akzeptanz aller Beteiligten bzw. Zusage hinsichtlich aktiver Mitarbeit,
- Transparenz für alle Beteiligten,
- Einrichtung eines «Arbeitskreises Gesundheit» mindestens für die Laufzeit des Gesundheitsförderungsprojekts,
- zeitnahe Umsetzung der Anregungen und Vorschläge aller Betroffenen.

Der Berliner Ansatz

Gesundheitszirkel nach dem «Berliner Ansatz» griffen die Landesverbände der Ortskrankenkassen als Maßnahme zur betrieblichen Gesundheitsförderung auf (vgl. Friczewski, Flathmann & Görres, 1994).

Der «Berliner Ansatz» ist stark kommunikativ ausgerichtet. Gesundheitszirkel sollen helfen, die Sprachlosigkeit aller Beteiligten, ihr oftmals resignatives Hinnehmen gesundheitsschädlicher Arbeitsbedingungen aufzubrechen. Um hohe Krankenstände zu reduzieren, sollen betriebliche Zusammenhänge analysiert werden, insbesondere die Organisationsstruktur und ihre Auswirkungen, wobei einseitige Schuldzuschreibungen zu vermeiden sind. Zur Implementierung gesundheitsförderlicher Strukturen richtet man Gesundheitszirkel für verschiedene betriebliche Teilbereiche ein, um den Zusammenhang mit den jeweiligen Arbeitsbedingungen zu gewährleisten. Nach Friczewski (1994) empfiehlt sich das folgende

Tabelle III-17: Ablaufschema für die Vorbereitung und Durchführung von Gesundheitszirkeln (vgl. BKK, 1994, S.20) *(Fortsetzung nächste Seite)*

Phase	Maßnahmen	Ziele/Inhalte
1. Gesund-heitsbericht	• Epidemiologische Analyse der Arbeitsunfähig-keitsdaten (AU)	• Identifizierung von Auffälligkeiten in der AU-Situation des Unternehmens durch Vergleich mit AU-Daten aus anderen Unternehmen bzw. Branchen • Identifizierung einzelner Unternehmens- oder Arbeits-bereiche mit besonderen gesundheitlichen Problemen
	• Präsentation der Ergebnisse des Gesundheitsberich-tes (GB) und Infor-mation über Ge-sundheitszirkel (GZ)	• gezielte Information des oberen und mittleren Führungs-kreises • breite Information bei Betriebs-/Personalversammlung • Initiierung eines Diskussionsprozesses über Gesundheit und Krankheit im Betrieb
2. Vor-bereitung	• Auswahl des Arbeits- bzw. Interventionsbe-reichs für den GZ	• Auswahlkriterien: hoher Krankenstand, Auffälligkeiten bei bestimmten größeren Krankheitsgruppen, Verände-rungspotenzial der Arbeitsbedingungen, geplante Umstrukturierungsmaßnahmen
	• Festlegung der Reichweite des GZ	• Auswahl der Anzahl und Art der einzubeziehenden Tätigkeiten des ausgewählten Arbeitsbereiches, Entscheidung, ob in einem Schichtbetrieb im GZ Mitarbeiter aller Schichten vertreten sein sollen
	• Organisatorische Vereinbarungen	• Festlegung der Sitzungszeiten und des Sitzungsrhyth-mus • GZ-Sitzungen während der Arbeitszeit bzw. Vergütung der Sitzungszeiten als Arbeitszeit
	• Informationsveran-staltung	• Mündliche und schriftliche Beschreibung und Begrün-dung des GZ-Vorhabens für alle Mitarbeiter des Interven-tionsbereiches
	• Einrichtung «Arbeitskreis Gesundheit»	• Vertreter aus Unternehmensleitung, Personal- u./o. Sozialabteilung, BKK, Betriebsrat, Arbeitsschutz, Werksarzt
	• Mitarbeiterbefra-gung	• Standardisierter Fragebogen zu Arbeitsbelastungen und gesundheitlichen Beschwerden
	• Arbeitsplatzbeob-achtung/Interviews mit Beschäftigten	• Moderatoren informieren sich über technische und organisatorische Aspekte des Arbeitsablaufes im IBs, ggf. mit arbeitswissenschaftlichen Erhebungsverfahren
3. Durch-führung	• Zirkelarbeit in einer oder mehreren Gruppen	• Sammeln und Sichten der Arbeitsbelastungen und gesundheitlichen Beschwerden • Beschreibung der wichtigsten Arbeitsbelastungen und beanspruchenden Arbeitssituationen • Gruppierung der Belastungen (körperliche, psychosozia-le, Umgebungseinflüsse) • Bildung einer Rangfolge der Arbeitsbelastungen • Analyse der Ursachen und Auswirkungen der Belas-tungen • Ausarbeitung von Verbesserungsvorschlägen zur gesundheitsgerechten Arbeitsgestaltung

Tabelle III-17: *(Fortsetzung)*

Phase	Maßnahmen	Ziele/Inhalte
	• kontinuierliche Information, z. B. «Schwarzes Brett»	• Transparenz für die Mitarbeiter des IBs
	• Einrichten eines «Briefkastens»	• Möglichkeit, Anliegen an die Zirkelvertreter zu übermitteln
4. Umsetzung	• durch Vorgesetzten des IBs	• Umsetzung von Maßnahmen geringer finanzieller und organisatorischer Reichweite parallel zur Zirkelarbeit
	• durch betriebliche Projektgruppen	• Umsetzung von Maßnahmen mittlerer und größerer Reichweite
5. Evaluation	• Erstellen eines Gesundheitsberichtes • Befragung der Zirkelteilnehmer • Befragung der Teilnehmer des IBs • Auswertung der Betriebsunterlagen	• Bewertung des Prozesses, der Ergebnisse bzw. Effizienz der Gesundheitszirkelarbeit durch – Vorher-Nachher-Befragung der Zirkelteilnehmer – Vorher-Nachher-Befragung der Mitarbeiter im IB – Vorher-Nachher-Vergleich des Krankenstandes im IB – Analyse, welche Verbesserungsvorschläge technischer, organisatorischer oder personenbezogener Art wie und mit welchem Erfolg umgesetzt wurden.

AU: Arbeitsunfähigkeit; GB: Gesundheitsbericht; GZ: Gesundheitszirkel; IB: Interventionsbereich

durch externe Berater/-innen moderierte Vorgehen:

1. Einführungsveranstaltung für die Angehörigen einer Abteilung, um die Ziele und Grundgedanken transparent zu machen und in einen Dialog zu treten;
2. Basis-Seminar für Abteilungsleiter, Vorgesetzte und Betriebsräte;
3. Mitarbeiter-Gesundheitszirkel: Zehn bis fünfzehn Mitarbeiter untersuchen in acht bis zehn Sitzungen die gesundheitlichen Aspekte ihrer Arbeitssituation, analysieren Hintergründe und Zusammenhänge beeinträchtigender Arbeitsbedingungen und -abläufe, erarbeiten Lösungsvorschläge und dokumentieren diese in einem «qualifizierten Problemkatalog»;
4. gemischter Gesundheitszirkel: Drei bis vier Vertreter aus dem Mitarbeiter-Zirkel, der Abteilungsleiter, Vorgesetzte der unteren Ebene, Betriebsrat, Betriebsärztin und Personalbetreuer werten die Ergebnisse der Vorarbeit aus, erarbeiten Lösungen und planen und gestalten die Maßnahmen zu ihrer Umsetzung.

Handlungsbedarf zur weiteren Implementierung von Gesundheitszirkeln besteht hinsichtlich wissenschaftlich abgesicherter Nachweise der Effektivität und Effizienz von Gesundheitszirkeln, der Entwicklung umsetzbarer bzw. flexibel handhabbarer Konzepte für unterschiedliche Organisationsformen und Unternehmensgrößen sowie geeigneter Schulungskonzepte zur Qualifizierung betrieblicher Moderator(inn)en für die Durchführung von Gesundheitszirkeln.

Untersuchungen zur Wirksamkeit von Gesundheitszirkeln

Semmer und Zapf (2004, S. 790 f.) haben systematisch Studien zur Wirksamkeit von Gesundheitszirkeln aufgearbeitet, hinsichtlich ihrer methodischen Qualität bewertet und auf dieser

Basis ein Fazit über den Erkenntnisstand gezogen. Zunächst fiel auf, dass qualitative Studien und qualitativ ausgerichtete Erfahrungsberichte sowie retrospektive Vorher-Nachher-Vergleiche die Evaluation von Gesundheitszirkeln bestimmten. Selten wurden bei der Evaluation Kontrollgruppen oder tatsächliche Vorher-Nachher-Messungen eingesetzt. Nur wenige Studien bezogen sich ausdrücklich auf Modelle zur Beziehung von Arbeit und Gesundheit, um Interventionen oder Effekte theoretisch zu begründen. Angesichts dieser methodischen Schwächen in den Studiendesigns gelangten die Autoren zu dem Fazit, dass die Wirksamkeit von Gesundheitszirkeln bislang wissenschaftlich nicht überzeugend belegt wurde, wenngleich das Verbesserungspotenzial der Maßnahmen durchaus sichtbar ist.

Auch Aust und Ducki (2004) haben in ihrer Überblicksarbeit untersucht, wie wirksam Gesundheitszirkel sind. In die Analyse bezogen sie 11 Studien ein, die Evaluationsergebnisse von 81 Gesundheitszirkeln repräsentierten. Nur in drei Studien wurden (nicht randomisierte) Kontrollgruppen eingesetzt. Die übrigen Studien arbeiteten mit retrospektiven Vorher-Nachher-Vergleichen. Statistische Analysemethoden zur Bestimmung von Effekten verwendeten lediglich drei Studien. Die Autorinnen resümierten, dass sich trotz der offensichtlichen Schwächen in den methodischen Designs der einbezogenen Studien deutliche Hinweise auf die Wirksamkeit von Gesundheitszirkeln ergaben. Gesundheitszirkel konnten dazu beitragen, Gesundheit und Wohlbefinden der Beschäftigten zu verbessern und krankheitsbedingten Absentismus zu verringern. Eine Replikation dieser Ergebnisse durch anspruchsvollere Forschungsdesigns erscheint dennoch wünschenswert.

3.3.3 Sicherheit am Arbeitsplatz

Ansätze zum betrieblichen Arbeitsschutz

Unter *Arbeitssicherheit* versteht man einen Zustand, in dem Menschen bei ihrer Arbeit von keinen oder lediglich vertretbaren Gefährdungen, Risiken und Belastungen betroffen sind (vgl. Lehder & Skiba, 2005, S.19; vgl. auch Überblick zur Arbeits- und Prozess-Sicherheit bei Grote, 2007). Von einer *Gefährdung* wird dann gesprochen, wenn eine Gefahr tatsächlich auf einen Menschen einwirken kann (vgl. Hoyos, 1987). In diesem Sinn stellt zum Beispiel ein bewegliches, kantiges Maschinenteil, das nicht durch ein Gitter abgeschirmt ist, zunächst eine Gefahr dar, die sich zur Gefährdung entwickelt, sobald ein Mensch ungeschützt im Bewegungsbereich des Maschinenteils arbeitet.

Maßnahmen des Arbeitsschutzes sollen Menschen vor Unfällen, Verletzungen, Beeinträchtigungen oder Berufskrankheiten schützen und so deren Gesundheit erhalten (vgl. Lehder & Skiba, 2005, S.23). Während bei einem *Arbeitsunfall* ein meist kurzzeitiges Ereignis eine Verletzung hervorruft, entsteht eine *Berufskrankheit* dadurch, dass ein Mensch für längere Zeit bestimmten berufsspezifischen Arbeitsbedingungen ausgesetzt ist.

Damit die Ziele des Arbeitsschutzes erreicht werden können, müssen die Beschäftigten über Gefährdungen informiert und zu einem sicherheitsgerechten Verhalten befähigt und motiviert sein. Außerdem gilt es, die gegenständliche Arbeitsumwelt sicherheitsgerecht zu gestalten.

Verschiedene *Akteure* sind am Arbeitsschutz beteiligt (vgl. Lehder & Skiba, 2005, S.47 ff.). Der Sicherheitsbeauftragte kümmert sich zum Beispiel darum, dass erforderliche Schutzvorrichtungen vorhanden sind und bei der Arbeit auch tatsächlich eingesetzt werden. Zu den vielfältigen Aufgaben der Fachkraft für Arbeitssicherheit gehört es unter anderem, den Arbeitgeber bei der Planung und Gestaltung von Arbeitsplätzen und Betriebsanlagen in Sicherheitsfragen zu beraten, sich regelmäßig einen Eindruck von der Sicherheit der Arbeitsbedingungen zu verschaffen oder auch die Ursachen von Arbeitsunfällen zu ermitteln. Der Betriebsarzt übernimmt ebenfalls vielfältige Aufgaben wie zum Beispiel die Organisation der Ersten Hilfe, ärztliche Untersuchungen, arbeitsmedizinische Beurteilungen oder die Ermittlung arbeitsbedingter Ursachen von Erkrankungen. Selbstverständlich zählen auch die Beschäftigten, der Arbeitgeber sowie der Betriebsrat bzw. Personalrat zu den Akteuren des Arbeitsschutzes.

Typische Methoden, die man im Rahmen des Arbeitsschutzes einsetzt, sind *Gefährdungsbeurteilungen* oder *Unfallanalysen* (vgl. Lehder & Skiba, 2005, S. 89 ff.). Bei einer *Gefährdungsbeurteilung* analysiert und bewertet man die Arbeitsbedingungen systematisch unter Sicherheits- und Gesundheitsaspekten, um so Hinweise auf nötige präventive Maßnahmen des Arbeitsschutzes zu erhalten. Je nach Arbeitsplatz und Arbeitstätigkeit kann es sinnvoll sein, biologische (z. B. Allergene), chemische (z. B. toxische Stoffe), elektrische (z. B. elektrostatische Aufladung), mechanische (z. B. bewegte Maschinenteile) oder physikalische Gefährdungen (z. B. Lärm) sowie physische (z. B. ungünstige Körperhaltung) bzw. psychische Belastungen (z. B. Monotonie) zu betrachten.

Die *Unfallanalyse* (Einzelfalluntersuchung) zielt darauf – unter anderem durch Begehung des Unfallortes und Befragung beteiligter Personen –, die Ursachen, den Hergang und die Folgen eines Arbeitsunfalls zu bestimmen und für eine Unfallanzeige bei der entsprechenden Aufsichtsbehörde sowie dem Träger der gesetzlichen Unfallversicherung eine Datenbasis zu schaffen (vgl. Lehder & Skiba, 2005, S. 123 ff.). Ein Unfallbericht schließlich dokumentiert die Erkenntnisse über Ablauf, Ursachen und Folgen des Unfalls (verletztes Körperteil, Verletzungsart, Schwere des Personenschadens) und zieht Schlussfolgerungen im Hinblick auf eine künftige Prävention.

Häufig wirken bei einem Arbeitsunfall verschiedene Ursachen zusammen, die sich pragmatisch den Kategorien Technik, Organisation und Verhalten zuordnen lassen (vgl. Lehder & Skiba, 2005, S. 137). Zu den technischen Unfallursachen zählen zum Beispiel fehlende Schutzvorrichtungen oder technische Störungen im Betriebsablauf. Werden Maschinen nicht ordnungsgemäß gewartet oder vor-schriftsmäßige Arbeitsmittel nicht zur Verfügung gestellt, liegen organisationale Ursachen vor. Verhaltensbezogen sind die Ursachen, wenn ein Beschäftigter zum Beispiel Vorschriften nicht beachtet oder Arbeitsmittel nicht sachgemäß gebraucht.

Die verschiedenen Maßnahmen zur Arbeitssicherheit lassen sich in eine Rangfolge bringen (vgl. Hoyos, 1987; Lehder & Skiba, 2005, S. 151). (1) *Primäre* Maßnahme: Wenn möglich, ist schon das Entstehen einer Gefährdung zu vermeiden (z. B. indem man einen Gefahrenstoff durch einen ungefährlichen Stoff ersetzt). (2) *Sekundäre* Maßnahme: Lässt sich die Gefährdung nicht vollständig ausräumen, so ist zumindest die Ausbreitung des Gefährdungsfaktors technisch zu vermeiden oder zu reduzieren (indem man z. B. Schadstoffe filtert oder absaugt oder bewegte Teile technisch abschirmt). (3) *Tertiäre* Maßnahme: Schließlich gilt es, durch organisatorische und individuelle Maßnahmen zu vermeiden, dass der Gefährdungsfaktor auf einen Menschen einwirkt (z. B. durch Tragen persönlicher Schutzausrüstung, Training zur Förderung sicherheitsbewussten Verhaltens, Veränderung sicherheitsrelevanter Einstellungen). Bei den primären und sekundären Maßnahmen handelt es sich um Aspekte der Verhältnisprävention, bei den tertiären Maßnahmen um Formen der Verhaltensprävention. Maßnahmen der Unfallprävention lassen sich auch danach unterteilen, ob sie eher das Auftreten eines Unfalls ausschließen (*antizipatorische* Maßnahme) oder die negativen Folgen eines eingetretenen Unfalls abschwächen sollen (*kompensatorische* Maßnahme; vgl. Hoyos, 1987; Zapf & Dormann, 2006, S. 704 f.). Ein sehr gut aufbereitetes Lehrbuch zum Stand, zu Methoden und zu Verfahren der Arbeitssicherheit im internationalen Kontext liefert Reese (2009).

Wenn es um die Besetzung von Positionen geht, in denen Sicherheit eine wichtige Rolle spielt und Mitarbeiter/-innen bei der Arbeit einem erhöhten Risiko ausgesetzt sind, stellt sich die Frage, ob man sich bei der Personalauswahl an *Personmerkmalen* orientieren kann, für die ein erhöhtes Unfallrisiko nachgewiesen werden konnte. In verschiedenen Studien ließen sich entsprechende Zusammenhänge von Personmerkmalen und sicherheitsrelevantem Verhalten ermitteln (vgl. den Überblick bei Zapf & Dormann, 2006, S. 703 f.). So ergaben sich beispielsweise für Verträglichkeit bzw. Gewissenhaftigkeit negative Beziehungen (vgl. die Metaanalyse von Clarke & Robertson, 2005) und für negative Affektivität (vgl. Iverson & Erwin, 1997) sowie für eine externale Kontrollorientierung (vgl. Hansen, 1988) eine positive Beziehung zu Unfallzahlen. In der Tendenz sinkt die Wahrscheinlichkeit für Unfälle mit dem Alter, vermehrter Berufserfahrung sowie wachsender Qualifikation für die Tätigkeit (vgl. Zapf & Dormann, 2006, S. 704).

Die Bedeutung des Sicherheitsklimas in Organisationen

Als «Sicherheitsklima» bezeichnet man die geteilte Wahrnehmung der Mitglieder einer Organisation, bezogen auf Gefährdungen bzw. Risiken in der Arbeitsumgebung, sicherheitsrelevante Prozesse, Richtlinien und Unternehmensstrukturen sowie das sicherheitsrelevante Handeln. Das Sicherheitsklima signalisiert den Stellenwert des Themas Sicherheit in einer Organisation (vgl. Büch, Sonntag, & Stegmaier, 2010, S. 61 f.; Griffin & Neal, 2000; Zohar, 1980). Vor allem die sicherheitsrelevanten Einstellungen, Werte, Handlungen und Entscheidungen der Führungsverantwortlichen prägen das Sicherheitsklima in einer Organisation (vgl. Barling, Loughlin & Kelloway, 2002; Griffin & Neal, 2000). Eine wichtige Rolle spielt hierbei, inwieweit Führungskräfte einschreiten, wenn Mitarbeiter Sicherheitsvorschriften missachten, und inwieweit sie vorbildliches Sicherheitsverhalten von Mitarbeitern ausreichend würdigen.

Studien untersuchten die Auswirkungen des Sicherheitsklimas auf das Verhalten bei der Arbeit. Fühlten sich Mitarbeiter von ihrer Organisation bei Sicherheitsthemen angemessen unterstützt, sprachen sie Sicherheitsmängel bei der Arbeit häufiger an und entwickelten eher Vorschläge, wie sich Sicherheitsbedingungen verbessern lassen (vgl. Tucker, Chmiel, Turner, Hershcovis & Stride, 2008). Auch zeigte sich in einer Metaanalyse von Clarke (2006), dass ein ausgeprägtes Sicherheitsklima mit weniger Arbeitsunfällen einherging. Probst (2004) konnte demonstrieren, dass bei stark ausgeprägtem Sicherheitsklima eine zunehmende Unsicherheit am Arbeitsplatz seltener mit mehr Verletzungen und Unfällen zusammenhing als bei schwach ausgeprägtem Sicherheitsklima. Weitere Studien belegten, dass Aspekte des Sicherheitsklimas wie Sicherheitsziele, Sicherheitsstandards, Prozesse des Sicherheitsmanagements oder soziale Unterstützung sicherheitsrelevantes Verhalten fördern und Unfälle vermindern konnten, indem sie die persönlich erlebte Verantwortung der Mitarbeiter/-innen steigerten (vgl. Cheyne, Cox, Oliver & Tomas, 1998) und das Stresserleben reduzierten bzw. das Wohlbefinden erhöhten (vgl. Oliver, Cheyne, Tomas & Cox, 2002).

Sicherheit in High-Reliability-Organisationen

Hinweise, wie man die Sicherheit bei der Arbeit erhöhen kann, lassen sich auch durch die Analyse der Funktionsweise eines bestimmten Organisationstyps gewinnen, einer sogenannten «High-Reliability-Organisation» (HRO). Eine solche HRO zeichnet sich durch hohe Zuverlässigkeit ihrer Arbeitsprozesse und technischen Systeme sowie eine geringe Zahl von Fehlern und Unfällen aus (vgl. Weick & Sutcliffe, 2007). Typisch für eine HRO (z. B. Flugsicherung, Steuerung eines Kernkraftwerks, Betrieb eines Flugzeugträgers) ist es, dass sie unter herausfordernden Bedingungen arbeitet, da Fehler oder Unfälle meist mit gravierenden negativen Konsequenzen für Beschäftigte, Kunden oder die Gesellschaft verbunden wären. Fehler und Unfälle zu vermeiden, ist daher ein zentrales Ziel einer HRO.

Dementsprechend haben HROs eine Reihe von Prozessen und Strukturen bzw. Werten, Einstellungen und Verhaltensweisen ihrer Mitglieder gefördert und verankert, die hohe Zuverlässigkeit ermöglichen. Hierbei handelt es sich um folgende Merkmale (vgl. Glendon, Clarke & McKenna, 2006, S. 381 f.; Nerdinger, Blickle & Schaper, 2011, S. 505 f.; Weick & Roberts, 1993; Weick & Sutcliffe, 2007):

- dezentralisierte Entscheidungsprozesse,
- hoher Stellenwert fachlicher Expertise unabhängig von der Position,
- systematische Erfassung sowie Analyse von Fehlern, Unfällen und Beinahunfällen,
- besondere Aufmerksamkeit für schwache Signale,
- Vermeiden von Selbstzufriedenheit,
- konsequentes Überprüfen von Annahmen,
- Skepsis gegenüber vereinfachten Ursachenzuschreibungen bei der Erklärung des Zustandekommens von Fehlern, Unfällen oder Beinahunfällen,
- bei Notfällen Übergabe der Verantwortung an Experten vor Ort,
- Lernen aus Fehlern auf allen Ebenen sowie
- keine Kultur der Schuldzuschreibung.

3.3.4 Work-Life-Balance und Erholung

Work-Life-Balance: Das Verhältnis von Arbeit und Privatleben

Das Verhältnis von Arbeit und Privatleben lässt sich durch verschiedene Hypothesen charakterisieren (vgl. ausführlich Sonnentag & Fritz, 2010, S. 670 f.). Die *Segregations-* bzw. *Segmentationshypothese* geht davon aus, dass es sich bei Arbeit und Privatleben um getrennte Lebensbereiche handelt, die einander nicht beeinflussen. Gemäß der *Kompensationshypothese* wird ein Lebensbereich genutzt, um Defizite in einem anderen Lebensbereich auszugleichen (z. B. kreatives Schaffen in der Freizeit angesichts einer routinebestimmten Arbeitstätigkeit). Die *Spillover-Hypothese* nimmt an, dass Aspekte eines Lebensbereichs wie zum

Beispiel Stimmungen, Werte, Beanspruchungen oder Verhaltensweisen auf einen anderen Lebensbereich übertragen werden können (z. B. hilft die bei der Arbeit neu erworbene Kompetenz im Projektmanagement bei der Planung des nächsten Familienurlaubs). Die *Konflikthypothese* betont die Konflikte, die zwischen den Lebensbereichen Arbeit und Privatleben auftreten, da knappe zeitliche Ressourcen, Beanspruchungen und widersprüchliche Erwartungen an das Verhalten es erschweren, sich in beiden Rollen gleichermaßen zu engagieren. Die *Bereicherungshypothese* formuliert die Chance, dass Erfahrungen aus einem Lebensbereich die Geschehnisse in einem anderen Lebensbereich erleichtern bzw. bereichern können.

Entwicklungen, Trends und Work-Life-Balance

Vielfältige gesellschaftliche, technologische und ökonomische Entwicklungen unterstreichen den Stellenwert des Themas Work-Life-Balance für Beschäftigte, Organisationen und die Gesellschaft. Einige Trends werden kurz benannt (vgl. Badura & Vetter, 2003; Resch & Bamberg, 2005):

- *Spannungsfeld Flexibilität und Stabilität*: Gesellschaften, Organisationen und ihre Mitglieder müssen Anforderungen an Flexibilität und Stabilität in Einklang bringen. Globalisierung und technologischer bzw. organisationaler Wandel fordern von Unternehmen zum Erhalt ihrer Wettbewerbsfähigkeit verstärkt Flexibilität sowie Veränderungs- und Innovationsfähigkeit. Gleichzeitig haben Menschen das Bedürfnis nach sozialer Sicherheit und Stabilität.
- *Zunahme außerberuflicher Tätigkeiten mit Verpflichtungscharakter*: Derartige Tätigkeiten, zum Beispiel Pflege und Betreuung von Angehörigen oder ehrenamtliche Tätigkeiten, nehmen zu und tragen bei Menschen zum Empfinden von chronischem Zeitmangel bei. Angesichts

der alternden Gesellschaft wächst vor allem der Pflegeleistungsbedarf im Sinne der Pflege und Versorgung der Eltern.

- *Auflösung stabiler Berufsverläufe:*
  Ein Wandel der Erwerbsformen findet statt, der sich in einer Zunahme von Teilzeitarbeit, Patchwork-Biografien und prekären Beschäftigungsverhältnissen ausdrückt. Die Beschäftigten sehen sich gefordert, ihre Beschäftigungs- bzw. Arbeitsfähigkeit zu erhalten und zum Unternehmer ihrer eigenen Arbeitskraft zu werden.

- *«Auflösung» von Arbeitszeit und Arbeitsort:*
  Technologische Innovationen im Bereich der Informations- und Kommunikationstechnologie (z. B. Notebooks, Pocket-PCs, Videokonferenzsysteme, Smartphone) fördern die Entwicklung von räumlich und zeitlich entgrenzter Arbeit.

Konflikte zwischen Arbeit und Familie

Lässt sich eine angemessene Work-Life-Balance nicht erreichen, so drückt sich dies häufig in Konflikten aus. Konflikte zwischen Arbeit und Familie stellen einen Interrollenkonflikt dar, der deswegen entsteht, weil die kaum vereinbaren Rollenerwartungen in den Lebensbereichen Arbeit und Familie es erschweren, die Rollen in beiden Lebensbereichen gleichermaßen engagiert auszufüllen (vgl. Greenhaus & Beutell, 1985; Sonnentag & Fritz, 2010, S. 678 ff.). Ursachen für diese Konflikte sieht man in knapper Zeit (z. B. verhindern Überstunden die erforderlichen Familieneinkäufe), Beanspruchung durch einen Lebensbereich (z. B. blockiert starke Ermüdung nach der Arbeit das Interesse an den Schulsorgen der Kinder) sowie nicht vereinbaren Erwartungen an das Verhalten (z. B. fordert die Familie mehr Spontaneität und Improvisation als die detailliert geplante Arbeit).

Bei den Konflikten zwischen Arbeit und Familie lassen sich zwei Formen unterscheiden (vgl. Frone, Russel & Cooper, 1992; Sonnentag & Fritz, 2010, S. 678). Beim *Work-to-Family-Konflikt* beeinflussen Anforderungen der

Arbeit das Leben in der Familie negativ. In umgekehrter Richtung wirkt der *Family-to-Work-Konflikt*. Hier wirken sich familienseitige Anforderungen negativ auf das Erleben und Verhalten bei der Arbeit aus. Zu Work-to-Family-Konflikten kommt es vor allem bei langen Arbeitszeiten, Stresserleben bei der Arbeit sowie geringer Flexibilität der Arbeitszeit, wohingegen Family-to-Work-Konflikte mit Konflikten in der Familie und geringer familiärer Unterstützung zunehmen (vgl. Byron, 2005).

In zwei Metaanalysen ließ sich belegen, dass Work-to-Family-Konflikte einhergingen mit geringerer Zufriedenheit mit der Arbeit, dem Leben allgemein, der Familie und der Ehe, reduziertem organisationalen Commitment sowie verstärktem Auftreten von Burnout, Depression, psychischer Beanspruchung und körperlichen Symptomen (vgl. Allen, Herst, Bruck & Sutton, 2000; Amstad, Meier, Fasel, Elfering & Senner, 2011). Für den Family-to-Work-Konflikt wurde eine positive Beziehung zum Alkoholkonsum (vgl. Frone, Russel & Cooper, 1997) und eine negative Beziehung zur Zufriedenheit mit dem Leben allgemein und der Arbeit belegt (vgl. Kossek & Ozeki, 1998). Eine Tagebuchstudie zeigte, dass das tägliche Erleben eines Konfliktes zwischen Arbeit und Privatleben mit Schlafproblemen und negativen Affekt einhergeht (vgl. Nohe, Rexroth, Peters, Schumacher, Michel & Sonntag, 2012).

Determinanten und Konsequenzen von Erholung

Erholung ist ein Prozess, der den aus Anstrengungen resultierenden Folgen von Beanspruchungen entgegenwirkt und so dazu dient, dass man Leistungsfähigkeit und Wohlbefinden wiedererlangt. Nach dem «Effort-Recovery-Modell» (vgl. Meijman & Mulder, 1998) geschieht Erholung, wenn sich dem Individuum keine weiteren Anforderungen der Art stellen, wie sie ihm während der Arbeit abverlangt wurden. Dieses Modell postuliert, dass sich die Anforderungen und Anstrengungen bei der

Arbeit kumulieren und zu Beanspruchungsreaktionen führen, die sich negativ auf die Gesundheit und das Wohlbefinden auswirken, wenn sie nicht abgebaut werden können. Um negative Effekte und daraus folgende Beeinträchtigungen der Gesundheit zu vermeiden, ist es wichtig, dass es regelmäßige Phasen der Erholung gibt, die keine weitere Beanspruchung darstellen. Der «Conservation of Resources Theory» zufolge kann Erholung auch dann einsetzen, wenn wieder neue Ressourcen aufgebaut werden (vgl. Hobfoll, 1989).

Neben der Erholung in Pausen bei der Arbeit spielt die Erholung außerhalb der Arbeit am Feierabend, am Wochenende oder im Urlaub eine wichtige Rolle. Zahlreiche Studien haben sich mit Determinanten und Konsequenzen der Erholung im Urlaub, am Feierabend, auf Dienstreisen oder am Wochenende beschäftigt (vgl. den Überblick zum Stand der Forschung bei Sonnentag & Fritz, 2010, S. 689 ff.).

Urlaub kann empfundenen Burnout verringern (vgl. Fritz & Sonnentag, 2006), wobei positive Effekte des Urlaubs auf das Wohlbefinden bald nach der Rückkehr langsam nachlassen (vgl. Westman & Eden, 1997). Auch eine Dienstreise kann das Wohlbefinden steigern, vorausgesetzt es gelingt dem Reisenden, sich durch veränderte Aktivitäten von der regulären Arbeit zu distanzieren (vgl. Westman & Etzion, 2002). Negative arbeitsbezogene Gedanken oder Konflikte mit dem Partner im Urlaub hingegen können psychosomatische Symptome sowie die Erschöpfung nach dem Urlaub verstärken (vgl. Fritz & Sonnentag, 2006).

Erholt sich ein Mensch am Feierabend, so fördert dies die Eigeninitiative sowie die Lern- und Leistungsbereitschaft am nächsten Tag (vgl. Sonnentag, 2003). Berufstätige berichten vor allem dann von Wohlbefinden und positiver Stimmung vor dem Schlafengehen, wenn sie am Feierabend körperlich aktiv sind bzw. sich nicht mehr mit der Arbeit beschäftigen (vgl. Sonnentag, 2001) und wenn es ihnen gelingt, sich innerlich von der Arbeit zu distanzieren (vgl. Sonnentag & Bayer, 2005). Auch soziale Aktivitäten am Wochenende fördern in

der kommenden Arbeitswoche die Arbeitsleistung und das Wohlbefinden (vgl. Fritz & Sonnentag, 2005). Eine längsschnittliche Untersuchung zu den Auswirkungen einer fehlenden Trennung zwischen Arbeit und Privatleben zeigt die negativen Konsequenzen für Gesundheit und Wohlbefinden. Sind die Lebensbereiche schlecht zu trennen, steigt die emotionale Erschöpfung und die Zufriedenheit mit der eigenen Work-Life-Balance sinkt (vgl. Rexroth, Peters, Sonntag, 2012).

Handlungsfelder zur Unterstützung von Work-Life-Balance und Erholung

Maßnahmen zur Unterstützung der Work-Life-Balance können sich auf unterschiedliche Handlungsfelder beziehen (vgl. Badura, Schellschmidt & Vetter, 2003; Geurts & Demerouti, 2003; Jones, Burke & Westman, 2006). Sie zielen darauf ab, Konflikte zwischen Anforderungen der Erwerbsarbeit und privaten Lebensbereichen zu vermeiden, Erholungsmöglichkeiten in der Freizeit zu schaffen und die berufliche Entwicklung und Gesundheit von Beschäftigten zu unterstützen (vgl. Resch & Bamberg, 2005). Um diese Ziele erreichen zu können, ist ein koordiniertes Handeln von Akteuren in den Bereichen Arbeitsorganisation, Arbeitsgestaltung, Gesundheitsmanagement, Personalentwicklung, Personalpolitik und weiterer Servicegebieten ebenso erforderlich wie die nachhaltige Unterstützung durch Management und Betriebsrat. Einige typische Maßnahmen zentraler Handlungsfelder seien kurz benannt:

- *Flexible Arbeitszeiten:*
  Gleitzeit, Teilzeitmodelle, Langzeitkonten, Sabbaticals, Pflegeurlaub, Pflegepause, Elder Care, Altersteilzeit.
- *Flexibilisierung des Arbeitsortes:*
  Alternierende/mobile Telearbeit, mobiles Arbeiten.
- *Gesundheitsförderung:*
  Portfolio der betrieblichen Gesundheitsförderung zur physischen und psychischen Gesundheitsförderung mit den Schwer-

punkten Prävention, Therapie und Rehabilitation.

- *Flankierende Dienstleistungen:*
Haushaltsnahe Dienstleistungen und Services (bspw. Bankgeschäfte, Reinigung, Einkäufe), Kinderbetreuung, Wohnbaudarlehen, Fahrzeugpool.
- *Personalentwicklung:*
Qualifizierungsmaßnahmen, Mentoring-Programme, Wiedereinstiegsprogramme, Coaching.

Nicht immer werden die vorhandenen Angebote von Unternehmen zur Unterstützung der Work-Life-Balance und Erholung von den Mitgliedern der Organisation auch tatsächlich genutzt (vgl. Geurts & Demerouti, 2003; Powell & Mainiero, 1999; Thompson, Beauvais & Lyness, 1999). Hier scheinen die Kultur der Organisation und die Einstellungen von Kollegen und Führungskräften gegenüber dem Thema Work-Life-Balance eine wichtige Rolle zu spielen (vgl. Geurts & Demerouti, 2003; Kossek, Barber & Winters, 1999). Befürchten die Mitglieder Stigmatisierung, Karrierenachteile oder soziale Ausgrenzung, wenn sie Angebote zur Work-Life-Balance nutzen, werden sie eher auf die Angebote verzichten, selbst wenn diese dazu beitragen könnten, Anforderungen von Beruf und Privatleben besser zu vereinbaren (vgl. Jones et al., 2006; Thompson et al., 1999). Sowohl die Führungskräfte als auch die Arbeitskollegen können hier eine Vorbildrolle übernehmen, indem sie den Stellenwert der Work-Life-Balance konsistent in Wort und Handlung verdeutlichen und so signalisieren, dass sie die Nutzung von Angeboten zur Unterstützung der Work-Life-Balance positiv bewerten (vgl. Kossek et al., 1999; Powell & Mainiero, 1999). Ergebnisse einer Längsschnittstudie zeigten, dass eine hohe Vorbildfunktion der Führungskraft das Wohlbefinden und die Work-Life-Balance der Mitarbeiter positiv beeinflussen kann; sie sind weniger emotional erschöpft und zufriedener mit ihrer Work-Life-Balance (vgl. Rexroth, Nohe & Sonntag, 2012). Unternehmen sehen Work-

Life-Balance Angebote auch als ein strategisches Managementinstrument, das einen Beitrag zur Unternehmensproduktivität leisten soll (vgl. Konrad & Mangel, 2000).

3.3.5 Evaluation und Qualitätssicherung betrieblicher Gesundheitsförderung

Um Betriebe und Organisationen zur Einführung und Weiterentwicklung von Gesundheitsförderungsmaßnahmen zu bewegen, müssen aussagekräftige Programmevaluationen durchgeführt und vorgelegt werden (vgl. Adam, 1990; Gundlach, 1992; Janßen, 1991). Ziele dieser Programmevaluationen sind der Nachweis der Effektivität von Gesundheitsförderungsmaßnahmen und die Beurteilung ihrer ökonomischen Effizienz.

Nachweis der Effektivität: Ob eine Intervention auch die beabsichtigten Effekte zeigt, lässt sich durch einen Vergleich der behandelten mit den unbehandelten Gruppen feststellen. Die meisten Erfolgskriterien sind allerdings multifaktoriell bedingt und deshalb nicht ohne Weiteres auf die durchgeführte Gesundheitsfördermaßnahme zurückzuführen. Zu den Erfolgskriterien gehören zum Beispiel:

- Verringerung der Fehlzeiten und Abwesenheitstage,
- größeres Wohlbefinden sowie höhere Arbeitszufriedenheit der Beschäftigten,
- Verringerung der Fluktuationsrate,
- Verhaltensänderung (Verringerung bzw. Aufgabe des Zigarettenkonsums, Gewichtsreduktion),
- gesundheitsbezogene Kriterien (Blutdruck, Cholesterinspiegel, Arbeitsunfähigkeitstage, Krankheitsfälle, Krankheitsarten),
- Verbesserung der Produktivität und Leistungsfähigkeit,
- positive Effekte auf das Firmenimage.

Da den Betrieben und den Krankenkassen oftmals das notwendige evaluatorische Know-how fehlt, wird hier die Unterstützung von

Wissenschaft und Verbänden erwartet (vgl. Berz, 1995; Demmer & Stein, 1995). Insbesondere ist zu klären, welche Komponenten des Programms wirken und welche nicht, welche Personen erreicht werden und welche nicht (differenzielle Wirksamkeit).

Die *Beurteilung der ökonomischen Effizienz* erfolgt durch Kosten-Nutzen-Analysen und Kosten-Wirksamkeits-Analysen.

- In Kosten-Nutzen-Analysen stellt man die Kosten für Personal, (technische) Ausstattung sowie Vorbereitung und Durchführung eines Programms dem monetären Nutzen gegenüber, etwa Einsparungen in den Lohnnebenkosten bzw. direkten und indirekten Krankheitsfolgekosten, erhöhter Qualität und Produktivität.
- Wirksamkeit bzw. Effektivität bezieht sich auf die Frage, ob mit einer Maßnahme das angestrebte Ziel erreicht worden ist. Anhand von Kosten-Wirksamkeits-(Effektivitäts-)Analysen lässt sich aus verschiedenen Interventionen die kostengünstigste heraussuchen.
- Der volks- und betriebswirtschaftliche Nutzen von Gesundheitsförderungsprogram-men ist kalkulierbar, wenn man davon ausgeht, dass diese Programme zu einer Reduzierung der Kosten durch krankheitsbedingte Ausfallzeiten und Frühberentungen führen.

Zu den Anforderungen an die Struktur, Prozess- und Ergebnisqualität betrieblicher Gesundheitsförderung formulierte der BKK-Bundesverband Kriterien (s. **Tab. III-18**).

Ein Katalog von «101 Fragen an die betriebliche Gesundheitsförderung» konkretisiert diese Qualitätskriterien. Die 101 Fragen dienen dazu, Schwachstellen in bereits bestehenden betrieblichen Gesundheitsförderungsprogrammen aufzudecken.

Evidenzbasierung im betrieblichen Gesundheitsmanagement – eine Bestandsaufnahme

Es erscheint wünschenswert, die angenommenen Effekte von Maßnahmen der betrieblichen Gesundheitsförderung durch Untersuchungen ihrer Wirksamkeit sowie Kosten-Nutzen-Analysen nachzuweisen. Diesem Desiderat ent-

Tabelle III-18: Qualitätskriterien für die betriebliche Gesundheitsförderung *(Fortsetzung nächste Seite)*

Qualitätskriterien	Merkmale
• Integration im Betrieb	Verantwortlichkeiten für die Gesundheit im Betrieb sind festgelegt; es existieren Führungsrichtlinien zum Arbeits- und Gesundheitsschutz; Fragen der Gesundheitsförderung werden im Betrieb offen angesprochen.
• Interdisziplinäre und interhierarchische Zusammenarbeit	Ein Steuerungsgremium für Gesundheitsfragen ist auf Betriebs-/Unternehmensebene eingerichtet. In diesem arbeiten Geschäftsführung, Betriebsrat, Betriebsarzt, Vertreter der Personalabteilung und Arbeitssicherheitsbeauftragte zusammen. Sie planen, steuern und dokumentieren konkrete Maßnahmen, ggf. in Zusammenarbeit mit externen Experten.
• Ist-Analyse	Gesundheitliche Risiken und Gesundheitspotenziale werden möglichst regelmäßig analysiert, dokumentiert und dem Steuerungsteam präsentiert.
• Operationalisierbare Ziele	Ziele der betrieblichen Gesundheitsförderung, z. B. zur Arbeitsgestaltung und Qualifizierung bestimmter Zielgruppen, sind qualitativ und quantitativ so konkret formuliert, dass ihre Umsetzung überprüfbar ist.

Tabelle III-18: *(Fortsetzung)*

Qualitätskriterien	Merkmale
• Kontinuität	Betriebliche Maßnahmen werden, z. B. aufgrund von Evaluationsergebnissen und wissenschaftlichen Erkenntnissen, fortlaufend optimiert und sind zukunftsorientiert ausgerichtet.
• Offenheit und Partizipation	Gesundheitsförderungsmaßnahmen sind prinzipiell für alle Beschäftigten offen. Die Beschäftigten sind an der Planung, Umsetzung und Bewertung der Maßnahmen beteiligt (regelmäßige Information, Vorschlagswesen, Gesundheitszirkel).
• Zielgruppenorientierung	Gesundheitsförderungsmaßnahmen sind auf die Arbeitssituation, das Alter, das Geschlecht, die Nationalität, auf die Interessen und Fähigkeiten verschiedener Beschäftigtengruppen zugeschnitten.
• Öffentlichkeitsarbeit	Maßnahmen der Gesundheitsförderung werden regelmäßig durch Nutzung verschiedener Medien und Kommunikationswege innerhalb und außerhalb des Betriebes bekannt gemacht. Die Darstellung der betrieblichen Gesundheitsförderungsaktivitäten ist zielgruppenorientiert ausgerichtet und spricht noch nicht erreichte Beschäftigtengruppen an.
• Ganzheitlichkeit	Die Gesundheitsförderung zielt auf ein körperliches, psychisches und soziales Wohlbefinden der Beschäftigten. Sie umfasst Maßnahmen der Verhaltens- und Verhältnisprävention.
• Gesundheitsgerechte Arbeitsgestaltung	Gesundheitsbeeinträchtigende Umgebungseinflüsse, körperliche und psychische Belastungen sollen systematisch abgebaut werden. Einen besonderen Schwerpunkt bilden dabei die Handlungs- und Entscheidungsspielräume der Beschäftigten in der bestehenden Arbeitsorganisation.
• Stärkung persönlicher Gesundheitskompetenzen	Die Beschäftigten werden zu gesundheitsgerechtem Verhalten informiert, motiviert und durch Beratung und Schulung qualifiziert.
• Gesundheitlicher Nutzen für Beschäftigte	Die intendierten gesundheitlichen Verbesserungen bei den Mitarbeitern (subjektives physisches und psychisches Wohlbefinden, Senkung von Risikofaktoren usw.) treten ein. Die Resultate lassen sich quantifizieren.
• Betrieblicher Nutzen	Es stellen sich positive ökonomische Effekte für das Unternehmen ein (Steigerung der Produktivität, Verbesserung der Produktqualität, Reduzierung krankheitsbedingter Fehlzeiten, Verbesserung des Betriebsklimas, Verbesserung der Beziehungen zwischen Mitarbeitern und Führungskräften usw.). Die Resultate lassen sich quantifizieren.
• Qualitätssicherung und Evaluation	Der gesundheitliche und betriebliche Nutzen wird nach wissenschaftlichen Standards nachgewiesen. Es wird eine Statistik zur Inanspruchnahme und Zielgruppenerreichung geführt.
• Effizienzorientierung	Die Auswahl der Maßnahmen ist am Prinzip des höchstmöglichen Nutzens bei Einsatz geringstmöglicher Ressourcen orientiert. Während und nach Abschluss einer Maßnahme wird eine Kosten-Effektivitäts-Analyse durchgeführt.

sprechend plädierten Kramer, Sockoll und Bödeker (2009) dafür, durch eine systematische Wirksamkeitsforschung sowie durch die zusammenfassende Analyse und Bewertung dieser Forschung in Form von Metaanalysen und Überblicksarbeiten die Basis für evidenzbasierte Entscheidungen im betrieblichen Gesundheitsmanagement zu schaffen. Mit einer Überblicksarbeit zur Wirksamkeit betrieblicher Gesundheitsförderung haben Kramer et al. (2009) einen Beitrag zur geforderten Evidenzbasierung im betrieblichen Gesundheitsmanagement geleistet.

In ihrem Überblick haben Kramer et al. die Erkenntnisse aus mehr als vierzig systematischen Literaturzusammenstellungen (insgesamt rund 1000 abgedeckte Studien) ausgewertet und bilanziert. Die Autoren bezogen Studien mit Peer-Review aus den Jahren 2000 bis 2006 ein, in denen evaluiert wurde, wie sich arbeitsbezogene Maßnahmen der Verhaltens- oder Verhältnisprävention auf allgemeine Gesundheitsindikatoren bzw. Risikofaktoren, Herz-Kreislauf-Erkrankungen, Muskel-Skelett-Erkrankungen oder psychische Erkrankungen auswirkten. Wir beschreiben nun zentrale Erkenntnisse aus dieser Überblicksarbeit (vgl. Kramer et al., 2009, S. 66 ff.):

1. *Förderung physischer Aktivität*
   Körperliche Bewegungsprogramme können die physische Aktivität der Teilnehmer erhöhen, Muskel-Skelett-Erkrankungen vorbeugen und Müdigkeit bzw. Erschöpfung bei der Arbeit vermindern. Über ein reduziertes Stresserleben nach körperlicher Aktivität berichten außerdem Long und Flood (1993). Bewegungsmöglichkeiten oder Fitnesseinrichtungen vor Ort steigern ebenso wie einfache Hinweisschilder zur Treppennutzung die körperliche Aktivität.
2. *Förderung gesunder Ernährung*
   Verhaltens- und verhältnisorientierte betriebliche Programme zur Verbesserung der Ernährungsgewohnheiten (z. B. gesundes Kantinenessen, Kennzeichnung von Nahrungsmitteln) haben positive Effekte auf den Obst-, Gemüse- und Fettverzehr sowie die Aufnahme von Ballaststoffen.
3. *Nikotinentwöhnung und Tabakkontrolle*
   Durch Selbsthilfematerialien oder Anreizsysteme lässt sich die Raucherprävalenz nicht vermindern und die Aufhörquote nicht erhöhen. Als wirksam hingegen erweisen sich Raucherentwöhnung durch Gruppeninterventionen, intensive Einzelberatung sowie der Einsatz von Nikotinersatzpräparaten. Bei absoluten Rauchverboten im Betrieb werden während der Arbeitszeit täglich weniger Zigaretten konsumiert. Die Prävalenz von Rauchern oder die Aufhörquoten scheinen vom Rauchverbot bislang eher unbeeinflusst zu sein.
4. *Prävention psychischer Erkrankungen*
   In diesem Bereich liegen fast ausschließlich Studien zu Maßnahmen der Verhaltensprävention vor. Kognitiv-behaviorale Maßnahmen erweisen sich im Vergleich zu Entspannungstechniken oder multimodalen Ansätzen als effektiver und können den Absentismus in Organisationen senken. Die auf wenigen Studien basierende Befundlage zur Wirksamkeit verhältnispräventiver Maßnahmen ist widersprüchlich. Viele der einbezogenen Überblicksarbeiten plädieren für die Kombination verhaltens- und verhältnispräventiver Maßnahmen. Allerdings mangelt es an kontrollierten Evaluationsstudien, um Aussagen über den Nutzen einer derartigen Maßnahmenkombination treffen zu können.
5. *Prävention von Muskel-Skelett-Erkrankungen*
   Allein durch die Vermittlung von Informationen und Wissen gelingt es nicht, Fehlzeiten infolge von Muskel-Skelett-Erkrankungen, die Inzidenz, die Dauer oder die Symptome derartiger Erkrankungen zu reduzieren. Dementsprechend finden sich keine überzeugenden Hinweise auf die Wirksamkeit von Schulungen zu ergonomischen Themen oder des Einsatzes der klassischen Rücken- oder Nackenschule. Körperliche Bewegungsprogramme hingegen können

Inzidenz, Prävalenz und Fehlzeiten bezogen auf Muskel-Skelett-Erkrankungen vermindern.

6. *Ökonomischer Nutzen betrieblicher Gesundheitsförderung*

Durch betriebliche Gesundheitsförderung und Prävention lassen sich die Krankheitskosten um durchschnittlich 26,1 Prozent und die krankheitsbedingten Fehlzeiten um durchschnittlich 26,8 Prozent senken (vgl. Kramer et al., 2009, S. 72 f.). Für Investitionen in Maßnahmen der betrieblichen Gesundheitsförderung liegt der «return on investment» (ROI) gemessen an den Krankheitskosten zwischen 1 : 2,3 bis 1 : 5,9 Dollar, gemessen an fehlzeitenbedingten Kosten zwischen 1 : 2,5 bis 1 : 10 Dollar. Vor allem Mehrkomponenten-Programme sowie Programme für Personen mit Risikofaktoren zeichnen sich durch einen hohen ROI aus.

Evaluation des betrieblichen Gesundheitsmanagements – der Ansatz im Projekt BiG

Das vom BMBF geförderte «Projekt BiG» (Benchmarking in einem Gesundheitsnetzwerk; Förderkennzeichen: 01FA0601, Projektträger: DLR) untersuchte, wie sich Dimensionen eines nachhaltigen Gesundheitsmanagements auf die Leistungsfähigkeit und Leistungsbereitschaft von Mitarbeitern und den ökonomischen Erfolg von Unternehmen auswirken (vgl. Sonntag & Stegmaier, 2010a, S. 8 ff.).

Pfaff (2001) unterscheidet drei Ansätze zur Evaluation gesundheitsbezogener Interventionen (vgl. ausführlich Schraub, Stegmaier & Sonntag, 2010, S. 17 f.): Evaluation von Einzelmaßnahmen (z. B. Rückentraining, Sicherheitstraining, Ernährungsberatung), Überprüfung der Effekte ganzheitlicher Gesundheitsprogramme (z. B. multiple kombinierte Maßnahmen zur Verbesserung des Ernährungsverhaltens oder zur Suchtprävention) sowie eine Managementevaluation der Prozesse, Strukturen, Inhalte und Ergebnisse des betrieblichen

Gesundheitsmanagements. Das «Projekt BiG» verfolgte einen Ansatz der Managementevaluation, in den man neben den Merkmalen des Gesundheitsmanagements auch Aspekte der Arbeitsumgebung in die Evaluation einbezog. Dies erforderte, ein Modell eines nachhaltigen Gesundheitsmanagements zu entwickeln und durch Messinstrumente zu operationalisieren. Hierbei sollten neben den Prozessen, Strukturen und Angeboten des Gesundheitsmanagements als Funktion in der Organisation auch Aspekte der Arbeitsumgebung wie Arbeitsinhalte oder Arbeitsbedingungen betrachtet werden (vgl. Tab III-19).

Grundgedanke des Modells eines nachhaltigen Gesundheitsmanagements ist es, dass sich die Merkmale des Gesundheitsmanagements sowie gesundheitsrelevante Merkmale der Arbeitsumgebung auf die Leistungsfähigkeit und Leistungsbereitschaft von Mitarbeiter(inne)n auswirken, die ihrerseits den ökonomischen Erfolg von Organisationseinheiten beeinflussen (vgl. Sonntag, Büch & Stegmaier, 2010, S. 36 ff.). Zu den Merkmalen des Gesundheitsmanagements zählen Gesundheitsklima (z. B. Sensibilität für Risiken, Stellenwert der Prävention), Strukturen (z. B. Ressourcenausstattung), Strategie (z. B. Steuerkreis «Gesundheit»), Umsetzung (z. B. Rückkehrgespräche), Evaluation (z. B. Optimierung der Angebote durch Evaluationsergebnisse) sowie die Integration der Prozesse des Gesundheitsmanagements mit anderen Managementprozessen (vgl. Michaelis, Stegmaier & Sonntag, 2010, S. 40 ff.).

Die Arbeitsumgebung wird erfasst durch Arbeitscharakteristika (z. B. Rollenklarheit, Feedback, Bedeutsamkeit), Unternehmensklima (z. B. Klima für Initiative und aktives Lösen von Problemen), physische Belastung (z. B. Lärm, schwere körperliche Arbeit), Führung (z. B. Unterstützung, Vertrauen, Gesundheitsförderung), Sicherheitsklima (z. B. Stellenwert von Sicherheit, Einhaltung von Sicherheitsregeln) sowie Unterstützung durch Kolleg(inn)en (z. B. bei Problemen und schwierigen Aufgaben) (vgl. Sonntag, Büch & Stegmaier, 2010, S. 36 ff.). Bei der Leistungsfähigkeit geht

Tabelle III-19: Dimensionen und Variablen zur Operationalisierung eines nachhaltigen Gesundheitsmanagements (Sonntag, Büch & Stegmaier, 2010)

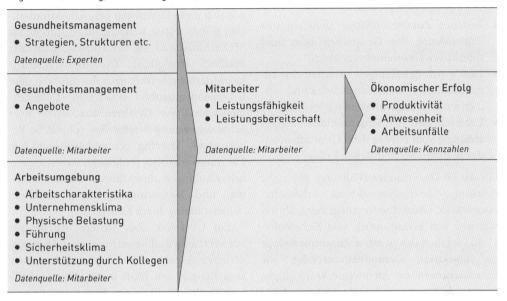

Gesundheitsmanagement		
• Strategien, Strukturen etc.		
Datenquelle: Experten		

Gesundheitsmanagement	Mitarbeiter	Ökonomischer Erfolg
• Angebote	• Leistungsfähigkeit	• Produktivität
	• Leistungsbereitschaft	• Anwesenheit
		• Arbeitsunfälle
Datenquelle: Mitarbeiter	*Datenquelle: Mitarbeiter*	*Datenquelle: Kennzahlen*

Arbeitsumgebung		
• Arbeitscharakteristika		
• Unternehmensklima		
• Physische Belastung		
• Führung		
• Sicherheitsklima		
• Unterstützung durch Kollegen		
Datenquelle: Mitarbeiter		

es um das subjektive Wohlbefinden und das Ausmaß an körperlichen Beschwerden; die Leistungsbereitschaft hingegen betrifft Variablen wie Arbeitsmotivation, Arbeitszufriedenheit sowie organisationales Commitment. Der ökonomische Erfolg schließlich wird mithilfe von Maßen zu Produktivität, Anwesenheit sowie Arbeitsunfällen ermittelt.

Mit einem Mitarbeiterfragebogen wurde das Gesundheitsmanagement, die Arbeitsumgebung und die individuelle Leistungsfähigkeit und Leistungsbereitschaft aus der Perspektive der Mitarbeiter eingeschätzt. Ausgehend von den Befragungsergebnissen wird als Maß der Wahrnehmung und Bewertung des nachhaltigen Gesundheitsmanagements aus der Sicht der Mitarbeiter/-innen der Gesundheitsindex (GI) gebildet. Zwei verschiedene Indizes bilden die Grundlage für den Gesundheitsindex. Der «Mitarbeiterindex Gesundheitsmanagement» (MIG) betrifft die Mitarbeiterbewertung der Angebote und Leistungen des Gesundheitsmanagements. Der «Mitarbeiterindex Arbeitsumgebung» (MIA) bildet die Wahrnehmung der Mitarbeiter bezogen auf Dimensionen ihrer

Arbeitsumgebung wie Arbeitscharakteristika, Unternehmensklima, physische Belastung, Führung, Sicherheitsklima sowie Unterstützung durch Kollegen ab.

Für Experten des werksärztlichen Dienstes, der Sozialberatung, des Betriebsrates, der betrieblichen Gesundheitsförderung und des Arbeitsschutzes wurde eine Expertencheckliste eingesetzt, die es erlaubte, spezifische Strukturen und Prozesse des Gesundheitsmanagements zu bewerten. Ausgehend von den Befragungen der Mitarbeiter und Expert(inn)en wurde schließlich ein Gesundheitsindex ermittelt. Durch den Einsatz von Leitfäden zur Kennzahlenermittlung ließen sich Maße des ökonomischen Erfolgs in den untersuchten Organisationseinheiten feststellen.

Die Studie sollte ermitteln, inwieweit Zusammenhänge zwischen der Qualität eines nachhaltigen Gesundheitsmanagements und der Gesundheit und Leistung von Mitarbeitern bzw. dem ökonomischen Erfolg von Organisationseinheiten bestehen. Rund 2000 Mitarbeiter/-innen verschiedener Branchen nahmen an der Befragung teil. Folgende Fragen standen im Mittelpunkt der Untersuchung (vgl. Sonntag & Stegmaier, 2010a, S. 11):

- Bestehen Zusammenhänge zwischen den Dimensionen des Gesundheitsindex und subjektiven Gesundheitsvariablen?
- Lassen sich Beziehungen zwischen den Dimensionen des Gesundheitsindex und subjektiven Leistungsvariablen nachweisen?
- Unterscheiden sich Organisationseinheiten abhängig vom Niveau ihres Gesundheitsindex in ihrem ökonomischen Erfolg?

Für die GI-Dimensionen (Führung, physische Belastung, Unternehmensklima, Arbeitscharakteristika, Gesundheitsmanagement, Unterstützung von Kolleg(inn)en und Sicherheitsklima) ergaben sich negative Zusammenhänge zu subjektiven Gesundheitsvariablen wie Einschätzungen zu Atemwegserkrankungen, Rückenbeschwerden oder Herz-Kreislauf-Beschwerden sowie positive Zusammenhänge mit dem Wohlbefinden. Auch fanden sich für einzelne der GI-Dimensionen positive Zusammenhänge mit subjektiven Leistungsvariablen wie Eigeninitiative, aufgabenbezogener Leistung, Verbesserungsvorschlägen, Ideengenerierung oder Arbeitszufriedenheit.

Der GI stand darüber hinaus in Beziehung zum ökonomischen Erfolg. Bei Organisationseinheiten mit hoher GI-Ausprägung zeigten sich im Vergleich zu Einheiten mit geringem GI weniger Arbeitsunfälle, geringere Krankenstände sowie eine höhere Personalproduktivität. Die Ergebnisse unterstreichen, dass positive Beziehungen zwischen dem GI als Gesamtmaß bzw. spezifischen GI-Dimensionen und subjektiven Gesundheits- sowie Leistungsvariablen und objektiven Maßen des ökonomischen Erfolgs von Organisationseinheiten bestehen (vgl. Michaelis, Sonntag & Stegmaier, 2010 für eine ausführliche Darstellung der Ergebnisse).

Ausgehend von den Ergebnissen entwickelte und erprobte das «BiG-Projekt» ein Gestaltungsmodell zur gesundheitsorientierten Optimierung der Gestaltung der Arbeitsumgebung (vgl. ausführlich Büch et al., 2010, S. 158 ff.). Für

jede gesundheitsrelevante Dimension der Arbeitsumgebung sind Maßnahmen beschrieben, wie sich diese Dimension gesundheitsförderlicher gestalten lässt. Beispiele für entsprechende Maßnahmen sind: Rollenklarheit schaffen oder Feedback ermöglichen (Arbeitscharakteristika), Mitarbeiterbefragungen durchführen oder Unternehmensleitbild entwickeln (Unternehmensklima), vor Gefahren abschirmen oder Schutzausrüstung bereitstellen (physische Belastungen), Training gesundheitsförderlichen Führungsverhaltens (Führung), Arbeitssicherheitsschulungen durchführen (Sicherheitsklima) und Mentoringprogramme einführen (Unterstützung durch Kollegen).

Ein Überblick über weitere Instrumente zur Erfassung und Bewertung gesundheitsförderlicher Aspekte der Arbeitsumgebung wie zum Beispiel den DGB-Index «Gute Arbeit» (vgl. Fuchs, 2009), einen Sozialkapitalansatz (vgl. Badura, Greiner, Rixgens, Ueberle & Behr, 2008) oder einen Leitfaden für Gefährdungs- und Risikoanalysen (vgl. Sonntag, Benz, Edelmann & Kipfmüller, 2001) findet sich bei Schraub, Stegmaier und Sonntag (2010, S. 25 f.).

3.4 Ausgewählte «pathologische» Phänomene in der Arbeitstätigkeit

3.4.1 Mobbing

«Mobbing» wurde im Laufe der letzten Jahre in der Diskussion um Arbeitsbedingungen immer mehr zum Modewort für sämtliche zwischenmenschlichen Schwierigkeiten in der Arbeitswelt. Eine systematische Aufarbeitung der internationalen Forschung findet sich insbesondere bei Zapf, 1999, sowie Zapf & Einarsen, 2005.

Begriffsentwicklung und Definition

Der in der sozialpsychologischen Forschung bereits verwendete Begriff «Mobbing» beschreibt allgemein die Bedrängung eines stärkeren Wesens durch eine Menge schwächerer (vgl. Niedl, 1995). Im Englischen bedeutet *to mob* «herfallen über; sich stürzen auf». Der verwandte Begriff *bullying* lässt sich mit «tyrannisieren, schikanieren, traktieren» übersetzen und beschreibt schikanöses Vorgesetztenverhalten.

Mit seinem 1993 erschienenen Buch «Mobbing» hat Leymann die Diskussion im deutschsprachigen Raum entfacht. Er definiert Mobbing als «negative kommunikative Handlungen, die gegen eine Person gerichtet sind (von einer oder mehreren anderen) und die sehr oft und über einen längeren Zeitraum hinaus vorkommen und damit die Beziehung zwischen Täter und Opfer kennzeichnen» (Leymann, 1993a, S. 21).

Neuberger (1995) kritisiert Leymanns Definition als zu opferzentriert, von einzelnen Handlungen bestimmt; außerdem werde die wechselseitige Beziehung zwischen Opfer und Täter vernachlässigt. Mobbing stelle vielmehr eine Interaktion zwischen Opfer und Täter dar. Jeder Mobbing-Aktivität folge eine Reaktion des Betroffenen, die wiederum weiteres Verhalten beeinflusst.

Dem interaktiven Ansatz von Neuberger folgend definiert Walter (1993, S. 38) Mobbing als «Konflikte:

- bei denen alle nur verlieren;
- bei denen auf die Dauer einzelne Personen deutlich unterliegen;
- die nichts mehr mit der Suche nach einer Lösung, einem Kompromiss zu tun haben, sondern die nur um ihrer selbst willen geführt werden;
- die aus unsichtbaren, irrationalen Interessen geführt werden;
- bei denen Verhaltensweisen an den Tag gelegt werden, die alle Parteien grundsätzlich verurteilen und für die beide Seiten keine Verantwortung übernehmen;
- bei denen die Parteien sich gegenseitig für die Eskalation verantwortlich machen;
- bei denen ein sichtbarer Streitgrund, der rational zu lösen wäre, nicht oder nicht mehr erkennbar ist;

- bei denen alle Beteiligten eine rationale Auseinandersetzung ablehnen und auf der in ihren Augen berechtigten emotionalen Position bestehen;
- die sich durch beiderseitige Hilflosigkeit auszeichnen.»

Zuschlag (2001) entwickelte ein mehrdimensionales Modell, in dem Angreifer, Betroffene sowie die äußeren Rahmenbedingungen gesellschaftlicher und betrieblicher Art den Mobbing-Prozess mitbeeinflussen. Bei der Definition von Mobbing seien «Art der Mobbing-Handlungen», «Mobbing-Häufigkeit» und «Mobbing-Intensität» der einzelnen Handlungen zu berücksichtigen. Diese drei Dimensionen seien sowohl von Angreifer- als auch von Betroffenenseite zu betrachten. Zuschlag (2001) geht von einer grundsätzlichen Täter-Absicht aus. Allerdings gebe es auch sensible Menschen, die «normale Handlungen» missverstehen und als Mobbing empfinden.

Ursachen von Mobbing

Zapf (1997) teilt die Ursachen von Mobbing in vier Gruppen:

1. Ursachen in der Organisation (Führung, Unternehmenskultur, Arbeitsstress und Arbeitsorganisation),
2. Ursachen in den Angreifern,
3. Ursachen in der sozialen Gruppe (Feindseligkeiten, Neid, Gruppendruck sowie die Tendenz, Sündenböcke zu suchen),
4. Ursachen in der Person des Betroffenen (Persönlichkeit, Qualifikation, soziale Fähigkeiten und vorhandene Stigmata).

Ferner sind neben den von Zapf (1997) genannten Ursachen für Mobbing zu beachten:

5. die Interaktionen zwischen Angreifern und Betroffenen,
6. das moralische Niveau in der Abteilung und Organisation sowie
7. gesellschaftliche Bedingungen.

Zu 1. Organisationale und soziale Arbeitsbedingungen

Die allgemeine beschreibende Literatur zu Mobbing (vgl. Brinkmann, 1995; Leymann, 1993a; Prosch, 1995; Wolmerath, 2012; Zuschlag, 2001) sieht vor allem Arbeitsbelastungen und organisatorische Mängel als wesentliche Faktoren bei der Entstehung von Mobbing. Dazu gehören nach Brinkmann (1995) zum Beispiel wettbewerbsorientierte Beförderungssysteme, Arbeitsteilung, Abhängigkeiten von anderen und unzureichende Konfliktlösefähigkeit. Walter (1993) dagegen sieht in der Arbeitsunsicherheit, der fehlenden Anerkennung und Unterstützung, im Informationsmangel und in unklaren, widersprüchlichen Aufträgen Ursachen für das Auftreten von Mobbing. Übereinstimmend schreibt man unzureichender Kommunikation eine zentrale Rolle bei der Entstehung von Mobbing zu.

Einarsen, Raknes und Matthiesen (1994) untersuchten Faktoren wie Herausforderung durch die Arbeit, soziales Klima, Führungsverhalten, Handlungsspielraum, Arbeitsbelastung sowie Rollenkonflikte und -unklarheiten (s. Tab. III-20).

Dabei stellten sie einen Zusammenhang zwischen Mobbing und erlebten Rollenkonflikten fest. Eine entscheidende Rolle bei der Vorhersage von Mobbing in Organisationen spielten weiterhin das Führungsverhalten (Unterstützung und Führung, Organisation, Rückmeldung, Anerkennung der Arbeit) und die Handlungskontrolle (Möglichkeit, die Art und Weise der Arbeitsausführung selber zu bestimmen; Möglichkeit, die Arbeit ohne Einmischung des Vorgesetzten auszuführen). Die Autoren erklären diese Ergebnisse mithilfe der interaktionistischen Aggressionstheorie von Felson (1992). Danach führen stressreiche Bedingungen auf indirekte Weise zu aggressivem Verhalten. Eine weitere Bedingung ist das Verhalten des «Opfers». «Bedrängte» und unsichere Menschen verursachen in solchen stressreichen Situationen Groll und Unzufriedenheit der Außenstehenden, da sie zum Beispiel Erwartungen missachten, andere ablehnen, weniger Kompetenz ausstrahlen oder soziale Normen verletzen. Der verletzte Mensch reagiert dem unsicheren Menschen gegenüber mit Aggressionen.

In der Untersuchung von Vartia (1996) zeigte sich ein deutlicher Zusammenhang zwischen Mobbing, dem sozialen Arbeitsklima (Kommunikation, sozialem Umgang, Neid u. a.), der allgemeinen Arbeitsatmosphäre (kompetitiv, streitsüchtig u. a.) und dem Problemlöseverhalten (keine Gespräche, stattdessen Anordnungen und Einsatz von Autorität) (s. Tab. III-20).

Zapf et al. (1996) verglichen Arbeitsbedingungen von Mobbing-Betroffenen mit denen von Arbeitstätigen in der Metallindustrie,

Tabelle III-20: Organisationale Ursachen für die Entstehung von Mobbing *(Fortsetzung nächste Seite)*

	Einarsen, Raknes & Matthiesen (1994)	Vartia (1996)	Zapf, Knorz & Kulla (1996), Zapf (1997)
Untersuchte Stichproben	Mitglieder von Gewerkschaften folgender Berufsgruppen: • Lehrer • Beamte und Angestellte • Beschäftigte in der Gastronomie • Elektriker • Angestellte im Bereich Handel und Banken • Grafiker	Beamte im städtischen oder Gemeindedienst: 48 % Verwaltung 12 % Nahrungsmittelbereich und grundlegende Dienstleistungen	Soziale Dienste Handel und Banken Schule/Universität Verwaltung Industrie (Angestellte) Industrie (Arbeiter) Medien Gastronomie

Tabelle III-20: *(Fortsetzung)*

	Einarsen, Raknes & Matthiesen (1994)	Vartia (1996)	Zapf, Knorz & Kulla (1996), Zapf (1997)
Mobbing-Betroffenheit	am stärksten: • Beschäftigte in der Gastronomie • Grafiker am geringsten: • Arbeitgeber • Lehrer		am stärksten: • Soziale Dienste • Handel • Schule/Universität am geringsten: • Gastronomie • Medien • Industriearbeiter
Untersuchte Arbeits-bedingungen	• Herausforderung durch Arbeit • soziales Klima • Führungsverhalten • Handlungs- und Entscheidungsspiel-raum • Arbeitsbelastung • Rollenkonflikt • Rollenunklarheit	• allgemeine Arbeits-bedingungen (Monotonie, Autonomie, Zeitspiel-raum) • allgemeine Arbeitsatmo-sphäre (kompetitiv, unterstützend, ange-nehm, düster) • Problemlöseverhalten, Gespräche, Anordnungen, (keine Problemlöse-versuche) • psychologische Arbeits-bedingungen (Bespre-chung von Aufgaben und Zielen, Informationsfluss, eigene Meinungen in die Arbeit einbringen, Handlungsspielraum) • soziales Klima (Kommunikation, sozialer Umgang)	• Arbeitskomplexität • Handlungsspielraum • Variabilität • Zeitspielraum • Kommunikation • Kooperation • soziale Stressoren • soziale Unterstützung durch Vorgesetzte, Kollegen, Partner, Andere
Arbeitsbedin-gungen, die in Zusammenhang mit Mobbing gefunden wurden	• erlebte Rollenkonflikte • geringe Zufriedenheit mit dem Führungsver-halten • geringer Handlungs- und Entscheidungs-spielraum • schlechtes soziales Klima	• kompetitive Arbeits-atmosphäre • Anordnungen, unzurei-chende demokratische Konfliktlösungen • geringe Ausprägung der psychologischen Arbeitsbedingungen • schlechtes soziales Arbeitsklima	• geringer Zeitspielraum • hohe soziale Stressoren • geringe soziale Unterstützung • Kooperations-erfordernisse • höherer Handlungs-spielraum
Erklärende Varianzanteile	Arbeitsbedingungen erklären 10 % der Gesamtvarianz der Gesamtstichprobe. Bei der Gruppe der Grafiker sind es 24 %.	Allgemeine Arbeits-atmosphäre, soziales Arbeitsklima und Problem-löseverhalten erklären 24 % der Gesamtvarianz von Mobbing	

Benutzern von Bürosoftware sowie einer Kontrollgruppe. Danach gaben die Betroffenen signifikant mehr Handlungsspielraum als die Vergleichsgruppen an, jedoch war dieser geringer als derjenige der Kontrollgruppe. Darüber hinaus lag bei der Gruppe von Mobbing-Betroffenen im Vergleich zu den Büroangestellten ein geringerer Zeitspielraum vor. In der Untersuchung von Knorz und Zapf (1996) zeigten sich bei den Mobbing-Betroffenen deutlich mehr erlebte soziale Stressoren bei gleichzeitig geringerer sozialer Unterstützung durch Vorgesetzte und Kollegen.

In einer weiteren Untersuchung mit Mobbing-Betroffenen aus Selbsthilfegruppen und Beratungsstellen stellte Zapf (1997) fest, dass Betroffene, die organisatorische Probleme als Ursache für Mobbing sehen, gleichzeitig einen geringeren Handlungsspielraum angeben, mehr Unsicherheit (z. B. regelmäßige Anweisungen von unterschiedlichen Personen bzw. unklare Anweisungen) und mehr organisatorische Probleme (z. B. dass genaue Richtlinien oder Materialien zum reibungslosen Arbeitsablauf fehlen oder dass viel Zeit mit der Beschaffung von Material vertan wird).

Notelaers, de Witte und Einarsen (2010) konnten bei einer belgischen Stichprobe von rund 6000 befragten Personen nachweisen, dass vor allem Rollenkonflikte und Rollenambiguität in einer positiven Beziehung zum Vorkommen von Bullying standen. Aber auch mangelnde Partizipation an Entscheidungen, eine hohes Arbeitsvolumen, Veränderungen der Arbeitsbedingungen, Arbeitsplatzunsicherheit sowie fehlendes aufgabenbezogenes Feedback gingen mit vermehrtem Bullying einher. Auch Hauge, Skogstad und Einarsen (2009) fanden bei einer norwegischen Stichprobe mit rund 2400 Befragten Belege, dass Rollenkonflikte sowie interpersonale Konflikte in positiver Beziehung zum Auftreten von Bullying standen. Außerdem zeigte sich in ihrer Studie, dass die Wahrscheinlichkeit, selbst Bullying-Verhaltensweisen zu zeigen, steigt, wenn man Opfer von Bullying durch andere war. Hierbei spielte die Häufigkeit, mit der

man von Bullying betroffen war, keine Rolle. Schließlich konnten Hauge, Skogstad und Einarsen (2007) demonstrieren, dass zusätzlich zu Rollenkonflikten und interpersonalen Konflikten auch ein Laissez-faire-Führungsstil positiv mit der Verbreitung von Bullying zusammenhing. Wenn sich ein Vorgesetzter/eine Vorgesetzte scheut, in kritischen und stressrelevanten Situationen zu intervenieren, scheint die Prävalenz von Bullying anzusteigen.

Zu 2. Person des Angreifers

Nach Zapf (1997) meinen 64 Prozent der Mobbing-Betroffenen, die Ursache für die Angriffe auf die eigene Person bestehe darin, dass eine bestimmte Person andere beeinflusste. Er weist allerdings zu Recht darauf hin, dass dies durchaus eine Fehleinschätzung sein könnte, da man negative Ereignisse nach der Attributionstheorie eher Menschen und nicht Umständen oder Situationen zuschreibt.

Nach Zuschlag (2001, S. 25) beeinflussen Ziele und Ängste von Mobbing-Tätern deren Handlungsantrieb. Als Ziele von Führungskräften in Bezug auf Mitarbeiter/-innen nennt er zum Beispiel:

- «Mitarbeiter disziplinieren und gefügig machen»,
- «Freude an der Machtausübung haben» oder
- «durch ständiges Kritisieren und Befehlen die eigene Kompetenz demonstrieren wollen».

Mögliche Ziele von Mitarbeitern könnten sein:

- «Kollegen wichtige Informationen vorenthalten, um durch diesen Informationsvorsprung den eigenen Arbeitsplatz zu sichern»,
- «durch schlechtes Reden über bestimmte Mitarbeiter deren Intrigen entgegenzutreten» oder
- «Verweigerung der Kooperation mit Mitarbeitern, die bekanntermaßen Aufträge zu umständlich oder verzögert bearbeiten und dadurch die Arbeitseffizienz anderer beeinträchtigen».

Auch Ängste spielen nach Zuschlag (2001) eine wichtige Rolle bei der Entstehung von Mobbing. Zu den Ängsten der Führungspersonen gehören:

- «Angst vor Autoritätsverlust und Machteinbuße im Unternehmen»,
- «Angst davor, dass sich Mitarbeiter über offenkundige Schwächen der Führungskraft lustig machen und das womöglich noch den für ihre Karriereentwicklung wichtigen Führungskräften zutragen».

Als Ängste der Kolleg(inn)en nennt Zuschlag (2001):

- «Sie fürchten, dass andere ihnen den Arbeitsplatz streitig machen wollen.»
- «Sie fürchten, dass andere sie aus der Gunst des Chefs vertreiben.»
- «Sie fürchten, dass andere über sie ‹tratschen› und dabei unangenehme Tatsachen über sie ausplaudern oder peinliche Gerüchte in Umlauf setzen.»

Zu 3. Soziale Gruppe

Die soziale Gruppe als Ursachenfaktor ist kaum von den einzelnen Angreifern zu trennen, da schwer einzuschätzen ist, ob ein einzelner Mensch oder eine gesamte Gruppe für das Mobbing-Verhalten verantwortlich ist.

Nach Vartia (1996) sehen 63 Prozent der Betroffenen die Ursache von Mobbing in Neid, 38 Prozent im Konkurrenzkampf um Aufgaben oder Vorteile und 34 Prozent im Konkurrenzkampf um die Gunst und Anerkennung der Vorgesetzten.

Zu ähnlichen Ergebnissen gelangten Björkqvist, Österman und Hjelt-Bäck (1994). Unter allen Befragten, ob Mobbing-Betroffene oder nicht, gaben als Ursachen für Mobbing zirka 54 Prozent «Konkurrenzkampf um Status» an, zirka 48 Prozent «Unsicherheit der Aggressoren», zirka 45 Prozent «Konkurrenz um die Position» und zirka 38 Prozent «Neid».

Eriksen und Einarsen (2004) konnten in ihrer Studie mit rund 6500 Pflegehilfskräften demonstrieren, dass Männer, die in diesem Berufsfeld im Vergleich zu Frauen eine Minderheit darstellen (Gender-Minderheit), häufiger als Frauen von Bullying betroffen waren. 10,2 Prozent der Männer und 4,3 Prozent der Frauen aus der Stichprobe berichteten, ein Ziel von Bullying gewesen zu sein. Die Autoren nehmen an, dass Angehörige einer Gender-Minderheit in einer Arbeitsgruppe in exponierter Position sind, die es wahrscheinlicher macht, dass sie Ziel von Bullying werden, vor allem wenn ihr Handeln und ihre Werte als Bedrohung der gendergeprägten Kultur wahrgenommen werden. Eriksen und Einarsen (2004) verweisen in diesem Zusammenhang auf Befunde anderer Studien, die zeigen konnten, dass Frauen in Berufsfeldern, in denen sie die Gender-Minderheit repräsentieren, ebenfalls häufiger das Ziel von Bullying wurden (z. B. Tätigkeit bei der Feuerwehr).

Zu 4. Person des Betroffenen

Zuschlag (2001) betont im Gegensatz zu Leymann (1993a), dass es Faktoren in der Person des Opfers gebe, die Mobbing-Aktivitäten verstärken. Eine klare Zuordnung zur Opfer- bzw. Täterrolle sei somit nicht immer eindeutig möglich. Der Begriff «Akteure» beschreibt in diesem Sinne die Bedeutung beider Parteien für das Mobbing-Geschehen, zumal Opfer zu Tätern und Täter zu Opfern werden können. Danach verursachen Betroffene oft durch ihr Verhalten die Mobbing-Aktionen. Es sind dies «viktimologische Anreize», die vom potenziellen Opfer ausgehen. Dazu zählen Leistungsprobleme, gestörte Persönlichkeit, soziale Anpassungsprobleme, Auffälligkeiten der äußeren Erscheinung und Krankheit.

Brinkmann (1995) geht ebenfalls davon aus, dass Opfer «berechtigten Anlass zu Ablehnung und Aggression» geben können. Er listet Verhaltensweisen der Opfer auf, die als Reaktion auf konkretes Fehlverhalten von Vorgesetzten und Kollegen gewählt werden und die potenzielle Mobber aktivieren:

- Mangelndes Leistungsvermögen:
  - mangelnde Kenntnisse, Fähigkeiten und Fertigkeiten,

- geringe Leistungsmotivation,
- Sprengen der heimlichen Leistungs-
  norm.
- «Persönlichkeitsverbiegungen»:
  - Charakterfehler (Arroganz, Lügen, Dis-
    tanzlosigkeit, mangelndes Taktgefühl,
    Prahlen).
- Probleme der sozialen Anpassung:
  - Regeln und Normen der Organisation
    missachten,
  - sich außerhalb der Gruppe stellen,
  - gemeinsame Aktivitäten meiden.

Zapf (1997) befragte Mobbing-Betroffene sowie Personen einer Kontrollgruppe unter anderem hinsichtlich ihrer sozialen Fähigkeiten
im Konfliktfall. Dabei ließ sich kein eindeuti-
ger Zusammenhang zwischen mangelnden sozialen Fähigkeiten und Mobbing-Betroffenheit
feststellen. Zapf teilte die von Mobbing betroffenen Menschen nach der Stärke ihrer sozialen
Fähigkeiten in drei Gruppen ein und verglich
sie mit der Kontrollgruppe. Bei den Mobbing-
Betroffenen mit geringen sozialen Fähigkeiten
lag in Konfliktsituationen signifikant stärkeres
Vermeidungs-, geringeres Integrations- und
stärkeres Gefälligkeitsverhalten vor. Außerdem zeigten sie deutlich höhere Werte auf der
Angstskala (vgl. Mohr, 1986). Zu berücksichtigen ist jedoch, dass durch diese Untersuchung
keine Ursache-Wirkungs-Zusammenhänge zu
belegen waren. Jedoch scheint es Menschen
unter den Betroffenen zu geben, die weniger
soziale Fähigkeiten besitzen, die schüchtern
und wenig sensibel für entstehende Konflikte
sind, die es nicht schaffen, ein stabiles soziales
Netzwerk aufzubauen, oder die Konflikte vermeiden bzw. nicht fähig sind, unterschiedliche
Meinungen zu integrieren.

Zu 5. Interaktion zwischen Mobbern und Gemobbten

Besonders Walter (1993) sieht Mobbing als
Kommunikations- und Interaktionsproblem.
Wie eine Botschaft beim Empfänger ankommt,
hängt seiner Meinung nach nicht nur vom Inhalt der Botschaft selbst ab, sondern auch von

deren Interpretation durch den Empfänger.
Walter benutzt das Modell der Transaktions-
analyse zur Erklärung von Kommunikations-
störungen, die zu Konflikten und weiter zu
Mobbing führen können. Resch (1994) sieht
die beiden Parteien im beginnenden Kampf als
gleichwertig, bis eine Partei kräftemäßig unterliegt. Er betont, dass man in Bezug auf Opfer und Täter nicht von «gut» und «böse» sprechen kann. Bereits einfache Antipathie und
Sympathie können nach Knorz (1994) und
Walter (1993) Konflikte zwischen Mitarbeitern
verursachen.

Lee und Brotheridge (2006) untersuchten
Bullying in einer Stichprobe von 180 Kanadi-
ern aus unterschiedlichen Berufsfeldern und
Branchen. Sie identifizierten drei Formen von
Bullying: verbale Angriffe, Herabsetzungen
sowie Behinderungen des Arbeitsfortschritts.
Auf verbale Angriffe sowie Behinderungen des
Arbeitsfortschritts reagierten die Bullying-
Betroffenen in reziproker Weise ebenfalls mit
Angriffen und Behinderungen. Verbale Angriffe führten bei den Betroffenen eher zu
problembezogenem Coping. Herabsetzungen
hingegen führten bei den Betroffenen zu
Selbstzweifeln, passivem Coping sowie zum
Ignorieren des Angreifers. Die Selbstzweifel
ihrerseits gingen mit erhöhtem Burnout und
verstärkten gesundheitlichen Beeinträchtigungen der Betroffenen einher. Diese Ergebnisse
zeigen zum einen, dass die Erfahrungen, die
man als Betroffener von Bullying macht, Einfluss darauf nehmen, in welcher Form man
selbst Bullying-Verhaltensweisen gegenüber
anderen zeigt und welche Coping-Strategien
man wählt. Zum anderen wird deutlich, dass
Bullying vermutlich nicht direkt, sondern vermittelt über verstärkte Selbstzweifel negativ
auf die Gesundheit wirkt.

Zu 6. Moralisches Niveau in der Abteilung

In Form von Unternehmensphilosophien legen Grundsätze des Unternehmens die Art der
Mitarbeiterführung und den Umgang mit Abweichlern fest, um für jeden ersichtlich die
Grenzen und Einstellungen des Unternehmens

abzustecken. Diese Grundsätze sollen sich auch im Umgang der Mitarbeiter untereinander zeigen.

Vorgesetzte und Unternehmensleitungen fungieren im Umgang mit Außenseitern als Vorbilder. Nach Knorz (1994) übertragen sich negative Vorbilder im Umgang mit Fremden und Abweichlern auf die Mitarbeiter und leisten Mobbing-Handlungen Vorschub. Erteilen Vorgesetzte bzw. die Unternehmensleitung Fremdenhass und Ausgrenzung eine klare Absage, so macht dies es den Mitarbeitern schwerer, solche Einstellungen im Umgang mit Kolleg(inn)en auszuleben. Die Einstellung des Betriebes kann zum Beispiel in Form einer Mobbing-Vereinbarung ihren Ausdruck finden, wie sie etwa im Mai 1996 in Zusammenarbeit mit dem Betriebsrat bei VW entwickelt wurde. Das macht die Einstellung der Unternehmensführung zu Mobbing-Aktionen deutlich. Mobbing-Aktionen werden verurteilt und Mobbing-Täter ermahnt; zumindest intendiert dies die Vereinbarung.

Zu 7. Gesellschaftliche Rahmenbedingungen

Angst vor Arbeitsplatzverlust wird als zentrale Ursache für Mobbing diskutiert. Nach Prosch (1995) begünstigt die jeweils aktuelle Wirtschaftslage eine entsprechende Mobbing-Kultur. Betroffene können sich bei schlechter Arbeitsmarktlage der Konfliktsituation nicht mehr entziehen, indem sie kündigen und die Stelle wechseln. Stattdessen müssen Konflikte ausgetragen werden, und Mobbing ist gegebenenfalls in Kauf zu nehmen.

Verbreitung und Phänomenologie von Mobbing-Handlungen

Wie Tabelle III-21 verdeutlicht, fand der größte Teil der ersten empirischen Untersuchungen in skandinavischen Ländern statt.

Der deutschsprachige Raum verfügt über die Ergebnisse der Untersuchungen von Niedl (1995), die er im Zeitraum von 1992 bis 1993 durchgeführt hat, und über diejenigen von Knorz (1994; vgl. auch Knorz & Zapf, 1996).

Eingesetzt wurde größtenteils der «Leymann Inventory of Psychological Terrorization» (LIPT). Einarsen und Raknes (1991) legten ihren Probanden eine ausführliche Definition von Mobbing vor, nach der sie einschätzen sollten, ob sie im Laufe der letzten sechs Monate einem Mobbing am Arbeitsplatz ausgesetzt waren.

Björkqvist et al. (1994) setzten in ihrer Fragebogenuntersuchung die «Work-Harassment-Scale» *(WHS)* ein (vgl. Björkqvist & Österman, 1992), entwickelt aus dem LIPT von Leymann. Dabei legt man den Probanden konkrete Beschreibungen von Mobbing-Situationen vor. Anhand einer Skala (von 0 bis 4) schätzen sie die Häufigkeit der erlebten Handlungen ein.

Ein Vergleich der Daten aus den unterschiedlichen Untersuchungen ist nur bedingt möglich, weil

- nicht alle Studien denselben Erhebungsbogen zur Feststellung von Mobbing benutzten,
- nicht jede Studie zu sämtlichen phänomenologischen Fragen Daten erhob und
- die Daten teilweise unterschiedlich zusammengefasst und ausgewertet wurden.

Operationalisierung von Mobbing-Handlungen

In der Diskussion um die Möglichkeiten der unterschiedlichen Handlungen, die Mobbing ausmachen, beziehen sich viele Autoren auf den LIPT (vgl. Leymann 1996a). Der LIPT teilt 45 Mobbing-Handlungen in fünf Gruppen ein. Einige Beispiele nennt Infobox III-13.

Die Operationalisierung von Mobbing-Handlungen ist nicht unumstritten. So kritisiert Neuberger (1995), dass es keine genauen Informationen darüber gibt, wie es zur Auswahl dieser 45 Handlungen gekommen ist. Die Liste sei unvollständig, es gibt keine Gewichtung von «schwereren» und «leichteren» Handlungen, einige Aussagen ähneln sich in ihren Formulierungen, und zum Teil sind sie auf sehr unterschiedlichem Abstraktionsniveau angesiedelt. Bestimmte Items sind akti-

Tabelle III-21: Empirische Untersuchungen zu Mobbing

Autoren	Jahr	Land	Stichproben-größe	Art der Stichprobe
nach Leymann & Talgren (aus Leymann, 1993a).	1990	Schweden	n = 171	Mitarbeiter in einem Stahlwerk
nach Leymann (aus Leymann, 1993a).	1991	Schweden	n = 2438	Zufallsstichprobe unselbstständig Beschäftigter
Einarsen & Raknes	1991	Norwegen	n = 460	Werftarbeiter
Einarsen, Raknes & Matthiesen	1994	Norwegen	n = 2215	Mitglieder von 7 verschiedenen Fachgewerkschaften
Björkqvist, Österman & Hjelt-Bäck	1994	Finnland	n = 338 n = 19 Interviews	Universitätsangestellte
Vartia	1993	Finnland	n = 984	Bedienstete der öffentlichen Verwaltung
Vartia	1996	Finnland	n = 949	Städtische Angestellte
Niedl	1995	Österreich	n = 63	Forschungsinstitut Krankenhaus
Niedl	1996	Österreich BRD	n = 368 n = 10 Interviews	Patient(inn)en einer psychosomatischen Klinik
Knorz Knorz & Zapf	1994 1996	BRD	n = 50 n = 21 Interviews	Mitglieder von Selbsthilfegruppen + Betroffene
Pilotprojekt der Barmer Ersatzkasse	1994	BRD	n = 103	Betroffene, die Mobbing-Beratung aufsuchten
Zapf, Knorz & Kulla	1996	BRD	n = 99	Betroffene aus Selbsthilfegruppen und Beratungen

onsbezogen, andere jedoch erfordern subjektive Bewertungen. Die Zuordnung zu den fünf Kategorien scheint inkonsistent. Erfasst werden retrospektive Einschätzungen bzw. eine Momentaufnahme des gesamten Prozesses, was durchaus suggestiv wirken kann (vgl. Niedl, 1995). In Frage gestellt wird die dichotomisierende Einteilung in «Mobbing» (wenn eine der 45 Handlungen mindestens einmal pro Woche über ein halbes Jahr hinweg erlebt wurde) und «kein Mobbing» (wenn diese Kriterien nicht erfüllt sind). Neuberger (1995) schlägt ein Kontinuum mit den Polen «kein Mobbing» und «extremes Mobbing» vor. Dabei könnte sich der Grad bzw. die Intensität von Mobbing aus «Kombinationen von Inhalten, Schweregraden, Häufigkeiten und Dauerangaben» zusammensetzen.

Zapf, Knorz und Kulla (1996) führten mithilfe zweier unterschiedlicher Stichproben von Betroffenen (n = 50 und n = 99) eine Faktorenanalyse durch. Für den Vergleich und die Bestimmung gemeinsamer Faktoren aus beiden Stichproben legten sie folgende Kriterien zugrunde:

- In beiden Fällen müssen ähnliche Faktoren erkennbar sein.
- Nur die Items wurden ausgewählt, die in gleicher Weise auf dem entsprechenden Faktor laden.
- Einige Items wurden aufgrund theoretischer Betrachtungen von einem Faktor ausgeschlossen.

Die Autoren fanden sieben Faktoren, beschrieben durch 38 Items des LIPT; die Anzahl der Items ist in Klammern aufgeführt:

1. Angriffe auf das Opfer mit arbeitsbedingten Methoden (11),
2. Angriffe auf die sozialen Beziehungen des Opfers durch soziale Isolation (7),
3. Angriffe auf das Privatleben des Opfers (7),
4. physische Gewalt (6),
5. Angriffe auf die Einstellung des Opfers (2),
6. verbale Aggression (3),
7. Gerüchte (2).

Zur Überprüfung ihrer gegenseitigen Unabhängigkeit wurden die sieben Faktoren miteinander korreliert. Die Korrelationswerte lagen zwischen .00 («Gerüchte» und «Angriffe auf die Einstellung») und .52 («Gerüchte» und «Soziale Isolation»).

Bei der Kontrollgruppe mit n = 61 nicht von Mobbing Betroffenen lagen sieben Korrelationen über .50. Nach Auffassung der Autoren lässt sich daraus schlussfolgern, dass die Mobbing-Faktoren einerseits voneinander abhängen, da sich Mobbing meist nicht auf eine einzelne Handlung begrenzt. Andererseits fallen die Korrelationen nicht zu hoch aus, was gleichzeitig für eine Diskrimination der Faktoren spricht.

Zapf, Knorz und Kulla (1996) weisen darauf hin, dass die von ihnen extrahierten Faktoren inhaltlich übereinstimmen mit den sechs Faktoren von Vartia (1993): Verleumdung; Ausgrenzung aus Sozialkontakt und Kommunika-

---

Infobox III-13

Beispiel-Items für Mobbing-Handlungen, entnommen aus dem «Leymann Inventory of Psychological Terrorization» (LPTI) (vgl. Leymann, 1996a)

1. **Angriffe auf die Möglichkeiten, sich mitzuteilen**
   z. B.: Ich werde ständig unterbrochen. Kontaktverweigerungen durch abwertende Blicke oder Gesten.

2. **Angriffe auf die sozialen Beziehungen**
   z. B.: Man spricht nicht mehr mit mir. Versetzung in einen Raum weitab von den Kollegen.

3. **Angriffe auf das soziale Ansehen**
   z. B.: Hinter meinem Rücken wird schlecht über mich gesprochen.
   Man zwingt mich, Arbeiten auszuführen, die mein Selbstbewusstsein verletzen.

4. **Angriffe auf die Qualität der Berufs- und Lebenssituation**
   z. B.: Man weist mir keine Arbeitsaufgabe zu. Man gibt mir sinnlose Aufgaben.

5. **Angriffe auf die Gesundheit**
   z. B.: Zwang zu gesundheitsschädigenden Aufgaben. Sexuelle Handgreiflichkeiten.

---

tion; Zuteilung von übermäßig schweren oder zu einfachen Aufgaben; Drohungen oder Kritik an der Arbeit; physische Gewalt oder deren Androhung; Anspielungen und Infragestellen der geistigen Gesundheit; und den sieben Faktoren von Niedl (1995): aktive Angriffe auf die persönliche Integrität; Ausgrenzung; direkte/indirekte Kritik; Sanktionen durch die Arbeitsaufgabe; Drohungen; sexuelle Übergriffe und Angriffe auf die Privatsphäre.

Die Verteilung erlebter Mobbing-Häufig-keiten auf die sieben Mobbing-Faktoren ist sehr unterschiedlich. Mobbing wird vor allem durch *Gerüchte* und *Angriffe auf die sozialen Beziehungen* ausgeübt. *Physische Gewalt* und *Angriffe auf die Einstellungen* erleben die Betroffenen dagegen eher selten.

Willingstorfer, Schaper und Sonntag (2002) haben mit einer Stichprobe von 61 Mobbing-Betroffenen untersucht (Studie 1), inwieweit sich die erlebte Mobbing-Intensität angemessen durch eine Skalierung der Häufigkeit, Dauer, Anzahl sowie Betroffenheitsstärke verschiedener Mobbing-Handlungen ermitteln lässt. Um die Validität der verschiedenen Mobbing-Maße bewerten zu können, ermittelten sie Zusammenhänge mit den Kriterien «selbsteingeschätzte Gesamt-Mobbing-Betroffenheit», «soziale Stressoren» sowie «psychosomatische Beschwerden» und «Belastetheit/Gereiztheit».

Zur Erfassung der Mobbing-Handlungen setzten die Autoren den «Leymann Inventory of Psychological Terrorization» (LIPT) ein (vgl. Leymann, 1996a). Allerdings wählten sie keine dichotome Antwortmöglichkeit, sondern eine fünfstufige Häufigkeitsskalierung der jeweiligen Mobbing-Handlung (täglich, fast täglich, einmal pro Woche, seltener, nie). Auch die Dauer der Mobbing-Handlungen wurde auf einer fünfstufigen Skala beurteilt (länger als zwei Jahre, ein bis zwei Jahre, zirka ein halbes Jahr, seltener, nie) und ebenso die Betroffenheitsstärke, bezogen auf die einzelnen Mobbing-Handlungen (extrem stark, stark, etwas, kaum, gar nicht). Die Anzahl der Mobbing-Handlungen ergab sich durch Aufsummierung aller Handlungen, deren Häufigkeit mindestens als selten eingestuft wurde. Die Gesamt-Mobbing-Betroffenheit schätzten die Probanden auf einer Skala von 1 bis 100 ein (1 – überhaupt keine Betroffenheit, 100 – extrem starke Betroffenheit). Folgende Skalen wurden zusätzlich eingesetzt: «Skala zur Erfassung psychosomatischer Beschwerden sowie Gereiztheit und Belastetheit» (vgl. Mohr, 1986), «Skala zu sozialen Stressoren am Arbeitsplatz» (vgl. Frese & Zapf,

1987) sowie den «Arbeitsbeschreibungsbogen» (vgl. Neuberger & Allerbeck, 1978).

Betroffenheitsstärke und Häufigkeit der Mobbing-Handlungen korrelierten mit .90. Im Mittel ergab sich für die Häufigkeitsskalierung der Mobbing-Handlungen ein Cronbach's-Alpha von .76 und für die Skalierung der Betroffenheitsstärke von .73. Die Gesamt-Mobbing-Betroffenheit korrelierte mit der Anzahl der Mobbing-Handlungen (r = .39), deren Häufigkeit (r = .51) und Dauer (r = .36) sowie der Betroffenheitsstärke durch die Mobbing-Handlungen (r = .56). Vor allem die Betroffenheitsstärke und die Häufigkeit der Mobbing-Handlungen standen in positiver Beziehung zu den sozialen Stressoren (r = .61 bzw. r = .55) und in negativer Beziehung zur Arbeitszufriedenheit (r = −.47 bzw. r = −.40). Die Zusammenhänge der Mobbing-Maße mit den psychosomatischen Beschwerden und der Gereiztheit/Belastetheit waren eher gering und meist nicht signifikant.

Die Skalierungen der Häufigkeit und Betroffenheitsstärke, bezogen auf Mobbing-Handlungen, erwiesen sich als reliable und valide Maße, um die Mobbing-Intensität zu bestimmen. Beide Maße korrelierten hoch miteinander, so dass man bei der Bestimmung der Mobbing-Intensität auf eines der beiden Maße verzichten kann. Da der Mittelwert der Reliabilitätskennwerte über die einzelnen Mobbing-Handlungen bei der Häufigkeitsskala am höchsten und die Streuung der Reliabilitäten bei der Häufigkeitsskalierung am geringsten war, empfehlen Willingstorfer et al. (2002), die Mobbing-Intensität durch das Häufigkeitsmaß zu bestimmen.

In Studie 2 analysierten Willingstorfer, Schaper und Sonntag (2002) mit einer Stichprobe von 105 Mitarbeitern eines Dienstleistungsunternehmens Zusammenhänge zwischen verschiedenen Mobbing-Maßen und sozialen Stressoren sowie Variablen des Betriebsklimas und der Arbeitszufriedenheit. Außerdem untersuchten sie, inwieweit sich Mobbing-Betroffene, Nichtbetroffene und Mobbing-Beobachter darin unterschieden, wie zufrieden sie mit der Arbeit waren und wie sie das Betriebsklima erlebten.

Die Häufigkeit der Mobbing-Handlungen wurde durch die «Work Harassment Scale» (WHS) von Björkqvist und Österman (1992) eingeschätzt. Den WHS-Wert ermittelten die Forscher als Mittelwert der Häufigkeitseinschätzungen über 24 betrachtete Mobbing-Handlungen. Inwieweit ein Mitarbeiter/eine Mitarbeiterin von Mobbing betroffen oder nicht betroffen war bzw. Mobbing beobachtet hatte, bestimmten sie durch direkte Fragen zur Mobbing-Situation. Die Arbeitszufriedenheit erfassten sie mit dem «Arbeitsbeschreibungsbogen» (vgl. Neuberger & Allerbeck, 1978). Den «Betriebsklima-Fragebogen» von Rosenstiel, Falkenberg, Hehn, Henschel und Warns (1983) setzten sie zusätzlich ein.

Für 18 Prozent der befragten Personen ergab sich ein WHS-Wert über 0,75. Wenn man dieses Cut-Off-Kriterium heranzieht, gelten diese Menschen als stark von Mobbing betroffen. Männer berichteten eine höhere Mobbing-Betroffenheit (WHS = 0,60) als Frauen (WHS = 0,36). Willingstorfer et al. (2002) haben zur Interpretation dieses Befunds darauf hingewiesen, dass die Führungsstrukturen im untersuchten Unternehmen sehr hierarchisch geprägt und die Aufstiegschancen für Frauen stark eingeschränkt waren. Die Männer im Unternehmen hingegen sahen sich mit einem hohen Erwartungsdruck konfrontiert, so dass Mobbing-Handlungen gegenüber Männern möglicherweise eine Reaktion auf nicht erfüllte Rollenerwartungen darstellen könnten. Bei den Fragen zur Mobbing-Situation schätzten sich 11,8 Prozent der Befragten als Mobbing-Betroffene ein.

Je stärker Mitarbeiter/-innen von Mobbing betroffen waren, desto unzufriedener waren sie mit ihren Kollegen und dem Arbeitsplatz, desto negativer bewerteten sie das Betriebsklima im Bereich Kollegen und desto stärker schätzten sie soziale Stressoren bei der Arbeit ein. Die WHS-Werte korrelierten entsprechend mit sozialen Stressoren (r = −.72), der Gesamtarbeitszufriedenheit (r = −.39), dem Betriebsklima «Kollegen» (r = −.38) und dem Betriebsklima «Vorgesetzte» (r = −.32). In der Tendenz schätzten die Beobachter von Mobbing-Handlungen die Arbeitszufriedenheit (z. B. Gesamtarbeitszufriedenheit, Arbeitszufriedenheit «Kollegen»), das Betriebsklima (z. B. Klima «Vorgesetzte») sowie die sozialen Stressoren positiver ein als die Mobbing-Betroffenen, jedoch negativer als die Nichtbeobachter von Mobbing-Handlungen. Diese Ergebnisse machen deutlich, dass das Mobbing-Geschehen auch für die Beobachter eine Belastung darstellt, die zu Unsicherheit bezüglich der eigenen Rolle beitragen kann, da die Beobachter automatisch in die Interaktionen von Angreifern und Betroffenen einbezogen werden.

Mobbing-Verlauf

Leymann (1993a) geht von einer linearen Entwicklung von Mobbing aus (s. Abb. III-12). Er entwickelte ein vierstufiges Phasenmodell. Später erweiterte er das Modell durch Aufnahme der Phase «Ärztliche und psychologische Fehldiagnosen» (vgl. Resch, 1994) um eine Stufe (vgl. Leymann, 1995).

Im Vergleich zu alltäglichen Konflikten am Arbeitsplatz sind bereits zu Beginn der Mobbing-Beziehung einzelne Unverschämtheiten und Gemeinheiten erkennbar. In der zweiten Phase wird aus den Konflikten Mobbing. Leymann (1993a) betont, dass Psychoterror entsteht, «weil er sich eben dazu entwickeln darf», weil der Vorgesetzte den Konflikt nicht lösen konnte bzw. ihn geschehen ließ. In der dritten Phase, die Leymann «Destruktive Personalverwaltung» nennt, greift der Arbeitgeber mit ein und stellt sich auf die Seite der Täter. Erste Rechtsbrüche werden benutzt, um das Opfer loszuwerden. Das Ende des Mobbing-Verlaufs ist in der vierten Phase mit dem Ausschluss erreicht. Leymann nennt verschiedene Möglichkeiten, wie ein Ausschluss aussehen kann: Abschieben und Kaltstellen innerhalb des Betriebs, fortlaufende Versetzungen, Krankschreibungen, Zwangseinweisungen in die Nervenheilanstalt, Abfindung oder Frührente.

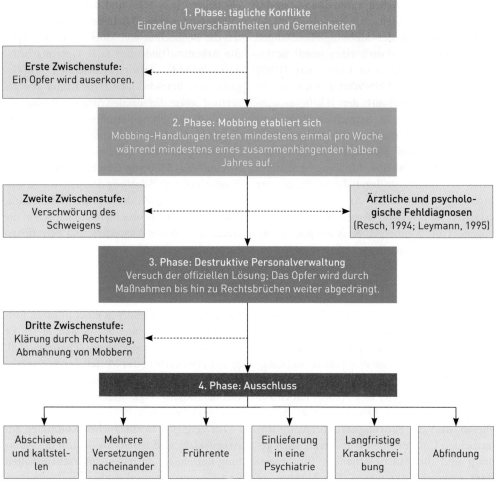

Abbildung III-12: Mobbing-Verlauf (vgl. Leymann, 1993a u. 1995; Neuberger, 1995; und Resch, 1994)

Neuberger (1995) sieht in dieser Schematisierung der Mobbing-Verläufe nur eine mögliche Verlaufsform und betont, dass die Bedingungen, die Mobbing ermöglichen, auch den Verlauf mitbestimmen. Er ergänzt das Vier-Phasen-Modell durch Zwischenstufen. Beim Übergang von Stufe 1 zu Stufe 2 wird ein Mensch auserkoren, der durch Verteidigungsreaktionen zum Opfer wird und aktiv handelt. Den Übergang von Stufe 2 zu Stufe 3 markiert eine Verschwörung des Schweigens. Durch die Etikettierung des Problems als «Mobbing» bleibt das Problem unerkannt. Der Zwischenschritt von Stufe 3 zu Stufe 4 umfasst eine ge-

richtliche Klärung bzw. korrektive Maßnahmen. In jeder Phase muss jedoch ein Ausweg möglich sein, denn nicht jeder Mobbing-Fall endet mit Ausschluss. Die Schematisierung des Verlaufs stellt lediglich die Seite der Täter- und Fehlhandlungen dar, die gegen die betroffene Person gerichtet sind. Es fehlt die systemische Vernetzung sämtlicher Beteiligter und Umstände, die sich gegenseitig bedingen. Dazu gehört zum Beispiel auch die Rolle von außenstehenden Dritten.

Knorz und Zapf (1996) fanden im Gegensatz zu Leymanns Phasenmodell, dass ein Anfangskonflikt bei Mobbing nicht immer vorliegt. Außerdem stellten sie fest, dass oft einzelne Phasen übersprungen werden und dass, wenn Mobbing-Handlungen von Vorgesetzten ausgehen, die Phasen 2 und 3 nicht voneinander abzugrenzen sind. Der Mobbing-Verlauf ist nicht immer unidirektional; die Situation kann sich wieder zum Positiven wenden, so dass es nicht zwingend zum Ausschluss aus der Arbeitswelt kommt.

Verbreitung von Mobbing

Die empirischen Studien (s. Tab. III-21) ermittelten einen prozentualen Anteil von Mobbing-Betroffenen zwischen 2,5 Prozent (Stahlwerk) und 8 Prozent (Krankenhausangestellte). Hervorstechend ist der Anteil von fast 17 Prozent unter den finnischen Universitätsangestellten.

Die Rate der Mobbing-Betroffenen scheint in Österreich durchschnittlich höher zu liegen als in den skandinavischen Ländern. Inwieweit kulturelle, betriebliche, ökonomische und rechtliche Unterschiede für die höhere Auftretenshäufigkeit in Österreich verantwortlich sind oder ob die Unterschiede aufgrund von Übersetzungsfehlern des Erhebungsinstrumentes entstanden, lässt sich aus den Untersuchungen nicht erschließen.

Die Art des Instrumentariums zur Erfassung von Mobbing bzw. die jeweilige Operationalisierung des Mobbing-Begriffs scheint den festgestellten Prozentsatz von Mobbing-Betroffenen erheblich zu beeinflussen. Niedl (1995) rechnete die Ergebnisse von Einarsen und Raknes (1991) nach der Definition von Leymann (mindestens eine Mobbing-Aktion pro Woche bei einer Dauer von einem halben Jahr) um und kam so bei den befragten Gewerkschaftsmitgliedern auf eine Mobbing-Häufigkeit von nicht 10,3, sondern nur 2,2 Prozent.

Betriebliche Position
der involvierten Personengruppen

Hinsichtlich der Hierarchieebenen, auf denen sich Mobber einerseits und Gemobbte andererseits finden, gibt es unterschiedliche Ergebnisse. In Schweden gehören Mobber und Gemobbte häufiger ein und derselben Hierarchieebene an. Nach Befunden der Barmer Ersatzkasse Göttingen (1994) und auch nach Knorz und Zapf (1996) sind in Deutschland Kollegen und Vorgesetzte etwa gleich häufig als Mobber aktiv (78 % vs. 82 %; 52,6 % vs. 49,9 %). Leymann (1993a u. 1996b) und Niedl (1993a) stellten jedoch im Vergleich zu den Kollegen eine deutlich stärkere Beteiligung der Vorgesetzten fest (75 % vs. 55,3 %; 72 % vs. 45,5 %). Einarsen und Skogstad (1996) geben an, dass 25 Prozent der Betroffenen vom Leiter des Unternehmens und 28 Prozent vom direkten Vorgesetzten gemobbt werden. In 54 Prozent der Fälle sind ein oder mehrere Vorgesetzte als Mobber aktiv. Die Ergebnisse deuten darauf hin, dass Mobbing auf allen Ebenen geschieht.

Soziodemografische Merkmale
der involvierten Personen

Leymann (1993a) fand in Schweden einen geringfügig höheren Anteil weiblicher Mobbing-Opfer. Die Untersuchungen in Österreich (vgl. Niedl, 1993b), Deutschland (vgl. Pilotprojekt der Barmer Ersatzkasse Göttingen, 1994) und Finnland (vgl. Björkqvist et al., 1994) weisen ebenfalls auf einen deutlichen Unterschied zwischen den Geschlechtern hin. Danach sind Frauen häufiger Opfer von Mobbing-Handlungen. Zu berücksichtigen ist jedoch, dass der Prozentsatz von Frauen in dieser Stichprobe im Vergleich zum Anteil der Männer deutlich höher lag. Vartia (1996) sowie Einarsen et al. (1994) fanden keinen Geschlechterunterschied.

Nach Knorz und Zapf (1996) gehört bei einem weiblichen Mobbing-Opfer in 77 Prozent der Fälle mindestens auch ein Mann zu den Angreifern. Ist die Zielscheibe von Mobbing-Handlungen männlichen Geschlechts, sind lediglich in 47 Prozent der Fälle auch Frauen mitbeteiligt.

Nach Niedl (1995) und Leymann (1993a) sind jüngere Menschen eher von Mobbing betroffen. Der größte Anteil der Gemobbten ist nach ihren Befunden zwischen 21 und 41 Jahre alt. Einarsen und Skogstad (1996) fanden demgegenüber in Norwegen einen signifikanten Zusammenhang zwischen zunehmendem Alter und steigender Mobbing-Betroffenheit.

Sowohl eine finnische (vgl. Björkqvist et al., 1994) als auch eine schwedische Untersuchung (vgl. Leymann, 1993a) stellte die Tendenz fest, dass Verwaltungsberufe im Vergleich zu anderen Berufsgruppen stärker von Mobbing betroffen sind. Niedl (1995) und Knorz und Zapf (1996) berichten von überdurchschnittlich häufigem Mobbing in sozialen Diensten bzw. Pflegeberufen.

Psychische und physische Reaktionen der Betroffenen

Besonders die Arbeitsgruppe um Leymann (1993a; vgl. auch Leymann & Gustafsson, 1996) hat versucht, die physischen und psychischen Beschwerden der Betroffenen systematisch per Fragebogen zu erfassen. Die Symptome von Betroffenen wurden faktorenanalytisch ausgewertet. Sieben Symptomgruppen ließen sich extrahieren:

- *Gruppe 1:*
  Gedächtnisstörungen, Alpträume, Konzentrationsschwierigkeiten, Niedergeschlagenheit, Initiativlosigkeit, Apathie, Gereiztheit, Rastlosigkeit, Aggressionen, Gefühl der Unsicherheit, hypersensibel bei Enttäuschungen;
- *Gruppe 2:*
  Bauch-/Magenschmerzen, Durchfall, Erbrechen, Übelkeit, Appetitlosigkeit, «Kloß» im Hals, Weinen, Einsamkeit, Kontaktarmut;
- *Gruppe 3:*
  Druck auf der Brust, Schweißausbrüche, trockener Mund, Herzklopfen, Atemnot, Blutwallungen;
- *Gruppe 4:*
  Rückenschmerzen, Muskelschmerzen, Nackenschmerzen;
- *Gruppe 5:*
  Einschlafstörungen, unterbrochener Schlaf, frühzeitiges Aufwachen;

- *Gruppe 6:*
  Schwäche in den Beinen, Antriebslosigkeit;
- *Gruppe 7:*
  Schwindel, Zittern.

Bereits bei mittlerer Dauer von Mobbing-Handlungen seien Symptome zu erkennen, die einer «Posttraumatischen Belastungsstörung» (PTSD) nach dem ICD-10 und DSM-IIIR zuzuordnen sind. Die PTSD tritt ansonsten hauptsächlich als Folge von Schockerlebnissen wie Vergewaltigungen, Überfall, Naturkatastrophen, unvorhergesehenen Unglücksfällen oder Folter auf. Dabei unterscheiden Leymann und Gustafsson (1996) zwischen Mobbing-Betroffenheit im Akutzustand, in dem ihrer Meinung nach die PTSD verstärkt auftritt, und in der chronifizierten Phase, die vom «Generalisierten Angstsyndrom» (GAD) gekennzeichnet ist.

Niedl (1995) führte qualitative Interviews mit Mobbing-Betroffenen durch, die sich als Patient(inn)en in einer Erholungsklinik aufhielten. Knorz (1994) erfragte die psychosomatischen Beschwerden mithilfe der Skala zu psychosomatischen Beschwerden und der Skala zu Gereiztheit/Belastetheit aus dem «Instrument zur Stressbezogenen Tätigkeitsanalyse (ISTA)» (vgl. Mohr, 1986). Art und Verteilung körperlich-seelischer Folgen von Mobbing sind in Tabelle III-22 aufgeführt.

Als eine weitere Reaktion der Betroffenen auf Mobbing beschreibt Leymann (1993a) ein erhöhtes Suizidrisiko.

Resch (1994) ordnet die Symptome als Phasenmodell der Entstehung von psychischen Störungen in der Arbeitswelt. Die Symptome beginnen mit Gereiztheit/Belastetheit und weiten sich zu Angst aus. Am Ende leiden die Betroffenen unter Depressivität.

Betriebs- und volkswirtschaftliche Kosten

Innerhalb der Mobbing-Diskussion startete man viele unterschiedliche Rechenbeispiele, um die Auswirkungen von Mobbing zum einen auf den Betrieb, zum anderen auf die Gesellschaft zu berechnen.

Tabelle III-22: Häufigkeit von psychosomatischen Beschwerden nach Knorz (1994) und Niedl (1995)

KNORZ (1994)		NIEDL (1995)	
Nervosität	82 %	Gereiztheit	91 %
Schnelles Ermüden	78 %	Rückenschmerzen	4 %
Rückenschmerzen	74 %	Antriebslosigkeit	64 %
Erschöpfung	70 %	Kopfschmerzen	73 %
Innere Aufregung	68 %	Depression und Niedergeschlagenheit	64 %
Schulterschmerzen	64 %		

Leymann (nach Knorz, 1994) bezifferte die für den Betrieb anfallenden Kosten für einen Mobbing-Betroffenen auf ca. 50 000 EUR. Sinkende Produktivität des Gemobbten, Arbeitsausfälle, niedrige Arbeitsmotivation, Produktionsfehler und Ausfälle der Mobber sowie die zusätzliche zeitliche Beanspruchung von Vorgesetzten, Betriebsrat und Betriebsarzt gingen mit in die Berechnung ein. Eine Leistungsminderung der Betroffenen um 25 Prozent sei nicht auszuschließen. Neuberger (1995) hingegen bezeichnet solche Berechnungen als «Zahlenjongliererei», bei der Phänomene des Arbeitsalltags allzu eindeutig der Ursache «Mobbing» zugeschrieben werden.

Zu den volkswirtschaftlichen Kosten zählen neben denen der frühzeitigen Berentung die Kosten infolge von Krankheit wie Krankengeld, medizinische Behandlungen, Medikamente, Kuren, Psychotherapie und Reha-Maßnahmen (vgl. Kraus & Kraus, 1994; Knorz, 1994; Prosch, 1995).

Gegenmaßnahmen

Geht man von einem multidimensionalen Ursachenmodell aus, in dem Betroffene, Angreifer und betriebliche Organisation jeweils Anteil an der Entstehung und dem Erhalt von Mobbing haben, müssen sowohl die Mobbing-Betroffenen und die Führungskräfte als auch der gesamte Betrieb Gegenmaßnahmen ergreifen (vgl. Wolmerath, 2012.

Handlungsmöglichkeiten
der Mobbing-Betroffenen

Drei Bewältigungsstrategien wendeten nach Knorz & Zapf (1996) Menschen an, denen es gelang, die Situation am Arbeitsplatz wieder zu klären:

1. Grenzen setzen: nicht mehr auf Eskalationsangebote eingehen, Verfolgung eigener Ziele, kognitive und emotionale Umzentrierung und Verhaltensänderung;
2. persönliche Stabilisierung durch Krankschreibung, Psychotherapie;
3. objektive Veränderung der Arbeitsplatzsituation.

Hingegen führten Gespräche mit den Angreifern, den Vorgesetzten oder das Einschalten des Betriebs- bzw. Personalrats zu geringer Veränderung.

Das Verhalten der Betroffenen und deren Einstellung zu den Konflikten können nach Zuschlag (2001) einen wichtigen Beitrag zur Konfliktlösung leisten. Er empfiehlt den Betroffenen eine selbstkritische Prüfung möglicher Konfliktanlässe wie Verhalten, Arbeitsweise, beruflicher Bildungsstand, Aussehen und familiärer Hintergrund. Außerdem seien mögliche selbstverursachte Konfliktanlässe zu beseitigen und Mobbing-Eskalationen vorzubeugen. Zukünftige Arbeitsstellen seien sorgfältig auszusuchen, eine Anpassung an das Arbeitsteam sei erforderlich, Vorurteile und

Missverständnisse seien frühzeitig aufzuklären, und aus Mobbing-gefährdeten Positionen solle man sich rechtzeitig zurückziehen.

Die Studie von Zapf und Gross (2001) liefert Hinweise, durch welche Verhaltensweisen sich Bullying-Opfer, die erfolgreich mit dem Bullying umgehen konnten, von Menschen unterschieden, denen dies nicht gelang. Bei der Bewältigung erfolgreiche Bullying-Opfer vermieden es eher, Bullying-Verhalten zu erwidern, den Angreifer direkt mit seinem Verhalten zu konfrontieren oder passive Coping-Strategien wie Absentismus oder Konsum von Suchtmitteln einzusetzen. Bei den im Hinblick auf die Bewältigung erfolglosen Bullying-Opfern führten reziproke Verhaltensweisen oder direkte Konfrontation häufig zu einer Eskalation des Bullying-Konflikts. Die Autoren bewerten daher die Chancen, einen bereits eskalierten Bullying-Konflikt durch aktive Formen des Konfliktmanagements zu entschärfen, eher als gering. Vielmehr plädieren sie dafür, durch präventive Maßnahmen in frühen Phasen eines Konflikts zu verhindern, dass es zu einer wirklichen Eskalation kommt. Sofern die Bedingungen es zulassen und die Beteiligten einverstanden sind, kann man versuchen, den Konflikt zu entschärfen, indem ein Beschäftigter in eine andere Abteilung oder ein anderes Team wechselt.

Zusammenfassend erscheinen folgende Handlungsstrategien für Mobbing-Betroffene sinnvoll:

1. *Verbündete suchen*
   Da Mobbing als versteckte Form des Angriffs aufgefasst wird, ist es für Betroffene von Bedeutung, die Arbeitssituation mithilfe von Verbündeten zu reflektieren, um den Angriffscharakter zu erkennen. Zu den Verbündeten zählen Kolleg(inn)en, Vorgesetzte, Betriebsräte und externe Stellen wie Selbsthilfegruppen, Gewerkschaften und Beratungsstellen.
2. *Eigene Ziele setzen*
   Mithilfe von persönlichen Stabilisierungsmaßnahmen wie Kuren oder Fehlzeiten ist

eine Distanzierung möglich. Ziel der Distanzierung ist es, das Selbstbewusstsein der Betroffenen zu stärken und im Umgang mit der Arbeitssituation eigene Ziele zu entwickeln.
3. *Öffentlich machen*
   Mobbing dürfen die Betroffenen nicht ignorieren. Mobbing-Angriffe müssen den anderen Mitarbeiter(inne)n sichtbar gemacht werden. Nur so ist das Verhalten des Mobbers auch öffentlich angreifbar.
4. *Umgangsstrategien*
   Die Betroffenen dürfen auf keinen Fall das Spiel des Angreifers mitspielen, indem sie sich für ihr Verhalten oder nicht begangene Fehler rechtfertigen. Sie müssen eigene Spielregeln aufstellen. Bei bereits bestehendem Mobbing ist eine Klärung der Situation durch ein Gespräch mit dem Angreifer allein meist sinnlos. Gespräche mit Angreifern sollten in Anwesenheit von Zeugen geführt werden. Die Dokumentation der Mobbing-Handlungen kann für spätere gerichtliche Auseinandersetzungen von Vorteil sein.
5. *Veränderungen der Arbeitssituation*
   Mögliche Maßnahmen sind innerbetriebliche Versetzungen oder Kündigungen.

Betriebliche Maßnahmen

Um Mobbing-Konflikte zu bewältigen und weiteren Mobbing-Aktionen vorzubeugen, wird übereinstimmend eine Veränderung der Betriebsstruktur als notwendig erachtet (vgl. Leymann, 1993a, 1993b; Thomas, 1993; Walter, 1993).

Walter (1993, S. 110 ff.) entwickelte für den Umgang mit Mobbing ein Drei-Phasen-Modell. In der *ersten* Phase sind «alle Beteiligten» zu finden, Systemelemente zu trennen, Ressourcen zu stärken, Konflikte aufzudecken und die Kommunikation mithilfe von Einzel- und Gruppengesprächen zu stärken. Mobbing-Aktionen müssen offiziell verurteilt werden, ohne eine Täter-Opfer-Zuweisung entstehen zu lassen. In der *zweiten* Phase geht es um die eigentliche Mobbing-Lösung, die über mehrere Etappen hinweg dauern kann und für alle Beteiligten offen erkennbar sein muss. Hierbei wird analysiert, welche Ursachen vorliegen und welche Lösungsschritte möglich sind. Dabei ist durch eine gezielte Gesprächsführung zu vermeiden, dass Angreifer und Betroffene in Form von Schuldzuschreibungen die Rollen tauschen. Externe Berater sollen bei der Mobbing-Lösung helfen.

Die *dritte* Phase umfasst das Verhüten von weiteren Mobbing-Aktionen im Betrieb. Maßnahmen hierzu beziehen sich auf die Betriebsorganisation. Unternehmen sollten einen neuen Verhaltenskodex bestimmen und im nächsten Schritt eine Betriebsethik festschreiben. Die Festlegung von Unternehmenszielen und die Schritte zu ihrer Erreichung sind klar aufzuzeigen. Des Weiteren sollte Raum für das Austragen von Konflikten geschaffen werden. Schulungen zur Konflikterkennung, -aufdeckung und -lösung sollten allen Mitarbeiter-(inne)n zur Verfügung stehen.

Betriebsvereinbarungen, Schlichtungsmodelle, Hilfsangebote durch Mobbing-Beauftragte und übergeordnete Beratungsstellen, regelmäßige Aussprachen in den Abteilungen, Team-Partnerschaften und die Verbesserung der Rechtssituation schlägt Huber (1993) vor.

3.4.2 Burnout

Der Begriff «Burnout» («ausbrennen») beschreibt ursprünglich ein Phänomen, das vorwiegend bei ehrenamtlichen Helfern in alternativen Gesundheitseinrichtungen auftritt (vgl. Enzmann & Kleiber, 1989; Freudenberger, 1974). Danach zeigten insbesondere anfänglich auffallend engagierte Menschen im Laufe ihrer Tätigkeit körperliche Symptome von Erschöpfung, negative Gestimmtheit sowie eine distanzierte bis zynische Einstellung zur Arbeit und zu den Klienten. «Burnout» wurde zum Synonym für physische und psychische Befindensbeeinträchtigungen bei Beratungs-, Pflege- und Betreuungstätigkeiten (vgl. die Überblicksarbeiten von Maslach, Schaufeli & Leiter, 2001; Schaufeli & Buunk, 2003). Diese

Tätigkeiten sind gekennzeichnet durch eine für die Arbeit notwendige Beziehung zwischen Klient und Betreuer. «Arbeitsgegenstand» ist ein Mensch, zumeist mit Nöten und Problemen, die er nicht allein bewältigen kann. Das Arbeitshandeln besteht zu großen Teilen aus Kommunizieren und Sicheinfühlen. Der Helfer muss sich selbst als Werkzeug einsetzen, er ist sein eigenes «leibliches Arbeitsmittel» (vgl. Marquard, Runde & Westphal, 1993).

Definition und Beschreibung von Burnout

Vorliegende Definitionen von Burnout lassen sich danach unterteilen, ob sie eher die Persönlichkeit des Helfers (individuumzentrierte Ansätze), die institutionellen bzw. (arbeits-) organisatorischen Bedingungen oder die gesellschaftlichen Prozesse in den Vordergrund rücken. Tabelle III-23 stellt ausgewählte Definitionen und Phänomenbeschreibungen im Überblick dar.

Die individuumzentrierten Ansätze (wie etwa bei Edelwich & Brodsky, 1984; Fisher, 1983; Freudenberger, 1974) heben die persönlichen Bedürfnisse des Helfers, seine zum Teil unrealistischen Erwartungen an seine Wirkungsmöglichkeiten als Ursache von Burnout hervor. Burnout entsteht danach infolge einer Enttäuschung der mit der Berufstätigkeit verbundenen Erwartungen. Pines, Aronson & Kafry (1983) postulieren als Ursache für Burnout neben Persönlichkeitsmerkmalen (Selbstlosigkeit, hoher Sensibilität für die Nöte und Probleme der Mitmenschen, starker Motivation zu helfen) auch arbeitsorganisatorische Bedingungen, die Stress und Arbeitsunzufriedenheit erzeugen.

Nach Maslach und Jackson (1984) werden emotionale Erschöpfung und Depersonalisierung durch Arbeitsbedingungen und Besonderheiten der Person-Klienten-Beziehung hervorgerufen sowie durch die Unfähigkeit des Helfers, seinen emotionalen Stress adäquat zu bewältigen.

In das Burnout-Konzept von Cherniss (1980) gehen das transaktionale Stresskonzept (vgl. Lazarus & Launier, 1981), die Theorie der

Tabelle III-23: Ausgewählte Definitionen und Konzepte von Burnout

Autoren	Definition	Phänomenbeschreibung
Edelwich & Brodsky (1984)	«... zunehmender Verlust an Idealismus und Energie ...» (S. 12) durch fortschreitende Desillusionierung, hervorgerufen durch Überidentifikation mit Klienten sowie durch Erfahrungen mit den Arbeitsbedingungen.	Vierstufiger Prozess der Desillusionierung: 1. idealistische Begeisterung (unrealistische Erwartungen, übermäßiges Engagement) 2. Stagnation: Unzufriedenheit mit organisatorischen Rahmenbedingungen der Arbeit, weiterhin großes Engagement 3. Frustration der idealistischen Erwartungen 4. Apathie, Frustration, Zynismus, emotionaler Rückzug, Vermeidung von Klientenkontakten
Pines, Aronson & Kafry (1983)	«Ausbrennen ist das Resultat andauernder oder wiederholter emotionaler Belastung im Zusammenhang mit langfristigem, intensivem Einsatz für andere Menschen» (S. 25).	• körperliche Erschöpfung (chronische Müdigkeit, Kopfschmerzen, Schlafstörungen ...) • emotionale Erschöpfung (Reizbarkeit, Hilflosigkeit, Entmutigung, Leere ...) • geistige Erschöpfung (negative Einstellung zu sich selbst, zum Leben, zu anderen Menschen) • emotionale und physische Distanzierung von Klienten(-problemen)
Maslach & Jackson (1984)	«... Syndrom aus emotionaler Erschöpfung, Depersonalisation u. reduzierter Leistungsfähigkeit das bei Individuen, die in irgendeiner Weise mit Menschen arbeiten, auftreten kann» (S. 134).	• Gefühl, durch den Kontakt mit anderen Menschen emotional überanstrengt und ausgelaugt zu sein • gefühllose und abgestumpfte Reaktion auf die zu betreuenden Personen/Klienten • Gefühl des Kompetenz- und Erfolgsverlustes bei der Arbeit
Cherniss (1980)	«... ein Prozeß, in welchem ein ursprünglich engagierter Professioneller sich als Reaktion auf in der Arbeit erfahrene(n) Streß und Streß-Reaktion (stress and strain) von seiner oder ihrer Arbeit zurückzieht» (Enzmann & Kleiber, 1989, S. 42).	• Verlust von Kompetenzgefühl • Apathie, Zynismus und Rigidität • veränderte Einstellung zur Arbeit und zu den Klienten • Gefühle von Erschöpfung und Anspannung

erlernten Hilflosigkeit (vgl. Seligman, 1983) und das Konzept Rollenstress ein (vgl. Kahn, 1978). Danach führen defensive Bewältigungsformen (Rückzug, Distanzierung, Meiden, Hinunterschrauben von Ansprüchen, Verantwortlichmachen anderer) bei exzessivem, ausgedehntem Arbeitsstress und darauf folgenden Stressreaktionen (Anspannung, Ermüdung, Reizbarkeit) zu Burnout, gekennzeichnet durch Distanzierung, Apathie und Zynismus sowie Gefühle der Hilflosigkeit und Erschöpfung.

Ergänzend zu den in Tabelle III-23 aufgeführten Phänomenbeschreibungen sei auf eine Übersicht über weitere Erklärungsmodelle des Burnout bei Enzmann und Kleiber (1989) verwiesen, zum Beispiel das «Ökologische Burnout-Modell» (vgl. Carroll & White, 1982), das «Kybernetische Burnout-Modell» (vgl. Heifetz & Bersani, 1983), das «Soziale-Kompetenz-Modell des Burnout» (vgl. Harrison, 1983) oder das «Phasenmodell des Burnout» (vgl. Golembiewski, Munzenrider und Carter, 1983).

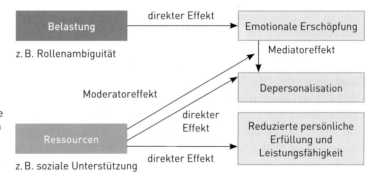

Abbildung III-13: Vermutete Zusammenhänge zwischen Burnout-Facetten, Belastungen und Ressourcen (vgl. Leiter, 1993)

Das «Process Model of Burnout» von Leiter (1993)

Ein Modell zur Genese von Burnout gemäß der Definition von Maslach und Jackson (1984) ist das «Process Model of Burnout» von Leiter (1993). Dieses Modell (s. **Abb.** III-13) geht davon aus, dass Belastungen und Ressourcen unterschiedlich mit den drei Burnout-Facetten «Emotionale Erschöpfung», «Depersonalisation» und «Reduzierte persönliche Erfüllung und Leistungsfähigkeit» korrelieren. Das Modell nimmt an, dass Belastungen stärker mit «Emotionaler Erschöpfung» in Zusammenhang stehen, Ressourcen dagegen verstärkt mit «Depersonalisation» und «Persönlicher Erfüllung». Den Ressourcen schreibt es darüber hinaus Moderatoreffekte auf die Beziehung zwischen «Emotionaler Erschöpfung» und «Depersonalisation» zu: Sie helfen, das Bedürfnis nach defensivem Coping zu überwinden und die persönliche Selbstwirksamkeit zu verbessern. Des Weiteren nimmt das Modell an, dass «Emotionale Erschöpfung» als Mediator zwischen Arbeitsbelastungen und «Depersonalisation» wirkt.

Das «Process Model of Burnout» baut in seinen Annahmen auf dem Modell der Ressourcenkonservierung von Hobfoll (1989) auf. Wie in Teil III, Kapitel 3.3.1, aufgezeigt, entsteht Stress nach Hobfoll dann, wenn ein Verlust von wertgeschätzten Ressourcen droht oder eintritt oder wenn auf die Investition von Ressourcen hin nicht der angemessene Gewinn folgt. Dabei ist der Verlust von Ressourcen be-

deutsamer als der Gewinn von Ressourcen. Angewendet auf den Burnout-Prozess (vgl. Hobfoll & Freedy, 1993) wird angenommen, dass Belastungen zu Ressourcenverlust führen, dem mit der Investition von Ressourcen begegnet wird. Diese Investition birgt allerdings das Risiko der Ressourcenerschöpfung.

Die Annahmen von Leiter (1993) ließen sich zum Teil durch eine Metaanalyse von Lee und Ashforth (1996) stützen, in die insgesamt 61 Untersuchungen einbezogen wurden. Es bestätigte sich, dass Belastungen, nicht aber Ressourcen mit «Emotionaler Erschöpfung» korrelierten. Allerdings zeigte sich entgegen den Erwartungen, dass Belastungen auch in direktem Zusammenhang mit «Depersonalisation» standen. Die Metaanalyse von Lee und Ashforth (1996) zeigte weiter, dass sich gemäß der Annahme von Leiter die Burnout-Facette «Reduzierte persönliche Erfüllung und Leistungsfähigkeit» relativ unabhängig von den beiden anderen Burnout-Facetten entwickelt. Die Entwicklung der Facetten «Emotionale Erschöpfung» und «Depersonalisation» lässt sich nach Lee und Ashforth (1996) am konsistentesten im Sinne des Modells der Ressourcenkonservierung interpretieren.

Die Messung von Burnout

Der «Maslach Burnout Inventory» (MBI) von Maslach und Jackson (1981, 1986; Maslach, Jackson & Leiter, 1996) ist das bekannteste und am weitesten verbreitete Instrument zur Erfassung von Burnout. Es wurde von mehreren

Autoren ins Deutsche übersetzt (vgl. Deme-routi & Nachreiner, 1996; Enzmann & Kleiber, 1989).

Büssing und Perrar (1992) überprüften die Gütekriterien des «Maslach Burnout Inventory (MBI-D)» an insgesamt 449 Krankenpflege-kräften (davon 129 Krankenpflegeschüler/-innen). In die Untersuchung einbezogen wurden konstruktnahe Skalen zur Erfassung psycho-somatischer Beschwerden als langfristige, Ge-reiztheit und Belastetheit als mittelfristige (vgl. Greif et al., 1983; Mohr, 1986) und Ermüdung, Monotonie und Sättigung als kurzfristige Be-anspruchungsfolgen (BMS; vgl. Plath & Richter, 1984). Zur Bestimmung der diskriminan-ten Validität des MBI-D dienten Skalen zur Erfassung von Arbeitszufriedenheit, Erwerbs-arbeitsorientierung und organisationaler Bin-dung (vgl. Büssing, 1992a u. 1992b) sowie zur Kontrollmotivation am Arbeitsplatz (vgl. Greif et al., 1983). Des Weiteren setzten die Autoren adaptierte bzw. konstruierte Skalen zur Frei-zeitorientierung und zur generellen Kontroll-motivation ein.

Der MBI-D enthält analog zur Originalver-sion insgesamt 25 Items, die die vier hypothe-tischen Konstrukte
- «Emotionale Erschöpfung»
  (9 Items, z. B. «Ich fühle mich durch meine Arbeit ausgebrannt.»),
- «Persönliche Erfüllung»
  (8 Items, z. B. «Ich habe das Gefühl, dass ich durch meine Arbeit das Leben anderer Menschen positiv beeinflusse.»),
- «Depersonalisation»
  (5 Items, z. B. «Ich glaube, dass ich manche Patienten so behandle, als wären sie unper-sönliche ‹Objekte›.») und
- «Betroffenheit»
  (3 Items, z. B. «Ich fühle mich von den Prob-lemen meiner Patienten persönlich betrof-fen.»)
erfassen sollen.

Die beiden in der Originalversion sechsstufigen Antwortskalen «Intensität» und «Häufigkeit» wurden fünffach abgestuft und mit den Polen «sehr schwach» bis «sehr stark» bzw. «sehr sel-ten» bis «sehr oft» markiert. Die Möglichkeit, die in den Items enthaltenen Einstellungen und Gefühle als unzutreffend abzulehnen, behielt man bei.

Eine Hauptkomponentenanalyse der Ein-stufungen auf der Intensitäts-Antwortskala des MBI-D erbrachte eine Fünf-Faktoren-Lösung, wobei die ersten vier Faktoren 47,6 Prozent der Varianz aufklärten. Sieben von acht Items der Subskala «Persönliche Erfüllung» zeigten mit .46 bis .62 befriedigende Ladungen auf dem zweiten Faktor. Auf dem ersten Faktor «Emoti-onale Erschöpfung» luden die entsprechenden Items, darüber hinaus jedoch drei weitere Items der Subskala «Depersonalisation» und alle drei Items der Subskala «Betroffenheit». Die Eigenständigkeit des Faktors «Betroffen-heit» ließ sich somit nicht, die Konstrukte «Emotionale Erschöpfung» und «Depersonali-sation» nur mit Einschränkung bestätigen.

«Emotionale Erschöpfung» korrelierte mit «Psychosomatischen Beschwerden» zu .51 und mit «Gereiztheit/Belastetheit» zu .52. Für die Eigenständigkeit des Burnout-Konzepts bzw. seiner Facetten sprachen die deutlich geringe-ren Korrelationen der drei übrigen MBI-Skalen mit den Skalen psychischen Stresses. «Persönli-che Erfüllung», «Depersonalisation» und «Be-troffenheit» als spezifische Phänomene des Burnout scheinen – bei vorsichtiger Interpreta-tion angesichts der nur zum Teil bestätigten faktoriellen Struktur des MBI-D und zum Teil unbefriedigender interner Konsistenzen der Skalen – über psycho-physische Beanspru-chung hinausgehende Inhalte zu erfassen. Bei den konstruktfernen Skalen fielen die Korrela-tionen zwar in der erwarteten Richtung, jedoch insgesamt geringer aus. Bei der Häufigkeitsant-wort-Skala zeigten sich nach Büssing und Perr-ar (1992) weitgehend identische Ergebnisse.

Auch Lee und Ashforth (1996) kommen in ihrer Metaanalyse über 61 Untersuchungen zu dem Schluss, dass die Verwendung beider For-mate des MBI – Intensitäts- und Häufigkeits-format – redundant und lediglich ein Format notwendig ist.

Empirische Untersuchungen zum Burnout

Burnout-Studie zur Krankenpflege
(Büssing & Schmitt, 1998)
Im Rahmen des Projektes «Psychischer Stress und Burnout in der Krankenpflege» untersuchten Büssing und Schmitt (1998) in drei Allgemeinkrankenhäusern mit unterschiedlichen Rechts- und Organisationsformen den Einfluss von Arbeitsbelastungsmerkmalen auf Burnout in der Krankenpflege. Die Autoren orientierten sich in ihrer Arbeit an der Burnout-Definition von Maslach und Jackson (1984), wobei sie sich auf die beiden Burnout-Facetten «Emotionale Erschöpfung» und «Depersonalisation» beschränken. Die theoretische Grundlage für die Untersuchung der Arbeitsbelastungen als Bedingungen von «Emotionaler Erschöpfung» und «Depersonalisation» im Burnout-Prozess bildeten das «Modell der Ressourcenkonservierung» zur Erklärung der Stressgenese von Hobfoll und dessen Anwendung auf die Entstehung von Burnout (vgl. Hobfoll & Freedy, 1993) sowie das darauf aufbauende «Process Model of Burnout» von Leiter (1993).

Konkret untersuchten Büssing und Schmitt (1988) drei Fragestellungen:

1. Für welche Belastungen in der Arbeitstätigkeit lassen sich bei der Krankenpflege im Allgemeinkrankenhaus Zusammenhänge mit «Emotionaler Erschöpfung» und «Depersonalisation» bestätigen?
2. Lassen sich Unterschiede im Burnout zwischen verschiedenen Stationsarten und insbesondere die hohen Burnout-Raten auf Intensivstationen bestätigen, wie sie in der Literatur berichtet werden?
3. Welche kritischen Arbeitsbelastungen im Hinblick auf «Emotionale Erschöpfung» und «Depersonalisation» gibt es in der Krankenpflege?

In drei Allgemeinkrankenhäusern bezogen die Forscher die vier Stationsarten Innere Medizin, Chirurgie, Gynäkologie und Intensivmedizin in die Untersuchung ein. Insgesamt nahmen 482 Krankenpflegekräfte teil. Zur Messung des Burnout wurde die deutschsprachige Version des «Maslach Burnout Inventory» (MBI-D) von Büssing und Perrar (1992) in der revidierten Fassung von 1995 eingesetzt, wobei man lediglich die Intensitätsdaten zu den Skalen «Depersonalisation» und «Emotionale Erschöpfung» berücksichtigte. Zur Identifikation der Arbeitsbelastungen verwendeten die Autoren die Selbstbeobachtungsversion des «Tätigkeits- und Arbeitsanalyseverfahrens für das Krankenhaus» (TAA-KHS) von Büssing und Glaser (2002). Besonders geeignet zur Untersuchung der Burnout-Facetten schienen die insgesamt 24 Skalen der Verfahrensbereiche «Organisationale und soziale Stressoren» sowie «Widersprüchliche Anforderungen» (s. **Tab. III-24**).

Zur Untersuchung der ersten Fragestellung wurden getrennt für die drei Krankenhäuser stufenweise Regressionsanalysen zur Vorhersage der beiden Burnout-Facetten durch die erlebten Belastungen durchgeführt. Für «Emotionale Erschöpfung» erwiesen sich die in **Tabelle III-25** aufgeführten Skalen als bedeutsam.

Dabei zeigte die Skala «Zeitdruck bei unspezifischen zeitlichen Festlegungen» in zwei Krankenhäusern und «Überforderung durch Krankheiten und Patienten» in einem Krankenhaus besondere Prädiktionsstärke für «Emotionale Erschöpfung». Für das Erleben von «Depersonalisation» erwiesen sich die in **Tabelle III-26** benannten Skalen als bedeutsame Prädiktoren.

Nach Büssing und Schmitt (1998) weisen die Ergebnisse auf folgende Sachverhalte hin: «Emotionale Erschöpfung» wird ausschließlich durch primäre Arbeitsbelastungsmerkmale in der Krankenpflege bestimmt, während «Depersonalisation» durch sogenannte Folgen erster Ordnung, also Handlungen und Reaktionen der Pflegekräfte auf diese Arbeitsbelastungen, bedingt wird. Dieses Ergebnis scheint die Überlegungen von Leiter (1993) sowie einen Teil des «Modells der Ressourcenkonservierung» von Hobfoll (1989) zu unterstützen, wonach Belastungen mit «Emotionaler Er-

Tabelle III-24: Skalen der beiden Verfahrensbereiche «Organisationale und soziale Stressoren» sowie «Widersprüchliche Anforderungen» im TAA-KHS (Büssing & Glaser, 2002)

Skalen des Verfahrensbereichs «Organisationale und soziale Stressoren»

- Arbeitsmittel
- Belegung der Station
- Unsichere Informationen
- Personalmangel

- Fluktuation/Absentismus
- Soziale Stressoren:
  - Stationsschwester/-pfleger
  - Ärzte/Ärztinnen
  - Patienten/Patientinnen

Skalen des Verfahrensbereichs «Widersprüchliche Anforderungen»

- Überforderungen durch:
  - Krankheiten/Patienten
  - Arbeitsumgebung/Arbeitsplatz
- Überforderungen durch:
  - Zeitdruck bei unspezifischen zeitlichen Festlegungen
  - Zeitdruck bei spezifischen zeitlichen Festlegungen
- Widersprüchliche Aufgabenziele
- Lernbehinderungen in Standardsituationen
- Lernbehinderungen in Notfallsituationen

- Informatorische Erschwernisse
- Motorische Erschwernisse
- Unterbrechungen durch Personen
- Unterbrechungen durch Funktionsstörungen
- Unterbrechungen durch Blockierungen
- Fehlhandlungen/Riskantes Handeln
- Zusatzaufwand:
  - Zusätzlicher Handlungsaufwand
  - Erhöhter Handlungsaufwand

Tabelle III-25: Signifikante Ergebnisse der insgesamt drei stufenweisen Regressionsanalysen zur Vorhersage von Emotionaler Erschöpfung ($p < .05$) (Büssing & Schmitt, 1998)

Arbeitsbelastungsmerkmale/Prädiktorvariablen	Varianzaufklärung
Krankenhaus 1	
Überforderung durch Krankheit/Patienten	**32% (1. Schritt)**
Widersprüche zwischen Aufgabenzielen	4% (2. Schritt)
Krankenhaus 2	
Zeitdruck bei unspezifischen zeitlichen Festlegungen	**14% (1. Schritt)**
Soziale Stressoren: Patienten	4% (2. Schritt)
Arbeitsumgebung/Arbeitsplatz	3% (3. Schritt)
Krankenhaus 3	
Zeitdruck bei unspezifischen zeitlichen Festlegungen	**26% (1. Schritt)**
Soziale Stressoren: Kollegen	9% (2. Schritt)
Soziale Stressoren: Ärzte	3% (3. Schritt)

Tabelle III-26: Signifikante Ergebnisse der insgesamt drei stufenweisen Regressionsanalysen zur Vorhersage von Depersonalisation ($p < .05$) (Büssing & Schmitt, 1998)

Arbeitsbelastungsmerkmale/Prädiktorvariablen	Varianzaufklärung
Krankenhaus 1	
Fehlhandlungen/Riskantes Handeln	**18% (1. Schritt)**
Krankenhaus 2	
Fehlhandlungen/Riskantes Handeln	**13% (1. Schritt)**
Überforderung durch Krankheiten/Patienten	3% (2. Schritt)
Krankenhaus 3	
Zusätzlicher Handlungsaufwand	**9% (1. Schritt)**

schöpfung», nicht aber mit «Depersonalisation» in direktem Zusammenhang stehen und «Emotionale Erschöpfung» die Wirkung der Belastungen auf die «Depersonalisation» vermittelt. Dagegen spricht jedoch, dass die Skala «Überforderung durch Krankheiten/Patienten» auch mit «Depersonalisation» korreliert. Weiterhin zeigen die Ergebnisse, dass den Belastungswirkungen, erfasst durch die Skalen «Zusätzlicher Handlungsaufwand» und «Fehlhandlungen/Riskantes Handeln», besondere Bedeutung bei der Burnout-Genese zukommt. Zudem stehen die sozialen und interaktionsbezogenen Stressoren im Hinblick auf die Burnout-Facetten «Emotionale Erschöpfung» und «Depersonalisation» in der Krankenpflege im Vordergrund. Bisher vernachlässigte man, dass Krankenpflege vorrangig Interaktionsarbeit ist; entsprechend müssen diese Belastungen stärker untersucht werden. Generell stimmen die Ergebnisse zu bedeutsamen Belastungen mit bisherigen Ergebnissen zu anderen helfenden Berufen überein; zum Beispiel bestätigt sich die negative Auswirkung von Zeitdruck auf die Burnout-Facette «Emotionale Unterstützung».

Mit der *zweiten Fragestellung* wollten die Autoren Unterschiede im Burnout zwischen den vier Stationsarten untersuchen. Zu diesem Zweck verglichen sie die vier Stationen in Bezug auf «Emotionale Erschöpfung» und «Depersonalisation» anhand einer einfaktoriellen, multivariaten Varianzanalyse miteinander. Das Ergebnis zeigt, dass zwischen den Pflegekräften der vier Stationsarten insgesamt keine Unterschiede im Burnout bestehen (p = .10 für das multivariate Ergebnis). Die fehlende Bestätigung erhöhter Burnout-Werte auf den Intensivstationen erklärt sich nach Büssing und Schmitt dadurch, dass die sozialen und interaktionsbezogenen Situationen und Stressoren, deren Bedeutung in der ersten Fragestellung nachgewiesen wurde, in der technik- und medizindominierten Intensivpflege nicht im Vordergrund stehen.

Die *dritte Fragestellung* sollte klären, welche Konfigurationen von Arbeitsbelastungen im Hinblick auf Burnout für die verschiedenen Stationen charakteristisch sind. Dazu wurden für die Burnout-Facetten «Emotionale Erschöpfung» und «Depersonalisation» getrennte stufenweise Diskriminanzanalysen durchgeführt, wobei man von den vier Stationsarten als den zu diskriminierenden Gruppen ausging, ohne weiter zwischen den Krankenhäusern zu trennen. In die Analyse gingen diejenigen Belastungsmerkmale ein, die sich im Rahmen der Regressionsanalyse als stärkste Prädiktoren erwiesen hatten.

Von den sieben Arbeitsbelastungsmerkmalen, die in die Diskriminanzanalyse zur «Emotionalen Erschöpfung» eingingen, erwiesen sich die Skalen «Soziale Stressoren: Patienten» (p ≈ 0), «Überforderung durch Krankheiten/Patienten» (p ≈ 0) sowie «Soziale Stressoren: Kollegen» (p ≈ 0) als besonders geeignet, ferner «Arbeitsumgebung/Arbeitsplatz» (p = .0013) sowie «Zeitdruck bei unspezifischen zeitlichen Festlegungen» (p = .0001).

Im Hinblick auf «Depersonalisation» erwies sich von den drei einbezogenen Belastungen die Skala «Überforderung durch Krankheiten/Patienten» (p ≈ 0) als geeignet, um zwischen den Stationsarten zu unterscheiden, ebenso die Skala «Zusätzlicher Handlungsaufwand» (p = .0040).

In diesem Ergebnis zeigt sich, dass einige wenige Belastungen ausreichen, um hinsichtlich der Burnout-Facetten «Emotionale Erschöpfung» und «Depersonalisation» zwischen den Stationen zu unterscheiden, wobei sich die Interaktion mit Patienten als eine wesentliche Quelle für die Differenzierung der Stationen erweist.

Nach Büssing und Schmitt (1998) verdeutlicht die Untersuchung zwei neue Aspekte, die in der zukünftigen Forschung berücksichtigt werden sollten. Zum einen zeigt sich die besondere Rolle sozialer und interaktionsbezogener Stressoren für das Burnout im Sinne von «Emotionaler Erschöpfung» und «Depersonalisation». Zum anderen legen die Ergebnisse nahe, dass bereits die Konfiguration weniger Arbeitsbelastungen kritisch für Burnout sein könnte und dass diese Konfiguration durch soziale und interaktionsbezogene Stressoren dominiert ist.

Burnout-Studie zur Betreuung von Menschen mit Behinderung (Marquard et al., 1993)

In ihrer Untersuchung zur Analyse der Arbeitsbedingungen und Belastungen von Betreuern Behinderter in stationären Wohngruppen verfolgten Marquard et al. (1993) einen vorwiegend qualitativ orientierten Forschungsansatz. In zwölf Wohngruppen führten sie teilnehmende Beobachtungen durch und mit insgesamt 60 Betreuern offen strukturierte und narrative Interviews sowie Gespräche mit Vorgesetzten, um die aus deren Sicht wesentlichen Belastungsquellen zu erfassen. Marquard et al. gingen von der Grundannahme aus, dass die mit dem Burnout-Syndrom umschriebenen Symptome vor allem durch *tätigkeitsvermittelte*

Erfahrungen begründet sind. So wird die soziale Identität der betroffenen Helfer berührt, weil Tätigkeit, Handlungszusammenhang und sozialer Kontext der Betreuungssituation eine Vielzahl individuell nur schwer ausgleichbarer Diskrepanzen aufweisen. Diese Diskrepanzen können sich zeigen

- zwischen Fähigkeiten, Kompetenzen und geforderter Qualität und Quantität der Dienstleistungen,
- in unklaren und widersprüchlichen Rollenzuweisungen,
- in einem hohen internalisierten Helferideal und den daraus resultierenden enttäuschten eigenen Anspruchs- und Erwartungshaltungen.

Die Interviews mit den Betreuern beleuchteten unterschiedliche Belastungsaspekte, von denen einige in Tabelle III-27 aufgeführt sind.

Tabelle III-27: Belastende Aspekte bei der Betreuung von Menschen mit Behinderung (vgl. Marquard et al., 1993)

Arbeitsaufgaben und Arbeitsorganisation	Emotionale Betroffenheit und inidividuelle Identität	Führung / Vorgesetztenverhalten
• gleichzeitiges und z.T. nicht planbares Verrichten vielfältiger Einzeltätigkeiten in Kontakt mit den Bewohnern • Erziehungsideale widersprechen den organisatorischen Notwendigkeiten • kein schriftlich fixiertes verbindliches (pädagogisches) Konzept hinsichtlich der Behindertenbetreuung bzw. des Helferhandelns (Ziele, Aufgabenbeschreibungen) in der jeweiligen Einrichtung u./o. Wohngruppe; Unsicherheit hinsichtlich der Ziele des (Dienstleistungs-)Auftrags • unzureichende Ausarbeitung und Spezifizierung der professionellen Rollen im Bereich der Behindertenhilfe • Konflikt zwischen wirtschaftlichen und pädagogischen Aspekten bzw. Zielsetzungen in der Behindertenbetreuung	• Anspruch, sich als Person einzubringen, sich «natürlich» zu zeigen, den Behinderten mit einer «grundsätzlichen» Ehrlichkeit zu begegnen • Ausbalancieren von Nähe und Distanz zu den Behinderten • Ausbildung wird als unzureichend für die Berufsvorbereitung eingeschätzt • Notwendigkeit, persönliche Einstellungen zu reflektieren und sie ggf. zu revidieren • Konfrontation mit Aggression und Sexualität der zu Betreuenden • Umgang mit ambivalenten Gefühlen gegenüber den zu Betreuenden • sich den Grenzen der eigenen Wirksamkeit stellen und sie akzeptieren	• unklare Ziele • mangelnde Aufgaben- und Rollenklarheit • unklare Kompetenzen und Vollmachten • mangelnde Mitsprache bei Entscheidungsprozessen und Informationsdefizite • mangelnde finanzielle und organisatorische Unterstützung durch die Geschäftsleitung und Verwaltung

Burnout-Studie zur Altenpflege
(Weyerer & Zimber, 1997)

Innerhalb des Forschungsprojektes «Arbeitsbedingungen und Arbeitsbelastungen in der
Altenpflege» (ABBA) wurde eine Längsschnittstudie in 15 Alten- und Altenpflegeheimen
durchgeführt (vgl. Weyerer & Zimber, 1997;
Zimber, 1997). Untersuchungsziele waren

- die Analyse der Veränderung der Arbeitssituation und insbesondere der Arbeitsbelastungen vor und nach Einführung der zweiten Stufe der Pflegeversicherung zum 1. Juli
  1996,
- die Erhebung von Häufigkeit und Art der
  Arbeitsbelastungen und
- die Analyse der Zusammenhänge zwischen
  erlebten beruflichen und außerberuflichen
  Belastungen und Beanspruchungen.

Zugrunde liegt dieser Untersuchung das «Integrative Stressmodell für den Bereich der Altenpflege» (vgl. Cohen-Mansfield, 1995). Berücksichtigt werden berufliche und außerberufliche
Stressoren, Coping-Strategien und soziale Unterstützung, subjektive Wahrnehmungs- und
Bewertungsprozesse sowie kurz- und langfristige, auf den beruflichen und den außerberuflichen Bereich bezogene Beanspruchungsfolgen.

Den hohen Anforderungen an gerontolo-
gische und therapeutische Kenntnisse des
Personals sowie dem absehbar erhöhten Be-
treuungsaufwand durch einen zunehmenden
Anteil an schwerstpflegebedürftigen und ge-
rontopsychiatrischen Patienten steht ein hoher
Anteil an nicht ausgebildeten Pflegekräften
gegenüber (s. Tab. III-28).

304 von insgesamt 585 Pflegekräften (55
Prozent) wurden befragt.

Einige der in der Untersuchung erhobenen
arbeitsbezogenen Belastungen und Beanspruchungen sowie die eingesetzten Erhebungsinstrumente zur Erfassung der Arbeitssituation
von Altenpflegekräften (vor Einführung der 2.
Stufe der Pflegeversicherung) sind in Tabelle
III-29 aufgeführt.

Bei der Befragung der Pflegekräfte, ob bei
ihrer Arbeitstätigkeit belastende organisatori-

Tabelle III-28: Berufliche Qualifikation der Alten-
pflegekräfte (N = 585) (aus Weyerer & Zimber,
1997)

Examinierte Altenpfleger/-innen (dreijährige Berufsausbildung)	22%
mit abgeschlossener Kranken- pflegeausbildung	9%
mit abgeschlossener Ausbildung Altenpfleger/-in bzw. Altenpflege- helfer/-in	12%
nicht ausgebildete Altenpflegehel- fer/-innen	38%
Auszubildende/Zivildienstleistende/ Freiwilliges Soziales Jahr	18%

sche und soziale Arbeitsbedingungen vorliegen oder nicht, setzten die Autoren eine fünfstufige Beurteilungsskala ein (von 1 – «trifft
nicht zu» bis 5 – «trifft voll zu»). Aus den ge-
mittelten Beurteilungen geht hervor, dass die
Pflegekräfte Personalmangel (M = 2,8) und
Stress mit den Heimbewohnern (M = 2,7) als
weitgehend zutreffend einstuften; Probleme
bei der Belegung der Station (M = 1,6) kamen
seltener vor (vgl. Zimber, 1997, S. 117).

Anhand von Interviews erhoben Weyerer
und Zimber weitere belastende Merkmale bei
der Pflege der alten Menschen (u.a. Aggressi-
vität und gesundheitliche Verschlechterung
bei den Bewohnern, Aussichtslosigkeit des
Hoffens auf Besserung, Tod und Sterben). Sie
befragten die Pflegekräfte, als wie belastend sie
diese Merkmale empfinden, wobei sie wiederum eine fünfstufige Skala einsetzten (1 –
«niedrig belastend», 5 – «hoch belastend»).
Mangelnde gesellschaftliche Anerkennung,
Zeitdruck und die Zuständigkeit für zu viele
Bewohner stellen die bedeutsamsten Arbeitsbelastungen dar (gemittelte Einschätzungen
> 3,5).

Die Auswertung der Befragung zu arbeitsbezogenen Beanspruchungsfolgen erbrachte,
dass 30,2 Prozent der Befragten sich als emotional erschöpft einstuften. Nach Zimber (1997,

Tabelle III-29: Arbeitsbelastungen und Beanspruchungsfolgen in der Altenpflege (vgl. Weyerer & Zimber, 1997)

Arbeitsbelastungen in der Altenpflege	Erhebungsmethode, -instrument	Physische und psychische Beanspruchungsfolgen beim Pflegepersonal	Erhebungsinstrument
• Stress mit Bewohnern, Kollegen, Vorgesetzten • Personalmangel • Probleme bei der Belegung der Station • Mangel an Arbeitsmitteln • unsichere Information durch Vorgesetzte	Auszüge aus TAA-KH (Büssing & Glaser, 2000)	• subj. Gesundheitszustand • Müdigkeit, Schlafstörungen • Medikamentengebrauch	Freiburger Beschwerdeliste (FBL-G/R) (Fahrenberg, 1994)
• mangelnde gesellschaftliche Anerkennung • hoher Zeitdruck • Zuständigkeit für zu viele Bewohner • gesundheitliche Verschlechterung bei den Bewohnern • Kommunikation mit Verwirrten • Aggressivität von Bewohnern	Interviews, Fragebogen	• emotionale Erschöpfung • Arbeits(un)zufriedenheit • intrinsische Arbeitsmotivation • Aversion gegen Klienten • reaktives Abschirmen	Fragebogen zu Beanspruchungen durch Humandienstleistungen (BHS-FBH) (Hacker, Reinhold, Darm & Hübner, 1995)

S. 122 f.) fand man «Emotionale Erschöpfung» signifikant häufiger «... bei Pflegekräften, die

- in Leitungsfunktionen sind,
- Bezahlung und Beförderungs-/Aufstiegsmöglichkeiten in der Altenpflege ungünstig einschätzen,
- sich für die Pflegetätigkeit nicht hinreichend qualifiziert fühlen,
- höhere Arbeitsbelastung erleben,
- über mehr sozialen Stress am Arbeitsplatz, insbesondere mit Kollegen/-innen und Bewohner/-innen, berichten,
- weniger Gestaltungsspielraum haben und
- über außerberufliche Belastungen, vor allem familiäre und finanzielle Probleme sowie über zu wenig Freizeit klagen.»

Mit der Arbeitssituation unzufrieden waren 25,5 Prozent der befragten Pflegekräfte. Ihre Erwartungen, eine ganzheitliche und aktivierende Pflege zu leisten sowie eine persönliche Beziehung zu den Betreuten zu knüpfen, sind aufgrund von Personalmangel und Zeitdruck nicht realisierbar. Die weitverbreitete Unzufriedenheit mit der Arbeitssituation zeigte sich darin, dass 18 Prozent der Befragten lieber in einem ganz anderen Beruf arbeiten würden und 22 Prozent ihren Beruf außerhalb der Altenpflege fortsetzen möchten. Inwieweit sich diese Situation nach Einführung der 2. Stufe der Pflegeversicherung noch verschärfen wird, bleibt abzuwarten.

Studien zur Rolle von sozialen Vergleichs- und Identifikationsprozessen bei Burnout
Auch im Arbeitskontext spielen soziale Vergleichsprozesse eine wichtige Rolle. So kann man sich mit Kollegen oder Kolleginnen ver-

gleichen, denen es zum Beispiel bezogen auf die aktuelle Arbeitssituation besser (aufwärtsgerichteter Vergleich) oder schlechter geht (abwärtsgerichteter Vergleich). Menschen mit hohen Burnout-Werten berichteten bei einem aufwärtsgerichteten sozialen Vergleich von weniger positiven Affekten als Menschen mit geringem Burnout (vgl. Buunk, Ybema, Gibbons & Ipenburg, 2001). Bei Menschen mit hohen Burnout-Werten und einer ausgeprägten sozialen Vergleichsorientierung traten bei abwärtsgerichtetem sozialen Vergleich vermehrt negative Affekte auf. Mit zunehmendem Burnout fiel es den Probanden daher schwerer, Informationen aus sozialen Vergleichen positiv zu interpretieren. Menschen, die sich stark an anderen orientieren, scheinen durch den Vergleich mit Kolleg(inn)en, denen es nicht gut geht, dann selbst in ihrem Empfinden beeinträchtigt zu werden, wenn sie bereits ein hohes Niveau von Burnout aufweisen. Je stärker das Burnout-Ausmaß war, desto mehr identifizierten sich die Probanden mit der Zielperson des abwärtsgerichteten sozialen Vergleichs und desto geringer war die Identifikation mit der Zielperson des aufwärtsgerichteten sozialen Vergleichs.

Menschen, die ihre persönliche Erfüllung und Leistungsfähigkeit als gering einschätzten, berichteten stärkere negative Affekte bei aufwärtsgerichteten und stärkere positive Affekte bei abwärtsgerichteten sozialen Vergleichen als Menschen mit hoher persönlicher Erfüllung und Leistungsfähigkeit (vgl. Buunk, Ybema, van der Zee, Schaufeli & Gibbons, 2001). Bei Menschen mit starker Depersonalisation und hoher emotionaler Erschöpfung traten mehr positive Affekte auf, wenn sie sich sozial mit einem Menschen verglichen, dem es schlechter ging, als bei Menschen mit geringen Werten in diesen beiden Burnout-Dimensionen. Möglicherweise setzen Menschen, denen es aufgrund von starkem Burnout schlecht geht, abwärtsgerichtete soziale Vergleiche als Coping-Strategie ein, um ihren Selbstwert wieder zu erhöhen. Dies würde bedeuten, dass es für Menschen, die mit Burnout konfrontiert sind, schwieriger wird, Empathie und positive

Interdependenz aufzubauen. Stattdessen scheinen antagonistische und konkurrenzorientierte Erlebens- und Verhaltensweisen an Bedeutung zu gewinnen.

Umgekehrt hängt offenbar auch die Entstehung bzw. Aufrechterhaltung von Burnout davon ab, inwieweit man sich mit Menschen identifiziert, denen es besser (aufwärtsgerichtet) oder schlechter (abwärtsgerichtet) geht als einem selbst. Abwärtsgerichtete Identifikation stand in einer positiven Beziehung zu Burnout, aufwärtsgerichtete Identifikation ging hingegen mit vermindertem Burnout einher (vgl. Carmona, Buunk, Peiro, Rodriguez und Bravo, 2006). Je mehr sich Menschen mit anderen identifizierten, denen es schlechter ging als ihnen, desto höhere Burnout-Werte berichteten sie. Identifizierten sich Menschen allerdings eher mit anderen, die sich in einer besseren Situation befanden, gaben sie geringere Burnout-Werte an.

Studien zu Burnout mit dem Job-Demands-Resources-Modell

Einige Studien haben sich mit der Entstehung von Burnout aus der Perspektive des «Job-Demands-Resource(JDR)-Modells» befasst, das vereinfacht formuliert annimmt, dass Anforderungen der Arbeit über energetische Prozesse die emotionale Erschöpfung beeinflussen und Ressourcen über motivationale Prozesse das Engagement bei der Arbeit. Broeck, Vansteenkiste, De Witte und Lens (2008) belegten positive Beziehungen zwischen Anforderungen der Arbeit (z. B. Zeitdruck) und emotionaler Erschöpfung sowie zwischen Ressourcen der Arbeit (z. B. sozialer Unterstützung) und Engagement bei der Arbeit. Partiell vermittelte die Erfüllung grundlegender psychologischer Bedürfnisse diese Beziehungen. Diese Befunde bestätigen Ergebnisse einer Studie von Demerouti, Bakker, Nachreiner und Schaufeli (2001), die belegen konnten, dass Anforderungen der Arbeit mit emotionaler Erschöpfung und unzureichende arbeitsbezogene Ressourcen mit einem verminderten Engagement bei der Arbeit einhergingen. Auch Hakanen, Schaufeli und Ahola (2008) fanden eine positive Beziehung zwischen arbeitsbezogenen Ressourcen und dem Engagement bei der Arbeit, das wiederum mit einem erhöhten organisationalen Commitment verbunden war. Für Anforderungen der Arbeit zeigte sich eine positive Beziehung zum Burnout-Niveau, das seinerseits zu erhöhter späterer Depression führte.

Weitere Studien zu Burnout-Ursachen

Mangel an Reziprozität: Bakker, Schaufeli, Sixma, Bosveld und van Dierendonck (2000) überprüften in einem fünfjährigen längsschnittlichen Design ein Prozessmodell zu Entstehung und Konsequenzen von Burnout. Es zeigte sich, dass fordernde Patientenkontakte (z. B. Beschwerden, Drohungen) mit erhöhter emotionaler Erschöpfung einhergingen. Vermittelt wurde diese Beziehung durch den empfundenen Mangel an Reziprozität in der Beziehung zum Patienten (z. B. fehlende Anerkennung von Seiten der Patienten). Dies deutet darauf hin, dass nicht die Anforderungen der Patienten an sich für die Entstehung von Burnout entscheidend sind, sondern das empfundene Ungleichgewicht in der Beziehung zu den Patienten. Die emotionale Erschöpfung ihrerseits stand in einer positiven Beziehung zu Depersonalisation und in einem negativen Zusammenhang mit persönlicher Erfüllung und Leistungsfähigkeit. Interessanterweise stand die Depersonalisation zu T_1 in einer positiven Beziehung zur Intensität und Häufigkeit fordernder Patientenkontakte zu T_2. Anscheinend führt der Coping-Versuch, sich emotional von den Patienten zu distanzieren, gerade zu einer Zunahme fordernder Patientenkontakte und damit verbundener psychologischer und physischer Bedrohungen.

Prozesse emotionaler Ansteckung: Die Prävalenz von Burnout unter Kollegen stand dann in einer positiven Beziehung zum eigenen Burnout (emotionale Erschöpfung und Depersonalisation), wenn man selbst sich leicht durch Emotionen anderer anstecken ließ und sich mit den Kolleg(inn)en häufig über arbeitsbezogene Probleme austauschte (vgl. Bakker & Schaufeli,

2000). Diese Ergebnisse verdeutlichen, dass neben den emotional beanspruchenden Beziehungen zu Patienten bzw. Klient(inn)en auch die Interaktionen mit den Kollegen, in denen man Ereignisse der Arbeit gemeinsam interpretiert, für die Entstehung und Aufrechterhaltung von Burnout über Prozesse emotionaler Ansteckung bedeutsam sind.

Fehlende emotionale Unterstützung: Positive emotionale soziale Unterstützung (indem man sich z. B. über positive Aspekte der Arbeit austauscht) stand in einer negativen Beziehung zu emotionaler Erschöpfung und Depersonalisation und in einer positiven Beziehung zur persönlichen Leistungsfähigkeit (vgl. Kahn, Schneider, Jenkins-Hemmelman & Moyle, 2006). Mit wachsender negativer emotionaler sozialer Unterstützung (indem man z. B. miteinander über negative Aspekte der Arbeit spricht) stiegen emotionale Erschöpfung sowie Depersonalisation an. Bei den Analysen kontrollierten die Autoren darüber hinaus die Rolle negativer Affektivität. Die Ergebnisse legen nahe, dass die Inhalte emotionaler sozialer Unterstützung für die Entstehung von Burnout bedeutsam sind, und zwar unabhängig von einer persönlichen affektiven Disposition.

Interne und externe Job-Mobilität: Liljegren und Ekberg (2009) haben sich in ihrer Studie mit der Bedeutung von Fluktuationsabsicht sowie interner bzw. externer Job-Mobilität für die Entstehung bzw. Aufrechterhaltung von Burnout beschäftigt. Anhand querschnittlicher Daten ergab sich eine negative Beziehung von Fluktuationsabsicht zu psychischer Gesundheit sowie eine positive Beziehung zu Burnout. Bei einer Follow-up-Messung berichteten Menschen, die eine neue Stelle in einer anderen Organisation angenommen hatten (externe Mobilität), ein geringeres Burnout-Niveau als Menschen, die ihre Position behielten. Ein interner Stellenwechsel (interne Mobilität) trug hingegen nicht in vergleichbarem Maß zu einer Verbesserung der Burnout-Werte bei. Die Autoren argumentieren, dass Menschen unter den Bedingungen «Fluktuationsabsicht» und «externe Mobilität» ein hohes

Maß an Kontrolle erleben, wohingegen Menschen, die ihre Stelle wechseln möchten, dies aber nicht können (keine Mobilität), nur über geringe Kontrolle verfügen. Fehlende Kontrolle und der Eindruck, in seiner Position quasi gefangen zu sein («locked-in position»), dürften zu arbeitsbezogenen Gesundheitsproblemen beitragen.

Regulationsprobleme: Büssing und Glaser (2000) konnten eine positive Beziehung zwischen Regulationsproblemen bei der Arbeit (z. B. Hindernissen, Störungen, Unterbrechungen) und emotionaler Erschöpfung belegen, die vollständig durch vermehrte Anstrengung sowie risikoreicheres Arbeitshandeln vermittelt war. Zwischen vermehrter Anstrengung und risikoreichem Arbeitshandeln auf der einen Seite bestand wiederum eine positive Beziehung zu Depersonalisation auf der anderen Seite, teilweise mediiert durch die emotionale Erschöpfung. Mit diesen Ergebnissen liefert die Studie Hinweise, dass sich die Entstehung von Burnout in einem Prozessmodell mit den vier Schritten Regulationsprobleme, vermehrte Anstrengung/risikoreiches Handeln, emotionale Erschöpfung und Depersonalisation abbilden lässt.

Rolle der Persönlichkeit: Alarcon, Eschleman und Bowling (2009) gelang es, in ihrer Metaanalyse zu belegen, dass Persönlichkeitsmerkmale wie zentrale Selbstwertungen (z. B. Selbstvertrauen), die Big-Five-Faktoren (z. B. emotionale Stabilität) sowie positive und negative Affektivität in den Burnout-Dimensionen emotionale Erschöpfung, Depersonalisation sowie persönliche Leistungsfähigkeit Varianz aufklären konnten. Die Typ-A-Persönlichkeit stand lediglich in Beziehung zu persönlicher Leistungsfähigkeit.

Ansatzpunkte zur Prävention und Intervention

Die vielfältigen Vorschläge zur Verhinderung und Bewältigung von Burnout (vgl. bspw. Litzcke & Schuh, 2010) lassen sich danach einteilen, ob sie sich eher auf die Institution und Organisation oder eher auf die hilfeleistende Person beziehen. Von *organisationaler* Seite anzustreben sind ein angemessenes Betreuungsverhältnis, Zeit zum Ausspannen, begrenzte Arbeitszeiten bei stresshaften Aufgaben sowie ein Wechsel zwischen stark und eher mäßig beanspruchenden Arbeitstätigkeiten (vgl. Cherniss, 1980; Pines et al., 1985). Ferner sollte man die sozialen Unterstützungssysteme stärken, zum Beispiel durch regelmäßige Mitarbeiterbesprechungen, und die Arbeit ausreichend bzw. (finanziell) angemessen anerkennen. Zu den empfohlenen *personenbezogenen* Maßnahmen zählen unter anderem die Verbesserung der Berufsqualifikation durch Fort- und Weiterbildung (vgl. Zimber, 1997), regelmäßige Supervision, die Stärkung individueller Ressourcen zur Stressbewältigung sowie die Vermittlung von Strategien zur Problem- und Konfliktlösung und zum Zeitmanagement.

Eine Studie von Nurmi, Salmela-Aro, Keskivaara und Näätänen (2008) konnte mithilfe von Zeitreihenanalysen beleuchten, welche Mechanismen einer Intervention zur Reduzierung von Burnout beitrugen. Die Intervention bot Menschen mit Burnout die Möglichkeit, über ihre Arbeit, die Ziele der Arbeit, ihre Rolle sowie ihre Identifikation mit der Organisation zu reflektieren und zu diskutieren. Begleitend zur, sowie über vier Wochen, vor und nach der Intervention bewerteten die Teilnehmer wöchentlich ihre arbeitsbezogenen Ziele und berichteten über das Ausmaß ihrer emotionalen Erschöpfung. Es waren vor allem Veränderungen in den wöchentlichen Bewertungen arbeitsbezogener Ziele (erzielter Fortschritt, erforderliche Fähigkeiten) sowie in der berichteten emotionalen Erschöpfung, die mit einer Reduzierung des Burnouts durch die Intervention in positiver Beziehung standen. Hierbei war weniger die Veränderungsrichtung der wöchentlichen Einschätzungen entscheidend, sondern vielmehr die Tatsache, dass sich zielbezogene Bewertungen und emotionale Erschöpfung im Lauf dieser Zeit überhaupt veränderten.

3.4.3 Alkohol am Arbeitsplatz

Alkohol ist das wohl verbreitetste Suchtmittel. Im Jahr 2009 konsumierte in der Bundesrepublik Deutschland jeder Einwohner durchschnittlich 109,6 Liter Bier, 20,1 Liter Wein einschließlich Wermut- und Kräuterwein, 3,9 Liter Sekt und 5,4 Liter Spirituosen. Damit belief sich der Pro-Kopf-Verbrauch an reinem Alkohol auf 9,7 Liter (vgl. Deutsche Hauptstelle gegen die Suchtgefahren, 2011). Nach Pabst und Kraus (2008) konsumieren 20,9 Prozent der Männer und 15,6 Prozent der Frauen täglich so viel Alkohol, dass auf Dauer mit Gesundheitsschäden zu rechnen ist (riskanter Alkoholkonsum). Nach Ziegler (1996) ist der klassische Alkoholabhängige im Betrieb ein Mann im Alter zwischen vierzig und fünfzig Jahren, der seit etwa zwanzig bis fünfundzwanzig Jahren im Betrieb arbeitet und dessen Alkoholproblem seit etwa zehn Jahren bekannt ist.

**Alkoholmissbrauch
und Alkoholabhängigkeit**

Gemäßigter Alkoholkonsum ist sozial akzeptiert, ein gefälliges «Schmiermittel» bei geselligen Zusammenkünften wie zum Beispiel Betriebsfeiern, bei Verhandlungen, Kundenbesuchen und dergleichen. Der Übergang zwischen Alkoholgebrauch und Alkoholmissbrauch ist fließend (vgl. Schiedel, 1993). Im deutschen Sprachgebrauch wird «Abusus» (im Sinne des «Zuviel») und «Missbrauch» («misuse» im Sinne des von einer Norm abweichenden Gebrauchs) gleichgesetzt (vgl. Krypsin-Exner, 1990). Der Konsum von zwei Flaschen Bier am Arbeitsplatz kann Missbrauch sein, da er am falschen Ort stattfindet, während die gleiche Alkoholmenge samstagabends auf einem Fest mit der sozialen Norm bzw. mit herrschenden Trinksitten konform geht.

Für chronischen Alkoholmissbrauch und Alkoholabhängigkeit hat man auch den Begriff «Alkoholismus» verwendet (vgl. Schmidt, 1986). Man schätzt, dass in Deutschland rund 1,6 Millionen Menschen alkoholabhängig sind und auf 3,2 Millionen Menschen die Kriterien

für Alkoholmissbrauch zutreffen (vgl. Hapke, 2004, S. 199). Die Typologie verschiedener Alkoholismusformen nach Jellinek hat sich weltweit durchgesetzt (vgl. Feuerlein, 1984; Rummel, Rainer & Fuchs, 2004). Man unterscheidet:

- *Alpha-Alkoholiker (Konflikttrinker):* Alkohol wird insbesondere in Konfliktsituationen missbräuchlich zur Entspannung eingesetzt. Es besteht eine geringfügige psychische Abhängigkeit, jedoch kein Kontrollverlust.
- *Beta-Alkoholiker (Gelegenheitstrinker):* Übermäßiger Alkoholkonsum erfolgt meist sozial motiviert und zeigt sich vermehrt in bestimmten Berufen (Gastronomie, Baugewerbe) oder Hierarchieebenen (Management). Jedoch besteht weder eine physische noch eine psychische Abhängigkeit.
- *Gamma-Alkoholiker (süchtiger Trinker):* Kontrollverlust, physische und psychische Abhängigkeit sind gegeben.
- *Delta-Alkoholiker (Gewohnheits- bzw. Spiegel-Trinker):* Aufgrund einer körperlichen Abhängigkeit muss ein gewisser Alkoholspiegel aufrechterhalten werden, um Entzugserscheinungen zu vermeiden. Jedoch treten im Unterschied zum Gamma-Alkoholiker weder schwere Rauschzustände noch Kontrollverlust auf.
- *Epsilon-Alkoholiker (episodischer Trinker bzw. «Quartalsäufer»):* Phasenweises exzessives Trinken mit schweren Rauschzuständen ist verbunden mit physischer Abhängigkeit und Kontrollverlust.

In seinem Grundsatzurteil vom 18. Juni 1968 hat das Bundessozialgericht Sucht als eine Krankheit im Sinne eines regelwidrigen Körper- und Geisteszustandes anerkannt, der sich im Verlust der Selbstkontrolle und in der krankhaften Abhängigkeit vom Suchtmittel, im «Nicht-mehr-aufhören-Können», äußert. Das Bundesarbeitsgericht ist dieser Auffassung gefolgt (vgl. Fleck, 1991). Daher hat ein *alkoholkranker Mitarbeiter* Anspruch auf *Lohnfortzahlung* (BAG-Entscheidung vom 1. 6. 1983).

Beeinträchtigungen und alkoholbedingte Verhaltensmuster

Schon geringe Alkoholmengen beeinflussen die sensumotorischen Fähigkeiten, die Aufmerksamkeit sowie das Konzentrations- und Reaktionsvermögen (vgl. Schanz, Gretz, Hanisch & Justus, 1995; Schmidt, 1986). Dadurch kann es zu Leistungseinbußen sowie zu erhöhter Unfallgefahr kommen. In Tabelle III-30 sind einige kognitive und sensumotorische Leistungsbeeinträchtigungen in Abhängigkeit vom Blutalkoholgehalt aufgeführt.

Akuter Alkoholabusus und chronischer Alkoholkonsum ziehen Stoffwechselstörungen, Schäden im Gastrointestinaltrakt, im Herz-Kreislauf- und Zentralnervensystem und Störungen der Blutbildung nach sich. Das mindert die gesamte psycho-physische Leistungsfähigkeit des Menschen.

Durch suchtbedingte erhöhte Fehlzeiten, Arbeitsunterbrechungen, quantitative und qualitative Leistungseinbußen sowie durch Betriebsunfälle mit Eigen- und Fremdgefährdung entstehen dem Betrieb hohe Kosten. Nach Dommaschk-Rump & Wohlfarth (1991, S. 168) fehlen alkoholkranke Arbeitnehmer 16-mal häufiger, sind 2,5-mal häufiger krank und 3,5-mal häufiger in Betriebsunfälle verwickelt (vgl. Berger & May, 1989; Kador, 1989; Lenfers, 1993). Fuchs und Resch (1996) berichten über verschiedene Studien, denen zufolge bei tödlichen Arbeitsunfällen zu über 30 Prozent Alkohol im Spiel war.

Tabelle III-31 gibt einen Überblick über mögliche Verhaltensmuster und Leistungsdefizite von Mitarbeitern bei fortschreitender Alkoholabhängigkeit. Die einzelnen Studien haben fließende Übergänge.

Im Frühstadium der Alkoholabhängigkeit sind nur geringfügige Leistungseinschränkungen zu verzeichnen, wobei es durch kompensatorische Anstrengungen zum Teil sogar zu Leistungshochs kommen kann. Im Verlauf der Krankheit zeigen sich jedoch infolge der zunehmenden Interesselosigkeit sowie der kör-

Tabelle III-30: Beeinträchtigungen durch akute Alkoholeinwirkung (Schanz et al., 1995, S. 109)

Blutalkoholgehalt	kognitive Beeinträchtigungen	sensumotorische Beeinträchtigungen
bei etwa 0,3 Promille		leichte Verminderung der Sehleistung; Verlängerung der Reaktionszeit auf optische und akustische Reize; Verminderung der manuellen Geschicklichkeit, z. B. in Form von Schriftenveränderungen
bei etwa 0,6 Promille	Konzentrationseinschränkungen; Abnahme des Auffassungsvermögens und der Aufmerksamkeit	deutliche Verminderung der Sehleistung (um ca. 15 %); eingeschränktes Hörvermögen
bei etwa 0,8 Promille	deutliche Einschränkung der Konzentration	weitere Verminderung der Sehfähigkeit (um etwa 25 %); um etwa 35 % verlängerte Reaktionszeiten, erste psychomotorische Störungen
bei etwa 1 Promille	erhebliche Störungen der Konzentration	erhebliche Störungen des Seh- und Hörvermögens; erheblich verlängerte Reaktionszeit; leichte Sprachstörungen; Gangabweichungen; Gleichgewichtsstörungen

Tabelle III-31: Verhaltensmuster von Mitarbeitern mit Alkoholproblemen (vgl. Lenfers, 1993; Schiedel, 1993)

Stadium der Alkohol-abhängigkeit	mögliche Verhaltensmuster	mögliche Reaktionen am Arbeitsplatz	Arbeitsleistung in %
1. Frühstadium • Entspannungs- u. Erleichterungstrinken • Steigerung der Trinktoleranz • Gedächtnislücken • Erklärung des Trinkverhaltens	versäumte Termine; Unaufmerksamkeit; Fehler; nachlassende Arbeitsleistung; früher Feierabend; Abwesenheit vom Arbeitsplatz	Beschwerden von Arbeitskollegen; Tadel vom Vorgesetzten.	90–75%
2. Frühes Mittelstadium • Heimliches Trinken • Schuldgefühl • Zittern • Interessenverlust	wiederkehrende Fehlzeiten wegen kleinerer Krankheiten oder mit unglaubwürdigen Begründungen; übertriebene Genauigkeit bei der Arbeit (Rechthaberei); wiederholt kleinere Verletzungen bei und außerhalb der Arbeit; Fahrigkeit; unregelmäßiges Arbeitstempo; nachlassende Aufmerksamkeit; Konzentrationsschwäche	Zurückstellung bei Beförderungen; Warnung vom Vorgesetzten.	75–50%
3. Fortgeschrittenes mittleres Stadium • Unfähigkeit, über Probleme zu sprechen • Bemühungen um Kontrolle schlagen fehl • Vernachlässigung der Ernährung • trinkt allein	wiederkehrendes Fehlen (evtl. für mehrere Tage); kommt nicht vom Essen zurück; großspuriges, aggressives oder kriecherisches Verhalten; Wechsel im Gesichtsausdruck; Arbeitsleistung weit unterhalb der Erwartung	bestrafende Disziplinarmaßnahmen; letzte Warnung vom Vorgesetzten.	50–25%
4. Endstadium • der Gedanke «meine Arbeit stört mein Trinken» ist vorherrschend	verlängertes unvorhersagbares Fehlen; wiederholte Krankenhauseinweisung; sichtbarer körperlicher Verfall; ungleichmäßiges, allgemein nicht zufriedenstellendes Arbeitsverhalten	Entlassung	bis zur Arbeitsunfähigkeit

perlichen und psychischen Folgen des Alkohol-konsums kontinuierliche Leistungseinbußen.

Basierend auf Schätzungen von Bergmann und Horch (2000) berichtet Hapke (2004, S. 199), dass Alkohol in Deutschland mit jährlich rund 42 000 Todesfällen, 850 000 Fällen von Arbeitsunfähigkeit, 14 000 Frühberentungen, 570 000 Krankenhausaufenthalten und Gesamtkosten in Höhe von 20 Milliarden Euro zusammenhängt.

Berufs- und arbeitsbedingte Ursachen des Alkoholmissbrauchs

Die verursachenden Faktoren des Alkoholmissbrauchs und der Alkoholkrankheit sind vielfältig und in ihren vermutlich komplexen Wechselwirkungen noch nicht hinreichend erforscht. Dem entspricht auch die Vielfalt des Erscheinungsbildes der Krankheit; in Entstehung und Verlauf der Krankheit gleicht kein Alkoholiker dem anderen. Als wahrscheinliche Ursache für das Entstehen des Alkoholismus am Arbeitsplatz gilt im Allgemeinen das Zusammenwirken folgender Bedingungen (vgl. Bilitza, 1985):

- Risikopersönlichkeit (erworbene psychische Disposition),
- psychosoziale Belastungen (Konfliktfelder: Familie und Partnerbeziehung; Arbeit und Beruf),
- sozialer Druck bei der Wahl des Suchtmittels und seines Missbrauchs (Trinknormen, Trinkkultur am Arbeitsplatz),
- psychopharmakologische Wirkung des Alkohols.

Das Risiko des Alkoholmissbrauchs und des Alkoholismus am Arbeitsplatz steigt dann, «wenn die Risikoindikatoren (sozialer Druck durch Trinknormen, psychosoziale Belastungen, Risikopersönlichkeit) gemeinsam auftreten» (Bilitza, 1985, S. 82).

Empirische Untersuchungen über Trinknormen und -verhalten bei bestimmten Berufsgruppen weisen darauf hin, dass einige Erwerbszweige offensichtlich für erhöhten Alkoholkonsum prädisponiert sind (vgl. Feuer-lein, 1984; Maul, 1979; Plant, 1978; Seaman, 1981; Zober, 1982). Hierzu zählen zum Beispiel das Baugewerbe, die Seefahrt und vor allem das Gaststättengewerbe und die Alkoholproduktion. Eine im British Medical Journal (Vol. 283) veröffentlichte Statistik über die Sterblichkeit verschiedener Berufsgruppen an Leberzirrhose macht deutlich, dass zum Beispiel Gastwirte 15-mal häufiger an Leberzirrhose sterben als der englische Durchschnittsbürger. Eine deutlich erhöhte Mortalität weisen auch Schiffsoffiziere und Fischer auf.

Über eine Querschnittstudie hinsichtlich des Trinkverhaltens in der Brauindustrie berichtet Zober (1982). Die Ergebnisse der Untersuchung und Befragung von 50 Beschäftigten (39 Arbeitern und 11 Angestellten) einer Brauerei an ihrem Arbeitsplatz fasst Zober wie folgt zusammen:

1. «In einer Berufsgruppe mit besonderer Versuchungssituation am Arbeitsplatz, d. h. in der Brauindustrie, geben auf Befragen 98 % der Personen an, regelmäßig täglich Alkohol zu konsumieren. 52 % geben mit über 60 Gramm täglich einen erhöhten Konsum, 12 % mit über 90 Gramm täglich einen starken Konsum von reinem Alkohol zu.

2. 62 % der untersuchten Personen haben während der Arbeitszeit Alkohol zu sich genommen. 18 % waren bereits bei Arbeitsbeginn alkoholisiert. 16 % zeigten nach Arbeitsende einen Blutalkoholspiegel größer als 1,2 Promille. Der höchste Blutalkoholspiegel bei Arbeitsende betrug 2,27 Promille.

3. Bei diesem arbeitsfähigen Kollektiv fanden sich als Zeichen einer Leberzellschädigung bei 78 % der Personen eine erhöhte y-G1 (Indikatorenzym bei Alkoholabusus) und bei 33 % erhöhte Transaminasen. Bei 56 % ließen sich erhöhte Harnsäurespiegel und bei je 32 % eine Erhöhung des Blutzuckerspiegels nachweisen. Diese Normbereichsüberschreitungen waren signifikant häufiger gegenüber einer Kontrollgruppe ohne Versuchungssituation am Arbeitsplatz.» (Zober, 1982, S. 39).

Die Ursachen für den hohen Prozentsatz von Alkoholkonsumenten liegen zum einen darin begründet, dass in diesem Wirtschaftszweig sehr oft zum Mittrinken animiert wird. Zum anderen ziehen die Trinkkulturen bestimmter Berufe bzw. Arbeitsfelder – folgt man der «Gravitationshypothese» (vgl. Seaman, 1981) – alkoholgefährdete Arbeitnehmer an. Alkoholnahe Beschäftigungen werden so als Sammelbecken für Alkoholiker angesehen, die dort nicht so starken Sanktionen ausgesetzt sind und hoffen, leichter an Alkohol heranzukommen.

Unter Berücksichtigung dieser Tatsachen ist zu fordern, dass für Arbeitsplätze mit erhöhter Versuchungssituation prophylaktische Maßnahmen getroffen werden. Dies betrifft vor allem eine Veränderung der Trinksitten im Betrieb. Darüber hinaus sollte im Bereich der alkoholherstellenden Industrie besonders der Alkoholverbrauch durch sogenannte Deputate drastisch eingeschränkt werden.

Neben bestimmten Berufsgruppen können aber auch die konkrete Arbeitssituation oder besonders belastende Arbeitsbedingungen einen nicht unbeträchtlichen Einfluss auf Entstehung und Verlauf von Alkoholkonsum und -missbrauch haben. In Anlehnung an Roman und Trice (1976) und Maul (1979) führt Bilitza (1985) eine Reihe belastender Arbeits- und Berufskonflikte auf, die als auslösende Situationen für Alkoholmissbrauch und Alkoholismus gelten können:

- «Beziehungskonflikte am Arbeitsplatz mit einem erheblichen Kränkungspotenzial,
- Krisen der beruflichen Entwicklung positiver und negativer Art,
- Positionen, die die Selbstdisziplin der Stelleninhaber überfordern (z. B. Außendiensttätigkeiten, nächtliche Überwachungstätigkeiten),
- massiver sozialer Leistungsdruck bei gleichzeitig nachlassender Leistungsfähigkeit,
- berufliche Veraltung der eigenen Tätigkeit, z. B. im Zuge der Automatisierung.» (Bilitza, 1985, S. 83)

Täglicher Stress bei der Arbeit und Alkoholkonsum: Liu, Wang, Zhan und Shi (2009) konnten in ihrer Studie bei einer Stichprobe chinesischer Mitarbeiter anhand von täglichen Erhebungen über einen Zeitraum von fünf Wochen positive Beziehungen zwischen täglichem Stress bei der Arbeit (z. B. Kritik durch Kollegen oder Vorgesetzte) und täglichem Alkoholkonsum sowie täglichem Trinkbedürfnis belegen. Verstärkt war der Effekt auf das tägliche Trinkbedürfnis bei Personen mit hohem Neurotizismus sowie starker Involviertheit in die Arbeit («job involvement»). Die Ergebnisse verdeutlichen, dass arbeitsbezogener Stress sich auch auf das Gesundheitsverhalten (hier den Konsum von Alkohol) außerhalb der Arbeit auswirken kann.

Führung und Alkoholkonsum: Bamberger und Bacharach (2006) fanden in ihrer Studie eine positive Beziehung zwischen arroganter und einschüchternder Führung und Konflikt- bzw. Problemtrinken von Mitarbeitern, die bei Menschen mit hoher Gewissenhaftigkeit und hoher Verträglichkeit abgeschwächt war. Entgegen den Erwartungen der Autoren vermittelten somatische Beschwerden die Beziehung zwischen arroganter, einschüchternder Führung und dem Trinkverhalten nicht. Zwar standen psychosomatische Beschwerden in einer positiven Beziehung zum Trinkverhalten, jedoch ließ sich kein Zusammenhang zwischen Führungsverhalten und psychosomatischen Beschwerden belegen. Bamberger und Bacharach (2006) sehen daher kaum Anhaltspunkte dafür, dass das Konflikt- bzw. Problemtrinken von Mitarbeitern als eine Form von Coping zur Stressbewältigung zu verstehen wäre.

Alkoholkonsum und Konflikte zwischen Arbeit und Familie: Wang, Liu, Zhan und Shi (2001) führten mit einer Stichprobe von 57 chinesischen Mitarbeitern über einen Zeitraum von fünf Wochen täglich Interviews, um herauszufinden, wie sich tägliche Work-to-Family-Konflikte und Family-to-Work-Konflikte auf den täglichen Alkoholkonsum auswirkten. Tägliche Work-to-Family-Konflikte standen in einer positiven Beziehung zu täglichem Alkoholkonsum; für tägliche Family-to-Work-Konflikte hingegen zeigte sich kein vergleichbarer Effekt. Bei hoher Unterstützung durch Kolleg(inn)en oder durch die Familie war der verstärkende Effekt der täglichen Work-to-Family-Konflikte auf den täglichen Alkoholkonsum schwächer als bei geringer Unterstützung.

Alkoholkonsum und altersabhängige Stressoren in der Arbeitsumgebung: Hiro, Kawakami, Tanaka und Nakamura (2007) konnten in ihrer Studie mit rund 17 000 japanischen Mitarbeitern demonstrieren, dass in unterschiedlichen Altersgruppen jeweils andere Stressoren in Beziehung zu intensivem Alkoholkonsum standen. So ging intensiver Alkoholkonsum zum Beispiel bei Mitarbeitern zwischen 30 und 39 Jahren vor allem mit Konflikten in der Arbeitsgruppe sowie kognitiven Belastungen einher. Bei den Mitarbeitern zwischen 40 und 49 Jahren standen in erster Linie Belastungen durch die physikalische Arbeitsumgebung sowie fehlende Möglichkeiten zum Einsatz eigener Fähigkeiten in einer positiven Beziehung zum intensiven Alkoholkonsum.

Alkoholkonsum und Arbeitsüberlastung bzw. Arbeitsplatzunsicherheit: Frone (2008) konnte in einer Studie positive Beziehungen zwischen arbeitsbezogenen Stressoren (Arbeitsüberlastung, Arbeitsplatzunsicherheit) und dem Alkoholkonsum vor, während und nach der Arbeit belegen. Keine Beziehungen ergaben sich zwischen den arbeitsbezogenen Stressoren und Gesamtmaßen des Alkoholkonsums. Frone (2008) sieht durch diese Ergebnisse die Hypothese unterstützt, dass häufig Stress den Alkoholkonsum hervorruft («stress-induced»), der dazu beitragen soll, Spannungen zu reduzieren («tension reduction»).

Umgang mit Alkoholproblemen im Betrieb

Alkoholmissbrauch und Alkoholabhängigkeit sind Probleme, die alle betrieblichen Gruppen tangieren, wobei jede aufgrund ihrer spezifischen Rollen mit unterschiedlichen Aspekten konfrontiert ist.

Die Arbeitnehmervertretung

Alkoholismus gehört zu den psychosozialen Problemen, über deren Entstehung, Merkmale und Verlauf die Arbeitnehmervertreter unzureichend informiert sind; für den Umgang mit der Alkoholkrankheit sind sie nur marginal geschult (vgl. Beiglböck, 1993). Vertreten sie zu sehr die präventiven, meist verhaltensorientierten Bemühungen der Arbeitgeberseite, werden sie ebenso der einseitigen Parteinahme verdächtigt wie bei ihren Bemühungen, Arbeitsplatzbedingungen hinsichtlich ihrer Bedeutung für den Alkoholkonsum zu thematisieren. Ein Betriebsrat hat zwar nicht die disziplinarische Kompetenz, das Fehlverhalten eines abhängigen Mitarbeiters anzusprechen, wohl aber ein Mitspracherecht bei einer Kündigung. Nach Auffassung des Deutschen Gewerkschaftsbunds (DGB) sollen Betriebs- und Personalräte von ihrem Initiativrecht Gebrauch machen und darauf hinwirken, dass in allen Betrieben mit mehr als 50 Beschäftigten Suchtbeauftragte berufen werden (vgl. Standfest, 1991).

Der Vorgesetzte

Aufgrund ihrer betrieblichen Stellung sind Vorgesetzte gezwungen, auf den Alkoholkonsum ihrer Mitarbeiter zu reagieren. Sie tragen Verantwortung für eine angemessen hohe Produktivität, für die Vermeidung von Ausfällen sowie für die Arbeitssicherheit ihrer Mitarbeiter. Im Rahmen ihrer Fürsorgepflicht und gemäß Paragraf 38 der allgemeinen Unfallverhütungsvorschriften müssen sie alkoholisierte Mitarbeiter vom Arbeitsprozess ausschließen (vgl. Lenfers, 1993). Entsteht ein Unfall aufgrund der Trunkenheit eines Mitarbeiters, kann der Vorgesetzte haftbar gemacht werden.

Dommaschk-Rump und Wohlfarth (1991) befragten 71 Vorgesetzte der unteren Führungsebene (Kolonnenführer in einem Großbetrieb der Automobilindustrie) über ihre Erfahrungen mit alkoholabhängigen Mitarbeitern. 62 Vorgesetzte hatten zum Zeitpunkt der Befragung Kontakt mit Alkoholikern im Betrieb, 44 hatten mindestens einen Alkoholiker in ihrer Arbeitsgruppe. Auf die Suchtkrankheit ihrer Mitarbeiter aufmerksam wurden die Vorgesetzten in erster Linie durch massive äußere Anzeichen, teilweise Folgen eines schon länger bestehenden Alkoholabusus («Fahne», Zittern, Hautveränderungen), selten durch Hinweise von anderen Mitarbeitern oder vom Alkoholiker selbst. Trotz der Belastungen aufgrund von Leistungsminderungen bei den alkoholkranken Gruppenmitgliedern verhielten sich die Vorgesetzten eher passiv und abwartend. Sie beobachteten den Alkoholabusus zum Teil schon seit mehreren Jahren. Gründe hierfür sind:

- der fließende Übergang zwischen normalem, konventionellem Trinkverhalten und Alkoholmissbrauch,
- (kompensatorische) Leistungssteigerungen zu Beginn einer Suchtkarriere,
- Bemühen des Alkoholikers um angepasstes Verhalten; Neigung, seine Probleme zu verbergen,
- fehlende Gesprächsbereitschaft des Alkoholkranken,
- Hilflosigkeit wegen unzureichender Information über Alkoholismus und über Interventionsmöglichkeiten.

Schritt die Suchtkrankheit so weit fort, dass die Vorgesetzten den Belastungen nicht mehr gewachsen waren, so wandten sich 58 Prozent von ihnen mit der Bitte um Hilfe an den nächsten Vorgesetzten, 45 Prozent zogen einen Suchtberater hinzu.

Die Ergebnisse sind zwar nicht repräsentativ für andere Betriebe und Branchen, jedoch zeigen sie exemplarisch, dass bei Vorgesetzten der unteren Führungsebene große Informationsdefizite bestehen, insbesondere hinsichtlich der Wahrnehmung erster Anzeichen einer Suchtkrankheit, sowie Schulungsbedarf über den Umgang mit alkoholkranken Mitarbeitern. In der Zwischenzeit gibt es Praxishilfen für Führungskräfte zum Thema Alkohol am Arbeitsplatz (vgl. Barmer GEK & Deutsche Hauptstelle für Suchtfragen, 2011).

Der Betriebs- bzw. Werksarzt

Die Reaktionsmuster des Betriebsarztes reichen von Aufklärungsaktionen bis zur direkten Suchtkrankenhilfe. Als besonders relevant für das ärztliche Gespräch nennen die von Ott-Gerlach (1991) befragten Betriebsärzte die in Betriebsvereinbarungen festgelegten Vorgehensweisen und Angebote (Therapie, Wiedereinstellung). Die für den Alkoholkranken eher negativen Aspekte, insbesondere drohender Arbeitsplatzverlust, dürfen dabei das besondere Vertrauensverhältnis zwischen Betriebsarzt und Patient bzw. Alkoholkrankem nicht gefährden. Als besonders wichtig gilt die Abgrenzung zur Personalabteilung. Auf keinen Fall dürfe der Betriebsarzt in «Verdacht» geraten, «Erfüllungsgehilfe der Personalabteilung» zu sein, indem er zum Beispiel deren Aufforderung nachkommt, Alkoholtests durchzuführen und das Ergebnis dem Vorgesetzten zu melden.

Der Betriebsarzt stellt eine wichtige professionelle Stütze für betriebliche Suchtkrankenhelfer dar, die sich meist aus Mitarbeitern rekrutieren, die selbst einmal alkoholkrank waren und die Wirksamkeit von therapeutischen Maßnahmen kennengelernt haben.

Betriebliche Suchtprävention

Präventive Bemühungen lassen sich einteilen in primär-, sekundär- und tertiärpräventive Maßnahmen.

Primärpräventive Maßnahmen

Maßnahmen primärpräventiver Art sollen das Auftreten von Alkoholabusus verhindern. In der betrieblichen Praxis finden sich:

- *Aufklärungs- und Informationskampagnen* über Wirkung und Folgeschäden von (übermäßigem) Alkoholkonsum, über Verlauf und Kennzeichen der Alkoholkrankheit sowie über die suchtstabilisierende Wirkung co-alkoholischen Verhaltens von Kollegen und Vorgesetzten.
- *Generelles oder partielles Alkoholverbot:* Da es in Deutschland kein gesetzliches Alko-

holverbot gibt, kommt als Rechtsgrundlage für ein betriebliches Alkoholverbot nur das Direktionsrecht des Arbeitgebers in Betracht. Es bedarf jedoch der Mitwirkung und der Zustimmung des Betriebs- bzw. Personalrats (vgl. Hofmann, 1992).

Der Umgang mit Alkohol und Alkoholkranken (Alkoholverbot, Abmahnungsstufen, Therapieangebote, Weiterbeschäftigungsgarantie, Vorgehen bei Rückfällen) kann mittels Betriebsvereinbarungen geregelt werden (s. Infobox III-14). Ihre präventive Wirkung erzielt eine Betriebsvereinbarung dadurch, dass ihr alle betrieblichen Gruppen zustimmen müssen und daher gezwungen sind, sich mit dem Thema auseinanderzusetzen. Idealerweise bildet man Arbeitskreise, in denen Betriebsärzte, Sicherheitsfachkräfte, Vertreter der Personalabteilung, Werkleitung und Betriebsrat ihre Sichtweisen und Erfahrungen zusammentragen und diskutieren. Oftmals bilden diese Arbeitskreise den Grundstock für ein Suchthilfeprogramm, das von einer betrieblichen Mehrheit getragen wird.

- *Strukturelle Primärprävention* (vgl. Schiedel, 1993): Steigerung der Arbeitszufriedenheit durch vergrößerten Entscheidungsspielraum, Tätigkeitsvielfalt und Mitspracherecht, Abbau von Stressoren, Organisationsmängeln und Unterqualifikation sowie individuelle Personalarbeit.

Sekundärpräventive Maßnahmen
Sekundärpräventive Maßnahmen haben zum Ziel, die Ausweitung bzw. Verschlimmerung der Alkoholabhängigkeit zu verhindern. Zu diesen Maßnahmen gehören das frühzeitige Erkennen einer Alkoholabhängigkeit sowie die Einleitung von Behandlungsmaßnahmen, be-

---

Infobox III-14

Auszug aus einer Betriebsvereinbarung zur Festschreibung eines betrieblichen Alkoholverbots

... Hiernach ist es allen Belegschaftsmitgliedern und den bei uns eingesetzten Unternehmer-Arbeitskräften strengstens untersagt, alkoholhaltige Getränke in das Werk oder in die Verwaltungsabteilungen einzubringen oder hier zu trinken ... Das Alkoholverbot gilt auch bei Geburtstagen und Jubilarfeiern ... Die Vorgesetzten sind verpflichtet, strikt auf die Einhaltung des Alkoholverbots zu achten ...

... Bei allen Verstößen gegen das Alkoholverbot sind grundsätzlich folgende Richtlinien einzuhalten, sofern nicht erschwerende Gesichtspunkte ... strengere Maßnahmen verlangen:

1. Die alkoholbeeinflusste Person hat den Betrieb und das Werksgelände zu verlassen. Wenn der Betroffene nicht ohne Gefahr für sich oder andere den Heimweg antreten kann, veranlasst der Werksschutz die Weiterbeförderung gegen Erstattung der entstehenden Kosten.

2. Die nicht verfahrenen Arbeitsstunden ... werden nicht bezahlt.

3. Der zuständige Vorgesetzte ist verpflichtet, ... unverzüglich Ordnungsmaßnahmen bzw. die fristlose Kündigung schriftlich beim Personalwesen zu beantragen ...

4. Das Personalwesen trifft unter Wahrung der Mitbestimmungsrechte des Betriebsrates grundsätzlich folgende Maßnahmen:
   - Beim 1. Vorfall erteilt das Personalwesen einen schriftlichen Verweis ...
   - Beim 2. Vorfall legt das Personalwesen eine Geldbuße in Höhe eines Tagesverdienstes fest ...
   - Beim 3. Vorfall wird das Arbeitsverhältnis fristlos gekündigt ...

vor sich die Krankheitssymptomatik voll aus-
bildet. Unabdingbar sind hier strukturelle Voraussetzungen, insbesondere niedrigschwellige
betriebsinterne und -externe Beratungsmög-
lichkeiten und der Aufbau eines Netzwerkes
mit Suchtberatungsstellen, stationären Thera-
pieeinrichtungen und Selbsthilfegruppen. Allerdings gibt es Hinweise zum Beispiel aus
Studien in Norddeutschland, dass «durch das
Suchthilfesystem der überwiegende Teil der
Betroffenen nicht oder zu spät erreicht wird»
(Hapke, 2004, S. 201).

Bewährt haben sich *Stufenprogramme*,
nachdem das Problemverhalten – in der Regel
vom Vorgesetzten – festgestellt worden ist (vgl.
Hallmaier, 1994; Schiedel, 1993; Ziegler, 1996).
In Form einer Interventionskette (s. **Tab. III-32**)
wird in verschiedenen Abstufungen zunehmend Druck auf den Suchtkranken ausgeübt,
um ihn zur Änderung des Verhaltens oder zur
Annahme eines Behandlungsangebotes zu ver-
anlassen. Diese Stufenprogramme müssen allen Mitarbeitern bekannt sein und von allen
Ebenen des Betriebes getragen werden. Ziel ist
es, den Abhängigen durch systematische Erhöhung des Leidensdrucks zu einer Therapie
zu motivieren. In sachlichen Gesprächen
konfrontiert man den Mitarbeiter mit den
suchtbedingten Problemen am Arbeitsplatz
(Leistungsminderung, Unfälle, Fehlzeiten,
Konflikte mit Kollegen) und betont seine Verantwortung, insbesondere im Hinblick auf eine Veränderung seines (Trink-)Verhaltens.
Konkrete Zielvereinbarungen werden getroffen und ihre Einhaltung überprüft. Parallel
zeigt man dem Mitarbeiter verschiedene Hilfsangebote auf. Nimmt der Betroffene diese an,
kann er dadurch die angedrohten arbeitsrechtlichen Sanktionen abwenden (Verwarnung,
individuelles absolutes Alkoholverbot, Lohn-
abzug bei Fehlzeiten, Streichung von Vergüns-
tigungen, Versetzung, Abmahnung, Kündigung).

Begibt sich der alkoholabhängige Mitarbeiter nicht in Behandlung, sondern setzt seinen
Alkoholkonsum fort, kommt es in der Regel zu
weiteren arbeitsrechtlichen Verletzungen. In

diesem Fall spricht die Personalabteilung die
Kündigung aus, eventuell unter Hinweis auf
die Möglichkeit der Wiedereinstellung nach
Abschluss einer Entwöhnungsbehandlung
(zu personen- und verhaltensbedingten Kündigungen wegen Trunksucht vgl. Hofmann,
1992).

Hapke (2004, S. 199) resümiert den Stellenwert primär- und sekundärpräventiver Maßnahmen: «Im Vergleich zu anderen Substanz-
abhängigkeiten wie etwa Nikotin-, Opiat- oder
Benzodiazepinabhängigkeit dauert die Entwicklung einer Alkoholabhängigkeit relativ
lange, meist mehrere Jahre. Aus diesem Grunde ist eine alkoholspezifisch ausgerichtete Pri-
mär- und Sekundärprävention besonders
sinnvoll, weil die Latenzzeit zwischen Erstkon-
sum und dem Zeitpunkt der Entwicklung von
Alkoholabhängigkeit vergleichsweise lang ist.»

Tertiärpräventive Maßnahmen

Tertiärpräventive Maßnahmen zielen auf die
Rückfallprophylaxe. Insbesondere wenn sich
der alkoholabhängige Mitarbeiter einer Entwöhnungsbehandlung in einer stationären
Einrichtung unterzieht, sind schon während
seiner Abwesenheit Maßnahmen zu seiner
Wiedereingliederung einzuleiten. Bewährt hat
sich, dass in einem ersten Schritt Vorgesetzter
oder Personalvertreter den Mitarbeiter in der
stationären Therapieeinrichtung besuchen und
mit ihm, gegebenenfalls mit Unterstützung des
zuständigen Therapeuten, die Möglichkeiten
zur Rückkehr an den alten Arbeitsplatz oder
des Wechsels auf einen neuen Arbeitsplatz besprechen.

Eingeleitet werden sollte die Wiederaufnah-
me der Arbeit durch Arbeitsplatzgespräche
zwischen dem Betroffenen, dem Vorgesetzten,
dem Suchtbeauftragten und dem Personalvertreter. Zu klären sind Arbeitsbelastung und
mögliche Arbeitsplatzveränderungen. In vom
Suchtbeauftragten moderierten Gesprächen
zwischen dem wiedereinzugliedernden Mitarbeiter und seinen Kollegen gilt es, die «Vergangenheit» (Ressentiments, gegenseitige Verletzungen) aufzuarbeiten und die künftige

Tabelle III-32: Interventionen bei Alkoholismus im Betrieb

	Beteiligte	Inhalte

Erstes Interventions-gespräch	Alkoholkranker und dessen Vorgesetzter	• Hinweis auf Fehlverhalten und Benennung der Pflichtver-letzungen
		• offenes Ansprechen, ob Probleme suchtbedingt sind
		• Übergabe von Informationsmaterial über Alkoholabhän-gigkeit sowie über Hilfsangebote
		  – das Gespräch hat keine arbeitsrechtlichen Konsequenzen
		  – Vereinbarung eines weiteren Gesprächs bei erneuter Ver-letzung des Arbeitsvertrags

Erster Zwischenschritt:		Nachbereitung des ersten Gesprächs, weiteres Beobachten des Mitarbei-ters, Sammeln weiterer Fakten, mentale und inhaltliche Vorbereitung des zweiten Gesprächs.

Zweites Interventions-gespräch	Alkoholkranker, Vorgesetzter, Personalabteilung, Betriebs-/ Personalrat	• Konfrontation mit Problemverhalten bzw. mit Verletzun-gen des Arbeitsvertrags
		• Androhung von arbeitsrechtlichen Konsequenzen bei erneutem Fehlverhalten
		• Auflagen (z.B. Kontaktaufnahme mit Betriebsarzt, Suchtberatungsstelle)
		• Hilfsangebot wird erneuert
		  – das Gespräch hat keine arbeitsrechtlichen Konsequenzen;
		  – Vereinbarung eines weiteren Gesprächs bei erneuter Ver-letzung des Arbeitsvertrags
		  – Ankündigen arbeitsrechtlicher Konsequenzen bei erneu-ter Pflichtverletzung

Zweiter Zwischenschritt:		Vorgesetzter, Personalabteilung, Betriebs-/Personalrat stimmen sich hinsichtlich der weiteren Vorgehensweise ab, Vorbereitung eines weiteren Gesprächs.
Drittes Interventions-gespräch	Vorgesetzter, Personalabteilung, Betriebs-/Perso-nalrat, interne/ externe Sozialbera-ter, evtl. zuständi-ger Personalchef	• Aushändigen der angekündigten schriftlichen Abmahnung durch die Personalabteilung • Verpflichtung zur ambulanten Therapie in einer Suchtbe-ratungsstelle/Beteiligung an einer Selbsthilfegruppe • Ankündigung einer zweiten schriftlichen Abmahnung und weiterer arbeitsrechtlicher Konsequenzen
Dritter Zwischenschritt:		Vorgesetzter, Personalabteilung, Betriebs-/Personalrat stimmen sich hinsichtlich der weiteren Vorgehensweise ab, Berücksichtigung der individuellen Lage des Betroffenen, Prüfen der arbeitsrechtlichen Auflagen, Vorbereitung eines weiteren Gesprächs.
Viertes Interventions-gespräch	Vorgesetzter, Personalabteilung, Betriebs-/Perso-nalrat, interne/ex-terne Sozialberater, evtl. zuständiger Personalchef	• Aushändigen der zweiten angekündigten schriftlichen Abmahnung • Verletzungen der arbeitsvertraglichen Vereinbarungen werden eindeutig auf die Suchtkrankheit des betroffenen Mitarbeiters zurückgeführt • Androhung der Kündigung • Verpflichtung zur Aufnahme einer ambulanten oder stationären Therapie, um Kündigung bei erneutem Vertragsbruch abzuwenden • Verpflichtung zur Abstinenz

Zusammenarbeit zu besprechen. Dadurch lassen sich überfürsorgliches Verhalten der Kollegen und Unsicherheit vermeiden, zum Beispiel hinsichtlich des Verhaltens bei Betriebsfeiern, Aufforderung zum Mittrinken und dergleichen. Da sich während der ersten sechs Monate die meisten Rückfälle ereignen, ist eine intensive Betreuung durch den Suchtbeauftragten zu empfehlen.

Umgang mit rückfälligen Mitarbeitern

Nach Dittmann und Körkel (1989) kann der Rückfall sich in Form mehrerer «Ausrutscher» (z. B. am Wochenende) äußern, die im Betrieb nicht oder erst nach längerer Zeit bemerkbar werden, im heimlichen, mäßigen Trinken ohne erkennbare Beeinträchtigungen der Arbeitsleistung oder im schweren Rückfall mit Auswirkungen auf das Arbeitsverhalten. Obwohl nach Erfahrungen der Betriebe und Verwaltungen 12 bis 24 Prozent der alkoholabhängigen Arbeitnehmer vier bis fünf Jahre nach Behandlungsende rückfällig werden, geben viele Alkoholpräventionsprogramme gar keine oder nur unzureichende Informationen für den Umgang mit Rückfällen (vgl. Dittmann & Möser, 1991). Es zeigt sich die Tendenz, Rückfälle nicht zu thematisieren, eventuell aus Angst, dass Alkoholpräventionsprogramme wegen mangelnder Effizienz aufgegeben werden könnten. Vorgesetzte, die sich möglicherweise mit großem Engagement für eine stationäre Behandlung des Mitarbeiters eingesetzt haben, werden oft mit ihren Selbstzweifeln, ihrem Ärger usw. in Reaktion auf den Rückfall allein gelassen. Notwendig ist die Unterstützung durch betriebliche Suchthelfer oder externe Berater in Form von

- Einzelberatung der Vorgesetzten (Aufgreifen der emotionalen Reaktionen, Entwickeln von Handlungsmöglichkeiten, Unterstützung bei Kritikgesprächen mit dem Rückfälligen) und
- Initiierung von «Runder-Tisch-Gesprächen» mit dem Vorgesetzten, der Personalvertretung, dem Betriebsarzt und Kollegen

des rückfälligen Mitarbeiters, gegebenenfalls unter Einbeziehung des Betroffenen selbst.

3.4.4 Arbeitssucht

«Arbeitssucht» (syn. «workaholism», Arbeitswut oder Arbeitsbesessenheit) wurde, trotz mangelnder theoretischer Fundierung, fehlender Diagnosekriterien sowie noch ungeklärter klinischer Relevanz, als neues Krankheitsbild von den Medien und der Öffentlichkeit in den 1990er-Jahren begierig aufgenommen (vgl. Breitenstein, 1990; Ernst, 1985; Fassel, 1991; Orthaus, Knaak & Sanders, 1993). In Japan richtete man therapeutische Institutionen zur Behandlung der Arbeitssucht ein; Selbsthilfegruppen für Arbeitssüchtige nach dem Modell der Anonymen Alkoholiker gründeten sich insbesondere in den USA, aber auch in Deutschland, zum Beispiel in Karlsruhe, Bonn, Düsseldorf und Bremen (vgl. Poppelreuter, 1996).

Definitionen und Stadien der Arbeitssucht

Die Definitionen von «Arbeitssucht» lehnen sich an die Merkmale des Alkoholismus an; sie überlappen sich aber auch deutlich mit der Beschreibung hoch leistungsmotivierter Menschen (s. **Tab. III-33**).

Nach Mentzel (1979) und Fassel (1991) ist die Arbeitssucht eine Suchtform mit gesellschaftlicher Anerkennung. Ähnlich wie beim Alkohol lässt sich Arbeit als Flucht missbrauchen («sich in Arbeit flüchten»), wobei der gelegentliche Missbrauch in die Abhängigkeit münden kann. In Anlehnung an die Phasen des Alkoholismus postuliert Mentzel (1979) drei Phasen der Arbeitssucht (s. **Abb. III-14**).

Folgen der Arbeitssucht

Nach Gaßmann (1994) sind die Auswirkungen der Arbeitssucht insbesondere bei Alleinstehenden sozial verträglich und akzeptiert. Bei weiten Teilen dieser hoch leistungsbereiten Gesellschaftsgruppe hat sie zunächst nur ge-

Tabelle III-33: Ausgewählte Definitionen von Arbeitssucht

Autor	Definition von Arbeitssucht/Arbeitssüchtigen
Oates (1971)	«‹Workaholism› bezeichnet ein exzessives Bedürfnis nach Arbeit, welches ein solches Ausmaß erreicht hat, daß es zu unübersehbaren Beeinträchtigungen der körperlichen Gesundheit, des persönlichen Wohlbefindens, der sozialen Beziehungen und/oder des ‹sozialen Funktionierens› allgemein kommt» (zit. nach Poppelreuter, 1996, S. 3).
Machlowitz (1981)	Personen, «... die aus eigenem Antrieb lange und hart arbeiten, die fast immer mehr arbeiten, als die jeweiligen Stellenbeschreibungen und die Erwartungen von Mitarbeitern und Vorgesetzten erfordern». (S. 27)
Rohrlich (1982)	«Arbeitssucht liegt dann vor, wenn aus einem inneren Zwang heraus, der sich willentlich nicht mehr steuern läßt, Arbeiten zur einzig relevanten Lebensbetätigung wird. Man kann dann von Abhängigkeit oder süchtigem Verhalten sprechen bei Vorliegen von: • Kontrollverlust: übermächtiger Wunsch, sich zunehmend mit Arbeit zu belasten • Dosissteigerung: zunehmende Tendenz zur Mehrarbeit • Entzugserscheinungen: in Nichtarbeitssituationen lassen sich deutliche Anzeichen von Unruhe und Unwohlsein beobachten.» (S. 27)
Fassel (1991)	«Arbeitssüchtig ist eine weitgefaßte Bezeichnung, die sich auch auf Menschen bezieht, die süchtig sind nach Hetze, nach Sorgen und nach Geschäftigkeit jeder Art, also auf jeden Menschen, der sich getrieben fühlt, zuviel zu tun, ... Im engeren Sinne ist Arbeitssucht die Abhängigkeit davon, tätig zu sein; aber die Tätigkeit kann viele Formen annehmen.» (S. 20)

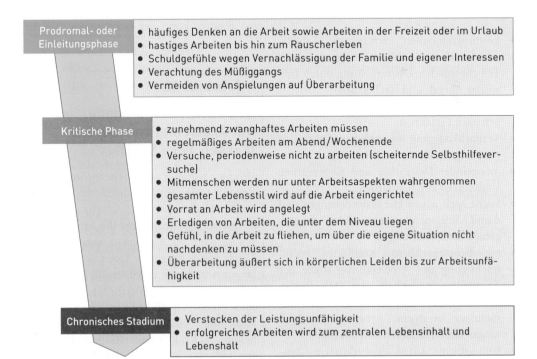

Abbildung III-14: Stadien der Arbeitssucht (vgl. Mentzel, 1979)

ringe Auswirkungen auf die sozialen Beziehungen und Familienverhältnisse.

Die Folgen der Arbeitssucht zeigen sich nach Beobachtungen Mentzels (1979) an den von ihm behandelten Patient(inn)en sowohl in physischen als auch in psychischen Befindensbeeinträchtigungen bis hin zu ernsten Erkrankungen. Erste Symptome sind Erschöpfungsgefühle, leichte depressive Verstimmungen und Ängste sowie Kopf-, Magen- und Kreislaufbeschwerden (psychovegetatives Stadium). Diese können sich im Verlauf chronifizieren. Depressionen, Ulzera und koronare Herzerkrankungen führen zu Arbeitsunfähigkeit und so teilweise zum Abbruch der Karriere (psychosomatisches Stadium). Auch in anderen Suchtformen (Alkohol, Zigaretten, Essen) kann sich die süchtige Haltung des Betroffenen manifestieren.

Arbeitssüchtige Mitarbeiter verursachen nach Taylor (1984), Steinmann, Richter und Großmann (1984) sowie Fassel (1991) negative Auswirkungen auf das Unternehmen aufgrund von:

- Leistungseinbußen, verminderter Arbeitseffektivität und Fehlern infolge von zum Teil chronischer Überarbeitung durch freiwillige Abend- und Nachtarbeit,
- Behinderung des Arbeitsflusses durch Streben nach Perfektion,
- Vernachlässigung wesentlicher Tätigkeiten (Planung, Innovationsförderung),
- mangelnder Delegation und Kooperation, Unfähigkeit zur Teamarbeit,
- Suche nach neuen Herausforderungen und damit häufigem Wechsel in andere Arbeitsgebiete und Abteilungen,
- zwischenmenschlichen Konflikten, Beeinträchtigung des Arbeitsklimas sowie der Arbeitsunzufriedenheit der Mitarbeiter, zum Beispiel durch die Tendenz Arbeitssüchtiger, den eigenen Arbeitsstil und Leistungsstandard anderen aufzuzwingen,
- frühzeitigem krankheitsbedingtem Ausscheiden.

Empirische Untersuchungen zur Differenzierung des Phänomens

Vielarbeiten lässt sich nicht per se mit Arbeitssucht gleichsetzen; das käme einer Pathologisierung der meisten Führungskräfte in unterschiedlichen Berufsfeldern gleich. So stellten Müller-Bölling, Klautke und Ramme (1989) bei ihrer Untersuchung an 1500 Topmanagern fest, dass die Wochenarbeitszeit dieser Berufsgruppe Selbstberichten zufolge im Schnitt 59 Stunden beträgt; 45 Prozent der befragten Manager gaben sogar an, durchschnittlich zwischen 61 und 70 Stunden pro Woche zu arbeiten. 15 Prozent gaben an, wöchentlich mehr als 70 Stunden für das Unternehmen tätig zu sein.

Kennzeichnend für die Arbeitssucht ist nach Fassel (1991) das ständige Beschäftigtsein mit der Tätigkeit auch außerhalb der Arbeitszeit; die Betroffenen halten dies zum Teil vor anderen geheim, wie das in Infobox III-15 aufgeführte Zitat eines Arbeitssüchtigen verdeutlicht.

In neueren internationalen Arbeiten wird eine positive Form der Begeisterung für die

---

Infobox III-15

Das «Sichbeschäftigen» mit Arbeit im Privatbereich (Fassel, 1991, S. 25)

«Wenn ich immer nur arbeiten würde, würden mir meine Familie und meine Freunde auf den Hals rücken. Aber ich sitze vor dem Fernseher und denke über die Arbeit nach. Ich höre mir ein Konzert an und plane im Geiste meine nächsten Arbeitsschritte. Ich liege im Bett und diskutiere in Gedanken mit meinem Chef ein Arbeitsprojekt. Auf diese Weise ist alles einfacher. Niemand kann mir vorwerfen, ich würde zuviel arbeiten und ich kann mein Geheimnis wahren und mir meinen ‹Nachschub› sichern.»

Arbeit unter dem Begriff des «work engagement» intensiv diskutiert (vgl. Schaufeli, Bakker & v. Rhenzen, 2009). «Work engagement» zeichnet sich neben einer energetisch-verhaltensbezogenen Komponente auch durch positive emotionale und kognitive Prozesse im Hinblick auf die Arbeit aus (vgl. Schaufeli & Bakker, 2010).

Spence und Robbins (1992) unterscheiden den Arbeitssüchtigen vom Arbeitsbegeisterten («work enthusiast»). Beide haben nach Auffassung der Autoren eine starke Arbeitsorientierung, die sich darin zeigt, dass sie sich völlig ihren Aufgaben hingeben, auch in der Freizeit, in Vereinen usw., und danach streben, ihre Zeit möglichst konstruktiv zu nutzen. Der Arbeitsbegeisterte jedoch unterliegt keinem inneren Zwang und hat Freude an seinen Tätigkeiten.

Ziel der explorativen Studie war es, herauszufinden, in welchen Merkmalen sich Arbeitssüchtige von Arbeitsbegeisterten und anderen Menschen unterscheiden. Neben einer Skala zur Erfassung gesundheitlicher Beschwerden und gesundheitsbezogenen Verhaltens (vgl. Spence, Helmreich & Pred, 1987) entwickelte die Forschergruppe weitere Selbsteinschätzungsskalen, unter anderem zur Erfassung der «Triade der Arbeitssucht»:

1. *Arbeitsbezogenheit* («work involvement»; 7 Items; Bsp.: «Ich möchte meine Zeit während und außerhalb meiner Berufstätigkeit konstruktiv nutzen»),
2. *Innerer Zwang/Getriebenheit* («driven»; 7 Items; Bsp.: «Ich fühle mich verpflichtet zu arbeiten, auch wenn ich keine Freude daran habe.») und
3. *Freude an der Arbeit* («enjoyment of work»; 9 Items; Bsp.: «Manchmal genieße ich meine Arbeit so sehr, dass ich mich kaum davon losreißen kann.»).

sowie zu

* *Berufsstress* («job stress»; 9 Items; Bsp.: «Ich fühle mich oft überarbeitet.»),
* *Berufsbezogenheit* («job involvement»; 7 Items; Bsp.: «Einen großen Teil meiner Lebenszufriedenheit ziehe ich aus meiner beruflichen Tätigkeit.»),
* *Perfektionismus* («perfectionism»; 8 Items; Bsp.: «Es ist wichtig für mich, keine Fehler zu machen, auch in kleinen Dingen.»),
* *Verweigerung, Verantwortung zu delegieren* («nondelegation»; 7 Items; Bsp.: «Ich habe das Gefühl, dass wenn man etwas richtig erledigen will, man das am besten selbst macht.») und
* *Zeitaufwand für die berufliche Tätigkeit* («time commitment to job»; 7 Items; Bsp.: «Ich nehme mir gewöhnlich Arbeit in den Urlaub mit.»).

Postalisch befragt wurden Wissenschaftler mit akademischen Positionen an Hochschulen. Diese Probandengruppe wählten die Forscher, um Arbeittätige mit frei zu regelnden Arbeitszeiten und hohem Handlungsspielraum sowie annähernd gleich viele Frauen (n = 157) wie Männer (n = 134) untersuchen zu können. Cluster-Analysen erbrachten sechs Gruppen, denen 84 Prozent der Männer und 78 Prozent der Frauen zuordenbar waren. Tabelle III-34 zeigt, in welchen Merkmalen der «Triade der Arbeitssucht» (Work Involvement – WI, Driven – DR und Enjoyment of Work – JOY) die empirisch ermittelten Cluster über- oder unterdurchschnittlich ausgeprägt sind.

Tabelle III-34: Über- (+) und unterdurchschnittliche (–) Ausprägungen in der «workaholic triade»

	WI	DR	JOY
Workaholic	+	+	–
Work Enthusiast	+	–	+
Enthusiastic Workaholic	+	+	+
Unengaged Worker	–	–	–
Relaxed Worker	–	–	+
Disenchanted Worker	–	+	–

Zwei der sechs Cluster stimmen überein mit den postulierten Typen des Arbeitssüchtigen (überdurchschnittliche Arbeitsbezogenheit und Getriebenheit, unterdurchschnittlicher Spaß an der Arbeit) und Arbeitsbegeisterten (überdurchschnittliche Arbeitsbezogenheit und Spaß an der Arbeit, unterdurchschnittliche Getriebenheit). Es bestätigte sich auch die Annahme, dass Arbeitssüchtige im Vergleich zu den Arbeitsbegeisterten signifikant höhere Werte bei «Berufsstress», «Perfektionismus», «Verweigerung, Verantwortung zu delegieren» und mehr gesundheitliche Beschwerden aufweisen. Beide Gruppen zeichnen sich gegenüber den anderen vier Gruppen durch höhere Mittelwerte auf der Skala «Berufsbezogenheit» sowie hinsichtlich des «Zeitaufwandes für die berufliche Tätigkeit» aus.

Poppelreuter (1996) bezog in seiner Studie Personen ein, die sich selbst als arbeitssüchtig bezeichnen, unter ihrer Arbeitssucht leiden und nach externer Hilfe suchen. Die Fragebogenstudie zielte darauf ab zu prüfen, ob das Konstrukt Arbeitssucht – «ein psychologisches Phänomen, das Gefühle, Einstellungen, Werthaltungen, Motive und spezifische Verhaltensmuster einschließt» (S. 232) – anhand ausgewählter Verhaltensmuster operationalisierbar ist. Im Zentrum standen die Ausprägungen in den folgenden Dimensionen:

1. quantitativer Zeitaufwand für die berufliche Arbeit,
2. Bedeutung/Zentralität der Arbeit (10 Items),
3. emotionale Haltung gegenüber der Arbeit sowohl in positiver als auch in negativer Hinsicht (13 Items),
4. Freizeitgestaltung und Freizeiterleben (18 Items),
5. Typ-A-Verhalten (16 Items),
6. Merkmale süchtigen Verhaltens (Abstinenzunfähigkeit, Entzugserscheinungen, Kontrollverlust, bewusste Selbstschädigung, Interessenabsorption usw.; 27 Items),
7. Leistungsanforderungen und perfektionistische Ansprüche (21 Items),

8. Beurteilung zentraler Inhalte der protestantischen Arbeitsethik (Arbeit, Leistung, Pflichterfüllung und Disziplin als hochangesehene Tugenden, 14 Items),
9. Delegationsverhalten (10 Items),
10. Zwanghaftigkeit und zwanghaftes Verhalten (zwanghafte Persönlichkeitsstörung; 25 Items),
11. interpersonelle Beziehungen (12 Items),
12. Gesundheitsbeschwerden und gesundheitsbezogenes Verhalten (8 Items).

Poppelreuter (1996) untersuchte Unterschiede zwischen Arbeitssüchtigen, die eine psychotherapeutische Behandlung bereits abgeschlossen hatten oder sich noch in Behandlung befanden, und Nichtarbeitssüchtigen. Beide Gruppen waren hinsichtlich soziodemografischer Variablen miteinander vergleichbar.

Es lagen 52 auswertbare Fragebogen Arbeitssüchtiger mit insgesamt 265 Items vor (Rücklauf 25,2 Prozent) und ebenso viele Fragebogen der Vergleichsgruppe. Einige wichtige Unterschiede zwischen Arbeitssüchtigen (AS) und Nichtarbeitssüchtigen (NAS) auf Itemebene führt Tabelle III-35 auf.

Die deutlichsten Unterschiede im Antwortverhalten Arbeitssüchtiger und Nichtarbeitssüchtiger zeigten sich in den Themenbereichen «Süchtiges Verhalten», «Zwanghaftigkeit» und «Arbeitsbedingte Beeinträchtigung interpersoneller Beziehungen» sowohl innerhalb als auch außerhalb des Arbeitsprozesses. Auch berichtete die befragte Patientenstichprobe Arbeitssüchtiger vermehrt von gesundheitlichen Beschwerden (z. B. Kopfschmerzen, Magen-Darm-Beschwerden, Niedergeschlagenheit, Nervosität).

Bei der Interpretation der Ergebnisse ist zu beachten, dass die Arbeitssucht bei den befragten Probanden zu arbeitsbedingten Erschöpfungszuständen geführt hatte, die eine Behandlung erforderlich machten. Ihre Aussagekraft hinsichtlich der Einstellungen und Werthaltungen Arbeitssüchtiger, die noch keinen Leidensdruck verspüren und keine Be-

Tabelle III-35: Unterschiede zwischen Arbeitssüchtigen (AS) und Nichtarbeitssüchtigen (NAS) (vgl. Poppelreuter, 1996)

Merkmal	Einstellungs- und Verhaltensunterschiede zwischen Arbeitssüchtigen und Nichtarbeitssüchtigen
Quantitative Merkmale des Arbeits- und Freizeitverhaltens	• AS haben gegenüber NAS eine um 6 Stunden höhere durchschnittliche Wochenarbeitszeit • AS haben im Durchschnitt 3,5 Std. Freizeit, NAS 5,5 Std
Bedeutung/Zentralität der Arbeit im Leben	• AS stimmen u. a. folgenden Aussagen in viel stärkerem Maße zu als NAS – Arbeit ist so wichtig, dass ihr vieles geopfert wird – mehr Selbstvertrauen innerhalb als außerhalb von Arbeitssituationen – Aufschieben von Arbeit, Nichtarbeiten wird als etwas Besonderes erlebt
Freizeitgestaltung und Freizeiterleben	• AS fällt es schwerer, richtig zu faulenzen, ihre Freizeit zu genießen, zu entspannen, abzuschalten • das «Aktiv-sein-Müssen» setzt sich in der Freizeit fort • AS organisieren (planen, strukturieren) ausgeprägter ihre Freizeit als NAS, unternehmen weniger spontan (strukturierter Freizeitaktivismus)
Typ-A-Verhalten	• AS zeigen gegenüber NAS signifikant höhere Ausprägungen hinsichtlich – gleichzeitiges Beschäftigtsein mit mehreren Dingen – Perfektionismus und Pedanterie – Frustrationsintoleranz in Wartesituationen – Zähneknirschen, Anspannen des Kiefers ...
Merkmale süchtigen Verhaltens	• AS zeigen im Vergleich zu NAS höhere Nervositätswerte, wenn sie nicht arbeiten können, z. B. bei Krankheit und im Urlaub • unwiderstehliches Verlangen weiterzuarbeiten • sich zwingen müssen, periodenweise nicht zu arbeiten; Möglichkeit, durch die Arbeit unangenehme Gefühle vergessen zu können • Tendenz, immer mehr zu arbeiten ...
Leistungsanforderungen und perfektionistische Ansprüche	• AS haben im Vergleich zu NAS eine andere Selbstwahrnehmung , derzufolge sie gründlicher arbeiten, als es eigentlich notwendig wäre • Antrieb, eine gute Arbeit beim nächsten Mal noch besser zu machen • schneller und besser sein wollen als andere ...
Delegationsverhalten	• AS unterscheiden sich von NAS darin, dass es ihnen schwerer fällt, Verantwortung an andere abzugeben • sie vertrauen bei Teamarbeit weniger darauf, dass die anderen ihren Teil der Arbeit erledigen • sie meinen, dass sie es am besten selbst machen, wenn sie etwas korrekt erledigt haben wollen ...
Zwanghaftigkeit und zwanghaftes Verhalten	• Im Vergleich zu NAS berichten AS in stärkerem Maße von: – striktem Festhalten an Arbeitsroutinen – ausgeprägter Angst vor Fehlern – Schuldgefühlen, wenn sie nicht arbeiten – innerem Zwang zur Arbeit, auch wenn nach rationalen Erwägungen eine Arbeitserledigung gar nicht nötig ist – Auflisten noch zu erledigender Arbeiten – weiterarbeiten auch dann, wenn man eigentlich zu erschöpft ist – Selbstzweifeln, Gefühlen der Überforderung, Selbstmitleid
Interpersonelle Beziehungen	• Im Vergleich zu NAS berichten AS in höherem Ausmaß von: – privaten/familiären Problemen wegen des Arbeitsverhaltens – Gesprächen über berufliche Dinge bei Feiern oder Partys – Mühe, Beruf und Privatleben voneinander zu trennen – Zurückhaltung, Verbergen von Schwäche gegenüber anderen Personen

handlungsrelevanz wahrnehmen, bleibt somit ungeklärt. Einige der Untersuchungshypothesen ließen sich nicht bestätigen. So unterschieden sich Arbeitssüchtige von Nichtarbeitssüchtigen nicht darin, in welchem Maße sie berufs- und arbeitsbezogene Lebensziele angaben und wie sie die zentralen Inhalte der protestantischen Arbeitsethik beurteilten. Arbeitssüchtige bewerteten ihre Arbeit im Hinblick auf die Erreichung ihrer Lebensziele sogar als weniger bedeutsam. Das mag nach Poppelreuter (1996) darauf beruhen, dass Arbeitssüchtige ihre Arbeit um ihrer selbst willen betreiben und nicht unter funktionalen Gesichtspunkten als Mittel zur Erreichung von Lebenszielen. Auch ließ sich bei Arbeitssüchtigen keine extrem negative oder positive emotionale Haltung gegenüber ihrer Arbeit nachweisen. Sie fühlen sich jedoch in ihrer Arbeit quantitativ und qualitativ überfordert, sind unzufriedener mit ihren Beziehungen zu Kollegen und wünschen sich eine berufliche Veränderung.

Präventions- und Interventionsmaßnahmen bei Arbeitssucht

Es gibt keine weitreichenden, auf Arbeitssüchtige zugeschnittenen individualtherapeutischen Maßnahmen, die sich von denen für andere Suchtkranke unterscheiden.

Zu den wichtigsten therapeutischen Inhalten zählen Erkennen des süchtigen Verhaltens, Neustrukturierung des Arbeitsverhaltens («kontrolliertes Arbeiten»), akzentuierte Trennung von Arbeit und Freizeit, Erschließen neuer Quellen persönlicher Befriedigung (Familie, Freizeit, Kunst und Kultur), Erlernen von Entspannungstechniken und der Besuch von Selbsthilfegruppen (vgl. Poppelreuter, 1996).

Mehrere Autoren (vgl. Evans & Bartolome, 1982; Fassel, 1991; Pace et al., 1987; vgl. dazu Poppelreuter, 1996, S. 206 ff.) haben eine Reihe organisationaler und arbeitsstrukturaler Ansatzpunkte zur Prävention und Intervention bei Arbeitssucht vorgeschlagen:

1. Maßnahmen der *Personalauswahl*

Arbeitssüchtige Bewerber lassen sich leichter ausschließen durch:
- konkrete und realistische Anforderungsprofilformulierung bei zu besetzenden Stellen aufgrund von Arbeitsplatz- und Tätigkeitsanalysen;
- Sensibilisierung der die Personalentscheidung treffenden Stellen für die Arbeitssuchtproblematik;
- Fragen nach dem Freizeitverhalten sowie Beobachtung des Kommunikationsverhaltens des Bewerbers außerhalb arbeitsbezogener Inhalte während des Einstellungsinterviews.

2. Maßnahmen im Rahmen der *Personalerhaltung*

Zur langfristigen Sicherung des Leistungspotenzials der Mitarbeiter gehört unter anderem auch, arbeitssüchtigem Verhalten vorzubeugen. Dazu dienen:
- Veränderung des Anreizsystems («Mehr Lohn für mehr Arbeit») in Richtung auf eine Belohnung qualitativer und weicher Kriterien (z. B. Produktqualität, kollektive statt individuelle Gewinnbeteiligungssysteme);
- Einführung von Betriebsurlaub, Abgeltung von Urlaubsansprüchen ausschließlich in größeren zeitlichen Zusammenhängen;
- Sensibilisierung von Betriebsärzten für die Arbeitssuchtproblematik.

3. Maßnahmen der *Personalentwicklung*
- Untersuchung der Maßnahmen auf suchtfördernde Faktoren;
- Erweiterung der Personalentwicklungsinstrumente im primär- und tertiärpräventiven Bereich (Aufklärung aller Mitarbeiter/-innen, Gesundheitszirkel, gruppendynamische Übungen, Teamentwicklungsmaßnahmen, Wiedereingliederung nach externer Therapie usw.).

4. Maßnahmen zur Modifikation von *Arbeitsanforderungen*
   - Vermeidung von Unter- und Überforderung;
   - Verhinderung der Isolierung Arbeitssüchtiger durch Einbindung in Teamarbeitsprozesse, Partizipation an Entscheidungsprozessen;
   - Karriereentwicklungsprogramme mit realistischen Zielsetzungen;
   - Arbeitsumfeldgestaltung;
   - Möglichkeiten zu Erholung und kurzfristiger Ablenkung durch entsprechende Gestaltung des Arbeitsumfeldes.

5. Maßnahmen zur Verbesserung der *Arbeitsplatzbeziehungen*
   - Rollenanalyse zur Klärung der Erwartungen, Wünsche und Bedürfnisse der Mitarbeiter/-innen und Vorgesetzten einer Organisationseinheit und Prüfung ihrer Kompatibilität;
   - Stärkung von sozialer Unterstützung;
   - Teamentwicklung.

Im Zusammenhang mit Intervention und Prävention dürfte auch die «work-life-balance-Forschung» wertvolle Hinweise liefern (vgl. Kap. 3.3.4).

3.4.5 «Arbeitsflucht» – Absentismus und Fluktuation

«Absentismus» bedeutet zeitlich befristetes motivational und/oder durch Krankheit bedingtes Fernbleiben von der Arbeitsstelle. Mit «Fluktuation» ist der Arbeitsstellenwechsel über die jeweiligen Betriebs- oder Organisationsgrenzen hinaus gemeint.

Der Frage, ob Fehlzeiten und Fluktuation verschiedene Ausprägungen desselben Verhaltens darstellen oder ob es sich dabei um alternative Rückzugsformen handelt, gingen Mitra, Jenkins und Gupta (1992) mithilfe einer Metaanalyse von 17 Untersuchungen nach und kamen dabei auf eine durchschnittliche Korrelation der beiden Kriteriumsvariablen von .33.

Dieser Anteil von zirka einem Drittel Kovariation weist darauf hin, dass beide Verhaltensweisen zwar teilweise gemeinsam auftreten, zum überwiegenden Teil jedoch alternativ gewählt werden.

Das spezifische Interesse an beiden Verhaltensweisen gründet in der Annahme, dass Fehlzeiten und Fluktuation negative Bewertungen oder Einstellungen von Menschen gegenüber ihrer Arbeit widerspiegeln können; deswegen sucht man nach Hinweisen auf unbefriedigende Bedingungen, um hieran ansetzende Gestaltungsmaßnahmen bewerten zu können (vgl. die Überblicksarbeiten von Harrison & Martocchio, 1998; Johns, 2002; Semmer & Berset, 2007). Alle Formen von Abwesenheit, seien sie krankheits- oder motivational bedingt, bedeuten Störungen im Arbeitsablauf, Belastungen für die anwesenden Mitarbeiter/-innen durch zusätzliche Aufgaben und Mehrkosten für den Betrieb.

Verbreitung von Fehlzeiten

Nach Heyde, Macco und Vetter (2009, S. 205 ff.) lag der Arbeitsunfähigkeitsanteil in Deutschland bei den 9,8 Millionen Mitgliedern der AOK im Jahr 2007 bei 4,5 Prozent im Jahresdurchschnitt. Jede/r Versicherte war durchschnittlich 16,4 Tage krankgeschrieben. Zu 4,5 Prozent trugen Arbeitsunfälle zu den Arbeitsunfähigkeitstagen bei. Schätzungen zufolge fielen im Jahr 2007 1480 Millionen Arbeitsstunden krankheitsbedingt aus. Für das Jahr 2006 bringt man die rund 401 Millionen Arbeitsunfähigkeitstage mit einem in Geldwert umgerechneten Produktionsausfall in Höhe von 36 Milliarden Euro in Verbindung. Heyde et al. (2009, S. 232) schlüsseln die Arbeitsunfähigkeitstage (im Folgenden: AU-Tage) im Jahr 2007 auch nach verschiedenen *Krankheitsarten* auf:

- Muskel/Skelett (24,2 % der AU-Tage),
- Verletzungen (12,8 % der AU-Tage),
- Atemwege (12,4 % der AU-Tage),
- Psyche (8,2 % der AU-Tage),
- Herz/Kreislauf (6,9 % der AU-Tage),

- Verdauung (6,5 % der AU-Tage),
- sonstige (29 % der AU-Tage).

Bei einer sektoralen Betrachtung verteilen sich die AU-Tage im Jahr 2007 folgendermaßen auf die verschiedenen *Branchen* (vgl. Heyde et al., 2009, S. 214):

- öffentliche Verwaltung (5,2 % der AU-Tage),
- Verkehr, Transport (4,8 % der AU-Tage),
- verarbeitendes Gewerbe (4,8 % der AU-Tage),
- Baugewerbe (4,8 % der AU-Tage),
- Energie, Wasser, Bergbau (4,6 % der AU-Tage),
- Dienstleistungen (4,3 % der AU-Tage),

- Land- und Forstwirtschaft (3,9 % der AU-Tage),
- Handel (3,9 % der AU-Tage),
- Banken, Versicherungen (3,1 % der AU-Tage).

Frieling und Buch (1998) ordneten den sieben Automobilproduzenten Deutschlands für die Jahre 1995 und 1996 Rangplätze hinsichtlich personalpolitischer Benchmarks und der Fehlzeitenquoten zu. Die Rangplätze der einzelnen Unternehmen im Jahre 1996 sind in Tabelle III-36 wiedergegeben. Für das Jahr 1995 ergab sich ein ähnliches Bild. Insgesamt flossen Daten von über 420 000 Beschäftigten in die Berechnungen ein.

Tabelle III-36: Personalpolitisches Benchmarking in der deutschen Automobilindustrie (Frieling & Buch, 1998, S. 228)

Unternehmen	geringe Fehlzeiten	hoher Anteil an Gruppenarbeit	wenige Mitarbeiter im Dreischichtsystem	kleine Führungsspanne	hohe relative Netto-Personalveränderungen
A	2	1	1	3	2
B	3	2	6	1	3
C	7	6	5	7	6
D	6	4	4	4,5	4
E	4	3	2	6	5
F	5	7	3	2	1
G	1	5	7	4,5	7

Unternehmen	hoher Facharbeiteranteil	hoher Frauenanteil	geringer Ausländeranteil	niedriges Durchschnittsalter	niedrige Überstundenquote	mittlerer Rangplatz
A	1	2	2	3,5	5	2,3
B	6	3	4	1	1	3,0
C	7	7	6	6	6	6,3
D	5	5	5	5	3	4,6
E	2	4	3	7	4	4,0
F	3	6	7	2	2	3,8
G	4	1	1	3,5	7	4,1

Bei der Betrachtung der personalpolitischen Benchmarks im Hinblick auf die Rangreihe der Fehlzeitenquote fällt auf, dass das Unternehmen mit den höchsten Fehlzeiten auch hinsichtlich der anderen Merkmale vergleichsweise schlecht dasteht. Das Unternehmen mit den wenigsten Fehlzeiten hat den vergleichsweise größten Anteil an weiblichen und kleinsten Anteil an ausländischen Mitarbeitern. Das Unternehmen auf dem zweiten Rangplatz bezüglich der Fehlzeitenquote hat den höchsten Anteil an Gruppenarbeit, die wenigsten Mitarbeiter im Dreischichtsystem, den höchsten Facharbeiteranteil und den zweithöchsten Frauenanteil, den zweitniedrigsten Ausländeranteil sowie die zweitmeisten Netto-Personalveränderungen. Die Produkt-Moment-Korrelation zwischen den Fehlzeiten und dem Anteil der in Gruppenarbeit Beschäftigten lag 1996 in diesen Unternehmen bei $-.58$, im Vorjahr bei $-.35$.

Gesundheitsschutzmaßnahmen zur Senkung des Krankenstandes zeitigten nach Kuhn (1996) wenig Erfolge, wenn die bestehenden Arbeitsbedingungen unverändert blieben. Hohe Krankenstände sind oftmals verbunden mit gravierenden Problemen des Betriebsklimas und des Vorgesetztenverhaltens oder auch mit einer schlechten Arbeitsorganisation. Es empfiehlt sich demnach, im jeweiligen Fall die Sicht der Betroffenen zu ermitteln, um mögliche Zusammenhänge zwischen Belastungen am Arbeitsplatz und Beanspruchungen, wie sie sich über den Indikator «Arbeitsunfähigkeit» ausprägen können, zu analysieren und auf dieser Grundlage Maßnahmen zur Arbeits- und Organisationsgestaltung abzuleiten.

Im Folgenden sind die Ergebnisse von Forschungsarbeiten aufgeführt, die der Frage nach dem Zusammenhang zwischen Merkmalen der Arbeitstätigkeit und dem Phänomen «Arbeitsflucht» nachgehen.

Ursachen und Zusammenhänge

Untersuchungen zum Absentismus

Einen Klassifikationsversuch möglicher Erklärungen für hohe Krankenstände liefern Vogel, Kindlund und Diderichsen (1992):

- Die *Belastungstheorie* betont den engen Zusammenhang zwischen Arbeitsbedingungen, Erkrankungen und Krankschreibungen.
- Die *Missbrauchstheorie* unterstellt, dass die Spielräume der Arbeitsunfähigkeiten missbräuchlich genutzt werden.
- Die *Coping-Theorie* folgt der Annahme, dass aufgrund von Belastungen bewusst kurze Arbeitsunfähigkeitszeiten genommen werden, um das gesundheitliche Gleichgewicht wiederherzustellen.
- Die *Selektionstheorie* besagt, dass mit zunehmendem Beschäftigungsgrad von Männern und Frauen der Anteil derjenigen in den Betrieben zunimmt, die aufgrund von Leistungseinschränkungen erhöhte Arbeitsunfähigkeitszeiten aufweisen.

Ziegler, Udris, Büssing, Boos und Baumann (1996) ergänzen diese Einteilung um das *Rückzugsmodell*, demzufolge Abwesenheit als zeitweiliger Rückzug aufgrund von Arbeitsunzufriedenheit zustande kommt.

Auf die Frage, worin häufige Abwesenheit von Mitarbeitern wohl begründet sei, gaben 20 Arbeiter und Meister der aluminiumverarbeitenden Industrie in Einzelinterviews folgende Erklärungen: Die wichtigsten Ursachen für Arbeitsunzufriedenheit waren aus Sicht der Arbeiter sozialer Art (schlechtes Betriebsklima, Streit unter den Kollegen, der Vorgesetzte) und lagen zudem in Merkmalen der Tätigkeit und der Arbeitssituation (unangenehme Tätigkeit, fehlende Einweisung und Schulung, physische Belastungen). An zweiter Stelle dachten die Arbeiter an Ursachen, die der oben beschriebenen Coping-Theorie entsprechen, und an dritter Stelle vermuteten sie, dass manche Mitarbeiter das System und seine Regeln (Verpflichtung, zur Arbeit zu erscheinen) unterlaufen, weil es ihnen an Verantwortungsgefühl gegenüber dem Betrieb und den Kollegen mangele und sie sich Vorteile auf Kosten anderer verschafften. Die Meister sahen die wichtigsten Gründe für Absentismus *vorrangig* in Merkmalen der Tätigkeit und der Arbeitssituation, ergänzend in der Konjunkturlage und in der Tatsache, dass ein Mitarbeiter sich auf seinem Arbeitsplatz zu sicher fühle.

Nijhuis und Smulders (1996) betrachten in ihrem «integrierten Fehlzeitenmodell» die Entstehung von Fehlzeiten und ihre Dauer aus drei Perspektiven, einer ökonomischen, einer soziologischen und einer psychologischen.

Aus *ökonomischer* Perspektive kann man Absentismus als Resultat einer individuellen Abwägung von Kosten- und Nutzenaspekten der Fehlzeit betrachten; zu den Kostenaspekten gehören Einkommenseinbußen, Kontrollen und drohende Kündigung, zu den Nutzenaspekten die gewonnene Freizeit, die Möglichkeit, sich Verpflichtungen zu entziehen, und das Ausruhen. Aus *soziologischer* Sicht zentral erscheint der Einfluss von strukturellen Merkmalen der Umgebung (Normen und Werte) und der Arbeit (Technologie, rou-

tinemäßiges Handeln, Organisationsform) auf das Arbeitsverhalten von Arbeitnehmern (vgl. Brooke & Price, 1989). Aus *psychologischer* Sicht stehen die Eigenschaften des Einzelnen (wie Alter, Ausbildungsgrad, Lebensweise, Fertigkeiten und Motivation) im Vordergrund. **Abbildung III-15** veranschaulicht die personenbezogenen, arbeitsbezogenen und gesellschaftlichen Variablen, die die Autoren zusammenfassend als Einflussgrößen für Fehlzeiten in Betracht ziehen.

Hierbei gehen die Autoren nicht von linearen Folgen einzelner Faktoren, sondern von interaktiven Wirkungen mehrerer Faktoren aus.

Ein Missverhältnis aus Belastung und Leistungsfähigkeit kann Gesundheitsbeschwerden oder Befindlichkeitsstörungen verursachen. Die Vorstellung, die sich der Arbeitnehmer, ausgehend von der gegebenen Belastung in der Arbeitssituation, von seiner Arbeitsfähigkeit macht, bestimmt über den Zeitpunkt, zu dem es zum Fernbleiben von der Arbeitsstelle kommt (Fehlzeitenschwelle), und auch über den Zeitpunkt, zu dem der Arbeitnehmer wieder an seinen Arbeitsplatz zurückkehrt (Wiedereintrittsschwelle).

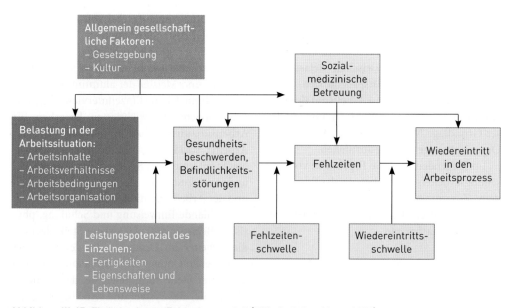

Abbildung III-15: Ein integriertes Fehlzeitenmodell (Nijhuis & Smulders, 1996)

In einer Studie bei einer Baufirma mit 165 Arbeitnehmern und 9,7 Prozent Fehlzeiten untersuchten Nijhuis und Smulders (1996) den Zusammenhang zwischen den Arbeitsanforderungen und den Kontrollmöglichkeiten (dem Maß, in dem der Angestellte seine Arbeit selbst gestalten und auf das eigene Arbeitstempo Einfluss nehmen kann) in Bezug auf Gesundheit, Wohlbefinden und Fehlzeiten der Mitarbeiter/-innen. Sie verglichen die Fehlzeitendaten der Firmenverwaltung mit den Angaben der Arbeitnehmer/-innen zu deren Arbeitsinhalten, den Arbeitsbedingungen und der Arbeitsorganisation sowie zu ihrer Gesundheit und Befindlichkeit. Nach ihren Befunden steigt das Maß der empfundenen Gesundheitsbeschwerden

- vor allem mit schlechter Arbeitsorganisation (Behinderung durch unvorhergesehene Situationen, unzulängliche Hilfsmittel, Fehler in der Arbeit anderer, mangelnde Information oder Unklarheit),
- mit belastenden Arbeitsinhalten (Mangel an Abwechslung, Selbstständigkeit und Kontakten mit anderen, unangemessener Schwierigkeitsgrad),
- mit unzureichender sozialer Unterstützung durch Kollegen und Vorgesetzte und
- mit dem Alter des Mitarbeiters.

Das Ermüdungsempfinden der Untersuchungsteilnehmer variierte mit den Arbeitsinhalten, der Arbeitsorganisation und dem Ausmaß an sozialer Unterstützung in derselben Richtung. Die Fehlzeiten der Mitarbeiter gingen einher mit

- belastenden Arbeitsinhalten,
- fehlender Kontrollmöglichkeit und
- körperlicher Belastung.

Ein unmittelbarer Zusammenhang von Gesundheits- oder Ermüdungsempfinden und Fehlzeiten zeigte sich nicht. Das könnte daran liegen, dass die Arbeitnehmer Befindensstörungen durch Fehlzeiten vorbeugen oder dass die Schwelle zum Austritt aus dem Arbeitsprozess niedrig liegt.

Betrachtet man diese Befunde im Licht der eingangs erwähnten Klassifikation, so lassen sie sich insofern im Rahmen der Coping-Theorie verstehen, als Fehlzeiten offenbar dann «genommen» werden, wenn keine andere Möglichkeit besteht, auf belastende Arbeitsinhalte Einfluss zu nehmen, und wenn die Belastungen bereits zu wahrgenommenen körperlichen Beschwerden führten.

Insgesamt unterstützen die dargestellten Untersuchungen die Annahme des Rückzugsmodells, dass Arbeitsunzufriedenheit vorübergehende Abwesenheitszeiten verursacht, und die Annahme der Coping-Theorie, dass die Mitarbeiter zwecks Regeneration von Beanspruchung von der Arbeit fernbleiben.

Mehrebenenansatz zur Erklärung des Krankenfehlstandes: Turgut, Michel und Sonntag (2012) konnten in einer Studie mit ca. 1800 Mitarbeiter(inne)n regressionsanalytisch nachweisen, dass arbeitsorganisatorische Probleme, geringer Handlungsspielraum, schlechtes Teamklima, geringes gesundheitsbezogenes Führungsverhalten und eine mangelnde Unterstützung durch die Sozialberatung den Krankenfehlstand signifikant beeinflussen.

Die Ergebnisse bestätigen, dass der Krankenfehlstand als objektives Maß der Gesundheit eines Unternehmens durch verschiedene Belastungsfaktoren und Ressourcen, die auf unterschiedlichen Ebenen liegen (Arbeitsplatz, Individuum, Team, Führung und Organisation), beeinflusst wird.

Absentismus und das «Job-Demands-Resources-Modell»: Schaufeli, Bakker und van Rhenen (2009) haben in einer längsschnittlichen Studie Annahmen des «Job-Demands-Resource(JDR)-Modells» überprüft. Wachsende Arbeitsbelastungen, wie zum Beispiel Arbeitsüberlastung oder emotionale Belastungen, sowie schwindende Arbeitsressourcen, wie zum Beispiel soziale Unterstützung, Autonomie oder Lernmöglichkeiten, standen in positiver Beziehung zu Burnout. Eine Zunahme an Arbeitsressourcen stand in einer positiven Beziehung zum Arbeitsengagement. Schließlich hing Burnout positiv mit der Absentismusdauer zusammen. Für das Arbeitsengagement ergab sich eine negative Beziehung zur Absentismushäufigkeit. Schaufeli et al. (2009) betrachten die Absentismus*dauer* als Ausdruck einer unfreiwilligen Abwesenheit (beanspruchungsbedingt), die Absentismus*häufigkeit* hingegen als Ergebnis einer freiwilligen Entscheidung (motivational). Darüber hinaus zeigten sich Hinweise auf positive Gewinnspiralen. Arbeitsengagement führte zu einer Zunahme an Arbeitsressourcen, die ihrerseits zu weiterer Steigerung des Arbeitsengagements beitrugen.

Die Bedeutung von Arbeitsplatzunsicherheit: Staufenbiel und König (2010) konnten in ihrer Studie demonstrieren, dass Arbeitsplatzunsicherheit sowohl als beeinträchtigender («hindrance») als auch als herausfordernder («challenge») Stressor unterschiedliche Effekte auf Variablen wie Fluktuationsabsicht oder Fehlzeiten ausübte. Zum einen konnte Arbeitsplatzunsicherheit als «Hindrance»-Stressor über Mechanismen wie reduzierte Arbeitszufriedenheit zum Anwachsen von Fluktuationsabsicht und Fehlzeiten beitragen. Zum anderen schien die Arbeitsplatzunsicherheit als «Challenge»-Stressor die Mitarbeiter zu motivieren, sich bei der Arbeit mehr anzustrengen und seltener abwesend zu sein. Die Autoren empfehlen, Beeinträchtigungen bzw. Herausforderungen als zwei Dimensionen eines Stressors mit positiven und negativen Effekten zu begreifen.

Die Rolle von intensivem Alkoholkonsum: Bacharach, Bamberger und Biron (2010) konnten belegen, dass die Häufigkeit von «heavy episodic drinking» innerhalb eines Monats positiv mit der Anzahl der Fehltage in den darauffolgenden zwölf Monaten zusammenhing, wohingegen sich für die Alkoholmenge, die typischerweise konsumiert wurde, keine vergleichbaren Effekte ergaben. Wahrgenommene soziale Unterstützung durch Kolleg(inn)en bei der Arbeit schwächte die positive Beziehung

zwischen «heavy episodic drinking» und Fehltagen ab.

Untersuchungen zur Fluktuation

Arbeitszufriedenheit

Baillod und Semmer (1994) ergründeten das Fluktuationsphänomen mithilfe einer Pfadanalyse aus Daten von 592 Computerfachleuten aus zwei aufeinanderfolgenden Jahren (t_1 und t_2). Spezifische Einstellungen, zum Beispiel die Zufriedenheit mit den Arbeitsinhalten, die Zufriedenheit mit dem Verhältnis von Arbeit und Privatleben und die Zufriedenheit mit dem Führungsklima (inkl. organisationaler Variablen wie der Informationspolitik), münden demnach in generalisierte Einstellungen zur eigenen allgemeinen Arbeitszufriedenheit, in normative Überzeugungen und organisationale Verbundenheit, die das Suchverhalten beeinflussen (z.B. das Lesen von Stelleninseraten). Die generalisierten Einstellungen und das Suchverhalten führen zur Fluktuationsabsicht, die dann als einzige Variable einen direkten Prädiktor (.59) für die Kündigung darstellt (s. **Abb. III-16**).

In einer Follow-up-Befragung ein weiteres Jahr später (t_3) durch Semmer, Baillod, Stadler und Gail (1996) bestätigte sich der 1994 gefundene Verlauf, wobei jedoch im Vergleich zur Untersuchung von 1994 der Zusammenhang zwischen Kündigungsabsicht und Kündigung auf .34 gesunken war. Zudem hatte die Variable «Zufriedenheit mit dem Verhältnis von Arbeit und Privatleben» ihre Vorhersagekraft verloren. Diesen Wandel betrachteten die Autoren als Hinweis auf die Veränderungen auf dem Arbeitsmarkt.

Wo im Untersuchungszeitraum kein Stellenwechsel stattgefunden hatte, blieben die Zufriedenheitswerte stabil und auf hohem Niveau. Geringe Werte kündigten einen Stellenwechsel an, und nach einem Wechsel stieg die Zufriedenheit. Wo diese nach einem Wechsel nicht angestiegen war, folgte ein weiterer Stellenwechsel. Bei Probanden, die angegeben hatten, während des letzten Jahres «beinahe

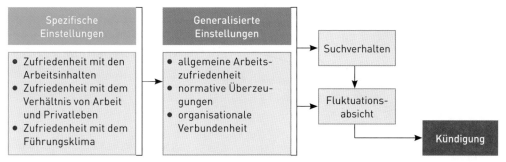

Abbildung III-16: Zusammenhang zwischen Einstellungen und Fluktuationsverhalten bei Computerfachleuten nach den Ergebnissen von Baillod und Semmer (1994)

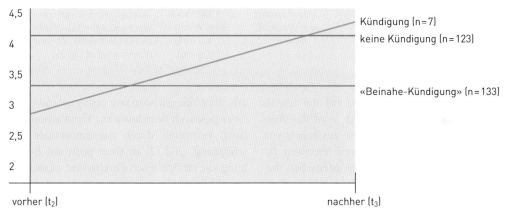

Abbildung III-17: Arbeitszufriedenheit, Kündigung und Beinahe-Kündigung (Semmer et al., 1996)

gekündigt zu haben», waren die Zufriedenheitswerte ebenfalls gleich geblieben, jedoch auf niedrigem Niveau (s. **Abb. III-17**).

Diese Ergebnisse sprechen für eine Tendenz der Mitarbeiter, im Laufe der beruflichen Sozialisation und Selektion (zum Teil Selbstselektion) in wachsendem Maße eine Kongruenz zwischen Anforderungen und Angeboten des Arbeitsplatzes einerseits und den persönlichen Kompetenzen und Bedürfnissen andererseits anzustreben.

Die Hypothese, dass beim Fluktuationsverhalten eine Disposition zur Arbeitsunzufriedenheit oder eine schnelle Kündigungsbereitschaft bei Arbeitsunzufriedenheit als Personenvariable eine Rolle spielt, bestätigt sich auch deswegen nicht, weil die Kündigung die Kündigungsabsicht in diesem Modell nicht vorhersagt.

Die Zufriedenheitsentwicklung bei innerbetrieblichem Wechsel im Vergleich zum Unternehmenswechsel ist in **Abbildung III-18** dargestellt.

Bei Unternehmenswechsel stieg die Zufriedenheit der Mitarbeiter zunächst steiler an als bei einem innerbetrieblichen Wechsel. Letzterer hatte einen kontinuierlicheren Anstieg der Mitarbeiterzufriedenheit zur Folge und erreichte nach Ablauf eines Jahres ein insgesamt höheres Niveau.

Welche Ausprägungen der genannten Bedingungen nun eigentlich unbefriedigend oder überbeansprucht sind, ist keine Frage, die sich allgemein beantworten ließe. Während die Passung von geistigen, körperlichen und psychischen Anforderungen an Arbeitsplätzen und den entsprechenden *Fähigkeiten* des arbeitenden Menschen – die gegeben oder aber

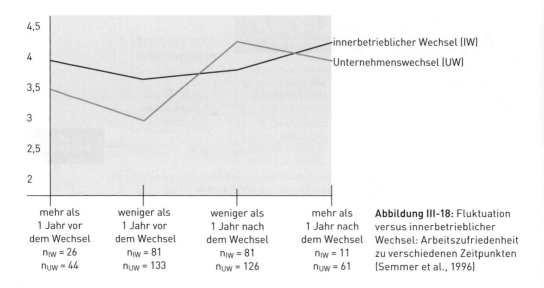

Abbildung III-18: Fluktuation versus innerbetrieblicher Wechsel: Arbeitszufriedenheit zu verschiedenen Zeitpunkten (Semmer et al., 1996)

trainierbar sind – Hinweise auf die jeweils angemessene *Belastung* liefert, wird das Ausmaß der *Arbeitszufriedenheit* zusätzlich von der Passung von Tätigkeit und jeweiliger *Interessen- und Motivlage* des Menschen bestimmt.

Commitment gegenüber Vorgesetzten und Organisation

Vandenberghe und Bentein (2009) konnten eine negative Beziehung zwischen dem affektiven Commitment von Mitarbeitern gegenüber dem Vorgesetzten und der Kündigung von Mitarbeitern belegen, wobei sich dieser Zusammenhang durch ein geringes affektives organisationales Commitment der Mitarbeiter noch verstärkte. Die Autoren vermuten, dass das affektive Commitment gegenüber Vorgesetzten dann besonders salient wird, wenn die Qualität der Austauschbeziehungen zwischen Mitarbeiter/-in und Organisation belastet ist (z.B. infolge von Restrukturierungen, Personalabbau, Lohnkürzungen).

Die Rolle der Emotionsregulation

Chau, Dahling, Levy und Dieffendorf (2009) konnten anhand längsschnittlicher Daten Beziehungen zwischen Strategien der Emotionsregulation und der Fluktuation von Bankmit-

arbeitern belegen. «Surface acting» stand (1) in einer positiven Beziehung zur Fluktuationsabsicht, vermittelt durch die emotionale Erschöpfung, und (2) in einer positiven Beziehung zur tatsächlichen Fluktuation, vermittelt sowohl durch die emotionale Erschöpfung als auch durch die Fluktuationsabsicht. Für «deep acting» ergab sich eine negative Beziehung zur Fluktuation, vermittelt durch eine verminderte Fluktuationsabsicht.

Die Rolle der Persönlichkeit

Zimmerman (2008) untersuchte in einem metaanalytischen Pfadmodell Beziehungen zwischen Persönlichkeit und fluktuationsbezogenen Variablen. Emotionale Stabilität stand in einer negativen Beziehung zur Kündigungsabsicht, die sich nicht allein durch vermittelnde Prozesse wie reduzierte Arbeitszufriedenheit oder unzureichende Arbeitsleistung erklären ließ. Gewissenhaftigkeit und Verträglichkeit hingen negativ, Offenheit für Erfahrungen positiv mit tatsächlichen Kündigungsentscheidungen zusammen. Auch hier gab es direkte Effekte unabhängig von vermittelnden Prozessen wie Arbeitszufriedenheit, Arbeitsleistung oder Kündigungsabsicht, die der Autor als Hinweis auf die Bedeutung von ungeplanten und spontanen Kündigungen bei Menschen mit geringer Gewissenhaftigkeit und hoher Offenheit für Erfahrung interpretiert.

Proximale und distale Determinanten der Fluktuation

In der Metaanalyse von Griffeth, Hom und Gaertner (2000) erwiesen sich proximale Variablen im Rückzugsprozess als beste Prädiktoren der Fluktuation. Hierzu zählen Arbeitszufriedenheit, organisationales Commitment, Jobsuche, Vergleich von Jobalternativen sowie Fluktuationsabsicht. Geringe bis moderate Effekte ergaben sich auch für einige distale Variablen im Rückzugsprozess wie Arbeitsinhalte, Stress, Gruppenkohäsion oder Führung.

Motivationspsychologische Erklärungsmuster

Motivation charakterisiert man im Allgemeinen durch die Richtung des Handelns, wie sie sich in Auswahlergebnissen und Entscheidungen manifestiert, und durch die Menge an Energie (Anstrengung und Ausdauer), die jemand für die Aufgabe bereitstellt.

Der Motivbegriff wurde eingeführt, um konsistentes Verhalten von Menschen im Kontrast zu anderen Menschen und über verschiedene Situationen und Zeitpunkte hinweg zu erklären. Wieso sucht sich zum Beispiel eine Mitarbeiterin stets schwierige Aufgaben und lässt sich trotz widriger Umstände nicht von der Aufgabenerfüllung abbringen, während ein anderer schnell aufgibt? Menschen unterscheiden sich hinsichtlich der Art ihrer persönlichen Motive und der Ausprägungsgrade, in denen die jeweiligen Motive vorliegen. **Abbildung III-19** stellt das Modell von Kleinbeck und Wegge (1996) zur Erklärung der Anwesenheit von Mitarbeitern dar, das neben der Anwesenheitsfähigkeit und dem Anwesenheitsdruck auch motivationale Größen berücksichtigt.

Motive allein führen noch nicht zur Verwirklichung arbeitsmotivierten Verhaltens. Erst wenn sie auf entsprechende Charakteristika der Situation treffen – auf das Motivierungspotenzial der Arbeit –, führen sie zu konkreten Auswirkungen auf die Arbeits- und damit Anwesenheitsmotivation des Mitarbeiters, die schließlich die tatsächliche Mitarbeiteranwesenheit zur Folge hat, sofern der Mitarbeiter bzw. die Mitarbeiterin, zum Beispiel aus gesundheitlichen Gründen, dazu in der Lage ist und die Anwesenheit grundsätzlich notwendig ist.

Hypothesen über das Motivierungspotenzial der Arbeit enthält das «Job-Characteristic-Modell» von Hackman und Oldham (1975). Hiernach setzt sich der motivationale Anregungsgehalt der Arbeitstätigkeit aus den folgenden fünf Merkmalsausprägungen zusammen:

- Anforderungswechsel (Gelegenheit, verschiedene Fähigkeiten einzusetzen),
- Vollständigkeit der Aufgabe (vgl. Hacker, 1986),

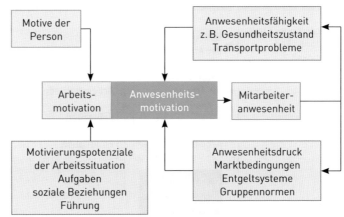

Abbildung III-19: Motivationspsychologisches Modell zur Erklärung der Anwesenheit von Mitarbeitern (Kleinbeck & Wegge, 1996, S. 164)

- Wichtigkeit der Aufgabe (für die Allgemeinheit),
- Autonomie (Handlungsspielraum und Unabhängigkeit),
- Rückmeldung durch die Arbeit (Möglichkeit, das Ergebnis nach eigenem Maßstab zu bewerten).

Für den Anforderungswechsel, die Vollständigkeit und die Wichtigkeit der Aufgabe sehen Hackman und Oldham (1975) kompensatorische Ausgleichsmöglichkeiten.

Vermittelt über psychologische Zustände des arbeitenden Menschen, die sich auf die erlebte Bedeutsamkeit der Tätigkeit, die erlebte Verantwortlichkeit für und das Wissen um die Arbeitsergebnisse beziehen, werden Auswirkungen auf verschiedene persönliche und arbeitsbezogene Ergebnisse erwartet: erhöhte Produktqualität, intrinsische Arbeitsmotivation, Arbeitszufriedenheit und geringe Abwesenheits- und Fluktuationsquoten (s. Abb. III-20).

Weiter postulieren Hackman und Oldham, dass die motivationalen Anreizbedingungen der Arbeit nicht auf alle Menschen in gleicher Weise wirken, sondern je nach ihrem *individuellen Entfaltungsbedürfnis* Verschiedenes bedeuten. Die Moderatorvariable «Bedürfnis nach persönlicher Entfaltung» beschreibt den Wunsch eines Menschen nach Selbstständigkeit, Herausforderung, Weiterentwicklung und persönlichem Wachstum, Entscheidungspartizipation und optimaler Leistungserreichung.

Eine deutsche Fassung des Fragebogens zur subjektiven Einschätzung der Modellkomponenten des «Job Diagnostic Survey» (JDS) von Hackman und Oldham (1975) erstellten Schmidt, Kleinbeck, Ottmann und Seidel (1985).

Studie 1: Beziehung zwischen dem Motivierungspotenzial der Arbeit, Fehlzeiten und Fluktuation

Schmidt und Daume (1996) untersuchten mithilfe dieses Instrumentes den Einfluss des oben beschriebenen Motivierungspotenzials der Arbeitstätigkeit auf die Fehlzeiten und Fluktuation bei 25 Prozent der Beschäftigten jedes Produktionsbereiches eines metallverarbeitenden Betriebes der Automobilzulieferindustrie und kamen bei den insgesamt 109 Untersuchungsteilnehmern zu folgenden Ergebnissen (s. Abb. III-21):

- Zunächst zeigte sich ein signifikanter negativer Zusammenhang zwischen dem Alter, der Dauer der Betriebszugehörigkeit und dem Familienstand (ledig oder verheiratet)

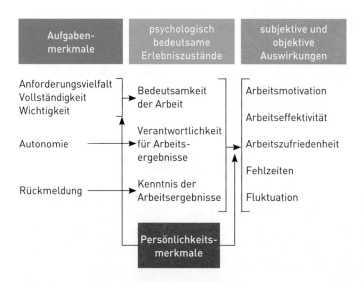

Abbildung III-20: Die Wirkung von Kerndimensionen der Arbeit auf das Verhalten und Erleben von Mitarbeitern in Organisationen (nach Hackman & Oldham, 1975)

	Entfaltungsbedürfnis	
	niedrig / mittel	hoch
Motivierungspotenzial niedrig	kein signifikanter Zusammenhang	hohe Fluktuation
Motivierungspotenzial hoch	hohe Fehlzeiten	geringe Fehlzeiten

Abbildung III-21: Befunde zur Beziehung zwischen Entfaltungsbedürfnis, Motivierungspotenzial der Arbeit und Fehlzeiten sowie Fluktuation (Schmidt & Daume, 1996)

der Mitarbeiter einerseits und der Häufigkeit und Summe ihrer Fehlzeiten andererseits.

- Das Motivierungspotenzial der Arbeitstätigkeit kovariierte in unterschiedlicher Weise mit den Fehlzeiten, je nachdem, ob sich das Entfaltungsbedürfnis als niedrig, mittel oder hoch erwies. Bei der Subgruppe mit hohem Entfaltungsbedürfnis war ein hohes Motivierungspotenzial mit geringen Fehlzeiten verbunden. Bei der Subgruppe mit niedrigem Entfaltungsbedürfnis ging ein hohes Motivierungspotenzial mit hohen Fehlzeiten einher. Letzteres zeigte sich als Tendenz auch bei den Mitarbeitern mit mittlerem Entfaltungsbedürfnis.
- Nur für die Gruppe der hoch Entfaltungsbedürftigen besteht ein statistisch bedeutsamer Zusammenhang zwischen Fluktuationsverhalten und Entfaltungsbedürfnis der Person. Bei dieser Gruppe ist die Fluktuation umso größer, je niedriger das Motivierungspotenzial der Tätigkeit ist, während bei den wenig entfaltungsbedürftigen Mit-

arbeitern das Motivierungspotenzial der Arbeit nicht wesentlich mit ihrem Fluktuationsverhalten kovariiert.

Die Autoren folgern aus den Ergebnissen, dass Zweifel gegenüber einer Strategie der Arbeitsgestaltung angebracht sind, die in der Vergrößerung von Motivierungspotenzialen und der Schaffung von Handlungs- und Entscheidungsspielräumen die Lösung aller Probleme sieht. Angemessener dürften dagegen Strategien sein, die auf eine Verbesserung der Passung von Personen- und Aufgabenmerkmalen abzielen.

Studie 2: Motivationspsychologische Erklärung von Fehlzeiten

In einer weiteren Studie betonen Kleinbeck und Wegge (1996) im Hinblick auf die Anwesenheitsmotivation eines Mitarbeiters auch die Bedeutung des Anschlussmotivs, das zusammen mit dem Leistungsmotiv des Mitarbeiters einen Teil seiner Arbeitsmotivation konstituiert.

Das *Leistungsmotiv* (vgl. Heckhausen, 1989; Schneider & Schmalt, 1994) ist angesprochen, wenn Aufgaben übernommen werden, um damit verbundene Ziele zu erreichen. Das *Anschlussmotiv* umfasst das Bedürfnis nach wechselseitigen vertrauensvollen Bindungen, in denen man Akzeptanz und Unterstützung erfährt. Kleinbeck und Wegge (1996) vermuten, dass sich spezifische Motivierungspotenziale der Arbeitssituation in Abhängigkeit von Motivunterschieden der Mitarbeiter/-innen verschieden auswirken. Beispielsweise wird die Arbeitsmotivation eines Menschen mit hohem Anschlussmotiv bei der Einführung von Teamarbeit steigen, während Menschen mit niedrigem Anschlussmotiv auf dieselbe Veränderung gar nicht oder sogar demotiviert reagieren und sozialen Situationen lieber ausweichen.

Kleinbeck und Wegge (1996) schlossen in ihre Untersuchung zum Absentismusverhalten bei 80 Mitarbeiter(inne)n eines mittelständischen Unternehmens (beschäftigt mit Wareneingang, Verpackung, Lagerhaltung) Beobachtungen zum Anschlussmotiv mit ein, ferner die Einschätzung der Mitarbeiter, ob ihre Abwesenheit mit unangenehmen Folgen für ihre Ziele verbunden wäre. (Beispiel zum Leistungsmotiv: «Wenn Sie einmal fehlen, in welchem Ausmaß wirkt sich das ungünstig auf die Möglichkeit aus, im Rahmen Ihrer Berufskarriere voranzukommen?») Sie stellten Folgendes fest:

- Leistungsthematische Größen hängen im Vergleich mit anschlussthematischen insgesamt deutlich stärker mit den Fehlzeiten zusammen. Die größte Varianzaufklärung (20 Prozent der Fehltage, 15 Prozent der Häufigkeit von Fehlperioden) ergab sich jedoch aus einzelnen Kombinationen der leistungsthematischen und anschlussthematischen Faktoren.
- Bei jungen ledigen Menschen mit weiterführendem Schulabschluss ist das Leistungsmotiv stärker ausgeprägt als bei den anderen Gruppen.
- Ältere Menschen halten das Eintreten negativer Konsequenzen im Falle einer Fehlzeit für wahrscheinlicher als jüngere Untersuchungsteilnehmer und fehlen tendenziell seltener.
- Leistungsmotivierte Menschen weisen nur dann weniger Fehlzeiten auf, wenn sie das leistungsthematische Motivierungspotenzial in ihrer Arbeitssituation als hoch einschätzen und gleichzeitig bei Fernbleiben von der Arbeit ungünstige Folgen hinsichtlich ihrer Ziele erwarten.
- Anschlussthematische Größen erklären das Anwesenheitsverhalten von Mitarbeiter(inne)n mit längerer Betriebszugehörigkeit dann, wenn sie glauben, durch häufiges Fehlen Ärger mit den Kollegen zu bekommen.

Weiter verloren die Motivunterschiede der Mitarbeiter in dieser Untersuchung an Gewicht, nachdem in der Organisation starke Konflikte aufgetreten waren. Aufgrund von allgemein angestiegener Arbeitsbelastung, schlechtem Betriebsklima und als unfair empfundenem Führungsverhalten stiegen die Fehlzeiten. Die Beteiligten selbst rechtfertigten dies als Ausgleich von Ungerechtigkeit und fehlender Belohnung von Seiten der Betriebsführung.

Zusammenfassend zeigen die dargestellten Befunde zur Rolle der Motivation für das Phänomen Arbeitsflucht, dass Arbeitsbedingungen und -inhalte, die selbstständiges, vielfältiges und verantwortungsvolles Arbeiten erfordern bzw. ermöglichen, Menschen mit entsprechenden Motiven zum Verbleib am Arbeitsplatz und in der Organisation ermuntern. Bei Menschen mit gering ausgeprägtem Wunsch nach Selbstständigkeit und Weiterentwicklung («Bedürfnis nach persönlicher Entfaltung») sind derartige Arbeitsbedingungen mit Absenz, nicht aber zwangsläufig mit einem Stellenwechsel verbunden.

Weiter scheint die Überzeugung von Mitarbeitern, dass sich Fehlzeiten negativ auf persönlich hoch bewertete Ziele auswirken, diese zu reduzieren, was die Annahme bestätigt, dass motivationale Ursachen bei der Entstehung von Krankenständen wirksam sind.

Schließlich berührt die Arbeitstätigkeit, wie die Studie von Kleinbeck und Wegge (1996) zeigt, das Leistungsmotiv, nachrangig zum Beispiel aber auch das Anschlussmotiv. Ein weiterer motivbedingter Anlass zeigte sich darin, dass mit Fehlzeiten versucht wurde, als ungerecht empfundene Bedingungen auszugleichen.

Studie 3: Vorgesetztenverhalten und Fehlzeiten

Direkt und indirekt wirkt sich das *Verhalten von Vorgesetzten* auf die Arbeitsinhalte, die Arbeitsorganisation und die sozialen Bedingungen am Arbeitsplatz aus. Schmidt (1996) untersuchte den Einfluss des Führungsverhaltens auf das Verhalten, die Motivation und die Fehlzeiten von 120 Mitarbeitern im Produktionsbereich eines metallverarbeitenden Betriebes der Automobilzulieferindustrie. Die Mitarbeiter schätzten das Verhalten ihrer Vorgesetzten mithilfe des «Fragebogens zur Vorgesetzten-Verhaltens-Beschreibung» (FVVB) von Fittkau-Garthe und Fittkau (1997) auf fünf Dimensionen ein:

- «Freundliche Zuwendung und Respektierung»,
- «Mitreißende, zur Arbeit stimulierende Aktivität»,
- «Ermöglichung von Mitbestimmung und Beteiligung»,
- «Kontrolle versus Laissez-faire-Verhalten»,
- «Freundliche Zuwendung kombiniert mit stimulierender Aktivität».

Schmidt (1996) verglich die Beschreibungen des Vorgesetztenverhaltens mit den Fehlzeiten des folgenden Jahres und den Fluktuationsdaten der beiden folgenden Jahre. Angaben der Mitarbeiter über biografische Variablen (Alter, Dauer der Betriebszugehörigkeit und Familienstand) und über ihre Arbeitszufriedenheit dienten als Moderatoren. Konstante Anwesenheit und der Verbleib im Betrieb gingen in dieser Studie mit allgemeiner Arbeitszufrie-

denheit sowie mit dem Alter und der Betriebszugehörigkeitsdauer einher.

Die genannten Dimensionen des Vorgesetztenverhaltens standen zueinander in enger Beziehung, wirkten jedoch in Bezug auf die Kriterien Fehlzeiten und Fluktuation etwas unterschiedlich.

Bis auf die Dimension «Kontrolle versus Laissez-faire-Verhalten» korrelierten alle Dimensionen des Vorgesetztenverhaltens signifikant gegenläufig mit der Mitarbeiterfluktuation. Mit der Fehlzeitenhäufigkeit bzw. mit der Summe der Fehltage eines Mitarbeiters hing – in konvertierter Weise – nur die Dimension «Ermöglichung von Mitbestimmung und Beteiligung» zusammen.

In der regressionsanalytischen Betrachtung stellte sich heraus, dass das Vorgesetztenverhalten 12 Prozent der Varianz in den Fehlzeiten aufklärt. Dabei wirkt die Dimension «Ermöglichung von Mitbestimmung und Beteiligung» in signifikantem Ausmaß in die erwünschte Richtung, und die Dimension «Mitreißende zur Arbeit stimulierende Aktivität» geht mit einer höheren Summe von Fehltagen einher. Die biografischen Variablen und die Arbeitszufriedenheit zusammen erklären 12 Prozent der Fluktuationsvarianz, die Dimension «Ermöglichung von Mitbestimmung und Beteiligung» allein determiniert weitere 9 Prozent.

Die Items der Dimension «Ermöglichung von Mitbestimmung und Beteiligung» beschreiben einen Vorgesetzten, der für Änderungsvorschläge der Mitarbeiter offen ist, der die Aufgaben und Arbeitsgebiete des Mitarbeiters gemeinsam mit ihm festlegt und Entscheidungen erst nach vorheriger Rücksprache mit den Mitarbeitern trifft. Ein solches Vorgesetztenverhalten scheint sich bei den befragten Personen günstig auszuwirken, wenn es um ihre Entscheidungen über den grundsätzlichen Verbleib oder auch über die temporäre Abwesenheit von der Arbeitsstelle geht. Insgesamt hat das Vorgesetztenverhalten bei den Untersuchungsteilnehmern zu zirka 10 Prozent mit ihrer Entscheidung für oder gegen Absenz oder Fluktuation zu tun.

Maßnahmen zur Prävention und Reduktion von Absentismus und Fehlzeiten

Das Institut der Deutschen Wirtschaft konstatiert die folgenden Häufigkeiten spezifischer Aktivitäten von deutschen Unternehmen zur Reduktion von Fehlzeiten (vgl. Kuhn, 1996):

- 29 % der befragten Unternehmen suchen mit häufig fehlenden Mitarbeitern das Gespräch;
- 16 % setzen auf stärkere Kontrolle durch Vertrauensärzte;
- 11 % versuchen über eine Veränderung des Führungsstils einzuwirken (gerechtere Arbeitsverteilung, seltenere Kritik, weniger Aufsicht und Kontrolle, mehr Anerkennung);
- 10 % lassen den Betriebsarzt regelmäßige Gesundheitsprüfungen durchführen;
- 7 % der Betriebe schreiben oder rufen den Mitarbeiter zu Beginn einer Erkrankung an;
- 7 % überprüfen und verbessern das Arbeitsumfeld;
- 6 % leisten Zahlungen in Form von Anwesenheitsprämien;
- 4 % führen Krankenbesuche durch;
- 3 % sprechen Abmahnungen und Kündigungen aus.

Eine sorgfältige Personalplatzierung entsprechend den Bedürfnissen, Zielen und persönlichen Leistungsvoraussetzungen der Mitarbeiter/-innen sowie gegebenenfalls Qualifizierungaktivitäten lassen sich aus den weiter oben beschriebenen empirischen Befunden als Maßnahmen ableiten, die dem Arbeitsfluchtverhalten vorbeugen. Zudem stellt die Selbststeuerung der Tätigkeit eine Möglichkeit zum Ausgleich übermäßiger Beanspruchung vor Ort dar, ohne hierfür Fehlzeiten in Anspruch nehmen zu müssen. Hinderliche Arbeitsbedingungen, zum Beispiel organisatorischer oder sozial-klimatischer Art, lassen sich mitarbeitergerecht angehen, indem man Möglichkeiten zur Mitbestimmung und Beteiligung schafft. Frieling und Buch (1998) untersuchten die Wirkung von *Gruppenarbeitsstrukturen* als

möglichen Weg, überhöhten Fehlzeiten vorzubeugen und sie zu reduzieren. Einen Blick auf den Stand der Forschung über Auswirkungen von Gruppenarbeit auf das Fehlzeitenverhalten der Mitarbeiter im Vergleich zur traditionellen Arbeitsorganisation eröffnen zwei Metaanalysen und einige Einzelstudien.

Die Metaanalyse von Pasmore, Francis, Haldemann und Shani (1982) ergab bei den meisten Arbeiten positive Auswirkungen von teilautonomen Arbeitsgruppen auf die Fehlzeiten. Alle 71 Studien ermittelten positive Auswirkungen auf die Einstellungen der Mitarbeiter, auf die Qualität der Arbeitsergebnisse und auf die Arbeitssicherheit.

Beekun (1989) analysierte 17 soziotechnische Untersuchungen zum Vermeidungsverhalten (Fluktuation, Absentismus und Zuspätkommen) der Mitarbeiter/-innen, das sich in allen Studien durch die Einführung von Gruppenarbeit reduzieren ließ.

Den Prozentsatz von Studien, bei denen man in den genannten Metaanalysen positive bzw. keine oder negative Auswirkungen von Gruppenarbeitsstrukturen auf das Fehlzeiten- bzw. Vermeidungsverhalten fand, zeigt Tabelle III-37.

Spätere Untersuchungen verdeutlichten keine positiven Effekte der Gruppenarbeit auf die «Arbeitsflucht» von Mitarbeitern. In einem australischen Unternehmen der erzverarbeitenden Industrie waren die neu implementierten Arbeitsgruppen durch einen erhöhten Arbeitsaufwand in Form von Überstunden belastet, so dass die Fehlzeiten in den teilautonomen Arbeitsgruppen höher lagen als in der Kontrollgruppe (vgl. Cordery, Mueller und Smith, 1991).

In einer zehnmonatigen Längsschnittstudie bei der staatlichen Eisenbahn Australiens fand Pearson (1992) hinsichtlich der Fehlzeiten keine Unterschiede zwischen 15 teilautonom und 13 herkömmlich strukturierten Arbeitsgruppen. Bei genauerer Betrachtung unterschieden sich die «teilautonomen» Arbeitsgruppen von den anderen nur dadurch, dass sie einmal pro Woche eine halbstündige Gruppensitzung

Tabelle III-37: Ergebnisse aus Metaanalysen zum Einfluss der Gruppenarbeit auf die Fehlzeiten (Frieling & Buch, 1998)

Autoren (Jahr)	Anzahl der analysierten Studien	Anteil mit positiven Veränderungen durch Gruppenarbeit	Anteil mit negativen Veränderungen durch Gruppenarbeit	mittlere Effektgröße
Pasmore, Francis, Haldemann und Shani (1982)	71	86 %	14 %	
Beekun (1989)	17	75 %	25 %	.30

durchführten. Auch Cohen und Ledford (1994) fanden im Hinblick auf die Fehlzeiten in einem Unternehmen der Telekommunikation keine unterschiedlichen Effekte der 50 teilautonomen Gruppen gegenüber den 50 traditionellen Gruppen. Nicht alle der «teilautonomen» Gruppen hatten interdependente und ganzheitliche Aufgaben.

Neben der Möglichkeit, dass die Kontrolliertheit der Forschungsdesigns und die Beobachtungszeiträume ungeeignet dazu sein können, die Auswirkungen von Gruppenarbeit zu erfassen, sehen Frieling und Buch (1998) einen möglichen Moderator in der Qualität der Gruppenarbeitsstruktur.

Bei einem mittelständischen Betrieb der Zulieferindustrie und bei einem Automobilhersteller verglichen Frieling und Freiboth (1997) die Qualität der Gruppenarbeit mit den zeitlich korrespondierenden Fehlzeiten. Der Gesamtwert der Gruppenarbeitsqualität korreliert für die sieben Arbeitsgruppen zu −.41 mit den zeitlich korrespondierenden Fehlzeiten der Mitarbeiter. In welchem Umfang die Gruppenmitglieder Selbststeuerungsfunktionen ausüben können (Partizipation/Autonomie), hängt zu −.52 mit der Höhe der Fehlzeiten zusammen. In dem Betrieb mit der insgesamt höchsten Gruppenarbeitsqualität sind die prozentualen Fehlzeiten (4,89 Prozent) die zweitniedrigsten. Auffallend gut sind hier die organisatorischen Rahmenbedingungen für Gruppenarbeit, auch sind die Gruppenaufgaben bei dieser Stichprobe deutlich stärker erweitert als in den meisten anderen untersuchten Betrieben. Außerdem charakterisiert den Betrieb mit den zweitniedrigsten Fehlzeiten eine hohe Partizipation/Autonomie und eine hohe Qualifikation der Gruppenmitglieder. Das Unternehmen mit den geringsten prozentualen Fehlzeiten (4,2 Prozent) zeigt keine auffallend hohen oder niedrigen Werte hinsichtlich der Gruppenarbeitsqualität. Das Unternehmen mit den meisten Fehlzeiten (6,3 Prozent) ist durch besonders schwach ausgeprägte Partizipation/Autonomie sowie durch geringe Qualifikation der Mitarbeiter gekennzeichnet. Der Gesamtwert der Gruppenarbeitsqualität in diesem Betrieb ist kleiner als in den anderen untersuchten Stichproben.

Möglicherweise entscheiden weitere noch nicht erfasste Merkmale der Gruppenarbeit darüber, ob sie zu höherer Zufriedenheit und zum Wohlbefinden der Mitarbeiter bzw. zu deren Anwesenheit beitragen. Denkbare Einflussgrößen sind das «soziale Klima», das der Einzelne in seiner Arbeitsgruppe vorfindet, oder auch die «persönliche Übereinstimmung» zwischen einzelnen Gruppenmitgliedern.

Auch in diesem Zusammenhang zeigt sich die Notwendigkeit einer angemessenen Platzierung und gegebenenfalls Qualifizierung der Mitarbeiter/-innen, zum Beispiel zur konstruktiven Nutzung von Gruppenarbeitsstrukturen und Selbststeuerungs- sowie Partizipationsmöglichkeiten, die zufriedenheitsfördernd wirken, solange sie die Potenziale der Mitarbeiter nicht überfordern.

Teil IV

Bewertung und Gestaltung von Arbeitstätigkeiten

1 Ziele arbeitspsychologisch orientierter Arbeitsgestaltung

1.1 Erfahrungen aus der Automobilindustrie

Wie die Geschichte der Arbeitspsychologie zeigt, wird seit ihrem Bestehen darum gerungen, die Arbeitsbedingungen zu optimieren. Jedes Lehrbuch der Arbeits- und Organisationspsychologie, der Ergonomie oder der Arbeitswissenschaft spricht von der Notwendigkeit, die Arbeitstätigkeiten zu verbessern, sie weniger monoton und stattdessen lernförderlicher zu gestalten, einseitige Belastungen und Beanspruchungen zu vermeiden und den Menschen nicht als intelligentes Werkzeug zu missbrauchen. Diese Forderungen sind nicht nur in der einschlägigen Wissenschaft, sondern auch im Management der Unternehmen weitgehend konsensfähig. Was aber erstaunt, ist die häufig feststellbare Diskrepanz dieser Forderungen zu den Realitäten in den Betrieben.

Das Beispiel Automobilindustrie mag dies verdeutlichen. In den letzten zwanzig Jahren unternahm man in der deutschen und europäischen Automobilindustrie erhebliche Anstrengungen, die Produktivität zu steigern. Dies ist gelungen, aber um welchen Preis? Personal wurde abgebaut, die Taktzeiten verkürzt (auf durchschnittlich eine bis anderthalb Minuten), der Termindruck erhöht, die Verantwortung für Fehler auf die Mitarbeiter verlagert, die Arbeitszeit nach den Bedürfnissen der Auftragssteuerung optimiert und

Lohnnebenleistungen reduziert (vgl. Frieling, 1997 u. 2009; Wimmer, Schneider & Blum, 2010).

Diesen aus der Sicht der Mitarbeiter/-innen negativen Entwicklungen stehen zweifellos auch positive Entwicklungen gegenüber. Die Beleuchtung hat sich im Durchschnitt verbessert (um die Qualität besser sichern zu können), die Schadstoffemissionen sind zum Teil zurückgegangen (um den gesetzlichen Auflagen zu entsprechen), und durch die unterschiedlich ausgestaltete Gruppenarbeit (vgl. hierzu bspw. den bei VW im November 2007 abgeschlossenen Tarifvertrag zur Gruppenarbeit) besteht für einzelne Mitarbeiter eine größere Chance, die eigenen Ansichten und Meinungen zur Gestaltung der Arbeitsbedingungen einzubringen. Die Ansätze, über flexible Transportsysteme (z.B. fahrerlose Werkstückträger oder fahrerlose Transportsysteme) zu Komplettmontagen zu gelangen, wie dies in den 1970er-Jahren bei Volvo und in den 1980er-Jahren bei nahezu allen europäischen Automobilunternehmen in einzelnen Montageabschnitten der Fall war, wurden in den 1990er-Jahren wieder aufgegeben. Die flexible Automatisierung hatte sich als zu störanfällig erwiesen oder die Mitarbeiter nutzten die bestehenden Flexibilitäten in ihrem Interesse und nicht in dem der Fertigungsplaner. Den Produktionsverantwortlichen waren die Freiheitsgrade suspekt, da sie die erreichbaren Stückzahlen nicht exakt prognostizieren konnten. Konventionelle Bänder, an denen die Arbeiter im Sekundentakt Teile montieren, lassen sich leichter steuern als Individuen in einer Komplettmontage, bei der Arbeitstakte mehrere Minuten oder sogar Stunden betragen können. Für Ingenieure ist es einfacher, die erforderliche Stückzahl über die Geschwindigkeit eines Montagebandes zu erzeugen, als mit den Mitarbeitern entsprechende Stückzahlgrößen zu vereinbaren.

Die einfache und durch nichts zu erschütternde Philosophie der Automobilbauer lautet: Große Stückzahlen (d. h. mehr als 100 pro Tag/Schicht) erfordern Bänder. Je kürzer die Takte, umso einfacher die Steuerung, umso weniger spielen Qualifikationen eine Rolle, umso leichter lassen sich beim Fehlen von Mitarbeitern Ersatzpersonen finden. Bei geringen Stückzahlen (z. B. fünf Sportcoupés pro Tag) wird in Gruppen gearbeitet. In einem Unternehmen montieren zum Beispiel neun Mitarbeiter in Takten von 90 Minuten nahezu fehlerfrei ein solch hochpreisiges Sportcoupé. Sie arbeiten in Normalschicht und verdienen im Schnitt 150 Euro weniger als ihre Kollegen am Band, da diese im Wechselschichtsystem arbeiten. Ihre Arbeitsbedingungen sind unter ergonomischen Gesichtspunkten eher ungünstig, da sich aufwendige Schwenk- und Hebevorrichtungen und Schraubautomaten für die geringen Stückzahlen nicht lohnen. Trotz dieser Beeinträchtigungen wollen die neun Mitarbeiter nicht ans Band wechseln. Sie bevorzugen die Freiheitsgrade und das Fehlen einer engen Taktbindung. Der Einsatz von älteren Beschäftigten ist in solch einem Arbeitssystem eher möglich als an kurz getakteten Montagebändern (vgl. hierzu auch Widuckel, 2006, über das Montagesystem «Silver Line» bei Audi Neckarsulm). Die hohen Qualitätsstandards strafen all diejenigen Lügen, die glauben, Montagen müssten möglichst kurz sein, um Fehler zu vermeiden. Fehler entstehen aus einem Monotonieerleben heraus, aus Gleichgültigkeit oder als Reaktion auf Unterforderungen.

Trotz dieser Kenntnisse wird nicht versucht, neue Produktionskonzepte zu realisieren. Die Produktionsplaner in der Automobilindustrie scheuen das unternehmerische Risiko und greifen auf «bewährte» Lösungen zurück. Diese ersparen ihnen eine Auseinandersetzung mit arbeitswissenschaftlichen Erkenntnissen. Sie müssen nicht mit den Menschen vor Ort reden, deren Vorschläge aufgreifen und umsetzen. Kurze Taktzeiten über einen Zeitraum von neun Stunden machen aus den Betroffenen keineswegs die erwünschten «Unternehmer vor Ort», sondern bewirken eine gewisse Leidensfähigkeit (vgl. hierzu auch Jürgens, 2007).

Dieser kurze Ausflug in die betriebliche Realität der Montagearbeit in der Automobilindustrie soll verdeutlichen, dass sich trotz Hochtechnologie und modernster Produkte die Arbeitsbedingungen der meisten Lohnabhängigen nur langsam und in zähem Ringen verbessern lassen. Die Akzeptanz und Umsetzung arbeitswissenschaftlicher und arbeitspsychologischer Erkenntnisse im Betriebsalltag ist relativ gering. Die Formulierung von Visionen oder Leitlinien zur Verbesserung der Arbeitsbedingungen ist leichter als deren konkrete Umsetzung (s. Infobox IV-1).

Der Arbeits- und Organisationspsychologe darf sich nicht zum nützlichen Erzeuger solcher Symbole machen. Er muss hinterfragen, vor Ort wirken und Defizite und Schwächen humaner Arbeit aufzeigen. Nur so kann er langfristig einen Beitrag zur Verbesserung der Arbeitsbedingungen leisten.

Als Arbeitsgestalter benötigt er eine hohe Frustrationstoleranz, Rückschläge sind in Kauf zu nehmen. Die Verbesserung der Arbeitsbedingungen unter Einbeziehung der Betroffenen ist ein langfristiger Prozess. Worin diese Verbesserungen bestehen können, das führen die nächsten Kapiteln näher aus. Vorweg erscheint es sinnvoll, auf einige Belastungsschwerpunkte in der deutschen und europäischen Arbeitswelt hinzuweisen, um die Notwendigkeit von Gestaltungsmaßnahmen auch mit Zahlen zu stützen.

1.2 Belastungen am Arbeitsplatz

Moderne Technologie und fortschrittliche Produkte garantieren keineswegs moderne und human verträgliche Arbeitsbedingungen. Noch immer besteht beim Abbau belastender Einflussfaktoren ein erheblicher Handlungsbedarf, um die Gesundheit des Menschen am Arbeitsplatz zu erhalten und diesen Arbeitsplatz beanspruchungsoptimal zu gestalten.

Gesundheitsförderung als Kernelement der Arbeitsgestaltung, wie sie die deutsche Ärzteschaft gefordert hat (s. Infobox IV-2), berücksichtigt auf europäischer Ebene das Arbeitsschutzrahmengesetz.

Die Arbeitspsychologie begreift Gesundheit als eine Handlungskompetenz, die dazu befähigt, persönliche und berufliche Ziele zu erreichen sowie Aufgaben und Belastungen erfolgreich zu bewältigen (vgl. Sonntag, 2010; Wieland, 2010; s. Teil III, Kap. 3). Im Zentrum moderner arbeitspsychologischer Gesundheitsforschung steht nicht die Frage nach den krankmachenden Faktoren (Pathogenese),

---

Infobox IV-1

Arbeitsgestaltung durch Symbole

Ein mittelständischer Betrieb der Automobilzulieferindustrie investiert mehrere 10 000 Euro in die Entwicklung von Führungsleitlinien und «Spielregeln», die jeder Mitarbeiter – in Kurzform auf Plastikkarten gedruckt und mit persönlichem Passfoto – in der Brieftasche tragen soll. Dasselbe Unternehmen weigerte sich aber über Jahre aus Kostengründen, in geeignete Luftfilter und Absauganlagen für Schleifmaschinen zu investieren, um die Luft in der Halle erträglicher zu gestalten. Managementsymbole wie diese Leitlinien lassen sich im Außenverhältnis leichter als Maßnahmen zur Verbesserung der Arbeitsbedingungen darstellen. Die Öffentlichkeit nimmt wahr, wie modern dieser Betrieb ist. Die Presse schreibt darüber. Der Betrieb wird in das TOP-Programm des Bundesministeriums für Wirtschaft aufgenommen. Die Öffentlichkeit registriert jedoch nicht die Schadstoffe und den Lärm, denen die Arbeiter ausgesetzt sind. Hochglanzbroschüren der Betriebe sind Symbole; sie sind einfacher und kostengünstiger zu machen als praktische Maßnahmen zur Arbeitsgestaltung.

Infobox IV-2

Gesundheitsförderung als Kernelement der Arbeitsgestaltung (i. S. der deutschen Ärzteschaft, zit. nach Peters, 1996, S. 32)

«Gesunde, qualifizierte und motivierte Mitarbeiter und Mitarbeiterinnen sind eine wichtige Ressource für den Unternehmenserfolg. *Gesundheitsförderung* wird deshalb nicht nur als integraler Bestandteil der Personalpolitik, sondern vor allem auch als *Kernelement der Arbeitsgestaltung* verstanden. Im Sinne der Ottawa-Charta der Weltgesundheitsbehörde (WHO, 1986) sollen gesundheitsgerechte Arbeitsbedingungen gesundes Verhalten der Beschäftigten ermöglichen und fördern. Ziele der Gesundheitsförderung sind in erster Linie:

- arbeitsbedingte Gesundheitsbeeinträchtigungen zu verhindern,
- das körperliche, geistige und soziale Wohlbefinden der Arbeitnehmer bei allen beruflichen Tätigkeiten im größtmöglichen Umfang zu fördern,
- einen leistungsgerechten Einsatz gesunder sowie dauerhaft oder vorübergehend gesundheitlich beeinträchtigter Mitarbeiter/-innen sicherzustellen.»

sondern die *salutogenetische* Sichtweise, warum und wie Menschen trotz vielfältiger Anforderungen, Belastungen und Stressoren gesund bleiben.

Betrachtet man die Ergebnisse dreier großer repräsentativer Erhebungen zu arbeitsbedingten Belastungen Berufstätiger in den letzten zwanzig Jahren (vgl. Jansen & Stooß, 1993, zur BiBB/BAuA-Studie von 1991/92; die EU-Studie von 1996 der European Foundation for the Improvement of Living and Working Conditions, erschienen 1997; sowie die Studie vom Bundesinstitut für Berufsbildung und der Bundesanstalt für Arbeitsschutz und Arbeitsmedizin von 2005/06, erschienen 2006), so haben sich die Werte nicht wesentlich verbessert (s. Abb. IV-1).

Die Grafik zeigt ausgewählte Arbeitsbelastungen aus der BiBB/BAuA-Studie 2006 (vgl. Bundesinstitut für Berufsbildung [BiBB] & Bundesanstalt für Arbeitsschutz und Arbeitsmedizin [BAuA], 2006), verteilt auf Altersgruppen; daneben sind die Durchschnittswerte für die jeweilige Belastungsart aus der Studie des Bundesinstituts für Berufsbildung und des Instituts für Arbeitsmarkt- und Berufsforschung der Bundesagentur für Arbeit (IAB) von 1991/92 und der EU-Studie von 1996 aufgeführt (prozentuale Häufigkeit der selbstberichteten Belastung).

Am Beispiel der Belastung «Heben und Tragen» zeigt sich, dass Veränderungen in den Werten dieser Belastungsart allenfalls marginal sind. Die Altersklassenverteilung verdeutlicht darüber hinaus, dass jüngere Beschäftigte von Hebe- und Tragetätigkeiten stärker betroffen sind als ältere. Ähnliches gilt auch für Beeinträchtigungen durch «Lärm». Bei den belastenden Arbeitsumgebungsbedingungen «Rauch, Staub oder Gase» ist aus Sicht der Befragten ein Rückgang festzustellen. Dagegen scheinen Belastungen durch «genau vorgeschriebene Arbeit» gegenüber der 1991/92er BiBB/IAB-Studie in etwa gleichgeblieben und gegenüber der EU-Erhebung von 1996 sogar gestiegen zu sein. Ein ähnliches Bild zeigt sich bei Belastung durch «hohe Wiederholung»

(EU-Werte liegen nicht vor). Die Standardisierung der Prozesse und die damit verbundenen stereotypen Teiltätigkeiten werden nicht nur als beanspruchend erlebt, sondern reduzieren den Effekt lernförderlicher Arbeitstätigkeit und wirken sich mit zunehmendem Alter negativ auf die Einsatzflexibilität aus.

Interessant ist auch die Entwicklung der gesundheitlichen Probleme, die sich aus den Belastungen ergeben. Diese selbstberichteten arbeitsbedingten Gesundheitsbeeinträchtigungen stellt Tabelle IV-1 wiederum aus den genannten Studien der EU (1996) und der BiBB/BAuA-Erhebung (2006) gegenüber. Die erste Zahl in der BiBB/BAuA-Rubrik gibt den Durchschnittswert der unter 45-jährigen, der zweite Wert den der über 45-jährigen befragten Männer und Frauen an.

Nach Aussagen der EU-Erhebung wächst die Fehlzeitenrate der Mitarbeiter signifikant mit der Beanspruchung durch die Arbeit. Interessant ist in dieser Untersuchung auch der Tatbestand, dass die Fehlzeiten bei Tätigkeiten mit repetitiven Körperbewegungen mehr als doppelt so hoch sind wie bei Menschen, die diesen Belastungen nicht ausgesetzt sind, und dass bei ermüdenden bzw. schmerzhaften Körperhaltungen die Fehlzeiten gegenüber dem Nichtvorhandensein dieses Merkmals sogar um das Dreifache ansteigen (s. Tab. IV-2).

Es ist davon auszugehen, dass bei Zunahme von Überstunden, die die Arbeitnehmer unter solchen ungünstigen Arbeitsbedingungen leisten müssen, auch die negativen Beanspruchungsfolgen zunehmen werden. Bei angenommenen Kosten für einen Fehltag von durchschnittlich 200 bis 300 Euro (eine eher konservative Schätzung) entstehen bei 100 Mitarbeiter(inne)n durch repetitive Körperbewegungen bzw. einseitige Bewegungsausführungen Ausfallkosten von 750 Euro pro Tag, bei schmerzhaften Körperhaltungen (z. B. Überkopfarbeit, Arbeit an Mikroskopen oder über Lupen) von 1300 bis 1500 Euro. Durch Veränderungen in der Arbeitsorganisation bzw. durch Modifikationen des Arbeitsprozes-

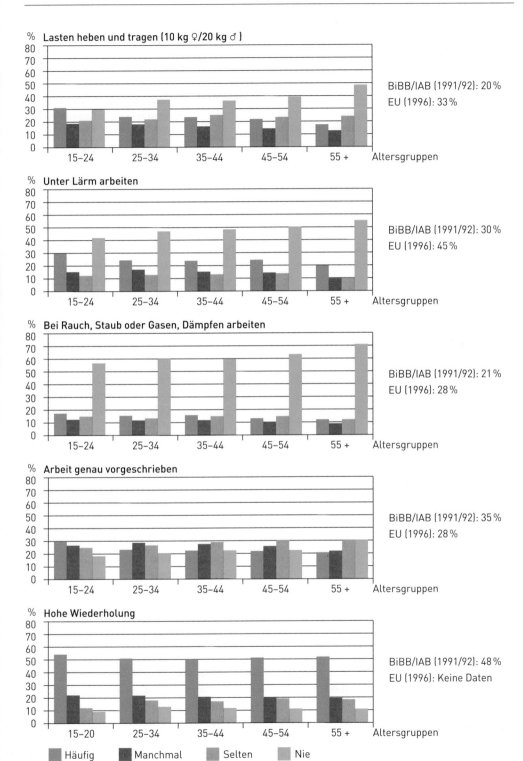

Abbildung IV-1: Ausgewählte selbstberichtete arbeitsbedingte Belastungsarten aus drei Erhebungen; die Histogramme entstammen der BiBB/BAuA-Studie von 2006.

Tabelle IV-1: Arbeitsbedingte Gesundheitsbeeinträchtigungen – Gegenüberstellung selbstberichteter arbeitsbedingter Gesundheitsbeeinträchtigungen aus der EU-Studie für den Berichtszeitraum 1996 (vgl. European Foundation for the Improvement of Living and Working Conditions, 1997) und der BiBB/BAuA-Befragung im Jahr 2005 (vgl. Bundesinstitut für Berufsbildung [BiBB] & Bundesanstalt für Arbeitsschutz und Arbeitsmedizin [BAuA], 2006)

	EU 1996	BiBB/BAuA 2005/2006
Rückenschmerzen	30%	41%/43%
Stress	28%	k.A.
Müdigkeit	20%	44%/40%
Muskelschmerzen	17%	k.A.
Kopfschmerzen	13%	32%/25%
Konzentrationsprobleme	11%	k.A.
Augenprobleme	9%	17%/22%
Schlafprobleme	7%	18%/22%
Ohrenprobleme	6%	10%/17%
Hautprobleme	6%	7%/8%
Magenprobleme	5%	10%/10%
Allergien	4%	k.A.
Persönliche Probleme	4%	k.A.

Tabelle IV-2: Abwesenheitstage in Abhängigkeit von ungünstigen Körperhaltungen und repetitiven Körperbewegungen; n = 15800 (EU-Erhebung 1996, vgl. European Foundation for the Improvement of Living and Working Conditions, 1997)

	Schmerzhafte Körperhaltung	Repetitive Bewegungen
dauernd ausgesetzt	8,2 Tage	5,8 Tage
nicht ausgesetzt	2,6 Tage	2,8 Tage

(2008) seit 1976 (2 Prozent) nahezu verfünffacht, seit 1991 (3,8 Prozent) mehr als verdoppelt. Bei Frauen steht diese Krankheitsursache mit 12,4 Prozent sogar an dritter Stelle, bei Männern mit 6,8 Prozent an fünfter. Der Gesundheitsreport der Barmer Ersatzkasse (2010) konstatiert für psychische und Verhaltensstörungen eine Steigerung der durchschnittlichen Erkrankungsdauer auf 40,5 Tage (2008: 39,1 Tage; 2007: 35,3 Tage). Diese Daten spiegeln einen allgemeinen Trend wider: Psychische Erkrankungen als Ursachen arbeitsbedingter Fehlzeiten haben in den letzten Jahren zugenommen.

Nach einem Bericht der Europäischen Agentur für Sicherheit und Gesundheitsschutz am Arbeitsplatz (2005) sind unter anderem folgende Faktoren mit Risiken für die psychische Gesundheit und Stress am Arbeitsplatz assoziiert: «Zunahme befristeter Arbeitsverträge, Intensivierung der Arbeit – eine höhere Arbeitsbelastung häufig ohne zusätzliche Entlohnung; Zunahme psychosozialer Anforderungen am Arbeitsplatz, einschließlich Mobbing und Gewalt, sowie geringe Vereinbarkeit von Familie und Beruf» (BKK, 2008, S.18). Besonders beängstigend ist der hohe Anteil der Arbeitsunfähigkeitstage durch psychische Störungen bei Arbeitslosen. Er liegt im Vergleich zu beschäftigten Arbeiter(inne)n und Angestellten beim Drei- bis Vierfachen (Arbeiter 104, Angestellte 130, Arbeitslose 459 Arbeitsunfähigkeitstage je 100 Pflichtversicherte; vgl.

ses könnten diese täglich anfallenden Kosten schnell eingespart werden.

Nach Aussagen der Betriebskrankenkasse (vgl. BKK, 2008) und der Barmer Ersatzkasse (2010) verursachen fünf Krankheitsgruppen über zwei Drittel aller Arbeitsunfähigkeitstage der erwerbstätigen Pflichtmitglieder (s. Tab. IV-3).

Auffallend an diesen Daten ist der relativ hohe Prozentsatz an psychischen Störungen, insbesondere im Gesundheitsreport der Barmer Ersatzkasse (2010). Der Prozentsatz an psychischen Störungen hat sich laut BKK

Tabelle IV-3: Die häufigsten Krankheitsarten (vgl. BKK, 2008; und Barmer Ersatzkasse, 2010)

Krankheitsart	BKK (2008)	Barmer Ersatzkasse (2010)
Krankheiten des Muskel-Skelett-Systems	26,4 %	23,0 %
Krankheiten des Atmungssystems	15,7 %	16,0 %
Verletzungen und Vergiftungen	14,0 %	8,0 %
Psychische und Verhaltensstörungen	9,3 %	17,6 %
Krankheiten des Verdauungssystems	6,7 %	6,1 %
Krankheiten des Kreislaufsystems	4,5 %	5,1 %
Infektionen	4,0 %	3,8 %

BKK, 2008, S. 40). Diese empirischen Befunde verdeutlichen den arbeits- und organisationspsychologischen Interventionsbedarf.

Aufgrund der hier vorgestellten Befunde kann man in Übereinstimmung mit Jaufmann (1995, S. 34) formulieren: «Sind die physischen und/oder psychischen Arbeitsbelastungen hoch, das Betriebsklima schlecht, die Anerkennung der Arbeit und die individuellen Autonomiespielräume gering und liegen Mitbestimmungs- und Mitwirkungsmöglichkeiten im Argen, so steigen der Krankenstand und die Fehlzeiten insgesamt.» Für Jaufmanns Hypothese sprechen Untersuchungsergebnisse, dass bei Gruppenarbeit unter intensiver Einbindung der Mitarbeiter, gekennzeichnet durch erweiterten Handlungs- und Entscheidungsspielraum, lernförderliche Arbeitstätigkeiten, Verbesserungsmöglichkeiten, regelmäßige Gruppenbesprechungen und partizipative Führung, die durchschnittlichen Fehlzeiten gegenüber dem übrigen Unternehmen um zirka 1 bis 1,5 Prozent niedriger liegen (vgl. Freiboth, 1997 und Abb. IV-2).

Nach Salowsky (1996) besteht in Zeiten nachlassender Konjunktur eine geringere Bereitschaft, sich krankschreiben zu lassen oder in Kur zu gehen. Nach Überwindung der Rezessionsphase steigt der Krankenstand wieder an. Im Durchschnitt lässt sich zwischen Konjunkturtrend und Krankenstandsentwicklung eine zeitliche Verzögerung von etwa einem Jahr feststellen (vgl. Salowsky, 1996, S. 47).

Durch gesetzgeberische Maßnahmen im Gesundheitswesen und personalpolitische Aktivitäten in den Unternehmen (Prämien, Krankengespräche, Kündigung häufig erkrankter Mitarbeiter etc.) schwächt sich der Einfluss der Konjunkturlage auf die Fehlzeiten zunehmend ab. Mit Verschlechterung der Konjunktur und verstärktem Wettbewerb stehen die Arbeitnehmer unter höherem Zeit- und Leistungsdruck, es wird weniger in die Verbesserung der Arbeitsbedingungen investiert, und die Mitarbeiter/-innen tragen verstärkt das Flexibilitätsrisiko, das heißt, sie müssen Überstunden machen oder diese wieder «abfeiern», je nachdem, wie die Auftragslage dies erfordert.

Die organisatorischen und technischen Veränderungen, die in den letzten Jahren stattfanden, haben unter dem derzeit existierenden internationalen und nationalen Wettbewerbsdruck zu keiner wesentlichen Verbesserung der Arbeitsbedingungen beigetragen, wie auch die vergleichende Darstellung in Abbildung IV-1 zeigt.

Für Arbeitspsychologen in Unternehmen stellt sich die Frage, wie Interventionen im Interesse der Beschäftigten durchführbar sind. In der arbeitswissenschaftlichen und arbeitspsychologischen Literatur (vgl. Hacker, 2005; Ulich, 2005, 2010) diskutiert man seit Länge-

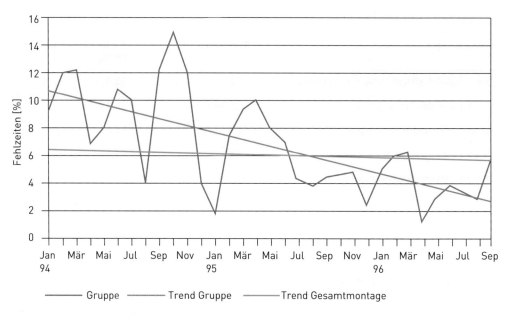

Abbildung IV-2: Entwicklung der durchschnittlichen Fehlzeiten von Mitarbeitern mit und ohne Gruppenarbeit in der Automobilmontage eines Werkes (Freiboth, 1997, S. 232)

rem darüber, welche Ziele bei einer Arbeitsgestaltung unbedingt und primär zu verfolgen sind und welche erst später angegangen werden sollten.

1.3 Ziele und Kriterien humaner Arbeitsgestaltung

Bereits in den 1970er- und 1980er-Jahren kristallisierten Arbeitswissenschaftler im Wesentlichen vier oder fünf Oberziele der Gestaltung von Arbeitstätigkeiten heraus, die sich je nach Autor hierarchisch gliedern lassen (s. **Tab. IV-4**).

Diese Hierarchisierung der Ziele legt nahe, von einer Humanisierung der Arbeit erst dann zu sprechen, wenn die Stufen von 1 bis 4 oder 5 durchlaufen sind. Das heißt, arbeitsorganisatorische Maßnahmen zum Zweck der «Fähigkeitserweiterung» (im Sinne von Anhebung der Qualifikation oder Kompetenz) sind beispielsweise erst dann sinnvoll, wenn die gestellte Aufgabe ausführbar, die Ausführung selbst ohne gesundheitliche Schäden möglich ist und die physischen und psychischen Bean-

spruchungen langfristig zu keiner Beeinträchtigung des Menschen führen. Für den Psychologen kann dies konkret bedeuten, zuerst dafür zu sorgen, dass zum Beispiel der Lärm an einer Maschine reduziert wird, Unfallgefahren beseitigt, die Beleuchtungsverhältnisse verbessert werden, eine Klimaanlage installiert oder die Vibration gemildert wird, bevor er darüber nachdenkt, wie die Umgangsformen und das Führungsverhalten des Vorgesetzten beeinflusst werden können, um effektive und für alle Beteiligten sozial verträgliche Interaktionen zu ermöglichen. Da das Verhalten von Vorgesetzten aber eine wesentliche Ursache für das Entstehen psychischer Störungen sein kann, ist es unter dem Aspekt «Schädigungslosigkeit» oder «Erträglichkeit» möglicherweise zweckmäßig, sich primär mit dem Vorgesetztenverhalten zu befassen.

Die Erreichung der einzelnen Ziele in dieser Zielhierarchie ist in der Regel kein Prozess, den die Psychologin oder der Arbeitswissenschaftler eigenverantwortlich durchführen kann. Sie sind auf die Mithilfe von Arbeits-

Tabelle IV-4: Ziele einer humanen Arbeitsgestaltung im Vergleich

Rohmert (1972)	Bachmann (1978, S. 176)	Hacker (1980, S. 29)
1. Ausführbarkeit	1. ausführbar	1. Ausführbarkeit
2. Erträglichkeit	2. schädigungslos	2. Schädigungslosigkeit
3. Zumutbarkeit	3. belastungsarm	3. Beeinträchtigungsfreiheit
4. Wohlbefinden/Zufriedenheit	4. fähigkeitserweiternd	4. Persönlichkeitsförderlichkeit
	5. einstellungsförderlich	

und Technikplanern, Konstrukteuren, Entwicklern, Controllern, Vorgesetzten etc. angewiesen (s. das Fallbeispiel 1 in Teil V). Die Aufgabe des Arbeits- und Organisationspsychologen besteht darin, alle Zielhierarchien im Bewusstsein der am Veränderungsprozess beteiligten Personen präsent zu halten und darauf hinzuwirken, die Arbeitstätigkeit so zu gestalten, dass die Persönlichkeit des Einzelnen gefördert, seine Kompetenzen weiterentwickelt und gesundheitliche Beeinträchtigungen weitgehend vermieden werden.

Dunckel (1996) hat in seinen Ausführungen zur psychologisch orientierten Systemanalyse bei Bürotätigkeiten versucht, das relativ abstrakte Ziel «Persönlichkeitsförderlichkeit» zu konkretisieren, indem er es in acht operationalisierbare Teilziele untergliedert hat, die sich den Grundmerkmalen menschlichen Handelns (Zielgerichtetheit, Gegenständlichkeit und soziale Eingebundenheit) zuordnen lassen. «Arbeitsaufgaben, welche die Besonderheiten und Stärken des Menschen berücksichtigen, müssen:

- einen großen Entscheidungsspielraum beinhalten,
- einen angemessenen zeitlichen Spielraum haben,
- durchschaubar und gemäß eigener Ziele gestaltbar und
- frei von organisatorisch oder technisch bedingten Behinderungen (Belastungen) sein,
- ausreichende körperliche Aktivität sowie

- einen konkreten Kontakt zu materiellen und sozialen Bedingungen des Arbeitshandelns und damit die Beanspruchung vielfältiger Sinnesqualitäten ermöglichen;
- darüber hinaus Variationsmöglichkeiten bei der Erledigung der Arbeitsaufgaben und
- Möglichkeiten arbeitsbezogener Kommunikation und unmittelbarer zwischenmenschlicher Kontakte bieten.»
(Dunckel, 1996, S. 127.)

In den weiteren Ausführungen erläutert Dunckel diese acht Kriterien näher und diskutiert sie anhand der vorhandenen Literatur. Deutlich wird bei dieser Auflistung der Ziele, dass hier im Sinne der psychologischen Handlungstheorie arbeitsprozessbezogene Ziele in den Vordergrund gerückt sind. Es fehlen gänzlich die ökonomischen Komponenten (angemessene Entlohnung) und sozial-emotionale Aspekte (Spaß an der Arbeit, Ausleben von Macht und Einfluss – vgl. Brief & Weiss, 2002; Kannheiser, 1992; Wegge, 2004 –, persönliche Zuneigung und Sympathie). Beides sind wichtige Zielkriterien, die im Rahmen der persönlichkeitsförderlichen Arbeitsgestaltung einen hohen Stellenwert einnehmen.

In der bei Neuberger (1985, S. 24 ff.) angeführten Liste von 15 Humanisierungszielen wird versucht, Maßnahmen zur Verwirklichung dieser Ziele und objektive Indikatoren bzw. subjektive Selbsteinschätzungen zu nennen. Die Liste ist, soweit das der Reihenfolge zu entnehmen ist, nach der Bedeutsamkeit der

---

Infobox IV-3

Liste der Humanisierungsziele nach Neuberger (1985, S. 24 ff.)

1. Würde: Selbstachtung, Selbstwert, Identität
2. Sinn: Nutzen für andere, existenzielle Bedeutsamkeit der Tätigkeit, Ganzheitlichkeit der Tätigkeit, Ethos, Dienst, Verantwortung übertragen
3. Gerechtigkeit: Fairness, Chancengleichheit, Nichtdiskriminierung
4. Sicherheit: Risiko versus Rigidität und Verplanung, Schutz, Absicherung, Vorsorge, Planbarkeit, Kontinuität
5. Orientierung: Reizarmut versus -überflutung, Information, Rückmeldung, Überblick, Struktur, Ordnung
6. Gesundheit: körperliche und seelische Unversehrtheit, Wohlbefinden
7. Autonomie: Selbst- und Mitbestimmung, Entscheidungsfreiheit, Wahlmöglichkeiten, – Subjekt, nicht Objekt sein
8. Kontakt: Isoliertheit versus Ausgeliefertsein, Hilfe, Zugehörigkeit, Solidarität, Nähe, Wärme, akzeptiert werden
9. Privatheit: Isolierung versus Öffentlichkeit
10. Entfaltung: Stillstand versus Überforderung, Abbau/Aufbau von Fähigkeiten, Fähigkeitseinsatz, Selbstverwirklichung, Lernen, Höherentwicklung, Vielseitigkeit, allseitige Entwicklung
11. Abwechslung: Monotonie, Reizarmut, Chaos, Überflutung, Variationen, Kreativität, neue Erfahrungen
12. Aktivität/Leistung: Stillstand versus Hektik, Bestätigungsmöglichkeiten, Erfolgserlebnisse, Selbstbestätigung
13. Konfliktregelung: Harmonie versus Spannung, Streit, Vertrauen, Verständnis, Offenheit, Konkurrenz, Rivalität
14. Anerkennung: Bestätigung, Erfolgserlebnisse, Auszeichnung, Status, Prestige, Aufwertung
15. Schönheit: Ästhetik, sich wohlfühlen

---

einzelnen Kriterien geordnet. Aus Gründen der Anschaulichkeit werden hier nur die eigentlichen Humanisierungsziele und ihre Charakterisierung aufgeführt (s. Infobox IV-3).

Arbeitsgestaltung in soziotechnischen Systemen

Da Arbeitstätigkeiten als Elemente des soziotechnischen Systems zu begreifen sind (vgl. Arnold & Randall, 2010; Emery & Thorsrud, 1982; Sydow, 1985, oder Ulich, 2005), ist es hilfreich, die Ziele psychologischer Arbeitsgestaltung nach diesem soziotechnischen Systemansatz zu strukturieren (vgl. Abb. IV-3).

Danach können wir unterscheiden:

Personales Teilsystem (1): Bei der Betrachtung des personalen Teilsystems interessieren die individuellen Qualifikationen, Kompetenzen und berufsbiografischen Besonderheiten ebenso wie die aktuellen Befindlichkeiten, Einstellungen oder Zielstellungen des arbeitenden Menschen. Die Analyse bezieht sich auf den tätigen Menschen, seine individuellen Merkmale und Leistungsvoraussetzungen. Arbeitsgestal-

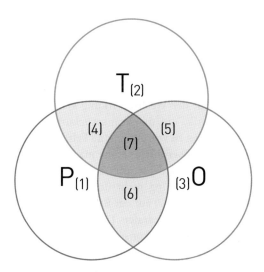

Abbildung IV-3: Das soziotechnische System (1–6) und die Arbeitstätigkeit (7)

tung im partizipativen Sinne versucht, die Arbeitsbedingungen an die betroffenen Menschen anzupassen. Dies gilt vor allem für Menschen mit Leistungseinschränkungen oder Behinderungen, das heißt, man gestaltet das technische und organisatorische Teilsystem unter Berücksichtigung der vorhandenen Mitarbeiter/-innen. Eine einheitliche, standardisierte Arbeitsgestaltung und Arbeitsstrukturierung wird dem Einzelnen mit seinen individuellen Merkmalen wie Alter, Geschlecht, Körpergröße oder Qualifikation nicht gerecht. Ulich (2005, 2010) bezeichnet dies als differenzielle Arbeitsgestaltung. Die Arbeitssystemgestalter finden sich daher in der schwierigen Situation, auf der einen Seite einheitliche, ökonomisch sinnvolle Gestaltungsprinzipien durchzusetzen und auf der anderen Seite dem/der einzelnen Beschäftigten Spielräume durch Flexibilisierung der Arbeitsbedingungen zu ermöglichen. Kompetenzentwicklung als arbeits- und organisationspsychologische Intervention muss hier miteinbezogen werden (vgl. Frieling, Schäfer & Fölsch, 2007; Kauffeld, Grote & Frieling, 2009; Sonntag & Stegmaier, 2007a).

Technisches Teilsystem (2): Durch die Art der eingesetzten Technologie, also der Arbeitsmittel, der Werkzeuge, der technischen Anlagen, und durch die physikalisch-chemischen Prozesse lassen sich die Arbeitstätigkeiten sehr unterschiedlich ausgestalten. So bestimmt zum Beispiel die Wahl der Fügetechnik (Kleben, Schrauben, Pressen, Schweißen, Klipsen, Nieten) ganz wesentlich die Art der Arbeitsausführung. Technische Spielräume lassen sich im Interesse der betroffenen Beschäftigten nutzen, um gesundheitliche Schädigungen möglichst zu vermeiden. So ersetzt man zum Beispiel in der Automobilindustrie die gesundheitsgefährdenden lösungsmittelhaltigen Kleber durch schadstoffarme, temperaturabhängige Schmelzkleber. Dem Arbeitsgestalter stellt sich die schwierige Aufgabe, die faktisch bestehenden, technologisch determinierten Entscheidungsspielräume unter dem Aspekt der Human- und Sozialverträglichkeit zu nutzen. Um diesen Anforderungen an arbeitspsychologisches Handeln gerecht zu werden, ist es unerlässlich, sich mit den konkreten Arbeitsbedingungen zu beschäftigen, die Technologie und Technik in mehr oder weniger groben Umrissen zu verstehen und den Arbeitsprozess systematisch zu analysieren (vgl. Bullinger, 1999; Helander, 2006; Zimolong & Konradt, 2006).

Organisatorisches Teilsystem (3): Da es erhebliche Freiheitsgrade gibt, Arbeit zu teilen und Personen zuzuordnen, ist der Arbeits- und Organisationspsychologe gezwungen, sich mit den bestehenden Arbeitsorganisationen und Organisationsstrukturen zu befassen. Mit Beginn der Diskussion um «Lean Management» (vgl. Bungard, 1995; Landsbergis, Cahill & Schnall, 1999; Parker, 2003), die fraktale Fabrik (vgl. Warnecke, 1995) oder das Toyota-Produktionssystem (vgl. Neuhaus, 2010; Ohno, 2009; oder Wimmer et al., 2010) ist die Bedeutung, die man der Arbeitsorganisation gegenüber der Technik zumisst, erheblich gewachsen. Für den Arbeitsgestalter bedeutet dies beispielsweise, sich intensiver als bisher mit Fragen der Zentralisierung/Dezentralisierung, des In- oder Outsourcings, der Standardisierung, der älter werdenden Belegschaften, der Entgelt- und Arbeitszeitsysteme oder der Gruppenarbeit zu beschäftigen. Die vielfältigen Wirkungen derartiger organisatorischer Maßnahmen machen es häufig schwer, die Konsequenzen einzelner Maßnahmen auf das Verhalten der Organisationsmitglieder abzuschätzen.

Auch die systematische Analyse der Wechselwirkungen zwischen den drei aufgeführten Teilsystemen, dem «personalen und technischen» (4), dem «technischen und organisatorischen» (5) und dem «organisatorischen und personalen Teilsystem» (6), beinhaltet Hinweise auf Gestaltungsziele, die im Folgenden erläutert werden.

Personales und technisches Teilsystem (4): Die systematische Beobachtung und Befragung von Menschen, die mit Werkzeugen, technischen Anlagen, Fahrzeugen oder Maschinen umgehen, bietet vielfältige Ansatzpunkte, humane (schädigungslose und beeinträchtigungsarme) Arbeitsmittel zu gestalten und gesundheitsgefährdende Arbeitsprozesse zu vermeiden. In die Zieldiskussion ist die Frage miteinzubeziehen, welche Aufgaben von Maschinen und technischen Anlagen ausgeführt werden sollen (z. B. optische Überprüfung von Teilen durch Videokameras in Verbindung mit aufwendigen Rechnersteuerungen) und welche durch Menschen (z. B. optische Kontrolle durch aufmerksames Beobachten an speziellen Prüfplätzen oder Objekten). In Verbindung mit diesem Problem, das man auch mit dem Begriff «Mensch-Maschine-Funktionsteilung» umschreibt (vgl. z. B. Hacker, 2005; Ulich, 2005), stellt sich permanent die Frage, welche Arbeitsplätze durch Automatisierung wegrationalisiert werden können und sollen und welche erhaltenswert erscheinen. Klare Regeln, Empfehlungen oder Kriterien gibt es hierzu keine. Weitgehend unstrittig ist jedoch, Arbeitsplätze dann zu automatisieren, wenn sich dadurch Gesundheitsgefährdungen vermeiden lassen. Selbst diese Entscheidung ist im Einzelfall nicht leicht, wenn durch Automatisierungsmaßnahmen eine Gruppe von Menschen arbeitslos wird.

Die Ergonomie und die Ingenieurpsychologie (vgl. Giesa & Timpe, 2006; Helander, 2006; Schlick, Bruder & Luczak, 2010; Zimolong & Konradt, 2006) befassen sich im Rahmen der Analyse von Mensch-Maschine-Systemen besonders mit der Wechselwirkung von Person und Technik, um die Beanspruchungen der Beschäftigten zu verringern und Fehler zu vermeiden. Darüber hinaus sollte man das Innovationspotenzial derartiger Analysen für die Produktentwicklung nicht unterschätzen. So zeigte Saager (1997) auf der Basis von Arbeitsanalysen in der separaten Türenmontage von Automobilen, dass konstruktive Mängel an den Türen (schlechte Zugänglichkeit beim Einbau des Tür-Kabelbaums und scharfe Kanten) zu Schnittverletzungen, Hand-/Armbeschwerden und hohen Nacharbeitskosten führen. Aufgrund dieser erkannten Mängel wurde ein neues Türenkonzept entwickelt, das den Werkern die Montage durch Modulbauweise erleichtert und die Montagezeiten verkürzt.

Technisches und organisatorisches Teilsystem (5): Die Produktgestaltung beeinflusst nicht nur den Handlungsvollzug bei der Produktherstellung, sondern auch die Arbeitsorganisation. Dies wird deutlich, wenn die Frage zu klären ist, ob man Produkte in der Vormontage oder aber in der Endmontage zusammenbauen soll. Die Produktgestaltung bestimmt zum Teil die Art der Komplettmontage (z. B. parallele oder serielle Komponentenmontage), den Einsatz von Engpassmaschinen (z. B. spezieller Klebemaschinen oder Mehrfachschrauber), die den Montageprozess strukturieren, oder die Art der Transportmittel, die man als Montagehilfen (Vorrichtung) mitverwenden kann. Beim Neuanlauf eines Automobils ist die systematische Betrachtung der Wechselwirkungen des technischen Teilsystems mit dem organisationalen von strategischer Bedeutung (vgl. Bungard & Hoffmann, 1995).

Personales und organisatorisches Teilsystem (6): Die Analyse der Wechselwirkungen zwischen dem personalen und dem organisatorischen Teilsystem hat in den letzten Jahren erheblich an Bedeutung gewonnen (vgl. Bungard,

1995; Parker, 2003; Parker, Wall & Cordery, 2001). Im Wesentlichen geht es um die Frage, wie sich das personale Teilsystem durch organisatorische Rahmenbedingungen effizienter gestalten lässt. Diese Problemstellung wird auch unter dem Begriff «Human Resource Management» (HRM) abgehandelt. Die HRM-Strategie muss mit der Produktionsstrategie abgestimmt sein, damit sie ihre Wirkung entfalten kann. HR-Systeme, die darauf abzielen, das Human Kapital zu fördern, wirkten sich im Zusammenspiel mit einer qualitätsorientierten Produktionsstrategie positiv auf die Nutzung der Anlagen, die Produktivität der Mitarbeiter/-innen und die Zufriedenheit der Kunden aus (Youndt, Snell, Dean & Lepak). Verfolgte ein Unternehmen hingegen eine kostenbasierte Strategie der Produktion, erwiesen sich administrativ ausgerichtete HR-Systeme als besser geeignet, um die Produktivität der Mitarbeiter/-innen zu fördern. Die Ergebnisse zeigen deutlich, dass die Produktionsstrategie die Beziehung zwischen HRM und Performance moderiert. Wilkens und Pawlowsky (1997) geben einen guten Überblick über die verschiedenen Aspekte des Human Resource Management in der Automobilindustrie, die gleichzeitig als Gestaltungskriterien zu betrachten sind. Beispiele aus anderen Industriezweigen und Branchen finden sich bei Kauffeld, Grote und Frieling (2009).

Arbeitstätigkeit (7): Die Wechselwirkungen der drei Teilsysteme manifestieren sich in der Arbeitstätigkeit eines Menschen und werden durch diese für die Arbeitspsychologie empirisch fassbar. Im Prozess der Arbeit verändern sich die Umwelt und die Arbeitenden selbst, und es ist die Aufgabe der Arbeitspsychologie, diese Veränderungen und ihre Auswirkungen auf den Menschen und seine Umwelt zu untersuchen und im Sinne humaner Arbeit gestaltend zu verändern (vgl. hierzu auch Landau, 2003, 2007; oder Landau et. al., 2007).

Bei Arbeitsgestaltungsmaßnahmen kommt es darauf an, diese hier diskutierten Wechselbeziehungen der soziotechnischen Teilsysteme bei jeder einzelnen Maßnahme mitzubetrachten. So spart man sich erhebliche Enttäuschungen. Konkret heißt dies, dass im Rahmen von Arbeitsgestaltungsmaßnahmen möglichst viele Aspekte des soziotechnischen Systems parallel zu verfolgen sind. Da diese Aufgabe einen einzelnen Menschen in der Regel überfordert, ist es notwendig, durch Bildung einer Projektgruppe das erforderliche Know-how zu sichern und die erforderlichen Maßnahmen parallel durchzuführen (s. Teil V, Beispiel 1).

Abschließend erscheint es uns zweckmäßig, die von Lisel Klein (1976, S. 36) vom Tavistock Institute formulierten Gestaltungskriterien wörtlich aufzulisten, da sie in sehr prägnanter Form soziotechnische Modellvorstellungen repräsentieren und immer noch aktuell sind. Sie sind nicht leicht zu operationalisieren und stellen deshalb für den Arbeitsgestalter bzw. die Arbeitsgestalterin eine ständige Herausforderung dar.

- «Der Arbeitsinhalt soll den Einzelnen fordern, und zwar unter anderen Gesichtspunkten als der reinen Anstrengung; er soll auch ein Minimum an Abwechslung verschaffen;
- der Einzelne soll an seinem Arbeitsplatz dazulernen (dies bedeutet, dass Normen festgelegt und die Ergebnisse des Lernprozesses festgestellt werden müssen) und sich auch weiterbilden können; auch hier geht es darum, dass man weder über- noch untertreibt;
- es muss irgendeinen kleinen Bereich geben, in dem der Einzelne allein Entscheidungen trifft;
- es muss für den einzelnen Beschäftigten ein Minimum an sozialem Rückhalt sowie ein Mindestmaß an Anerkennung geben;
- der Einzelne muss in der Lage sein, einen Bezug herzustellen zwischen dem, was er während seiner Arbeit tut und produziert, und seinem Leben in der Gesellschaft;
- der Einzelne muss das Gefühl haben, dass seine Arbeit zu einer wünschenswerten Zukunft führt.»
(Klein, 1976, S. 36)

1.4 Einfluss der Ziele auf die Arbeitssystembewertung

Im Rahmen der Arbeitsgestaltung besteht ein wesentlicher Teilschritt in der gemeinsamen Definition von Zielen, nach denen ein zu planendes Arbeitssystem gestaltet werden soll. Hierbei konkurrieren die Humanisierungsziele mit Kosten-, Organisations- und Technikzielen (vgl. hierzu auch das Memorandum der Gesellschaft für Arbeitswissenschaft [Zink, 2000], das eine Vielzahl von Gestaltungszielen benennt). Da marktwirtschaftlich geführte Unternehmen im Wettbewerb stehen, müssen diese Ziele fraglos mitbedacht werden. Für den Arbeitspsychologen kommt es darauf an, die Bedeutung der Humankriterien im internen Wettbewerb hochzuhalten und sich nicht frühzeitig aus dem Rennen werfen zu lassen. Oder anders gesagt, er bzw. sie muss bei der Formulierung der Gestaltungsziele über Argumente verfügen, die die Gleichwertigkeit der Humanziele gegenüber den anderen Zielkategorien verdeutlichen. Zu solchen Argumenten gehören zum Beispiel die Kosten durch Fehlzeiten bei gesundheitsbeeinträchtigenden Arbeitsbedingungen, das Reduzieren von Zufallsfehlern durch ergonomisch günstigere Arbeitshaltungen, mehr Verbesserungsvorschläge durch geeignete Prämien, Vermeidung von Wahrnehmungsfehlern durch erhöhte Beleuchtungsstärke und dergleichen mehr. Ingenieure, Planer und Controller neigen dazu, mit mehr oder weniger begründeten Zahlen zu operieren und die Kosten als Argument gegen Humankriterien aufzuführen. Für den Arbeitswissenschaftler heißt dies, dass er bzw. sie empirisch belegbare Befunde (Zahlen, Daten, Fakten) vorlegen und eigene alternative Kostenschätzungen aufstellen muss. Dieser Aushandlungsprozess lässt sich durch ein transparentes Vorgehen, in dem die Ziele eine wichtige Rolle spielen, relativ konfliktfrei gestalten. Hierzu sind im Wesentlichen fünf Schritte erforderlich. Diese sind im Folgenden kurz dargestellt und am Beispiel eines Montagesystems für Autotüren erläutert (vgl. hierzu auch Frieling, 2001).

1. *Bildung einer Projektgruppe*
   In der Projektgruppe sollen die verschiedenen Interessen angemessen repräsentiert sein (z.B. Planer, Konstrukteure, direkte Vorgesetzte, ausgewählte Beschäftigte, Betriebsrat, Personalabteilung, Controlling).

2. *Definition von Zielen*
   In dieser Phase werden die mit dem neuen Arbeitssystem angestrebten Ziele definiert.

   Die in Infobox IV-4 aufgeführte Liste (modifiziert nach Grob & Haffner, 1982) umfasst nur einen Ausschnitt möglicher Ziele, die bei der Gestaltung eines Arbeitssystems verfolgt werden könnten. Im Rahmen von Projekten ist es sinnvoll, eine Zielliste selbst zu erstellen (vgl. Kannheiser, Hormel & Aichner, 1997). Der Rückgriff auf bestehende Listen kann die Generierung von Zielen anregen. Aus der in Infobox IV-4 vorgelegten Liste lassen sich zur Bewertung von Planungsalternativen entsprechende Zielkriterien auswählen bzw. gemeinsam neue entwickeln. In Tabelle IV-5 sind diese Zielkriterien für das ausgewählte Beispiel aufgeführt. Um den Bewertungsprozess nicht zu zeitaufwendig zu gestalten, ist die Beschränkung auf wesentliche Ziele sinnvoll. Die vereinbarten Ziele gewichtet man nach ihrer Bedeutung. Die *Gewichtung* kann nach dem Rangplatz erfolgen (Priorisierung) oder auf einer Skala (von 1 – sinnvoll bis 20 – unerlässlich, zwingend). Jeder Teilnehmer der Projektgruppe vergibt die Gewichtungswerte für sich allein. Anschließend werden die Gewichtungen in der Projektgruppe offengelegt, und die Gruppe einigt sich auf eine Gewichtungszahl pro Gestaltungsziel.

3. *Entwicklung von alternativen Montagekonzepten*
   In unserem Beispiel sind alternative Arbeitssysteme für die separate Türenmontage zu konzipieren. Insgesamt sollen 1400 Türen pro Schicht montiert werden. Eine Schicht umfasst ohne die Pausen 480 Minuten. Bei einer Montagezeit von zirka 30 Minuten pro Tür werden also zirka 90 Mitar-

Infobox IV-4

Zielkriterien für Maßnahmen der Arbeitsgestaltung

Kostenziele

- Senkung der Materialkosten um ...

- Senkung der Lohnkosten um ...

- Senkung der Nacharbeitskosten um ...

- Bessere Auslastung der Betriebsmittel/ Werkzeuge

- Einsatz neuer Fertigungstechnologien

- Senkung der Bestände um ...

- Verkürzung der Durchlaufzeiten um ...

- Senkung der Unfallkosten um ...

- Reduzierung der Montagezeiten um ...

Organisatorische Ziele

- Verkürzung der Durchlaufzeiten

- Verbesserung des Materialflusses

- Verbesserung des Informationsflusses

- Reduzierung der Führungsebenen durch Gruppenarbeit

- Erhöhung der Fertigungsflexibiliät
  - bezüglich Typenvielfalt
  - bezüglich Stückzahlschwankung
  - bezüglich Mitarbeitereinsatz

- Verbesserung der Werkstattübersicht

- Zusammenlegung von Fertigungsstätten

- Räumliche Veränderung der Fertigung

- Erstellung eines neuen Lohnsystems mit
  - besserer Transparenz
  - einfachere Handhabung

- Anpassung betrieblicher Einrichtungen an gesetzliche Regelungen (EU-Richtlinien)

- Steigerung der kontinuierlichen Verbesserungsvorschläge

Mitarbeiterbezogene Ziele

- Veränderung der Mitarbeiterstruktur in Richtung Höherqualifizierung

- Aktive, selbstgesteuerte Job Rotation

- Verbesserung der Arbeitsbedingungen durch Arbeitsplatzgestaltung

- Aktive Teilnahme an Gruppenarbeit

- Senkung der Fluktuationsrate

- Senkung des Krankenstandes (z. B. unfallbedingte Fehlzeiten)

- Senkung sonstiger Fehlzeiten

- Schulung der Vorgesetzten

- Einrichtung eines Gruppen- und Sozialraumes

- Lohngerechtigkeit

Technische Ziele

- Erhöhung der Prozesssicherheit

- Ergonomische Arbeitsplatzgestaltung

- Reduzierung von Störungen

- Vermeidung von Schadstoffen

- Automatische Fehlererkennung

- Reduzierung von Abfällen

- Reduzierung von Energiekosten

Tabelle IV-5: Zielkriterien zur Bewertung von Arbeitssystemen am Beispiel der separaten Türenmontage

Zielkriterium	G	E	G*E	G	E	G*E	G	E	G*E	G	E	G*E
	Typ I			Typ II			Typ III			Typ IV		
Kostenziele:												
Senkung der Montagezeiten um 15 % gegenüber dem herkömmlichen System	20	6	120	20	7	140	20	8	160	20	9	180
Bessere Auslastung der Betriebsmittel	10	10	100	10	9	90	10	4	40	10	2	20
Senkung der Bestände	15	8	120	15	8	120	15	4	60	15	3	45
Senkung der Nacharbeitskosten um 40 %	19	2	38	19	3	57	19	8	152	19	10	190
Organisationsziele:												
Reduzierung der Führungsebenen	12	5	60	12	5	60	12	8	96	12	9	108
Erhöhung der Montageflexibilität gegenüber Stückzahlschwankungen	8	2	16	8	3	24	8	8	64	8	10	80
Erhöhung der Montageflexibilität bei Variantenwechsel	18	1	18	18	2	36	18	9	152	18	10	180
Verbesserte Material-bereitstellung	7	5	35	7	5	35	7	8	56	7	7	49
Mitarbeiterbezogene Ziele:												
Reduzierung der Fehlzeiten durch bessere ergonomische Gestaltung	9	1	9	9	2	18	9	8	72	9	10	90
Förderung der Qualifikation	4	1	4	4	2	8	4	7	28	4	10	40
Förderung von Gruppenarbeit	12	4	48	12	4	48	12	7	84	12	5	60
Vermeidung von Verletzungen	10	3	30	10	3	30	10	4	40	10	4	40
Technische Ziele:												
Reduzierung der Störungen	17	10	170	17	10	170	17	4	68	17	5	85
Automatische Fehlererkennung	18	1	18	18	1	18	18	6	108	18	10	180
Montagegerechte Produktion	5	1	5	5	1	5	5	1	5	5	1	5
Reduzierung der Energiekosten	2	10	20	2	9	18	2	2	4	2	3	6
Arbeitssystemwert Σ			**811**			**847**			**999**			**1118**

G = Gewichtung, von 1 (sinnvoll) bis 20 (unerlässlich, zwingend);
E = Erfüllungsgrad, von 1 (nicht erfüllt) bis 10 (voll erfüllt); Typ I–IV = siehe Abb. IV-4

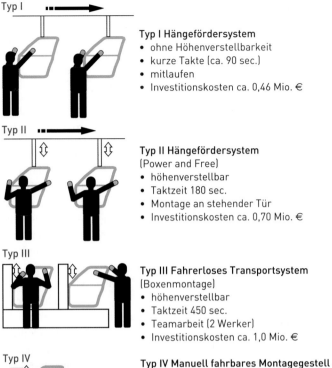

Typ I

Typ I Hängefördersystem
- ohne Höhenverstellbarkeit
- kurze Takte (ca. 90 sec.)
- mitlaufen
- Investitionskosten ca. 0,46 Mio. €

Typ II

Typ II Hängefördersystem
(Power and Free)
- höhenverstellbar
- Taktzeit 180 sec.
- Montage an stehender Tür
- Investitionskosten ca. 0,70 Mio. €

Typ III

Typ III Fahrerloses Transportsystem
(Boxenmontage)
- höhenverstellbar
- Taktzeit 450 sec.
- Teamarbeit (2 Werker)
- Investitionskosten ca. 1,0 Mio. €

Typ IV

Typ IV Manuell fahrbares Montagegestell
(Inselfertigung, Komplettmontage)
- höhenverstellbar
- Komplettmontage pro Tür (900 sec.)
- Einzelarbeit
- automatische Drehmomentüberprüfung
- Investitionskosten ca. 0,83 Mio. €

Abbildung IV-4: Alternative Montagekonzepte für die separate Türenmontage (stark vereinfacht)

beiter benötigt. Je nach Art des Arbeitssystems kann man die Montage in kurze oder lange Montagetakte aufteilen (vgl. hierzu Frieling, 2001). Wie aus **Abbildung IV-4** zu entnehmen ist, bieten sich exemplarisch vier Alternativen an. Sie unterscheiden sich in der Taktlänge (von 90 sec bis 900 sec); vorgesehen werden also relativ kurze Takte (Typ I) oder komplexere Montagen (Typ IV). Das Transportsystem ist sehr einfach (Typ I: Transportkette oder Teilzug) oder komplex (Typ III: fahrerloses Transportsystem mit Rechnersteuerung). Ergonomische Arbeitsgestaltung ist nur bedingt gegeben (Typ I) oder sehr aufwendig (Typ III und IV). Die Mitarbeiter arbeiten am Band (Typ I und II), in Teams (Typ III: zwei Mitarbei-

ter) oder allein (Typ IV: komplette Montage von zwei Türen).

4. *Bewertung der Alternativen*
Nach ausführlicher Diskussion der Alternativen bewertet die Projektgruppe gemeinsam die vier Typen nach dem Erfüllungswert (von 1: «Kriterium nicht erfüllbar» bis 10: «Kriterium voll erfüllt»; s. Tab. IV-5).

5. *Summative Bewertung der Alternativen*
Aus der Summe der Produkte aus Gewichtung des Kriteriums mal Erfüllungsgrad ergibt sich ein Arbeitssystemwert. Im vorliegenden Beispiel ist die Alternative IV allen anderen Alternativen überlegen. Leider kostet sie erheblich mehr als Alternative I oder II. Da die Controller das letzte Wort haben, wird die unter arbeitswissenschaftli-

chen Gesichtspunkten beste Lösung (Typ IV) zugunsten der billigeren (Typ II) verworfen. Die derzeitige Gestaltungsphilosophie in der Automobilindustrie bietet wenig Spielraum für innovative Montageprozesse (vgl. Frieling, 1997 u. 2009).

Die Art der hier exemplarisch beschriebenen Arbeitssystembewertung wirkt auf den außenstehenden Betrachter manipulativ. Das Manipulative zeigt sich in der Auswahl der Zielkriterien, der Durchsetzung eines bestimmten Vorgehens bei der Gewichtung oder der Generierung spezieller Alternativen, die von vornherein ausscheiden (z. B. Typ I, weil er sich nicht von dem alten System unterscheidet, oder Typ III, weil die derzeitige Gestaltungsdevise heißt: «Raus mit den fahrerlosen Transportsystemen»).

Trotz dieser Einschränkungen ist das hier vorgestellte Verfahren ein Beitrag dazu, die Entscheidungsprozesse hinsichtlich bestimmter Zielkriterien transparenter zu machen. Die innerbetriebliche Diskussion über Zielkriterien fördert die Reflexion über die angestrebten Maßnahmen. Wenn bei der Planung zusätzlich noch die Arbeitnehmervertreter/-innen und die Betroffenen die Chance erhalten, am Entscheidungsprozess (Zielfindung, Systemge-

nerierung und Systembewertung) aktiv teilzunehmen, stellt eine solche Planungssystematik trotz der genannten Schwächen einen Fortschritt in Richtung auf eine humanere Arbeitsgestaltung dar.

1.5 Ordnungspolitische Einflüsse auf die Arbeitsgestaltung

Der Arbeits- und Gesundheitsschutz ist in Deutschland nicht einheitlich geregelt. Es gibt (noch) kein Arbeitsschutzgesetzbuch, in dem alle gesetzlichen Regeln, die im Rahmen der Arbeitsgestaltung und -organisation greifen, nach einem einheitlichen Konzept zusammengefasst sind. Der Arbeitsgestalter muss sich daher mit einer Vielzahl unterschiedlicher Gesetze, Regelungen, Verordnungen und Empfehlungen auseinandersetzen und versuchen, einen Überblick über den aktuellen Stand zu halten; siehe hierzu die exemplarisch aufgeführten Gesetze und Vorschriften in der Infobox IV-5.

Einen guten Überblick bietet Kittner (2009), der jährlich eine aktualisierte Sammlung der einschlägigen Gesetze und Verordnungen vorlegt. Durch die Anpassung der nationalen Rechtslage an die EU-Gesetzgebung ist es erforderlich, sich über die europäische Entwick-

---

Infobox IV-5

Auswahl wichtiger Gesetze und Vorschriften zur Verbesserung des Arbeits-, Gesundheits- und Umweltschutzes (Stand 2009)

- Aktiengesetz (AktG, Stand 2008) – Mitbestimmungsregeln
- Beteiligung der Arbeitnehmer in einer Europäischen Gesellschaft (Societas-Europaea-Beteiligungsgesetz [SEBG], Stand 2004)
- Arbeitnehmererfindungsgesetz (ArbNEerfG, Stand 2002) – Erfindungen und technische Verbesserungen

- Arbeitnehmerüberlassungsgesetz (AÜG, Stand 2006) – Leiharbeit
- Arbeitsschutzgesetz (ArbSchG, Stand 2008) – Gesetz über die Durchführung von Maßnahmen des Arbeitsschutzes und zur Verbesserung der Sicherheit und des Gesundheitsschutzes des Beschäftigten bei der Arbeit

- Arbeitssicherheitsgesetz (ASiG, Stand 2006) – Gesetz über Betriebsärzte, Sicherheitsingenieure und andere Fachkräfte für Arbeitssicherheit

- Arbeitsstättenverordnung (ArbStättV, Stand 2008) – Verordnung zur Sicherheit und zum Gesundheitsschutz der Beschäftigten beim Einrichten und Betreiben von Arbeitsstätten

- Gefahrstoffverordnung (GefStoffV, Stand 2008) – Verordnung über das Inverkehrbringen von Stoffen, Zubereitungen und Erzeugnissen zum Schutz der Beschäftigten und anderer Personen vor Gefährdungen, ihrer Gesundheit und Sicherheit durch Gefahrstoffe

- Bildschirmarbeitsverordnung (BildschirmarbeitsVO, Stand 2008) – Verordnung über Arbeit an Bildschirmgeräten

- Betriebssicherheitsverordnung (BetrSichV, Stand 2008) – Verordnung über die Bereitstellung von Arbeitsmitteln durch Arbeitgeber sowie über die Benutzung von Arbeitsmitteln durch Beschäftigte bei der Arbeit

- Lastenhandhabungsverordnung (LasthandhabV, Stand 2006) – Verordnung über Sicherheit und Gesundheitsschutz bei der manuellen Handhabung von Lasten bei der Arbeit

- Persönliche-Schutzausrüstungen-Benutzerverordnung (PSA-BV, Stand 1996) – Verordnung über Sicherheit und Gesundheitsschutz bei der Benutzung persönlicher Schutzausrüstungen bei der Arbeit

- Lärm- und Vibrations-Arbeitsschutzverordnung (LärmVibrationsArbSchV, Stand 2008) – Verordnung zum Schutz der Beschäftigten vor Gefährdungen durch Lärm und Vibrationen

- Arbeitszeitgesetz (ArbZG, Stand 2006) – Gesetz zur Regelung der Arbeitszeiten

- Berufsbildungsgesetz (BBiG, Stand 2007) – Gesetz zur Regelung der Berufsausbildungsvorbereitung, Berufsausbildung, beruflichen Fortbildung und beruflichen Umschulung

- Betriebsverfassungsgesetz (BetrVG, Stand 2008) – Gesetz zur Regelung der Interessenvertretung von Arbeitnehmern im Betrieb

- Gesetz über Europäische Betriebsräte (EBRG, Stand 2000) – Gesetz zur grenzübergreifenden Unterrichtung und Anhörung der Arbeitnehmer

- Bürgerliches Gesetzbuch (BGB, Stand 2008) – einzelne Gesetze, die die Arbeitsorganisation beeinflussen

- Bundesdatenschutzgesetz (BDSG, Stand 2006) – Gesetz zum Schutz vor Missbrauch personbezogener Daten bei der Datenverarbeitung

- Heimarbeitsgesetz (HAG, Stand 2006) – Gesetz zur Regelung der in Heim-(Tele-)arbeit tätigen Beschäftigten

- Jugendarbeitsschutzgesetz (JArbSchG, Stand 2008) – Gesetz zum Schutz der arbeitenden Jugend

- Mitbestimmungsgesetz (MitbestG, Stand 2006) – Gesetz über die Mitbestimmung der Arbeitnehmer in Aktiengesellschaften, GmbHs oder Genossenschaften mit mehr als 2000 Beschäftigten

- Montan-Mitbestimmungsgesetz (MontanMitbestG, Stand 2006) – Gesetz über die Mitbestimmung der Arbeitnehmer in den Aufsichtsräten und Vorständen der Unternehmen des Bergbaus und der Eisen und Stahl erzeugenden Industrie

- Mutterschutzgesetz (MuSchG, Stand 2006) – Gesetz zum Schutz erwerbstätiger Mütter

- Teilzeit- und Befristungsgesetz (TzBfG, Stand 2007) – Gesetz über Teilzeit und befristete Arbeitsverträge

lung zu informieren. Hierzu gibt Kittner ebenfalls entsprechende Hinweise.

Die gesetzliche Normierung der Arbeitsverhältnisse dient nicht nur dem Arbeitsschutz und damit dem Gesundheitsschutz der Beschäftigten, sondern auch der Schaffung von annähernd gleichen Wettbewerbsbedingungen. Je größer hier die Gemeinsamkeiten sind, umso fairer lässt sich der Wettbewerb gestalten. Fehlen in einem Land strenge Auflagen zum Umweltschutz, zur Arbeitssicherheit, zur Arbeitszeit und zu Mindestlohnregelungen, so können Betriebe in diesem Land kurzfristig billiger Produkte anbieten. Diese Effekte will man in den EU-Mitgliedsstaaten verhindern.

Nach Meinung von Mohr (1996, S. 62) ist die EG-Rahmenrichtlinie 89/391/EWG «über die Durchführung von Maßnahmen zur Verbesserung der Sicherheit und des Gesundheitsschutzes der Arbeitnehmer bei der Arbeit» vom 12. Juni 1989 von grundsätzlicher Bedeutung, da diese Rahmenrichtlinie ein sehr weit gefasstes Arbeitsschutzverständnis beinhaltet. Artikel sechs dieser Verordnung fordert die «Berücksichtigung des Faktors Mensch bei der Arbeit, insbesondere bei der Gestaltung von Arbeitsplätzen sowie bei der Auswahl von Arbeitsmitteln und Arbeits- und Fertigungsverfahren, vor allem im Hinblick auf die Erleichterung bei eintöniger Arbeit und bei maschinenbestimmtem Arbeitsrhythmus, sowie auf eine Abschwächung ihrer gesundheitsschädigenden Auswirkungen» (zit. nach Mohr, 1996, S. 62). Durch eine verstärkte Auseinandersetzung mit diesen Richtlinien, Verordnungen und Empfehlungen wird das Bewusstsein für die Gestaltung humaner Arbeitsplätze verstärkt. Arbeitsgestalter und Controller müssen lernen, dass derartige Gestaltungsmaßnahmen gesellschaftspolitisch gewollt und dringend erforderlich sind. Sie müssen versuchen, im Rahmen ihrer Tätigkeiten die in den einzelnen Gesetzen und Richtlinien intendierten Ziele einer humanen Arbeitsgestaltung praktisch umzusetzen. Einige Richtlinien und Verordnungen (z. B. die Bildschirmrichtlinie oder die Arbeitsstättenverordnung) geben hierzu konkrete Gestaltungshinweise und nennen Gestaltungsziele.

Durch intensive Bemühungen um eine Normierung auf europäischer Ebene werden die verschiedenen nationalen Normen (z. B. DIN – Deutsche Industrienorm) durch EU-Normen (EN – Europäische Norm) ersetzt bzw. ergänzt. Die in der Infobox IV-5 aufgeführten Verordnungen (Bildschirmarbeit, Arbeitsstätten, Lastenhandhabung und Arbeitsmittel) wurden aufgrund der Rahmenrichtlinie des Artikels 118a des EWG-Vertrages angepasst.

Bei der Gestaltung von Arbeitsplätzen in der Produktion sind unter anderem folgende Normen, Richtlinien und Verordnungen zu berücksichtigen:

- DIN 33402-2 (Ergonomie; Körpermaße des Menschen),
- DIN 33406 (Arbeitsplatzmaße im Produktionsbereich),
- DIN EN 547 (Sicherheit von Maschinen; Körpermaße des Menschen, Teil 1–3),
- DIN 68877 (Arbeitsdrehstuhl, sicherheitstechnische Anforderungen, Prüfung),
- DIN EN 1005-3 (Sicherheit von Maschinen; körperliche Leistung; Kraftgrenzen),
- DIN EN 1005-2 (Sicherheit von Maschinen; manuelle Lastenhandhabung in Verbindung mit Maschinen),
- DIN EN 1005-4 (Sicherheit von Maschinen; Bewertung von Körperhaltungen),
- DIN EN 894 (Sicherheit von Maschinen; ergonomische Anforderungen an die Gestaltung von Anzeigen und Stellteilen),
- DIN EN ISO 11200 (Akustik; Leitlinien zur Bestimmung von Emissionsschalldruckpegeln),
- DIN 45635 (Geräuschmessung von Maschinen),
- VDI 2057 (Richtlinie des Verbandes Deutscher Ingenieure; Human Exposure to Mechanical Vibrations),
- DIN EN 12464 (Licht und Beleuchtung – Innenräume),
- ASR 7/3 (Arbeitsstättenrichtlinie künstliche Beleuchtung),

- BGR 131 (Berufsgenossenschaftliche Richtlinie; Arbeitsplätze mit künstlicher Beleuchtung).

In den Publikationen von Landau (2007), Letzel und Nowak (2010), Pieper und Vorath (2005) oder Schlick et al. (2010) finden sich umfassende Hinweise auf einschlägige Normen, technische Regeln oder sonstige Vorschriften, die für Arbeitsgestalter/-innen von Bedeutung sind.

Neben diesen Normen und Regeln spielen in der arbeitswissenschaftlichen Diskussion *Grenzwertangaben* für Schadstoffbelastungen in der Luft eine wichtige Rolle. Die sog. MAK-Werte (Maximale Arbeitsplatzkonzentration) sind definiert als die höchste zulässige «Konzentration eines Arbeitsstoffes als Gas, Dampf oder Schwebstoff in der Luft am Arbeitsplatz, die nach dem gegenwärtigen Stand der Kenntnis auch nach wiederholter oder langfristiger, in der Regel täglich achtstündiger Exposition bei Einhaltung einer durchschnittlichen Wochenarbeitszeit von 40 Stunden (in 4-Schicht-Betrieben 42 Stunden je Woche, im Durchschnitt von 4 aufeinander folgenden Wochen) im allgemeinen die Gesundheit der Beschäftigten nicht beeinträchtigt und diese nicht unangemessen belästigt. Der MAK-Wert wird in

der Regel als Durchschnitt über Zeiträume bis zu einem Arbeitstag oder einer Meßschicht integriert.» (Szadowski, 1997, S. 154.)

Neben den MAK-Werten gibt es für den Umgang mit krebserzeugenden Gefahrstoffen, die bei bestimmten technischen Prozessen anfallen, sogenannte *Technische Richtkonzentrationen* (*TRK*). Diese Gefahrstoffe müssen entsprechend gekennzeichnet sein. In Ergänzung zu den MAK-Werten für die Luft im Arbeitsraum gibt es *biologische Arbeitsstofftoleranzwerte* (*BAT*), die im Blut oder Harn des/der Arbeitenden nachweisbar sind.

Sowohl für die MAK- als auch für die BAT-Werte veröffentlicht die Deutsche Forschungsgemeinschaft (DFG) jährlich eine aktualisierte Liste (vgl. hierzu auch Letzel & Nowak, 2010).

Die Richtwerte MAK und BAT gelten nicht für Mischkonzentrationen verschiedener Schadstoffe. Für diese Mischungen, die aber häufig am Arbeitsplatz vorkommen, gibt es keine Richtwerte. Es ist daher – wie bei allen gesetzlich geregelten oder normierten Werten – notwendig, diese als Mindeststandards zu begreifen und zu versuchen, die Arbeit möglichst frei von Schadstoffen zu gestalten (weitere Ausführungen hierzu vgl. Letzel & Nowak, 2010).

2 Gestaltung der Arbeitsumgebung

«Der Arbeit müssen Paläste errichtet werden, die den Fabrikarbeiter [...] noch etwas spüren lassen von der Würde der gemeinsamen großen Ideen, die das Ganze treibt, damit der Einzelne Persönliches dem unpersönlichen Gedanken unterordnet, ohne die Freude am Mitschaffen großer gemeinsamer Werte zu verlieren, und der subtil rechnende Herr der Fabrik wird sich alle Mittel zunütze machen, die die ertötende Eintönigkeit der Fabrikarbeit beleben und den Zwang zur Arbeit mildern könnten» (Walter Gropius, 1911, zit. nach Drebusch, 1976). Hundert Jahre später, im Jahr 2011, hat man das von Gropius konzipierte Fagus-Werk in Alfeld zum Weltkulturerbe erklärt. Erstmalig verwirklichte Gropius mit diesem Fabrikbau die damals radikal wirkenden architektonischen Möglichkeiten, mit Stahl, Beton und Glas zu bauen, um eine transparente, offene und lichtdurchflutete Arbeitsatmosphäre zu schaffen.

2.1 Die bauliche Umwelt – ein vernachlässigter Gegenstand der Arbeitspsychologie

Menschliche Arbeitstätigkeit lässt sich nicht nur durch ihre spezifische Regulation, durch ihre Zwecke und Ziele beschreiben, sondern auch durch die Situationsbedingungen, unter denen sie stattfindet. Diese in erster Linie räumlichen Bedingungen sind ein Ausdruck menschlicher Kultur. Sie sind in ihrer Charakteristik typisch für eine spezielle Gesellschaft

(vgl. Drebusch, 1976; Flade, 2008; Richter, 2008; oder Walden, 2008).

Die räumliche Anordnung einzelner Arbeitsstätten an bestimmten «vorgeschriebenen» Plätzen im Mittelalter, die noch heute vorfindbare herausgehobene Position der Eisenschmieden in westafrikanischen Dörfern (z. B. in Mali, Burkina Faso oder Niger), die Lage der Textilfabriken und Maschinenbauunternehmen in Augsburg oder die Fabrikbauten im Dritten Reich in Wolfsburg und Salzgitter sind nicht zufällig. Sie sind Ausdruck einer speziellen (Un-)Kultur. Fabrik- und Verwaltungsgebäude, Kliniken oder Einkaufszentren gestalten durch ihr Vorhandensein die Umwelt und beeinflussen das Verhalten der darin handelnden Menschen. Am sichtbarsten wird dies in Städten, die ihre Einkaufszentren an die Peripherie verlegen und damit zur Verödung ihrer Innenstadtbereiche beitragen, oder in Gemeinden, die bewusst Einkaufszonen und Fußgängerbereiche in der Innenstadt schaffen.

Die räumliche Entfernung der Arbeitsplätze von Wohn- und Einkaufsgebieten, ihre Lage in Ballungsräumen oder im ländlichen Raum beeinflusst das Arbeitsverhalten (Arbeits- und Zeitplanung, Fahrgemeinschaften, Schichtregelungen, Teilnahme an Schulungen etc.) ebenso wie die Art und Größe der Arbeitsstätte selbst. Im Einzelfall formt die Lage des Arbeitsplatzes das Spezifikum der Arbeitstätigkeit (z. B. Kellner auf der Zugspitze, Ingenieur auf einem Schiff, Fluglotse im Tower eines Wüstenflugplatzes, Automobilarbeiter in Wolfsburg). Die Gestaltung der Arbeitsumwelt nimmt nicht nur indirekt Einfluss auf die Struktur von Arbeitstätigkeiten, sondern beeinflusst diese sehr direkt. Die Verhaltensmuster in einem Einpersonenbüro sind andere als in einem Großraumbüro. Es besteht ein Unterschied, ob man in einer großen Halle oder in einer kleinen Werkstatt arbeitet.

Gebäude sind zu Stein oder Beton gewordener Ausdruck von kulturellen Werten und Einstellungen. Das Klinikum in Bamberg mit zirka 850 Betten (vgl. Utzmann, 1985, S. 50 ff.) sollte den Eindruck eines Ferienhotels mit ärztlicher Betreuung vermitteln, bei dem die Apparate im Hintergrund stehen.

Beim Klinikum in Aachen (mit doppelter Bettenanzahl) stehen dagegen die Leitungen und Schächte als ästhetisches Gestaltungskriterium im Vordergrund. Eingebettet zwischen Gebäuden der Technischen Hochschule, vermittelt es den Eindruck eines gigantischen Maschinenhauses, das durch ein komplexes Netz von außen herangeführter Leitungen versorgt wird. Eine solche Architektur verstärkt den Eindruck, dass Diagnostik und Therapie zunehmend als technisches Problem begriffen werden.

Die Größe und Gestaltung eines Gebäudes, sei es ein Krankenhaus, eine Fabrik, ein Verwaltungsgebäude oder eine Kirche, ist nicht nur durch die damit verbundene Funktionalität begründet, sie ist auch geprägt vom Prestigedenken und Machtanspruch seiner Erbauer. Den Engländer Canter (1983, S. 29) beeindruckt, wie freimütig eine westdeutsche Versicherungsgesellschaft betont, dass ihr pyramidenartiges Gebäude ein Abbild der betrieblichen Hierarchie darstellt, in dem das Erdgeschoss für 360 Angestellte ausgelegt ist und das zehnte Obergeschoss für den Vorstand, der aus nur wenigen Personen besteht. Die dazwischenliegenden zehn Etagen sind eine in Beton gekleidete Metapher für die Distanz zwischen «Führer» und «Geführten». Üblicherweise begründet man in Japan oder England nach Canter (1983, S. 29) pyramidenähnliche Gebäudeformen vordergründig mit Beleuchtungsvorteilen und Formargumenten.

Untersuchungen über die Auswirkungen räumlicher Bedingungen auf das Verhalten von Menschen beziehen sich in erster Linie auf den Wohnbereich, auf Schulen, Universitäten, Museen, Altenheime, Krankenhäuser oder Büroräume (vgl. hierzu die sehr umfangreiche Bibliografie bei Becker, 1981; Flade, 2008; Kruse & Arlt, 1984; Richter, 2008; oder Walden, 2008). Vergleichbare Untersuchungen in Fabrikräumen sind relativ selten. Eine Ausnahme bildet der Franzose Gustave Nicolas Fischer, der sich im Rahmen sozial- und umweltpsychologischer Untersuchungen mit dem Verhalten von Menschen in verschiedenen Arbeitssituationen befasst hat. Er schreibt zu Recht: «Obwohl sich die Arbeitswissenschaft als umfassender Ansatz ergibt, bleibt ihr Untersuchungsfeld doch begrenzt und sie berücksichtigt die Umweltaspekte nur insofern, als sie Störfaktoren darstellen, die eines korrigierenden Eingriffs bedürfen. So bleibt der Raum in der gesamten Arbeitsforschung eine vergessene Dimension.» (Fischer, 1990, S. 12.) Durch die Zunahme an architekturpsychologischen Veröffentlichungen zeichnet sich hier eine Veränderung in der Arbeits- und Organisationspsychologie ab, obgleich Untersuchungen im Produktionsbereich immer noch Mangelware sind (vgl. Richter, 2008). Die enge Orientierung der Arbeitspsychologie am Tätigkeits- bzw. Handlungsvollzug und die Schwierigkeit des Experimentierens mit baulichen Umwelten sind sicher ein Grund dafür, warum die einschlägigen Fachbücher der Arbeitspsychologie (vgl. z. B. Arnold & Randall, 2010; Hacker, 2005; oder Ulich, 2005) und der Ergonomie (vgl. Luczak & Volpert, 1997; oder Schmidtke, 1993) kaum etwas über Grundrisse, Baukörper, Gebäudeformen und -größen erwähnen, obgleich Gebäudeform und -größe wiederum entscheidenden Einfluss auf die Klima-, Licht- und Lärmsituation am Arbeitsplatz ausüben (vgl. Osborne & Gruneberg, 1983; oder Sommer & Wojda, 1987). Da Industrie-, Büro- und andere Zweckbauten nicht für die Behausung von Menschen, sondern für bestimmte Produktionen und Dienstleistungen erstellt werden, ist der Mensch gezwungen, sich in künstlichen Umwelten zu bewegen, deren Maße die Technik bestimmt und nicht die darin arbeitenden Menschen.

Für den Arbeitspsychologen kommt es darauf an zu entdecken, welche räumlichen Bedingungen den Menschen

- in seinem organismischen Geschehen (physischer und psychischer Beanspruchung) störend oder begünstigend beeinflussen (z.B. durch Lärm; zu helle, zu dunkle oder richtige Beleuchtung; hohe, mittlere oder niedrige Temperaturen oder steile Treppen; vgl. hierzu auch die theoretischen Überlegungen von Lewin [1982] zum Lebensraum);
- in seinen Arbeitshandlungen unterstützen oder behindern (z.B. lange oder kurze, einfache oder schwierige Transportwege; rutschiger oder rauer Fußboden; geeignete oder ungeeignete Beleuchtungsverhältnisse);
- in seinen Arbeitshandlungen verstärken bzw. formen (d.h., bestimmte Raumsituationen fördern Verhaltensweisen oder schränken sie ein; in einem Großraumbüro wird eher geflüstert als gerufen, in engen Fahrstühlen verstummt die Unterhaltung wegen des Unterschreitens der natürlichen Distanz; Wegführungen können die Häufigkeit von Kontakten der Arbeitnehmer untereinander steigern);
- zu bestimmten Arbeitshandlungen herausfordern oder ihn davon abschrecken (hinter Schreibtischen kann man sich vor direktem Kontakt schützen);
- in seinem Erleben «angenehm» oder «unangenehm» stimmen bzw. wie das Erleben neuer Raumsituationen emotionale Bereicherungen vermitteln kann (vgl. hierzu auch die verschiedenen theoretischen Grundlagen der Architekturpsychologie bei Richter, 2008).

2.2 Produktionsräume

Produktionsstätten als manifeste Äußerungen eines gesellschaftlichen Entwicklungsniveaus vereinigen in sich den Stand der Produktionstechnik und die Wertschätzung für die darin arbeitenden Menschen. Sie unterliegen den Einflüssen aus der Gesellschaft (ihrer jeweiligen Ordnung, ihren Normen, Gesetzen und Wertungen), dem technischen Fortschritt und den Arbeitsmarktbedingungen. Sie sind Ausdruck der betrieblichen Organisation, abhängig von interner und externer Forschung und Entwicklung. Sie sind aber auch Ausdruck der gelebten Kultur eines Unternehmens.

Produktionsstätten erfahren ständige Veränderungen, die sich aus der Dynamik des jeweiligen Unternehmens ergeben. Mit Eversheim (1996, S.9–40) kann man fünf verschiedene Planungsarten unterscheiden, die auf die Veränderung von Produktionsstätten einen Einfluss haben (s. Abb. IV-5).

Die *Kapazitätsplanung* bezieht sich auf die operativen Tätigkeiten mit kurzem bis mittlerem Planungshorizont. Sie bewirkt interne Nutzungsänderungen, zum Beispiel die Bereitstellung größerer oder kleinerer Produktions- oder Lagerflächen, und löst im Einzelfall den Umzug bestimmter Arbeitsbereiche aus. Die *Programmplanung* bestimmt die Produktionskapazitäten für die Laufzeit von Produkten und definiert damit die benötigten Flächen für einen längeren Zeitraum. Im Zuge intensivierter Kundenorientierung verkürzen sich diese Planungshorizonte tendenziell. Die *Strukturplanung* legt längerfristige Konzepte für die Art der Produktionsprozesse und deren Platzbedarf fest. Der *Generalbebauungsplan* definiert die Flächenaufteilung des Grundstückes und der Gebäudestrukturen, und die *Standortplanung* legt den Ort der Produktionsstätte fest. Bei Zulieferbetrieben der Automobilindustrie schließt man Standortentscheidungen in einigen Fällen nur über die Laufzeit eines Produktauftrages ab (z.B. sieben Jahre). Bei solch kurzen Zeithorizonten mietet man in der Regel bestehende Gebäude an. Normalerweise

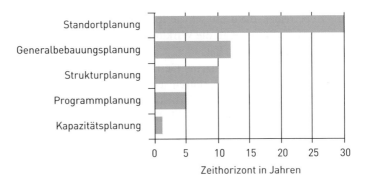

Abbildung IV-5: Zeithorizonte unterschiedlicher Planungs-arten (vgl. Eversheim, 1996, S. 9-40)

plant man eine Produktionsstätte für einen längeren Zeitraum.

Arbeitspsychologie und Arbeitswissenschaft haben sich im Rahmen der Standortplanung im Wesentlichen mit Fragen der Arbeitsorganisation, Arbeitsgestaltung, Personalverfügbarkeit, Qualifikationsbereitstellung und Personalkosten zu befassen. Diese Aufgaben sind von besonderer Wichtigkeit bei Neugründungen von Unternehmen im Ausland. Erfahrungen der deutschen Automobilindustrie im Ausland (z. B. in den USA) zeigen, dass es große Schwierigkeiten bereitet, Montagefabriken in einem kulturell ungewohnten Umfeld zu planen. So verlangt zum Beispiel das in manchen Regionen vorherrschende subtropische Klima eine aufwendige Klimatisierung; die Orientierung auf das Auto als übliches Fortbewegungsmittel erfordert im Vergleich zu europäischen Fabriken einen erheblich größeren Parkplatzbedarf, die Antidiskriminierungsgesetze einen differenzierten bau- und raumgestalterischen Umgang nach Diversity-Gesichtspunkten (z. B. Herkunft, Nationalität, Geschlecht, Hautfarbe).

Die Beteiligung von Arbeitswissenschaftlern an der Erstellung des Generalbebauungsplanes und des Strukturplanes kann zu verbesserten Arbeitsabläufen mit reduzierten Wegen und Transportzeiten beitragen. Mitwirkungsmöglichkeiten von Arbeitswissenschaftlern an der Programm- und Kapazitätsplanung sollten eine Selbstverständlichkeit sein, da sich die Produktzyklen (d. h. das Lebensalter von Produkten) durch die schnell aufeinander folgen-

den Innovationszyklen verkürzen. Neue Produkte stellen neue Anforderungen an die Bearbeitungstechniken, an unterschiedliche räumliche Bedingungen, Lager und Transportwege. Es ist daher nicht verwunderlich, dass die Produktionsplaner von den Gebäuden größtmögliche Flexibilität erwarten, damit ihr Nutzen trotz veränderter Anforderungen hoch bleibt. Den Arbeitsgestaltern bereiten diese Flexibilitätsanforderungen zuweilen Probleme, da sie der Aufgabenangemessenheit von Räumen zum Teil widersprechen.

Nach Becker (1981) unterliegt die Effektivität und Nutzung eines Gebäudes im Laufe der Zeit Veränderungen. Zu Beginn werden die räumlichen Kapazitäten meist nicht voll genutzt. Im Laufe der Zeit ergibt sich eine optimale Ausnutzung, die dann wieder schwindet, wenn das Gebäude den gestiegenen Anforderungen nicht mehr gewachsen ist oder durch Änderungen in den Produktionsbedingungen, gesetzlichen Auflagen usw. die Zweckmäßigkeit sinkt.

Für den Arbeitswissenschaftler stellt sich die Aufgabe, diese Zweckmäßigkeit aus der Sicht der Arbeitnehmer und des Arbeitgebers zu beurteilen, um Veränderungen zu initiieren oder schon im Planungsstadium dafür zu sorgen, dass der Zeitraum optimaler Raumnutzung möglichst groß wird. Da nur in seltenen Fällen eine Neuplanung auf der «grünen Wiese» möglich ist (einen solchen Fall enthält die Darstellung des Volvo-Kalmar-Beispieles – s. Abb. IV-9), ergibt sich für den Arbeitswissenschaftler die Notwendigkeit, Reparaturgestaltung zu betreiben, die umso schwieriger zu realisieren ist, je kürzer man die Wirkungen der Maßnahme veranschlagt hat.

Bevor wir näher auf einzelne Gestaltungsbeispiele von Produktionsstätten eingehen, erscheint es notwendig, aus arbeitspsychologischer und arbeitswissenschaftlicher Sicht Anforderungen an Fabrikbauten und Produktionsstätten zu formulieren und die damit verbundenen Gestaltungsziele herauszuarbeiten.

Anforderungen und Gestaltungsziele

In der einschlägigen Fachliteratur (vgl. z. B. Laviola & Ruston, 2011; Lorenz, 1993; Schönfeld, 1992; Richter, 2008; Sommer & Wojda, 1987; oder Wiendahl, 2000) wird eine Reihe von allgemeinen Anforderungen an Fabrikbauten gestellt. Diese gilt es für den konkreten Einzelfall in Gestaltungsziele umzusetzen. Um bei der Planung von Fabrikbauten die einzelnen Gestaltungsziele zu systematisieren, sollte man in Anlehnung an Dienes (1989) unterscheiden zwischen den Systemebenen (Standort, Gebäude, Fabrik, Bereich, Raum, Einrichtung) und den Aspektbereichen (z. B. Produkt, Arbeitsorganisation, Mensch, Umwelt/Gesellschaft etc.). Durch eine zweidimensionale Darstellung der Systemebenen und der Aspektbereiche oder Zielfelder (so genannt bei Wiendahl, 2000, S. 9–32) entsteht eine Matrix (s. Tab. IV-6), die einen Beitrag dazu leistet, die vielfältigen Anforderungen und die daraus abzuleitenden spezifischen Gestaltungsziele systematisch zu strukturieren. Gleichzeitig ermöglicht dies aufzuzeigen, wo arbeitspsychologische Einmischung bei der Fabrikgestaltung gefordert ist.

Im Folgenden werden in der Matrix an ausgewählten Beispielen verschiedene Gestaltungsziele benannt. Die nummerierten Zellen zwischen 1.1 und 10.5 betreffen Themen mit arbeitspsychologischer Relevanz.

Der Aspekt *Mitarbeiter* spielt bei der Auswahl des Standorts (1.1) eine wichtige Rolle. Soll zum Beispiel eine Fabrik in den USA gebaut werden, ist zu klären, inwieweit in der Region Mitarbeiter mit bestimmten Qualifika-

tionen vorhanden sind, ob die Infrastruktur den Mitarbeitern die Chance bietet, ihre Kinder auf weiterführende Schulen zu schicken oder ob es im Umfeld vergleichbare Fabriken gibt (Rekrutierungsstrategie). Solche Fragen, die das Management stellt, sollten nicht ideologisch reflektiert werden, vielmehr ist Rücksicht auf die andere Kultur und entsprechende Sozialisationsprobleme zu nehmen.

Auch Standortfragen im Inland berühren Mitarbeiteraspekte. So war die Standortentscheidung von Opel für Eisenach nicht nur auf die hohen staatlichen Subventionen zurückzuführen, sondern auch auf die dort vorhandene Qualifikation der Mitarbeiter und deren langjährige Erfahrungen im Fahrzeugbau.

Bei der Entscheidung über Gebäudegröße und Anordnung (1.3) müssen Wege, Entfernungen und Kommunikationsmöglichkeiten zwischen den Bereichen berücksichtigt werden (z. B. Anordnung der planenden und ausführenden Tätigkeiten in getrennten oder gemeinsamen Gebäuden). Bei neu zu errichtenden Automobilfabriken (z. B. beim VW-Skoda-Werk Mladá Boleslav in der Nähe von Prag [vgl. Henn Architekten Ingenieure, 1998] oder bei BMW Spartanburg/USA) wurden die planenden Abteilungen bewusst in die Produktion bzw. Montagebereiche integriert, um die Kommunikation zu erleichtern. Die Größe und Anordnung der Hallen sollte nicht nur von den Fertigungsprozessen bestimmt sein, sondern auch von der Bildung sinnvoller Arbeitsbereiche, die das Zugehörigkeitsgefühl zu einer Arbeitsgruppe stärken. Eng verbunden sind damit die Wahl der Raumgröße (1.4) und der Einrichtung (1.5).

Die Raumstrukturen sollten die Bildung sogenannter «sekundärer Territorien» erlauben (vgl. Fischer, 1990, S. 29), in denen Gruppen von Menschen ihren Bereich identifizieren und gestalten können. Dies ist bei Hallen, die zirka 750 Meter lang und 250 Meter breit sind, kaum möglich. Wenn, wie beispielsweise bei VW Baunatal, diese Hallen noch nicht einmal durch Mauern getrennt sind, ergeben sich umbaute Flächen von zirka 1000 × 750 Metern. In

Tabelle IV-6: Vernetzung der Aspektbereiche mit den Systemebenen zur Ableitung arbeitspsychologisch relevanter Gestaltungsziele (vgl. Dienes, 1989, S. 20, u. Wiendahl, 2000, S. 9–32)

Aspektbereiche/Zielfelder und exemplarische Beispiele	Systemebenen				
	Standort	Objekt/ Gebäude	Bereich/ Produktion, Verwaltung	Raum	Einrich-tung
	1	2	3	4	5
1. Mitarbeiter: Vermeidung von Schädigungen und Beeinträchtigungen; Persönlich-keitsförderlichkeit, Wohlbefinden, Geborgenheit, Privatheit, Ästhetik des Raums, Qualifikationen	1.1	1.2	1.3	1.4	1.5
2. Arbeitsorganisation: • Gruppenarbeit, Prozessfertigung • Einzelarbeit, dezentrale Logistik • Segmentorganisation			2.3	2.4	2.5
3. Produktionsprozess: Betriebsmittel, Zuordnung/ Integration, Automatisierung, Lärm und Schadstoffemissionen			3.3	3.4	
4. Produkt: Losgrößen, Qualität				4.4	4.5
5. Kosten/Wirtschaftlichkeit: Nutzungsgrad, Investitionskosten, Betriebs- und Unterhaltungskos-ten, Energiekosten, Flexibilität		5.2	5.3	5.4	5.5
6. Zeit: Planungszeit, Bauzeit, Nutzungs-dauer	6.1				
7. Kommunikation/Information: räumliche Zuordnung, Vernetzung der Computer			7.3	7.4	
8. Ökologie/Umweltverträglichkeit: Schadstoffemissionen, Energiebe-darf, Wasserbedarf, Beeinträchti-gungen, Recyclingmöglichkeiten		8.2		8.4	
9. Gesetze, Vorschriften: Normen, Auflagen, Subventionen, Vergünstigungen	9.1			9.4	
10. Gestalt: Integration in die räumliche Umwelt, symbolische Gestaltung (Produktanalogie), Ästhetik	10.1	10.2	10.3	10.4	10.5

solchen Raumgebilden sekundäre Territorien mit Identifikationsmöglichkeiten für Gruppen oder organisatorische Einheiten zu bilden, ist schwierig. Der Mensch verliert angesichts solcher Dimensionen seine Bedeutung und Individualität. Es handelt sich hier um quasi öffentliche Territorien, die jedermann – soweit er mit dem Unternehmen zu tun hat – nutzt. Die Bildung von primären Territorien, die persönlich in Besitz genommen und von Außenstehenden eindeutig identifizierbar sind, ist kaum möglich. Außer persönlichen Fotos an den Stahlschränken und Trennwänden gibt es wenig Personspezifisches.

Der Wunsch nach Normung und Standardisierung steht zum Teil im Widerspruch zu den Bedürfnissen der Mitarbeiter, ihre Räume individuell und aufgabenangemessen zu gestalten. Im Planungsprozess ist daher zu klären, welchen Gestaltungsspielraum man den Mitarbeitern einräumt (1.5) und über welche Ressourcen sie hierbei verfügen dürfen.

Bei der Diskussion der konkreten Gestaltungsziele (1.2, 1.3 und 1.4) muss man den Umgebungsbedingungen (s. Teil IV, Kap. 3.3 bis 3.8) große Beachtung schenken. Die Art der Fassaden- und Raumgestaltung bestimmt den Schallschutz, die natürliche Beleuchtung und Belüftung den Sonnen- und Strahlenschutz ebenso wie die Möglichkeit, ins Freie hinauszublicken und durch Sichtschutz bestimmte Verhaltensweisen realisieren zu können, die das Gefühl von Privatheit ausmachen (vgl. hierzu auch Hausladen, 2001; Sommer & Günak, 1989).

Die räumlichen Bedingungen unterstützen oder behindern die *Arbeitsorganisation* und die Arbeitsabläufe. Arbeitsstrukturkonzepte, wie Gruppenarbeit, fraktale Fabrik oder Segmentorganisation, verlangen nach überschaubaren Produktionsbereichen, in denen die Beschäftigten in relativ kleinen Einheiten organisiert sind, die möglichst komplette Produkte oder Bauteile fertigen. Um diesen organisatorischen Anforderungen besser entsprechen zu können, sind angemessene Raumeinheiten (2.3 und 2.4) und geeignete Ausstattungen (2.5) erforderlich,

zum Beispiel Stellwände, Infoecken, Besprechungsräume oder Informationstafeln. Schon bei der Layoutplanung müssen diese Flächen vorgesehen werden, denn nachträgliche Maßnahmen sind aufwendig.

Je nach dem *Produktionsprozess* (z. B. Pressen, Schleifen, Bohren, Fräsen, Lackieren, Härten, Biegen, Montieren, Kleben etc.) müssen die Räumlichkeiten spezifisch gestaltet werden (3.3 und 3.4). Lärmarme Produktionsbereiche sind von lärmhaltigen Bereichen möglichst zu trennen. Eine laute Holzfräsmaschine mit 105 dB(A) in einer Halle für den Modellbau von Neufahrzeugen genügt, um alle anderen, relativ leisen Bearbeitungsmaschinen (zirka 80 dB[A]) zu übertönen und den Lärm in der gesamten Halle auf gesundheitsgefährdende Werte anzuheben (85 bis 95 dB[A]). Hitzearbeitsplätze (z. B. Härtereien) sind unter Klimaaspekten besonders sorgfältig zu planen. Körperlich schwere Arbeiten benötigen andere Klimabedingungen als körperlich leichte. Eine einzige große Halle kann diesen unterschiedlichen Arbeitsanforderungen kaum Rechnung tragen.

Um Qualität bzw. qualitativ hochwertige *Produkte* zu erzeugen, benötigen die Mitarbeiter entsprechende Arbeitsbedingungen (4.4 und 4.5). Die Beleuchtung des Arbeitsplatzes zum Beispiel muss den Mitarbeiter dazu befähigen, optische Fehler am Produkt zu erkennen; saubere, rutschfeste Böden erleichtern die Reinhaltung der Arbeitsplätze.

Die *Kosten* (5.2 bis 5.5) werden häufig als Argument gegen humanverträgliche Arbeitsbedingungen aufgeführt. Ein wesentlicher Zielkonflikt besteht zwischen der Schaffung aufgabenangemessener Gebäudestrukturen und flexibler Gebäudenutzung. Mit dem Bemühen um flexible Raumnutzung sinken die Kosten für Umbaumaßnahmen, gleichzeitig aber wird die *Aufgabenangemessenheit* zunehmend beeinträchtigt. Unternehmen, die beliebige Hallen anmieten und dort Produktionsstätten auf Zeit einrichten, haben zwar eine günstige Kostenstruktur, sie schaffen aber für die Mitarbeiter Arbeitsbedingungen, die in der Regel als wenig optimal zu bezeichnen sind. Im Zuge des Outsourcings von Teilen der Gesamtproduktion nehmen diese Praktiken zu, sehr zum Leidwesen der Betroffenen, die unter Bedingungen arbeiten müssen, die als Provisorien zu bezeichnen sind. Hallen mit großen Rastermaßen (die Abstände einer tragenden Säule zur anderen betragen z. B. 15 oder 18 Meter) sind sicherlich als Getreidespeicher, Hangar für Flugzeuge oder für Motorenmontage flexibel zu verwenden. Sie ermöglichen aber, wie das Beispiel von Felten und Guilleaume in Nordenham zeigt (vgl. Theerkorn, 1991), keine befriedigenden Arbeitsbedingungen ohne entsprechende Umbaumaßnahmen.

Für den Arbeitspsychologen bedeutet dies, dem Argument der Aufgabenangemessenheit im Rahmen der Fabrikplanung und -gestaltung möglichst große Bedeutung beizumessen; nur so sind Belastungen langfristig zu reduzieren. Ohne eine entsprechende Thematisierung entstehen Provisorien, die zu erheblichen negativen Beanspruchungen führen können.

Die *Zeit* ist ein Aspekt, dem man immer dann Aufmerksamkeit schenkt, wenn es darum geht, Planungszeit dadurch einzusparen, dass man die Beteiligung der Betroffenen reduziert. Beteiligungsprozesse im Rahmen der Fabrik- und Raumplanung (s. weiter unten) sind zeitaufwendig. Da der Realisierungsdruck groß ist und im Planungsprozess viele Veränderungen auftreten können, sollen weitgehend autokratische Entscheidungen zu einer Beschleunigung beitragen. Die Unzulänglichkeiten, die sich nachträglich erweisen (z. B. Fehlen von Ablagemöglichkeiten in Konstruktionsbüros, keine Berücksichtigung der Bildschirmarbeit, unzureichende Ausgestaltung mit Kabeln für den innerbetrieblichen Datenaustausch, keine Umkleidekabinen für Frauen oder fehlende individuell regelbare Raumbeleuchtung), führen zu großem Ärger, Leistungseinbußen, Arbeitsunzufriedenheit und häufig teurer Nachrüstung. Die Arbeitskapazitäten, die man zu Beginn des Planungsprozesses durch Beteiligung braucht, sind in der Regel geringer als diejenigen, die man aufwenden muss, um nachträglich Mitarbeiter zu beruhigen oder Umbaumaßnahmen zu tätigen.

Durch Räume und ihre Strukturen lassen sich *Kommunikationen* fördern oder behindern. In Abstimmung mit den Überlegungen zur Arbeitsorganisation sind Raumbereiche so anzuordnen, dass einzelne Menschen und Gruppen leichter miteinander kommunizieren können. Im einzelnen Arbeitsraum sollte eine direkte Kommunikation möglich sein.

Ökologie bzw. *Umweltverträglichkeit* sind Aspekte, denen man zunehmend größere Aufmerksamkeit schenkt (vgl. Bischof et al., 2003; Hausladen, 2001; Hausladen, de Saldanha, Liedl & Sager, 2004; Lorenz, 1993; Richter, 2008; oder Sommer, 1987). Von der Begrünung großer Dachflächen über die Anschüttung von Erdwällen an den Wänden und die Nutzung großer begrünter Innenhöfe bis hin zu Wärmerückgewinnungsanlagen, Solarzellen oder zu öffnenden Fenstern gibt es vielfältige Möglichkeiten, umweltverträgliche Fabriken zu bauen. Leider gibt es nicht viele positive Beispiele (einige Ausnahmen finden sich bei Hausladen, 2001; Laviola & Ruston, 2011; Lorenz, 1993; und Sommer, 1987 u. 1993). Fabriken mit relativ kurzer Nutzungsdauer werden weniger unter dem Aspekt der Umweltverträglichkeit geplant, da hierfür anfänglich größere Investitionsmittel bereitzustellen sind, die sich zum Beispiel unter dem Aspekt der Energieeinsparung erst in zehn oder zwanzig Jahren rechnen.

Eine Vielzahl von *Gesetzen, Vorschriften* und Regelwerken bestimmt den Fabrikbau und die Gestaltung der Arbeitsräume. Dieser Tatbestand wird häufig beklagt. Ohne diese gesetzlichen Auflagen wäre es aber schlecht um den Arbeits-, Gesundheits- und Umweltschutz bestellt. Wenn auf umweltverträgliche Gestaltungsmaßnahmen verzichtet wird, leiden die Mitarbeiter nicht nur innerhalb der Fabriken, sondern auch außerhalb, denn ihre Wohngebiete sind eher davon betroffen als diejenigen der Manager. Die Gesetze, Vorschriften und Regelwerke sollte man nicht defensiv im Sinne von Vermeidungsstrategien nutzen, sondern offensiv als eine Herausforderung, die Standards anzuheben.

Der letzte in Tabelle IV-6 aufgeführte Aspekt *Gestalt* wirkt sich auf alle fünf Systemebenen aus. Als bauliches Objekt verändert die Fabrik die sie umgebende Landschaft, sie integriert sich, bildet Akzente oder Kontraste. Der Verwaltungsbau von BMW in München («Vierzylinder» genannt) setzt zusammen mit der architektonisch bemerkenswerten «BMW-Welt» (einem Auto-Ausliefer- und Kongresszentrum) einen Akzent gegenüber dem Olympiazentrum. Der Neubau der medizintechnischen Fabrik von B. Braun in Melsungen integriert sich in die Landschaft (vgl. Sommer, 1993) und bildet ein optisch reizvolles Gegengewicht zu den Hügeln im Hintergrund.

Die in den 1970er- und 1980er-Jahren vorherrschende graue Betonblock-Architektur (z. B. die Automobilwerke in Sindelfingen, Dingolfing, Landshut, Regensburg, Bochum, Saarlouis), in der die Fenster als störende Unterbrechung empfunden wurden, weicht in den 1990er-Jahren einer leichteren, offenen, lichtdurchlässigen Architektur, die sich nicht mehr abschottet, sondern öffnet (vgl. Lorenz, 1993; Sommer, 1993; oder Sommer, Weißer & Holletschek, 1995).

Die im Fabrikbau häufig angestrebte Corporate Identity ist mit arbeitspsychologischen Gestaltungskriterien nicht immer in Einklang zu bringen. Die betroffenen Mitarbeiter benötigen zweckmäßige und aufgabenangemessene Arbeitsräume und keine monumentalen Symbole, in denen es sich schlecht arbeiten lässt.

Im Rahmen des Planungsprozesses haben Arbeitspsychologen die Aufgabe, die matrixartig aufgeführten Gestaltungsziele in Tabelle IV-6 in den Diskussionsprozess einzubringen und an der Priorisierung der Ziele im Interesse der betroffenen Mitarbeiter mitzuwirken.

Beteiligungsorientierte Planung

Nach Meinung der Architekten Henn und Kühnle (1996, S. 9/87) ist der Entwurfs- und Planungsprozess einer Fabrik ein komplexer Vorgang, in den man zahlreiche Beschäftigte einbeziehen muss. «Es ist Aufgabe der planenden Architekten, die Beteiligten zu koordinieren, ihre Anforderungen in den Entwurfs- und in den Planungsprozess zu integrieren sowie die Abstimmung mit den Aufsichtsbehörden und den Durchlauf durch die Genehmigungsverfahren (z. B. TÜV, Betriebsgenehmigung, Bundes-Immissionsschutz- und Emissionsschutzverfahren) zu unterstützen. Besondere Verantwortung gilt dabei dem Menschen, seinen physischen und psychischen Bedürfnissen. Die wichtigsten Beteiligten sind:

- Materialflussplaner
- Logistikplaner
- Verkehrsplaner
- Datennetzplaner
- Architekt: Entwurf, Planung, Bauleitung
- Bauingenieur: Tragwerkplanung, Statik, Prüfstatik, Bauphysik
- Landschaftsplaner: Außenanlagen
- Tiefbauingenieur: Straßen, Brücken
- Gebäudetechnikplaner: Heizung, Lüftungs- und Klimaanlagen
- Lichtplaner: Beleuchtung
- Vermessungsingenieur: Grundstücksgrenzen
- Geologe: Baugrund
- Emissions- und Immissionsschutz-Fachleute.»

(Henn & Kühnle, 1996, S. 9/87)

So weit das Zitat. Es hat sicherlich für eine Fabrikneuplanung (sog. Green-Field-Planung) seine Berechtigung, wenn man eine Fabrik an einem neuen Standort mit neuen Mitarbeiter(inne)n plant. In diesem Fall ist die Beteiligung der Betroffenen schwierig, die bei Henn und Kühnle (1996) nicht vorgesehen ist, obgleich doch dem Menschen gegenüber eine besondere Verantwortung besteht. Hier tritt ein Widerspruch hervor, der sich in der Praxis häufig findet. Man betont zwar die Wichtigkeit der Mitarbeiter, unternimmt aber wenig, diese tatsächlich in den Planungsprozess einzubinden. Bei Neuplanung ist es zumindest möglich, die Personalabteilung mitzubeteiligen, die die

Neueinstellungen für das neue Werk plant, ebenso den Betriebsrat. Die Einschränkungen gelten nur bei Planungen an einem neuen Standort im Ausland. Bei inländischen Standorten und Umbau- bzw. Neuplanungen sollte es zum Stand der «Technik» gehören, die verschiedenen Betroffenengruppen mit in den Planungsprozess einzubinden, auch auf die Gefahr hin, dass Mitarbeiter und Betriebsräte durch lange Nachfragen und eigene Überlegungen den planenden Architekten in seinen durch Kostenvorgaben schon beschnittenen Freiräumen noch weiter einengen.

Mit dem Beteiligungsgrad wächst bei den Architekten das Verständnis für die spezifischen Arbeitstätigkeiten der Menschen, die in den neuen Räumen arbeiten sollen. Bei den Betroffenen und ihren gesetzlichen Vertretern (Betriebs-/Personalrat) entsteht ein Wissen über Planungs- und Gestaltungsprozesse. Durch den Austausch von Meinungen und Erklärungen, verbunden mit dem Zwang, sich gemeinsam für eine bestimmte Lösung entscheiden zu müssen, entwickelt sich eine Akzeptanz der Lösungen, die dazu beiträgt, später auftretende Fehler ohne das Ritual wechselseitiger Schuldzuweisungen zu akzeptieren und – wenn möglich, gemeinsam – zu beseitigen. Für Betriebsräte und Mitarbeiter aus dem Personalwesen ist es häufig schwierig, aus Plänen die Auswirkungen der Umgebungsbedingungen auf den Menschen abzuschätzen. Dies gilt besonders bei Belichtung, Belüftung und Lärmausbreitung. Fehleinschätzungen ergeben sich auch bei den benötigten Flächen für den innerbetrieblichen Transport (Lagerflächen, Wegen, Rangierräumen für Stapler) und für die Bewegungsräume an den einzelnen Arbeitsplätzen. Hier helfen mögliche 3-D-Darstellungen des Layouts auf dem Bildschirm oder grobe räumliche Darstellungen mit Modulexbausteinen im Maßstab 1 : 100. Solche Anschauungshilfen erleichtern das Verständnis und tragen zur Minimierung von Planungsfehlern bei.

Planungsprozesse sind Lernprozesse, da Neues geschaffen wird. Die damit verbundenen Fehler lassen sich durch Beteiligung der entsprechenden Experten (s. o.) und der Betroffenen bzw. ihrer Vertreter reduzieren (vgl. hierzu auch Richter, 2008).

Je genauer man die Projektorganisation plant (vgl. hierzu Brankamp, 1996; Henn & Kühnle, 1996; Laviola & Ruston, 2011; Richter, 2008; Sommer & Günak, 1989; Sommer & Wojda, 1987; oder Wiendahl, 2000) und je transparenter die Entscheidungen für die Betroffenen ablaufen, umso größer ist die Akzeptanz des Ergebnisses.

«Die innere und äußere Gestalt des Fabrikgebäudes kann nicht allein aus den Anforderungen des Materialflusses, der Arbeitsprozesse oder der Logistikkonzepte hergeleitet werden, sondern entsteht auch aus der konkreten Situation des Ortes, den klimatischen Bedingungen, den Anforderungen des Menschen und dem kulturellen Kontext. Der Entwurf resultiert nicht zwingend und deduktiv logisch aus einer eindeutigen, definierbaren Vorgabe, sondern wächst in einem erfinderischen Vorgang, in den alle Aspekte des komplexen Kontexts einfließen müssen.» (Henn & Kühnle, 1996, S. 9/83)

Ausgewählte Beispiele

In den folgenden Beispielen stellen wir einige konkrete Fabrikgebäude vor und werten sie aus arbeitspsychologischer Sicht. Im ersten Fall handelt es sich um die Herstellung von Büromöbeln, im zweiten um eine konventionelle Endmontagehalle eines Automobilunternehmens. Es folgen das Montagewerk in Kalmar (Volvo), das VW-Skoda-Werk in Tschechien und eine Grobdarstellung des Grundrisses für die französische Smartproduktionsstätte in Hambach, die sogenannte Smartville. Am Schluss dieser kurzen Übersicht steht das Leipziger BMW-Werk. Weitere Beispiele für neue Fabrik- und Verwaltungsbauten, die unter architektonischen Aspekten besondere Aufmerksamkeit erweckt haben, finden sich unter anderem bei Lorenz (1993) oder Sommer (1987 u. 1993).

Beispiel 1: Büromöbelhersteller

Aus dem in Abbildung IV-6 (stark vereinfacht) dargestellten Materialfluss der Büromöbelfabrik ist der Grundriss des Gebäudes ersichtlich (nicht maßstäblich). In dem Gebäude mit einer Länge von zirka 230 Metern und 195 Metern Breite werden Büromöbel (Tische, Schränke, Bankeinrichtungen) aus Holz (Spanplatten) und Metall hergestellt.

Im linken Gebäudetrakt findet der Metallzuschnitt (Stanzen, Laserschneiden, Blech-zuschnitt, Blechumformung), das Schweißen und der Zusammenbau statt. Die Metallteile (Rahmen, Schubladen, Blechcontainer etc.) werden der Lackiererei und anschließend der Endmontage zugeführt. Auf der rechten Seite des Gebäudes geschieht der Holz-(Spanplatten-)Zuschnitt und die Beschichtung (Furniere). Die fertigen Holzteile werden im Mitteltrakt oberflächenbehandelt und ebenfalls in die Endmontage eingesteuert. Nach der Montage erfolgt die Endkontrolle, Verpackung und

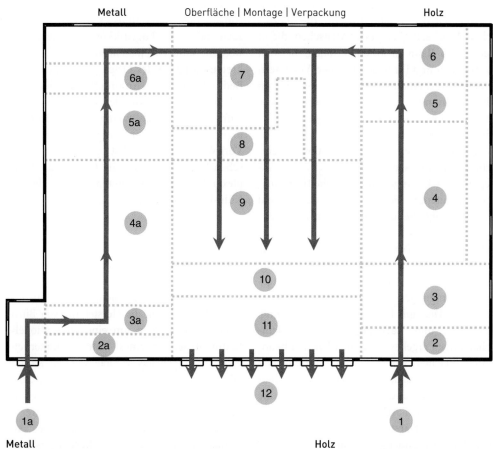

Abbildung IV-6: Produktionsablauf in einer Büromöbelfabrik (vereinfacht)

Metall
1a Anlieferung/Coil
2a Materiallager
3a Zuschnitt
4a Vorfertigung
5a Schweißerei/Punkterei
6a Schleiferei

7 Lackierung
8 Vormontage
9 Endmontage
10 Packerei
11 Versand
12 Lkw-Standplätze

Holz
1 Anlieferung/Furnier/Platten
2 Materiallager
3 Zuschnitt
4 Vorfertigung (Maschinenwerk)
5 Putzerei
6 Kommissionierung und Verpackung

Kommissionierung zu Aufträgen und Fahrrouten. An der Gebäudefront befinden sich im ersten Stock unter anderem die Büroräume für die Planer, die Personalabteilung und den Betriebsrat sowie die Kantine.

In der eingeschossigen Halle wird das Licht durch eine Shed-Konstruktion ins Innere gelenkt (vgl. hierzu auch Sommer et al., 1995, S. 26). An der linken Gebäudeseite sind Fenster angebracht. Die drei Hallenteile sind nur teilweise durch Mauern abgetrennt.

Die Metall und Holz verarbeitenden Maschinen produzieren beträchtlichen Lärm (zwischen 95 und 105 dB[A]), der sich ungehindert ausbreiten kann und daher auch an lärmarmen Arbeitsplätzen (z. B. Zwischenlager) Werte von über 85 dB(A) erreicht.

Die Klimasituation in den drei Hallen ist sehr unterschiedlich. Im Metall- und Holzbereich liegen die Temperaturen vor allem im Winter im unteren Bereich (14 bis 17 °C). Im Mittelbereich, vor allem in der Lackiererei und in der Nähe der Trockenöfen, ist die Temperatur relativ hoch (in der Regel immer über 20 °C) und steigt bei hohen Außentemperaturen auf über 30 °C an.

Durch die hohen Absaugleistungen an den Holzbearbeitungsmaschinen entstehen zwischen den Hallen Luftdruckunterschiede, die an einigen Montagearbeitsplätzen in starkem Luftzug zu spüren sind (Windgeschwindigkeiten von bis zu 2,0 m/s.).

Die Beleuchtungsverhältnisse schwanken erheblich, von 40 Lux auf manchen Transportwegen bis zu 2000 Lux (je nach Tageslicht und Sonnenstand) in den Montagebereichen.

Durch die Art der Gebäudestruktur sind die zu beobachtenden Umgebungsbedingungen an den Arbeitsplätzen zum Teil unvermeidbar.

Hallen dieser Größe ohne entsprechende räumliche Strukturierung sind für neue Arbeitsstrukturen nur bedingt geeignet. Sie ermöglichen darüber hinaus nur unbefriedigende Schall- und Klimaschutzmaßnahmen.

In Abbildung IV-7 ist für diese Büromöbelfertigung ein alternativer Grundriss aufgezeigt,

um zu einer besseren Übereinstimmung zwischen Arbeitsanforderungen und Produktionsprozess zu gelangen (vgl. zu diesem Thema Canter, 1983). Der E-förmige Grundriss der beiden Seitenflügel (auch «Kammstruktur» genannt) erlaubt Grünflächen zwischen den einzelnen Hallenabschnitten. Dadurch erhöht sich der Tageslichtanteil. Die Mitarbeiter können ins Freie blicken und in den Pausen diese Grünflächen nutzen. Die Lärmausbreitung wird stark eingeschränkt; bei Bedarf lassen sich zusätzliche Trennwände einrichten, ohne die Klimasituation in der restlichen Halle wesentlich zu beeinträchtigen. Ein solcher Fabrikbau begünstigt neue Arbeitsstrukturen (Fraktale, Fertigungsinseln, Gruppe etc.). Der Nachteil dieser Alternative besteht in größerem Flächenbedarf und zirka 10 bis 20 Prozent höheren Baukosten. Diese Mehrkosten werden durch Energieeinsparungen und den Wegfall von Ausgleichszahlungen für Lärmbelastungen langfristig wieder eingespart (vgl. hierzu auch Hausladen et al., 2004). Da die Grundstücksflächen zum Teil von der öffentlichen Hand subventioniert werden, entstehen hier kaum Mehrkosten, wenn sich der Flächenverbrauch gegenüber einer konventionellen Halle um zirka 30 Prozent vergrößert.

Beispiel 2: Automobilhersteller – konventionell

Bevor wir auf das schon ältere (1972 geplante, 1974 realisierte) Montagewerk Volvo Kalmar zu sprechen kommen, das man zeitweise aus Rentabilitätsgründen wieder schloss, gehen wir kurz auf die heute üblichen Automobilmontagewerke ein. Nur so erkennt man das Neue am Konzept des Montagewerkes in Kalmar.

Die klassischen Montagehallen sind rechteckig (z. B. DB Bremen 110 × 287 m, Audi Neckarsulm 140 × 275 m), haben eine Fläche zwischen 30 000 und 40 000 Quadratmetern und beinhalten die konventionelle Bandmontage mit Taktzeiten zwischen zirka 60 und 180 Sekunden. Das Band wird in der Längsachse schlangenförmig geführt (Hängeförderer,

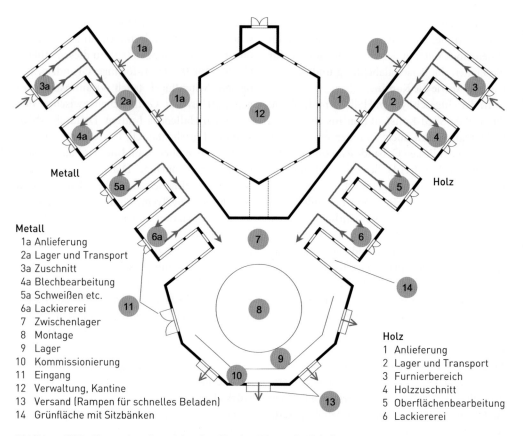

Metall
1a Anlieferung
2a Lager und Transport
3a Zuschnitt
4a Blechbearbeitung
5a Schweißen etc.
6a Lackiererei
7 Zwischenlager
8 Montage
9 Lager
10 Kommissionierung
11 Eingang
12 Verwaltung, Kantine
13 Versand (Rampen für schnelles Beladen)
14 Grünfläche mit Sitzbänken

Holz
1 Anlieferung
2 Lager und Transport
3 Furnierbereich
4 Holzzuschnitt
5 Oberflächenbearbeitung
6 Lackiererei

Abbildung IV-7: Alternativer Grundrissplan für eine Büromöbelfabrik

Plattenbänder, Plattenschubbänder etc.) und mehrfach umgesetzt. Je nach Fahrzeug und Taktlänge wird die Montage in zirka 100 bis 200 oder mehr Takte gegliedert (s. **Abb. IV-8**).

Bei diesem Grundriss überwiegen Hallen mit zwei Stockwerken. Im Erdgeschoss sind zum Beispiel Materialbereitstellung, Vormontage, Nacharbeit und Fahrzeugendkontrolle mit entsprechenden Prüfplätzen untergebracht. Die Materialbereitstellung am Band beeinträchtigt die Gesamtübersicht. Der Lärm einzelner Maschinen und Anlagen überträgt sich in die gesamte Halle. Die Beleuchtung erfolgt zum Teil über das Dach. Da aber zwischen der Montage und der Hallendecke häufig Hängeförderer, Zwischenspeicher oder Schaltschränke angebracht sind, fällt nur sehr spärlich Licht durch das Dach. Die Hallen sind mit Kunstlicht ausgeleuchtet. Erst in letzter Zeit ist man bereit, die Beleuchtungsstärken erheblich anzuheben (zirka 750 bis 1000 lx an den Montageplätzen und zirka 1500 bis 2000 lx an den Prüfplätzen), um die Qualität zu verbessern. Da die Mitarbeiter/-innen am Band für ihre Arbeit verantwortlich sind, benötigen sie angemessene Beleuchtungsstärken, die höher sind als die üblicherweise empfohlenen 300 bis 750 Lux (DIN 5035; vgl. Deutsches Institut für Normung, 1979a u. 1979b). Die Klimatisierung ist in der Halle mehr oder weniger gleich, obwohl zum Teil erhebliche Unterschiede in der körperlichen Belastung bestehen, so dass differenzierte Klimasituationen erforderlich wären (vgl. Hausladen et al., 2004, S. 28 ff.).

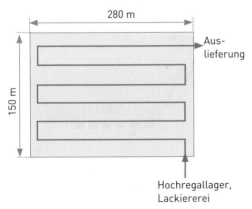

Abbildung IV-8: Prinzipdarstellung einer klassischen Automobilmontage (vereinfacht)

Für die Mitarbeiter besteht kaum die Möglichkeit, ihren Arbeitsbereich im Sinn eines sekundären Territoriums zu markieren (vgl. Fischer, 1990); das heißt, sie haben keine Kontrolle über ihren Arbeitsbereich und können nur durch offizielle Tafeln mit Abschnittsmarkierungen zum Ausdruck bringen, dass in diesem Abschnitt eine «Gruppe» arbeitet. Individuelle Gestaltungsspielräume sind kaum möglich; eine gewisse Ausnahme bilden die Vormontagen, die den Endmontagebändern zuarbeiten. So hat es zum Beispiel die Stoßfänger-Vormontage-Gruppe bei BMW in München geschafft, ihrem Arbeitsbereich, in dem zirka 15 Mitarbeiterinnen und Mitarbeiter pro Schicht tätig sind, durch Blumenkübel und individuelle Farbgestaltung (der Säulen, Wände und Pausenräume) eine spezifische Note zu verleihen. Dies ist nicht einfach, da derartige Individualisierungstendenzen dem Normierungsbemühen der Planer und der selbstauferlegten Corporate Identity oftmals entgegenstehen.

Bei anderen Fabrikgrundrissen und humanorientierten Arbeitsstrukturkonzepten bestehen erheblich größere Chancen zur Herausbildung von primären und sekundären Territorien; das heißt, jeder einzelne Mitarbeiter hat seinen primären Arbeitsbereich, den er gestalten kann, und einen sekundären, in dem er und seine Gruppe die Verantwortung tragen.

Beispiel 3: Volvo-Werk Kalmar

Ein solcher Grundriss findet sich in Kalmar, wo Volvo ein Montagewerk errichtet hat. Dieses Modell wurde und wird in der arbeitspsychologischen Literatur breit diskutiert, da es mit dem Versuch, die Arbeitsorganisation und die Fabrikarchitektur aufeinander zu beziehen, eine Vorreiterrolle übernommen hat. Im Verhältnis zu neueren Automobilfabriken in Deutschland ist das Konzept «Kalmar» immer noch sehr modern (vgl. Berggren, 1991). Die Planer von Volvo, die zuständige Gewerkschaft und die Arbeitnehmer planten es kooperierend gemeinsam.

Nach Agurèn und Karlsson (1976) wollten die Verantwortlichen des Volvo-Werkes durch einen Fabrikneubau Folgendes erreichen:

- optimalen Materialfluss durch kurze Wege;
- Schaffung von Raumgrößen, die die Bildung von Arbeitsgruppen erleichtern;
- Berücksichtigung und praktische Umsetzung arbeitswissenschaftlicher Erkenntnisse (z. B. hinsichtlich Sanitäranlagen, Klima, Lärm und Beleuchtung; Unfallverhütung; behindertengerechte Wege);
- Schaffung einer Arbeitsatmosphäre, die nicht der üblichen Fließbandmontage entspricht, und
- Realisierung des Konzeptes: kleine Werkstatt in der großen Fabrik.

Wie Abbildung IV-9 zeigt, hat das Werk Kalmar einen unkonventionellen Grundriss, der nur 4 Prozent höhere Baukosten erzeugt als konventionelle Hallengrundrisse. Das Werk ist für die Endmontage von zirka 30 000 Fahrzeugen pro Jahr ausgelegt. Im Erdgeschoss des zweigeschossigen Baus befinden sich das Lager, die Vormontagen und die Prüfplätze. Die Endmontage mit den entsprechenden Bereitstellungslagern ist im Obergeschoss untergebracht. Die Montage wurde in Gruppen organisiert. Der Transport der Karossen zu den Montagegruppen/-inseln erfolgte über fahrerlose Transportsysteme. Die Montagen sind in der Nähe der Fenster angeordnet, die

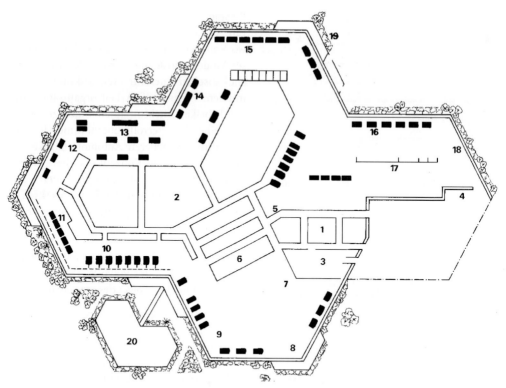

Abbildung IV-9: Obergeschoss des Volvo-Montagewerkes in Kalmar (Stand: 1987)

Materiallager konzentrieren sich in der Mitte des Baukörpers.

Für die meisten Beschäftigten ist so der Blick nach draußen möglich. Durch die Ausnutzung der Winkel in den Außenwänden entstehen für die Arbeitsgruppen abgegrenzte Bereiche. Jede Arbeitsgruppe hat einen eigenen Zugang, eigene Pausen-, Umkleide- und Waschräume. In der Mitte sind die Materiallager angeordnet. Durch die winklige Bauweise und besondere Schallschutzmaßnahmen an den Decken ergibt sich ein durchschnittlicher Lärmpegel von 65 bis 70 dB(A) – ein Wert, den man in der Automobilindustrie sonst nur in Konstruktionsbüros, aber nicht in der Endmontage erreicht.

Dem Wareneingangs- (1) und -ausgangsbereich (18) schließen sich die Montagebereiche (8 bis 16) an. Das Verwaltungsgebäude ist seitlich abgesetzt (20). Durch das Polygon entstehen viele Fassaden- und Fensterflächen mit einer Kantenlänge von 14 Metern. Für die Montagearbeiter besteht Blickkontakt zur Außenwelt. Jede Arbeitsgruppe (8 bis 16 Mitarbeiter) kann sich als kleine Werkstatt in der großen Fabrik betrachten. Jede Gruppe hat getrennte Eingänge, Pausen- (19), Umkleide- und Duschräume sowie ein Telefon für Stadtgespräche. Die getrennten Eingänge fördern die Bildung sekundärer Territorien und vermeiden lange Warteschlangen vor den Haupteingängen.

Aus dem Grundriss ist das Organisationsprinzip der Montage erkennbar. Neben dem Eingangsbereich (1) befindet sich die Kontrollstelle für den Wareneingang (3). Im Bereich (4) gelangen die lackierten Karossen über einen Aufzug in den Montagebereich. An diesen Eingangsbereich schließen sich die verschiedenen Arbeitsbereiche an: (2) Polsterei, (6) Motoren- und Achsmontage, (8) Fahrwerkmontage, (9) Bremsen und Räder, (10) Motoreneinbau, (11)

Sitze und Innenausstattung, (12) Inbetriebnahme-Test, (13) Funktionsprüfung, (14) mechanische Feineinstellung, (15) Nacharbeit Karosserie, (16) Nacharbeit, (17) und (18) Endabnahme. In der Mitte (21) befinden sich die verschiedenen Lager, so dass zur Materialbereitstellung nur relativ kurze Wege erforderlich sind.

Der Nachteil eines solchen spezifischen Fabriklayouts besteht zweifellos in der relativ geringen Flexibilität gegenüber anderen Nutzungskonzepten oder Produktionserweiterungen.

Sogenannte E-Grundrisse (s. Abb. IV-8), die zum Beispiel auch für das Volvo-Motorenwerk in Skövde gewählt wurden, haben gegenüber dem Layout von Kalmar den Vorteil, dass sie sich leichter vergrößern lassen und dennoch die Bildung von Arbeitsgruppen erleichtern.

Beispiel 4: Skoda-Werk Mladá Boleslav

Einen etwas anderen Weg der Fabrikgestaltung beschritt man bei dem neuen Skoda-Werk in Mladá Boleslav. Hier hat man die Endmontage linear angeordnet und die Vormontage quer dazu gestellt (s. **Abb. IV-10**).

Der Fertigungsfluss verläuft von außen nach innen. «Die Rohstoffe und Halbfabrikate werden dezentral in den Vormontagen angeliefert und verarbeitet. Die Endmontage erfolgt in einem zentralen ‹Spine›. Die Mitte des ‹Spines› dient nicht als Fahr- und Transportweg, sondern als durchgehende Kommunikationszone (Büros, Besprechungsräume, Pausenzonen).» (Henn & Kühnle, 1996, S. 9/88.) Durch die enge räumliche Verzahnung von Verwaltung und Produktion erreicht man verbesserte Material- und Informationsflüsse. Im Unterschied zu konventionellen Automobilfabriken überwiegt die Stahl-Glas-Konstruktion. Die Fabrik gestattet den Blick nach drinnen und den Beschäftigten den Blick nach draußen. Der Lichteinfall aus nördlicher Richtung erlaubt eine gleichmäßige Ausleuchtung mit Tageslicht und vermeidet eine Erwärmung der Hallenluft durch direkte Sonneneinstrahlung.

Beispiel 5: Daimler in Lothringen (Smartville) und BMW in Leipzig

Eine weitere Alternative für einen Fabrikbau ist das Smart-Montagewerk (Daimler) in Frankreich. In diesem Fall bildet der Grundriss (s. **Abb. IV-11**) ein Kreuz, in dessen Mitte die Nacharbeits- und Endkontrolle liegt. Die An-

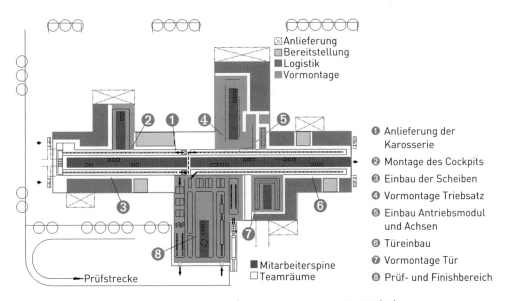

Abbildung IV-10: Grundriss des Skoda-Werkes (vgl. Henn & Kühnle, 1996, S. 9/89)

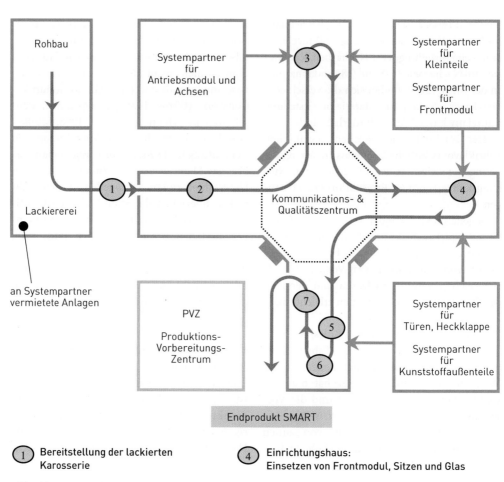

Abbildung IV-11: Grundriss des Montagewerkes für den Smart in Lothringen

ordnung der vier Seitenarme gliedert die Vormontage gut und erleichtert den Materialfluss. Es gibt verschiedene Materialeingangsbereiche und Zugänge. Ähnlich wie bei VW-Skoda erleichtert die Art des Grundrisses das Konzept der Einbindung von Lieferanten in den Montageprozess: Einzelne Zulieferer montieren ihre Teile als Mieter dieser Vormontagebereiche und bauen die Teile im Endmontagesystem ein

(vgl. hierzu auch Shimokawa, Jürgens & Fujimoto, 1997) – ein Konzept, das im VW-Werk Resende (Brasilien), in dem Leicht-Lkws montiert werden, schon weitgehend realisiert ist.

Die Strukturierung des Gebäudes in abgrenzbare Bereiche erleichtert die direkte Einbindung des Zulieferers in den Montageprozess. Die Modularisierung der Fahrzeuge in Komponenten (z. B. Türen) oder Systeme (z. B.

Klima- und Lüftungsanlage) begünstigt die Modularisierung der Gebäude. Für die Arbeitsgestaltung heißt dies, dass die Gebäude in kleinere, überschaubare, relativ abgetrennte Bereiche gegliedert werden, in denen Mitarbeiter aus verschiedenen Unternehmen kooperieren können. Der Eigner des Gebäudes – in der Regel der Automobilhersteller – ist für die Qualität der Arbeitsumgebung (Lärm, Licht, Klima) verantwortlich.

Bei derartigen Konzepten ist die arbeitsrechtliche Seite (z. B. Beteiligung des Betriebsrates an Entscheidungen zur Planung neuer Arbeitsbereiche) problematischer als die arbeitsgestalterische, wenn man davon ausgeht, dass zwischen Zulieferbetrieben und Automobilunternehmen erhebliche Lohngefälle und arbeitsvertragliche Unterschiede bestehen können (z. B. Arbeitszeit oder Kündigungsschutz; vgl. hierzu Dörr & Kessel, 1997).

Das BMW-Werk Leipzig wurde 2004 errichtet. In drei Haupt-Produktionshallen (Karosseriebau, Lackiererei und Montage), die sich um das Zentralgebäude gruppieren, stellen über 5200 Mitarbeiter zirka 700 Fahrzeuge her. Das Besondere an diesem Fabrikbau ist das Zentralgebäude, entworfen von der renommierten Architektin Zaha Hadid (London); man hat es mit mehreren Preisen ausgezeichnet. Durch dieses Zentralgebäude laufen Förderbänder, an denen Fahrzeugkarossen hängen, so dass die Mitarbeiter/-innen im administrativen Bereich während der Arbeit auf die Fahrzeuge blicken und so einen Bezug ihrer Arbeit zum Produkt herstellen können (vgl. hierzu www.bmw-werk-leipzig.de, mit Fotos [Zugriff: 2011-09-24]).

2.3 Verwaltungs- und Bürogebäude

Nach außen profilieren sich viele Unternehmen nicht durch ihre Fabrikgebäude, sondern durch ihre Verwaltungsbauten, indem sie sich für architektonisch bemerkenswerte Baukörper entscheiden, die nur sehr bedingt dem in der Fab-

rik durchgesetzten «Prinzip des funktionellen Rationalismus» genügen. Beispiele dafür sind das BMW-Verwaltungsgebäude in München oder das Zentralgebäude in Leipzig, die damalige Daimler-Chrysler-Zentrale in Stuttgart-Möhringen, die Deutsche Bank in Frankfurt oder die Hypo-Vereinsbank in München; weitere Beispiele finden sich in Gottschalk, 1994; Richter, 2008; oder Voss, Löhnert, Herkel, Wagner und Wambsgans, 2006.

Aus Repräsentationsgründen werden große Eingangshallen geschaffen, die Platz für Ausstellungen lassen und dem eintretenden Besucher etwas von der Macht und Bedeutung des Unternehmens vermitteln sollen. Repräsentativität ist wichtiger als Funktionalität. Berechnet man aus dem Verhältnis Bruttogesamtfläche zu Anzahl der Arbeitsplätze die durchschnittliche Bruttogesamtfläche pro Arbeitsplatz, so fällt auf (legt man die bei Gottschalk [1994] aufgeführten Beispiele zugrunde), dass die damalige Daimler-Chrysler-Zentrale mit 62 Quadratmetern an der Spitze liegt; bei der Kreisverwaltung Merzig sind es nur 26 Quadratmeter. Die Colonia-Versicherung kommt auf 56 Quadratmeter, 54 Quadratmeter pro Arbeitsplatz stellten die VEW (Vereinigte Elektrizitätswerke Westfalen AG) zur Verfügung. Die Commerzbank in Frankfurt kommt auf 47 Quadratmeter pro Arbeitsplatz, Roche Diagnostics bietet 26 und die Firma Edding 24 Quadratmeter.

Je größer die Eingangshallen und Verkehrsflächen sind, umso größer werden diese Bruttozahlen. Über die konkreten Flächen pro Arbeitsplatz sagt dies nicht viel aus. In der Praxis stehen Sachbearbeitern auch bei großen Bruttoflächen pro Arbeitsplatz nicht mehr als 8 bis 12 Quadratmeter zur Verfügung. Der Differenzbetrag in den Bruttogesamtflächen ist auf Repräsentativitätsaspekte zurückzuführen und nicht auf den Komfort der Arbeitsplätze.

Für Fragen der Arbeitsgestaltung ist entscheidend, welche verschiedenen Arbeitsplatztypen für welche Art der Arbeitstätigkeit zweckmäßig erscheinen, welche Bürotypen die

Mitarbeiter/-innen bevorzugen und welche Probleme und Beeinträchtigungen die Arbeitsplatzinhaber im Rahmen von Befragungen benennen (vgl. hierzu auch Ellwart & Schulze, 2009). Fragen der Arbeitsgestaltung hängen jedoch nicht nur von einzelnen Arbeitsplatztypen ab, sondern auch von den organisatorischen und gesellschaftlichen Rahmenbedingungen, die die Dynamik in der Büroarbeit wesentlich beeinflussen.

Dynamisierung der Büroarbeit – neue Arbeitsformen, Strukturwandel, Demografie

Sich verändernde Umfeldbedingungen kennzeichnen zukunftsfähige Bürolösungen. Eine Reihe zentraler technologischer, ökonomischer und gesellschaftlicher Entwicklungen beeinflusst die Büroarbeit:

- *Veränderungen in der Arbeitswelt* zeigen Auflösungstendenzen ehemals starrer und stabiler Strukturelemente von Raum, Zeit und Organisation. Neue Arbeitsformen sind gekennzeichnet durch Flexibilität und Variabilität, dislozierte Arbeit, fragmentierte Arbeitsstrukturen, nomadisierende Arbeitswechsel, verteilt auf einen 24-Stunden-Zyklus. Flexible Teams, Projektarbeit, Ergebnisorientierung und Selbstverantwortung sind ebenso Merkmale zukünftiger Bürotätigkeiten wie ein Zusammenwachsen von Arbeit und Freizeit.
- Der *Strukturwandel* in der Erwerbstätigkeit zeigt seit den 1980er-Jahren eine deutliche Abnahme beim produzierenden Gewerbe und in der Landwirtschaft. Ein Anstieg ist dagegen im Dienstleistungsbereich und bei den Informationsberufen zu verzeichnen. Wie Statistiken des Instituts für Arbeitsmarkt- und Berufsforschung zeigen, sind die anspruchsvollen Tätigkeiten von 29 Prozent (1985) auf 40 Prozent (2010) angestiegen; dabei handelt es sich insbesondere um Forschungs-und-Entwicklungs-(F&E-) Tätigkeiten, Beratung, Datenverarbeitung, Softwareentwicklung und dergleichen. Der Anteil einfacher Büroarbeiten nimmt dagegen ab. Die Prognosen der Berufsforscher zur «Arbeitslandschaft 2010» (vgl. Dostal & Reinberg, 1999) sind eingetreten.

Bei den anspruchsvollen Tätigkeiten ist das Profil des «Wissensarbeiters» («knowledge worker») interessant: Intensive Nutzung der Informationstechnologien, ausgeprägtes Kommunikationsverhalten und ein hoher Grad an Teamarbeit, verbunden mit interner wie externer Mobilität, kennzeichnen dieses facettenreiche Profil. Der sinnvolle Umgang mit der Informationsdichte, die effiziente Auswahl und Bewertung relevanter Informationen und die Weitergabe dieses Wissens erfordern Büroumgebungen, die konzentriertes Arbeiten, aber auch Wissensaustausch ermöglichen.

- Auch die *demografische Entwicklung* der Erwerbstätigen dürfte Bürolösungen in unterschiedlicher Weise beeinflussen. Bevölkerungsprognosen zeigen eindeutig, dass der Anteil der 55- bis 64-Jährigen in Deutschland von 2005 bis 2020 erheblich anwachsen wird (vgl. Moraal, Lorig, Schreiber & Azeez, 2009). Bereits von 2010 an ist der Anteil dieser Altersgruppe an der Erwerbsbevölkerung größer; bis 2030 wird er am gravierendsten ansteigen.

Mit diesen Entwicklungen gehen gesundheitsspezifische Auswirkungen einher. Eine wesentliche Rolle spielen dabei physische und psychische Belastungen. Jedes Jahr zeigen die Statistiken der gesetzlichen Krankenkassen, dass der Krankenstand entscheidend vom Alter abhängt: Bei Menschen ab 45 Jahren konstatiert man einen Anstieg der Muskel- und Skeletterkrankungen und der Herz-Kreislauf-Störungen (vgl. Badura, Schröder & Vetter, 2009); psychische Erkrankungen nehmen ebenfalls mit dem Alter zu (vgl. Wieland, 2009).

Fazit: Die Belegschaften in den Organisationen werden künftig älter sein und länger in der Erwerbstätigkeit verbleiben; deren «Humankapital» so lange wie möglich zu erhalten, ist eine zentrale Forderung nachhaltiger Personalpolitik. Der Gestaltung der Arbeitsbedingungen und damit auch einer entsprechenden Büroraumlösung kommt hier eine entscheidende, nicht nur gesundheitserhaltende, sondern auch präventive Funktion zu.

Die Auswirkungen des demografischen Wandels sind aus einer Diversitätsperspektive von großem Interesse. Künftig könnten bis zu vier Generationen über einen längeren Zeitraum am Arbeitsplatz und in Büroräumen zusammen arbeiten: die «Generation Y» (18- bis 29-Jährige), die «Generation X» (30- bis 44-Jährige), die «Baby Boomers» (45- bis 64-Jährige) und die «Traditionalists» (65- bis 74-Jährige; vgl. Johnson Controls, 2010). Das bedeutet: Zukunftsfähige Büroumgebungen und -lösungen müssen attraktiv für altersheterogene Teams sein. Jede dieser Generationen hat ihre eigenen Charakteristika, ihre Stärken und Schwächen sowie ihre spezifischen Nutzerpräferenzen.

Diese Szenarien sich verändernder Umfeldbedingungen von Büroarbeit machen deutlich, dass bei der Raumkonzeption und Bürogestaltung vielfältige Einflüsse zu beachten sind. So wird man entsprechende Raumkonzepte für Einzel-, Team- und Rückzugsräume bei Tätigkeiten, die hohe Konzentration erfordern, ebenso berücksichtigen müssen wie bei kommunikationsintensiven Tätigkeiten (z. B. Beratung, Wissensaustausch). Für die Gruppe der «Wissensarbeiter» müssen über nutzerfreundliche IT und Bibliotheken schnelle Zugänge zu umfassenden Informationen gewährleistet sein. Insgesamt sollten Arbeitsräume und -umgebung nicht nur den Wissenserwerb und das Lernen fördern, sondern auch zu Gesundheit und Wohlbefinden beitragen. Bürolösungen sollten so ausgerichtet sein, dass sie potenzielle physische Beschwerden und Erkrankungen (bspw. im musculo-skeletalen Bereich) sowie psychische Belastungen vermeiden helfen. Bedingungen, die das Entstehen solcher Belastungen begünstigen, sollten früh-

zeitig erkannt und im Sinne präventiver Maßnahmen optimiert werden (vgl. Sonntag, 2010). Produktivität, Motivation und Wohlbefinden bleiben so – gerade auch für zunehmend altersgemischte Gruppen – erhalten. Entsprechend gestaltete Raumkonzepte und Arbeitsumgebungen tragen nicht nur zu einer ausgewogenen Work-Life-Balance, sondern auch zur Mitarbeiterbindung und Attraktivität der Organisation bei.

Befunde aktueller Forschung zu gebräuchlichen Büroformen

Eine intensive Literaturrecherche (Publikationszeitraum 2000 bis 2010) förderte überraschenderweise nur eine relativ kleine Anzahl wissenschaftlicher Arbeiten auf diesem Gebiet zu Tage. Repräsentiert ist die Bedeutsamkeit des Themas allerdings in einer Vielzahl praxisbezogener Broschüren und Handlungshilfen, Prospekten von Büromöbelherstellern sowie zahlreichen Internetseiten zum Thema Büroarbeit und Büroraumgestaltung. Zu nennen sind hier vor allem die Handlungshilfen und Leitfäden der Bundesanstalt für Arbeitsschutz und Arbeitsmedizin (2010), der Verwaltungsberufsgenossenschaft (2010) oder des Instituts für angewandte Arbeitswissenschaft (vgl. Neuhaus, 2003).

Der Schwerpunkt der Recherche lag auf Untersuchungen im Dienstleistungs- und Verwaltungsbereich. Insgesamt zwölf nationale und internationale Forschungsarbeiten konnten in die «State-of-the-Art»-Analyse einbezogen werden. Es handelt sich um Publikationen anerkannter einschlägiger wissenschaftlicher Zeitschriften sowie um drei breit angelegte Studien zur Büroarbeit und Raumgestaltung:

- Die «Schweizerische Befragung in Büros» (SBiB-Studie; vgl. Amstutz, Kündig & Monn, 2010) entstand in Zusammenarbeit des Staatssekretariats für Wirtschaft (Seco) mit dem Departement Technik und Architektur an der Hochschule Luzern. Daten zu Arbeitsbedingungen bei verschiedenen Bürotypen wurden erhoben und Zusammenhänge zwischen Umgebungsbedingungen, gesundheitlichen Symptomen und der Arbeitsorganisation aufgezeigt. Insgesamt nahmen 125 Betriebe mit 1230 Personen zwischen 16 und 65 Jahren an der Befragung teil. Die Erhebungsperiode dauerte von März bis Mitte April 2009.

- Die Studie «*Office 21*» des Fraunhofer Instituts für Arbeitswirtschaft und Organisation (IAO; vgl. Spath & Kern, 2003) beschäftigte sich mit innovativen Arbeitswelten im 21. Jahrhundert, die das übergeordnete Ziel verfolgen, Büro- und Wissensarbeit nachhaltig produktiv und attraktiv zu gestalten. Verschiedene Partner aus Industrie- und Dienstleistungsunternehmen gingen der Frage nach, wie Büro- und Wissensprozesse – auch im Hinblick auf räumliche und technologische Infrastrukturen – gestalten sein müssen, um Leistungsfähigkeit, Wohlbefinden und Kreativität von Mitarbeitern zu fördern. Die Erhebung im deutschsprachigen Raum dauerte von Oktober bis November 2001; 773 Büromitarbeiter/-innen nahmen an der Nutzerstudie teil.

- Eine weitere umfangreiche Untersuchung liegt vor: die «*Oxygenz*»-*Studie* mit weltweit durchgeführter Internetbefragung (vgl. Johnson Controls, 2010). Zu den Untersuchungspartnern gehörten verschiedene Industrie- und Beratungsunternehmen (u. a. Haworth, BBC, Deloitte) sowie Forschungseinrichtungen und Universitätsinstitute (u. a. Fraunhofer Institut, Cornell University, University of Pretoria). 5375 Personen aus Großbritannien, Deutschland (n = 1479), den Niederlanden, China, Indien, den USA und Südafrika im Alter von 18 bis 74 Jahren machten Angaben darüber, wie sie sich ihr optimales Büro vorstellen. Der Fokus lag auf den Einschätzungen der «Generation Y» (Gruppe der 18- bis 25-Jährigen) hinsichtlich ihrer Vorstellungen von physikalischem und sozialem Arbeitsumfeld, Arbeitsplatz, Arbeitsweise sowie Kreativität und Produktivität.

Mitarbeiterbefragungen (online und «paper and pencil») sowie Analysen des (Soll- und) Ist-Zustandes waren in den meisten Studien die Methode der Wahl. Die Anzahl der Befragten lag zwischen 13 und 5375. Häufig verglich man verschiedene Bürotypen oder -größen und deren Auswirkungen auf Leistung, Wohlbefinden und Motivation. Tabelle IV-7 zeigt die einbezogenen Forschungsarbeiten im Überblick.

Im Folgenden stellen wir die aktuellen Befunde aus den gesichteten Forschungsarbeiten dar. Am Anfang steht ein Überblick über die verschiedenen Büroformen und die ihnen zugeschriebenen Vor- und Nachteile; weitere Ergebniskapitel berichten über die Einflüsse verschiedener Aspekte des Arbeitsplatzes auf Leistung, psychisches und physisches Wohlbefinden sowie Motivation.

Gebräuchliche Büroformen (Vor- und Nachteile)

Tabelle IV-8 zeigt eine Übersicht über die verschiedenen Büroformen und die damit verbundenen Vor- und Nachteile (vgl. Gottschalk, 1994; Spath & Kern, 2003).

Auswirkungen kleiner und großer Büroeinheiten

Wie sieht nun eine optimale Arbeitsumgebung aus, wie sie Spath und Kern (2003, S. 116) als «performantes Wohlfühlbüro» bezeichnen?

In der gesichteten Literatur scheinen vor allem Unterschiede zwischen Großraumbüros bzw. non-territorialen Bürokonzepten einerseits und kleineren Büroeinheiten andererseits eine wichtige Einflussgröße auf Performanz, Wohlbefinden und Motivation darzustellen. Unstrittig hängt dabei die Gestaltung und Nutzung von Büroräumen von den zugrunde liegenden Aufgaben und Geschäftsprozessen sowie den daraus resultierenden Kommunikationserfordernissen ab. So können Gespräche in der Arbeitsumgebung bei konzentrierter Einzelarbeit störend wirken, aber für die Arbeit in Teams oder Projektgruppen eine wichtige Informationsquelle sein. Größere Büro-

Tabelle IV-7: Büroraumgestaltung: in die Analyse einbezogene Forschungsberichte und Studien
(Fortsetzung nächste Seite)

Autoren	Gegenstand der Untersuchung	Methode	Stichprobe	Medium
Forschungsberichte				
Amstutz, Kündig & Monn, 2010	Schweizerische Befragung in Büros über Umgebungsbedingen, gesundheitliche Symptome, Anforderungen an Büros, Arbeitsorganisation, Absenzen und Arbeitszufriedenheit	Feldstudie: Fragebogen	n = 1230 Personen in 125 Betrieben,	nur als pdf-Datei verfügbar: http://www.seco.admin.ch/dokumentation/publikation
Johnson Controls, 2010	«Generation Y and the Workplace» über den Büroarbeitsplatz der Zukunft	Online-Erhebung	n = 5375	Online unter: www.oxygenz.com
Spath & Kern, 2003	«Office 21», Nutzerstudie zur Gestaltung der Büro- und Wissensarbeit im Hinblick auf Performanz, Attraktivität und Wohlbefinden	Feldstudie: Befragung	n = 733	
Zeitschriften				
Bodin Danielsson & Bodin, 2008	Zusammenhang von Bürotypen und Gesundheit/Wohlbefinden, Zufriedenheit	Feldstudie: Fragebogen zur Selbsteinschätzung; multivariate Regression	n = 469 (Büromitarbeiter aus dem Medien- u. IT-Bereich)	Environment and Behavior
De Croon, Sluiter, Kuijer & Frings-Dresen, 2005	Einfluss des Bürokonzepts auf Mitarbeitergesundheit und -leistung	Review (Literaturstudie)	49 verschiedene Studien	Ergonomics
Elsbach, 2003	«Identity Threat» in nonterritorialen Büroformen	Fallstudie: qualitat. Methoden; Interviews, Beobachtungen	n = 34 (Manager eines Hightech-Unternehmens)	Administrative Science Quarterly
Knight & Haslam, 2010	Effekte der Mitbestimmung bei der Gestaltung des Büros auf Identifikation, Wohlbefinden und Leistung von Mitarbeitern	Experiment: vier verschiedene Büroformen (Bedingungen)	n = 47 (Manager) n = 112 (Wissenschaftler)	Journal of Experimental Psychology: Applied

Tabelle IV-7: *(Fortsetzung)*

Autoren	Gegenstand der Untersuchung	Methode	Stichprobe	Medium
Lee & Brand, 2005	Effekte von Ablenkung, flexibler Nutzung und persönl. Kontrolle bei unterschiedlichen Bürotypen auf Performanz und Zufriedenheit	Befragung	n = 215 (Angestellte: Techniker-, Manager- und weitere Bürotätigkeiten)	Journal of Environmental Psychology
Luttmann, Kylian, Schmidt & Jäger, 2002	Untersuchung von Muskelbelastung und Beschwerdehäufigkeit bei Büroarbeit	Erfassung physischer Beschwerden sowie EMG-Messung zur Erfassung der Muskelbeanspruchung	n = 13 (Mitarbeiter im Finanzamt)	Zentralblatt für Arbeitsmedizin, Arbeitsschutz und Ergonomie
Meijer, Frings-Dresen & Sluiter, 2009	Auswirkungen (auf Gesundheit und Performanz) der Implementierung eines innovativen Bürokonzeptes nonterritorial, «open space»	Feldstudie (Längsschnitt): Kurz- und langfristige Effekte	n = 138 (Büromitarbeiter eines niederländ. Regierungsinstituts)	Ergonomics
Rostron, 2008	Das «Sick-Building-Syndrom»: Ursachen, Konsequenzen und Lösungen bei neuen Gebäuden	Review, Literaturstudie	–	Journal of Retail & Leisure Property
Rothe, Lindholm, Hyvönen & Nenonen, 2010	Identifikation von Büronutzerpräferenzen	Feldstudie (internetbasierte Befragung)	n = 1110 (Büromitarbeiter in der «Helsinki Metropolitan Area»)	EuroFM Research Symposium (Kongressbeitrag)
Vischer, 2007	Integration versch. Theorien zu Stress und psychologischem Komfort am Arbeitsplatz	Theoretische Arbeit, Literaturstudie	–	Stress and Health: Journal of the International Society for the Investigation of Stress
Windlinger & Zäch, 2007	Vergleich der Belastungen durch die Arbeit in groß- und kleinräumigen Büros; Auswirkungen auf Wohlbefinden und soziale Beziehungen	Feldstudie: Selbsteinschätzung anhand etablierter Messinstrumente (Fragebogen)	n = 69 (Büromitarbeiter aus Dienstleistungsbetrieben im Finanzsektor)	Zeitschrift für Arbeitswissenschaft

Tabelle IV-8: Verschiedene Büroformen und die ihnen zugeschriebenen Vor- und Nachteile

Büroform	Vorteile	Nachteile
Ein-Personen-Zellbüro (cell-office)	• ruhig, wenig Störung • selbständiges konzentriertes und kreatives Arbeiten • vertrauliche Gespräche möglich	• flächenaufwendig • wenig kommunikationsförderlich
Mehrpersonen-Zellbüro (shared room office)	• Zusammenarbeit von 2 bis 3 Personen in einem größeren Zellenbüro aufgrund übergreifender Arbeitsprozesse und formaler Kommunikationserfordernisse möglich.	• gewisses Störpotenzial (z. B. durch Gespräche, Geräte, Telefonate etc.)
Gruppenbüro (small open plan office)	• Zusammenarbeit von Teams oder organisatorischen Einheiten ab 4 Personen • erleichterte Abstimmung	• Ablenkung und relativ hoher Geräuschpegel
Großraumbüro (large open plan office)	• flexible Anpassung der Arbeitsplätze, z. B. Abtrennung durch Schrankwände, Pflanzen etc. • Unterstützung des Kommunikationsflusses, der Offenheit und Flexibilität • fördert intensive Zusammenarbeit einzelner Einheiten	• hoher Aufwand für Klimatisierung • erhebl. Störungspotenzial, hohe Geräuschemission • geringe bis keine Privatsphäre
Kombibüro (flex office)	• einzelne Arbeitsplätze und Zellenbüros kombiniert mit Multifunktionszonen • konzentrierte Einzelarbeit *und* Teamarbeit möglich	• relativ kleine individuelle Arbeitsplätze
Non-territoriales Bürokonzept (non territorial office)	• bietet spezielles Arbeitsambiente für verschiedene Aufgaben in einer großflächigen Büroeinheit • persönliche Unterlagen im mobilen «Caddy» • optimale Raumnutzung: Sharing-Konzept	• Aufhebung der festen Zuordnung von Arbeitsplätzen erlaubt kaum Personalisierung

einheiten können zwar das soziale Klima und die Kommunikation fördern, sie bewirken aber auch erhebliche Geräuschemissionen und stellen höhere Anforderungen an Beleuchtung, Belüftung und das Klima als kleinflächige Büros (vgl. De Croon, Sluiter, Kuijer & Frings-Dresen, 2005; Windlinger & Zäch, 2007).

Die *Schweizerische Bürostudie* der Hochschule Luzern (vgl. Amstutz et al., 2010) stuft kleinere Büroeinheiten generell besser ein als große. Bei den arbeitspsychologischen Faktoren fanden die Autoren signifikante Unterschiede zwischen den Bürotypen: In Einzelbüros war die Zufriedenheit mit der Arbeit größer, die Arbeit wurde seltener unterbrochen, und die Befragten bewerteten die Attraktivität des Arbeitsplatzes als höher. Generell gaben Menschen in kleineren Büros häufiger an, dass der Arbeitsplatz es ihnen erlaube, produktiv zu sein.

Fehlzeiten stellen einen wichtigen Kostenfaktor für Unternehmen dar. In großflächigen Büros fehlten die Mitarbeiter/-innen krankheitsbedingt häufiger als in kleinen Büros. Betrachtet man zusätzlich die Einschränkung der Produktivität durch das Auftreten von sogenannten Sick-Building-Symptomen (vgl. Rostron, 2008), so zeigen sich weitere Nachteile von Großraumbüros. In kleineren Büroeinheiten treten gesundheitsrelevante Symptome signifikant seltener auf als in großen Büros.

In der Studie «Office 21» (vgl. Spath & Kern, 2003) erwies sich, dass sowohl auf die Motivation als auch auf die Performanz am Arbeitsplatz ein *Büroformenmix* am günstigsten wirkt. Damit ist ein paralleles Angebot unterschiedlicher Büroformen gemeint; zum Büroformenmix können auch non-territoriale Bürokonzepte oder Desk-Sharing gehören. Die subjektive Leistung erreichte aber auch in Einzel- und Kombibüros hohe Werte. Interessanterweise schnitten Raumlösungen mit zwei Personen deutlich unterdurchschnittlich ab, und Großraumbüros sind entgegen bestehenden Vorurteilen nicht so unbeliebt wie angenommen (zumindest was die Motivation der darin Beschäftigten angeht).

Auch mittels eines *Wohlbefindens-Index* verglich die Studie «Office 21» verschiedene Bürotypen. Das höchste Wohlbefinden zeigte sich beim Kombibüro, Büroformenmix und Einzelbüro. Im Gegensatz dazu erzielten Mehrpersonenbüro, Gruppenbüro und Großraumbüro nur unterdurchschnittliche Indizes. Der wichtigste Faktor für das Wohlbefinden im Büro schien der «Büroattraktivitätsindex» zu sein. Dieser setzte sich zusammen aus Ambiente, Ergonomiestandard, Klima, Lichtverhältnissen, Raumproportion und individueller Regulierbarkeit. Für das Ambiente sind vor allem «warme» Materialien wie Glas, Holz und Textilien (am Boden und an vertikalen Flächen) sowie Farbtöne von Bedeutung.

In einer Studie mit schwedischen Büromitarbeiter(inne)n (n = 469) untersuchten Bodin Danielsson und Bodin (2008) den Zusammenhang zwischen verschiedenen Bürotypen und Wohlbefinden, Gesundheit, Arbeitszufriedenheit sowie Absenz. Es zeigten sich bedeutsame Zusammenhänge: Während Mitarbeiter in kleineren und flexibleren Büroeinheiten (sog. «cell-flex offices») eher positive Gesundheits- und Zufriedenheitswerte angaben, berichteten Personen in Großeinheiten (sog. «open plan offices») generell niedrigere Werte. Mitarbeiter in Kombi-Büros berichteten bessere Kooperationsmöglichkeiten in der Arbeitsgruppe; diese Büroform ist speziell für Teamarbeit konzipiert. Bei der Gesundheits- und Befindlichkeitseinschätzung erreichten die Mitarbeiter/-innen in kleineren Büroeinheiten die besten Werte. Die guten Resultate der Mitarbeiter in Zellbüros hinsichtlich Gesundheit, Wohlbefinden und Arbeitszufriedenheit führen die Autoren auf die Unabhängigkeit und die persönlichen Gestaltungsmöglichkeiten zurück, die man den Mitarbeiter(inne)n in dieser Büroform einräumt («meet the need for personal control»).

Die Ergebnisse einer Studie von Lee und Brand (2005) untermauern diese Annahme. Die architektonischen und funktionalen Merkmale der beiden Bürotypen Flex-Office und Zellbüro unterstützen die Unabhängigkeit und die Möglichkeit, persönliche Kontrolle auszuüben. Im Zellbüro hat das Individuum die Möglichkeit, den individuellen Raum zu personalisieren und die Tür zu schließen, wenn das Bedürfnis nach Privatsphäre besteht. Das Störpotenzial durch Unterhaltungen ist geringer, ebenso die Hintergrundgeräusche von Druckern und anderen Geräten. Zudem sind kleinere Meetings im geschlossenen Büro möglich.

In einem Literatur-Review berichten De Croon und Kollegen (2005) von ähnlichen Effekten. Das Arbeiten in offenen Büroformen reduziert die Privatsphäre und die Arbeitszufriedenheit.

Meijer und Kollegen (2009) untersuchten in einer Längsschnittstudie die Auswirkungen der Implementierung eines innovativen Bürokonzeptes («open plan», Einzel- und Teamarbeitsplätze und Gemeinschaftsbereiche) auf Produktivität und Gesundheit von Büroangestellten in den Niederlanden. Um die Kommunikation und Kooperation zwischen den Mitarbeiter(inne)n zu fördern, wurde ein Bürogebäude eines Regierungsinstitutes komplett renoviert. Die traditionellen Zellen-Arbeitsplätze ersetzte man durch ein geteiltes Open-Plan-Office mit Einzelarbeitsbereichen (sog. Cockpits) für konzentriertes Arbeiten sowie Teamarbeitsbereichen mit kurzen Distanzen zwischen Arbeitsplatz, Bibliothek und Gemeinschaftsraum. In den ersten sechs Monaten zeigte sich eine leichte Abnahme der Produktivität aufgrund der Einarbeitung und Gewöhnung an die neuen Raumverhältnisse. Auf lange Sicht (nach 15 Monaten) allerdings verbesserte sich das Wohlbefinden, und Beschwerden in den oberen Extremitäten nahmen ab. Außerdem stieg in dem neu gestalteten Open-Plan-Konzept nach 15 Monaten die wahrgenommene Produktivität signifikant an.

Präferenzen von Büronutzern

In einer finnischen Studie (vgl. Rothe, Lindholm, Hyvönen & Nenonen, 2010) wurden Büronutzer nach Eigenschaften und Präferenzen von Büroausstattung und Arbeitsplatzumgebung gefragt. An der Onlinebefragung nahmen 1110 Mitarbeiter/-innen verschiedener Altersgruppen in 21 Organisationen im Großraum Helsinki (Helsinki Metropolitan Area) teil.

Die Autoren identifizierten eine Reihe von Eigenschaften, die sie in den «Top 10 der wichtigsten Attribute» zusammenfassten (s. Tab. IV-9) und von denen sie annehmen, dass sie die Performanz und die Zufriedenheit in besonderem Maße beeinflussen.

Ein weiteres Anliegen dieser Studie war, mittels Cluster-Analysen Gruppen mit ähnli-

Tabelle IV-9: «Top-10-Attribute» der Nutzerpräferenzen (vgl. Rothe, Lindholm, Hyvönen & Nenonen, 2010)

Rang	Attribut
1	Arbeitsplatz unterstützt Wohlbefinden und Gefallen an der Arbeit
2	Arbeitsplatz unterstützt die Erfüllung von Aufgaben, die Konzentration und Privatsphäre verlangen
3	Möglichkeit, Büromöbel individuell einzustellen
4	Sauberkeit
5	Regulierbarkeit des Lichts
6	Sicherheit (der Gegend)
7	Buchbare Besprechungsräume
8	Regulierbarkeit der Klimaanlage
9	Regulierbarkeit der Raumtemperatur
10	Möglichkeit, das Arbeitsplatz-Design zu beeinflussen

chen Profilen und Präferenzen der Büronutzer zusammenzufassen. Insgesamt fanden sich drei Gruppen:

1. *«Service and green value driven users»*: Diese Gruppe von Büronutzern ist dadurch charakterisiert, dass sie mehr auf die Wirkung des Arbeitsumfeldes fokussiert als andere Nutzergruppen; auch legt sie Wert auf Raum- und Gestaltungsangebote des Unternehmens, die Wohlbefinden und Performanz gleichermaßen fördern können, wie beispielsweise Cafeterien, Bibliotheken, Meeting Points und Ruhezonen. Diese Büronutzergruppe ist umweltbewusst und stuft die umweltbezogenen Auswirkungen von Bürogebäuden höher ein als die Vergleichsgruppen.

   Dies deckt sich mit jüngsten Untersuchungsergebnissen des Fraunhofer Instituts für Arbeitswirtschaft und Organisation (IAO), die dem umweltbewussten Verhalten der Büronutzer («green behavior») eine hohe Bedeutung für eine umweltgerechte Gestaltung zukünftiger Büroarbeit beimessen (vgl. Bauer & Rief, 2010). So gaben zirka 80 Prozent der befragten Geschäftsführer und Vorstände an, dass umweltbewusstes Verhalten im Büro zukünftig wichtig bis sehr wichtig sein wird, insbesondere im Hinblick auf Wirtschaftlichkeit und ökologische Wirksamkeit.

2. *«Individual driven users»*: Diese Gruppe ist weniger am Austausch und Networking mit Klienten und anderen Interessengruppen orientiert. Für diese Büronutzer ist es nicht wichtig, dass die Bürolösung Teamarbeit, soziale Interaktion und Innovation unterstützt.

3. *«Collaboration driven users»*: Ganz im Gegensatz zur obigen Gruppe bevorzugen diese Nutzer/-innen Bürolösungen, die Teamarbeit fördern. Sie wünschen sich zudem einen stärkeren Einfluss auf die Gestaltung ihres Arbeitsumfeldes, auf die eigene Regulierbarkeit des Raumklimas und auf die Büromöblierung.

Auch die «Oxygenz-Studie» (vgl. Johnson Controls, 2010) untersuchte die Nutzerpräferenzen von Büromitarbeiter(inne)n. Bei der speziell untersuchten Zielgruppe «Generation Y» (18 bis 25 Jahre) zeigten sich deutliche Präferenzen für flexible Arbeitsformen, aber auch dafür, einen eigenen Schreibtisch zu besitzen, der selbst gestaltet (personalisiert) werden kann. Eine große Rolle spielt das Umweltbewusstsein des Arbeitgebers. Für Produktivität und Kreativität gibt es laut den Autoren der Studie anscheinend eine einfache «Erfolgsformel», in die die Präferenzen insgesamt münden: *Menschen im Arbeitsumfeld + Ambiente und Atmosphäre + Technologie.*

Lärm, Ablenkungen und Unterbrechungen

Windlinger und Zäch (2007) untersuchten Belastungen durch die Arbeitsumgebung in groß- und kleinräumigen Büros. Dieser Studie zufolge ist die Belastung durch Lärm in Großraumbüros größer als in Kleinraumbüros, wobei die wichtigste Quelle der Lärmbelästigung die Gespräche der Kollegen im gleichen Büro sind. Insbesondere dann, wenn Gespräche einen hohen Informationsgehalt haben, sind Geräuschemissionen besonders störend. Im Zusammenhang mit der Informationshaltigkeit von Gesprächen zeigten Sust und Lazarus (2002), dass mit deren Zunahme und Intensität nicht nur der Zeitbedarf für die Bearbeitung einer Aufgabe steigt, sondern auch die Fehlerquote und das Erholungsbedürfnis.

Auch die Belastungen durch visuelle Reize und Klimaanlagen sind in Großraumbüros höher, die Arbeitsunterbrechungen bedeutsam häufiger. Hinsichtlich kurz- oder langfristiger Auswirkungen auf das Wohlbefinden ergaben sich zwischen den beiden Bürotypen keine bedeutsamen Unterschiede.

In ihrer Studie fanden Lee und Brand (2005) heraus, dass weniger Ablenkungen am Arbeitsplatz zu mehr Zufriedenheit mit der Arbeitsumgebung führten, wohingegen mehr Ablenkungen zur Folge hatten, dass sich die Präferenz für Einzelarbeit verstärkte.

Luft, Temperatur und Licht
(«sick building syndrome»)

Gereizte, brennende oder juckende Augen, Konzentrationsschwierigkeiten, Kopfschmerzen sowie Müdigkeit waren in der Schweizerischen Bürostudie (vgl. Amstutz et al., 2010) die gesundheitlichen Symptome, die am häufigsten mit dem Arbeitsplatz zusammenhingen. Diese Symptome werden größtenteils im sogenannten «Sick-Building-Syndrom» (SBS) zusammengefasst. Die schweizerische Studie begründet dies mit der Raumqualität (z.B. Zugluft, trockene Luft, Staub und Schmutz). In kleineren Büros traten diese Beschwerden signifikant seltener auf als in großen Büroeinheiten.

Die World Health Organization erkennt das SBS als ein Syndrom an, das sich durch «unspezifische Gefühle von Unwohlsein» äußert, deren Auftreten insbesondere mit modernen Gebäuden assoziiert ist. Zu den Symptomen gehören (vgl. Rostron, 2008):

- sensorische Irritationen der Augen, der Nase und des Halses (Trockenheit, Brennen, Gereiztheitsgefühl, Heiserkeit, veränderte Stimme),
- Hautirritationen (Rötungen, Brennen, juckendes Gefühl, trockene Haut),
- neurotoxische Symptome (mentale Müdigkeit, reduzierte Erinnerungsfähigkeit, Lethargie, Benommenheit, verringertes Konzentrationsvermögen, Kopfschmerzen, Schwindel, Vergiftungen, Übelkeit, Müdigkeit),
- unspezifische Überreaktionen (laufende Nase und Augen, asthmaähnliche Symptome bei nicht asthmatischen Menschen),
- Geruchs- und Geschmacksprobleme (veränderte Sensitivität, unangenehmer Geruch oder Geschmack).

Einheitliche Ursachen fand man bisher nicht; auch liegen keine belastbaren Studien vor, die zeigen, inwieweit individuelle Prädispositionen diese Symptome hervorrufen, verstärken oder aufrechterhalten. Die meisten Erklärungen berufen sich auf Luftqualität und Belüftungsverhältnisse, die daher rühren, dass man zur Ventilation des Gebäudes suboptimale Systeme nutzt. Dafür spricht auch, dass in natürlich belüfteten Gebäuden SBS wesentlich seltener auftritt.

Weitere Erklärungsmuster finden sich in Geräuschemission, künstlichem Licht, Wärmeregulation, Materialität der Bodenbeläge und Möblierung oder arbeitsbezogenem Stress.

Gerade in großräumigen Büroeinheiten («open plan offices») können suboptimale Umgebungsbedingungen wie unzureichende Klimatisierung, zentral gesteuerte Temperaturregulation, ein unzureichendes Verhältnis von natürlichem und künstlichem Licht und kontinuierlicher Geräuschpegel durch die Kollegen das SBS begünstigen. Von einem bemerkenswerten Effekt berichtet Rostron (2008) hinsichtlich des Zusammenhangs zwischen SBS-Symptomen und Art der Tätigkeit: Je interessanter und weniger routinehaft die Tätigkeit ist, desto weniger Symptome treten auf.

Individuelle Regulierbarkeit und Gestaltung der Büros

Lee und Brand (2005) fanden, dass die *individuelle Regulierbarkeit* physikalischer Einflussfaktoren der Arbeitsumgebung die Arbeitszufriedenheit erhöht. Dieses Bedürfnis lässt sich in Zellenbüros und flexiblen Büroformen leichter erfüllen als in anderen Bürotypen.

Die Individualisierung am Arbeitsplatz zeigt sich auch in der Möglichkeit, das Büro eigenständig auszugestalten und zu dekorieren.

In einer qualitativen Untersuchung fand Elsbach (2003), dass manche Mitarbeiter/-innen durch ein nonterritoriales («desk sharing») Arbeitsumfeld ihre Arbeitsplatzidentität als bedroht ansehen. Durch den Austausch und Wechsel von Arbeitsplätzen haben Mitarbeiter nicht mehr die Möglichkeit, ihren Arbeitsplatz zu personalisieren und abzugrenzen, indem sie persönliche Dinge aufstellen. Die Autorin betont die enge Verbindung zwischen dem

Selbstkonzept und der Identität bei der Arbeit («workplace identity») mit einem fest zugeordneten «eigenen Arbeitsplatz». Die Bedrohung dieser Identität kann sich negativ auf das Wohlbefinden und die Performanz der Büronutzer/-innen auswirken.

Knight und Haslam (2010) untersuchten an zwei Stichproben von Wissenschaftlern an einem psychologischen Institut und Managern eines Wirtschaftsunternehmens, wie sich Büroeinrichtung und Dekoration auf die Identifikation mit der Organisation, das Wohlbefinden und die Produktivität auswirken. Die Forscher konfrontierten die Probanden mit einer der folgenden Bedingungen, die von den jeweiligen Einrichtungsmodalitäten abhingen:

- «lean»: schlicht eingerichtetes/dekoriertes Büro (ohne Pflanzen und Bilder);
- «enriched»: mit Pflanzen und Bildern ausgestattet;
- «empowered»: Die Versuchsteilnehmer konnten die Büroeinrichtung selbst mit Pflanzen und Bildern dekorieren;
- «disempowered»: Die Büros wurden von den Versuchsteilnehmern selbst dekoriert, aber dann vom Versuchsleiter wieder umgestaltet.

Unter der «Enriched»-Bedingung war die Leistung besser. Unter der «Empowered»-Bedingung verbesserten sich die Werte weiter. Unter der «Disempowered»-Bedingung lagen die berichteten Werte hingegen deutlich niedriger (vgl. Knight & Haslam, 2010).

Diese experimentellen Befunde legen nahe, dass das Übertragen von Selbstverantwortung und Sorge für die Gestaltung und Pflege des eigenen Arbeitsplatzes die Leistungsfähigkeit und Identifikation der Mitarbeiter/-innen mit der Organisation verbessern kann.

Auch in der «Oxygenz»-Umfrage (vgl. Johnson Controls, 2010) spiegelt sich der Wunsch nach Personalisierung des eigenen Arbeitsplatzes wider: 89 Prozent der Befragten legen Wert auf die Möglichkeit, ihren Arbeitsplatz zu gestalten. Im emotionalen Engagement für die Organisation drückt sich aus, inwiefern diese Möglichkeit besteht.

Ergonomie und musculo-skeletale Beschwerden

Luttmann, Kylian, Schmidt und Jäger (2002) untersuchten mittels elektromyografischer Messungen verschiedene Muskelbelastungen bei Büromitarbeitern. Mit dieser Methode lassen sich kleinste Muskelaktivitäten aufzeichnen. Zusätzlich erfassten die Forscher die subjektiv berichteten Beschwerden von Büromitarbeitern über den ganzen Arbeitstag hinweg (s. **Abb. IV-12**).

Obwohl die Muskelaktivitäten bei Büroarbeit vergleichsweise gering sind, kann die andauernde Beanspruchung gleicher Muskelpartien negative Folgen haben. Zwar braucht man bei der Tastatureingabe oder der Bedienung der Maus am PC nur geringe Kräfte einzusetzen, aber bei der dazu notwendigen Stabilisierung des Oberkörpers und der Arme werden über lange Zeit die gleichen Muskeln aktiviert, wodurch es zu einer ununterbrochenen – wenn auch geringen – elektrischen Muskelaktivität kommt. Der Zusammenhang zwischen langandauernder statischer Muskelarbeit und Beschwerden oder Beeinträchtigungen im Schulterbereich ist allerdings nicht eindeutig (vgl. Luttmann, et al., 2002). Die Autoren zeigten jedoch, dass die berichteten Beschwerden in verschiedenen Körperregionen (v. a. Schulter, Nacken) im Laufe eines Arbeitstages zunehmen (s. Abb. IV-12). Man bat die Teilnehmer/-innen an der Studie, vor Beginn der Arbeit, vor und nach der Mittagspause sowie am Ende des Arbeitstages bestehende Beschwerden anzugeben und zu lokalisieren. Über den Arbeitstag hinweg nahm sowohl die Anzahl der Körperpartien zu, die von Schmerzen betroffen waren, als auch die Anzahl der Personen, die Beschwerden angaben.

Die Studie zeigt deutlich auf, wie wichtig Unterbrechungen statischer Muskelbeanspruchung für die Erholung sind. Auch die Arbeit an verschiedenen Arbeitsplätzen (Steh- und Sitzarbeitsplätzen) sowie die Adjustierbarkeit

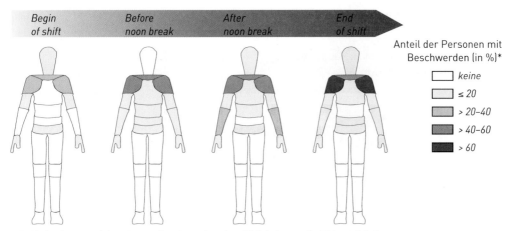

* *EMG-Analysen und Angaben zu Beschwerden über 13 Arbeitstage bei Bürotätigkeiten*

Abbildung IV-12: Häufigkeit und Lokalisation von Beschwerden zu verschiedenen Messzeitpunkten (vgl. Luttman et al., 2002)

von Büroeinrichtung und -möbeln können einen wichtigen Beitrag dazu leisten, einseitige Belastungen bestimmter Muskelpartien günstig zu beeinflussen.

Kontakt mit Kollegen und Kolleginnen
Positive soziale Kontakte bei der Arbeit sind wichtig für das Arbeitsklima. Sie können das Wohlbefinden, die Motivation und die Leistung von Mitarbeitern verbessern und beeinflussen. Interaktionen und Zusammenarbeit am Arbeitsplatz sollte man daher durch sogenannte «Meeting Spots» für den informellen Austausch fördern.

Laut «Oxygenz»-Studie (vgl. Johnson Controls, 2010) ist gerade jungen Menschen der Kontakt und die soziale Interaktion am Arbeitsplatz sehr wichtig, um Produktivität und Kreativität entwickeln zu können.

Lee und Brand (2005) zeigten, dass der leichte und offene Zugang zu «Meeting Places» in engem Zusammenhang mit gesteigertem Gruppenzusammenhalt und besserer Arbeitszufriedenheit steht (vgl. auch die Studie von Bodin Danielsson und Bodin, 2008). Auch in der «Oxygenz»-Umfrage spielten der Zugang zu Treffpunkten, das Vorhandensein von Räumen und deren Gestaltung für formelle und

informelle Treffen mit anderen Mitarbeiter-(inne)n eine große Rolle (vgl. Johnson Controls, 2010).

Was den Zusammenhalt der Büronutzer und ihre wechselseitige Unterstützung anbetrifft, deuten die Ergebnisse der Studie von Windlinger und Zäch (2007) darauf hin, dass geringer dimensionierte Bürostrukturen stärker unterstützend wirken.

Nutzerbefragung bei Konstrukteurstätigkeiten

Bei einer Befragung von 450 Konstrukteuren und Sachbearbeitern sowie 88 Führungskräften aus dem F&E-Bereich in 34 Unternehmen (Metall-, Elektrobranche) (vgl. Frieling, Pfitzmann & Pfaus, 1996) über die räumlichen Umgebungsbedingungen gaben 36 Prozent der befragten Mitarbeiter/-innen an, dass sie mit ihren klimatischen Arbeitsbedingungen «wenig bzw. überhaupt nicht zufrieden» waren (s. **Abb. IV-13**). Als besonders unangenehm wird eine zu starke Wärmeentwicklung der Geräte und schlechte Luft im Sommer empfunden. Rauchen führt zu zusätzlichen Beeinträchtigungen. Die Beleuchtung bewerten zirka 50 Prozent der Befragten als relativ gut. Als stö-

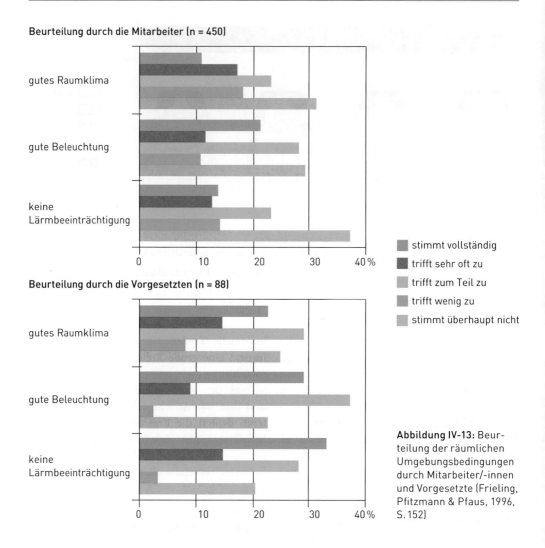

Beurteilung durch die Mitarbeiter (n = 450)

Beurteilung durch die Vorgesetzten (n = 88)

stimmt vollständig

trifft sehr oft zu

trifft zum Teil zu

trifft wenig zu

stimmt überhaupt nicht

Abbildung IV-13: Beurteilung der räumlichen Umgebungsbedingungen durch Mitarbeiter/-innen und Vorgesetzte (Frieling, Pfitzmann & Pfaus, 1996, S. 152)

rend empfinden zirka 25 Prozent den Lärm durch Geräte (Lüfter) und die Gespräche der Kollegen. Vergleicht man diese Ergebnisse mit denen der Vorgesetzten (Abb. IV-13 unten), so wird deutlich, dass deren Umgebungsbedingungen von ihnen selbst als besser wahrgenommen werden.

Bei der Beurteilung der Arbeitsbedingungen (technische Ausstattung, Möblierung, Raumzustand und Raumbelegung) sind Unterschiede zwischen Mitarbeitern und Vorgesetzten weniger deutlich. Am unzufriedensten sind beide Gruppen mit der Raumbelegung. Fragt man die Mitarbeiter/-innen (n = 430)

nach dem derzeitigen Bürotyp, in dem sie arbeiten, und demjenigen, den sie bevorzugen, so ist die Ablehnung des Großraumbüros (belegt mit über 20 Mitarbeiter(inne)n) überaus deutlich (s. **Abb. IV-14**).

Bevorzugt werden Partnerbüros (zwei Personen), Gruppen- und Kombibüros. Büroräume für über zehn Personen lehnen die Befragten eher ab. Zu vergleichbaren Ergebnissen führte eine von uns durchgeführte Befragung von 108 Mitarbeiter(inne)n (Angestellten im Verwaltungsbereich) in einem mittelständischen Unternehmen der Metallindustrie. Hier werden gegenüber allen anderen Bürotypen

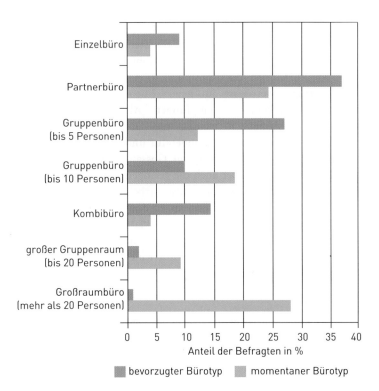

Abbildung IV-14: Momentaner und bevorzugter Bürotyp der Mitarbeiter/-innen (n = 430) (Frieling, Pfitzmann & Pfaus, 1996, S. 155)

eindeutig Büros für zwei bis drei Personen bevorzugt. Große Gruppenbüros lehnen die Befragten eindeutig ab. Großraumbüros im eigentlichen Sinne existieren dort nicht. Fragt man nach der Zufriedenheit mit den Arbeitsbedingungen im Bürobereich, so zeichnet sich folgende Rangreihe ab: Beleuchtung, technische Arbeitsmittel, Zustand der Möbel, Raumbelegung, Raumzustand, Lärm und Klima. Am zufriedensten sind die Mitarbeiter also mit der Beleuchtung und am unzufriedensten mit der Klimasituation. Dieses Ergebnis ist darauf zurückzuführen, dass in den Gruppenbüros mit bis zu zwanzig Personen keine Klima- oder Belüftungsanlagen existieren und die Lüftung durch die Fenster bei den relativ großen Gruppen schwer zu regulieren ist; zu groß sind die Unterschiede in den individuellen Klimabedürfnissen.

Vergleichbare Daten finden sich in einer Erhebung zum Komfort und zur Nutzerzufriedenheit in Bürogebäuden von Gossauer (2008).

Die zirka 1500 befragten Büroraumnutzer/-innen in 17 verschiedenen Bürogebäuden fordern eine natürliche Belüftung der Bürogebäude, individuelle Temperaturregelung, eine differenzierte Gestaltung aller Arbeitsbereiche und kleine Büroeinheiten (Einzelbüros). Zu vermeiden sind nach Meinung der Autorin Atrienbüros, die durch offene Treppenhäuser über zwei Stockwerke verbunden sind. Aus ihren Erhebungen geht ebenfalls hervor, dass die Zufriedenheit mit dem Geräuschpegel mit zunehmender Personenzahl im Büroraum sinkt.

Nutzerzufriedenheit nach Veränderung der Raumkonzeption

Ein Chemieunternehmen, das in einem architektonisch herausragenden Gebäude, entworfen von dem englischen Architekten Stirling, ein flexibles Bürokonzept (Nomadenbüro) realisierte, führte 2002 eine Befragung bei 224 Mitarbeiterinnen und Mitarbeitern durch, die aus einem herkömmlichen Zellen- und Gruppenbüro in das flexible Büro wechseln mussten.

Wie die Ergebnisse in der folgenden Abbildung zeigen, werden die Kommunikations- und Informationsprozesse im neuen Bürokonzept als Verbesserung empfunden. Als besonders problematisch werden die Geräuschkulisse, der Lärm, die Temperatur und die Luftqualität wahrgenommen (vgl. Gossauer, 2008; s. **Abb. IV-15**), aber auch die geringen Arbeitsflächen. Bei diesem Bürokonzept arbeiten vier Personen an kreisförmig angeordneten, höhenverstellbaren Quadranten, die Platz für einen großen Bildschirm und die Tastatur sowie eine kleine Ablagefläche für Papiere bie-

ten. Diese Fläche ist trotz der «Philosophie des papierlosen Büros» zu knapp bemessen. Die Distanz zu den Kollegen ist sehr gering, Telefongespräche werden unwillentlich mitgehört. Die ergonomisch gut gestalteten höhenverstellbaren Tischquadranten können die genannten Probleme nicht kompensieren. Den hohen Designaufwand beurteilen die Mitarbeiterinnen und Mitarbeiter nicht wie erwartet positiv (s. **Abb. IV-16**).

Fasst man diese Befragungsergebnisse zusammen und vergleicht sie mit den Erfahrungen von Architekten (vgl. Gottschalk, 1994), so bevorzugen die Mitarbeiter je nach Art der Arbeitsaufgabe Einzel- oder kleine Gruppen-

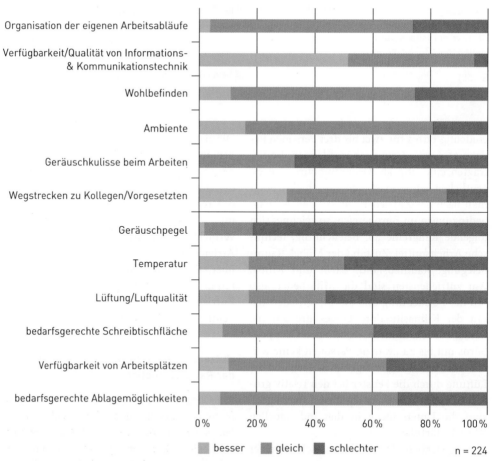

Abbildung IV-15: Meinungen von Mitarbeiter(inne)n eines Chemieunternehmens zu Veränderungen nach dem Umzug in ein flexibles Büro/Nomadenbüro (Angaben in %) (vgl. Gossauer, 2008)

büros mit natürlichem Licht, die man durch Fenster be- und entlüften kann.

Großraumbüros werden trotz großer Anstrengungen, die Arbeitsmittel (Tische, Stühle, Trennwände, Schränke etc.) möglichst optimal und ästhetisch zu gestalten, mehrheitlich abgelehnt. Da der Bruttoflächenbedarf pro Arbeitsplatz für Zellen- und Kombibüros unter demjenigen für Großraum- und Gruppenraumbüros liegt (22,4 gegenüber 25,8 qm unter Berücksichtigung der Verkehrs- und Sondernutzungsflächen; vgl. Gottschalk, 1994, S. 205), besteht eigentlich kein Grund, Großraumbüros oder große Gruppenbüros zu installieren, zumal diese Baukörper einen erheblich größe-

ren haustechnischen Aufwand erfordern (Klimaanlage).

In diesen normierten Großräumen bleibt für den Einzelnen kaum die Möglichkeit individueller Gestaltung. Primäre und sekundäre Territorien können sich nur sehr beschränkt ausbilden (vgl. hierzu Richter, 2008). So bereitet das Aufhängen von Bildern an Trennwänden ebenso Probleme wie die Ausstattung mit Pflanzen eigener Wahl. Die normierten Hydrokulturen pflegt meist ein separater Service. Die Frage, ob eine Büroraumgestaltung in der Art eines «privaten Wohn- und Arbeitsraums» immer ästhetisch ist, mag **Abbildung IV-17** beantworten. Der Fehlgebrauch einer Stehleuch-

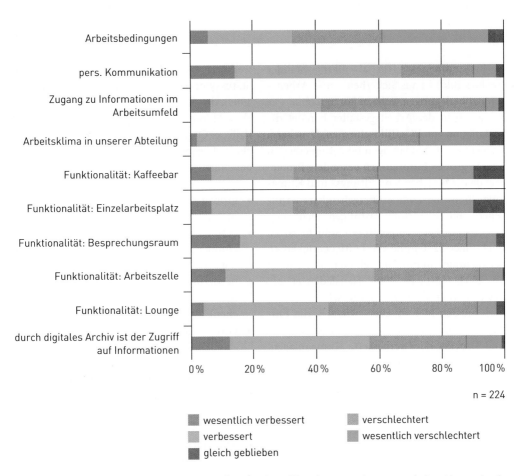

n = 224

wesentlich verbessert   verschlechtert

verbessert   wesentlich verschlechtert

gleich geblieben

Abbildung IV-16: Meinungen von Mitarbeiter(inne)n eines Chemieunternehmens nach dem Umzug in ein flexibles Büro/Nomadenbüro (Angaben in %) (vgl. Gossauer, 2008)

Abbildung IV-17: Individuelle Gestaltung eines Büroraums als «privater Wohn- und Arbeitsraum»

te für indirektes Licht als Blumenständer (rechtes Bild) ist aus Sicherheits- und Arbeitsschutzüberlegungen wohl zu korrigieren.

Aus Sicht der Arbeitsgestalter bereitet die Installation von PCs, Bildschirmen, Druckern, Faxgeräten, Telefonanlagen oder Kopierern in älteren großen Büroräumen besondere Probleme, da die bestehenden Lüftungs- und Klimaanlagen für die damit einhergehenden thermischen und Schadstoffbelastungen nicht ausgelegt sind. Die Temperaturen sind meist zu hoch (über 22 °C) und die Luftfeuchtigkeit zu gering (unter 40 Prozent; vgl. hierzu Bischof et al., 2003; Gossauer, 2008; Hausladen et. al., 2004; Voss et al., 2006). Spezifische Maßnahmen müssen hier abhelfen, wie z. B. die Einrichtung von Funktionsräumen für Kopierer und Drucker oder verbesserte Klimaanlagen. Um einseitige Belastungen durch ständiges Sitzen zu reduzieren, empfehlen sich zusätzliche Sitz- bzw. Stehhilfen oder Stehpulte, für die ebenfalls entsprechende Flächen vorzusehen sind.

Neben diesen Bürogrundausstattungen, die in unterschiedlichem Design und mehr oder weniger aufwendig gestaltet sein können, haben Unternehmen im Einklang mit ihrer je-weiligen Unternehmenskultur verschiedene Statussymbole entwickelt (vgl. Gottschalk, 1994), die dem Besucher Hinweise geben, welchen Status der jeweilige Arbeitsplatz innerhalb der Organisation einnimmt. Im Wesentlichen folgende Statussymbole lassen sich benennen:

- großzügig bemessene, individuell nutzbare und ins Auge fallende Arbeitsplatzfläche;
- besonderer Zugang zum Arbeitsplatz (Vorzimmer mit Sekretärinnen oder Assistenten);
- bevorzugte Lage des Arbeitsplatzes innerhalb des Geschosses (Ecken, Fensterflächen);
- Größe und Anzahl von Mobiliarelementen (breiter Schreibtisch, Teakholzregale, Sitzecken, Ledersessel);
- zusätzliche ästhetische Ausstattung des Arbeitsbereiches (Pflanzen, Gardinen, Wandschmuck etc.);
- Originalbilder oder Drucke;
- persönliche Kommunikationseinrichtungen (Spezialtelefon, Kopierer);
- Benutzung von Sonderflächen (Pkw-Stellplatz, Speisezimmer).

2.4 Sonderräume: Pausen-, Liege- und Ruheräume

Aufgrund der Verordnung über Arbeitsstätten (Arbeitsstättenverordnung – ArbStättV; Bundesministerium für Arbeit und Soziales, 2011) sind die Arbeitgeber verpflichtet, bei mehr als zehn Mitarbeitern einen Pausenraum zur Verfügung zu stellen (vgl. ArbStättV, § 6 Satz 3). Dies gilt nicht für Verwaltungsbereiche, in denen sich die Mitarbeiter/-innen während der Pausenzeiten in ihren Büros wie in einem Pausenraum erholen können. Für Mitarbeiter in großen Gruppenbüros und Großraumbüros dürfte dies in der Regel nicht der Fall sein; daher sind hier ebenfalls Pausenräume erforderlich.

Der Pausenraum soll möglichst nah beim Arbeitsbereich liegen. Entfernt liegende Räume werden meist nur unzureichend genutzt. Fenster sollen einen Blick ins Freie ermöglichen. Dies ist umso erforderlicher, je länger die Beschäftigten in Räumen arbeiten, in denen keine Sichtverbindung nach draußen besteht. Nur so erfahren sie, ob es draußen regnet, ob die Sonne scheint, ob es dunkel wird oder hell. Bequeme Stühle bieten bei anstrengenden Körperhaltungen während der Arbeit einen höheren Entspannungswert als die häufig anzutreffenden unbequemen Sitzbänke.

Einrichtung

Erholung hängt vor allem vom optischen Eindruck der Umgebung ab. Dies ist bei der Wahl der Einrichtungsgegenstände zu berücksichtigen. Sie müssen platzsparend und leicht zu reinigen sein, aber auch dem Auge einen angenehmen Anblick bieten.

Im Pausenraum sollte auf alle Fälle eine Teeküche eingerichtet werden, mit Kühlschrank, Spüle, Kochplatte, Geschirrschrank, Abfalleimer und Stromanschluss für eine Kaffeemaschine. Fast alle Küchenhersteller bieten zu diesem Zweck Küchencenter an, die raumsparend und in vielen Farben erhältlich sind.

Lange Tischreihen wirken auf das Auge monoton und verbauen optisch den Raum. Der Pausenraum wirkt aufgelockert und durchlässiger, wenn die Sitzgelegenheiten in mehrere Gruppen aufgeteilt sind. Runde Tische, die man gut versetzt stellen kann, sind kommunikationsfördernd. Es ist angebracht, die Teeküche und die dazugehörigen Stühle von den anderen Sitzgruppen durch einen Raumteiler zu trennen, damit die Geräusche und das Treiben in der Teeküche Mitarbeiter/-innen, die sich nur kurz entspannen wollen, nicht allzu sehr stören.

Beleuchtung und Farbgestaltung

Beleuchtung und Farbgestaltung sollten sich den Funktionen entsprechend von der Gestaltung der Produktions- bzw. Büroräume unterscheiden – Glühlampenlicht statt Leuchtstofflampen, harmonisch abgestimmte Farben statt grauer oder weißer Sachlichkeit (s. Teil IV, Kap. 3.4).

Diese Vorschläge haben nur Hinweis- oder Beispielcharakter. In der konkreten Planungsphase ist es sinnvoll, die Betroffenen in die Gestaltung der Pausenräume miteinzubeziehen, da es sich um *ihren* Pausenraum handelt. So lassen sich entsprechende Wünsche (z. B. nach Teeküche, Getränkeautomaten, Radiogerät, schwarzem Brett, Schränken, Stühlen, Sesseln etc.) rechtzeitig berücksichtigen. Spätere Korrekturen sind wesentlich kostspieliger.

Mit der Einführung von Gruppenarbeit und neuen Arbeitsstrukturen ergibt sich meist die Notwendigkeit, den Pausenraum auch als Raum für Gruppenbesprechungen zu nutzen. Hierfür sind entsprechende Zusatzausstattungen vorzusehen:

- Flipchart-Ständer, um Verbesserungen und Vorschläge zu dokumentieren;
- Informationstafeln zur Darstellung wichtiger Kennzahlen und Aktivitäten;
- Beamer, Moderationskoffer und Stellwände für die Durchführung von Moderations- und Präsentationsveranstaltungen.

Die gültige Arbeitsstättenverordnung von 2008 fordert in sehr allgemeiner und unverbindlicher Art zusätzliche Räume (z. B. Bereitschaftsräume, Liegeräume und Räume für körperliche Ausgleichsübungen), wenn das durch die Tätigkeit (Arbeitsbereitschaft oder einseitig körperlich belastende Arbeitstätigkeiten) bzw. die Art der beschäftigten Menschen (z. B. werdende oder stillende Mütter) notwendig ist.

Darüber hinaus gibt die Arbeitsstättenverordnung (2008) allgemeine Hinweise zur Gestaltung von Umkleide-, Wasch- und Toilettenräumen, auf die hier nur verwiesen sei. Auch diese Räume sollten unter hygienischen und ästhetischen Gesichtspunkten gestaltet sein. Die Mitarbeiter haben darauf einen Anspruch. Die großen Unterschiede in der Ausgestaltung der Toilettenräume in Verwaltungs- und Produktionsbereichen sollten längst der Vergangenheit angehören. Fakt ist, dass in Produktionsbereichen die Standards im Durchschnitt erheblich niedriger sind. Wen wundert es da, wenn Toilettenbenutzer die Wände als Klagemauern oder Wandzeitungen zweckentfremden.

2.5 Reinräume («clean rooms»)

Die fortschreitende Miniaturisierung in der Mikroelektronik, der Mikrostrukturtechnik oder der Optoelektronik verlangt nach einer erheblichen Reinheitsverbesserung. Hohe Ansprüche an Reinheit stellen sich auch in Teilen der chemischen Industrie, der Arzneimittelherstellung, der Nahrungsmittelindustrie oder des Maschinenbaus. In speziell gestalteten Räumen müssen Menschen ein «reinraumgerechtes» Verhalten zeigen (vgl. Hauptmann & Hohmann, 1992; Landau, 2007, Stichwort «Reinraum» S. 1073), um den Produktionserfolg nicht zu gefährden. Für die Arbeitspsychologie ist es notwendig, sich mit diesen Arbeitsanforderungen zu befassen, da sie zunehmend an Bedeutung gewinnen.

Für eine bewusste arbeitspsychologische Gestaltung sind die technischen Besonderhei-

ten dieser Räume zu berücksichtigen, die sich auf die Arbeitsumgebung, den Arbeitsplatz und den Arbeitsgegenstand auswirken und damit auch die Arbeitsanforderungen beeinflussen:

Arbeitsumgebung

Der Reinraum ist in der Regel umbaut, so dass die vorhandenen Fenster den Blick in andere Räume eröffnen und man umgekehrt von außen nach innen blicken kann. Der Blick ins Freie ist nur mittelbar durch andere Räume möglich.

Künstliche Beleuchtung ist permanent erforderlich. Das üblicherweise vorherrschende Normklima (z. B. 18–19 °C, 40–50 % Luftfeuchtigkeit, 0,45 m/s. Luftgeschwindigkeit und geringer Überdruck) ist nicht individuell steuerbar, so dass bei unterschiedlich schwerer körperlicher Arbeit das Klima als zu warm oder zu kalt empfunden wird. Letzteres ist häufiger der Fall, da feinmotorische Arbeiten in Sitzhaltung überwiegen.

Arbeitsplatz

Der Arbeitsplatz ist nur nach Umkleiden (Schutzanzüge etc.) und durch ein entsprechendes Schleusensystem erreichbar. Ein spontaner Zugang zum Arbeitsplatz ist nicht möglich. Die Kommunikation am Arbeitsplatz ist durch den Gesichts- und Mundschutz erschwert, da die Mimik des Gesprächspartners nicht erkennbar ist und somit eine wichtige Rückkoppelung fehlt. Die Anonymität der äußeren Erscheinung beeinträchtigt bei Arbeitsanfängern die Kontaktaufnahme. Abteilungsfremde und Betriebsexterne entwickeln dadurch eine erhöhte Verhaltensunsicherheit. Die Kommunikation zwischen Reinräumen und Betrieb wird in wachsendem Maße durch Telefon und E-Mail via PC oder Rechnerterminals aufrechterhalten, so dass bildschirmarbeitsplatztypische Anforderungen hinzukommen.

Das Mitbringen persönlicher Gegenstände (Fotos, Aktentasche, privater Arbeitsmittel etc.) ist ebenso untersagt wie das Trinken und Essen am Arbeitsplatz. Vorgeschrieben ist zum Teil die Verwendung bestimmter Tücher als Taschentücher, die Art der Körperpflege (z. B. kein Tragen von Make-up), die Reihenfolge des An-, Um- und Auskleidens, die Körperhaltung über dem Arbeitsobjekt und dergleichen mehr.

Die hohen Investitionskosten für Reinräume und die zum Teil kontinuierlich darin stattfindenden Produktions- und Verfahrensprozesse verlangen von den Beschäftigten darüber hinaus die Bereitschaft zur Schichtarbeit.

Arbeitsgegenstand

Die Arbeitstätigkeit lässt sich typischerweise durch folgende Attribute beschreiben: sorgfältige Bewegungen, bei denen es weniger auf die Geschwindigkeit, dafür umso mehr auf die Genauigkeit ankommt. Hohe Anforderungen an die visuelle Wahrnehmung entstehen aus der Notwendigkeit, ohne Kratzer oder sonstige Beschädigungen der Oberfläche «partikelarme» Teile zu montieren, zu bewegen oder sonstwie mit ihnen umzugehen. Die glatten, oft metallischen Oberflächen der sichtbaren Objekte, aber auch der Arbeits- und Transportmittel, die in der Regel aus V2A-Stahl bestehen oder verchromt sind, können die Wahrnehmung erschweren.

Um diese spezielle Arbeitssituation möglichst erträglich zu gestalten, ist es erforderlich, die Beleuchtung (s. Teil IV, Kap. 3.3; vgl. Frieling, 1992) und die Farbgestaltung sehr sorgfältig zu planen. Die relativ niedrigen Deckenhöhen (üblich sind 3 Meter) begünstigen bei Verwendung von Teardrop-Leuchten die Blendung. (Teardrop-Leuchten haben Tropfenform, um die Verwirbelungen der laminaren Luftströme – von der Decke in den Fußboden – zu verhindern.) Daher sollte man andere, blendfreie Leuchten installieren. Durch entsprechende Farbgestaltung können Isolationsgefühle etwas abgemildert bzw. die Arbeitsumgebung anregender gestaltet werden. Da man beim Bau von Reinräumen nur spezielle Materialien (die keine Partikel abgeben) verwendet,

müssen die Gestaltungsmaßnahmen sehr sorgfältig geplant werden. Nachträgliche Korrekturen, zum Beispiel neue Anstriche, sind nicht möglich. Die hohen Investitionskosten von mehreren Tausend Euro pro Quadratmeter (im Vergleich zu 500 bis 1000 Euro bei einer Fabrik oder einem Büroraum) erhöhen sich nur unwesentlich, wenn man arbeitspsychologische Aspekte frühzeitig einbezieht. Dies gilt umso mehr, als in Reinräumen nur fachlich qualifizierte und speziell trainierte Menschen arbeiten und wegen der relativen Abgeschlossenheit neue Arbeitsstrukturen in Verbindung mit Gruppenarbeit sinnvoll sein können. Diese neuen Arbeitsformen sind bei der Planung von Reinräumen mitzuberücksichtigen (z. B. durch Beteiligung der Mitarbeiter/-innen).

Bei der Gestaltung der Reinräume ist auch auf die Umkleidekabinen, den Schleusenbereich und die Sanitäranlagen zu achten, da sich die Mitarbeiter bei jedem Verlassen des Reinraumes umkleiden müssen. Der Umkleideaufwand beim Wechsel der Normalkleidung in die Schutzkleidung ist hoch, denn Verunreinigungen durch Hautschuppen oder Staubkörner sind möglichst zu vermeiden.

2.6 Schaltwarten, Überwachungsräume

In Schaltwarten bzw. Überwachungsräumen werden technische Prozesse gesteuert, die mehrere Meter oder Kilometer vom Ort der Steuerung entfernt ablaufen. So überwindet zum Beispiel die Überwachung von Satelliten oder des Raumlabors Columbus innerhalb der Internationalen Raumstation (ISS) in Oberpfaffenhofen Distanzen von mehreren hundert bis zu vielen tausenden Kilometern zum Ort der technischen Prozesse. Demgegenüber ist die Überwachung von chemischen Prozessen in einer Raffinerie oder in einem Kraftwerk ortsnäher. In der Regel erfolgen die Eingriffe in das technische System über Rechner, die in den Warten über Bildschirme und Tastaturen bedient werden. Zur Überwachung der Satelliten hat der Operator bis zu elf Bildschirme zu nutzen, die in Reihe in einem Halbrund angeordnet sind. Bei Bedarf (z. B. bei der Positionierung eines neuen Satelliten) können mehrere Beschäftigte in einer solchen Warte tätig sein.

Gearbeitet wird in solchen Warten häufig im Schichtdienst und in fensterlosen Räumen (meist aus Gründen der Sicherheit vor terroristischen Angriffen). Das erfordert eine sorgfältige Licht- und Farbgestaltung, um Monotonie und Ermüdung zu vermeiden. Bei den Räumen für die Satellitenüberwachung in Oberpfaffenhofen hat man sich darum bemüht, durch variable Beleuchtung (Helligkeit und Frequenz) möglichst tageslichtähnliche Bedingungen zu schaffen. Über die Decke wird diffuses Licht abgestrahlt, um Blendungen zu vermeiden. Das mehrere Meter lange Bedienpult hat eine Holzoberfläche mit einem mittleren Reflexionsgrad von zirka 40 bis 50 Prozent, so dass Blendeffekte vermieden werden; die Wände sind farblich unterschiedlich gestaltet.

Die Kontrollräume im neuen Galileo Control Center in Oberpfaffenhofen, das 2008 fertiggestellt wurde, sind nicht nach arbeitswissenschaftlichen, sondern nach ästhetischen Kriterien gestaltet. Die Architekten Axel Schultes und Charlotte Frank – sie sind unter anderem die Architekten des Bundeskanzleramtes – haben dieses Gebäude nach formalen und sicherheitstechnischen Gesichtspunkten geplant. Die Kontrollräume (Konstruktionszeichnung siehe www.architekten24.de/projekt/galileo-control-center-gcc/uebersicht/9778/index.html [Zugriff 2011-09-27]) sind überwiegend weiß gestrichen, die Tische und Konsolen haben eine helle Oberfläche (Reflexionsgrad zwischen 70 und 80 Prozent), und die Beleuchtung entspricht nicht den oben aufgeführten Bedingungen. Es ist zu erwarten, dass es nach vollständiger Inbetriebnahme der Kontrollräume wegen Monotonie und Ermüdungsproblemen zu einer arbeitswissenschaftlich begründeten Umgestaltung der Räume kommt.

3 Arbeitsplatz- und Arbeitsmittelgestaltung

Trotz neuer Technologien wird sich die Vielfalt von Arbeitsmitteln nicht verringern, sondern eher vergrößern.

Neue Arbeitsstrukturen (Gruppenarbeit, Produkt- und Fertigungsinseln, Teamarbeit) fördern durch die Integration der indirekten Tätigkeiten (z.B. Wartungs- und Instandhaltungstätigkeiten, Qualitätssicherung) den Einsatz sehr unterschiedlicher Arbeitsmittel (Schrauber, Zange, PC, computergestützte Bildverarbeitung etc.). Insgesamt kann man davon ausgehen, dass die rechnergestützten Arbeitsmittel drastisch zunehmen und mehr als die Hälfte der Beschäftigten in der Bundesrepublik gelegentlich oder dauernd damit umgehen.

Für eine arbeitspsychologisch orientierte Arbeitsgestaltung heißt dies, sich mit der Vielfalt der verwendeten Arbeitsmittel auseinanderzusetzen und deren Auswirkungen auf das Arbeitsverhalten zu untersuchen. Im Mittelpunkt der folgenden Ausführungen steht die Schnittstelle zwischen Werkzeug/Maschine und Mensch, die je nach Mechanisierungs- oder Automatisierungsgrad unterschiedlich gestaltbar ist. Die Bandbreite, die wir hier diskutieren, reicht vom einfachen Werkzeug, mit dem ein Gegenstand unmittelbar verändert wird (z.B. eine Schere), bis zur Überwachung und/oder Steuerung weitgehend automatisierter Prozesse oder Anlagen. Mit steigender Mechanisierung und Automatisierung in Verbindung mit immer komfortableren Rechnersteuerungen und optischen Anzeigemedien ändern sich die Schnittstellen zwischen Mensch und Maschine. Drei Hauptstufen lassen sich grob unterscheiden:

1. Handarbeit unter Verwendung üblicher *Werkzeuge* einschließlich handgeführter, energiebetriebener Werkzeuge (z.B. Bohrmaschine, Winkelschleifer),
2. Bedienung von stationären Maschinen/Einrichtungen über *Bedienelemente* (z.B. Handrad, Kurbel, Hebel, Tastaturen) bzw. Fahrzeugsteuerung,
3. Überwachen und Steuern von rechnergesteuerten Maschinen und technischen Anlagen über *Anzeigen* und *Tastaturen*.

Anhand dieser drei Stufen werden Probleme diskutiert, die bei der Gestaltung von Werkzeugen, Bedienelementen und Anzeigen entstehen können.

Im Anschluss daran diskutieren wir Transportmittel und Behälter, da diese die arbeitsbedingten Belastungen in bestimmten Arbeitsbereichen (z.B. bei Montagetätigkeiten) wesentlich mitverursachen. Abschließend wird näher auf die Gestaltung von Arbeitstätigkeiten in Verbindung mit Rechnern (PC, Terminal) eingegangen.

3.1 Gestaltung der Mensch-Maschine-Schnittstelle

Bevor auf die unterschiedlich komplexen Mensch-Maschine-Schnittstellen eingegangen wird, scheint es zweckmäßig, sich die Zusammenhänge von Arbeitsanforderungen, Ar-

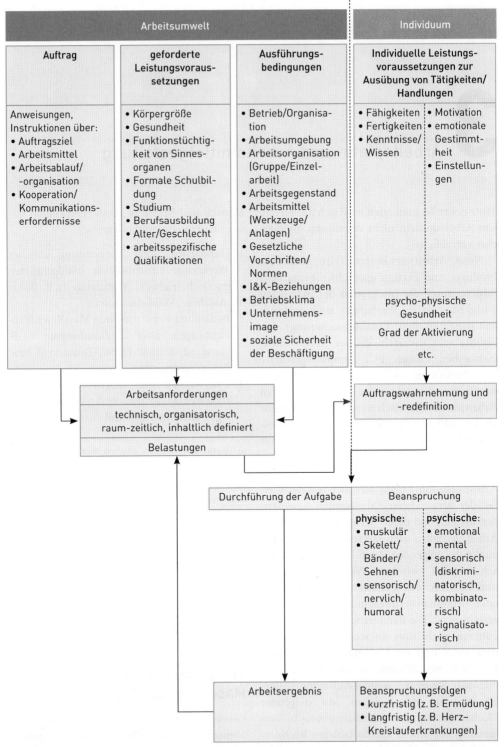

Abbildung IV-18: Modell der Beziehungen zwischen Arbeitsanforderungen, Auftrag, Aufgabe, Belastung und Beanspruchung

beitsauftrag, Arbeitsaufgabe, Belastungen und Beanspruchungen zu veranschaulichen, um den Stellenwert der Diskussion zur Arbeitsmittelgestaltung richtig einordnen zu können (s. **Abb. IV-18**).

Der Gebrauch von Werkzeugen oder der Einsatz von technischen Anlagen definiert unter anderem die Ausführungsbedingungen, erfordert aber auch gewisse Leistungsvoraussetzungen (z. B. Körperkraft, Koordinationsleistungen, Wahrnehmungsfähigkeiten) und beeinflusst die Arbeitsumgebung (z. B. durch Lärm, Abgase, Schmutz oder Wärmestrahlung). Je nach den individuellen Leistungsvoraussetzungen (der Berufserfahrung, dem Alter, der Qualifikation oder der Motivation, um nur einige zu nennen), wird der Einsatz der Werkzeuge, Arbeitsmittel oder technischen Anlagen variieren.

Im Rahmen der arbeitspsychologischen Betrachtung von Werkzeugen und Arbeitsmitteln spielt die Diskussion um die Mensch-Maschine-Funktionsteilung eine wichtige Rolle (vgl. Dunckel, 1996; Sharit, 1997; Ulich, 2005); es geht um die Frage, welche Arbeitsaufgaben besser durch Technik und welche besser durch den Menschen zu erledigen sind. Sharit (1997, S. 312 ff.) führt Gegenüberstellungen auf, aus denen die Überlegenheit des Menschen bzw. der Maschine/des Computers bei der Ausführung spezifischer Aufgaben deutlich wird.

Da in solchen Listen nur der Leistungsaspekt in den Vordergrund der Betrachtung rückt, vernachlässigt man die psychologisch wichtigen Aspekte, die Arbeitstätigkeiten ausmachen (s. Abb. IV-18). Die Aufgabenverteilung in Mensch-Maschine-Systemen ist vom Nutzer her zu sehen. Sie ist empirisch daraufhin zu überprüfen, durch welche Aufteilung welche Arbeitsergebnisse zu erzielen sind und wie sich diese Aufteilung unter dem Aspekt einer individualisierenden Arbeitsgestaltung (vgl. Ulich, 2010) optimal gestalten lässt. Nach Johannsen (1993, S. 40) umfasst die Gestaltung von Mensch-Maschine-Systemen folgende Aspekte:

- «die Gestaltung der Mensch-Maschine-Funktionsteilung,
- die Gestaltung der Arbeitsstrukturen und Arbeitstätigkeiten des oder der Menschen, die mit der Maschine interagieren,
- die Gestaltung der Maschine oder des technischen Systems,
- die Gestaltung der Mensch-Maschine-Schnittstellen, die der Kommunikation zwischen dem oder den Menschen und der Maschine dienen, und
- die Gestaltung der Trainingsverfahren und der Dokumentation.»

In den folgenden Ausführungen geht es im Wesentlichen um die Gestaltung des Werkzeuges, der Maschine bzw. des technischen Systems und um die Gestaltung der Mensch-Maschine-Schnittstellen bzw. der Human-Computer-Interaction (vgl. Preece et al., 1994). Die anderen bei Johannsen (1993) aufgeführten Aspekte werden in den anschließenden Kapiteln näher erläutert.

In seiner einfachsten Form lässt sich ein Mensch-Maschine-System wie in **Abbildung IV-19** darstellen (Näheres zur Mensch-Maschine-Systembetrachtung bei Bubb & Sträter, 2006; oder Johannsen, 1993 u. 2006; Rühmann & Bubb, 2010).

Als einfachste Maschinen kann man Werkzeuge bezeichnen, die sich der mechanischen Grundprinzipien des Hebels, der Rolle oder der schiefen Ebene bedienen. Mittels einfacher *Werkzeuge* gestaltet der Mensch durch manuelle Eingriffe den Bearbeitungsvorgang direkt. Je bequemer das Werkzeug gestaltet ist, umso leichter ist der Arbeitsprozess zu vollziehen. Die «Schnittstelle» ist der Griffbereich, in dem das Werkzeug gehalten bzw. geführt wird. Bei «einfachen» Werkzeugen (z. B. Schraubendreher, Sägen, Feilen, elektrisch angetriebene Bohr-, Fräs- oder Hobelmaschinen) ist daher durch die Gestaltung des Griffbereichs eine wesentliche Beeinflussung möglich.

Am Beispiel eines modernen Verlegegerätes für die Montage von Brettern (s. **Abb. IV-20**) wird sehr schnell deutlich, dass ein Griff mit

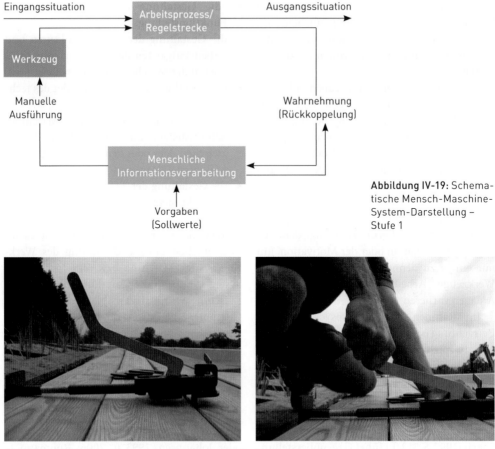

Abbildung IV-19: Schematische Mensch-Maschine-System-Darstellung – Stufe 1

Abbildung IV-20: Unergonomisches Verlegegerät für Bretter

einer Breite/Dicke von fünf Millimetern ungeeignet ist, um ohne schädigende Beanspruchung der Handballen größere Kräfte aufzubringen. Im «Handbuch der Ergonomie» (vgl. Bullinger, Jürgens & Rohmert, 2007) und bei Strasser (2007) werden Beispiele für geeignete Griffe gezeigt. Der Griffdurchmesser sollte, so die dort aufgeführten Angaben, mindestens 20 Millimeter betragen und in Form eines Ballengriffes ausgestaltet sein. Nach Rückfragen bei dem Lieferanten des abgebildeten Arbeitsmittels wurde die «ergonomische Fehlgestaltung» zur Kenntnis genommen und mit Kosten begründet (der Listenpreis für das abgebildete Gerät liegt bei zirka 140 Euro).

Bei der Analyse von Arbeitstätigkeiten lohnt es sich, die Werkzeuge und Arbeitsmittel, auch die jeweils modernsten, auf ihre ergonomische Gestaltungsgüte zu prüfen. Deutlich erkennbar sind Gestaltungsmängel, wenn Beschäftigte mithilfe von Schaumstoff und Isolierband die Griffgeometrie so gestalten, dass Verletzungen, Druckstellen oder Blasenbildung möglichst vermieden werden.

Auf der nächsten Stufe (Stufe 2, s. **Abb. IV-21**) wird der Bearbeitungsprozess von *Maschinen* ausgeführt. Der Mensch hat hier die Aufgabe, durch Bedienteile (Hebel, Handräder, Kurbeln, Tasten, Schalter etc.) die Bearbeitungsfunktionen auszulösen. Er beobachtet den Bearbeitungsvorgang, die Veränderung des Werkstücks durch Werkzeuge, direkt. Die menschliche Arbeitskraft wirkt auf die Bedienteile und nicht mehr unmittelbar auf den

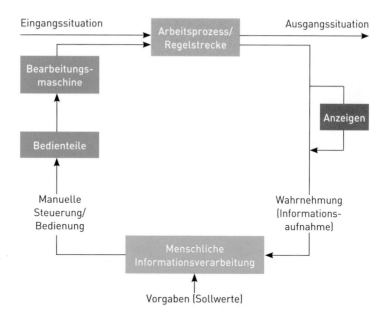

Abbildung IV-21: Schematische Mensch-Maschine-System-Darstellung – Stufe 2

zu bearbeitenden Gegenstand ein. Die optimale Gestaltung der Bedienteile erleichtert den Arbeitsvollzug. Darüber hinaus müssen die Anzeigen (Messwertgeber) so ausgelegt sein, dass sie sich schnell und fehlerfrei ablesen lassen.

Ein Beispiel für ein solches Mensch-Maschine-System (MMS) stellt eine Standbohrmaschine dar (s. **Abb. IV-22**).

Die Bohrmaschine wird über das Bedienteil (Vorschubhebel) gesteuert. Die Bohrtiefe kann man über die Anzeige ablesen. Die Geschwindigkeit des Bohrers wird kontinuierlich oder diskret (in Stufen) reguliert. Mit dem Vorschubhebel wird eine Kraft auf den Bohrer ausgeübt. Das Auge kontrolliert die Position des Bohrers direkt und indirekt über die Anzeige. Vorgaben/Zielwerte werden mit der Anzeige verglichen. Die Bohrgeräusche dienen als Zusatzinformation: Spezifische Töne geben Hinweise auf die Schärfe der Schneide; Verfärbungen im Metall (Anlaufen), Rauchgase und Art der Späne geben Hinweise auf die Güte des Arbeitsprozesses.

Auf der dritten Stufe wird die Maschine über einen oder mehrere Rechner gesteuert; die Schnittstelle ist nicht mehr die Bearbei-

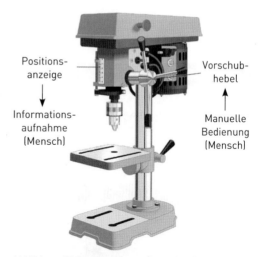

Abbildung IV-22: Realdarstellung des Systems Mensch-Bohrmaschine

tungsmaschine, sondern der Rechner, der die Maschinenfunktionen steuert (s. **Abb. IV-23** u. **Abb. IV-24**). Er registriert und verarbeitet die Informationen, die sich aus dem Bearbeitungsprozess ergeben, und steuert nach einem eingegebenen Programm die erforderlichen Maschinenfunktionen. Der Mensch kann über Tastaturen, Eingabedisplays oder in bestimm-

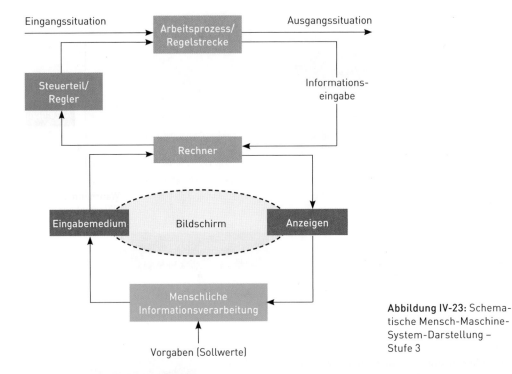

Abbildung IV-23: Schematische Mensch-Maschine-System-Darstellung – Stufe 3

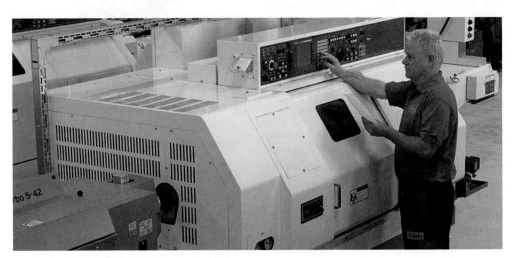

Abbildung IV-24: CNC-Bearbeitungsmaschine

ten Fällen auch über den Bildschirm selbst (mit Lichtgriffeln oder nach dem Touch-Prinzip) den Rechner über eine Programmiersoftware aktivieren. Veränderungen am Arbeitsgegenstand, aber auch die aktuell ablaufenden Funktionen werden dem Menschen über Anzeigen (z. B. auf einem Bildschirm) in codierter Form mitgeteilt. Mensch-Maschine-Systeme dieser Art setzt man bei der Prozesssteuerung, zum Beispiel in der Kraftwerksteuerung (vgl. Johannsen, 1993), ebenso ein wie bei hochautomatisierten technischen Anlagen der Metallverarbeitung (flexible Bearbeitungszentren; vgl. Fuchs-Frohnhofen & Hartmann, 1995; Rose, 1995).

Die räumliche Entfernung zwischen Mensch und Bearbeitungsvorgang kann bei dieser Art der Systemsteuerung sehr groß sein, zum Beispiel bei der Steuerung von Ventilen in einer Prozessleitwarte in der chemischen Industrie (vgl. Bubb & Sträter, 2006; Johannsen, 1993). Um eine möglichst optimale Steuerung und Überwachung zu ermöglichen, sind geeignete Anzeigen erforderlich. Diese müssen den verantwortlichen Beschäftigten umfassend über den Betriebszustand informieren und ihn in die Lage versetzen, bei Ausnahmesituationen (Fehlfunktionen) schnell zu reagieren.

Indem auf dem Bildschirm eine Zusammenfassung von aktuellen und relevanten Anzeigen erscheint, versucht man, dem Bediener der Anlage nur die Informationen darzubieten, die er zur unmittelbaren Steuerung benötigt. Will er zusätzliche Daten, muss er diese speziell abfragen. Johannsen (1993) berichtet in seinem Buch über Mensch-Maschine-Systeme ausführlich über diese Probleme und bietet eine Reihe von Beispielen für rechnerunterstützte Entscheidungs-, Überwachungs- und Kontrollsysteme. Bei diesen Unterstützungssystemen geht es darum, Fehlhandlungen bei der Prozesssteuerung weitgehend zu vermeiden, um das Schadensrisiko möglichst klein zu halten. Um dennoch aus Fehlern lernen zu können, entwickelt man Simulatoren, die die Prozesse in Echtzeit abbilden und so dem Bediener/der Bedienerin die Chance bieten, die Konsequenzen aus Fehlhandlungen systematisch zu analysieren (vgl. Dzida & Wandtke, 2006; Giesa & Timpe, 2006; Sonntag & Schaper, 1997).

Die Übergänge zwischen den hier dargestellten Stufen sind in der Praxis fließend, sodass sich je nach Differenzierungsgrad bis zu acht Stufen ergeben können (vgl. hierzu auch Johannsen, 1993; und Neumann & Timpe, 1976, S. 46 ff.).

3.1.1 Werkzeuge, Arbeitsmittel und Gegenstände

Die Völkerkunde beschäftigt sich schon seit Langem mit dem Werkzeuggebrauch in verschiedenen Kulturen. In der Ergologie, einer Teildisziplin der Völkerkunde, die sich mit der Form und Anwendung von Produkten befasst (vgl. Hirschberg & Janata, 1984), wird aufgezeigt, wie sich bei unterschiedlichen Völkern in Abhängigkeit von natürlichen Gegebenheiten entsprechende Werkzeuge entwickelt haben. Aus dem Vergleich des Werkzeuggebrauchs leiten sich auch heute noch Anregungen für die Fortentwicklung typischer oder wieder in den Gebrauch gelangender Werkzeuge ab. Werkzeuge sind Ausdruck einer jeweiligen Kultur und ordnen ihren Anwender einer in vielen Fällen typischen Berufsgruppe zu. Die auf das Zunftwesen zurückzuführende Trennung der Handwerksberufe hat in unserer Kultur zu einer relativ eigenständigen, berufsbezogenen Werkzeugentwicklung geführt.

In ihrem illustrativen Werk zeigen Velters und Lomothe (1979) an einzelnen alten Werkzeugen (z. B. Hobel, Schere, Spaten, Säge), wie sich diese in Abhängigkeit von dem zu bearbeitenden Gegenstand, von der Zunftzugehörigkeit und von der geografischen Region, in der man sie verwendet, unterscheiden. Solche Unterschiede finden sich trotz industrieller Fertigung noch heute; so sind zum Beispiel Maurerkellen oder Sandschaufeln im Süden der Bundesrepublik anders geformt als im Norden. Diese lange Tradition handwerklicher Arbeitsmittel fördert das Vorurteil, Werkzeuge seien unveränderlich und zweckmäßig.

Die klassische und umfassende Arbeit von Bullinger und Solf (1979, Bd. I–III) macht deutlich, wie das Optimieren selbst einfacher Werkzeuge mithilfe der Anthropometrie (Lehre von den Körpermaßen) und der Ergonomie in Verbindung mit detaillierten Aufgabenanalysen zu einer Belastungsminderung führt. Die Autoren zeigen dies exemplarisch unter anderem an dem Griff eines Schraubendrehers und einer Feile, an einem Farbroller, einer Friseurschere und einem Motorradhandgriff. Aus Feinanalysen der einzelnen Kräfte, die beim Arbeitsvollzug über die Hand und die Finger auf das Werkzeug wirken, sowie der Art des Arbeitsvollzuges und aus der ermittelten anatomisch günstigen Haltung von Fingern, Hand, Arm und Ganzkörper leitet man Anforderungen an das Werkzeug ab (vgl. hierzu auch Strasser, 2007). Für den Schraubendrehergriff ergeben sich zum Beispiel folgende Anforderungen:

- möglichst hohe Kraftübertragung,
- Halten gegen Widerstand,
- genaues Einstellen,
- Schnelligkeit,
- Tasten der Stellung,
- kontinuierliches Stellen muss möglich sein.

Sollen diese Anforderungen in eine entsprechende Griffform samt Abmessung, geeignetem Material und günstiger Oberflächenbeschaffenheit umgesetzt werden, so muss man eine Vielzahl von Parametern beachten und ergonomische Untersuchungen durchführen (zu den Detailuntersuchungen vgl. Bullinger &

Solf, 1979, S. 20 ff.; Handbuch der Ergonomie, hrsg. v. Bullinger et al., 2007; Bullinger, 1999; Helander, 2006; oder Strasser, 2007). Als Ergebnis stellen Bullinger und Solf einige Schraubendreher vor, die sie hinsichtlich ihrer Eignung von Versuchspersonen bewerten und erproben ließen (s. **Abb. IV-25**).

Als Alternative zu den herkömmlichen Schraubendrehern könnte ein neuartiger Schrauber dienen (s. **Abb. IV-26**). Bei diesem Konzept wird der Griff mit einer rechts/links verstellbaren Knarre kombiniert, sodass ein kontinuierliches Eindrehen/Ausdrehen möglich ist und sich die Kraft direkt auf die Schraube aufbringen lässt. Die Hand verweilt während des gesamten Bewegungsablaufes in ihrer natürlichen Haltung am Griff. Die dynamische Arbeit besteht in einer Rechts-Links- bzw. Links-Rechts-Drehung des ganzen Unterarms. Ein Nachgreifen wie beim herkömmlichen Schraubendreher ist nicht notwendig. Die Griffgröße schränkt allerdings den Anwendungsbereich ein, da bei engen Bewegungsräumen die Griffgeometrie stört (vgl. hierzu auch die Vergleichsuntersuchungen von konventio-

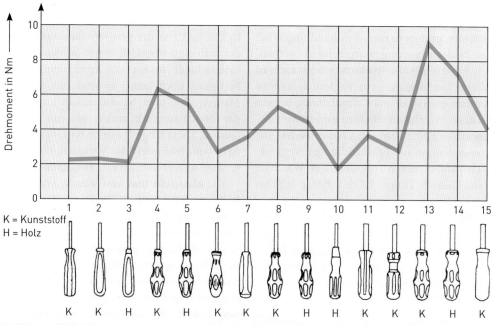

Abbildung IV-25: Gestaltung und Bewertung von Schraubendrehern (vgl. Bullinger & Solf, 1979)

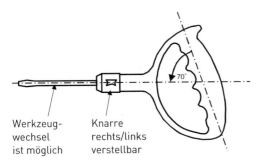

Werkzeug-
wechsel
ist möglich

Knarre
rechts/links
verstellbar

Abbildung IV-26: Ergonomisch neuartig gestalteter Schraubendreher

Abbildung IV-27: Eisensägen – ergonomisch schlecht (oben) und ergonomisch gut gestaltet (unten)

nellen Schraubendrehern und Schraubendrehern mit Pistolengriff bei Strasser, 2007, S. 183 ff.).

Als weiteres Beispiel mag die klassische Eisensäge dienen. Dieses Werkzeug, das immer noch weit verbreitet ist, zwingt beide Hände während des Arbeitsvorgangs in eine ungünstige Haltung. Über den Griff lässt sich keine maximale Schubkraft aufbringen, und auch die Druckkraft auf dem Bügel ist nicht optimal. Mit der neuen Konstruktion (s. **Abb.** IV-27) kann man die Schub- und Druckkraft wesentlich besser auf die Säge verteilen (vgl. Strasser, 2007, S. 8, oder Helander, 2006, S. 221).

Durch die Wahl eines geeigneten Griffmaterials (z. B. relativ weiche Gummimischung) kann der Griffkomfort noch verbessert werden.

Die Beispiele bei Bullinger und Solf (1979) und Strasser (2007) zeigen, dass es sinnvoll sein kann, übliche Werkzeuge zu dem Zweck zu ändern bzw. umzugestalten, die Belastung zu minimieren und Verletzungen zu vermeiden (z. B. Blasenbildung beim Eindrehen von Schrauben mit einem ungünstig gestalteten Schraubendreher). Der Arbeitspsychologe kann aufgrund sorgfältiger Analysen des Handlungsvollzuges – verbunden mit Befragungen der Werkzeugnutzer – Hinweise für Gestaltungsmaßnahmen geben. Er ist auch dann gefordert, wenn es darum geht, neue Werkzeuge statt der gewohnten einzusetzen. Hier ist meist ein entsprechender Einführungs- und Schulungsaufwand erforderlich. Die Überlegungen zur Werkzeuggestaltung

lassen sich problemlos auf energiebetriebene Werkzeuge übertragen, die in der Hand gehalten werden. Bullinger und Solf (1979, S. 193 ff.) beschreiben diese Übertragungsmöglichkeit am Beispiel von Textilzuschneidemaschinen.

Die Abhängigkeit der Hand- und Körperhaltung von der jeweiligen Bearbeitungsaufgabe erfordert das spezifische Handwerkszeug. Dem vier Zentimeter großen Hobel des Geigenbauers steht zum Beispiel der siebzig Zentimeter große Schrupphobel eines Schreiners gegenüber. Verwendet man universale Elektro-Antriebe (z. B. die elektrische Handbohrmaschine) für unterschiedlichste Aufgaben (z. B. Fräsen, Schleifen, Hobeln oder Bohren), so führt die am Bohrvorgang orientierte Gestaltung (Pistolengriff) zu ungünstigen, einseitig beanspruchenden Körperhaltungen, wenn man mit einer solchen Maschine Oberflächen glättet oder Steinplatten zerteilt.

Unter ergonomischen Gesichtspunkten ist sorgfältig zu überprüfen, inwieweit vor allem bei Wartungs- und Instandhaltungsaufgaben Universalwerkzeuge oder aber Spezialwerkzeuge eingesetzt werden sollen. Je länger am Arbeitstag mit bestimmten Werkzeugen umgegangen wird (z. B. bei industriellen Montagetätigkeiten), umso sorgfältiger ist die Zweckbestimmtheit des Werkzeuges anhand ergonomischer Kriterien zu überprüfen (vgl. Bullinger & Solf, 1979).

Um die vorhandenen Arbeitsmittel im Sinne einer korrektiven Arbeitsgestaltung zu verbessern, hat Bullinger (1999) eine Checkliste vorgelegt. Diese berücksichtigt folgende Aspekte: Arbeitswiderstand, Bewegungsart, Genauigkeit, Zeitbedarf, Ergebnisrückkoppelung, Umgebungseinflüsse, Arbeitssicherheit, Körperstellung und -haltung sowie Bewegungszuordnung. Die systematische Anwendung dieser Checkliste kann dazu beitragen, die Belastungen und Beanspruchungen zu minimieren. Die Notwendigkeit derartiger Maßnahmen verdeutlicht eine Untersuchung von Pfuhl (1998) im Zimmererhandwerk, in der er verschiedene energiebetriebene Arbeitsmittel auf ihre Geräuschemission hin untersuchte und mit Er-

gebnissen aus einer älteren Studie verglich. Die Ergebnisse zeigen, dass neuere Maschinen teilweise lauter geworden sind anstatt leiser (z.B. Handhobel) und die Lärmemission beträchtliche negative Beanspruchungen verursacht (s. Tab. IV-10).

In seinem Buch «The Psychology of Everyday Things» hat der Kognitionspsychologe Donald A. Norman (1988) mit feiner Ironie die ergonomischen Unzulänglichkeiten von typischen Gebrauchsgegenständen (z.B. von Wasserhähnen, Tankverschlussdeckeln, Lichtschalteranordnungen, Türgriffen, Elektrokü-

Tabelle IV-10: Emissionsbelastung bei Elektrohandmaschinen im Leerlauf und bei der Werkstückbearbeitung (Pfuhl, 1998)

Maschine	Anzahl	Schalldruckpegel am Ohr dB(A)			
		Leerlauf		Bearbeitung	
		Spanne	arithmet. Mittelwert	Spanne	arithmet. Mittelwert
Handkreissäge	48[1]	84,5 – 102,5	99,2	87,5 – 103,5	96,8
Handkreissäge	7[2]	87,2 – 98,9	93,3	94,3 – 102,6	98,7
Handhobel	17[1]	87,5 – 95,5	94,4	86,5 – 99,5	93,8
Handhobel	4[2]	83,8 – 98,1	96,0	94,4 – 102	99,0
Bohrmaschine	33[1]	80,5 – 95,5	84,0	79,5 – 92,5	83,2
Bohrmaschine	4[2]			79,7 – 96,0	86,0
Kettensäge	5[1]	91,5 – 103,5	97,0	93,5 – 99,5	96,8
Bandschleifer	151	87,5 – 95,5	92,8	89,5 – 96,5	92,1
Bandschleifer	3[2]	78,0 – 95,3	92,4	81,7 – 94,9	92,0
Benzinmotorsäge	2[2]	77,5[3]		94,9 – 100,0	97,5
Kervenfräse	3[2]	86,7[3]		91,9 – 105,3	97,0
Kettenfräse	3[2]	85,6 – 93,3	90,2	88,5 – 92,7	90,6

1 Untersuchungsergebnisse Michel und Kemmner (1984)
2 Untersuchungsergebnisse Pfuhl (1997)
3 Es liegt nur ein Messwert vor

chenherden) aufgezeigt und Alternativen demonstriert, die durch ihre Einfachheit überzeugen. Schön wäre es, wenn zum Beispiel die Entwickler von Telefonanlagen die Ausführungen von Norman (1988) zur Telefonanlage der University of Michigan gelesen hätten. Vielleicht würden sie dann eine Telefonanlage konzipiert haben, die es möglich macht, einfache Funktionen durchzuführen (z. B. ein Gespräch durchzustellen oder den Anrufbeantworter zu löschen), ohne eine mehr als 130 Seiten lange Bedienungs- sowie eine 14-seitige «Kurz»-anleitung differenziert durchzustudieren und ohne ingenieurwissenschaftliche Kompetenz zu nutzen. Norman spricht in diesem Fall von der «Psychopathologie» der Alltagsgegenstände (s. Infobox IV-6).

Obwohl Norman diesen Text schon 1988 verfasst hat, könnte man als Nutzer jetziger Systeme zu dem Schluss gelangen, seine Feststellungen seien immer noch gültig. Es ist daraus zu schließen, dass es sich bei der Psychopathologie der Alltagsdinge um ein interkulturelles Phänomen handelt, das gegenüber ergonomischem Wissen ziemlich resistent erscheint. Dennoch gilt die schon bei Norman formulierte Hoffnung, dass es hilfreich ist,

wenn die Nutzer/-innen ihre Stimme gegen unbrauchbare Produkte erheben, wenn sie den Hersteller anschreiben oder diese Produkte boykottieren.

Um ein gutes Produkt zu entwickeln, müssen nach Meinung von Norman (1988, S. 13 ff.) folgende vier Prinzipien beachtet werden:

1. *Schaffe ein gutes Entwurfsmodell.*
   Das konzeptuelle Modell ist dann gut, wenn die Vorstellungen des Designers mit denen des Nutzers weitgehend übereinstimmen. Da der Designer aber in der Regel nicht mit dem Nutzer spricht und daher keine klaren Vorstellungen von dessen mentalem Modell hat, besteht die Gefahr, dass die Erwartungen (die antizipierten Effekte) vom Gebrauch eines Gerätes zwischen Designer und Nutzer divergieren und somit Konfusionen beim Nutzer die Folge sind.
2. *Mach Dinge offensichtlich und sichtbar.*
   Der Gebrauch eines Gerätes ist umso leichter, je offensichtlicher die Beziehung zwischen den Ausführungsfunktionen und den beobachtbaren Effekten ist, indem der Nutzer eines Gerätes beispielsweise ein unmittelbares Feedback erhält, nachdem er eine

Infobox IV-6

«Psychopathologie» der Alltagsgegenstände (Norman, 1988, S. 19–21)

«The telephone system was a standing joke. Nobody could use all the features. One person even started a small research project to record people's confusions. Another person wrote a small ‹expert systems› computer program, one of the new toys of the field of artificial intelligence; the program can reason through complex situation. If you wanted to use the phone system, perhaps to make a conference call among three people, you asked the expert system and it would explain how to do it. So, you're on the line with someone and you need to add a third person to the call. First turn your computer. Then load the expert system. After three or four minutes (...) type in what you want to accomplish. Eventually the computer will tell you what to do – if you can remember why you want to do it, and if the person on the other end of the line is still around. But as it happens, using the expert system is a lot easier than reading and understanding the manual provided with the telephone.»

Operation ausgeführt hat, etwa das Erlöschen einer Kontrolllampe am Küchenherd nach Ausschalten aller Platten oder die Steuerung eines Fahrzeugs nach rechts durch Drehung des Lenkrades nach rechts. Undurchsichtiger ist ein Gerät, wenn die Erwartungen und die Reaktionen des Gerätes divergieren, wenn zum Beispiel bei einem Tretboot durch das Drücken eines Steuerknüppels in Fahrtrichtung das Boot nach links geht und durch Drücken gegen die Fahrtrichtung nach rechts.

3. *Beachte den Grundsatz des «Mappings».*
«Mapping» ist ein Fachbegriff, unter dem Norman (1988, S. 23) die Beziehung zwischen zwei Dingen versteht: der Steuerung und Bewegung und den daraus folgenden Ergebnissen. Ein «natural mapping» (natürliche Beziehung), das nach Norman zu unmittelbarem Verständnis führt, beruht auf der Verbindung von physiologischen Analogien und kulturellen Standards. Dies trifft zum Beispiel zu, wenn das Schieben eines Bedienelementes nach oben eine Bewegung nach oben auslöst. Als gutes Beispiel für «natural mapping» führt Norman einen Schalter an, der in Form eines Sitzes die Verstellung des Sitzes bei Mercedes-Benz-Fahrzeugen ermöglicht; hier besteht eine einfache, natürliche Beziehung zwischen der Bedienung des Schalters und der ausgelösten Funktion (s. Abb. IV-28).

4. *Berücksichtige das Feedback.*
Feedback, verstanden als Informieren des Nutzers darüber, was er mit seiner Handlung ausgelöst hat, ist wichtig, um beim Nutzer Verhaltenssicherheit zu erzeugen. Wenn zum Beispiel beim Telefonieren bei der angerufenen Person ein Telefon mit Faxweiche installiert ist und der Anrufer beim ersten Klingeln den typischen Ton eines Telefons hört und beim zweiten Klingeln einen Piepston für das Faxgerät, dann ist er bereit, wieder aufzulegen, auch wenn das Telefon empfangsbereit ist und der Angerufene das Klingeln hört und nur nicht schnell genug reagieren kann.

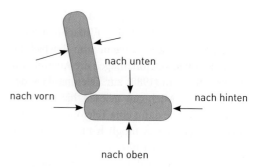

Abbildung IV-28: Sitzverstellung als Beispiel für natürliches «Mapping» (vgl. Norman, 1988, S. 24)

Bei Tasten ist ein akustisches, taktiles, haptisches oder optisches Feedback wichtig, um eine Rückmeldung darüber zu haben, ob der Tastendruck eine Funktion ausgelöst hat oder nicht.

Vieles von dem, was Norman mit seinen vier Prinzipien umschrieben hat, lässt sich auch mit dem in der Arbeitswissenschaft gebräuchlichen Begriff der «Kompatibilität» abdecken. Nach Bubb (1992, S. 416 ff.) versteht man unter Kompatibilität «den vom Menschen zu bewältigenden Umcodieraufwand zwischen verschiedenen Informationen. Dabei hat man zwischen der primären und sekundären Kompatibilität zu unterscheiden. Unter primärer Kompatibilität versteht man die Sinnfälligkeit zwischen Informationen bezogen auf Wirklichkeit, Anzeigen, Stellteile und innere Modelle. […] Die sekundäre Kompatibilität bezieht sich darauf, dass sich die Bewegungsrichtung und der Drehsinn nicht im Widerspruch befinden dürfen.» (Vgl. hierzu auch die Ausführungen von Bubb & Sträter, 2006, S. 174, zur primären und sekundären Kompatibilität).

Berücksichtigt man die Überlegungen von Bubb und Sträter (2006), Helander (2006), Norman (1988) oder Strasser (2007), so werden die entscheidenden Prinzipien deutlich, die bei der Gestaltung von Arbeitsmitteln beachtet werden müssen: der erforderliche Arbeitsaufwand (im Sinne der Arbeitsbeanspruchung); die geforderte Genauigkeit; die Zeitdauer, mit der «hantiert» wird; die Verständlichkeit («visibility»); die Wirksamkeit; das Feedback; die Kompatibilität; die Umgebungsbedingungen und die Arbeitssicherheit.

3.1.2 Unmittelbare Eingabesysteme/ Bedienteile

Um Maschinen, Fahrzeuge, Geräte, technische Anlagen usw. zu steuern, gibt es eine Vielzahl von Bedienelementen/Stellteilen, die sich nach Bullinger und Solf (1979, Bd. III, S. 31) über die Bewegungsart wie folgt gliedern lassen:

- translatorisch: ziehen, schieben, drücken;
- rotatorisch: schwenken, drehen.

An Stellteile können – je nach Anwendungszweck – unterschiedliche Anforderungen gestellt sein, zum Beispiel «hohe Kraftübertragung», «große Genauigkeit und Schnelligkeit», «das Bedienteil kann auch ohne optische Kontrolle eindeutig identifiziert werden», «unabsichtliches Berühren bleibt folgenlos» und

dergleichen mehr. Entsprechend diesen Anforderungen eignen sich unterschiedlich ausgeführte Stellteile.

Fußhebel zum Beispiel sind zweckmäßig, wenn große Kräfte aufgebracht werden müssen, zum Beispiel beim Bremsen eines Fahrzeugs. Für sehr genaue Steuerungen eignen sie sich weniger gut (vgl. hierzu die von Bullinger [1999] vorgelegte Gegenüberstellung der Vor- und Nachteile von Bedienelementen, die man mit Fuß- und Beinkraft betätigt).

Einhandbedienung ist anzustreben, wenn sehr feine Steuerungen durchzuführen sind. Bei Zweihandbedienung ist die Koordination nicht mehr ganz so gut; dafür aber sind große Kräfte einsetzbar (vgl. Neumann & Timpe, 1976; Schmidtke, 1976, S. 44 ff.; Rühmann, 1993, S. 554 ff.; oder Bullinger, 1999).

Feineinstellungen sind zum Beispiel bei Drehbewegungen und Drehknöpfen der Art (C) 1 und 2 möglich (s. Abb. IV-29). Größere Kräfte lassen sich bei (C) 3, 4 und 7 ausüben. Die größten Einstellkräfte erlauben (C) 5 und 6.

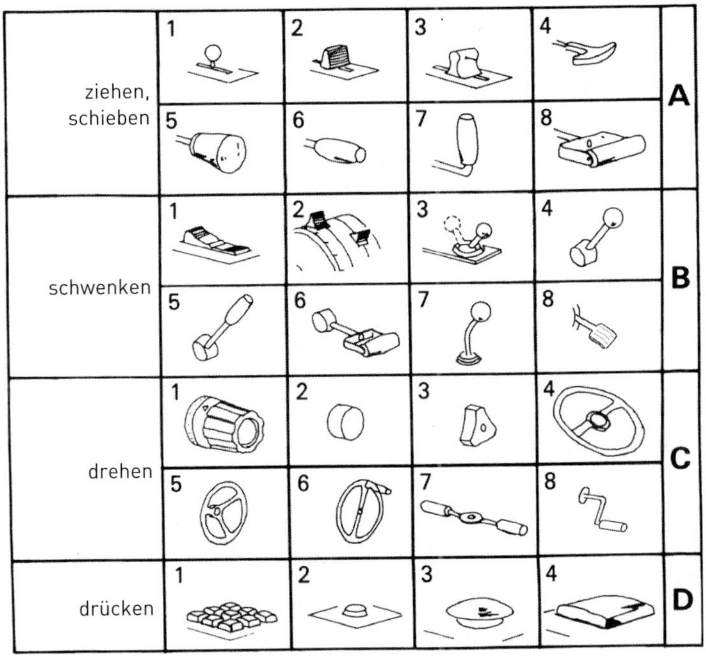

Abbildung IV-29: Beispiele für Stellteile, gegliedert nach Bewegungsart (Bullinger & Solf, 1979)

Die Zieh- und Schiebestellteile (A) 1–3 eignen sich im Wesentlichen für Feineinstellungen, wogegen sich mit den Stellteilen (A) 4–8 nur einzelne Stufen unter Kraftaufwand einstellen lassen. Für kontinuierliche Einstellungen sind die Drehknöpfe (C) 1 und 2, die Steuergriffe (B) 3 und 7 und die Schiebeschalter (A) 1–3 am günstigsten. Direkte Einstellungen (Ein/Aus) nimmt man in der Regel mit Tasten der Art (D) 3 und 4 vor. Tastaturen in Form von (D) 1 eignen sich dazu, bestimmte Funktionen auszulösen (vgl. hierzu insbesondere Bullinger & Solf, 1979, Bd. III; ausführliche Darstellungen zu dieser Thematik finden sich auch im «Handbuch der Ergonomie» von Bullinger et al., 2007).

Die Anordnung der Stellteile an Maschinen und technischen Einrichtungen hat möglichst kompatibel zu erfolgen, das heißt, die Erwartungen des Stellteile-Bedieners sollen mit den tatsächlichen Effekten übereinstimmen, die über diese ausgelöst werden. Diese Erwartungen können gelernt sein bzw. sozialen Stereotypen entsprechen (vgl. Hoyos, 1974, S. 95 ff.) und sollten von Arbeitsgestaltern nicht unnötig enttäuscht werden. Bei Drehknöpfen erwartet man zum Beispiel, dass eine Drehung nach rechts eine Zunahme bedeutet und eine Drehung nach links eine Abnahme. Ein Hebel, der von oben nach unten geschoben wird, schaltet aus, verringert einen Prozess, reduziert; bei einem Hebel, der nach oben geschoben wird, ist das Gegenteil der Fall. Hebel, die der Bediener nach vorn – von sich weg – bewegt, führen zu einem «Mehr»; Hebel, die er zum Körper hin zieht, bewirken das Gegenteil. Hebel, die man nach rechts schiebt, verstärken etwas; eine Hebelbewegung nach links führt eine Reduktion herbei (vgl. hierzu auch Bubb & Sträter, 2006).

Steuern an einer Maschine mehrere Stellteile unterschiedliche Funktionen, ist es aus Gründen der Kompatibilität sinnvoll, alle Bedienteile gleichsinnig anzuordnen. Ist dies nicht beachtet, vergrößert sich insbesondere unter Zeitdruck die Gefahr der Fehlbedienung. Die Wirksamkeit von Verhaltensstereo-

typen kann an sich selbst beobachtet werden, wenn man ein neues Auto fährt und unter Zeitdruck zum Beispiel den Rückwärtsgang sucht oder plötzlich das Licht einschalten muss. Die fahrzeugspezifische Stellteilgestaltung erschwert die Stereotypenbildung. In Stresssituationen verfällt man leicht in alte Bedienungsgewohnheiten, die zu Fehlern führen können.

3.1.3 Mittelbare Eingabesysteme

Über mittelbare Eingabesysteme wirkt man nicht direkt auf den physikalischen Prozess ein, sondern indirekt über einen Rechner/Computer, der sich durch verschiedene Eingabemedien steuern lässt, zum Beispiel durch Tastatur, Tablett, Joystick, Maus, Rollkugel, Lichtgriffel, Touchbildschirm, Mikrofon (natürliche Spracheingabe) oder Datenhandschuh. Da die Tastatur (speziell die Schreibtastatur) universell einsetzbar ist, wird sie im Folgenden etwas ausführlicher dargestellt und hinsichtlich ihrer Gestaltungskriterien näher erläutert. Bei den anderen mittelbaren Eingabemedien sind nur die typischen Einsatzgebiete und die eventuell vorhandenen Nutzerprobleme überblicksartig dargestellt.

Tastaturen

Bei den Tastaturen mit ihrer großen Verbreitung kann man unterscheiden zwischen alphanumerischen (z. B. klassisches Schreibmaschinentableau) und Funktionstastaturen (bei CAD-Systemen, an Maschinensteuerungen, Kassenarbeitsplätzen etc.). Diese Tastaturen sind meist mit einem Bildschirm oder Displays als Anzeigemedium (s. Teil IV, Kap. 3.1.4) versehen.

Bei der konventionellen Schreibmaschine beginnt die zweite Zeile (unterhalb der Ziffernzeile) mit der Buchstabenfolge Q, W, E, R, T, Z (s. Abb. IV-30). Diese Tastatur wird daher als QWERTZ-Tastatur bezeichnet. Bei der englischsprachigen Tastatur ist die Buchstabenreihe Q, W, E, R, T, Y. Diese schon 1878 von

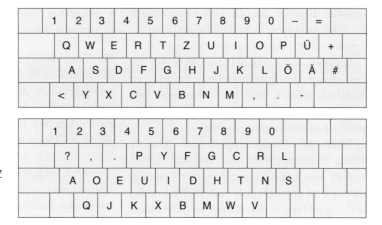

Abbildung IV-30:
Standardtastatur QWERTZ
(oben) und DSK (Dvorak
Simplified Keyboard)
(unten)

Sholes entwickelte Tastatur (vgl. Norman, 1988, S. 145 ff.) hatte den Vorteil, dass diejenigen Buchstaben, die mit größerer Wahrscheinlichkeit hintereinander geschrieben werden, nicht nebeneinander liegen, so dass die mechanischen Hebel beim schnellen Schreiben nicht so häufig kollidieren. Da dieses Argument bei elektrischen Tastaturen entfällt, verwundert es nicht, dass man nach alternativen Tastenanordnungen suchte, um die Schreibgeschwindigkeit zu erhöhen und Asthenopien (Sehschwächen), musculo-skeletale Beschwerden («Repetitive Strain Injury» [RSI]) oder Kopfschmerzen zu mildern.

Eine solche Entwicklung liegt schon lange zurück (vgl. Dvorak, 1936, zit. nach Krueger, 1993). Das neue Layout (s. Abb. IV-30 unten) entwickelte man nach Prinzipien von Zeit-Bewegungs-Studien und Effizienzmessungen. Die QWERTY-Tastatur wurde für das Zwei-Finger-Schreiben entworfen, das Dvorak-Layout für das Zehn-Finger-Schreiben. Dem Design liegt die Feststellung zugrunde, dass einfache Bewegungen leichter erlernbar und schneller durchführbar sind als komplexe Bewegungen. Ferner sollen rhythmische Bewegungen weniger ermüdend sein als unstete. Mit dem Dvorak-Layout wird die rechte Hand häufiger benutzt als die linke, und den Fingern ist eine proportionierte Arbeitsleistung zugeordnet. Rund 70 Prozent eines englischen Tex-tes kann man mit einer Grundreihe schreiben, der zweiten Tastenreihe, was die Fingerbewegungen um rund 90 Prozent verringert. Dvorak ermittelte bei diesem Layout, dass die Finger an einem Acht-Stunden-Tag eine Distanz von etwa einer Meile zurücklegen. Bei einem QWERTY-Layout sind es dagegen 12 bis 20 Meilen. Norman (1988) stellt fest, dieses Layout sei leichter zu erlernen und erlaube bis zu 10 Prozent schnelleres Schreiben.

Empirische Vergleichsuntersuchungen der beiden Tastaturvarianten, über die Potosnak (1988) berichtet, ergeben für den Nutzer keine spezifischen Vorteile. Wer keines der bekannten Tastatur-Layouts kennt, könnte nach Norman (1988) auch mit einer zufälligen Anordnung der Tasten nahezu dieselbe Schreibgeschwindigkeit erreichen wie mit den dargestellten Layouts, da immer ein Erlernen der Buchstabenordnung notwendig ist. Norman zieht daher folgende Schlussfolgerung: Wenn sich ein zufriedenstellendes Design einmal durchgesetzt hat, können weitere Veränderungen insbesondere bei erfolgreichen Produkten kontraproduktiv sein. Auch Potosnak (1988) stellt fest, dass erfahrene Schreiber auf einmal erlernten Tippmethoden beharren, auch wenn sie von den Vorteilen anderer Tastaturen überzeugt sind. Dieser Meinung schließt sich auch Krueger (1993) in seinen Ausführungen an. Potosnak (1988) schließt daher, dass die beste

Tastatur diejenige sei, die den Erwartungen des Schreibers entspricht und die Nutzung erlernter motorischer Fähigkeiten unterstützt.

Bei allen Tastaturlayouts besteht ferner die Problematik der Sprachbindung. In anderen Sprachen müssen andere Buchstaben, beispielsweise Umlaute im Deutschen, zusätzlich auf der Tastatur angebracht sein.

Trotz der Feststellungen von Krueger (1993), Norman (1988) oder Potosnak (1986) bemüht man sich ständig, alternative Tastaturkonzepte zu entwickeln (s. **Abb. IV-31**), um das seitliche Abbiegen der Hände zu vermeiden, das zu Beschwerden führen kann (vgl. Krueger, 1993). Durch die Aufteilung der herkömmlichen Tastatur (QWERTZ) in zwei Teile (für die rechte und die linke Hand) entstehen sogenannte variable oder fest eingestellte, geteilte Tastaturen (vgl. Helbig & Ferreira, 2009, S. 208; Krueger, 1993, S. 10).

Müller (1996) hat die Auswirkungen einer variablen Tastatur überprüft (s. Abb. IV-31). Er untersuchte über einen Zeitraum von zweieinhalb Wochen zehn weibliche Versuchspersonen, eingeteilt in Tastschreiberinnen (Zehn-Finger-Blindschreiberinnen) und Sichtschreiberinnen (geübte Mehr-Finger-Schreiberinnen). Die verwendete Tastatur der Firma Cherry ist in folgenden Punkten variabel einstellbar:

- drehen der linken gegenüber der rechten Hälfte von 0° bis 30° in 5°-Schritten,
- ankippen um 5° oder 10°,
- neigen um 6° oder 12°,
- separater Numerikblock.

Die Untersuchungen zeigten, dass die Muskelaktivitäten (EMG) bei der variablen Tastatur gegenüber der traditionellen niedriger sind; besonders der Handdreher und die Fingerstrecker werden weniger benutzt (vergleichbare Daten finden sich auch bei Strasser, 2007).

Die Schreibgeschwindigkeit ist bei den zehn Testpersonen annähernd gleich; das heißt, mit beiden Tastaturen kann ungefähr gleich schnell geschrieben werden, Ähnliches gilt auch für die Fehlerzahlen: Es bestehen keine bedeutsamen Unterschiede (vgl. Müller, 1996).

An die Tastatur und die Tasten werden die in Tabelle IV-11 aufgeführten Anforderungen gestellt (vgl. BildscharbV von 1996; Bullinger, 1999, S. 343; Hertting-Thomasius, 1997; Krueger, 1993, S. 10 ff.; oder Strasser, 2007).

Tablett

Grafiktabletts (Digitalisiertablett, Digitizer, Pen-Tablett) sind Zeigegeräte für Computereingaben. Man bewegt die Spitze eines Stiftes auf einer Platte hin und her und sendet so Daten an den Rechner. Grafiktabletts werden bei der digitalen Bildverarbeitung im Bereich des Grafikdesigns, der Zeichnungserstellung und der Videoverarbeitung eingesetzt. Auch im Bereich des E-Learnings und der 3-D-Computergrafik verwendet man Tabletts.

Abbildung IV-31: Variable Tastatur der Firma Cherry

Tabelle IV-11: Gestaltungsempfehlungen für Tastaturen

Gestaltungsmerkmal	Empfehlung	Ziel
Positionierung des Tastenfeldes	die Tastatur sollte frei positionierbar sein	Abstand zum Bildschirm frei wählbar, Haltungswechsel ist möglich
Bauhöhe/Tastaturhöhe (Geometrie)	• <30 mm, möglichst niedrig • Neigungswinkel 5°–15°, eher 10°, möglichst variabel • Handauflage größer als 50 mm	• bessere Körperhaltung • Anpassung an das Handgelenk • Entlastung von Haltearbeit
Tastaturgehäuse	• nicht glänzend, Reflexionsgrad 20–50%	• Vermeidung störender Lichtreflexe
Tastenanordnung/ Layout	• Zahlen im getrennten Block • Funktionstasten in Reihe • Gruppierung von Funktionen in Dreier- oder Vierergruppen, kritische Tastenfunktionen: Doppeltaste • kritische Tasten besonders kennzeichnen (delete/löschen) • alphanumerisches Tastenfeld «QWERTZ»	• Kompatibilität mit Taschenrechnern • schnelle Bedienbarkeit • kontrollierte Bedienung (Blickkontrolle) • Verbesserung des Überblicks, leichtere Orientierung • Vermeidung von Fehlbedienung • Vermeidung zufälliger Fehlbedienung • hohe Kompatibilität mit bestehenden Verhaltensmustern (Schreibmaschine)
Tastengestaltung	• Größe: 12–15 mm • Tastenabstand: 17–20 mm • Form: konkav • Oberfläche: seidenmatt, Reflexionsgrad 20–50% • Beschriftung: guter Kontrast, gute Lesbarkeit • Auslösekraft: 0,25–1,5 N • Weg: 1–5 mm, eindeutiger Druckpunkt	• Anpassung an mittlere Fingerbreite • Anpassung an Fingerabstand, Vermeidung doppelten Tastendrucks • verbesserte seitliche Führung • Vermeidung störender Lichtreflexe • schnelle Orientierung • leichtes Auslösen mit geringer Fehlbedienung • taktile Rückmeldung bei geringer Beanspruchung der Finger
Sonderanforderungen bei Tastaturen, die in der Fertigung eingesetzt werden	• Tastenfeld leicht zu reinigen • große Kontraste zwischen Taste und Beschriftung • geringe Tastenhöhe • Schutz gegen Nässe und Stöße	• unempfindlich gegen Öle, Fette und metallischen Schmutz • gute Lesbarkeit bei Verschmutzung • Vermeidung von Verschmutzung • möglichst geringe Störanfälligkeit

Touchscreen

Der Touchscreen (berührungssensitiver Bildschirm) bietet die Möglichkeit, mit dem Finger auf den Bildschirm zu tippen und dadurch eine entsprechende Funktion auszulösen. Touchscreens sind heute weit verbreitet (z. B. Geldautomaten, Fahrkartenautomaten, Informationsausgabe, Handysteuerung). Der Vorteil besteht darin, dass ungeübte Menschen bei entsprechender Nutzerführung schnell damit umgehen können. Ungeeignet sind Touchscreens, wenn sie über längere Zeit benutzt werden, da die erforderliche Armhaltung häufig ungünstig ist.

Cursor-Steuerungen

Um Funktionen auf dem Bildschirm auszuwählen oder Bildschirminhalte zu markieren, verwendet man üblicherweise die Maus oder die Rollkugel (vgl. hierzu Bullinger, 1999; Herczeg, 1994; Krueger, 1993; oder Preece et al., 1994). Diese Eingabegeräte erfordern eine gewisse Übung. Für Menschen mit Problemen bei der Feinkoordination (Auge, Hand, Finger) sind diese indirekten Eingabemedien weniger geeignet. Für die Maus benötigt man darüber hinaus mehr Platz.

Sonstige Dateneingabesysteme

Zu nennen sind hier unter anderem das Mikrofon zur direkten Spracheingabe und der Datenhandschuh («data glove») in Verbindung mit der sogenannten Virtual Reality (VR). Näheres hierzu findet sich bei Johannsen (2006) oder Preece et al. (1994). Beide Eingabemedien werden sich in Zukunft weiter verbreiten.

3.1.4 Informationsausgabesysteme/ Anzeigen

Unter Anzeigen versteht man technische Einrichtungen, die den menschlichen Sinnesorganen Informationen über technische Zustände darbieten. Je nach Sinnesorgan kann zwischen optischen und akustischen Anzeigen unterschieden werden. In der Regel überwiegen die optischen Anzeigen; akustische werden zum Beispiel für Alarme verwendet. Da sich die rechnergestützte natürliche Spracheingabe in Zukunft immer stärker verbreiten wird, ist davon auszugehen, dass Stimmwarnsysteme häufiger eingesetzt werden (vgl. Johannsen, 2006).

Die folgende kurze Darstellung behandelt nur optische Anzeigen; unterscheiden kann man zwischen analogen und digitalen. Unter analogen Anzeigen versteht man in Übereinstimmung mit Bernotat (1993, S. 563) «Einrichtungen, bei denen die Informationen in einer dem Original gleichartigen (analogen), jedoch von unseren Sinnesorganen gut erfassbaren Weise dargestellt werden». Analoge Anzeigen sind zum Beispiel Zeigeruhren, Säulenthermometer, Drehzahlmesser oder Säulenanzeiger für Füllstände.

Digitale Anzeigen «geben die Informationen auch über kontinuierliche Originale in quantifizierter Form wieder. Es wird beispielsweise nur das Quant angezeigt, in dem sich der Ist-Wert gerade befindet. Dieses Quant ist durch Ziffern, Buchstaben, Farben usw. codiert.» (Bernotat, 1993, S. 563). Typische Beispiele für digitale Anzeigen sind der Kilometerzähler oder die Digitaluhr. Auch farbige Warnleuchten, zum Beispiel für Fernlicht oder Tankfüllung, kann man als digitale Anzeigen bezeichnen. Anzeigen, bei denen sowohl analoge Zeigerausschläge als auch Ziffern verwendet werden – typisch: der Geschwindigkeitsmesser mit Kilometerzähler –, nennt man Hybridanzeigen.

Aus einer Überblicksdarstellung (nach Bernotat, 1993) geht hervor, welche Anzeigen sich aufgrund von empirischen Untersuchungen für welche Aufgabenstellungen als besonders geeignet erwiesen haben (s. **Abb. IV-32**).

Optimal sind Anzeigen nur zu gestalten, indem man von der konkreten Aufgabenstellung ausgeht; an ihr bemisst sich die Gestaltung. Ziffernart und Zifferngröße beeinflussen die erforderliche Ablesegenauigkeit und -geschwindigkeit ebenso mit wie die Anordnung,

Anwendung	Digitalanzeiger	Analoganzeiger	
	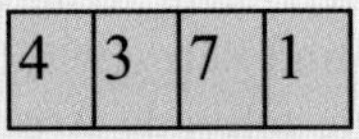 4 3 7 1	 Bewegter Zeiger	 Bewegte Skala
Quantitative Ablesung	Gut Fehler- und Ablesezeit minimal.	Mäßig	Mäßig
Qualitative Ablesung	Ungünstig Positionsänderung wird schlecht gemerkt.	Gut Aus der Zeigerstellung ist die Richtung der Veränderung gut abschätzbar.	Ungünstig Ohne Ablesen der Ziffern ist die Veränderung schlecht zu erfassen.
Einstellen von Werten	Gut Insbesondere wenn die Werte sich nicht schnell ändern; die Werte können genau eingestellt werden.	Gut Eindeutige Beziehung zwischen Bewegung des Zeigers und Richtung der Änderung: schnelle Einstellung möglich.	Mäßig Missverständliche Beziehung zur Bewegung des Bedienelementes; schwer ablesbar bei schneller Änderung.
Regeln	Ungünstig Für Überwachungsaufgaben fehlen Stellungsänderungen.	Gut Die Zeigerstellung ist leicht zu überwachen.	Mäßig Für Überwachungsaufgaben fehlen auffällige Stellungsänderungen.

Abbildung IV-32: Anwendungsbereiche für Analog- und Digitalanzeigen (vgl. Bernotat, 1993)

zum Beispiel als Langfeld-, Rund-, Sektor- oder Fensterskala. Darüber hinaus spielt die räumliche Zuordnung von Anzeigen und Stellgliedern eine wichtige Rolle (vgl. Bullinger, 1999; Bullinger et al., 2007; McCormick & Ilgen, 1980; oder Neumann & Timpe, 1976).

Um eine Vielzahl von Anzeigen in einer Schaltwarte (Steuerung z. B. von chemischen Prozessen oder in Kraftwerken) zuverlässig ablesen zu können, müssen die wichtigsten Anzeigen im günstigsten Blickfeld liegen. Durch Bildschirmanzeigen wird in neuerer Zeit versucht, die Vielzahl von Anzeigen auf einen oder mehrere grafische Bildschirme zu bringen. Pro Bildschirm lässt sich je nach Problem-

stellung sukzessiv eine Vielzahl von Anzeigen oder Anzeigengruppen abbilden. Durch die Verwendung von Farbe ist darüber hinaus eine Codierung möglich, die die Interpretation von Anzeigen erleichtern kann; so bietet sich die Möglichkeit, auf dem Bildschirm grafische Symbole analog darzustellen (z. B. vereinfachter Flüssigkeitsbehälter mit farbig codiertem Füllstand). Herkömmliche, zum Teil schwierig zu interpretierende Anzeigen kann man durch solche «Bildanzeigen» ersetzen (zu den Anforderungen an Bildschirmanzeigen vgl. Bernotat, 1993; oder die sehr ausführlichen Darlegungen bei Johannsen, 1993, 2006). Untersuchungen zum Fehlermanagement bei Überwachungs-

und Steuerungsaufgaben werden sich in Zukunft verstärkt mit der Gestaltung von Bildschirmanzeigen auseinandersetzen, um eine möglichst fehlerfreie Steuerung der Systeme zu unterstützen.

Die einschlägigen Forschungsarbeiten (vgl. z. B. Johannsen, 1993) konzentrieren sich auf die ergonomische Gestaltung der Bildinhalte (Grafik, Farbe, Schriftgröße, Schriftart, dynamische Ablaufgestaltung; z. B. Wasserdurchfluss durch ein symbolisch dargestelltes Leitungssystem), auf die inhaltliche Informationsaufbereitung und auf die Dialogfeldgestaltung (Mensch-Rechner-Interaktion; vgl. hierzu auch Schlick et al., 2010).

Unter ergonomischen Gesichtspunkten sind in Übereinstimmung mit Grandjean (1991) und Krueger (1993) besonders die Beanspruchungen der Augen zu berücksichtigen.

3.1.5 Dialoggestaltung

Die Dialoggestaltung («Human Computer Interaction» [HCI] bzw. «Mensch-Computer-Interaktion» [MCI]) beschäftigt sich mit der Schnittstelle, die den Benutzer und das Computersystem verbindet. Nach Hüttner, Wandtke und Rätz (1995, S. 3) sind auf der Benutzerseite folgende Aspekte mitzuberücksichtigen: «Die Wahrnehmungs-, Denk- und Handlungsprozesse des Menschen. All das, was er wirklich sieht, hört, eingibt usw., was er tatsächlich weiß, aber auch, was er durch Nachdenken herausbekommt oder sich eventuell nur vorstellt oder gar einbildet; kurzum all das, was der Benutzer im Kopf hat.»

Rechnung tragen muss die ergonomisch orientierte Softwaregestaltung daher den menschlichen Informationsverarbeitungsprozessen und den individuellen Unterschieden der Benutzer (Anfänger, Geübte, am Umgang mit Rechnern Interessierte bzw. nicht Interessierte).

Nimmt man Bezug auf das klassische Modell menschlicher Informationsübertragung nach Wickens (1984; s. **Abb. IV-33**), so bedeutet dies für die Mensch-Computer-Interaktion, dass Wahrnehmungsprozesse ebenso berücksichtigt werden müssen (optische Gestaltung

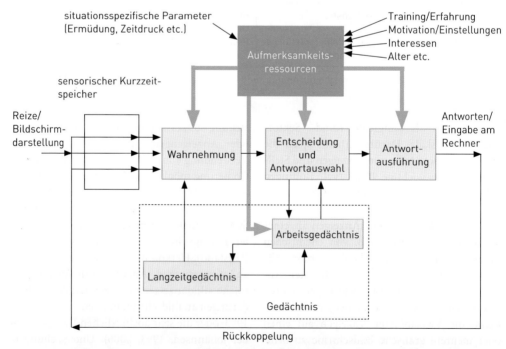

Abbildung IV-33: Menschliche Informationsübertragungsprozesse (nach Wickens, 1984)

der Informationen: Schriftgröße, Bildgröße, Piktogramme, Symbole, Farbe etc.; vgl. hierzu Herczeg, 1994) wie individuelle Besonderheiten (Wissen, Erfahrung, Training, Interessen etc.).

Kenntnisse aus dem Bereich der Wahrnehmungspsychologie (z. B. Gestalttheorie, Farbwahrnehmung) und Kognitionspsychologie (Gedächtnisforschung) spielen bei der Gestaltung der MCI ebenso eine wichtige Rolle wie arbeitspsychologische Theorien (Handlungs- und Tätigkeitstheorien) und Gestaltungsziele.

In einer Übersichtsdarstellung (s. **Abb.** **IV-34**) hat Englisch (1992) die Gestaltungskriterien aufgeführt, die in zirka zwanzig wissenschaftlichen Veröffentlichungen (aus den Jahren 1977 bis 1990) benannt wurden. Diese hat er um die Kriterien erweitert, die in der DIN 66234, Teil 8 (vgl. Deutsches Institut für Normung, 1988), den VDI-Richtlinien 5005 (vgl. Verein Deutscher Ingenieure, 1990) und der DIN EN ISO 9241-10 (1990) benannt sind und die großen Einfluss darauf hatten und haben, wie man Softwareprogramme gestaltet und bewertet.

Im Unterschied zu sonstigen DIN-Vorschriften ist die DIN 66234, Teil 8 «Bildschirmarbeitsplätze und Dialoggestaltung», (1988) bewusst allgemein gehalten, um den Entwicklern Spielraum zu geben und nach Möglichkeit noch bessere Benutzungsschnittstellen zu schaffen als diejenigen, die bis jetzt bekannt sind. Diese DIN-Empfehlungen werden hier nur kurz dargestellt; ausführliche Diskussionen dazu finden sich bei Bullinger (1999), Dzida und Wandtke (2006), Herczeg (1994) und Martin (1994) sowie im «Handbuch der Ergonomie» (Bullinger et al., 2007). Zur Evaluation von Dialogsystemen anhand dieser Kriterien äußern sich besonders Bubb und Sträter (2006).

Aufgabenangemessenheit

Aufgabenangemessenheit ist gegeben, wenn der Dialog am Bildschirm die Erledigung einer Aufgabe fördert bzw. unterstützt und den Be-nutzer durch die Art der Dialogführung nicht belastet. Ein Dialog soll den Arbeitsaufgaben angepasst sein; er soll die Art und den Umfang der zu verarbeitenden Informationen sowie die Komplexität einer Aufgabe berücksichtigen. Kein Softwareprogramm sollte ohne genaue Analyse der zu erledigenden Aufgaben entwickelt werden.

Beispiel: Wenn ein Pharmaunternehmen für seine Außendienstmitarbeiter/-innen ein Softwareprogramm verwendet, das man bei Besuchen sowohl von Universitätskliniken als auch von Praxisärzten einsetzen will, so ist dieses Softwareprogramm für eine der beiden Gruppen von Außendienstmitarbeitern nicht aufgabenangemessen. Dies zeigt sich daran, dass eine Adressänderung bzw. eine Änderung von Aufgaben und Zuständigkeiten in einer Universitätsklinik mit mehr als tausend Ärzten ständig vorkommt, bei Praxisärzten hingegen die Ausnahme ist. Das heißt, für den Besuch einer Universitätsklinik muss das Adressprogramm besonders komfortabel gestaltet sein (z. B. automatisches Einfügen der Klinikadresse), nicht jedoch für den Praxisaußendienst.

Die Benutzer müssen in der Lage sein, wiederkehrende Arbeiten (Standardeingaben, Adressen, Zahlenwerte) zu automatisieren. «Aufgabenangemessen» heißt auch, den Dialog so zu gestalten, dass Datenvergleiche und Übersichten möglich sind, um die Orientierung des Benutzers zu erleichtern.

Selbstbeschreibungsfähigkeit

Selbstbeschreibungsfähig ist ein Dialog, der dem Benutzer je nach Bedarf Informationen über den Einsatzzweck und den Leistungsumfang bietet und einzelne Dialogschritte unmittelbar verständlich macht bzw. erläutert.

In Verbindung mit den Schulungsunterlagen, Hilfesystemen und dem Handbuch soll der Benutzer/die Benutzerin in die Lage versetzt werden, ein Verständnis von Umfang, Aufbau, Aufgaben und Steuerbarkeit des Dialogsystems zu gewinnen.

Gestaltungsgrundsätze	empir. Unters.		definitionslogische Arbeiten																	Richtlinien Normen		
Kurzbezeichnung der Autoren mit Jahreszahl	DZ 77	DH 78	DE 78	LA 82	KR 86	CO 86	AD 86	MW 86	UL 86	OF 86	EL 87	SP 87	TW 87	BA 87	OP 88	LP 88	BA 89	RJ 89	RE 90	DI 88	VD 90	IS 90
Persönlichkeitsförderlichkeit													■									
Kompetenzförderlichkeit						▨					▨		■								▨	
Handlungsflexibilität																					▨	
Leistungsfähigkeit									▨													
Belastungsoptimierung						▨																
Beeinträchtigungsfreiheit														▨								
Schädigungslosigkeit																						
Ausführbarkeit																						
Verfügbarkeit									■							■						
Unterstützung																	■					
Wahrnehmbarkeit													■					■				
Übersichtlichkeit														■								
Handhabbarkeit			■		■		■										■					
Zuträglichkeit																						
Erlernbarkeit	■															■						
Erwartungskonformität	■																					
Rückkoppelungsfähigkeit	■																					
Transparenz			■		■		■				■					■					■	
Steuerbarkeit	■		■		■		■			■			■		■			■		■		
Dialogflexibilität	■																				■	
Individualisierbarkeit			■										■					■			■	
Selbstbeschreibungsfähigkeit	■		■		■		■						■					■			■	
Fehlertoleranz																					■	
Aufgabenangemessenheit														■				■			■	
Zuverlässigkeit	■		■			■																
Sicherheit																						
Konsistenz												■						■				
Wartbarkeit													■									
Reliabilität													■									
Portabilität													■									
Erweiterbarkeit																						
Anwendbarkeit	■																■					
Flexibilität		▨	■						■							■						
Funktionalität																						
Effizienz				■																		
Sonstige							■		■							■						

■ Übereinstimmung mit der Benennung   ▨ Ähnliche Benennung der Autoren

Dzida et al. (1977)	DZ 77	Martin, Widmer, Lippold (1986)	MW 86	Oppermann et al. (1988)	OP 88
Dzida, Herda, Itzfeld (1978)	DH 78	Ulich (1986)	UL 86	Lang, Peters (1988)	LP 88
Dehning, Essig, Maab (1978)	DE 78	Olphert, Fox (1986)	OF 86	Baitsch et al. (1989)	BA 89
Lauter (1982)	LA 82	Ellermann (1987)	EL 87	Ravden, Johnson (1989)	RJ 89
Krömker (1986)	KR 86	Spinas (1987)	SP 87	Reiterer (1990)	RE 90
Cornelius (1986)	CO 86	Triebe, Wittstock, Schiele (1987)	TW 87	DIN 66234, Teil 8 (1988)	DI 88
Asam, Drenkard, Maier (1986)	AD 86	Balzert (1987)	BA 87	VDI 5005 (1990)	VD 90
				ISO CD 9241-10 (1990)	IS 90

Abbildung IV-34: Gestaltungsgrundsätze zur Benutzungsfreundlichkeit bei verschiedenen Autoren (vgl. Englisch, 1992; Frieling, Pfitzmann & Hammer, 1996, S. 26)

Die Erläuterungen sollen an die üblichen Kenntnisse angepasst sein. Spezialbegriffe müssen erklärt werden.

Steuerbarkeit

Wenn der Benutzer die Geschwindigkeit des Arbeitsablaufes, die Auswahl und Reihenfolge der einzelnen Arbeitsschritte selbst festlegen kann und Einflussmöglichkeiten auf die Art der Ein- und Ausgaben und den Umgang mit ihnen hat, ist die Steuerbarkeit des Dialogs gegeben. Unnötiges Warten auf die Ausgabe von Ergebnissen aus vorhergehenden Schritten (Zwangspausen, langes Antwortzeitverhalten etc.) ist zu vermeiden.

Für ungeübte Benutzer/-innen sollte es möglich sein, in kleinen Schritten vorzugehen, für geübte, Dialogschritte zusammenzufassen, zu überspringen (wenn dies sinnvoll sein kann) und verkürzte Wege zu wählen. Für die Rücknahme mehrerer Dialogschritte gilt dies analog.

Erwartungskonformität

Wenn das Dialogsystem den im Laufe der Anwendung gesammelten Erfahrungen entspricht, nennt man dies erwartungskonform; das heißt, das System reagiert im Dialog so, wie man es aufgrund des Trainings, der Schulungsunterlagen und der gemachten Erfahrungen gelernt hat. Das Dialogsystem muss möglichst einheitlich sein, um den Benutzer nicht unnötig von seiner eigentlichen Aufgabe abzulenken.

Fehlerrobustheit

Wenn der Benutzer einen Fehler macht, darf das nicht zur Zerstörung der gesamten bis dahin erstellten Teilergebnisse führen. Der Fehler muss sich mit minimalem Korrekturaufwand beheben lassen. Lernförderlich sind Dialogsysteme dann, wenn der Benutzer erkennt, welchen Fehler er gemacht hat und was ein solcher Fehler im System an Konsequenzen auslösen kann. Fehlermeldungen sollten bei Bedarf abrufbar sein; farbige Codierungen des Fehlerfeldes können die Orientierung erleichtern. Geeignete Hilfesysteme und verständliche Hinweise auf spezielle Fehlerarten sollten den Benutzer/die Benutzerin bei der Arbeit mit dem System unterstützen.

Hüttner, Wandtke und Rätz (1995) fassen die Anforderungen an ein Softwaresystem zu drei Gruppen zusammen, die sie ausführlich erläutern. Hier seien nur die Hauptforderungen aufgeführt:

- *Funktionalität:*
  Die Funktionalität eines Systems ist der Grad, in dem das System Aufgaben des Benutzers angemessen übernimmt.

  1. Die Festlegung der Funktionalität soll auf der Grundlage einer Aufgabenanalyse der Benutzer erfolgen.
  2. Der Rechner soll möglichst alle Funktionen anbieten, die der Benutzer zur Lösung einer Aufgabe benötigt. Es gibt kein «Zuviel» an aufgabenbezogener Funktionalität.
  3. Es sollen keine zusätzlichen (bzw. nur sehr wenige) systembedingten Aufgaben ausgeführt werden.
  4. Die Funktionen und Datenstrukturen, die das System anbietet, sollen kompatibel sein mit den bereits vorhandenen Arbeitsabläufen (z. B. Entscheidungsregeln für Produktionsprozesse) und mit anderen Arbeitsmitteln (z. B. Papierformularen, die man in der Firma verwendet).
  5. Es ist wünschenswert, dass bei der Systembenutzung weniger Schritte als bei konventioneller Aufgabenlösung notwendig sind.

- *Konsistenz:*
  Konsistenz ist die Einheitlichkeit und regelhafte Gestaltung der Benutzerschnittstelle eines Systems. Sie betrifft alle Ebenen der Mensch-Rechner-Interaktion (von der Syntax bis zur Semantik) und alle Komponenten der Benutzerschnittstelle.

1. Ein System ist umso konsistenter, je weniger Regeln zur Beschreibung seiner Benutzung notwendig sind.

2. Ausnahmen von Regeln, auch und gerade, wenn sie selten auftreten, erzeugen Inkonsistenzen, die das Erlernen und Benutzen des Systems sehr erschweren.

5. Gerade seltene Inkonsistenzen können problematisch sein, weil der Benutzer hier am stärksten einem Überraschungseffekt unterliegt.

- *Flexibilität:*
Flexibilität kennzeichnet, in welchem Ausmaß Benutzer die Mensch-Rechner-Interaktion beeinflussen können. Flexibilität dient der Anpassung von Systemeigenschaften an Eigenschaften der Benutzer/-innen.

1. Flexibilität lässt sich erreichen, indem Benutzer
   - zwischen verschiedenen vom System bereitgestellten Varianten auswählen oder
   - selbst ihre persönliche Benutzungsschnittstelle innerhalb von festgelegten Spielräumen herstellen.

2. Zwischen verschiedenen Benutzern gibt es erhebliche Unterschiede, die weit über die bekannten Experten-Anfänger-Gegenüberstellungen hinausgehen. Die größten Unterschiede sind im Wissen und Können zu unterstellen; daher sollten die Unterstützungsfunktionen möglichst flexibel ausgelegt sein.

3. Bei den Benutzern ändern sich die situationsabhängigen Arbeitsbedingungen ständig (z. B. Zeitdruck, Ermüdung, Störung, Übung).

4. Benutzer/-innen können aktuell ganz unterschiedliche Arbeitsziele verfolgen, die beim Systementwurf nie vollständig und bis ins letzte Detail erfassbar sind.

5. Ein grundlegendes Bedürfnis von Menschen besteht darin, ihrer Umwelt (hier: dem System) nicht passiv ausgeliefert zu sein, sondern sie zu beeinflussen und zu steuern.

6. Wenn Aufgaben variieren, ist Flexibilität oft Voraussetzung für Aufgabenangemessenheit.

7. Die Benutzung flexibler Systeme erfordert ein besonderes Maß an Unterstützung durch das System.

8. Flexibilität betrifft alle Ebenen der Interaktion und alle Komponenten der Benutzungsschnittstelle (vgl. Hüttner et al., 1995, S. 8–18).

3.1.6 Bildschirmarbeitsplätze

Das Arbeitsmittel Bildschirm wird nicht nur im Büro eingesetzt, sondern auch in Produktionsräumen (an komplexen Bearbeitungsmaschinen, in Schaltwarten, an Leitständen, in Produkt- oder Fertigungsinseln) oder Fahrzeugen (z. B. in Lkws oder großen Muldenkippern für den Schlackentransport, auf Schiffen und Lokomotiven). Prototypisch betrachten wir im Folgenden den Büroarbeitsplatz. Die für den Büroarbeitsplatz vorliegenden arbeitswissenschaftlich orientierten Gestaltungsempfehlungen lassen sich zum Teil auch auf andere Arbeitsplatzsituationen übertragen.

Ausdrücklich gelten die Empfehlungen in der «Verordnung über Sicherheit und Gesundheitsschutz bei der Arbeit an Bildschirmgeräten» vom 4. Dezember 1996 *nicht* für Bedienerplätze an Maschinen oder Fahrerplätze von Fahrzeugen, bei denen Bildschirme verwendet werden (BildscharbV von 1996, § 1 Satz [2]). Die einzelnen Arbeitsplatzkomponenten werden nun beschrieben und hinsichtlich ausgewählter Anwendungszwecke kurz diskutiert (ausführlichere Darstellungen finden sich in Hettinger & Wobbe, 1993; Krueger, 1993 u. 1995; Schmidtke, 1993; «Handbuch der Ergonomie» von Bullinger et al., 2007).

Arbeitstisch

Je nach Aufgabengebiet (Büro, Konstruktion) muss der Arbeitstisch spezielle Anforderungen erfüllen. Im Fall von Computer-Aided-Design-(CAD-)Arbeitsplätzen werden größere Tischflächen und geteilte Arbeitsflächen empfohlen: Der Bildschirm steht auf einer elektrisch höhenverstellbaren Tischplatte. Da man bei CAD-Systemen zum Teil zwei Bildschirme parallel einsetzt, muss die Tragkraft der Verstellmechanik entsprechend ausgelegt sein. Diese Hinweise gelten allerdings nur für Röhrenbildschirme; Flachbildschirme lösen sie sukzessive ab.

Die Tischhöhe sollte in der niedrigsten Position 72 bis 75 Zentimeter nicht unterschreiten (Beinfreiheit) und auf maximal 1,20 Meter anhebbar sein, so dass man im Stehen an dem Tisch arbeiten kann. Bei CAD-Arbeitsplätzen erleichtert die Tischhöhe von 1,20 Metern die Diskussion am Bildschirm, wenn das Team Fragen grafischer Inhalte – Maße, Form, Gestalt – bespricht (vgl. hierzu Frieling, Klein, Schliep & Scholz, 1987). Für die Tischplatte (Gesamtfläche) sind bei Konstruktionstätigkeiten Maße von 1,40 bis 2,00 × 1,20 bis 1,50

Metern zu empfehlen. Für Bürotätigkeiten genügen kleinere Tischflächen (Breite: 90 bis 1,30 Meter, Länge: 1,40 bis 1,60 Meter); eine optionale, leicht bedienbare Höhenverstellbarkeit fördert den sinnvollen Belastungswechsel zwischen Sitzen und Stehen. Unter Berücksichtigung des Greifraums ist darauf zu achten, dass der Abstand zwischen Kopf und Bildschirm 50 bis 75 Zentimeter beträgt, genügend Platz für Ablagen, Ablagehalter, Tastatur und Maus vorhanden ist und die Verkabelung möglichst im Tisch über Kabelkanäle erfolgt.

Die Tischoberfläche sollte nicht glänzend sein, um Reflexionen auf dem Bildschirm zu vermeiden. Reflexionsgrade (Hellbezugswerte) zwischen 30 und 50 Prozent (matt/mittleres Grau) vermeiden zu große Kontraste. Bei Bildschirmarbeiten im *Produktionsbereich* sind an den «Arbeitstisch» besondere Anforderungen zu stellen (s. Infobox IV-7).

Infobox IV-7

Anforderungen an einen Bildschirmarbeitsplatz im Produktionsbereich (vgl. Krüger, 1993)

- Druckerablage
- Seitenschutz/-verkleidung
- Folienvorrichtung (zur Minderung der Schmutzanfälligkeit)
- Kabelkanäle, um den Arbeitsplatz möglichst mobil zu gestalten
- Beinfreiheit
- waagerechte Tastaturablage
- Fußabstützung
- kugelgelagerte Laufschienen (für Leichtgängigkeit)
- Bildschirmabdeckung
- PC-Abdeckung
- bei Abdeckung muss Belüftung von PC und Bildschirm gewährleistet sein
- Blendschutz für Bildschirm (evtl. in Abdeckung integriert)
- Gestell höhenverstellbar

- flexible Bewegung, daher Rollen mit Bremsvorrichtung
- Laufschienen müssen an den Kanten abgeschrägt sein, um Verletzungen vorzubeugen
- Ablagefläche für Mauspad
- genügend Handablagefläche bei der Tastatur
- angemessene Farbgestaltung
- Ablage für Druckerpapier
- Vorlagen-/Konzepthalter
- Stiftablagefläche
- Ablagemöglichkeit für Papier (evtl. verschließbar)
- Sitzarbeitsplatz für konzentrierteres Arbeiten
- Tastatur muss wegschwenkbar bzw. einfahrbar sein
- Entfernung Auge/Bildschirm 50–70 cm

Der Bildschirm muss vor Außeneinwirkungen und direktem Lichteinfall möglichst geschützt sein. Rechner und Tastatur sind vor Schäden durch fallende Teile oder vor Stäuben und Schmutz zu schützen. Der Platzbedarf ist eingeschränkt, und die Tätigkeit am Bildschirm, die in der Regel nur relativ kurze Zeit in Anspruch nimmt (z. B. Eingabe von Daten, Bestell- oder Auftragsnummern), sollte sich im Stehen und im Sitzen ausführen lassen. Ein Mousepad muss fallweise zur Verfügung stehen, Kabel sollten nicht lose herumhängen, und das Gestell muss stabil sein.

Der Bildschirm ist so auf dem Arbeitstisch zu platzieren, dass das Auge des Betrachters in etwa auf der gleichen Höhe ist wie die obere Kante des Bildschirms (Näheres hierzu bei Krueger, 1993, S. 1–42). Die Bildschirmneigung ist so einzustellen, dass die Sehachse im rechten Winkel auf die Bildschirmmitte trifft.

Bildschirm

Grandjean (1991) sieht besondere Beanspruchungs- und Beschwerdequellen für die Augen an Bildschirmarbeitsplätzen in geringer Trennschärfe oder Unstabilität der Zeichen, in ungenügenden Helligkeitskontrasten zwischen Zeichen und Hintergrund sowie in spiegelnden Reflexionen auf der Glasoberfläche von Bildschirmen, die die Akkomodation an das Schriftbild der Software behindern. Auch übermäßige Kontraste der Flächenhelligkeiten – zum Beispiel zwischen Sichtgerät und Vorlage, zwischen Sichtgerät und hellen Fensterflächen – oder Kontraste durch Spiegelungen erschweren die Adaptation an den Lichteinfall.

Grandjean (1991) nennt folgende Richtwerte für optische Merkmale:

- Oszillationsgrad der Zeichen: weniger als 0,1.
- Frequenz: mindestens 70 Hz.
- Stabilität der Zeichen: Die Helligkeitsschwankungen eines Lichtpunktes in der Mitte eines Zeichens sollen eine mittlere Abweichung von 20 Prozent nicht überschreiten.

- Trennschärfe der Zeichen: Die Randzone (Zone, in der die Leuchtdichte von null bis zur maximalen Größe ansteigt) soll 0,3 Millimeter nicht überschreiten.
- Leuchtdichtekontraste zwischen Zeichen und Hintergrund: Der empfohlene Kontrast liegt bei 10:1. Nimmt man die Zeichenzwischenräume zum Helligkeitsvergleich, so genügen Kontraste von 6:1.
- Reflexionen: Als Reflexionsschutz können optische Schichten, aufgeraute Oberflächen oder vorgespannte Filter dienen. Wirksamer allerdings sind Maßnahmen der Raumgestaltung zum Schutz vor störenden Reflexionen (insbesondere die Anordnung der Bildschirme im rechten Winkel zur Fensterfront und zu den Leuchten).
- Schriftbild: Wegen der geringeren Auflösung der Schrift auf Sichtgeräten sollte die Zeichenhöhe bei 3 bis 4 Millimetern, die Zeichenbreite bei 50 bis 75 Prozent der Höhe, der Raum zwischen Zeichen bei 20 bis 50 Prozent der Höhe, die Distanz zwischen Zeilen bei 100 bis 150 Prozent der Höhe liegen.
- Flachbildschirme erfüllen diese Forderungen erheblich besser als die bis vor einigen Jahren üblichen Röhrenbildschirme.

Was die Helligkeitskontraste betrifft, sollte der Unterschied zwischen Bildschirmhintergrund und Vorlage ein Verhältnis von 1:10 nicht überschreiten; das gelingt am ehesten bei Bildschirmen mit dunklen Zeichen auf hellem Hintergrund. Alle anderen Flächen im Gesichtsfeld sollten Leuchtdichten aufweisen, die zwischen denjenigen des Bildschirmhintergrundes und der Vorlage liegen.

Zum Einsatz von Farben am Bildschirm weist Charwat (1996) darauf hin, dass die ästhetische Lösung nicht immer die zweckmäßigste ist. Zum Beispiel können belastende Akkomodationsschwierigkeiten dadurch auftreten, dass Farben mit unterschiedlichen Tiefeneindrücken, wie etwa Rot, Grün und Blau, aneinander angrenzen. Benachbart dargeboten, scheinen rote Flächen weiter vorn zu liegen als grüne und grüne weiter vorn als blaue.

Die Informationsverarbeitung sollte durch die Farbenauswahl nicht behindert, sondern unterstützt werden, indem man relevante Zeichen bzw. Flächen (relativ) auffällig gestaltet. Dies wird zum Beispiel durch guten Kontrast der Zeichen zum Hintergrund erreicht. Eine geeignete Hintergrundfarbe gewährleistet demnach die maximale Unterscheidbarkeit aller Vordergrundfarben. Wie Charwat (1996) in einer Reihe von Experimenten belegt, ist ein hoher Farb- und Leuchtdichtekontrast aller verwendeten Farben zum Hintergrund nur bei achromatischen Hintergrundfarben möglich. Dabei hat Weiß gegenüber Schwarz den Nachteil, dass bunte Farben hier entsättigt («flau») wirken. Schwarz dagegen ist gleichbedeutend mit einer niedrigeren Leuchtdichte im Gesichtsfeld und damit niedrigerer Sehschärfe und Vigilanz. Diese Nachteile lassen sich jedoch durch zirka 25 Prozent größere Schriftzeichen und eine ausgefeilte Beleuchtung ausgleichen. Für verschiedene Sichtfenster empfiehlt Charwat (1996) verschiedene Grautöne als Hintergrundfarbe, wobei das aktuelle Arbeitsfeld das dunklere Grau enthalten sollte, da dort die meisten Vordergrundfarben eingesetzt sind. Das maximal vertretbare Zugeständnis an ästhetische Bedürfnisse sieht Charwat (1996) in einem dunklen Blau.

Stuhl

Da bei Bürotätigkeiten über längere Zeiträume hinweg eine sitzende Körperhaltung eingenommen wird, ist darauf zu achten, dass die statischen Belastungen möglichst gering sind. Durch aktive Bewegung im Sitzen verringert man die statische Belastung. Nach Krueger (1993, S. 18) sollte ein Arbeitsstuhl an einem Bildschirmarbeitsplatz die in Tabelle IV-12 aufgeführten Anforderungen erfüllen. Als Mindestanforderungen an einen Stuhl gelten die DIN 4551 und 4552 (zusätzliche Anforderungen finden sich bei Grandjean & Hüntig, 1977).

Tabelle IV-12: Anforderungen an den Arbeitsstuhl (vgl. Krueger, 1993, S. 18)

Merkmal	Empfehlung	Ziel
Sitz	48 – 50 cm	Anpassung an die Körpermaße
Höhe	38 – 42 cm	
Tiefe	abgerundete Vorderkante	Druckverteilung im Bereich Kniekehle
Form	begrenzte Ausformung	Möglichkeit verschiedener Sitzpositionen
Rückenlehne		
Höhenverstellung	18 – 25 cm	Anpassung des Lendenbausches
Sonstiges	Lendenbausch	Aufrichtung des Beckens
	hohe Lehne	Entlastung des Rückens
Fuß	große Standfläche (Fünfstern)	Kippstabilität
	selbstarretierende Rollen	kein Rollen beim Hinsetzen
Polsterung	mittlere Härte	gleichmäßige Druckverteilung
	Feuchtigkeitsdurchlässigkeit	Vermeidung von Feuchtigkeit
		Entlastung
Drehachsen		
Sitz	im Bereich der Vorderkante	Drehung im Kniegelenk
Rückenlehne	hintere Sitzfläche	Drehung im Hüftgelenk

Wichtig erscheint, dass die Bildschirmnutzer durch die Art der Arbeitsplatzgestaltung (Stuhl, Tisch und Bildschirmpositionierung) ihre Körperhaltung ändern können, ohne dass dies ihre Leseleistung beeinträchtigt (vgl. hierzu die Arbeit von Ziefle, Düsch & Wischniewski, 1997).

Aufstellung und Möblierung

Beim Aufstellen von Bildschirmen und ihrer Anordnung im Raum sind ergonomische, arbeitsorganisatorische und soziale Aspekte zu beachten (vgl. hierzu auch Baitsch, Katz, Spinas & Ulich, 2005). Unter ergonomischen Aspekten ist insbesondere die Lage zum Fenster zu bedenken. Sinnvoll erscheint eine parallele Ausrichtung zur Fensterfront, das heißt, die Bildschirmfront sollte in einem Winkel von 90° zur Fensterfront stehen, um Blendungen möglichst zu vermeiden. Zusätzliche Lamellenjalousien können die direkte Sonneneinstrahlung verhindern. Befinden sich mehrere Bildschirmarbeitsplätze in einem Raum, ist es im Interesse der Kommunikation sinnvoll, die Arbeitsplätze gegenüberzustellen. Zu beachten ist allerdings, dass zwischen den beiden Bildschirmen ein ausreichender Abstand besteht, um wechselseitige Wärmebelastungen zu vermeiden. Besondere Beachtung sollte Telearbeitsplätzen im privaten Wohnbereich geschenkt werden, da hier der Arbeitgeber in der Regel keinen Einfluss auf die Gestaltung des Arbeitsplatzes hat. In diesem Fall ist es erforderlich, den Arbeitnehmer durch entsprechende schriftliche Unterlagen zu informieren (vgl. z. B. Krueger, 1993) und ihn fachlich, das heißt arbeitswissenschaftlich zu beraten. Bei der Ausgestaltung des privaten Telearbeitsplatzes besteht die Gefahr, dass die einfachsten ergonomischen Standards (DIN 66234, Teil 677, vgl. Deutsches Institut für Normung, 1988) aus Kostengründen nicht eingehalten werden. Durch entsprechende Betriebsvereinbarungen und zweckgebundene Kostenerstattungen bei der Anschaffung des Mobiliars lässt sich hier zum Teil Abhilfe schaffen.

3.2 Transportmittel

Dem Materialfluss, den Transporteinrichtungen und der physischen Logistik im weitesten Sinne schenkt man bei arbeitspsychologischen Fragestellungen wenig Aufmerksamkeit, obgleich die Art der inner- und außerbetrieblichen Logistik die Arbeitsvollzüge wesentlich mitgestaltet.

Folgende neun Logistik- bzw. Materialhandhabungsprozesse sind bei Betrachtung der konventionellen Form (s. Tab. IV-13) als arbeitspsychologisch relevante Gestaltungsgrößen zu berücksichtigen:

Anlieferung (1) und Entladen des Materials (2)

Die Gestaltung der Entladestation in der Logistik (unter freiem Himmel, unter einem Dach, in einer Halle) ist entscheidend für die Umgebungsbedingungen des Arbeitnehmers. Kälte, Luftzug, Geruchsbelästigung oder Schadstoffbelastung durch Dieselabgase (Lkw), Nässe oder Wärme durch direkte Sonneneinstrahlung sind typische Belastungen. Hinzu kommen die Hebehilfen und Transportmittel, die – sofern vorhanden – die körperlichen Beanspruchungen reduzieren können. Sind sie unzureichend gestaltet und ist die Beleuchtung schlecht, so bestehen bei schweren Teilen erhebliche Unfallrisiken.

Die Wahl der Packmittel (Einmalverpackung, Mehrwegverpackung), ihre Größe und Beschaffenheit (Gitterboxen, Kunststoffbehälter, Kartons), entscheidet über den Verpackungsabfall. Bei Einwegverpackung benötigt man in der Regel drei Reststoff-Behälter (für Karton, Kunststofffolie sowie Stahlbänder und Draht). Der Trend zu sortenreiner Reststofflagerung verlangt von den Beschäftigten erhebliche Disziplin bei der Sortierung. Die optische Kennzeichnung (farbige Codierung) der Wertstoffsammelbehälter hilft bei der Umsetzung nachhaltiger Abfallbeseitigung.

Angestrebt wird in wachsendem Maße die Wiederverwendung der Packmittel bzw. der

Tabelle IV-13: Logistik- bzw. Materialhandhabungsprozesse

Konventionelle Form	Vereinfachte, rationelle Form (just in time)
1. Anlieferung des Materials per Lkw/Eisenbahn an einer Verladestation	1 Anlieferung des Teils/Materials direkt an den Ort der Verbauung durch Lkw/Kleintransporter
2. Entladen, Prüfen und Transportieren des Materials zu einem Bereitstellungs-/Zwischenlager	2. Siehe Punkt 5 und 6 konventionell
3. Einlagerung (sog. chaotisches Lager, bzw. definierte Lagerorte) (Hochregallager, Warenlager, Rohteilelager etc.)	3. Kommissionierung, Verpackung und Abtransport zum Kunden
4. Entnahme der Teile aus dem Lager und Transport an den Ort der Verbauung/Verarbeitung	
5. Lagerung des Teils/der Teile als Materialpuffer am Ort der Bearbeitung/Verbauung – Materialbereitstellung	
6. Verbauung des Materials (Montage) auf Werkzeugstückträgern, die weitertransportiert werden (z. B. Plattenband, Rollenband, Karren, fahrerlose Transportsysteme)	
7. Abnahme des Bauteilproduktes, Transport zum Zwischenlager	
8. Einlagerung	
9. Auslagerung/Kommissionierung und Verpackung des Teils für den Transport zum Kunden	

Einsatz von Transportbehältern, die das Bauteil/Material bis zum Ort der Verbauung begleiten und unter ergonomischen Gesichtspunkten ein optimales Materialhandling erlauben.

Der Nachteil der Mehrwegverpackung besteht darin, dass sie durch das Gesamtunternehmen zirkuliert und bei Bedarf zweckentfremdet verwendet wird. Beim Umgang mit Kartons (aufreißen, transportieren) besteht die Gefahr von Schnittverletzungen.

Beim Entladen des Materials erfolgt zumeist eine optische Kontrolle, zum Beispiel Zählung der Teile, Identifizierung von falschen, nicht auftragsgerechten Teilen, Lesen der Packzettel. An den Prüfstellen ist die Beleuchtungsgestaltung besonders wichtig; hier muss man ihr noch größere Aufmerksamkeit schenken, als dies üblicherweise der Fall ist.

Einlagerung (3)

Die Abnahme von Teilen aus dem Transportmittel, das Ablegen in einem Zwischenpuffer, das Aufheben der Teile, deren Identifizierung und die Einlagerung in ein Regal oder in spezielle Orte erzwingt es häufig, Teile in Behälter aufzunehmen und abzulegen. Die Gestaltung der Behälter, ihre Größe und die Form des Griffs am Behälter selbst, entscheidet zusammen mit dem Gewicht und der Größe der Teile, welche Kräfte beim Heben und Tragen erforderlich sind (vgl. hierzu Ayoub, Dempsey & Karwowski, 1997; Helander, 2006; Hettinger & Wobbe, 1993; Schmidtke & Rühmann, 1989). Hydraulische Schwenk- bzw. Neige-, Kipp- und Höhenverstellungen können dazu beitragen, ein starkes Vorbeugen des Oberkörpers mit hohem Druck auf den Bandscheiben der Rückenwirbel zu vermeiden. Die Einlagerung in Hochregallager erfolgt zum Teil vollautomatisch (meist chaotische Lagerhaltung, bei der die Ware in Standardbehältern an freigewordenen Regalorten eingelagert und der Lagerort codiert im Rechner abgespeichert wird) oder aber manuell mithilfe von Liftgeräten. Die Codierung der Behälter, der Lagerorte und Lagerinhalte verlangt eine unter softwareergonomischen Gesichtspunkten sorgfältige Gestaltung der Lagerpapiere, um den Suchprozess zu erleichtern. Abstrakte Barcodes müssen durch einfach handhabbare Lesegeräte entschlüsselbar sein, um die Übereinstimmung von Inhalt der Transportbehälter und Auftragsbegleitmittel überprüfen zu können. Die Gestaltung der Begleitpapiere ist häufig unübersichtlich, die Zahlen sind schlecht lesbar und redundant und die verwendeten Abkürzungen zum Teil unverständlich. Da im Lagerbereich häufig gering qualifizierte und kurz angelernte Mitarbeiter beschäftigt sind, müssen die Warenbegleitscheine möglichst übersichtlich und gut lesbar sein (auf große Entfernungen, das heißt bis zu 7 Meter und manchmal auch mehr). Auf diese Weise lassen sich Fehlkommissionierungen und überflüssige Wege vermeiden.

Entnahme der Teile und Transport (4)

Die Entnahme der benötigten Teile aus Regalen oder übereinandergestapelten Gitterboxen muss ohne Gefährdungen (herabfallende Teile, Quetschungen, Schnittverletzungen, Beschä-

digung der Teile) möglich sein. Beschädigte Behälter (aus Karton bzw. Wellpappe) erhöhen das Risiko herabfallender Teile.

Sperrige Teile mit empfindlichen Oberflächen (lackierte Teile) erfordern speziell gestaltete Transportbehälter. Jede Ein- und Auslagerung erhöht die Gefahr von Beschädigungen. Daher müssen die Mitarbeiter in Umgang und Lagerung solcher Teile speziell geschult werden.

Materialbereitstellung (5)

Die Größe der Behälter bestimmt in der Regel, wie oft am Ort der Verbauung Material bereitzustellen ist. Die Materialbereitsteller bevorzugen daher größere Behälter. Der Montageplatz am Einbauort ist meist beschränkt, da bei der herrschenden Variantenvielfalt unterschiedliche Teile zu montieren sind. Die Montagearbeiter wünschen sich möglichst wenige Behälter, die im optimalen Greifbereich liegen und übersichtlich eingeordnet sind. Bei Schüttgut (Schrauben, Beilagscheiben, Klemmen, Federn, Muttern etc.) ist darauf zu achten, dass die Behältergröße die Handhabbarkeit erleichtert. Bei Kleinteilen aus Metall sind schnell Gewichte von 15 und mehr Kilogramm erreicht, die eine einfache Handhabung erschweren. Der Behälter als Schnittstelle zwischen Logistik und Montage/Produktion muss daher sorgfältig dimensioniert und aufgestellt werden.

In der Automobil- und Zulieferindustrie setzt man zunehmend Durchlaufregale mit Röllchenbahnen ein und kombiniert sie mit dem Kanbanprinzip (vgl. Ohno, 2009). Der Vorteil dieser Regale besteht darin, dass die Materialbehälter von der Rückseite beschickt und von der Frontseite entnommen werden. Durch die Schwerkraft rutschen volle Behälter nach, und leere Behälter werden in den oberen Rollenbahnen abgelegt. Bei der Layoutplanung ist darauf zu achten, dass die Gewichte der Kleinteilebehälter, besonders bei Schrauben, Beilegscheiben und anderen Metallteilen, nicht zu schwer und von Männern und Frauen in gleicher Weise handhabbar sind (möglichst nicht über 10 kg). Speziell bei der Handhabung und Bereitstellung von biegeschlaffen Teilen (Kabel mit Steckern, Dichtungen, Schläuchen etc.) ist es erforderlich, die Mitarbeiter aus der Produktion miteinzubinden. Nur sie können aufgrund ihrer praktischen Erfahrungen beurteilen, wie die Teile antransportiert und vor Ort gelagert werden sollten.

Einbau/Bearbeitung der Teile/ Montage (6)

Speziell bei der Montage dient der Werkstückträger zuweilen auch als Transportmittel; ein typisches Beispiel sind fahrerlose Transportsysteme. Auf ihnen wird zum Beispiel eine Fahrzeugtür oder ein Motor komplett montiert. Die zu verbauenden Teile befinden sich in Vorratsbehältern, die an den Werkstückträgern angebracht sind oder am Montageplatz. Um unnötige Hol- und Wegezeiten einzusparen, versucht man, die benötigten Bauteile aus Zwischenlagern vorzukommissionieren, sodass möglichst alle Kleinteile in der gewünschten Menge direkt am Werkstückträger vorhanden sind. Die Werkstückträger und Transportmittel sind unter ergonomischen Gesichtspunkten so zu gestalten, dass sich an ihnen die Montageprozesse in günstiger Körperhaltung ausführen lassen; das heißt, bei Bedarf sind Schwenk-, Kipp-, Neige- und Höhenverstellungen vorzusehen. Wenn der Montagemitarbeiter die Kommissionierung selbst vornimmt, so geht dies mit einem Belastungswechsel in den Körperhaltungen und einer größeren Selbstständigkeit im Arbeitsprozess einher (s. hierzu Teil V, Beispiel 1).

Ablagerung (7), Einlagerung (8) und Auslagerung (9)

Aus arbeitsgestalterischer Sicht sind bei der Ab-, Ein- und Auslagerung die gleichen Aspekte zu beachten, die in den Punkten 1 bis 5 angesprochen wurden. Neu ist lediglich die Verpackungsproblematik. Wenn es gelingt, Teile des Werkstückträgers als Transportmittel auszulegen, um die Stapelung der Teile

in einer Gitterbox zu ermöglichen, dann spart man Einwegverpackungen und damit Abfall.

Gegenüber dieser konventionellen und handhabungsintensiven Logistikkette besteht bei moderneren Konzepten der Gestaltungsansatz darin, die Teile vom Zulieferer unmittelbar an den Einbauort transportieren zu lassen und die fertigen Teile möglichst direkt an den Kunden auszuliefern; auf diese Weise entfallen Zwischenlagerungen. Bei großen Fabrikhallen von konventioneller Bauart (s. Teil IV, Kap. 2.1.1) ist dies nur mit Schwierigkeiten möglich, da der Lkw als Transportmittel meistens nicht bis zum Ort der Verbauung/Montage fahren kann. Bei neuen Fabrikarchitekturen (z.B. Skoda in Mladá Boleslav oder BMW in Leipzig) ist dies eher möglich und vom Konzept her auch vorgesehen. Begünstigt wird dieser neue Ansatz (auch als Just-in-time-Anlieferung bezeichnet), wenn die Teile in Mehrwegbehältern angeliefert werden, wodurch Umpack- und Auspack-Stellflächen weitgehend entfallen.

Für Arbeitspsychologen ist die Analyse der innerbetrieblichen Logistikkette wesentlicher Bestandteil einer betrieblichen Ist-Analyse, da die Art des innerbetrieblichen Transports und der dazu erforderlichen Transportmittel Einfluss auf das Arbeitsverhalten ausübt. Zu nennen sind hier die Bewegungsräume, die Belastungen beim Heben und Tragen von Lasten, die Gefährdungen beim Transport, die Beschädigung von Teilen und die damit verbundene Übernahme von Verantwortung, die Aufwendungen für Nacharbeit oder die Fehlkommissionierung von Teilen. Besonders Letzteres führt zur Beeinträchtigung der Kundenzufriedenheit, die meist Rückwirkungen auf die Arbeitsmotivation der Verursacher hat (z.B. Einbuße von Prämien, Ärger mit Vorgesetzten). Die Transportmittel beeinflussen also das Arbeitsverhalten der direkt damit umgehenden Mitarbeiter/-innen und stellen einen beträchtlichen Kostenfaktor bzw. Kostenverursacher dar (s. hierzu Teil V, Beispiel 1).

3.3 Beleuchtung

Da der Mensch mehr als drei Viertel aller Umweltinformationen visuell, das heißt über das Sehorgan wahrnimmt (vgl. Luczak, 1998, S. 392), besteht die Notwendigkeit, sich als Arbeitspsychologe mit diesem Belastungsschwerpunkt zu befassen. Die Auseinandersetzung mit Beleuchtungsproblemen erhält durch die Diskussion über Ansätze zur Qualitätsverbesserung und durch den Einsatz von Bildschirmarbeitsplätzen einen neuen Stellenwert. Geeignete Beleuchtungsbedingungen sind nur durch einen erheblichen Planungsaufwand zu realisieren.

Ein Großteil der Arbeitstätigkeiten erfolgt in Gebäuden, das heißt in künstlichen Umwelten mit künstlicher Beleuchtung. Dadurch wird zwar die Nacht der fensterlosen Räume zum «Tage», und die Nachtarbeit wird im Hellen ausgeführt; die Beleuchtung allerdings ist immer gleich und verändert sich nicht mit dem Wechsel der Jahreszeiten und dem Sonnenstand. Ausnahmen bilden Arbeitsräume, in denen man versucht, die Lichtfarbe dem Tagesgang anzupassen (z. B. im Galileo Control Center in Oberpfaffenhofen). Je weniger Tageslicht an die Arbeitsstätten gelangt, umso mehr überwiegt diese künstliche Situation mit all ihren Einschränkungen. Arbeitsmediziner und Augenärzte, Lichttechniker, Arbeitsphysiologen und in gewissem Umfang auch Arbeitspsychologen bemühen sich darum, die mit der künstlichen Beleuchtung häufig verbundenen Einschränkungen zu mildern und Arbeitssituationen zu schaffen, die der natürlichen Umwelt wenigstens in Ansätzen entsprechen. Luczak (1998) berichtet von einem Zusammenhang zwischen der Beleuchtungsstärke und der Konzentration der weißen Blutkörperchen im Blut. Die Aktivierung der Körperfunktionen steigt mit der Annäherung der Lichtverhältnisse an das Tageslicht.

Darüber hinaus wird versucht, Beleuchtungsverhältnisse zu entwickeln, die der erforderlichen Sehaufgabe gerecht werden und keine zusätzlichen, vermeidbaren Belastungen verursachen.

Gestaltung der Umfeldbeleuchtung

Da sich das Beleuchtungsniveau am Arbeitsplatz maßgeblich auf die Sehleistung und die Beanspruchung der Augen auswirkt, liegt das gesundheitliche Risiko bei mangelhafter Lichtgestaltung nicht nur in Augenschäden und Kopfschmerzen, sondern auch in schnellerer Ermüdung, die zusammen mit einer schlechteren Sehleistung die Unfallgefahr am Arbeitsplatz steigen lässt.

Mehr Aufmerksamkeit und Konzentrationsfähigkeit und bessere Sehleistungen rechtfertigen sowohl aus gesundheitlichen Gründen als auch aufgrund ökonomischer Überlegungen höhere Investitionen in die Beleuchtungssituation. Mitarbeiter können unter guten Lichtverhältnissen ausdauernder qualitativ hochwertige Arbeit verrichten.

Licht und Farbe bewusst als Mittel einzusetzen, um die «Widernatürlichkeit» der Arbeitssituation zu mildern, ist für den Arbeitsgestalter eine wichtige Aufgabe.

Nach DIN 5035 in den Teilen 1 und 2 ist eine gute Beleuchtung durch folgende Gegebenheiten gekennzeichnet (vgl. Schweizerische Lichttechnische Gesellschaft, 1992):

- Das Beleuchtungsniveau ist ausreichend hoch.
- Die Körperlichkeit der Gegenstände ist so betont, dass unterschiedliche Flächen eines Körpers selbst bei gleichen Reflexionsgraden unterschiedliche Leuchtdichten aufweisen. Zur Messung der Leuchtdichte gibt es ein komfortables Messverfahren, entwickelt von Kurtz und Sievers (2009).
- Ein Schlagschatten, der Konturen vortäuscht, die nicht vorhanden sind, wird vermieden.
- Blendung wird durch entsprechende Gestaltung der Arbeitsflächen, der Leuchten selbst, des Leuchtenortes und der Abschirmungen vermieden.

Das Beleuchtungsniveau ist im Wesentlichen durch die Beleuchtungsstärke determiniert. Die angemessene Beleuchtungsstärke ist im Einzelfall abhängig von den Eigenschaften der jeweiligen Sehaufgabe am Arbeitsplatz, der Objektgröße und der Kontraststärke.

Die DIN 5035, Teil 2, nennt diverse Richtlinien für Beleuchtungsstärken bei bestimmten Arbeitsaufgaben und einem Reflexionsgrad der Raumbegrenzungsflächen von 30 Prozent. Die untenstehenden Empfehlungen dürfen unter den ungünstigsten Bedingungen um nicht mehr als 40 Prozent unterschritten werden (s. **Tab. IV-14**; die in Klammern gesetzten Werte sind Empfehlungen, die sich aus Betriebsprojekten ergeben haben).

Der Beleuchtungsbedarf hängt nicht nur von der Sehaufgabe und den Kontrasten ab, sondern auch vom Alter der Person. Wie dem «Kompendium der Arbeitswissenschaft» von Hettinger und Wobbe (1993, S. 306) zu entnehmen ist, benötigen ältere Menschen erheblich größere Leuchtdichten, um die gleiche Sehschärfe (Visus) zu erreichen wie jüngere. Ein Visus von 1 bedeutet, dass das Auge in der Lage ist, zwei Punkte aus einer Entfernung von 5 Metern noch getrennt wahrzunehmen, wenn die Punkte 1,5 Millimeter voneinander entfernt sind (s. **Abb. IV-35**).

Wie Hartmann (1992, S. 17) in einer Überblickstabelle zeigt, gibt es eine Reihe von empirischen Befunden, die deutlich machen, dass verbesserte Beleuchtungsverhältnisse zu Leistungssteigerungen führen können. Leistungssteigerung kann heißen: größere Stückzahlen, weniger Nacharbeit, weniger Fehler, weniger Unfälle etc. (s. **Tab. IV-15**).

Zu hohe Beleuchtungsstärken bergen nach Grandjean (1991) das Risiko von störenden Spiegelungen, zu starker Schattenbildung oder anderen übermäßigen Kontrasten. In seiner Untersuchung in 15 Großraumbüros klagten die Arbeitnehmer, die Beleuchtungsstärken von über 1000 Lux ausgesetzt waren, signi-

Tabelle IV-14: Nennbeleuchtungsstärken der DIN 5035, Teil 2, für ausgewählte Sehaufgaben

Nennbeleuchtungsstärke in Lux (Lm/m^2)	Sehaufgabe	Beispiele
30 (150)	orientieren, kurzer Aufenthalt	Nebenräume, untergeordnete Gänge
120 (200–400)	grobe Arbeiten, große Details bei guten Kontrasten	Grobwalzen in Walzwerken, Grobreinigen großer Teile
250 (500)	normale Sehaufgaben, mittelgroße Details mit guten Kontrasten	Schweißen, Drehen, Bohren, Fräsen, Schlosserarbeiten, Sitzungsräume
500 (750)	gehobene Sehaufgaben, mittelgroße Details mittlerer Kontraste	feine Schlosseraufgaben, Montage größerer Teile, normale Bürotätigkeit
1000 (1500)	sehr hohe Sehaufgaben, kleine Details geringere Kontraste	Fertigung von Textilien, technisches Zeichnen
2000	sehr schwierige Sehaufgaben, sehr kleine Details, geringere Kontraste	Weißnähen, Goldschmiede- und Uhrmachertätigkeiten
5000 und mehr	außergewöhnliche Sehaufgaben, die mit besonderen Gefahren verbunden sind	Operationsfeldbeleuchtung, wissenschaftliche Experimente

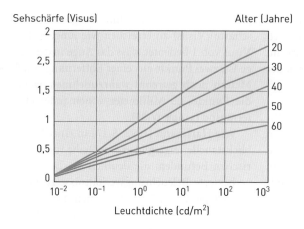

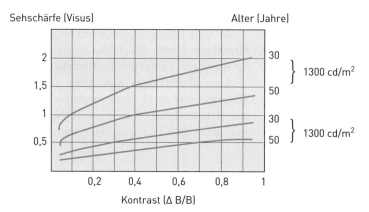

Abbildung IV-35: Einfluss der Adaptations-Leucht-dichte (oben) und des Kontrastes (unten) auf die Sehschärfe verschiedener Altersklassen (vgl. Hettinger & Wobbe, 1993, S. 306)

Tabelle IV-15: Einfluss von Beleuchtungsverbesserungen in der Praxis (gekürzte Darstellung nach Hartmann, 1992, S. 17)

Art der Arbeit	Beleuchtungsstärke		Leistungs-zunahme	Weniger Ausschuß	Weniger Unfälle
	vorher (lx)	nachher (lx)	%	%	
Kameramontage	370	1000	7	–	–
Lederstanzerei	350	1000	8	–	–
Feinmontage	500	1500	28	–	–
Metall-bearbeitung	300	2000	16	29	52
Montage von Subminiaturteilen	500	4000	–	90	–
Weberei	250	1000	7	–	–

fikant häufiger über Blendungen und Augenbeschwerden als die Büroangestellten in Räumen, die mit bis zu 800 Lux beleuchtet waren.

Gestaltung der Kontraste

Zur Gestaltung der Kontraste (des Verhältnisses der Leuchtdichten, also des Helligkeitseindrucks benachbarter Flächen zueinander) am Arbeitsplatz empfiehlt Grandjean (1991), die folgenden sieben Regeln zu beachten (s. auch **Abb. IV-36**):

1. Die Leuchtdichten aller größeren Flächen und Gegenstände im Gesichtsfeld sollen möglichst gleicher Größenordnung sein.
2. In den mittleren Partien des Gesichtsfeldes (Mittelfeld) sollen die Kontraste der Flächenhelligkeiten ein Verhältnis von 3:1 nicht überschreiten.
3. Zwischen der Mitte und den Randpartien (Umfeld) oder innerhalb der Randpartien des Gesichtsfeldes sollen die Kontraste ein Verhältnis von 10:1 nicht überschreiten.
4. Am Arbeitsplatz sollen in der Mitte des Gesichtsfeldes die helleren und außen die dunkleren Flächen liegen.

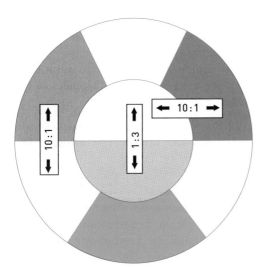

Abbildung IV-36: Zulässige Kontraste der Flächenhelligkeiten im Gesichtsfeld (Grandjean, 1991, S. 262)

5. Kontraste stören mehr in den seitlichen und unteren Partien des Gesichtsfeldes als in den oberen.
6. Zwischen Lichtquelle und Hintergrund sollen die Kontraste ein Verhältnis von 20:1 nicht überschreiten.
7. Der größte zulässige Leuchtdichtenunterschied in einem Raum beträgt 40:1.

Weil der Helligkeitseindruck vom Reflexionsgrad der beleuchteten Flächen abhängt, kann man die Helligkeitskontraste durch die Auswahl von Material und Farbgebung der Reflektoren gestalterisch beeinflussen.

In **Tabelle IV-16** sind nach den Angaben von H. Frieling (1982a) und Schierz und Krüger (1996) die Reflexionsgrade einiger Farben und Materialien aufgeführt.

H. Frieling (1982a) empfiehlt für die Raumgestaltung folgende Reflexionsgrade:

Decke:	70–80 %
Wände:	30–60 %
Boden:	10–25 %

Bei Fußböden neigt man in jüngster Zeit dazu, die Helligkeiten anzuheben (z. B. auf bis zu 40 Prozent). In Verbindung mit hohem Glanz führt dies zu Spiegelungen und Trittunsicherheiten.

Da der Mensch sich in seiner Arbeitsumgebung bewegt und durch Augen- und Kopfbewegungen das Blickfeld variiert, sollte man im Arbeitsumfeld große Kontraste möglichst vermeiden: keine dunklen Wände, die von hellen (blendenden) Fenstern unterbrochen werden; keine schwarzen Fußböden zu weißen Wänden; keine schwarzen Tischunterlagen in Kombination mit weißem Papier etc..

Müssen bewegte Teile kurzfristig beobachtet (optisch geprüft) werden, ist sicherzustellen, dass die Kontraste zwischen Objekt und Hintergrund ausreichend groß sind, aber nicht zu groß, da das Auge sich sonst nur unzureichend an die sich ständig ändernden Helligkeitsverhältnisse anpassen kann. Der arbeitsbedingte Blickfeldwechsel eines Menschen

Tabelle IV-16: Reflexionsgrade von Materialien und Farbanstrichen (vgl. Frieling, H., 1982a, und Schierz & Krüger, 1996)

Leuchtenbaustoffe	Reflexionsgrad
Aluminium, hochglänzend	0,80–0,85
Aluminium, eloxiert	0,75–0,84
Aluminium, matt	0,55–0,65
Chrom, poliert	0,60–0,70
Lack, reinweiß	0,80–0,85
Allgemeine Materialien	
Papier, weiß	0,70–0,80
Ahorn, Birke	0,60
Eiche, hell	0,25–0,35
Eiche, dunkel	0,10–0,15
Kalkstein	0,35–0,55
Sandstein	0,20–0,40
Gips-Verputz	0,80
Kalkputz	0,40–0,45
Zement, Beton, roh	0,25–0,30
Samt (schwarz)	0,005–0,04
Farbanstriche	
weiß	0,75–0,85
hellgrau	0,40–0,60
mittelgrau	0,25–0,35
dunkelgrau	0,10–0,15
schwarz	0,02–0,05
orange	0,25–0,30
rot	0,20–0,25
gelb	0,60–0,70
blau, hell	0,40–0,50
blau, dunkel	0,08–0,15

muss also bei den Maßnahmen zur Wahl der geeigneten Helligkeitskontraste mitbedacht werden. Fröhner & Richters (1994) milderten die optische Belastung von Arbeitern an Rangierbahnhöfen dadurch, dass sie Leuchten mit großer Leuchtfläche in zwölf anstatt zwei Meter Höhe anbrachten, um Kontraste und Blendungen möglichst klein zu halten. Mit weißem Schotter zwischen allen Gleisen erreichten sie eine insgesamt erhöhte Leuchtdichte auf dem Bahnhofsgelände.

Im Gegensatz zu größeren Flächen sind bei kleinen Objekten starke Leuchtdichtenkontraste günstiger, um die Sehaufgabe zu erfüllen (z. B. zur Erkennung von Kleinstteilen auf dem Fließband). Notwendige Kontraste in Abhängigkeit von der Objektgröße und der Beleuchtungsstärke stellt **Abbildung IV-37** dar.

Vermeidung von Blendung

Blendung kommt immer dann ins Spiel, wenn Licht von Lichtquellen oder spiegelnden Flächen ins Auge fällt. Das im Auge entstehende Streulicht überlagert das Netzhautbild und setzt dessen Kontraste herab. Blendung verhindert eine angemessene Adaptation der Augen an die Helligkeitsverhältnisse des betrachteten Objekts, setzt damit die Sehleistung herab und beansprucht die Augen übermäßig. Die Blendungsempfindlichkeit nimmt mit dem Alter zu.

Um unnötige Blendungen zu vermeiden, empfiehlt Grandjean (1991), Folgendes zu beachten:

- Im Gesichtsfeld einer arbeitenden Person darf sich kein Leuchtkörper befinden. Direkte Sicht auf Leuchten ist während der Arbeit unter allen Umständen zu vermeiden.
- Alle Leuchten sollen Abschirmungen aufweisen, die so bemessen sind, dass die durchschnittliche Leuchtdichte der Anlagen den Wert von 3000 Candela pro Quadratmeter (cd/m^2) bei Allgemeinbeleuchtung und von 2000 cd/m^2 bei Arbeitsplatzbeleuchtung nicht überschreitet.

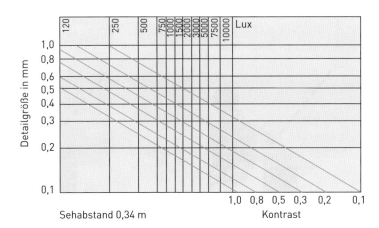

Abbildung IV-37: Beleuchtungsstärke, Objektgröße – Kontrast (vgl. Böcker, 1981, S. 88)

- Der Winkel zwischen horizontaler Blickrichtung und Auge-Leuchtkörper-Verbindungslinie soll mehr als 30° betragen (s. **Abb. IV-38**). Ist in großen Räumen ein Winkel von weniger als 30° unvermeidlich, dann müssen die Leuchten mit besonders wirksamen Abschirmungen versehen sein. Bei Leuchtstoffröhrenbeleuchtung ist dabei die Anordnung der Leuchtkörper quer zur Blickrichtung von Vorteil.
- Eine größere Zahl von Leuchten mit niedrigen Leuchtdichten ist günstiger als wenige Leuchten mit hohen Leuchtdichten.
- Um Blendungen durch Spiegelungen zu vermeiden, soll der Arbeitsplatz zur Lichtquelle (oder die Lichtquelle zum Arbeitsplatz) so angeordnet sein, dass die häufigste Blickrichtung nicht mit dem reflektierten Licht zusammenfällt und die Spiegelung – sofern dabei Kontraste von 1 : 10 überschritten werden – nicht auf das Gesichtsfeld trifft. Eine falsche und eine zweckmäßige Anordnung sind in **Abbildung IV-39** dargestellt.
- Auf die Verwendung von reflektierenden Farben und Materialien an Maschinen, Apparaten, Tischflächen, Schalttafeln usw. sollte man, um Spiegelungen zu vermeiden, grundsätzlich verzichten.
- Insbesondere bei der Arbeit am Bildschirm ist darauf zu achten, dass kein Lichtstrom der Umfeldbeleuchtung als Blendreflex auf dem Bildschirm erscheint. Auch helle Kleidung, helle Tischflächen, glänzende Trennwände oder Fenster finden sich bei ungünstiger Bildschirmaufstellung als Reflex im Bildschirm wieder und erschweren die Sehaufgabe erheblich.

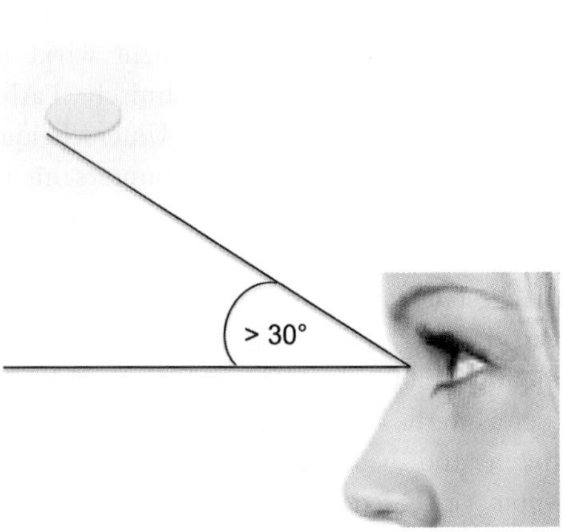

Die an Maschinen und Anlagen angebrachten (grünen oder andersfarbigen) Kontrollleuchten zur Auslösung eines neuen Arbeitstaktes sollten sich nicht im direkten Blickfeld befinden, da sie sonst zu Blendungen führen können. Problematisch sind auch die Leuchtdichten von Leuchtmitteln, die dazu dienen, Arbeitsflächen in Maschinen und Anlagen, an denen gearbeitet wird, für die Videokontrolle

Abbildung IV-38: Empfohlener 30°-Winkel zwischen horizontaler Blickrichtung und Auge-Leuchten-Verbindungslinie.

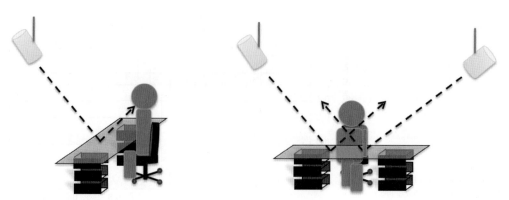

Abbildung IV-39: Ungünstige (links) und günstige Anordnung (rechts) der Leuchten (vgl. Grandjean, 1991)

auszuleuchten. Die Videokameras benötigen hohe Lichtstärken, um für die Kontrollaufnahmen zum Beispiel metallische Oberflächen optimal auszuleuchten; das führt häufig zu störenden Blendreizen.

Gestaltung von Lichtrichtung und Schattigkeit

Um plastisch sehen zu können und die Umwelt richtig wahrzunehmen, benötigen wir Licht und Schatten. Je diffuser die Beleuchtung, das heißt, je weniger das Licht gerichtet ist, umso schwieriger wird die exakte räumliche Wahrnehmung. Bei stark gebündeltem Licht (Strahlen) entstehen Schlagschatten, die bei der Orientierung wichtige Objekte möglicherweise verdecken. Schmidtke (1993) unterscheidet in diesem Zusammenhang zwischen *indirekter, teilweise indirekter* und *gerichteter* Beleuchtung.

Bei *indirekter* (diffuser) Beleuchtung (s. **Abb. IV-40a**) ist alles Licht, das die Arbeitsfläche trifft, einmal oder mehrmals reflektiert und kommt aus praktisch allen Raumrichtungen, nur nicht direkt von der Leuchte selbst. Bei *direkter* (gerichteter) Beleuchtung (s. Abb. **IV-40c**) trifft der Lichtstrahl unmittelbar von der Lichtquelle auf die beleuchtete Fläche. Bei *teilweise direkter* Beleuchtung (s. **Abb. IV-40b**) kommt das Licht zum Teil direkt von der Leuchte, zum Teil aber nach einmaliger oder mehrfacher Reflexion von der Decke oder den Wandflächen.

Um eine korrekte räumliche Wahrnehmung zu erleichtern, schlägt Schmidtke (1993) vor, im Allgemeinen die *teilweise indirekte* Beleuchtung den anderen Möglichkeiten vorzuziehen. Bei reiner Bürotätigkeit kann der Anteil diffusen Lichtes überwiegen, da es hier nicht so sehr auf das Erkennen der Körperlichkeit von Gegenständen ankommt und störende Schatten weitgehend vermieden werden. Überall dort, wo die räumliche Wahrnehmung einen wichtigen Teil der Sehaufgabe darstellt, sollte das Ausmaß an gerichtetem Lichteinfall überwiegen.

Gestaltung von Lichtfarbe und Farbwiedergabe

Die Lichtfarbe beeinflusst wesentlich das Raumempfinden. Zu kaltes Licht wirkt unfreundlich, ungemütlich, technisch. Farbige Lichtquellen erschweren die Unterscheidung von Farbmustern oder Farbunterschieden. Leuchten mit einem dem Sonnenlicht vergleichbaren kontinuierlichen Spektrum haben die besten Farbwiedergabewerte. Zegers und van den Berg (1988) ließen in einem Experiment aus 5000 Kartoffeln 200 «abweichende» (deformierte, beschädigte, unreife etc.) aussortieren und beobachteten die Selektionsgüte unter verschiedenen Beleuchtungsbedingungen. Der Farbwiedergabeindex der Leuchtstofflampen erwies sich als entscheidende Einflussgröße auf das Selektionsergebnis. Je höher

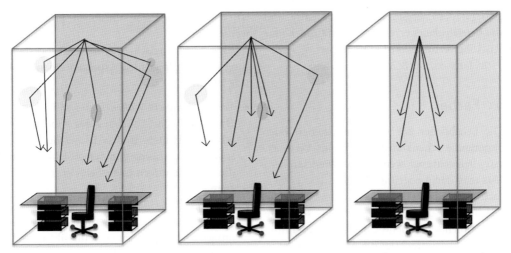

Abbildung IV-40: a) Indirekte, b) teilweise indirekte und c) direkte Beleuchtung (vgl. Schmidtke, 1993)

der Farbwiedergabeindex war, desto besser wurde selektiert. Dabei wirkten sich die Lichtfarben «Neutralweiß» und «Tageslichtweiß» besonders günstig aus. Die Wahl des Beleuchtungsniveaus (500, 1000 oder 2000 Lux) beeinflussten die Güte der Selektion dagegen nur unwesentlich.

Gestaltung der Lichtquellen

Die am häufigsten eingesetzten Lichtquellen am Arbeitsplatz sind Glühlampen und Leuchtstoffröhren. Das Licht von Glühlampen hat höhere rote und gelbe Farbanteile. Einerseits gibt dieser Umstand dem Licht von Glühlampen eine wohnliche Qualität. Andererseits verändert es dadurch den farblichen Eindruck der beleuchteten Objekte und erschwert die Identifikation des Farbtones. Einen weiteren Nachteil kann man in der Wärmestrahlung und dem Energieverbrauch von Glühlampen sehen.

Leuchtstofflampen haben eine höhere Lichtausbeute und eine längere Lebensdauer als Glühlampen. Des Weiteren ist wegen ihrer geringeren Leuchtdichte die Gefahr einer Blendung bei Leuchtstoffröhren kleiner. Die alternierende Lichtstärke (100 Hz) der Leuchtstoffröhren liegt zwar über der subjektiven Verschmelzungsfrequenz des Auges, wird jedoch

als sogenanntes Bewegungsflimmern auf blanken Maschinenteilen oder Werkzeugen sichtbar (insbesondere bei Tageslichtröhren). Alte und defekte Röhren flimmern aufgrund von Entladungsstörungen in gut wahrnehmbarer Frequenz. Dieses sichtbare Flimmern bewirkt eine schnelle Ermüdung der Augen. Martin (1994) weist auf das besondere Problem hin, das durch die Kombination von Röhrenbildschirmgeräten und Leuchtstoffröhren auftritt: Durch Frequenzüberlagerungen entstehen Flimmererscheinungen im wahrnehmbaren Bereich. Aus diesem Grund sollten Röhrenbildschirmgeräte nach Martin mit einer Frequenz höher als 80 Hz erregt werden, und die Erregerfrequenz sollte leicht zu variieren sein, um Überlagerungseffekte durch Frequenzverschiebungen ausregeln zu können. Bei den TFT-Flachbildschirmen ist dies kein Problem mehr.

Die neue LED-Technik («light emitting diodes») wird an Fahrzeugen schon vielfach eingesetzt, zum Beispiel bei Bremslichtern, Fahrlicht oder Innenraumbeleuchtung, und wird sich in Zukunft auch in der Beleuchtung von Räumen finden. Die variable Gestaltung der Leuchten erlaubt es, große Flächen/Wände in unterschiedlichen Farben zu beleuchten. Die Farbwiedergabewerte der LED-Lampen sind sehr gut, der Energieverbrauch ist niedrig, und die Betriebsdauer erreicht 50 000 Stunden (zur Risikobewertung von LED-Lampen vgl. Udovicic, Janssen, Ott & Mainusch, 2009).

3.4 Farbe

Die Lehrbücher zur Arbeitspsychologie oder Ergonomie schenken der *Farbe* im Vergleich zur Beleuchtung weniger Aufmerksamkeit. Das mag darin begründet liegen, dass es vielfach unmöglich ist, eine Arbeit ohne geeignete Beleuchtung korrekt auszuführen; schlechte bzw. fehlende farbliche Umgebungsgestaltung hingegen beeinträchtigt die Arbeitstätigkeit in der Regel nicht eindeutig. Dass farblich verschieden gestaltete Räume unterschiedliche Gefühle und Empfindungen auslösen, spürt zwar jedermann; aber Gefühle, Stimmungen oder Empfindungen gelten in der Arbeitswelt meist nicht viel, am wenigsten solche ästhetischer Natur, und man beachtet sie kaum.

In den Unternehmenszentralen trägt man dem ästhetischen Empfinden gerne Rechnung, indem Vorstandsetagen mit Originalgemälden, Empfangshallen mit Ausstellungen und Räume des gehobenen Managements mit Kunstdrucken dekoriert werden. Ästhetische Kategorien zieht man eventuell beim herzustellenden Produkt in Betracht, kaum jedoch in den Werks- und Montagehallen, in den Büros der Angestellten oder in den Kantinen und Pausenräumen (es sei denn, dass auch das höhere Management und Kunden/Gäste sie benutzen). Die Arbeitsstätten werden vielfach nach funktionellen Gesichtspunkten gestaltet. Der Farbe räumt man nur dann einen Stellenwert ein, wenn sie dem Funktionalismus huldigt – indem DIN-Vorschriften gefolgt wird und zum Beispiel Rohrleitungen für brennbare Gase gelb (RAL 1012), für Wasser grün markiert werden (RAL 6010) (s. Tab. IV-20, im Internet findet der Leser unter dem Stichwort: «RAL-Farbsystem» entsprechende Farbkataloge). Farbe spielt eventuell auch dann eine Rolle, wenn die Raumgeometrie für die beabsichtigten Nutzungszwecke so schlecht gestaltet ist, dass durch Farbe Illusionen produziert werden müssen.

Eine psychologisch orientierte Farbgestaltung kann zu folgenden Aspekten einen Beitrag leisten:

- *Verbesserung der Wahrnehmungsfähigkeit*
  Durch farbliche Abhebung des Arbeitsmittels vom Hintergrund (z.B. bei der optischen Überprüfung von Teilen) lassen sich die Anforderungen an die Sehleistung reduzieren.
- *Erhöhung der Arbeitssicherheit*
  Das Verwenden von Sicherheits- und Ordnungsfarben mindert Unfallrisiken und Verwechslungsmöglichkeiten.
- *Schaffung von Ordnung*
  Beim Arbeitsablauf, bei der Lagerung oder beim Transport lässt sich durch Farbcodierungen Ordnung herstellen.
- *Förderung der Orientierung*
  Farb- und Formzeichen sind wichtige Informationshilfen. Durch unterschiedliche Farbbezirke lassen sich Räume gliedern.
- *Verringerung der Monotonie*
  Farbige Räume schaffen Abwechslung.

Definitionen

Farbe ist eine Empfindung, ausgelöst von elektromagnetischen Wellen zwischen 380 und 780 Nanometern. Ein Nanometer, abgekürzt nm, ist der millionste Teil eines Millimeters. Wellenlängen zwischen 380 und 450 nm werden als Violett, zwischen 465 und 485 nm als Blau, zwischen 490 und 560 nm als Grün, zwischen 571 und 590 nm als Gelb und zwischen 620 und 780 nm als Rot/Rotorange wahrgenommen.

Bei einer farbigen Lichtquelle kann Farbe als Lichtfarbe wahrgenommen werden; in der Regel sieht man sie jedoch als Körperfarbe, die von einem beleuchteten Gegenstand herrührt.

Drei Merkmale der Farbe bestimmen den Farbeindruck: Farbton, Sättigung und Helligkeit (s. **Abb. IV-41**). Der Farbton heißt Rot, Grün, Gelb oder Blau; nach der farbtongleichen Wellenlänge bestimmt man ihn genau.

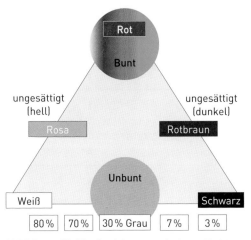

ungesättigt (hell)

ungesättigt (dunkel)

| 80% | 70% | 30% Grau | 7% | 3% |

Abbildung IV-41: Beziehung zwischen Farbton, Sättigung und Helligkeit am Beispiel der Farbe Rot

Die Helligkeit oder der Hellbezugswert einer Farbe wird durch den Reflexionswert (Lichtrückwurfwert) bestimmt. Tabelle IV-16 führt die Reflexionswerte einiger Farbtöne und Materialien auf.

Die Zahl der unterschiedlichen Farbvalenzen, die sich aus der Kombination von Farbton, Sättigung und Helligkeit ergeben, schwankt je nach Farbtüchtigkeit und Training des Betrachters zwischen 600 000 und 7,5 Millionen. Mithilfe von computergesteuerten Spektralfotometern lassen sich die Farben vermessen und nach Farbton, Sättigungsstufe (S) und Helligkeit ordnen (s. DIN-Farbkarte 6164, **Tab. IV-17**). Durch eine solche Ordnung ist es möglich, sich auf eindeutig definierte Farben zu beziehen.

Je nach Differenzierung gibt es 4-, 8-, 12-, 24-, 40-teilige Farbkreise usw., wobei es bei zunehmender Zahl immer schwieriger wird, empfindungsgleiche Abstände zu erzeugen und das Prinzip der Gegenfarbigkeit zu erhalten. Das DIN-System (s. Tab. IV-17) legt einen 24-teiligen Farbkreis zugrunde, mit der Anfangszahl 1 (Gelb) und der Endzahl 24 (Gelbgrün). Die DIN-Farbkarte besteht aus 24 Bogen, in denen Farben gleichen Farbtons, aber

Die am stärksten gesättigten Farben sind die Spektralfarben. Weniger gesättigt (bunt) sind die Pigmentfarben. Physikalisch messen kann man die Sättigung nicht; man schätzt sie über Vergleichsreihen. Je ungesättigter eine Farbe ist, umso unbunter, das heißt grauer ist sie.

Der Farbkreis stellt den Versuch dar, möglichst gesättigte Farben in empfindungsgleichen Abständen anzuordnen (s. **Abb. IV-42**).

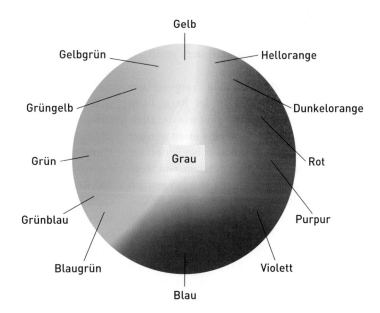

Abbildung IV-42: Ordnung der Farben in einem Farbkreis

Tabelle IV-17: Gruppe farbtongleicher Farben nach DIN 6164

DIN-Farbkarte							Hellbezugswert
S = 1	S = 2	S = 3	S = 4	S = 5	S = 6	S = 7	
weißliches Grün	23:2:1	23:3:1					1
	23:2:2	23:3:2					2
					23:6:3 Hellgrün		3
Graugrün							4
			23:4:5				5
							6
Schwarzgrün							7
							8

Sättigung ⟶

unterschiedlicher Sättigung und Helligkeit aufgeführt sind. Die Farbreihen entstehen durch Mischen mit Weiß bzw. Schwarz. 23:1 ist ein sehr helles, wenig gesättigtes Grün; 23:1:6 ist fast Schwarz; 23:6:3 ist das mit Pigmenten herstellbare am stärksten gesättigte Hellgrün (s. Tab. IV-17).

Die Farbenindustrie stellt vergleichbare Farbkarten her, die aber in der Regel nicht durchgängig so fein gestuft sind wie die DIN-Farbkarte, da für den Anwender meist weniger Farben erforderlich sind und er bei Bedarf die Möglichkeit hat, Farben zu mischen. Gut abgestufte Farbkarten erleichtern aber wesentlich die Farbgestaltung. Durch die praktische Codierung der Farben ist eine sprachliche Kommunikation über Farben erst möglich. Die begriffliche Fassung einzelner Farben ist sehr unpräzise. Die Angabe 23:4:5 (s. Tab. IV-17) bezeichnet beispielsweise ein relativ dunkles Graugrün.

Besonderheiten bei der Farbwahrnehmung

Kontraste

Den drei Parametern der Farbwahrnehmung entsprechend kann man den *Helligkeits-*, den *Sättigungs-* und den *Farbton*kontrast unterscheiden. Mangelnde Helligkeitsunterschiede zwischen Arbeitsvorlage und Hintergrund (z. B. graue Metallschraube auf grauer Unterlage) erschweren die Erkennbarkeit der Objekte. Helligkeitskontraste von 3:1 (Figur/Hintergrund) werden als günstig erachtet. Sättigungskontraste spielen bei der Gestaltung von Räumen eine Rolle, wenn man trotz gleichen Farbtons eine gewisse Spannung in den Raum bringen möchte, ohne den Raum zu bunt werden zu lassen, zum Beispiel indem die Seitenwände hellblau und die Stirn- und Rückwand mittelblau eingefärbt werden.

Der wichtigste Kontrast ist der Farbkontrast. Jede Farbe wird in ihrer Wirkung gesteigert, wenn gleichzeitig ihre entgegengesetzte Farbe auftritt. Rot wirkt auf grauem Hintergrund matt, auf grünem stark leuchtend. Durch die Wahl eines gegenfarbigen Hintergrunds kann man den farbigen Gegenstand in seiner Farbintensität steigern. Rotbraune Würste sehen vor grünblauen Fliesen appetitlicher aus als vor gelbbraunen. Dieser Kontrast wird auch «Simultankontrast» genannt.

Das Sortieren kleiner farbiger Teile fällt leichter, wenn der Hintergrund in Richtung auf die Gegenfarbe gestaltet ist. Hierbei sollten die Gegenfarben jedoch nicht stark gesättigt sein. Ein Streifenmuster aus gesättigten Gegenfarben, zum Beispiel Rot/Grün, führt zu Irritationen (sog. «Flimmerkontrasten»).

Der Sukzessiv- oder Sukzedankontrast entsteht, wenn man den Blick fest auf eine bestimmte Flächengröße heftet und nach etwa einer Minute auf eine weiße, graue oder schwarze Unterlage schaut. Dann erscheint in Richtung auf die Gegenfarbe ein entsprechender farbiger Fleck. Blickt man zum Beispiel lange auf einen grünen Bildschirm, so entsteht ein hellrosa Nachbild. Diese Erscheinung ist zwar flüchtig, wirkt aber sehr störend, vor allem dann, wenn man nicht weiß, woher diese schwebende Farberscheinung kommt. Zu beobachten ist dieses Phänomen, wenn ein Bildschirmnutzer am Arbeitsplatz über längere Zeit eine Objektfarbe wahrnehmen muss oder wenn er eine bestimmte Farbfläche längere Zeit fixiert.

Adaptation

Bei längerem Einwirken von Farben auf das Auge nimmt die Empfindlichkeit des Sehorgans für diese Farbe ab. Die Reizung mit einer Farbe führt zu Gegenleistungen des Auges in der ausgleichenden Gegenfarbe; das erklärt den Simultan- und den Sukzedankontrast. Die betroffenen Farbrezeptoren ermüden, und die nicht betroffenen reagieren bei Reizung verstärkt (vgl. hierzu die ausführliche Darstellung bei Schmidt, 1995). Ist man lange in einem rot gestrichenen Raum, dann erscheint ein im Anschluss aufgesuchter weißer Raum blaugrünlich. Der lange Aufenthalt in einem roten Raum bewirkt aber auch, dass die Farbe nicht mehr wie zu Beginn als ein starkes Rot erlebt wird. Man gewöhnt sich an die Raumfarbe.

Farbkonstanz

Die Farbwahrnehmung ist ein komplexer Vorgang, bei dem nicht nur optische Prozesse, sondern vor allem auch Verarbeitungsleistungen des Gehirns eine Rolle spielen (vgl. Schmidt, 1995). Ein einfaches Experiment verdeutlicht dies: Wenn man von einem Dia einen bunten Blumenstrauß an die Wand projiziert und über die darin enthaltenen gelben Blumen einen blauen Filter schiebt, dann werden die gelben Blumen grün. Schiebt man aber einen blauen Filter über das gesamte Dia, so erscheint der Blumenstrauß wieder in seiner ursprünglichen Farbpalette, und man nimmt die gelben Blumen als gelbe Blumen wahr. Farbkonstanz ist eine Leistung der Verarbeitungsmechanismen innerhalb der Netzhaut und des Gehirns, die dazu beiträgt, die Orientierung in der Umwelt zu erleichtern. Die Bedeutung der Erfahrungen mit den Farben der Umwelt spielt dabei eine wichtige Rolle.

Assoziationen und Anmutungen

Wahrgenommene Farben lösen in Verbindung mit ihrer räumlichen Anordnung unterschiedliche Assoziationen aus, die man besonders bei der Farbgestaltung von Räumen beachten sollte (s. Tab. IV-18).

Viele Assoziationen sind gelernt und erleichtern die Orientierung. Wird eine Farbgestaltung gegen die Gewohnheit durchgeführt, so kann dies zu negativen Stimmungen führen. Bedeutsam erscheint in diesem Zusammenhang der Hinweis, dass Farben auf Farbkärtchen zwar Präferenzen hervorrufen können, aber keine Assoziationen; Assoziationen ergeben sich erst in Verbindung mit ihrer räumlichen Organisation. Grün beruhigt ebenso wenig wie Rot anregt, wenn man nicht das Farbensemble mitbeachtet. Die roten Lichter auf der Reeperbahn und der rote Teppich in

Tabelle IV-18: Assoziationen zu Farben bei der Farbgestaltung von Räumen (H. Frieling, 1982b, S. 18 f.)

Farbe	von oben	von der Seite	von unten	als Akzent
Rot	eingreifend, beunruhigend, schwer	sich annähernd, aggressiv	bewusst machend	alarmierend, handlungsauslösend
Orange	anregend, konzentrierend	wärmend, leuchtend	motorisch anregend	blickführend, aktivierend
Braun	deckend bis drückend (dunkel)	umgebend, sichernd (z. B. Holz)	erdhaft, trittsicher	wenig wirksam
Gelb	leicht, leuchtend, erregend	anregend bis irritierend (satt)	hochhebend, ablenkend	blickanziehend, warnend bei schwarzer Einfassung
Grün	hegend, abschließend	umgrenzend, beunruhigend (satt), beruhigend (ungesättigt)	natürlich, weich	nur bei hoher Sättigung und als Kontrast

Berlin lösen nicht durch den «Gleichklang» der Farbe eine vergleichbare Reaktion aus. Eine dunkelgraue Hallendecke wirkt anders als ein ebenso gefärbter Fußboden. Rosa gestrichene Großpressen in einer Fabrikhalle wirken lächerlich.

Durch die mit der Farbe verbundenen Assoziationen lassen sich kompensatorische Wirkungen im Raum bewusst anstreben. Bäckereien wird man eher mit kühlen Farben ausstatten als mit warmen, kühle Räume eher mit warmen, zu hohe Räume mit dunkleren (näheren) Farben und zu enge Flure mit hellen, leuchtenden Farben. Hettinger und Wobbe (1993) dokumentieren die interindividuell recht einheitliche Temperatur- und optische Distanzwirkung einiger Farbtöne (s. Tab. IV-19).

Die Autoren empfehlen, bei leichter körperlicher Arbeit, bei monotonen, reizarmen Tätigkeiten sowie bei großen Räumen mit wenig Tageslicht und bei niedrigen Temperaturen und Geräuschpegeln warme und anregende Farben einzusetzen. Bei schwerer körperlicher Arbeit, bei betriebsamen, eher hektischen Tä-

tigkeiten in kleinen Räumen mit viel Tageslicht (z. B. mit Südfenstern), bei hohen Temperaturen und bei hohem Geräuschpegel werden kühle und beruhigende Farben präferiert.

Der Farbgebung einzelner Objekte wird eine Signal- bzw. Ordnungsfunktion zugeschrieben. Um Reaktionszeiten gering zu halten, kann man wichtige Hebel, Griffe und Knöpfe mit leuchtenden Farben kennzeichnen. Um die Orientierung an Arbeitsplätzen zu erleichtern, legt die DIN 4844 (die Grundnorm für Sicherheitsfarben und Sicherheitsformen; vgl. Deutsches Institut für Normung, 1982) die in Abbildung IV-43 aufgeführte Verwendung von Signalfarben am Arbeitsplatz fest.

Um Rohrleitungen hinsichtlich ihrer Inhaltsstoffe (die möglicherweise bei Schädigungen der Rohre zu Unfällen führen) leichter identifizieren zu können, hat man sich auf die Farbcodierungen geeinigt (DIN 2403), die in Tabelle IV-20 aufgelistet sind. Durch die farbige Codierung lassen sich die Rohre optisch leicht verfolgen, wenn Störungen in den Versorgungsleitungen zu beheben sind.

Tabelle IV-19: Wirkung von Farben auf das Raum- und Temperaturempfinden (vgl. Hettinger & Wobbe, 1993, S.317)

Farbe	Distanzwirkung	Temperaturwirkung
Rot	nah	warm
Orange	sehr nahe	sehr warm
Braun	sehr nahe, einengend	neutral
Gelb	nah	sehr warm
Grün	nah	sehr kalt bis neutral
Blau	fern, weitend	kalt
Violett	sehr nahe	kalt

Rot (auf weißem Grund)	unmittelbare Gefahr, Verbot, Halt, Notschalteinrichtung	
Gelb (auf Schwarz)	Vorsicht, Warnung vor versteckten Gefahren, gefährliche Stoffe	
Grün (auf Weiß)	Notausgänge, Fluchtwege, «erste Hilfe», Gefahrlosigkeit	
Blau (auf Weiß)	sicherheitstechnische Gebote und Anordnungen	

Abbildung IV-43: Verwendung von Signalfarben am Arbeitsplatz nach DIN 4844

Tabelle IV-20: Farbcodierungen für Rohrleitungen nach DIN 2403

Wasser	grün		RAL[1] 6010	
Wasserdampf	rot		RAL 3000	
Luft (Druckluft)	blau		RAL 5009	
Brennbare Gase	gelb		RAL 1012	mit roter Schildspitze
Nicht brennbare Gase	gelb		RAL 1012	ohne Schildspitze
Säuren	orange		RAL 2000	
Laugen	violett		RAL 4001	
Brennbare Flüssigkeiten	braun		RAL 8001	mit roter Schildspitze
Nicht brennbare Flüssigkeiten	braun		RAL 8001	ohne Schildspitze
Vakuum	olivgrau		RAL 7002	

[1]RAL ist die Abkürzung für «Reichsausschuss für Liefervorschriften». Auch wenn es kein «Reich» mehr gibt – die Vorschriften gelten!

Generell sollte man vermeiden, durch zu viele Blickfänge zu unerwünschter Ablenkung zu verleiten und Unruhe zu verbreiten, und stattdessen besonderen Wert auf eine sinnfällige Farbenwahl legen und sich in der quantitativen Verwendung eher zurückhalten (vgl. H. Frieling, 1982a).

Empfehlungen für die Erstellung eines Farbenplans

1. *Analyse der Arbeitsaufgabe*
   Bevor mit der eigentlichen Farbgestaltung begonnen wird, müssen die zu erledigenden Arbeitsaufgaben analysiert werden; besonders die Sehaufgaben, die mit der Aufgabe zusammenhängen und die zur Verfügung stehende Beleuchtungsart sind dabei zu berücksichtigen. Mitzubeachten ist, ob bei der Arbeitsausführung die Fenster für gewöhnlich mit Jalousien verhängt sind oder nicht.
2. *Festlegung der mit der Farbgestaltung verfolgten Ziele*
   Es stellt sich die Frage, ob räumliche Merkmale bzw. Funktionen (bezogen auf die

Nutzung) betont oder abgemildert werden sollen, ob der Raum optisch an Höhe, an Breite oder Länge gewinnen soll oder nicht.
3. *Bestimmung farblicher Gegebenheiten/ Randbedingungen*
   Fußbodenbeläge sind zum Teil ebenso festgelegt wie Decken (vor allem bei Schallschutzdecken, die schlecht gestrichen werden können) oder vorgestrichene Fensterrahmen und dergleichen. Die Farbgestaltung zwingt hier häufig zu Kompromissen.
4. *Verwendung einer Farbkarte mit feinen Abstufungen und Sequenzen*
   Da man in der Regel nicht auf die teure DIN-Farbkarte zurückgreifen kann und für den Maler entsprechende Farbmuster mit Rezepturangaben bereitgestellt werden müssen, ist die Wahl einer geeigneten Farbkarte wichtig.
5. *Berücksichtigung von Vorschriften/Empfehlungen*
   Zur farblichen Kennzeichnung von sicherheitskritischen Bereichen, zum Beispiel von

Türen (Fluchttüren, Notausgängen), Rohrleitungen, Verkehrsführungen oder Flächenmarkierungen, sind entsprechende Vorgaben zu beachten.

6. *Beteiligung der Nutzer an der Planung*
Wenn bestehende Arbeitsräume neu gestaltet werden, empfiehlt es sich, die betroffenen Mitarbeiter/-innen in den Planungsprozess einzubeziehen. Bei Neubauten mit noch nicht definierten Nutzern ist eine Beteiligung nur über repräsentative Belegschaftsvertreter zu realisieren.

(Weitere Hinweise finden sich bei H. Frieling, 1982b; Frieling, 1992; Nüchterlein & Richter, 2008.)

3.5 Lärm

Im Jahr 1995 wurden 13 941 Fälle der Berufskrankheit Nr. 2301 «Lärmschwerhörigkeit» gemeldet, und die Berufsgenossenschaften entschädigten 1334 neue Fälle durch sogenannte neue Renten (vgl. Bundesministerium für Arbeit und Sozialordnung, 1996). 2004 sank die Zahl auf 10 837 angezeigte Fälle und 627 neue Renten (vgl. Bundesanstalt für Arbeitsschutz und Arbeitsmedizin, 2006), und 2007 konnte die Zahl der angezeigten Fälle (9663) und der neuen Renten (365) wiederum reduziert werden (vgl. Bundesanstalt für Arbeitsschutz und Arbeitsmedizin, 2009).

Trotz dieser positiven Entwicklung ist die Lärmschwerhörigkeit mit 6798 Fällen im Jahr 2004 und 5036 Fällen im Jahr 2007 die am häufigsten anerkannte Berufskrankheit. Bei diesen Fällen wird die Berufskrankheit Lärmschwerhörigkeit auf die *Lärmexposition am Arbeitsplatz* zurückgeführt.

Lärm begleitet nicht nur die Arbeitstätigkeit vieler Menschen, sondern auch deren Freizeit. Weihnachtsmusik in den Kaufhäusern, laute Musik in Diskotheken, Straßen- und Fluglärm sind Begleiterscheinungen einer technisierten Umwelt. Der menschliche Organismus hat diesem Angriff von Schallwellen auf sein Gehör nur wenig entgegenzusetzen.

Im Gegensatz zum Licht, das in der Natur großen Helligkeitsschwankungen unterworfen ist, an die sich das Auge hervorragend anpassen kann, kennt die Natur nicht den Lärm von Pressen und Stanzen, von Düsenjägern und Rasenmähern und hat demzufolge keine Anpassungsmechanismen. Großer Lärm in der Natur ist verbunden mit Katastrophen und höchster Lebensgefahr und, bezogen auf das Einzelschicksal, sehr selten (vgl. Grandjean, 1991, S. 304 f.). Die Bekämpfung des Lärms in Organisationen ist eine wichtige Aufgabe. Sie muss ansetzen an der Konstruktion der Bearbeitungsmaschinen, den herzustellenden Produkten, den Verhaltensweisen der Beschäftigten und der Gestaltung des räumlichen Umfeldes. Die Bekämpfung des Lärms ist daher nicht nur eine Aufgabe des Ingenieurs, sondern auch eine Aufgabe des Arbeitspsychologen.

Die Vielzahl von Gesetzen, Verordnungen und Empfehlungen (vgl. bspw. die Verordnung zum Schutz der Beschäftigten vor Gefährdung durch Lärm und Vibrationen von 1991; oder Liedtke, 2009; Pieper, 2009) kann nicht darüber hinwegtäuschen, dass man dem Lärmproblem aus wirtschaftlichen Gründen zu wenig Aufmerksamkeit schenkt. Was technisch machbar ist, um Lärm zu verhindern, wird aus Kostengründen nicht konsequent umgesetzt. Die durch Lärm ausgelösten und in ihren Wirkungszusammenhängen komplexen Beanspruchungsfolgen müssen nicht nur weiter erforscht, sondern vor allem durch Gestaltungsmaßnahmen verhindert werden. Arbeitspsychologische Forschung zu diesem Thema befasst sich im Wesentlichen mit der Folgenabschätzung von Lärm. Sie muss aber künftig mehr auf die Gestaltung lärmarmer Arbeitsbedingungen drängen und einen Beitrag dazu leisten, das umfangreiche Wissen über Maßnahmen zur Lärmverhinderung in den Organisationen umzusetzen, bzw. ein Problembewusstsein schaffen, um Lärmschutzmaßnahmen durchführen zu können.

Auswirkungen des Lärms

Psychische Korrelate der in Teil II, Kapitel 2.4.1 aufgeführten technisch-physikalischen Messgrößen sind Geräusche, Töne oder Lärm. Für Arbeitspsychologen ist es wichtig zu erfahren, welche Geräusche als Lärm empfunden werden, welche Geräusche also störende, unangemessene, beeinträchtigende oder unerwünschte Empfindungen auslösen. Es interessiert daher die Frage, welche psychologischen Variablen – neben den physikalisch messbaren – daran mitbeteiligt sind, dass man Geräusche als Lärm einschätzt.

Entscheidend für den Grad der subjektiv empfundenen Belästigung durch Umgebungslärm ist die Einstellung des Menschen zur Lärmquelle, die bei Naturgeräuschen, bei der Beschallung in einer Diskothek, bei Motorradlärm oder den Geräuschen, die einem Musikinstrument entstammen, sehr verschieden sein kann.

Die Auswirkungen von Lärm auf den Menschen liegen zum einen in der kurzfristigen und dauerhaften Beeinträchtigung der akustischen Wahrnehmung, zum anderen in der psychischen und physiologischen Stressreaktion auf Lärm. Kurzfristig erhöht die Stressreaktion Konzentrationsprobleme und verursacht eine schnelle Ermüdung, langfristig erhöht sie die Krankheitsanfälligkeit.

Allgemein unterscheidet man zwischen auralen, das heißt vornehmlich auf das Gehör beschränkten, und extraauralen Wirkungen, die den ganzen Menschen betreffen (vgl. hierzu Jansen & Schwarze, 1998; Griefahn, 2011; oder Liedtke, 2009):

- *Extraaurale Lärmwirkungen:*
  - Ab 30 dB(A) können schon psychische Reaktionen wie Lästigkeit, vegetative und endokrine Störungen auftreten (Schlafstörungen).
  - Ab 50 dB(A) kann eine Leistungsbeeinflussung auftreten, die eine Minderung der Schaffenskraft in Menge und Qualität bewirkt (Schlafstörungen mit Folgen für den nächsten Tag).

- Ab 65 dB(A) sind physische Wirkungen möglich; es kann zu Durchblutungsminderungen in peripheren Organen kommen (z. B. den Fingern), zu Pupillenerweiterungen oder Veränderungen der Magensekretion.

- *Aurale Lärmwirkungen:*
  - Ab 75 dB(A) können bei sensiblen Menschen nach mehrjähriger beruflicher Tätigkeit unter Lärmexposition Hörschäden auftreten.
  - Bei 80 dB(A) sind nach mehrjähriger Exposition bei einer täglichen Lärmeinwirkung von fünf Stunden schon zirka 20 Prozent der Arbeitenden hörgeschädigt, die älter als 50 Jahre sind.
  - Ab 85 dB(A) treten irreversible Gehörschädigungen bei Arbeitenden auf, die über mehrere Jahre dem Lärm ausgesetzt sind. Zuerst fallen einzelne Frequenzbänder aus, danach tritt eine allgemeine Schwerhörigkeit ein.
  - Ab 120 dB(A) treten zerebrale und somatische Reaktionen auf. Durch den Schalldruck auf die Haut werden dort Nervenzellen zerstört.
  - Bei 130 dB(A) liegt die Schmerzschwelle.
  - Ab 140 dB(A) können impulsartige Schallereignisse zu schweren körperlichen Schädigungen führen.

Demnach sind schon ab zirka 65 dB(A) Reaktionen des vegetativen Nervensystems feststellbar, und irreversible Schädigungen des Gehörs lassen sich von einer durchschnittlich über 85 dB(A) liegenden Beschallung an nicht mehr ausschließen. Joiko (1989) konnte bei ihren 150 Probanden zwar ebenfalls Veränderungen der physiologischen Indikatoren feststellen, wenn der Schalldruck von 50 dB(A) auf 80 dB(A) angehoben wurde, nicht jedoch eine Beeinträchtigung der Leistungsfähigkeit. Sie stellte aber fest, dass ein Schallpegel von 70 dB(A) von ihren Probanden als dreimal unangenehmer empfunden wird als ein Schallpegel von 60 dB(A).

Wie Abbildung IV-1 («unter Lärm arbeiten») zeigt, steigt mit zunehmendem Alter die subjektive Beanspruchung durch Lärmexposition.

Bei einer dauerhaft hohen Lärmeinwirkung ermüdet das Innenohr, das sich bei ständiger Wiederholung ohne ausreichende Erholungspause nicht mehr regeneriert (die Wiederherstellungszeit ist rund 10-mal so lang wie die Dauer des vorangegangenen Lärmes), die Haarzellen sterben ab. Der darauf folgende Hörverlust tritt schrittweise ein und erstreckt sich zunächst auf die hohen Töne bzw. den oberen Frequenzbereich um 4000 Hz (s. **Abb. IV-44**). Erst wenn die Beeinträchtigung des Hörens auch auf die tieferen Frequenzen übergreift, wird der Arbeitnehmer allmählich auf seinen Hörverlust aufmerksam.

Die VDI-Richtlinien (2058, Blatt 2; vgl. Verein Deutscher Ingenieure, 1988) schreiben daher ab einer Lärmexposition von durchschnittlich 90 dB(A) (Beurteilungspegel) erstens Gehörschutzmaßnahmen und zweitens arbeitsmedizinische Vorsorgeuntersuchungen vor, bei denen die Hörschwelle der Mitarbeiter/-innen bestimmt wird, um eine eventuell bereits entstandene Hörminderung festzustellen (§ 1 der Unfallverhütungsvorschrift «Lärm» von 1990). Die Lärmschwerhörigkeit wird in Dezibel (dB) gemessen. Kriterium für eine bestehende Lärmschwerhörigkeit ist nach der Unfallverhütungsvorschrift (UVV – Lärm) ein Hörverlust von 40 dB bei einer Testfrequenz von 3000 Hz.

Neben den irreversiblen Einschränkungen der Hörfähigkeit werden nach Lärmexpositionen auch kurzfristige Wahrnehmungsstörungen beobachtet.

Schon Geräusche von 80 bis 90 dB verursachen geringe Verschiebungen der Hörschwellen um 8 bis 10 dB. Nach Geräuschen von 110 dB steigt die Schwelle um 50 bis 60 dB. Temporär verschiebt sich die Hörschwelle proportional zur Dauer des Lärmreizes. Bei 100 dB beträgt die Verschiebung nach 10 Minuten 16 dB und nach 100 Minuten 32 dB (vgl. Grandjean, 1991; oder Griefahn, 2011). Hesse, Irle und Strasser untersuchten 1995 zeitweilige Hörschwellenverschiebungen und Restitutionsverläufe nach energieäquivalenter Dauer- und Impulsschallbelastung. Nach dem Takt-Maximalpegel-Verfahren entspricht die noch zulässige schädigungsneutrale Belastung mit 85 dB(A) über 8 Stunden einer Schallexposition der Stärke 94 dB(A) über eine Stunde sowie dem Belastungsgrad durch einen Beurteilungspegel von 113 dB(A) über 45 Sekunden. Bei einer Gegenüberstellung dieser energieäquivalenten Pegel-Wirkzeit-Konstellationen konnten die Autoren feststellen, dass kürzere

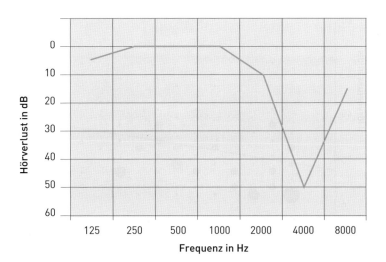

Abbildung IV-44: Audiogramm eines lärmgeschädigten Gehörs; die Nulllinie entspricht der normalen Hörschwelle.

Einwirkzeiten bei entsprechend höheren Pegeln eine geringere akustische Belastung bedeuten als längere Einwirkzeiten niedrigerer Pegel. Zudem führte schon eine Dauerschallbelastung von 113 dB(A) über 45 Sekunden in Impulsen von nur 5 Millisekunden Dauer zu einer erheblichen (hochsignifikanten) Verschiebung der Hörschwelle.

Nach Strasser (1993) lässt mit zunehmendem Alter die Hörfähigkeit allgemein und insbesondere hinsichtlich der hohen Töne nach. Diese Befunde decken sich mit Ergebnissen aus dem von Schwarze, Notbohm und Gärtner (2005) vorgelegten Forschungsbericht zu lärmbedingten Hörschäden. Hier wird deutlich, dass mit steigendem Alter die Hörverluste zunehmen. Mit höher werdenden Frequenzen (ab 1000 Hz) steigt der Hörverlust; bei den Männern ist er größer als bei den Frauen. Der Hörverlust bei einer Frequenz von 3000 Hz beträgt bei den 30- bis 39-Jährigen zirka 15 dB und bei den 60- bis 69-Jährigen zirka 35 dB. Bei 6000 Hz liegt der Hörverlust für 60- bis 89-Jährige schon bei über 50 dB. Mit zunehmenden Frequenzen nimmt auch die Spreizung des Hörverlustes mit dem Alter zu. Nach Aussagen von Martin und Kliegel (2005,

S. 130) «haben etwa die Hälfte der 60-Jährigen deutlich messbare und dauerhafte Hörverluste typischerweise bei höheren Frequenzen». In einer Messreihe bei Montagemitarbeitern in der Automobilindustrie wurden ebenfalls erhebliche Hörverluste über den Altersgang festgestellt (s. **Abb. IV-45**).

Untersuchungen zur Altersabhängigkeit der otoakustischen Emissionen (vgl. Hoth & Gudmundsdottir, 2007) bestätigen die Befunde, dass das Hörvermögen mit zunehmendem Alter nachlässt. Bei dieser Untersuchungsmethode reizt man das Ohr mit einem «Klick», und das Innenohr antwortet auf diesen Reiz mit einem vorübergehenden Geräusch, das mit hochempfindlichen Mikrofonen gemessen wird. Ursachen liegen nach Meinung der Autoren in organischen Funktionsdefiziten des Innenohres sowie in funktionellen Leistungsverlusten der beteiligten Gehirnregionen. Dies zeigt sich in der herabgesetzten Empfindlichkeit bzw. angehobenen Hörschwelle für hohe Frequenzen und im erschwerten Sprachverstehen bei Störgeräuschen oder Stimmengewirr. Nach Martin und Kliegel (2005, S. 136) lässt sich die Altersveränderung beim Hören wie folgt einteilen:

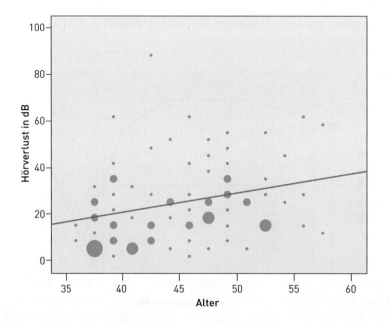

Abbildung IV-45: Hörverlust im Alter (Montagearbeiter, n = 84, eigene Erhebungen)

Altersveränderung	Bedeutung
Hörschwelle	Geräuschunterscheidung
Frequenzunterscheidung	Sprachinterpretation
Zeitliche Hörauflösung	Sprachverarbeitung
Räumliche Hörauflösung	Lokalisation von Sprechern, Sprachverständnis

Nach Luczak (1998) sind Lärmimmissionen mit überwiegend hohen Frequenzen schädlicher als solche mit überwiegend niedrigen, und intermittierender Lärm (Hämmern usw.) ist gefährlicher als kontinuierlicher. Ungewohnte Geräusche und Geräusche mit einem gewissen Informationsgehalt (z. B. Telefone, Signale anderer, Gespräche zwischen Kollegen in Büros) wirken störender als gewohnte und informationsarme akustische Reize, da sie mehr Aufmerksamkeit binden und von dem eigentlichen Gegenstand ablenken. Gleichmäßige Geräusche können einschläfernd wirken und dadurch die Arbeitssicherheit gefährden. Landström (1990) untersuchte den Grad der subjektiven Belästigung und Ermüdung sowie die Unfallhäufigkeit von Lkw-Fahrern in Abhängigkeit von der Art der Lärmeinwirkung. Die beiden untersuchten Lkw-Typen waren hinsichtlich ihrer dB(A)-Pegel gleichwertig, unterschieden sich jedoch in den Frequenz*bereichen*, in denen sie lauter bzw. leiser waren. Dasjenige Lkw-Modell, das im niedrigen Frequenzbereich (unter 20 Hz) um 5 bis 10 dB lauter war als das andere, wurde trotz gleichwertigem dB(A)-Pegel als lärmender empfunden. Demnach lassen sich Ermüdungs- und Belästigungserscheinungen schon durch eine Schalldämpfung im *niederen* Frequenzbereich erheblich reduzieren.

Schließlich beeinträchtigt Umgebungslärm die Sprachverständlichkeit. Um den Sinn von Aussagen anderer Menschen zu verstehen, ge-

nügt es nach Untersuchungen von Luczak (1998), zirka 50 Prozent der gesprochenen Silben wahrzunehmen. Dies ist bei einem Schalldruck der Stimme gegeben, der um mindestens 10 dB höher liegt als der Geräuschpegel im Raum. Bei wenig vertrauten Gesprächsinhalten ist die Wahrnehmung von 80 Prozent der gesprochenen Silben notwendig; das entspricht einer Differenz zwischen Sprach- und Geräuschschalldruck von rund 20 dB. Der durchschnittliche Schalldruck der menschlichen Stimme in einem Meter Distanz schwankt bei ruhiger Umgangssprache um 60 bis 65 dB und bei lautem Rufen um 80 bis 85 dB.

Also dürfte, um innerhalb eines gehörfreundlichen Schalldruckbereiches kommunizieren zu können, der Umgebungslärm Werte von 50 bis 55 dB nicht überschreiten.

Die psycho- und biopsychologischen Hintergründe (vgl. Spreckelmeyer & Münte, 2008) der Beeinträchtigung durch Lärm sieht Luczak (1998) in seiner ursprünglich alarmierenden und aktivierenden Eigenschaft. Eine anhaltende Lärmexposition bringt den Organismus daher in einen Daueralarmzustand, verbunden mit den entsprechenden psycho-physischen Stressreaktionen (Blutdruck, Herztätigkeit, muskuläre Anspannung). Steht ein Organismus dauerhaft unter Stress – in diesem Falle aufgrund der ständigen Reaktionsbereitschaft durch alarmierenden Lärm –, so ist das mit schwächenden Wirkungen auf das Immunsystem verbunden; die Anfälligkeit gegenüber Erkrankungen steigt. Zudem ist die Aufmerksamkeit in einer solchen Situation dysfunktional gebunden, und dadurch sind die Informationsverarbeitung und die Konzentration auf die Arbeitsaufgabe gestört. Ihr dennoch konzentriert nachzugehen, verlangt größere Anstrengungen und führt demzufolge schneller zu Ermüdung.

Gestaltungs- bzw. Schutzhinweise

Nach der Arbeitsstättenverordnung (2008) ist der Schallpegel in Arbeitsräumen so niedrig zu halten, wie es nach Art des Betriebes möglich ist. Der Beurteilungspegel sollte nach der Unfallverhütungsvorschrift «Lärm» (BGV B3 von 1997) 80 dB(A) nicht überschreiten, und als Gestaltungsziel werden für einfache und mechanisierte Tätigkeiten 70 dB(A) genannt; bei überwiegend geistigen Tätigkeiten liegt die Grenze bei 55 dB(A); wird hohe geistige Konzentration verlangt, sollten 45 dB(A) nicht überschritten werden.

Die Unfallverhütungsvorschrift «Lärm» besagt, dass die Betriebe zu prüfen haben, ob an bestehenden Arbeitsplätzen gehörschädigender Lärm auftritt, und dass bei einem Beurteilungspegel von über 85 dB(A) persönliche Schallschutzmaßnahmen zur Verfügung zu stellen sind. Bei Pegeln über 90 dB(A) müssen die Beschäftigten persönlichen Schallschutz tragen, und der Betrieb hat diese Bereiche als *Lärmbereiche* zu kennzeichnen.

Nahezu übereinstimmend wird in der Literatur der primären Lärmbekämpfung, das heißt der Lärmvermeidung, der Vorzug vor einer sekundären – der Vermeidung der Lärmausbreitung – gegeben. Tertiäre Schallschutzmaßnahmen reduzieren die Immission des Lärms am menschlichen Körper.

Primäre Lärmbekämpfung beginnt mit konstruktiven und technologischen Maßnahmen. Hettinger und Wobbe (1993) unterscheiden die folgenden Möglichkeiten (vgl. auch Bullinger, 1999, S. 143 ff.):

- Verwendung lärmarmer Werkstoffe und Werkstoffpaarungen von Maschinenelementen (z. B. Vermeiden von Metall-auf-Metall-Schlägen, Verwendung von Kunststoff statt Metall);
- Einsatz lärmarmer Techniken (Kleben statt Schweißen, Tiefziehen statt Hämmern, Bohren statt Drehen);
- Auswahl schallarmer Verfahren (Antrieb durch Elektromotoren statt Verbrennungsmotoren, Zahnriemenantrieb statt Kettenantrieb, Luftlager statt Gleitlager, Mehrlochdüsen statt Einlochdüsen);
- präzisere Herstellverfahren (z. B. genaues Walzen von Blechen zu kreisrunden Män-

teln, um das Ausrichten mit dem Hammer und damit lärmhaltige Nacharbeiten zu vermeiden);
- Änderung bestimmter Parameter wie Geschwindigkeit (geringere Drehzahl), Form (Schrägverzahnung statt Geradverzahnung) und Bearbeitung (bessere Oberflächenqualität).

Die sekundären Maßnahmen richten sich darauf, den entstehenden Lärm an seiner Ausbreitung zu hindern. Ein verdoppelter Abstand zwischen Lärmquelle und Empfänger bringt im Fall des freien Schallfeldes maximal eine Pegelreduktion um 6 dB. Um die Schallemission weiter zu verringern, sind im Wesentlichen folgende Maßnahmengruppen zu nennen:

Bauliche Maßnahmen

Durch die Gebäudeform (z. B. bei Volvo in Kalmar und in Skövde) lässt sich die Lärmausbreitung einschränken. Freie Hallen tragen zu einer ungebrochenen Schallausbreitung bei. Die Instandhaltungswerkstatt neben den Pressen ohne entsprechende Zwischenwände einzurichten, ist unvernünftig. Auch die Verwendung von lärmdämpfenden Trennwänden oder Lärmteilern kann vor unnötiger Lärmimmission schützen.

Die Dämmwerte einiger Bauelemente zeigt **Tabelle IV-21** (vgl. Grandjean, 1991).

Die kostengünstige Standardindustriehalle ohne jede Zwischenwand ist unter Lärmschutzgesichtspunkten die denkbar schlechteste aller architektonischen Lösungen. In diesem Fall ist Umdenken vor allem bei den Fertigteilherstellern erforderlich, aber auch bei Produktionsplanern, die aus Gründen des einfachen Warentransportes hallenübergreifende Krananlagen bevorzugen. Ferner sollte bei der Planung darauf geachtet werden, Räume, die für geistige Arbeiten vorgesehen sind, möglichst weit weg vom Verkehrslärm und eigenen Produktionsstätten mit hohen Lärmemissionen anzulegen. Als Pufferräume eignen sich zum Beispiel Lager- oder Speditionsabteilungen.

Tabelle IV-21: Dämmwerte von Bauelementen

normale Einfachtüren	21–29 dB
normale Doppeltüren	30–39 dB
schwere Spezialtüren	42–46 dB
einfachverglaste Fenster	20–24 dB
doppelverglaste Fenster	24–28 dB
Trennwand aus 6–12 cm Backstein	37–42 dB
Trennwand aus 25–38 cm Backstein	50–55 dB
Doppelwand aus 2 × 12 cm Backstein	60–65 dB

Maschinenbezogene Maßnahmen

Hinsichtlich der Maschinen unterscheidet Strasser (1993) zwischen Schalldämmungs- und Schalldämpfungsmaßnahmen. Schalldämmer sind Trennwände zwischen Lärmquelle und Empfänger. Zu den Schalldämmern gehören Kapseln, schalldämmende Wände und Schallschutzschirme. Kapseln sind dichte, geschlossene, elastisch befestigte Einfassungen der gesamten Schallquelle in geringem Abstand von der Oberfläche. Schalldämpfung meint die Absorption von Schall durch geeignete Materialien wie Glasfaser-, Kunststoff- oder Mineralfasern, die bis zu 98 Prozent aus luftgefüllten Poren bestehen. Mit Schalldämmung lässt sich eine Pegelminderung um 20, 30 oder 40 dB erreichen, durch schalldämpfende Maßnahmen jedoch höchstens um 13 dB. Die Wirksamkeit beider Maßnahmen steigt mit wachsender Frequenz.

Maschinenbezogene Maßnahmen können die Ausbreitung des Lärms nur dann mildern, wenn sie tatsächlich zum Einsatz kommen. Hohes Arbeitstempo und leichtere Bedienbarkeit führen häufig dazu, die vorhandenen Hilfsmittel nicht zu verwenden.

Tertiärer Lärmschutz ist das letzte Glied in der Kette der Schutzmaßnahmen, wenn sich der Beurteilungspegel am Arbeitsplatz trotz aller technischen und wirtschaftlich vertretbaren Bemühungen nicht unter die gesetzlichen Toleranzwerte absenken lässt. In diesen Fällen bewahren persönlicher Gehörschutz und organisatorische Maßnahmen vor zu hoher und zu lange andauernder Lärmexposition.

Mitarbeiterbezogene Maßnahmen

Zu den mitarbeiterbezogenen Maßnahmen gehören alle Arten des persönlichen Gehörschutzes (vgl. Griefahn, 2011; Liedtke, 2009) wie Gehörkapseln, -stöpsel, -helme oder Schallschutzanzüge, aber auch Schutzkabinen oder medizinische Vorsorgeuntersuchungen. Von 80 bis 85 dB(A) an sollte die Verwendung von Gehörschutzmitteln eine Selbstverständlichkeit sein; dass dem nicht so ist, zeigen viele Rundgänge in Industriebetrieben. Es ist daher für den Arbeitspsychologen eine wichtige Aufgabe, die Betroffenen im Eigeninteresse zu motivieren. Dies ist umso leichter möglich, je komfortabler die Schutzmittel gestaltet sind, das heißt, je weniger sie zum Beispiel jucken, drücken oder zum Schwitzen führen. Abbildung IV-46 zeigt die Schalldämmung einiger Gehörschutzmittel.

Die Abbildung zeigt, dass diese Mittel im höheren Frequenzbereich wirksamer sind und den Schalldruckpegel um 20 bis 30 dB senken können. Wegen des Tragekomforts und der Infektionsgefahr empfiehlt Luczak (1998) die Verwendung von Einwegprodukten. Bei Schalldruckpegeln über 120 dB(A) mindern Schallschutzhelme die Übertragung des Schalls auf die Schädeldecke. Bei extremen Belastungen (> 130 dB[A]) sind Schallschutzanzüge zum Schutz der inneren Organe vor mechanischen Einwirkungen angebracht.

Bei Akkordarbeitern ist zu beachten, dass die Benutzung des Gehörschutzes eventuell ihre Tätigkeit behindert. Das Ausmaß der Be-

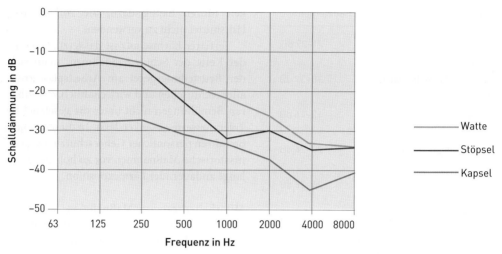

Abbildung IV-46: Schalldämmung verschiedener Gehörschutzmittel (Luczak, 1998, S.379)

hinderung muss als Gewichtungsfaktor in die Berechnung der festgelegten Rüst- und Stückzeiten eingehen. Sind die Betroffenen auf einen Informationsaustausch während der Arbeit angewiesen, müssen die Gehörschutzkapseln die Sprechfrequenz durchlassen. Darüber hinaus ist zu berücksichtigen, dass die persönlichen Schutzmittel in vielen Fällen zu einer Desorientierung und in Verbindung damit zu Unsicherheiten im Verhalten führen können. Dem Gefühl der Vereinsamung und Isolation durch den Gehörschutz ist durch entsprechende arbeitsorganisatorische Maßnahmen (z. B. Lärmpausen, Gruppenarbeit, Sprechfunk) zu begegnen.

Arbeitsorganisatorische Maßnahmen

Die arbeitsorganisatorischen Maßnahmen beginnen bei Anreizen. Man motiviert die Betroffenen durch Prämien, die genannten Schallschutzmittel tatsächlich einzusetzen, anstatt ihnen für das Ertragen gesundheitsschädigender Umgebungsbedingungen Gefahrenzulagen zu zahlen. Auch ein organisierter Arbeitsplatzwechsel oder die Einführung von Lärmpausen kann die gehörschädigenden Auswirkungen von Lärm abmildern. Je höher die Schalldruckpegel sind, umso kürzer sollten die Expositionszeiten sein und umso länger

die Erholungszeiten (s. **Abb. IV-47**). Erholung bieten Arbeitsräume mit einem Schalldruckpegel unter 75 dB(A) und Pausenräume mit einem Schallpegel unter 55 dB(A).

Analysebeispiel Schulunterricht

Hecker (1994) untersuchte die Lärmbelastung beim Unterricht von achten Klassen. Die Pegelmessungen erfolgten in drei verschiedenen Arbeitssituationen: einmal während eines fünfstündigen theoretischen Unterrichts im Klassenzimmer (s. **Abb. IV-48**), einmal während des Unterrichts in den Arbeitsräumen für Holzbearbeitung des Fachs Technik/Arbeitslehre und einmal während des Sportunterrichts in der Sporthalle.

Die Mikrofone 1 und 3 waren auf die fünfzehn Schüler gerichtet und repräsentieren demnach die Immissionen der Lehrer. Die Mikrofone 2 und 4 standen an einem zentralen Schülersitzplatz. Ihre Membranen waren in Richtung des unterrichtenden Lehrers aufgestellt. Schließlich erfassten die Mikrofone 5 und 6 den Schall an den Randsitzplätzen von Schülern.

Am Technikunterricht nahmen sechs Schüler und Schülerinnen teil. Inhalt beider Stun-

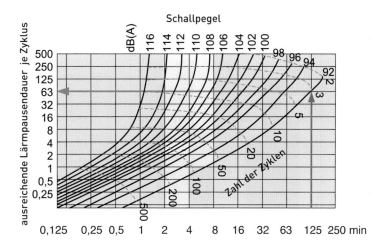

Abbildung IV-47: Lärmpausenbewertung nach VDI 2058, Blatt 2 (Martin, 1994, S. 250)

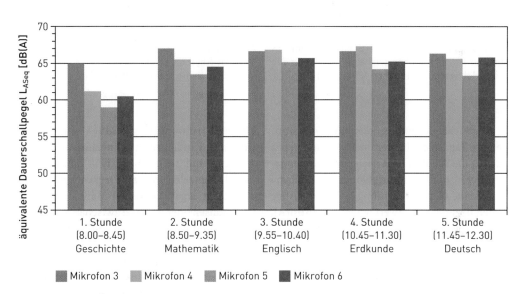

Abbildung IV-48: Äquivalente Dauerschallpegel im 45-Minuten-Rhythmus über fünf Unterrichtsstunden im Klassenraum (Hecker, 1994, S. 92)

den war die Bedienung von Hand- und Maschinensägen. Die Mikrofone 1 und 2 waren an einem Schülerarbeitstisch postiert. Die Mikrofone 3 bis 5 erfassten den Schall an einem Arbeitsplatz mit einer kleinen Tischrundschleifmaschine. Mikrofon 4 erfasste den Impulsschall (L_{AIeq}) und Mikrofon 5 den Dauerschall (L_{ASeq}). Die Ergebnisse dieser Messungen beim Unterricht in der Holzwerkstatt stellt **Abbildung IV-49** dar.

In der ersten Sportstunde spielten zwölf Mädchen Basketball, in der zweiten Sportstunde lieferten sich zehn Jungen vor 21 Zuschauern ein Basketball-Ausscheidungsspiel. Die Mikrofone waren auf der den Zuschauern gegenüberliegenden Seite der Sporthalle an der Wand aufgestellt und repräsentieren damit die Schallimmission der Zuhörer. Auch hier wurde zwischen Dauer- (L_{ASeq}) und Impulsschall (L_{AIeq}) unterschieden (s. **Abb. IV-50**).

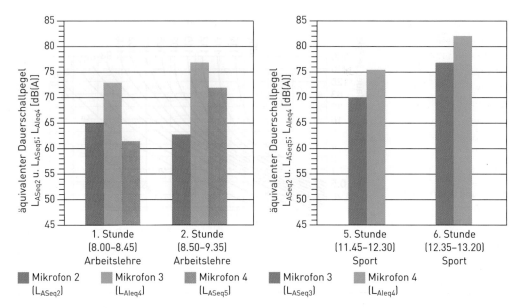

Abbildung IV-49: Äquivalente Schallpegel im 45-Minuten-Rhythmus über zwei Unterrichtsstunden in der Holzwerkstatt (Hecker, 1994, S. 94)

Abbildung IV-50: Äquivalente Schallpegel im 45-Minuten-Rhythmus über zwei Unterrichtsstunden in der Sporthalle (Hecker, 1994, S. 94)

Angesichts der Expositionszeiten (4,5 Stunden pro Tag für die Lehrer und 5,3 Stunden pro Tag für die Schüler) liegt nach den Rahmendaten der Unfallverhütungsvorschrift «Lärm» zwar keine Gehörgefährdung vor; für geistige Arbeit liegt der Grenzwert jedoch bei 55 dB(A), der bei der Arbeit im Klassenzimmer überschritten wird.

Hecker (1994) merkt an, dass die Lärmsituation im Unterricht eine Besonderheit darstellt. Zum einen erzeugen nicht wie gewöhnlich die Emissionen von Maschinen und Geräten an Arbeitsplätzen die Geräusche, sondern im Wesentlichen die am Unterricht beteiligten Personen selbst. Zum anderen haben Lehrende und insbesondere Lernende großen Einfluss auf die Höhe der Geräuschemission und damit der Lärmimmission und können ihre eigene Belastung steuern.

Die von Buch und Frieling (2002) durchgeführte Untersuchung in Kindertagesstätten konnte zeigen, dass besonders während der Essensausgabe hohe Lärmwerte bis zu 100 dB(A) erreicht werden und über längere Zeitspannen

hinweg Lärmwerte über 85 dB(A) anzutreffen sind. Da Kinder nicht «eingehaust» werden können, sind neben baulichen Maßnahmen (Schallschutzelemente an Decken und Wänden) auch organisatorische Maßnahmen wie Lärmpausen oder Wechsel zwischen Kinderbetreuung und Büroarbeit sinnvoll. In den untersuchten Kindertagesstätten zeigte sich aber, wie schwierig es bei dem bestehenden Arbeitsbewertungssystem ist, die Art der Arbeitsteilung zu ändern (z. B. durch Job Rotation). Büroarbeit in Kindertagesstätten ist überwiegend den Leiterinnen vorbehalten, da diese in eine höhere Entgeltgruppe eingestuft sind.

3.6 Klima

«Die Gewährleistung eines behaglichen Raumklimas ist eine notwendige Voraussetzung für die Erhaltung des Wohlbefindens und der vollen Leistungsfähigkeit» (Grandjean, 1991; vgl. Griefahn, 2011). Zu viel Wärme führt zu Müdigkeit und Schläfrigkeit; dies reduziert die Leistungsbereitschaft und erhöht die Tendenz zu Fehlleistungen. Mit der Absenkung der Aktivitäten geht eine Verringerung der Körperinnentemperatur einher. Bei zu großer Abkühlung tritt ein erhöhter Bewegungsdrang auf, wobei die Aufmerksamkeit abnimmt. In diesem Fall wird die Wärmeproduktion im Inneren hochgeregelt.

Neben der Raumtemperatur zählen Feuchtigkeit, Luftbewegung sowie die Wärmestrahlung zu den wichtigsten Klimaelementen, die hier angesprochen werden. Nicht berücksichtigt sind der Luftdruck oder Strahlungseinflüsse (vgl. hierzu Luczak, 1998, S. 351 ff.).

Die jeweilige Arbeitstechnik beeinflusst das Klima an industriellen bzw. gewerblichen Arbeitsplätzen wesentlich. Die Temperaturschwankungen an Arbeitsplätzen können erheblich sein, von Tiefkühlräumen bis zu Hitzearbeitsplätzen an Hochöfen. Die optimale Klimatisierung der künstlichen Arbeitsumwelten ist eine schwierige und wichtige Aufgabe der Arbeitsgestaltung, die bei zunehmender Technisierung an Bedeutung gewinnt.

Auswirkungen des Klimas auf den Menschen

Der Temperaturbereich, in dem der menschliche Körper funktionsfähig ist, liegt zwischen 36° und 38 °C (Körperkerntemperatur). Die Körperwärme entsteht durch Verbrennung der Nährstoffe und durch Bewegungsenergie. Der Organismus verfügt über regulierende Mechanismen, die die Körperkerntemperatur in diesem sehr engen Bereich halten. Droht sie unter 36 °C abzusinken, so steigen Energieverbrauch und Bewegungsdrang bis hin zu unwillkürlichem Zittern; dies beeinträchtigt die willkürliche Koordination der Extremitäten. Überschüssige Wärme wird an die Umgebung abgegeben. Stärkere Luftbewegung begünstigt den Abtransport der Körpertemperatur. Die Schweißabsonderung erzeugt – vor allem bei niedriger Luftfeuchtigkeit und größerer Luftbewegung – Verdunstungskälte. Tabelle IV-22 zeigt die Auswirkungen ungünstiger thermischer Bedingungen auf den Menschen.

Ist aufgrund des Klimas eine Thermoregulation möglich, so wird das Klima «erträglich» genannt. Gelingt die Thermoregulation des Körpers nicht hinreichend, so ist von «Kälte» bzw. «unerträglichem» Klima die Rede (s. Abb. IV-51).

Ein behagliches Klima ist thermisch neutral, das heißt, die biologischen Regulationsmechanismen bleiben unbeansprucht. Jedoch bestehen hinsichtlich der Behaglichkeit der klimatischen Umgebung auch individuelle Empfindungsunterschiede (s. Abb. IV-52). Zum Beispiel bevorzugen Frauen im Durchschnitt eine um zirka 2 °C wärmere Umgebungstemperatur als Männer.

Nach den Untersuchungen von Hettinger und Wobbe (1993) sinkt die Leistungsfähigkeit eines Menschen am Ergometer schon ab 20 °C Normaleffektivtemperatur (NET) (s. Abb. IV-53). Bei 31 °C NET ist ein Leistungsabfall von 50 Prozent zu beobachten, bei 36 °C NET kommen nur noch 15 Prozent der ursprünglichen Leistungsstärke zum Tragen. Von Raumtemperaturen um 26 °C NET an lassen Konzentrations-, Wahrnehmungs- und Koordinationsfähigkeit nach, und bei 36 °C NET erreichen die Probanden nur noch 70 Prozent ihrer ursprünglichen psycho-physischen Leistungsfähigkeit.

Grandjean (1991) bemisst die Obergrenzen der zumutbaren Hitzewirkung für einen ganzen Arbeitstag an den physiologischen Parametern Herzfrequenz (zwischen 100 und 110 Schlägen/min), Rektaltemperatur (maximal 38° C) und Schweißabsonderung (maximal 0,5 l/h). Als Grenzwerte für Kältereaktionen nennt Grandjean eine mittlere Hauttemperatur von 30 °C und eine Hauttemperatur an den Extremitäten (z. B. den Händen) von 15 °C.

Eine Rolle spielen neben den technischen Daten der Umgebungsluft auch die Schwere der aktuellen körperlichen Aktivität, die Dauer der Exposition, der Isolationsgrad der Bekleidung und die Akklimatisation an die aktuelle Umgebungstemperatur. Zusätzlich sind die Konstitution, das Geschlecht, das Alter und die körperliche und psychische Verfas-

Tabelle IV-22: Auswirkungen ungünstiger thermischer Bedingungen auf den Menschen (vgl. Bullinger, 1999, S. 181)

	Bedingung	Effekt	Wirkung auf Gesundheit, Leistung und Befinden
Temperatur	zu kalt	Der Körper gibt mehr Wärme an die Umgebung ab, als er durch den Energieumsatz erzeugt.	• unangenehm • feinmotorische Arbeiten werden schwieriger • häufigeres Auftreten von Erkältungskrankheiten
	zu warm	Der Körper kann die erzeugte Wärme nicht an die Umgebung abgeben.	• unangenehm • nachlassende Konzentration • zunehmende Reizbarkeit • abnehmende Leistungsfähigkeit • frühere Ermüdung
Luft-feuchtigkeit	zu trocken	Die Schleimhäute trocknen aus.	• unangenehm • Heiserkeit • Erkrankungen des Nasen-Rachenraums und der Atemwege
	zu feucht	Die Schweißverdunstung wird behindert.	• unangenehm • bei gleichzeitiger Hitze besteht die Gefahr schneller Überwärmung
Luftge-schwindig-keit	zu hoch	Örtliche Unterkühlung.	• Erkältungen • Schleimhäute trocknen aus • Erkrankungen des Nasen-Rachenraums
Wärme-strahlung	zu stark	Der Körper wird lokal oder als Ganzes stark aufgeheizt.	• unangenehm • gestörte Thermoregulation

sung von Bedeutung (vgl. hierzu Griefahn, 1997).

Martin (1994) fasst die hauptsächlichen gesundheitlichen Risiken durch klimatische Extreme wie folgt zusammen:

- *zu viel Hitze* (Raumtemperatur und Hitzestrahlung):
  - Bewegungsträgheit;
  - Erschöpfung und Unfälle;
  - Kreislaufüberlastung;
  - Gefäßschädigungen;
  - Hitzschlag;
  - Verbrennungen;
  - Augenlinsentrübungen bzw. Hitzestar

durch langjähriges Blicken auf Flammen und glühendes Material.

- *Kälte:*
  - Zittern; Tastsinn und Beweglichkeit eingeschränkt;
  - Erkältungskrankheiten (insbesondere im Zusammenhang mit Nässe);
  - rheumatische Erkrankungen;
  - Erfrierungen;
  - Unfälle.

Nach der DIN 33403, Teil 5 (vgl. Deutsches Institut für Normung, 1984b), liegen Kältebelastungen dann vor, wenn die Lufttemperatur am Arbeitsplatz 15 °C oder weniger beträgt. Bei

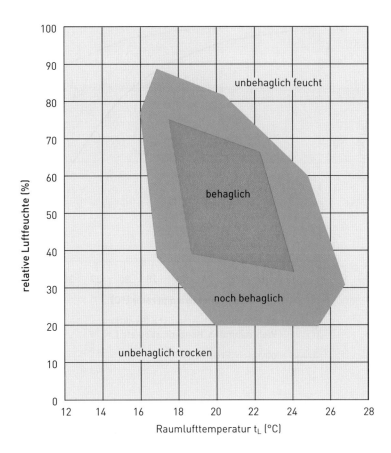

Abbildung IV-51: Klimatische Behaglichkeitsbereiche (vgl. Gottschalk, 1994, S. 132)

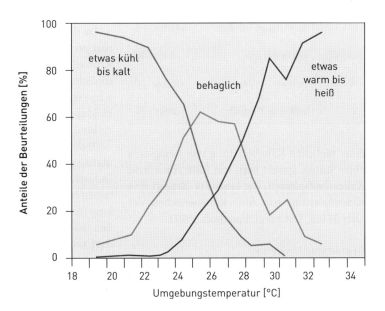

Abbildung IV-52: Individuelle Unterschiede thermischer Empfindungen (Schmidtke, 1993, S. 280)

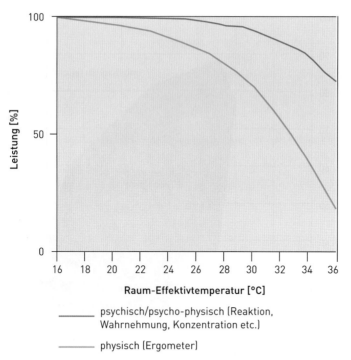

Abbildung IV-53: Leistungstrend bei physischer und psycho-physischer Tätigkeit in Abhängigkeit von der Raumtemperatur (Hettinger & Wobbe, 1993, S. 331)

Raum-Effektivtemperatur [°C]

—————— psychisch/psycho-physisch (Reaktion, Wahrnehmung, Konzentration etc.)

—————— physisch (Ergometer)

Tabelle IV-23: Einteilung der Kältebereiche (vgl. Forsthoff, 1997)

Kältebereich	Benennung	Lufttemperatur in °C
I	kühler Bereich	+15 bis +10
II	leicht kalter Bereich	+10 bis −5
III	kalter Bereich	−5 bis −18
IV	sehr kalter Bereich	−18 bis −30
V	tiefkalter Bereich	unter −30

einer täglichen Kältebelastung von wenigstens einer Stunde spricht man von Kältearbeit bzw. Kältearbeitsplätzen. Die Tabelle IV-23 zeigt eine Klassifizierung von fünf Kältebereichen der DIN 33403, Teil 5 (vgl. Forsthoff, 1997).

Gestaltungshinweise

Martin (1994) empfiehlt die Einhaltung der in Tabelle IV-24 genannten Grenzwerte hinsicht-

lich Lufttemperatur, Luftfeuchtigkeit und Luftbewegung in Abhängigkeit von der Tätigkeitsart.

In Paragraf 6,3 schreibt die Arbeitsstättenverordnung (2004; vgl. Blachnitzky, 2005) eine Umgebungstemperatur von 21 °C in Bereitschafts-, Liege- und Sanitärräumen vor.

Da die Behaglichkeit einer klimatischen Situation vom Zusammenwirken verschiedener Klimaelemente sowie von den jeweiligen persönlichen Bedingungen abhängt (Arbeitsschwere, Konstitution, Akklimatisation, Bekleidungsisolation), fällt es schwer, allgemein verbindliche Normen einzuhalten.

Technische Schutzmaßnahmen wie die Klimatisierung ganzer Arbeitsräume sind in der Industrie oft sehr aufwendig. Mit Lüftungssystemen oder Abschirmungen von Wärmestrahlung lässt sich die klimatische Situation in heißen Räumen verbessern. Die Luftbewegung darf keine unangenehme Kühlwirkung verursachen (Zugluft). Besonders wichtig ist das Vermeiden von Zugluft an Kältearbeitsplätzen; das lässt sich erreichen, indem die Luftzufuhr-

Tabelle IV-24: Empfohlene Klimawerte nach Martin (1994, S. 272)

Art der Tätigkeit	Temperatur in °C		Luftfeuchtigkeit in %		Luftbewe-gung in m/s
	minimal	maximal	minimal	maximal	maximal
geistige Tätigkeit im Sitzen	18	24	40	70	0,1
leichte Handarbeit im Sitzen	18	24	40	70	0,1
leichte Arbeit im Stehen	17	22	40	70	0,2
Schwerstarbeit	15	21	30	70	0,4
Hitzearbeit	14	20	30	60	0,5
Strahlungsbelastung	12	18	30	60	1,0–1,5

kanäle und Windfänge geschickt positioniert werden. Um Kontaktkälte zu reduzieren, können Griffe, Sitze und Fußbodenbeläge aus Materialien mit geringer Wärmeleitfähigkeit verwendet werden.

Grandjean (1991) bemerkt, dass die nach 1960 konstruierten Bauten im Vergleich zu den älteren niedrigere Decken und größere Fensterflächen aufweisen. Beide Tendenzen beeinflussen das Raumklima wesentlich. Große Fensterflächen wirken im Winter als Kühlflächen und vom Frühjahr bis zum Herbst als Flächen mit starker Wärmeeinstrahlung. Durch die niedrigen Räume steigen die Anforderungen an die Lüftung. Der Lüftungsbedarf hängt ab von der Schwere der in den Arbeitsräumen überwiegend ausgeführten Arbeiten, von den Arbeitsverfahren, die möglicherweise eine Beeinträchtigung der Luftqualität zur Folge haben können, und von der Zahl der in den Arbeitsräumen anwesenden Menschen.

Die Arbeitsstättenverordnung von 1996 (§ 23) legt Mindestlufträume von

- 12 m³ für überwiegend sitzende Tätigkeiten,
- 15 m³ für überwiegend nichtsitzende Tätigkeiten und
- 18 m³ für schwere körperliche Arbeiten fest.

Als Faustregel für den Frischluftbedarf des Menschen in geschlossenen Räumen gelten 30 m³ pro Person und Stunde. Schmidtke, Rühmann und Ostertag (1993) sehen die Vorteile einer maschinell geregelten Lüftung darin, dass

- sie unabhängig von Wind und Wetter ist,
- die Menge der zugeführten Luft klar definiert ist und
- sie so erfolgen kann, dass keine Zugerscheinungen auftreten.

Zudem kann die Zuluft gereinigt, erwärmt, gekühlt, ent- oder befeuchtet werden. Unter- oder Überdruck lässt sich einstellen, und Außeneinflüsse wie Lärm etc. spielen keine Rolle.

Organisatorische Maßnahmen umfassen in erster Linie die Gestaltung von Pausen- und Arbeitszeiten. Je größer die Hitzebelastung und gleichzeitig die körperlichen Beanspruchungen sind, umso häufigere und längere Pausen in einer klimatisch behaglichen Umgebung sind angeraten.

Genauere Angaben zum Pausenbedarf bei Hitzearbeit in Abhängigkeit von verschiedenen Klimagrößen und von der Schwere der Arbeitsbelastung können den Ausführungen von Hettinger und Wobbe (1993, S. 332 ff.) entnommen werden. Die Getränke – idealerweise

Wasser oder (wegen der leichteren Resorption) warme Getränke wie schwach gesüßter Tee oder Bouillon – sollten in greifbarer Nähe von Hitzearbeitern gelagert sein, so dass diese ihren Flüssigkeitsbedarf kontinuierlich decken können; denn mehr als einen halben Liter Flüssigkeit auf einmal sollte ein Mensch nicht aufnehmen. Grandjean (1991) empfiehlt ferner, die Arbeiter bei Neu- oder Wiederbeginn (auch nach Urlaub oder Krankheit) stufenweise an die Arbeit unter heißen klimatischen Bedingungen zu adaptieren, das heißt mit 50 Prozent der Arbeitszeit zu beginnen und diesen Anteil täglich um 10 Prozent zu steigern.

Zum Schutz gegen Unterkühlung (vgl. Forsthoff, 1997) sind organisatorisch fest verankerte Pausenzeiten in warmen Räumen und mit wärmenden Getränken erforderlich. Die DIN 33403, Teil 5, empfiehlt die in Tabelle IV-25 dargestellten maximalen Kälteexpositionszeiten und Aufwärmzeiten nach Kälteexposition. Die von Kluth, Penzkofer und Strasser (2009) durchgeführten Untersuchungen in Tiefkühlhäusern weisen auf die Notwendigkeit hin, die empfohlenen Pausenzeiten einzuhalten, da sonst trotz bester Arbeitskleidung eine zu große Abkühlung eintritt. Besonders gefährdet ist der Gesichtsbereich, der sich durch die Schutzkleidung nur eingeschränkt schützen lässt. Die Pausenzeiten sollten im Kältebereich IV (s. Tab. IV-23) nach ununterbrochener Arbeit von 90 Minuten mindestens 20 Minuten betragen.

Zur Thermoregulation muss der Körper die Kerntemperatur möglichst auf 36 °C regulieren; dies führt zu zusätzlichen Beanspruchungen (erhöhte Herzschlagfrequenz). In den Untersuchungen von Kluth et al. (2009) wurden bei den älteren Beschäftigten (über 45 Jahre) im Durchschnitt Arbeitspulse von 30 gegenüber 25 bei jüngeren (unter 45 Jahre) gemessen. Da mit zunehmendem Alter die maximale Herzschlagfrequenz abnimmt (nach der Formel: Herzfrequenz maximal = 208 − [0,7 × Lebensalter]; vgl. Tanaka et. al., 2001), sind die hohen Arbeitspulse bei älteren Beschäftigten problematischer als bei den jüngeren; daher sollten die Aufwärmzeiten (Pausen) besonders bei älteren Beschäftigten in den Kühlbereichen (IV) sorgfältig eingehalten werden.

Hettinger und Wobbe (1993) ergänzen, dass längere Pausen (z.B. 20 bis 30 Minuten Pause nach zwei Stunden Arbeit in Kälte) kürzeren (z.B. 10 Minuten Pause nach einer Stunde Kältearbeit) vorzuziehen sind, da es vor allem in der Körperperipherie relativ lange dauert, bis die Klimabilanz wieder ausgeglichen ist.

Persönliche Schutzmaßnahmen

Ist es aufgrund der speziellen Arbeitsumstände nicht möglich, die Klimabelastung insgesamt zu senken, so ist auf persönliche Schutzmaßnahmen zurückzugreifen. Die wichtigste Maßnahme in diesem Bereich ist die Gestal-

Tabelle IV-25: Empfehlungen für Kälteexpositions- und Aufwärmzeiten der DIN 33403, Teil 5 (vgl. Deutsches Institut für Normung, 1984b)

Kältebereich	V	IV	III	II–I
Lufttemperatur	< − 30 °C	< − 18 °C	< − 5 °C	< + 15 °C
maximale ununterbrochene Kälteexpositionszeit	60 min	90 min	90 min	150 min
empfohlene Aufwärmzeit in % der Kälteexpositionszeit	100 %	30 %	20 %	5 %
Richtwerte für Mindestaufwärmzeiten	60 min	30 min	15 min	10 min

tung der Arbeitskleidung. Die Bekleidungsiso-lation (Maßeinheit clo für «clothing-Einheit» der DIN 33403, Teil 1: «Klima am Arbeitsplatz und in der Arbeitsumgebung»; vgl. Deutsches Institut für Normung, 1984a) hängt vom Material und von der Verarbeitung der Kleidung ab. Entscheidend ist dabei die in der Kleidung befindliche Luftmenge; der Isolationswert von durchnässter Kleidung ist erheblich kleiner. Sieht man vom Nässefaktor ab, so entspricht 1 clo dem Isolationswert der normalen Klei-dung (leichter Straßenanzug); Shorts haben einen Isolationswert von 0,1 clo, ein Overall aus Baumwolle hat 0,8 clo, ein Schmelzeran-zug mit Hitzeschutzmantel 1,4 clo und Polar-kleidung mindestens 3,0 clo.

Die größte Schutzwirkung gegen Kälte ver-spricht man sich von Kälteschutzkleidung mit entsprechend hohen clo-Werten, eventuell so-gar beheizt. Entsprechend kann man gegen Überhitzung sogenannte Kühlwesten einset-

zen. Der Isolationswert der jeweiligen Schutz-kleidung gegen Unterkühlung ist jedoch der jeweiligen Wärmeproduktion durch die ar-beitsbedingte körperliche Aktivität anzupas-sen (s. **Abb. IV-54**), da sich sonst unter der (gut isolierenden) Kleidung Schweiß bildet. Wäh-rend der Aufwärmpause sollte die Kälteschutz-kleidung ausgezogen werden, um die Erwär-mung von außen nicht zu behindern. Feuchte Bekleidung sollte gewechselt oder getrocknet werden, um Kühleffekte durch Verdunstungs-kälte zu vermeiden und die Wirksamkeit der isolierenden Luftschicht wiederherzustellen (vgl. hierzu auch Kluth et al., 2009).

Die Wahl geeigneter Kleidung kann also entweder eine bessere Wärmeabgabe begünsti-gen (niedriger Isolationswert) oder den Schutz vor Wärmeverlust erhöhen (hoher Isolations-wert). Allerdings ist bei sich verringernder Be-kleidung der sinkende Hautschutz und bei umfangreicher Bekleidung der Grad an Bewe-

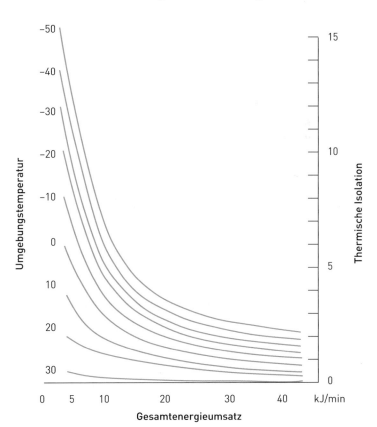

Abbildung IV-54: Erfor-derliche Bekleidungsiso-lation in Abhängigkeit von Energieumsatz und Um-gebungstemperatur nach DIN 33403, Teil 5 (Hettin-ger & Wobbe, 1993, S. 330)

gungseinschränkung zu beachten, der zu zusätzlichen physischen Beanspruchungen führt (vgl. Bullinger, 1999).

Weitgehend leicht bekleidete Personen fühlen sich bei einer Tätigkeit im Sitzen bei etwa 29 °C Umgebungstemperatur behaglich, mit Straßenanzug bei etwa 21 °C. Bei höherem Energieumsatz werden naturgemäß niedrigere Umgebungstemperaturen bevorzugt.

Luczak (1998) bemerkt, dass man bei der Gestaltung der Umgebungstemperatur innerhalb der Arbeitsstätte aufgrund der Akklimatisation insbesondere an Hitze die aktuelle Jahreszeit berücksichtigen sollte. Die Richtlinien orientieren sich in der Regel an den kalten Monaten; während der Sommermonate dürfte eine um etwa 2 °C höhere Umgebungstemperatur in Arbeitsräumen zu vergleichbaren klimatischen Empfindungen führen. Bei höheren Außentemperaturen im Sommer werden Temperaturdifferenzen von Raum- und Außentemperatur als störend empfunden, die größer sind als 4 °C.

3.7 Mechanische Schwingungen

Jedes mechanische System, das die elementaren Eigenschaften von Masse und Elastizität aufweist, kann durch eine äußere Kraft in Schwingung versetzt werden. Die einwirkende Kraft bezeichnet man als Erregerkraft, die angeregten Vibrationen stellen die erzwungenen Schwingungen dar. Je näher die Erregerfrequenz der Eigenfrequenz des angeregten Systems kommt, umso größer wird die Amplitude der erzwungenen Schwingung. Wird die Amplitude der erzwungenen Schwingung größer als diejenige der Erregerschwingung, so spricht man von *Resonanz*. Umgekehrt werden Eigenfrequenzen des angeregten Systems auch gebremst. Die Schwingungsamplituden in der Hand reduzieren sich bei einer Erregerfrequenz von 35 Hz auf die Hälfte, im Ellenbogen auf ein Drittel und in der Schulter auf ein Zehntel (vgl. Grandjean, 1991, S. 327 ff.).

Vibrationen haben Auswirkungen auf die Muskulatur, den Kreislauf und die Atmung.

Sie lösen in der Muskulatur Reflexe aus, die offenbar die Funktion haben, Resonanzen auszugleichen, und bei zunehmender Ermüdung nachlassen. Hier macht sich eine zusätzliche Belastung bemerkbar, die sich in einem höheren Energieverbrauch sowie veränderter Herzfrequenz und Atmung äußert.

In stärkerem Ausmaß beeinflussen Vibrationen die visuelle Wahrnehmung und die psychomotorische Leistung; insbesondere in der Kombination lässt dies auf ein hohes Unfallrisiko schließen. Vibrationen reduzieren die Sehschärfe, und von 2 bis 4 Hz an verwackelt das Bild. Starke Beeinträchtigungen entstehen bei 10 bis 30 Hz. Bei 50 Hz und einer Schwingbeschleunigung von 2 m/s^2 ist die Sehschärfe um 50 Prozent vermindert, wie Fahrtests zeigen (vgl. Grandjean, 1991).

Neben der größeren Beanspruchung, der eingeschränkten Leistungsfähigkeit und der höheren Wahrscheinlichkeit von Fehlleistungen werden Vibrationen auch subjektiv als beschwerlich erlebt. Das Ausmaß der Beschwerlichkeit hängt in erster Linie von der Erregungsfrequenz ab, ferner von der Beschleunigung der Schwingungen und von der Dauer der Exposition. Als unangenehm werden dabei die physiologischen Wirkungen und die Resonanzerscheinungen der betroffenen Körperteile erlebt.

Wie die Abbildung IV-55 zeigt, tritt beim sitzenden Menschen bei vertikaler Schwingungserregung (über den Sitz auf das Gesäß) bei 4 bis 5 Hz Resonanz auf.

Die Schwingungserhöhung liegt hier bei V = 1,8 bis 2,0; das heißt, die Amplitude steigt in diesem kritischen Bereich an. Bei höheren Frequenzen über 30 Hz wird die Schwingungserregung stark gedämpft. Horizontale Schwingungen haben, wenn sie über den Sitz auf den Menschen einwirken, eine viel geringere Wirkung, wie Abbildung IV-56 verdeutlicht.

In Tabelle IV-26 sind Resonanzfrequenzen verschiedener Körperteile aufgeführt (nach Dupuis, 1989, III-4.1, S. 4). Diese Resonanzschwingungen lösen durch die hohen mechanischen Belastungen physiologische Reaktio-

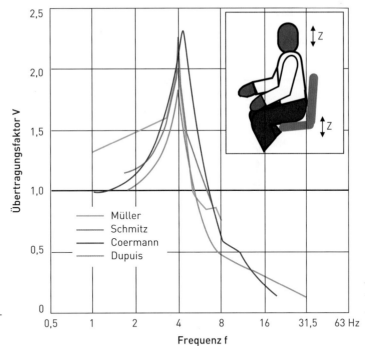

Abbildung IV-55: Schwingungsverhalten des Kopfes bei vertikaler frequenzabhängiger Schwingungserregung durch den Sitz (vgl. Dupuis, 1989, III-4.1, S.2)

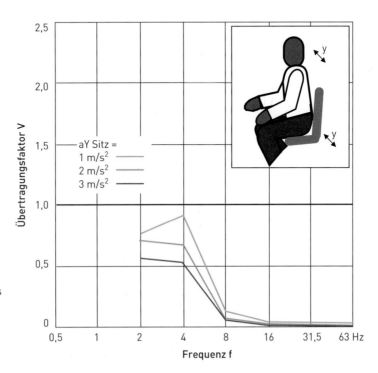

Abbildung IV-56: Schwingungsverhalten des Kopfes bei horizontaler frequenzabhängiger Schwingungserregung durch den Sitz (vgl. Dupuis, 1989, III-4.1, S.3)

Tabelle IV-26: Resonanzfrequenzen verschiedener Körperteile (vgl. Dupuis, 1989, S. 4 und Dupuis, 2009)

Körperhaltung	Körperteil	Schwingungs-richtung	Bereich der Resonanzfrequenz in Hz
Liegen	Fuß	X	16–31
	Knie	X	4–8
	Bauch	X	4–8
	Brustkorb	X	6–12
	Schädel-knochen	X	50–70
	Fuß	Y	0,8–3
	Bauch	Y	0,8–4
	Kopf	Y	0,6–4
	Fuß	Z	1–3
	Bauch	Z	1,5–6
	Kopf	Z	1–4
Stehen	Knie	X	1–3
	Schulter	X	1–2
	Kopf	X	1–2
	Ganzkörper	Z	4–7
Sitzen	Rumpf	Z	3–6
	Brustkorb	Z	4–6
	Wirbelsäu-le	Z	3–5
	Schulter	Z	2–6
	Magen	Z	4–5
	Auge		20–25

nen aus, die vermieden werden sollten. Im Wesentlichen können Schwingungen unter anderem periphere Durchblutungsstörungen (z. B. bei Hand-Arm-Schwingungen) hervorrufen, Herzfrequenzänderungen, gestörte Atmung, erhöhte Muskelaktivität, Störungen des Gleichgewichtsorgans, Störungen der optischen Wahrnehmung (Herabsetzung der Sehschärfe bei 20 bis 25 Hz) und Beeinträchtigungen sensumotorischer Koordinationsleistungen (ausführlichere Darstellungen hierzu finden sich bei Konietzko & Dupuis, 1999).

Bei sich täglicher wiederholender Exposition kann es zu krankhaften Veränderungen der betroffenen Körperteile kommen, zum Beispiel zu Abnutzungserscheinungen der Bandscheiben bei Arbeitern, die dauerhaft hohen Vertikalschwingungen ausgesetzt sind (z. B. Traktorfahrer), oder zu Arthrosen in Handgelenk, Ellbogen, Schultergelenk und zu Knochenatrophien bei Arbeitern, die dauerhaft mit Presslufthämmern oder anderen vibrierenden Geräten (bis 40 Hz) arbeiten. Vibrationen über 40 Hz (leichtere Pressluftbohrer von Bergwerksarbeitern; Motorsägen von Forstarbeitern; Poliermaschinen) werden in den Geweben rasch gedämpft, können jedoch krankmachende Wirkungen auf die Blutgefäße und die Nerven der Hände ausüben. Der sogenannte «tote Finger» wird weiß bis blau, kalt und gefühllos und im Anschluss daran rot und schmerzend. Diese Störungen treten frühestens sechs Monate nach Beginn der Schwingungsexposition auf und sind in kalten Regionen weiter verbreitet.

Um Schwingungsbelastungen zu vermeiden, sind verschiedene Präventionsmaßnahmen möglich. Primär sollte man daran denken, die Schwingungen zu vermeiden. So können zum Beispiel luftgefederte Fahrersitze mit Schwingungsdämpfern die vertikalen Schwingungen in Fahrzeugen (Lkws, Traktoren) erheblich dämpfen.

Abgefederte Handgriffe können die Schwingungsübertragung auf Hände und Arme abmildern. Gummimatten auf Fußböden neben Pressen und Stanzen bzw. deren separate Lagerung auf spezifischen Dämpferelementen können zu einer Verringerung der Schwingungsübertragung beitragen (vgl. hierzu Dupuis, 2009; oder Schmidtke, 1993).

3.8 Schadstoffe

Nach Luczak (1998) werden in den EU-Staaten rund 100 000 Substanzen in über einer Million Zubereitungen verwendet, und jedes Jahr kommen etwa 3000 bis 4000 Zubereitungen hinzu. Mit vielen dieser Substanzen und Zubereitungen wird an Arbeitsplätzen umgegangen, und Arbeitende können mit ihnen in Kontakt kommen. Aus der vierten Europäischen Erhebung über die Arbeitsbedingungen (Europäische Stiftung zur Verbesserung der Lebens- und Arbeitsbedingungen, 2008) geht hervor, dass sich der Umgang mit chemischen Produkten bzw. Substanzen und die Belastungen durch das Einatmen von Rauch, Abgasen, Staub oder Pulver innerhalb des Befragungszeitraums 1990 bis 2005 nur unwesentlich verringert haben.

Im Jahr 2007 bezogen sich 2685 angezeigte «Verdachtsfälle auf Berufskrankheiten» (bei einer Gesamtzahl von 31 Mio. Versicherten) auf chemische Einwirkungen; das zeigen die Statistiken des Berichts zur «Sicherheit und Gesundheit bei der Arbeit», herausgegeben vom Bundesministerium für Arbeit und Soziales (BMAS) und der Bundesanstalt für Arbeitsschutz und Arbeitsmedizin 2009 (vgl. Bundesanstalt für Arbeitsschutz und Arbeitsmedizin, 2009). Zu diesen Verdachtsfällen gehören, um nur einiges zu nennen, Einwirkungen durch Blei oder seine Verbindungen (103 Fälle), Chrom oder seine Verbindungen (113 Fälle), aromatische Amine (905 Fälle) oder Halogenkohlenwasserstoffe (337 Fälle). Auffallend häufig sind laut Statistik Erkrankungen durch anorganische Stäube, zum Beispiel durch Quarzstaub (1371 Fälle); von insgesamt 8748 Erkrankungsfällen, die vermutlich durch Asbest verursacht wurden, sind zirka 3800 anerkannte Berufskrankheiten. Ebenfalls relativ hoch sind die Erkrankungen durch allergisierende Stoffe (2532 Fälle) sowie Hauterkrankungen (18 448 Fälle). Diese Arbeitsunfähigkeitsdaten machen deutlich, wie wichtig es ist, sich vermehrt mit dem Schutz vor der Einwirkung von Schadstoffen auf den menschlichen Organismus zu befassen. Zu diesem Zweck ist es von größtem Interesse, den Wirkungsmechanismus, die Parameter, die eine Wirkung ermöglichen, sowie die noch tolerablen Mengenkonzentrationen und Expositionszeiten zu kennen, um eine Schädigung der Menschen, die mit den Substanzen umgehen, zu vermeiden bzw. zu minimieren.

Die Gefahrstoffverordnung führt die gesetzlich vorgeschriebenen Schutzmaßnahmen detailliert auf (Verordnung zum Schutz vor Gefahrstoffen, 2008). Pieper (2009) kommentiert diese Verordnung ausführlich. Zeitaktuelle Unterlagen finden sich in den Internetveröffentlichungen der Bundesanstalt für Arbeitsschutz und Arbeitsmedizin (www.baua.de).

Im Rahmen der Arbeitsgestaltung kommt es im Wesentlichen darauf an, potenziell gefährliche Arbeitsstoffe oder Arbeitsprozesse durch präventive Maßnahmen zu vermeiden. So ist es zum Beispiel möglich,

- Lackierroboter, Tauchbad- oder Pulverlackierung einzusetzen, statt Menschen mit Spritzpistolen hantieren zu lassen;
- durch Nassschleifverfahren Staub zu vermeiden, der bei Trockenschleiftechnik entsteht;
- gefährliche bzw. schädigende Stoffe durch weniger gefährliche Stoffe zu ersetzen (z. B. organische Lösungsmittel durch Lacke auf Wasserbasis, lösungsmittelhaltigen Kleber durch Heißschmelzkleber);
- feste, pulverförmige Stoffe zum Beispiel in Form von Granulaten, Pellets oder Pasten anzuliefern, um Stäube zu vermeiden;
- Absauganlagen am Freisetzungsort von gefährlichen Stoffen anzubringen (z. B. bei Schleifanlagen, Entfettungsbädern, Schweißprozessen).

Lässt sich die Schadstoffexposition auch nach der technischen Optimierung der Verfahren nicht vermeiden, muss man persönliche Schutzmittel einsetzen, die die Aufnahme der in der Umgebung enthaltenen Schadstoffe durch die Arbeitenden einschränken. Hierzu zählen unter anderem Schutzbrillen, Atemfilter, Atemmasken, Atemgeräte, Handschuhe,

Schutzbekleidung und Schutzanzüge. Wenn das Tragen von persönlichen Schutzmitteln zu erheblichen physischen Beanspruchungen führt, sind entsprechende Erholzeiten vorzusehen, die sich auch nach dem Alter der Beschäftigten richten sollten; zu empfehlen ist auch ein Belastungswechsel durch Arbeitsplatzwechsel.

Die vorgeschriebenen Vorsorgeuntersuchungen der betroffenen Mitarbeiter/-innen (vgl. das Stichwort «Arbeitsmedizinische Vorsorgeuntersuchungen» bei Landau, 2007, S. 133 ff.; oder Pieper, 2009) dienen dem persönlichen Schutz, da man hierdurch mögliche Gesundheitsschäden frühzeitig erkennen und behandeln kann.

Schmidtke (1993) betont, dass eine unabdingbare Voraussetzung für einen effizienten Mitarbeiterschutz darin liegt, denjenigen, die mit gefährlichen Stoffen umgehen, die dazu notwendigen Kenntnisse und Kompetenzen zu vermitteln. Dazu gehören das Wissen um den Stoff und die von ihm ausgehenden Gefahren, die richtige Handhabung (Lagerung, Transport und Verhalten im Brandfall etc.) und die Kenntnis der Gefahrensymbole und deren Bedeutung sowie die richtige Handhabung der notwendigen Schutzvorrichtungen, der apparativen (z. B. Absauganlagen) ebenso wie der personbezogenen (z. B. Schutzmaske).

4 Gestaltung der zeitlichen und organisatorischen Bedingungen der Arbeitstätigkeit

Dieses Kapitel will aufzeigen, welche organisatorisch-technischen Rahmenbedingungen die Arbeitstätigkeiten einzelner Menschen beeinflussen, das heißt, wie sich Arbeitszeitregelungen oder Entlohnungsformen auf das (Arbeits-)Verhalten auswirken und welche Verhaltensmuster durch spezifische aufbau- und ablauforganisatorische Regelungen besonders gefördert bzw. beeinträchtigt werden.

Auf organisationspsychologische Aspekte wird weniger eingegangen; siehe hierzu v. Rosenstiel (2007a), Schuler (2007b) oder Schuler und Sonntag (2007) und die dort genannte weiterführende Literatur.

4.1 Zeitliche Bedingungen

Gesetzliche Regelungen zur Arbeitszeit sind entstanden, um die Ausbeutung der Arbeitskraft des Arbeitnehmers durch den Arbeitgeber zeitlich zu begrenzen, mit dem Ziel, die Bevölkerung vor arbeitsbedingten Erkrankungen weitgehend zu schützen. Wie Kittner (2009) in seiner Einführung in das Arbeitszeitgesetz von 1994 (geändert 2006) schreibt, galten die bedeutendsten Arbeitskämpfe im ausgehenden 19. Jahrhundert einer Verkürzung der Arbeitszeit. Der Verbandszweck des Deutschen Metallarbeiterverbandes (des Vorläufers der heutigen IG Metall) zielte 1891 im Wesentlichen auf «möglichste Beschränkung der Arbeitszeit, Beseitigung der Sonntagsarbeit, der Überstunden und der Akkordarbeit, unter Zugrundelegen eines Lohnes, welcher für die Befriedigung der Bedürfnisse der Arbeiter und deren Familien ausreichend ist» (Kittner, 2009, S. 320). Wegen der im 19. Jahrhundert üblichen Kinderarbeit sah sich die preußische Regierung 1839 veranlasst, ein Regulativ zu schaffen, um die Kinderarbeit zeitlich zu begrenzen, mit der Absicht, genügend gesunde Rekruten für das Militär ausheben zu können. Durch die langen Arbeitszeiten der Kinder im Bergbau, der Textil- und Metallindustrie war deren Gesundheitszustand sehr schlecht. Erst 1918/19 führte man für alle Beschäftigten den Achtstundentag ein; der Samstag war seinerzeit noch ein regulärer Arbeitstag.

Die heutige Diskussion um die Arbeitszeit ist eher beschäftigungspolitisch als gesundheitspolitisch motiviert: Es geht darum, die Arbeit zeitlich so auf die Beschäftigten zu verteilen, dass möglichst viele Menschen die Chance erhalten, einer bezahlten Arbeitstätigkeit nachzugehen. Gleichzeitig nutzen die Arbeitgeber die Diskussion um die Dauer und Art der Arbeitszeit zur Flexibilisierung ihrer Produktionskapazitäten: Die Beschäftigten sollen dann arbeiten, wenn entsprechende Aufträge abzuarbeiten sind (auftragsorientierte Kapazitätssteuerung), und zu Hause bleiben bzw. Urlaub machen, wenn weniger zu tun ist. Diese kapazitätsorientierten Arbeitszeitmodelle (s. weiter unten) haben aus Sicht der Arbeitgeber den Vorteil, dass Arbeitskräfte bedarfsorientiert zur Verfügung stehen. Aus

Sicht der betroffenen Mitarbeiter/-innen bedeutet dies, die eigene, persönlich verfügbare Zeit («Freizeit») nur reaktiv nach variablen Arbeitszeitvorgaben (durch den Arbeitgeber) planen zu können.

Für die Arbeitspsychologie ergeben sich aus dieser Flexibilisierung der Arbeitszeit bzw. der Einführung verschiedenster Arbeitszeitmodelle interessante Fragen im Hinblick darauf, wie sich diese Arbeitszeitregelungen auf das Verhalten, die Einstellungen und das Befinden der betroffenen Beschäftigten auswirken. Je nach Betriebsgröße haben die Unternehmen bis zu mehrere hundert Arbeitszeitmodelle. Mit der Individualisierung dieser Modelle wächst verständlicherweise auch ihre Zahl.

Die nachfolgende Bearbeitung des komplexen Themenbereiches der Arbeitszeit und ihrer Gestaltung erfolgt nicht in erster Linie aus beschäftigungspolitischer Sicht (obgleich diese nicht vernachlässigt werden sollte); im Mittelpunkt steht vielmehr der Aspekt einer humanen, sozialverträglichen und ökonomisch sinnvollen Arbeitsgestaltung.

Nach einem kurzen historischen Abriss der Arbeitszeitentwicklung und der definitorischen Bestimmung von Arbeitszeit werden unterschiedliche Arbeitszeitformen und -modelle zusammen mit ihren jeweiligen Auswirkungen auf die Betroffenen dargestellt und diskutiert.

4.1.1 Begriff und geschichtliche Entwicklung der Arbeitszeit

In der Arbeitszeit stellen einzelne Arbeitnehmer dem Arbeitgeber ihre Arbeitskraft gegen Entgelt zur Verfügung. Während dieser vertraglich festgelegten Zeit sind die Betroffenen der Arbeitssituation und ihren – durch Arbeitsinhalt, Arbeitsumgebung und Arbeitstempo bedingten – Belastungen ausgesetzt.

Nach dem Arbeitszeitgesetz (ArbZG, § 2[1] vom 6. Juni 1994, geändert durch Verordnung vom 31. Oktober 2006; vgl. Kittner, 2009) ist die Arbeitszeit «die Zeit vom Beginn bis zum Ende der Arbeit ohne Ruhepausen; Arbeitszei-

ten bei mehreren Arbeitgebern sind zusammenzurechnen. Im Bergbau unter Tage zählen die Ruhepausen zur Arbeitszeit.»

Die Vertragsfreiheit einer Vereinbarung über Dauer und Lage der täglichen und wöchentlichen Arbeitszeit ist durch das Arbeitszeitgesetz relativ wenig eingeschränkt. Gesetzlich erlaubt sind pro Woche acht Arbeitsstunden an sechs Werktagen. Die Arbeitszeit kann auf 60 Stunden pro Woche erhöht werden, wenn sie innerhalb von sechs Kalendermonaten oder innerhalb von 24 Wochen im Durchschnitt acht Stunden werktäglich nicht überschreitet (ArbZG, § 3).

Regeln Arbeitgeber und Arbeitnehmer die Arbeitszeiten nicht auf der Basis eines Tarifvertrages, so besteht zwischen den Vertragsparteien ein erheblicher Spielraum, die Arbeitszeiten auf bis zu 60 Stunden in der Woche auszudehnen. Dies gilt besonders bei Zeitverträgen unter 24 Arbeitswochen. Tarifverträge begrenzen den (wöchentlichen) zeitlichen Arbeitsumfang.

In der Metall- und Elektroindustrie hat sich zum Beispiel die 1950 tariflich vereinbarte Wochenarbeitszeit von 48 Stunden auf 35 Stunden verringert (s. **Abb. IV-57**). In Ostdeutschland gelten zum Teil andere Tarifvereinbarungen (38 Stunden in der ostdeutschen Metallindustrie; vgl. Kittner, 2009). Je nach Branchenkonjunktur können die tariflich vereinbarten wöchentlichen Arbeitszeiten zwischen 28 und 40 Stunden schwanken.

Bei der Festlegung der Arbeitszeit mitzuberücksichtigen sind neben dem Arbeitszeitgesetz die jeweils gültigen Tarifverträge, das Jugendarbeitsschutzgesetz (§§ 5–8), das Mutterschutzgesetz (§§ 6, 7, 8), die Gewerbeordnung (§ 105a ff.), das Ladenschlussgesetz und vor allem die Mitbestimmungsrechte des Betriebsrates über Beginn und Ende der täglichen Arbeitszeit einschließlich Pausen, Verteilung der Arbeitszeit auf die einzelnen Wochentage und Verkürzung oder Verlängerung der betrieblichen Arbeitszeit (BetrVG, § 87 [1] Abs. 2 u. 3).

Die heute praktizierten Arbeitszeitstrukturen sind das Ergebnis eines komplexen und

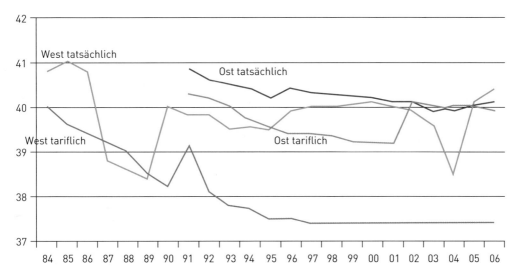

Abbildung IV-57: Entwicklung der tarifvertraglichen und tatsächlichen durchschnittlichen Wochenarbeitszeiten von Vollzeit-Beschäftigten in Deutschland 1984 bis 2006

konfliktreichen geschichtlichen Entwicklungsverlaufes. Vor der industriellen Revolution unterlagen Arbeit und Erholung in der Regel keiner exakten Zeiteinteilung. Die handwerkliche wie bäuerliche Arbeit erfolgte nach aufgaben- und naturgebundenen, religiös und kulturell verankerten Rhythmen in enger Handwerks- oder Agrargemeinschaft, oft im Familienverband (vgl. Olk, Hahn, Hinrichs & Heinze, 1979).

Noch heute findet man in weniger industrialisierten Ländern (z. B. in Westafrika) eine Anpassung der Arbeitszeit an den Sonnenstand (mangels elektrischer Beleuchtung) und den Mondzyklus. So legt man den langen Fußweg von den entfernten Dörfern zum Markt – manchmal über dreißig Kilometer – bevorzugt bei Vollmond zurück und vermeidet die Tageshitze.

In den Anfängen der Industrialisierung war in Deutschland eine durchschnittliche Arbeitszeit von 14, teilweise sogar 16 Stunden üblich. Die neue Möglichkeit, künstlich zu beleuchten, und der ökonomische Zwang zur ununterbrochenen Nutzung der maschinellen Anlagen führte in vielen Branchen zu Nacht-, Sonn- und Feiertagsarbeit. Der übermäßigen

und unmenschlichen Ausbeutung der Arbeitszeit waren nicht nur die Erwachsenen schutzlos ausgeliefert. So belief sich die tägliche Arbeitszeit für Kinder, die aufgrund materieller Notlage vielfach schon vom sechsten Lebensjahr an arbeiten mussten, auf zwölf Stunden und mehr (vgl. Deutschmann & Dybowski-Johannson, 1979, S. 314).

Die extensive zeitliche Verfügung des Arbeitgebers über die Arbeitskraft basierte nicht nur auf einer wissenschaftlich-technisch-ökonomischen Denk- und Argumentationsweise, sondern war auch von ethisch-moralischen Prinzipien geleitet. In Kreisen der Unternehmerschaft und der gehobenen bürgerlichen Schichten war man der Ansicht, dass der Arbeiter mit seiner Freizeit ohnehin nichts anfangen könne und sie nur im Wirtshaus zubrächte. Das Recht des Arbeiters auf eine persönliche Sphäre, in der er seine sozialen, kulturellen und materiellen Bedürfnisse entfalten konnte, und damit ein grundlegendes Element seiner menschlichen Existenz schloss man aus. Einflussmöglichkeiten der Gewerkschaften auf den Arbeitsschutz gab es zunächst keine, und so wehrten sich die Arbeiter einzeln und jeder für sich gegen physische und psychische Überforderungen, zum Beispiel so wie der Schlosser Pzybelski: «... am Nachmittag ist die Ermattung nicht mehr so leicht zu überwinden, und der Arbeiter denkt schon daran, wie er sich nur für einige Augenblicke aus dieser Tretmühle befreien kann. Dann geht er öfter als notwendig eine Notdurft verrichten, er wirft auch mal den Antriebsriemen herunter, oder er ölt die Maschine so oft, dass sie nahezu in Öl schwimmt. Dann hat er doch wieder Gelegenheit, das überschüssige Fett abzuwischen. Das treibt er so oft, bis es Feierabend ist.» (Zit. nach Weber, 1921, S. 357).

Dieses Arbeitsverhalten widersprach allerdings den Vorstellungen der Unternehmer von den Arbeitsanforderungen an ihre wachsenden kostspieligen Maschinenparks. Gewünscht war «industriöses Arbeiten», das sich durch sogenannte Arbeitstugenden wie Gewissenhaftigkeit, Zuverlässigkeit und Verantwortungsbewusstsein auszeichnet.

Für eventuelle Zugeständnisse der Unternehmen hinsichtlich der Länge der Arbeitszeit kam der Qualifikation und Arbeitswilligkeit der Arbeiter erhebliche Bedeutung zu. Dieses «Tauschmodell (freie Zeit gegen intensivere und disziplinierte Arbeit)» (Deutschmann & Dybowski-Johannson, 1979, S. 318) führte im Zeitraum von 1860 bis 1914 zu einer Reduzierung der Arbeitszeit von rund 80 auf etwa 55 Wochenstunden. Die durchschnittliche tägliche Beschäftigungsdauer betrug im Allgemeinen nicht mehr als zehn Stunden. Die weitere Entwicklung der Arbeitszeitverkürzung nach dieser Phase, der «weitaus deutlichsten Arbeitszeitverkürzung in der Geschichte des Kapitalismus in Deutschland» (Deutschmann & Dybowski-Johannson, 1979, S. 316), wird im Folgenden in Anlehnung an die genannten Autoren stichwortartig aufgelistet.

1914–1918
Aufhebung der Schutzbestimmungen für Arbeiterinnen und Jugendliche. Ausdehnung der Nacht- und Sonntagsarbeit, bedingt durch Kriegsproduktion.

1918–1923
Verschiebung der gesellschaftlichen Machtpositionen zugunsten der Arbeiter (Novemberrevolution 1918). Einführung des Acht-Stunden-Tages und der wöchentlichen Arbeitszeit von 48 Stunden.

1923–1929
Kampf um den Acht-Stunden-Tag. Verlängerung der wöchentlichen Arbeitszeit in der chemischen und der Textilindustrie auf 53 bis 54 Stunden; in der metallverarbeitenden sowie der Eisen- und Stahlindustrie auf 57 bis 60 Stunden. Arbeitskämpfe, Gesetze und Verordnungen führten schließlich 1929 zu einer deutlichen Annäherung an den Acht-Stunden-Tag.

1929–1933
Kurzarbeit während der Weltwirtschaftskrise bedingt Verkürzung der durchschnittlichen Arbeitszeit (1932 durchschnittlich 41,5 Wochenstunden).

Ab 1933
Anstieg der Arbeitszeit. Zu Beginn des Zweiten Weltkrieges herrschen in den rüstungsrelevanten Industriebereichen durchschnittliche Wochenarbeitszeiten von 50 bis 60 Stunden vor.

Ab 1948
Rekonsolidierungsphase der Wirtschaft. Verlängerung der Arbeitszeit auf durchschnittlich 48½ Wochenstunden (1954/1955).

Ab 1955
Von Mitte der 1950er-Jahre an wurde die Arbeitszeit erneut erheblich reduziert. Neben der schrittweisen Verkürzung der wöchentlichen Arbeitszeit auf 40 Stunden und der Einführung der Fünf-Tage-Woche kam der Verlängerung des Urlaubs eine wesentliche Rolle zu.

Der traditionelle gewerkschaftliche Arbeitszeitschutzgedanke zielt darauf ab, den einzelnen Arbeitnehmer durch kollektive, normierte Regelungen vor physischer und/oder psychischer

Überforderung zu schützen. Dies, so wird argumentiert, ist nur möglich, wenn die Arbeitszeit den Marktmechanismen von Angebot und Nachfrage entzogen werden kann. Die Garantiefunktion des Normalarbeitszeitstandards gilt als eine unentbehrliche Grundlage kollektiver Interessenvertretung. Nach Wiesenthal, Offe, Hinrichs und Engfer (1983, S. 387) dient die Standardisierung der Arbeitszeit

- als Schutz vor der Konkurrenz der Arbeitskraftanbieter untereinander; das heißt, die Arbeitnehmer sollen daran gehindert werden, sich um den Preis langfristigen Gesundheitsverschleißes untereinander aus dem Markt zu drängen, indem sie ihr tägliches, wöchentliches usw. Arbeitszeitangebot konkurrenzstrategisch steigern;
- als Sperrklinke zur Sicherung des Erreichten; das heißt, die Arbeitgeber sollen daran gehindert werden, die Notlage bedürftiger Menschen gegen das Interesse aller anderen Arbeitnehmer auszuspielen;
- als Anspruch auf ein regelmäßig zu zahlendes Arbeitsentgelt, das bei gegebenen Stundenlohnsätzen ein existenzsicherndes Einkommen ergibt. Dies trifft insbesondere dort zu, wo weder Mindestlöhne noch Mindesteinkommen gelten. Arbeitszeitstandards wie der Normalarbeitstag oder die Wochenarbeitszeit sichern dann auch in den untersten Lohngruppen das Existenzminimum.

Die Befürchtung der Gewerkschaften, dass durch einzelvertragliche Vereinbarungen von verkürzter Arbeitszeit die Arbeitszeit immer mehr «zur Variablen in einer betrieblichen Optimierungsstrategie würde» (Wiesenthal et al., 1983, S. 591; vgl. Kittner, 2009), begründet ihre kritische Position gegenüber individueller Arbeitszeitflexibilisierung und Teilzeitarbeit. Die Gewerkschaften befinden sich damit in einem Dilemma: Einerseits können sie die massiven subjektiven Interessen der einzelnen Mitglieder nicht ignorieren, andererseits aber darf die kollektive Interessenvertretung nicht geschädigt werden (bspw. durch den Verlust

der Garantiefunktion der Normalarbeitszeit). Neben der gesetzlich definierten Arbeitszeit gibt es eine Vielzahl von Begriffen, die im Rahmen der betrieblichen Arbeitszeitregelung eine wichtige Rolle spielen. Die wesentlichen werden nun kurz erläutert. An späterer Stelle, wenn es um die verschiedenen Arbeitszeitmodelle und Arbeitszeitregelungen im Einzelnen geht (s. Kap. 4.1.3), werden diese Begriffe zum Teil noch differenzierter ausgeführt (vgl. ausführlich Hornberger, 2005).

- *Ruhepausen:* zeitliche Unterbrechungen der menschlichen Arbeit. Das Arbeitszeitgesetz von 2006 (§ 4) regelt, dass bei mehr als sechs Stunden bis höchstens neun Stunden eine (je nach Tarifvertrag) bezahlte Pause von 30 Minuten einzuhalten ist. Bei Arbeitszeiten über neun Stunden beträgt die Pausenzeit 45 Minuten. Je nach Betriebsvereinbarung kann man die Pausen in Blöcke von 15 Minuten (aber nicht kürzer) aufteilen. Diese gesetzliche Regelung fordert die Betriebe geradezu auf, darüber nachzudenken, wie man durch welche Arbeitszeitregelung (bzw. Schichtarbeit) Pausen einsparen kann. So sieht zum Beispiel ein Schichtmodell vor, die Mitarbeiter bei einer Arbeitszeit von 30 Stunden über fünf Tage sechs Stunden arbeiten zu lassen (in vier Schichten). Auf diese Weise spart man Pausenzeit. Andere Arbeitszeitmodelle begrenzen die Arbeit auf 8 Stunden und 58 Minuten, um auf diese Weise die zusätzlichen 15 Minuten Pause ab der neunten Stunde einzusparen.

  Nach Beendigung der täglichen Arbeit müssen die Mitarbeiter eine ununterbrochene Ruhepause von mindestens elf Stunden haben. Ausnahmen regelt das Arbeitszeitgesetz § 5 Absatz 2 und 3.
- *Tarifliche wöchentliche Arbeitszeit (TWAZ):* Die Arbeitszeit beziehen Tarifverträge in der Regel auf die (Vollzeit-)Arbeitswoche als Einheit. Es handelt sich um Durchschnittswerte, die über ein Jahr bzw. ein halbes Jahr einzuhalten sind. In der Metallindustrie beträgt die tarifliche wöchentliche

Arbeitszeit für bestimmte Personengruppen z. B. 35, 38,5, 28,5 oder 40 Stunden.

- Davon unterscheidet sich die *individuelle regelmäßige wöchentliche Arbeitszeit (IRWAZ)*: Sie wird zwischen Arbeitgeber und Arbeitnehmer mit Zustimmung des Betriebs-/Personalrates auf der Basis aktueller tarifvertraglicher Regelungen festgelegt.

- *Teilzeit:* Alle Arbeitszeitregelungen, die unter der tariflich vereinbarten durchschnittlichen TWAZ liegen, werden als Teilzeit bezeichnet. Beträgt die TWAZ zum Beispiel 30 Stunden und arbeitet ein Mitarbeiter nur 26 Stunden, so arbeitet er in Teilzeit.

- *Anwesenheitszeit:* Die tägliche Anwesenheitszeit eines bzw. einer Beschäftigten im Betrieb geht unter Umständen über die bezahlte Arbeitszeit hinaus. Die Anwesenheitszeit umfasst alle «Aktivitäten» innerhalb des Betriebsgeländes, zum Beispiel Pausen, Wasch- und Wegezeiten. Je nach Art des Arbeitsplatzes können diese zusätzlichen Zeiten eine Stunde und mehr betragen.

- *Betriebszeit:* Unter Betriebszeit kann man die sogenannte Öffnungszeit des Betriebes bezeichnen, während der im Betrieb zum Zweck der Aufgabenerfüllung Tätigkeiten verrichtet werden. Die Betriebszeiten sind auf den Tag, die Woche und das Jahr bezogen. In Produktionsbetrieben ist die Betriebszeit in der Regel länger als die IRWAZ. Je kapitalintensiver die Arbeitsprozesse, umso intensiver das Bemühen, die Betriebsnutzungszeiten möglichst auf bis zu 24 Stunden über sieben Tage pro Woche auszudehnen. Typisches Beispiel sind Kraftwerke zur Erzeugung von Strom, Papierfabriken, Raffinerien, Stahlwerke oder Lebensmittelerzeuger. Theoretisch beträgt die jährliche Nutzungszeit eines Betriebes 8760 Stunden. Ein Zweischichtbetrieb der Metallindustrie nutzt davon zirka 50 Prozent; die andere Hälfte bilden die ungenutzten Sonn- und Feiertage (17,5 Prozent), die ungenutzten Samstage (14,3 Prozent) und die ungenutzte dritte Schicht (22,7 Prozent) (Angaben nach Hamann, 1995).

Je länger die Betriebszeit ist, umso besser lassen sich die kapitalintensiven Anlagen nutzen. Arbeitgeber und Arbeitnehmer stehen hier in einem Interessenkonflikt. Dies gilt allerdings nur, solange es Kunden gibt, die das angebotene Produkt auch abnehmen.

- *Arbeitszeitregelungen bzw. Arbeitszeitmodelle* bestimmen den zeitlichen Anfang, die Struktur, das Ende und den Rhythmus bzw. die Art und Weise der Aufeinanderfolge von Schichten zur Realisierung der Arbeitszeit bestimmter Mitarbeitergruppen.

Bei der Gestaltung von Arbeitszeitmodellen (auch mit dem Begriff «Schichtmodelle» bezeichnet; s. weiter unten) sind insbesondere die Betriebszeiten sowie die gesetzlichen und tarifvertraglichen Regelungen zu berücksichtigen.

4.1.2 Grundlagen der Arbeits- und Betriebszeitgestaltung

Beim Gestalten der Arbeitszeiten müssen die Belange der Mitarbeiter/-innen (physische, psychische, soziale) ebenso beachtet werden wie die des Unternehmens (Auftragslage, Kosten, Technologien etc.) und die jeweils gültigen gesetzlichen Grundlagen (Arbeitszeitgesetz, Sozialgesetzbuch etc.; s. Abschnitt 4.1.1). Im Folgenden erläutern wir kurz die wesentlichen Einflussfaktoren. Am Ende dieses Abschnittes steht eine in der Automobilindustrie entwickelte (vgl. Hamann, 1995) und von uns geringfügig modifizierte Checkliste, in der die als relevant erachteten Einflussfaktoren aufgelistet sind.

Physische, psychische und soziale Einflussfaktoren

Neben den allgemeinen arbeitswissenschaftlichen Gestaltungskriterien (Schädigungslosigkeit, Ausführbarkeit, Zumutbarkeit, Persönlichkeitsförderlichkeit und Sozialverträglichkeit) ist bei der Arbeitszeitgestaltung besonders der Tag-Nacht-Rhythmus (die sog. Circadianrhythmik) zu beachten, denn dieser Rhythmus wird durch die verschiedenen Schichtmodelle wesentlich beeinflusst. Wie Aschoff (1955) und Wever (1979) in den klassischen Bunkerversuchen (bei denen die Versuchspersonen in Laborbunkern lebten) zeigen konnten, haben Menschen eine Spontanfrequenz von 25 Stunden, die von periodischen Umweltfaktoren (Sonnenstand, Uhrzeit) auf eine 24-Stunden-Periodik eingeregelt wird.

Nach Knauth (1989, S. 3) sind die physischen Funktionen so organisiert, dass die Organfunktionen während des Tages mehr auf «äußere Leistung» und während der Nacht auf «Erholung» geschaltet sind. Bei Abweichungen von der üblichen zeitlichen Abfolge von Aktivitäts- und Schlafphasen, zum Beispiel bei Nachtarbeit und Zeitzonenflügen, bleibt dieses Ordnungsgefüge nicht stabil. Wie Knauth (1989) in experimentellen Laboruntersuchungen zur Nachtschichtarbeit zeigen konnte, gerät bei Nachtschichtarbeit der reguläre Rhythmus aus den Fugen (s. **Abb. IV-58 c, d und e**). Erst nach der 21. Nachtschicht bildet sich so etwas wie eine «umgekehrte» Circadianrhythmik (s. **Abb. IV-58 f**).

Zu beachten ist bei dieser relativ idealen Labornachtarbeit, dass die Streuungen groß sind. Bei normalen Arbeitsumständen, für die keine derartigen genauen Untersuchungen vorliegen, ist anzunehmen, dass die Anpassung weit schlechter gelingt, da zu viele Störquellen am Tage den Nachtarbeiter/die Nachtarbeiterin daran erinnern, dass er bzw. sie es ist, die zur «falschen» Zeit schläft. Beim Fliegen über mehrere Zeitzonen hinweg ist die Anpassung an die normale Circadianrhythmik besser möglich (nach Knauth [1989] genügen 3 bis 14 Tage), da sich das soziale Umfeld mit dem eigenen schnell synchronisiert. Eine vollständige Anpassung der Circadianrhythmik ist nur bei Verschiebung der wesentlichen Zeitgeber (Tageslicht, Uhrzeit, soziale Umwelt) möglich. Die längerfristigen Störungen der biologischen Rhythmik können in Verbindung mit den zusätzlichen Belastungen aus der Art der Arbeitstätigkeit (die bei Schichtarbeitern

größer sind als bei Normalzeitarbeitern) zu Minderungen der Leistung und zur Beeinträchtigung des physischen und psychischen Wohlbefindens führen. Diese Leistungsminderungen während der Nacht konnten Bjerner, Holm und Swensson 1955 (vgl. dazu Schmidtke, 1993) nach 20-jähriger Beobachtung von Arbeitern eines Gaswerkes (Fehlereintragungen in Schichtbüchern) eindrucksvoll nachweisen (s. **Abb. IV-59**).

Diese Leistungskurve, die den Tagesgang der Leistungsdisposition beschreibt, ist nicht bei allen Menschen gleich. Soziale Gewohnheiten, persönliches Schlafverhalten etc. führen zu einer zeitlichen Verschiebung der Leistungskurve. Auf den Großteil der Berufstätigen dürfte die dargestellte Kurve mehr oder weniger genau zutreffen. Bei Studierenden ermittelte man erhebliche Abweichungen. Für die Arbeitsgestalter bedeutet dies, auf das übliche Leistungstief (0.00 bis 4.00 Uhr) Rücksicht zu nehmen. Um das Leistungstief zu kompensieren, müssen sich Schichtarbeitende besonders anstrengen; daher sollte man die arbeitsbedingten Belastungen gegenüber der Normalarbeitszeit etwas absenken. Wenn Nachtarbeit unvermeidlich ist, sind die negativen Konsequenzen von Beeinträchtigungen der Circadianrhythmik zu beachten, indem die Arbeitenden möglichst wenige Nachtschichten in nicht zu langen Nachtschichtperioden ableisten müssen und man ihnen nach der Nachtarbeit längere Freizeitblöcke zugesteht; denn eine vollständige Anpassung der Circadianrhythmik an die Nachtarbeit erscheint kaum realisierbar. Eingestreute Nachtschichten tragen dazu bei, gerade bei älteren Beschäftigten eine Anhäufung von Schlafdefiziten zu vermeiden (vgl. hierzu Knauth, Elmerich & Karl, 2009).

Menschen mit gesundheitlichen Beeinträchtigungen wie Zucker-, Magen- oder Darmerkrankungen sollten nicht in Nachtschichten arbeiten, da durch die Veränderungen in der Circadianrhythmik auch Veränderungen in den Stoffwechselprozessen stattfinden (vgl. Knauth, Kiesswetter & Rutenfranz, 1983). Auch

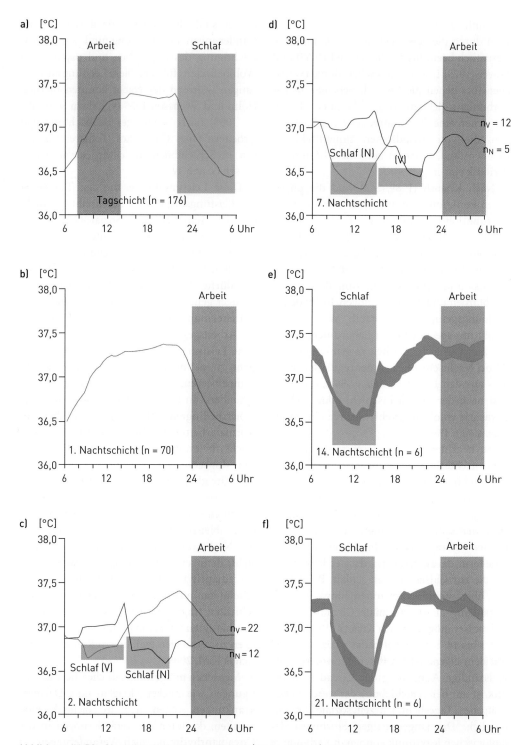

Abbildung IV-58: Circadianrhythmik der Rektal-(Körperinnen-)Temperatur bei normaler Tagesarbeit (Bild a) und deren Veränderung durch Nachtarbeit (Bild b bis f) (vgl. Knauth, 1989, S.3); V: Gruppe mit Vormittagsschlaf; N: Gruppe mit Nachmittagsschlaf.

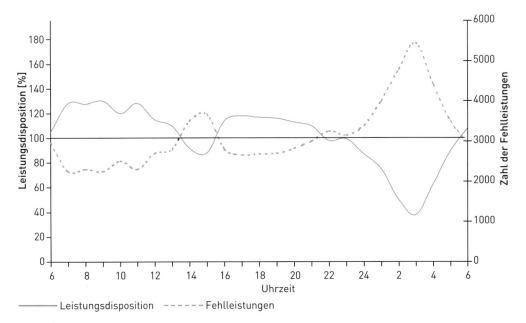

Abbildung IV-59: Tagesgang der Leistungsdisposition; grobe Annäherung aus der Fehlerhäufigkeit von Schichtarbeitern über einen Zeitraum von 20 Jahren (nach Längsschnittstudien von Bjerner, Holm & Swensson [1955]; entnommen aus Schmidtke, 1993, S. 113)

Schwangere sollten keine Nachtschichten machen. Um die physiologischen Belastungen nicht unnötig zu vergrößern, empfiehlt Knauth (1993, S. 492), Nachtschichtlern zwischen 0.00 und 0.30 Uhr eine warme Hauptmahlzeit bereitzustellen, die eher reich an Proteinen ist und keinen hohen Fettgehalt hat. Zusätzlich sollte in der Zeit von 4.00 bis 4.15 Uhr ein Imbiss möglich sein (Obst, Milchprodukte).

Neben den physischen Einflussfaktoren, die bei Nachtarbeit zu bedenken sind, spielen die psychischen und sozialen Faktoren eine wichtige Rolle (vgl. Knauth, 2008). Nachtarbeit beeinträchtigt die sozialen Kontakte; sie beeinträchtigt auch die Möglichkeit von Fort- und Weiterbildungsmaßnahmen. Häufige und unregelmäßige Schicht- und Nachtarbeit erschwert die Teilnahme an Kursen und sonstigen regelmäßigen Veranstaltungen. Es ist deshalb notwendig, die Schichtzyklen längerfristig einzuplanen, so dass für den Mitarbeiter Planungssicherheit besteht. Die Betriebe haben dafür Sorge zu tragen, Mitarbeiter(inne)n, die

in Nachtschicht beschäftigt sind, zeitlich angepasste Weiterbildungsmöglichkeiten zu eröffnen. Ähnliches gilt für die Organisation von Gruppenarbeit über Schichten hinweg: Für Nachtschichtler müssen geeignete Termine gefunden werden, um mit den Kolleg(inn)en aus anderen Schichten Informationen austauschen zu können.

Betriebsbedingte Einflussfaktoren

Als zentrale betriebliche Einflussfaktoren erweisen sich die Kapitalbindung der Fertigungs-, Produktions- oder Montageprozesse, die Auftragslage, gesellschaftlich relevante und notwendige Dienstleistungen (Polizei, Krankenhäuser, Verkehrs- und Transportbetriebe, Telekommunikation etc.), die Arbeitsorganisation, die Wettbewerbssituation, die Kunden- und Marktorientierung, die Arbeitsmarktsituation und die Lohnkosten, um nur die wichtigsten zu nennen. Je nach Auftragslage und Fertigungs- bzw. Produktionstechnik

versucht der Arbeitgeber, die kapitalintensiven Einrichtungen möglichst rund um die
Uhr zu betreiben, das heißt die Betriebszeiten
so zu verlängern, dass die vorhandenen Kapazitäten und technischen Einrichtungen möglichst intensiv genutzt werden.

Arbeits- und Betriebszeiten stellen einen
Kompromiss dar, in dem die betrieblichen Belange häufig dominieren. Die menschliche Arbeitskraft wird dann abgerufen, wenn sie be-
triebsbedingt (auftragsbedingt) notwendig ist;
das schränkt die individuellen zeitlichen Dis-
positionsspielräume erheblich ein.

Ein Beispiel mag dies veranschaulichen: In
einer Munitionsentsorgungsfabrik arbeiten
Mitarbeiter im Dreischichtbetrieb in einem
explosionssicheren bunkerartigen Gebäude.
Der Dreischichtbetrieb wird mit den hohen
Kosten des Gebäudes begründet. Obwohl die
Leistungskurve (s. Abb. IV-59) in der Nachtschicht absinkt und die Fehlerhäufigkeit zunimmt, geht das Unternehmen lieber ein höheres Fehlerrisiko (mit zum Teil tödlichem
Ausgang) ein, anstatt eine Arbeitszeit zu wählen, in der die Mitarbeiter keine Beeinträchtigungen der Circadianrhythmik erleiden. Da
Munition mit vielen Fertigungsfehlern behaftet ist, besteht bei der geringsten Aufmerksam-
keitseinbuße während der Demontage die Gefahr von Explosionen; hinzu kommt, dass die
Bunkerräume relativ klein und wenig anre-
gend gestaltet sind: weiß und grau mit einfacher Neonbeleuchtung.

Um eine arbeitspsychologisch vertretbare
Gestaltung der Arbeits- und Betriebszeit zu
ermöglichen, müssen nach Hamann (1995)
mitarbeiterbezogene technisch-organisatorische und rechtliche Aspekte berücksichtigt
werden. Die Checkliste in Abbildung IV-60 listet
die wichtigsten Aspekte in Form von Fragen
auf, die bei der Auswahl geeigneter Arbeits-
und Betriebszeitmodelle in der betrieblichen
Praxis zu beachten sind. Das folgende Kapitel
erläutert einige dieser Aspekte näher.

4.1.3 Arbeitszeitmodelle

In den letzten Jahren haben sich sprunghaft
verschiedene Arbeitszeit-(AZ-)Modelle entwickelt, so dass es notwendig erscheint, diese zu
klassifizieren. Arbeitszeitmodelle lassen sich
nach Hettinger & Wobbe (1993, S. 475) nach
der Lage (Chronologie/Tag-Nacht), der Dauer
(Chronometrie/Voll-/Teilzeit), dem Zyklus
(täglich, wöchentlich, monatlich, jährlich, Arbeitsleben) und nach der Flexibilität unterscheiden. Da innerhalb der gesetzlichen und
tarifvertraglichen Regelungen nahezu beliebige Arbeitszeitmodelle vereinbart werden können, ist es nicht verwunderlich, wenn selbst
mittelständische Unternehmen mit 600 Mitarbeitern mehr als 70 verschiedene Arbeitszeitmodelle mit ihren Mitarbeitern vereinbaren.
Großbetriebe, zum Beispiel BMW (vgl. Bihl,
Berghahn & Theunert, 1995), haben mehr als
200 entwickelt. Im Folgenden können nur prototypische Modelle dargestellt und diskutiert
werden; differenziertere Abhandlungen finden
sich zum Beispiel bei Knauth et al. (1983),
Knauth et al. (2009), Rutenfranz & Laurig
(1978) oder Wagner (1995).

Starre einschichtige AZ-Modelle

Starre einschichtige AZ-Modelle liegen vor,
wenn sich die tageszeitliche Lage und Dauer
der Arbeitszeit über lange Zeiträume hinweg
nicht ändert. Man spricht auch von permanen-
ten Systemen. Mitarbeiter/-innen unter diesem
Modell arbeiten in der Regel an *feststehenden
Tagen* (z. B. Montag bis Freitag) in *feststehen-
der Dauer* (z. B. 7,5, 8 oder 9 Stunden) pro Tag.
Diese Normalarbeitszeit ist typisch für Angestellte; zunehmend ersetzen flexiblere Formen
dieses Modell. Neben diesem AZ-Modell sind
folgende starre Arbeitszeitmodelle verbreitet:
Dauerfrühschicht (z. B. 6 bis 14 Uhr), Dauer-
spätschicht (z. B. 14 bis 22 Uhr) oder Dauernachtschicht (z. B. 22 bis 6 Uhr).

Knauth (1989, S. 1) ordnet den starren ein-
schichtigen Systemen auch «geteilte Schichten
zu konstanten Zeiten» zu, zum Beispiel Schiffs-
wachen von 0 bis 4 Uhr und 12 bis 16 Uhr oder

Abbildung IV-60: Checkliste zur Konzeption von Arbeits- und Betriebszeitmodellen

Aspekte	Ja	Nein
1. Mitarbeiterbezogene Aspekte		
• Ist die Dauer der Arbeitszeit auf die Tätigkeitsanforderungen abgestimmt?	◯	◯
• Ist die Lage der Arbeitszeit (Anfang und Ende) zumutbar?	◯	◯
• Sind die Arbeitspausen unter dem Aspekt der Erholung günstig gewählt?	◯	◯
• Ist die Verpflegung sichergestellt?	◯	◯
• Ist eine stabile Arbeitsgruppenbesetzung möglich?	◯	◯
• Sind Möglichkeiten zur Kommunikation in gemeinsamen Pausen oder Besprechungen gegeben?	◯	◯
• Sind ausreichende Ansprechzeiten von Dienstleistungsbereichen (Werksarzt, Instandhaltung, Personalabteilung etc.) vorhanden?	◯	◯
• Sind öffentliche bzw. werkseitige Verkehrsmittel vorhanden?	◯	◯
• Können betriebliche und/oder öffentliche Kindergärten genutzt werden?	◯	◯
• Sind Fahrgemeinschaften möglich?	◯	◯
• Bestehen ausreichende Parkplatzangebote?	◯	◯
• Haben die Mitarbeiter ausreichende Möglichkeiten, ihre persönlichen Wünsche innerhalb des Arbeitszeitmodells zu realisieren (freie Wochenenden, Weiterbildung, Freizeitblöcke, Familie, Kinder etc.)?	◯	◯
2. Technisch-organisatorische Aspekte		
• Besteht eine ausreichende programm- und marktbezogene Flexibilität (d. h., können Stückzahlen und Varianten/Typen nach Markterfordernissen schnell variiert werden)?	◯	◯
• Können durch das AZ-Modell die vorhandenen Kapazitäten besser genutzt werden?	◯	◯
• Sind die AZ-Modelle der Produktion, Wartung, Instandhaltung, Konstruktion, Planung, Personalabteilung etc. aufeinander abgestimmt?	◯	◯
• Ist der zuständige Vorgesetzte/Verantwortliche ansprechbar?	◯	◯
• Ist die Handhabbarkeit des AZ-Modells bezüglich Freischichten, Urlaub und Krankheit geklärt?	◯	◯
• Besteht die Möglichkeit zum Pausendurchlauf (d. h., können die Mitarbeiter ihre Pausen abstimmen und den Fortgang der Produktion ohne Unterbrechung sichern)?	◯	◯
• Ist der Personalaustausch sichergestellt, können die Mitarbeiter eigenverantwortlich den Personalaustausch zwischen Gruppen regeln?	◯	◯
• Besteht die Möglichkeit von Gleitzeit (Anfang und Ende der Arbeitszeit können auftragsbezogen und individuell variiert werden)?	◯	◯
• Erlaubt das AZ-Modell Teilzeitarbeit?	◯	◯
• Können durch das neue AZ-Modell Kosten gespart werden?	◯	◯
3. Rechtliche und sonstige Aspekte		
• Entspricht das AZ-Modell den gesetzlichen, tariflichen und sonstigen Bestimmungen (z. B. Betriebsvereinbarungen)?	◯	◯
• Sind regionale Besonderheiten (Ballungsräume, ÖPNV, andere Betriebe in der Nachbarschaft) bei der Konzipierung des AZ-Modells zu berücksichtigen?	◯	◯
• Fördert das AZ-Modell das öffentliche Interesse von Unternehmen und Arbeitgeber?	◯	◯

von 4 bis 8 Uhr und 16 bis 20 Uhr etc. Der Vorteil dieser Arbeitszeitsysteme besteht für den Mitarbeiter/die Mitarbeiterin darin, dass die Zeiten geregelt und somit langfristig Planungen möglich sind. Den Arbeitgebern entstehen Nachteile aus der Starrheit, da die Arbeits- bzw. Personalkapazitäten unabhängig vom Auftragsvolumen vorgegeben sind.

Starre mehrschichtige AZ-Modelle (Wechselschichtsysteme)

In Übereinstimmung mit Knauth (1989, S. 1) kann man unterscheiden:

1. Systeme ohne Nachtschichtarbeit (Zweischichtsystem), zum Beispiel
   1. Woche: Montag bis Freitag von 6 bis 14 Uhr,
   2. Woche: Montag bis Freitag von 14 bis 22 Uhr.

2. Systeme mit Nachtschichtarbeit ohne Sonn- und Feiertagsarbeit *(diskontinuierliche Arbeitsweise)*
   a) Zweischichtsystem mit drei Schichtbelegschaften, zum Beispiel 12-Stunden-Tagschicht, 12-Stunden-Nachtschicht.
   b) Dreischichtsystem mit drei Schichtbelegschaften, zum Beispiel
      1. Woche Frühschicht von 8 bis 14 Uhr,
      2. Woche Spätschicht von 14 bis 22 Uhr,
      3. Woche Nachtschicht von 22 bis 6 Uhr.

3. Systeme mit Nachtarbeit sowie Sonn- und Feiertagsarbeit *(vollkontinuierliche Arbeitsweise)*, zum Beispiel
   1. Woche (Montag bis Freitag) Frühschicht,
   2. Woche (Sonntag bis Donnerstag) Spätschicht,
   3. Woche (Dienstag bis Samstag) Nachtschicht.

Je nach Anzahl der Arbeitsstunden pro Tag und Anzahl der Arbeitstage pro Woche lassen sich unterschiedlich starre 4-, 5- oder 6-Schichtenmodelle mit entsprechenden Freischichten entwickeln.

Die starren Schichtmodelle kann man zusätzlich anhand folgender drei Merkmale unterscheiden (vgl. Knauth, 1989, S. 2):

1. Periode der aufeinanderfolgenden Nachtschichten
   - kurz: zum Beispiel 2 Nachtschichten
   - lang: zum Beispiel 7 Nachtschichten
2. Rotationsrichtung
   - vorwärts rotierend: die Schichten wechseln in der Reihenfolge Früh-,Spät, Nachtschicht
   - rückwärts rotierend: die Schichten wechseln in der Reihenfolge Nacht-, Spät-, Frühschicht
   gemischt
3. Schichtzyklusdauer (Schichtplanlänge)
   - kurz: zum Beispiel 3 oder 4 Wochen
   - lang: zum Beispiel 20 Wochen

Je nach betrieblichen Belangen und Interessen der Mitarbeiter (z. B. Nebenerwerbslandwirte, Hausfrauen mit Kindern) bestehen vielfältige Möglichkeiten, Schichtpläne mithilfe von EDV-Programmen zu generieren, um die vielen Gestaltungsmöglichkeiten im Abgleich der verschiedenen Interessen möglichst optimal zu nutzen (vgl. z. B. Grzech-Sukalo & Hänecke, 1997, mit ihrem Bass-Ix-Computerprogramm zur Arbeitszeitgenerierung und -beurteilung; oder Knauth et al., 2009).

Ein Beispiel für ein diskontinuierliches Schichtsystem mit sieben Schichtbelegschaften und einer durchschnittlichen Arbeitszeit von 36,6 Stunden pro Woche ohne Sonntagsarbeit kann man der folgenden **Abbildung IV-61** entnehmen (vgl. Knauth & Schönfelder, 1992). Dieses Modell hält die Anzahl der aufeinanderfolgenden Nachtschichten gering: In sieben Wochen sind vier Nachtschichtperioden von jeweils zwei- bis dreitägiger Dauer eingestreut. Nach den Nachtschichten folgt eine mehr oder weniger lange Freischichtenphase, so dass sich Schlafdefizite schnell ausgleichen lassen.

Innerhalb der sieben Wochen gibt es fünf geblockte freie Wochenenden; die Schichtarbeit schränkt also die sozialen Aktivitäten nicht nachhaltig ein. Eine eindeutig rotierende

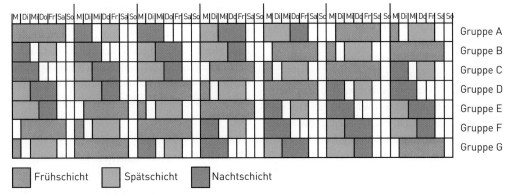

Abbildung IV-61: Diskontinuierliches Schichtsystem mit sieben Schichtbelegschaften und einer durchschnittlichen Arbeitszeit von 36,6 Stunden pro Woche mit Einbeziehung des Samstags, 8 Stunden pro Schicht (vgl. Hamann, 1995, S. 55, modifiziert nach Knauth & Schönfelder, 1992, S. 26)

Schichtfolge (rückwärts/vorwärts rotierend) ist nicht gegeben. Auf eine Nachtschicht folgt immer eine Freischicht; in vorwärts rotierender Schichtfolge, die als angenehmer als die rückwärts rotierende beurteilt wird, schließt sich an die Spätschicht zweimal die Nachtschicht an. Durch die eingestreuten Freischichten wird eine Massierung von Arbeitstagen weitgehend vermieden. Innerhalb eines siebenwöchigen Zyklus gibt es einen Block mit Frühschicht an sechs Arbeitstagen in der Woche, der von Montag bis Samstagnachmittag reicht. Es folgt ein freier Sonntag, und die anschließende Spätschicht beginnt erst am Abend des nächsten Montags. Die Dauer der Arbeitsschichten beträgt acht Stunden.

In Teilen der Automobil- und Zulieferindustrie realisiert man starre Zweischichtsysteme mit verlängerter Arbeitszeit (Neun-Stunden-Schichten) und einer Reduzierung auf vier Tage (Wechselschicht mit drei Schichtgruppen). Durch ein solches Schichtmodell verlängert sich zum Beispiel die Frühschicht auf die Zeit von 5 bis 14.30 Uhr und die Spätschicht von 14.30 bis 24 Uhr. Erweitert man dieses Schichtsystem auf ein Dreischichtsystem, so reduziert sich die Nachtschicht auf die Zeit von 24 bis 5 Uhr. In diesen Fällen besetzt man die Nachtschicht zum Teil als Dauernachtschicht mit all den damit verbundenen arbeitswissenschaftlichen Nachteilen.

Das Arbeitszeitgesetz vom Oktober 2006 (§ 6, Abs. 1) fordert bei der Gestaltung der Nacht- und Schichtarbeit, die wichtigsten «gesicherten arbeitswissenschaftlichen Empfehlungen» zu berücksichtigen. Knauth, Elmerich und Karl (2009, S. 123 f.) haben sie in einer Liste der «Empfehlungen zur Schichtplangestaltung» zusammengestellt:

- «Begrenzung der Anzahl aufeinander folgender Nachtschichten auf maximal drei;
- schnelle Rotation von Früh- und Spätschichten (z. B. zwei Tage Frühschicht, zwei Tage Spätschicht, zwei Tage Nachtschicht);
- Vorwärtswechsel der Schichten (Früh-/Spät-/Nachtschichten);
- Frühschichtbeginn nicht zu früh (das heißt, 6.30 Uhr ist besser als 6 Uhr, 6 Uhr ist besser als 5 Uhr);
- keine Massierung von Arbeitszeiten. Mehr als achtstündige tägliche Arbeitszeiten sind nur dann akzeptabel, wenn
  - die Arbeitsinhalte und die Arbeitsbelastung eine länger dauernde Schichtzeit zulassen;
  - das Schichtsystem so angelegt ist, dass eine zusätzliche Ermüdungsanhäufung vermieden werden kann;
  - die Personalstärke zur Abdeckung der Fehlzeiten reicht;
  - keine Überstunden hinzugefügt werden;

- die Einwirkung gesundheitsschädlicher Arbeitsstoffe und das Unfallrisiko begrenzt sind;
- eine vollständige Erholung nach der Arbeitszeit möglich ist;
- geblockte Wochenendfreizeiten, das heißt mindestens Samstag und Sonntag frei und einmal im Schichtzyklus Freitag bis Sonntag oder Samstag bis Montag frei;
- ungünstige Schichtfolgen vermeiden (z. B. Nachtschicht/frei/Frühschicht oder Nachtschicht/frei/Nachtschicht oder einzelne Arbeitstage zwischen freien Tagen);
- kurzfristige Schichtplanänderungen durch Arbeitgeber vermeiden;
- ein freier Abend an mindestens einem Wochentag (Montag bis Freitag);
- mitarbeiterorientierte Flexibilisierung und Individualisierung der Arbeitszeit, insbesondere möglichst Freiwilligkeit bei der Aufnahme bzw. Fortsetzung von Nachtarbeit.»

(Knauth et al., 2009, S. 123 f.)

Beschäftigte in Schichtsystemen, die diesen Gestaltungsempfehlungen folgen, stufen ihr gesundheitliches Befinden (Arbeitsfähigkeit, gemessen mit dem «Work Ability Index» [WAI], vgl. Ilmarinen & Tempel, 2002) als besser ein als Beschäftigte, die in konventionellen, ungünstigen Schichtsystemen arbeiten; das zeigen empirische Untersuchungen von Knauth, Elmerich und Karl (2009).

Aus Tabelle IV-27 wird ersichtlich, in welchem Umfang von 1993 bis 2007 für Männer und Frauen die Nachtarbeit zugenommen hat: Sie stieg von 10,6 bzw. 5,0 Prozent auf 12,8 bzw. 6,2 Prozent. Auffallend sind ebenfalls die Steigerungsraten der Samstagsarbeit sowie der Sonn- und/oder Feiertagsarbeit im selben Zeitraum (1993 bis 2007); die Frauen sind davon besonders betroffen. Zugenommen hat auch die Abend- und Schichtarbeit. Diese Statistik gibt Hinweise auf die Flexibilisierung der Arbeitszeit und auf den Druck, dem Beschäftigte ausgesetzt sind, unter «besonderen zeitlichen Bedingungen» zu arbeiten.

Flexible Arbeitszeitmodelle

Im Folgenden stellen wir kurz die verschiedenen Flexibilisierungsmöglichkeiten dar; mitberücksichtigt sind sowohl chronologische (Lage) als auch chronometrische (Dauer) Aspekte (vgl. ausführlich Hornberger, 2005; Spitzley, 2007).

Flexibilisierung der täglichen Arbeitszeit

Besonders verbreitet ist in Handel, Banken, Verwaltung und Produktion die Gleitzeit mit den Varianten Gleitzeit *mit fester Kernzeit* und Gleitzeit *ohne feste Kernzeit*. Hinzu kommt die Flexibilität hinsichtlich der täglichen Arbeitszeitdauer. Bei Unterschreiten der individuellen, regelmäßigen wöchentlichen Arbeitszeit (IRWAZ) spricht man von Teilzeit. Teilzeitbeschäftigung kann sich auf die tägliche Arbeitszeit auswirken, etwa indem an einem oder an mehreren Tagen in der Woche zwischen null und zehn Stunden gearbeitet wird.

Bei einem großen Automobilzulieferer bestand zum Beispiel für Angestellte mit 35 bzw. 40 Arbeitsstunden pro Woche eine Gleitzeitregelung zwischen 6 und 20 Uhr mit einer Kernzeit von 9.12 Uhr bis 14 Uhr; das heißt, die Angestellten konnten wählen, wann zwischen 6 und 9.12 Uhr sie mit der Arbeit beginnen und wann zwischen 14 und 20 Uhr sie ihre Arbeit beenden wollten. Mehr als zehn Stunden Arbeit pro Tag sind in Übereinstimmung mit dem Arbeitszeitgesetz nicht gestattet. Für die gewerblich Beschäftigten in der Tagschicht ist dieses Gleitzeitmodell ebenso möglich.

Beim Wechselschichtmodell können die Arbeiterinnen und Arbeiter, um bei dem Betriebsbeispiel zu bleiben, in Absprache mit der Gruppe ebenfalls Gleitzeiten in Anspruch nehmen. Diese Gleitzeiten bewegen sich in einem etwas engeren Zeitkorridor. In der Frühschicht kann der Arbeitsbeginn zwischen 6 und 8 Uhr und das Arbeitsende zwischen 14 und 15 Uhr variieren. Die Spätschicht muss zwischen 14 und 15 Uhr beginnen und kann zwischen 20 und 24 Uhr enden. Die IRWAZ kann je nach individuellem Arbeitsvertrag zwischen 35 und

Tabelle IV-27: Abhängige Erwerbstätige, die ständig bzw. regelmäßig unter besonderen zeitlichen Arbeitsbedingungen arbeiten

Jahr	Besondere Arbeitszeitbedingungen														
	Nachtarbeit[3]			Samstags-arbeit			Sonn- und/ oder Feier-tagsarbeit			Abendarbeit[4]			Schichtarbeit		
	Männer	Frauen	Gesamt	Männer	Frauen	Gesamt	Männer	Frauen	Gesamt	Männer	Frauen	Gesamt	Männer	Frauen	Gesamt
1	2	3	4	5	6	7	8	9	10	11	12	13	14	15	16
1993[1]	10,6	5,0	8,2	15,3	21,0	17,7	8,5	9,0	8,7	wurde nicht erfasst			13,7	8,6	11,5
1995	10,8	5,2	8,4	16,1	21,2	18,3	8,8	9,3	9,0	wurde nicht erfasst			13,1	8,6	11,2
1996[2]	9,1	4,4	7,1	16,7	21,9	19,0	9,4	10,0	9,6	17,3	14,2	15,9	13,2	8,8	11,3
1997	9,2	4,5	7,2	16,7	21,7	19,0	9,4	10,0	9,7	18,0	15,1	16,7	14,2	9,3	12,0
1998	9,6	4,5	7,3	17,2	21,2	18,9	9,6	9,7	9,6	19,0	15,9	17,6	14,0	9,1	11,8
1999	9,8	4,6	7,5	17,3	21,3	19,1	9,7	10,0	9,8	19,4	16,0	17,9	14,2	9,5	12,1
2000	9,9	4,9	7,7	17,6	21,8	19,5	9,7	10,2	9,9	19,6	16,7	18,3	14,3	9,9	12,3
2001	10,4	5,1	8,0	18,0	22,3	19,9	10,1	10,5	10,3	20,4	16,8	18,8	16,0	11,4	13,9
2002	10,7	5,2	8,2	18,1	22,2	20,0	10,6	10,8	10,7	20,9	17,6	19,4	15,5	10,8	13,4
2003	11,1	5,5	8,5	18,6	22,8	20,6	11,0	11,5	11,2	22,0	18,3	20,3	16,1	11,5	14,0
2004	10,8	5,3	8,3	18,5	22,7	20,5	10,1	11,1	10,6	21,7	18,4	20,2	15,6	11,3	13,6
2005	12,2	5,8	9,2	20,8	25,2	22,9	11,8	12,6	12,2	25,7	22,1	24,0	16,8	12,1	14,6
2006	12,3	6,0	9,3	21,7	25,7	23,6	12,1	12,8	12,4	26,5	22,7	24,8	16,7	12,4	14,7
2007	12,8	6,2	9,7	22,2	25,9	23,9	12,4	13,1	12,8	27,3	23,5	25,5	17,5	13,1	15,5

Quelle: Statistisches Bundesamt; 1992, 1994 kein Nachweis in der Statistik
1) Mikrozensusgesetz vom 10.06.1985, geän. 17.12.1990 (bis 1995)
2) Mikrozensusgesetz vom 17.01.1996 (bis 2004)
3) Abhängige Erwerbstätige im Alter von 15 bis 65 Jahre
   Mikrozensus 1992 bis 1995: 22.00 bis 06.00 Uhr
   Mikrozensus ab 1996: 23.00 bis 06.00 Uhr
4) zwischen 18.00 und 23.00 Uhr

40 Stunden schwanken. Für diejenigen Mitarbeiter, mit denen der Automobilzulieferer eine Teilzeitbeschäftigung vereinbart hatte, gab es zum Beispiel das folgende Modell: Vormittagsarbeit von Montag bis Freitag mit gleitendem Arbeitsbeginn zwischen 6 Uhr und 9.12 Uhr; die IRWAZ kann zwischen 18 und 28,85 Stunden variieren. Die Kernzeiten erleichtern die innerbetriebliche Kommunikation, da die Mitarbeiter in der Regel in bestimmten Zeitspannen ansprechbar sind.

Befragungen von Konstrukteuren und Entwicklern (Männern und Frauen) in 34 Betrieben der Metall- und Elektroindustrie zeigen, dass die Gleitzeit mit Kernzeit weniger präferiert wird als die Gleitzeit ohne Kernzeit (24 Prozent vs. 34 Prozent bei den Frauen und 32 Prozent vs. 37 Prozent bei den Männern; vgl. Frieling, Pfitzmann & Pfaus, 1996, S. 59). Fragt man die Mitarbeiter/-innen aber nach ihrer individuellen Nutzung der Gleitzeit zu Beginn und am Ende des Arbeitstages, so fällt auf (s. **Abb. IV-62**), dass sie den vorhandenen Spielraum nicht voll ausschöpfen.

Die Befragten nutzen die gegebenen Variationsmöglichkeiten am Arbeitsende stärker als zu Arbeitsbeginn. Deutliche Unterschiede zeigen sich, wenn man die Mitarbeiter nach Altersklassen differenziert (s. **Abb. IV-63**). Die größte Flexibilität hinsichtlich der Nutzung der Gleitzeit weisen die Mitarbeiter bis 25 Jahre auf, die geringste die Gruppe der älteren (50 bis 55 Jahre).

Betrachtet man die einzelnen Tätigkeitsgruppen, so wird deutlich, dass die EDV-Spezialist(inn)en und Konstrukteure mit Berechnungsaufgaben in Übereinstimmung mit ihren relativ hohen Überstundenzahlen (5 bis 7 Stunden pro Woche) die Gleitzeit häufiger am Schichtende nutzen als zu Beginn der Arbeit (s. **Abb. IV-64**).

Das wesentliche Merkmal der Gleitzeit besteht darin, dass die Arbeitnehmer das vereinbarte tägliche bzw. wöchentliche und monatliche Arbeitsdeputat innerhalb eines bestimmten Rahmens frei wählen. Ist keine Kernzeit festgelegt, so eröffnet sich dem/der Beschäftigten ein erheblicher Spielraum. Die extremste Form der Gleitzeitregelung in der Privatwirtschaft fand sich nach Meinung von Schüren (1996) bei den Führungskräften von BMW. «Hier liegt nur noch die Arbeitsaufgabe fest. Der Arbeitnehmer bestimmt, wann er arbeitet und wie viele Arbeitsstunden er einsetzt. Er legt

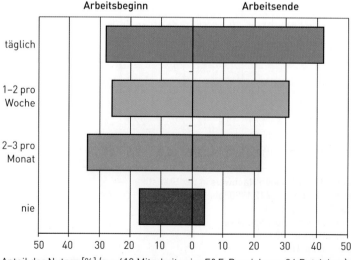

Abbildung IV-62: Nutzung der Arbeitszeit-Variationsmöglichkeit bei Beginn und am Ende der Arbeit (Frieling, Pfitzmann & Pfaus, 1996, S. 65)

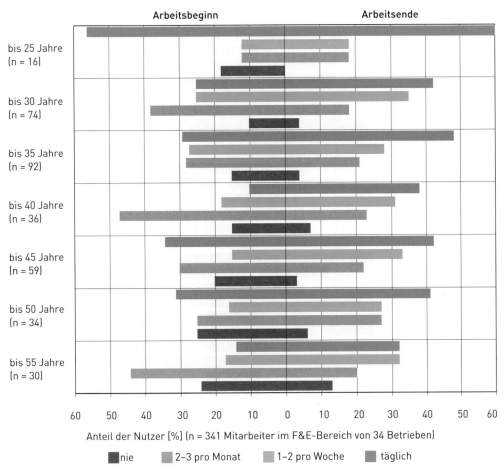

Abbildung IV-63: Nutzung der Gleitzeitregelung nach Altersklassen (Frieling, Pfitzmann & Pfaus, 1996, S. 65)

fest, wann und wie lange er in Urlaub geht oder einen ganzen oder halben Tag freimacht. Eine Zeiterfassung gibt es nicht mehr. Man kann darin die endgültige Verwirklichung des Ziels der ‹Zeitsouveränität› sehen; man kann darin aber auch einen Freibrief zur Selbstausbeutung erblicken. Vermutlich sind beide Bewertungen richtig.» (Schüren, 1996, S. 381.) Nach unseren Erfahrungen mit diesem System, das sich in vergleichbarer Form auch bei anderen Unternehmen findet, sind die Arbeitszeiten der Führungskräfte mit Zeitsouveränität erheblich länger als die der tariflichen Mitarbeiter/-innen inklusive Überstunden.

Flexibilisierung der individuellen regelmäßigen wöchentlichen Arbeitszeit (IRWAZ)

Ausgangspunkt für die flexible Gestaltung der IRWAZ ist die tarifliche wöchentliche Arbeitszeit (TWAZ), die je nach Tarifvertrag zwischen 28 und 42 Stunden schwanken kann. Die TWAZ kann eingehalten, überschritten oder unterschritten werden. Bei der Überschreitung in Verbindung mit Gleitzeit gibt es die Möglichkeit, ein Zeitkonto anzulegen, auf dem man je nach Betrieb für einen bestimmten Zeitraum (einen Monat, drei Monate, sechs Monate, ein Jahr, drei Jahre, Lebensarbeitszeit oder Konjunkturzyklus) und in bestimmter Höhe (z. B. bis zu 200 Stunden pro Jahr) Plus-

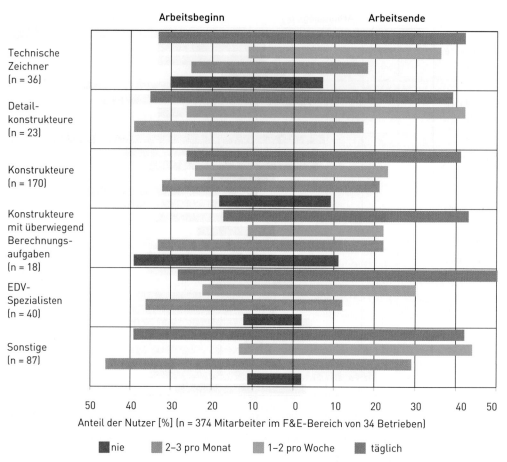

Abbildung IV-64: Nutzung der Gleitzeitregelung, geordnet nach Tätigkeitsgruppen (Frieling, Pfitzmann & Pfaus, 1996, S. 67)

stunden ansammeln kann. Je nach betrieblicher Situation können die Mitarbeiter/-innen das Zeitkonto bei schlechter Auftragslage abbauen und bei guter aufstocken. Bei diesen Zeitkontenmodellen fallen keine Überstundenzahlungen an. Bei BMW und anderen Automobilherstellern versucht man, die Zeitkonten der Mitarbeiter/-innen mit dem Modellzyklus zu parallelisieren (vgl. **Abb. IV-65**).

Je nach Fahrzeugtyp beträgt dieser Zyklus zwischen zirka vier und sechs Jahre mit unterschiedlichen Stückzahlschwankungen. Durch die Zeitkontenausgleiche ist es möglich, den Personalstand trotz unterschiedlicher Kapazitäten/Stückzahlen relativ konstant zu gestalten;

die Mitarbeiter ziehen daraus eine größere Beschäftigungssicherheit und vermeiden Kurzarbeit. Das Unternehmen spart sich bei Sonderschichten und Überstunden Zusatzzahlungen. Je nach Werk und Fahrzeugtyp vereinbart man mit den Mitarbeiter(inne)n unterschiedliche Ausgleichszeiträume (vgl. Betriebsvereinbarung «Arbeitszeitkonto» der BMW AG aus dem Jahr 1996).

Sonderformen der Zeitkontenführung gibt es bei Unternehmen, die die Überstunden (bezogen auf die TWAZ) auf ein Lebensarbeitszeitkonto gutschreiben (z. B. VW) und auf diese Weise den Beschäftigten die Möglichkeiten bieten, vorzeitig aus dem Arbeitsleben aus-

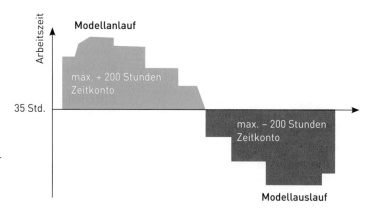

Abbildung IV-65: Synchronisierung der Zeitkonten mit dem Fahrzeugmodellanlauf und -auslauf

zuscheiden (sog. Altersteilzeitmodelle). Neben den Zeitkonten besteht die Möglichkeit der *Freie-Tage-Regelung*, bei der die Mitarbeiter/-innen die im Vergleich zur TWAZ geleistete Mehrarbeit monatlich in freien Tagen «abfeiern» müssen. Diese freien Tage können variabel oder fest vereinbart sein.

Die Möglichkeit einer *Teilzeitbeschäftigung* (vgl. hierzu auch das Gesetz über Teilzeit und befristete Arbeitsverträge, 2007) nehmen überwiegend Frauen wahr. Nach Angaben des Instituts für Arbeitsmarkt- und Berufsforschung der Bundesagentur für Arbeit in Nürnberg (2007) arbeiten zirka 11,8 Mio. Beschäftigte in Teilzeit; das entspricht zirka 34 Prozent aller Arbeitnehmer in Deutschland. Von diesen 11,8 Mio. sind zirka 25 Prozent Männer und 75 Prozent Frauen; bei den Vollzeitkräften beträgt das Verhältnis 42 Prozent Männer und 24 Prozent Frauen. Eine Teilzeitbeschäftigung ist dann gegeben, wenn die Wochenarbeitszeit eines Arbeitnehmers geringer ist als die eines vergleichbaren Vollzeitarbeitnehmers. Teilzeit liegt vor, wenn man eine Halbtagstätigkeit ausführt, wenn die Wochenarbeitszeit um wenige Stunden reduziert ist oder wenn man einen Minijob hat, der mit 400 Euro bezahlt wird. Spezielle Formen der Teilzeit sind die Elternteilzeit und die Arbeit auf Abruf. Im Rahmen verschiedener Mitarbeiterbefragungen, die wir in der Automobil- und Zulieferindustrie durchgeführt haben, bestand bei den überwiegend männlichen Befragten (n ≈ 2000 Mitarbeiter) an Teil-

zeitmodellen bzw. einer gegenüber der 35-Stunden-Woche verkürzten Arbeitszeit nur geringes Interesse (unter 10 bis 15 Prozent).

Als Sonderform der Teilzeitbeschäftigung gilt das *Job Sharing*. Darunter versteht man die Aufteilung eines Vollzeitarbeitsplatzes (35 bis 40 Wochenstunden) auf typischerweise zwei Personen. Bei maximaler Freizügigkeit sprechen die beiden Partner die Lage und die Verteilung der Arbeitszeiten ab. Die Mitarbeiter/-innen tragen gemeinsam die Verantwortung für die Aufgabenerledigung und versuchen, sich bei Krankheit bzw. Urlaub gegenseitig zu vertreten. In der betrieblichen Praxis ist diese Form der Teilzeit relativ selten, wird aber in betrieblichen Außendarstellungen positiv wiedergegeben.

Flexibilisierung der Jahresarbeitszeit
Im Jahresverlauf kann es in bestimmten Betrieben (z.B. Lebensmittel- und Getränkehersteller, Fahrrad- und Motorradproduktion) sinnvoll sein, die TWAZ in den Sommermonaten auszudehnen (z.B. auf 40 oder 42 Stunden) und in den Wintermonaten abzusenken (z.B. auf 28 bis 30 Stunden) oder die geleisteten Überstunden über eine Freie-Tage-Regelung bzw. ein Zeitkontenmodell abzubauen.

Für mittelständische Unternehmen besteht manchmal die Notwendigkeit, aus bilanztechnischen Gründen (Reduzierung der Personalkosten auf dem Papier) die Überstunden bis zum Jahresende abzubauen; dann trifft man mit den Mitarbeiter(inne)n bestimmte Jahresarbeitszeitregelungen. Auch jahreszeitliche Auftragsschwankungen kann ein Betrieb durch Teilzeitmodelle ausgleichen, ohne Mehrarbeitszuschläge zahlen zu müssen.

Sondermodelle

Verbreitet ist das Modell der sogenannten *kapazitätsorientierten variablen Arbeitszeit* (*KAPOVAZ*). Dabei wird die vertraglich vereinbarte Arbeitszeit nach dem schwankenden Arbeitsanfall festgelegt. Der Mitarbeiter (z. B. Verkäufer/-in in einem Kaufhaus) hat sich hinsichtlich Lage und Dauer seiner Arbeitszeit nach den betrieblichen Gegebenheiten zu richten (z. B. Kundenandrang in den Mittag- und Abendstunden und vor Feiertagen). KAPOVAZ-Modelle sind meist mit Teilzeitarbeit kombiniert und für einige Monate bzw. ein Jahr festgelegt. Der Arbeitnehmer muss auf Abruf (möglichst vier Tage im Voraus) mindestens drei Stunden beschäftigt werden. Für den Arbeitnehmer bedeutet dies, dass er flexibel zur Verfügung steht. Liegen Arbeitsstelle und Wohnung weit voneinander entfernt, entstehen bei kurzen Arbeitszeiten relativ hohe Fahrkosten.

In einigen Betrieben und Universitäten besteht die Möglichkeit eines in der Regel unbezahlten *Sabbaticals*. Beim Sabbatical hat der Arbeitnehmer die Möglichkeit, sich für einen längeren Zeitraum (zwei bis zwölf Monate und länger) freistellen zu lassen, um sich zum Beispiel weiterzubilden, eine Weltreise zu machen oder einen längeren Auslandsaufenthalt zu realisieren. In den Betrieben können die Mitarbeiter/-innen die Zeiten durch Überstunden ansparen und mit dem Urlaub kombinieren, so dass sie nach zirka drei Jahren entsprechende Sabbatical-Zeiten zusammengespart haben. Betrieben entsteht ein größerer Organisationsaufwand, die vakante Stelle vorübergehend zu besetzen. An Universitäten haben Professor(inn)en nach drei bis vier Jahren ein sogenanntes Freisemester, in dem sie ihre Forschungen ohne «Lehrbelastungen» weiterführen können. Viele Professoren nutzen diese Zeit zu Auslandsaufenthalten, für intensivierte Forschungsphasen oder die Erstellung von Publikationen.

Altersteilzeit

Unter der arbeitsmarktpolitisch umstrittenen, weil Themen der Frühverrentung, Rentenzahlungen und Jugendarbeitslosigkeit berührenden *Altersteilzeit* versteht man eine Art der Arbeitszeitverkürzung vor dem Altersruhestand. Das Altersteilzeitgesetz (2011) regelt die Möglichkeiten eines gleitenden Übergangs vom Erwerbsleben in den Ruhestand und die entsprechenden finanziellen Förderungen durch die Bundesagentur für Arbeit. Durch die Reduzierung der Arbeitszeit (z. B. um die Hälfte oder nach dem Blockmodell: Arbeitsphase/Freizeitphase, maximal jeweils 2,5 Jahre) von 55 oder 60/61 Jahren an können sich die Arbeitnehmer/-innen besser auf den Ruhestand vorbereiten; gleichzeitig vermindert die Einstellung bzw. Übernahme von Auszubildenden die Jugendarbeitslosigkeit (vgl. die jeweils gültige Fassung des Altersteilzeitgesetzes, AltTZG). Bei Modellen einer sukzessiven Altersteilzeit reduziert man vom 55. Lebensjahr an die Arbeitszeiten zunehmend (z. B. unter Ausnutzung der angesparten Zeitkonten) und kann so bei gleichen oder nur gering reduzierten Arbeitsentgelten die Arbeitsbelastungen senken.

Die Anhebung des Renteneintrittsalters auf 67 Jahre steht im Widerspruch zu den Bemühungen in den Unternehmen, ältere Beschäftigte vorzeitig in den Ruhestand zu entlassen. Aus arbeitspsychologischer Sicht besteht die Herausforderung darin, die Arbeit so zu gestalten, dass Beschäftigte bis zum regulären Renteneintrittsalter in der Lage sind, den vorgegebenen Arbeitsanforderungen unter wirtschaftlich vertretbaren Bedingungen zu entsprechen. Je nach dem Grad und der Art der Beanspruchung kann es sinnvoll und für die Beschäftigten hilfreich sein, die Arbeitszeit zu verkürzen (Stunden pro Tag oder Tage pro Woche), längere oder variable Pausenzeiten einzuführen oder – bei bestehenden Leistungseinschränkungen – die Arbeitsanforderungen zu verändern. Wenn sich das tatsächliche Renteneintrittsalter (2008: 63,4 Jahre für Männer und 63,2 Jahre für Frauen; vgl. Statistik der Deutschen Rentenversicherung, 2009) dem gesetzlich vereinbarten annähern soll, müssten der Gesetzgeber, die Tarifparteien und die betrieblichen Interessenvertreter das Bemühen um altersgerechte Arbeitsbedingungen wesentlich stärker fördern. Da aber unter den bestehenden Arbeitsbedingungen die Beschäftigten eine Altersteilzeit anstreben, die Gewerkschaften das Instrument der Altersteilzeit für ihre eigenen Beschäftigten nutzen, um Personal abzubauen, und die Arbeitgeber ältere (in der Regel teure) Mitarbeiter/-innen gerne in den vorzeitigen Ruhestand entlassen, fehlt es am «konzertierten Willen», altersgerechte Arbeitsbedingungen zu schaffen (vgl. Teil III, Kap. 2.5).

Tele- oder Heimarbeit/variable Arbeitszeit

Bei der Tele- oder Heimarbeit können die verschiedenen aufgeführten Arbeitszeitmodelle vereinbart werden. Zweckmäßig erscheint ein variables Arbeitszeitmodell, bei dem der Mitarbeiter über die Dauer und Lage seiner Arbeitszeit selbst bestimmt. Mit dem Arbeitgeber vereinbart er lediglich eine bestimmte Arbeitsaufgabe und einen Zeitrahmen. Wann der Mitarbeiter tätig ist, bleibt ihm überlassen. Zur Vereinbarkeit von Beruf und Familie bei Telearbeit sei insbesondere auf Hornberger und Weisheit (1999) verwiesen.

4.1.4 Psycho-physische Beanspruchungen und Arbeitszeitmodelle

Die bei Jansen (1993) dargestellten empirischen Erhebungen über die Arbeitsbelastungen deutscher Arbeitnehmer zeigen, dass Arbeitsbelastungen dann besonders hoch sind, wenn sie mit Schicht- und Nachtarbeit kombiniert sind. Knauth (1989, S. 5) führt eine Untersuchung an 2429 Arbeitsplätzen an, die zeigen konnte (s. Abb. IV-66), dass die ungünstigsten Arbeitsbedingungen bei Dreischicht-systemen herrschen und bei Tagesschicht-(Normalarbeitszeit-)Systemen die günstigsten.

Diese Mehrfachbelastungen (kombinierte Belastungen) führen zu Beeinträchtigungen bzw. Störungen der physischen und psychischen Gesundheit. Eine eindeutige kausale Wechselwirkung zwischen den Arbeitszeitmodellen und gesundheitlichen Beeinträchtigungen lässt sich wegen dieser Mehrfachbelastungen kaum feststellen. Entsprechende Langzeitstudien fehlen. Einige empirische Studien legen aber den Verdacht nahe, dass durch die Beeinträchtigung der Circadianrhythmik bei Nacht- und Wechselschichten gesundheitliche Probleme sehr wahrscheinlich sind, besonders wenn man die Schichtzeiten im Zweischichtsystem auf 24 Uhr bzw. 5 Uhr morgens ausdehnt. Bereits 1921 stellte Vernon (1921) bei einer größeren Anzahl von Schichtarbeitern in der Rüstungsindustrie Magenerkrankungen fest. Schon 1939 wiesen Duesberg & Weis (1939) darauf hin, dass das Risiko für Magengeschwüre bei Schichtarbeitern achtmal größer sei als bei Arbeitern unter regulärer Arbeitszeit.

Auftretende physiologische Störungen bei Schicht- und Nachtarbeit geben Werte einer älteren Studie von Ulrich (1964) in **Tabelle IV-28** wieder. Die unausgeglichene Schlafbilanz (Schlafdefizite und Schlafstörungen) gilt als ein zentrales Problem der Nachtschichtarbeit. Die durchschnittliche Dauer des Tagesschlafes von Nachtarbeitern wird mit vier bis sechs Stunden angegeben (vgl. Ulich, 1970, S. 290). Eine von Rutenfranz und Laurig (1978) durchgeführte Befragung zeigt eine Vielzahl von schlafstörenden Lärmquellen auf (s. **Abb. IV-67**). Darüber hinaus zeigen sich bei Nacht- und Schichtarbeitern Störungen des Familienlebens und desozialisierende Auswirkungen auf weite Bereiche des persönlichen, sozialen und kulturellen Lebens (vgl. dazu Hornberger, 2005; Jürgens, 2005; Nachreiner & Rutenfranz, 1975; oder Nitsch, 1981; Spitzley, 2007).

Die genannten Mehrfachbelastungen durch Schicht- und Nachtarbeit, einschließlich der Arbeitsbedingungen selbst, führen zu einer

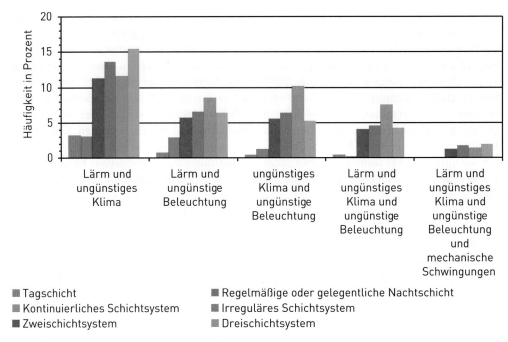

■ Tagschicht
■ Kontinuierliches Schichtsystem
■ Zweischichtsystem

■ Regelmäßige oder gelegentliche Nachtschicht
■ Irreguläres Schichtsystem
□ Dreischichtsystem

Abbildung IV-66: Prozentuale Häufigkeit von kombinierten ungünstigen Arbeitsumgebungsbedingungen an 2429 Arbeitsplätzen in verschiedenen Arbeitszeitorganisationsformen (Knauth, 1989, S.5)

Tabelle IV-28: Physiologische Störungen in Abhängigkeit vom Schichtsystem (vgl. Ulich, 1964)

Auftretende Störungen	Dauernachtschicht	Dreischichtsystem mit Nachtschicht	Zweischichtsystem ohne Nachtschicht
Vegetative Störungen	72%	82%	54%
Headsche Zonen	45%	44%	16%
Magenbeschwerden	48%	36%	17%
Sodbrennen	28%	23%	13%
Hoher Blutdruck/Puls	50%	55%	50%
Appetitstörungen	40%	58%	54%
Schlafstörungen	55%	63%	55%
Anzahl der untersuchten Schichtarbeiter	40	116	152

1) Wird Ihr Schlaf oft durch Lärm gestört?
   Ja: 373 (80,0 %)
   Nein: 82 (17,5 %)
   keine Antwort: 11 (2,4 %)
2) Wenn ja, welche Lärmquelle stört Ihren Schlaf?

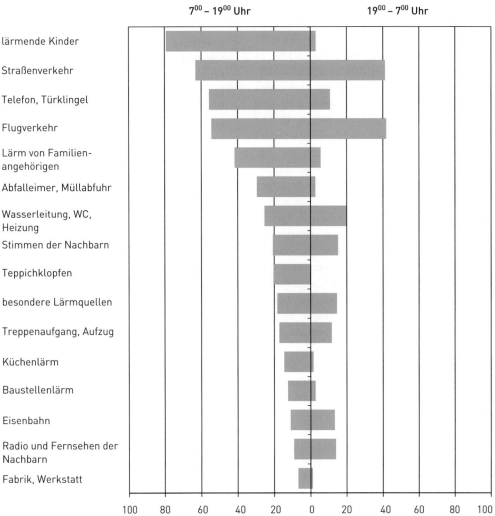

Abbildung IV-67: Schlafstörende Lärmquellen für Nachtarbeiter (Rutenfranz & Laurig, 1978)

erhöhten individuellen Beanspruchung in Form von gesundheitlichen Störungen und verminderter physischer und psychischer Leistungsfähigkeit. Bedeutsam für die Beanspruchungshöhe sind *Inversion* und Anpassungsprozesse der Tagesrhythmik (Circadianperiodik). Nach Aschoff (1978) ist nicht zu erwarten, dass bei normaler Schichtarbeit eine Inversion der Circadianrhythmen stattfindet, da die für den Menschen entscheidenden «Zeitgeber» (wie Zeitbewusstsein, soziale Kontakte usw.) nicht verschoben sind. Andererseits ist unbestritten, dass Schichtarbeit gewisse Anpassungsprozesse der tagesperiodischen Gliederung in Gang setzt (vgl. Knauth et al., 1983). Ein solcher Anpassungsprozess, der bis zum Wiedererreichen einer konstanten Phasenbeziehung zwischen beiden Rhythmen dauert, wird *Reentrainment* genannt.

Durch die Aufbereitung mehrerer experimenteller Arbeiten und Feldstudien zu Inversion und Reentrainment bei Schichtarbeit sowie eigene Untersuchungen kommen Knauth, Kiesswetter und Rutenfranz (1983, S. 139) zu dem Ergebnis, dass familiäre und gesellschaftliche Faktoren die Phasenlage einer normalen Zeitstruktur relativ stabil erhalten und eine Verschiebung der Zeitgeber kaum eintritt. Die Verhaltensweisen eines Nachtschichtarbeiters sind somit im Wesentlichen durch die tagorientierte Lebensweise seiner Umgebung bestimmt und weniger durch die Anforderungen von Nachtarbeit.

Anpassungsverläufe sind neben Zeitgebereinflüssen auch von den Anforderungen der Aufgabe und interindividuellen Persönlichkeitsmerkmalen abhängig. Studien von Calquhoun & Folkard (1978) und Calquhoun & Rutenfranz (1980) konnten zeigen, dass bei bestimmten Aufgabenleistungen (bspw. logisch-abstraktem Denken, visuellen Suchaufgaben, Vigilanzaufgaben) Unterschiede in der Anpassungsgeschwindigkeit bestehen. Eine Synopse vorhandener Untersuchungen zur tageszeitlichen Variation psychischer Leistungen, geordnet nach taxonomischen Kategorien psychischer Prozesse, ist bei Knauth, Kiesswetter und Rutenfranz (1983) aufgeführt.

Interindividuelle Merkmalsunterschiede in der Anpassungsfähigkeit der Schichtarbeiter an die Circadianrhythmik konnten einige Untersuchungen mittels «Introversion-Extraversion-Fragebogen» und «Morgenmensch-Abendmensch-Fragebogen» feststellen (vgl. Calquhoun & Folkard, 1978; Fröberg, 1977). Insgesamt liefern die genannten Studien aufgrund mangelnder Eindeutigkeit der Ergebnisse noch keine umfassenden und abgesicherten Begründungen individueller Anpassungsfähigkeit und aufgabentypischer Anpassungsverläufe.

Im Rahmen einer Untersuchung zum Umgang mit Belastungen bei Schichtarbeitern in der deutschen Automobilindustrie (vgl. Kutscher, 1997) wurde deutlich, dass die Schichtarbeiter unterschiedliche Arbeitszeitmodelle als unterschiedlich beanspruchend wahrnehmen. Die drei Arbeitszeitmodelle waren in diesem Fall:

- erweiterte Wechselschicht mit einer Schichtdauer von neun Stunden bei einer Frühschicht von 5 bis 14.30 Uhr und einer Spätschicht von 14.30 bis 24 Uhr (n = 81),
- Wechselschicht mit einer Dauer von acht Stunden bei einer Frühschicht von 5 bis 13.30 Uhr und einer Spätschicht von 13.30 bis 22 Uhr (n = 78) und
- Dauernachtschicht von 22 bis 5 Uhr bzw. 21 bis 6 Uhr (n = 54).

Nach Kutscher berichten «die Mitarbeiter aller Substichproben [...] im Durchschnitt am häufigsten über Beschwerden während der letzten 12 Monate vor dem Befragungszeitpunkt im Muskel- und Skelettbereich (Rückenschmerzen, Gliederschmerzen etc.), gefolgt von Beschwerden in den Bereichen Hals-Nasen-Ohren und Magen-Darm. Insgesamt berichten die Befragten aus den Zweischichtsystemen über häufigere Beschwerden als die Befragten aus den Dauernachtschichten.» (Kutscher, 1997, S. 241.) Kutscher führt dies bei den Dauernachtschichtarbeitern auf Selbstselektionseffekte zurück, da die Mitarbeiter in Dauernachtschicht jederzeit die Möglichkeit hätten, den Schichtplan zu wechseln, dies aber nicht tun.

Die Mitarbeiter in den Wechselschichten äußern im Wesentlichen Schlafprobleme, die sie auf den frühen Arbeitsbeginn (5 Uhr) zurückführen. Da die Befragten meist eine längere Anfahrt hinter sich haben, müssen sie im Falle der Frühschicht zum Teil schon um 3 Uhr aufstehen. Von Schlafdefiziten berichten die Mitarbeiter vor allem in Zeiten der Frühschicht. Bei der Spätschicht werden weniger Schlafprobleme genannt. Den «Wechselschichtlern» gegenüber betonen die «Dauernachtschichtler», dass sie sich weniger umstellen müssen und mehr Geld für ihre Tätigkeit erhalten. Die neunstündige Wechselschicht hat für die Mitarbeiter den Vorteil, dass sie nur vier Tage arbeiten; sie haben mehr Freizeit und nehmen dies als positiv wahr.

Regelmäßige Samstagsarbeit (alle drei Wochen) empfanden die Befragten als weniger beansprucht. Als Problem des erweiterten Zweischichtmodells (neun Stunden) betrachtet Kutscher (1997) insbesondere die relativ lange Arbeitszeit in Verbindung mit dem sehr frühen Aufstehen. In Verbindung mit den langen An- und Abfahrtszeiten (in Summe bis zu drei Stunden) reduziert sich die Freizeit erheblich; für soziale und familiäre Aktivitäten bleibt wenig Spielraum. Der freie Tag wird häufig genutzt, um das Schlafdefizit zu verringern. Dieses bei Kutscher (1997) beschriebene (Zwei-) Schichtsystem mit Arbeitsbeginn um 5 Uhr wurde bis 2010 nicht geändert, obgleich es den gesicherten arbeitswissenschaftlichen Erkenntnissen widerspricht. Die Gründe hierfür liegen vermutlich in der relativ langen Betriebszugehörigkeit der Beschäftigten und den damit verbundenen Gewohnheiten und in dem organisatorischen Aufwand, der dazu erforderlich wäre, das Transportsystem und eventuelle Fahrgemeinschaften zu ändern.

Im Rahmen einer umfangreichen Literaturrecherche konnte Costa (2005) zeigen, dass viele epidemiologische Studien eine reduzierte Schichtarbeitstoleranz ab der Altersklasse von 40 bis 50 Jahren nachgewiesen haben. Begründet wird dieser Befund damit, dass die Phasenlage des zirkadianen Systems bei älteren Menschen früher einsetzen könnte, ferner mit körperlicher Fitness, Schlafeffizienz und Gesundheitsbeeinträchtigungen Älterer. Nach Knauth, Elmerich und Karl (2009) gibt es bei Langzeitstudien allerdings eine Reihe methodischer Probleme. So kann man davon ausgehen, dass nur die relativ gesunden Älteren im Dreischichtsystem verbleiben («healthy worker effect») und diese Älteren sich bessere Wohnbedingungen geschaffen haben, um während des Tages ruhig schlafen zu können, oder dass sie über bessere Stressbewältigungsstrategien verfügen.

Im Rahmen eines Forschungsprojektes entwickelten Knauth, Elmerich und Karl (2009, S. 127 f.) in der Montageabteilung eines Motorenwerkes ein Konzept zur Verschiebung einiger Tätigkeiten aus der Nachtschicht in die Früh- oder Spätschicht. Dadurch lässt sich die Besetzung der Nachtschicht um 33 Prozent ausdünnen. Wie Tabelle IV-29 zeigt, sieht diese Regelung pro Tag drei Untergruppen in der Früh- und Spätschicht vor, aber nur zwei Untergruppen in der Nachtschicht.

So wird die Nachtschichtbelastung, die kritischste von allen, reduziert. Für die biologische Rhythmik und damit langfristig für die Gesundheit sind darüber hinaus der schnelle Wechsel und die sogenannte Vorwärtsrotation der Schicht (erst Früh-, dann Spät-, dann Nachtschichten) besser als der Rückwärtswechsel. Nachteile des Plans sind zum Beispiel die längeren Früh- und Spätschichtblöcke in der neunten und zehnten Woche (vgl. Knauth et al., 2009, S. 128).

4.1.5 Pausen und Erholzeiten

Nach Peters (2007) versteht man unter *Pausen* Arbeitsunterbrechungen zwischen zwei Tätigkeitsabschnitten innerhalb der Arbeitszeit. Gründe für Pausen können gesetzliche Vorschriften, Belastungsmerkmale der Arbeitsaufgabe, organisatorische Bedingungen und technische Einflüsse sein. Als eine Art präventiver Belastungsausgleich und -schutz sind Pausen und Erholzeiten erforderlich, wenn bei körperlicher und geistiger Arbeit die Leistungsgrenzen überschritten sind und die Arbeitsermüdung verhindert oder zumindest in angemessenem Rahmen gehalten werden soll. Pausen verhindern nicht nur eine zu starke Überforderung oder Übermüdung, sie reduzieren zudem den täglichen Zeitbedarf zur physischen Regeneration in der arbeitsfreien Zeit.

Erholungszeiten sollen immer vor einem zu erwartenden größeren Leistungsabfall liegen und nicht erst dann, wenn das subjektive Ermüdungserleben ein Erholungsbedürfnis hervorruft (vgl. Neumann & Timpe, 1976).

Tabelle IV-29: Diskontinuierliches Schichtsystem mit einer um 33 Prozent ausgedünnten Besetzung der Nachtschicht (Knauth, Elmerich & Karl, 2009, S. 128)

Woche/ Mitarbeiter	Mo	Di	Mi	Do	Fr	Sa	So
1	F	F	S	S	S		
2			F	F			
3	N	N			F	F	
4	S	S	N	N	N		
5	F	F	S	S	S		
6			F	F			
7	N	N			F	F	
8	S	S	N	N	N		
9	F	F	F	F	F	F	
10	S	S	S	S	S		

F = Frühschicht, S = Spätschicht, N = Nachtschicht, ⬛ = Frei

Hinsichtlich Pausenlänge und Pausenanzahl bevorzugt man im Allgemeinen viele und kurze gegenüber wenigen und langen Pausen (vgl. Graf, 1970). Nach Rohmert und Rutenfranz (1976) verkürzen Kurzpausen die ununterbrochene Dauer einer Tätigkeit und verhindern damit ein exponentielles Anwachsen der Ermüdung; zudem nutzt man durch Kurzpausen entsprechend häufig die hohe Erholungsgeschwindigkeit zu Beginn einer Pause. Besonders ältere Beschäftigte sollten die Möglichkeit haben, individuelle Kurzpausen einzustreuen, um eine einseitige Beanspruchung und Überforderung zu vermeiden.

Zur Bestimmung von Erholungszeiten führt Laurig (1976) die folgenden grundlegenden Voraussetzungen auf:

1. «Erholungszeiten dienen dem Abbau von Arbeitsermüdung, d.h., sie sind nicht für die Nahrungsaufnahme, für sonstige private Bedürfnisbefriedigung oder für den Ausgleich der natürlichen, biologischen Ermüdung bestimmt.

2. Die Länge der Erholungszeiten zum Abbau von Arbeitsermüdung hängt von der Intensität und Dauer der vorausgegangenen Belastung sowie von individuellen Leistungsmerkmalen ab.

3. Nicht Durchschnittswerte der Erholungszeittabellen und -diagramme sollten Anwendung finden, sondern die 90%-Toleranzgrenze, um so Erholungszeiten für 90% aller Fälle zu bestimmen.

4. Die Gestaltung der Arbeit ist zu beachten, da sie ganz entscheidend die Höhe der (erforderlichen) Erholungszeiten beeinflussen kann.

5. Bezugsleistung für die Ermittlung der Erholungszeiten muss die Ist-Leistung sein, um ausreichend Werte bestimmen zu können.

6. Um die erforderlichen Erholungspausen dort anzuordnen, wo sie von der Arbeitsschwere her angebracht sind, scheint es wenig sinn-

voll, Zuschläge anzugeben. Vielmehr sind Angaben zur Einordnung zu machen.

7. Die überproportionale Zunahme der Ermüdung mit Überschreiten einer erträglichen Belastungshöhe macht es erforderlich, dass die einzelnen Belastungszyklen möglichst oft durch entsprechende Erholungspausen abgelöst werden.

8. Bei zu starker Inanspruchnahme der Mitarbeiter kann die Länge der erforderlichen Erholungszeiten gegenüber der eigentlichen Ausführungszeit unwirtschaftlich werden. Dies wiederum erfordert dann Überlegungen zur Gestaltung der Arbeitsbedingungen, die unter Umständen durch technische Hilfseinrichtungen verbessert werden sollten.»

(Laurig, 1976, S. 373 f.)

Ausführlichere Informationen zur Pausengestaltung finden sich bei Landau (2007, S. 963 ff., Stichwort «Pausen»).

Nach Grandjean (1987, S. 190) kann man vier Typen von Pausen bzw. Erholzeiten unterscheiden:

a) spontane Arbeitsunterbrechungen,
b) versteckte Pausen,
c) arbeitsbedingte Unterbrechungen und
d) vorgeschriebene Pausen.

zu a)

Unter spontanen Arbeitsunterbrechungen versteht man Pausen, die der Beschäftigte in Eigeninitiative durchführt. Diese Pausen sind in der Regel nicht lang, aber häufig, wenn die Arbeitstätigkeit als sehr anstrengend empfunden wird.

zu b)

Versteckte Pausen sind Perioden, in denen der Arbeitnehmer sich mit Dingen beschäftigt, die zu einer Entspannung führen und keine Konzentration wie bei der Hauptaufgabe erfordern. Im Bürobereich finden sich häufig Gelegenheiten zu solchen versteckten Pausen, zum Beispiel aufräumen, telefonieren, Büromaterial holen.

Diese Tätigkeiten entlasten; sie führen zu einer Entspannung gegenüber der Haupttätigkeit. Aus arbeitsphysiologischen Gründen sind solche versteckten Pausen notwendig und gerechtfertigt, da man manuell und/oder mental belastende Tätigkeiten ohne Unterbrechungen nicht kontinuierlich durchführen kann. Bei hochstandardisierten Montagetätigkeiten (s. hierzu auch Teil V, Beispiel 1) werden die Möglichkeiten für versteckte Pausen (z. B. Material holen) zunehmend eingeschränkt; das erhöht nach Aussage der Beschäftigten den Zeitdruck und führt zu einseitigen körperlichen Beschwerden.

zu c)

Arbeitsbedingte Unterbrechungen (z. B. Maschinenstillstand, Rechnerausfall, technische Störungen an Anlagen) haben in der Regel keinen Erholungswert, da der Arbeitsprozess (ohne Kontrolle durch den Beschäftigten) gestört wird, Zeiten nicht eingehalten werden können, nachgearbeitet werden muss etc. Untersuchungen bei Lkw-Fahrern (vgl. Frieling, Bogedale & Kiegeland, 1990) zeigen, dass Wartezeiten höhere Arbeitspulse zur Folge haben als das Fahren auf der Autobahn. Störungsbedingte Wartezeiten sind daher keine Ruhezeiten.

An Bildschirmarbeitsplätzen ist zu beobachten, dass Rechnerausfälle, die Zwangspausen zur Folge haben, bei den Betroffenen häufig zu emotionalen Reaktionen führen, die als Stressreaktionen zu interpretieren sind.

zu d)

Vorgeschriebene Pausen sind im Wesentlichen diejenigen, die der Arbeitgeber in Übereinstimmung mit dem Arbeitszeitgesetz und tariflichen Vereinbarungen anordnen muss. Üblich sind eine Frühstückspause (zum Teil bezahlt) von 10 bis 15 Minuten und eine Mittagspause von 30 bis 45 Minuten.

In Untersuchungen von Knauth, Karl und Elmerich (2009) hat sich gezeigt, dass es nicht sinnvoll ist, die 30-minütige Mittagspause in zwei Pausen von jeweils 15 Minuten zu unterteilen. Da die Beschäftigten bei so kurzen Pausenzeiten in der Regel keine Kantine und keinen Pausenraum aufsuchen, sondern ihr Essen am Arbeitsplatz oder im eigenen Arbeitsbereich einnehmen, ist der Erholungswert sehr begrenzt.

Bei körperlich stark belastenden Tätigkeiten haben eingestreute Kurzpausen (Springerpausen) ihre Berechtigung; dies gilt besonders bei taktgebundener Maschinenbedienung oder taktgebundener Montagearbeit. Problematisch ist allerdings die gelegentlich zu beobachtende Gewohnheit, diese Kurzpausen am Ende der Schicht zusammenzulegen und die Arbeit frühzeitiger zu beenden. In diesem Fall ist der Zweck von Kurzpausen konterkariert. Nach Grandjean (1987, S. 191) ist es zweckmäßig und in der Industrie die Regel, dass zirka 15 Prozent der gesamten Arbeitszeit als Pausenzeit verwendet werden. Bei körperlich schwerer Arbeit (vgl. die Definition von Hettinger & Wobbe, 1993) kann eine Pausenzeit von 20 bis 30 Prozent sinnvoll sein.

4.2 Entgeltsysteme/-formen und Entgeltgestaltung

4.2.1 Theoretische Konzeptionen zur Wirkung von Entgeltsystemen/-formen

Der Begriff *Entgelt* bezieht sich auf materielle Gratifikationen, die ein Arbeitgeber einem Arbeitnehmer aufgrund eines Arbeitsvertrages für die von ihm erbrachte Leistung bezahlt. Als zentrale Bestimmungsgröße definiert die Entlohnung den Lebensstandard, den sozialen Status und zum Teil das Selbstwertgefühl des Erwerbstätigen. Höhe und Form der Entlohnung können zudem die Wahl eines Arbeitsplatzes, die Verweildauer an diesem, die Arbeitszufriedenheit und die Identifikation mit der Arbeit beeinflussen. Aus Sicht der Arbeitnehmer zählt der Lohn neben der Sicherheit des Arbeitsplatzes und dem Arbeitsinhalt zu den wichtigsten Faktoren, die das Verhältnis des Einzelnen zu seiner Arbeit bestimmen.

Verschiedene theoretische Konzeptionen bieten Erklärungen für die Wirkungen von Entgelten auf die Erwerbstätigen – unabhängig davon, ob es sich um Arbeiter, Angestellte oder Beamte handelt. Zu unterscheiden sind lerntheoretische, kognitionstheoretische und motivationstheoretische Ansätze. Die theoretischen Grundkonzeptionen dieser Ansätze werden im Folgenden vorgestellt, wobei ein Schwerpunkt auf den motivationstheoretischen Ansätzen liegt. Unseres Erachtens weisen sie den elaboriertesten Entwicklungsstand zur Erklärung der Wirkung von Entgeltsystemen und -formen auf.

Lern- und kognitionstheoretische Ansätze

Lerntheoretische Ansätze basieren auf der Annahme, dass leistungsorientiertes Verhalten durch Verstärkung oder Anreiz häufiger auftritt. Aus lerntheoretischer Perspektive kann deshalb die Wirkung verschiedener Entgeltsysteme und -formen unter dem Gesichtspunkt der Auftretenswahrscheinlichkeit leistungsorientierten Verhaltens in Abhängigkeit von verhaltensbezogenen Verstärkungsbedingungen betrachtet werden.

Der Theorie operanten Konditionierens zufolge weist der Lohn die Funktion eines Sekundärverstärkers auf, bei dem es sich definitionsgemäß um einen Reiz handelt, der durch wiederholte Koppelung mit primärer Verstärkung schließlich selbst Verstärkerqualitäten annimmt.

Kognitive Ansätze orientieren sich am Modell der Informationsverarbeitung (vgl. Miller, Galanter & Pribram, 1960). Ein Basiskonzept dieses Modells ist die TOTE-Einheit, der Grundbestandteil eines jeden Feedbacksystems (vgl. Teil I, Kap. 3.2.2). Auf den Anwendungsbereich der Wirkung von Entgeltsystemen und -formen bezogen, liegt dem Ansatz die Annahme zugrunde, dass leistungsbezogenes Verhalten durch Feedback gesteuert wird: Innerhalb eines Feedbacksystems weist das Geld die Rolle eines Feedbackfaktors für den Erfolg einer gewählten Handlungsstrategie auf (zu den verschiedenen Feedbackquellen und Feedbackarten vgl. Schmidt, 2010).

Motivationstheoretische Ansätze

Motivationstheoretische Ansätze, die erklären, wie Entgeltsysteme/-formen wirken, wurden von Vroom (1964), Porter und Lawler (1968) sowie Wiswede (2007) entwickelt. Theoriegeschichtlich betrachtet, bauen diese Ansätze aufeinander auf. Leistung wird als Mittel betrachtet, um ein erstrebenswertes Ziel in Form von Lohn zu erreichen, der die Funktion einer extrinsischen Belohnung erfüllt. Vereinfacht betrachtet, gehen diese Modelle davon aus, dass Menschen sich anstrengen, um eine hohe Leistung zu erzielen, wenn sie einen Zusammenhang zwischen Arbeitsleistung und Lohnerhöhung wahrnehmen und ihnen Letztere erstrebenswert erscheint.

Die Vroom'sche Prozesstheorie der Motivation (1964; s. **Infobox IV-8**), die in der Tradition der Weg-Ziel- oder Erwartungs-Wert-Theorien steht, konzipiert Geld als Zielergebnis und Leistung als Zwischenergebnis auf dem Weg zur Zielerreichung. In einem Bewertungsprozess betrachten Menschen der Theorie zufolge verschiedene Ziele. Abhängig davon, ob sie auch erreichbar erscheinen, visieren sie schließlich jene Ziele an, die subjektiv am wertvollsten sind. Damit Lohn als Motivator für Arbeitsleistung fungieren kann, müssen die Erwerbstätigen der monetären Entlohnung mithin eine hohe Wertschätzung entgegenbringen.

Ausgehend von diesem Ansatz entwickelten Porter und Lawler (1968) ein Motivations-Zufriedenheitsmodell. Diesem Modell liegt die Annahme zugrunde, dass Lohn als extrinsische Belohnung auf die Leistungsanstrengung wirkt, die neben den Leistungsvoraussetzungen eines Menschen (Fähigkeiten, Fertigkeiten, Kenntnisse, Kompetenzen) und den Rollenzwängen, denen er ausgesetzt ist, die Leistung bestimmt. Ein als gerecht empfundener Lohn trägt innerhalb dieses Modells zur Arbeitszufriedenheit bei; das begründet die Kennzeichnung des Modells als Motivations-Zufriedenheitsmodell.

Geleitet von der Kritik an dem allzu individualpsychologischen Charakter der Theorien

---

Infobox IV-8

Vroom'sche Prozesstheorie der Motivation

Die Vroom'sche Prozesstheorie der Motivation trägt auch die Bezeichnung Instrumentalitäts- oder V-I-E-Theorie (valence-instrumentality-expectancy-theory) (vgl. Heckhausen, 1989). Ihr zufolge ist die *Valenz*, also die Anziehungskraft eines bestimmten Handlungsergebnisses (Leistung), eine Funktion des Wertes des Endzieles (Lohnerhöhung), multipliziert mit der wahrgenommenen *Instrumentalität* des Handlungsergebnisses für die Erreichung des Endziels. Die Valenz der Leistung ist damit umso höher, je wahrscheinlicher sie zu einer Lohnerhöhung führt und je höher die Valenz des Lohnes ist. Die Motivation, eine hohe Leistung zu erbringen, ist der Theorie zufolge umso höher, je höher die Valenz des Handlungsergebnisses, also der Leistung, und je größer die subjektive Erwartung ist, dieses aufgrund einer bestimmten Handlung auch erreichen zu können.

---

zur Arbeitsmotivation entwickelte Wiswede (2007) das Modell von Porter und Lawler (1968) weiter (s. **Abb. IV-68**). Seinem Modell zufolge hängt das Arbeitsverhalten ab von der Valenz des Ergebnisses, von den individuellen Fähigkeiten des Menschen, von der Situation, von der selbst erwarteten Effizienz (Kann ich eine Leistung schaffen?), von der erwarteten Konsequenz (Was bringt die Leistung?) und von der sozialen Erwartung (Was erwarten andere Personen in der Situation und Position von mir?). Die Effizienz- und Konsequenzerwartung verbindet Wiswede in multiplikativer, die Valenz des Ergebnisses und den wahrgenommenen Gruppendruck in additiver Weise miteinander. Auch dieses Modell berücksichtigt das Konstrukt Arbeitszufriedenheit. Aller-

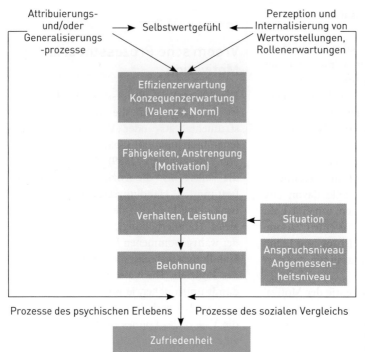

Abbildung IV-68: Erwartungsmodell der Motivation von Wiswede (2007)

dings ist die Arbeitszufriedenheit weniger stark in den motivationalen Prozess integriert als in dem Modell von Porter und Lawler (1968); sie ist lediglich als Dimension konzipiert, auf die die übrigen Einflussgrößen und Konstrukte einwirken. Die Möglichkeit einer direkten oder indirekten Rückwirkung der (Arbeits-)Zufriedenheit auf beispielsweise die Arbeitsanstrengung sieht dieses Modell nicht vor.

Die vorgestellten Erwartungsmodelle der Motivation nach Porter und Lawler (1968) und nach Wiswede (2007) thematisieren das Konstrukt Arbeitszufriedenheit jeweils im Zusammenhang mit Überlegungen zur Lohngerechtigkeit. Eine Theorie, die sich explizit mit dem Erleben von Lohngerechtigkeit befasst, ist die Equity-Theorie von Adams.

Equity-Theorie

Der Equity-Theorie zufolge (vgl. Adams, 1963 u. 1965) erlebt ein Mensch Lohngerechtigkeit dann, wenn die Relation zwischen der von ihm erbrachten Leistung und dem ihm zukommenden Entgelt der Relation der Leistung anderer und dem von ihnen erzielten Entgelt entspricht. Ergibt sich hingegen bei dem Vergleich eine Diskrepanz bzw. Disproportionalität, so erlebt der Mensch Dissonanz bzw. Ungerechtigkeit und in der Folge Unbehagen (zur Kritik und Erweiterung des Ansatzes vgl. Walster, Berscheid & Walster, 1973, 1976).

Befasst man sich mit den Wirkungen von Entgeltsystemen und -formen, ist diese Theorie insofern von Bedeutung, als sie Aussagen darüber trifft, zu welchen wahrscheinlichen Verhaltensänderungen es bei welchen Vergleichsresultaten (Konsonanz/Dissonanz) kommt. Die Vergleichsresultate ergeben sich aus dem Leistungs-Lohn-Verhältnis der Person, die den Vergleich vornimmt, in Relation zu demjenigen ihrer Vergleichsgruppe (s. **Tab.** **IV-30**).

Wo es um die Demonstration und Verwirklichung von Lohngerechtigkeit geht, kann die Equity-Theorie also Hinweise geben, wie das Entgelt zu gestalten wäre.

Tabelle IV-30: Leistung-Lohn-Vergleich und wahrscheinliche Reaktionen nach der Equity-Theorie (Kirchler, 2003, S. 240)

Personen	Leistung : Lohn	Vergleichsresultat	Verhaltensänderungen
Individuum Vergleichsgruppe	hoch:hoch hoch:hoch	Konsonanz	keine Änderungen: Verbleib in der Organisation, Leistung wie bisher; Zufriedenheit
Individuum Vergleichsgruppe	hoch:niedrig hoch:hoch	Dissonanz (Unterbezahlung)	bei Zeitlohn sinkt die Qualität und/ oder Quantität der Leistung; bei Stücklohn sinkt die Qualität, die Quantität steigt; Unzufriedenheit
Individuum Vergleichsgruppe	niedrig:hoch niedrig:niedrig	Dissonanz (Überbezahlung)	bei Zeitlohn steigt die Qualität und/ oder Quantität der Leistung; bei Stücklohn steigt die Qualität, die Quantität sinkt; Schuldgefühle
Individuum Vergleichsgruppe	hoch:niedrig hoch:niedrig	Konsonanz	keine Änderungen: Verbleib in der Organisation, bis sich eine Gelegenheit ergibt, einen höheren Lohn außerhalb zu erhalten
Individuum Vergleichsgruppe	hoch:hoch niedrig:niedrig	Konsonanz	keine Änderungen: Verbleib in der Organisation, Leistung wie bisher, Zufriedenheit
Individuum Vergleichsgruppe	hoch:niedrig niedrig:hoch	maximale Dissonanz	bei Zeitlohn sinkt die Qualität und/ oder Quantität der Leistung; bei Stücklohn sinkt die Qualität, die Quantität steigt; ebenso die Unzufriedenheit; Gefühle ungerechter Behandlung

Für die in Tabelle IV-30 angeführten Aussagen der Equity-Theorie liegen bestätigende Befunde vor, wobei bislang insbesondere dissonante Lohn-Leistungs-Relationen unter Zeit- und Akkordlohn untersucht worden sind: Untersuchungen von Goodman und Friedman (1971) sowie Greenberg (1982) zufolge wird bei Unterbezahlung unter der Bedingung des Akkordlohns die Quantität auf Kosten der Qualität erhöht, bei Überbezahlung hingegen die Quantität zugunsten der Qualität reduziert. Unter der Bedingung des Zeitlohns erfolgt bei Unterbezahlung eine Reduktion, bei Überbezahlung hingegen eine Erhöhung der Qualität und/oder Quantität.

Anwendbar ist die Equity-Theory auf entgeltbezogene Fragestellungen insbesondere im Bereich bestehender Beschäftigungsverhältnisse, da hier das Gefühl (un)gerechter Entlohnung im Wesentlichen von der *relativen Lohnhöhe* abhängt. Innerhalb bestehender Beschäftigungsverhältnisse hängt die Wahrnehmung der *relativen Lohngerechtigkeit* entscheidend davon ab, welche Vergleichsgruppe man wählt (vgl. Robbins, 1993). Außerhalb bestehender Beschäftigungsverhältnisse sind hingegen eher absolute Lohnhöhen von Bedeutung, nämlich dann, wenn es um die Frage geht, ob man einen Arbeitsplatz annehmen oder wechseln soll.

Die Struktur der Equity-Theorie ist als formal und nicht als inhaltlich zu kennzeichnen. Es ist daher nur konsequent, wenn man in der Praxis verschiedene Prinzipien zur Bestimmung der relativen Lohngerechtigkeit anwendet, über die Schettgen (1996) informiert. Im Einzelnen sind dies:

- *Anforderungsgerechtigkeit:* Der Lohn muss den Anforderungen am jeweiligen Arbeitsplatz entsprechen und den jeweiligen Arbeitswert wiedergeben. (Gleicher Lohn für gleiche Arbeit.)
- *Leistungsgerechtigkeit:* Der Lohn muss die persönlichen Leistungen, das heißt den individuellen Grad der Erfüllung von Arbeitsanforderungen, angemessen berücksichtigen.
- *Soziale Gerechtigkeit:* In das Entlohnungskalkül sollen auch Aspekte wie Alter, Konstitution, Krankheit, Familienstand usw. eingehen, um den unterschiedlichen Bedürfnissen von Menschen adäquat zu begegnen.
- *Marktgerechtigkeit:* Der aktuelle Wert einer Arbeitskraft muss den jeweiligen Marktbedingungen angepasst sein.

Für eine detaillierte Betrachtung der Zusammenhänge der verschiedenen Gerechtigkeitsdimensionen – distributiv, prozedural, informational, interaktional – mit der aufgabenbezogenen Leistung sowie dem Extrarollenverhalten von Mitarbeitern sei auf die einschlägige Metaanalyse von Colquitt et al. (2001) verwiesen.

Die vorgestellten Prinzipien sind als Entscheidungstatbestände der Entgeltpolitik zu verstehen. Schettgen (1996) zufolge muss ein Lohn, damit er als gerecht empfunden werden kann, alle vier Komponenten enthalten, sich also aus einem anforderungsabhängigen, einem leistungsabhängigen und einem sonstigen Lohnanteil zusammensetzen, in den soziale Zulagen und/oder Marktzulagen einfließen. Die sozialen Zulagen sind zumeist tariflich vereinbart, die Marktzulagen hingegen übertariflich bzw. einzelvertraglich. Den anforderungsabhängigen Lohnanteil ermittelt man mit summarischen oder analytischen Arbeitsbewertungsverfahren; er stellt den tariflichen Grundlohn dar. Die leistungsabhängige Lohndifferenzierung erfolgt mithilfe der Messung

oder Zählung des Leistungsergebnisses, mithilfe der Leistungsbewertung oder durch Kennzahlen (vgl. hierzu ausführlich REFA, 1991a; Schettgen, 1996; oder IG Metall, 2006; und Zander & Wagner, 2005).

4.2.2 Verbreitete Entgeltsysteme/-formen

Entgeltsysteme bei Arbeitern und Angestellten

Die früher übliche Trennung in unterschiedliche Entgeltsysteme für Arbeiter und Angestellte wurde zu Beginn des 21. Jahrhunderts weitgehend aufgehoben und durch ein einheitliches Entgeltsystem ersetzt. Prototypisch gehen wir im Folgenden näher auf den Entgeltrahmen-Tarifvertrag (ERA-TV) in Baden-Württemberg ein, abgeschlossen im Jahr 2003 (vgl. hierzu auch das ausführliche Schulungshandbuch «ERA-Wisssen I und II», IG Metall, 2006). Zu aktuellen Informationen wird die Internetseite www.era-wissen.igm.de empfohlen.

Die Tarifparteien (Arbeitgeber und Gewerkschaft) haben sich folgende unterschiedliche Ziele gesetzt, die sie mit diesem einheitlichen Entgeltsystem verbinden:

Arbeitgeberziele:
- einfache betriebliche Handhabung,
- systematische Grundentgelt- und Leistungsentgeltfindung,
- Einbeziehung der Mitarbeiter/-innen statt Mitbestimmung,
- Minimierung von Kosten,
- Förderung von Produktivität und Betriebsfrieden.

IG-Metall-Ziele:
- einheitliche Arbeitswertung und Entgeltlinie,
- gleiche Verdienstchancen bei gleicher bzw. vergleichbarer Leistung und Belastung,
- Beteiligung der Beschäftigten und kollektive Mitbestimmungsrechte,
- Recht auf Qualifizierung, humane Arbeitsplätze und

- auf der Ebene der Arbeitstätigkeit der Beschäftigten: vereinheitlichte Entgelte und Leistungsbedingungen von Arbeitern und Angestellten.

Die Interessensunterschiede der Tarifparteien machen deutlich, dass Entgeltsysteme konfliktär sind. Der Arbeitspsychologie fällt die Aufgabe zu, diese Konflikte wahrzunehmen und deren Einflussnahme auf der Ebene der Arbeitstätigkeit zu beurteilen, um die Folgen für die Beschäftigten bzw. deren Verhalten abzuschätzen. Nur in Einzelfällen kann es vorkommen, dass bei der Bewertung von Belastungen oder der Generierung von Kennzahlen zur Leistungsermittlung arbeitspsychologische Analyseverfahren eingesetzt werden.

Das Entgelt baut sich aus folgenden Elementen auf:

- Grundentgelt (ermittelt aus: Wissen und Können, Denken, Handlungsspielraum, Kommunikation und Mitarbeiterführung),
- Belastungszulagen (ermittelt aus: Belastungen der Muskeln, Reizarmut und Umgebungseinflüssen) und
- Leistungsentgelt (ermittelt aus: Kennzahlenvergleichen, Beurteilungen und/oder Zielvereinbarungen).

Diese drei Elemente werden mit verschiedenen Verfahren bewertet und zu einem Gesamtwert addiert, der einer bestimmten Entgeltstufe (Bruttolohnsumme in Euro) entspricht.

Bestimmung des Grundentgeltes

Wie Tabelle IV-31 zeigt, wird den einzelnen Bewertungskriterien eine Punktzahl zugeordnet. Auf der untersten Ebene (einfachste Tätigkeit) kann man über die fünf Dimensionen einen Punktwert von (3 + 1 + 1 + 1 + 0) 6 erzielen und bei einer hochqualifizierten Tätigkeit einen Maximalwert von (29 + 20 + 17 + 13 + 7) 86. Zu der Dimension «Wissen und Können» kommt die Dimension «Erfahrung» hinzu: Für diejenigen Tätigkeiten, bei denen zusätzlich zur Fachausbildung (von zweijähriger Berufsausbildung an; s. Tab. IV-32) eine längere

Berufserfahrung erforderlich ist, können weitere Punkte vergeben werden. Die Einstufung reicht von

- E1: bis 1 Jahr (1 Punkt),
- E2: mehr als 1 Jahr bis 2 Jahre (3 Punkte),
- E3: mehr als 2 Jahre bis 3 Jahre (5 Punkte),
- E4: mehr als 3 Jahre bis 5 Jahre (8 Punkte)
- bis E5: über 5 Jahre (10 Punkte).

Maximal 10 Punkte lassen sich für die Länge der erforderlichen Berufserfahrung erreichen, so dass das Grundentgelt in der Spanne zwischen 6 und 96 Punkten liegt, die 17 Entgeltgruppen zugeordnet sind.

Die Entgeltgruppe 7 ist der sogenannte Ecklohn, der 100 Prozent entspricht. Es handelt sich um das Entgelt, das ein Facharbeiter nach seiner Berufsausbildung (3 bis 3½ Jahre) im ersten Beschäftigungsjahr erhält. Über diesen Ecklohn vergleichen sich Tarifsysteme und betriebliche Eingruppierungen. Der Ecklohn liegt 2010 in der Metallindustrie bei zirka 2400 Euro. Die erste Lohngruppe (Grundentgelt) liegt bei 1700 Euro, die letzte bei 4500 Euro. (Hierbei handelt es sich um grobe Einstufungen, die je nach Branche und Tarifgebiet Schwankungen unterworfen sind.)

Bestimmung der Zulagen für besondere Belastungen

Zum Grundentgelt kommen Zulagen hinzu, die besondere Belastungen am jeweiligen Arbeitsplatz abgelten. Zulagen werden nur gezahlt, wenn die Belastungen ein mittleres oder betriebsübliches Maß überschreiten. Die Belastungszulage ist prozentual zum Ecklohn (Entgelt Gruppe EG 7); das heißt, unabhängig von der tatsächlichen Entgeltgruppe erhält der Beschäftigte eine Zulage von 2,5 bis 10 Prozent der EG 7.

In die Bewertung gehen ein: *muskuläre Belastungen* in Verbindung mit schwerem Heben und Tragen und ungünstigen, einseitig belastenden Körperhaltungen; *Reizarmut* bei sich ständig wiederholenden Bewegungen mit geringem Kraftaufwand; *soziale Isolierung* am Arbeitsplatz und *ungünstige Umgebungsein-*

Tabelle IV-31: Stufenwertzahlverfahren zur Bestimmung des Grundentgelts (vgl. IG Metall, 2006)

Wissen und Können	Denken	Handlungs-spielraum	Kommunikation	Mitarbeiter-führung
Hochschule/Uni (29)				
Hochschule/ Fachhochschule (24)				
Berufsausbil-dung + 2 Jahre Fachausbildung (19)				
Berufsausbil-dung + 1 Jahr Fachausbildung (16)		Allgemeine Ziele weitgehender Spielraum (17)		
Berufsausbil-dung 3–3,5 Jahre (13)	Innovatives Denken in Bezug auf längerfristige Entwicklungs-trends (20)	Zielvorgabe, erweiterter Spielraum (14)		
Berufsausbil-dung 2 Jahre (10)	Lösungsmuster neu entwickeln (16)	Zielvorgabe, Spielraum bekannte Methoden (11)	Verhandlung, unterschiedl. Zielsetzungen (13)	
Systematisches Anlernen mehr als ½ Jahr (9)	Lösungsmuster weiterentwickeln (12)	Arbeitsanwei-sung, erweiterter Spielraum/alter-native Wege (9)	Interessenver-tretung, unterschiedl. Ziele (10)	Ziel auf persön-liche Über-zeugung hin (7)
Systematisches Anlernen bis zu ½ Jahr (7)	Lösungsmuster kombinieren (8)	Arbeitsanwei-sung, Spielraum (7)	Abstimmung, Koordinierung, gleiche Ziele, unterschiedl. Interessen (7)	Ziel gemeinsam entwickelt, unterschiedl. Interessen (5)
Anlernen mehrere Wochen (5)	Lösungsmuster auswählen (5)	Arbeitsanwei-sung, Teil-Spiel-raum (5)	Abstimmung, mehr als Routine (5)	Ziel erläutern, abklären
Anlernen länger (4)	Lösungsweg standardisiert (3)	Arbeitsanwei-sung Spielraum gering (3)	Abstimmung, Routine (3)	Anweisung erteilen (2)
Anlernen kurz (3)	Informationsver-arbeitung leicht (1)	Arbeitsanwei-sung (1)	Informationsaus-tausch (1)	

Tabelle IV-32: Zuordnung der Stufenwerte zu den einzelnen Lohngruppen (IG Metall, 2006, S.64)

Entgeltgruppe	1	2	3	4	5	6	7	8	9	10	11	12	13	14	15	16	17
Werte von	–	7	9	12	15	19	23	27	31	35	39	43	47	51	55	59	64
bis	6	8	11	14	18	22	26	30	34	38	42	46	50	54	58	63	96

flüsse wie Lärm (über 82 dB[A]), Hitze, Kälte, Zugluft, Öle, Fette etc.

Ziel beider Tarifparteien ist, diese Zulagen durch geeignete ergonomische und organisatorische Gestaltungsmaßnahmen zu vermeiden.

Bestimmung der Leistungszulagen

Drei Methoden zur Bestimmung der Leistungszulagen sind im System der Entgeltbewertung geregelt (vgl. IG Metall, 2006): *Kennzahlenvergleiche, Beurteilungen* und *Zielvereinbarungen.* Da das Betriebsverfassungsgesetz Paragraph 87.1 Absatz 10 und 11 die Mitbestimmungsrechte des Betriebsrates bei Leistungsentgeltsystemen festlegt, hat die Gewerkschaft ein Interesse daran, auch für Angestellte eine Zulage festzulegen, da sich über den Weg der Leistungszulage die Mitbestimmungsrechte auf die Entgeltfindung für Angestellte ausdehnen lassen; bei einem reinen Zeitentgelt ohne Leistungskomponente sind die Mitbestimmungsrechte begrenzt. Über die Pflicht, eine Betriebsvereinbarung über die Leistungsentgeltbestimmung abzuschließen (§ 16 IG Metall, 2006), hat der Betriebsrat die Möglichkeit, die Kriterien zur Bestimmung der Leistungszulagen mitzubestimmen. Der Arbeitgeber hat ein Interesse, über eine Leistungszulage bei Angestellten die Effizienz zu steigern.

- *Kennzahlenvergleich:*
  Beim Kennzahlenvergleich können zum Beispiel die Arbeitsmenge pro Gruppe oder Einzelperson, die Arbeitszeit pro Bauteil, die Maschinennutzungszeit und/oder die benötigte Zeit für definierte Projekte zur Bewertung herangezogen werden. Die Art der Kennzahlen muss ebenso vereinbart werden wie deren Bestimmung.

- *Beurteilungen:*
  Beurteilen lässt sich zum Beispiel die Effizienz der Arbeitsausführung, die Qualität der Produkte oder Prozesse, die Flexibilität beim Arbeitseinsatz an verschiedenen Orten oder die Art der Zusammenarbeit im Team. Die Art und Höhe der Beurteilungskriterien sind zwischen den Tarifparteien zu vereinbaren.

- *Zielvereinbarung:*
  Mit den einzelnen Beschäftigten oder einer Gruppe/einem Team kann man bestimmte Ziele festlegen, die zu einem definierten Zeitpunkt erreicht sein sollen. Die Ziele können für längere Zeiträume gleich bleiben, zum Beispiel bei der Anzahl von Kundenreklamationen pro Auftrag/Losgröße. Die Ziele variieren typischerweise bei unterschiedlichen Projekten oder einzelnen Qualifikationsmaßnahmen, die innerhalb einer vorgegebenen Zeit zu absolvieren sind. Mit jeder Änderung der Ziele müssen neue Vereinbarungen mit dem Betriebsrat getroffen werden, wenn die Art der Zielerreichung Einfluss auf die Entgeltfindung hat.

Um die Leistungsentgelte zu ermitteln, werden die verschiedenen Kriterien kombiniert. In manchen Betrieben ist es üblich, Kennzahlen mit Zielvereinbarungen und Beurteilungen zu kombinieren. Vereinbart man Leistungsentgelte nach dem ERA-Tarifvertrag, so sollte der Maximalwert nicht mehr als 30 Prozent vom jeweiligen Grundentgelt betragen. Der Durchschnitt des Leistungsentgeltes für alle Beschäftigten sollte 15 Prozent vom jeweiligen Grundentgelt ausmachen. Die Bruttolohnsumme ergibt sich demnach aus dem jeweiligen Grundentgelt, der Belastungszulage (maximal 10 Prozent vom Ecklohn E7) plus einer Leistungszulage von durchschnittlich 15 Prozent des Grundlohnes. Erhält ein Facharbeiter zum Beispiel ein Grundentgelt von 2400 Euro plus Belastungszulage wegen hohen Lärms und schwerer körperlicher Arbeit von 5 Prozent (120 Euro) plus Leistungszulage von 20 Prozent (480 Euro), so bekommt er einen Bruttolohn von 3000 Euro.

Zeitlohn

Der Zeitlohn untergliedert sich in den reinen Zeitlohn und den Zeitlohn mit Leistungsbewertung. Beim reinen Zeitlohn (z. B. Stunden-, Wochen- oder Monatslohn) ist das Kriterium zur Bestimmung der Höhe des Entgeltes die aufgewendete Zeit. Er beruht somit auf einer ausschließlich anforderungsabhängigen Differenzierung. Da kein direkter Zusammenhang zwischen Entgelt und erbrachter Arbeitsleistung besteht, besteht auch kein Anreiz zu höherer Leistung. Diese Form des Zeitlohns wirkt sich somit in erster Linie dort günstig aus, wo eine überdurchschnittliche Leistungsmenge nur schwer messbar ist oder ein hohes Arbeitstempo nicht angestrebt wird.

Rost-Schaude und Kunstek (1983, S. 283) führen eine Reihe von Tätigkeiten an, bei denen sie den Zeitlohn als sinnvoll einschätzen:

- Arbeiten mit hohem Unfallrisiko;
- Tätigkeiten mit einem solchen Leistungsspielraum, dass die Gefahr einer Überforderung der Arbeitskräfte gegeben ist;
- einmalige Einzelleistungen bzw. Tätigkeiten mit stark schwankendem Leistungsanfall;
- Arbeiten, bei denen das Schwergewicht auf einer nicht eindeutig fixierbaren Qualität des Leistungsergebnisses liegt und die Arbeitskraft die Qualität beeinflussen kann;
- Tätigkeiten, bei denen fehlerhafte Arbeitsweise und dadurch bedingte Ausfälle im Fertigungsablauf kurzfristig nicht erkennbar sind und den Arbeitskräften nicht zugerechnet werden können;
- Arbeitsleistungen, bei denen die optimale Nutzung von Betriebsmittelkapazitäten und Inputgrößen im Vordergrund stehen;
- Tätigkeiten, die in ihrem Leistungsergebnis nicht eindeutig bestimmbar sind, da die Leistungen vom betrieblichen Gesamtzusammenhang geprägt werden;
- Arbeitsleistungen, die vom Arbeiter unbeeinflussbar sind, weil sie beispielsweise vom Fertigungsablauf determiniert werden;
- Tätigkeiten, die vorwiegend Intuition, Reaktionsvermögen, Anpassungsvermögen, Kreativität, Denkvermögen usw. voraussetzen;
- Arbeitsaufgaben, bei denen sich externe Störgrößen des Arbeitsablaufes wie Werkstoffqualität, Maschinenstörungen, rechtzeitige Bereitstellung von Inputgrößen usw. nicht in ausreichendem Maße ausschalten lassen.

Die genannten Argumente für einen reinen Zeitlohn verlieren zunehmend an Bedeutung, da in sehr vielen Bereichen abhängiger Arbeit Leistungsbewertungen eingeführt wurden, in denen früher ein Zeitlohn ohne Leistungskomponente die Regel war. Dies gilt zum Beispiel in Forschung und Wissenschaft, an den Schulen und Hochschulen, in Kliniken oder Verwaltungen. Wenn man sich Mühe gibt, findet man sehr wohl Leistungskriterien. Offen ist allerdings, ob dadurch die eigentliche Zweckbestimmung der Tätigkeit im Fokus des Handelnden bleibt oder das Leistungskriterium zum Selbstzweck wird.

Akkordlohn

Akkordlöhne sind anforderungs- und leistungsabhängig. Diese Entlohnungsform verschwindet mehr und mehr. Zu unterscheiden ist der Stückakkord («Geldakkord») vom Zeitakkord. Beim Stückakkord ist die *Stückzahl* Grundlage für die Höhe der Entlohnung, beim Zeitakkord die *Stückzeit*, also die Fertigungszeit pro Stück. Beide Formen der Entlohnung

dienen der Zielsetzung, die Ausbringungs-
menge (pro Zeiteinheit) zu steigern.

Um nach Akkord entlohnen zu können,
müssen die Tätigkeiten akkordfähig und ak-
kordreif sein, das heißt zeitlich und mengen-
mäßig exakt erfassbar und von allen Unregel-
mäßigkeiten (Störfällen) unbeeinflusst.

Beim Stückakkord ist der Lohn je erbrachter
Mengeneinheit festgelegt bzw. vereinbart. Leistungskennzahl ist dabei die absolute Menge in
Mengeneinheiten. Wer die dreifache Menge
produziert, erhält bei dieser Form der Entlohnung – unabhängig von der benötigten Zeit –
auch die dreifache Menge an Geld; so werden
auf manchen Baustellen Fliesenleger nach
Quadratmetern bezahlt. Leistungskennzahl
beim Zeitakkord ist hingegen der sogenannte
Zeitgrad, der den individuellen Leistungsgrad
zum Ausdruck bringt. Um ihn bestimmen zu
können, müssen Vorgabezeiten (Soll-Zeit pro
Mengeneinheit) festgesetzt werden.

Schettgen (1996) führt zur Ermittlung von
Zeitgraden beispielgebend den Fall einer *auf-
tragsbezogenen Abrechnung* an. In diesem Fall
ist der Zeitgrad eine Funktion des Quotienten
aus Soll-Auftragszeit und Ist-Auftragszeit,
multipliziert mit 100. Bei einem Zeitgrad von
130,9 Prozent ergibt sich beispielsweise ein um
30,9 Prozent höherer Lohn pro Stunde.

Aufgrund *spezifischer Vorteile* ist der Zeitakkord verbreiteter als der Stückakkord; er ist
als praktisch relevanter zu beurteilen. Der
Zeitakkord – mit der Bezugsbasis Zeit – ermöglicht beispielsweise eine flexible Handhabung des Lohnsystems in unterschiedlichen
Produktionszusammenhängen. Auch lässt
sich den Betroffenen in motivationaler Hinsicht über die Zeit als entgeltentscheidende
Größe der Zusammenhang zwischen erbrachter Leistung und Entgelt auf einfache und
übersichtliche Weise versinnbildlichen. Darüber hinaus können die Vorgabezeiten ökonomisch zur Planung, Steuerung und Kostenkal-
kulation der Arbeitsabläufe verwendet werden.

Kritisch sei darauf hingewiesen, dass der
mit Akkordlöhnen vermittelte starke Anreiz
zur Steigerung der Leistungsmenge nicht nur

bei älteren Arbeitnehmern, sondern auch bei
jüngeren zur Überbeanspruchung und damit
zu möglichen Gesundheitsschädigungen und
erhöhtem Unfallrisiko führen kann. Darüber
hinaus sei auf das Risiko der Lohnschwankung
für die Mitarbeiter/-innen, die mögliche Unzufriedenheit schwächerer Arbeitnehmer und die
Gefahr der Qualitätsminderung hingewiesen.

Neben dem Einzelakkord trat vor allem bei
der Einführung von Arbeitsgruppen der Grup-
penakkord in den Vordergrund der Diskussion
über eine adäquate Entlohnungsform. Rost-
Schaude und Kunstek (1983) nennen als
Hauptziele eines Entgeltsystems auf Leistungs-
basis für Arbeitsgruppen eine Reihe von Maßnahmen, unter anderem:

- die Sicherung einer angemessenen ökonomischen Basis für die Existenz der Beschäftigten,
- die Förderung der Solidarität in der Arbeitsgruppe,
- die Förderung eines vielseitigen Arbeitsein-
  satzes der Gruppenmitglieder,
- die Förderung von Lern- und Höherqualifi-
  zierungsprozessen der Beschäftigten während der Arbeitszeit,
- die Betonung einer gemeinsamen Verantwortung für die Leistung bzw. die Abliefe-
  rungsmenge.

Die Autoren schlagen vor, den gemeinsam erarbeiteten «Gewinn» durch die Gruppen selbst
nach einem vorher ausgearbeiteten Schlüssel
verteilen zu lassen. Diese Möglichkeit wird
auch bei der Festlegung des leistungsabhängigen Lohnanteils in sogenannten teilautonomen
Arbeitsgruppen diskutiert. Der ERA-Tarifvertrag enthält die Möglichkeit, für Gruppen eine
Leistungszulage über Kennzahlen und Ziele zu
vereinbaren.

Prämienlohn

Eine Prämienentlohnung liegt vor, wenn zu einem vereinbarten Grundlohn, der nicht unter
Tariflohn liegen darf, planmäßig ein zusätzliches Entgelt – die Prämie – gezahlt wird. Sie

beruht auf einer anforderungs- und einer leistungsabhängigen Differenzierung. Den Zusatzlohn bestimmt man auf der Grundlage einfacher oder kombinierter Leistungskennzahlen, bei denen es sich um Operationalisierungen der Bezugsbasen verschiedener Prämienarten handelt (Quantitäts-, Qualitäts-, Ersparnis- oder Nutzungsprämie). Bei der Quantitätsprämie beispielsweise besteht die Bezugsbasis im Allgemeinen in der Mengenleistung (zu den verschiedenen Prämienarten und ihren Bezugsbasen vgl. Schettgen, 1996).

Kriterien, die über die Zahlung von Prämien entscheiden, legen die eine oder andere Leistungsorientierung nahe und verstärken diese. Ist die Prämienhöhe beispielsweise abhängig vom Werkstoffverbrauch (Ersparnisprämie), so dürfte dies zu einer Orientierung am wirtschaftlichen Einsatz dieser Mittel führen. Leerlaufzeiten und Wartungszeiten als Kriterien (Nutzungsprämie) legen dem Beschäftigten ein vorrangiges Bemühen um möglichst wenig Störfälle nahe. Kombinierte Prämienentlohnungen sind sinnvoll, da sie der einseitigen Berücksichtigung einzelner Kennzahlen entgegenwirken. Häufig anzutreffen ist beispielsweise eine Kombination aus Mengen- und Qualitätsprämien.

Maier (1983) nennt verschiedene Vor- und Nachteile des Prämiensystems:

Vorteile:

- Leistungsbeteiligung der Mitarbeiter auch bei nicht akkordfähigen Arbeiten,
- keine direkten Leistungsanforderungen – Verminderung von Spannungen,
- spezifische Anreizgestaltung für den Betrieb.

Nachteile:

- Verdienstrisiko der Mitarbeiter,
- Aufwand für die Bestimmung der Kennzahlen ist größer als beim Akkord,
- schwierigere Lohnabrechnung.

Entscheidend ist beim Akkord- und Prämienlohn und anderen leistungsbezogenen Entgelten das Mitbestimmungsrecht des Betriebs-rates nach Paragraf 87, Absatz 10 und 11 (BetrVG). Dieses Mitbestimmungsrecht bezieht sich auf die Entlohnungsgrundsätze, die Methoden und die Veränderungen bei Eingruppierungen. Beim Zeitlohn ist der Einfluss der Betriebsräte darauf, wie man die Rahmenbedingungen der Entgeltbestimmung ausgestaltet, erheblich eingeschränkt.

Sonstige Entgeltsysteme

Beschäftigte im öffentlichen Dienst (bei Bund, Ländern oder Kommunen) werden als Beamte oder Angestellte nach unterschiedlichen Tarifverträgen bezahlt. Bei den Beamten unterscheidet man verschiedene Besoldungsarten:

- *Besoldung* A (A1 bis A16): Diese 16 Stufen werden im Zwei- oder Drei-Jahres-Rhythmus jeweils um einen bestimmten Betrag angehoben; das heißt, die Erfahrung in der Tätigkeit wird zusätzlich honoriert. Diese Besoldung gilt für Beamte und Soldaten. Die Beträge der einzelnen Stufen reichen von A1 mit zirka 1600 Euro bis A16 mit zirka 5800 Euro (Bezugsjahr: 2009).
- *Besoldung* B (B1 bis B11): Hier handelt es sich um feste Gehälter für höhere Beamte und Soldaten. Sie reichen von B1 mit zirka 5200 Euro bis B11 mit zirka 11 000 Euro (Bezugsjahr: 2009).
- *Besoldung* C (C1 bis C4): Diese Besoldung gilt für Hochschullehrer. Die einzelnen Stufen werden mit steigendem Dienstalter erhöht. C1 reicht von zirka 2900 bis zirka 4200 Euro, C4 von zirka 4000 bis zirka 6500 Euro (Bezugsjahr: 2009).
- *Besoldung* W (W1 bis W3): Die W-Besoldung hat die C-Besoldung für Hochschullehrer abgelöst. Es gibt keine Höhergruppierung mit dem Alter, dafür aber je nach Länderregelungen frei verhandelbare Zulagen. Bei W1 beträgt das Gehalt zirka 3600 Euro, bei W3 zirka 5000 Euro (Bezugsjahr: 2009). Wie deutlich zu erkennen ist, bedeutet die neue Besoldung für die Hochschullehrer eine beträchtliche Absenkung der Gehaltshöhe. Durch Zulagen aufgrund von

festgelegten Leistungskennzahlen (Anzahl und Höhe der Drittmittel, Anzahl der Publikationen oder Übernahme von Ämtern wie Dekanat) kann die Höhe des Gehaltes erheblich variieren.

- *Besoldung R* (R1 bis R10): Diese Besoldungsgruppe erfasst Richter und Staatsanwälte. Es gibt 10 Stufen. In den beiden ersten Stufen wird das Alter noch berücksichtigt (R1 zirka 3200 bis zirka 5200 Euro); in den Stufen 3 bis 10 gibt es feste Gehälter, die von R3 mit zirka 6200 Euro bis R10 mit zirka 10 000 Euro streuen (Bezugsjahr: 2009).

Wenn sie in Bundesverwaltungen oder den Kommunen tätig sind, werden die Angestellten im öffentlichen Dienst nach dem Tarifvertrag für den Öffentlichen Dienst (TVöD) bezahlt. Angestellte im öffentlichen Dienst der Länder erhalten ihr Entgelt nach dem Tarifvertrag der Länder (TVL). Die Länder Hessen und Berlin haben eigene Tarifverträge. In den Tarifverträgen gibt es die Stufen

- E1 bis E4 für an- und ungelernte Beschäftigte (E1: zirka 1400 bis zirka 1600 Euro im Bezugsjahr 2009),
- E5 bis E8 für Beschäftigte, die eine mindestens dreijährige Berufsausbildung abgeschlossen haben (E5: zirka 1800 bis zirka 2400 Euro im Bezugsjahr 2009),
- E9 bis E12 für Personen mit einer Fachhochschul- bzw. Bachelor-Ausbildung (E9: zirka 2900 bis zirka 3200 Euro im Bezugsjahr 2009),
- E13 bis E15 für Personen mit wissenschaftlichem Hochschulstudium (E13: zirka 3000 bis zirka 4300 Euro im Bezugsjahr 2009).

Die hier genannten Euro-Beträge dienen nur der Orientierung; sie können je nach Land und Kommune geringfügig schwanken. Bei der Einstufung wird neben der Ausbildung die berufliche Erfahrung bzw. die individuelle Leistung berücksichtigt, und ähnlich wie in der Industrie wird nicht mehr zwischen Arbeitern und Angestellten getrennt.

Für spezielle Berufgruppen im öffentlichen Dienst (z. B. Ärzte) und in anderen Bereichen wie zum Beispiel bei der Bahn (Lokführer) oder im Flugverkehr (Piloten, Kabinenpersonal) gibt es eigene Tarifverträge. Diese Vielfalt der Entlohnungsformen macht es erforderlich, bei Arbeitsanalysen und Tätigkeitsuntersuchungen die Bewertung bzw. Eingruppierung der jeweils betrachteten Tätigkeit nachvollziehen zu können, denn die Beschäftigten zeigen, ausgelöst durch die Art der Bezahlung, zum Teil spezifische Verhaltensformen. So produzieren zum Beispiel Hochschullehrer mehr Artikel in englischsprachigen Journalen mit entsprechenden Impactfaktoren als in deutschsprachigen, weil sich dies bei der Leistungsbewertung positiv auswirkt; Sprechstundenhelferinnen raten den Patienten in der Arztpraxis zu individuellen Gesundheitsleistungen (IGL), weil sie prozentual an den zusätzlichen Leistungen beteiligt werden.

4.2.3 Entwicklungstendenzen in der Entgeltgestaltung

Qualifikationsförderliche Entgeltsysteme

Zur Förderung der Qualifikationsbereitschaft und Flexibilität der Mitarbeiter schlägt Ulich (2006) eine Unterstützung durch Polyvalenzlohnsysteme vor. Von zentraler Bedeutung ist in solchen Systemen der Grad der Einsetzbarkeit der Beschäftigten, das heißt, man belohnt nicht nur, was jemand tut, sondern auch und vor allem, was jemand kann. Diese Art von Entgeltsystemen ist mithin als lernorientiert zu kennzeichnen. In ihnen können jedoch auch Leistungskomponenten berücksichtigt werden.

Im Folgenden wird der Entgeltaufbau in einem Polyvalenzlohnsystem anhand eines Beispiels aufgezeigt.

Dem in **Abbildung IV-69** angeführten Polyvalenzlohnsystem zufolge setzt sich der Grundlohn eines Mitarbeiters aus einem tarifvertraglich festgelegten Normallohn und einem individuellen Betrag zusammen, der seinen

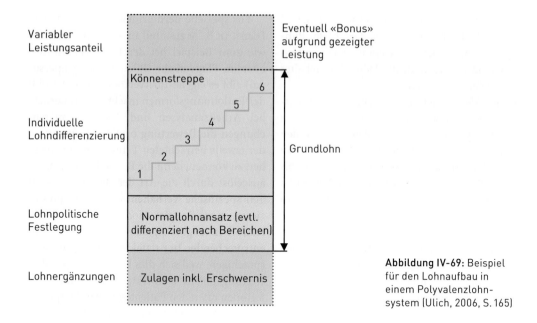

Abbildung IV-69: Beispiel für den Lohnaufbau in einem Polyvalenzlohn-system (Ulich, 2006, S. 165)

Qualifizierungsgrad widerspiegelt (Einstufung auf der Könnenstreppe). Hinzu kommen Lohnergänzungen (Sozial- und Erschwerniszulagen) und schließlich ein möglicher Bonus, der sich an dem gezeigten Leistungsverhalten bemisst. Der zentrale Anteil der gesamten Lohnhöhe ergibt sich aus der individuellen Einstufung auf der Könnenstreppe.

Die Könnenstreppe weist in diesem Fall sechs Stufen auf; das Erreichen jeder einzelnen Stufe schließt die Beherrschung der vorhergehenden Stufe mit ein. Die Anforderungen je Könnensstufe setzen sich aus der Anzahl beherrschter Anforderungen an bestimmten Arbeitsplätzen und deren Schwierigkeitsgrad (hoch – mittel – niedrig) zusammen. Ein praktisches Beispiel findet sich bei Theerkorn (1991).

Zur Beurteilung des Könnens sind Ulich (2006) zufolge einheitliche und überprüfbare Kriterien heranzuziehen. Auch sollte in Form von Regeln festgelegt werden, wer beurteilt, wer was kann, ob und in welchen Zeitabständen eine Überprüfung der Beurteilung erfolgt und in welchen Abständen Höherstufungen möglich sind. Die Einschätzung der Arbeitsplätze hinsichtlich ihres Schwierigkeitsgrades kann mithilfe der summarischen oder analy-

tischen Arbeitsbewertung erfolgen (vgl. ERA-TV).

Mit dem lernorientierten Entlohnungsprinzip «Je höher die Flexibilität, desto höher die Eingruppierung» haben nach der Befragung von Gupta, Jenkins und Curington (1986) 19 amerikanische Industrieunternehmen positive Erfahrungen hinsichtlich der Qualifikation, Motivation und Flexibilität ihrer Mitarbeiter/-innen gemacht. Zudem ließen sich in annähernd drei Vierteln der befragten Unternehmen eine Steigerung der Produktivität pro Arbeitsstunde und eine Verminderung der Stückkosten erzielen.

Ulich (2005) weist auch auf die Lohngerechtigkeit bei flexibilitätsorientierter Entlohnung hin. Die Kriterien zur Bestimmung der Lohnhöhe lassen sich an einem Qualifikationsspiegel veranschaulichen, sodass es unmittelbar möglich ist, subjektive Eindrücke im Hinblick auf das Verhältnis zwischen eigenem Aufwand und Ertrag und Aufwand und Ertrag anderer Beschäftigter zu überprüfen. Gerechte und transparente Lohnsysteme wirken auf diese Weise Störgrößen im Arbeitsprozess (Leistungszurückhaltung, Fehlzeiten, hoher Fluktuation) entgegen. Lukas (2005) führt weitere qualifikationsbasierte Vergütungs- und Anreizmodelle auf.

Entlohnung in teilautonomen Arbeitsgruppen (TAG)

Ein Entgeltsystem, in dem die individuelle Leistung eine große Rolle spielt, «erzieht» den Mitarbeiter dazu, auf den eigenen Vorteil bedacht zu sein und Zusammenarbeit mit Schwächeren zu vermeiden. Kooperationsorientierte Formen der Entlohnung können dem entgegenwirken.

Eyer (1994) beschreibt eine kooperationsorientierte Gestaltungsmöglichkeit der Entlohnung in sogenannten teilautonomen Arbeitsgruppen. Diese Form der Gruppenarbeit bietet sich dann an, wenn zur Bewältigung bestimmter Aufgaben mehrere Menschen in gegenseitiger Abhängigkeit zusammenwirken müssen (s. Kap. 4.3.3, und Fallbeispiel I in Teil V).

Teilautonome Arbeitsgruppen haben einen erweiterten Handlungsspielraum, der daraus resultiert, dass der Gruppe als Ganzer ein umfangreicherer Aufgabenbereich übertragen wird (z. B. neben der Produktion auch Materialbereitstellung, Wartung und Instandhaltung der technischen Anlagen). Dadurch, dass jede/r Beschäftigte potenziell viele der in der Gruppe anfallenden Arbeitsaufgaben beherrscht, erhöht sich die Handlungskompetenz dieser Gruppe. Die Einzelaufgaben können – aus Gründen der Abwechslung und um ausgefallene Mitglieder zu ersetzen – verschiedene Mitglieder ausführen. Außerdem wird der Gruppe die Verantwortung übertragen, die Arbeitserledigung und Aufgabenverteilung selbst zu organisieren, was zusätzliche Methoden- und Sozialkompetenzen voraussetzt. Letztendlich stellt die teilautonome Arbeitsgruppe ein Subsystem im Unternehmen dar, das einen eigenständigen Beitrag zum Erreichen der Unternehmensziele leisten soll.

Für die Mitglieder bedeutet teilautonome Gruppenarbeit, eine fachliche, methodische und soziale Aufgabenerweiterung anzunehmen und zu bewältigen. Deswegen rückt die *Flexibilität* der Gruppe und ihrer Mitglieder als Leistungskriterium in den Vordergrund (vgl. Eyer, 1994).

Flexibilität bedeutet zum einen, über das notwendige Fähigkeitsrepertoire zu verfügen, um flexibel reagieren zu können, und zum anderen die Bereitschaft, multiple Fähigkeiten flexibel einzusetzen. Eine *optimale Flexibilität* der Arbeitsgruppe bedeutet nicht, dass sich die Kompetenzen der Gruppenmitglieder völlig decken. Die Lohnkosten solcher Gruppen würden in manchen Fällen den Profit übersteigen. Die «ideale» Qualifikationsstruktur ergibt sich aus Sicht der Arbeitgeber aus der betrieblich notwendigen Flexibilität. Idealtypisch führt jedes Gruppenmitglied einige Teiltätigkeiten regelmäßig aus und beherrscht darüber hinaus zusätzliche Teiltätigkeiten, die er bzw. sie nur zeitweise übertragen bekommt, beispielsweise dann, wenn durch Urlaub oder Krankheit ein Mitglied der Gruppe (der eigentliche Aufgabenträger) nicht zur Verfügung steht (vgl. Eyer, 1994).

Ausgehend von Überlegungen zum Entlohnungssystem als Steuerungsinstrument betrieblicher Leistungsorientierung muss bei dieser Form der Arbeitsgestaltung ein Entgeltsystem greifen, das sie unterstützt und nicht behindert. Zur Festlegung des *anforderungsabhängigen Lohnanteils* einer Arbeitsgruppe mit optimaler Flexibilität schlägt Eyer (1994) das folgende Vorgehen vor:

1. Zunächst werden alle Teiltätigkeiten, die in der Gruppe vorkommen, festgehalten und beschrieben.
2. Anschließend wird festgelegt, welche Teiltätigkeiten von wie vielen Mitarbeiter(inne)n in der Gruppe ausgeführt werden müssen (unter Berücksichtigung der Schichten, des Arbeitszeitmodells, Urlaubs- und Krankheitszeit sowie weiterer Rahmenbedingungen), damit die Arbeitsgruppe funktionsfähig ist.
3. Anschließend werden die Teiltätigkeiten zu Arbeitsaufgaben zusammengefasst, so dass

sinnvolle und motivierende Anforderungsprofile entstehen.

4. Diesen Stellenplan kann man mit den vorhandenen Qualifikationen und Qualifikationswünschen der (potenziellen) Gruppenmitglieder der teilautonomen Arbeitsgruppe vergleichen, um die Arbeitsaufgaben den Mitgliedern zuzuordnen und gegebenenfalls Qualifikationsmaßnahmen abzuleiten.

Abbildung IV-70 zeigt beispielgebend einen Stellenplan mit «optimaler» Flexibilität. In der zweiten Zeile der Abbildung sind die einzelnen Teiltätigkeiten und in der dritten die «optimale» Anzahl der Mitarbeiter/-innen aufgeführt, die die einzelnen Teiltätigkeiten beherrschen sollten. Die Teiltätigkeiten sind zu Arbeitsaufgaben zusammengefasst, die jeweils ein Mitarbeiter ausführt (AA1 bis AA7). Die Anforderungsprofile, die auf diese Weise entstehen, sind den Zeilen der Abbildung zu entnehmen. Der einzelne Mitarbeiter wird schließlich nach der ihm übertragenen Arbeitsaufgabe entlohnt. Eine Bewertung und Einstufung der im Stellenplan festgelegten Arbeitsaufgaben erfolgt anhand der geltenden tarifvertraglichen Regelungen.

Teiltätigkeiten (TT)			1	2	3	4	5	6	7	8	9	10	11	12	13	14	15
			Bearbeitungszentrum bedienen	Bearbeitungszentrum einrichten	Bearbeitungszentrum warten, instand halten	NC-Drehmaschine bedienen	NC-Drehmaschine einrichten	NC-Drehmaschine warten, instand halten	CNC-Fräsmaschine bedienen	CNC-Fräsmaschine einrichten	CNC-Fräsmaschine warten, instand halten	Werkzeugvoreinstellung	Qualitätssicherung	Materialtransport	Verpacken der Teile	Handarbeitsplatz Montage	Maschine reinigen
optimale Anzahl der Mitarbeiter			3	3	3	4	3	3	5	5	5	3	4	4	3	3	3
Arbeitsaufgaben (AA)	A A1	1	●	●	●	●	●	●	●	●	●	●	●	●	●	●	●
	A A2	1	●	●	●	●	●	●	●	●							
	A A3	1							●	●	●	●	●	●	●	●	●
	A A4	1	●	●	●	●	●										
	A A5	1						●	●	●	●						
	A A6	1							●	●	●	●	●				
	A A7	1											●	●	●	●	●

Anzahl der Arbeitsaufgaben in der Gruppe

Abbildung IV-70: Stellenplan mit «optimaler» Flexibilität/Teiltätigkeiten (Eyer, 1994, S. 104)

Was den leistungsabhängigen Lohnanteil betrifft, besteht prinzipiell die Möglichkeit, sowohl den Leistungsbeitrag der Gruppe zum Unternehmenserfolg als auch den Leistungsbeitrag des/der Einzelnen zum Gruppenerfolg zu entlohnen. Eine Vorgehensweise, mit der sich dieses Ziel erreichen lässt, besteht darin, neben einer individuellen Leistungszulage eine Zusatzprämie (z. B. Produktivitätsprämie) zu zahlen, die sich auf die Gruppe bezieht. Eyer (1994) zufolge trifft man in der Praxis häufig einen Zeitlohn mit individueller Leistungszulage und freiwilliger übertariflicher Zusatzprämie (Gruppenprämie) an. Ein grundsätzlich anderes Entlohnungskonzept – auf das an dieser Stelle nur verwiesen werden soll – entspricht dem tariflichen Entlohnungsgrundsatz Prämienlohn und besteht in der sogenannten Gruppenprämie, verteilt nach der beurteilten Einzelleistung. Der an diesem Entlohnungskonzept interessierte Leser sei auf Eyer (1994) verwiesen, der sich hinsichtlich dieses Konzepts mit verschiedenen Verfahren der Leistungsbeurteilung zum Zweck der individuellen Verteilung der Gruppenprämie befasst.

Kritisch bewertet Eyer (1994) das Vorgehen, die teilautonome Gruppe nur über eine Gruppenprämie zu entlohnen und diese absolut oder relativ gleich auf die Mitarbeiter/-innen zu verteilen: Zum einen kann dies dazu führen, dass Leistungsträger/-innen in der Gruppe ihre Leistungen dem Gruppendurchschnitt anpassen, zum anderen werden möglicherweise Mitarbeiter, deren Leistungen unterhalb des Gruppendurchschnitts liegen, ausgegrenzt. Um dem entgegenzuwirken, sollte man bei der Entlohnung die individuelle Mitarbeiterleistung bedenken. Dies kann beispielsweise über die besagte separate Leistungszulage erfolgen.

Weitere Modelle zur Entgeltgestaltung von Gruppenarbeit finden sich bei Bullinger und Menrad (2001).

4.3 Aufbau- und ablauforganisatorische Gestaltung von Arbeitstätigkeiten

Unternehmen sind zielgerichtete, marktorientierte Entscheidungs- und Handlungssysteme, die Güter oder Dienstleistungen produzieren. Sie beruhen auf interpersoneller Arbeitsteilung. Mit der Größe des Unternehmens, der Komplexität und Menge der erzeugten Produkte und Dienstleistungen wächst die Tendenz, kleine, überschaubare Einheiten zu bilden; das heißt, die Organisation hat nach Frese (2000) eine starke Tendenz zur Differenzierung.

Um ein Auseinanderdriften der einzelnen Organisationseinheiten zu verhindern und den Koordinationsaufwand zu minimieren, bemüht man sich um Abstimmung bzw. um die Integration der Einheiten. «Die Gestaltung von Organisationsstrukturen als Systeme von Regelungen zur Ausrichtung arbeitsteiliger Entscheidungen auf ein übergeordnetes Gesamtziel bewegt sich somit stets im Spannungsfeld zwischen der Notwendigkeit zur Differenzierung der Gesamtaufgabe in bearbeitbare Teilaufgaben – und damit der Einräumung von Entscheidungsautonomie – sowie dem Erfordernis zur Abstimmung interdependenter Teileinheiten (Integration)» (Frese, 2000, 3-1).

Zur Reduzierung der Komplexität der Prozesse wird eine hierarchisch-sequentielle Strukturierung durchgeführt. Das heißt, ähnlich wie bei der Handlungsregulation wird der Entscheidungs- und Produktionsprozess durch eine hierarchische Organisation der Untereinheiten (Unternehmensbereiche, Abteilungen, Gruppen, Einzelpersonen) sequentiell strukturiert.

Die Gestaltung der *Aufbauorganisation* beeinflusst die hierarchische Komponente (vgl. Klimmer, 2007). Nach Frese (2000, 3-1) subsumiert man hierunter alle Fragestellungen, «die im Zusammenhang mit der vertikalen und horizontalen Zerlegung komplexer Aufgaben, der Zuweisung abgegrenzter Aufgabenkomplexe auf organisatorische Einheiten (Stellenbildung) sowie der Gestaltung von Weisungs- und Kommunikationsbeziehungen zwischen diesen Einheiten stehen». Auf diese Weise wird eine «statische» organisatorische Infrastruktur geschaffen, innerhalb derer sich die Gesamtheit aller im Unternehmen abzuwickelnden Aufgabenerfüllungsprozesse vollzieht (vgl. hierzu auch die Ausführungen von Frost, 2006). Die Kombination einzelner Arbeitsschritte zu komplexen Geschäftsprozessen (z. B. Produktentwicklung oder Auftragsabwicklung) sowie die prozessinterne und -übergreifende Harmonisierung in zeitlicher und räumlicher Hinsicht ordnet man demgegenüber dem Aufgabenbereich der *Ablauforganisation* zu. Hierbei herrscht eine «dynamische» Betrachtungsweise vor. Zum Verhältnis von Aufbau- und Ablauforganisation im Hinblick auf eine mehr prozess- oder funktionsorientierte Sichtweise sei auf Gaitanides (2007) verwiesen.

Organisatorische Gestaltungsmaßnahmen verursachen in der Regel Veränderungen in der Aufbau- und Ablauforganisation (vgl. Spath, 2009). Wenn im Folgenden an ausgewählten Beispielen aus der Automobil- und Zulieferindustrie gestalterische Veränderungen der Aufbau- bzw. der Ablauforganisation dargestellt werden, ist immer mitzubedenken, dass nahezu jede organisatorische Veränderung, bedingt durch die schon genannten Interdependenzen, kurz- bzw. längerfristige Auswirkungen auf die Aufbau- und Ablauforganisation zur Folge hat. Diese wiederum beeinflussen bzw. bestimmen das Arbeitsverhalten der Beschäftigten. Organisationsgestaltung ist somit immer Arbeitsgestaltung, da sie die Form der Arbeitsteilung unter den Beschäftigten verändert.

Die Art der Arbeitsorganisation hängt nicht nur von der Zielsetzung der Organisation, sondern auch von den gesellschaftlichen, wirtschaftlichen und kulturellen Rahmenbedingungen ab. Das Umgekehrte gilt ebenfalls; dies wird häufig außer Acht gelassen: Die Art der Arbeitsorganisation bzw. ihre Veränderungen haben Einfluss auf die Gesellschaft und die Kultur.

Die Form der Arbeitsteilung zwischen Mann und Frau, zwischen verschiedenen Berufen bzw. Berufsständen, zwischen Vorgesetzten und Mitarbeitern, zwischen Unternehmern und abhängig Beschäftigten bestimmt den Charakter einer Gesellschaft. So werden zum Beispiel die Märkte in Nordafrika von Männern beherrscht und in Westafrika von den Frauen. Im ländlichen Mali weben die Männer, und die Frauen spinnen. In Deutschland sind Assistenzkräfte in Büros in der Regel weiblich, Führungskräfte überwiegend männlich. Die Chirurgie wird von Männern dominiert, die Anästhesie von Frauen (mit Ausnahme der Leitungsfunktionen). In der Automobilindustrie arbeiten überwiegend Männer, in der Textilindustrie Frauen.

Die Art der Arbeitsteilung hat ihre historischen Wurzeln und formt eine Gesellschaft. Veränderungen in der Arbeitsteilung modifizieren die Gesellschaft. Eine Aufhebung der unterschiedlichen Behandlung von Männern und Frauen in Bezug auf Schicht- und Nachtarbeit verändert die Lebensgewohnheiten. Eine Angleichung von Arbeitern und Angestellten hinsichtlich der Entgeltsysteme oder des Kündigungsschutzes ist das Ergebnis der inhaltlichen Annäherung von Tätigkeiten dieser beiden Beschäftigtengruppen und damit eine Folge sich ändernder Arbeitsteilung. Die Art der jeweils vorherrschenden Arbeitsteilung ist zwar historisch und gesellschaftspolitisch vorgeformt; sie könnte aber auch ganz anders sein.

Im folgenden Abschnitt wird gezeigt, wie variabel die betriebliche Arbeit organisiert sein kann und welche Gestaltungsalternativen bestehen. Die jeweils vorherrschende und praktizierte Arbeitsteilung unterliegt Managementmethoden und ist bis zu einem gewissen Grad willkürlich. Jeder, der mit der Gestaltung von Arbeitsorganisationen und der Aufteilung von Aufgaben auf Menschen befasst ist, sollte sich daher folgende Fragen stellen:

- Muss die Form der vorgefundenen Arbeitsteilung so sein, wie sie ist?

- Ist die Arbeitsorganisation zeitgemäß und zielführend?
- Werden durch die Art der Arbeitsteilung Benachteiligungen von bestimmten Personengruppen fortgeschrieben?
- Welche gesellschaftspolitischen Auswirkungen hat die vorhandene bzw. beabsichtigte neue Form der Arbeitsteilung?

4.3.1 Gestaltung der Aufbauorganisation

In der einschlägigen organisationswissenschaftlichen Literatur (vgl. Frese, 2006; Frost, 2006; Hammer & Champy, 1994; Klimmer, 2007; Robbins & Judge, 2010; Schreyögg, 2003; Weick, 2007) werden die verschiedenen Formen der Aufbauorganisation dargestellt und diskutiert. Im Weiteren sollen daher nur die wichtigsten Modelle kurz beschrieben werden, um das Verständnis für die sich anschließenden Ausführungen zu erleichtern.

Begriffsklärung

Als klassisches Modell einer Aufbauorganisation gilt das aus der Militärorganisation übernommene Modell der *funktionalen hierarchischen Linienorganisation*, das heißt, die Gesamtorganisation wird nach Funktionskriterien segmentiert.

Diese Form der Arbeitsorganisation findet sich zum Beispiel in Unternehmen mit einem relativ homogenen Produktionsprogramm. Für kleinere und mittlere Unternehmen war und ist dies bis in die jüngste Zeit hinein die übliche Aufbauorganisation.

Sind den einzelnen Funktionen Stäbe (Ratgeber, Konzeptersteller, Fachberater) zugeordnet (z. B. bei der Montage in **Abb. IV-71**), so spricht man von Stabliniensystemen. Bevor die Diskussion um das «Lean Management» begann, verfügten besonders Großbetriebe über eine Vielzahl von Stäben oder Kompetenzzentren, zum Beispiel arbeitswissenschaftliche Ab-

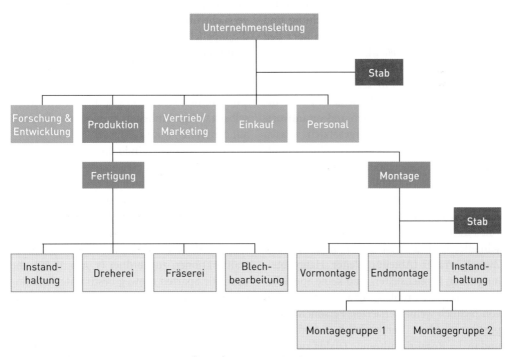

Abbildung IV-71: Funktionsorientierte (Stab-)Linienorganisation

teilungen, die sich um die Entwicklung neuer Arbeitsstrukturen oder Montagesysteme kümmerten, oder Computer-Aided-Design-(CAD-) Servicegruppen, die Unterstützungsleistungen für die Konstruktionsabteilungen anboten. Diese Stäbe hat man zum Teil wieder aufgelöst und die zugehörigen Mitarbeiter/-innen in die normale Linienorganisation integriert. Das wesentliche Kennzeichen der Linienorganisation besteht darin, dass eine einheitliche Auftragserteilung gegeben ist: Jede Gruppe, Stelle oder Einheit erhält nur von der übergeordneten Instanz Anweisungen. Der offizielle Dienstweg (von oben nach unten, von unten nach oben) verläuft nur über den direkten Vorgesetzten.

Bei diesem Modell ist zum Beispiel ein direkter Daten- und Informationsaustausch zwischen Mitarbeiter(inne)n aus Produktion und Entwicklung nicht möglich. Am Beispiel der Abbildung IV-71 könnte das heißen: Ein Meister aus der Montage muss den Abteilungsleiter Endmontage informieren, wenn ein Bauteil einen Konstruktionsfehler aufweist, dieser informiert den Leiter der Montage, dieser den Produktionsleiter, der wiederum gibt die Information an den Leiter der Forschung und Entwicklung weiter, der diese dann über den Abteilungsleiter Konstruktion an den Konstrukteur, der das Montageteil konstruiert hat, übergibt. Der Vorteil dieses Informationsaustausches besteht in der Information aller direkt und indirekt betroffenen und verantwortlichen Personen. Die Vorgesetzten wissen theoretisch Bescheid, sie erhalten einen mündlichen Hinweis, einen Aktenvermerk oder verfügen über eine Protokollnotiz.

Die Nachteile sind offensichtlich. Der Informationsaustausch dauert sehr lange, er wird von verschiedenen Personen mitgestaltet, eine schnelle Reaktion ist nicht möglich. Die Zwischenträger (Abteilungsleiter, Hauptabteilungsleiter, Bereichsleiter) sind keine Spezialisten, so dass die Probleme bzw. Informationen von fachlich wenig versierten Personen transportiert werden. Der sachlich erforderliche und in der Regel zielführende Dialog zwischen den unmittelbar Betroffenen unterbleibt. Der

Meister wird, um beim Beispiel zu bleiben, versuchen, den Konstrukteur direkt zu informieren, also den Dienstweg zu unterlaufen; anderenfalls müsste er eine schriftliche Stellungnahme anfertigen, die sehr viel Zeit kostet und die «Beziehungen» zur Konstruktion nachhaltig trübt, wenn auf diese Weise Fehler der Konstruktion schriftlich festgehalten werden. Der Konstrukteur müsste sich gegenüber seinen Vorgesetzten rechtfertigen. Um den ganzen Aufwand zu minimieren, werden die Betroffenen die offiziellen Regularien unterlaufen und damit die Komplexität der Gesamtorganisation erhöhen.

Um die Nachteile der funktionsorientierten Linienorganisation zu minimieren, versucht man seit den 1960er-Jahren, die Unternehmen nach dem Produktspektrum aufzuteilen, zu segmentieren bzw. zu divisionalisieren. Auf diese Weise werden Unternehmensbereiche (bzw. Sparten) gebildet, die alle für ein Produkt oder eine Produktgruppe notwendigen Kompetenzen in sich vereinigen. Besonders Großbetriebe (Automobilindustrie, Großchemie, Versicherungen) haben schon frühzeitig versucht, überschaubare Einheiten zu schaffen, die möglichst autonom agieren sollen. Mittelständische Unternehmen zwischen 300 und 1000 Mitarbeiter(inne)n folgen diesem Trend und richten ebenfalls Spartenorganisationen ein. Dahinter steht das Konzept, wirtschaftlich selbstständige Einheiten zu schaffen, die auch auf dem freien Markt aktiv sein sollen.

In der Automobilindustrie gibt es mehrere Beispiele dafür, dass eine Sparte für das eigene Unternehmen, aber auch für Mitbewerber Produkte erzeugt, zum Beispiel Hinterachsen, Getriebe oder Blechteile. Um Doppelfunktionen innerhalb der Spartenorganisation zu vermeiden, sind der Unternehmensleitung Zentralfunktionen zugeordnet (s. **Abb. IV-72**), die über alle Sparten hinweg bestimmte Funktionen wahrnehmen (z. B. Zentraler Einkauf, Finanzcontrolling, Personalmanagement).

Mit zunehmender Autonomie der Sparten werden Doppelarbeiten (z. B. F&E, Konstruktion, Vertrieb) zum Teil unvermeidlich. In

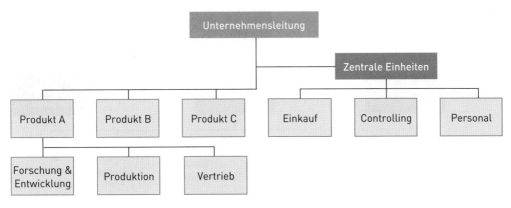

Abbildung IV-72: Produktorientierte Linienorganisation

manchen Fällen ist diese Doppelarbeit im Sinne des internen Wettbewerbs gewollt, in anderen Fällen handelt es sich um Verschwendung. Da die Sparten intern meist funktional nach dem Linienprinzip organisiert sind, ergeben sich vielfache Überschneidungen zwischen den Funktionen der einzelnen Sparten. Die Zentralbereiche versuchen durch Steuerungs- und Koordinationsmaßnahmen, die Parallelaktivitäten auf ein wirtschaftlich vertretbares Maß zu reduzieren.

Um die im Liniensystem implementierte Funktions- und Verrichtungsorientierung und die damit verbundene arbeitsteilige Gliederung der Aufgaben in ihren Auswirkungen zu mildern (d. h. schnelle Informations- und Entscheidungswege, Vermeidung von Doppelarbeit etc.), hat man neben die Linienorganisation eine Projektorganisation gestellt und so eine zweidimensionale Organisationsform geschaffen, die sogenannte Matrixorganisation.

Das wesentliche Kennzeichen der Matrixorganisation besteht darin, dass man zwei Gestaltungskriterien kombiniert. Im Beispiel der **Abbildung IV-73** handelt es sich um die Funktions- und Produkt- bzw. Projektorientierung im Rahmen der Fahrzeugentwicklung.

Die Leiter der Fahrzeugprojekte A und B sind zuständig für die gesamte Steuerung, vom Projektstart (Fahrzeugkonzept) bis zum Auslaufen des Serienfahrzeuges; das heißt, der Leiter Fahrzeugprojekt A betreut das Fahrzeug vom Anfang bis zum Ende (zirka 6 bis 10 Jahre). Der Leiter hat einen kleinen Stab von Mitarbeitern und ruft die erforderlichen Entwicklungsleistungen aus den jeweiligen Fachabteilungen ab. Der Konstrukteur in der Fachabteilung Karosserieentwicklung hat somit einen Linienvorgesetzten (Leiter Karosserie) und einen Fachkoordinator (Leiter Fahrzeugprojekt A). Durch diese Art der Koordination sind direkte Informationsprozesse zwischen den mit den verschiedenen Funktionen Beschäftigten (Karosserie, Fahrwerk, Antrieb, Elektrik etc.) möglich, ohne die sonst in der Linienorganisation übliche auf- und absteigende Kommunikation über die Leiter der Funktionsbereiche zu realisieren. Für den einzelnen Mitarbeiter kann diese Form der Organisation bedeuten, zwei «Herren» zu dienen. Bei Konfliktfällen (wenn es z. B. darum geht, einer konstruktiven Alternative den Vorzug zu geben) entsteht für ihn ein Entscheidungsdilemma.

Um das vorhandene Konfliktpotenzial in dieser Organisationsform zu senken, richtet man zusätzlich Steuerkreise oder Koordinationskreise ein, in denen die Projekt- und Bereichsleiter Konfliktfälle einvernehmlich regeln. Die letzte Entscheidung hat die F&E-Leitung, da ihr die beiden Leiter (Projekt und Linie) untergeordnet sind.

Je nach Art des Unternehmens dominieren in einer solchen Matrixorganisation die Pro-

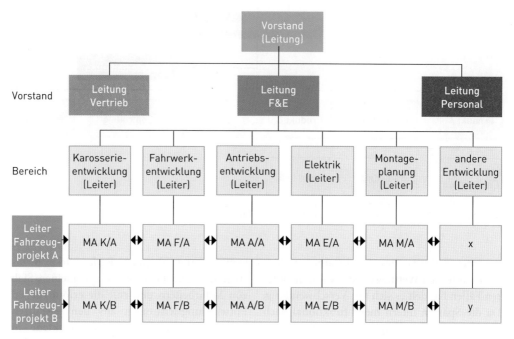

Abbildung IV-73: Linien- und Projektorganisation (Matrixorganisation) im Fahrzeugentwicklungsprozess (für zwei Fahrzeuge: Projekt A und B)

jekt- oder aber die Linienvorgesetzten. Reine Projektorganisationen sind selten, da Projekte zeitlich befristet sind und sich relativ stabile Organisationsstrukturen somit nur für die Laufzeit der Projekte garantieren lassen. Für Mitarbeiter/-innen in Projekten ist es daher wichtig, eine Zukunftsperspektive zu haben und persönliche Entwicklungsmöglichkeiten zu sehen. Die Linie innerhalb der Matrixorganisation bietet dazu die notwendige relative organisatorische Stabilität – eine Grundvoraussetzung für die langfristige Personal- und Kompetenzentwicklung. Unternehmen, die sich überwiegend durch Projekte definieren, haben hier erhebliche Probleme.

Veränderung der Aufbauorganisation

Im Folgenden vermitteln wir dem Leser anhand eines Beispiels aus der Praxis, welcher Veränderungsdynamik betriebliche Organisationsstrukturen im Zeitablauf unterliegen. Die Darstellung der Aufbaustrukturen suggeriert

eine Stabilität, die nicht existiert. Ständige Veränderungen führen zu Modifikationen der grafischen Abbildung (Organigramm), so dass es sich mehr um historische Dokumente als um konkrete grafische Repräsentationen der Wirklichkeit handelt. Diese Veränderungsdynamik stellen wir am Beispiel des Entwicklungsbereichs Motorenentwicklung eines Automobilherstellers mit über tausend Beschäftigten dar. Da Organigramme aus Sicht mancher Unternehmen bei entsprechender Veröffentlichung zu Wettbewerbsnachteilen führen können, sind in den nachfolgenden Abbildungen Namen und Abteilungsbezeichnungen weggelassen bzw. entsprechend geändert.

Über einen Zeitraum von mehr als 33 Jahren lassen sich in der Aufbauorganisation in dem Bereich «Motorenentwicklung» wesentliche Veränderungen erkennen (s. **Abb. IV-74, IV-75, IV-76 u. IV-77**).

Zugleich sieht man, dass sich das Organisationsprinzip (Produkt- vs. Prozessorientierung) relativ häufig ändert. Beim Vergleich der

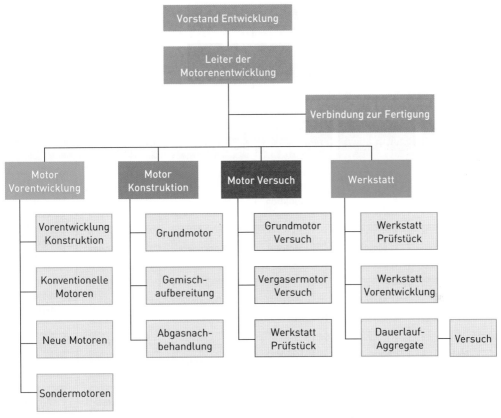

Abbildung IV-74: Organigramm Bereich Motorenentwicklung (Stand 1975)

Organigramme fällt auf, dass sich die Zahl der Abteilungen von 14 (1975) auf 46 (1997/2010) mehr als verdreifacht hat. Die Vermehrung ist auf die Zunahme der verschiedenen Motorarten zurückzuführen (Benziner mit 4, 6, 8, 10 und 12 Zylindern, Reihen- bzw. V-Motoren, Diesel mit 4, 6 und 8 Zylindern sowie Elektromotoren); das heißt, die Organisation reagiert auf die Modellvielfalt, die in den letzten Jahren erheblich zugenommen hat, mit der Einrichtung produktbezogener Konstruktionsabteilungen. Die Abteilungsgrößen variieren zwischen fünf und vierzig Mitarbeitern.

Die Motorelektrik/Elektronik, die es 1975 noch nicht als eigene Abteilung gab, wird 1985 in einer Abteilung gebündelt, 1997 in zwei Abteilungen, die den Motortypen (z.B. Reihenmotoren bzw. V-Motoren) zugeordnet sind. Aus dem Organigramm von 2010 wird der Be-

deutungszuwachs der Elektrik sichtbar; eine Hauptabteilung mit sieben Abteilungen befasst sich mit elektrischen Komponenten inklusive der Entwicklung von Elektromotoren.

Die Hauptabteilung Motoren-Vorentwicklung (1997) ist grundlagenorientiert ausgerichtet (z.B. gibt es eine neue Abteilung Thermodynamik) und hat das Methodenthema «Computerunterstützte Entwicklung bzw. Konstruktion» (CAE/CAD) an die zentrale Hauptabteilung Konstruktion abgegeben. 2010 werden aus der Hauptabteilung Vorentwicklung (1997) drei Abteilungen, die jeweils einer Hauptabteilung untergeordnet sind (Benzinmotoren, elektrische Komponenten, Integration Getriebe).

Es fällt auf, dass im Organigramm von 1997 keine Kontaktstelle zur Produktion (1985) oder «Verbindung zur Fertigung» (1975) aus-

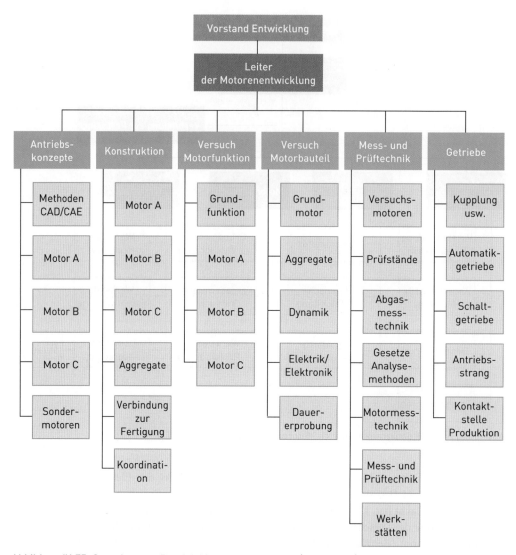

Abbildung IV-75: Organigramm Bereich Motorenentwicklung (Stand 1985)

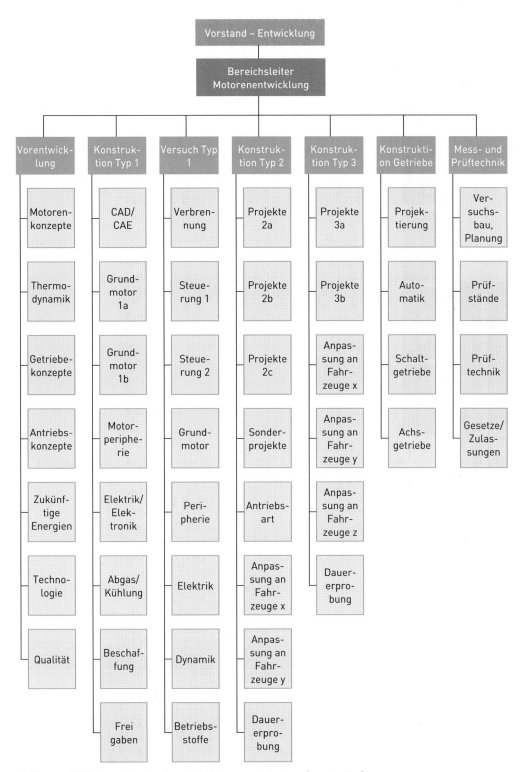

Abbildung IV-76: Organigramm Bereich Motorenentwicklung (Stand 1997)

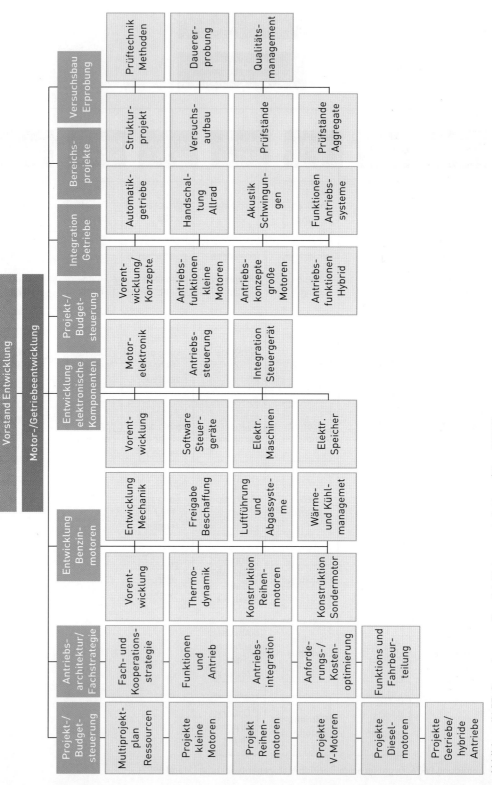

Abbildung IV-77: Organigramm Bereich Motorenentwicklung (Stand 2010)

gewiesen ist, obgleich das Unternehmen den Informationsaustausch zwischen F&E und Produktion als sehr wichtig darstellte. Dieses Fehlen erklärt sich aus der Einrichtung von zusätzlichen Fahrzeugprojekten, die für einen hinreichenden Kontakt zwischen den F&E-Abteilungen und der Produktion sorgen; das heißt, die Konstrukteure aus der Linie sind in Form einer Matrixorganisation in ein Fahrzeugprojekt eingebunden (z. B. neuer Kombi). Im Organigramm von 2010 wird erkennbar, welchen Bedeutungszuwachs die Projektsteuerung und die Kostenoptimierung erhält. Sechs Abteilungen einer Hauptabteilung befassen sich mit der Steuerung unterschiedlicher Projekte und eine Abteilung in der Hauptabteilung Antrieb/Fachstrategie mit Anforderungsoptimierung und Kostenoptimierung.

Welches sind die Hauptgründe für die Veränderungen der Aufbauorganisation? Neben den personbezogenen Gründen (persönliche Beziehungen, informelle Macht, herausragende Kompetenzen etc.), die hier nicht diskutiert werden sollen, die aber unstrittig Einfluss auf die Bildung von Hauptabteilungen und Abteilungen haben (die sog. personbezogene Organisationsentwicklung), sind folgende Ursachen für die Veränderungen der Aufbauorganisation erkennbar:

- *Vergrößerung von Produktumfang und Produktinhalt*
  Die Wettbewerbssituation erzwingt, kundenorientiertere Produkte zu erzeugen. Die Produkte selbst werden komplexer, da sie einer wachsenden Zahl von Anforderungen zu entsprechen haben (z. B. Gewichtsreduktion, Verbrauchssenkung, Leistungserhöhung, wartungsärmer, abgasärmer, lärmärmer, recyclingfähig, reparaturfreundlicher, billiger in den Herstellkosten). Mit jedem Produktzyklus steigen die Anforderungen, und ihre Zahl vergrößert sich. Die Anzahl der Abteilungen wächst nicht linear mit den verschiedenen Produkten (Motoren). Der notwendige Kapazitätszuwachs wird durch Auftragsvergaben an externe Konstruktionsbüros kompensiert, das heißt, die Konstrukteure verwenden einen Großteil (im Schnitt 20 bis 50 Prozent) ihrer persönlichen Arbeitszeit für die Koordination von externen Zulieferern (Konstruktionsbüros, Entwicklungsabteilungen von Systemlieferanten).

- *Anwachsen des Fachwissens, Systematisierung der Konstruktions- und Entwicklungsmethodik*
  Die Anwendung der verschiedenen Berechnungs- und Simulationsmethoden, die Anwendung elaborierter Mess- und Prüfprogramme, die zunehmende Komplexität der Abstimmungsprozesse sowie der Einsatz neuer Werkstoffe (z. B. Gusstechniken für Magnesiumteile, neue Bearbeitungsverfahren für Aluminium) erfordern spezialisierte, fachlich hochqualifizierte Entwickler und Konstrukteure. Die Zunahme des Fachwissens drückt sich nicht nur im Anwachsen des Anteils promovierter Mitarbeiter aus, sondern auch in der Einrichtung von Spezialabteilungen (z. B. Thermodynamik, Betriebsstoffe, Abgassysteme, zukünftige Antriebsenergien, Elektromotoren, Batterietechnik).

- *Zunahme von gesetzlichen Regelungen, Normen, Vorschriften*
  Länderspezifische gesetzliche Regelungen zur Lärm- und Schadstoffemission, Steuergesetze (Hubraumsteuer, CO_2-Steuer usw.), Geschwindigkeitsregelungen und vieles mehr wirken auf die Motorenentwicklung ein. Um diesen Vorschriften im In- und Ausland zu entsprechen, sind Spezialisten notwendig, die – sowohl in der Vorentwicklung als auch in der Konstruktion und im Versuch – die Auswirkungen auf die technische Konzeption zu berücksichtigen haben. Die gesetzlich verankerten Anforderungen an Mess- und Prüfprogramme führen unter anderem zur Einrichtung einer entsprechenden Abteilung und zum Aufbau personalintensiver, technisch aufwendiger Mess- und Prüfplätze.

Change Management

Wie das Beispiel zeigt, unterliegt die betriebliche Aufbauorganisation einem ständigen Veränderungsprozess, der kontinuierlich voranschreitet und sich durch Organigramme zu einem bestehenden Zeitpunkt nur unzureichend abbilden lässt. Die Veränderungen in der Organisation wirken sich auf die Arbeitstätigkeit des einzelnen Mitarbeiters aus. Er ist gezwungen, sich auf neue Vorgesetzte, neue Kollegen und eventuell auch neue Aufgaben einzustellen. Mitarbeiter(inne)n und Vorgesetzten werden erhebliche Anpassungsleistungen abverlangt. Um den damit verbundenen Aufwand möglichst kalkulierbar zu gestalten, verwenden die Mitarbeiter viel Zeit, um im Vorfeld des Vorgesetztenwechsels mittels «FKK» (Flur, Kantine, Kommunikation) möglichst viele Informationen über den Vorgesetzten zu erhalten. Diese «FKK-Aktivitäten» können im Angestelltenbereich bis zu 40 Prozent der produktiven Zeit binden. Sie sind aber unabdingbar, um die eigene Position innerhalb der organisatorischen Umstrukturierung abzusichern bzw. eine weitgehende Situationskontrolle zu behalten.

Die Neuschneidung von Aufgabenfeldern in Form neuer Abteilungen oder der Zusammenlegung mehrerer alter Abteilungen verlangt den Aufbau neuer Informations- und Kommunikationsnetze; alte Beziehungen verlieren ihren instrumentellen Charakter, neue müssen entwickelt werden. Da nahezu jährlich Organigramme geändert, Abteilungen umbenannt und Mitarbeiter räumlich versetzt werden (zirka 15 bis 25 Prozent der angestellten Mitarbeiter/-innen befinden sich im «räumlichen Umzug»), besteht in der Dokumentation des jeweils aktuellen Zustandes einer Organisation ein erheblicher administrativer Aufwand (z.B. Änderung von Postzeichen, Telefonnummern, Raumnummern).

Organisationale Veränderungen betreffen aber nicht nur Arbeitsprozesse und Arbeitsbedingungen, soziale Beziehungen, Technologien und Organisationsstrukturen. Von den Mitgliedern einer Organisation wird eine hohe Veränderungs- und Anpassungsbereitschaft gefordert, um die neuen, teilweise anspruchsvolleren Aufgaben und Anforderungen zu bewältigen. Aufgrund der hohen Veränderungsdynamik, die das tägliche operative Geschäft entscheidend prägt, zeigen sich allerdings deutliche Problembereiche («Stolpersteine»), die es den Organisationsmitgliedern erschweren, die Anforderungen optimal zu bewältigen.

Im Rahmen eines vom Bundesministerium für Bildung und Forschung (BMBF) geförderten Verbundprojekts, das sich mit gesundheitsrelevanten Aspekten bei Restrukturierungen beschäftigte (vgl. Sonntag & Spellenberg, 2005), zeigte eine Befragung von 1150 Führungskräften des Top- und Mittleren Managements in der Automobilindustrie die in **Abbildung IV-78** dargestellten Problembereiche bei Veränderungen.

Diese Einschätzungen von Führungskräften dürften sicherlich nicht nur für die Automobilindustrie repräsentativ sein, sondern sind immer dort zu finden, wo eine hohe Veränderungsdynamik das tägliche operative Geschäft entscheidend prägt:

- *Anzahl an Veränderungsprojekten:*
  61 Prozent der Führungskräfte geben an, dass es in ihrer Organisation zu viele Veränderungsprojekte zu gleicher Zeit gibt. Aufgrund eines hochkompetitiven Umfelds versuchen Organisationen, ihre strategische und funktionale Position zu verbessern, was sich in einer Vielzahl laufender Veränderungsprojekte widerspiegelt. Des Weiteren führen auch personelle Veränderungen im Topmanagement oft zu organisationalen Restrukturierungen.
- *Abstimmung von Veränderungsprojekten:*
  61 Prozent der Führungskräfte geben an, dass die Veränderungsprojekte nicht in eine umfassende Veränderungsstrategie eingebettet sind. Dies zeigt sich in inkonsistenten Zielen und Ad-hoc-Lösungsschritten.
- *Angemessene Bearbeitung von Veränderungen:*

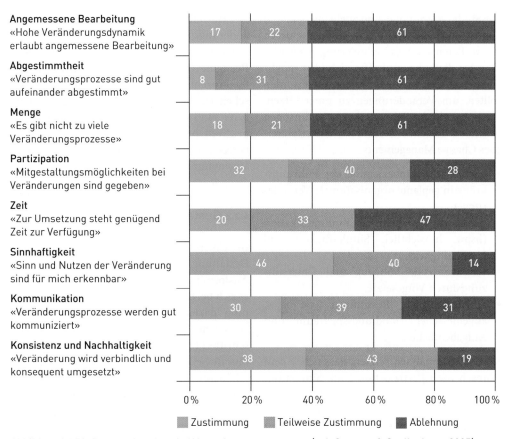

Abbildung IV-78: Problembereiche bei Veränderungsprozessen (vgl. Sonntag & Spellenberg, 2005)

61 Prozent der Führungskräfte nennen die Schwierigkeit, Veränderungsprojekte in angemessener und effektiver Art und Weise bearbeiten zu können. In vielen Fällen verkomplizieren beschränkte personelle Ressourcen die erfolgreiche Implementierung von Veränderungsprozessen. Die Führungskräfte müssen zusätzlich zu täglichen Routineaufgaben Veränderungsprojekte bearbeiten.

- *Kommunikation über Veränderungen:*
  Nur 30 Prozent der Führungskräfte führen an, dass die meisten Veränderungsprozesse ausreichend kommuniziert werden. Folglich können viele Mitarbeiter/-innen die Gründe, Vorteile und Ziele von organisationalen Veränderungsprojekten nicht nachvollziehen. Inkonsistente und verspätete

Informationen tragen zu einem Gefühl der Unsicherheit bei.

- *Konsistenz, Nachhaltigkeit, Bedeutsamkeit und Partizipation:*
  Nur 38 Prozent bzw. 43 Prozent der Befragten geben an, dass sie keine oder nur teilweise Schwierigkeiten damit haben, die Konsistenz, Nachhaltigkeit und Bedeutsamkeit der laufenden Veränderungsprojekte zu erkennen. Fast 70 Prozent sind außerdem der Meinung, dass es keine oder nur teilweise Möglichkeiten gibt, sich an der Planung von Veränderungsprozessen zu beteiligen. Je tiefer sie in der Managementhierarchie stehen, als desto geringer empfinden Führungskräfte ihre Möglichkeiten, an organisationalen Restrukturierungsvorhaben zu partizipieren.

Die Studie von Sonntag und Spellenberg (2005) konnte auch die Bedeutung von Ressourcen für die Bereitschaft zu Veränderungen belegen. Man bat die Führungskräfte, sich über mögliche Ressourcen zu äußern, die genutzt werden sollten, um Veränderungen zu unterstützen. Nach Ansicht der Führungskräfte begünstigen besonders folgende Ressourcen ein erfolgreiches Change Management:

- partizipative Einbeziehung der Führungskräfte in geplante organisationale Veränderungen,
- transparente und ehrliche Kommunikation (bspw. hinsichtlich Sinnhaftigkeit und Nachhaltigkeit),
- vertrauensvolle Führung und Unterstützung durch Vorgesetzte,
- arbeitsinhaltliche Ressourcen (wie bspw. angemessener Handlungsspielraum und Aufgabendichte).

Korrelationsanalysen zeigten, dass neben dem Wunsch nach Partizipation (.60), Sinnhaftigkeit (.58) und Vertrauen in die Führung (.40) auch ein erweiterter Handlungsspielraum (.52) signifikant mit der Veränderungsbereitschaft zusammenhängt.

Wie wichtig Partizipation und Vertrauen für das erfolgreiche Bewältigen von Veränderungsprozessen sind, haben auch internationale Studien überzeugend belegt (vgl. Kernan & Hanges, 2002; Lines, 2004).

In einem weiteren BMBF-Projekt zur Gesundheit und Sicherheit bei neuen Arbeitsformen (GESINA) ließ sich verdeutlichen, dass insbesondere die Ressourcenkombination «hohe Selbstwirksamkeit» und «hoher Kontrollspielraum» geeignet ist, negative Veränderungseffekte auf Gesundheit und Wohlbefinden zu kompensieren (vgl. Sonntag, Benz, Edelmann & Kipfmüller, 2001).

Eine zentrale Bedeutung bei der Bewältigung von Veränderungsprozessen kommt damit, wie in der Forschung vielfach bestätigt, den Ressourcen zu. Der Ansatz eines ressourcenorientierten Change Managements ist zu finden bei Sonntag (2010).

Ernüchternde Zahlen über fehlerhafte Veränderungsprozesse im Bereich Kulturwechsel, Total Quality Management oder Business Reengineering berichtet Burnes (2009): Bis zu 80 Prozent der eingeleiteten Veränderungen scheitern – ein deutliches Indiz dafür, dass arbeits- und organisationspsychologische Perspektiven bei der Bewältigung von Veränderungsprozessen wichtiger sind als häufig angenommen.

4.3.2 Gestaltung der Ablauforganisation

Im Unterschied zur aufbauorganisatorischen Gestaltung, bei der es um die eher «statische» Ausformung der Arbeitsteilung geht, handelt es sich bei der ablauforganisatorischen Gestaltung darum, die innerhalb und zwischen einzelnen Abteilungen ablaufenden Arbeitsschritte (Teiltätigkeiten) unter zeitlichen und räumlichen Aspekten zu komplexen Geschäftsprozessen zusammenzuführen. Mit der Veränderung der Ablauforganisation verändern sich die Arbeitstätigkeiten der betroffenen Mitarbeiter/-innen; bei aufbauorganisatorischen Veränderungen ist dies nicht unbedingt der Fall.

Bevor man mit der Gestaltung von Arbeitsabläufen beginnt, sollten entsprechende Informationen über die aktuellen Prozesse vorliegen. Diese lassen sich zum einen über die systematische Verfolgung eines möglichst repräsentativen Auftrages (Prozesses) vom Beginn bis zum Abschluss gewinnen, zum anderen indem man Menschen beobachtet und befragt, die damit betraut sind, die zur Erzeugung des Produktes bzw. der Dienstleistung notwendigen Aufgaben zu erfüllen (vgl. hierzu auch Felfe & Liepmann, 2008; oder Schüpbach & Zölch, 2007). Beide methodischen Ansätze ergänzen sich und liefern so ein relativ umfassendes Bild von den tatsächlich ablaufenden Prozessen.

Die Zielsetzung der ablauforganisatorischen Gestaltung besteht aus Sicht der Organisation im Wesentlichen in der Effizienzverbesserung oder, anders ausgedrückt, in der Vermeidung überflüssiger Teilprozesse, das heißt solcher Prozesse, die keinen substanziellen Einfluss auf die Produkterzeugung haben und nicht wertschöpfend sind. Aus Sicht der Mitarbeiter/-innen bietet die Ablaufoptimierung die Chance zu ganzheitlichen Tätigkeiten, da in der Regel vielfältige Informationsschnittstellen beseitigt werden und der einzelne Mitarbeiter größere Arbeitsumfänge erhält.

Als typisches Beispiel ist hier das Bemühen zu nennen, Mitarbeitern in der Produktion möglichst viele indirekte Tätigkeiten zu übertragen (Materialbereitstellung, Ausführung von Wartungs- und Instandhaltungsaufgaben, Maschinenbelegung, Auftragsabwicklung etc.), um dadurch die Kosten für Koordination und Steuerung zu senken. Je weniger Menschen in einem Prozess von außenstehenden «Instanzen» gesteuert werden, umso aufwandsärmer lässt sich der Gesamtprozess steuern.

An zwei Beispielen werden die Möglichkeiten und Auswirkungen von ablauforganisatorischen Gestaltungsmaßnahmen diskutiert. Im ersten Beispiel handelt es sich um den Prozess der Auftragssteuerung im Teilefertigungsbereich des schon angesprochenen Kettenherstellers, im zweiten Beispiel um den Versuch, den Informationsaustausch zwischen Entwicklung und Montage eines Automobilherstellers zu verbessern. Dahinter steht die Absicht, die Arbeitsbedingungen in der Montage durch eine montagegerechte Bauteilentwicklung zu optimieren. In beiden Fällen setzt man unterschiedliche Analysemethoden ein:

Im *Beispiel A* werden mehrere repräsentative Aufträge (Standardauftrag, Eilauftrag, «Exotenauftrag» [das ist ein Spezialauftrag mit besonderen Kundenwünschen]) systematisch über Begleitpapiere verfolgt; zusätzlich befragt man die Mitarbeiter/-innen in der Produktion und in der Arbeitsvorbereitung.

Beim *Beispiel B* handelt es sich um eine empirische Untersuchung in einem Automo-bilunternehmen, bei der Mitarbeiter aus Planung, Konstruktion und Montage über ihre Arbeitsbedingungen und ihre jeweiligen Kooperationsbeziehungen befragt werden (vgl. Pastowsky, 1997). Das Ziel der Befragung besteht darin, eine montagefreundliche Produktentwicklung voranzutreiben. Da die systematische Begleitung eines repräsentativen Entwicklungsprojektes, das bis zu fünf Jahre dauern kann, nicht praktikabel ist, bleibt als Ausweg nur die stichprobenhafte Befragung von Mitarbeitern innerhalb des Produktentstehungsprozesses. Das heißt, es müssen Personen aus dem Forschungs- und Entwicklungsbereich, der Zentral- und Werksplanung und der Montage zu ihren Erfahrungen aus vergangenen Projekten interviewt werden. In diesen Gesprächen lassen sich gleichzeitig die Verbesserungsvorschläge aufgreifen, nach denen man die Interviewpartner fragt.

Beispiel A

Im Rahmen der Einführung von Gruppenarbeit im Bereich der Teilefertigung beklagten sich die Mitarbeiter über die aufwendige und wenig effiziente Auftragssteuerung. Trotz des Einsatzes eines zentralen, computergestützten Produktionsplanungs- und Steuerungssystems (Markenname SAP R/3) handelt es sich hier, wie Abbildung IV-79 zeigt, um einen sehr komplexen Prozess der Auftragseinsteuerung, Auftragsvergabe und Auftragsrückmeldung.

Durch das Gruppenarbeitskonzept wurde aus den ehemals mehr oder weniger getrennten Fertigungsabschnitten der Nietenproduktion (Drahtziehen, Hacken, Schleifen und Waschen) eine Fertigungsinsel, in der die Mitarbeiter von der Materialbereitstellung bis zur Abgabe der fertigen Nieten alle anfallenden Aufgaben übernehmen sollten und wollten. Die «Bereinigung» der Abläufe sollte die Gruppenarbeit fördern und den Prozess effizienter gestalten.

Die Ist-Analyse brachte ein umfangreiches Beziehungs- und Informationsgeflecht zu Tage. Allen Beteiligten wurde erst nach Präsenta-

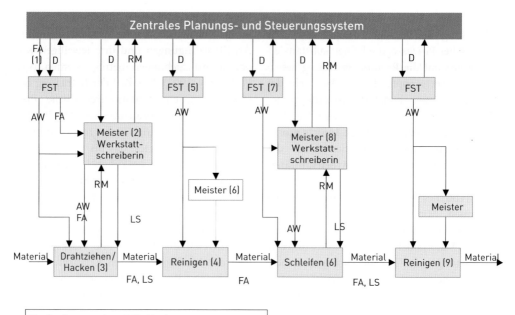

Abbildung IV-79: Auftragssteuerung und Arbeitsablauf: Ausgangszustand/Ist-Zustand 1 (16 Mitarbeiter)

tion der Abläufe (s. Abb. IV-79) klar, dass ein solcher Prozess nur schwer beherrschbar und wenig überschaubar ist. Fehler und Missverständnisse sind prozessimmanent. Vereinfacht dargestellt, entnimmt die Fertigungssteuerung den Fertigungsauftrag dem zentralen Planungs- und Steuerungssystem (1) (die Nummerierung bezieht sich auf Abb. IV-79) und gibt ihn weiter an den Meister. Mit dem Auftrag sind entsprechende Arbeitsanweisungen verbunden, die die Werkstattschreiberin mit dem Fertigungsauftrag an den Mitarbeiter der Drahtzieherei/Hackerei gibt (2). Das Material für den Auftrag wird angeliefert oder auch nicht; wenn nicht, muss der Mitarbeiter danach suchen. Der Fertigungsauftrag (FA) wird nach Beendigung der Arbeit vom Mitarbeiter (3) an den Mitarbeiter (4) gegeben. Mit dem FA werden die Lohnscheine (LS) weitergereicht, damit der Auftrag pro Mitarbeiter kontiert werden kann. Fertigungssteuerer geben über den Meister (5/6) Anweisungen an den Reini-

ger (4). Dieser reicht nach Erledigung seiner Aufgaben den FA an die Schleiferei (6), die von der Fertigungssteuerung die Arbeitsanweisungen erhält (7). Der Meister (8) kontrolliert die Arbeitsanweisung und meldet den FA an das SAP-System zurück. Von der Schleiferei geht der FA an die Reinigung (9), von dort verlässt das fertige Teilprodukt Nieten den Fertigungsbereich. Neben diesem Hauptprozess finden eine Reihe von Abklärungen (D – für Dialog) statt, um die Reihenfolge der Aufträge zu optimieren und Rüstzeiten (Hackerei, Schleiferei) zu minimieren. Die Durchlaufzeiten für einen Auftrag sind aus Sicht der Geschäftsleitung zu lang. Die Lohnscheine sind im Prinzip überflüssig, da kein Akkord bezahlt wird, sondern ein fest vereinbarter Leistungslohn.

Eine Vielzahl von Gestaltungsmaßnahmen begleitete die Einführung von Gruppenarbeit (z. B. Qualifizierung der Mitarbeiter für mehrere Fertigungsabschnitte, Schulung am PC, um Material- und Auftragseinbuchungen am

SAP-System selbstständig durchführen zu können, Übernahme der Bewirtschaftung des Rohmateriallagers, Qualifizierung des Gruppensprechers auf dem Gebiet der Auftragssteuerung, Einrichtung einer Kostenstelle für die Fertigungsinsel, Aufstellung von Kennzahlen zur Ermittlung der Produktivität der Gruppe). Im Rahmen dieser Maßnahmen ließen sich über drei Jahre hinweg die Voraussetzungen schaffen, den Arbeitsprozess innerhalb der Teilefertigung drastisch zu vereinfachen. Wie Abbildung IV-80 zeigt, verwaltet die Gruppe im Ist-Zustand 2 das Rohmateriallager einschließlich der Materialbereitstellung selbst. Die Fertigungssteuerung, die ebenfalls im Team organisiert ist, gibt die Aufträge wochenweise an die Gruppe, die diese eigenständig bearbeitet; fertige Aufträge werden rückgemeldet. Der Meister hat im Rahmen der Auftragssteuerung (außer bei Konflikten) keine Aufgaben mehr. Die Tätigkeit der Werkstattschreiberin ist weggefallen, sie wurde versetzt. Da ein Segmentteam die Gruppe betreut, hat der ehemalige Meister eine neue Funktion: Er ist innerhalb des Segmentteams

für die Personalbetreuung mehrerer Gruppen zuständig und vermittelt in Konfliktfällen (z. B. Urlaub, Freischichten, Krankenvertretung). Die Mitarbeiterzahl in der Fertigungsinsel ist im Lauf des Betrachtungszeitraums von drei Jahren um zwei Personen angewachsen. Die Produktivität der Fertigungsinsel wuchs um zirka 20 Prozent, die Lohngruppen wurden bei zirka 60 Prozent der Mitarbeiter nach erfolgreich abgeschlossenen Qualifizierungsmaßnahmen um eine halbe bzw. eine Stufe angehoben.

Wie dieses Beispiel der Arbeitsablaufoptimierung zeigt, sind vielfältige Maßnahmen erforderlich, um den gewünschten Veränderungsprozess zu initiieren. Der Abbau überflüssiger Teilprozesse führt zu einer Effizienzsteigerung ohne Leistungsverdichtung.

Beispiel B

Am Beispiel der Fahrzeugentwicklung wollen wir exemplarisch verdeutlichen, welche Gestaltungsbemühungen erforderlich sind, um

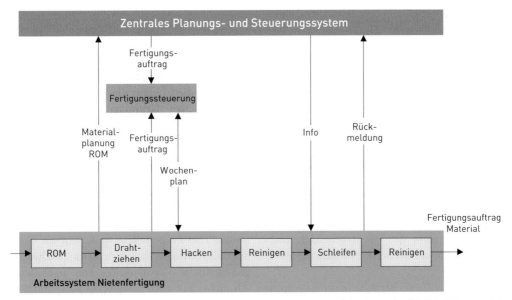

Abbildung IV-80: Auftragssteuerung und Arbeitsablauf: Ist-Zustand 2 (18 Mitarbeiter) ROM: Rohmaterial

die arbeitswissenschaftlich wichtige Forderung nach montagegerechter Konstruktion in die Praxis umzusetzen (vgl. hierzu auch die verschiedenen Beiträge in Eversheim & Schuh, 1996; Frieling, 1997; oder Pastowsky, 1997).

Um den Entwicklungsprozess eines Automobils möglichst zu verkürzen (von fünf bis sechs auf drei oder vier Jahre), teilt man die Fahrzeuge in Module auf (zirka 40 bis 60, z. B. Motor, Türen, Klappen, Instrumententafel, Kabelbaum etc.) und bildet sogenannte Entwicklungsteams bzw. Modulteams. Sie bestehen aus einem Kernteam (vgl. Frieling & Klein, 1988) und einem Sekundärteam, in das man je nach Entwicklungsstand zeitlich befristet zusätzliche Personen einbindet. In das Entwicklungsteam werden auch die Zentralplaner integriert, die sich mit neuen Montage- und Fertigungssystemen (Anlagen, Maschinen, Transportmittel) befassen und dafür verantwortlich sind, dass das neue Fahrzeugmodul montiert bzw. gefertigt werden kann. In einer relativ späten Entwicklungsstufe erfolgt die Einbindung der Werksplaner, die für die Anpassung der neuen Fertigungs- und Montagetechniken an die bestehenden Einrichtungen verantwortlich sind. Die betroffenen Mitarbeiter in der Produktion werden kaum eingebunden; in Einzelfällen wird das Urteil der Meister erfragt, nicht aber das der Montagearbeiter. In **Abbildung IV-81** sind die nach Pastowsky (1997, S. 105) wichtigsten Kooperationsprozesse zwischen Entwicklung und Montage dargestellt. Auf der linken Seite der Abbildung beziehen sich die Kontakte auf den Montageprozess, rechts auf die Produktgestaltung und in der Mitte auf die modulbezogene Projektorganisation. Der obere Block beinhaltet die zentralen Entwicklungsfachstellen (Zentralplanung und Entwicklung/Konstruktion mit den dazugehörigen Werkstätten und dem Pilotwerk, in dem neue Fahrzeuge im Pilotversuch montiert werden), der untere den Montagebereich eines Werkes inklusive der werksbezogenen Montageplanung.

Pastowsky (1997) befragte in seiner empirischen Untersuchung zirka 70 Mitarbeiter aus der Konstruktion, der Planung (Zentral- und Werksplanung) und der Montage, um die Schwachstellen in der Kommunikation und Kooperation zu ermitteln und daraus Verbesserungsvorschläge abzuleiten. Welche Probleme die befragten Personengruppen nannten und welche Verbesserungsvorschläge sie äußerten, stellen wir in den nächsten drei Unterkapiteln dar.

Probleme und Verbesserungsmöglichkeiten aus Sicht der Konstrukteure (Entwickler)
Wegen des hohen Zeitdrucks in der Entwicklung vergibt man viele Konstruktionsleistungen nach außen; darunter leidet die Zusammenarbeit in den Modulteams. Die externen Konstrukteure suchen nicht den Kontakt zur Montage, sondern zu ihren Auftraggebern, den Entwicklungsabteilungen. Ziele, Inhalte und Methoden der montagegerechten Konstruktion sind ihnen weitgehend unbekannt. Dass die Teile montierbar sind, stellt man überwiegend durch Kooperation mit dem Meister im Pilotwerk sicher (der zum F&E-Ressort gehört) und nicht über Absprachen mit den zuständigen Montageabteilungen der einzelnen Werke. Ergonomische Aspekte der Montage spielen keine oder bestenfalls eine untergeordnete Rolle. Indem die Produkt- und Prozess-FMEA («Fehler-Möglichkeits- und Einfluss-Analyse»; vgl. hierzu Franke, 1990; oder Algedri & Frieling, 2001) mit ergonomischen Datenbanken kombiniert wird, sieht man die Chance, die Konstrukteure mit ergonomischen Grundkenntnissen vertraut zu machen.

Nur wenige Experten nutzen derzeit die Simulationstechniken zur Überprüfung der Montagefähigkeit von Bauteilen, die den Entwicklungsabteilungen verfügbar sind. Es ist daher notwendig, diese Methoden softwareergonomisch so zu gestalten, dass man sie ohne Spezialkenntnisse einsetzen kann (Stichwort: ganzheitliche Konstruktion von Bauteilen); Ähnliches gilt auch für diverse Berechnungsmethoden.

Zentrale Entwicklungsfachstellen

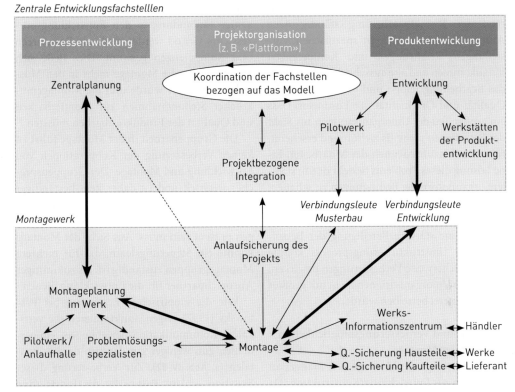

Abbildung IV-81: Akteure und Prozesse bei der Zusammenarbeit von Entwicklung, Planung und Montage (Pastowsky, 1997, S. 105)

Probleme und Verbesserungsmöglichkeiten aus Sicht der Planung

Die Zentralplaner haben das Problem, dass die einzelnen Werke unterschiedliche Techniken einsetzen. So kommt es, dass Werksplaner die Vorschläge aus der Zentrale in dem einen Werk akzeptieren, in dem anderen aber nicht; das heißt, die Werksplaner verfolgen unterschiedliche Konzepte. Aus Sicht der Zentralplaner ist es notwendig, die Vorschläge der Werksplaner aus den unterschiedlichen Werken zu koordinieren, so dass langfristig eine durchgängige Planungsphilosophie entsteht. Auf diese kann sich die zentrale Planung einstellen.

Aufgrund der Spezialisierung und der als belastend empfundenen Organisationsdynamik geht das Erfahrungswissen in der Planung häufig verloren. Der ständige Aufgaben- und Themenwechsel innerhalb der Planung verhindert, dass man aus Fehlern lernt. Die negativen Rückmeldungen der Montage werden als Fehler des Vorgängers abgetan. Know-how und stabile Kooperationen zwischen Zentralplanung und Montage zu entwickeln, ist kaum möglich. Zur Bewältigung der Probleme in diesem Bereich wird empfohlen, die Fachlaufbahn zu stärken und den Mitarbeitern die Chance zu geben, aus Fehlern zu lernen, das heißt kontinuierlich Erfahrungswissen aufzubauen.

Um zu verhindern, dass viele Mitarbeiter ihr Fortkommen im Organisieren und der Selbstdarstellung suchen, soll der Bearbeitung und Umsetzung konkreter Projekte mehr Aufmerksamkeit gewidmet werden.

Die hohe Organisationsdynamik in dem untersuchten Unternehmen führt nach Meinung von Pastowsky (1997) dazu, dass während der Projektbearbeitung ständig neue Ansprechpartner mit ihren spezifischen Vorstellungen, Erfahrungen und Kompetenzen hinzukommen und alte ausscheiden; dies lähmt das Bearbeitungstempo und beeinträchtigt die Qualität und Originalität der Lösungen. Dass ein großer Teil der Umorganisationen aus Sicht der Betroffenen nicht als zielführend erscheint, führt zur Unzufriedenheit der Mitarbeiter. Eine Lösung dieses Problems besteht darin, stabilere organisatorische Bedingungen zu schaffen, ohne die notwendigen Anpassungsmaßnahmen zu unterlassen – eine schwierige Gratwanderung. Eine stärkere Beteiligung der Betroffenen am Umstrukturierungsprozess könnte hier möglicherweise Verbesserungen bewirken, wenn man Umorganisationen nicht mit größter Heimlichtuerei betreiben würde.

Probleme und Verbesserungsmöglichkeiten aus Sicht der Montage

Generell beklagt die Montage den Mangel an Kontakten zur Entwicklung/Konstruktion. Da die Montagemitarbeiter aus ihrer Sicht die Konstruktionsprobleme eines Bauteils vor Ort ausbaden müssen, würden sie die Konstrukteure gern an ihren Problemen teilhaben lassen. Die Montagemitarbeiter wünschen sich häufigere Präsentationen von Seiten der Konstrukteure/Entwickler bei ihnen vor Ort, in denen die Konstrukteure Argumente vortragen, warum Bauteile aus ihrer Sicht so gestaltet sein müssen, wie sie gestaltet sind; das könnte bei den Mitarbeitern der Montage die Akzeptanz für gewisse Montageprobleme fördern, und die Entwickler könnten sich eingehender mit den Argumenten der Montage vertraut machen (z.B. auch durch Diskussion von Verbesserungsvorschlägen).

Der Informationsfluss zwischen Entwicklern und Montage ist nicht ausbalanciert. Die Entwickler gehen auf die Montage zu, wenn sie Informationen für ihre Entwicklungsarbeit benötigen oder Akzeptanz für bereits bestehende Lösungen «einfordern». Die Montage spricht die Entwickler nur bei Problemen an.

Die Montage drängt aber nicht auf eine frühzeitige Einbindung in den Entwicklungsprozess. Als Grund werden fehlende Ressourcen und Kompetenzen genannt. Dies ließe sich ändern, wenn die Montage mehr in den Musterbau integriert würde und die Montagemitarbeiter Stellungnahmen zur Montierbarkeit und Qualität der Produkte abgeben müssten.

Die Gruppenarbeit in der Montage führt zu keiner Verbesserung der Kooperationen von Entwicklung und Montage. Der Gruppensprecher wechselt und ist daher kein beständiger Ansprechpartner, der Meister ist zu selten vor Ort, da er ständig in verschiedensten Sitzungen präsent sein muss. Aus Sicht der Montage könnte ein Steuerungsteam, das für mehrere Montagegruppen zuständig ist, als zukünftiger Ansprechpartner für die Entwicklung dienen.

Wie die empirischen Ergebnisse bei Pastowsky (1997) zeigen, funktionieren die vertikalen Kommunikationsbeziehungen einigermaßen gut, weniger gut dagegen die horizontalen (s. **Abb. IV-82**). Zur Verbesserung dieser Situation schlägt Pastowsky die Einrichtung eines Montagesteuerteams vor, das sich zusammensetzt aus dem Montageverantwortlichen des Bereichs (in dem ein Modul eingebaut wird, z.B. Türenvormontage bzw. Türeneinbau), dem Meister, dem Montageplaner (Werk) und dem Qualitätssicherer. Bei Bedarf kann der Gruppensprecher einbezogen werden. Solche Montagesteuerteams und zu fördernde Spezialisten in den Montagegruppen sollen die Kooperationsprozesse zwischen Entwicklung und Montage unter Berücksichtigung der bestehenden Gruppenarbeit verbessern (s. **Abb. IV-83**).

So ist denkbar, dass das mit A bezeichnete Gruppenmitglied sich auf Probleme des Handlings und der Produktverbesserung spezialisiert und somit der Ansprechpartner für die Entwickler/Konstrukteure, Zentral- und Werksplaner ist. Günstig wäre es, wenn das Gruppenmitglied derjenige sein könnte, der mit den zentralen Sekundärfunktionen (Instandhaltung, Logistik) zusammenarbeitet. B und C nehmen an den wöchentlichen Sitzungen des Montagesteuerteams teil und vertreten

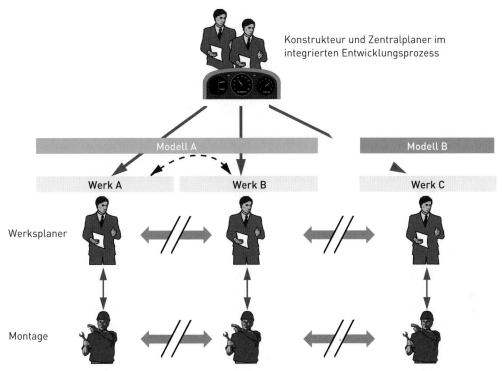

Konstrukteur und Zentralplaner im integrierten Entwicklungsprozess

Abbildung IV-82: Defizite in der horizontalen Kooperation und Kommunikation (vgl. Pastowsky, 1997, S. 241)

Abbildung IV-83: Verzahnung von Montagesteuerteam und Montagegruppe (Pastowsky, 1997, S. 264)

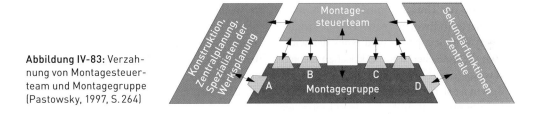

dort «ihre» Montageinteressen (z.B. Layoutplanung, Verbesserungsvorschläge der Gruppe). Um die Spezialisierung für den Gruppenentwicklungsprozess zu nutzen, sollte die Themenführerschaft nicht von einem Menschen allein, sondern von mindestens zwei Mitgliedern besetzt sein. Zusätzlich ist es erforderlich, die Kooperationsinhalte in Gruppengesprächen abzustimmen.

Dieses Modell macht es erforderlich, die freie, nicht taktgebundene Arbeitskapazität in der Montage zu erhöhen, zum Beispiel durch den Einsatz von Springern, die während der Gesprächszeiten die Montage an den Bändern weiterführen. Hier gibt es vermutlich die größten Einwände, da ein derartiger Vorschlag mit höheren Personalkosten verbunden ist.

Wie aus den beiden Beispielen deutlich wird, kann das Methodenarsenal der Arbeitspsychologie einen wesentlichen Beitrag dazu leisten, die Arbeitsabläufe im Interesse einer effizienteren Arbeitsorganisation zu optimieren und gleichzeitig die sich aus unzulänglichen Arbeitsabläufen ergebenden negativen Beanspruchungsfolgen zu reduzieren (z. B. Stressreaktionen aufgrund von Wartezeiten, Fehlern, unzureichenden Arbeitsinformationen, mangelnder Beteiligung oder vermeidbarer Nacharbeit).

Das mit der Ablaufoptimierung verbundene Ziel Effizienzsteigerung ist nur erreichbar, wenn die Mitarbeiter umfassend am Veränderungsprozess beteiligt sind. Im Beispiel A ist das zweifellos der Fall, im Beispiel B handelt es sich um Wunschvorstellungen.

4.3.3 Gruppenarbeit und Neue Arbeitsstrukturen

In den 1930er- und 1940er-Jahren hat sich Lewin als einer der ersten Psychologen sowohl theoretisch als auch praktisch mit der Thematik Gruppenarbeit befasst. Seine Ausführungen zum Thema «Psychologie und Gruppenarbeit» klingen aktueller denn je, obgleich sie schon über siebzig Jahre alt sind: «Wenn die wissenschaftliche Erforschung der Gruppenarbeit auch erst wenige Jahre alt ist, so zögere ich doch nicht, vorherzusagen, dass Gruppenarbeit – also der Umgang mit Menschen, nicht als isolierte Individuen, sondern im sozialen Kontext von Gruppen – bald eines der wichtigsten theoretischen und praktischen Gebiete sein wird» (Lewin, 1982, S. 215).

Lewin ist sich bewusst, dass Gruppenarbeit eng verbunden ist mit der demokratischen Kultur eines Landes, in der Gruppenarbeit stattfindet. Diesen Ansatz greift Berggren (1991) im Abschlusskapitel seines Buches «Von Ford zu Volvo» auf, in dem er betont, dass im Unterschied zu dem «team concept», wie es in der englischen und japanischen Automobilindustrie üblich ist, das schwedische Modell der Gruppenarbeit einen sozialen Kompromiss zwischen unterschiedlichen Interessen von Betrieb und Arbeitnehmer(inne)n darstellt (vgl. Berggren, 1991, S. 327 f.).

Der Grad der Gruppenautonomie bzw. die Partizipations- oder Mitbestimmungsmöglichkeiten hängen ab von der jeweiligen Produktionstechnologie und -technik, der Managementphilosophie, der Personalsituation und ökonomischen Faktoren. Die arbeitspsychologische und sozialwissenschaftlich orientierte Forschung zum Thema Gruppenarbeit ist somit aufgefordert, die betriebspolitischen Rahmenbedingungen mitzuuntersuchen.

Lewin betont den sozialpolitischen Aspekt aus der leidvollen Erfahrung nationalsozialistischer Gewaltherrschaft ganz dezidiert, wenn er schreibt, dass ein dauerhafter Frieden nur in einer Atmosphäre vorstellbar ist, «wo die Gleichheit und die Würde des Menschen als Menschen die Grundlagen der zwischenmenschlichen Beziehungen und der kulturellen Werte sind, wo der Mensch nicht als Werkzeug für andere Menschen, noch für die angeblich übermenschlichen Werte des Staates, der Wirtschaft, der Kunst oder der Wissenschaft angesehen wird» (Lewin, 1982, S. 218).

Dieser humanzentrierten und demokratischen Ideen verpflichtete Ansatz bei der Betrachtung der Gruppenarbeit geht häufig verloren, wenn nicht nur der/die Einzelne, sondern auch die Gruppe als Werkzeug betrachtet wird, um im Interesse der Anteilseigner eine ausreichende Kapitalrendite zu erzeugen. Die häufig in der einschlägigen Fachliteratur zitierte, vom Toyotismus überzeugte MIT-Studie von Womack, Jones & Roos (1990) ist ein Beispiel dafür, dass Gruppenarbeit dort nur Werkzeugcharakter hat.

In einem vom Arbeitskreis «Neue Arbeitsstrukturen der deutschen Automobilindustrie» (AKNA) erstellten Leitfaden zur Einführung von Teamarbeit in die Produktion (vgl. REFA, 1993) wird der Versuch unternommen, durch Formulierungstricks die Gruppenarbeit zu entpolitisieren, indem man den Begriff «Teamarbeit» einführt. Ähnliches tut auch Wahren (1994, S. 41), der «Teamarbeit» von «Gruppenarbeit» definitorisch trennt, indem er Teams im Gegensatz zu Gruppen ambitionierte, längerfristige Leistungsziele unterstellt. In beiden Fällen möchte man unbedingt die mit dem Begriff «Gruppenarbeit» verbundenen Konnotationen von Demokratisierung, Partizipation und Mitbestimmung vermeiden. Dies gelingt offensichtlich nicht. In den von diesem Arbeitskreis der Automobilindustrie (REFA, 1993, S. 13) formulierten «Erwartungen und Bedenken in Verbindung mit Teamarbeit» finden sich – vermutlich unbeabsichtigt – eminent sozialpolitische Äußerungen:

- Die Unternehmen rechnen bei Einführung von Gruppenarbeit mit verbesserten Anlagennutzungszeiten, effizienteren Produktionsprozessen, einer Verminderung des administrativen Aufwands, motivierten Mitarbeitern und einem verbesserten Arbeitsklima.
- Als bedenklich wird die Gruppenarbeit gewertet, da die Gewerkschaften hier die Möglichkeit sehen, die Mitbestimmung auf Fragen der Planung, des Entgelts und der Qualifikation auszudehnen. Die Mitarbeiter erkennen – so die Erwartungen und Befürchtungen der Arbeitgeber –, dass die Teamarbeit ihnen Freiräume schafft und vermehrt Möglichkeiten zur Selbstorganisation und Eigenverantwortung bietet.

Aus Sicht der Arbeitgeber verknüpfen sich mit Teamarbeit/Gruppenarbeit Erwartungen, wenn diese einen Beitrag zur Effizienzsteigerung leistet, und gleichzeitig Bedenken, wenn Mitbestimmungs- und Selbstorganisationsmöglichkeiten damit verbunden sind.

Die Angst der Arbeitgeber vor einem Verlust des Direktionsrechtes und einer Ausweitung der Mitbestimmungsmöglichkeiten verleitet diese zu dem Versuch, neue Arbeitsstrukturierungskonzepte defensiv einzuführen. Sie haben Angst vor einer mit Gruppenarbeit (GA) einhergehenden innerbetrieblichen Demokratisierung. Diese Angst bei gleichzeitiger Überzeugung, die bestehenden Arbeitsstrukturen ändern zu müssen, lässt sie erleichtert auf den aus Japan herangeeilten Zug entpolitisierter, effizienzorientierter Gruppenarbeit aufspringen. Das japanische Modell, konkretisiert im Toyota-Produktionssystem (vgl. Ohno, 2009;

oder Neuhaus, 2010), basiert eher auf einem konsensorientierten, autoritär strukturierten Demokratiemodell und weniger auf einer demokratischen Streitkultur, die bestehende Interessengegensätze akzeptiert und daraus effizienzsteigernde Lösungen entwickelt.

Die Auseinandersetzung mit verschiedenen Formen der Gruppenarbeit ist nicht nur eine psychologisch-sozialwissenschaftliche, sondern immer auch eine (betriebs-)politische Auseinandersetzung. Die dahinterstehenden Wertorientierungen – die im Sinne von Erpenbeck und Weinberg (1993, S. 23) ein Handeln unter Unsicherheit ermöglichen – lassen sich nur schwer erschließen. Zu sehr klaffen im betrieblichen Alltag die verbalen Äußerungen des Managements in Selbstdarstellungen (z. B. betriebliche Verlautbarungen, Präambeln in Betriebsvereinbarungen, Berichte in Hauszeitungen oder Stellungnahmen in Managermagazinen) und die konkreten Handlungen zur Steuerung und Koordinierung der Mitarbeiter/-innen auseinander. Es erweist sich daher als notwendig, die verschiedenen Formen der Gruppenarbeit zu beschreiben und Operationalisierungskriterien zu finden, um deutlich zu machen, dass Gruppenarbeit kein einheitliches Phänomen ist (vgl. hierzu auch Berggren, 1991). Je nach aktuellen betrieblichen Moden, Werthaltungen oder (betriebs-)politischen Vorgaben wird man Arbeitsgruppen und Gruppenarbeit als Bestandteil von Reengineeringmaßnahmen verkaufen, als Fraktale einer fraktalen Fabrik, als Beitrag zur Erhöhung der Effizienz oder als Schritt auf dem Wege zur Selbststeuerung im Sinne des lernenden Unternehmens. In all diesen Fällen finden sich unterschiedliche Ausprägungen und Arbeitsformen. Aber auch vielfältige Begrifflichkeiten, wie Zellen bzw. neuronale Clubs, Nester, Inseln, integrierte Units, autonome Teams, Synergieeinheiten etc. finden Verwendung. Diese Begriffe beschreiben weniger konkrete Phänomene; sie sind eher ein Ausdruck der jeweiligen Mode. Sie demonstrieren Fortschritt und verschleiern die Realität, in der die Betroffenen agieren müssen.

Für empirisch orientierte Arbeitspsychologen kommt es darauf an, operationalisierbare Unterscheidungskriterien zu entwickeln, um Vergleiche zwischen verschiedenen Arbeitsformen herbeizuführen und die bestehenden Unterschiede in Relation zum subjektiven Erleben (der Beanspruchung im weitesten Sinne) zu betrachten. Nur auf diese Weise lassen sich bestehende Arbeitsstrukturen optimieren.

Definitionsversuche von «Gruppenarbeit»

In der Organisationspsychologie unterscheidet man üblicherweise zwischen formalen und informellen Gruppen (vgl. z. B. Antoni, 2007; v. Rosenstiel, 2007b; Arnold & Randall, 2010).

Unter *formalen* Gruppen versteht man die Aufteilung einer Organisation in Einheiten, die spezifische Aufgaben zu erledigen haben. Der Organisationsplan (Organigramm) bestimmt Hierarchie und Unterstellungsverhältnisse. Die Beziehungen der Gruppenmitglieder untereinander sind hier weniger von Interesse. Innerhalb dieser formalen Gruppen bilden sich *informelle* Gruppen, die im Wesentlichen dazu beitragen, die sozialen und psychischen Bedürfnisse zu befriedigen.

In der betrieblichen Praxis sind formale und informelle Gruppen je nach Organisationsmodell getrennte oder ausbalancierte Wechselbeziehungen verschiedener Strukturen innerhalb einer oder zwischen verschiedenen organisatorischen Einheiten (s. Infobox IV-9).

Definiert man eine Gruppe im Sinne v. Rosenstiels (2007b, S. 389) «als eine Mehrzahl von Personen, die zeitlich überdauernd in direkter Interaktion stehend durch Rollendifferenzierung und gemeinsame Normen gekennzeichnet sind und die ein Wir-Gefühl verbindet», so fällt auf, dass diese sozialpsychologisch orientierte Definition für Jugendgangs ebenso gilt wie für Arbeitsgruppen von Studenten. Für Arbeitsgruppen in Organisationen fehlt in dieser Definition zweifellos die Vereinbarung der gemeinsam zu realisierenden Ziele. Diesen Aspekt der Gruppenarbeit verdeutlicht besonders Antoni (2007) in seiner Darstellung der konstituierenden Merkmale von Gruppenarbeit. Nach seiner Meinung kann man in einem Unternehmen dann von Arbeitsgruppen sprechen, wenn folgende Kriterien erfüllt sind: «Mehrere Personen bearbeiten über eine gewisse Zeit nach gewissen Regeln und Normen eine aus mehreren Teilaufgaben bestehende Arbeitsaufgabe, um gemeinsame Ziele zu erreichen, sie arbeiten dabei unmittelbar zusammen und fühlen sich als Gruppe» (Antoni, 2007, S. 679).

Nach v. Rosenstiel (2007b, S. 390 f.) wird eine Gruppe im psychologischen Sinne zu einer Gruppe, wenn folgende Aspekte vorfindbar sind:

- Bestehen einer auch die Beziehungsebene berührenden Kommunikation,
- eine an der Kommunikation wachsende Rollendifferenzierung,
- von der Gruppe selbst entwickelte Normen und Werte und
- das Vorhandensein eines Wir-Gefühls.

Diese Aspekte finden sich sehr ausgeprägt in der in Infobox IV-9 beschriebenen Gruppe.

Aus Sicht des Managements stehen diese Aspekte der Gruppenarbeit, die sich im Lauf der Zeit, in der die einzelnen Gruppenmitglieder kooperieren, mehr oder weniger automatisch einstellen, nicht im Vordergrund. Im Gegenteil, einige dieser Bestandteile von Gruppenarbeit können sich aus ihrer Sicht kontraproduktiv entwickeln. Zu denken ist hier vor allem an die gemeinsam entwickelten Normen und Werte, die mit den von der Hierarchie vorgegebenen kollidieren können.

Ein Beispiel mag dies illustrieren: Das Management eines Automobilunternehmens fordert die Mitarbeiter auf, möglichst alle Verbesserungsvorschläge sofort mitzuteilen, um die Effizienz zu steigern. Dies gilt vor allem für die Phase des Neuanlaufs eines Fahrzeuges. Innerhalb der ersten vier bis sechs Monate fällt dies unter Anlaufoptimierung, und die Mitarbeiter erhalten kein Geld aus dem Budget «Betriebliches Vorschlagswesen» (BVW). Bei den Mitar-

Infobox IV-9

Formale vs. informelle Gruppe

In einem Automobilzulieferunternehmen wurde 1994 Gruppenarbeit in einer Teilefertigung eingeführt. Die Gruppe besteht aus 15 Mitarbeitern, die im wesentlichen Maschinen bedienen, warten und einrichten und für den Produktionsablauf verantwortlich sind. Die Mitarbeiter haben die Lagerwirtschaft für ihr Rohmaterial und ihre Fertigungsprodukte übernommen. Der gewählte Gruppensprecher und sein Vertreter sind in der Gruppe akzeptiert. Der Gruppensprecher ist ein aktiver, durchsetzungsfähiger Facharbeiter, der seine Gruppe koordiniert und kraftvoll nach außen vertritt. Der Meister ist im Hintergrund, still und wartet. Die Gruppe hat nach einem Jahr die Gruppensprecherwahl zu wiederholen (lt. Betriebsvereinbarung). Es sollen Kandidaten benannt und aufgelistet werden, um die Wahlen durchführen zu können. Die Gruppe weigert sich; sie benennt keine Kandidaten, der alte Gruppensprecher und sein Stellvertreter lehnen eine Kandidatur mit der Begründung ab, dass das Unternehmen bis jetzt nichts für sie getan hat. Es gibt für die im Laufe des Jahres qualifizierten Mitarbeiter keine Lohnerhöhung. Die Arbeitsaufgaben sind umfangreicher geworden, der Arbeitsdruck wird größer, eine partielle Freistellung des Gruppensprechers von Routineaufgaben ist nicht erfolgt. Die geplanten Qualifizierungsmaßnahmen finden nicht systematisiert statt. Das neu eingeführte Schichtmodell und die damit verbundenen Vorgaben geben der Gruppe keinen Gestaltungsspielraum. Die Arbeitsbedingungen (Licht, Lärm, Klima) haben sich nicht wie angekündigt verbessert. Die Gruppe funktioniert informell hervorragend. Der Gruppensprecher hat «seine Gruppe im Griff», und alle Gruppenmitglieder erzeugen bewusst eine Konfrontation mit dem Management, um ihre Ziele wenigstens zum Teil zu erreichen. Alle Mitarbeiter arbeiten mit großem Engagement und sie wissen, dass die Aufträge für Mercedes Benz, BMW oder Toyota oberste Priorität haben, die Aufträge sichern ihre Arbeitsplätze.

Dem Management ist nur mit Mühe klarzumachen, dass das «Konzept Gruppenarbeit» bei dieser Fertigungsgruppe gegriffen hat. Es muss sich bewusst mit der Meinung des Gruppensprechers auseinandersetzen, die in folgendem Ausspruch deutlich wird: «Wir machen bei uns richtige Gruppenarbeit, nur das Management weiß nicht, was das bedeutet, sie selbst haben keine Ahnung von Gruppenarbeit, denn die arbeiten wie eh und je.» Die Lösung des Konfliktes ist offen; der Leser ist aufgefordert, sich eine Lösung zu überlegen.

beitern besteht daher informell die Norm, mit Vorschlägen sehr zurückhaltend zu sein und abzuwarten, bis die BVW-Regelung greift. Mitarbeiter, die sich an diese kontraproduktive Norm halten, werden aufgrund der Regelwerke belohnt; Mitarbeiter, die sofort mit Vorschlägen kommen, werden doppelt bestraft: Innerhalb der Gruppe sinkt ihre Akzeptanz, und es gibt kein Geld; nur der Meister oder Abteilungsleiter ist zufrieden. Die Wertorientierung – Idee gegen Geld – auf Seiten der Mitarbeiter kollidiert mit der Wertorientierung des Managements.

Das Wir-Gefühl im Sinne territorialer Abgrenzungsbemühungen (wir und ihr, unser Bereich, euer Bereich, unsere Maschine, eure Maschine) bewirkt zum Teil kontraproduktive Optimierungsbemühungen. Wehner und Rauch (1994, S. 148) empfehlen daher im Rahmen ihrer Evaluationsstudie über Gruppenarbeit in der Automobilindustrie einen bewusst geplanten Austausch zwischen den einzelnen

Arbeitsgruppen, um auf diese Weise das Wir-Gefühl konstruktiv im Sinne des Gesamtunternehmens zu wenden.

Die bei Antoni (1994, S.25) aufgeführten Merkmale von Gruppenarbeit

- Wir-Gefühl,
- unmittelbare Zusammenarbeit,
- gemeinsame Ziele,
- mehrere Personen,
- gemeinsame, aus mehreren Teilaufgaben bestehende Arbeitsaufgabe,
- zeitliche Dauer,
- Rollenverteilung,
- gemeinsame Werte und
- gemeinsame «Spielregeln»

reichen sicherlich aus, um ein Verständnis dafür zu erzeugen, was mit dem Begriff «Gruppenarbeit» verbunden sein könnte. Sie bieten den Organisationen die Chance, sehr viele der bei ihnen vorfindlichen Arbeitseinheiten unter den Terminus «Gruppenarbeit» zu subsumieren. Es besteht daher die Notwendigkeit, konkrete Ausformungen von Gruppenarbeit klassifikatorisch zu beschreiben, um deutlich zu machen, von welcher Gruppenarbeit man spricht.

Typologien von Gruppenarbeit

Antoni (1994, S.27) schlägt angesichts der Vielzahl von Gruppenarbeitskonzepten vor, zwei Haupttypen zu unterscheiden:

a) Gruppenarbeitskonzepte, die parallel zur Arbeitsorganisation bestehen, und
b) Gruppenarbeitskonzepte, die Bestandteil der regulären Arbeitsorganisation sind.

Unter (a) nennt er Vorschlagsgruppen, Qualitätszirkel oder Projektgruppen und unter (b) Fertigungsgruppen, Fertigungsinseln, Produktinseln oder Verwaltungsinseln. Diese auf den ersten Blick einleuchtende Grobklassifizierung verliert etwas an Überzeugungskraft, wenn man Projektarbeit als typische Form der Entwicklungsarbeit innerhalb von Matrixor-

ganisationen betrachtet (vgl. Frieling, Pfitzmann & Pfaus, 1996).

Trotz dieser Einschränkung erscheint es sinnvoll, auf diese Unterscheidung hinzuweisen, die daran hängt, ob Gruppenarbeitskonzepte auf eine strukturelle Veränderung der existierenden Arbeitsorganisation hin angelegt sind, wie dies bei den Montage-, Produkt- oder Fertigungsinseln der Fall ist, oder ob sie als Ergänzungen fungieren, die in der Regel zeitlich befristet einen Sonderstatus haben, wie zum Beispiel die Lernstatt, Qualitätszirkel oder Projektarbeit (vgl. zusammenfassend Antoni, 2000; Antoni & Bungard, 2004; oder Hertel & Scholl, 2006). In den folgenden Ausführungen orientieren wir uns mehr an Gruppenarbeitskonzepten, die zur Umstrukturierung der gesamten Organisation beitragen. Im Übrigen sei auf die sehr ausführlichen Darstellungen bei Antoni (1994) oder v. Rosenstiel (2007a) verwiesen.

Diese Gruppenarbeitskonzepte werden, wenn sie in Produktions-, Fertigungs- oder Dienstleistungsbereichen realisiert werden, auch mit dem Terminus (teil-)autonome Arbeitsgruppen bezeichnet. Der Grad der Autonomie und die Inhalte, die den Grad der Autonomie beschreiben, sind von Autor zu Autor unterschiedlich.

Bevor auf die verschiedenen Ansätze zur Beschreibung von Autonomie näher eingegangen wird, mag eine grobe Gegenüberstellung (s. **Tab. IV-33**) der beiden Hauptgruppen zum besseren Verständnis der Unterschiede beitragen. Die Auswahl der verwendeten Beschreibungsmerkmale ist mehr oder weniger willkürlich und richtet sich im Wesentlichen darauf, Unterschiede zwischen den Konzepten zu verdeutlichen. Da man in der betrieblichen Praxis (selbst innerhalb einer Organisation) verschiedene Ausprägungen von teilautonomen Gruppen, Projektarbeit oder Qualitätszirkeln vorfindet, erscheint es sinnvoll, zwischen Merkmalen zu differenzieren, die im Regelfall zutreffen, und solchen, die sich nur in Einzelfällen finden.

Als wesentliches Charakteristikum von Gruppenarbeit zieht man, um Gruppenar-

Tabelle IV-33: Vergleich von Gruppenarbeitsformen

Merkmale	Bestandteil der Aufbauorganisation	Parallel zur Aufbauorganisation	
	Gruppenarbeit	Projektgruppen	Qualitätszirkel
Zielsetzungen:			
Innovation		●	○
Rationalisierung	●	●	●
Motivation	●	○	○
Qualifizierung	●	○	○
Aufgabenerweiterung/ -anreicherung:			
Ausführungsaufgaben	●		○
Planungs-/Steuerungsaufgaben	○	●	
Überwachungs-/Kontrollaufgaben	●		○
Führung der Gruppe:			
externer Vorgesetzter	●		○
interner Leiter	○	●	○
Moderator	○	○	●
Selbststeuerung	●	○	○
Mitglieder:			
Führungskräfte		●	○
ausführende Mitarbeiter	●	●	●
Herkunft der Mitglieder:			
aus einem Arbeitsbereich	●		●
aus verschiedenen Arbeitsbereichen		●	○
Dauer der Gruppenzugehörigkeit:			
unbegrenzt	●		
begrenzt		●	●

● = trifft im Regelfall zu   ○ = findet sich in einzelnen Bereichen

beitsformen zu typisieren, seit den 1960er-Jahren den Grad der Autonomie bzw. Partizipation heran (vgl. Emery & Thorsrud, 1969, zit. nach Gulowsen, 1972; oder Herbst, 1962). Die klassische Arbeit «A Measure of Work-Group Autonomy» von Gulowsen (1972) nennt sieben Kriterien, nach denen sich die Tätigkeit von Arbeitsgruppen klassifizieren lässt. Die Kriterien sind wie folgt beschrieben (vgl. Gulowsen, 1972, S. 376 ff.):

1) Die Gruppe kann die Formulierung ihrer eigenen Ziele beeinflussen hinsichtlich
   a) qualitativer Ziele; das heißt, was die Gruppe produzieren soll, und
   b) quantitativer Ziele (Produktionsmenge und Bezahlung; das heißt direkte Verhandlung zwischen Gruppe und Management).

2) Die Gruppe kann ihre eigene Leistung in folgender Form beeinflussen bzw. steuern:
   a) Die Gruppe kann entscheiden, wo sie arbeitet, und
   b) sie kann entscheiden, wann sie arbeitet. Diese Entscheidung beinhaltet die Reihenfolge der Erledigung einzelner Aufgaben und die Dauer der Arbeit. Letzteres ist gegeben, wenn die Gruppe
      • die Arbeitsstunden für die Gruppe als Ganzes begrenzen kann,
      • entscheiden kann, ob ein Gruppenmitglied die Arbeitsstelle verlassen darf, und
      • entscheiden kann, ob und wann die Gruppenmitglieder Überstunden leisten wollen.
   c) Die Gruppe kann entscheiden, welche anderen Aktivitäten sie ausführen möchte (z.B. Verlassen des Arbeitsplatzes, Wahl der Pausen, persönliche Erledigungen), solange sie die vereinbarten Produktionsziele erreicht.

3) Die Gruppe trifft die notwendigen Entscheidungen zur Wahl der Produktionsmethode. Dieses Kriterium ist erfüllt, wenn die Gruppe die Verantwortung für die Produktions-mittel hat und wenn folgende Bedingungen erfüllt sind:
   a) Es existieren offensichtlich alternative Methoden.
   b) Außenstehende beeinflussen die Wahl der Methode nicht.

4) Die Gruppe verteilt intern die einzelnen Aufgaben.
   a) Es existieren Alternativen.
   b) Außenstehende üben keinen Einfluss auf die Aufgabenverteilung aus.

5) Die Gruppe entscheidet über ihre eigenen Mitglieder.
   a) Die Gruppe wählt aus und ernennt die Gruppenmitglieder.
   b) Die Gruppe trennt sich von unerwünschten Mitarbeitern. Wenn das Management die Gruppenmitglieder bestimmt, ist dieses Kriterium nicht erfüllt.

6) Die Gruppe entscheidet über Fragen der Führung.
   a) Die Gruppe entscheidet, ob sie einen Sprecher haben will, der die Gruppe intern reguliert.
   b) Die Gruppe entscheidet, ob sie einen Sprecher haben will, der die Gruppe nach außen vertritt.

7) Die Gruppenmitglieder bestimmen die Art der Arbeitsausführung. Das Kriterium ist erfüllt, wenn das Gruppenmitglied seine eigene Arbeitsmethode selbst bestimmt. Nicht erfüllt ist das Kriterium, wenn
   a) ein Vorarbeiter oder eine andere gruppenexterne Person die Arbeitsmethode bestimmt oder
   b) die Technik keine Alternativen zulässt.

An acht verschiedenen Arbeitsgruppen, mit denen er sich wissenschaftlich befasste (von Holzfällern bis zu Galvanisierern), hat Gulowsen die Kriterien eingestuft und so eine Rangreihe autonomer oder weniger autonomer Arbeitsgruppen erstellt. Den höchsten Autonomiegrad hat die Holzfällergruppe (drei Holzfäller, ein Lkw-Fahrer und ein Zuschneider).

Auf diese Arbeitsgruppe treffen alle Kriterien zu – bis auf das Merkmal 1a: Der Auftraggeber schreibt den Holzfällern vor, in welcher Qualität das geschnittene Holz abzuliefern ist. Alles andere bestimmt die Gruppe selbst.

Arbeitsgruppen mit einem derartigen Freiheitsgrad findet man im industriellen Bereich nicht. Stuft man beispielsweise eine ausgewählte Arbeitsgruppe ein, zum Beispiel die später in Fallstudie 1 beschriebene Montagegruppe (s. Teil V), so trifft auf sie nur und mit Einschränkungen das Merkmal 4a zu.

Der Wert dieser Autonomie-Skala liegt darin, dass sie deutlich macht, wie gering der Autonomiegrad eines Industriearbeiters trotz Arbeitsgruppenkonzept ist und wie groß dagegen die Autonomie einer Forschergruppe, auf die alle sieben Merkmale zutreffen. Ähnliches gilt zum Beispiel auch für eine Gruppe selbstständiger Softwareentwickler, die sich zusammengefunden haben, um Kunden möglichst komplett in allen Softwareproblemen zu beraten.

Wenn sie sich als selbstständige Unternehmer zu einer Gruppe zusammengeschlossen haben, um dadurch das Risiko der Selbstständigkeit zu mindern, bieten selbstständige Softwareentwickler in einem Netzwerk, Handwerker in einer Kooperative oder Künstler in einer Kommune ihren Gruppenmitgliedern im Sinne Gulowsens einen maximalen Grad an Autonomie (s. hierzu die Infobox IV-10).

Infobox IV-10

Künstlerkolonie in Tengenenge (Simbabwe)

Exemplarisch mag hier die Künstlerkolonie Tengenenge (Simbabwe) herangezogen werden. Dort haben sich zirka dreißig Künstler (Steinbildhauer) unter der Schirmherrschaft eines ehemaligen britischen Farmers – Tom Blomefield – zusammengetan, um Skulpturen aus Serpentinit zu schlagen. Jeder Künstler ist verpflichtet, seinen eigenen Stil zu entwickeln. Kopieren ist verboten. Der Käufer einer Plastik verhandelt mit dem Künstler über den Preis, davon führt der Künstler 35 Prozent an die Kommune ab. Von diesem Geld werden Steine aus dem nahegelegenen Steinbereich gebrochen und zu den einzelnen Arbeitsstellen transportiert. Der Besitzer des Landes (Tom Blomefield) organisierte bis Ende 2007 den Transport der Kunstwerke für ausländische Käufer und sorgte für die Versorgung der Familienmitglieder der Künstler (Wohnraum, Transport, Nahrung), die aus Simbabwe, Mozambik, Sambia und zum Teil aus Europa (Gäste) kommen. Am 27. Dezember 2007 übergab er im Rahmen einer Veranstaltung die Leitung an Dominic Benhura.

Da die Kommune darauf angewiesen ist, Werke zu verkaufen, besteht für alle ein hoher Erfolgsdruck. Nur wenn alle Künstler etwas verdienen, kann die Kommune existieren. Ist ein Künstler in den Augen der Käufer schlecht (d.h., werden keine Produkte von ihm gekauft), muss er nach einem halben Jahr bis zu maximal einem Jahr die Kommune verlassen. Neue Mitglieder werden vom «Ältestenrat» (dem Besitzer der Farm und verdienten Künstlern mit langjähriger Erfahrung) ausgewählt. Für einen namenlosen Künstler ist dies eine große Chance, denn die Künstlerkolonie Tengenenge hat bei Galeristen weltweit einen guten Ruf.

Skulptur
aus Tengenenge

(Vgl. www.tengenenge-tomblomefield.com/index.html)

Bringt man die einzelnen Kriterien von Gulowsen in eine bestimmte Reihenfolge (1a, 1b, 6b, 2c, 2b, 3, 4, 5, 6a und 7), so entsteht nach seiner Meinung eine eindimensionale Guttman-Skala (vgl. Gulowsen, 1972, S. 387), auf der jedes Merkmal die nachfolgenden einschließt. Darüber hinaus unterstellt Gulowsen (S. 388), dass eine Gruppe Entscheidungen mit längerer zeitlicher Reichweite trifft, die kürzere zeitliche Reichweiten einschließt, und dass Entscheidungen auf einer höheren Systemebene Entscheidungen auf den unteren einschließen.

Die hier von Gulowsen unterstellte Logik der Autonomie lässt sich in der Realität nicht abbilden. Die Autonomie der Gruppe hinsichtlich quantitativer Ziele (Kriterium 1b) schließt nicht unbedingt Beschlussfassungen darüber ein, ob Gruppenmitglieder über die Auswahl eines neuen Mitgliedes entscheiden können. Diese Personalentscheidung ist zudem von längerer zeitlicher Reichweite als ein bestimmtes Mengenziel und im Managementsystem (Industrie) sicherlich von größerer Bedeutung als die Entscheidung über bestimmte Produktionsmengen, da Letztere im groben Rahmen immer vorgegeben sind (marktabhängig) und faktisch in einer Wettbewerbswirtschaft vielen Zwängen unterliegen. Ein Zulieferer hat Verträge, die er erfüllen muss, die Produktion garantiert dem Vertrieb bestimmte Stückzahlen, der Konsument erwartet die Lieferung innerhalb bestimmter Zeiten. Die faktischen Entscheidungsspielräume sind für alle Systemebenen zum Teil sehr gering, nachdem man sich auf einen bestimmten Produktionsprozess eingelassen hat. Ohne die genaue Analyse der tatsächlichen Spielräume ist die Konzeption einer Guttman-Skala empirisch kaum zu rechtfertigen. Gulowsen spricht daher zu Recht von Hypothesen, die aber seit 1972 einer empirischen Überprüfung entgegensehen. Trotz dieser Einschränkung bieten die Gulowsen-Kriterien die Möglichkeit, Gruppen nach diesen Kriterien zu beschreiben. Die Eindimensionalität der Kriterien muss allerdings bezweifelt werden.

In Bezug auf Entscheidungsautonomie zitiert Ulich (2005, S. 221) Susman (1976), der

Entscheidungsbefugnisse drei Kategorien zugeordnet: «(1) Entscheidungen der Selbstregulation ergeben sich aus dem Arbeitsprozess und dienen der Regulation des Systems. (2) Entscheidungen der Selbstbestimmung betreffen die Unabhängigkeit der Arbeitsgruppe nach außen; sie ergeben sich nicht zwingend aus dem Arbeitsprozess. (3) Entscheidungen der Selbstverwaltung betreffen die Position der Gruppenmitglieder im betrieblichen Machtgefüge; sie resultieren aus machtpolitischen Konstellationen oder aus Wertvorstellungen des Topmanagements.» Auch bei dieser Entscheidungsklassifikation bleibt offen, welchen Entscheidungen man welche Kategorien zuordnen kann. Ist das Führen von Kennzahlen (z. B. für Fehlzeiten, Nacharbeitskosten, Verbesserungsvorschläge) ein Entscheidungsprozess, der der Regulation des Systems dient, der die Unabhängigkeit der Gruppe verdeutlicht und sich aus dem Arbeitsprozess ergibt, oder gehört dies zur Selbstverwaltung?

Derart abstrakte Kategorien haben den Vorteil, auf den ersten Blick sehr plausibel zu sein; versucht man aber, konkrete Merkmale von Arbeitsgruppen diesen Kategorien zuzuordnen, so fehlen Zuordnungsregeln. Empirische Analysen benötigen konkrete Operationalisierungshilfen; nur so lassen sich vorfindliche Arbeitssysteme vergleichen.

Wie den Darstellungen von Antoni (1994) zu entnehmen ist, bieten die verschiedensten Kategoriensysteme zur Beschreibung von Gruppenarbeitskonzepten wenig Ansätze zu einer empirisch fundierten Klassifikation. Diese ist aber notwendig, denn der darauf beruhende Vergleich ist eine entscheidende Quelle für Veränderungen. Nicht umsonst bemüht man sich in der Industrie um Branchenuntersuchungen und Produktanalysen (Stichwort: Benchmarking), um sich mit Werken innerhalb eines Konzerns oder mit den Konkurrenten zu vergleichen. Der systematische Vergleich von Arbeitssystemen löst Diskussionen in den Betrieben aus: Wer hat warum das jeweils bessere System? Diese Auseinandersetzung ist wünschenswert, denn nur so haben Arbeitspsychologen eine Chance, Veränderungen in Arbeitssystemen aktiv mitzugestalten.

Um das bestehende Dilemma bei der Kategorisierung von Gruppenarbeitsmodellen etwas zu entschärfen, hat Berggren (1991) ein zweidimensionales Modell zur Beschreibung von Produktionsgestaltung und Organisation in Montagewerken entwickelt, wie sie für die schwedische Automobilindustrie spezifisch sind.

Auf der Abszisse (s. **Abb. IV-84**) klassifiziert Berggren die verschiedenen Formen der Produktionsgestaltung, die in der Automobilindustrie vorzufinden sind:

- *Fließband*
  Taktzeit 1 bis 3 Minuten, hochrepetitive Arbeit.
- *Flexibles, modifiziertes Fließband*
  Serienfluss mit Puffer, Taktzeit zwischen 10 und 20 Minuten.

- *Parallelisierte Flusssysteme*
  Im Serienfluss angeordnete Parallelsysteme, längere Taktzeiten, speziell Nutzfahrzeugmontage, sehr unterschiedliche Ausstattung.
- *Komplettmontage*
  Die Endmontage wird von Einzelnen oder von einer Gruppe durchgeführt; das Gesamtsystem besteht aus mehreren Parallelflüssen, typisch ist die Boxenmontage am stehenden Objekt; lange Taktzeiten.
- *Integrierte Montage*
  Die Beschäftigten montieren, komplettieren, kontrollieren (Funktionstest) und beseitigen Fehler.

Nach Berggren (1991) spielen diese organisatorisch-technischen Rahmenbedingungen eine entscheidende Rolle, um die vorhandenen bzw. nicht vorhandenen Spielräume zu beschreiben.

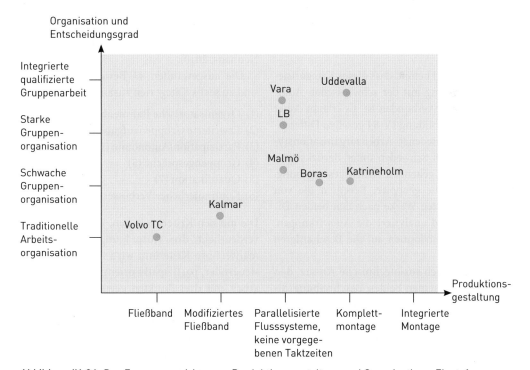

Abbildung IV-84: Das Zusammenwirken von Produktionsgestaltung und Organisation – Einstufung ausgewählter schwedischer Fahrzeugfabriken (Berggren, 1991, S. 308)

Auf der Ordinate ist die «hierarchische Organisierung von Menschen» (Berggren, 1991, S. 116) abgebildet:

- *Traditionelle Arbeitsorganisation*
  «Hierarchie mit einer Organisation, die ausschließlich auf Einzelpersonen basiert». Der Handlungsspielraum ist gering.
- *Schwache Gruppenorganisation*
  Die Gruppe nimmt Einfluss auf kurzfristige Arbeitstagplanungen; der Gruppensprecher – falls vorhanden – hat die Rolle des Vorarbeiters, das heißt, er ist in die Linienorganisation eingebunden.
- *Starke Gruppenorganisation* in einem konsequent auf Gruppenarbeit aufbauenden Werk. Die Gruppen übernehmen einen wesentlichen Teil der Arbeitsorganisation. Der Gruppensprecher wird von der Gruppe bestimmt.
- *Integrierte qualifizierte Gruppenarbeit*
  Keine traditionelle Arbeitsorganisation; die Arbeit in der Gruppe umfasst planende und steuernde Aufgaben; die Gruppe plant an den Anlagen mit; zum Teil beeinflusst sie auch die Produktgestaltung und ist nicht an hierarchische Strukturen gebunden.

Berggren (1991) betont, dass dieses Kategorisierungssystem eng mit der schwedischen Automobilindustrie verbunden ist. Es erlaubt daher eine wie in Abbildung IV-84 gezeigte Differenzierung verschiedener Arbeitsorganisationstypen (Werke) in Schweden unter Berücksichtigung der dort geltenden Arbeitsgesetzgebung. In seiner Studie gruppiert Berggren die von ihm untersuchten Werke nach den beiden Dimensionen und analysiert die Auswirkungen, die diese Arbeitsformen auf die Beschäftigten haben.

Der spezifisch soziotechnische Ansatz, den Berggren mit seinen beiden Beschreibungsdimensionen berücksichtigt, wird bei der arbeitspsychologisch orientierten Analyse von Gruppenarbeit häufig vernachlässigt. Eine Ausnahme bildet hier sicherlich Ulich (2005), der den Zusammenhang von Technik und Arbeitsorganisation deutlich macht und sich

dabei bewusst auf die in den 1960er-Jahren erarbeiteten Konzepte des Tavistock-Institutes bezieht.

Unter Beachtung der Klassifikationsansätze von Gulowsen (1972), Berggren (1991) und Antoni (1994) versuchte man im Rahmen eines von der Europäischen Union geförderten Projektes zur Entwicklung zukünftiger Arbeitsstrukturen in der Montage europäischer Automobilunternehmen («Future Working Structures»), die verschiedenen Gruppenarbeitskonzepte in Frankreich, England, Japan und Deutschland systematisch miteinander zu vergleichen (vgl. Frieling, 1997). Dies war notwendig, weil die Firmenvertreter aus den verschiedenen Ländern alle von Gruppenarbeit sprachen, aber sehr Unterschiedliches darunter verstanden.

Von diesem Konzept erhofft man sich, dass die Auseinandersetzung mit Kriterien und Vergleichen von Gruppenarbeitskonzepten in Montagesystemen innerhalb und zwischen Unternehmen Anstöße gibt, neue, für die Arbeitnehmer/-innen erträglichere und für das Unternehmen wirtschaftlichere Produktionskonzepte zu entwickeln (vgl. hierzu auch Neuhaus, 2010).

Die ausgewählten 43 Bewertungskriterien sind zu sechs Kategorien zusammengefasst:

(1) Organisatorische Rahmenbedingungen (7)
(2) Erweiterte Gruppenaufgaben (8)
(3) Partizipation/Autonomie (10)
(4) Gruppengespräche (5)
(5) Qualifikation (7)
(6) Kontinuierlicher Verbesserungsprozess (6)

Die meisten Kriterien haben, wie Tabelle IV-34 verdeutlicht, drei Ausprägungen. Der Maximalwert pro Kriterium wird im Sinne selbststeuernder, partizipativ orientierter Gruppenarbeit mit drei Punkten gewichtet, geringere Ausprägungen entsprechend niedriger. Addiert man alle Maximalwerte pro Kategorie, so ergibt sich ein Summenwert.

Der höchste Wert eines Kriteriums schließt, wenn dies sinnvoll ist, die niedrigen Einstufungen mit ein. Dies gilt für die Merkmale 4.5,

Tabelle IV-34: Bewertungskriterien von Gruppenarbeit. *(Fortsetzung nächste Seite)*

Die hellgrün unterlegten Felder beinhalten die Einstufung der Gruppenarbeit Handbremshebel, siehe Teil V, Beispiel 1

Bewertungskriterien für Gruppenarbeit

Nr.	Kriterium / Gewichtung	1	2	3
1	**Organisatorische Rahmenbedingungen (max. 21 Punkte)**			
1.1	Räumliche Zusammenlagerung	Gruppe arbeitet verteilt	–	Gruppe arbeitet in einem Bereich
1.2	Gruppenzugehörigkeit	nur ein Teil der Mitglieder	–	alle Mitglieder
1.3	Dauer der Zusammenarbeit	weniger als drei Monate	drei Monate bis ein Jahr	länger als ein Jahr
1.4	Gegenseitige Abhängigkeit der Gruppenmitglieder durch	Organisation	–	Produkt oder Prozess
1.5	Gruppengröße	15–25	8–14	3–7
1.6	Gruppensprecherfunktion	Disziplinar-vorgesetzter	Vorarbeiter	Gruppenmitglied
1.7	Gruppenprämie	innerhalb der Gruppe unter-schiedlich	–	gleich hoch für alle Mitglieder
2	**Erweiterte Gruppenaktivitäten/Aufgaben (max. 24 Punkte)**			
2.1	Job Rotation	bis zu 30 % der Mitarbeiter	30–70 % der Mitarbeiter	70–100 % der Mitarbeiter
2.2	Informationsverarbeitung und Dokumentation	bis zu 30 % der Mitarbeiter	30–70 % der Mitarbeiter	70–100 % der Mitarbeiter
2.3	Kontakt mit Kunden/Lieferanten	bis zu 30 % der Mitarbeiter	30–70 % der Mitarbeiter	70–100 % der Mitarbeiter
2.4	Materialbereitstellung und Logistik	bis zu 30 % der Mitarbeiter	30–70 % der Mitarbeiter	70–100 % der Mitarbeiter
2.5	Qualitätskontrolle	bis zu 30 % der Mitarbeiter	30–70 % der Mitarbeiter	70–100 % der Mitarbeiter
2.6	Nacharbeit	bis zu 30 % der Mitarbeiter	30–70 % der Mitarbeiter	70–100 % der Mitarbeiter
2.7	Wartung/Instandhaltung	bis zu 30 % der Mitarbeiter	30–70 % der Mitarbeiter	70–100 % der Mitarbeiter
2.8	Organisatorische Aufgaben	bis zu 30 % der Mitarbeiter	30–70 % der Mitarbeiter	70–100 % der Mitarbeiter
3	**Partizipation/Autonomie (max. 30 Punkte)**			
3.1	Zielvereinbarung durch	Management	Management und Gruppensprecher	Management und Gruppe
3.2	Gruppensprecher	ernannt	gewählt	rotierend
3.3	Entscheidung über Job Rotation und Aufgabenverteilung	direkter Vorge-setzter	Gruppensprecher	Gruppe
3.4	Individuelle Zeitautonomie	bis zu 5 min.	5–15 min.	mehr als 15 min.
3.5	Zeitautonomie der Gruppe (Systempuffer)	bis zu 15 min.	15–60 min.	mehr als 60 min.
3.6	Budget(mit)verantwortung	Management	Gruppensprecher	Gruppe

Tabelle IV-34: *(Fortsetzung)*

Bewertungskriterien für Gruppenarbeit				
Nr.	Kriterium / Gewichtung	1	2	3
3.7	Vereinbarung der Gruppenprämie durch	Management	Management und Gruppensprecher	Management und Gruppe
3.8	Ausleihen/Verleihen von Gruppenmitgliedern	direkter Vorgesetzter	Gruppensprecher	Gruppe
3.9	Veranlassung der Gruppengespräche durch	Management	fester Plan	Gruppe
3.10	Inhalt der Gruppengespräche wird festgelegt durch	Management	–	Gruppe
4	**Gruppengespräche (max. 15 Punkte)**			
4.1	Teilnehmer	–	ausgewählte Mitarbeiter	alle Gruppen-mitglieder
4.2	Häufigkeit; Durchschnitt des letzten Jahres	seltener 1x/Monat	1× pro Monat	2–4× pro Monat
4,3	Dauer	< 30 min.	30–60 min.	> 60 min.
4.4	Zeitliche Lage	unbezahlte Überstunden	bezahlte Überstunden	in der Arbeitszeit
4.5	Inhalte*	Prozess/Produkt	Arbeits-bedingungen	soziale Themen
5	**Qualifikation (max. 21 Punkte)**			
5.1	Anteil geschulter Mitarbeiter (MA)	bis zu 30 % der Mitarbeiter	30–70 % der Mitarbeiter	70–100 % der Mitarbeiter
5.2	Art der MA-Qualifikation*	Information	fachlich	sozial-methodisch
5.3	Dauer der MA-Qualifikation	1 Tag	2–5 Tage	mehr als 1 Woche
5.4	Art der Gruppensprecherqualifikation*	Information	fachlich	sozial-methodisch
5.5	Dauer der Gruppensprecherqualifikation	1 Tag	2–5 Tage	mehr als 1 Woche
5.6	Art der Vorgesetztenqualifikation*	Information	fachlich	sozial-methodisch
5.7	Dauer der Vorgesetztenqualifikation*	1 Tag	2–5 Tage	mehr als 1 Woche
6	**Kontinuierlicher Verbesserungsprozess (max.18 Punkte)**			
6.1	KVP existiert für	a) Prozess und Produkt	b) Arbeitsplatz	Kombination a) und b)
6.2	Teilnehmer am KVP*	Spezialisten	Teil der Gruppen-mitglieder	Gruppe
6.3	Umsetzung durch*	Planungs-abteilung	direkte Vorgesetzte	Gruppensprecher und Gruppe
6.4	Dokumentation der Verbesserungsvor-schläge durch*	Planungs-abteilung	direkte Vorgesetzte	Gruppensprecher und Gruppe
6.5	Beteiligung an KVP-Prämie*	Gruppe	Vorgesetzte	Planungsabteilung
6.6	Häufigkeit; Durchschnitt des letzten Jahres	seltener als 1× pro Monat	1× pro Monat	2–4× pro Monat

5.2, 5.4, 5.6, 6.2, 6.3, 6.4 und 6.5, die mit einem * gekennzeichnet sind.

Im Folgenden sind die einzelnen Kategorien (1 bis 6) und die dazugehörigen Kriterien aufgelistet und beschrieben.

Kategorie (1):
Organisatorische Rahmenbedingungen

In dieser Kategorie sind die als wesentlich erachteten organisatorischen Merkmale aufgeführt:

1. *Räumliche Zusammenlagerung:* Ist die Gruppe innerhalb eines räumlich abgegrenzten Bereichs tätig (d.h., besteht eine räumliche Zuordnung, in der Kooperation und Kommunikation möglich sind, oder fehlt diese, z.B. bei Montagegruppen oder Vertriebsteams, die sich nur zu Besprechungen zusammenfinden)?

2. *Dauerhafte Gruppenzugehörigkeit:* Besteht die Gruppe zeitlich unbefristet, oder wird eine Kerngruppe je nach Arbeitsanfall um weitere Mitglieder ergänzt oder reduziert?

3. *Dauer der Zusammenarbeit:* Hat die Gruppe die Möglichkeit, dauerhaft zielgerichtet zusammenzuarbeiten, oder wird sie kurzfristig wieder aufgelöst (Projektgruppe)?

4. *Gegenseitige Abhängigkeit der Gruppenmitglieder:* Arbeiten die Gruppenmitglieder zielgerichtet zusammen, um ein Produkt zu erzeugen, einen Prozess aufrechtzuerhalten oder eine Dienstleistung zu gewährleisten, oder erfolgt die Gruppenbildung aus rein organisatorischen Gründen (z.B. Außendienstmonteure, die nach regionalen Gesichtspunkten zusammengebracht sind)?

5. *Gruppengröße:* Ermöglicht die Gruppengröße eine einfache Problemlösung oder Entscheidungsfindung? (Die genannten Größenklassen sind in Unternehmen typisch.)

6. *Gruppensprecher:* Ist der Gruppensprecher der erste disziplinarische Vorgesetzte (z.B. Meister, Manager der ersten Ebene) oder Vorarbeiter mit fachlicher Anweisungskompetenz oder normales Gruppenmitglied mit Interessenvertretungsfunktion?

7. *Gruppenprämie:* Wird bei Zielerfüllung für alle Gruppenmitglieder eine einheitliche Gruppenprämie gewährt, oder bestehen Unterschiede, die bei der Prämienvergabe einen subjektiven Entscheidungsspielraum erlauben?

Kategorie (2):
Erweiterte Gruppenaktivitäten/Aufgaben

Die hier aufgeführten Kriterien berücksichtigen die nach dem Konzept «vollständige Tätigkeiten» (vgl. Hacker, 2005) als relevant erachteten Teiltätigkeiten (auch «indirekte» oder «Sekundärtätigkeiten» genannt). Wichtig erscheint in diesem Zusammenhang, in welchem Umfang die Gruppenmitglieder mit diesen Teiltätigkeiten betraut sind und wie häufig sie diese ausführen.

1. *Job Rotation:* Anteil der Gruppenmitglieder, die in Form der Job Rotation zeitlich abwechselnd verschiedene Teiltätigkeiten wahrnehmen.

2. *Informationsverarbeitung und Dokumentation:* Anteil der Gruppenmitglieder, die schriftlich oder über EDV gruppenspezifische Informationen aufbereiten und dokumentieren.

3. *Kontakt mit Kunden/Lieferanten:* Anteil der Gruppenmitglieder, die mit internen oder externen Kunden und/oder Lieferanten Kontakt haben und Informationen austauschen, zum Beispiel über Qualitätsprobleme.

4. *Materialbereitstellung und Logistik:* Anteil der Gruppenmitglieder, die für ihren Arbeitsbereich Logistik- und Materialbereitstellungsfunktionen übernehmen.

5. *Qualitätskontrolle:* Anteil der Gruppenmitglieder, die qualitätssichernde Funktionen erfüllen, zum Beispiel Sicht- oder Funktionsprüfung.

6. *Nacharbeit:* Anteil der Gruppenmitglieder, die innerhalb ihrer Gruppe Fehler korrigieren und das Produkt nacharbeiten.

7. *Wartung/Instandhaltung:* Anteil der Gruppenmitglieder, die Anlagen und Maschinen im Arbeitsbereich warten und instand halten.

8. *Organisatorische Aufgaben:* Anteil der Gruppenmitglieder, die über den normalen Arbeitsablauf hinausgehende organisatorische Aufgaben übernehmen (Durchführung und Organisation/Moderation von Gruppengesprächen, Präsentation von Qualitätsdaten etc.).

Kategorie (3): Partizipation/Autonomie

Unter Berücksichtigung der einschlägigen Literatur, insbesondere Gulowsen (1972) und Berggren (1991), versucht man, die als wichtig erkannten Merkmale von Partizipation/Autonomie zu benennen. Entscheidend ist hier, in welchem Umfang die Gruppenmitglieder Selbststeuerungsfunktionen ausüben können.

1. *Zielvereinbarung:* Das Erreichen von Zielen im Rahmen neuer Arbeitsstrukturen wird durch einen Zielvereinbarungsprozess angestrebt, der aus einer bloßen Vorgabe durch das Management bestehen kann oder aus Vereinbarungen zwischen der Gruppe und dem Management, wobei die Gruppenmitglieder als gleichberechtigte Partner Einfluss auf die Zielformulierung nehmen können.
2. *Gruppensprecher:* Die Bestimmung des Gruppensprechers kann von der bloßen Ernennung durch das Management über eine Wahl bis hin zur rotierenden Wahrnehmung der Gruppensprecheraufgaben durch verschiedene Gruppenmitglieder erfolgen.
3. *Entscheidung über Job Rotation und Aufgabenverteilung:* Haben die Gruppenmitglieder die Möglichkeit, selbstständig über die Arbeitseinteilung und den Arbeitsplatzwechsel zu bestimmen?
4. *Individuelle Zeitautonomie:* Bietet das Arbeitssystem dem einzelnen Gruppenmitglied die Möglichkeit, bei der Arbeitsausführung einen zeitlichen Spielraum wahrzunehmen?
5. *Zeitautonomie der Gruppe (Systempuffer):* Bietet das Arbeitssystem der Gruppe die Möglichkeit, zeitliche Spielräume zu nutzen, um andere Aktivitäten wahrzunehmen?
6. *Gruppenbudget:* Hat die Gruppe ein eigenes Budget, über das sie im Rahmen vorgegebener Richtlinien selbst verfügen kann (z. B. für die Anschaffung von Werkzeugen, Schränken, Stühlen etc.)?
7. *Vereinbarung der Gruppenprämie:* Wird eine von der Zielerfüllung abhängige Gruppenprämie gewährt, deren Höhe mit den Gruppenmitgliedern ausgehandelt wird?
8. *Einstellung/Verleih von Gruppenmitgliedern:* Hat die Gruppe die Möglichkeit, an der Hinzunahme oder am Verleih von Gruppenmitgliedern mitzuwirken?
9. *Veranlassung von Gruppengesprächen:* Wird der Zeitpunkt und der Zeitrahmen für Gruppengespräche extern festgelegt, oder kann die Gruppe bei Bedarf Gruppengespräche initiieren?
10. *Inhalt von Gruppengesprächen:* Wird der Inhalt der Gruppengespräche vorgegeben, oder hat die Gruppe maßgeblichen Einfluss auf die Themenwahl?

Kategorie (4): Gruppengespräche

Diese Kategorie beinhaltet ein wesentliches Moment von Gruppenarbeit im industriellen Bereich. Die Gruppenmitglieder müssen sich in formalen Sitzungen/Gesprächen abstimmen bzw. sich selbst koordinieren (z. B. Job-Rotation-Regelungen, Urlaubsabsprachen, Vertretungen). Neben der Koordination können in den Gruppensitzungen anstehende Probleme gemeinsam gelöst (Arbeitssitzungen im Zusammenhang mit dem «Kontinuierlichen Verbesserungsprozess» [KVP] [s. Kategorie 6], Qualitätssitzungen, persönliche Konflikte) und allgemein relevante Informationen ausgetauscht werden. Finden solche Gruppengespräche nicht organisiert und vom Management gefördert statt, fehlt nach unserer Meinung ein wesentlicher Aspekt von Gruppenarbeit.

1. *Teilnehmer:* Nehmen an Gruppengesprächen alle Gruppenmitglieder oder nur ausgewählte Personen teil? (Bei einer schichtübergreifenden Gruppenbildung entstehen hier häufig Probleme.)

2. *Häufigkeit:* Wie häufig fanden im letzten Jahr Gruppengespräche durchschnittlich statt?

3. *Dauer:* Welche Dauer haben Gruppengespräche, um Themen behandeln zu können?

4. *Zeitliche Lage:* Sind Gruppengespräche ein Bestandteil der normalen Arbeitszeit oder finden sie nur in Überstunden statt?

5. *Inhalte:* Werden bei der Wahl der Themen nur produkt- und prozessbezogene Fragen zugelassen, oder sind auch arbeitsplatzbezogene und «soziale» Themen der Mitarbeiter/-innen gestattet?

Kategorie (5):
Gruppenspezifische Qualifikationen

Ohne Schulungsmaßnahmen ist eine sinnvolle Gruppenarbeit in der Industrie nur schwer vorstellbar. Das Management, die Gruppensprecher und die Gruppenmitglieder erhalten neue Aufgaben (vgl. Frieling & Wächter, 1995), auf die sie vorbereitet werden müssen. Die aufgeführten zeitlichen Umfänge entsprechen Werten, die in der betrieblichen Praxis häufig vorzufinden sind.

1. *Anteil geschulter Mitarbeiter:* Wie viele Gruppenmitglieder sind speziell für die Anforderungen von Gruppenarbeit geschult worden?

2. *Art der MA-Qualifikation:* Beschränkt sich die Schulung auf allgemeine Informationen zum Thema Gruppenarbeit oder berücksichtigt man die veränderten Rahmenbedingungen durch fachliche (z.B. höhere Flexibilität durch Job Rotation, Job Enlargement), methodische (z.B. Problemlösung) oder soziale Kompetenzentwicklung?

3. *Dauer der MA-Qualifikation:* Findet eine Schulung in ausreichendem Umfang statt?

4. *Art der Gruppensprecherqualifikation:* Beschränkt sich die Schulung auf allgemeine Informationen zum Thema Gruppenarbeit, oder trägt man den veränderten Rahmenbedingungen durch fachliche, methodische und/oder soziale Kompetenzentwicklung Rechnung?

5. *Dauer der Gruppensprecherqualifikation:* Findet eine Schulung in ausreichendem Umfang statt?

6. *Art der Vorgesetztenqualifikation:* Beschränkt sich die Schulung auf allgemeine Informationen zum Thema Gruppenarbeit, oder trägt man den veränderten Rahmenbedingungen durch fachliche, methodische und soziale Kompetenzentwicklung Rechnung?

7. *Dauer der Vorgesetztenqualifikation:* Findet eine Schulung in ausreichendem Umfang statt?

Kategorie (6): Kontinuierlicher Verbesserungsprozess (KVP)

In der letzten Kategorie sind die als relevant erachteten Kriterien zur Beschreibung von KVP-Maßnahmen aufgeführt. Der KVP unterstützt die Gruppenarbeit und setzt Rationalisierungspotenziale frei, die notwendig sind, um das Management von der Effizienz selbststeuernder Gruppen zu überzeugen. Gruppengespräche, KVP und Qualifizierungsmaßnahmen bedingen sich gegenseitig, wenn der Verbesserungsprozess zu einer ständigen «Einrichtung» werden soll.

1. *KVP:* Ist der KVP nur für Produkt-/Prozessverbesserungen zugelassen, oder werden auch Verbesserungsvorschläge zur Arbeitsplatzgestaltung angenommen und honoriert, die nicht direkt der Wertschöpfung dienen?

2. *Teilnehmer:* Sind alle Gruppenmitglieder am KVP beteiligt, oder führt man analog zu Qualitätszirkeln nur einen gruppenübergreifenden Experten-KVP durch?

3. *Umsetzung:* Ist die Gruppe an der Umsetzung der Vorschläge beteiligt, oder beauftragt man übergeordnete Stellen mit der Umsetzung?

4. *Dokumentation der Verbesserungsvorschläge:* Wer dokumentiert die Umsetzung der Verbesserungsvorschläge, um den KVP für die Gruppe transparent zu machen?

5. *Beteiligung an der KVP-Prämie:* Werden Planungsabteilungen an der Prämie für die

Umsetzung von KVP beteiligt, um eine schnelle Durchführung zu gewährleisten und eine Blockadestrategie der Planer zu vermeiden?

6. *Häufigkeit von KVP-Sitzungen/Maßnahmen:* Durchschnitt des letzten Jahres; wie häufig fanden Treffen zum Thema KVP statt?

Die Einstufungen der verschiedenen Gruppenarbeitsmodelle in der Automobilindustrie, soweit sie im Rahmen des «Future-Working-Structure»-Projektes (FWS) untersucht wurden (s. Tab. IV-35), weisen darauf hin, dass in der Ausformung von Gruppenarbeit bei den weitgehend ähnlichen Arbeitsprozessen der *Türenvormontage* erhebliche Variationen bestehen. Deutlich wird in dieser Gegenüberstellung, wie gering Gruppenarbeit in dem japanischen Montagebeispiel (J 8) ausgeprägt ist. Wie Berggren (1991) nachdrücklich betont, spielen

bei der Ausgestaltung der Montagesysteme natürlich die eingesetzten Transporttechniken eine erhebliche Rolle (fahrerloses Transportsystem, Hängeförderer, Mitfahrband oder Plattenband). Dennoch bestehen bei ähnlichen technischen Systemen erhebliche Unterschiede in der Art der Gruppenarbeit. Durch die Klassifikation der verschiedenen Arbeitssysteme anhand der vorgeschlagenen Kriterien werden die Unterschiede deutlich.

Vergleichende Bewertung von Gruppenarbeit

Die vergleichende Bewertung der verschiedenen Montagesysteme in Deutschland, Frankreich, England und Japan im Rahmen des «Future-Working-Structure»-Projektes zeigt, dass die Team- und Gruppenarbeit sehr unterschiedliche Ausprägungen aufweist. Das grau unterlegte Beispiel «Handbremshebelmontage» (Teil V, Beispiel 1) zeigt im Vergleich

Tabelle IV-35: Vergleich verschiedener Arbeitsgruppenkonzepte in der Automobilindustrie – Türenvormontagen (Frieling & Freiboth, 1997, S. 126); die grau unterlegte Einstufung bezieht sich auf das in Teil V dargestellte Beispiel 1 einer Vormontage (Handbremshebel – HBH). D: Deutschland, F: Frankreich, GB: England, J: Japan.

	Max. Rating	D 1.21 1995	D 1.22 1995	D 1.4 1995	HBH 2010	D 2.1 1995	D 2.2 1994	GB 3 1994	F4 1994	F6 1994	D7 1995	J8 1995	D9 1995
Organisation	21	17	17	17	20	15	15	13	14	16	17	15	16
Erweiterte Gruppenaufgaben	24	16	11	11	16	12	8	9	6	4	9	5	9
Partizipation/ Autonomie	30	19	8	8	17	10	6	13	3	2	9	5	12
Gruppenge- spräche	15	13	13	13	14	8	7	12	0	0	12	10	8
Qualifikation	21	10	9	9	18	10	10	19	7	0	7	7	5
KVP	18	10	10	10	12	10	11	10	6	6	6	8	10
Total	129	85	68	68	97	65	58	76	36	28	60	50	60

zu den untersuchten Türenvormontagen in der Automobilindustrie die ausgeprägteste Gruppenarbeit. Der Grad der Autonomie ist bei den meisten Arbeitssystemen nur sehr gering ausgeprägt; Ähnliches gilt auch für die erweiterten Gruppenaktivitäten einschließlich der Beteiligung der Gruppenmitglieder an kontinuierlichen Verbesserungsprozessen.

Die Verwendung derartiger Operationalisierungskriterien macht es möglich, unterschiedliche Typen von Gruppenarbeit zu definieren und diese mit dem subjektiven Empfinden der betroffenen Mitarbeiter/-innen und mit Produktivitätskennzahlen zu vergleichen, um daraus Schlussfolgerungen über die Effizienz von bestimmten Firmen abzuleiten. Im Rahmen des erwähnten Forschungsprojektes (vgl. Frieling, 1997) zeigte sich, dass ausgeprägtere Gruppenarbeitskonzepte innerhalb der sogenannten Boxen- oder Inselfertigung (System D1.22 und D2.1) mit weniger Montagefehlern einhergehen als andere Systeme, bei denen die erweiterten Gruppenaufgaben und die Autonomie geringer ausgeprägt sind, zum Beispiel bei typischer Bandmontage.

Evaluation von Gruppenarbeit

Die Evaluation von Gruppenarbeit ist schwierig, da Arbeitsprozesse einer sich ständig ändernden Arbeitsumwelt ausgesetzt sind. Das heißt, die Einführung einer neuen Arbeitsstruktur findet nicht in einem konstanten Umfeld statt. Es ändert sich die Konjunkturlage (regional, landes- und weltweit). Neue Arbeitstechniken drängen auf den Markt, neue Werkstoffe, neue Produkte. Die Besitzverhältnisse in den Unternehmen können ebenso variieren wie das Management und dessen Politik. Für Arbeitspsycholog(inn)en ist es daher schwierig, einzelne Arbeitsstrukturmaßnahmen hinsichtlich ihrer Wirkungen zu untersuchen. Antoni (1996) stellt eine Reihe von Metaanalysen dar, die sich mit den Auswirkungen der Einführung von teilautonomen Gruppen in Fertigung und Montage befassen. In seinem Resümee dieser Metaanalysen zieht er eine

recht ernüchternde Bilanz des Forschungsstandes, die wir hier wörtlich wiedergeben:

- «bislang überwiegen retrospektive Fallstudien, denen nur eine kleine Zahl von Längsschnittanalysen und quasiexperimentellen Untersuchungen gegenübersteht;
- die meisten Untersuchungen konzentrieren sich auf die Erfassung der Auswirkungen und vernachlässigen die Wirkungsmechanismen teilautonomer Arbeitsgruppen;
- es werden meist nur Einstellungen und Erfahrungen von Gruppenmitgliedern erfragt, ohne ökonomische Effekte zu erheben;
- positive Effekte teilautonomer Arbeitsgruppen finden sich überwiegend in retrospektiven Fallstudien, während von methodisch fundierten, insbesondere quasiexperimentellen Untersuchungen widersprüchliche Ergebnisse berichtet werden;
- es finden sich nur wenige Hinweise auf Einflussgrößen und Wirkungsmechanismen teilautonomer Gruppenarbeit;
- bislang lassen sich folglich keine gesicherten Aussagen zu den Auswirkungen und Wirkungsmechanismen teilautonomer Arbeitsgruppen treffen …»
(Antoni, 1996, S. 85)

Um diese beklagten Defizite arbeitspsychologischer Forschung etwas zu mindern, hat Antoni (1996) in den Jahren 1990 bis 1994 bei dem Automobilzulieferer Ymos auf der Basis eines früher (1988) gestarteten Projektes zur Einführung von Fertigungsinseln (Kunststoff- und Druckgussfertigung) eine Evaluationsstudie durchgeführt. Er erhob ökonomische Daten und führte Arbeitsplatzanalysen in Verbindung mit Mitarbeiterbefragungen durch.

Die Ergebnisse zeigen in Übereinstimmung mit anderen Untersuchungen (vgl. z. B. Theerkorn, 1991), dass man mit Gruppenarbeit vor allem bei Fertigungsinseln eine Verbesserung der Wirtschaftlichkeit erreichen kann. Positive Auswirkungen auf die Unfall- und Fehlzeitenquoten konnte Antoni (1996) nicht ermitteln. Bei den für derartige Produktionsverhältnisse schon relativ niedrigen Werten von fünf bis sechs Prozent krankheitsbedingter Fehltage ist ein weiteres Absinken durch Gruppenarbeit wenig wahrscheinlich.

In den Fertigungsinseln sind die Arbeitsbedingungen, gemessen mit dem «Tätigkeitsbewertungssystem» (TBS) (vgl. Hacker, Fritsche, Richter & Iwanowa, 1995), persönlichkeitsförderlicher als bei den herkömmlichen verrichtungsorientierten Arbeitsstrukturen. Die Mitarbeiter/-innen in teilautonomen Gruppen können effektivere Arbeitsstrategien entwickeln, flexibler auf Änderungen in den Arbeitsaufgaben reagieren und unvorhergesehene Störungen besser bewältigen. Die subjektive Wahrnehmung der Arbeitssituation (gemessen mit dem Fragebogen zur «Subjektiven Arbeitsanalyse» (SAA); vgl. Udris & Alioth, 1980) bietet demgegenüber kein einheitliches Bild. In einigen Fällen werden positive Veränderungen wahrgenommen, in anderen nicht. Eine generelle Richtung ist nicht erkennbar. Die Gründe hierfür sind nach Meinung von Antoni (1996) vielfältig. Schlechtere wirtschaftliche Perspektiven der Unternehmen während des Untersuchungszeitraumes spielen ebenso eine Rolle wie der unterschiedliche Qualifikationsstand der Befragten und die erhöhten Leistungsanforderungen, die sich durch den Kostendruck ergeben, den die Automobilhersteller auf ihre Zulieferer ausüben.

Deutlich wird bei den Mitarbeiterbefragungen, dass sich die häufig zu beobachtenden positiven Stellungnahmen zu Beginn von Umstrukturierungsprojekten nach größeren Zeitintervallen etwas verschlechtern (vgl. Antoni, 1996). Der Grund mag darin liegen, dass die eingangs gemachten Versprechungen aufgrund veränderter Rahmenbedingungen nicht eingehalten werden können und somit Enttäuschungen das subjektive Bild prägen. Es kann aber auch sein, dass sich das Bezugssystem der Mitarbeiter/-innen ändert und mit den geänderten Arbeitsstrukturen die Ansprüche an diese steigen. Für diese These sprechen Befunde, die Berggren (1991, S. 281) in seinen Untersuchungen bei Volvo erhob. Mit zunehmendem Einfluss der Gruppenmitglieder auf ihre eigenen Angelegenheiten (also die der Gruppe selbst), auf die Angelegenheiten der Abteilung und des Managements wächst der Anspruch und der Wunsch nach mehr Mitsprache und Partizipation. Ähnliche Ergebnisse finden sich auch in der europäischen Automobilstudie (vgl. Freiboth, 1997). Hierbei zeigt sich, dass Mitarbeiter, die weniger informiert werden, weniger Informationen wünschen als Mitarbeiter, die in ein offizielles Informationssystem eingebunden sind.

Diese Untersuchungen machen deutlich, dass es nicht so sehr auf Quervergleiche zwischen verschiedenen Betriebseinheiten, Werken und Unternehmen ankommt, sondern mehr auf Längsschnittuntersuchungen, die einen durch arbeitspsychologische Gestaltungsmaßnahmen initiierten Veränderungsprozess in seinen Auswirkungen auf die Mitarbeiter/-innen dokumentieren. Diese Dokumentationen sollten, wie das Antoni (1996) deutlich gemacht hat, ökonomische Daten, Arbeitsplatzdaten und mitarbeiterbezogene Daten beinhalten. Von besonderer Bedeutung sind hierbei allerdings die Erhebungsintervalle.

In Bezug auf ökonomische Daten (z. B. Stückzahl pro Tag und Mitarbeiter, Anzahl der Fehler pro produzierter Einheit, Fehlzeiten) sollen die Daten möglichst über mehrere Jahre und tagesgenau erhoben werden. Auf diese Weise erkennt man periodische Schwankungen und unterliegt nicht der Gefahr, zufallsbedingte Werte (z. B. Grippewelle, Produktionseinbruch, Auftragsausweitung) unangemessen zu interpretieren. Die Arbeitsplatzdaten (z. B. mittels Arbeitsanalyse, mit einem Qualifikationsspiegel oder einer Zeitbudgetaufschreibung erhoben) sollte man – ebenso wie Arbeitszufriedenheits- oder Einstellungswerte – halbjährlich erfassen. Durch diese Art der Veränderungsmessung, die bei den Unternehmen nur mit intensiver Überzeugungsarbeit durchzusetzen ist, lässt sich die Effizienz der Gestaltungsmaßnahmen belegen.

Die Vor- und Nachteile von Gruppenarbeit aus Sicht des Managements, genannt in einer telefonischen Expertenbefragung bei den einhundert umsatzstärksten Unternehmen (vgl. Antoni, 1995), sagen mehr über die Einstellung der Manager zur Gruppenarbeit aus als über die tatsächliche Situation der Gruppenarbeit und die damit verbundenen Erfolge oder Misserfolge. Als wesentliche *Vorteile* der Gruppenarbeit nannte man in der Reihenfolge der höchsten Ausprägungen (vgl. Antoni, 1995, S. 30):

- Motivation, Arbeitszufriedenheit, Identifikation, Zusammenarbeit (61 %),
- Qualifikation (40 %),
- Produktivität (36 %),
- Flexibilität (36 %),
- Einbindung der Mitarbeiter, Know-how (25 %),
- Arbeitssituation (25 %),
- Fehlzeiten (14 %).

Demgegenüber zeigen sich aus Sicht der Befragten bei Gruppenarbeit in folgenden Bereichen *Probleme:*

- Akzeptanz durch die Mitarbeiter/-innen (40 %),
- mittleres Management (33 %),
- Einführungsprozess (30 %),
- Umfeld (25 %),
- Qualifikation (22 %),
- Meister (15 %),
- Entlohnung (15 %),
- technische Systeme (11 %),
- Betriebsrat (11 %)

Diese Gegenüberstellung der vermuteten und gefühlten Vor- und Nachteile von Gruppenarbeit zeigt, dass es zwar dem Management gelungen ist, mit der Einführung von Gruppenarbeit einige Unternehmensziele zu realisieren (z. B. verbesserte Produktivität), dass es aber nicht gelang, die Arbeitsstruktur im Gesamtunternehmen umzustrukturieren. Typisch hierfür ist die beklagte geringe Akzeptanz von Seiten der Mitarbeiter/-innen ein-

schließlich Meister, mittlerem Management und Betriebsrat.

Das Modell, die Gruppenarbeit auf der Ebene der Werker einzuführen, ohne ein klares Konzept für die hierarchisch darüberliegenden Ebenen zu entwickeln, muss ein arbeitsorganisatorischer Torso bleiben. Eine Arbeitsorganisation kann nicht auf einer Ebene geändert werden, ohne die nächsthöheren Ebenen mitzuverändern. Bleibt dieser Veränderungsprozess im Maßnahmenpaket (Gruppenarbeit, Neue Arbeitsstrukturen) aber unberücksichtigt, so geschieht er ungesteuert und zum Teil kontraproduktiv, da die verschiedenen betrieblichen Teilfunktionen und Hierarchieebenen eigene Optimierungsstrategien entwickeln, die nicht im Interesse des Gesamtunternehmens stehen. Das Management ist offensichtlich damit überfordert, die Komplexität des Veränderungsprozesses auf allen Ebenen mitzubedenken.

Theerkorn (1991) lieferte hierzu ein Beispiel, welcher Aufwand erforderlich ist, um einen Unternehmensbereich mit zirka tausend Mitarbeiter(inne)n durchgängig umzustrukturieren. Vor diesem Aufwand scheut sich das Management. Dessen Risikobereitschaft erstreckt sich meist auf die unterste Arbeitsebene, nicht aber auf Ebenen, die das eigene Handeln berühren.

Da in einer Organisation, verstanden als ein Gesamtsystem, nicht Teilsysteme geändert werden können, ohne das Gesamtsystem mitzuverändern, ist es zwingend erforderlich, diese Veränderungen zu antizipieren und sie bewusst zu planen. Viele der möglichen positiven Effekte von Gruppenarbeit können nicht zum Tragen kommen, weil man zwar zum «Sprung» ansetzt, aber auf halbem Wege Angst bekommt und sich zurückfallen lässt (vgl. hierzu auch die Unternehmensvergleiche bei Neuhaus, 2010). Die Kreativität der Mitarbeiter/-innen, ihre Wünsche, ihre Ideen, ihr Engagement und ihr Unternehmertum scheinen beim Management nicht selten «Ängste» hervorzurufen.

Daher beklagen die Manager bei derartigen Befragungen auch nicht ihren eigenen «Stand», sondern die Unzulänglichkeiten der Mitarbeiter, der Meister und des mittleren Managements.

Neben diesen eher quantitativ orientierten Evaluationsbemühungen (vgl. hierzu auch die Untersuchungen bei Daimler durch das Soziologische Forschungsinstitut Göttingen [SOFI]; vgl. Gerst, Hardwig, Kühlmann & Schumann, 1994) gibt es eine Reihe qualitativ orientierter Untersuchungsansätze. Zu nennen ist hier der exemplarische Ansatz zur qualitativen Rekonstruktion eines betrieblichen Reorganisationsprozesses (vgl. Schwager & Udris, 1995), in dem es darum geht, den Einführungsprozess von Gruppenarbeit anhand von fünfzehn qualitativen Einzelinterviews und drei Gruppendiskussionen systematisch abzubilden. Aus diesen Interviews geht deutlich hervor, dass sich die Vorgesetzten, die Insel- und Montagearbeiter von der Neuorganisation überfordert fühlen und die betroffenen Mitarbeiter von Gruppenarbeit kaum eine Vorstellung entwickelt haben.

Aus den Einzelinterviews haben Schwager & Udris (1995) für die Gruppendiskussionen Thesen zur Gruppenarbeit aus der Sicht der Montageleiter, Inselleiter und Montagearbeiter herausgearbeitet, die in der folgenden Tabelle IV-36 aufgeführt sind und die Aspekte verdeutlichen, die so oder in ähnlicher Form in sehr vielen Einführungsprozessen auftreten.

Einen ähnlichen qualitativen Evaluationsversuch unternahmen die Autorinnen Senghaas-Knobloch, Nagler und Dohms (1996), indem sie jeweils 15 bis 20 Teilnehmer/-innen eines freiwilligen, offenen Wochenendseminars (insgesamt fünf Seminare) zum Thema «Herausforderung Gruppenarbeit» diskutieren ließen und die Ergebnisse dieser Diskussion unter Beteiligung der Betroffenen auswerteten.

Deutlich wird, dass neben den praktischen Fähigkeiten, die weiterhin notwendig sind, kognitive und soziale Fähigkeiten gefordert werden, die als Beanspruchung und zum Teil auch als Leistungsverdichtung empfunden werden. Nach Aussagen der Werkerinnen und Werker spielt sich Gruppenarbeit wesentlich im Kopf

der Betroffenen ab. Die Gruppenmitglieder müssen die Gruppenarbeit bewusst wollen und sich auf neue Bewältigungsstrategien einlassen, die erheblich von denen abweichen, die bei hocharbeitsteiligen Arbeitsprozessen hilfreich und nützlich waren. «Sich dumm stellen, gilt als ein Mittel, sich gegen Zumutungen der Vorgesetzten zu erwehren. Wer sich dumm stellte, wurde womöglich nicht mehr so schnell auf einem anderen Platz eingesetzt …» (Senghaas-Knobloch et al., 1996, S. 91). Im Rahmen der Gruppenarbeit ist diese Strategie kontraproduktiv und wird von den Gruppenmitgliedern nicht toleriert. Wenn sich jemand in der Gruppe dumm stellt, bedeutet dies für die Kolleg(inn)en Mehrarbeit und eine Reduzierung ihrer Handlungsmöglichkeiten.

Deutlich wird in den Gruppendiskussionen auch die veränderte Rolle der Meister. Sie sind nicht mehr der autoritäre Entscheider, sondern der Moderator der Gruppe, der zwar noch Disziplinarfunktionen ausübt, aber die Gruppenmeinung in seine Entscheidungen miteinzubeziehen hat. Er muss nach Meinung von Senghaas-Knobloch et al. (1996, S. 96) sein eigenes Selbstbild grundlegend revidieren und dazu beitragen, dass sein Bild auch in der Wahrnehmung der Gruppenmitglieder revidiert wird. «Eine solche Revision des beruflichen Selbstbildes setzt voraus, dass die neue, eigene Perspektive klar ist. Gerade dies ist aber für viele nicht der Fall.» Die Übertragung von Kompetenzen der Meister an die Gruppe fällt ebenso schwer wie die Entwicklung einer neueren zukunftsfähigen Berufsrolle. Die Meister sind verunsichert.

Die Autorinnen schreiben in ihrem Ausblick (1996, S. 97 f.): «Die Meister und Meisterinnen müssen sich mit den Anforderungen auseinandersetzen, dass sie Kompetenzen vorbehaltlos an die Gruppen abgeben sollen. Sie müssen Vertrauen in die Tragfähigkeit und Dauerhaftigkeit der neuen Organisationsstrukturen ausstrahlen, obwohl sie nicht wissen, was aus ihnen selbst wird, gerade dann, wenn die Gruppenarbeit besonders gut klappt. […] Gruppenarbeit impliziert für die Grup-

Tabelle IV-36: Thesen zur Gruppenarbeit aus der Sicht der Montageleiter, Inselleiter und Montagearbeiter (vgl. Schwager & Udris, 1995, S. 135)

Thesen aus der Sicht der ...	Montageleiter (ML)	Inselleiter (ISL)	Montagearbeiter (MA)
Beurteilung der Gruppenarbeit (GA)			
• positiv	Die GA ist motivierend, weil wir eine neue interessante Arbeitsform aufbauen. Sie bietete die besten Zukunftsaussichten für die Mitarbeiter und den Betrieb.	An der GA gefällt uns die Zusammenarbeit und die Verantwortung. Die GA ist eine berufliche Herausforderung.	Wir finden es positiv, dass man bei der GA miteinander sprechen, sich gegenseitig helfen und über die Arbeit austauschen kannn.
• negativ	Die Mitarbeiter erwarten, dass wir ihnen die GA im Endzustand übergeben. Das geht nicht, die GA muss zusammen erarbeitet werden.	Wir ISL fühlen uns unsicher bezüglich unserer Aufgaben und Betreuung der MA. Wir haben zu wenig Zeit für die MA.	Seit der Einführung der GA hat sich bei uns noch nicht viel verändert.
Einführung und Information	Wir wissen nicht genau genug, was GA ist und wie sie in unserem Betrieb zu funktionieren hat. Es fehlt der Informationsfluss.		Wir haben zu wenig Informationen, um uns in der neuen Organisation einordnen zu können.
Zukünftige Entwicklung	Ein Prozess wie bei der Einführung der GA braucht viel Zeit. Dabei ist der Faktor Mensch der schwächste, da er im Gegensatz zur Technik eine bestimmte Zeit zum Reifen braucht.	Wir ISL erwarten von den MA, dass sie aus eigener Initiative arbeiten, und vom Betrieb, dass die Gruppen ernst genommen werden.	

penmitglieder teilweise die Übernahme bisheriger Führungsaufgaben und damit Verantwortung. Der kollegiale Umgang gewinnt eine neue Qualität.»

Trotz dieser Optimismus ausstrahlenden Argumentation auf der Basis qualitativer Interviews bleiben die Autorinnen am Schluss skeptisch. Sie sind sich nicht sicher, ob dieser kollegiale Umgang zwischen den Mitarbeiter(inne)n und direkten Vorgesetzten standhält

gegenüber dem ökonomischen Handlungsdruck. Es besteht die Gefahr, wegen des ökonomischen Drucks auf die Mitarbeiter die vorhandenen Gestaltungspotenziale nicht offensiv nutzen zu können. Die Untersuchungen in der Automobilindustrie zeigen, welche Potenziale bestehen und wie wenig sie konsequent genutzt werden.

Zu ähnlichen Befunden gelangen auch Wehner und Rauch (1994) und Bahro, Rauch,

v. Schwerin und Wehner (1995) in ihren quantitativen und qualitativen Studien zur Evaluation von Gruppenarbeit bei Daimler in Bremen. In dieser eher formativen Evaluation wird am exemplarischen Fall deutlich, dass die Mitarbeiterziele an den Rand gedrängt werden. Es ist für die Gruppenmitglieder schwierig, ihre mühsam erarbeiteten Freiräume zu sichern und aktiv auszufüllen. Ein Fazit dieser Projektgruppe lautet daher: «Auch wenn das Arbeitsmodell Gruppenarbeit einen eindeutigen Rationalisierungsanspruch hat, wäre es nicht nur kurzsichtig, sondern fatal, die Interessen und Bedürfnisse der Mitarbeiter zu unterschätzen und Frustrationen bzw. Resignationen in Kauf zu nehmen» (Bahro et al., 1995, S. 42).

Bei der Sichtung internationaler Studien zur Verbreitung von «wahrer» Gruppenarbeit (i. S. hoher Entscheidungsautonomie bei Auftragsverteilung, Arbeitsplanung, Anwesenheits- und Abwesenheitskontrolle usw.; vgl. Benders, Huijgen & Ulricj, 2001; Blasi & Kruse, 2006; Kersley et al., 2005) ist festzustellen, dass die Umsetzung solcher autonomer Arbeitsgruppenkonzepte insgesamt eher moderat ist. Arnold und Randall (2010, S. 520) formulieren hierzu: «... in spite of a lot of enthusiasm for teamwork, true teamwork seems to be more the exception than the rule.»

Im Rahmen der Forschungen zum demografischen Wandel gewinnt das Thema der *Altersdiversität* in Arbeitsgruppen zunehmend an Bedeutung. Die Belegschaften werden im Durchschnitt älter, und es stellt sich die Frage, ob bei der Zusammensetzung von Gruppen oder Teams auf das Alter der Beschäftigten besondere Rücksicht genommen werden soll. Ist es zum Beispiel unter dem Leistungsaspekt besser, altersgemischte Teams zu bilden oder möglichst altershomogene?

Um diese Frage zu beantworten, haben Wegge, Roth und Schmidt (2008) eine Übersicht über einschlägige empirische Untersuchungen seit 1999 zusammengestellt und eigene Untersuchungen bei 111 Finanzämtern durchgeführt. Die Autoren resümieren, dass die empirischen Befunde nicht eindeutig sind. Dies ist auf die unterschiedlichen Arbeitsgruppen zurückzuführen, die in den Untersuchungen berücksichtigt wurden. Es gibt zum Beispiel Untersuchungen über Topmanagementteams, Entwicklungsteams, Teams bei Finanzdienstleistern, Sportteams oder Teams im Einzelhandel mit jeweils unterschiedlichen Ergebnissen. Wegge et al. (2008) ziehen aus ihren eigenen Erhebungen und den berichteten empirischen Befunden folgende Schlussfolgerungen:

- «Erstens ist es nicht ratsam, ohne weitere Begleitung altersgemischte Teams zu bilden. Dies bewirkt oft nichts. Wenn doch, sind negative Leistungseffekte wahrscheinlicher als positive.
- Zweitens ist die Wahrscheinlichkeit positiver Leistungseffekte altersgemischter Teams wohl dann größer, wenn die Aufgabenanforderungen anspruchsvoll (komplex, dynamisch) ausfallen. Dies sollte bei der Auswahl der Bereiche, in denen man (stark) altersgemischte Teams nutzt, bedacht werden; ggf. auch durch den Einsatz entsprechender Arbeitsgestaltungsmaßnahmen für altersgemischte Teams.
- Und drittens weisen unsere aktuellen Projekte [...] darauf hin, dass altersgemischte Teams dann besser funktionieren, wenn das Alter als Kategorie in der Selbstwahrnehmung wenig salient ist und man den älteren Arbeitnehmern im Team eine positive Wertschätzung entgegenbringt.» (Wegge et al., 2008, S. 41)

Für die Bildung von altersgemischten Fertigungs- oder Montagegruppen heißt dies, dass bei hochrepetitiven, kurz getakteten Montagetätigkeiten altersgemischte Teams eher Probleme bereiten. Ältere Beschäftigte benötigen aufgrund der zunehmenden körperlichen Beschwerden häufiger einen Belastungswechsel als jüngere und mehr Kurzpausen. Beides führt bei kurzzyklischen, einseitigen Arbeitsanforderungen zu Leistungseinbußen. Die einschlägige Berufserfahrung, über die Ältere in der Regel verfügen, lässt sich hier nicht kompensatorisch einsetzen. Man fordert daher, diese Tätigkeiten durch indirekte Aufgaben (Wartung, Instandhaltung, Qualitätssicherung, KVP) zu erweitern, um Ältere in solche Arbeitssysteme integrieren zu können und Leistungseinbußen weitgehend zu vermeiden.

Bei Fertigungsteams an komplexen technischen Anlagen können altersgemischte Teams hingegen sehr effizient sein, da die Berufserfahrung von älteren Maschinenführern Vorteile bei der Fehlerdiagnose und Fehlerbeseitigung bietet und die Älteren die Jüngeren bei den zum Teil unbequemen Wartungs- und Instandhaltungsarbeiten durch ihre Kompetenzen unterstützen können. In solchen Fällen beeinflusst die Reduzierung von Stillstandszeiten die Gruppenleistung positiv.

4.3.4 Gremienarbeit

Neben der formalen Organisationsstruktur existiert in den Unternehmen eine Vielzahl von Gremien (vgl. hierzu Vahs, 2005), in denen Entscheidungen vorbereitet, diskutiert und getroffen werden. Es gibt hauptamtliche und nebenamtliche Gremien. Zu den hauptamtlichen Gremien gehört z. B. das Präsidium (Rektorat) einer Universität, bestehend aus dem Präsidenten (Rektor), den Vizepräsidenten (Proektoren) und dem Kanzler. Zu den nebenamtlichen Gremien zählt z. B. der Universitätssenat, der sich zusammensetzt aus dem Präsidium, den gewählten Professorinnen und Professoren (Dekane), den gewählten wissenschaftlichen Bediensteten, Verwaltungskräften und Studierenden, dem Personalrat und der Frauenbeauftragten.

In Wirtschaftsunternehmen ebenso wie in Dienstleistungsunternehmen wächst die Zahl an haupt- und nebenamtlichen Gremien, um die Beschäftigten und deren Fachkompetenz innerhalb dieser Organisationen möglichst umfassend in die Entscheidungsprozesse einzubinden. Die Zunahme von Matrixstrukturen im Zuge einer verstärkten Produkt- und Kundenorientierung verstärkt noch diesen Trend. Es entstehen hierarchieübergreifende Gremien, die befristet oder unbefristet mit Sonder- bzw. Daueraufgaben betraut sind.

Gremien haben in der Regel eine Geschäftsordnung. Die einzelnen Sitzungen (in wöchentlichem, monatlichem oder sonstigem Turnus) strukturiert eine Agenda. Die Ergebnisse werden meist dokumentiert und von den jeweiligen Prozessverantwortlichen (Abteilungs-, Hauptabteilungs- oder Bereichsleiter) kontrolliert.

Im Ergebnis führt dies bei den Betroffenen häufig dazu, dass sie die Hauptaufgaben (definiert über die funktionale Organisation) vernachlässigen, delegieren oder nur unzureichend ausüben können.

Im Rahmen einer Analyse der Gremienlandschaft in einem Automobilunternehmen ließen sich allein im Bereich der Forschung und Entwicklung 35 Gremien identifizieren. Da gibt es beispielsweise auf Vorstandsebene unter anderem den Finanzausschuss; ferner einen Vorstandsausschuss, an dem auch alle Bereichsleiter teilnehmen und der über Produkte entscheidet; vier Themenausschüsse zur Vorbereitung einschlägiger Entwicklungsthemen; einen Ausschuss Qualität; vier Ausschüsse für die verschiedenen Fahrzeugbaureihen etc. Innerhalb dieses analysierten Unternehmens verbringt zum Beispiel ein Hauptabteilungsleiter im konkreten Einzelfall in 18 Gremien insgesamt 129 Stunden pro Monat.

Da dieser relativ hohe Zeitanteil nicht untypisch ist, ist es verständlich, wenn aus Sicht der Betroffenen und der Unternehmensleitung der Versuch unternommen wird, im Rahmen der Prozessoptimierung den «Gremienwildwuchs» einzudämmen. Hierzu sind unter anderem folgende Fragen zu stellen:

- Welche Ziele verfolgen die Abteilung/ Hauptabteilung und deren Leiter?
- Welche Gremien sind für diese Zielerreichung bedeutsam?

- Ist die Teilnahme in dem Gremium unternehmenspolitisch von Bedeutung?
- Kann die Teilnahme an dem Gremium delegiert werden?
- Ist das Gremium effizient geführt (Agenda, Protokoll, Ergebnisüberprüfung)?
- Können alle Gremienteilnehmer ihren Beitrag leisten, und wird dieser auch ernst genommen?
- Findet die Sitzung in freundlicher und konstruktiver Atmosphäre statt?
- Tagt das Gremium ausreichend häufig, zu oft, zu selten?

- Ist die Dauer der einzelnen Sitzungen angemessen, zu kurz, zu lang?
- Ist die Teilnehmeranzahl ausreichend, zu groß, zu klein?

Wenn sich diese Fragen im Interesse einer verbesserten Effizienz positiv beantworten lassen, ist die Motivation hoch, an solchen Gremien teilzunehmen. Gleichzeitig fördert dies die Selbstwirksamkeit der betroffenen Beschäftigten, die als eine Grundvoraussetzung innovativen Handelns betrachtet werden kann.

Teil V

Beispiele arbeitspsychologischen Handelns in Praxis und Forschung

Beispiel 1:

Arbeitspsychologische Evaluation eines neuen Montagesystems (Handbremshebelmontage)

1. Vorbemerkung

Das im Folgenden beschriebene *Betriebsprojekt* (vgl. Frieling, Enriquez & Nöring, 2009) hat zum Ziel herauszufinden, welche Probleme sich aus Sicht der Beschäftigten mit einem neuen Arbeitsstrukturkonzept in der Montage ergeben und welche arbeitsgestalterischen Vor- und Nachteile damit verbunden sind. Anlass zur Untersuchung war, dass Betriebsrat, Arbeitsmedizin und Werksplanung die neu gestalteten Arbeitsbedingungen unterschiedlich wahrnahmen und eine «neutrale» Bewertung durch arbeitswissenschaftliche Experten wünschten.

Dieses Betriebsprojekt ist ein Beispiel arbeitspsychologischen Handelns mit starker arbeitswissenschaftlicher und ergonomischer Ausrichtung bei der Gestaltung und Evaluation neuer Arbeitsstrukturen.

2. Ausgangssituation

Das Konzept für die Gestaltung einer neuen Arbeitsstruktur beruht auf den Prinzipien des Toyota-Produktionssystems und stellt die Wertschöpfung in den Vordergrund der Arbeitssystemplanung. Wertschöpfung bedeutet in diesem Fall (s. **Abb. V-1.1**), die verschiedensten Quellen der Verschwendung zu vermeiden (Überproduktion, unnötige Lagerbestände, Wartezeiten, überflüssigen Transport, überflüssige Bewegungen etc.; vgl. Ohno, 2009).

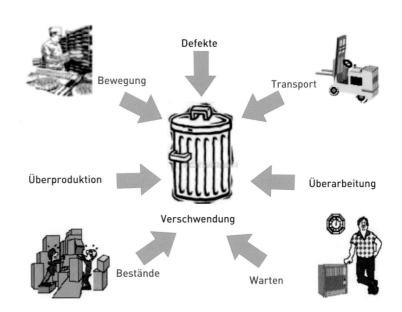

Abbildung V-1.1: Wertschöpfung durch Vermeiden von Verschwendung nach Prinzipien des Toyota-Produktionssystems

Defekte

Bewegung

Transport

Überproduktion

Überarbeitung

Verschwendung

Bestände

Warten

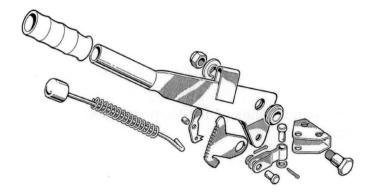

Abbildung V-1.2:
Explosionsansicht eines
Handbremshebels

Das sogenannte «Chaku-Chaku-Konzept» (frei übersetzt: «laden-laden») kommt diesen Anforderungen entgegen, indem es bei den Teilemontagen eine kompakte, Wegezeiten minimierende Aufstellung der Maschinen und Anlagen vorsieht, sodass beim Einlegen und Entnehmen der Teile kurze Zyklen möglich sind (vgl. Yagyu, 2007). Angestrebt wird die Montage kompletter Bauteile. Durch entsprechende Verkettung der Anlagen entfällt die mehrfache Handhabung von Material (vgl. Frieling, Enriquez & Nöring, 2009). Im vorliegenden Fall soll die Montage eines Handbremshebels für ein Großserienfahrzeug nach dem «Chaku-Chaku-Konzept» evaluiert werden.

Der *Handbremshebel* ist ein Bauteil, das aus zirka zwanzig Teilen besteht, die zusammengefügt werden müssen. Der Fügeprozess lässt sich mit unterschiedlichsten Techniken ausführen (s. **Abb. V-1.2**).

Bis zur Neuplanung des «Chaku-Chaku-Systems» fügten überwiegend leistungseingeschränkte Beschäftigte die Handbremshebel mithilfe einfacher Pressen zusammen. Die Arbeit ließ sich zum Großteil im Sitzen durchführen. Um ca. eintausend Handbremshebel pro Schicht zu montieren, waren ca. zehn bis zwölf Beschäftigte erforderlich. Die Montage erfolgte an zwei Bändern mit jeweils fünf bis sechs Personen, die ohne Taktbindung die Teilmontagen durchführten und die Teile in einen Puffer ablegten, der nach fünfzig Teilen an den nächsten Mitarbeiter weitergegeben wurde.

Da die Handbremshebel in größerer Stückzahl gefertigt werden sollten, kam man zu dem Schluss, die Handbremshebel mithilfe eines neuen Arbeitssystems nach dem «Chaku-Chaku-Prinzip» teilautomatisiert herzustellen. Ohne eine solche Maßnahme wäre man nicht mehr wettbewerbsfähig – so die einhellige Meinung des Managements.

3 Beschreibung des neuen Arbeitssystems

In dem neuen Arbeitssystem arbeiten insgesamt 24 Beschäftigte, größtenteils Frauen (90 Prozent), mit einschlägiger Facharbeiterqualifikation (Industriemechaniker/-innen). Das Durchschnittsalter beträgt zirka 32 Jahre und liegt damit deutlich unter dem Werksdurchschnitt von zirka 42 Jahren. Montiert werden die Handbremshebel im Dreischichtbetrieb, mit einer Taktlänge von ca. 25 Sekunden. Die Stückzahlen schwanken je nach Auftragslage und Anzahl der Beschäftigten zwischen 600 und 900 Teilen pro Schicht. Je Schicht arbeiten bis acht Personen in zwei parallelen Montageinseln; das heißt, es gibt zwei gleichartig aufgebaute Montagesysteme mit jeweils drei Arbeitsplätzen (s. **Abb. V-1.3**). Die Beschäftigten in den beiden Montageinseln bilden eine Arbeitsgruppe, die von einer Gruppensprecherin organisiert wird. Die Gruppe ist für die Stückzahlausbringung und Qualität der Teile verantwortlich. Da im Dreischichtsystem montiert wird, gibt es drei Arbeitsgruppen, die in ein

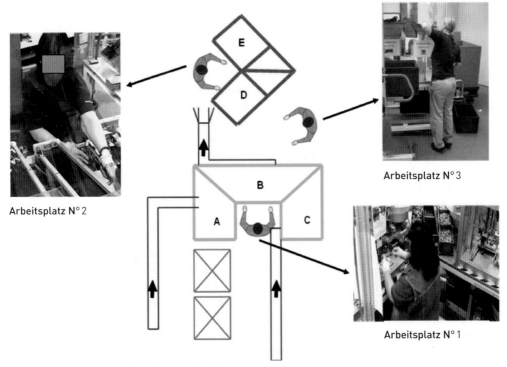

Abbildung V-1.3: Vereinfachtes Layout des Montagesystems

rotierendes Schichtsystem (Früh-, Nacht- und Spätschicht) eingebunden sind und von einer Meisterin/einem Meister schichtbegleitend geführt werden. Die Gruppenarbeit ist in diesem Unternehmen durch eine Betriebsvereinbarung geregelt und wird, wie in der Vereinbarung vorgesehen, auch praktiziert; die Gruppe führt einmal in der Woche ein Gruppengespräch, das in der Regel dreißig Minuten dauert.

Am Arbeitsplatz 1 (s. Abb. V-1.3) arbeitet eine Industriemechanikerin, die mit dem Einlegen von zwei Teilen an der Arbeitsstation A beginnt, sich dann der Arbeitsstation B zuwendet, dort wieder Teile einlegt, sich anschließend zu Arbeitsstation C dreht und dort die Teile nietet. Die Teile nimmt sie von entsprechenden Zuführbändern, die ihre Kollegin an Arbeitsplatz 3 beschickt (s. Abb. V-1.3). Der gesamte Arbeitstakt beträgt zirka 21 bis 25 Sekunden. Bei Störungen der Anlagen A, B und C führt die Beschäftigte die Störungsbeseiti-

gung selbstständig durch und quittiert die Fehler auf einem Display, das an Arbeitsstation A angebracht ist. Schwerwiegende Störungen beseitigt die Werksinstandhaltung.

Am Arbeitsplatz 2 werden die Teile von Arbeitsplatz 1 weiterbearbeitet und komplettiert. Hier gibt es zwei Arbeitsstationen, D und E, an denen die Teile eingelegt und zu einem kompletten Handbremshebel (im Folgenden: HBH) gefügt werden. Die fertigen HBH werden auf ihre Funktion überprüft und in einen Transportbehälter abgelegt. Die Störungsbeseitigung und Dokumentation erfolgt wie an Arbeitsplatz 1.

Der Arbeitsplatz 3 ist ein sogenannter Logistikarbeitsplatz. Hier werden alle benötigten Teile von einem Zwischenlager an die Arbeitsplätze 1 und 2 transportiert. Die HBH-Teile werden aus großen Behältern auf die Förderbänder abgelegt und die benötigten Kleinteile (Kunststoffteile, Nieten etc.) aus Kunststoff-

boxen in Rüttler oder Zuführbehälter einge-
füllt.

Zu Beginn des neuen Arbeitssystems rotier-
ten die Beschäftigten nur zwischen den Arbeitsplätzen (AP) 1 und 2; die Arbeiten an Arbeitsplatz 3 führten dauerhaft zwei bis drei
männliche Beschäftigte aus. Nach einer Erpro-
bungszeit von zwölf Monaten erwies es sich
als notwendig, auch den dritten Arbeitsplatz
vollumfänglich in das Rotationssystem einzubeziehen, um die als einseitig empfundenen
körperlichen Belastungen (Drehbewegung
rechtsherum an AP 1 und Drehbewegung
linksherum an AP 2) durch andere Körper-
belastungen auszugleichen.

Nach einer entsprechenden Einarbeitungszeit sind alle Beschäftigten in diesem System in
der Lage, zwischen den drei Arbeitsplätzen zu
rotieren. Nach jeweils fünfzig montierten HBH
oder nach individueller Absprache wechseln
die Beschäftigten im System oder bei Bedarf
auch zwischen den beiden gleich gestalteten
Systemen.

4 Datengewinnung

Im folgenden Abschnitt stellen wir die zur
Evaluation erforderliche Datenerhebung und
die eingesetzten Methoden/Instrumente dar.

4.1 Datenerhebung

Um die psychischen und physischen Beeinträchtigungen zu erfassen, ist es notwendig,
subjektive Daten (auf der Basis von Befragungen) mit objektiven Daten aus den ergonomischen Arbeitsplatzanalysen zu kombinieren.
Da die Daten auf die einzelnen Beschäftigten
zu beziehen sind, ist dem Datenschutz besondere Aufmerksamkeit zu schenken. Im vorliegenden Fall wählten wir in Kooperation mit
dem betrieblichen Datenschutz und den jeweiligen Betriebsräten ein Verfahren, bei dem
jeder Datensatz mit einem Personencode versehen wird, der nur dem Unternehmen bekannt ist. Die Ergebnisse werden dem Unter-

nehmen in anonymisierter Form rückgemeldet,
sodass die personbezogenen Daten nur der
Forschungseinrichtung zur Verfügung stehen,
diese aber durch den Code die jeweilige Person
nicht identifizieren kann. Dieses Vorgehen ist
besonders dann sinnvoll, wenn Wiederho-
lungsuntersuchungen geplant sind und die
personbezogenen Daten im Längsschnitt auszuwerten sind.

Neben den standardisierten Erhebungen
fand eine Reihe von Betriebsbegehungen statt,
um die kontinuierlichen Veränderungen in der
Arbeitsorganisation und Arbeitsgestaltung
nachvollziehen und verstehen zu können. Die
Produktionshalle mit zwei Pausenräumen (für
Raucher und Nichtraucher) befindet sich im
Untergeschoss einer großen Halle und umfasst
zirka 400 Quadratmeter (s. **Abb. V-1.23**). Durch
eine Reihe von Gesprächen mit den Meistern,
Gruppensprecher(inne)n und Mitarbeiterinnen entstand eine vertrauensvolle Zusammenarbeit. Die Gespräche fanden einmal wöchentlich statt, während der ergonomischen
Analysen auch öfter. Die Mitarbeiterinnen haben die Datenerhebung aktiv unterstützt; Glei-
ches gilt auch für den Betriebsrat.

Eine Evaluation mit dem Anspruch, für die
Beschäftigten etwas zur Verbesserung der Arbeitsbedingungen zu leisten, ist zeitaufwendig;
aber nur so entsteht ein Verständnis für die
Arbeitsprozesse und die unterschiedlichen Interessen der Beschäftigten, der Gruppensprecher, der Meister, der Planer, des Managements
oder der Betriebsräte. Die Datenerhebung und
Datenpräsentation allein reichen nicht aus, um
Veränderungen und Verbesserungen im Arbeitsprozess zu erreichen. Die unterschiedlichen Interessen der einzelnen Akteure müssen
bei der Darstellung der Ergebnisse berücksichtigt werden. Dies gilt besonders für die Ar-
beitssystemplaner, da deren Arbeitsergebnisse
durch die Evaluation des Arbeitssystems auf
den Prüfstand geraten.

4.2 Eingesetzte Methoden und Instrumente

Fragebogenerhebung

Folgende Skalen aus bewährten Instrumenten verwendeten wir in dem Forschungsprojekt für die Fragebogenerhebung:

- Mit dem *WAI* («Work Ability Index», Kurzversion nach Ilmarinen & Tempel, 2002; Nubling, Hasselhorn, Seitsamo & Ilmarinen, 2004) wird die individuelle Arbeitsfähigkeit der Beschäftigten erfasst. Dieses relativ heterogene Konstrukt beschreibt, inwieweit Arbeitnehmer/-innen in der Lage sind, den spezifischen Arbeitsanforderungen aufgrund ihrer individuellen Gesundheit und mentalen Ressourcen zu entsprechen. Der WAI enthält sieben Dimensionen: derzeitige Arbeitsfähigkeit im Vergleich zu der besten je erreichten; Arbeitsfähigkeit in Relation zu den Arbeitsanforderungen; Anzahl der aktuellen, vom Arzt diagnostizierten Krankheiten; geschätzte Beeinträchtigung der Arbeit durch Krankheiten; Krankenstand in den vergangenen zwölf Monaten; Einschätzung der eigenen Arbeitsfähigkeit in den letzten zwei Jahren; und psychische Leistungsreserven. Für jede Dimension wird ein einzelner Wert berechnet. Der Gesamtwert ergibt sich aus den summierten Einzelscores und kann einen Wert zwischen 7 und 49 annehmen, der vier Kategorien zugeordnet wird: sehr gut (44 bis 49 Punkte), gut (37 bis 43 Punkte), mäßig (28 bis 36 Punkte), schlecht (7 bis 27 Punkte). In der vorliegenden Untersuchung wurde die Kurzversion verwendet.
- Der *SALSA* («Salutogene Subjektive Arbeitsanalyse»; vgl. Udris & Rimann, 1999) ist ein Fragebogen zur Erfassung der subjektiven Arbeitsbeanspruchung. Das Verfahren ermittelt die subjektiv wahrgenommene Arbeitssituation hinsichtlich verschiedener Merkmale der Aufgaben. Der Schwerpunkt liegt hierbei auf den Arbeitsbedingungen und Schutzfaktoren der Arbeit (den «salutogenetischen Ressourcen»), die dazu beitra-

gen können, dass Beschäftigte in der Lage sind, ihre Gesundheit trotz Belastungen aufrechtzuerhalten und wiederherzustellen. Der Fragebogen besteht aus 17 Skalen, zusammengefasst in fünf Merkmalsbereichen: Aufgabencharakteristika, Arbeitsbelastung, Belastung durch äußere Tätigkeitsbedingungen, organisationale Ressourcen und soziale Ressourcen.

- Das *AVEM*-Verfahren («Arbeitsbezogene Verhaltens- und Erlebensmuster»; vgl. Schaarschmidt & Fischer, 1996) dient der Erfassung relativ konstanter Verhaltens- und Erlebensmuster in Arbeit und Beruf. Diese individuellen Muster sind als Folgen erlebter Belastung und Beanspruchung anzusehen und wirken als Voraussetzungen (Ressourcen) für die zukünftige Bewältigung arbeitsbezogener Anforderungen. Ausgewählt für die vorliegende Untersuchung wurden von den insgesamt elf Skalen des Fragebogens die fünf Skalen Verausgabungsbereitschaft, Resignationstendenz, Distanzierungsfähigkeit, offensive Problembewältigung und innere Ruhe.
- Der *BMS* («Beanspruchung – Monotonie – Sättigung»; vgl. Plath & Richter, 1984) ist ein Fragebogen in zwei Versionen (A und B), um Ermüdung, Monotonie und Sättigung zwischen Beginn und Ende einer Schicht messen zu können. Pro Schicht werden beide Versionen eingesetzt, um Verfälschungen durch die Messwiederholung zu vermeiden.
- Aus dem Fragebogen der *FINGER*-Studie («FINnish GERman study on physical activity, fitness and health»; vgl. Woll, Tittelbach, Schott & Bös, 2004) wurden einzelne Items ausgewählt, um verschiedene sportliche Aktivitäten zu erfassen.
- Der «*Nordische Fragebogen über Beschwerden am Bewegungsapparat*» (vgl. Kuorinka, Jonsson et al., 1987) erfasst die subjektiven Beschwerden am Bewegungsapparat. Der Originalfragebogen besteht aus einem allgemeinen und einem speziellen Teil. Ersterer erfragt die Beschwerden im Muskel-

Skelett-System, differenziert nach neun Körperregionen (Nacken, Schultern, Ellenbogen, Hand/Gelenke, oberer Rücken, unterer Rücken, Hüften/Oberschenkel, Knie und Füße/Knöchel). Der spezielle Teil erfasst in detaillierterer Form Symptome am unteren Rücken, Nacken und den Schultern. Eingesetzt wurde der allgemeine Teil in der deutschen Fassung von Caffier, Steinberg und Liebers (1999).

- Der vielfach erprobte *ABB* («ArbeitsBeschreibungsBogen»; vgl. Neuberger & Allerbeck, 1978) erfasst die Arbeitszufriedenheit.
- Zur Erfassung von Veränderungen gegenüber dem Vorjahr hinsichtlich Kommunikation und Kooperation, Führungsstil usw. sowie Veränderungswünschen wurde eine eigene Skala entwickelt.

Die Gesamtdauer der schriftlichen Befragung beträgt zirka eine Stunde (ohne BMS). Da die Befragungen während der Gruppenbesprechungen durchgeführt wurden, war die freiwillige Beteiligung sehr hoch (über 80 Prozent). Der BMS wurde zu Beginn und am Ende der Früh-, Spät- und Nachtschicht dreimal von jeder und jedem Beschäftigten durchgeführt. Die Durchführungsdauer beträgt zirka fünf Minuten pro Fragebogen. Die Gruppensprecherin sammelte die ausgefüllten Fragebogen ein und leitete sie in verschlossenen Umschlägen an das Auswertungsteam weiter.

Beobachtungsdaten

Mithilfe der Verfahren «OWAS» und «Leitmerkmalmethode» (s. hierzu die Beschreibung in Teil II, Kap. 2.2) wurden die verschiedenen *Körperhaltungen* und die zu handhabenden Lasten nach einem standardisierten Verfahren eingestuft. Hierzu zeichnet man die Arbeitstätigkeiten mit Video auf und teilt sie in Sequenzen ein. Diese Sequenzen werden entsprechend einem vorgegebenen Raster nach der Kopfhaltung, der Haltung der Arme, des Rückens und der Beine eingestuft; mitberücksichtigt wird gleichzeitig das zu handhabende Gewicht (drei

Stufen: < 10, < 20 und > 20 kg). Aus der Video-Analyse lassen sich nach den Vorgaben des Verfahrens die problematischen Körperhaltungen im Sinne eines gesundheitlichen Risikos ermitteln. Man unterscheidet hierbei vier Gruppen: Veränderungsmaßnahmen (1) sofort erforderlich (rot), (2) schnell erforderlich (orange), (3) bald erforderlich (gelb) und (4) nicht erforderlich (grün). Die Bewertung nach dem Ampelprinzip verdeutlicht den Handlungsbedarf.

Neben dieser standardisierten Bewertung der Köperhaltungen werden die Arbeitsplätze nach ergonomischen Kriterien beobachtet und bewertet (Ekides-Datenbank; vgl. hierzu Jastrzebska-Fraczek, Schmidtke, Bubb & Karwowski, 2006), Lärm- und Beleuchtungsmessungen werden ebenfalls durchgeführt. Zusätzlich wird das Verhalten der Mitarbeiter/-innen beobachtet und mit ihnen besprochen, um die Besonderheiten der Tätigkeit zu verstehen. Darüber hinaus fanden vor Ort Gespräche mit den Instandhaltern der Zulieferfirma und des Werkes statt.

Betriebsdaten

Auch die im Betrieb vorhandenen Produktionskennzahlen und Statistiken (Stückzahl pro Schicht, Stillstandzeiten/Störungen, krankheitsbedingte Fehlzeiten) bezogen wir in die Analysen mit ein.

5 Ausgewählte Untersuchungsergebnisse

Im Folgenden stellen wir Ergebnisse dar, die für die Bewertung des Arbeitssystems als relevant zu erachten sind. Nach der Stichprobenbeschreibung folgen die Befunde aus der ergonomischen Analyse, um deutlich zu machen, unter welchen konkreten Arbeitsbedingungen die Beschäftigten in diesem Arbeitssystem arbeiten. Anschließend sind ausgewählte Befragungsergebnisse dargestellt.

Die Befunde aus der HBH-Montage werden Befragungsergebnissen aus der Montage von

Abgasanlagen (AGA) und der Getriebemontage (GM) gegenübergestellt, soweit vergleichbare Daten vorliegen. Diese Gegenüberstellung dient dazu, innerhalb des einen Werkes zu zeigen, worin die Besonderheiten der jeweiligen Montage liegen und warum sich die eine Untersuchungsgruppe von der anderen unterscheidet.

Bei der *Abgasanlage* werden Blechteile und Katalysatoren zu einer Abgasanlage (Auspuff) zusammengefügt. Kurz gesagt, Teile werden in einen Schweißautomaten eingelegt, geschweißt und dann wieder entnommen und weiterbearbeitet. In diesem Arbeitssystem wurden 23 männliche Beschäftigte befragt. Das Durchschnittsalter ist höher als in der HBH-Montage (s. **Abb. V-1.4**). Die Abgasanlage wurde deswegen zu Vergleichszwecken ausgewählt, weil auch sie nach dem «Chaku-Chaku-Prinzip» organisiert ist.

Bei der *Getriebemontage* werden an verschiedenen Automatikstationen Fahrzeuggetriebe montiert. Es handelt sich überwiegend um Einlege- und Fügetätigkeiten. In diesem Bereich wurden 185 Personen (zu 95 Prozent Männer) befragt; das Durchschnittsalter liegt

mit zirka 38 Jahren zwischen den beiden anderen Vergleichsgruppen. Hinsichtlich der Qualifikation unterscheiden sich die drei Untersuchungsgruppen nicht.

5.1 Beschreibung der untersuchten Stichprobe und Kurzdarstellung der Vergleichsgruppen

Ausführlich werden die Befunde der HBH-Montage dargestellt. Auf die gegenübergestellten Werte der beiden anderen Arbeitssysteme (AGA und GM) greifen wir nur zurück, wenn dies zur Charakterisierung der HBH-Montage erforderlich erscheint.

Von den an der Untersuchung teilnehmenden Befragten der HBH-Montage sind 15 weiblich und 2 männlich. Bis auf zwei Beschäftigte haben alle einen qualifizierten Schulabschluss und eine einschlägige Fachausbildung (überwiegend Industriemechaniker).

An der Abgasanlage arbeiten nur Männer. In der Vergleichsstichprobe Getriebemontage wurden 185 Beschäftigte befragt. Von diesen sind zirka 5 Prozent Frauen. Wie aus Abbildung V-1.5 ersichtlich, handelt es sich bei allen drei

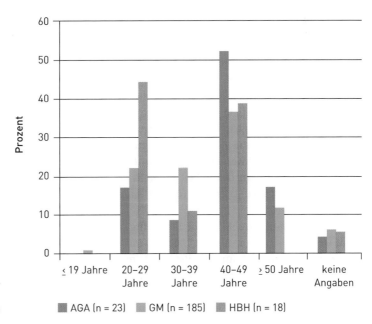

Abbildung V-1.4: Altersverteilung der beschriebenen Untersuchungsstichproben

AGA (n = 23)   GM (n = 185)   HBH (n = 18)

HBH
Zusammenbau Handbremshebel,
18 Mitarbeiterinnen,
Taktlänge: 25 sec.

AGA
Zusammenbau Abgasanlage,
23 Mitarbeiter,
Taktlänge: 55 sec.

GM (Getriebemontage)
Zusammenbau stufenloses (Automatik-)Getriebe,
185 Mitarbeiter,
Taktlänge: 85 sec.

Abbildung V-1.5: Taktlängen
der drei Arbeitssysteme

Arbeitssystemen um kurz getaktete Montagen; die Arbeitstakte in der HBH-Montage sind mit zirka 25 Sekunden besonders kurz.

5.2 Befunde aus der ergonomisch orientierten Analyse

Den OWAS-Daten ist zu entnehmen, dass die Körperhaltungen (leicht vorgebeugtes Stehen und Hantieren im normalen Greifraumbereich) als wenig problematisch anzusehen sind (s. **Abb. V-1.6**).

Problematisch ist dagegen das ständige Stehen und Drehen um die eigene Körperachse (s. **Abb. V-1.7**). Die einseitigen Druckbelastungen in den Füßen, den Beinen und der Hüfte, hervorgerufen durch den nicht elastischen Betonboden und die immer gleichen Drehbewegungen, führen nach Aussagen der Beschäftigten zu körperlichen Beschwerden in den Hüften und Beinen, wenn man die Arbeit die ganze Schicht über ausführt. Dies gilt für die Arbeitsplätze 1 und 2.

An Arbeitsplatz 1 dreht sich die Beschäftigte im Uhrzeigersinn von A nach B und C um die eigene Körperachse, an Arbeitsplatz 2 im Gegenuhrzeigersinn von D nach E. Die Bewegungsfläche beträgt an beiden Arbeitsplätzen zirka 1,5 Quadratmeter. Gedämpfte Schuhe mit einem Luftpolster in der Sohle mindern die körperlichen Beschwerden nur begrenzt. Nach einer längeren Einarbeitungszeit in das neue Arbeitssystem haben sich die Beschäftigten darauf geeinigt, nach zirka 50 montierten Handbremshebeln zwischen Arbeitsplatz 1 und 2 zu wechseln, um einen geringen Belastungswechsel zu erreichen. Da die Arbeitsanforderungen an den beiden Arbeitsplätzen vergleichbar sind, waren die Einarbeitungszeiten relativ kurz.

Nach mehrmonatiger Arbeit an den Stationen 1 und 2 wurde den Beschäftigten klar, dass nur ein Arbeitsplatzwechsel unter Einbeziehung des Arbeitsplatzes 3 (Materialbereitstellung) zu einem wirksamen Belastungswechsel führt. Bei der Materialbereitstellung muss die Beschäftigte zum Zwischenlager gehen, das zirka zwanzig Meter von den Arbeitsplätzen 1 und 2 entfernt ist, Behälter auf einen Transportwagen stellen, das Material an die Arbeitsplätze 1 und 2 bringen und dort das Material verteilen. Wie **Abbildung V-1.8** zeigt, sind die Körperhaltungen bei diesen Tätigkeiten wegen der Positionierung der Behälter teilweise problematisch, besonders beim Überkopf-Befüllen von Rüttlern mit Kleinteilen. Die anfänglich eingesetzten Trittleitern boten keine ausreichende Stabilität und stellten beim Befüllen

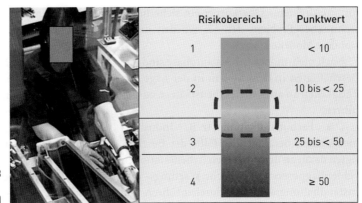

Risikobereich	Punktwert
1	< 10
2	10 bis < 25
3	25 bis < 50
4	≥ 50

Abbildung V-1.6: Erfassung der manuellen Belastungen an den Arbeitsstationen A, B und C nach der Leitmerkmalmethode (Arbeitsplatz 1)

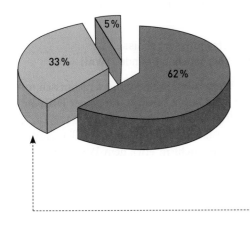

Grundbewegung (Zeitanteil)		
1	Seitenschritt	5 %
2	Gehen (Drehen)	33 %
3	**Prozesszeit (Stehen)**	**62 %**

Körperdrehung (Häufigkeit)	
Drehung unter 90°	32 %
Drehung über 90°	**68 %**

In mehr als 60 % der Zeit nimmt der Mitarbeiter eine stehende Position mit starker Körperdrehung ein.

Abbildung V-1.7: Körperliche Belastungen der unteren Extremitäten (Arbeitsstationen A, B und C an Arbeitsplatz 1 und Arbeitsstationen D und E an Arbeitsplatz 2)

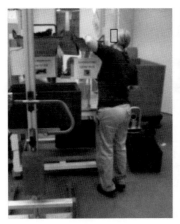

Abbildung V-1.8: Körperliche Belastungen am Arbeitsplatz 3 (Materialbereitstellung)

mit «verdrehtem» Oberkörper ein sicherheitstechnisches Problem dar. Sie wurden durch stabilere Modelle ersetzt.

Nach mehrmonatiger Anlaufphase sind alle Beschäftigten in dem System in der Lage, die Tätigkeiten an allen drei Arbeitsplätzen auszuführen.

Die Fachqualifikation (z. B. Industriemechaniker) befähigt die Hälfte der Beschäftigten dazu, an den einzelnen Arbeitsstationen Fehlerdiagnosen und einfache Wartungs- und Instandhaltungsaufgaben durchzuführen. Da störungsbedingte Maschinenstillstände häufig auftreten, besteht ein großes Interesse daran, diese Stillstandszeiten möglichst zu minimieren.

Wegen des engen Bauraums der Maschinen und Anlagen ist die Zugänglichkeit an den Reparaturstellen eingeschränkt; das beklagen Wartungspersonal und Beschäftigte.

Verbesserungsfähig ist aus ergonomischer Sicht die Positionierung der grünen Kontrollleuchten zur Freigabe der Einlegetätigkeit (die Beschäftigte kann das Teil erst einlegen, wenn die grüne Kontrollleuchte aufscheint), die im Blickfeld zu Direktblendungen führt. Dieses

Problem erkannten die Beschäftigten erst auf Nachfrage während der Arbeitsplatzanalysen.

Durch die Pneumatik (Luftdruck) entsteht an den einzelnen Maschinen eine erhebliche Lärmbelastung, die 85 dB(A) übersteigt. Dieser Wert erhöht sich noch, wenn zusätzlich das Radio eingeschaltet ist und den Arbeitslärm übertönt.

Die Umfeldbeleuchtung an den Arbeitsplätzen reicht für die Tätigkeit aus (zirka 500 Lux); wenn Verpressungen auf Haarrisse zu überprüfen sind, muss sie allerdings durch Zusatzleuchten ergänzt werden. Zu diesem Zweck steht eine beleuchtete Lupe zur Verfügung.

5.3 Befragungsergebnisse zum körperlichen Befinden (WAI)

Die Werte aus den Befragungsergebnissen mit dem WAI liegen für die Gruppe der HBH-Beschäftigten relativ niedrig (s. **Abb. V-1.9**); ca. 72 Prozent fallen in den Bereich «mäßig». Dieser Wert entspricht in etwa dem Wert der AGA-Gruppe (69,6 Prozent im Bereich «mäßig»), und dies, obgleich das Durchschnittsalter der HBH-Gruppe erheblich niedriger ist als das

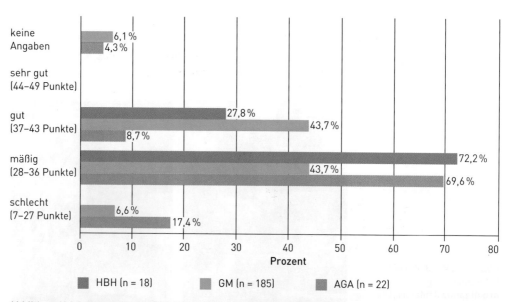

Abbildung V-1.9: Vergleich der WAI-Werte für die drei Arbeitssysteme

der Vergleichsgruppe und man davon ausgehen kann, dass die WAI-Werte mit zunehmendem Alter absinken. Die GM-Gruppe, deren Tätigkeit nicht nach dem «Chaku-Chaku-Konzept» gestaltet ist, weist höhere WAI-Werte auf. Es ist zu vermuten, so die mit den Beteiligten gemeinsam entwickelte Interpretation, dass die kurz getakteten «Chaku-Chaku-Systeme» zu einer einseitigen körperlichen Belastung führen und dies in entsprechenden WAI-Werten zum Ausdruck kommt.

Unterstützt wird diese Dateninterpretation von den Daten aus der Befragung zu den körperlichen Beschwerden (s. **Abb. V-1.10**). In Abbildung V-1.10 sind die drei Montagebereiche gegenübergestellt und durch ausgewählte Vergleichsdaten aus der repräsentativen BiBB/BAuA-Erhebung ergänzt (vgl. Bundesinstitut für Berufsbildung [BiBB] & Bundesanstalt für Arbeitsschutz und Arbeitsmedizin [BAuA],

2006). Besonders ausgeprägt sind in allen drei Montagebereichen die Beschwerden im unteren Rückenbereich und in der Nacken- und Schulterregion. Erhebliche Unterschiede zeigen sich bei den Beschwerden an den Handgelenken und Händen. Der mit zirka 50 Prozent angegebene Wert übertrifft bei Weitem die Beschwerden im Bereich der GM und liegt erheblich über dem Durchschnittswert der BiBB/BAuA-Befragung. Die Montagesystem-spezifischen Beschwerden bei der HBH-Montage liegen im unteren Rücken-, Knie-, Nacken-, Schulter- und im oberen Rücken-/Brustwirbelbereich. Dieses Beschwerdemuster ist vermutlich auf die stehende, sich um die eigene Achse drehende Körperhaltung, auf die ununterbrochenen gleichförmigen manuellen Fügetätigkeiten und auf die kurzen Arbeitstakte zurückzuführen. Ein vergleichbares Beschwerdemuster findet sich auch in der AGA. Hier

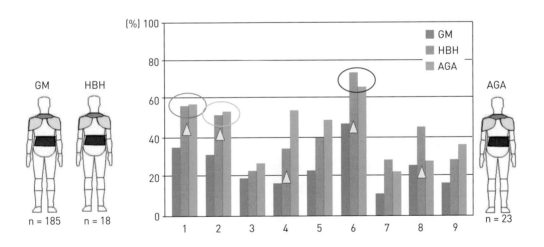

Körperbereich			
1	Nackenregion	6	Unterer Rücken
2	Schulterregion	7	Ein(e) oder beide Hüften / Oberschenkel
3	Ellenbogenregion	8	Ein oder beide Knie
4	Handgelenke / Hände	9	Ein oder beide Knöchel / Füße
5	Oberer Rücken / Brustwirbelsäule	△	Vergleichswerte BIBB/BAuA/Füße

Abbildung V-1.10: Vergleich der körperlichen Beschwerden in den drei Arbeitssystemen (HBH, AGA, GM) unter Berücksichtigung der repräsentativen BiBB/BAuA-Daten von 2005/2006

sind im Vergleich zur HBH-Montage die Hände noch mehr belastet, da die AGA-Beschäftigten schwere Blechteile mit den Händen an einer Punktschweißmaschine frei positionieren, um die Schweißpunkte richtig setzen zu können.

Am geringsten fallen die Beschwerden in der GM aus. Hier liegen die Werte zum Teil unter denen der repräsentativen BiBB/BAuA-Statistik.

Als mögliche Ursachen für die Unterschiede in den untersuchten Stichproben lassen sich nennen: Die nach dem «Chaku-Chaku-Konzept» gestalteten Arbeitssysteme führen zu einer Leistungsverdichtung, zu gleichförmigeren Bewegungsabläufen, zu kürzeren Arbeitstakten und zum Verlust von «versteckten Pausen». Diese Bedingungen wirken sich gravierend auf den körperlichen Zustand aus und führen zu den genannten Beschwerden.

Präventionsmaßnahmen in Form von körperlichen Aktivitäten im Rahmen sportlicher Betätigungen ergreifen die Beschäftigten in den Bereichen AGA und HBH weniger als die Beschäftigten im Bereich GM (s. **Abb. V-1.11**).

Die Nichtsportler/-innen und Gelegenheitssportler überwiegen. Bei der GM sind erheblich mehr regelmäßige Freizeitsportler vertreten. Erst bei regelmäßigen körperlichen Aktivitäten ist mit einer präventiven Wirkung zu rechnen. Die mit intensivem Sport verbundenen einseitigen Belastungen dürften weniger präventiv wirken.

5.4 Befragungsergebnisse zu Beanspruchung, Monotonie und Sättigung (BMS)

Monotonieerleben, Ermüdung und Sättigungsempfinden sind reversible negative Beanspruchungsfolgen einer Tätigkeit. Im vorliegenden Fall wurden nur die Beschäftigten der HBH- und der AGA-Montage gebeten, jeweils einmal pro Früh-, Spät- und Nachtschicht den BMS-Fragebogen zu Beginn und am Ende der Schicht auszufüllen. Der Gruppensprecher bzw. die Gruppensprecherin sammelte die Fragebogen ein und leitete sie weiter. Die Autoren des Verfahrens haben drei unterschiedliche Grenzbereiche definiert: Wohlbefinden, leichte und starke Beeinträch-

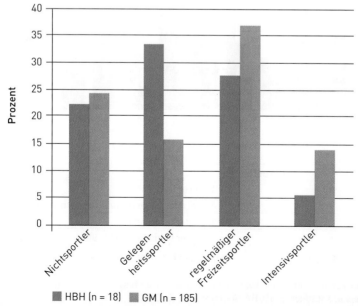

Abbildung V-1.11: Sportliche Aktivitäten

■ HBH (n = 18)   ■ GM (n = 185)

tigung des Befindens (vgl. Plath & Richter, 1984). In den Abbildungen (s. **Abb. V-1.12** bis **V-1.14**) sind die entsprechenden Grenzlinien und Grenzwerte eingetragen, die für die drei Dimensionen (Ermüdung, Monotonie und Sättigung) geringfügig variieren.

An den Werten für die *Ermüdung* (s. Abb. V-1.12) fällt auf, dass bei den Beschäftigten in der AGA-Montage die Wohlbefindenswerte zu Beginn der Früh- und Spätschicht höher sind als bei denen in der HBH-Montage und dass zu Beginn der Nachtschicht keine Unterschiede bestehen. Die Ursache liegt möglicherweise in den Geschlechtsunterschieden. In der AGA-Montage arbeiten nur Männer, in der HBH-Montage überwiegend Frauen, die in ihrer «Freizeit» durch Haushaltstätigkeiten mehr belastet sind als die Männer. Die Abnahme des Wohlbefindens über die Schicht in Form der Ermüdung ist bei den Männern (AGA) stärker ausgeprägt als bei den Frauen (HBH). Dies gilt besonders in der Nachtschicht. Die Ursache kann im höheren Durchschnittsalter der AGA-Beschäftigten liegen und in deren höheren körperlichen Beanspruchung.

Hinsichtlich des *Monotonieempfindens* sind die Ausgangswerte zu Beginn der drei Schichten zwischen den beiden Gruppen vergleichbar (s. Abb. V-1.13). Unterschiede ergeben sich in der Nachtschicht. Die Monotonie nimmt für die Beschäftigten in der HBH-Montage erheblich zu, das heißt, die Mitarbeiterinnen empfinden ihre Tätigkeit in der Nachtschicht als besonders monoton. Die Ursache für diesen Befund liegt zum einen in der Art der kurz getakteten Tätigkeit und zum anderen in der geringen Abwechslung während der Nachtschicht. In der Nachtschicht tauchen nur in Ausnahmefällen Planer, Vorgesetzte, Betriebsräte, Arbeitswissenschaftler oder Mitarbeiter/-innen des Personalwesens auf, um mit den Beschäftigten zu sprechen oder Probleme zu klären. Größere Besprechungen oder Instandhaltungsaufgaben finden am Tage statt. Dieser Mangel an Abwechslung erhöht das Monotonieempfinden.

Beim *Sättigungserleben* fällt der Unterschied zwischen den beiden Gruppen besonders in der Spätschicht auf. Die größten Differenzen verzeichnen die Mitarbeiter in der

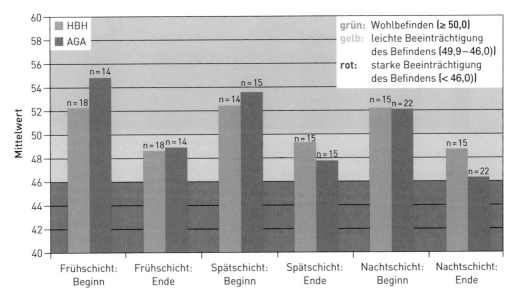

Abbildung V-1.12: BMS-Einstufung «Ermüdung»

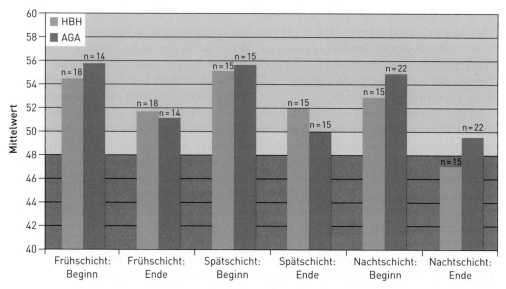

Abbildung V-1.13: BMS-Einstufung «Monotonie»

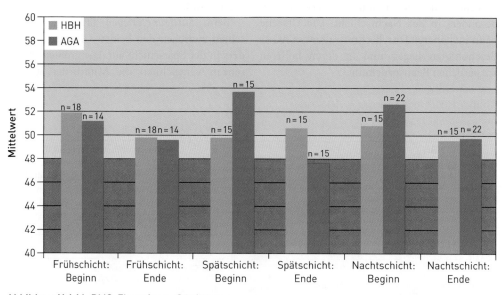

Abbildung V-1.14: BMS-Einstufung «Sättigung»

AGA-Montage (s. Abb. V-1.14). Die Ursache hierfür ist unklar. Bei den HBH-Mitarbeiterinnen verbessern sich die Sättigungswerte vom Beginn zum Ende der Spätschicht geringfügig. Insgesamt fällt auf, dass die Beeinträchtigung durch das Sättigungsempfinden nicht so stark ausgeprägt ist und die Werte in der HBH-Montage nur geringfügig schwanken. Dieser Befund ließe sich auf die relativ kurze Beschäftigungszeit in dem neuen Montagesystem zurückführen.

Die BMS-Werte veranschaulichen die Befindensbeeinträchtigungen in den beiden Montagebereichen, besonders hinsichtlich der Ermüdung und Monotonie. Das Monotonieerleben und die Ermüdung werden sich noch verstärken, wenn die Systeme nach längerer Zeit «eingefahren» sind, wenn also die ständigen Optimierungen seltener werden und in beiden Systemen eine hohe Stückzahlausbringung zur Routine wird. Optimierungsbemühungen sind abwechslungsreich und führen zu mentalen Beanspruchungen der Beschäftigten; sie stellen aber auch eine Herausforderung an die Anpassungsfähigkeit dar und helfen so, Monotonie- und Sättigungseffekte zu begrenzen. Besonders für die HBH-Montage ist es wichtig, auch sogenannte «indirekte Tätigkeiten» (wie bspw. Instandsetzungsarbeiten) mit in das Tätigkeitsspektrum der Beschäftigten einzubeziehen, um das Monotonieerleben abzuschwächen. Diese Forderung wird durch die Ergebnisse der SALSA-Befragung nachdrücklich unterstützt.

5.5 Daten zur subjektiven Arbeitsanalyse (SALSA)

Für die Auswertung der SALSA-Daten stehen die Ergebnisse in den drei Montagebereichen (HBH, AGA und GM) zur Verfügung. Die Ergebnisse weisen auf einen ressourcenorientierten Gestaltungsbedarf hin. Im Vordergrund steht auch hier die HBH-Montage.

Abbildung V-1.15 liefert Hinweise auf die *Anforderungen* und *Belastungen*. Die Abbildung zeigt, dass für die Beschäftigten in der HBH-Montage durch die Komplettmontage eines Bauteils die Ganzheitlichkeit der Tätigkeit eher gegeben ist als für die Beschäftigten in den anderen Montagesystemen.

Bei den übrigen Belastungen bestehen kaum Unterschiede. Das rechtfertigt aber nicht den Verzicht auf eine Optimierung im Bereich der Qualifikation; das heißt, es besteht ein Handlungsbedarf, den Beschäftigten in allen drei Montagebereichen lernförderlichere Arbeitsbedingungen zu ermöglichen. Dies fordern auch die Ergebnisse, die Abbildung V-1.16 darstellt.

Aus der Grafik (Abb. V-1.16) wird deutlich, wie gering die *organisationalen Ressourcen* in allen drei Montagebereichen ausgeprägt sind. Die nach dem «Chaku-Chaku-Konzept» organisierte AGA- und HBH-Montage weist eine geringe Aufgabenvielfalt, einen begrenzten Tätigkeitsspielraum und ein geringes Qualifikationspotenzial auf. Bei der konventionellen GM sind diese Werte allerdings nur marginal besser. Auffallend ist der geringe Spielraum für persönliche und private Dinge bei der Arbeit. Obgleich die HBH-Montage die kürzesten Arbeitstakte hat, bietet sie durch die räumliche Separierung und die gute Abstimmung zwischen den einzelnen Gruppenmitgliedern vergleichbare Spielräume wie die konventionelle Montage (GM).

Bei den sozialen Ressourcen (s. Abb. V-1.17) schneidet die HBH-Montage am besten ab. Die kleinen Arbeitsgruppen (sechs bis acht Gruppenmitglieder) pro Schicht, die gut funktionierende Gruppenarbeit und die aufgeschlossenen Meister haben ein positives Sozialklima geschaffen, das auch für externe Beobachter spürbar ist. Vermutlich leistet der Experimentiercharakter dieses neuen Arbeitssystems im Sinne des Hawthorne-Effektes ebenfalls seinen Beitrag.

5.6 Daten zum arbeitsbezogenen Verhaltens- und Erlebensmuster (AVEM) und zur Irritation

Die Mittelwerte der AVEM-Skalen zeigen in den drei unterschiedlichen Montagegruppen keine besonderen Auffälligkeiten (s. Abb.

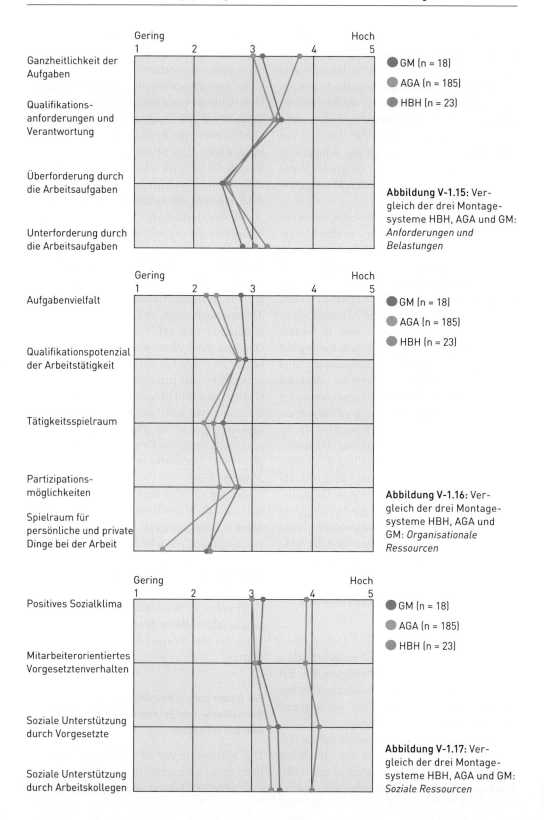

Abbildung V-1.15: Vergleich der drei Montagesysteme HBH, AGA und GM: *Anforderungen und Belastungen*

Abbildung V-1.16: Vergleich der drei Montagesysteme HBH, AGA und GM: *Organisationale Ressourcen*

Abbildung V-1.17: Vergleich der drei Montagesysteme HBH, AGA und GM: *Soziale Ressourcen*

V-1.18). Die offensive Problembewältigung ist bei der Gruppe der HBH-Beschäftigten am höchsten und unterstützt den Eindruck, dass diese Beschäftigtengruppe im Vergleich zu den Referenzgruppen recht engagiert ist, Dinge im Arbeitsbereich zu verändern.

Auf der Irritationsskala haben die Beschäftigten aus der HBH-Montage im Vergleich zu den beiden anderen Montagegruppen die höchsten Werte (s. **Abb. V-1.19**).

Insgesamt aber sind die Werte aus der Irritationsskala, ebenso wie die aus den AVEM-Skalen, wenig auffällig; das heißt, die untersuchten Beschäftigtengruppen zeigen keine wesentlichen Anzeichen negativer Beanspruchungsfolgen wie Burnout oder sonstige Prob-

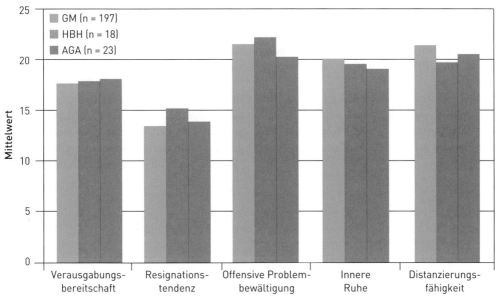

Abbildung V-1. 18: Mittelwerte der AVEM-Skalen

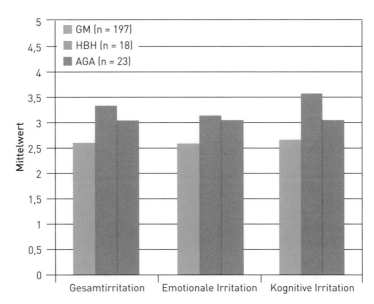

Abbildung V-1. 19: Mittelwerte der Irritationsskalen

leme bei der Bewältigung ihrer Arbeitstätig-keiten.

5.7 Einstellung zur Arbeit und Wünsche nach Veränderungen

Aus den Befragungen der Mitarbeiterinnen und Mitarbeiter über die beiden Arbeitssysteme (AGA und HBH) wird deutlich, wie wenig sich die organisatorischen Aspekte ihrer Arbeit geändert haben (s. **Tab. V-1.1**), allerdings zeigen sich auch Einschätzungen, dass die Abwechslung bei der Arbeit und selbstständige Arbeit im HBH-Arbeitssystem schlechter geworden seien.

Unterschiede zwischen den zu vergleichenden Arbeitssystemen zeigen sich im Bereich der Arbeitsgestaltung, beim Belastungsabbau und bei der Schaffung abwechslungsreicherer Tätigkeiten.

Wie aus den beiden **Abbildungen V-1.20** und **V-1.21** deutlich wird, sind die Wünsche nach weniger belastenden Arbeitsbedingungen bei den Beschäftigten der HBH-Montage ausgeprägter als bei denen der AGA-Montage. Vergleichbar hoch ist in beiden Montagesystemen der Wunsch nach Qualifizierung und Einarbeitung neuer Mitarbeiter. In beiden Systemen hängt davon die Möglichkeit zum Arbeitsplatzwechsel ab. Ohne vergleichbare Qualifikationen und systematische Einarbeitungsprogramme erreichen die Beschäftigten keinen belastungsoptimierten Arbeitsplatzwechsel.

Der Wunsch nach Teilzeit ist bei den Frauen in der HBH-Montage etwas stärker ausgeprägt als bei den Männern der AGA-Montage. Insgesamt wird der Wunsch aber relativ selten geäußert. Größere Unterschiede gibt es beim Wunsch nach längeren unbezahlten Pausen.

Tabelle V-1.1: Änderungen der Arbeitsbedingungen im Vergleich zum Vorjahr

Was hat sich in Bezug auf das letzte Jahr geändert?								
	Ist schlechter geworden		Ist gleich geblieben		Ist besser geworden		Trifft nicht zu	
	HBH (n = 18)	AGA (n = 23)	HBH (n = 18)	AGA (n = 23)	HBH (n = 18)	AGA (n = 23)	HBH (n = 18)	AGA (n = 23)
Zusammenhalt und Zusammenarbeit mit den Kollegen	6,3 %	13,0 %	87,3 %	73,9 %	6,3 %	13,0 %	–	–
Führungsstil des direkten Vorgesetzten	6,3 %	26,1 %	87,5 %	60,9 %	6,3 %	13,0 %	–	–
Beziehung zu höheren Vorgesetzten	–	8,7 %	87,5 %	52,2 %	12,5 %	30,4 %	–	–
Interessantheit / Abwechslung bei der Arbeit	31,3 %	13,0 %	50,0 %	78,5 %	18,8 %	4,3 %	–	4,3 %
Übersicht über den Fertigungsablauf	13,3 %	21,7 %	50,0 %	56,5 %	18,8 %	21,7 %	–	–
Möglichkeit zur selbstständigen Arbeit	31,3 %	17,4 %	37,5 %	65,2 %	18,8 %	13,0 %	12,5 %	–

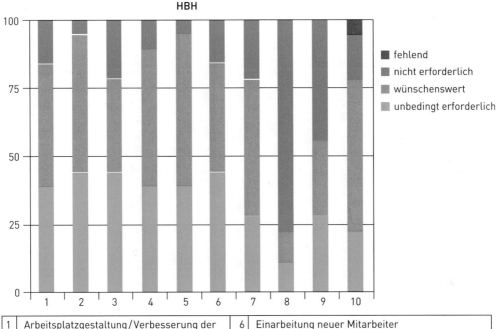

1	Arbeitsplatzgestaltung/Verbesserung der Arbeitsumgebung	6	Einarbeitung neuer Mitarbeiter
2	Belastungsabbau	7	Verbesserung der Mitsprachemöglichkeiten
3	Schaffung abwechslungsreicher Arbeit/ weniger Eintönigkeit	8	Teilzeitbeschäftigung
4	Bezahlung	9	Mehr oder längere unbezahlte Pausen
5	Qualifizierung der Mitarbeiter	10	Verbesserung der Einhaltung von Vereinbarungen

Abbildung V-1.20: HBH-Montage: In welchen der hier aufgeführten Bereiche müsste in Zukunft noch einiges getan werden, um Ihre Arbeit zu verbessern und angenehmer zu machen?

Bei den Beschäftigten in der HBH-Montage ist dieser Wunsch ausgeprägter; dies ist sicherlich auf die kurzen Taktzeiten und die Bewegungsstereotypien zurückzuführen.

Fragt man die Beschäftigten weiter nach ihren Vorstellungen, wie ihre Arbeit gestaltet sein sollte, so fällt auf, dass die Vorstellungen von einer «guten» Arbeit in beiden Gruppen unterschiedlich sind. Die Beschäftigten der HBH-Montage wünschen sich in folgender Rangreihe: «mehr Möglichkeiten, neue Dinge zu lernen», «mehr Abwechslung», «mehr Möglichkeiten, die eigene Ausbildung und die damit verbundenen Kenntnisse anzuwenden», «mehr Information», «einen verbesserten Zusammenhalt und bessere Zusammenarbeit»,

und «mehr Verantwortung». Bei den Beschäftigten in der AGA-Montage sieht die Rangreihe anders aus. An der Spitze steht der Wunsch nach «besserem Zusammenhalt und besserer Zusammenarbeit», gefolgt von dem Wunsch nach «mehr Informationen»; erst dann folgen die Wünsche nach mehr «Möglichkeiten, neue Dinge zu lernen», «Selbstständigkeit», «mehr Abwechslung», «mehr Möglichkeiten, die in der Ausbildung erlernten Kenntnisse anzuwenden» und «mehr Verantwortung».

Die Vorstellungen bzw. Wünsche der beiden Montagegruppen sind von den erlebten konkreten Arbeitsbedingungen geprägt. Die Variation in den beiden Rangreihen ist vermutlich auf die unterschiedliche Personalführung und

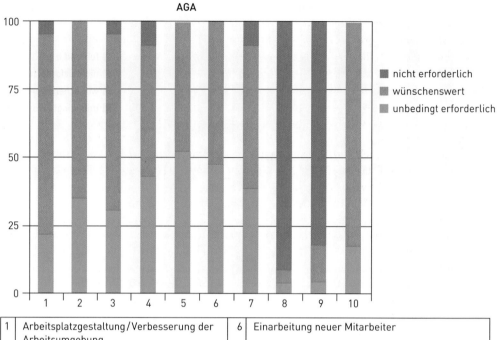

1	Arbeitsplatzgestaltung / Verbesserung der Arbeitsumgebung	6	Einarbeitung neuer Mitarbeiter
2	Belastungsabbau	7	Verbesserung der Mitsprachemöglichkeiten
3	Schaffung abwechslungsreicher Arbeit / weniger Eintönigkeit	8	Teilzeitbeschäftigung
4	Bezahlung	9	Mehr oder längere unbezahlte Pausen
5	Qualifizierung der Mitarbeiter	10	Verbesserung der Einhaltung von Vereinbarungen

Abbildung V-1.21: AGA-Montage: In welchen der hier aufgeführten Bereiche müsste in Zukunft noch einiges getan werden, um Ihre Arbeit zu verbessern und angenehmer zu machen?

die unterschiedlich ausgeprägte Repetitivität der Arbeitsbedingungen zurückzuführen.

6 Folgerungen aus den empirischen Befunden

Aus den Wünschen und Vorstellungen der Beschäftigten lassen sich in Verbindung mit den ergonomischen Analysen und den Gesprächen mit den direkten Vorgesetzten verschiedene Gestaltungsmaßnahmen ableiten. Im Folgenden werden umgesetzte und noch nicht realisierte Vorschläge vorgestellt und kurz diskutiert, um zu verdeutlichen, was sich mit Evaluationsstudien wie dieser in der betrieblichen Praxis bewirken lässt.

6.1 Erweiterung des Arbeitssystems um einfach mechanisierte Arbeitsstationen

Das neue HBH-Montagesystem, gestaltet unter dem Einfluss des Toyota-Produktionssystems und geplant mit Unterstützung japanischer Unternehmensberater, hat sich nach einer längeren Anlaufphase als produktives System erwiesen. Die Anlaufphase dauerte ein Jahr länger als geplant, sodass sich die versprochenen Stückzahlen erst mit größerer Verspätung erreichen ließen. Für die verspätete Zielerreichung war im Wesentlichen die störanfällige Technik verantwortlich. Die häufigen Maschinenstillstände führten zu erheblichen Produktionsausfällen. Diese aus Sicht des Unternehmens störenden Begleiterscheinungen bei der Einführung des neuen Produktionssystems erwiesen sich aber als große Chance für die Beschäftigten, die Technik der Anlage zu verstehen. Die vielen Gespräche mit den Instandhaltern der Herstellerfirma und des Werkes förderten das Verständnis für die technischen Anlagen und befähigten die Beschäftigten im Montagesystem, einfache Wartungs- und Instandhaltungsaufgaben selbst zu übernehmen. Das verkürzt die Stillstandszeiten erheblich und erhöht die Produktivität des Gesamtsystems. Für die Hälfte der Mitarbeiterinnen, die sich für diese indirekten Tätigkeiten qualifizierten, entwickelte sich daraus die Chance der Höhergruppierung.

Von den vielen Stillstandszeiten in der Anfangsphase angeregt und in Verbindung mit den Evaluationsergebnissen entstand die Überlegung, die alten, wenig mechanisierten Arbeitsplätze neben den «Chaku-Chaku-Linien» (Linie 1 und Linie 2) wieder aufzubauen, um bei Störungen auf die sogenannte «Handmontage» (Linie 3 und Linie 4) zurückgreifen

zu können (s. **Abb. V-1.22**). Diese Handmontage bietet Sitz-/Steharbeitsplätze und eignet sich für den Einsatz von Menschen mit Leistungseinschränkungen. An Linie 4 kann man für den Ersatzteilmarkt noch die alten Handbremshebel fertigen.

Wie aus dem Layout (**Abb. V-1.23**) erkennbar, sind die Linien 3 und 4 in unmittelbarer Nähe zu den Linien 1 und 2 aufgestellt, sodass keine zusätzlichen Wege- und Materialtransportzeiten entstehen. Betrachtet man die vier Montagelinien als ein hybrides Arbeitssystem (bestehend aus hochautomatisierten, kurz getakteten und manuellen, nicht taktgebundenen, einfach mechanisierten Montagestationen), so ergeben sich folgende Vorteile: An den Linien 1 und 2 lassen sich hohe Stückzahlen fertigen, und bei Störungen der Anlage kann man auf die Linien 3 und 4 zurückgreifen. Deren Anlagen sind steuerlich «abgeschrieben» und wenig störanfällig. Die Beschäftigten der Linien 1 und 2 können bei Störungen im Sitzen manuelle Montagen durchführen und so bei längeren Stillständen Produktionsausfälle abfedern.

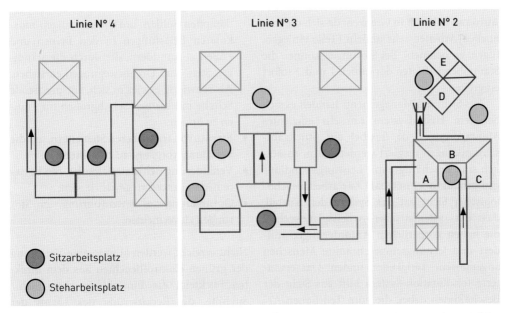

Abbildung V-1.22: Erweiterung der Montage um Steh-/Sitzarbeitsplätze mit geringerem Automatisierungsgrad (Linien 3 und 4)

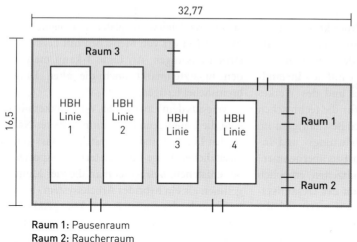

Raum 1: Pausenraum
Raum 2: Raucherraum
Raum 3: Produktionshalle

Abbildung V-1.23: Vereinfachtes Layout der Produktionshalle nach dem Umbau (Länge in Metern)

Denkbar ist, dass Beschäftigte mit Leistungseinschränkungen, die für kurze Zeit stehende Tätigkeiten ausüben können, die «Stammbeschäftigten» an den Linien 1 und 2 für zehn bis dreißig Minuten ablösen. Voraussetzung ist allerdings, dass die Betroffenen entsprechend qualifiziert werden. Der hierzu erforderliche Aufwand hält sich in Grenzen, da sich die manuellen Arbeiten sehr ähneln (Teile einlegen, fügen, entnehmen). Bei Störungen können die Stammbeschäftigten der Linien 1 und 2 sofort eingreifen.

Aus Sicht des Managements handelt es sich bei dem Hybridsystem um ein effizientes Montagesystem, da flexibel auf Stückzahlschwankungen reagiert werden kann; zusätzlich sind Beschäftigte mit Leistungswandlungen produktiv einsetzbar. Aus arbeitspsychologischer Sicht hat das System den Vorteil, dass ein systematischer Arbeitsplatzwechsel die hohen körperlichen Anforderungen mildert und leistungseingeschränkte Menschen angemessene Tätigkeiten finden. Das erweiterte Job-Rotation-System hilft aus Sicht der Beschäftigten dabei, die zum Teil hohen Arbeitsanforderungen in den Linien 1 und 2 erträglicher zu gestalten.

6.2 Optimierung der Arbeitsmittel

Aus den Ergebnissen der ergonomischen Untersuchungen wurden vielfältige Gestaltungsmaßnahmen abgeleitet. Die wichtigsten sind folgende:

- Einsatz von Sicherheitsschuhen mit gedämpften Sohlen, um die einseitigen muskulären Belastungen in den Beinen und Füßen abzumildern, die durch die ständigen Steh- und Drehbewegungen entstehen. Als schwierig erwies es sich, entsprechende Schuhe mit kleinen Schuhgrößen für Frauen zu finden;
- Einsatz von trittsicheren Stehleitern, um die Befüllungsvorgänge zu erleichtern;
- Veränderung der Materialpuffer, um bessere Bedienbarkeit zu gewährleisten;
- Optimierung der Fettzuführung, um Störungen zu vermeiden.

Nicht erreicht werden konnte eine Verlegung der grünen Kontrollleuchten aus dem direkten Blickfeld, die Einrichtung einer Steh-/Sitzhilfe, die Reduzierung des Lärms der Pneumatikstationen und die individuelle Höhenverstellbarkeit der Arbeitstische. Jeder dieser Vorschläge hätte hohe Kosten verursacht, die unter den gegebenen wirtschaftlichen Restriktionen nicht durchsetzbar waren.

6.3 Erarbeitung eines Farbenplanes zur Gestaltung des Arbeitsumfeldes

Die HBH-Montage ist ein Pilotbereich, den eine größere Werksöffentlichkeit mit Interesse wahrnimmt. Untergebracht ist sie jedoch im Untergeschoss ohne Tageslicht; der Raum bietet für Beschäftigte und Besucher keine «Attraktion». Es erscheint daher sinnvoll und zweckmäßig, ein Arbeitsumfeld zu schaffen, das sich positiv vom restlichen Keller-Umfeld abhebt.

Im Rahmen der Projektevaluation (Befragung) wurde deutlich, dass die Mitarbeiterinnen die bestehenden Partizipationsmöglich-keiten im Rahmen der Arbeitsgestaltung nur begrenzt wahrnehmen und die Monotonie besonders in der Nachtschicht ein Problem darstellt. In den Diskussionen mit den Mitarbeiterinnen über die Befragungsergebnisse (im Rahmen der Gruppengespräche) wurde der Wunsch nach Verbesserung des Arbeitsumfelds deutlich.

Das Management war ebenfalls überzeugt, dass eine gute Farbgestaltung der Montagebereiche, des Gruppenraums und des Pausen- sowie des Raucherraums einen Beitrag zur Arbeitsmotivation und damit auch zur Generierung von Verbesserungsvorschlägen zwecks Optimierung der Arbeitsbedingungen und der Arbeitsprozesse leisten wird. Es hat die Beschäftigten ermuntert, sich mit der Gestaltung «ihrer» Räume zu befassen. Da es sich um einen Pilotbereich handelt, dessen Räumlichkei-

Abbildung V-1.24: Farbgestaltung der HBH-Montagehalle in Abstimmung mit den Betroffenen – vorher (links) und nachher (rechts)

ten eigentlich nicht für Montagen geplant waren, wurden die mit der Corporate Identity verbundenen Design-Kriterien für Produktionsräume im Rahmen einer Experimentierklausel offen ausgelegt.

Am Planungsprozess waren die Mitarbeiterinnen beteiligt, der Betriebsrat unterstützte ihn. Mehrere Sitzungen waren nötig, da verschiedene Institutionen im Unternehmen ein Mitspracherecht reklamierten. Da man weder den Boden (grau) noch die Decke (weiß, von vielen Rohrleitungen und Trägern unterbrochen) in den Gestaltungsprozess einbeziehen konnte, wurden nur Vorschläge für die Wände der Produktionshalle und der beiden Pausenräume unterbreitet.

Wie die Vorschläge umgesetzt wurden, kann man der **Abbildung V-1.24** entnehmen. Deutlich ist zu erkennen, welchen Beitrag die Farbgestaltung geleistet hat, um die Arbeitsatmosphäre zu verbessern.

7 Ausblick

Die erstmalig durchgeführte umfassende Evaluation eines Montagesystems der vorgestellten Art zeigt, wie wichtig arbeitspsychologische Datenerhebungen sind, die sowohl die Beschäftigten einbeziehen als auch die konkreten Arbeitsbedingungen berücksichtigen. Für die Planer dieses Montagesystems war es nicht leicht, die Ergebnisse der Evaluation nachzuvollziehen. Sie hatten die Planungsvorgaben der Unternehmensführung beachtet und Ergebnisse erzielt, die nicht in allen Hinsichten den Interessen der betroffenen Beschäftigten entsprachen. Die von arbeitspsychologischer Warte aufgedeckten Defizite sind aber weniger den Kompetenzen der Planer geschuldet als den Managementvorgaben (Berücksichtigung des Konzeptes ganzheitlicher Produktionssysteme, Vermeiden von Verschwendung, kurze Takte etc.).

Die Evaluationsdaten haben die Stärken und Schwächen des «Chaku-Chaku-Systems» aufgezeigt und deutlich gemacht, dass ältere Beschäftigte mit derartigen Montagesystemen nicht zurechtkommen. Das aus den erkannten Schwächen abgeleitete Hybridmontagesystem könnte eine sinnvolle Alternative darstellen, solange man im Management an der Taktbindung und den kurzen Taktzeiten festhält, um «verschwenderische Bewegungen» zu vermeiden.

Zukünftigen längsschnittlich angelegten Evaluationsstudien bleibt vorbehalten, die Auswirkungen der hier entwickelten Hybridmontage zu bewerten.

Analyse und Förderung von Diagnosefähigkeiten in komplexen technischen Systemen

1. Vorbemerkung

Um die Verfügbarkeit und Wirtschaftlichkeit moderner Produktionssysteme zu gewährleisten, ist die effiziente Diagnose und Behebung auftretender Störungen durch qualifiziertes Anlagen- und Instandhaltungspersonal ein entscheidender Faktor. Insbesondere die diagnostischen Aufgaben stellen hohe Anforderungen an die Mitarbeiter als Problemlöser: Es gilt, die Störungsursachen zu identifizieren und Maßnahmen zu ihrer Beseitigung einzuleiten. Dazu sind anspruchsvolle kognitive Wissens- und Problemlöseleistungen zu erbringen, da die Anlagen durch hohe Komplexität und Intransparenz der steuerungstechnischen Abläufe gekennzeichnet sind und die auftretenden Störungen eine hohe Variabilität und unterschiedliche Schwierigkeitsgrade aufweisen. Störungsmanagement und Diagnosekompetenz der Instandhalter und Anlagenführer stehen somit bei dieser Zielgruppe im Mittelpunkt arbeitsorientierten Lernens.

Im Folgenden wird aus mehreren von der Deutschen Forschungsgemeinschaft (DFG) geförderten Projekten berichtet, die sich insgesamt über einen Zeitraum von neun Jahren (1995 bis 2004) erstreckten, wie sich diagnostische Wissens- und Problemlöseanforderungen des Instandhaltungspersonals ermitteln (vgl. zusammenfassend Sonntag & Schaper, 1997a) und für die Gestaltung computergestützter Lernumgebungen und Trainings nutzbar machen lassen (vgl. Hochholdinger, Schaper & Sonntag, 2008).

Dies ist ein elaboriertes Beispiel arbeitspsychologischer Forschung und Gestaltung für die Umsetzung grundlagenwissenschaftlicher Erkenntnisse im Anwendungsfeld beruflicher Förderung und Kompetenzentwicklung. Unter Einbezug arbeits-, kognitions- und instruktionspsychologischer Konzepte stellen wir im Folgenden dar:

- den Einsatz kombinierter arbeits- und wissensanalytischer Verfahren zur Beschreibung des Lernbedarfs,
- die Entwicklung eines kognitiven Trainings zur Förderung von Diagnosestrategien,
- die Gestaltung einer computergestützten Lernumgebung (DiagnoseKIT; «KIT» ist die Abkürzung für «Kernel for Intelligent Comunication Terminals») und
- die Evaluation transferförderlicher Instruktionsmodule des DiagnoseKITs.

2. Lernbedarfsanalyse bei komplexen Diagnoseaufgaben

Zur Gestaltung von Lernprozessen, die Mitarbeiter/-innen zu einer kognitiv anspruchsvollen Ausführung von Arbeitstätigkeiten befähigen sollen, ist die Beschreibung der Lern- und Trainingserfordernisse eine grundlegende Voraussetzung. Mithilfe entsprechender Verfahren lassen sich empirisch gesicherte Grundlagen zur Ableitung von Trainingsinhalten und -zielen bzw. zur Gestaltung von Lernumgebungen bestimmen. Je nach zugrunde gelegtem Kompetenzbegriff, Zielsetzung und methodischer Ausrichtung des Instruments werden allerdings meistens recht unterschiedliche Tätigkeits- und Wissensaspekte analysiert und ermittelt (für einem Überblick über die vorhandenen Verfahrensvarianten vgl. Sonntag & Stegmaier, 2007a u. 2010b; Helander, 2006). Dies gilt insbesondere für die Lernbedarfsermittlung bei komplexen Aufgabenstellungen, die sich nicht durch feststehende Arbeitsverfahren lösen lassen, sondern aufgrund vernetzter und intransparenter Ausgangssituationen und Zielvorgaben problemlösende Vorgehensweisen erfordern.

Um die personalen Leistungsvoraussetzungen zur Bewältigung solcher Tätigkeiten zu ermitteln, reicht es nicht aus, nur deren «Oberflächenstruktur» in Form des sichtbaren Ablaufs von Arbeitsschritten zu analysieren. Es wird vielmehr notwendig, die psychischen Regulationssachverhalte bzw. die «Tiefenstruktur» der Tätigkeit in Form von kognitiven Leistungs- und Wissensvoraussetzungen zu untersuchen (vgl. auch Cooke & Fiore, 2010).

Ziel der *Lernbedarfsanalyse* war sowohl die Bestimmung von Tätigkeitsanforderungen bei der Fehlerdiagnose als auch die Ermittlung konkreter Hinweise zur Gestaltung von Lernaufgaben und kognitiven Trainingsmethoden für Diagnosetrainings. Untersucht wurden Diagnosetätigkeiten erfahrener Instandhalter in flexibel automatisierten Fertigungssystemen und automatisierten Montagelinien in der Automobilindustrie mithilfe eines kombinierten Instrumentariums *arbeits-* und *wissensanalytischer* Methoden. Insgesamt ist der Analyseprozess durch ein «trichterförmiges» Vorgehen charakterisiert: Zu Beginn der Analyse galt es, über die Vielfalt der Tätigkeitsbedingungen einen Überblick zu gewinnen, so dass sich in weiteren Analyseschritten eine gezielte Auswahl repräsentativer leistungskritischer Anforderungsbereiche treffen ließ. Ablauf und Methoden eines solchen Mehrebenenansatzes der Lernbedarfsanalyse sind in Tabelle V-2.1 dargestellt.

2.1 Organisations- und Technikanalyse

Ziel der Organisations- und Technikanalyse war es, die technischen, organisatorischen und personalen Rahmenbedingungen der Diagno-

setätigkeiten zu ermitteln. Mithilfe von Expertengesprächen (Meister und Gruppenleiter) und Dokumentenanalysen (Organigramme, Stellenbeschreibungen, Störungsprotokolle usw.) gewannen wir einen Überblick über die Arbeits- und Personalstrukturen, die technischen Systeme sowie über Störungsaufkommen und -arten in den Untersuchungsbereichen. Für den außenstehenden Wissenschaftler ist diese Analyseebene von besonderem Wert, ermöglicht sie doch zum einen ein fundiertes Kennenlernen des Untersuchungsfeldes und damit eine validere Zusammensetzung der Stichproben für die weiteren Analysephasen, zum anderen eine realitätsgerechte Modellierung der Lernaufgaben.

2.2 Aufgaben- und Anforderungsanalyse

Im Rahmen der Tätigkeits- und Anforderungsanalyse wurden unter anderem die *Zeitanteile in Bezug zur Gesamtarbeitszeit für Instandhaltungsaufgaben* bei Anlagenführern und Instandhaltern erhoben. Tabelle V-2.2 gibt die mittleren Zeitanteilsschätzungen für die relevanten instandhalterischen Aufgabenbereiche von drei Positionen wieder. Die Ergebnisse stellen einen Ausschnitt aus den Anteilsschätzungen zu insgesamt 14 Aufgabenbereichen dar (z. B. Maschinenbedienung, Einrichten, Programmieren), die wir mit dem «Leitfaden zur qualitativen Personalplanung bei technisch-organisatorischen Innovationen» (LPI) (vgl. Sonntag, Schaper & Benz, 1999) erhoben.

Erwartungsgemäß verbringen beide Instandhaltergruppen den größten Teil ihrer Arbeitszeit mit Störungsdiagnose und -behebung. Für den Aufgabenbereich Störungsdiagnose übertreffen die Elektroinstandhalter ihre Mechaniker-Kollegen sogar deutlich. Deren Tätigkeiten weisen im Unterschied dazu höhere Anforderungen im Bereich von Wartungs- und Inspektionsaufgaben auf. Bemerkenswert ist außerdem, dass Anlagenführer in fast 25 Prozent ihrer Arbeitszeit mit der Diagnose und Behebung von Störungen zu tun haben. Die Zeitanteilsschätzungen weisen auf die ho-

Tabelle V-2.1: Mehrebenenansatz der Lernbedarfsanalyse

Arbeitsanalyse

1. Organisations- und Technikanalyse

- Personale, technische und organisatorische Rahmenbedingungen

- Expertengespräche
- Dokumentanalyse

2. Aufgaben- und Anforderungsanalyse

- Aufgaben- und Funktionsbereiche
- Kognitive Anforderungen
- Handlungsstruktur/Ausführungsbedingungen

- Leitfaden zur qualitativen Personalplanung (LPI)
- Interviewleitfaden

⇩

Wissensanalyse

3. Störungssanalyse

- Prototypische Störungen und Wissensstrukturen der Aufgabenkomplexität

- Interviewleitfaden

4. Wissensanalyse

- Diagnosestrategien und Wissensstrukturen
- Formalisierung und Validierung der Diagnosestrukturen und der Symptom-Ursache-Beziehung

- Interviewleitfaden
- Strukturlegetechnik
- Hierarchische Aufgabenanalyse

5. Expertiseanalyse

- Kontrastierung von Expertise und Durchschnittsleistung

- Beobachtung
- Befragung

Tabelle V-2.2: Zeitanteile für Instandhaltungsaufgaben von Anlagenführern und Instandhaltern (Angaben in Prozent der Gesamtarbeitszeit)

	Störungsdiagnose		Störungsbehebung		Wartung/Inspektion	
	MW	SD	MW	SD	MW	SD
Anlagenführer (n = 4)	10	7	14	9	4	3
Instandhalter Mechanik (n = 9)	25	12	37	18	13	19
Instandhalter Elektrik (n = 10)	36	8	38	11	3	3

Anmerkungen: MW = Arithmetisches Mittel, SD = Standardabweichung

he Bedeutung insbesondere von diagnostischen Aufgaben bei allen drei Gruppen hin (ein Zehntel bis ein Drittel der Arbeitszeit). Zur effektiven Ausübung sowohl von Instandhalter- als auch von Anlagenführertätigkeiten hat daher die Befähigung zur Diagnose von Störungen eine leistungsbestimmende Funktion.

Im Kontext der Tätigkeits- und Anforderungsanalyse wurden die Instandhalter außerdem mithilfe eines *Interviewleitfadens zur Handlungsstruktur* über die Ausführungsbedingungen bei der Störungsdiagnose und -behebung befragt. Die Fragen lauteten zum Beispiel: «Wie gehen Sie bei der Störungsdiagnose und -behebung vor?», «Richten Sie sich nach bestimmten Regeln oder Prinzipien des Vorgehens?» oder «Worauf beruhen Ihre Vermutungen über die Ursache der Störung?». Die Befragungsprotokolle wurden anschließend mithilfe einer zusammenfassenden Inhaltsanalyse (vgl. Mayring, 2007) ausgewertet. Ziel der Inhaltsanalyse war es, eine verallgemeinerbare Handlungsstruktur zur Störungsdiagnose und -behebung für eine Instandhaltungsdomäne zu bestimmen. Abbildung V-2.1 gibt das Ergebnis dieser Auswertung wieder. Sie zeigt die verallgemeinerbare Struktur des Vorgehens von Elektroinstandhaltern bei der Störungsdiagnose und -behebung in der flexibel automatisierten Fertigung.

Die dargestellte Handlungsstruktur gliedert sich in fünf Phasen; einen besonderen Raum nimmt die Zustandserfassung und Fehlereingrenzung ein. Insgesamt zeigt sich, dass die Störungsdiagnose und -behebung von Elektroinstandhaltern durch eine Vielzahl von Teiltätigkeiten gekennzeichnet ist, bei denen unterschiedlichste Informationsquellen genutzt werden müssen bzw. können. Der Struktur ist außerdem zu entnehmen, welche Maßnahmen aus welchen vorausgegangenen Schritten folgen, um den Fehler einzugrenzen und zu identifizieren. Damit der Instandhalter solche Abfolgen und Wechsel effizient durchführen kann, muss er über Strategien verfügen, die ihn angesichts der komplexen Handlungsanforde-

rungen zu einem strukturierten Vorgehen befähigen. Diese Strategien wurden in weiteren Schritten mithilfe von differenzierten Strategie- und Wissensanalysen exemplarisch ermittelt und aufbereitet.

2.3 Störungsanalyse

Bei der Störungsanalyse ging es um die Ermittlung und Klassifikation von Störungen auf der Basis psychologischer Kriterien der Aufgabenkomplexität. Aufgrund der Vielfalt möglicher Störungen, die Instandhalter zu diagnostizieren und zu beheben haben, ist keine vollständige Abbildung der relevanten Störungsmöglichkeiten und Problemlöseanforderungen möglich. Diese lassen sich daher nur exemplarisch bestimmen. Zu diesem Zweck wurden Diagnoseaufgaben ermittelt, die trainingsrelevanten Anforderungsmerkmalen entsprechen. Befragt wurden dazu erfahrene Instandhalter (mindestens sechs Jahre Berufserfahrung) anhand einer Klassifikationsmatrix für technische Störungen an flexibel automatisierten Fertigungssystemen. Der Matrix liegen psychologische Kriterien der Aufgaben- bzw. Problemlösekomplexität zugrunde, entwickelt in Anlehnung an die Dörner'schen Kriterien komplexer Probleme (vgl. Dörner, Kreuzig, Reither & Stäudel, 1983; Funke, 2006), die für eine realitätsgerechte Anwendung allerdings modifiziert bzw. erweitert werden mussten.

Bei der technischen Störungsdiagnose an flexibel automatisierten Fertigungsanlagen hielten wir vier inhaltsvalide Faktoren für komplexitätsbestimmend:

- *Transparenz,* als die Form der Zugänglichkeit der Störungsursachen,
- *Informationsvielfalt,* als Anzahl und Kompliziertheit erforderlicher Diagnosehilfsmittel,
- *Vernetztheit,* als Grad der Eindeutigkeit von Symptom-Ursache-Beziehungen und
- Umfang und Tiefe des zur Störungsdiagnose erforderlichen *Fach-* bzw. *Anlagenwissens.*

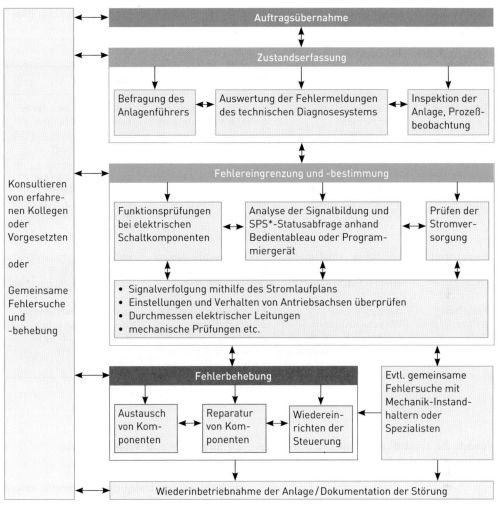

* SPS: speicherprogrammierbare Steuerung

Abbildung V-2.1: Handlungsstruktur zur Störungsdiagnose/-behebung bei Elektroinstandhaltern (Schaper & Sonntag, 1995)

Für jeden Faktor wurde anschließend eine geringe, eine mittlere und eine hohe Komplexitätsausprägung operationalisiert (s. Tab. V-2.3).

Vier Instandhaltungsexperten baten wir, zu jeder der zwölf Störungsklassen typische Störungen aus ihrem Erfahrungsbereich zu benennen und zu beschreiben; wir bedienten uns dazu eines strukturierten Interviewleitfadens und führten die Befragungen während der Nachtschicht durch, denn nur in dieser Zeit

waren ausführliche, störungsfreie Interviews möglich. Insgesamt konnten so zwischen 7 und 25 Störungen für jede Zelle der Klassifikationsmatrix ermittelt werden. Jeweils 4 Störungen einer Klasse wurden einer weiteren Validierung unterzogen. Dazu gehörte unter anderem, dass die Experten eine Schwierigkeitsrangreihe der insgesamt 48 Störungen aufzustellen hatten. Um die Validität der Komplexitätseinstufungen in Bezug auf die Ausprägungen «gering», «mittel» und «hoch» zu überprüfen,

Tabelle V-2.3: Ermittlung technischer Störungen: Klassifikationsschema anhand psychologischer Komplexitätsmerkmale

Komplexitäts-merkmal	Komplexität		
	Gering	Mittel	Hoch
Transparenz	gut zugänglicher Fehler (z. B. defekter Endschalter)	versteckter Fehler (z. B. defekter Ventilstecker)	zusätzlich komplizierte Funktionsprüfungen erforderlich (z. B. Messkreisfehler)
Informations-vielfalt	einfaches Messgerät erforderlich (z. B. bei defekter Sicherung)	zusätzlich Programmier-gerät und Listings erforderlich (z. B. bei Stillstand im Automatik-zyklus)	zusätzlich komplizierte Messapparaturen erforderlich (z. B. bei defektem Antriebsver-stärker)
Vernetztheit	eindeutige Symptomatik (z. B. herausgefallener Motorschutzschalter)	nicht eindeutige Sympto-matik (z. B. verschmutz-tes Messsystem)	vollkommen unklare Symptomatik (z. B. defekter Vorschubantrieb)
Fach- und Anlagenwissen	nur begrenzter Wissensausschnitt erforderlich (z. B. bei verstellter Lichtschranke)	Kenntnis komplizierter Zusammenhänge erforderlich (z. B. bei defekter SPS-Eingangs-karte)	zusätzlich besonderes Spezialwissen erfor-derlich (z. B. bei SPS-Softwarefehler)

wurden die Einstufungen mit der Schwierig-keitsbeurteilung als Validitätskriterium korre-liert.

Folgende Werte für die vier Komplexitätsdi-mensionen wurden ermittelt:

- Transparenz: $r = .95$ ($p < .01$)
- Informationsvielfalt: $r = .68$ ($p < .05$)
- Vernetztheit: $r = .92$ ($p < .01$)
- Fach- und Anlagenwissen: $r = .71$ ($p < .01$)

Es handelt sich um signifikante Korrelationen hoher bis zufriedenstellender Art. Die verwen-deten Komplexitätsdimensionen sind somit geeignet, Störungen unterschiedlicher Kom-plexität zu ermitteln und valide einzuordnen. Insgesamt wurden auf der Grundlage dieser Störungsklassifikation zwölf typische Störfälle ausgewählt, um diese einer weiteren Strategie- und Wissensanalyse zu unterziehen.

2.4 Strategie- und Wissensanalyse («cognitive task analysis»)

Im Rahmen der Strategie- und Wissensanalyse galt es, die leistungsbestimmenden psychi-schen Regulationsgrundlagen (kognitive An-forderungen) für die Störungsklassen bzw. ausgewählten Diagnoseaufgaben zu bestim-men. Hierzu wurden unterschiedliche Ansätze der «cognitive task analysis» gesichtet (vgl. zu einem aktuellen Überblick Crandall, Klein & Hoffman, 2006; DuBois, 2002; Schraagen, Chipman & Shalin, 2000).

Zur Wissenserhebung, -formalisierung und -validierung realisierten wir dann für den konkreten Fall ein mehrstufiges Vorgehen in enger Zusammenarbeit mit den Instandhal-tungsexperten vor Ort (vgl. zum Expertenbe-griff in arbeitsbezogenen Domänen Salas & Rosen, 2010), wobei wir folgende Verfahrens-schritte zugrunde legten:

1. Ermittlung des Expertenwissens über Diagnosestrategien und Störungszusammenhänge bei ausgewählten Störungen,
2. Formalisierung und Validierung von Diagnosestrategien,
3. Formalisierung und Validierung der Symptom-Ursache-Beziehungen.

Zu 1:

In einem ersten Schritt wurde das Expertenwissen mittels einer *Interviewtechnik* erhoben. Dabei stand die Erfassung des strategischen und prozeduralen Wissens zur Diagnose und Behebung der Störungen im Vordergrund. Die Befragung erfolgte in halbstrukturierter Form anhand eines Leitfadens, um bei den ausgewählten Diagnoseaufgaben Art und Abfolge der Tätigkeits- und Informationsverarbeitungsschritte sowie deren Wissensgrundlagen zu ermitteln. Jeder Instandhalter (vier Elektriker und vier Mechaniker) wurde bei jeweils zwei Störungen über die relevanten Informationsabfragen, Störungshypothesen, Prüfschritte, besonderen Vorgehensregeln, Hilfsmittel und Unterlagen befragt. Die mithilfe der Interviews erhobenen deklarativen und prozeduralen Wissensinhalte wurden anschließend aus den schriftlichen Protokollen extrahiert und für die Formalisierung und Validierung der Wissensbestände aufbereitet.

Zu 2:

Um die Diagnosestrategien zu formalisieren, verwendeten wir die Methode der «*Hierarchischen Aufgabenanalyse*» («hierarchical task analysis»; vgl. Shepherd, 2001). Hierbei handelt es sich um eine ingenieurpsychologische Methode zur Analyse und Darstellung komplexer Aufgabenstrukturen in Form einer Hierarchie von Operationen und Plänen (vgl. **Abb. V-2.2**). Dies wurde auf die untersuchten Diagnoseaufgaben übertragen, indem die Prüfschritte als *Operationen* und die Regeln, in welcher Reihenfolge die Prüfoperationen zu erfolgen haben, als *Pläne* formuliert wurden. Die Pläne geben somit an, wie der Fehler schrittweise eingegrenzt wird und welche Prüffolgen bzw.

-pfade unter welchen Bedingungen einzuhalten sind (s. Abb. V-2.2). Auf diese Weise konnten wir mithilfe der «Hierarchischen Aufgabenanalyse» die Suchräume und Handlungsoptionen für zwölf elektrische und zwölf mechanische Störungen systematisch herausarbeiten und aufbereiten.

Bei der Interpretation der Grafen ist zu beachten, dass es sich nicht um eine besondere Form rationaler Aufgabenanalysen handelt. Vielmehr wurde die Methodik der «Hierarchischen Aufgabenanalyse» in diesem Kontext zur Erhebung und Darstellung des diagnostischen Erfahrungswissens von Instandhaltern verwendet. Die ermittelten Vorgehenspläne ergeben sich somit nicht allein aus einer zwingenden Sachlogik der Aufgabenbearbeitung, sondern stellen durch Erfahrung gebildete Strategien zur Suchraumeingrenzung dar.

Zu 3:

Das Expertenwissen über störungsspezifische Symptom-Ursache-Beziehungen wurde mithilfe einer *Strukturlegetechnik* formalisiert. Diese Methode basiert auf dem klassischen Wissensrepräsentationsmodell semantischer Netze (vgl. Rumelhart & Norman, 1973) und erlaubt die Darstellung komplexer Wissensstrukturen. Mithilfe von Strukturlegetechniken ist man in der Lage, Wissenselemente und ihre Zusammenhänge zu visualisieren und überblicksartig darzustellen (vgl. Scheele & Groeben, 1984; sowie in anwendungsnaher Form: Sonntag, Stegmaier, Schaupeter & Schaper, 1996). Zur Durchführung der Strukturlegetechnik instruierten wir die Instandhalter, die aus den Befragungsprotokollen extrahierten und auf Kärtchen notierten Ursache- und Symptomsachverhalte einer Störung danach zu ordnen, welcher Sachverhalt Ursache oder Folge von welchem anderen Sachverhalt ist.

Insgesamt erhoben wir mithilfe der Strukturlegetechnik die mentalen Repräsentationen der Instandhalter über die Symptom-Ursache-Beziehungen von zwölf Störungsbildern der Elektrik und zwölf Störungsbildern der Mechanik. **Abbildung V-2.3** zeigt ein Beispiel eines

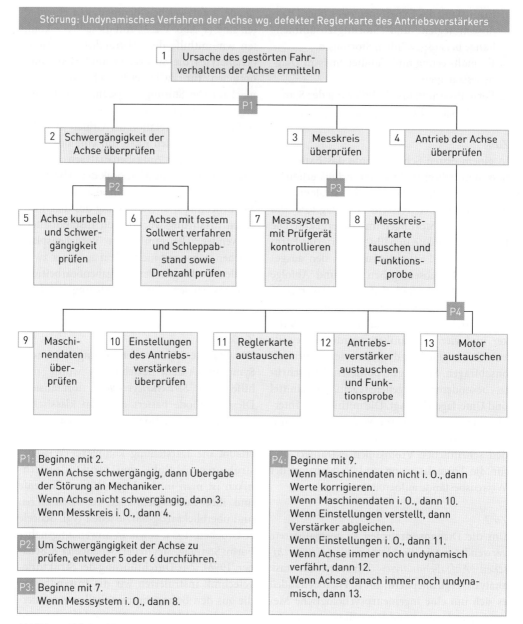

Störung: Undynamisches Verfahren der Achse wg. defekter Reglerkarte des Antriebsverstärkers

1 Ursache des gestörten Fahr-
verhaltens der Achse ermitteln

P1

2 Schwergängigkeit der
Achse überprüfen

3 Messkreis
überprüfen

4 Antrieb der Achse
überprüfen

P2

P3

5 Achse kurbeln
und Schwer-
gängigkeit
prüfen

6 Achse mit festem
Sollwert verfahren
und Schleppab-
stand sowie
Drehzahl prüfen

7 Messsystem
mit Prüfgerät
kontrollieren

8 Messkreis-
karte
tauschen und
Funktions-
probe

P4

9 Maschi-
nendaten
über-
prüfen

10 Einstellungen
des Antriebs-
verstärkers
überprüfen

11 Reglerkarte
austauschen

12 Antriebs-
verstärker
austauschen
und Funk-
tionsprobe

13 Motor
austauschen

P1: Beginne mit 2.
Wenn Achse schwergängig, dann Übergabe
der Störung an Mechaniker.
Wenn Achse nicht schwergängig, dann 3.
Wenn Messkreis i. O., dann 4.

P2: Um Schwergängigkeit der Achse zu
prüfen, entweder 5 oder 6 durchführen.

P3: Beginne mit 7.
Wenn Messsystem i. O., dann 8.

P4: Beginne mit 9.
Wenn Maschinendaten nicht i. O., dann
Werte korrigieren.
Wenn Maschinendaten i. O., dann 10.
Wenn Einstellungen verstellt, dann
Verstärker abgleichen.
Wenn Einstellungen i. O., dann 11.
Wenn Achse immer noch undynamisch
verfährt, dann 12.
Wenn Achse danach immer noch undyna-
misch, dann 13.

Abbildung V-2.2: «Hierarchische Aufgabenanalyse» zur Störungsdiagnose bei einer elektrischen Störung (Sonntag & Schaper, 1997b)
P1–P4: Pläne der «Hierarchischen Aufgabenanalyse»; 1–13: Kennnummern der auszuführenden Diagno-
seschritte (Operationen)

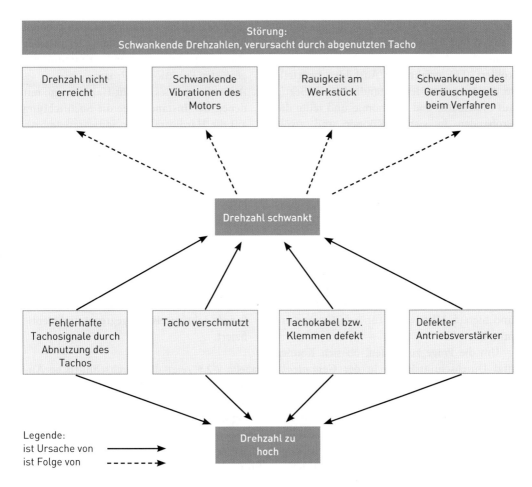

Abbildung V-2.3: Beispiel eines semantischen Netzwerks über die Symptom-Ursache-Beziehungen bei einer Störung der Elektrik (Schaper & Sonntag, 1995)

individuellen Wissensnetzes über die Symptom-Ursache-Beziehungen bei einer Störung mittlerer Komplexität.

2.5 Expertiseanalyse

Gegenstand des Untersuchungsabschnitts Expertiseanalyse war der Vergleich von besonders leistungsstarken mit durchschnittlichen Instandhaltern – im Folgenden als Könner und als Durchschnittskräfte bezeichnet – hinsichtlich ihres strategischen Verhaltens bei der Störungsdiagnose. Mithilfe solcher Vergleiche lässt sich differenziert bestimmen, bei welchen

Anteilen des diagnostischen Vorgehens suboptimale Verhaltensweisen bzw. Fähigkeiten vorliegen und somit besonderer Trainingsbedarf besteht (vgl. Salas & Rosen, 2010).

Um das Handeln und Denken in realitätsnahen Situationen unter standardisierten Bedingungen zu untersuchen, haben wir Störungen unterschiedlicher Schwierigkeit bzw. Komplexität an einer flexibel automatisierten Transferstraße simuliert. Insgesamt 19 Elektroinstandhalter wurden bei der Diagnose einer leichten (defekter Schütz) und einer mittelschweren Störung (defekte Ausgabebaugruppe) beobachtet und nachträglich zu ihrem Vorgehen befragt. Bei der Beobachtung wurden jede Diagnosehandlung und die begleitenden Äußerungen fortlaufend protokolliert. Ein erfahrener Ausbilder beurteilte das Vorgehen der Instandhalter in Bezug auf Systematik und Ökonomie und teilte die Probanden in sieben Könner und zwölf Durchschnittskräfte ein. Die Beobachtungsprotokolle und die transkribierten Interviews wurden schließlich inhaltsanalytisch ausgewertet. Hierzu verwendeten wir eine «Strukturierte Inhaltsanalyse», mit der man anhand eines Kategoriensystems alle Textbestandteile, auf die die Analysekategorien zutreffen, systematisch extrahiert (vgl. Mayring, 2007). In weiteren Schritten wurden die Analysekategorien (z. B. Art der Diagnosehandlung) pro Person und Störung ausgezählt und hieraus Mittelwerte für jede Gruppe ermittelt.

Um die Frage zu prüfen, ob sich Könner und Durchschnittskräfte in der *Gesamtzahl von Diagnosehandlungen* unterscheiden, wurden getrennt für jede Störung inferenzstatistische Vergleiche durchgeführt. Sowohl für den defekten Schütz als auch für die defekte Ausgabebaugruppe waren zwischen den Gruppen signifikante Unterschiede festzustellen (s. Tab. V-2.4). Durchschnittskräfte benötigten bei beiden Störungen deutlich mehr Diagnosehandlungen, um die Störungsursache zu identifizieren. Dieses Ergebnis deutet auf ein unsystematischeres und unökonomischeres diagnostisches Vorgehen der Durchschnittskräfte hin.

Von weiterem Interesse war die Frage, ob sich das *Diagnoseverhalten* während verschiedener Phasen der Fehlersuche zwischen beiden Gruppen unterscheidet. Hierzu wurde das diagnostische Vorgehen in Anlehnung an das weiter vorn vorgestellte Schema zur Handlungsstruktur (s. Abb. V-2.1) in fünf Phasen eingeteilt:

1. *Zustandserkennung:* Diese Phase beinhaltet Befragungen des Anlagenführers, um sich ein Bild vom Störungszustand zu machen.

2. *Eingrenzung des Fehlerorts:* Hierzu gehören Diagnosehandlungen anhand technischer Diagnoseprogramme zur Bestimmung der gestörten Funktion im Prozess.

3. *Aufspaltung:* Dies betrifft Handlungen, mit denen der Instandhalter die Suchrichtung auf die Hardware- oder Softwareseite bzw. Eingangs- oder Ausgangsseite der Steuerung festlegt.

4. *Unterlagenorientierte Suche und Exploration des Fehlerorts:* Diese Phase beinhaltet Orientierungsschritte über den Aufbau und Zustand von Hardwarekomponenten, die als mögliche Fehlerorte in Frage kommen.

5. *Signalverfolgung:* In dieser abschließenden Phase wird die defekte Komponente innerhalb des eingegrenzten Fehlerorts anhand von Strommessungen und Funktionsprüfungen schrittweise eingegrenzt und identifiziert.

Tabelle V-2.5 zeigt die durchschnittliche Anzahl der Diagnosehandlungen pro Phase für die defekte Ausgabebaugruppe.

Signifikante Unterschiede zwischen den Gruppen wurden bei beiden Störungen für die Phase der Eingrenzung des Fehlerorts sowie für die Phase der unterlagenorientierten Suche bzw. Exploration des Fehlerorts festgestellt. Durchschnittskräfte haben insbesondere in diesen Phasen des diagnostischen Handelns besondere Schwierigkeiten. Anzunehmen ist, dass neben ungenügendem strategischem Wissen für diese Phasen außerdem eine ungenügende mentale Modellbildung erfolgt. So ist es bei der Eingrenzung des Fehlerorts erforderlich, sich Aufbau und Funktionsablauf der Anlage zu vergegenwärtigen, um die gestörte Funktion des Prozesses zu identifizieren. Bei der unterlagenorientierten Suche und Exploration des Fehlerorts ist der Instandhalter hingegen gefordert, sich die Signalverarbeitung am Fehlerort zu vergegenwärtigen, um weitere gezielte Eingrenzungen vornehmen zu können. In den anderen drei Diagnosephasen treten vergleichbare Probleme nicht auf, da sich die kognitiven Anforderungen weniger komplex

Tabelle V-2.4: Durchschnittliche Anzahl der Diagnosehandlungen

Störung	Gruppe	Anzahl der Handlungen		Signifikanztest
		MW	SD	(U-Test)
defekter Schützkontakt	KÖ	13,4	5,1	$p < 0.01$**
	DK	23,8	9,5	
defekte Ventilansteuerung	KÖ	16,7	7,4	$p < 0.03$
	DK	30,3	9,7	

KÖ: Könner, DK: Durchschnittskräfte, MW: Arithmetisches Mittel, SD: Standardabweichung,
** auf dem α: 1 %-Niveau signifikant.

Tabelle V-2.5: Durchschnittliche Anzahl der Handlungen pro Diagnosephase

Gruppe	Diagnosephasen									
	Zustands-erkennung		Eingrenzung des Fehler-orts		Aufspaltung		unterlagen-orientierte Suche		Signal-verfolgung	
	MW	SD	MW	SD	MW	SD	MW	SD	MW	SD
KÖ	1	0	5,3	3,6	2	2	2,4	1	6	7,6
DK	1,5	0,8	15,3	10,8	1,8	1,9	4,8	3,2	6,9	3,3
Signifikanz-test (U-Test)	n.s.		$p < 0.01$**		n.s.		$p < 0.04$*		n.s.	

KÖ: Könner, DK: Durchschnittskräfte, MW: Arithmetisches Mittel, SD: Standardabweichung,
* auf dem α: 5 %-Niveau signifikant, ** auf dem α: 1 %-Niveau signifikant, n.s.: nicht signifikant.

gestalten bzw. durch situationsangepasste Anwendung routinisierbarer Handlungsprogramme charakterisiert sind (für eine ausführliche Darstellung dieser Untersuchung vgl. Schaper & Sonntag, 1997 u. 1998).

2.6 Implikationen der Lernbedarfsanalyse für die Trainingsgestaltung

Nach der fundierten Anforderungs- und Wissensanalyse im natürlichen organisationalen Setting («real life tasks») sind nun, einem Pha-

senmodell der Trainingsgestaltung folgend (vgl. Goldstein & Ford, 2002; Sonntag & Stegmaier, 2010b), die Implikationen für die inhaltliche und didaktisch-methodische Ausgestaltung der Trainings erforderlich.

Fasst man die vorgestellten Ergebnisse zur Lernbedarfsanalyse zusammen, so ist festzustellen, dass erhebliche kognitive Anforderungen hinsichtlich situationsgerechter Problemlösefähigkeiten bei der Störungsdiagnose an flexibel automatisierten Fertigungsanlagen bestehen. Dies gilt sowohl für Instandhalter- als auch für Anlagenführertätigkeiten. Der Vergleich von leistungsstarken mit durchschnittlichen Instandhaltern zeigte darüber hinaus, dass die Mehrzahl der Instandhalter diese Anforderungen nicht optimal bewältigt. Die Analyseergebnisse erlauben außerdem die Ableitung von Gestaltungshinweisen für folgende zwei didaktisch-methodische Kernelemente von Diagnosetrainings:

1. die Gestaltung von Lernaufgaben und
2. den Einsatz spezifischer Trainingsmethoden zur Strategievermittlung und mentalen Modellbildung.

Gestaltung der Lernaufgaben: Aufgrund der Vielfalt der technischen Systeme und Störungen lassen sich die entsprechenden Wissensbestände zur Störungsdiagnose weder vollständig analysieren noch vollständig vermitteln und erfordern eine selektive Trainingsgestaltung. Ziel ist der Erwerb von *transferierbaren* Strategien und mentalen Modellen zur Störungsdiagnose auf dem Weg über ein aktives und weitgehend selbstgesteuertes Lernen anhand von exemplarischen Lernaufgaben. Zur Gestaltung von Lernaufgaben für ein Diagnosetraining, die solch einen Lernprozess wirkungsvoll unterstützen, lassen sich die Ergebnisse aus den jeweiligen Analysen (s. Tab. V-2.1) in folgender Form heranziehen:

- Die Ergebnisse der Störungsanalyse lassen sich zur systematischen Auswahl von Störungen verwenden, die als Lernaufgaben gestaltet werden sollen. Damit wird sichergestellt, dass es sich um realistische und lernrelevante Diagnoseaufgaben handelt.
- Mithilfe der Komplexitäts- und Schwierigkeitsbeurteilungen lassen sich die Lernaufgaben außerdem sequenzieren bzw. in ihren Anforderungen stufen.
- Zur Gestaltung authentischer Aufgabenbedingungen und -strukturen sind schließlich die Ergebnisse der Handlungsstrukturanalyse und der Hierarchischen Aufgabenanalysen heranzuziehen. Dabei weist die Handlungsstrukturanalyse auf übergeordnete

Strukturen des diagnostischen Handelns hin, die in flexibel automatisierten Fertigungsanlagen zu beachten sind, während die Hierarchischen Aufgabenanalysen konkrete Hinweise darauf geben, welche Diagnoseoperationen zu vollziehen sind, welche Prüfergebnisse erwartet werden und welche Schlussfolgerungen und Entscheidungen zu treffen sind.

- Anhand des Vergleichs von Könnern und Durchschnittskräften lässt sich die Lernaufgabengestaltung schließlich gezielt auf die Defizite bzw. Leistungsvoraussetzungen der Zielgruppe des Diagnosetrainings abstimmen.

Einsatz und Art der Trainingsmethode: Zur Unterstützung des diagnostischen Strategielernens benötigen die Lernenden methodische Hilfen, um ihr Vorgehen und Wissen in aufgabengerechter Form zu strukturieren. Hier ist auf drei Trainingsmethoden hinzuweisen, die sich zur Unterstützung eines selbstgesteuerten aktiven Lernprozesses besonders eignen und sich auf der Basis der Analyseergebnisse entwickeln lassen:

- *Heuristische Regeln* geben Instruktionen zum systematischen Vorgehen bei der Störungsdiagnose in prinzipieller Form (vgl. Sonntag & Schaper, 1993);
- *Selbstreflexionstechniken* befähigen die Lernenden, sich ihr strategisches Wissen durch Selbstreflexion und Gruppendiskussion weitgehend selbstständig zu erarbeiten (vgl. Sonntag & Schaper, 1993);
- *computerbasierte Simulations- und Lernprogramme* ermöglichen ein diagnostisches Handeln in vereinfachter bzw. abstrahierter Form und ohne Risiko (vgl. Schaper, Schmitz, Graf & Grube, 2003; Semmer, Tschan, Hunziger & Marsch, 2011).

Im Folgenden werden entsprechende Trainingsansätze beschrieben, die auf der Grundlage der Analyseergebnisse und deren Gestaltungsimplikationen beruhen.

Die Untersuchung wurde im Bildungswesen eines norddeutschen Automobilunternehmens mit auszubildenden Industriemechanikern durchgeführt. Aus den Absolventen dieses Bildungsgangs rekrutieren sich die künftigen Anlagen- und Instandhaltungsfachkräfte des Unternehmens.

3 Entwicklung eines kognitiven Trainings zur Störungsdiagnose

3.1 Auswahl und Gestaltung von Lernaufgaben

Eine wesentliche Aufgabe bei der Gestaltung kognitiver Trainings ist die Auswahl und Konstruktion von Lernaufgaben zur Förderung bereichsspezifischer Denkleistungen und Problemlösefähigkeiten (vgl. Cooke & Fiore, 2010; Helander, 2006; Sonntag & Schaper, 2006b). Um kognitive Kompetenzen für komplexe Aufgaben zu vermitteln, sind Übungskontexte zu entwickeln, in denen entsprechende Handlungsanforderungen in lerngerechter Form repräsentiert sind und sich die erforderlichen Denk- und Handlungsstrategien aktiv trainieren lassen.

Auf der Grundlage der Lernbedarfsanalyse wurden Störungen und ein Übungskontext ausgewählt, die in prototypischer Form die in der betrieblichen Realität auftretenden Diagnoseanforderungen repräsentieren. Hierzu wurden vor allem die Ergebnisse der Störungsanalyse herangezogen. In Zusammenarbeit mit verantwortlichen Ausbildern wurden aus der vorhandenen Störungssammlung 14 Störungen ausgewählt, an denen sich eine Grundstruktur diagnostischen Handelns vermitteln lässt.

In einem weiteren Schritt ging es um die Frage der *Sequenzierung*. Sofern sich die Reihenfolge der Lernaufgaben nicht aus sachlogischen Überlegungen ergibt, hat sich zum Erlernen von Diagnosestrategien ein Vorgehen vom Einfachen zum Komplexen bewährt. Über die Komplexität der ausgewählten Störungen gibt die Störungsanalyse Auskunft. Zusätzlich wurden die Ausbilder gebeten, die

14 Störungen in Bezug auf Schwierigkeit der Fehlersuche und die bereits vorgestellten Komplexitätskriterien Transparenz, Vernetztheit, Informationsvielfalt und Fach-/Anlagenwissen zu beurteilen. Diese Einschätzungen wurden gemittelt und für jede Störung miteinander verglichen. Nach Ausschluss von vier inkonsistenten Fällen konnte anhand der Beurteilungen eine Aufgabenreihenfolge im Sinne einer stufenweisen Erhöhung der Schwierigkeits- und Komplexitätsanforderungen festgelegt werden. Insgesamt ermittelte man so zehn Diagnoseaufgaben für das Training.

Als *Übungskontext* wurde eine SPS-Simulationsvorrichtung (SPS: speicherprogrammierbare Steuerung) mit elektropneumatischer Aktorik für Programmier- und Diagnoseübungen gewählt, da sich hieran diagnostische Anforderungen auf einem angemessenen Schwierigkeitsniveau für die Auszubildenden realisieren ließen (z. B. eine Biegevorrichtung mit den Arbeitsgängen «Spannen», «Vorbiegen» und «Fertigbiegen»). Zur Störungsdiagnose wurden in diese Schaltungsvorrichtung Störungen implementiert («Kabelbruch am Endschalter», «defekte Spule am Pneumatikventil» etc.), die zu Unterbrechungen des Ablaufs führten.

3.2 Training von Diagnosestrategien anhand heuristischer Regeln

Als kognitives Training konzipierten wir ein Strategietraining mit heuristischen Regeln. Durch die Anwendung und Internalisierung solcher Regeln für die Störungsdiagnose soll der Auszubildende befähigt werden, komplexe Diagnoseprozeduren selbstständig zu planen und auszuführen (vgl. Sonntag & Schaper, 2006b). Die Formulierung der Regeln leitet sich aus den strategischen Denk- und Handlungsanforderungen ab. Hierzu zogen wir die Vorgehens- und Strategieanalysen der Lernbedarfsanalyse heran. In Anlehnung an die diagnostische Handlungsstruktur bei Elektroinstandhaltern (s. Abb. V-2.1) und unter Berücksichtigung spezifischer Anforderungen bei der Fehlersuche an einer SPS-Simulationsvorrichtung entwickelten wir ein Ablaufschema, das die Struktur der strategischen Anforderungen für die im Training zu bearbeitenden Aufgaben wiedergibt. Die heuristischen Regeln für das Strategietraining wurden auf der Grundlage dieses Ablaufschemas formuliert. Sie beziehen sich auf jeweils eine Diagnosephase und geben als psychologische Denkhilfen Hinweise, welche Schritte bei der Eingrenzung und Bestimmung der Störungsursache zu beachten sind. Infobox V-2.1 gibt einen Ausschnitt aus dem heuristischen Regelsystem wieder.

Bei der Formulierung der Regeln ist außerdem von Bedeutung, dass sie auf die intellektuellen Voraussetzungen der Lernenden abgestimmt werden. Die für das Training entwickelten Regeln nehmen Bezug auf Vorgehens- und Strategiedefizite der Auszubildenden, indem sie Anleitungen zu kognitiven Operationen bei der Störungsdiagnose geben, die weitestgehend vernachlässigt bzw. nicht ausreichend beherrscht werden. Diese Defizite wurden anhand des Expertisevergleichs und weiterer Verhaltensbeobachtungen bei der Zielgruppe ermittelt.

Zur Vermittlung eines an den Regeln orientierten strategischen Vorgehens reicht es nicht aus, den Auszubildenden die Regeln nur in einer schriftlichen Version vorzugeben. Zum Erlernen einer komplexen Vorgehensstrategie ist vielmehr ein gesonderter Instruktions- und Übungsprozess erforderlich, der beim Diagnosetraining in Anlehnung an Mandl und Friedrich (2006) folgende Schritte umfasst:

- Sensibilisierung für den Umgang mit Strategien, indem die Auszubildenden erste praktische Diagnoseversuche gemeinsam in der Gruppe reflektieren und besprechen;
- Erwerb von Wissen über die Strategie durch Aushändigen und Erläutern der Regeln; exemplarisches, modellhaftes Demonstrieren eines regelgeleiteten Vorgehens sowie Kartensortier- und Reproduktionsaufgaben (deklarative Phase);
- Überführung des Strategiewissens in eine kognitive Prozedur durch praktische Übun-

---

Infobox V-2.1

Ausschnitt aus den heuristischen Regeln zur Fehlersuche

Fehlerort eingrenzen

- Mache dir den Schaltungsablauf klar und ermittle den nächstfolgenden Schritt
- Beachte dabei, dass bestimmte Schaltstellungen der Zylinder mehrfach im Zyklus auftreten
- Prüfe im Status, ob das Ausgangssignal für den nächsten Schritt gebildet wird

Fehlermöglichkeiten erkennen

- Mache dir den Signalverlauf am Fehlerort klar
- Notiere, wo die Störung liegen könnte.
- Gibt es noch weitere Möglichkeiten?

---

gen an prototypischen Diagnoseaufgaben, die die Grundstruktur des Diagnoseprozesses in vollständiger, aber vereinfachter Form enthalten (prozedurale Phase);

- Feinabstimmung («tuning») und Routinisierung der Strategieanwendung durch Diagnoseübungen an variierenden und zunehmend komplexeren Störungsfällen. Die Auszubildenden lernten dabei in Paaren, die sich abwechselnd bei der Fehlersuche beobachteten und Rückmeldung gaben. Unterstützend wurden außerdem ausgewählte Vorgehensprotokolle in der Gesamtgruppe besprochen.

3.3 Erwerb von Diagnosestrategien mithilfe von Selbstreflexionstechniken

Ein weiteres Strategietraining zu denselben Diagnoseaufgaben entwickelten wir auf der Basis von Selbstreflexionstechniken (vgl. auch Schaper & Sonntag, 1997). Die Auszubildenden sollten mithilfe dieser Methode strategische Fähigkeiten zur Störungsdiagnose weitgehend selbstständig entwickeln. Zur Formulierung der Selbstreflexionsfragen zogen wir wiederum die Ergebnisse der Handlungsstrukturanalyse, der Hierarchischen Aufgabenanalysen und des Expertisevergleichs heran. Leitlinie der Frageformulierung war, dass die Fragen Bezug auf die leistungskritischen Anforderungen bei der Fehlersuche nehmen. Das Training umfasste drei verschiedene Formen der Reflexion:

- Selbstreflexion des Vorgehens nach Beendigung der Fehlersuche anhand von fünf Fragen; zur Intensivierung dieses Prozesses wurden die Auszubildenden gebeten, ihr Vorgehen und die weiteren Reflexionsinhalte schriftlich festzuhalten;
- paarweise interaktive Reflexion des Vorgehens bei jeder Übung, indem der beobachtende Auszubildende dem aktiven Partner anhand ähnlicher Leitfragen wie bei der Selbstreflexion Rückmeldung über sein Handeln gab;
- gruppenbezogene Reflexion: Jeweils nach Beendigung einer Übungsphase fanden sich alle Auszubildenden in der Gesamtgruppe zusammen, um einander ihr Vorgehen bei der Fehlersuche vorzustellen. Diese Vorgehensweisen wurden in der Gruppe anhand von drei weiteren Fragen besprochen und unter Zuhilfenahme der Metaplantechnik als verbindliches Vorgehensschema für die behandelte Art von Störungen verallgemeinert.

Die beteiligten Ausbilder hatten im Rahmen dieses Trainings nur eine moderierende Funktion. Die Leitfragen zur individuellen und gruppenbezogenen Reflexion des diagnostischen Vorgehens sind in Infobox V-2.2 wiedergegeben.

3.4 Evaluation des kognitiven Trainings

Die Wirksamkeit der beiden Strategietrainings überprüften wir in einem *quasi-experimentellen Kontrollgruppenversuch* mit Prä-, Post- und Transfertest (vgl. Schaper & Sonntag, 1998).

Infobox V-2.2

Leitfragen zur individuellen und gruppenbezogenen Reflexion

Leitfragen zur Selbstreflexion

1. Welche(n) Fehler habe ich vermutet?
2. Warum?
3. Wie bin ich vorgegangen, um ihn zu finden?
4. Was habe ich gut gemacht? Was habe ich schlecht gemacht?
5. Was kann ich beim nächsten Mal besser machen?

Leitfragen zur gruppenbezogenen Reflexion

1. Beschreibt bitte charakteristische Vorgehensweisen bei der Fehlersuche. Worin unterscheiden sie sich?
2. Welche Vorgehensweisen bzw. Teile davon sind störungsübergreifend? Welche sind störungsspezifisch?
3. Gibt es eine optimale Vorgehensweise?

Wir verglichen die Leistungen der beiden Experimentalgruppen – erfolgreiche Bestimmung der Störungsursache, Lösungszeit, Anzahl der beobachteten Prüfschritte im Diagnoseverlauf, Anzahl der irrelevanten Prüfschritte – bei drei praktischen Diagnoseaufgaben mit den Leistungen herkömmlich ausgebildeter Auszubildender. Das Diagnosetraining erfolgte im Rahmen eines Ausbildunglehrgangs zur SPS-Steuerungstechnik mit Industriemechanikern der Fachrichtung Produktionstechnik und Betriebstechnik im zweiten Lehrjahr. Einer Kontrollgruppe bot man nicht, wie bisher in der Ausbildung üblich, gesonderte Aufgaben zur Störungsdiagnose an, sondern bearbeitete mit ihr nur die zufällig auftretenden Störungen an den Schaltungen. Eine weitere Kontrollgruppe durchlief eine Art Übungstraining, das heißt, die Auszubildenden bearbeiteten alle für die Strategietrainings entwickelten Diagnoseaufgaben, erhielten aber keine strategiebezogenen Instruktionen zum Vorgehen. Da sich die Leistungen dieser beiden Gruppen im Prä-, Post- und Transfertest nicht wesentlich unterschieden, wurden sie für die weitere Auswertung zu einer Kontrollgruppe (KG, n = 22) zusammengefasst. Die Experimentalgruppen erhielten die beschriebenen Strategietrainings, wobei eine Gruppe (EG 1, n = 11) mit heuristischen Regeln und eine andere Gruppe (EG 2, n = 11) mit den Selbstreflexionstechniken trainiert wurde. Alle Trainings (inklusive Übungstraining) wurden in drei Sitzungen abgehalten, die zeitlich jeweils vier Stunden umfassten. Zum Abschluss der Lehrgänge wurde mit allen Teilnehmern ein Posttest durchgeführt. Der Transfertest beinhaltete eine praktische Diagnoseaufgabe an einer elektrohydraulischen Steuerung.

Im *Posttest* waren 63 Prozent der Kontrollgruppenteilnehmer und jeweils 90 Prozent der Experimentalgruppenteilnehmer in der Lage, bei einer mittelschweren Diagnoseaufgabe die Störungsursache korrekt zu bestimmen. Bezüglich des Prüfkriteriums Bearbeitungszeit ließ sich nur eine leichte, aber keine signifikante Verbesserung des Diagnoseverhaltens erzielen (s. Tab. V-2.6).

Dies kann man auf die begrenzte Trainingszeit zurückführen; zehn Stunden Strategietraining scheinen nicht auszureichen, um ein routiniertes strategisches Verhalten auszubilden. Deutlich reduzierten sich aber die Anzahl der Prüfhandlungen insgesamt und die Anzahl der irrelevanten Prüfschritte. Dieses Ergebnis spricht für ein verbessertes systematisches Vorgehen bei der Störungsdiagnose. Es zeigt vor allem, dass die Auszubildenden befähigt werden konnten, eine Störung in der Anfangsphase der Fehlersuche auf einen definierten Suchraum einzugrenzen. Dies ist bei der Fehlersuche in flexibel automatisierten Fertigungssystemen eine wesentliche strategische Handlungsanforderung.

Im *Transfertest* (s. Tab. V-2.7) lösten 63 Prozent der Kontrollgruppenteilnehmer die Diagnoseaufgabe. Bei der Heuristische-Regeln-Gruppe waren es 75 Prozent, während in der Selbstreflexionsgruppe nur 44 Prozent die Ursache der Störung fanden.

In der Bearbeitungszeit ergeben sich im Transfertest ebenso wie im Posttest keine signifikanten Unterschiede. Was die Anzahl der Prüfhandlungen betrifft, findet sich ein signifikanter Unterschied nur zwischen der Kontrollgruppe und der Heuristische-Regeln-Gruppe, jedoch keiner zur Reflexionsgruppe. Dasselbe Ergebnismuster zeigt sich bei der Anzahl irrelevanter Prüfschritte. Ein erfolgreicher Transfer der strategischen Fähigkeiten ließ sich nur bei der Trainingsgruppe mit heuristischen Regeln feststellen.

Zusammenfassend lässt sich sagen, dass sowohl heuristische Regeln als auch Reflexionstechniken wirkungsvolle Methoden sind, um aufgabengerechte Strategien zur Störungsdiagnose in automatisierten Systemen zu vermitteln. Zusätzlich ist allerdings zu überlegen, wie reflexionsorientierte Trainingstechniken durch den Einsatz transferförderlicher Elemente verbessert werden können (vgl. Bergmann & Sonntag, 2006; Hochholdinger & Schaper, 2007).

4 Entwicklung einer computergestützten Lernumgebung zur Störungsdiagnose – das DiagnoseKIT

Kernstück der Entwicklung einer computergestützten Lernumgebung («computer based training» [CBT]) zur Störungsdiagnose war die Simulation eines realen komplexen Produktionsprozesses auf PC-Basis, bei dem Störungen unterschiedlichen Schwierigkeitsgrades in einer Produktionsanlage veranschaulicht und durch Eingriffsmöglichkeiten diagnostizierbar und behebbar sind. Die Simulation wird dabei als mediales Vehikel verwendet (vgl. Cannon-Bowers & Bowers, 2010), das technische und strukturelle reale Probleme darstellen kann («physical fidelity») und durch Interaktion mit dem Lerner Rückmeldung über den Erfolg der Problemlöseversuche

Tabelle V-2.6: Ergebnisse des Posttests (Diagnoseaufgabe an einer elektropneumatischen Steuerung)

Multivariater Signifikanztest (MANOVA):
Pillais   (Value = .47; Approx. F = 3.83; Sig. von F = 0.002*)

	KG		EG 1		EG 2			Einzelvergleiche		
	MW	SD	MW	SD	MW	SD	F-Test	KG vs. EG 1	KG vs. EG 2	EG 1 vs. EG 2
Bearbeitungszeit (min.)	17.9	10.9	12.5	11.2	14.2	9.7	n.s.	n.s.	n.s.	n.s.
Anzahl der Prüfhandlungen	23.1	12.7	12.8	10.1	14.6	6.0	*	*	*	n.s.
Anzahl irrelevanter Prüfschritte	16.8	11.0	6.0	6.1	6.9	4.4	*	*	*	n.s.
Stichprobenumfang	n = 22		n = 11		n = 11		n = 44	n = 33	n = 33	n = 22

KG: Kontrollgruppe
EG 1: Exp.gruppe mit Heuristische-Regeln-Training
EG 2: Exp.gruppe mit Selbstreflexionstraining

MW: arithmet. Mittel
SD: Standardabweichung
*:   signifikant (p < 0.5)
n.s.: nicht signifikant

Tabelle V-2.7: Ergebnisse des Transfertests (Diagnoseaufgabe an einer elektronischen Steuerung)

Multivariater Signifikanztest (MANOVA):
Pillais   (Value = .47; Approx. F = 3.83; Sig. von F = 0.002*)

	KG		EG 1		EG 2			Einzelvergleiche		
	MW	SD	MW	SD	MW	SD	F-Test	KG vs. EG 1	KG vs. EG 2	EG 1 vs. EG 2
Bearbeitungszeit (min.)	21.1	8.9	19.1	7.7	24.0	7.0	n.s.	n.s.	n.s.	n.s.
Anzahl der Prüfhandlungen	28.9	10.7	15.8	8.3	30.6	8.3	*	*	n.s	*
Anzahl irrelevanter Prüfschritte	20.3	10.4	11.1	9.9	21.3	9.2	*	*	n.s	*
Stichprobenumfang	n = 22		n = 8		n = 9		n = 39	n = 30	n = 31	n = 17

KG: Kontrollgruppe
EG 1: Exp.gruppe mit Heuristische-Regeln-Training
EG 2: Exp.gruppe mit Selbstreflexionstraining

MW: arithmet. Mittel
SD: Standardabweichung
*:   signifikant (p < 0.5)
n.s.: nicht signifikant

ermöglicht («cognitive and emotional authenticity»).

Im Folgenden berichten wir zunächst über die Entwicklung und Evaluation des Prototyps und anschließend über Weiterentwicklungen des DiagnoseKITs sowie der Evaluation transferförderlicher Instruktionsmodule.

4.1 Entwicklung und Evaluation des Prototyps

Der Konstruktionsprozess des CBT (vgl. hierzu ausführlich Sonntag & Lohbeck, 1995) war an die Software-Entwicklungsstrategie des *Prototypings* angelehnt, dessen wesentliche Bestimmungsstücke eine frühzeitige Benutzerbeteiligung, die empirische Bewertung der Bedienungsfreundlichkeit des Programms durch die Benutzer sowie ein iteratives Design sind. Der für die Aufgabenstellung modifizierte Entwicklungsprozess lässt sich anhand folgender Schritte beschreiben (s. **Abb. V-2.4**):

Inhaltliche und softwareergonomische Vorüberlegungen: Die computerunterstützte Simulation soll dem Lernenden die wesentlichen Anlagenkomponenten und deren Beziehungen zueinander verdeutlichen. Die hierzu gewählte Darstellungsform muss demnach geeignet sein, beim Lernenden ein mentales Modell der Anlage aufzubauen, das später bei diagnostischen Tätigkeiten an der Realanlage abrufbar ist. Unter Einbeziehung entsprechender softwareergonomischer Überlegungen (bspw. DIN 66234, vgl. Deutsches Institut für Normung, 1988; VDI-Richtlinie 5005, vgl. Verein Deutscher Ingenieure, 1990) ist dies mittels grafischer Darstellungen in Kombination mit verbalen Erläuterungen prinzipiell realisierbar.

Um die Orientierung im System zu unterstützen und das Kriterium Aufgabenangemessenheit zu erfüllen, sollen die Handlungsmöglichkeiten nicht abstrakt-verbal, sondern grafikunterstützt und der realen Anlage entsprechend dargeboten werden. Die Handlungsmöglichkeiten sollen in verschiedenen funktions- und baugruppenorientierten Bildschirmseiten strukturiert sein, sodass bei jeder Handlung eine überschaubare Menge von zusammenhängenden Handlungsalternativen zur Verfügung steht.

Die Benennung der Menüs und der übrigen Handlungsmöglichkeiten soll sich an der vertrauten Bezeichnung der Funktionen (z. B. «Spannung prüfen») und Bauteile (z. B. «Zange») orientieren; so lässt sich ein vertretbarer Einarbeitungsaufwand gewährleisten. Ein hierarchischer, baugruppenorientierter Aufbau des Programms soll die Navigation innerhalb des Programms erleichtern und als benutzerfreundliches Gestaltungsmoment miteinfließen. **Infobox** V-2.3 gibt einen Überblick über die beschriebenen Gestaltungsanforderungen bei der CBT-Entwicklung.

Um diese Zielsetzungen zu realisieren, wurde ein *Designteam* gebildet, das sich aus fünf Personen mit unterschiedlichen fachlichen Kompetenzen zusammensetzte: drei Ausbilder für Instandhalter mit Spezialkenntnissen in Steuerungstechnik als fachliche Berater, ein Arbeitspsychologe für die didaktische und softwareergonomische Gestaltung und die Moderation der Sitzungen des Designteams sowie ein Maschinenbautechniker mit Programmierkenntnissen für die Umsetzung der Konzeptionen in eine computergestützte Lernumgebung.

Bei der *Festlegung von Einzelfunktionen* des Programms entschied das Designteam, welche Funktionen und Möglichkeiten das CBT umfassen sollte. Damit sich in der Simulation möglichst authentische Aufgabenstellungen und Ausführungsbedingungen abbilden lassen, wurden die Ergebnisse der Anforderungs- und Wissensanalysen herangezogen.

Gegenstand der Simulation war die in **Abbildung V-2.5** gezeigte teilautomatisierte Fertigungszelle, deren Funktionen in ein grafikorientiertes Computerprogramm übersetzt wurden. Es handelte sich um eine zweistufige SPS-Einpressvorrichtung mit Transportschlitten und -greifer. Möglichst alle Handlungen, die an der realen Anlage zur Analyse und Beseitigung einer Störung möglich und notwendig waren, sollten auch in der Computersimu-

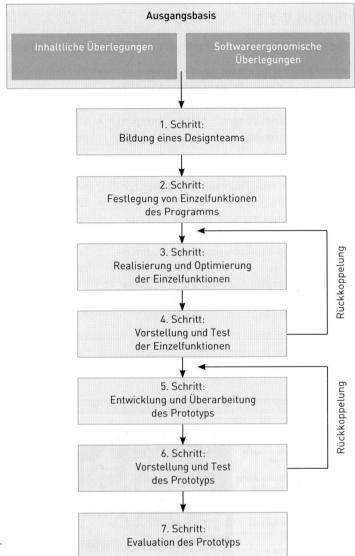

Abbildung V-2.4: Software-Entwicklungsstrategie «Prototyping» für das CBT

Infobox V-2.3

Gestaltungsanforderungen an das computerbasierte Training (CBT)

- Grafische (Gesamtanlage, Teilkomponenten, Weg-Schritt-Diagramm) und verbale Informationen (Messwerte, Instruktionen, Hilfestellungen, Status-Abfragen) müssen darstellbar und miteinander kombinierbar sein.
- Die Informationen müssen vom Benutzer abfragbar sein (interaktive, benutzergesteuerte Simulation).
- Zur Störungsdiagnose müssen Messoperationen (Druck, Volt) anwählbar und an definierten Punkten des Systems durchführbar sein.
- Die Prüfvorgänge sollten, wie die Navigation im gesamten Programm, mausgesteuert erfolgen.

- Zur Störungsbeseitigung müssen Komponenten des Systems austauschbar (reparierbar) sein.
- Varianten der Simulation, insbesondere der Implementierung von Störungen und der damit verbundenen Änderungen des Systems, müssen ökonomisch erzeugt werden können.
- Eine ausreichende Anzahl technologisch verschiedenartiger (pneumatischer, hydraulischer und elektrischer) und nach Schwierigkeitsgrad variierender Störungen muss erzeugt werden können.

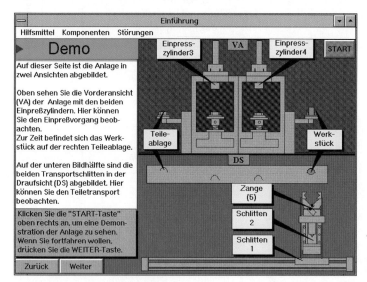

Abbildung V-2.5: Darstellung der simulierten Anlage im Lernprogramm (Sonntag, Lohbeck & Thomas, 1997)

lation berücksichtigt sein. Als wesentliche Prüfoperationen standen an allen relevanten Anschlüssen Sicht-, Druck- und Spannungsprüfungen zur Verfügung.

Darüber hinaus legte das Designteam den Umfang und die Art der vorzusehenden tutoriellen Komponenten (Erläuterungstexte, Online-Hilfen etc.) der Computersimulation fest. Ergebnis dieser Phase war eine Liste isolierter Einzelfunktionen, die zur Simulation der Anlage sowie zur Überprüfung und Reparatur von Anlagenkomponenten und deren Erläuterung im CBT zur Verfügung stehen sollte.

Die *Realisierung und Optimierung der Einzelfunktionen* führten der Arbeitspsychologe und der Techniker in enger Zusammenarbeit durch. Sie entwickelten auf der Grundlage des vorherigen Schrittes eine Simulation der realen Anlage. Abbildung V-2.5 zeigt die Programmdarstellung der Gesamtanlage in der Voransicht und Draufsicht. Durch die Betätigung der «Starttaste» lässt sich eine Animationssequenz aufrufen, die einen kompletten Anlagenablauf simuliert. Während der Animation werden die einzelnen Bewegungen, Baugruppen und angefahrenen Initiatoren erläutert. Nach Aufruf einer Anlagenkomponente über

das Menü wird diese Komponente bildschirmfüllend dargestellt. Dem Benutzer stehen bestimmte Prüf- und Korrekturhandlungen unmittelbar zur Verfügung. Hierzu wurden die verschiedenen technologischen bzw. räumlichen Teilsysteme auf dem Bildschirm in Form von Funktionszeichnungen nachgebildet. Diese Zeichnungen hinterlegte man anschließend mit Skripten bzw. Programmen, die in den einzelnen Teilsystemen der Simulation ein funktionsgerechtes Handeln ermöglichen. Abbildung V-2.6 zeigt als Beispiel für ein solches Teilsystem die Programmdarstellung der pneumatischen Zange.

Die Zange hat an der realen Anlage die Aufgabe, ein Werkstück zu greifen. Die Stellung der Zange (auf oder zu) wird über die Endschalter (SE5V und SE5R) an die SPS-Steuerung der Anlage gemeldet. Die einzelnen Bauteile in dieser Programmdarstellung, zum Beispiel die Endschalter, sind mit Funktionen hinterlegt, die ein Anklicken mit der Maus ermöglichen und daraufhin verschiedene Prüfoperationen – als virtuelle Taste – auf dem Monitor erscheinen lassen (links neben der Zange). Rückmeldemechanismen über Ergebnisse von Prüfhandlungen (z. B. «Spannung

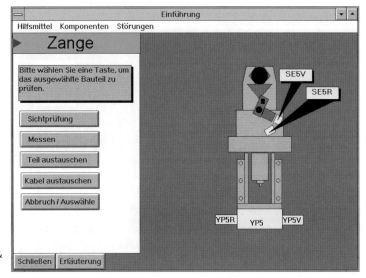

Abbildung V-2.6: Darstellung der Zange im Lernprogramm (Sonntag, Lohbeck & Thomas, 1997)

messen») werden ebenfalls grafisch über das Einblenden eines Spannungsprüfers dargestellt (s. **Abb. V-2.7**). Bei Korrekturhandlungen (z. B. «Bauteil austauschen») gibt das Programm eine entsprechende verbale Rückmeldung bzw. Bestätigung der Handlungsausführung (z. B. «Bauteil wurde ausgetauscht»).

Anschließend wurden die *Einzelfunktionen getestet* und anhand praktischer Erprobungen auf ihre korrekte Funktionsfähigkeit sowie angemessene Gestaltung überprüft und Verbesserungsvorschläge für eine Überarbeitung gemacht. Die Überarbeitungen wurden dem Designteam erneut zur Überprüfung vorgelegt. Diese Rückkoppelungen wiederholten sich, bis aus Sicht des Designteams jede Einzelfunktion des Prototyps optimiert war.

Bei der *Entwicklung des Prototypen* integrierte man die optimierten Einzelfunktionen zu einem ersten funktionsfähigen Prototyps. Während es bei den vorangegangenen Entwicklungsschritten hauptsächlich darauf ankam, einzelne Funktionen exemplarisch zu entwickeln und im Designteam zu analysieren, mussten beim Prototyp durchgängig alle Funktionen realisiert werden, um den Probanden in der Evaluationsphase eine freie Systemexploration zu ermöglichen.

Zur *Evaluation* des hauptsächlich im Labor entwickelten Prototyps ließ man ihn von ausgewählten potenziellen Benutzern (auszubildenden Industriemechanikern der Fachrichtung Produktionstechnik) bewerten (vgl. Fischer, 1994). Bei dieser ersten Anwenderbeurteilung des Prototyps ging es in erster Linie darum, Gestaltung, Verständlichkeit und Ausführlichkeit der Informationen sowie das realisierte Abstraktionsniveau kritisch zu beurteilen.

Bei der Bewertung der Benutzerfreundlichkeit des Prototyps auf dem Begleitbogen zur Evaluation erhielt der Prototyp für die softwareergonomische Gestaltung durchgängig gute bis sehr gute Noten. Die Auswertung der Befragungsergebnisse ergab ferner, dass Orientierungsmöglichkeiten und Steuerbarkeit des Programms positiv beurteilt wurden. Bei dieser Nutzerevaluation zeigten sich allerdings auch Verbesserungswünsche. Diese wurden in einem abschließenden Überarbeitungsschritt berücksichtigt, sodass am Ende dieses aufwendigen interaktiven Entwicklungsprozesses ein lauffähiger, benutzerfreundlicher Prototyp des CBT zur Störungsdiagnose vorlag, den es in weiteren Studien in realen Lernsituationen zu erproben galt.

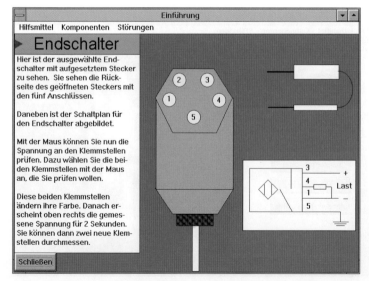

Abbildung V-2.7: Programmdarstellung eines Endschaltersteckers mit Spannungsprüfer (Sonntag, Lohbeck & Thomas, 1997)

4.2 Weiterentwicklung und Evaluation transferförderlicher Instruktionsmodule

4.2.1 Weiterentwicklung des DiagnoseKITs und tutorieller Komponenten

In einer ersten Studie (vgl. Sonntag, Lohbeck & Thomas, 1997) zur Überprüfung der Wirksamkeit des CBT bei der Förderung von Diagnosefähigkeiten in der betrieblichen Aus- und Weiterbildung ging es um die Frage, ob Auszubildende, die zusätzlich mit dem Diagnose-KIT trainieren, bei der Störungsanalyse effektiver und systematischer vorgehen als Auszubildende, die ohne CBT unterwiesen werden. Effizienzkriterien der Lernerfolgsüberprüfung waren Lösungszeit, Hilfsmittel und Prüfhandlungen sowie eine erfolgreiche Störungsbehebung; durchgeführt wurde die Studie auf der Basis eines quasi-experimentellen Kontrollgruppendesigns mit Post- und Transfertest-Messungen bei 31 auszubildenden Industriemechanikern der Fachrichtung Produktionstechnik. Die Studie zeigte, dass die mit dem CBT-Training unterwiesenen Auszubildenden signifikant bessere Diagnose-

leistungen erbrachten. Allerdings zeigte sich im Transfertest nicht die erwartete Überlegenheit der Experimentalgruppe; das heißt, die mittels CBT erworbenen diagnostischen Fähigkeiten konnten nicht erfolgreich auf andere Anlagen transferiert werden.

Die Befunde aus der Evaluationsstudie wurden zum Anlass genommen, die computergestützte Lernumgebung DiagnoseKIT weiterzuentwickeln. Dies betraf sowohl die Softwaretechnik (z. B. Optimierung der Benutzerführung, realitätsgerechtere Gestaltung der einzelnen Funktionen der Aufgabenumgebung) als auch zusätzliche didaktische Elemente (tutorielle Hilfen).

Realitätsgerechtere Benutzerführung

Grundlegend neu wurde vor allem die Benutzerführung konzipiert. Nun berücksichtigte man, dass der Lernende Wege zurücklegen muss, wenn er von einer Baugruppe der Anlage zu einer anderen wechselt. Realisiert wurde dies über ein maßstabgetreues räumliches Übersichtsbild der Anlage (Draufsicht), in dem alle wesentlichen Komponenten der Anlage aufgeführt waren (s. **Abb. V-2.8**).

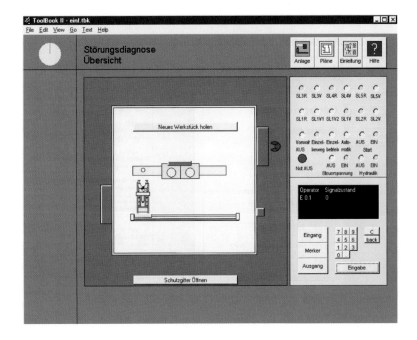

Abbildung V-2.8: Screenshot der optimierten Benutzerführung im DiagnoseKIT

In die Darstellung wurde außerdem eine Figur mitaufgenommen, die einen arbeitenden Instandhalter symbolisiert und die sich wie in der Realität von einer Anlagenkomponente zur anderen bewegen kann.

Als neues Element der Simulation stand dem Lernenden nun als zusätzliches Hilfsmittel ein Bedienfeld für die manuelle Anlagensteuerung zur Verfügung (s. Abb. V-2.8, rechte Hälfte). Gerade die Überprüfung von Anlagenbewegungen «von Hand» stellt für den erfahrenen Instandhalter vor Ort eine wichtige Diagnosemöglichkeit dar.

Im Rahmen der Aufgabenumgebung standen dem Lernenden ferner alle Anlagenpläne zur Verfügung, die ihm auch in der Realität bei der Störungsdiagnose zur Verfügung stehen (s. Abb. V-2.9).

Die Pläne wurden so authentisch wie möglich präsentiert. Auf schematisierte oder vereinfachte Darstellungen wurde verzichtet. Die realen Anlagenpläne (Weg-Schritt-Diagramm, Stromlaufpläne, Klemmenpläne usw.) wurden in «Ordnern» abgelegt, zu denen die Lernenden jederzeit Zugang hatten.

Entwicklung tutorieller Komponenten

Der Prototyp des DiagnoseKITs enthielt nur wenige tutorielle Komponenten, die das Vorgehen bei der Störungsdiagnose anleiteten und bei Bedarf den Lernenden unterstützten.

Die erste Evaluation zeigte hier Defizite in der didaktischen Gestaltung der Lernumgebung. Ein weiterer Arbeitsschritt im Rahmen der Weiterentwicklung bestand darin, in Anlehnung an den «Cognitive-Apprenticeship»-Ansatz tutorielle Hilfen zur kognitiven Modellierung zu konzipieren (vgl. Collins, Brown & Newman, 1989). Diese tutorielle Komponente bestand aus einer Reihe von Videofilmen, in denen verschiedene Experten (Instandhalter) ihr Vorgehen bei der Eingrenzung und Bestimmung von Störungsursachen an der realen technischen Anlage demonstrieren und erläutern (s. Abb. V-2.10).

Der jeweilige Experte demonstriert im Video zum einen die einzelnen Handlungsschritte, die zur Störungsdiagnose notwendig sind. Zum anderen verbalisiert er die strategischen Komponenten des Vorgehens und die dazugehörigen kognitiven Prozesse; das heißt, er verdeutlicht, welche Ziele er verfolgt, weshalb er

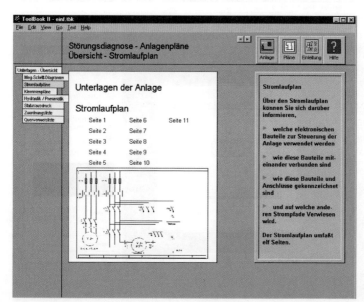

Abbildung V-2.9: Screenshot eines realen Stromlaufplans im DiagnoseKIT

Abbildung V-2.10: Ausschnitt aus einem Expertenvideo zur kognitiven Modellierung

zur Verfolgung dieser Ziele bestimmte Vorgehensweisen wählt und wie er einzelne Handlungen ausführt. Außerdem wird in Worte gefasst, welche Schlussfolgerungen der Experte aus den Ergebnissen seines Handelns zieht und wie er auf der Basis dieser Ergebnisse sein weiteres Vorgehen plant.

In drei Studien evaluierten potenzielle Nutzer die weiterentwickelte Lernumgebung formativ. (Erste Studie: 45 auszubildende Mechatroniker; zweite Studie: 57 Berufsschüler; dritte Studie: 185 auszubildende Mechatroniker; vgl. Hochholdinger, Schaper & Sonntag, 2008; Schaper, Hochholdinger & Sonntag, 2004; Schaper, Sonntag, Zink & Spenke, 2000). Die computergestützte Lernumgebung Diagnose-KIT zeigte bei den Probanden nun aufgrund verbesserter Realitätsnähe und stärkerer tutorieller Unterstützung bessere Diagnoseleistungen.

4.2.2 Evaluation transferförderlicher Instruktionsmodule des DiagnoseKITs

Drei Studien sollten die Bedeutung verschiedener theoriegeleiteter instruktionspsychologischer Modelle (kognitive Modellierung, Trans-

feranker, adaptive tutorielle Hilfen) für den Transfererfolg untersuchen. Hierzu wurden Designs mit Experimental- und Kontrollgruppen umgesetzt. Tabelle V-2.8 fasst den Studienaufbau zusammen (vgl. Schaper, Hochholdinger & Sonntag, 2004). Zunächst beschreiben wir kurz die didaktischen Module.

Didaktische Module
1) *Aufgabenumgebung:* Hiermit ist die oben beschriebene Lernumgebung «Diagnose-KIT» bezeichnet.
2) *Kognitive Modellierung:* In der Lernumgebung setzen acht digitalisierte Videos Prinzipien der kognitiven Modellierung um. In den Videos erklären erfahrene Instandhalter, welche Ziele sie verfolgen und welches Vorgehen sie gewählt haben und erläutern ihre Handlungen sowie Schlussfolgerungen aus Messergebnissen (s. Abb. V-2.10).

Auf diese Weise visualisieren und verbalisieren die Experten ihr strategisches Vorgehen und externalisieren ihre kognitiven Prozesse, um die Entwicklung eines adäquaten mentalen Modells zu fördern. Die Experten weichen in den Videos teilweise von einem idealen Diagnoseweg ab, um zu

Tabelle V-2.8: Realisiertes Design zur Überprüfung des Transfererfolgs (vgl. Schaper, Hochholdinger & Sonntag, 2004)

Didaktische Module	Studie 1		Studie 2		Studie 3	
	EG	KG	EG	KG	EG	KG
Aufgabenumgebung	+	+	+	+	+	+
Kognitive Modellierung	+	–	+	+	+	+
Transferanker	–	–	+	–	–	–
Adaptive tutorielle Hilfen	–	–	–	+	+	–

+: Modull eingesetzt, –: Modul nicht eingesetzt

zeigen, dass es mehrere Wege zum Ziel gibt. Um die Dekontextualisierung des Handlungswissens zu unterstützen, wurden die Situation, die Handelnden und das Vorgehen variiert. Deshalb hat man die Modellierungsvideos für verschiedene Störungsbereiche und mit unterschiedlichen Darstellern gedreht, die bei ähnlichen Störungen verschiedene Strategien nutzen.

Die Inhalte der Videos entsprechen sechs Störungen in der Simulation und werden im Training zum ersten Mal nach der ungeleiteten Bearbeitung einer Störung präsentiert. Nach Ablauf des Videos sollen die Lernenden die Situation, das Vorgehen und die entscheidenden diagnostischen Informationen anhand strukturierter Fragen zusammenfassen und mit ihrem eigenen Vorgehen vergleichen.

3) *Transferanker:* Der Einsatz von Transferankern leitet sich ab aus dem konstruktivistischen Ansatz der «anchored instruction» als einer Form problembasierten Lernens (vgl. Michael, Klee, Bransford & Warren, 1993). Das «Verankern» zusätzlicher Anwendungen soll subjektive Anwendungsbereiche erweitern. Zu diesem Zweck wurden in der Lernumgebung Transferanker für zwei weitere Fertigungsanlagen implementiert, die zeigen, wie sich Diagnosestrategi-

en in einem anderen technischen System anwenden lassen. Die Transferanker werden jeweils nach den Simulationsaufgaben aus einem Störungsbereich bearbeitet. Sie bestehen aus einem computergestützten Einführungstutorial für zwei Fertigungsanlagen (Transferstraße und CNC-Drehautomat) und digitalisierten Videos zur Störungsdiagnose. Der erste Teil eines jeden Videos enthält eine Bestandsaufnahme des Störungsbildes durch den Experten, der zweite zeigt die erfolgreiche Diagnose. Beide Teile werden anhand strukturierender Fragen zunächst individuell vertieft. Anschließend werden die Antworten in einer Gruppe gesammelt und diskutiert.

4) *Adaptive tutorielle Hilfen:* Mit den adaptiven tutoriellen Hilfen werden mehrere Elemente des «Cognitive Apprenticeship» umgesetzt (vgl. Collins et al., 1989): «coaching», «scaffolding» und «fading/exploration». Die Hilfen werden systemgesteuert je nach Lernverhalten erzeugt. Situative Hinweise wurden auf der Basis der Analysen von Instandhaltern bei der Störungsdiagnose bestimmten Benutzerereignissen zugewiesen. Für ungünstige Verhaltensweisen wurden Tipps in Dialogboxen formuliert (z. B. Hinweise auf wichtige Diagnosemöglichkeiten oder auf eine generelle Richtung der Stö-

rungssuche). Die Hinweise sind gestuft in allgemeine und spezielle Hinweise. Ob diese Hilfen tatsächlich erscheinen, hängt vom Benutzerverhalten ab.

Transferkonzept

Um die Transferwirksamkeit der verschiedenen Formen des Diagnosetrainings differenziert zu analysieren, wurden die Transferleistungen bei Aufgaben mit unterschiedlichen Transferabständen überprüft (vgl. auch Bergmann & Sonntag, 2006). Beim *Binnentransfer* müssen vergleichbare Aufgaben wie im CBT gelöst werden (Störungsursache sind elektrische und pneumatische Fehler). Für den *Inhaltstransfer* müssen im CBT neuartige Aufgaben bearbeitet werden (Störungsursache sind hydraulische Fehler). Um den *Kontexttransfer* zu unterstützen, wurden Diagnoseaufgaben an einer realen Anlage gestellt (Störungsursache sind elektrische und pneumatische Fehler). Diese reale Anlage enthielt dieselben Automatisierungstechniken wie das im CBT simulierte System, allerdings mit anderen Komponenten und einem anderen Fertigungsablauf. Die Erfolgsrate bei den einzelnen Transferarten gibt an, in wie viel Prozent der Fälle die Transferaufgaben erfolgreich bearbeitet wurden. In den Studien wurden darüber hinaus Maße der Bearbeitungsdauer, Daten zum strategischen Verhalten und Wissensstrukturen betrachtet, auf die im Folgenden jedoch nicht weiter eingegangen werden kann (vgl. Schaper, Hochholdinger & Sonntag, 2004). **Tabelle V-2.9** fasst zentrale Ergebnisse der in Tabelle V-2.8 skizzierten Trainingsstudien zusammen.

Tabelle V-2.9: Ergebnisse der Evaluationsstudien (vgl. Schaper, Hochholdinger & Sonntag, 2004)

Erfolgsindikator	Experimental-gruppe	Kontrollgruppe	T (df)	p-Wert
Studie 1				
Binnentransfer	63 %	49 %	1.85 (38)	0.04
Inhaltstransfer	76 %	53 %	1.95 (38)	0.03
Kontexttransfer	52 %	50 %	0.22 (34)	0.41
Studie 2				
Binnentransfer	56 %	30 %	2.92 (40)	0.00
Inhaltstransfer	66 %	50 %	1.38 (40)	0.09
Kontexttransfer	47 %	38 %	0.78 (40)	0.22
Studie 3				
Binnentransfer	63 %	57 %	0.51 (17)	0.31
Inhaltstransfer	67 %	64 %	0.18 (18)	0.43
Kontexttransfer	78 %	66 %	0.80 (17)	0.43

Leistungsmaß: Prozentsatz erfolgreicher Lösungen

Studie 1: Betrachtet man die ergebnisbezogenen Leistungsmaße, so erweist sich, dass die Gruppe mit kognitiver Modellierung die ähnlichen und neuartigen Störungsdiagnoseaufgaben am CBT häufiger und schneller löst als die Kontrollgruppe. Demnach unterstützt die kognitive Modellierung den Binnen- und Inhaltstransfer der erlernten Diagnosefertigkeiten, weniger jedoch den Kontexttransfer.

Studie 2: Betrachtet man diese ergebnisbezogenen Leistungsmaße, so zeigt sich, dass die Gruppe mit Transferankern ähnliche und neuartige Störungsaufgaben häufiger und schneller löst als die Kontrollgruppe. Demnach unterstützen die Transferanker als zusätzliches Instruktionsmodul zur kognitiven Modellierung am deutlichsten den Binnentransfer, auch den Inhaltstransfer und am geringsten den Kontexttransfer. Beim Kontexttransfer lagen kleine bis mittlere Effekte vor, im Lernfeld große Effekte. Mögliche Konfundierungen ließen sich durch die Kontrolle von technischem Vorwissen als Prä- und Posttest-Variable ausschließen.

Studie 3: In Studie 3 konnten keine signifikanten Effekte gefunden werden. Betrachtet man jedoch die Effektmaße, so ergeben sich interessante Hinweise. Es zeigt sich, dass die adaptiven tutoriellen Hilfen als zusätzliches Instruktionsmodul zur kognitiven Modellierung am deutlichsten den Kontexttransfer ($d = 0.39$), auch den Binnentransfer ($d = 0.25$) und am geringsten den Inhaltstransfer ($d = 0.08$) unterstützen.

Die Studienergebnisse belegen insgesamt, dass sich durch didaktische Module zur Transferunterstützung, bezogen auf Aufgaben mit unterschiedlichen Transferabständen, höhere Erfolgsraten erzielen lassen. Zwar ist der Entwicklungsaufwand für die drei Module enorm, jedoch kann bei entsprechender instruktionspsychologischer Gestaltung arbeitsorientierter Lernumgebungen eine erfolgreiche Transferwirkung nachgewiesen werden.

Beispiel 3:

Anforderungsanalyse und Kompetenzmodellierung nach Veränderungsprozessen im Dienstleistungsbereich

1. Vorbemerkung

Vor dem Hintergrund kontinuierlicher Veränderungsprozesse ist das Wissen um aktuelle und zukünftige Anforderungen und Mitarbeiterkompetenzen für die Personalverantwortlichen eines Unternehmens von zentraler Bedeutung. Kompetenzmodelle stellen hier eine verlässliche und inhaltsvalide Grundlage für Personalauswahl, -beurteilung und -förderung dar (vgl. Lievens & Sanchez, 2007). Den vollen Nutzen von Kompetenzmodellen erreicht man dann, wenn ein strategie- und evidenzbasierter Entwicklungsprozess zugrunde gelegt wird.

Das bedeutet

- den Einsatz von Aufgaben- und Anforderungsanalysen,
- die Erfassung aktueller und zukünftiger Aufgaben und Anforderungen,
- die Einbeziehung von Stelleninhabern, Vorgesetzten und strategischem Management,
- die Transformation der Anforderungen und Kompetenzen pro Funktion oder Funktionsgruppe (Kompetenzmodellierung),
- den Einsatz von Kompetenzmodellen für Mitarbeiterauswahl und -förderung.

Über die einzelnen Entwicklungsschritte wird im Folgenden berichtet. Dies ist ein Beispiel arbeitspsychologischen Handelns mit enger personal- und organisationspsychologischer Ausrichtung, wie man es zunehmend auch im angloamerikanischen Raum mit unterschiedlichen Elaborationsniveaus anwendet (vgl. Arnold & Randall, 2010).

2. Ausgangssituation

Die oben genannten Prämissen und Entwicklungsschritte innovativer Kompetenzmodellierung wurden in einem Projekt mit der Schweizerischen Post umgesetzt (vgl. Sonntag, 2006b; Sonntag & Schmidt-Rathjens, 2004).

Die Schweizerische Post wurde seit 2000 einem fundamentalen Veränderungsprozess unterzogen: weg von einem Staatsbetrieb hin zu einem «staatsnahen» Unternehmen, das neben der Sicherstellung der Grundversorgung auch die Eigenwirtschaftlichkeit in den Fokus seines unternehmerischen Handelns stellt. Marktöffnung, Lösungsorientierung, Kundenorientierung und das Wahrnehmen von Verantwortung gehörten zu den Zielgrößen des Kulturwandels.

Aufbauorganisatorisch wandelte man die bis dahin vorherrschende Stab-Linienorganisation in eine Matrixorganisation mit sieben Geschäftsfeldern um. Das Geschäftsfeld «Poststellen & Verkauf», auf das sich die folgenden Ausführungen beziehen, umfasste 2585 Poststellen in der gesamten Schweiz. Neben einer Typisierung des Poststellennetzes und der Optimierung der Geschäftsprozesse sowie der Einführung von Zielvereinbarungen, Deckungsbeitragsrechnung und einem neuen Lohnsystem sollten im Rahmen der Neuorganisation Aufgaben und Anforderungen der Stelleninhaber/-innen (Poststellenleiter/-innen, Verkaufsmanager, Schalterpersonal usw.) neu definiert und in entsprechende Kompetenzmodelle transformiert werden. Mit diesen Modellen sind Maßnahmen der

Personalauswahl und -entwicklung im Rahmen des Human Resource Managements verbunden.

3. Umsetzung

Der zentrale Prozess der Kompetenzmodellierung und seine Umsetzung in das Human Resource Management (HR-Management) der Schweizerischen Post umfasste die im Folgenden dargestellten vier Phasen (s. **Abb. V-3.1**).

3.1 Exploration

Um erste Informationen über Aufgaben und Anforderungen der Stelleninhaber/-innen zu bekommen, für die ein Kompetenzmodell entwickelt werden sollte, fand ein Workshop mit Teilnehmer/-innen aus der Geschäftsleitung und dem strategischen Management statt. Detailliertere Informationen über Tätigkeitsinhalte (Haupt- und Teilaufgaben) sowie relevante Anforderungsbereiche der verschiedenen Stelleninhaber/-innen im Hinblick sowohl auf

die aktuelle Situation als auch auf die künftigen Entwicklungen wurden im Rahmen von halbstandardisierten Interviews mit einer kleineren Stichprobe von 28 Stelleninhaber/-innen, Vorgesetzten und Angehörigen des strategischen Managements gewonnen (s. **Abb. V-3.2**).

Die ausgewerteten Daten bildeten in einem weiteren Schritt die Grundlage für die auftragsspezifische Anpassung des «Leitfadens für qualitative Personalplanung bei technisch-organisatorischen Innovationen» (LPI) (vgl. Sonntag, Schaper & Benz, 1999, vgl. auch Teil II, Kap. 2.3.2). Dieses strategisch ausgerichtete Analyseverfahren ist modular aufgebaut und ermöglicht, sowohl *aktuelle* als auch *zukünftige* Aufgaben und Anforderungen für unterschiedliche Funktionen und Stellen zu erfassen. Im konkreten Fall wurden die Interviews ausgewertet und anschließend inhaltsvalide Items für Aufgaben und Anforderungen der verschiedenen Stelleninhaber formuliert.

Im Rahmen einer Vorstudie mit 37 Poststellenleiter(inne)n, Verkaufsmanager(inne)n

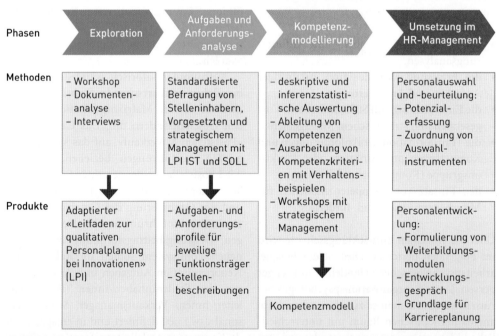

Abbildung V-3.1: Entwicklungsphasen, Methoden und Produkte eines strategie- und evidenzbasierten Kompetenzmodells und dessen Umsetzung in Human-Resource-Maßnahmen (aus Sonntag, 2006b)

Aufgaben – Poststellenleiter/-innen

Welche Haupt- und Teilaufgaben kennzeichnen Ihre Tätigkeit? Nennen Sie bitte konkrete Beispiele.

Bitte schätzen Sie anschließend die aktuellen und die zukünftige Bedeutung der jeweiligen Hauptaufgabe ein.

Hierbei gelten folgende Bewertungsskalen:
Für die aktuelle Bedeutung: 1 nicht bedeutsam – 2 bedeutsam – 3 sehr bedeutsam
Für die zukünftige Bedeutung: ↓ nimmt ab   ↑ nimmt zu   = gleichbleibend   ∅ fällt weg

	Bedeutung aktuell (1 2 3)	Bedeutung zukünftig (↓ ↑ = ∅)
Hauptaufgabe 1–9:		
Teilaufgaben		

Abbildung V-3.2: Auszug aus dem Gesprächsleitfaden zur Erfassung von Haupt- und Teilaufgaben

und Schalterpersonal wurden die inhaltliche Gültigkeit, die Praktikabilität (Zeit, Dauer und Verständlichkeit) sowie die Akzeptanz (Teilnahmebereitschaft) des adaptierten Instruments überprüft. Auf dieser Grundlage ließen sich notwendige Korrekturen vornehmen, und das Instrument konnte in seiner definitiven Form fertiggestellt werden.

3.2 Aufgaben- und Anforderungsanalysen

In einem nächsten Schritt haben wir mithilfe des an die Zielgruppe der Schweizerischen Post adaptierten LPI (LPI-PV) Aufgaben- und Anforderungsanalysen durchgeführt. Analysegegenstand dieser Verfahren sind die erforderlichen Leistungsvoraussetzungen für das Ausführen von Arbeitstätigkeiten. Ursprung und Hauptanwendungsgebiet von Anforderungsanalysen liegen im Bereich der Eignungsdiagnostik (vgl. Schuler, 2006b) und der Personalentwicklung (vgl. Sonntag, 2006b). Aus den vorangegangenen Entwicklungsarbeiten wurden 176 Aufgabenitems (s. **Abb. V-3.3**) und 95 Anforderungsitems in das Analyseinstrument übernommen und in der Hauptstudie eingesetzt.

Da mit dem LPI-PV schweizweit 1098 Funktionsträger/-innen in den Poststellen be-

fragt werden sollten, mussten Schulungen für die Interviewer/-innen (17 Studierende der Fachrichtung Arbeits- und Organisationspsychologie, vorwiegend an Schweizer Universitäten) durchgeführt werden. Im Rahmen eines Workshops führten wir die Interviewer/-innen in das Verfahren der Anforderungsanalyse und der Untersuchungsmethodik sowie in den Prozess der Kompetenzmodellierung (vgl. Sonntag, 2009) ein.

Mithilfe des Datenanalyseprogramms SPSS wurden die Daten deskriptiv sowie inferenzstatistisch ausgewertet und in Form von Aufgaben- und Anforderungsprofilen für die jeweiligen Stelleninhaber aufbereitet.

Der LPI-PV ist ein Instrument, das vorzugsweise im Rahmen von Organisationsentwicklungsprozessen einzusetzen ist. Zur Beschreibung der zukünftigen Aufgaben und Anforderungen ist es erforderlich, dass die in einem ersten Schritt von den Funktionsträger(inne)n ermittelte aktuelle Bestandsaufnahme (Ist) in einem Workshop den Vertretern des strategischen Managements vorgestellt wird. Auf dieser Grundlage ist das strategische Management gefordert, die aktuelle Situation im Hinblick auf zukünftige mittelfristige Veränderungen (Soll) zu reflektieren und Stellung zu nehmen. Differenziertere Beurteilungen zu-

Erhebungsinstrument: LPI-PV: Aufgaben	
1. Zustelltour	
1.1. Zustelltour vorbereiten	(6 Items)
1.2. Zustelltour durchführen	(11 Items)
2. Schalterdienst	
2.1. Zahlungsverkehr durchführen	(5 Items)
2.2. Brief- und Paketpost abwickeln	(17 Items)
3. Reklamation	(7 Items)
4. Organisation und Administration	(17 Items)
5. Verkauf	
5.1. Verkauf planen und kontrollieren	(7 Items)
5.2. Verkauf fördern	(7 Items)
5.3. Verkauf realisieren	(6 Items)
6. Kundenberatung und -betreuung	(12 Items)
7. Koordination und Kommunikation	(13 Items)
8. Budgetierung	
8.1. Statistiken erstellen	(4 Items)
8.2. Statistiken analysieren	(4 Items)
8.3. Controlling-Maßnahmen ableiten	(3 Items)
8.4. Budgets erstellen	(3 Items)
8.5. Buchhaltung durchführen	(4 Items)
9. Personalführung	
9.1. Zielvereinbarungsgespräche führen	(4 Items)
9.2. Personalzufriedenheit sicherstellen	(4 Items)
9.3. Personal betreuen und führen	(14 Items)
10. Personalbewirtschaftung	
10.1. Personal rekrutieren und auswählen	(2 Items)
10.2. Personal einsetzen	(8 Items)
11. Personalentwicklung	(6 Items)
12. Betreuung von Filialen	(5 Items)
13. Reorganisation / Typisierung	(7 Items)

Abbildung V-3.3: Aufgabenliste und Itemanzahl des LPI-PV

künftiger Aufgaben- und Anforderungsentwicklungen erfolgten über die Bearbeitung der Version «Strategisches Management» des LPI-PV.

Die so ermittelten Aufgaben- und Anforderungsprofile lassen zentrale Aussagen über Vergleiche von verschiedenen Stelleninhabergruppen zu, aber auch den Vergleich zwischen aktuellen und zukünftigen Aufgaben und Anforderungen der einzelnen Stelleninhaber/-innen (s. **Abb. V-3.4**).

Die jeweils ermittelten Aufgaben und Anforderungen lassen sich zu *Stellenbeschreibungen* aggregieren und bilden so eine wichtige Grundlage für deren Neu- bzw. Redefinition.

Dies ist ein weiteres, zentrales Produkt der Anforderungsanalyse im Rahmen der Kompetenzmodellierung für das HR-Management.

3.3 Kompetenzmodellierung

Kompetenzmodelle und Anforderungsanalyse

Kompetenzmodelle verstehen sich als eine Konfiguration oder ein Muster von Fähigkeiten und Fertigkeiten, von Wissen, Motivation, Interessen und anderen Leistungsvoraussetzungen, die ein Mensch oder eine Gruppe zur Bewältigung ihrer Aufgaben benötigt (vgl. Sonntag, 2009).

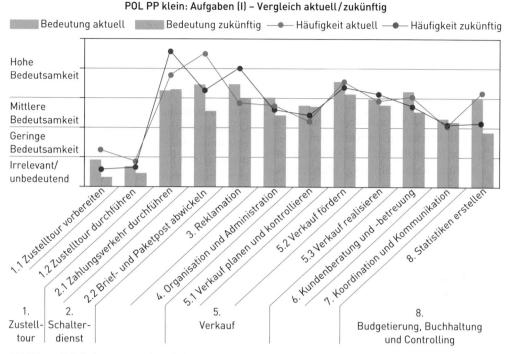

POL PP klein: Aufgaben (I) – Vergleich aktuell / zukünftig

Bedeutung aktuell Bedeutung zukünftig ●— Häufigkeit aktuell ●— Häufigkeit zukünftig

Abbildung V-3.4: Auszug aus dem Aufgabenprofil eines Vorgesetzten einer kleineren Poststelle (POL PP)

Anforderungsanalysen spielen bei der Entwicklung von Kompetenzmodellen eine zentrale Rolle (vgl. Cooper, 2000; Lucia & Lepsinger, 1999; Shippman et al., 2000). Das in dem Schweizer Postprojekt eingesetzte Verfahren ist eine *aufgabenbezogene* Anforderungsanalyse; das heißt, auf der Grundlage standardisierter und strukturierter Erhebungsverfahren werden Aufgaben ermittelt, die bei diesen Arbeitstätigkeiten tatsächlich zu bewältigen sind. Auf dieser Basis verdichtet man die erforderlichen Leistungsvoraussetzungen wie beispielsweise Kenntnisse, Fertigkeiten und Fähigkeiten über Schlussfolgerungen zu relevanten Kompetenzen.

Eine andere Vorgehensweise ist die *eigenschaftsbezogene* Anforderungsanalyse, bei der man – ohne vorausgehende Aufgabenanalyse – über eine Taxonomie theoretisch abgeleiteter Fähigkeiten und Fertigkeiten («ability requirements taxonomy») in den folgenden fünf Bereichen Kompetenzen ermittelt:

- Kognition (21 Skalen),
- Psychomotorik (10 Skalen),
- physische Merkmale (9 Skalen),
- Sensorik/Wahrnehmung (12 Skalen) und
- soziale/interpersonale Fähigkeiten und Fertigkeiten (21 Skalen).

Dieser Ansatz geht auf Fleishman und Reilly (1992) zurück. Der sogenannte «Fleishman Job Analysis Survey» liegt in einer adaptierten Fassung für den deutschen Sprachraum vor (vgl. Kleinmann, Manzey, Schuhmacher & Fleishman, 2010). Wir haben uns im Projekt für die aufgabenbezogene Anforderungsanalyse als Grundlage der Kompetenzmodellierung entschieden.

Ableitung der Kompetenzen

Die Ableitung der Kompetenzen erfolgte auf der Basis der durchgeführten Aufgaben- und Anforderungsanalyse. Diejenigen Anforderungen, die sich nach Maßgabe der Untersuchungsergebnisse für die verschiedenen Stelleninhaber als relevant erwiesen, wurden zu übergeordneten Kompetenzen zusammengefasst. Für die Aggregation waren folgende Fragestellungen leitend:

- Lassen sich leistungs- und erfolgskritische Aufgaben und Anforderungen auf gemeinsame Kompetenzen zurückführen?
- Welche Kompetenzen tragen am stärksten zur Aufgabenbewältigung (Performance) des Funktionsträgers bei?
- Durch welche inhaltlichen Aspekte und Verhaltensweisen wird die Kompetenz am besten repräsentiert?

Auf diese Weise wurden zunächst 36 Kompetenzen abgeleitet, die sich den Bereichen Fach-, Methoden-, Sozial-/Führungs- sowie Personal-/Selbstkompetenz zuordnen lassen. Bei der Definition dieser Teilbereiche *beruflicher Handlungskompetenz* orientierten wir uns an den Definitionen von Sonntag (2004, 2009):

Unter *Fachkompetenz* werden vor allem jene spezifischen Kenntnisse, Fertigkeiten und Fähigkeiten verstanden, die zur Bewältigung von Aufgaben einer beruflichen Tätigkeit erforderlich sind. *Methodenkompetenz* bezieht sich auf situationsübergreifende, flexibel einsetzbare kognitive Fähigkeiten (z. B. zur Problemlösung oder Entscheidungsfindung), die einen Menschen zur selbstständigen Bewältigung komplexer und neuartiger Aufgaben befähigen. *Sozial- und Führungskompetenz* umfasst kommunikative und kooperative Verhaltensweisen oder Fähigkeiten, die das Realisieren von Zielen in sozialen Interaktionssituationen erlauben. *Personal- und Selbstkompetenz* schließlich bezieht sich am deutlichsten auf persönlichkeitsbezogene Dispositionen, die sich in Einstellungen, Werthaltungen, Bedürfnissen und Motiven äußern und vor allem motivationale und emotionale Aspekte der Selbstregulation beruflichen Handelns betreffen.

Definition der Kompetenzen

In einem nächsten Schritt wurden die 36 Kompetenzen definiert. Dies erfolgte unter anderem auf der Basis intensiver Recherchen in der entsprechenden Fachliteratur (z. B. Edelmann, 1996; Fleishman & Reilley, 1992). Es wurden auch existierende Kompetenzmodelle anderer Organisationen gesichtet. Auf diese Weise war eine umfassende und theoretische Fundierung der einzelnen Kompetenzen gewährleistet. Die endgültigen im Modell verwendeten Definitionen sind das Ergebnis mehrerer Optimierungsdurchgänge. Bei jeder Kompetenz wurde sorgsam geprüft, ob sie wirklich erforderlich ist, im Vergleich zu den übrigen zusätzlichen Informationsgewinn bringt und eindeutig abzugrenzen ist. Sodann einigten wir uns auf Definitionsbestandteile, die alle Projektmitarbeiter/-innen in gleicher Weise verstanden und als wichtig bzw. relevant für die Tätigkeiten und Funktionsträger/-innen in den Poststellen der Schweizerischen Post erachteten.

Erstellung von Kompetenzlisten

Die einzelnen Kompetenzen wurden zu sogenannten Kompetenzlisten zusammengefasst. Diese Listen enthielten neben den entsprechenden Kompetenzdefinitionen auch jeweils Beschreibungen für einen hohen bzw. niedrigen Ausprägungsgrad dieser Kompetenz.

Zur besseren Veranschaulichung wählten wir darüber hinaus für jede Berufsgruppe Aufgaben aus, die nach Maßgabe der Aufgabenanalysenergebnisse relevant und für die jeweiligen Kompetenzen beispielhaft sind. Mit anderen Worten: Es wurden solche Aufgaben ausgesucht, für deren erfolgreiche Bewältigung die jeweilige Kompetenz in einer bestimmten Ausprägung vorliegen muss. Die nachfolgende Abbildung zeigt eine entsprechend gestaltete Kompetenzliste am Beispiel «Teamfähigkeit» (s. Abb. V-3.5).

Am Ende dieses Arbeitsschritts lag für jede der 36 Kompetenzen eine Kompetenzliste vor, die jeweils eine aussagekräftige Definition, verbale Verankerungen für einen hohen bzw.

Kompetenz: Teamfähigkeit

Definition: Fähigkeit zur konstruktiven Zusammenarbeit in einer Arbeitsgruppe/im Team im Rahmen der gemeinsamen Leistungserbringung. Dies beinhaltet die Fähigkeit, sich und sein Können im Sinne einer Gruppenaufgabe optimal einzubringen, ohne den Beitrag anderer zu beeinträchtigen, sowie einen freundlichen und höflichen Umgang mit den anderen Teammitgliedern.

Hoher Ausprägungsgrad
Konzentriert seine Handlungen auf Aktivitäten, die zum Erreichen der Ziele der Gruppe führen; stellt die Interessen des Teams über die Bedürfnisse der eigenen Person und geht respektvoll mit den anderen Teammitgliedern um. Tritt aktiv für gemeinsame Ziele ein und denkt auch bei internen Meinungsverschiedenheiten oder Streitigkeiten zuallererst an die Teamleistung.

7
6
5
4
3
2

Niedriger Ausprägungsgrad
Ist in der Lage, bei Bedarf in einem gut funktionierenden Team zu arbeiten und seinen Teil zur Gruppenleistung beizutragen.

1

Kompetenz nicht erforderlich   0

Frage:

Welcher Ausprägungsgrad der Kompetenz «Teamfähigkeit» ist erforderlich, um die Aufgaben eines PP-Filial-Teamverantwortlichen erfolgreich ausüben zu können?

Bitte nehmen Sie die Einstufung durch Ankreuzen auf der siebenstufigen Skala vor, und beachten Sie hierbei die unten aufgeführten Aufgabenbeispiele.

Um Ihnen die Einstufung zu erleichtern, sind im Folgenden Beispiele für **Aufgaben** aus dem Tätigkeitsbereich eines PP-Filial-Teamverantwortlichen aufgeführt:

- sich im Team gegenseitig Auskünfte erteilen
- an Meetings und Teamsitzungen teilnehmen
- Teamgespräche führen
- Kontakte mit Mitarbeitenden pflegen
- Betriebsklima fördern

Abbildung V-3.5: Kompetenzliste am Beispiel «Teamfähigkeit»

niedrigen Ausprägungsgrad (entsprechend den Leistungsstufen eines «low» oder «high performers») sowie relevante Aufgabenbeispiele enthielt.

Durchführung von Workshops zur Kompetenzmodellierung

Die 36 Kompetenzlisten bildeten die Grundlage für die Durchführung von Workshops zur Kompetenzmodellierung. Bei den Workshop-Teilnehmer(inne)n handelte es sich um die Vorgesetzten der betreffenden Funktionsträger/-innen sowie um Mitarbeiter/-innen des strategischen Managements. Als Bearbeitungsunterlagen erhielt jeder Teilnehmer und jede Teilnehmerin eine Kompetenzliste sowie ein Glossar; die Liste enthielt die für die einzelnen Kompetenzen relevanten Aufgabenbeispiele.

Die Workshop-Teilnehmer/-innen erhielten zunächst eine kurze Einführung in das Projekt. Dann wurden die erarbeiteten Kompetenzdefinitionen und Ausprägungsgrade im Einzelnen vorgestellt und zusammen mit den Teilnehmern im Hinblick auf Verständlichkeit und Vollständigkeit überprüft sowie ihre Angemessenheit für die Tätigkeiten in Poststellen diskutiert.

Im Anschluss daran sollten die Teilnehmer/-innen einschätzen, welcher Ausprägungsgrad der jeweils diskutierten Kompetenz erforderlich ist, um die Aufgaben der in Frage stehenden Berufsgruppe erfolgreich ausüben zu können. Die Einschätzung erfolgte auf einer siebenstufigen Skala unter Berücksichtigung der aufgeführten Aufgabenbeispiele; mit dem Wert «0» konnten die Teilnehmer/-innen des Workshops angeben, dass die entsprechende Kompetenz ihrer Meinung nach für den jeweiligen Funktionsträger nicht erforderlich ist (s. Abb. V-3.5).

Endgültiges Kompetenzmodell

Im Anschluss an die Erhebung der Daten im Rahmen der Workshops erfolgte die Auswertung. Die erarbeiteten Definitionen und formulierten Ausprägungsgrade erwiesen sich bis auf wenige, die wunschgemäß zu optimieren waren, als gut verständlich und konsensfähig. Anmerkungen oder Änderungsvorschläge der Betroffenen bezogen sich primär auf die Verwendung von Fremdwörtern in den Definitionen oder auf die Anpassungen an schweizerische Sprachgepflogenheiten. Die Verbesserungsvorschläge wurden bei der Erarbeitung der endgültigen Version des Kompetenzmodells berücksichtigt. Insgesamt fand die inhaltlich-thematische Struktur des Kompetenzmodells bei den Workshopbeteiligten großen Anklang.

Die Auswertungsergebnisse der statistischen Daten hinsichtlich der Ausprägung der einzelnen Kompetenzen wurden in einem Profilzug dargestellt und in das Kompetenzmodell übertragen. So lagen schlussendlich für die untersuchten Funktionsgruppen und Positionen Kompetenzprofile bzw. Kompetenzmodelle vor. **Abbildung V-3.6** zeigt die gra-

fische Darstellung eines Kompetenzmodells am Beispiel der Funktionsgruppe Schalterpersonal.

3.4 Anwendung der Kompetenzmodelle im Human Resource Management

Kompetenzmodelle stellen die wesentliche Komponente für effizientes Human Resource Management einer Organisation dar und bilden die Grundlage für unterschiedliche Verwendungen im Bereich der Personalauswahl, -beurteilung und -entwicklung. Im Rahmen dieses Projekts stand die Konzeption eines diagnostischen Instrumentariums für die Personalauswahl im Vordergrund.

Diagnostische Erfassung der Kompetenzen

Um die Messung einzelner Kompetenzen personseitig zu ermöglichen, wurden entsprechende Testverfahren recherchiert. Grundlagen hierzu bildeten die psychologischen Datenbanken Psyndex und Psychinfo sowie die Test-Datenbank des Hogrefe-Verlages (www.testzentrale.de; Testzentrale der Schweizer Psychologen AG: www.testzentrale.ch). Des Weiteren wurden Internet-Suchmaschinen verwendet sowie einschlägige Testhandbücher (vgl. z.B. Brickenkamp, 2002) und Lehrbücher zur psychologischen Eignungsdiagnostik konsultiert (vgl. z.B. Schuler, 2000). Basierend auf diesen Informationen erstellten wir eine Liste der Verfahren, die die entsprechende Kompetenz erfassen.

Im nächsten Arbeitsschritt wurde ausgewählt, welche der Verfahren für eine personseitige Erhebung der jeweiligen Kompetenzen angemessen erschienen. Entscheidend für die Auswahl waren folgende verfahrensspezifische Aspekte:

- Zeitaufwand der Testdurchführung, Auswertung und Interpretation,
- Aktualität,
- Verfügbarkeit,
- Kostenaspekt,
- Anspruchsniveau.

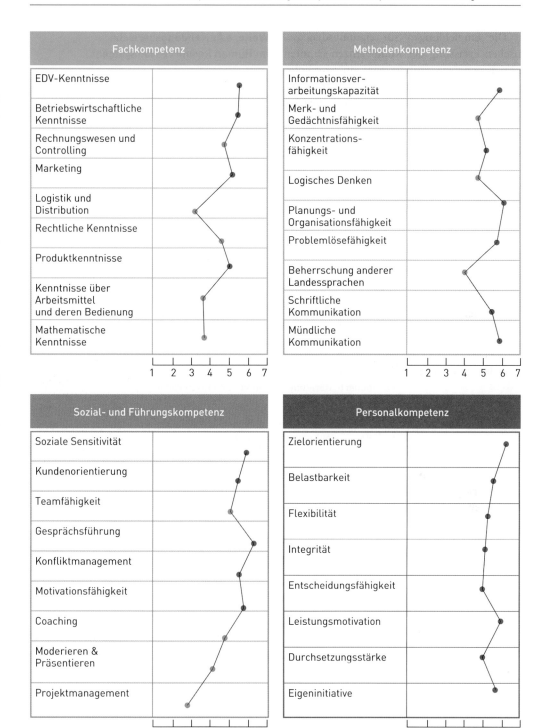

1–3 = unterdurchschnittlich   5–7 = überdurchschnittlich ●
3–5 = durchschnittlich   0 = nicht relevant ▪

Abbildung V-3.6: Kompetenzmodell am Beispiel der Funktionsgruppe Schalterpersonal

Die Empfehlungen zur eignungsdiagnostischen Erfassung der Kompetenzen nannten pro Kompetenz mindestens ein psychologisches Testverfahren und eine alternative Erfassungsmöglichkeit. Tabelle V-3.1 zeigt eine Übersicht empfohlener diagnostischer Verfahren zur Erfassung der Sozial- und Führungskompetenz.

Weitere Anwendungsbereiche im Human Resource Management

Für die Personalentwicklung lieferten die Kompetenzmodelle der Funktionsträger/-innen auch wichtige inhaltliche Grundlagen für Weiterbildungsmodule, Zielvereinbarungsgespräche sowie Karriereplanung. Im konkreten

Tabelle V-3.1: Verfahren zur eignungsdiagnostischen Erfassung der Sozial- und Führungskompetenz

Sozial- und Führungskompetenz	
Soziale Sensitivität	• Bochumer Inventar zur Beschreibung der berufsbezogenen Persönlichkeit (BIP) • Managementfallstudien (MFA) • Frankfurter Selbstkonzept-Skalen (FSKN), Skala: Kontakt- und Umgangsfähigkeit
Kundenorientierung	• FSKN, Skala: Kontakt- und Umgangsfähigkeit • Simulierte Beratungssituation / Situative Fragen
Teamfähigkeit	• BIP, Skalen: Soziabilität, Teamorientierung • FSKN, Skala: Kontakt -und Umgangsfähigkeit • Quantitative Einschätzung im Rahmen eines Assessment-Centers (AC)
Gesprächsführung	• Simulierte Gesprächssituation (evtl. im Rahmen eines ACs) • Situative Fragen
Konfliktmanagement	• Managementfallstudien (MFA) • Simulierte Situation (evtl. im Rahmen eines ACs) • Biografische / situative Fragen
Motivationsfähigkeit	• Biografische / situative Fragen • Simulierte Situation oder Rollenspiel (evtl. im Rahmen eines ACs)
Coaching	• Biografische / situative Fragen • Simulierte Situation (evtl. im Rahmen eines ACs)
Moderieren & Präsentieren	• Assessment-Center: Übung «Präsentation» • Nachweis über entsprechende Weiterbildung
Projektmanagement	• Biografische / situative Fragen • Simulierte Situation (evtl. im Rahmen eines ACs)

Fall erarbeiteten wir Weiterbildungseinheiten für Kompetenzen, die bisher als defizitär empfunden wurden. Die elaborierten Module enthielten pro Kompetenz Angaben zu Lerninhalten, Lernzielen, didaktisch-methodischer Konzeption und Lernerfolgskontrolle. In ihrer Gesamtheit repräsentieren die Module auf diese Weise ein Curriculum für die berufsspezifische Weiterbildung der Funktionsträger/-innen im Bereich Poststellen und Verkauf der Schweizerischen Post.

4. Fazit und Aufwand der Kompetenzmodellierung

Das hier dargestellte Beispiel arbeitspsychologischer Forschung und Gestaltung im Praxisfeld macht deutlich, dass die Entwicklung von Kompetenzmodellen kein triviales Abarbeiten von Routinehandlungen darstellt und mit einem nicht unerheblichen Aufwand an Zeit und Kosten verbunden ist. Die Modellierung von Kompetenzen ist ein komplexes Vorhaben und erfordert den Sachverstand mehrerer Experten. Deshalb empfiehlt sich eine enge Zusammenarbeit von Personalverantwortlichen des Unternehmens, Vertretern des Managements und externen Berater/-innen. Die Beratungsleistungen beziehen sich vor allem auf die arbeits- und personalpsychologische Expertise hinsichtlich der Anwendung anforderungsanalytischer Verfahren, des Knowhows bei der Modellierung von Kompetenzen sowie der Kenntnis eignungsdiagnostischer Instrumente. Kompetenzmodelle sind schwer zu implementieren, wenn das Topmanagement sie nicht unterstützt und dessen Wille zur nachhaltigen Umsetzung nicht erkennbar ist.

Literatur

Abrams, D., Eller, A. & Bryant, J. (2006). An age apart: The effects of intergenerational contact and stereotype threat on performance and intergroup bias. *Psychology and Aging, 21, 691-702.*

Ackermann, P. L. (2008). Knowledge and cognitive aging. In: F. I. M. Craik & T. A. Salhouse (Eds.), *The handbook of aging and cognition. 3. ed.* (445–489.) New York, NY: Psychology Press.

Adam, H. (1990). Kosten-Wirksamkeits-Analyse im Gesundheitswesen. *Arbeit und Sozialpolitik, 6,* 192–196.

Adams, J. S. (1963). Toward an understanding of inequity. *Journal of Abnormal and Social Psychology, 67,* 422–436.

Adams, J. S. (1965). Inequity in social exchange. In: L. Berkowitz (Ed.), *Advances in Experimental Social Psychology.* (267–299.) New York, NY: Academic Press.

Adams, M. J. (1989). Thinking skills currricula. Their promise and progress. *Educational Psychologist, 24,* 25–77.

Agricola, G. (1977). *Vom Berg- und Hüttenwesen* (Vollst. Ausgabe nach dem lateinischen Original von 1556). München: Deutscher Taschenbuch-Verlag.

Agurèn, S., & Karlsson, K. G. (1976). *The Volvo Kalmar Plant.* Gøteborg: The Rationalization Council SAF/LO.

Alarcon, G., Eschleman, K. J., & Bowling, N. A. (2009). Relationships between personality variables and burnout: A meta-analysis. *Work and Stress, 23,* 244–263.

Algedri, J., & Frieling, E. (2001). *Human-FMEA – Menschliche Handlungsfehler erkennen und vermeiden.* München: Hanser.

Algera, J. A., & Greuter, M. A. (1989). Job analysis for personnel selection. In: M. Smith & I. T. Robertson (Eds.), *Advances in Selection and Assessment.* (7–30.) New York, NY: Wiley.

Alioth, A. (1980). *Entwicklung und Einführung alternativer Arbeitsformen.* Bern: Huber.

Allen, N. J., & Meyer, J. P. (1990). The measurement and antecedents of affective, continuance and normative commitment to the organization. *Journal of Occupational Psychology, 63,* 1–18.

Allen, T. D., Herst, D. E. L., Bruck, C. S., & Sutton, M. (2000). Consequences associated with work-to-family conflict: A review and agenda for future research. *Journal of Occupational Health Psychology, 5,* 278–308.

Alliger, G. M., Tannenbaum, S. I., Bennett, W., Traver, H. & Shotland, A. (1997). A meta-analysis of the relations among training criteria. *Personnell Psychology, 50,* 341-358.

Allmer, H. (1992). Die Bewegungspause am Arbeitsplatz. Eine Herausforderung für die betriebliche Gesundheitsförderung. *Psychosozial, 52,* 72–80.

Altersteilzeitgesetz vom 22. Juni 2011. BGBl. I S. 1202.

Amstad, F. T., Meier, L. L., Fasel, U., Elfering, A. & Semmer, N. (2011). A metaanalysis of work-family conflict and various outcomes with a special emphasis on cross-domain versus matching-domain relations. *Journal of Occupational Health Psychology, 16,* 151–169.

Amstutz, S., Kündig, S., & Monn, C. (2010). *SBiB-Studie: Schweizerische Befragung in Büros.* Luzern: Schweizerische Eidgenossenschaft, Hochschule Luzern.

Anderson, N., Ones, D. S., Sinangil, H. K., & Viswesvaran, C. (Eds.) (2001). *Handbook of industrial, work and organizational psychology, Volume 1: Personnel psychology.* Thousand Oaks: Sage.

Antoni, C. H. (1990). *Qualitätszirkel als Modell partizipativer Gruppenarbeit. Analyse der Möglichkeiten und Grenzen aus der Sicht betroffener Mitarbeiter.* Bern: Huber.

Antoni, C. H. (1994). Gruppenarbeit – mehr als ein Konzept. Darstellung und Vergleich unterschiedlicher Formen. In: C. H. Antoni (Hrsg.), *Gruppenarbeit in Unternehmen. Konzepte – Erfahrungen – Perspektiven.* (19–48.) Weinheim: Beltz.

Antoni, C. H. (1995). Gruppenarbeit in Deutschland – eine Bestandsaufnahme. In: K. J. Zink (Hrsg.), *Erfolgreiche Konzepte zur Gruppenarbeit – aus*

Erfahrung lernen. (23–38.) Neuwied: Luchterhand.

Antoni, C. H. (1996). *Teilautonome Arbeitsgruppen. Ein Königsweg zu mehr Produktivität und einer menschengerechten Arbeit?* Weinheim: Beltz PVU.

Antoni, C. H. (2000). *Teamarbeit gestalten – Grundlagen, Analyse, Lösungen.* Weinheim: Beltz.

Antoni, C. H. (2007). Gruppenarbeit. In: H. Schuler & Kh. Sonntag (Hrsg.), *Handbuch der Arbeits- und Organisationspsychologie.* (679–689.) Göttingen: Hogrefe.

Antoni, C. H., & Bungard, W. (2004). Arbeitsgruppen. In: H. Schuler (Hrsg.), *Organisationspsychologie – Gruppe und Organisation.* (Enzyklopädie der Psychologie, Themenbereich D, Serie III, Bd. 4, 129–192.) Göttingen: Hogrefe.

Antoni, C. H., Lehnert, E., & Bungard, W. (1994). Auswirkungen von Einzel- und Gruppenarbeit aus der Sicht beteiligter Mitarbeiterinnen. In: C. H. Antoni (Hrsg.), *Gruppenarbeit in Unternehmen.* (308–330.) Weinheim: Beltz.

Antonovsky, A. (1987). *Unraveling the mystery of health. How people manage stress and stay well.* San Francisco: Jossey-Bass.

Apenburg, E., & Häcker, H. (1984). *Untersuchungen zur Modifikation der Eigenzustandsskala von Nitsch.* Wuppertaler Psychologische Berichte 3/1984. Wuppertal: Bergische Universität – Gesamthochschule Wuppertal.

Arnold, J., & Randall, R. (Eds.) (2010). *Work Psychology. Understanding human behaviour in the workplace.* (5th ed.) Essex: Pearson.

Arthur Jr., W. A., Bennett Jr., W., Edens, P. S., & Bell, S. T. (2003). Effectiveness of training in organizations: a meta-analysis of design and evaluation features. *Journal of Applied Psychology, 88,* 234–245.

Arthur, W., Day, E. A., McNelly, T. L., & Edens, P. S. (2003). A meta-analysis of the criterion-related validity of assessment center dimensions. *Personnel Psychology, 56,* 125–154.

Aryee, S., Chay, Y. W., & Chew, J. (1996). The motivation to mentor among managerial employees. *Group & Organization Management, 21,* 261–277.

Aschoff, I. (1955). Komponenten der 24-Stunden-Periodik bei Tier und Mensch. *Die Naturwissenschaft, 42,* 569–575.

Aschoff, I. (1978). Features of circadian rhythms relevant for the design of shift schedules. *Ergonomics, 21,* 739–754.

Atkinson, J. W. (1957). Motivational determinants of risk-taking behavior. *Psychological Review, 64,* 359–372.

Atteslander, P. (2003). *Methoden der empirischen Sozialforschung.* 10. Aufl. Berlin: de Gruyter.

Aust, B., & Ducki, A. (2004). Comprehensive health promotion interventions at the workplace: Experiences with health circles in Germany. *Journal of Occupational Health Psychology, 9,* 258–270.

Axtell, C. M., & Parker, S. (2003). Promoting role breadth self-efficacy through involvement, work redesign and training. *Human Relations, 56,* 112–131.

Ayoub, M. M., Dempsey, P., & Karwowski, W. (1997). Manual Material Handling. In: G. Salvendy (Ed.), *Handbook of Human Factors and Ergonomics.* (1084–1123.) New York, NY: Wiley.

Bacharach, S. B., Bamberger, P., & Biron, M. (2010). Alcohol consumption and workplace absenteeism: The moderating effect of social support. *Journal of Applied Psychology, 95,* 334–348.

Bachmann, W. (1978). Arbeitspsychologische Bewertungskriterien für die Arbeitsgestaltung. *Sozialistische Arbeitswissenschaft, 3,* 171–178.

Badura, B., Greiner, W., Rixgens, P., Ueberle, M., & Behr, M. (Hrsg.) (2008). *Sozialkapital: Grundlagen von Gesundheit und Unternehmenserfolg.* Berlin: Springer.

Badura, B., Schellschmidt, H., & Vetter, C. (Hrsg.) (2003). *Fehlzeiten-Report 2003. Wettbewerbsfaktor Work-Life-Balance.* Berlin: Springer.

Badura, B., Schröder, H., & Vetter, C. (2009). *Fehlzeitenreport 2008 – Betriebliches Gesundheitsmanagement: Kosten und Nutzen.* Heidelberg: Springer.

Badura, B., & Vetter, C. (2003). „Work-Life-Balance" – Herausforderung für die betriebliche Gesundheitspolitik und den Staat. In: B. Badura, H. Schellschmidt & C. Vetter (Hrsg.), *Fehlzeiten-Report 2003. Wettbewerbsfaktor Work-Life-Balance.* (1–19.) Berlin: Springer.

Bahro, A., Rauch, K. P., v. Schwerin, H.-A., & Wehner, T. (1995). Über den Umbruch betrieblicher Rollen bei der Einführung von Gruppenarbeit. *Teil II: Qualitative Befunde von Meistern und Gruppensprechern.* Hamburg: Technische Universität Hamburg-Harburg.

Baillod, J., & Semmer, N. (1994). Fluktuation und Berufsverläufe bei Computerfachleuten. *Zeitschrift für Arbeits- und Organisationspsychologie, 38,* 152–163.

Baitsch, C. (1985). *Kompetenzentwicklung und partizipative Arbeitsgestaltung.* Frankfurt: Lang.

Baitsch, C. (1998). Lernen im Prozess der Arbeit – zum Stand der internationalen Forschung. In: Arbeitsgemeinschaft Qualifikations-Entwicklungs-Management (Hrsg.), *Kompetenzentwicklung '98.* (269–337.) Münster: Waxman.

Baitsch, C., Katz, C., Spinas, P., & Ulich, E. (1991). *Computerunterstützte Büroarbeit. Ein Leitfaden für Organisation und Gestaltung.* Zürich: Verlag der Fachvereine.

Baker, S., & Marshall, E. (1989). Simulations for training and the evaluation of the operator. In: L. Bainbridge & S. A. Ruiz-Quintanilla (Eds.), *Developing Skills with Information Technology.* (293–314.) Chichester: Wiley.

Bakker, A., & Schaufeli, W. B. (2000). Burnout contagion processes among teachers. *Journal of Applied Social Psychology, 30,* 2289–2308.

Bakker, A., Schaufeli, W. B., Sixma, H. J., Bosveld, W., & Dierendonck, D. van (2000). Patient demands, lack of reciprocity and burnout: A five-year longitudinal study among general practitioners. *Journal of Organizational Behavior, 21,* 425–441.

Baldwin, T. T., & Ford, J. K. (1988). Transfer of training. A review and directions for future research. *Personnel Psychology, 41,* 63–105.

Baldwin, T. T., & Padgett, M. (1993). Management Development. A review and commentary. In: C. L. Cooper & I. T. Robertson (Eds.), *International Review of Industrial and Organizational Psychology.* (35–85.) Chichester: Wiley.

Bales, R. F. (1968). Die Interaktionsanalyse. Ein Beobachtungsverfahren zur Beobachtung kleiner Gruppen. In: R. König (Hrsg.), *Beobachtung und Experiment in der Sozialforschung.* (148–170.) Köln: Kiepenheuer & Witsch.

Bales, R. F., & Cohen, S. P. (1982). *SYMLOG, ein System für die mehrstufige Beobachtung von Gruppen.* Stuttgart: Klett-Cotta.

Baltes, P. B. (1990). Entwicklungspsychologie der Lebensspanne. Theoretische Leitsätze. *Psychologische Rundschau, 41,* 1–24.

Baltes, P. B., Dittmann-Kohli, F., & Klicgl, R. (1986). Reserve capacity of the elderly in aging-sensitive tests of fluid intelligence: Replication and extension. *Psychology and Aging, 1,* 172–177.

Baltissen, R. (2005). Psychophysiologische Aspekte des mittleren und höheren Erwachsenenalters. In: S. Filipp & U. M. Staudinger (Hrsg.), *Entwicklungspsychologie des mittleren und höheren Lebensalters.* (123–171.) Göttingen: Hogrefe.

Bamberg, E. (2007). Belastung, Beanspruchung, Stress. In: H. Schuler & Kh. Sonntag (Hrsg.), *Handbuch der Arbeits- und Organisationspsychologie.* (141–148.) Göttingen: Hogrefe.

Bamberg, E., & Busch, C. (1996). Betriebliche Gesundheitsförderung durch Streßmanagementtraining: Eine Metaanalyse (quasi-)experimenteller Studien. *Zeitschrift für Arbeits- und Organisationspsychologie, 40,* 127–137.

Bamberger, P. A., & Bacharach, S. B. (2006). Abusive supervision and subordinate problem drinking: Taking resistance, stress and subordinate personality into account. *Human Relations, 59,* 723–752.

Bandura, A. (1977). *Social learning theory.* Englewood Cliffs, NJ: Prentice Hall.

Bandura, A. (1982). Self efficiency mechanism in human agency. *American Psychologist, 37,* 122–147.

Barling, J., Loughlin, C., & Kelloway, E. K. (2002). Development and test of a model linking safety-specific transformational leadership and occupational safety. *Journal of Applied Psychology, 87,* 488–496.

Barmer Ersatzkasse (Hrsg.) (2010). *Gesundheitsreport.* (Teil 1.) Wuppertal: Barmer Ersatzkasse.

Barmer GEK & Deutsche Hauptstelle für Suchtfragen e. V. (DHS) (Hrsg.) (2011). *Alkohol am Arbeitsplatz. Eine Praxishilfe für Führungskräfte.* Wuppertal: Barmer GEK.

Baron, R. M., & Kenny, D. A. (1986). The moderator-mediator variable distinction in social psychological research: conceptual, strategic and statistical considerations. *Journal of Personality and Social Psychology, 51,* 1173–1182.

Barrick, M. R., & Mount, M. K. (1993). Autonomy as a moderator between the Big Five personality dimensions and job performance. *Journal of Applied Psychology, 78,* 111–118.

Barrick, M. R., Mount, M. K., & Judge, T. A. (2001). Personality and performance at the beginning of the new millennium: What do we know and where do we go next. *International Journal of Selection and Assessment, 9,* 9–30.

Bartenwerfer, H. (1960). Herzrhythmikmerkmale als Indikatoren psychischer Anspannung. In: *Psychische Beiträge, 4,* 7–25.

Bartenwerfer, H. (1970). Psychische Beanspruchung und Ermüdung. In: A. Mayer & B. Herwig (Hrsg). *Betriebspsychologie* (S. 168–209). Göttingen: Hogrefe.

Bartram, D. (2005). The great eight competencies: A criterion-centric approach to validation. *Journal of Applied Psychology, 90,* 1185-1203.

Bauer, W., & Rief, S. (2010). Grüne Büros werden kommen. Die aktuelle green-office Studie des Fraunhofer IAO. *Das Büro – Sonderausgabe green office 2010*, 8–9.

Baumgarten, F. (1924). *Arbeitswissenschaft und Psychotechnik in Rußland*. München: Oldenbourg.

Bausch, S., Sonntag, Kh., Stegmaier, R., & Noefer, K. (2010). Können Ältere mit neuen Medien lernen? Gestaltung und Evaluation eines e-Learning Behavior-Modeling-Trainings für verschiedene Altersgruppen. *Zeitschrift für Arbeitswissenschaft*, 64, 239–251.

Becker, F. D. (1981). *Workspace. Creating Environments in Organisations*. New York: Praeger.

Becker, H., & Kreher, S. (2008, April). *Produktivitätsanspruch und Arbeitsplatzgestaltung – Widerspruch oder Ergänzung? Ein Praxisbeitrag über eine neue Optimierungsmethode*. In: 54. Kongress der Gesellschaft für Arbeitswissenschaft, Technische Universität München.

Beck-Gernsheim, E., & Ostner, I. (1977). Der Gegensatz von Berufs- und Hausarbeit als Konstitutionsbedingungen weiblichen Arbeitsvermögens. In: U. Beck & M. Brater (Hrsg.), *Die soziale Konstitution der Berufe. Materialien zu einer subjektbezogenen Theorie der Berufe*. (Bd. 2, 25–54.) Frankfurt: Campus.

Bednarek, E. (1985). *Veränderungen der Arbeitsmotivation durch Qualitätszirkel und Lernstatt*. Unveröffentlichte Dissertation, Technische Universität München.

Beekun, R. (1989). Assessing the effectiveness of socio-technical interventions. Antidote or fad? *Human Relations*, 42, 877–897.

Behrmann, M. (2007). Situational Judgment Test. In: H. Schuler & Kh. Sonntag (Hrsg.), *Handbuch der Arbeits- und Organisationspsychologie*. (483–489.) Göttingen: Hogrefe.

Beiglböck, W. (1993). Alkohol am Arbeitsplatz und Arbeitnehmervertretungen. Probleme und Möglichkeiten. *Wiener Zeitschrift für Suchtforschung*, 1, 15–20.

Benders, J., Huijgen, F., & Ulricj, P. (2001). Measuring group work; findings and lessons from a European survey. *New Technology, Work and Employment*, 16 (3), 204–217.

Benz, D. (2002). *Motivation und Befinden bei betrieblichen Veränderungen. Zur Bedeutung unterschiedlicher Facetten von Arbeitsplatzunsicherheit*. Weinheim: Beltz (PVU).

Berger, K., & May, B. (1989). Fehlzeitverhalten chronischer Alkoholiker in einem industriellen Groß-betrieb. Untersuchungsergebnisse. *Suchtgefahren*, 35, 145–163.

Berggren, C. (1991). *Von Ford zu Volvo. Automobilherstellung in Schweden*. Berlin: Springer.

Bergmann, B. (2000). Arbeitsimmanente Kompetenzentwicklung. In: B. Bergmann, A. Fritsch, P. Göpfert, F. Richter, B. Wardanjan & S. Wilcek (Hrsg.), *Kompetenzentwicklung und Berufsarbeit*. (11–40.) Münster: Waxmann.

Bergmann, B. (2006). Die Entwicklung von Handlungskompetenz und Innovationsfähigkeit aus tätigkeitstheoretischer Perspektive. In: P. Sachse & W. G. Weber (Hrsg.), *Psychologie der Tätigkeit* (S. 237-264). Bern: Huber.

Bergmann, B. (2010). Sozialisationsprozesse bei der Arbeit. In: U. Kleinbeck & K.-H. Schmidt (Hrsg.), *Arbeitspsychologie*. (Enzyklopädie der Psychologie, Themenbereich D, Serie III, Bd. 1, 287–324). Göttingen: Hogrefe.

Bergmann, B., Kant, R., Mähnert, H., & Pinzer, M. (1987). Arbeitstätigkeitstraining. *Psychologie für die Praxis*, 4, 306–330.

Bergmann, B., & Sonntag, Kh. (2006). Transfer: Die Umsetzung und Generalisierung erworbener Kompetenzen in den Arbeitsalltag. In: Kh. Sonntag (Hrsg.), *Personalentwicklung in Organisationen*. (355–388.) Göttingen: Hogrefe.

Bergmann, B., Wiedemann, J., & Zehrt, P. (1995). Beschreibung und Trainierbarkeit der Störungsdiagnosekompetenz von Instandhaltungspersonal. *Zeitschrift für Arbeits- und Organisationspsychologie*, 13, 146–148.

Bergmann, B., & Zehrt, P. (1999). Transferbefähigung als Ziel eines Störungsdiagnosetrainings. *Zeitschrift für Arbeits- und Organisationspsychologie*, 43, 180–192.

Bergmann, C., & Eder, F. (2004). *Allgemeiner Interessen-Struktur-Test (AIST-R)*. Göttingen: Beltz.

Bergmann, E., & Horch, K. (2000). Sozioökonomische Daten zu gesundheitlichen Folgen des Alkoholkonsums. In: Deutsche Hauptstelle gegen die Suchtgefahren (Hrsg.), *Jahrbuch Sucht 2001*. (202–218.) Geesthacht: Neuland.

Bernotat, R. (1993). Anzeigengestaltung. In: H. Schmidtke (Hrsg.), *Ergonomie*. (563–574.) München: Hanser.

Berz, L. (1995). Erfolgskontrolle in der Prävention. *Die Betriebskrankenkasse*, 6, 346–348.

Bihl, G., Berghahn, A., & Theunert, M. (1995). Das Arbeitszeitmodell BMW. Werk Regensburg. In: P. Wagner (Hrsg.), *Arbeitszeitmodelle*. (183–205.) Göttingen: Hogrefe.

Bilitza, K. (1985). Prävention von Alkoholmißbrauch und Alkoholismus am Arbeitsplatz. *Psychologie und Praxis, 2*, 82–87.

Bilsky, W. (2009). Werte. In: V. Brandstätter & J. H. Otto (Hrsg.), *Handbuch der Allgemeinen Psychologie – Motivation und Emotion.* (46–51.) Göttingen: Hogrefe.

Birks, Y., & Roger, D. (2000). Identifying components of typeA behavior: „Toxic" and „non-toxic" achieving. *Personality and Individual Differences, 28*, 1093–1105.

Birnbaum, M. H. (2004). Human research data collection via the internet. *Annual Review of Psychology, 55*, 803–832.

Bischof, N. (1966). Erkenntnistheoretische Grundlagenprobleme der Wahrnehmungspsychologie. In: W. Metzger (Hrsg.), *Allgemeine Psychologie. Der Aufbau des Erkennens. Wahrnehmung und Bewusstsein. Handbuch der Psychologie.* (Bd. 1, 21–78.) Göttingen: Hogrefe.

Bischof, W., Bullinger-Naber, M., Kruppa, B., Müller, B. H., & Schwab, R. (Hrsg.) (2003). *Expositionen und gesundheitliche Beeinträchtigungen in Bürogebäuden – Ergebnisse des ProKlimA-Projektes.* Karlsruhe: Fraunhoferinformationszentrum.

Björkqvist, K., & Österman, K. (1992). *The Work Harassment Scale.* Vasa: Åbo Akademi University Finnland.

Björkqvist, K., Österman, K., & Hjelt-Bäck, M. (1994). Aggression Among University Employees. *Agressive Behavior, 20*, 173–184.

BKK Bundesverband (1994). *Forschungsvorhaben „Evaluation von Gesundheitsberichten und Gesundheitszirkeln". 1. Zwischenbericht 1993/1994.* Essen: BKK.

BKK Bundesverband (1995). *Forschungsvorhaben „Evaluation von Gesundheitsberichten und Gesundheitszirkeln". 2. Zwischenbericht 1994/1995.* Essen: BKK.

BKK Bundesverband (2008). *BKK-Gesundheitsreport.* Essen: BKK.

BKK Bundesverband (2010). *Gesundheitsreport 2010.* Berlin: BKK.

BKK Landesverband Nordrhein-Westfalen (1996). *Sucht und Betrieb. Informationen der Betriebskrankenkassen zur Suchtproblematik.* Düsseldorf: BKK.

Blachnitzky, H. (2005). Arbeitsstättenverordnung 2004. Bonn: Bundesanzeiger Verlag.

Blasi, J. R., & Kruse, D. L. (2006). U. S. high performance work practices at century's end. *Industrial Relations, 45* (4), 547–587.

Bleicher, K. (1996). *Das Konzept Integriertes Management.* Frankfurt: Campus.

Blickle, G. (2000). Mentor-Protegé-Beziehungen in Organisationen. *Zeitschrift für Arbeits- und Organisationspsychologie, 44*, 168–178.

Blickle, G., & Boujataoui, M. (2005). Mentoren, Karriere und Geschlecht: Eine Feldstudie mit Führungskräften aus dem Personalbereich. *Zeitschrift für Arbeits- und Organisationspsychologie, 49*, 1–11.

Blötz, U. (Hrsg.) (2003). *Planspiele in der beruflichen Bildung.* Bielefeld: Bertelsmann.

Blum, M. L., & Naylor, J. C. (1968). *Industrial Psychology.* New York, NY: Harper & Row.

Bodin Danielsson, C., & Bodin, L. (2008). Office type in relation to health, well-being, and job satisfaction among employees. *Environment and Behavior, 40* (5), 636–668.

Böcker, W. (1981). *Künstliche Beleuchtung. Ergonomisch und energiesparend.* (Schriftenreihe Humanisierung des Arbeitslebens, Bd. 15.) Frankfurt: Campus.

Boerlijst, J. G. (1994). The neglect of growth and development of employees over 40 in organizations: a managerial and training problem. In: J. Snel (Ed.), *Work and aging: A European perspective.* (251–273.) London: Taylor & Francis.

Bös, K., & Gröben, F. (1995). Betriebliche Gesundheitsförderung. Eine Umfrage zum aktuellen Stellenwert und zu Perspektiven. *Prävention, 1*, 11–14.

Bolger, N., Davis, A., & Rafaeli, E. (2003). Diary methods: Capturing life as it is lived. *Annual Review of Psychology, 54*, 579–616.

Bolte, U., & Bubb, H. (1990). Regelungstechnische Simulation der Schnittstelle Mensch–Maschine. *Zeitschrift für Arbeitswissenschaft, 44*, 6–13.

Bongwald, O., Luttmann, A., & Laurig, W. (1995). *Leitfaden für die Beurteilung von Hebe- und Tragetätigkeiten. Gesundheitsgefährdung, gesetzliche Regelungen, Meßmethoden, Beurteilungskriterien und Beurteilungsverfahren.* Sankt Augustin: HVBG.

Booth-Kewley, S., & Friedman, H. S. (1987). Psychological predictors of heart disease: A quantitative review. *Psychological Bulletin, 101*, 343–362.

Borg, I. (2003). *Führungsinstrument Mitarbeiterbefragung: Theorien, Tools und Praxiserfahrung.* (3. Aufl.) Göttingen: Hogrefe.

Borman, W. C., Ilgen, D. R., & Klimoski, R. J. (Eds.) (2003). *Handbook of Psychology. Vol. 12: Industrial and Organizational Psychology.* New York: Wiley.

Borman, W. C., & Motowidlo, S. J. (1993). Expanding the criterion domain to include elements of contextual performance. In: N. Schmitt & W. C. Borman (Eds.), *Personnel selection in organizations*. (71–98.) New York: Jossey-Bass.

Bornemann, E. (1967). *Betriebspsychologie*. Wiesbaden: Gabler.

Bortz, J., & Döring, N. (2006). *Forschungsmethoden und Evaluation für Human- und Sozialwissenschaftler*. (4. Aufl.) Heidelberg: Springer.

Bouchard, Th. J. (1976). Field research methods. In: M. D. Dunnette (Ed.), *Handbook of Industrial and Organizational Psychology*. (363–413.) Chicago: Rand McNally.

Boucsein, W. (2006). Psychophysiologische Methoden in der Ingenieurpsychologie. In: B. Zimolong & U. Konradt (Hrsg.), *Ingenieurpsychologie*. (Enzyklopädie der Psychologie, Themenbereich D, Serie III, Bd. 2, 317–358.) Göttingen: Hogrefe.

Brandstätter, H. (1982). Psychologische Grundlagen personeller Entscheidungen. In: H. Schuler & W. Stehle (Hrsg.), *Psychologie in Wirtschaft und Verwaltung*. (19–47.) Stuttgart: Poeschel.

Brandstätter, H. (2006). Veränderbarkeit von Persönlichkeitsmerkmalen aus sozial- und differenzialpsychologischer Sicht. In: Kh. Sonntag (Hrsg.), *Personalentwicklung in Organisationen*. (57–83.) Göttingen: Hogrefe.

Brandstätter, V., & Schnelle, J. (2007). Motivationstheorien. In: H. Schuler & Kh. Sonntag (Hrsg.), *Handbuch der Arbeits- und Organisationspsychologie*. (51–58.) Göttingen: Hogrefe.

Brandtstädter, J., & Renner, G. (1990). Tenacious goal pursuit and flexible goal adjustment: Explication and age-related analysis of assimilative and accommodative strategies of coping. *Psychology and Aging, 5*, 58–67.

Brankamp, K. (1996). Zielplanung. In: W. Eversheim & G. Schuh (Hrsg.), *Betriebshütte Produktion und Management*. (9–31.) Berlin: Springer.

Brehmer, Y., & Lindenberger, U. (2007). Intraindividuelle Variabilität und Plastizität. In: M. Hasselhorn & W. Schneider (Hrsg.), *Handbuch der Entwicklungspsychologie*. (407–418.) Göttingen: Hogrefe.

Breitenstein, R. (1990). *Wenn Männer zuviel arbeiten*. München: Langen – Müller – Herbig.

Brickenkamp, R. (2002). *Handbuch psychologischer und pädagogischer Tests*. (3. Aufl.) Göttingen: Hogrefe.

Brief, A. P., & Weiss, H. W. (2002). Organizational Behavior: Affect in the Workplace. *Annual Review of Psychology, 53*, 279–307.

Brinkmann, R. D. (1995). *Mobbing, Bullying, Bossing. Treibjagd am Arbeitsplatz*. Heidelberg: Sauer.

Brocke, B. (1995). Intelligenz. Struktur und Prozeß. In: W. Sarges (Hrsg.), *Managementdiagnostik*. (225–240.) Göttingen: Hogrefe.

Brodbeck, F. C. & Guillaume, R. F. (2010). Psychische Regulation von Arbeitstätigkeiten. In: U. Kleinbeck & K.-H. Schmidt (Hrsg.). *Arbeitspsychologie*. Enzyklopädie der Psychologie, Themenbereich D, Serie 111, Band 1 (215–286). Göttingen: Hogrefe.

Broeck, A. van den, Vansteenkiste, M., De Witte, H., & Lens, W. (2008). Explaining the relationships between job characteristics, burnout, and engagement: The role of basic psychological need satisfaction. *Work and Stress, 22*, 277–294.

Bronfenbrenner, U. (1992). *Child care in the Anglo-Saxon mode*. Ithaca: Cornell University.

Brooke, P. E., & Price, J. L. (1989). The determinants of employee absenteeism. An empirical test of a causal model. *Journal of Occupational Psychology, 62*, 1–19.

Brotheridge, C. M., & Lee, R. T. (2003). Development and validation of the emotional labor scale. *Journal of Occupational and Organizational Psychology, 76*, 365–379.

Brown, K. G., & Ford, J. K. (2002). Using computer technology in training: Building an infrastructure for active learning. In: K. Kraiger (Ed.), *Creating, implementing and managing effective training and development*. (192–234.) San Francisco: Jossey-Bass.

Brown, S. P. (1996). A meta-analysis and review of organizational research on job involvement. *Psychological Bulletin, 120*, 235–255.

Brush, D. H., Mock, M. K., & Pooyan, A. (1987). Individual demographic differences and job satisfaction. *Journal of Occupational Behavior, 8*, 139–155.

Bubb, H. (1992). *Menschliche Zuverlässigkeit: Definitionen, Zusammenhänge, Bewertung*. Landsberg: Ecomed.

Bubb, H., & Schmidtke, H. (1993). Systemstruktur. In: H. Schmidtke (Hrsg.), *Ergonomie*. (305–333.) München: Hanser.

Bubb, H., & Sträter, O. (2006). Grundlagen der Gestaltung von Mensch-Maschine-Systemen. In: B. Zimolong & U. Konradt (Hrsg.), *Ingenieurpsychologie*. (Enzyklopädie der Psychologie, 143–180.) Göttingen: Hogrefe.

Buch, M., & Frieling, E. (2002). Ableitung und Evaluation von Arbeitsgestaltungsmaßnahmen bei Erzieherinnen in Kindertagesstätten. In: B. Badura, M. Litsch & C. Vetter (Hrsg.), *Fehlzeitenreport 2001*. (103–118.) Berlin: Springer.

Büch, V., Schraub, E., Stegmaier, R., & Sonntag, Kh.

(2010). Das Big-Gestaltungsmodell zur Arbeits-umgebung. In: Kh. Sonntag, R. Stegmaier & U. Spellenberg (Hrsg.), *Arbeit – Gesundheit – Erfolg: Betriebliches Gesundheitsmanagement auf dem Prüfstand – das Projekt Big*. (157–204.) Kröning: Asanger.

Büch, V., Sonntag, Kh. & Stegmaier, R. (2010). Strukturale Komponente „Arbeitsumgebung" im BiG-Modell. In: Kh. Sonntag, R. Stegmaier & U. Spellenberg (Hrsg.), *Arbeit-Gesundheit-Erfolg. Betriebliches Gesundheitsmanagement auf dem Prüfstand* (S. 53-72). Kröning: Asanger.

Büchner, J., & Schröer, A. (1996). Effektivität und Effizienz betrieblicher Gesundheitsförderung in den USA. *Die Betriebskrankenkasse, 3*, 139–145.

Büssing, A. (1992a). *Organisationsstruktur, Tätigkeit und Individuum*. Bern: Huber.

Büssing, A. (1992b). Ausbrennen und Ausgebranntsein. Theoretische Konzepte und empirische Belege zum Phänomen „Burnout". *Psychosozial, 52*, 42–50.

Büssing, A., & Glaser, J. (2000). Four-stage process model of the core factors of burnout: The role of work stressors and work-related resources. *Work & Stress, 14*, 329–346.

Büssing, A., & Glaser, J. (2002). *Das Tätigkeits- und Arbeitsanalyseverfahren für das Krankenhaus – Selbstbeobachtungsversion (TAA-KHS)*. Göttingen: Hogrefe.

Büssing, A., & Perrar, K.-M. (1992). Die Messung von Burnout. Untersuchung einer deutschen Fassung des Maslach Burnout Inventory (MBID). *Diagnostica, 38*, 328–353.

Büssing, A., & Schmitt, S. (1998). Arbeitsbelastungen als Bedingungen von emotionaler Erschöpfung und Depersonalisation im Burnoutprozeß. *Zeitschrift für Arbeits- und Organisationspsychologie, 42*, 16–28.

Bullinger, H.-J. (1999). Innovation und Prävention. In: W. Eichendorf et al. (Hrsg.). *Arbeit und Gesundheit –Jahrbuch 2000* (19 – 40). Wiesbaden: Universum.

Bullinger, H.-J. (1999). *Ergonomie. Produkt- und Arbeitsplatzgestaltung*. Stuttgart: Teubner.

Bullinger, H. J., Jürgens, H. W., Rohmert, W. (Hrsg.) (2007). *Handbuch der Ergonomie*. Koblenz: Bundesamt für Wehrtechnik und Beschaffung.

Bullinger, H. J., & Menrad, W. (2001). Entgeltgestaltung von Gruppenarbeit. *Personalwirtschaft, 9*, 28–35.

Bullinger, H.-J., & Solf, J. (1979). *Ergonomische Arbeitsmittelgestaltung*. Bd. I–III. (Forschungsbericht der Bundesanstalt für Arbeitsschutz und Arbeitsmedizin.) Bremerhaven: Verlag für Neue Wissenschaft.

Bullinger, H.-J., & Tsotsis, G. (1985). Simulation des Hand-Arm-Systems und Anwendungsgebiete. *Zeitschrift für Arbeitswissenschaft, 39*, 9–14.

Bunce, D. (1997). What factors are associated with the outcome of individual-focused worksite stress management interventions? *Journal of Occupational and Organizational Psychology, 70*, 1–17.

Bundesanstalt für Arbeitsschutz und Arbeitsmedizin (BAuA) (Hrsg.) (2006). *Sicherheit und Gesundheit bei der Arbeit. Unfallverhütungsbericht Arbeit*. Dortmund, Berlin, Dresden.

Bundesanstalt für Arbeitsschutz und Arbeitsmedizin (BAuA) (Hrsg.) (2009). *Sicherheit und Gesundheit bei der Arbeit. Unfallverhütungsbericht Arbeit*. Dortmund, Berlin, Dresden.

Bundesanstalt für Arbeitsschutz und Arbeitsmedizin (BAuA) (2010). *Wohlbefinden im Büro – Arbeits- und Gesundheitsschutz im Büro*. (7. Aufl.) Dortmund: BAuA.

Bundesinstitut für Berufsbildung (BiBB) & Bundesanstalt für Arbeitsschutz und Arbeitsmedizin (BAuA) (Hrsg.) (2006). *Arbeit und Berufe im Wandel. Erwerb und Verwertung beruflicher Qualifikationen. Erwerbstätigenbefragung 2005/2006*. (Datensatz.) Bonn, Dortmund.

Bundesministerium für Arbeit und Soziales (Hrsg.). (2011). Arbeitsstättenverordnung. Bonn: BMAS.

Bundesministerium für Arbeit und Sozialordnung (Hrsg.) (1996). *Arbeitssicherheit '96: Unfallverhütungsbericht Arbeit*. Bonn.

Bungard, W., & Herrmann, Th. (Hrsg.) (1993). *Arbeits- und Organisationspsychologie im Spannungsfeld zwischen Grundlagenorientierung und Anwendung*. Bern: Huber.

Bungard, W., & Hoffmann, K. (1995). *Innovationsmanagement in der Automobilindustrie*. Weinheim: Beltz.

Bungard, W., Holling, H., & Schultz-Gambard, J. (1996). *Methoden der Arbeits- und Organisationspsychologie*. Weinheim: Beltz.

Burke, M. J., & Day, R. D. (1986). A cumulative study of the effectiveness of managerial training. *Journal of Applied Psychology, 71*, 232–245.

Burnes, B. (2009). *Managing Change*. Harlow, UK: FT Prentice Hall.

Buunk, B. P., Ybema, J. F., Gibbons, F. X., & Ipenburg, M. L. (2001). The affective consequences of social comparison as related to professional burnout and social comparison orientation. *European Journal of Social Psychology, 31*, 1–15.

Buunk, B. P., Ybema, J. F., Zee, K. van der, Schaufeli, W. B., & Gibbons, F. X. (2001). Affect generated by social comparison among nurses high and low in burnout. *Journal of Applied Social Psychology, 31*, 1500–1520.

Byron, K. (2005). A meta-analytic review of work-family conflict and its antecedents. *Journal of Vocational Behavior, 67*, 169–198.

Caffier, G., Steinberg, U., & Liebers, F. (1999). *Praxisorientiertes Methodeninventar zur Belastungs- und Beanspruchungsbeurteilung im Zusammenhang mit arbeitsbedingten Muskel-Skelett-Erkrankungen.* Dortmund u. Berlin: Schriftenreihe der BAuA.

Caldwell, D. F., & O'Reilly, C. A. (1990). Measuring Person-Job Fit with a Profile-Comparison Process. *Journal of Applied Psychology, 75*, 648–657.

Callahan, J. S., Kiker, D. S., & Cross, T. (2003). Does method matter? A meta-analysis of the effects of training method on older learner training performance. *Journal of Management, 29*, 663–680.

Calquhoun, W. P., & Folkard, S. (1978). Personality Differences in Bodytemperature Rhythm and their Relation to its Adjustment to Night Work. *Ergonomics, 21*, 811–817.

Calquhoun, W. P., & Rutenfranz, J. (Eds.) (1980). *Studies of Shiftwork.* London: Taylor.

Campbell, J. P., & Campbell, R. J. (Eds.) (1988). *Productivity in organizations: Frontiers of industrial and organizational psychology.* San Francisco: Jossey Bass.

Campbell, J. P., McCloy, R. A., Oppler, S. H., & Sager, C. E. (1993). A theory of performance. In: N. Schmitt & W. C. Borman (Eds.), *Personnel selection in organizations.* (35–70.) San Francisco: Jossey-Bass.

Campion, M. A., Cheraskin, L., & Stevens, M. J. (1994). Career-related antecedents and outcomes of job rotation. *Academy of Management Journal, 37*, 1518–1542.

Cannon-Bowers, J. A., & Bowers, C. A. (2010). Synthetic learning environments: On developing a science of simulation, games and virtual worlds for training. In: S. W. J. Kozlowski & E. Salas (Eds.), *Learning, Training, and Development in Organizations.* (229–261.) New York, NY: Routledge.

Canter, D. (1983). The physical context of work. In: D. J. Osborne & M. M. Gruneberg (Eds.), *Physical Environment at Work.* (120–145.) New York: John Wiley & Sons.

Caplan, R. D. (1983). Person-Environment Fit. Past, present, and future. In: C. L. Cooper (Ed.), *Stress Research.* (35–78.) Chichester: Wiley.

Caplan, R. D., & Harrison, R. van (1993). Person-Environment Fit Theory. Some History, Recent Developments, and Future Directions. *Journal of Social Issues, 49*, 253–275.

Carmona, C., Buunk, A., Peiro, J. M., Rodriguez, I., & Bravo, M. J. (2006). Do social comparison and coping style play a role in the development of burnout? Cross-sectional and longitudinal findings. *Journal of Occupational and Organizational Psychology, 79*, 85–99.

Carroll, J. F. X., & White, W. L. (1982). Theory Building. Integrating Individual and Environmental Factors within an Ecological Framework. In: W. S. Paine (Ed.), *Job Stress and Burnout.* (41–60.) Beverly Hills: Sage.

Chan, D., & Schmitt, N. (2002). Situational judgment and job performance. *Human Performance, 15*, 233–254.

Charwat, H. J. (1996). Wahl von Farben auf Bildschirmen an Leitständen. *Zeitschrift für Arbeitswissenschaft, 50*, 1–12.

Chau, S. L., Dahling, J. J., Levy, P. E., & Diefendorff, J. M. (2009). A predictive study of emotional labor and turnover. *Journal of Organizational Behavior, 30*, 1151–1163.

Cherniss, C. (1980). *Staff Burnout. Job Stress in the Human Service Organizations.* Berverly Hills: Sage.

Cheyne, A. J. T., Cox, S., Oliver, A., & Tomas, J. M. (1998). Modeling safety climate in the prediction of levels of safety activity. *Work & Stress, 12*, 255–271.

Chiu, W. C. K., Chan, A. W., Snape, E., & Redman, T. (2001). Age stereotypes and discriminatory attitudes towards older workers: An east-west comparison. *Human Relations, 54*, 629–661.

Chmiel, N. (Ed.) (2008). *Introduction to work and organizational psychology: A European perspective.* Oxford: Blackwell.

Christ, E. (1989). Belastung durch Lärm. In: J. Konietzko & H. Dupuis (Hrsg.), *Handbuch der Arbeitsmedizin. Arbeitsphysiologie, Arbeitspathologie, Prävention.* (Kap. II-3.2, 1–8.) Landsberg: ecomed.

Clark, A., Oswald, A., & Warr, P. (1996). Is job-satisfaction u-shaped in age? *Journal of Occupational and Organizational Psychology, 69*, 57–81.

Clarke, S. (2006). The relationship between safety climate and safety performance: A meta-analytic review. *Journal of Occupational Health Psychology, 11*, 315–327.

Clarke, S., & Robertson, I. T. (2005). A meta-analytic review of the Big Five personality factors and accident involvement in occupational and non-occupational settings. *Journal of Occupational and Organizational Psychology, 78*, 355–376.

Cobb, S. (1978). Rollenbezogene Verantwortung. Die Differenzierung eines Konzepts. In: M. Frese, S. Greif & N. Semmer (Hrsg.), *Industrielle Psychopathologie*. (18–33.) Bern: Huber.

Cognition and Technology Group at Vanderbilt (CTGV) (1992). The Jasper Series as an Example of Anchored Instruction. Theory, Program, Description and Assessment Data. *Educational Psychologist, 27*, 291–315.

Cognition and Technology Group at Vanderbilt (CTGV) (1993). Designing Learning Environments that Support Thinking. The Jasper Series as a Case Study. In: T. M. Duffy, J. Lowyck, D. H. Jonassen & T. M. Walsh (Eds.), *Designing Environments for Constructive Learning.* (9–36.) Berlin: Springer.

Cohen, S. G., & Ledford, G. E. (1994), The Effectiveness of Self-Managing Teams. A Quasi Experiment. *Human Relations, 47*, 13–43.

Cohen, S., & Wills, T. A. (1985). Stress, social support and the buffering hypothesis. *Psychological Bulletin, 98*, 310–357.

Cohen-Mansfield, J. (1995). Stress in Nursing Home Staff. A Review and a Theoretical Model. *Journal of Applied Gerontology, 14*, 444–466.

Collins, A., & Brown, J. S. (1993). The Computer as a Tool for Learning through Reflection. In: H. Mandl & A. Lesgold (Eds), *Learning Issues for intelligent Tutoring Systems*. (1–18.) Berlin: Springer.

Collins, A., Brown, J. S., & Newmann, S. E. (1989). Cognitive Apprenticeship. Teaching the Crafts of Reading, Writing, and Mathematics. In: L. B. Resnick (ed.), *Knowing, learning and instruction*. (453–494.) Hillsdale: Erlbaum.

Colquitt, J. A., Conlon, D. E., Wesson, M. J., Porter, C. O. & Ng, K. Y. (2001). Justice at the millenium: A meta-analytic review of 25 years of organizational justice research. *Journal of Applied Psychology, 86*, 425–445.

Colquitt, J. A., LePine, J. A., & Noe, R. A. (2000). Toward an integrative theory of training motivation: A meta-analytic path analysis of 20 years of research. *Journal of Applied Psychology, 85*, 678–707.

Comelli, G. (1993). Qualifikation für Gruppenarbeit. Teamentwicklungstraining. In: L. v. Rosenstiel, E. Regnet & M. Domsch (Hrsg.), *Führung von Mitarbeitern. Handbuch für erfolgreiches Personalmanagement*. (355–378.) Stuttgart: Schäffer-Poeschel.

Conley, J. J. (1985). Longitudinal Stability of Personality Traits. A Multitrait, Multimethod, Multioccasion Analysis. *Journal of Personality and Social Psychology, 49*, 1266–1282.

Conze, W. (2004). Stichwort „Arbeit". In: O. Brunner, W. Conze & K. Koselle (Hrsg.), *Geschichtliche Grundbegriffe. Historisches Lexikon zur politischen sozialen Sprache in Deutschland.* (Studienausg., 1. Aufl., Bd. 1 A–D.) Stuttgart: Klett-Cotta.

Cook, T. D., & Campbell, D. T. (1979). *Quasi-experimentation: design and analysis issues for field settings*. Boston, MA: Houghton Mifflin.

Cooke, N. J., & Fiore, S. (2010). Cognitively-Based Principles for the Design and Delivery of Training. In: S. W. J. Kozlowski & E. Salas (Eds.), *Learning, Training, and Development in Organizations.* (169–202.) New York, NY: Routledge.

Cooper, K. C. (2000). *Effective Competency Modelling and Reporting: A step by step guide for improving individual and organizational performance*. New York: Amacom-Verl.

Cordery, J. L., Mueller, W. S., & Smith, L. M. (1991). Attitudinal and Behavioral Effects of Autonomous Group Working. A Logitudinal Field Study. *Academy of Management Journal, 34*, 464–476.

Costa, G. (2005). Some Considerations about Aging, Shift Work and Work Ability. In: G. Costa, W. J. A. Goedhard & J. Ilmarinen (Hrsg.), *Assessment and Promotion of Work Ability Health and Well-being of Aging Workers.* (67–72.) Amsterdam: Elsevier B. V.

Costa jr., P. T., & McCrae, R. R. (1988). Personality in Adulthood. A Six Year Longitudinal Study of Self-Reports and Spouse Ratings on the NEO Personality Inventory. *Journal of Personality and Social Psychology, 54*, 853–863.

Crandall, B., Klein, G., & Hoffman, R. R. (2006). *Working minds: A practitioner's guide to cognitive task analysis*. Cambridge, MA: MIT Press.

Davis, F. D., & Yi, M. Y. (2004). Improving computer skill training: Behavior modeling, symbolic mental rehearsal, and role of knowledge structures. *Journal of Applied Psychology, 89*, 509–523.

Deary, I. J., Whiteman, M. C., Starr, J. M., Whalley, L. J., & Fox, H. C. (2004). The impact of childhood intelligence on later life: Following up the Scottish Mental Surveys of 1932 and 1947. *Journal of Personality and Social Psychology, 86*, 43–56.

Deci, E. L., & Ryan, R. M. (1985). *Intrinsic motivation and self-determination in human behavior*. New York: Plenum.

De Croon, E. M., Sluiter, J. K., Kuijer, P. P. F. M., & Frings-Dresen, M. H. W. (2005). The effect of office concepts on worker health and performance: A systematic review of the literature. *Ergonomics, 48* (2), 119–134.

De Jonge, J., & Dormann, C. (2006). Stressors, Ressources, and Strain at Work: A Longitudinal Test of the Tribal-Match Principles. *Journal of Applied Psyhcology, 91* (6), 1359–1374.

Demerouti, E., Bakker, A. B., Nachreiner, F., & Schaufeli, W. B. (2001). The job demands-resources model of burnout. *Journal of Applied Psychology, 86*, 499–512.

Demerouti, E., & Nachreiner, F. (1996). Reliabilität und Validität des Maslach Burnout Inventory (MBI). Eine kritische Betrachtung. *Zeitschrift für Arbeitswissenschaft, 50*, 32–38.

Demmer, H., & Stein, M. (1995). Qualitätskriterien betrieblicher Gesundheitsförderung. *Die Betriebskrankenkasse, 10*, 602–605.

Derisavi-Fard, F., Frieling, E., & Hilbig, I. (1989). *Ermittlung der Belastung und Beanspruchung beim Computerunterstützten Konstruieren.* VDI-Fortschrittsberichte, Reihe 20, Nr. 15.

Deutsche Hauptstelle gegen die Suchtgefahren (DHS) (2011). *Jahrbuch Sucht 2011.* Neuland: Geesthacht.

Deutsche Rentenversicherung (Hrsg.) (2009). *Statistik der Deutschen Rentenversicherung. Rentenversicherung in Zahlen.* Berlin: Deutsche Rentenversicherung Bund.

Deutsches Institut für Normung e. V. (Hrsg.) (1979a). *Innenraumbeleuchtung mit künstlichem Licht. Teil 1: Begriffe und allgemeine Anforderungen* (DIN 5035). Berlin: Beuth.

Deutsches Institut für Normung e. V. (Hrsg.) (1979b). *Innenraumbeleuchtung mit künstlichem Licht. Teil 2: Richtwerte für Arbeitsstätten* (DIN 5035). Berlin: Beuth.

Deutsches Institut für Normung e. V. (Hrsg.) (1982). *Grundnorm für Sicherheitsfarben und Sicherheitsformen* (DIN 4844). Berlin: Beuth.

Deutsches Institut für Normung e. V. (Hrsg.) (1984a). *Klima am Arbeitsplatz und in der Arbeitsumgebung. Teil 1: Grundlagen der Klimaermittlung* (DIN 33403). Berlin: Beuth.

Deutsches Institut für Normung e. V. (Hrsg.) (1984b). *Klima am Arbeitsplatz und in der Arbeitsumgebung. Teil 5: Ergonomische Gestaltung von Kältearbeitsplätzen* (DIN 33403). Berlin: Beuth.

Deutsches Institut für Normung e. V. (Hrsg.) (1987). *Belastung, Beanspruchung* (DIN 33405). Berlin: Beuth.

Deutsches Institut für Normung e. V. (Hrsg.) (1988).

Teil 8: Grundsätze ergonomischer Dialoggestaltung (DIN 66234). Berlin: Beuth.

Deutschmann, Ch., & Dybowski-Johannson, G. (1979). Wirtschaftliche und soziale Determinanten der Arbeitszeitpolitik. *Mitteilungen aus der Arbeitsmarkt und Berufsforschung, 3*, 313–327.

Dick, R. van (2007). Identifikation und Commitment. In: H. Schuler & Kh. Sonntag (Hrsg.), *Handbuch der Arbeits- und Organisationspsychologie.* (287–293.) Göttingen: Hogrefe.

Dienes, Th. (1989). Ein Planungsmodell für den Industriebau. In: D. Sommer (Hrsg.), *Industriebauten gestalten.* (17–22.) Wien: Picas.

DIN EN ISO 9241-10 (Ausgabe: 1995): Ergonomische Anforderungen für Bürotätigkeiten mit Bildschirmgeräten. Teil 10: Grundsätze der Dialoggestaltung.

Dipboye, R. L., & Flanagan, M. F. (1979). Are Findings in the Field More Generalizable than in the Laboratory. *American Psychologist, 34*, 141–150.

Dittmann, E., & Körkel, J. (1989). Rückfall – (k)ein Thema für den Arbeitsplatz? In: Deutsche Hauptstelle gegen die Suchtgefahren (Hrsg.), *Suchtprobleme am Arbeitsplatz.* (570–580.) Hamm: Hoheneck.

Dittmann, E., & Möser, A. (1991). Der Rückfall als Bestandteil betrieblicher Suchtberatung. In: J. Körkel (Hrsg.), *Praxis der Rückfallbehandlung. Ein Leitfaden für Berater, Therapeuten und ehrenamtliche Helfer.* (91–112.) Wuppertal: Blaukreuz.

Dörner, D. (2006). Kognition, Emotion und Motivation: Das Leben der Mäuse. In: P. Sache & W. G. Weber (Hrsg.), *Zur Psychologie der Tätigkeit.* (44–70.) Bern: Huber.

Dörner, D., Kreuzig, H. W., Reither, F., & Stäudel, T. (Hrsg.) (1983). *Lohausen. Vom Umgang mit Unbestimmtheit und Komplexität.* Bern: Huber.

Dörr, G., & Kessel, T. (1997). *Das Restrukturierungsmodell Skoda–Volkswagen. Ergebnis aus Transfer und Transformation.* (Forschungspapier FS II.) (97–603.) Berlin: Wissenschaftszentrum Berlin für Sozialforschung.

Dommaschk-Rump, C., & Wohlfarth, U. (1991). Alkohol am Arbeitsplatz. Vorgesetzte nehmen Stellung. *Sucht, 37*, 167–174.

Dormann, C., & Zapf, D. (1999). Social support, social stressors at work and depressive symptoms: Testing for main and moderating effects with structural equations in a three-wave longitudinal study. *Journal of Applied Psychology, 84*, 874–884.

Dorsch, F. (1963). *Geschichte und Probleme der angewandten Psychologie.* Bern: Huber.

Dostal, W. & Reinberg, A. (1999). *Arbeitslandschaft 2010 – Teil 2: Ungebrochener Trend in die Wissensgesellschaft. Entiwcklung der Tätigkeiten und Qualifikationen*, IAB Kurzbericht Nr. 10/1999. Nürnberg: Institut für Arbeitsmarkt und Berufsforschung.

Drebusch, G. (1976). *Industriearchitektur.* (Heyne Stilkunde.) München: Heyne.

Drosdol, J., & Panik, F. (1985). *The Daimler-Benz Driving Simulator. A Tool for Vehicle Development.* Detroit: SAE.

DuBois, D. A. (2002). Leveraging Hidden Expertise: Why, When, and How to Use Cognitive Task Analysis. In: K. Kraiger (Ed.), *Creating, Implementing, and Managing Effective Training and Development.* (80–114.) San Francisco, CA: Jossey-Bass.

Ducki, A., Leitner, K., & Kopp, I. (1992). Gesundheitssicherung durch Arbeitsgestaltung. *Psychosozial, 52,* 81–88.

Duell, W., & Frei, F. (Hrsg.) (1986). *Arbeit gestalten – Mitarbeiter beteiligen. Eine Heuristik qualifizierender Arbeitsgestaltung.* Frankfurt: Campus.

Duesberg, R., & Weis, W. (1939). Statistische Erhebungen über die Häufigkeit des Magengeschwürs unter verschiedenen Berufsbedingungen. In: *Reichsarbeitsblatt III,* 272–273.

Dunckel, H. (1996). *Psychologisch orientierte Systemanalyse im Büro.* Bern: Huber.

Dunckel, H. (Hrsg.) (1999). *Handbuch psychologischer Arbeitsanalyseverfahren. Mensch – Technik – Organisation.* Zürich: Verein der Fachverlage.

Dunckel, H., & Pleiss, C. (Hrsg.) (2007). *Kontrastive Aufgabenanalyse. Grundlagen, Entwicklungen und Anwendungserfahrungen.* Zürich: vdf.

Dunckel, H., & Resch, M. G. (2010). Arbeitsanalyse. In: U. Kleinbeck & K.-H. Schmidt (Hrsg.), *Arbeitspsychologie.* (Enzyklopädie der Psychologie, Themenbereich D, Serie III, Bd. 1, 1111–1158.) Göttingen Hogrefe.

Dunckel, H., Volpert, W., Zölch, M., Kreutner, U., Pleiss, C., & Hennes, K. (1993). *Leitfaden zur Kontrastiven Arbeitsanalyse und -Gestaltung.* Zürich: Verlag der Fachvereine.

Dunnette, M. D. (1976). *Handbook of Industrial and Organizational Psychology.* Chicago: Rand McNally.

Dunnette, M. D. (1992). Aptitudes, Abilities, and Skills. In M. D. Dunnette & L. M. Hough (Eds.), *Handbook of Industrial and Organizational Psychology* (pp. 413–420). Palo Alto, CA: Davies-Black Publishing.

Dunnette, M. D., & Hough, L. M. (1992). *Handbook of Industrial and Organizational Psychology.* Vol. 3. (2nd ed.) Palo Alto, CA: Consulting Psychologists Press.

Dupuis, H. (1989). Akute Wirkungen mechanischer Schwingungen. In: J. Konietzko & H. Dupuis (Hrsg.), *Handbuch der Arbeitsmedizin. Arbeitsphysiologie, Arbeitspathologie, Prävention.* (Kap. III-4.1, 1–12.) Landsberg: ecomed.

Dupuis, H. (2007). Schwingungen, mechanisch. In: K. Landau (Hrsg.), *Lexikon Arbeitsgestaltung.* (1129–1132.) Stuttgart: Gentner.

Dupius, H. (2009). Schwingungen (Ganzkörper und Hand–Arm). In: K. Landau & G. Pressel (Hrsg.), *Medizinisches Lexikon der beruflichen Belastungen und Gefährdungen.* (915–925.) Stuttgart: Gentner.

Dye, D. A., Reck, M., & McDaniel, M. A. (1993). The validity of job knowledge measures. *International Journal of Selection and Assessment, 1,* 153–157.

Dzida, W., & Wandtke (2006). Software-Ergonomie: Gestalten und Bewerten interaktiver Systeme. In: B. Zimolong & U. Konradt (Hrsg.), *Ingenieurpsychologie.* (Enzyklopädie der Psychologie, 462–494.) Göttingen: Hogrefe.

Eberspächer, H. (2004). *Mentales Training.* Corpress Sport.

Edelmann, M. (1996). *Zur synthetischen Validierung des Leitfadens zur qualitativen Personalplanung bei technisch-organisatorischen Innovationen (LPI): Eine Pilotstudie.* Unveröffentl. Diplomarbeit Psycholog. Institut der Univ. Heidelberg.

Edelmann, M. (2002). *Gesundheitsressourcen im Beruf. Selbstwirksamkeit und Kontrolle als Faktoren der multiplen Stresspufferung.* Weinheim: Beltz (PVU).

Edelmann, W. (1988). *Suggestopädie/Superlearning. Ganzheitliches Lernen – das Lernen der Zukunft?* Heidelberg: Asanger.

Edelwich, J., & Brodsky, A. (1984). *Ausgebrannt. Das Burn-Out Syndrom in den Sozialberufen.* Salzburg: AVM-Verl. der Arbeitsgemeinschaft für Verhaltensmodifikation.

Edwards, J. R., & Harrison, R. van (1993). Job Demands and Worker Health. Three-Dimensional Reexamination of the Relationship Between Person-Environment Fit and Strain. *Journal of Applied Psychology, 78,* 626–648.

Einarsen, S., & Raknes, B. I. (1991). Harassment in the Workplace and the Victimization of Men. In: S. Einarsen (Ed.). *Bullying and Harassment at Work. Epidemiological and Psychosocial Aspects.* Division of Work and Organizational Psychology, Department of Psychosocial Science, University of Bergen. Norway.

Einarsen, S., Raknes, B. I., & Matthiesen, S. B. (1994). Bullying and Harassment at Work and their Relationship to Work Environment Quality. An Exploratory Study. *European Work and Organizational Psychologist, 4*, 381–401.

Einarsen, S., & Skogstad, A. (1996). Bullying at work. Epidemiological Findings in Public and Private Organisations. *European Journal of Work and Organizational Psychology, 5*, 185–201.

Eissing, G. (1990). *Klima am Arbeitsplatz. Messung und Bewertung.* Berlin: Beuth.

Ellegast, R. (2005). *Zusammenfassung der Vorträge, gehalten während des Fachgespräches „Ergonomie" am 15./16. November 2004 in Dresden.* (BGIA-Report, 2005, 4.) Sankt Augustin: BGIA.

Ellermeier, W., & Bösche, W. (2010). Experimentelle Versuchspläne. In: H. Holling & B. Schmitz (Hrsg.), *Handbuch Statistik. Methoden und Evaluation.* (36–48.) Göttingen: Hogrefe.

Ellwart, T., & Schulze, H. (2009). Produktivität und Büro: Ein multifaktorieller Ansatz zur optimalen Büroraumkonzeption. In: K. Landau (Hrsg.), *Produktivität im Betrieb.* (219–234.) Stuttgart: GfA Ergonomia-Verlag.

Elsbach, K. D. (2003). Relating physical environment to self-categorizations: Identity threat and affirmation in a non-territorial office space. *Administrative Science Quarterly, 48* (4), 622–654.

Emery, F. E. (1959). *Characteristics of Sociotechnical Systems.* (Doc. No. 527.) London: Tavistock.

Emery, F. E., & Thorsrud, E. (1969). *Form and content of industrial democracy.* London: Tavistock.

Emery, F. E., & Thorsrud, E. (1982). *Industrielle Demokratie.* Bern: Huber.

Englisch, J. (1992). *Evaluationsverfahren zur Beurteilung der Benutzerfreundlichkeit von CAD-Systemen.* (Forschungsbericht.) Karlsruhe: Institut für Arbeitswissenschaft und Betriebsorganisation.

Enzmann, D., & Kleiber, D. (1989). *Helfer-Leiden. Streß und Burnout in psychosozialen Berufen.* Heidelberg: Asanger.

Erdély, M. (1933). Der Begriff „Psychotechnik". *Zeitschrift für angewandte Psychologie, 44*, 2–30.

Erez, A., & Judge, T. A. (2001). Relationships of core self-evaluations to goal setting, motivation and performance. *Journal of Applied Psychology, 86*, 1270–1279.

Ericsson, K. A., Krampe, R. Th., & Tesch-Römer, C. (1993). The Role of Deliberate Practice in the Acquisition of Expert Performance. *Psychological Review, 100*, 363–406.

Eriksen, W., & Einarsen, S. (2004). Gender minority as a risk factor of exposure to bullying at work: The case of male assistant nurses. *European Journal of Work and Organizational Psychology, 13*, 473–49.

Erikson, E. H. (1976). *Kindheit und Gesellschaft.* Stuttgart: Klett.

Ernst, H. (1985). Neue (alte) Formen der Sucht. Zum Beispiel: Arbeitswut. *Psychologie Heute, 12*, 40–43.

Erpenbeck, J., & Rosenstiel, L. v. (Hrsg.) (2003). *Handbuch Kompetenzmessung.* Stuttgart: Schäffer-Poeschel.

Erpenbeck, J., & Weinberg, J. (1993). *Menschenbild und Menschenbildung.* Münster: Waxmann.

Europäische Agentur für Sicherheit und Gesundheitsschutz am Arbeitsplatz (2005). *Zum Stand der Forschung von arbeitsbedingtem Stress.* Luxemburg: Amt für amtliche Veröffentlichungen der Europäischen Gemeinschaften.

Europäische Stiftung zur Verbesserung der Lebens- und Arbeitsbedingungen. (2008). *Vierte Europäische Erhebung über die Arbeitsbedingungen.* Luxemburg: Amt für amtliche Veröffentlichungen der Europäischen Gemeinschaften.

European Foundation for the Improvement of Living and Working Conditions (Eds.) (1997). *Second European Survey on Working Conditions.* Pascal Paoli (Research Manager) EU, Brüssel.

Evans, P., & Bartolome, F. (1982). *Erfolg muß nicht so teuer sein.* Düsseldorf: Econ.

Eversheim, W. (1996). Standortplanung. In: W. Eversheim & G. Schuh (Hrsg.), *Produktion und Management.* (Bd. 1 u. 2, 9.40–9.57). Berlin: Springer

Eversheim, W., & Schuh, G. (Hrsg.) (1996). *Produktion und Management.* (Bd. 1 u. 2.) Berlin: Springer.

Eyer, E. (1994). Entlohnung in teilautonomen Arbeitsgruppen. In: C. H. Antoni (Hrsg.), *Gruppenarbeit in Unternehmen. Konzepte, Erfahrungen, Perspektiven.* (100–115.) Weinheim: Beltz.

Faber, S. (1980). *Hautleitfähigkeitsuntersuchungen als Methode in der Arbeitswissenschaft.* Forschungsbericht der VDI-Zeitschriften. (Reihe Biotechnik 17 Nr. 9.) Düsseldorf: VDI-Verlag.

Facaoaru, C., & Frieling, E. (1985). Verfahren zur Ermittlung informatorischer Belastungen. Teil I: Theoretische und konzeptionelle Grundlagen. *Zeitschrift für Arbeitswissenschaft, 39*, 65–75.

Fahle, M. (2008). Visuelles System und visuelle Wahrnehmung. In: S. Gauggel & M. Herrmann

(Hrsg.), *Handbuch der Neuro- und Biopsychologie*. (375–386.) Göttingen: Hogrefe.

Fahrenberg, J. (1994). *Die Freiburger Beschwerde-Liste (FBL-G/R)*. Göttingen: Hogrefe.

Fahrenberg, J. (2008). Psychophysiologie und psychophysiologisches Monitoring. In: S. Gauggel & M. Herrmann (Hrsg.), *Handbuch der Neuro- und Biopsychologie*. (141–156.) Göttingen: Hogrefe.

Faith, M. S., Wong, F. Y., & Carpenter, K. M. (1995). Group sensitivity training: Update, meta-analysis and recommendations. *Journal of Counseling Psychology, 42*, 390–399.

Faltermaier, T. (2009). Gesundheit: körperliche, psychische und soziale Dimensionen. In: J. Bengel & M. Jerusalem (Hrsg.). *Handbuch der Gesundheitspsychologie und Medizinischen Psychologie* (46–60). Göttingen: Hogrefe.

Fassel, D. (1991). *Wir arbeiten uns noch zu Tode*. München: Kösel.

Fassheber, P., Niemeyer, H.-G., & Kordowski, G. (1990). *Methoden und Befunde der Interaktionsforschung mit dem Symlog-Konzept*. (18. Bericht.) Göttingen: Georg-August-Universität, Institut für Wirtschafts- und Sozialpsychologie.

Faßnacht, G. (1979). *Systematische Verhaltensbeobachtung*. München: Reinhardt.

Feger, H. (1983). Planung und Bewertung von wissenschaftlichen Beobachtungen. In: H. Feger & J. Bredenkamp (Hrsg.), *Enzyklopädie der Psychologie, Themenbereich B, Serie I, Bd. 2* (1–75.) Göttingen: Hogrefe.

Feldt, T. (1997). The role of sense of coherence in well-being at work: Analysis of main and moderator effects. *Work and Stress, 11*, 134–147.

Feldt, T., Kinnunen, U., & Mauno, S. (2000). A mediational model of sense of coherence in the work context: A one-year follow-up study. *Work and Stress, 11*, 134–147.

Felfe, J., & Liepmann, D. (2008). *Organisationsdiagnostik*. Göttingen: Hogrefe.

Felson, R. B. (1992). „Kick 'em when they're down." Explanations of the Relationships Between Stress and Interpersonal Aggression and Violence. *Sociological Quarterly, 33*, 1–16.

Feuerlein, W. (1984). *Alkoholismus. Mißbrauch und Abhängigkeit*. Stuttgart: Thieme.

Fiege, R., Muck, P. M., & Schuler, H. (2006). Mitarbeitergespräche. In: H. Schuler (Hrsg.), *Lehrbuch der Personalpsychologie*. (471–526.) Göttingen: Hogrefe.

Filipp, S.-H., & Schmidt, K. (1995). Mittleres und höheres Erwachsenenalter. In: R. Oerter & L. Monta-
da (Hrsg.), *Entwicklungspsychologie. Ein Lehrbuch*. (439–486.) Weinheim: Beltz.

Fischer, B. (1994). *Computerunterstütztes Fehlerdiagnosetraining*. Unveröff. Diplomarbeit. Uni/Gh Kassel.

Fischer, G. N. (1990). *Psychologie des Arbeitsraumes*. Frankfurt: Campus.

Fisher, H. J. (1983). A Psychoanalytic View of Burnout. In: B. A. Farber (Ed.), *Stress and Burnout in the Human Service Professions*. (40–45.) New York: Pergamon.

Fittkau-Garthe, H., & Fittkau, B. (1997). *Fragebogen zur Vorgesetzten-Verhaltens-Beschreibung (FVVB)*. Göttingen: Hogrefe.

Flade, A. (2008). *Architektur psychologisch betrachtet*. Bern: Huber.

Flanagan, J. C. (1954). The critical incident technique. *Psychological Bulletin, 51*, 327–358.

Fleck, J. (1991). Arbeits- und disziplinarrechtliche Aspekte des Rückfalls. In: J. Körkel (Hrsg.), *Praxis der Rückfallbehandlung. Ein Leitfaden für Berater, Therapeuten und ehrenamtliche Helfer*. (113–126.) Wuppertal: Blaukreuz.

Fleishman, E. A. (1992). *Fleishman Job Analysis Survey (F-JAS). Rating Scale Booklet*. Palo Alto: Consulting Psychologists Press.

Fleishman, E. A., & Quaintance, M. K. (1984). *Taxonomies of Human Performance. The Description of Human Tasks*. Orlando: Academic Press.

Fleishman, E. A., & Reilly, M. E. (1992). *Handbook of human abilities. Definitions, measurements and job task requirements*. Palo Alto, Ca: Consulting Psychological Press.

Florian, V., Mikulincer, M., & Taubman, O. (1995). Does hardiness contribute to mental health during a stressful real-life situation? The role of appraisal and coping. *Journal of Personality and Social Psychology, 68*, 687–695.

Flynn, J. R. (1987). Massive IQ gains in 14 nations: What IQ tests really measure. *Psychological Bulletin, 101*, 171–191.

Folkman, S. & Moskowitz, J. T. (2004). Coping: pitfalls and promise. *Annual Review of Psychology, 55*, 745-774.

Ford, J. K. (1990). Understanding Training Transfer. The Water Remains Murky. *Human Resource Development Quarterly, 1*, 225–29.

Ford, J. K., Kraiger, K., & Merritt, St. M. (2010). An Updated Review of the Multidimensionality of Training Outcomes: New Directions For Training Evaluation Research. In: St. W. J. Kozlowski & E. Salas (Eds.), *Learning, Training, and Development in Organizations.* (135–168.) New York: Taylor & Francis.

Forsthoff, A. (1997). Kälte. In: H. Luczak & W. Volpert (Hrsg.), *Handbuch Arbeitswissenschaft.* (891–895.) Stuttgart: Schäffer-Poeschel.

Foti, R. J., & Hauenstein, M. A. (2007). Pattern and variable approaches in leadership emergence and effectiveness. *Journal of Applied Psychology, 92,* 347–355.

Fowles, D. C. (1974). Mechanism of Electrodermal Activity. In: R. F. Thompson & M. M. Patterson (Hrsg.), *Bioelectric Recording Techniques, Part C. Receptor and Effector Processes.* (231-271.) New York: Academic Press.

Franke, G. (1993). Training und Lernen am Arbeitsplatz. In: C. K. Friede & Kh. Sonntag (Hrsg.), *Berufliche Kompetenz durch Training.* (85–99.) Heidelberg: Sauer.

Franke, G., & Kleinschmitt, M. (1987). *Der Lernort Arbeitsplatz.* Berlin: Beuth.

Franke, W. D. (1990). *FMEA. Fehlermöglichkeits- und Einflußanalyse in der industriellen Praxis.* Landsberg: Verlag Moderne Industrie.

Frei, F., Duell, W., & Baitsch, Ch. (1984). *Arbeit und Kompetenzentwicklung. Theoretische Konzepte zur Psychologie arbeitsimmanenter Qualifizierung.* Bern: Huber.

Freiboth, M. (1997). Gruppenarbeit. In: E. Frieling (Hrsg.), *Automobil-Montage in Europa.* (191–237.) Frankfurt: Campus-Verlag.

French, J. R. P. (1978). Person-Umwelt-Übereinstimmung und Rollenstreß. In: M. Frese, S. Greif & N. Semmer (Hrsg.), *Industrielle Psychopathologie.* (42–51.) Bern: Huber.

French Jr., J. R. P., Caplan, R. D., & Harrison, R. van (1982). *The Mechanism of Job Stress and Strain.* New York: Wiley.

French, J. W., Ekstrom, R. B., & Price, I. A. (1963). *Kit of Reference Tests for Cognitive Factors.* Princetown: Educational Testing Service.

Frese, E. (2000). Organisationsstrukturen und Managementsysteme. In: W. Eversheim & G. Schuh (Hrsg.), *Produktion und Management Teil 1* (7. Aufl, 3-1, 3-34). Berlin: Springer.

Frese, E. (2006). *Grundlagen der Organisation.* (9. Aufl.) Wiesbaden: Gabler.

Frese, M. (1999). Social support as a moderator of the relationship between work stress and psychological dysfunctioning: A longitudinal study with objective measures. *Journal of Occupational Health Psychology, 4,* 179–192.

Frese, M., Fay, D., Hilburger, T., Leng, K., & Tag, A. (1997). The concept of personal initiative: Operationalization, reliability and validity in two German samples. *Journal of Occupational and Organizational Psychology, 70,* 139–161.

Frese, M., & Zapf, D. (1987). Eine Skala zur Erfassung von sozialen Stressoren am Arbeitsplatz. *Zeitschrift für Arbeitswissenschaft, 41,* 134–141.

Freudenberger, H. J. (1974). Staff burnout. *Journal of Social Issues, 30,* 159–165.

Freund, A. M. (2007). Strategien der Lebensbewältigung im Alter. In M. Hasselhorn & W. Schneider (Hrsg.), *Handbuch der Entwicklungspsychologie* (S. 602-611). Göttingen: Hogrefe.

Freund, A. M., & Baltes, P. B. (2002). Life-management strategies of selection, optimization and compensation: Measurement by self-report and construct validity. *Journal of Personality and Social Psychology, 82,* 642–662.

Freund, P. A., & Holling, H. (2007). Strategien der Versuchsplanung. In: H. Schuler & K. Sonntag (Hrsg.), *Handbuch der Arbeits- und Organisationspsychologie.* (77–89.) Göttingen: Hogrefe.

Frey, D. (2007). Zum Theorie-Praxis-Problem in der angewandten Psychologie. *Psychologische Rundschau, 58,* 260–262.

Frey, S., Bente, G., & Frenz, H. G. (1993). Analyse von Interaktionen. In: H. Schuler (Hrsg.), *Lehrbuch der Organisationspsychologie.* (353–375.) Bern: Huber.

Friczewski, F. (1994). Gesundheitszirkel als Organisations- und Personalentwicklung. Der „Berliner Ansatz". In: G. Westermayer & B. Bähr (Hrsg.), *Betriebliche Gesundheitszirkel.* (14–24.) Göttingen: Hogrefe.

Friczewski, F., Flathmann, H., & Görres, H.-J. (1994). Arbeit mit Gesundheitszirkeln in den Projekten des AOK-Landesverbandes Niedersachsen. In: G. Westermayer & B. Bähr (Hrsg.), *Betriebliche Gesundheitszirkel.* (72–79.) Göttingen: Hogrefe.

Fried, Y., & Ferris, G. (1987). The validity of the job characteristic model: A review and meta-analysis. *Personnel Psychology, 40,* 287–322.

Friedmann, G. (1952). *Der Mensch in der mechanisierten Produktion.* Köln: Bund.

Friedrich, H. F., & Mandl, H. (1992). Lern- und Denkstrategien. Ein Problemaufriß. In: H. Mandl & H. F. Friedrich (Hrsg.), *Lern- und Denkstrategien. Analyse und Intervention.* (3–53.) Göttingen: Hogrefe.

Friedrich, H. F., & Mandl, H. (1997). Analyse und Förderung selbstgesteuerten Lernens. In: F. E. Weinert & H. Mandl (Hrsg.), *Psychologie der Er-*

wachsenenbildung. *Themenbereich D, Serie I, Bd. 4.* (237–293.) Göttingen: Hogrefe.

Frieling, E. (1977). Die Arbeitsplatzanalyse als Grundlage der Eignungsdiagnostik. In: J. K. Triebe & E. Ulich (Hrsg.), *Beiträge zur Eignungsdiagnostik.* (20–90.) Bern: Huber.

Frieling, E. (1980). *Verfahren und Nutzen der Klassifikation von Berufen.* Stuttgart: Poeschel.

Frieling, E. (1991). Arbeit. In: U. Flick, E. v. Kardorff, M. Keupp, L. v. Rosenstiel & S. Wolff (Hrsg.), *Handbuch Qualitative Sozialforschung.* (285–288.) München: Psychologie Verlags-Union.

Frieling, E. (1992). Zur Licht- und Farbgestaltung in Reinräumen. In: G. Hauptmann & R. Hohmann (Hrsg.), *Handbuch der Reinraum-Praxis.* (VI1.) Landsberg: ecomed.

Frieling, E. (Hrsg.) (1997). *Automobil-Montage in Europa.* Frankfurt: Campus.

Frieling, E. (2001). Gruppenarbeit in der Montage. In: K. Landau & H. Luczak (Hrsg.), *Ergonomie und Organisation in der Montage.* (506–533.) München: Hanser.

Frieling, E. (2009). Das zeitliche Dilemma des Alterns in der Automobilmontage. In: B. Ludborz & H. Nold (Hrsg.), *Psychologie der Arbeitssicherheit und Gesundheit. Entwicklungen und Visionen 1980 – 2008 – 2020.* (61–70.) Kröning: Asanger.

Frieling, E., Bernard, H., Bigalk, D., & Müller, R. F. (2006). *Lernen durch Arbeit.* Münster: Waxmann.

Frieling, E., Bogedale, U., & Kiegeland, P. (1990). *Tätigkeitsbezogene Anforderungen und Belastungen bei Berufskraftfahrern und ihre Beziehung zur Straßenverkehrssicherheit.* (Bericht zum Forschungsprojekt 8304/2 der BASt.) Bergisch-Gladbach: Bundesanstalt für Straßenwesen.

Frieling, E., & Buch, M. (1998). Gruppenarbeit und Fehlzeiten. In: U. Brandenburg, K. Kuhn & B. Marschall (Hrsg.), *Verbesserung der Anwesenheit im Betrieb. Instrumente und Konzepte zur Erhöhung der Gesundheitsquote.* (Schriftenreihe der Bundesanstalt für Arbeitsschutz und Arbeitsmedizin, Tagungsband 84, 219–238.) Bremerhaven: Wirtschaftsverlag.

Frieling, E. & Buch, M. (2007). Arbeitsanalyse als Grundlage der Arbeitsgestaltung. In: H. Schuler & Kh. Sonntag (Hrsg.). *Handbuch der Arbeits- und Organisationspsychologie* (117–125). Göttingen: Hogrefe.

Frieling, E., Buch, M., & Weichel, L. (2008). Ältere Beschäftigte in gewerblich-industriellen Tätigkeiten – ausgewählte Ergebnisse und Handlungsfelder am Beispiel der Montage. *Wirtschaftspsychologie, 10,* 120–128.

Frieling, E., Buch, M., Weichel, J., & Urban, D. (2007). Altersgerechte Montage in der Automobilindustrie. In: Gesellschaft für Arbeitswissenschaft (Hrsg.), *Die Kunst des Alterns.* Herbstkonferenz der GfA. (101–113.) Dortmund: GfA.

Frieling, E., Enriquez, J. A., & Nöring, R. (2009). *Chaku-Chaku – Ein Konzept mit Zukunft?* Vortrag bei der ATZ/MTZ-Konferenz – Automobilmontage, 28.–29. September 2009 in Köln.

Frieling, E., Facaoaru, C., Benedix, I., Pfaus, H., & Sonntag, Kh. (1993). *Tätigkeits-Analyse-Inventar (TAI).* Landsberg: ecomed.

Frieling, E., & Freiboth, M. (1997). Klassifikation von Gruppenarbeit und Auswirkungen auf subjektive und objektive Merkmale der Arbeitstätigkeit. *Zeitschrift für Arbeits- und Organisationspsychologie, 41,* 120–129.

Frieling, E., & Hoyos, C. Graf (1978). *Der Fragebogen zur Arbeitsplatzanalyse (FAA).* Bern: Huber.

Frieling, E., & Klein, H. (Hrsg.) (1988). *Rechnerunterstützte Konstruktion.* Bern, Stuttgart: Huber.

Frieling, E., Klein, H., Schliep, W., & Scholz, R. (1987). *Gestaltung von CAD-Arbeitsplätzen und ihrer Umgebung.* (Schriftenreihe der Bundesanstalt für Arbeitsschutz, Fb 503, Humanisierung des Arbeitslebens.) Bremerhaven: Verl. für Neue Wissenschaft.

Frieling, E., Kölle, Jh., Maier, W., Reisser, A., Scheiber, R. E., & Weber, G. (1980). *Entwicklung von Konzeptionen zur Fertigungssteuerung bei neuen Arbeitsformen. Teil 1: Probleme der Arbeitsstrukturierung, Ergebnisse. Teil 2: Anhang.* (Forschungsbericht, hrsg. vom Bundesministerium für Forschung und Technik [HA 80–047] 1/2). Karlsruhe: BMFT-Fachinformationszentrum.

Frieling, E., Pfitzmann, J., & Hammer, H. (1996). *Softwaregestaltung. Modellhafte Entwicklung einer CAD-Benutzungsoberfläche für den Architekturbereich.* Stuttgart: Fraunhofer Informationszentrum Raum und Bau.

Frieling, E., Pfitzmann, J., & Pfaus, H. (1996). *Arbeitsorganisation und Arbeitszeitregelungen im F&E-Bereich. Eine empirische Analyse in der Metall- und Elektrobranche.* (Schriftenreihe Forschung Fb 747 der Bundesanstalt für Arbeitsschutz.) Bremerhaven: Wirtschaftsverlag NW.

Frieling, E., Schäfer, E., & Fölsch, T. (2007). *Konzepte zur Kompetenzentwicklung und zum Lernen im Prozess der Arbeit.* Münster: Waxmann.

Frieling, E., & Schmitt, T. (1996). Prozeßorientierte

Koordination in der Produktentwicklung. Ein Beitrag zur Optimierung interner und externer Kunden-/Lieferantenbeziehungen. In: VDI (Hrsg.), *Deutscher Konstrukteurtag '96. Zukunftschance Produktentwicklung.* (Dresden, 3. und 4. Juni 1996. VDI-Berichte 1270.) Düsseldorf: VDI.

Frieling, E., & Wächter, J. (1995). Lean Management und Qualifizierung. In: W. Bungard (Hrsg.), *Lean Management auf dem Prüfstand.* (135–150.) Weinheim: Beltz.

Frieling, H. (1982a). *Farbe am Arbeitsplatz.* München: Bayerisches Staatsministerium für Arbeit und Sozialordnung.

Frieling, H. (1982b). *Licht und Farbe am Arbeitsplatz.* Bad Wörishofen: Verlagsgemeinschaft für Wirtschaftspublizistik.

Fritz, C., & Sonnentag, S. (2005). Recovery, health and job performance: Effects of weekend experiences. *Journal of Occupational Health Psychology, 10,* 187–199.

Fritz, C., & Sonnentag, S. (2006). Recovery, well-being and performance-related outcomes: The role of work load and vacation experiences. *Journal of Applied Psychology, 91,* 936–945.

Fröberg, J. E. (1977). Twenty-four-hour patterns in human performance, subjective and physiological variables and differences between morning and evening active subjects. *Biological Psychology, 5,* 119–134.

Fröhner, K.-D., & Richter, T. (1994). Analyse und arbeitswissenschaftliches Neugestaltungskonzept der Licht- und Beleuchtungssituation auf den Rangierbahnhöfen der Hamburger Hafenbahn. *Zeitschrift für Arbeitswissenschaft, 48,* 198–204.

Frone, M. R. (2008). Are work stressors related to employee substance use? The importance of temporal context in assessments of alcohol and illicit drug use. *Journal of Applied Psychology, 93,* 199–206.

Frone, M. R., Russel, M., & Cooper, M. L. (1992). Antecedents and outcomes of work-family conflict: Testing a model of the work-family interface. *Journal of Applied Psychology, 77,* 65–78.

Frone, M. R., Russel, M., & Cooper, M. L. (1995). Job stressors, job involvement and employee health: A test of identity theory. *Journal of Occupational and Organizational Psychology, 68,* 1–11.

Frone, M. R., Russel, M., & Cooper, M. L. (1997). Relation of work-family conflict to health outcomes: A four-year longitudinal study of employed parents. *Journal of Occupational and Organizational Psychology, 70,* 325–335.

Frost, J. (2006). Aufbau- und Ablauforganisation. In: Handelsblatt (Hrsg.), *Wirtschaftlexikon. – Das Wissen der Betriebswirtschaftslehre.* (531–537.) Stuttgart: Schäffer-Poeschel.

Fuchs, R. (1992). Sucht am Arbeitsplatz. Ein nicht mehr zu verleugnendes Thema. *Sucht, 1,* 48–55.

Fuchs, R., & Resch, M. (1996). *Alkohol und Arbeitssicherheit.* Materialsammlung. Landesstelle Berlin gegen die Suchtgefahren, Bereich „Alkohol am Arbeitsplatz – Betriebliche Gesundheitsförderung".

Fuchs, T. (2009). Der DGB-Index Gute Arbeit. In: B. Badura, H. Schröder, J. Klose & K. Macco (Hrsg.), *Fehlzeiten-Report 2009.* (175–195.) Heidelberg: Springer.

Fuchs, T., & Kistler, E. (2009). DGB-Index Gute Arbeit – Entwicklung und arbeitswissenschaftliche Potentiale. In: Gesellschaft für Arbeitswissenschaft e. V. (Hrsg.), *55. Kongress der Gesellschaft für Arbeitswissenschaft. Arbeit, Beschäftigungsfähigkeit im 21. Jahrhundert.* (337–340.) Dortmund: GfA Press.

Fuchs-Frohnhofen, P., & Hartmann, E. A. (1995). Nutzerbeteiligung, Berücksichtigung mentaler Modelle und interaktive Prozeßgestaltung als Elemente innovativer Technikentwicklung. Das Beispiel CNC-Drehmaschine. In: H. Rose (Hrsg.), *Nutzerorientierung im Innovationsmanagement. Neue Ergebnisse der Sozialforschung über Technikbedarf und Technikentwicklung.* (151–172.) Frankfurt: Campus.

Funke, J. (2006). Komplexes Problemlösen. In: J. Funke (Hrsg.), *Denken und Problemlösen.* (Enzyklopädie der Psychologie, Themenbereich C, Serie II, Bd. 8, 375–445.) Göttingen: Hogrefe.

Furnham, A. (2005). *The Psychology Of Behaviour At Work: The Individual in the Organisation.* Hove: Psychology Press.

Fürstenberg, F. (1975). *Konzeption einer interdisziplinär organisierten Arbeitswissenschaft.* Göttingen: Schwartz.

Gael, S. (Ed.) (1988). *The Job Analysis Handbook for Business Industry and Government.* (Vol. I u. II.) New York: Wiley.

Gage, N. L., & Berliner, D. C. (1986). Verbesserungen des Lerntransfer. In: G. Bach (Hrsg.), *Pädagogische Psychologie.* (366–382.) Weinheim: Beltz.

Gagné, E. (1985). *The Condition of Learning.* New York: Holt, Reinhaut & Winston.

Gaitanides, M. (2007). *Prozessorganisation – Entwicklung, Ansätze und Programme des Management von Geschäftsprozessen.* München: Vahlen.

Galperin, P. J. (1967). Die Entwicklung der Untersuchungen über die Bildung geistiger Operationen. In: H. Hiebsch (Hrsg.), *Ergebnisse der sowjetischen Psychologie*. (367–405.) Berlin: Akademie-Verlag.

Gaßmann, R. (1994). Süchte in Deutschland. Neuere Entwicklungen aus sozialwissenschaftlicher Sicht. *Sucht, 40*, 281–283.

Gebele, N., Morling, K., Rösler, U., & Rau, R. (2011). Objektive Erfassung von Job Demands und Decision Latitude sowie Zusammenhänge der Tätigkeitsmerkmale mit Erholungsunfähigkeit. *Zeitschrift für Arbeits- und Organisationspsychologie, 55*, 32–45.

Gebhardt, H. J., & Müller, B. H. (2003). *Ergonomische Gestaltung von Kältearbeitsplätzen*. Dortmund: Bundesanstalt für Arbeitsschutz und Arbeitsmedizin.

Geilhardt, Th., & Mühlbradt, Th. (Hrsg.) (1995). *Planspiele im Personal- und Organisationsmanagement*. Göttingen: Verlag für Angewandte Psychologie.

Geiser, C. (2010). *Datenanalyse mit Mplus: Eine anwendungsorientierte Einführung*. Wiesbaden: VS – Verlag für Sozialwissenschaften.

Gerst, D., Hardwig, Th., Kuhlmann, M., & Schumann, M. (1994). Gruppenarbeit in der betrieblichen Erprobung. Ein „Modell" kristallisiert sich heraus. *Angewandte Arbeitswissenschaft, 142*, 5–30.

Gesetz über Teilzeitarbeit und befristete Arbeitsverträge (Teilzeit- und Befristungsgesetz - TzBfG) vom 19. April 2007. BGBl. I (538).

Geurts, S. A. E., & Demerouti, E. (2003). Work/non-work interface: A review of theories and findings. In: M. J. Schabracq, J. A. M. Winnubst & C. L. Cooper (Eds.), *The Handbook of Work and Health Psychology*. (279–312.) New York: Wiley.

Geuter, U. (1984). Psychologie im Nationalsozialismus. In: H. E. Lück, R. Miller & W. Rechtien (Hrsg.), *Geschichte der Psychologie*. (22–27.) München: Urban & Schwarzenberg.

Giesa, H., & Timpe, K. (2006). Verlässlichkeit von Mensch-Maschine-Systemen. In: B. Zimolong, & U. Konradt (Hrsg.), *Ingenieurpsychologie*. (Enzyklopädie der Psychologie. 603–632). Göttingen: Hogrefe.

Giese, F. (1927). Methoden der Wirtschaftspsychologie. In: E. Abderhalden (Hrsg.), *Handbuch der biologischen Arbeitsmethoden*. (Abt. VI, Teil C II.) Berlin: Urban & Schwarzenberg.

Glendon, A. I., Clarke, S. G., & McKenna, E. F. (2006). *Human safety and risk management*. London: Taylor & Francis.

Gnambs, T., & Batinic, B. (2010). Internetbasierte Methoden. In: H. Holling & B. Schmitz (Hrsg.), *Handbuch Statistik, Methoden und Evaluation*. (191–212.) Göttingen: Hogrefe.

Görlich, Y. (2007a). Alter und berufliche Leistung. In: H. Schuler & Kh. Sonntag (Hrsg.), *Handbuch der Arbeits- und Organisationspsychologie*. (574–582.) Göttingen: Hogrefe.

Görlich, Y. (2007b). Arbeitsproben. In: H. Schuler & Kh. Sonntag (Hrsg.), *Handbuch der Arbeits- und Organisationspsychologie*. (468–474.) Göttingen: Hogrefe.

Goldberg, L. R. (1993). The structure of phenotypic personality traits. *American Psychologist, 48*, 26–34.

Goldsmith, H. H. (1983). Genetic Influences on Personality from Infancy to Adulthood. *Child Development, 54*, 331–355.

Goldstein, D. (1972). Electromyography. A Measure of Skeletal Muscle Response. In: N. S. Greenfield & R. A. Sternbach (Eds.), *Handbook of Psycho-Physiology* (S. 329-366). New York: Holt, Rinehart & Winston.

Goldstein, I. L. (1986). *Training in Organizations. Needs Assessment, Development, and Evaluation*. Monterey: Brooks/Cole.

Goldstein, I. L., & Ford, J. K. (2002). *Training in organizations*. Belmont, CA: Wadsworth.

Golembiewski, R. T., Munzenrider, Carter, D. (1983). Phases of Progressive Burn-Out and their Work Site Covariants. Critical Issues in OD Research and Practice. *Journal of Applied Behavioral Science, 19*, 461–481.

Goodman, P. S., & Friedman, A. (1971). An Examination of Adams' Theory of Inequity. *Administrative Science Quarterly, 16*, 271–288.

Gossauer, E. (2008). *Nutzerzufriedenheit in Bürogebäuden. Eine Feldstudie. Analysen von Zusammenhängen zwischen verschiedenen Komfortparametern am Arbeitsplatz*. Unveröffentlichte Dissertation, Universität Karlsruhe. Zugriff 2011-07-01 unter http://www.energieeffizient-sanieren.org/data/ Nutzerzufriedenheit_in_Buerogebaeuden_-_Diss_Gosssauer.pdf

Gottschalk, O. (1994). *Verwaltungsbauten. Flexibel – kommunikativ – nutzerorientiert*. Wiesbaden: Bauverlag.

Graf, O. (1970). Arbeitszeit und Arbeitspausen. In: A. Mayer & B. Herwig (Hrsg.), *Betriebspsychologie*. (244–277.) Göttingen: Hogrefe.

Grandey, A. A. (2000). Emotion regulation in the workplace: A new way to conceptualize emotional labor. *Journal of Occupational Health Psychology, 5*, 95–110.

Grandey, A. A. (2003). When „the show must go on": Surface acting and deep acting as determinants of emotional exhaustion and peer-rated service delivery. *Academy of Management Journal, 46*, 86–96.

Grandjean, E. (1979). *Physiologische Arbeitsgestaltung. Leitfaden der Ergonomie.* Thun: Ott.

Grandjean, E. (1987). *Ergonomics in Computerized Offices.* London: Taylor & Francis.

Grandjean, E. (1991). *Physiologische Arbeitsgestaltung. Leitfaden der Ergonomie.* Landsberg: ecomed.

Grandjean, E., & Hüntig, W. (1977). *Sitzen Sie richtig?* München: Bayerisches Staatsministerium für Arbeit und Sozialordnung.

Grech, M. R., Neal, A., Yeo, G., Humphreys, M., & Smith, S. (2009). An examination of the relationship between workload and fatigue within and across consecutive days of work: Is the relationship static or dynamic? *Journal of Occupational Health Psychology, 14*, 231–242.

Greenberg, J. (1982). Approaching Equity and Avoiding Inequity in Groups and Organizations. In: J. Greenberg & R. J. Cohen (Eds.), *Equity and Justice in Social Behavior.* New York: Academic Press.

Greene, R. L., & Nowack, K. M. (1995). Hassles, hardiness and absenteeism: Results of a 3year longitudinal study. *Work and Stress, 9*, 448–462.

Greenhaus, J. H., & Beutell, N. J. (1985). Sources of conflict between work and family roles. *Academy of Management Review, 10*, 76–88.

Greif, S. (1994). Gegenstand und Aufgabenfelder der Arbeits- und Organisationspsychologie. In: S. Greif & E. Bamberg (Hrsg.), *Die Arbeits- und Organisationspsychologie.* (17–72.) Göttingen: Hogrefe.

Greif, S., Bamberg, E., Dunckel, H., Frese, M., Mohr, G., Rückert, D., Rummel, M., Semmer, N. & Zapf, D. (1983). *Abschlußbericht des Forschungsprojekts «Psychischer Streß am Arbeitsplatz. Hemmende und fördernde Bedingungen für humanere Arbeitsplätze».* Universität Osnabrück.

Greif, S., Bamberg, E., & Semmer, N. (Hrsg.) (1991). *Psychischer Streß am Arbeitsplatz.* Göttingen: Hogrefe.

Greif, S. & Kluge, A. (2004). Lernen in Organisationen. In: H. Schuler (Hrsg.). *Organisationspsychologie – Grundlagen und Personalpsychologie.* Enzyklopädie der Psychologie, Themenbereich D, Serie III, Band 3 (752–826). Göttingen: Hogrefe.

Griefahn, B. (1997). Klima. In: H. Luczak & W. Volpert (Hrsg.), *Handbuch Arbeitswissenschaft.* (495–499.) Stuttgart: Schäffer-Poeschel.

Griefahn, B. (2011). Lärm, Klima, Licht. In: G. Triebig, M. Kentner & R. Schiele (Hrsg.), *Arbeitsmedizin. Handbuch für Theorie und Praxis.* 3. Aufl. (543–553.) Stuttgart: Gentner.

Griffeth, R. W., Hom, P. W., & Gaernter, S. (2000). A meta-analysis of antecedents and correlates of employee turnover: Update, moderator tests and research implications for the next millennium. *Journal of Management, 26*, 463–488.

Griffin, M. A., & Neal, A. (2000). Perceptions of safety at work: A framework for linking safety climate to safety performance, knowledge and motivation. *Journal of Occupational Health Psychology, 5*, 347–358.

Grinda, S., Pieper, A., Strina, G., Strötgen, I., & Südhoff, M. (1993). *Vom Mitarbeiter zum Mitdenker. Gestaltungsbausteine für die dezentrale Organisation.* Köln: Deutscher Institut Verlag.

Grob, R. & Haffner, H. (1982). *Planungsleitlinien Arbeitstrukturierung. Systematik zur Gestaltung von Arbeitssystemen.* München: Siemens.

Grote, G. (2007). Arbeits- und Prozess-Sicherheit. In: H. Schuler & Kh. Sonntag (Hrsg.). *Handbuch der Arbeits- und Organisationspsychologie* (155–164). Göttingen: Hogrefe.

Gruber, H., & Ziegler, A. (Hrsg.) (1996). *Expertiseforschung. Theoretische und methodische Grundlagen.* Opladen: Westdeutscher Verlag.

Grzech-Sukalo, H., & Hänecke, K. (1997). *Computergestützte Arbeitszeitgestaltung: Bass II. Ein Computerprogramm zur Arbeitszeitgenerierung und beurteilung.* Hude: AWIS-Verl.

Gully, S., & Chen, G. (2010). Individual differences, attribute-treatment interactions, and training outcomes. In: S. W. J. Kozlowski & E. Salas (Eds.), *Learning, training and development in organizations.* (3–64.) New York: Routledge.

Gulmo, N. (2008). Psychische Belastungen und Bewältigungsmöglichkeiten von Arbeitnehmervertretern. München: Hamp.

Gulowsen, J. (1972). A Measure of Work-Group Autonomy. In: L. E. Davis & J. C. Taylor (Eds.), *Design of Jobs.* (374–390.) London: Penguin Books.

Gundlach, G. (1991). Gesundheitsförderung in der Arbeitswelt. In: J. Haisch & H.-P. Zeitler (Hrsg.), *Gesundheitspsychologie.* (145–171.) Heidelberg: Asanger.

Gundlach, G. (1992). Evaluation betrieblicher Gesundheitsförderung. *Psychosozial, 52*, 61–71.

Gupta, N., Jenkins, G. D., & Curington, W. P. (1986). Paying for Knowledge. Myths and Realities. *National Productivity Review, 5*, 107–123.

Guthke, J. (1991). Das Lerntestkonzept in der Eignungsdiagnostik. In: H. Schuler & U. Funke (Hrsg.), *Eignungsdiagnostik in Forschung und Praxis*. (33–35.) Göttingen: Hogrefe.

Hacker, W. (1973). *Allgemeine Arbeits- und Ingenieurspsychologie*. Berlin: Deutscher Verlag der Wissenschaften.

Hacker, W. (1982). Walter Blumenfeld 1882–1967. *Probleme und Ergebnisse der Psychologie, 79*, 5–6.

Hacker, W. (1986). *Arbeitspsychologie. Psychische Regulation von Arbeitstätigkeiten*. Bern: Huber.

Hacker, W. (1992). *Expertenkönnen*. Göttingen: Verlag für Angewandte Psychologie.

Hacker, W. (1998). *Allgemeine Arbeitspsychologie. Psychische Regulation von Arbeitstätigkeiten*. Bern: Huber.

Hacker, W. (2005). *Allgemeine Arbeitspsychologie. Psychische Regulation von Wissens, Denk- und körperlicher Arbeit*. Bern: Huber.

Hacker, W. (2010). Psychische Regulation von Arbeitstätigkeiten. In: U. Kleinbeck & K. H. Schmidt (Hrsg.), *Arbeitspsychologie*. (Enzyklopädie der Psychologie, Themenbereich D, Serie III, Bd. 1, 3–37.) Göttingen: Hogrefe.

Hacker, W., Fritsche, F., Richter P., & Iwanowa, A. (1995). *Tätigkeitsbewertungssystem TBS*. Zürich: vdf/Teubner.

Hacker, W., Reinhold, S., Darm, A., Hübner, I. & Wollenberger, E. (1995). *Beanspruchungsscreenings bei Humandienstleistungen (BHD-System)* (Forschungsberichte. Bd. 27). Technische Universität Dresden.

Hacker, W., & Richter, P. (1980). *Psychische Fehlbeanspruchung. Psychische Ermüdung, Monotonie, Sättigung und Streß*. (Spezielle Arbeits- und Ingenieurspsychologie in Einzeldarstellungen. Lehrtext 2.) Berlin: Deutscher Verlag der Wissenschaften.

Hacker, W., & Skell, W. (1993). *Lernen in der Arbeit*. Berlin: Bundesinstitut für Berufsbildung.

Hacket, R. D., & Guion, R. M. (1985). A reevaluation of the absenteeism – job satisfaction relationship. *Organizational Behavior and Human Decision Processes, 35*, 340–381.

Hackman, J. R., & Oldham, G. R. (1975). Development of the Job Diagnostic Survey. *Journal of Applied Psychology, 60*, 59–170.

Hackman, J. R., & Oldham, G. R. (1976). Motivation Through the Design of Work. Test of a Theory. *Organizational Behavior and Human Performance, 16*, 250–279.

Häcker, H. O., & Stapf, K. H. (Hrsg.) (2009). *Dorsch Psychologisches Wörterbuch*. Bern: Huber.

Häfeli, K., Kraft, U., & Schallberger, U. (1988). *Berufsausbildung und Persönlichkeitsentwicklung*. Bern: Huber.

Hager, W., & Westermann, R. (1983). Planung und Auswertung von Experimenten. In: J. Bredenkamp & H. Feger (Hrsg.), *Enzyklopädie der Psychologie*. (Bd. 5 Hypothesenprüfung, 24–238.) Göttingen: Hogrefe.

Haider, E., & Rohmert, W. (1976). Untersuchungen zur Lidschlußfrequenz bei vierstündiger simulierter Kraftfahrzeugfahrt. *European Journal of Applied Physiology, 35*, 137–147.

Hakanen, J. J., Schaufeli, W. B., & Ahola, K. (2008). The Job Demands-Resources model: A three-year cross-lagged study of burnout, depression, commitment, and work engagement. *Work and Stress, 22*, 224–241.

Hallmaier, R. (1994). *Alkohol im Betrieb – geht jeden an. Leitfaden für Führungskräfte*. München: Bayerische Landesstelle gegen die Suchtgefahren (RB-Nr. 10/94/11).

Hamann, M. (1995). *Fortschrittliche Arbeitszeitmodelle*. (Studienunterlagen zum Postgradualen Studium PE/OE.) Chemnitz: Technische Universität.

Hamberg van Reenen, H. H., Beek, A. J. van der, Blatter, B. M., Mechelen, W. van, & Bongers, P. M. (2009). Age-related differences in muscular capacity among workers. *International archive of occupational environmental health, 82*, 1115–1121.

Hammer, M., & Champy, J. (1994). *Business Reengineering. Die Radikalkur für das Unternehmen*. Frankfurt am Main: Campus.

Hansen, C. P. (1988). Personality characteristics of the accident involved employee. *Journal of Business and Psychology, 2*, 346–365.

Hapke, U. (2004). Gesundheitspsychologische Prävention: Ressourcenstärkung und Risikoprophylaxe. Prävention von Risikoverhalten. Alkoholkonsum. In: M. Jerusalem & H. Weber (Hrsg.), *Psychologische Gesundheitsförderung. Diagnostik und Prävention*. (197–212.) Göttingen: Hogrefe.

Harem, T., & Rau, D. (2007). The influence of degree of expertise and objective task complexity on perceived task complexity and performance. *Journal of Applied Psychology, 92*, 1320–1333.

Harris, C., Daniels, K., & Briner, R. (2003). A daily diary study of goals and affective well-being at work. *Journal of Occupational and Organizational Psychology, 76*, 401–410.

Harrison, D. A., & Martocchio, J. J. (1998). Time for absenteeism: A 20year review of origins, offshoots and outcomes. *Journal of Management, 24*, 305–350.

Harrison, W. D. (1983). A Social Competence Model of Burnout. In: B. A. Farber (Ed.), *Stress and Burnout in the Human Service Professions*. (29–39.) New York: Pergamon.

Hart, P. M., & Cooper, C. R. (2008). Occupational Stress: Towards a More Integrated Framework. In: N. Anderson, D. S. Ones, H. K. Silangil & Ch. Visweswaran (Eds.), *Handbook of Industrial, Work and Organizational Psychology, Vol. 2, Organizational Psychology*. (93–114.) London: Sage.

Hartig, J., & Klieme, E. (2006). Kompetenz und Kompetenzdiagnostik. In: K. Schweizer (Hrsg.), *Leistung und Leistungsdiagnostik*. (128–143.) Heidelberg: Springer.

Hartmann, E. (1981). Beleuchtung. In: H. Schmidtke (Hrsg.), *Lehrbuch der Ergonomie*. (178–198.) München: Hanser.

Hartmann, E. (1992). Licht und Mensch. In: Schweizerische Lichttechnische Gesellschaft (Hrsg.), *Handbuch der Beleuchtung*. (1–18.) Landsberg: ecomed.

Hartung, E., Dupuis, H., & Christ, E. (2000). Schwingungsmessung. In: Institut für angewandte Arbeitswissenschaft – IfaA (Hrsg.), Lärm und Vibrationen am Arbeitsplatz. *Messtechnisches Taschenbuch für den Betriebspraktiker*. (169–253.) Köln: Bachem.

Hartz, J.-O. (1997). *Darstellung von Flugparametern in der visuellen Peripherie am Beispiel der Entwicklung von Hubschraubercockpits*. Unveröff. Diss., Universität Gh Kassel.

Hauge, L. J., Skogstad, A., & Einarsen, S. (2007). Relationships between stressful work environments and bullying: Results of a large representative study. *Work and Stress, 21*, 220–242.

Hauge, L. J., Skogstad, A., & Einarsen, S. (2009). Individual and situational predictors of workplace bullying: Why do perpetrators engage in the bullying of others? *Work and Stress, 23*, 349–358.

Hauptmann, G., & Hohmann, R. (Hrsg.) (1992). *Handbuch der Reinraumpraxis*. Landsberg: ecomed.

Hausknecht, J. P., Day, D. V., & Thomas, S. C. (2004). Applicant reactions to selection procedures: An updated model and meta-analysis. *Personnel Psychology, 57*, 639–683.

Hausladen, G. (Hrsg.) (2001). *Innovative Gebäude-, Technik- und Energiekonzepte*. München: Oldenbourg Industrieverlag.

Hausladen, G., de Saldanha, M., Liedl, P., & Sager, C. (2004). *Clima Design-Lösungen für Gebäude, die mit weniger Technik mehr können*. München: Callway.

Havighurst, R. J. (1972). *Developmental task and education*. (3rd ed.) New York: McKay.

Hecht, T. D., & Allen, N. J. (2009). A Longitudinal examination of the work-nonwork boundary strength construct. *Journal of Organizational Behavior, 30* (7), 839–862.

Hecker, Ch., Fischer, S., Kaulbaars, U., Hartung, E., & Dupuis, H. (2010). Mechanische Schwingungen. DI-10.2. In: S. Letzel & D. Novak (Hrsg.), *Handbuch der Arbeitsmedizin*. Landsberg: Ecomed Medizin.

Hecker, R. (1994). Lärmbelastung in der Schule. *Zeitschrift für Arbeitswissenschaft, 48*, 90–98.

Heckhausen, H. (1989). *Motivation durch Handeln*. Berlin: Springer.

Heckhausen, J., & Heckhausen, H. (2006). *Motivation und Handeln*. Heidelberg: Springer.

Hegele, M., & Heuer, H. (2010). Adaptation to a direction – dependent visuomotor gain in the young and elderly. In: *Psychological Research, 74*, 21–34.

Heifetz, L. J., & Bersani, H. A. (1983). Disrupting the Pursuit of Personal Growth. Toward an Unified Theory of Burnout in the Human Services. In: B. A. Farber (Ed.), *Stress and Burnout in the Human Service Professions*. (46–62.) New York: Pergamon.

Heintel, P. (1995). Teamentwicklung. In: B. Voß (Hrsg.), *Kommunikations- und Verhaltenstraining*. (193– 205.) Göttingen: Verlag für Angewandte Psychologie.

Helander, M. (2006). *A Guide to Human Factors and Ergonomics*. (2nd ed.) Boca Raton: Taylor & Francis.

Helbig, R., & Ferreira, Y. (2009). Bildschirmarbeit und Büroarbeit. In: K. Landau & G. Pressel (Hrsg.), *Medizinisches Lexikon der beruflichen Belastungen*. (201–213.) Stuttgart: Gentner.

Hell, B. (2007). Messung kognitiver Fähigkeiten. In: H. Schuler & Kh. Sonntag (Hrsg.), *Handbuch der Arbeits- und Organisationspsychologie*. (441–449.) Göttingen: Hogrefe.

Henn, G., & Kühnle, H. (1996). Strukturplanung. In: W. Eversheim & G. Schuh (Akademischer Verein Hütte e. V.) (Hrsg.), *Produktion und Management „Betriebshütte"*. (Teil 2, 9/57–9/93.) Berlin: Springer.

Henn Architekten Ingenieure (1998). *Form follows Flow. Modular Fabrik Skoda*. München.

Herbst, P. (1962). *Autonomus group functioning*. London: Tavistock.

Herczeg, M. (1994). *Softwareergonomie. Grundlagen der Mensch-Computer-Kommunikation*. Bonn: Addison-Wesley.

Herrmann, T. (1994). Sprachproduktion als Systemregulation. In: B. Bergmann & P. Richter (Hrsg.), *Die Handlungsregulationstheorie. Von der Praxis einer Theorie* (S. 21–31). Göttingen: Hogrefe.

Hertel, G., & Scholl, W. (2006). Grundlagen der Gruppenarbeit in Organisationen. In: B. Zimolong & U. Konradt (Hrsg.), *Ingenieurpsychologie*. (Enzyklopädie der Psychologie, Themenbereich D, Serie III, Bd. 2, 181–216.) Göttingen: Hogrefe.

Hertel, S., Klug, J., & Schmitz, B. (2010). Quasi-experimentelle Versuchspläne. In: H. Holling & B. Schmitz (Hrsg.), *Handbuch Statistik, Methoden und Evaluation*. (49–62.) Göttingen: Hogrefe.

Hertting-Thomasius, R. (1997). Tastaturen. In: H. Luczak & W. Volpert (Hrsg.), *Handbuch der Arbeitswissenschaft*. (563–567.) Stuttgart: Poeschel.

Herold, D. M., Davis, W., Fedor, D. B., & Parsons, C. K. (2002). Dispositional influences on transfer of learning in multistage training programs. *Personnel Psychology, 55*, 851-869.

Herwig, B. (1970). Zur Systematik der Betriebspsychologie. In: A. Mayer & B. Herwig (Hrsg.), *Betriebspsychologie*. (Handbuch der Psychologie, Bd. 9.) (56–65.) Göttingen: Hogrefe.

Hesketh, B. (1997). Dilemmas in Training for Transfer and Retention. *Applied Psychology. An International Review, 46*, 317–386.

Hesse, J. M., Irle, H., & Strasser, H. (1995). Zeitweilige Hörschwellenverschiebungen und Restitutionsverläufe nach energieäquivalenter Dauer- und Impulsschallbelastung. In: H. Strasser, *Arbeitswissenschaftliche Beurteilung von Umgebungsbelastungen. Anspruch und Wirklichkeit des präventiven Arbeitsschutzes*. (69–88.) Landsberg: ecomed.

Hettinger, Th. (1989). Klimabelastungen. In: J. Konietzko & H. Dupuis (Hrsg.), *Handbuch der Arbeitsmedizin. Arbeitsphysiologie, Arbeitspathologie, Prävention*. (Kap. II-3.4, 1–8.) Landsberg: ecomed.

Hettinger, Th., Averkamp, Ch., & Müller, B. H. (1987). *Arbeitsbedingungen in der Glasindustrie*. (Methoden und Verfahren arbeitswissenschaftlicher Felduntersuchungen. Bd. 1.) (REFA.) Köln: Beuth.

Hettinger, Th., & Wobbe, G. (Hrsg.). (1993). *Kompendium der Arbeitswissenschaft. Optimierungsmöglichkeiten der Arbeitsgestaltung und Arbeitsorganisation*. Ludwigshafen: Kiehl.

Heyde, K., Macco, K., & Vetter, C. (2009). Krankheitsbedingte Fehlzeiten in der deutschen Wirtschaft im Jahr 2007. In: B. Badura, H. Schröder & C. Vetter (Hrsg.), *Fehlzeiten-Report 2008. Betriebliches Gesundheitsmanagement: Kosten und Nutzen*. (205–436.) Heidelberg: Springer Medizin.

Hezlett, S. A. (2005). Proteges' Learning in Mentoring Relationships: A Review of the Literature and an Exploratory Case Study. *Advances in Developing Human Resources, 7*, 505–526.

Hinrichs, P. (1981). *Um die Seele des Arbeiters. Arbeitspsychologie, Industrie- und Betriebssoziologie in Deutschland*. Köln: Pahl-Rugenstein.

Hiro, H., Kawakami, N., Tanaka, K., & Nakamura, K. (2007). Association between job stressors and heavy drinking: Age differences in male Japanese workers. *Industrial Health, 45*, 415–425.

Hirschberg, W., & Janata, A. (1984). *Technologie und Ergologie in der Völkerkunde*. Berlin: Reimer.

Hische, W. (1950). Arbeitspsychologie. Hannover.

Hobfoll, S. E. (1988). *The Ecology of Stress*. New York: Hemisphere Publ. Corp.

Hobfoll, S. E. (1989). Conservation of Resources: A new attempt at Conceptualizing stress. *American Psychologist, 44*, 513–524.

Hobfoll, S. E. (2002). Social and psychological resources and adaptations. *Review of General Psychology, 6*, 302-324.

Hobfoll, S. E., & Freedy, J. (1993). Resource Conservation as a strategy for community psychology. *Journal of Community Psychology, 21*, 128–148.

Hochholdinger, S., Rowold, J., & Schaper, N. (2008). Ansätze zur Trainings- und Transferevaluation. In: J. Rowold, S. Hochholdinger & N. Schaper (Hrsg.), *Evaluation und Transfersicherung betrieblicher Trainings: Modelle, Methoden und Befunde*. (30–53.) Göttingen: Hogrefe.

Hochholdinger, S., & Schaper, N. (2007). Trainingsevaluation und Transfersicherung. In: H. Schuler & Kh. Sonntag (Hrsg.), *Handbuch der Arbeits- und Organisationspsychologie*. (625–632.) Göttingen: Hogrefe.

Hochholdinger, S., Schaper, N., & Sonntag, Kh. (2008). Ergebnisse der Evaluation betrieblicher ELearning-Module. In: J. Rowold, S. Hochholdinger & N. Schaper (Hrsg.), *Evaluation und Transfersicherung betrieblicher Trainings*. (146–164.) Göttingen: Hogrefe.

Hochschild, A. R. (1990). *Das gekaufte Herz. Zur*

Kommerzialisierung der Gefühle. Frankfurt a. Main: Campus.

Höft, S. (2007). Assessment Center. In: H. Schuler & Kh. Sonntag (Hrsg.), *Handbuch der Arbeits- und Organisationspsychologie.* (475–482.) Göttingen: Hogrefe.

Höft, S., & Funke, U. (2006). Simulationsorientierte Verfahren der Personalauswahl. In: H. Schuler (Hrsg.), *Lehrbuch der Personalpsychologie.* (145–188.) Göttingen: Hogrefe.

Hoff, E.-H. (1994). Arbeit und Sozialisation. In: K. Schneewind (Hrsg.), *Psychologie der Erziehung und Sozialisation.* (Enzyklopädie der Psychologie. 525–552.) Göttingen: Hogrefe.

Hoff, E.-H., Lempert, W., & Lappe, L. (1991). *Persönlichkeitsentwicklung in Facharbeiterbiographien.* Bern: Huber.

Hofmann, W. (1992). *Alkoholgenuß als Entlassungsgrund.* Unveröffentlichte Dissertation, Gießen: Universität Gießen.

Hohmann, C. & Schwarzer, R. (2009). Selbstwirksamkeitserwartung. In: J. Bengel & M. Jerusalem (Hrsg.). *Handbuch der Gesundheitspsychologie und Medizinischen Psychologie* (61–67). Göttingen: Hogrefe.

Holland, J. L. (1985). *Making Vocational Choices. A Theory of Careers.* Englewood Cliffs: Prentice-Hall.

Holling, H., & Kuhn, J.-T. (2007). Methoden der Datenerhebung. In: H. Schuler & Kh. Sonntag (Hrsg.), *Handbuch der Arbeits- und Organisationspsychologie.* (90–97.) Göttingen: Hogrefe

Holling, H., & Schmitz, B. (Hrsg.) (2010). *Handbuch Statistik, Methoden und Evaluation.* Göttingen: Hogrefe.

Holst, E., & Mittelstaedt, M. (1950). Das Reafferenzprinzip. *Naturwissenschaft, 37,* 464–476.

Hooff, M. L. M. van, Geurts, S. A. E., Kompier, M. A. J., Taris, T. W. (2007). „How fatigued do you currently feel?" Convergent and discriminant validity of a single-item fatigue measure. *Journal of Occupational Health, 49,* 224–234.

Hornberger, S. (2005). *Individualisierung in der Arbeitswelt aus arbeitswissenschaftlicher Sicht.* Frankfurt am Main: Peter Lang.

Hornberger, S., & Weisheit, J. (1999). Telearbeit und Vereinbarkeit von Beruf und Familie. In: A. Büssing & H. Seifert (Hrsg.), *Die „Stechuhr" hat ausgedient.* (127–145.) Berlin: Edition Sigma.

Hosemann, A. (1990). Funktionsrückmeldungen als Handlungskontrolle für den Fahrer. Eine Untersuchung, gezeigt am Beispiel der 4MATIC. In:

Daimler Benz AG (Hrsg.), *Forschungsinstrument Fahrsimulator.* (31–36.) Düsseldorf: VDI.

Hossiep, R. (2006). Messung von Persönlichkeitsmerkmalen. In: H. Schuler (Hrsg.), *Lehrbuch der Personalpsychologie.* (450–458.) Göttingen: Hogrefe.

Hossiep, R., & Paschen, M. (2003). *Bochumer Inventar zur berufsbezogenen Persönlichkeitsbeschreibung (BIP).* Göttingen: Hogrefe.

Hoth, S., & Gudmundsdottir, K. (2007). Der Einfluss der Alterung auf die otoakustischen Emissionen – eine Querschnittsstudie an über 10 000 Ohren. In: R. Grieshaber, M. Stadler & H. C. Scholle (Hrsg), *Prävention von arbeitsbedingten Gesundheitsgefahren und Erkrankungen.* Jena: Bussert & Stadeler.

Hough, L. M. (1992). The „Big Five" Personality Variables. Construct Confusion: Description Versus Prediction. *Human Performance, 5,* 139–155.

Hough, L. M., & Ones, D. S. (2001). The structure, measurement, validity and use of personality variables in industrial, work and organizational psychology. In: N. Anderson, D. S. Ones, H. K. Sinangil & Ch. Viswesvaran (Eds.), *Handbook of industrial, work and organizational psychology.* (233–278.) London: Sage.

Hox, J. (2010). *Multilevel Analysis: Techniques and Applications.* New York: Routledge.

Hoyos, C. Graf. (1974). *Arbeitspsychologie.* Stuttgart: Kohlhammer.

Hoyos, C. Graf (1987). Verhalten in gefährlichen Arbeitssituationen. In: U. Kleinbeck & J. Rutenfranz (Hrsg.), *Arbeitspsychologie.* (Enzyklopädie der Psychologie, Themenbereich D, Serie III, Bd. 1, 577–627.) Göttingen: Hogrefe.

Hoyos, C. Graf, Frey, D., & Stahlberg, D. (Hrsg.) (1988). *Angewandte Psychologie.* Weinheim: Psychologie Verlags-Union.

Hoyos, C. Graf, & Ruppert, F. (1993). *Der Fragebogen zur Sicherheitsdiagnose FSD. Entwicklung und Erprobung eines verhaltensorientierten Verfahrens für die betriebliche Sicherheitsarbeit.* Bern: Huber.

Hron, I., Lauche, K., & Schultz-Gambard, I. (2000). Training im Qualitätsmanagement. Eine Interventionsstudie zur Vermittlung von Qualitätswissen und handlungsleitenden Kognitionen. *Zeitschrift für Arbeits- und Organisationspsychologie, 44,* 192–201.

Huber, B. (1993). *Psychoterror am Arbeitsplatz. Mobbing.* Niederhausen: Falken.

Hübner, W., Kühl, A., & Putzing, M. (2003). *Kompetenzerhalt und Kompetenzentwicklung älterer Ar-*

beitnehmer in Unternehmen. QUEM-Report. Schriften zur beruflichen Weiterbildung. Heft 84.

Hüttner, J., Wandtke, H., & Rätz, A. (1995). *Benutzerfreundliche Software. Psychologisches Wissen für die ergonomische Schnittstellengestaltung.* Berlin: Paschke.

Hunter, J. E., & Hunter, R. F. (1984). Validity and Utility of Alternative Predictors of Job Performance. *Psychological Bulletin, 96,* 72–98.

Hurtz, G. M., & Donovan, J. J. (2000). Personality and job performance: The big five revisited. *Journal of Applied Psychology, 85,* 869–879.

IG-Metall: Baden-Württemberg. Bildungsstätte Lohr. (Hrsg.) (2006). *ERA-Wissen Handbuch. Handbuch zum Entgeltrahmen-Tarifvertrag (ERA-TV). Für Mitglieder der paritätischen Kommission und Betriebsräte.* Lohr am Main.

Ilies, R., Scott, B. A., & Judge, T. A. (2006). The interactive effects of personal traits and experienced states on intraindividual patterns of organizational citizenship behaviour. *Academy of Management Journal, 49,* 561–575.

Ilmarinen, J. (2000). Die Arbeitsfähigkeit kann mit dem Alter steigen. In: Ch. v. Rothkirch (Hrsg.), *Altern und Arbeit. Herausforderung für Wirtschaft und Gesellschaft.* (88–99.) Berlin: Ed. Sigma.

Ilmarinen, J., & Tempel, J. (2002). *Arbeitsfähigkeit 2010. Was können wir tun damit Sie gesund bleiben?* Hamburg: VSA-Verlag.

Ilmarinen, J., Tuomi, K., & Klockars, M. (1997). Changes in the work ability of active employees over an 11year period. *Scandinavian Journal of Work Environment Health, 23,* 49–57.

Imai, M. (1992). *Kaizen. Der Schlüssel zum Erfolg der Japaner im Wettbewerb.* München: Langen/Müller.

Immenroth, M. (2003). *Mentales Training in der Medizin: Anwendung in der Chirurgie und Zahnmedizin.* Hamburg: Dr. Kovak.

Institut für angewandte Arbeitswissenschaft – IfaA (Hrsg.) (2000). *Lärm und Vibrationen am Arbeitsplatz. Meßtechnisches Taschenbuch für den Betriebspraktiker.* Köln: Bachem.

Irle, M., & Allehoff, W. H. (1983). *Berufs-Interessen-Test II.* Göttingen: Hogrefe.

Irving, P. G., Coleman, D. F., & Cooper, C. L. (1997). Further assessments of a three-component model of occupational commitment: Generalizability and differences across occupations. *Journal of Applied Psychology, 82,* 444–452.

Ivancevich, J. M., Matteson, M. T., Freedman, S. M., & Phillips, J. S. (1990). Worksite Stress Management Interventions. *American Psychologist, 45,* 252–261.

Iverson, R. D., & Erwin, P. J. (1997). Predicting occupational injury: The role of affectivity. *Journal of Occupational and Organizational Psychology, 70,* 113–128.

Iwanowa, A. (2006). Das Ressourcen-Anforderungen-Stressoren Modell. In: P. Sachse & W. G. Weber (Hrsg.), *Psychologie der Arbeitstätigkeit* (S. 265 – 283). Bern: Huber.

Jackson, S. E., & Schuler, R. S. (1985). A meta-analysis and conceptual critique of research on role ambiguity and role conflict in work settings. *Organizational Behavior and Human Performance, 36,* 16–78.

Jäger, A. O. (1984). Intelligenzstrukturforschung. Konkurrierende Modelle, neue Entwicklungen, Perspektiven. *Psychologische Rundschau, 35,* 21–35.

Jaeger, S., & Staeuble, I. (1983). Die Psychotechnik und ihre gesellschaftlichen Entwicklungsbedingungen. In: F. Stoll (Hrsg.), *Arbeit und Beruf.* (Bd. 1, 49–91.) Weinheim: Beltz.

Jahoda, M. (1991). „Die Arbeitslosen von Marienthal". In: U. Flick, E. v. Kardorff, M. Keupp, L. v. Rosenstiel & S. Wolff (Hrsg.), *Handbuch Qualitative Sozialforschung.* (119–125.) München: Psychologie Verlags-Union.

Jahoda, M., Lazarsfeld, P. F., & Zeisel, H. (1980). *Die Arbeitslosen von Marienthal. Ein Soziographischer Versuch über die Wirkung langandauernder Arbeitslosigkeit.* Frankfurt: Suhrkamp.

Jakob, G. (2003). Das narrative Interview in der Biographieforschung. In: B. Friebertshäuser & A. Prengel (Hrsg.), *Handbuch qualitative Forschungsmethoden in der Erziehungswissenschaft.* (445–458.) Weinheim, München: Juventa.

Jansen, R. (1993). Arbeitsbelastungen und qualifikationsrelevante Arbeitsbedingungen. In: R. Jansen & F. Stooß (Hrsg.), *Qualifikation und Erwerbssituation im geeinten Deutschland. Ein Überblick über die Ergebnisse der BiBB/IAB-Erhebung 1991–1992.* (97– 105.) Bonn: Bundesinstitut für Berufsbildung; Institut für Arbeitsmarkt- und Berufsforschung der Bundesanstalt für Arbeit.

Jansen, R., & Schwarze, S. (1998). Extraaurale Lärmwirkung. In: J. Konietzko & H. Dupuis (Hrsg.), *Handbuch der Arbeitsmedizin. Arbeitsphysiologie, Arbeitspathologie, Prävention.* (Kap. III-4.2, 1–14.) Landsberg: ecomed.

Jansen, R., & Stooß, F. (1993). *Qualifikation und Erwerbssituation im geeinten Deutschland. Ein Über-*

blick über die Ergebnisse der BiBB/IAB-Erhebung 1991–1992. Bonn: Bundesinstitut für Berufsbildung, Institut für Arbeitsmarkt- und Berufsforschung der Bundesanstalt für Arbeit.

Janßen, H. (1991). Zur Frage der Effektivität und Effizienz betrieblicher Gesundheitsförderung. Ergebnisse einer Literaturrecherche. *Zeitschrift für Präventivmedizin und Gesundheitsförderung, 3*, 1–7.

Jastrzebska-Fraczek, I., Schmidtke, H., Bubb, H., & Karwowski, W. (2006). Ergonomics Knowledge and Intelligent Design System (EKIDES) – Software Tool for Design, Assessment and Ergonomics Teaching. In: W. Karwowski (Ed.), *International Encyclopedia of Ergonomics and Human Factors.* (1613–1625.) Boca Raton: Taylor & Francis.

Jaufmann, D. (1995). Arbeitseinstellungen – Belastungen – Fehlzeiten. In: D. Jaufmann, E. Mezger & M. Pfaff (Hrsg.), *Verfällt die Arbeitsmoral? Zur Entwicklung von Arbeitsteilung, Belastungen und Fehlzeiten.* (33–80.) Frankfurt: Campus.

Jerusalem, M. (2009). Ressourcenförderung und Empowerment. In.: 1. Bengel & M. Jerusalem (Hrsg.). *Handbuch der Gesundheitspsychologie und Medizinischen Psychologie* (175–187). Göttingen: Hogrefe.

Jex, S. M., Bliese, P. D., Buzzell, S., & Primeau, J. (2001). The impact of self-efficacy on stressor-strain relations: Coping style as an explanatory mechanism. *Journal of Applied Psychology, 86*, 401–409.

Jex, S. M., Wang, M., Zarubin, A., Shultz, K. S., & Adams, G. A. (2007). Aging and occupational health. In: K. S. Shultz & G. A. Adams (Eds.), *Aging and work in the 21st century.* (199–223.) Mahwah, N. J.: US Lawrence Erlbaum.

Jimmieson, N. L. (2000). Employee reactions to behavioral control under conditions of stress: The moderating role of self-efficacy. *Work and Stress, 14*, 262–280.

Johannsen, G. (1993). *Mensch-Maschine-Systeme.* Berlin: Springer.

Johannsen, G. (2006). Fahrzeugführung und Assistenzsysteme. In: B. Zimolong & U. Konradt (Hrsg.), *Ingenieurpsychologie.* (Enzyklopädie der Psychologie, 737–775.) Göttingen: Hogrefe.

Johns, G. (2002). The psychology of lateness, absenteeism and turnover. In: N. Anderson, D. S. Ones, H. K. Sinangil & C. Viswesvaran (Eds.), *Handbook of industrial, work and organizational psychology, Vol 2: Organizational psychology.* (232–252.) Thousand Oaks, CA: Sage.

Johnson Controls (Hrsg.) (2010). *Global Workplace Innovation. Generation Y and the Workplace. Annual Report 2010.* www.globalworkplaceinnovation.com [Zugriff: 2011-09-24].

Joiko, K. (1989). *Leistungsbeeinflussung und psychophysiologische Reaktionen bei kombiniert auftretenden Arbeitsumweltfaktoren Schall und Beleuchtung.* Unveröff. Diss., Technische Universität Dresden.

Jones, C. J., Livson, N., & Peskin, H. (2003). Longitudinal hierarchical linear modeling analyses of California Psychology Inventory data from age 33 to 75: An examination of stability and change in adult personality. *Journal of Personality Assessment, 80*, 294–308.

Jones, F., Burke, R. J., & Westman, M. (Eds.) (2006). *Work-life balance: A psychological perspective.* New York: Psychology Press.

Judge, T. A., Bono, J. E., Ilies, R., & Gerhardt, M. W. (2002). Personality and leadership: A qualitative and quantitative review. *Journal of Applied Psychology, 87*, 765–780.

Judge, T. A., Bono, J. E., Thoresen, C. J., & Patton, G. K. (2001). The job satisfaction – job performance relationship: A qualitative and quantitative review. *Psychological Bulletin, 127*, 376–407.

Judge, T. A., Erez, A., Bono, J. E., & Thoresen, C. J. (2003). The core self-evaluations scale: Development of a measure. *Personnel Psychology, 56*, 303–331.

Judge, T. A., Heller, D., & Mount, M. K. (2002). Five-factor model of personality and job satisfaction: A meta-analysis. *Journal of Applied Psychology, 87*, 530–541.

Judge, T. A., Higgins, C. A., Thoresen, C. J., & Barrick, M. R. (1999). The Big Five personality traits, general mental ability and career success across the life-span. *Personnel Psychology, 52*, 620–652.

Judge, T. A., & Ilies, R. (2002). Relationship of personality to performance motivation: A meta-analytic review. *Journal of Applied Psychology, 87*, 797–807.

Jürgens, K. (2005). Die neue Unvereinbarkeit? Familienleben und flexibilisierte Arbeitszeiten. In: H. Seifert (Hrsg.), *Flexible Zeiten in der Arbeitswelt.* (169–190) Frankfurt: Campus.

Jürgens, U. (2007). *Warum Toyota so lange so stark ist.* Stuttgart: IGM.

Junge, B. (1994). Alkohol. In: Deutsche Hauptstelle gegen die Suchtgefahren (Hrsg.), *Jahrbuch Sucht.* (9–30.) Geesthacht: Neuland.

Kador, F.-J. (1989): *Alkohol und Medikamente am Ar-*

beitsplatz. Das „Suchtproblem" im Betrieb aus der Sicht der Arbeitgeberverbände. (Suchtprobleme am Arbeitsplatz. Erfahrungen, Konzepte, Hilfen. Deutsche Hauptstelle gegen die Suchtgefahren [Hrsg.].) Hamm: Hoheneck.

Käding, W. (1995). The Advanced Daimler-Benz Driving Simulator. (IPC8 Technical Paper 9530012.) [Ohne Ort:] Society of Automotive Engineers of Japan.

Kahn, J. H., Schneider, K. T., Jenkins-Henkelman, T. M., & Moyle, L. L. (2006). Emotional support and job burnout among high-school teachers: Is it all due to dispositional affectivity? Journal of Organizational Behavior, 27, 793–807.

Kahn, R. L. (1978). Konflikt, Ambiguität und Überforderung. Drei Elemente des Streß am Arbeitsplatz. In: M. Frese et al. (Hrsg.), Industrielle Psychopathologie. (18–33.) Bern: Huber.

Kahn, R. L., Wolpe, D. M., Quinn, R. P., Snoek, J. D., & Rosenthal, R. A. (1964). Organizational Stress. Studies in Role Conflict and Ambiguity. Wiley: New York.

Kanfer, R., & Ackerman, P. L. (2000). Individual differences in work motivation: Further exploration of a trait framework. Applied Psychology: An International Review, 49, 470–482.

Kannheiser, W. (1983). Theorie der Tätigkeit als Grundlage eines Modells von Arbeitsstreß. Psychologie und Praxis. Zeitschrift für Arbeits- & Organisationspsychologie, 27, 102–110.

Kannheiser, W. (1984). Erfassung potentiell beanspruchungsrelevanter organisatorisch-technischer Bedingungsstrukturen von Arbeitstätigkeiten. Unveröff. Diss., Universität Gh Kassel.

Kannheiser, W. (1992). Arbeit und Emotion. Eine integrierende Betrachtung. München: Quintessenz-Verlag.

Kannheiser, W., Hormel, R., & Aichner, R. (1997). Planung im Projektteam. (2. überarb. Aufl.) (Handbuch zum Planungskonzept Technik, Arbeit, Innovation. Bd. 1.) München: Hampp.

Kannheiser, W. (2006). Methoden für die Planung, Gestaltung und Evaluation von Mensch-Maschine-Systemen. In: B. Zimolong & U. Konradt (Hrsg.), Ingenieurpsychologie. (Enzyklopädie der Psychologie, Themenbereich D, Serie III, Bd. 2, 283–316.) Göttingen: Hogrefe.

Kanning, U. P. & Winter, B. (2007). Outdoor-Trainings. In: U. P. Kanning (Hrsg). Förderung sozialer Kompetenzen in der Personalentwicklung (299–316). Göttingen: Hogrefe.

Kanning, U. P., Rosenstiel, L. v., Schuler, H., Peter-

mann, F., Nerdinger, F., Batinic, B., et al. (2007). Angewandte Psychologie im Spannungsfeld zwischen Grundlagenforschung und Praxis – Plädoyer für mehr Pluralismus. Psychologische Rundschau, 58, 238–248.

Karasek, R. A. (1979). Job demands, job decision latitude, and mental strain. Implications for job redesign. Administrative Science Quarterly, 24, 285–306.

Karasek, R. A., & Theorell, T. (1990). Healthy Work. Stress, Productivity and the Reconstruction of Working Life. New York: Basic Books.

Karsunke, Y., & Wallraff, G. (1970). Arbeiterfragebogen von 1880. In: H. M. Enzensberger (Hrsg.), Kapitalismus in der Bundesrepublik. (Kursbuch 21. 1–16.) Berlin: Kursbuch-Verl./Wagenbach.

Kauffeld, S. (2001). Teamdiagnose. Göttingen: Verlag für Angewandte Psychologie.

Kauffeld, S. (2006). Kompetenzen messen, bewerten, entwickeln. Ein prozessanalytischer Ansatz für Gruppen. Stuttgart: Schäfer/Poeschel.

Kauffeld, S., Grote, S., & Frieling, E. (2003). Das Kasseler Kompetenz-Raster (KKR). In: J. Erpenbeck & L. v. Rosenstiel (Hrsg.), Handbuch Kompetenzmessung. (261–282.) Stuttgart: Schäfer/Poeschel.

Kauffeld, S., Grote, S., & Frieling, E. (Hrsg.) (2009). Handbuch Kompetenzentwicklung. Stuttgart: Schäfer/Poeschel.

Kawakami, M., Inoue, F., Ohkubo, T., & Ueno, T. (2000). Evaluating elements of the work area in terms of job redesign for older workers. International Journal of Industrial Ergonomics, 25, 525–533.

Kenny, G. P., Yardley, J. E., Martineau, L., & Jay, O. (2008). Physical work capacity in older adults. Implications for the aging worker. American Journal of Industrial medicine, 51, 610–625.

Kernan, M. C. & Hanges, P. J. (2002). Survivor reactions to reorganization: Antecedents and consequences of procedural, interpersonal, and informational justice. Journal of Applied Psychology, 87, 916–928.

Kersley, B., Alpin, C., Forth, J., Bryson, A., Bewley, H., Dix, G., & Oxenbridge, S. (2005). Inside the Workplace: First Findings from the 2004 Workplace Employment Relations Survey. London: Department of Trade and Industry.

Kessler, E.-M. & Staudinger, U. M. (2007). Intergenerational potential: Effects of social interaction between older people and adolescents. Psychology and Aging, 22, 690-704.

Keys, B., & Wolfe, J. (1990). The role of management

games and simulations in education and research. *Journal of Management, 16*, 307–336.

Khader, P., & Rösler, F. (2010). Elektrophysiologische Verfahren. In: H. Holling & B. Schmitz (Hrsg.), *Handbuch Statistik, Methoden und Evaluation.* (120–130.) Göttingen: Hogrefe.

Kiegeland, P. (1997). *Arbeitsplatz Lkw. Ermüdung und Lenkverhalten, ökologische Aspekte, Perspektiven.* Bonn: Dt. Psychologen-Verlag.

Kinicki, A. J., Prussia, G. E., Wu, B. J., & McKee-Ryan, F. M. (2004). A covariance structure analysis of employees' response to performance feedback. *Journal of Applied Psychology, 89*, 1057–1069.

Kirchler, E. (2003). *Wirtschaftspsychologie. Grundlagen und Anwendungsfelder der Ökonomischen Psychologie.* (3. Aufl.) Göttingen: Hogrefe-Verlag.

Kirchler, E. (2005). *Arbeits- und Organisationspsychologie.* Wien: WUV.

Kirchner, J.-H. (1993). Arbeitswissenschaft. Entwicklung eines Grundkonzeptes. *Zeitschrift für Arbeitswissenschaft, 47*, 85–92.

Kirkpatrick, D. L. (1998). *Evaluation training programs. The four levels* (2. ed.). San Francisco: Berret-Kochler-Publishers.

Kittner, M. (2009). *Arbeits- und Sozialordnung. Gesetzestexte, Einleitungen, Anwendungshilfen.* Frankfurt: Bund-Verlag.

Klehe, U.-C. (2007). Biografische Fragebögen. In: H. Schuler & Kh. Sonntag (Hrsg.), *Handbuch der Arbeits- und Organisationspsychologie.* (497–502.) Göttingen: Hogrefe.

Klehe, U.-C., & Kleinmann, U. (2007). Typische versus maximale Arbeitsleistung. In: H. Schuler & Kh. Sonntag (Hrsg.), *Handbuch der Arbeits- und Organisationspsychologie.* (254–260.) Göttingen: Hogrefe.

Klehe, U.-C., & Latham, G. P. (2005). The predictive and incremental validity of the situational and patterned behavior description interviews for teamplaying behavior. *International Journal of Selection and Assessment, 13*, 108–115.

Klein, H. J., Wesson, M. J., Hollenbeck, J. R., & Alge, B. J. (1999). Goal commitment and the goal setting process: Conceptual clarification and empirical synthesis. *Journal of Applied Psychology, 64*, 885–896.

Klein, L. (1976). *New Forms of Work Organization.* Cambridge: University Press.

Kleinbeck, U. (1996). *Arbeitsmotivation. Entstehung, Wirkung und Förderung.* Weinheim: Juventa.

Kleinbeck, U. (2009). Motivation in Arbeit und Beruf. In: V. Brandstätter & J. H. Otto (Hrsg.), *Handbuch der Allgemeinen Psychologie. Motivation und Emotion.* (347–360.) Göttingen: Hogrefe.

Kleinbeck, U. (2010). Förderung motivationaler und volitionaler Kompetenzen in Arbeitsgruppen. In: U. Kleinbeck & K.-H. Schmidt (Hrsg.), *Arbeitspsychologie.* (Enzyklopädie der Psychologie. Themenbereich D, Serie III, Bd. 1, 705–747.) Göttingen: Hogrefe.

Kleinbeck, U., & Przygodda, M. (1993). Arbeits- und Organisationspsychologie im Spannungsfeld zwischen experimenteller und angewandter Psychologie. Braucht Zukunft Herkunft? In: W. Bungard & Th. Herrmann (Hrsg.), *Arbeits- und Organisationspsychologie im Spannungsfeld zwischen Grundlagenorientierung und Anwendung.* (75–90.) Bern: Huber.

Kleinbeck, U., & Schmidt, K.-H. (Hrsg.) (2010). *Arbeitspsychologie.* (Enzyklopädie der Psychologie, Themenbereich D, Serie III, Bd. 1). Göttingen. Hogrefe.

Kleinbeck, U., Schmidt, K.-H., & Rutenfranz, J. (1982). Motivationspsychologische Untersuchungen zur Arbeitsgestaltung. Ein Feldexperiment. *Zeitschrift für experimentelle und angewandte Psychologie, 32*, 263–280.

Kleinbeck, U., & Wegge, J. (1996). Fehlzeiten in Organisationen. Motivationspsychologische Ansätze zur Ursachenanalyse und Vorschläge für die Gesundheitsförderung am Arbeitsplatz. *Zeischrift für Arbeits- und Organisationspsychologie, 4*, 161–172.

Kleining, G. (1994). *Qualitativ-heuristische Sozialforschung.* (Schriften zur Theorie und Praxis.) Hamburg: Fechner.

Kleinmann, M. (2003). *Assessment Center. Praxis der Personalpsychologie.* Göttingen: Hogrefe.

Kleinmann, M., Manzey, D., Schuhmacher, S., & Fleishman, E. A. (2010). *Fleishman Job Analyse System für eigenschaftsbezogene Anforderungsanalysen.* Göttingen: Hogrefe.

Kleinmann, M., & Wallmichrath, K. (2004). Organisationsdiagnose. In: H. Schuler (Hrsg.), *Organisationspsychologie 2 – Gruppe und Organisation.* (Enzyklopädie der Psychologie, 653–700.) Göttingen: Hogrefe.

Kliegl, R., & Baltes, P. B. (1989). Theory-guided analysis of development and aging mechanisms through testing the limits and research on expertise. In: C. Schooler & K. W. Schaie (Eds.), *Cognitive Functioning and Social Structure Over the Live Course.* (95–119.) Norwood, NJ: Ablex.

Klimmer, M. (2007). *Unternehmensorganisation. Be-*

triebswirtschaft in Studium und Praxis. Herne: NWB-Verlag.

Klink, J. J. L. van der, Blonk, R. W. B., Schene, A. H., & Dijk, F. J. H. van (2001). The benefits of interventions for work-related stress. *American Journal of Public Health, 91*, 270–276.

Kluge, A. (1994). *Suggestopädisches Lernen im Betrieb.* Aachen: Mainz Verlag.

Kluge, A., & Sonntag, Kh. (1996). *Bericht über eine Studie zur Wirksamkeit von suggestopädischem Lehrverhalten in gewerblich-technischen Qualifizierungsprozessen.* (Abschlußbericht der wissenschaftlichen Begleitung zum FORCE Aktionsprogramm, Projektnr. D/91/2/519/P-FPC.) Neckarsulm: Audi.

Kluger, A. N., & De Nisi, A. (1996). The effects of feedback intervention on performance: A historical review, a meta-analysis and a preliminary feedback intervention theory. *Psychological Bulletin, 119*, 254–284.

Kluth, K., Penzkofer, M., & Strasser, H. (2009). Physiological response of core and skin temperature of two age groups to working in the cold at +3°C and −24°C. *Occupational Ergonomics, 8(4)*, 135–145.

Knauth, P. (1989). Belastung durch Schichtarbeit. In: J. Konietzko & H. Dupuis (Hrsg.), *Handbuch der Arbeitsmedizin. Arbeitsphysiologie, Arbeitspathologie, Prävention.* (Kap. II-2.3.3, 1–7.) Landsberg: ecomed.

Knauth, P. (1993). Arbeitszeitgestaltung. In: Th. Hettinger & G. Wobbe (Hrsg.). *Kompendium der Arbeitswissenschaft. Optimierungsmöglich-keiten der Arbeitsgestaltung und Arbeitsorganisation* (S. 474-502). Ludwigshafen: Kiehl.

Knauth, P. (2008). Schichtarbeit, Nachtarbeit. In: G. Triebig, M. Kentner & R. Schiele (Hrsg.), *Arbeitsmedizin.* (530–537.) Stuttgart: Gentner.

Knauth, P., Elmerich, K., & Karl, D. (Hrsg.) (2009). *Risikofaktor demografischer Wandel – Generationenvielfalt als Unternehmensstrategie.* Düsseldorf: Symposium Publishing.

Knauth, P., Karl, D., & Elmerich, K. (2009). *Lebensarbeitszeitmodelle – Chancen und Risiken für das Unternehmen und die Mitarbeiter.* Karlsruhe. Universitätsverlag.

Knauth, P., Kiesswetter, E., & Rutenfranz, J. (1983). Rhythmen im Leben. In: F. Stoll (Hrsg.), *Arbeit und Beruf. Bd. II.* (131–164.) Weinheim u. Basel: Beltz.

Knauth, P., & Schönfelder, E. (1992). Gestaltung diskontinuierlicher Schichtpläne für die Metall- und Elektroindustrie unter Berücksichtigung arbeits-

wissenschaftlicher Erkenntnisse. *Angewandte Arbeitswissenschaft, 132*, 1–31.

Knight, C., & Haslam, S. A. (2010). The relative merits of lean, enriched, and empowered offices: An experimental examination of the impact of workspace management strategies on well-being and productivity. *Journal of Experimental Psychology: Applied, 16* (2), 158–172.

Knoblich, G., & Öllinger, M. (2006). Die Methode des Lauten Denkens. In: J. Funke & P. A. Frensch (Hrsg.), *Handbuch Allgemeine Psychologie: Kognition.* (Handbuch der Psychologie.) Göttingen: Hogrefe.

Knorz, C. (1994). *Mobbing. Eine Extremform von sozialem Streß am Arbeitsplatz.* Unveröffentlichte Diplomarbeit. Gießen: Universität Gießen.

Knorz, C., & Zapf, D. (1996). Mobbing. Eine extreme Form sozialer Stressoren am Arbeitsplatz. *Zeitschrift für Arbeits- und Organisationspsychologie, 40*, 12–21.

Köchling, C. (1993). *Der Polier im Bauhauptgewerbe.* Leonberg: IFA-Institut.

Kohn, M. L., & Schooler, C. (1978). The reciprocal effect of the substantive complexity of work on intellectual flexibility: A longitudinal assessment. *American Sociological Review, 87*, 1257–1286.

Kohn, M. L., & Schooler, C. (1982). Job conditions and personality: A longitudinal assessment of their reciprocal effect. *American Sociological Review, 87*, 1257–1286.

Kohn, M. L., & Schooler, C. (1983). *Work and Personality. An Inquiry into the Impact of Social Stratification.* Norwood: Ablex.

Konietzko, J., & Dupuis, H. (Hrsg.) (1999). *Handbuch der Arbeitsmedizin. Arbeitsphysiologie, Arbeitspathologie, Prävention.* Landsberg: ecomed.

Konrad, A. M., & Mangel, R. (2000). The impact of work-life programs on firm productivity. *Strategic Management Journal, 21*, 1225–1237.

Konradt, U. (2007). E-Learning. In: H. Schuler & Kh. Sonntag (Hrsg.), *Handbuch der Arbeits- und Organisationspsychologie.* (641–647.) Göttingen: Hogrefe.

Kossek, E. E., & Ozeki, C. (1998). Work-family conflict, policies, and the job-life satisfaction relationship: A review and directions for organizational behaviour human resources research. *Journal of Applied Psychology, 83*, 139–149.

Kossek, E. E., Barber, A. E., & Winters, D. (1999). Using flexible schedules in the managerial world: The power of peers. *Human Resource Management, 38*, 33–46.

Kozlowski, S. W. J., & Salas, E. (Eds.) (2010). *Learning, Training, and Development in Organizations*. New York, NY: Routledge.

Kraepelin, E. (1896). Der psychologische Versuch in der Psychiatrie. In: Kraepelin: *Psychologische Arbeiten*. Bd. 1, 1–91.

Kraepelin, E. (1899). *Psychiatrie. Ein Lehrbuch für Studierende und Ärzte.* Leipzig: Engelmann.

Kram, K. E. (1985). *Mentoring at work. Developmental relationships in organizational life.* Glenview, Ill: Scott, Foresman & Co.

Kram, K. E., & Hall, D. T. (1989). Mentoring as an Antidote to Stress During Corporate Trauma. *Human Resource Management, 28,* 495–510.

Kramer, I., Sockoll, I., & Bödeker, W. (2009). Die Evidenzbasis für betriebliche Gesundheitsförderung und Prävention. Eine Synopse des wissenschaftlichen Kenntnisstandes. In: B. Badura, H. Schröder & C. Vetter (Hrsg.), *Fehlzeiten-Report 2008.* (65–76.) Heidelberg: Springer.

Krampen, G. (1991). *Fragebogen zu Kompetenz- und Kontrollüberzeugungen (FKK).* Göttingen: Hogrefe.

Krapp, A. (2009). Interesse. In: V. Brandstätter & J. H. Otto (Hrsg.), *Handbuch der Allgemeinen Psychologie – Motivation und Emotion.* (52–57.) Göttingen: Hogrefe.

Kraus, W. D., & Kraus, R. (1994). *Mobbing. Die Zeitbombe am Arbeitsplatz.* Renningen-Malmsheim: Expert-Verlag.

Krems, J. F. (1994). *Wissensbasierte Urteilsbildung. Diagnostisches Problemlösen durch Experten und Expertensysteme.* Bern: Huber.

Krueger, H. (1993). Arbeit mit dem Bildschirm. In: J. Konietzko & H. Dupuis (Hrsg.), *Handbuch der Arbeitsmedizin, Arbeitsphysiologie, Arbeitspathologie, Prävention.* (Kap. IV-9.2.1, 1–42.) Landsberg: ecomed.

Krueger, H. (1995). Sinnesfunktionen. In: J. Konietzko & H. Dupuis (Hrsg.), *Handbuch der Arbeitsmedizin. Arbeitsphysiologie, Arbeitspathologie, Prävention.* (Kap. III-1.3, 1–28.) Landsberg: ecomed.

Krueger, H., & Müller-Limmroth, W. (1979). *Arbeit mit dem Bildschirm – aber richtig.* München: Bayerisches Staatsministerium für Arbeit und Sozialordnung.

Krüger, R. (2000). *Evaluation von Outdoor-Teamentwicklungsseminaren.* Unveröffentlichte Diplomarbeit, Universität Heidelberg.

Kruse, A., & Rudinger, G. (1997). Lernen und Leistung im Erwachsenenalter. In: F. E. Weinert & H.

Mandl (Hrsg.), *Psychologie in der Erwachsenenbildung.* (Enzyklopädie der Psychologie, Bd. IV, 152–198). Göttingen: Hogrefe.

Kruse, A. & Packebusch, L. (2006). Alter(n)sgerechte Arbeitsgestaltung. In: B. Zimolong & U. Konradt (Hrsg.). *Enzyklopädie der Psychologie: Ingenieurpsychologie* (425–458). Göttingen: Hogrefe.

Kruse, L., & Arlt, R. (1984). *Environment and Behavior. An International and Multidisciplinary Bibliography. 1970–1981.* (Vol. 2.) Paris: Saur.

Krypsin-Exner, I. (1990). Alkoholismus. In: H. Reinecker (Hrsg.), *Lehrbuch der klinischen Psychologie.* (166–195.) Göttingen: Hogrefe.

Kubeck, J. E., Delp, N. D., Haslett, T. K., & McDaniel, M. A. (1996). Does job-related training performance decline with age? *Psychology and Aging, 11,* 92–107.

Kuhl, J. (1992). A theory of self-regulation: Action versus state orientation, self-discrimination and some applications. *Applied Psychology: An International Review, 41,* 97–129.

Kuhn, K. (1996). Krankenstand im Betrieb als Alltagsproblem. *Zeitschrift für Arbeits- und Organisationspsychologie, 4,* 200–203.

Kuipers, B. S., & de Witte, M. C. (2005). Teamwork: a case study on development and performance. *International Journal of Human Resource Management, 16,* 185–201.

Kuorinka, B., Jonsson, A., Klibom, H., Vinterberg, F., Biering-Sörensen, F., & Andersson, G. (1987). Standard Nordic questionnaires for the analysis of musculoskeletal symptoms. *Applied Ergonomics, 18,* 233–237.

Kurtz, P., & Sievers, G. (2009). Produktivität und ergonomische Gestaltung der „Leuchtdichte". In: K. Landau (Hrsg.), *Produktivität im Betrieb.* (301–308.) Stuttgart: GfA ergonomia.

Kutscher, J. (1997). Umgang mit Belastungen. In: E. Frieling (Hrsg.), *Montage in Europa.* (238–251.) Frankfurt: Campus-Verl.

Laker, D. R. (1990). Dual dimensionality of training transfer. *Human Resource Development Quarterly, 1,* 209–230.

Lam, S. S., Yik, M. S. M., & Schaubroeck, J. (2002). Responses to formal performance appraisal feedback: The role of negative affectivity. *Journal of Applied Psychology, 87,* 192–201.

Lamnek, S. (1989). *Qualitative Sozialforschung.* (Bd. 2.) München: Psychologie Verlags-Union.

Lamnek, S. (2005). *Qualitative Sozialforschung.* (4. Aufl.) Weinheim: Beltz.

Landau, K. (Hrsg.) (2003). *Good practice – Ergonomie*

und Arbeitsgestaltung. Stuttgart: ergonomia-Verlag.

Landau, K. (Hrsg.) (2007). *Lexikon Arbeitsgestaltung – Best Practice im Arbeitsprozess.* Stuttgart: Gentner.

Landau, K., Weißert-Horn, M., Rademacher, H., Brauchler, R., Bruder, R., & Sinn-Behrendt, A. (2007). *Altersmanagement als betriebliche Herausforderung.* Stuttgart: ergonomia-Verlag.

Landmann, M., & Schmidt, M. (2010). Tagebuch – Diary. In: H. Holling & B. Schmitz (Hrsg.), *Handbuch Statistik, Methoden und Evaluation.* (Handbuch der Psychologie, Bd. 13, 165–172.) Göttingen: Hogrefe.

Landsbergis, P. A., Cahill, I., & Schnall, P. (1999). The impact of lean production and related new systems of work organisation on worker health. *Journal of Occupational Health Psychology, 4,* 108–130.

Landström, U. (1990). Die Einwirkung von Lärm, Müdigkeit und Gefahrempfindung auf Lkw-Fahrer. *Zeitschrift für Arbeitswissenschaft, 44,* 227–233.

Landy, F. J. (1998). *Psychology of work behavior.* Pacific Grove: Brooks/Cole.

Landy, F. J., & Conte, J. M. (2010). *Work in the 21st century. An introduction to industrial and organizational psychology.* (3rd ed.) Hoboken, NJ: Wiley.

Lang, R., & Hellpach, W. (1922). *Gruppenfabrikation.* (Sozialpsychologische Forschung, Bd. 1.) Berlin: Springer.

Lantermann, E.-D. (1991). Zwischen den Fronten? Arbeit und Autonomie der Persönlichkeit. In: I. Udris & G. Grote (Hrsg.), *Psychologie und Arbeit. Arbeitspsychologie im Dialog.* (74–92.) Weinheim: Psychologie Verlags-Union.

Latham, G. (1988). Human resource training and development. *Annual Review of Psychology, 39,* 545–582.

Latham, G. P., & Saari, L. M. (1979). The application of social learning theory to training supervisors through behavior modeling. *Journal of Applied Psychology, 64,* 239–46.

Laurig, W. (1976). Ergonomische Probleme standardisierter Verfahren zur Ermittlung von Erholzeiten. *Fortschrittliche Betriebsführung und Industrial Engineering, 6,* 373–385.

Laviola, Ch., & Ruston, S. (2011). *Planungsleitfaden Zukunft Industriebau. Teil E: Strukturen zukunftsfähiger Industriebauten.* Stuttgart: Fraunhofer IRB-Verlag.

Lawler, E. E. (1971). *Pay and Organizational Knowledge Effectiveness. A Psychological View.* New York: McGraw Hill.

Lazarus, R. S. (1966). *Psychological Stress and the Coping Process.* New York: McGraw Hill.

Lazarus, R. S., & Folkman, S. (1984). *Stress, Appraisal, and Coping.* New York: Springer.

Lazarus, R. S., & Launier, R. (1981). Stressbezogene Transaktionen zwischen Person und Umwelt. In: J. R. Nitsch (Hrsg.), *Stress. Theorien, Untersuchungen, Maßnahmen.* (213–259.) Bern: Huber.

Lee, R. T., & Ashforth, B. E. (1996). A meta-analytic examination of the correlates of the three dimensions of job burnout. *Journal of Applied Psychology, 81,* 123–133.

Lee, R. T., & Brotheridge, C. M. (2006). When prey turns predatory: Workplace bullying as predictor of counteraggression/bullying, coping and well-being. *European Journal of Work and Organizational Psychology, 15,* 352–377.

Lee, S. Y., & Brand, J. L. (2005). Effects of control over office workspace on perceptions of the work environment and work outcomes. *Journal of Environmental Psychology, 25* (3), 323–333.

Lehder, G., & Skiba, R. (2005). *Taschenbuch Arbeitssicherheit.* Berlin: Erich Schmidt.

Lehnert, E. (1994). Gruppenarbeit in mittleren Industriebetrieben. In: C. H. Antoni (Hrsg.), *Gruppenarbeit in Unternehmen.* (285–307.) Weinheim: Beltz, Psychologische Verlags-Union.

Leibold, M., & Voelpel, S. C. (2006). *Managing the aging workforce: Challenges and solutions.* Erlangen: Wiley and Publicis.

Leiter, M. P. (1993). Burnout as a developmental process: Considerations of models. In: W. B. Schäufeli, C. Maslach & T. Marek (Eds.), *Professional burnout: recent developments in theory and research.* (237–250.) Washington DC: Taylor & Francis.

Leitner, K., Lüders, E., Greiner, B., Ducki, A., Niedermeier, R., & Volpert, W. (1993). *Analyse psychischer Anforderungen und Belastungen in der Büroarbeit. Das RHIA/VERA-Büroverfahren.* Göttingen: Hogrefe.

Leitner, K., Volpert, W., Greiner, B., Weber, W.-G., & Hennes, K. (1987). *Analyse psychischer Belastung in der Arbeit. Das RHIA-Verfahren.* Köln: TÜV Rheinland.

Lenfers, H. (1993). *Alkohol am Arbeitsplatz. Entscheidungshilfen für Führungskräfte.* Neuwied: Luchterhand.

Leontjew, A. N. (1973). *Probleme der Entwicklung des Psychischen.* Frankfurt: Athenäum.

Leontjew, A. N. (1977). *Tätigkeit, Bewußtsein, Persönlichkeit.* Stuttgart: Klett.

Lerner, R. M. (1982). Children and adolescents as producers of their own development. *Developmental Review, 2,* 342–370.

Lersch, Ph. (1942). *Aufbau der Person.* Leipzig: Barth.

Letzel, S., & Nowak, D. (Hrsg.) (2010). *Handbuch der Arbeitsmedizin.* Landsberg: Ecomed Medizin.

Leutner, D. (1992). *Adaptive Lehrsysteme. Instruktionspsychologische Grundlagen und experimentelle Analysen.* Weinheim: Beltz.

Leutner, D. (1995). Computergestützte Planspiele als Instrumente der Personalentwicklung. In: Th. Geilhardt & Th. Mühlbradt (Hrsg.), *Planspiele im Personal- und Organisationsmanagement.* (105–116.) Göttingen: Verlag für angewandte Psychologie.

Lewin, K. (1920). Die Sozialisierung des Taylorsystems. *Praktischer Sozialismus, 4,* 3–36.

Lewin, K. (1982). „*Feldtheorie*". (Werkausgabe, hrsg. von C. F. Graumann, Bd. 4.) Bern: Huber.

Leymann, H. (1993a). *Mobbing. Psychoterror am Arbeitsplatz und wie man sich dagegen wehren kann.* Hamburg: Rowohlt.

Leymann, H. (1993b). Krankheiten und Rechtsprobleme als Folge von Mobbing am Arbeitsplatz. In: für Salzburg (Hrsg.), *Mobbing. Psychoterror am Arbeitsplatz und wie man sich dagegen wehren kann.* (5–8.) Salzburg: Kammer für Arbeiter und Angestellte.

Leymann, H. (1995). *Der neue Mobbing-Bericht. Erfahrungen und Initiativen, Auswege und Hilfsangebote.* Reinbek: Rowohlt.

Leymann, H. (1996a). *Handanleitung für den LIPT-Fragebogen (Leymann Inventory of Psychological Terrorization).* Tübingen: Deutsche Gesellschaft für Verhaltenstherapie.

Leymann, H. (1996b). The content and development of mobbing at work. *European Journal of Work and Organizational Psychology, 5,* 165–184.

Leymann, H., & Gustafsson, A. (1996). Mobbing at work and the development of post-traumatic stress disorders. *European Journal of Work and Organizational Psychology, 5,* 251–275.

Liedtke, M. (2009). Schall und Lärm. In: K. Landau und G. Pressel (Hrsg.), *Medizinisches Lexikon der beruflichen Belastungen und Gefährdungen.* (873–883.) Stuttgart: Gentner.

Lievens, F., & Sanchez, J. (2007). Can training improve the quality made by raters in competence modelling? A quasi-experiment. *Journal of Applied Psychology, 90,* 442–452.

Liljegren, M., & Ekberg, K. (2009). Job mobility as predictor of health and burnout. *Journal of Occup-ational and Organizational Psychology, 82,* 317–329.

Lines, R. (2004). Influence of participation in strategie change: Resistance, organizational commitment and change goal achievement. *Journal of Change Management, 4,* 193–215.

Lipman, O. (1933). Grundlagen und Ziele der Psychotechnik und der Praktischen Psychologie. *Zeitschrift für angewandte Psychologie, 44,* 64–79.

Litzke, S., & Schuh, H. (2011). *Stress, Mobbing, Burn-Out am Arbeitsplatz.* Heidelberg: Springer.

Liu, S., Wang, M., Zhan, Y., & Shi, J. (2009). Daily work stress and alcohol use: Testing the cross-level moderation effects of neuroticism and job involvement. *Personnel Psychology, 62,* 575–597.

Locke, E. A., & Latham, G. P. (1990). *A theory of goal-setting and task performance.* Englewood Cliffs, NJ: Prentice Hall.

Locke, E. A., & Latham, G. P. (2002). Building a practically useful theory of goal-setting and task motivation: A 35-year odyssey. *American Psychologist, 57,* 705–717.

Locke, E. A., & Latham, G. P. (2004). What should we do about motivation theory? Six recommendations for the twenty-first century. *Academy of Management Review, 29,* 388–403.

Lomow, B. F. (1965). Zur psychologischen Struktur des Informationsaufnahmeprozesses durch den Menschen. *Zeitschrift für Psychologie, 171,* 296–305.

Long, B. C., & Flood, K. R. (1993). Coping with work stress: Psychological benefits of exercise. *Work & Stress, 7,* 109–119.

Loo, K. van de (2010). Befragung. In: H. Holling & B. Schmitz (Hrsg.), *Handbuch Statistik, Methoden und Evaluation.* (131–138.) Göttingen: Hogrefe.

Lord, W. (2011). *Das NEO-Persönlichkeitsinventar in der berufsbezogenen Anwendung.* Göttingen: Hogrefe.

Lorenz, P. (1993). *Gewerbebau, Industriebau, Architektur, Planen, Gestalten.* Lohfelden-Echterdingen: Verlagsanstalt Alexander Koch.

Lucia, A. D., & Lepsinger, R. (1999). *The art and science of competency models.* New York: Pfeiffer. .

Luczak, H. (1998). *Arbeitswissenschaft.* Berlin: Springer.

Luczak, H., & Volpert, W. (Hrsg.) (1997). *Handbuch Arbeitswissenschaft.* Stuttgart: Schäffer-Poeschel.

Lukas, C. (2005). *Leistungsorientierte Vergütung als Qualifizierungsanreiz.* Wiesbaden: Deutscher Universitäts-Verlag.

Luttmann, A., Kylian, H., Schmidt, K.-H. & Jäger, M. (2002). Untersuchung von Muskelbelastung und

Beschwerdehäufigkeit bei Büroarbeit. *Zentralblatt für Arbeitsmedizin, Arbeitsschutz und Ergonomie, 52*, 305–317.

Maciel, A. G., Heckhausen, J., & Baltes, P. B. (1994). A life-span perspective on the interface between personality and intelligence. In: R. J. Sternberg & P. Ruzgis (Hrsg.), *Personality and Intelligence.* (61–103.) Cambridge: University Press.

MacKinnon, D. P., Fairchild, A. J., & Fritz, M. S. (2007). Mediation analysis. *Annual Review of Psychology, 58*, 593–614.

Mael, F. (1991). A conceptual rationale for the domain and attributes of biodata items. *Personnel Psychology, 44*, 763–792.

Maier, W. (1983). *Arbeitsanalyse und Lohngestaltung.* Stuttgart: Enke.

Malachi, C., Schaufeli, W. B., & Leiter, M. P. (2001). Burnout. *Annual Review of Psychology, 52*, 397–422.

Mandl, H., & Friedrich, H. F. (Hrsg.) (2006). *Handbuch Lernstrategien.* Göttingen: Hogrefe.

Mandl, H., Gruber, H., & Renkl, A. (1993). Kontextualisierung von Expertise. In: H. Mandl, M. Dreher & H.-J. Konradt (Hrsg.), *Entwicklung und Denken im kulturellen Kontext.* (203–227.) Göttingen: Hogrefe.

Mandl, H., Prenzel, M., & Gräsel, C. (1991). *Das Problem des Lerntransfers in der betrieblichen Weiterbildung.* (Forschungsbericht Nr. 1.) München: Ludwig-Maximilians-Universität.

Mandl, H., & Reinmann-Rothmeier, G. (1995). *Unterrichten und Lernumgebungen gestalten.* (Forschungsbericht Nr. 60.) München: Ludwig-Maximilians-Universität.

Manzey, D., & Müller, T. (2006). Luft- und Raumfahrt. In: B. Zimolong & U. Konradt (Hrsg.), *Ingenieurpsychologie.* (Enzyklopädie der Psychologie, Themenbereich D, Serie III, Bd. 2, 777–806.) Göttingen: Hogrefe.

Marks, M. L., Mirvis, P. H., Hackett, E. J., & Grady, J. F. (1986). Employee participation in a quality circle program: Impact on quality of work life, productivity and absenteeism. *Journal of Applied Psychology, 85*, 273–282.

Marquard, A., Runde, P., & Westphal, G. (1993). *Psychische Belastung in helfenden Berufen.* Opladen: Westdeutscher Verlag.

Marsh, H. W., Richards, G. E., & Barnes, J. (1987). A longterm follow-up of the effect of participation in an outward bound program. *Personality and Social Psychology Bulletin, 12*, 475–492.

Martin, H. (1994). *Grundlagen der menschengerechten Arbeitsgestaltung. Handbuch für die betriebliche Praxis.* Köln: Bund-Verlag.

Martin, M., & Kliegel, M. (2005). *Psychologische Grundlagen der Gerontologie.* Stuttgart: Kohlhammer, Urban.

Maslach, C., & Jackson, S. E. (1981). The measurement of experienced burnout. *Journal of Occupational Behaviour, 2*, 99–113.

Maslach, C., & Jackson, S. E. (1984): Patterns of burnout among a national sample of public contact workers. *Journal of Health and Human Resources Administration, 7*, 189–212.

Maslach, C., & Jackson, S. E. (1986). *Maslach Burnout Inventory.* Palo Alto: Consulting Psychologists Press.

Maslach, C., Jackson, S. E., & Leiter, M. P. (1996). *Maslach Burnout Inventory (2nd ed.).* Palo Alto: Consulting Psychologists Press.

Maslow, A. H. (1954). *Motivation and personality.* New York: Harper.

Matern, B. (1983). *Psychologische Arbeitsanalyse.* (Lehrtext 3. Spezielle Arbeits- und Ingenieurspsychologie.) Berlin: Verlag der Wissenschaften.

Mather, G. (2009). *Foundations of Sensation and Perception.* (2nd ed.) Hove: Psychology Press.

Mathieu, J. E., & Zajac, D. M. (1990). A review and meta-analysis of the antecedents, correlates and consequences of organizational commitment. *Psychological Bulletin, 180*, 171–194.

Maul, D. (1979). *Alkohol am Arbeitsplatz.* Hamburg: Neuland.

Maurer, T. J., Weiss, E. M., & Barbeite, F. G. (2003). A model of involvement in work-related learning and development activity: The effects of individual, situational, motivational and age variables. *Journal of Applied Psychology, 88*, 707–724.

Mayer, A. (1951). *Die soziale Rationalisierung des Industriebetriebes.* München: Steinebach.

Mayer, A. (1970). Die Betriebspsychologie in einer technischen Welt. In: A. Mayer & B. Herwig (Hrsg.), *Betriebspsychologie.* (5–68.) Göttingen: Hogrefe.

Mayer, A., & Herwig, B. (Hrsg.) (1970). *Betriebspsychologie.* Göttingen: Hogrefe.

Mayo, E. (1950). *Probleme industrieller Arbeitsbedingungen.* Frankfurt: Verlag der Frankfurter Hefte.

Mayring, P. (2005). *Einführung in die qualitative Sozialforschung. Eine Anleitung zum qualitativen Denken.* (5. Aufl.) Weinheim: Beltz

Mayring, P. (2007). *Qualitative Inhaltsanalyse: Grundlagen und Techniken.* (9. Aufl.) Weinheim: Beltz.

McClelland, D. C. (1985). *Human motivation.* Glenview, IL: Scott, Foresman.

McCormick, E. J. (1979). *Job Analysis. Methods and Applications.* New York: Amacom.

McCormick, E. J., & Ilgen, D. (1980). *Industrial Psychology.* Englewood Cliff: Prentice-Hall.

McCormick, E. J., & Tiffin J. (1974). *Industrial Psychology.* Englewood Cliffs: Prentice-Hall.

McCrae, R. R., & Costa, P. T. (1987). Validation of the five factor model of personality across instruments and observers. *Journal of Personality and Social Psychology, 52*, 81–90.

McEvoy, G. M., & Cascio, W. F. (1989). Cumulative evidence of the relationship between employee age and job performance. *Journal of Applied Psychology, 74*, 11–17.

McGrath, J. E. (1970). A conceptual formulation for research on stress. In: J. E. McGrath (Hrsg.), *Social and Psychological Factors in Stress.* New York: Holt.

McKenna, E. (2006). *Business Psychology and Organisational Behaviour: A Student's Handbook.* Hove: Psychology Press.

Meichenbaum, D. (1991). *Intervention bei Streß. Anwendung und Wirkung des Streßimpfungstrainings.* Bern: Huber.

Meichenbaum, D., & Jaremko, M. E. (Hrsg.) (1993). *Stress Reduction and Prevention.* New York: Plenum Press.

Meijer, E. M., Frings-Dresen, M. H. W., & Sluiter, J. K. (2009). Effects of office innovation on office workers' health and performance. *Ergonomics, 52* (9), 1027–1038.

Meijman, T. F., & Mulder, G. (1998). Psychological Aspects of Workload. In: P. J. D. Drenth, H. Thierry & C. J. de Wolff (Eds.), *Handbook of Work and Organizational Psychology, Vol. 2: Work Psychology.* (2nd ed., 5–33.) Hove England: Psychology Press/Erlbaum.

Mentzel, G. (1979). Über die Arbeitssucht. *Zeitschrift für Psychosomatische Medizin und Psychoanalyse, 25*, 115–127.

Metzger, W. (1966). Der Ort der Wahrnehmungslehre im Aufbau der Psychologie. In: Metzger (Hrsg.), *Allgemeine Psychologie. Der Aufbau des Erkennens. Wahrnehmung und Bewußtsein.* (Handbuch der Psychologie, Bd. 1, 1. Halbbd., 3–20.) Göttingen: Hogrefe.

Meumann, E. (1907). *Vorlesungen zur Einführung in die experimentelle Pädagogik und ihre psychologischen Grundlagen.* Bd. 1. Leipzig: Engelmann.

Meyer, J. P. (2003). Four territories of experience: A developmental action inquiry approach to outdoor-adventure experiential learning. *Academy of Management Learning and Education, 2*, 352–363.

Meyer, J. P., Stanley, D. J., Hersovitch, L., & Topolnytsky, L. (2002). Affective, continuance and normative commitment to the organization: A meta-analysis of antecedents, correlates and consequences. *Journal of Vocational Behavior, 61*, 20–52.

Michael, A. L., Klee, Th., Bransford, J. D., & Warren, S. F. (1993). The Transition from Theory to Therapy. Test of two Instructional Methods. *Applied Cognitive Psychology, 7*, 139–153.

Michaelis, B., Sonntag, Kh., & Stegmaier, R. (2010). Studien zum Gesundheitsindex, zur Mitarbeiterleistung und zum ökonomischen Nutzen. In: Kh. Sonntag, R. Stegmaier & U. Spellenberg (Hrsg.), *Arbeit – Gesundheit – Erfolg: Betriebliches Gesundheitsmanagement auf dem Prüfstand.* (107–126) Kröning: Asanger.

Michaelis, B., Stegmaier, R. & Sonntag, Kh. (2009). Affective commitment to change and innovation implementation behavior: The role of charismatic leadership and employees' trust in top management. *Journal of Change Management, 4*, 399–417.

Michaelis, B., Stegmaier, R. & Sonntag, Kh. (2010). Shedding light on followers' innovation implementation behavior: The role of transformational leadership, commitment to change, and climate for initiative. *Journal of Managerial Psychology, 25*, 408–429.

Michaelis, B., Stegmaier, R., & Sonntag, Kh. (2010). Institutionale Komponente „Gesundheitsmanagement" im BIG-Modell. In: Kh. Sonntag, R. Stegmaier & U. Spellenberg (Hrsg.), *Arbeit – Gesundheit – Erfolg: Betriebliches Gesundheitsmanagement auf dem Prüfstand.* (39–52) Kröning: Asanger.

Michel, A., Noefer, K., & Sonntag, Kh. (2011). Erfassung psychischer Belastungen: Subjektive und objektive Analysezugänge am Beispiel von Verladetätigkeiten im Logistikbereich eines internationalen Airports. *Zeitschrift für Arbeitswissenschaft, 3*, 245–256.

Michel, A., Sonntag, Kh., & Menzel L., (2009). Instrument zur Analyse von psychischen Belastungen am Arbeitsplatz. *Personalführung, 7*, 40–47.

Miller, G. A., Galanter, E., & Pribram, K. H. (1960). *Plans and the Structure of Behavior.* New York: Holt.

Miller, G. A., Galanter, E., & Pribram, K. H. (1973). *Strategien des Handelns. Pläne und Strukturen des Verhaltens.* Stuttgart: Klett-Kotta.

Miller, T. Q., Smith, T. W., Turner, C. W., Guijarro, M.

L., & Hallet, A. J. (1996). A meta-analytic review of research on hostility and physical health. *Psychological Bulletin, 119*, 322–348.

Milles, D. (1984). Pathologie des Defektes der Arbeitsfähigkeit. Zur Dethematisierung arbeitsbedingter Erkrankungen in der Soziogenese der Arbeitsmedizin. In: R. Müller & D. Milles (Hrsg.), *Beiträge zur Geschichte der Arbeiterkrankheiten und der Arbeitsmedizin in Deutschland.* (Schriftenreihe der Bundesanstalt für Arbeitsschutz, Sonderschrift Nr. 15.) Bremerhaven: Verlag für Neue Wissenschaft.

Mitra, A., Jenkins, G. D., & Gupta, N. (1992). A meta-analytic review of the relationship between absence and turnover. *Journal of Applied Psychology, 77*, 879–889.

Moede, W. (1930). *Lehrbuch der Psychotechnik.* Berlin: Springer.

Moede, W. (1935). *Arbeitstechnik.* Stuttgart: Enke.

Moede, W., Couvé, F., & Tramm, K. A. (1933). Aufruf der Gesellschaft für Psychotechnik. *Industrielle Psychotechnik, 10*, 161.

Mohr, G. (1986). *Die Erfassung psychischer Befindensbeeinträchtigungen bei Industriearbeitern.* Fankfurt am Main: Peter Lang.

Mohr, G., & Udris, I. (1997). Gesundheit und Gesundheitsförderung in der Arbeitswelt. In: R. Schwarzer (Hrsg.), *Gesundheitspsychologie.* (553–573.) Göttingen: Hogrefe.

Mohr, W. (1996). Rechtliche Grundlagen. In: G. Wenninger & C. Graf Hoyos (Hrsg.), *Arbeits-, Gesundheits- und Umweltschutz. Handwörterbuch verhaltenswissenschaftlicher Grundbegriffe.* (57–66.) Heidelberg: Asanger.

Molloy, J. C. & Noe, R. A. (2010). «Learning» a Living: Continuous for Survival in Today's Talent Market. In: St. W. I. Kozlowsky & E. Sallas (Eds). *Learning, Training, and Development in Organizations* (333-362). New York: Routledge.

Moraal, D., Lorig, B., Schreiber, D., & Azeez, U. (2009). Ein Blick hinter die Kulissen der betrieblichen Weiterbildung in Deutschland. Daten und Fakten der nationalen CVTS 3-Zusatzerhebung. *BiBB-Report, Heft 7*, 1–12.

Morgeson, F. P., Delaney-Klinger, K., & Hemingway, M. A. (2005). The importance of job autonomy, cognitive ability and job-related skill for predicting role breadth and job performance. *Journal of Applied Psychology, 90*, 399–406.

Morris, J. A., & Feldman, D. C. (1996). The dimensions, antecedents and consequences of emotional labor. *Academy of Management Journal, 21*, 989–1010.

Morse, J. J. (1975). Person-job congruence and individual adjustment and development. *Human Relations, 28*, 841–861.

Mortimer, J. T., & Finch, M. D. (1986). The development of self-esteem in early work career. *Work and Occupations, 13*, 217–239.

Moser, K. (1996). *Commitment.* Bern: Huber.

Mosso, A. (1892). *Die Ermüdung.* Leipzig: Hirzel.

Motowidlo, S. J., & Tippins, N. (1993). Further studies of low-fidelity simulations in the form of a situational inventory. *Journal of Occupational and Organizational Psychology, 66*, 337–344.

Mount, M. K., Witt, L. A., & Barrick, M. R. (2000). Incremental validity of empirically keyed biodata scales over GMA and the five factor personality constructs. *Personnel Psychology, 53*, 299–323.

Muchinsky, E. (2008). *Psychology applied to work.* Belmont: Wadsworth; Thomson Learning.

Muck, P. M., & Sonntag, Kh. (2007). Zielsetzungs-, Beurteilungs- und Feedbackgespräch. In: H. Schuler & Kh. Sonntag (Hrsg.), *Handbuch der Arbeits- und Organisationspsychologie.* (567–573.) Göttingen: Hogrefe.

Müller, H.-J., & Stürzl, W. (1992). Dialogische Bildungsbedarfsanalyse. Eine zentrale Aufgabe des Weiterbildners. In: H. Geissler (Hrsg.), *Neue Qualitäten betrieblichen Lernens.* (123–138.) Frankfurt: Lang.

Müller, K. W. (1996). Veränderung der Schreibleistung bei der Umstellung auf eine variable ergonomische Tastatur. *Zeitschrift für Arbeitswissenschaft, 4*, 240–244.

Müller, R., & Milles, D. (1984). *Beiträge zur Geschichte der Arbeiterkrankheiten und der Arbeitsmedizin in Deutschland.* (Schriftenreihe der Bundesanstalt für Arbeitsschutz, Sonderschrift Nr. 15.) Bremerhaven: Verlag für Neue Wissenschaft.

Müller-Bölling, D., Klautke, E., & Ramme, J. (1989). Manager-Alltag. *Bild der Wissenschaft, 1*, 104–109.

Münsterberg, H. (1912). *Psychologie und Wirtschaftsleben.* Leipzig: Barth.

Münsterberg, H. (1914). *Grundzüge der Psychotechnik.* Leipzig: Barth.

Muthén, L. K., & Muthén, B. O. (1998–2010). *Mplus User's Guide.* Los Angeles, CA: Muthén & Muthén.

Nachreiner, F., & Rutenfranz, J. (1975). Sozialpsychologische, arbeitspsychologische und arbeitsmedizinische Erhebungen in der Chemischen Industrie. In: F. Nachreiner et al. (Hrsg.), *Schichtarbeit bei kontinuierlicher Produktion.* (Forschungsbericht Nr. 114, Bundesanstalt für Arbeitsschutz und

Unfallforschung, Dortmund, 83–177.) Wilhelmshaven: Wirtschaftsverlag Nordwest.

Nathan, B. R., Mohrman, A. M., & Milliman, J. F. (1991). Interpersonal relations as a context for the effects of appraisal interviews on performance and satisfaction: A longitudinal study. *Academy of Management Journal, 34*, 352–369.

Nehring, R. (1982). *Beitrag zur Analyse und Bewertung von Arbeitstätigkeiten. Entwicklung eines Verfahrens zur subjektiven Tätigkeitsanalyse.* Unveröff. Dissertation, Technische Universität Dresden.

Nerdinger, F. W. (2006). Motivierung. In: H. Schuler (Hrsg.), *Lehrbuch der Personalpsychologie.* (385–408.) Göttingen: Hogrefe.

Nerdinger, F. W., Blickle, G., & Schaper, N. (2011). *Arbeits- und Organisationspsychologie.* (2. Auflage) Heidelberg: Springer.

Neuberger, O. (1977). *Organisation und Führung.* Stuttgart: Kohlhammer.

Neuberger, O. (1985). *Arbeit.* Stuttgart: Enke.

Neuberger, O. (1995). *Mobbing. Übel mitspielen in Organisationen.* München: Hampp.

Neuberger, O., & Allerbeck, M. (1978). *Messung und Analyse von Arbeitszufriedenheit. Erfahrungen mit dem „Arbeits-Beschreibungs-Bogen (ABB)“.* Bern: Huber.

Neuhaus, R. (2003). *Büroarbeit planen und gestalten. Teil 2: Moderne Bürokonzepte und Telearbeit.* Köln: Wirtschaftsverlag Bachem.

Neuhaus, R. (2010). *Evaluation und Benchmarking der Umsetzung von Produktionssystemen in Deutschland.* Norderstedt: Neuhaus – Books on Demand.

Neumann, J., & Timpe, K.-P. (1976). *Psychologische Arbeitsgestaltung.* Berlin: Deutscher Verlag der Wissenschaften.

Niederl, T. (2007). *Untersuchungen zu kumulativen psychischen und physiologischen Effekten des fliegenden Personals auf der Kurzstrecke.* (DLR-Forschungsbericht 2007-17.) Köln: Deutsches Zentrum für Luft- und Raumfahrt.

Niedl, K. (1993a). Psychoterror – Schikane am Arbeitsplatz. Einsichten in das Phänomen „Mobbing“ aus empirischer Sicht. In: R. Eschenbach (Hrsg.), *Forschung für die Wirtschaft. Im Mittelpunkt: der Mensch.* Wien: Service Fachverlag.

Niedl, K. (1993b). Mobbing in einem österreichischen Unternehmen. Gemeinsamkeiten und Unterschiede zu Schweden sowie betriebswirtschaftlich relevante Aspekte des Mobbinggeschehens. In: Kammer für Arbeiter und Angestellte für Salzburg (Hrsg.), *Mobbing-Psychoterror am Arbeitsplatz und wie man sich dagegen wehren kann.* (9–16.) Salzburg: Kammer für Arbeiter und Angestellte .

Niedl, K. (1995). *Mobbing. Bullying am Arbeitsplatz. Eine empirische Analyse zum Phänomen sowie zu personalwirtschaftlich relevanten Effekten von systematischen Feindseligkeiten.* München: Hampp.

Niedl, K. (1996). Mobbing and Well-Being. Economic and Personnel Development Implications. *European Journal of Work and Organizational Psychology, 5*, 239–249.

Nijhuis, F. J. N., & Smulders, P. G. W. (1996). Die Wirkung von Arbeitsanforderungen und persönlichen Kontrollmöglichkeiten auf Gesundheitsbeschwerden und Fehlzeiten. *Zeitschrift für Arbeits- und Organisationspsychologie, 4*, 173–180.

Nitsch, J. R. (1976). Die Eigenzustandsskala (EZ-Skala). Ein Verfahren zur hierarchischen mehrdimensionalen Befindlichkeitsskalierung. In: J. R. Nitsch & I. Udris (Hrsg.), *Beanspruchung im Sport.* (Bd. 4, 81–102.) Bad Homburg: Limprecht.

Nitsch, J. R. (Hrsg.) (1981). *Streß-Theorien, Untersuchungen, Maßnahmen.* Bern: Huber.

Noe, R. A. (1988). An investigation of the determinants of successful assigned mentoring relationships. *Personnel Psychology, 41*, 457–479.

Nohe, C., Rexroth, M., Peters, A., Schumacher, A., Michel, A. & Sonntag, Kh. (2012). *An manchen Tagen geht die Arbeit auf Kosten des Privatlebens: Eine dynamische Perspektive auf den Zusammenhang zwischen Arbeit, Privatleben und Gesundheit.* Dokumentation des 58. Arbeitswissenschaftlichen Kongresses in Kassel 22.2.–24.2.: Gestaltung nachhaltiger Arbeitssysteme. Dortmund.

Norman, D. A. (1988). *The Psychology of Everyday Things.* New York: Basic Books.

Notelaers, G., De Witte, H., & Einarsen, S. (2010). A job characteristics approach to explain workplace bullying. *European Journal of Work and Organizational Psychology, 19*, 487–504.

Nubling, M., Hasselhorn, H. M., Seitsamo, J., & Ilmarinen, J. (2004). Comparing the use of the short and the long disease list in the Work Ability Index Questionnaire. 2nd International Symposium on Work Ability „*Assessment and promotion of work ability, health and well-being of ageing workers*“. Verona, Italy.

Nüchterlein, P., & Richter, P. G. (2008). Raum und Farbe. In: P. G. Richter (Hrsg.), *Architekturpsychologie. Eine Einführung.* Lengerich: Pabst.

Nurmi, J.-E., Salmela-Aro, K., Keskivaara, P., &

Näätänen, P. (2008). Confidence in work-related goals and feelings of exhaustion during a therapeutic intervention for burnout: A time-series approach. *Journal of Occupational and Organizational Psychology, 81*, 277–297.

Oates, W. (1971). *Confessions of a Workaholic.* New York: Abingdon.

Oerter, R. (2006). Menschliche Entwicklung und ihre Gestaltbarkeit. Beiträge der Entwicklungspsychologie. In: Kh. Sonntag (Hrsg.), *Personalentwicklung in Organisationen.* (39–56.) Göttingen: Hogrefe.

Oesterreich, R. (1981). *Handlungsregulation und Kontrolle.* München: Urban & Schwarzenberg.

Oesterreich, R., Leitner, K., & Resch, M. (2000). *Analyse psychischer Anforderungen und Belastungen in der Produktionsarbeit. Das Verfahren RHIA/VERA-Produktion.* Göttingen: Hogrefe.

Oesterreich, R., & Volpert, W. (1987). Handlungstheoretisch orientierte Arbeitsanalyse. In: U. Kleinbeck & J. Rutenfranz (Hrsg.), *Arbeitspsychologie.* (Enzyklopädie der Psychologie, Themenbereich D, Serie III, Bd. 1, S. 43–73.) Göttingen: Hogrefe.

Oetzel, I. (1997). *Die praktische Ausbildung von Krankenpflegeschülern/innen mit und ohne Mentorensystem.* Unveröffentlichte Diplomarbeit, Universität Heidelberg.

Ohly, S., Sonnentag, S., Niessen, C., & Zapf, D. (2010). Diary studies in organizational research: A review and some practical recommendation. *Journal of Personnel Psychology, 9,* 79–93.

Ohly, S., & Zapf, D. (2010). Event-sampling. In: H. Holling & B. Schmitz (Hrsg.), *Handbuch der Psychologischen Methodenlehre.* Göttingen: Hogrefe.

Ohno, T. (2009). *Das Toyota-Produktionssystem.* Frankfurt: Campus.

Oliver, A., Cheyne, A., Tomas, J. M., & Cox, S. (2002). The effects of organizational and individual factors on occupational accidents. *Journal of Occupational and Organizational Psychology, 75,* 473–488.

Olk, T., Hahn, H. W., Hinrichs, K., & Heinze, R. (1979). Lohnarbeit und Arbeitszeit. *Leviathan, 3,* 376–391.

Oppermann, R., Murchner, B., Paetau, M., Pieper, M., Simm, H., & Stellmacher, I. (1988). *Evaluation von Dialogsystemen. Der software-ergonomische Leitfaden Evadis.* Berlin: de Gruyter.

Orthaus, J., Knaak, A., & Sanders, K. (1993). *Schöner Schuften. Wege aus der Arbeitssucht.* Köln: Kiepenheuer & Witsch.

Osborne, D. J., & Gruneberg, M. M. (Eds.) (1983). *Physical Environment at Work.* New York: Wiley.

Ostendorf, F., & Angleitner, A. (2004). *NEO-Persönlichkeitsinventar nach Costa und McCrae. Revidierte Fassung.* Göttingen: Hogrefe.

Ott-Gerlach, G. (1991). Strukturmerkmale der Alkoholprävention in der betriebsärztlichen Betreuung. *Öffentliches Gesundheits-Wesen, 53* (Sonderheft 1), 25–31.

Pabst, A. & Kraus, L. (2008). Alkoholkonsum, alkoholbezogene Störungen und Trends: Ergebnisse des epidemiologischen Suchtsurveys 2006. *Sucht, 54* (Sonderheft 1), 36–46.

Pace, L. A., Suojanen, W. W., Bessinger, R. C., Lee, H., Frederick, R. P., & Miller, R. E. (1987). The Type A Manager as Addict. *Employee Assistance Quaterly, 2,* 47–63.

Palmer, I., Kabanoff, B., & Dunford, R. (1997). Managerial accounts of downsizing. *Journal of Organizational Behavior, 18,* 623–639.

Park, D. C. (1994). Aging, cognition and work. *Human performance, 7,* 181–205.

Parker, S. K. (1998). Enhancing role breadth self-efficacy: The roles of job enrichment and other organizational interventions. *Journal of Applied Psychology, 83,* 835–852.

Parker, S. K. (2003). Longitudinal effects of lean production on employee outcomes and the mediating role of work characteristics. *Journal of Applied Psychology, 88,* 620-634.

Parker, S. K., Wall, T. D., & Cordery, J. (2001). Future work design research and practice: Towards an elaborated model of work design. *Journal of Occupational and Organizational Psychology, 74,* 413-440.

Parkes, K. S. (1991). Locus of control as moderator: An explanation for additive versus interactive findings in the demand-discretion model of work stress? *British Journal of Psychology, 82,* 291–312.

Pasmore, W. A., Francis, C., Haldemann, J., & Shani, A. (1982). Sociotechnical systems. A North American reflection on empirical studies of the seventies. *Human Relations, 35,* 1179–1204.

Pastowsky, M. (1997). *Veränderung von Kooperation und Kommunikation bei der Einführung von Gruppenarbeit am Prozeßübergang zwischen Entwicklung und Montage.* Unveröffentlichte Dissertation, Universität Gh Kassel.

Patterson, F., Ferguson, E., & Thomas, S. (2008). Using job analyses to identify core and specific competencies for three secondary care specialties: Implications for selection and recruitment. *Medical Education, 42,* 1195–1204.

Paulsen, B., & Stötzel, B. (1992). Lernen und Arbeiten

im Lernstatt-Modell. In: P. Dehnbostel, H. Holz & H. Novak (Hrsg.), *Lernen für die Zukunft durch verstärktes Lernen am Arbeitsplatz.* (333–345.) Berlin: Bundesinstitut für Berufsbildung.

Pearson, C. A. L. (1992). Autonomous workgroups. An evaluation at an industrial site. *Human Relation, 45*, 905–936.

Peeters, M. C. W., & Emmerik, H. van (2008). An introduction to the work and well-being of older workers: From managing threats to creating opportunities. *Journal of Managerial Psychology, 23* (4), 353–363.

Pekrun, R., & Schiefele, U. (1996). Emotions- und motivationspsychologische Bedingungen der Lernleistung. In: F. E. Weinert (Hrsg.), *Psychologie des Lernens und der Instruktion.* (Enzyklopädie der Psychologie. 154–180.) Göttingen: Hogrefe.

Perkins, D. N., & Salomon, G. (1989). Pre-cognitive skills context-bound? *Educational Researcher, 18*, 16–25.

Peters, H. (2007). Pausen. In: K. Landau (Hrsg.), *Lexikon Arbeitsgestaltung.* (963–965.) Stuttgart: Gentner.

Peters, Th. (1996). Arbeits- und Gesundheitsschutz in der EU. Unter Berücksichtigung des neuen Arbeitsschutzrahmengesetzes. In Europäische Gesundheitsstiftung (EHF) (Hrsg.), *Gesunde Betriebe durch gesunde Mitarbeiter. Humanitäre Verpflichtung und ökonomische Notwendigkeit* (Schriftenreihe Bd. 3) (S. 29–35). Gamburg: Conrad.

Peterson, N. G., & Bownas, D. A. (1982). Skill, Task Structure and Performance Acquisition. In: M. D. Dunnette & E. A. Fleishman (Eds.), *Human Performance and Productivity. Human Capability Assessment.* (49–105.) Hillsdale: Erlbaum.

Peterson, N. G., Mumford, M. D., Borman, W. C., Jeanneret, P. R. & Fleishman, E. A. (1999). *An Occupational Information System for the 21st Century: The Development of O*NET.* Washington, DC: APA Books.

Pfaff, H. S. (2001). Evaluation und Qualitätssicherung des betrieblichen Gesundheitsmanagements. In: H. S. Pfaff, (Hrsg.), *Effektive betriebliche Gesundheitsförderung. Konzepte und methodische Ansätze zur Evaluation und Qualitätssicherung.* (27–49.) Weinheim: Juventa.

Pfendler, C. (1981). *Vergleichende Bewertung von Methoden zur Messung der mentalen Beanspruchung bei einer vereinfachten simulierten KFZ-Führungsaufgabe.* (Bericht Nr. 51.) Wachtberg-Werthoven: Forschungsinstitut für Anthropotechnik.

Pfuhl, K. (1998). *Organisatorische und technische Gestaltung von Arbeitsstrukturen in holzbearbeitenden Betrieben. Eine Arbeitswissenschaftliche Studie zur physischen und psychischen Situation der Arbeitnehmer im Holzbaugewerbe.* Unveröffentlichte Dissertation, Universität Gh Kassel.

Pieper, R. (2009). *Arbeitsschutzrecht.* Frankfurt: Bund-Verlag.

Pieper, R., & Vorath, B. (Hrsg.) (2005). *Handbuch Arbeitsschutz.* Frankfurt: Bund-Verlag.

Pilotprojekt der Barmer Ersatzkasse Göttingen (1994). *Projektauswertung.* Unveröffentlichtes Manuskript. Göttingen: o. Verl.

Pines, A. M., Aronson, E., & Kafry, D. (1985). *Ausgebrannt (10. Aufl.). Vom Überdruß zur Selbstentfaltung.* Stuttgart: Klett-Cotta.

Plant, M. A. (1978). Occupation and alcoholism: Cause or effect? *The International Journal of the Addictions, 3*, 605–626.

Plath, H.-E., & Richter, P. (1984). *Ermüdung, Monotonie, Sättigung, Streß (BMS). Verfahren zur skalierten Erfassung erlebter Beanspruchungsfolgen.* Berlin: Deutscher Verlag der Wissenschaften.

Plomin, R. (1988). The Nature and Nurture of Cognitive Abilities. In: R. J. Sternberg (Hrsg.), *Advances in the Psychology of Human Intelligence.* (1–33.) Hillsdale: Erlbaum.

Plomin, R., & Spinath, F. M. (2004). Intelligence: Genetics, genes and genomics. *Journal of Personality and Social Psychology, 86*, 112–129.

Podsakoff, P. M., MacKenzie, S. B., & Bommer, W. H. (1996). Transformational leader behaviors and substitutes for leadership as determinants of employee satisfaction, commitment, trust and organizational citizenship behaviors. *Journal of Management, 22*, 259–298.

Poppelreuter, S. (1996). *Arbeitssucht. Integrative Analyse bisheriger Forschungsansätze und Ergebnisse einer empirischen Untersuchung zur Symptomatik.* (Psychologie und Medizin. Bd. 2.) Bonn: Wehle.

Poppelreuther, W. (1928). Psychologische Begutachtung der Erwerbsbeschränkten. In: E. Abderhalden (Hrsg.), *Handbuch der biologischen Arbeitsmethoden.* (Teil C 1, 370–552.) Berlin: Urban & Schwarzenberg.

Porter, L. W., & Lawler, E. E. (1968). *Managerial Attitudes and Performance.* Homewood: Irwin-Dorsey.

Posner, M. I. (1988). Introduction. What is it to be an Expert? In: M. T. H. Chi, R. Glaser & M. J. Farr (Eds.), *The Nature of Expertise.* (XXIX–XXXVI.) Hillsdale, NJ: Erlbaum.

Posthuma, R. A., & Campion, M. A. (2009). Age stereotypes in the workplace: common stereotypes, moderators, and future research directions. *Journal of Management, 35*, 158–188.

Potosnak, K. M. (1988). Keys and Keyboards. In: M. Helander (Ed.), *Handbook of Human-Computer Interaction.* (475–494.) North-Holland: Elsevier.

Powell, G. N., & Mainiero, L. A. (1999). Managerial decision making regarding alternative work arrangements. *Journal of Occupational and Organizational Psychology, 72*, 41–56.

Preece, J., Rogers, Y., Sharp, H., Benyon, D., Holland, S., & Carey, T. (1994). *Human Computer Interaction.* Wokingham: Addison-Wesley.

Probst, T. M. (2004). Safety and insecurity: Exploring the moderating effect of organizational safety climate. *Journal of Occupational Health Psychology, 9*, 3–10.

Prosch, A. (1995). *Mobbing am Arbeitsplatz. Literaturanalyse mit Fallstudie.* Konstanz: Hartung-Gorre.

Prümper, J., & Richenhagen, G. (2009a). Der DGB-Index „Gute Arbeit"– eine arbeitswissenschaftliche Bewertung. In: Gesellschaft für Arbeitswissenschaft e. V. (Hrsg.), *55. Kongress der Gesellschaft für Arbeitswissenschaft. Arbeit, Beschäftigungsfähigkeit im 21. Jahrhundert.* (341–344.) Dortmund: GfA Press.

Prümper, J., & Richenhagen, G. (2009b). Arbeitswissenschaftliche Bewertung des DGB-Index „Gute Arbeit". *Zeitschrift für Arbeitswissenchaft, 63*, 175–187.

Pulakos, E. D., Arad, S., Donovan, M. A., & Plamondon, K. E. (2000). Adaptability in the workplace: Development of a taxonomy of adaptive performance. *Journal of Applied Psychology, 85*, 612–624.

Rasmussen, J. (1983). Skills, rules, knowledge; signals, signs, and symbols, and other distinctions in human performance models. *IEEE Transactions on Systems, Man and Cybernetics, 13*, 257–266.

Rau, R., Hoffmann, K., Metz, U., Richter, P.-G., Rösler, U., & Stephan, U. (2008). Gesundheitsrisiken bei Unternehmern. *Zeitschrift für Arbeits- und Organisationspsychologie, 52*, 115–125.

Reese, C. D. (Ed.) (2009). *Occupational Health and Safety Management. A Practical Approach.* (2nd ed.) Boca Raton: Taylor & Francis.

REFA Verband für Arbeitsstudien und Betriebsorganisation e. V. (Hrsg.) (1976). *Methodenlehre des Arbeitsstudiums.* München: Hanser.

REFA Verband für Arbeitsstudien und Betriebsorganisation e. V. (Hrsg.) (1991a). *Entgeltdifferenzierung.* München: Hanser.

REFA Verband für Arbeitsstudien und Betriebsorganisation e. V. (Hrsg.) (1991b). *Anforderungsermittlung (Arbeitsbewertung).* München: Hanser.

REFA (1993). *Teamarbeit in der Produktion. (Arbeitskreis Neue Arbeitsstrukturen der deutschen Automobilindustrie – AKNA.)* München: Hanser.

Rehm, I., & Strack, F. (1994). Kontrolltechniken. In: Th. Herrmann & W. Tack (Hrsg.), *Methodologische Grundlagen der Psychologie.* (508–555.) Göttingen: Hogrefe.

Reinmann-Rothmeier, G., & Mandl, H. (2001). Unterrichten und Lernumgebungen gestalten. In: B. Weidenmann, A. Krapp, M. Hofer, G. L. Huber & H. Mandl (Hrsg.), *Pädagogische Psychologie.* (603–648.) Weinheim: Beltz.

Reinmann-Rothmeier, G., Mandl, H., & Prenzel, M. (1994): Computergestützte Lernumgebungen. In: H. Arzberg & K.-H. Brehm (Hrsg.), *Computergestützte Lernumgebung.* Erlangen: Publicis MCD.

Reis, H. T., & Gable, S. L. (2000). Event-sampling and other methods for studying everyday experience. In: H. T. Reis & C. M. Judd (Hrsg.), *Handbook of research methods in social and personal psychology.* (190–222.) Cambridge: Cambridge University Press.

Resch, M. (1994). *Wenn Arbeit krank macht.* Frankfurt: Ullstein.

Resch, M., & Bamberg, E. (2005). Work-Life-Balance – Ein neuer Blick auf die Vereinbarkeit von Berufs- und Privatleben? *Zeitschrift für Arbeits- und Organisationspsychologie, 49*, 171–175.

Rexroth, M., Peters, A. & Sonntag, Kh. (2012). Flexibilisierung und Entgrenzung der Arbeit aus arbeitspsychologischer Sicht am Beispiel des Projektes «Work Life Balance: Wege zur nachhaltigen Verankerung von Work-Life-Balance in der Kultur von Unternehmen». In: B. Badura, A. Ducki, H. Schröder, J. Klose & M. Meyer (Hrsg.). *Fehlzeitenreport 2012. Gesundheit in der flexiblen Arbeitswelt: Chancen nutzen – Risiken minimieren.* Berlin: Springer.

Rexroth, M. Nohe, C. & Sonntag, Kh. (2012). Führungskräfte als Ressource für die Work-Life-Balance ihrer Mitarbeiter. In: O. Sträter, S. Schreiber-Costa & G. Anthanassiou (Hrsg.). *Psychologie der Arbeitssicherheit und Gesundheit: Sichere und gute Arbeit erfolgreich gestalten.* Kroening: Asanger.

Rice, A. K. (1958). *Productivity and Social Organization. The Ahmedabad Experiment.* London: Tavistock.

Rice, B. (1982). Legenden sterben langsam. Die Geschichte des Hawthorne-Effekts. *Psychologie heute, 9*, 50–55.

Richardson, K. M., & Rothstein, H. R. (2008). Effects of occupational stress management intervention programs: A meta-analysis. *Journal of Occupational Health Psychology, 13*, 69–93.

Richter, G. (2010). Toolbox Version 1.2. – *Instrumente zur Erfassung psychischer Belastungen*. (1. Aufl.) Dortmund: BAuA. (Die aktuelle Version findet sich im Internet unter dem Suchbegriff: baua toolbox [Zugriff 2011-10-17].)

Richter, P., & Hacker, W. (1997). *Belastung und Beanspruchung*. Heidelberg: Asanger.

Richter, P. G. (Hrsg.) (2008). *Architekturpsychologie. Eine Einführung*. Lengerich: Pabst.

Riketta, M., & Dick, R. van (2005). Foci of attachment in organizations: A meta-analytic comparison of the strength and correlates of workgroup versus organizational identification and commitment. *Journal of Vocational Behavior, 67*, 490–510.

Rimann, M., & Udris, J. (1993). *Belastungen und Gesundheitsressourcen im Berufs- und Privatbereich. Eine quantitative Studie*. (Forschungsprojekt SALUTE, Bericht Nr. 3.) Institut für Arbeits-Psychologie, ETH Zürich.

Robbins, L. (1993). *An Essay on the Nature & Significance of Economic Science*. London: Macmillan.

Robbins, S. P., & Judge, T. A. (2010). *Organizational Behaviour*. (14th ed.) Englewood Cliffs, NJ: Prentice Hall.

Roberts, B. W., Caspi, A., & Moffitt, T. E. (2003). Work experiences and personality development in young adulthood. *Journal of Personality and Social Psychology, 84*, 582–593.

Roberts, B. W., Chernyshenko, O. S., Stark, S., & Goldberg, L. R. (2005). The structure of conscientiousness: An empirical investigation based on seven major personality questionnaires. *Personnel Psychology, 58*, 103–139.

Roberts, B. W., & DelVecchio, W. F. (2000). The rank-order consistency of personality traits from childhood to old age. A quantitative review of longitudinal studies. *Psychological Bulletin, 126*, 3–25.

Roethlisberger, F. J., & Dickson, W. J. (1939). *Management and the Worker*. Cambridge: Harvard University Press.

Rogge, K. E. (1981). *Physiologische Psychologie*. München: Urban & Schwarzenberg.

Rohmert, W. (1972). Aufgaben und Inhalt der Arbeitswissenschaft. *Die berufsbildende Schule, 24*, 3–14.

Rohmert, W. (1984). Das Belastungs-Beanspruchungs-Konzept. *Zeitschrift für Arbeitswissenschaft, 38*, 193–200.

Rohmert, W., & Landau, K. (1979). *Das arbeitswissenschaftliche Erhebungsverfahren zur Tätigkeitsanalyse (AET)*. Bern: Huber.

Rohmert, W., & Rutenfranz, J. (1975). *Arbeitswissenschaftliche Beurteilung der Belastung und Beanspruchung an unterschiedlichen Industriearbeitsplätzen*. Bonn: Bundesministerium für Arbeit und Sozialordnung.

Rohmert, W., & Rutenfranz, J. (1976). Rationalisierung durch Pausengestaltung. In: W. Brenner, W. Rohmert & J. Rutenfranz (Hrsg.), *Ergonomische Aspekte der Arbeitsmedizin*. (221–230.) Stuttgart: Thieme.

Rohrlich, J. (1982). *Arbeit und Liebe*. Frankfurt: Fischer.

Roman, P. M., & Trice, H. M. (1976). Alcohol abuse and work organisation. In: B. Kissin & H. Begleiter (Eds.), *Social aspects of alcoholism*. (445–517.) New York: Plenum.

Rose, H. (Hrsg.) (1995). *Nutzerorientierung im Innovationsmanagement. Neue Ergebnisse der Sozialforschung über Technikbedarf und Technikentwicklung*. Frankfurt: Campus.

Rosen, B., & Jerdee, T. H. (1976). The influence of age stereotypes on managerial decisions. *Journal of Applied Psychology, 61*, 428–432.

Rosenstiel, L. v. (1980). *Grundlagen der Organisationspsychologie*. Stuttgart: Poeschel.

Rosenstiel, L. v. (2004). Arbeits- und Organisationspsychologie – Wo bleibt der Anwendungsbezug? *Zeitschrift für Arbeits- und Organisationspsychologie, 48*, 87–94.

Rosenstiel, L. v. (2006). Entwicklung von Werthaltung und interpersonaler Kompetenz. In: Kh. Sonntag (Hrsg.), *Personalentwicklung in Organisationen*. (108–137.) Göttingen: Hogrefe.

Rosenstiel, L. v. (2007a). *Grundlagen der Organisationspsychologie*. (6. Aufl.) Stuttgart: Schäffer-Poeschel.

Rosenstiel, L. v. (2007b). Kommunikation in Arbeitsgruppen. In: H. Schuler (Hrsg.), *Lehrbuch Organisationspsychologie*. (387–414.) Bern: Huber.

Rosenstiel, L. v., Falkenberg, T., Hehn, W., Henschel, E., & Warns, I. (1983). *Betriebsklima heute*. Ludwigshafen: Kiehl.

Rosenstiel, L. v., & Nerdinger, F. (2000). Die Münchner Wertestudien – Bestandsaufnahme und (vorläufiges) Resümee. *Psychologische Rundschau, 51*, 146–157.

Rosenstock, E. (1922). Werkstattaussiedlung. Untersuchungen über den Lebensraum des Industriearbeiters. In: Technische Universität Karlsruhe (Hrsg.), *Sozialpsychologische Forschungen des Instituts für Sozialpsychologie.* Bd. 2. Berlin.

Roßnagel, C. S. (2008). Mythos „alter" Mitarbeiter: *Lernkompetenz jenseits der 40?* Weinheim. Beltz.

Rost-Schaude, E., & Kunstek, R. (1983). Entlohnung. In: F. Stoll (Hrsg.), *Arbeit und Beruf.* (Bd. 1, 280–305.) Weinheim: Beltz.

Rostron, J. (2008). Sick building syndrome: A review of causes, consequences and remedies. *Journal of Retail & Leisure Property, 7* (4), 291–303.

Roth, C., Wegge, J., & Schmidt, K.-H. (2007). Konsequenzen des demographischen Wandels für das Management von Humanressourcen in Organisationen. *Zeitschrift für Personalpsychologie, 6,* 99–116.

Roth, P. L., Bobko, P., & McFarlad, L. A. (2005). A meta-analysis of work sample test validity: Updating and integrating some classic literature. *Personnel Psychology, 58,* 1009–1037.

Rothe, H.-J. (1990). *Erfassung und Modellierung von Fachwissen als Grundlage für den Aufbau von Expertensystemen.* Unveröff. Habilitationsschrift, Universität Kassel.

Rothe, H.-J. (1994). Erfassung und Modellierung von Fachwissen als Grundlage für den Aufbau von Expertensystemen. Teil 2: Methodenkritische Grundlagen. *Zeitschrift für Psychologie, 2,* 321–348.

Rothe, P., Lindholm, L., Hyvönen, A., & Nenonen, S. (2010). Profiling office end-users on work environment preferences. In: *EuroFM Research Symposium, 9.* Madrid, Spain: EFMC2010, (1–11).

Rotter, J. B. (1966). Generalized expectancies for internal versus external control of reinforcement. *Psychological Monographs: General & Applied, 80,* 1–28.

Rowold, J., Hochholdinger, S., & Schaper, N. (2008). *Evaluation und Transfersicherung betrieblicher Trainings.* Göttingen: Hogrefe.

Rubinstein, S. L. (1964). *Sein und Bewußtsein.* Berlin: Volk und Wissen.

Ruderman, M. N., Ohlott, P. J., & McCauley, C. D. (1990). Assessing opportunities for leadership development. In: K. E. Clark & M. B. Clark (Eds.), *Measures of leadership.* (547–562.) West Organge: Leadership Library.

Rühle, R. (1988). *Kognitives Training in der Industrie.* Berlin: Deutscher Verlag der Wissenschaften.

Rühmann, H. (1993). Stellteilgestaltung. In: H. Schmidtke (Hrsg.), *Ergonomie.* (554–562.) München: Hanser.

Rühmann, H. & Bubb, H. (2010). Grundsätze ergonomischer Arbeitsplatz- und Betriebsmittelgestaltung. In: U. Kleinbeck und K. H. Schmidt (Hrsg.), *Arbeitspsychologie.* (Enzyklopädie der Psychologie, Themenbereich D., Serie III, Bd. 1, S. 521-580). Göttingen: Hogrefe.

Rumelhart, D. E., & Norman, D. A. (1973). *Active Semantic Networks as a Model of Human Memory.* San Diego, CA: University of California, Center for Human Information Processing, Chip 33.

Rummel, M., Rainer, L., & Fuchs, R. (2004). *Alkohol im Unternehmen. Prävention und Intervention.* Göttingen: Hogrefe.

Rupp, D. E., McCance, A. S., Spencer, S. & Sonntag, Kh. (2008). Customer (in)justice and emotional labor: the role of perspective taking, anger, and emotional regulation? *Journal of Management, 34,* 903-924.

Rupp, H. (1944). Berufsausbilduing und Berufserziehung. In: N. K. Ach (Hrsg.), *Lehrbuch der Psychologie, Bd. 3: Praktische Psychologie* (S. 242-275). Bamberg: Buchner.

Rutenfranz, J., & Laurig, W. (1978). *Arbeitszeitprobleme und ergonomische Beanspruchungsermittlung.* Köln: Kopp.

Rydstedt, L. W., Devereux, J., & Sverke, M. (2007). Comparing and combining the demand-control-support model and the effort reward imbalance model to predict long-term mental strain. *European Journal of Work and Organizational Psychology, 16,* 261-278.

Saager, C. (1997). Technische Systemgestaltung als Randbedingung für die Organisation. In: E. Frieling (Hrsg.), *Montage in Europa.* (159–190.) Frankfurt: Campus.

Sachse, P., Hacker, W., & Ulich, E. (2008). *Quellen der Arbeitspsychologie. Ausgewählte historische Texte.* Bern: Huber.

Sackett, P. R., & Dreher, G. F. (1982). Constructs and assessment center dimensions: Some troubling empirical findings. *Journal of Applied Psychology, 67,* 401–410.

Sackett, P. R., & Laczo, R. M. (2003). Job and work analysis. In: W. C. Borman, D. R. Ilgen & R. J. Klimoski (Eds.), *Handbook of Psychology. Vol. 12: Industrial and Organizational Psychology.* (21–33.) New York: Wiley.

Salas, E., Burke, C., Bowers, C., & Wilson, K. (2001). Team training in the skies: Does crew resource management (CRM) work? *Human Factors, 43,* 641–674.

Salas, E., & Rosen, M. A., (2010). Experts at Work:

Principles for Developing Expertise in Organizations. In: S. W. J. Kozlowski & E. Salas (Eds.), *Learning, Training, and Development in Organizations*. (99–134.) New York, NY: Routledge.

Salgado, J. F. (1997). The five factor model of personality and job performance in the European Community. *Journal of Applied Psychology, 82,* 30–43.

Salgado, J. F., Anderson, N., Moscoso, S., Bertua, C., De Fruyt, F., & Rolland, J. P. (2003). A meta-analytic study of general mental ability validity for different occupations in the European Community. *Journal of Applied Psychology, 88,* 1068–1081.

Salowsky, H. (1996). Fehlzeiten als Problem der betrieblichen Personalführung. In: R. Marr (Hrsg.), *Absentismus*. (41–58.) Göttingen: Verlag für Angewandte Psychologie.

Sanchez, J. I., & Levine, E. L. (2001). The analysis of work in the 20th and 21st centuries. In: N. Anderson, D. Ones, H. K. Sinangil & C. Viswesvaran (Eds.), *Handbook of industrial, work, and organizational psychology: Personnel psychology*. (Vol. 1, 71–89.) London; New York: Sage.

Sarges, W. (2000). Lernpotential-AC. In: Sarges (Hrsg.), *Management-Diagnostik* (3. Aufl.). (728–739.) Göttingen: Hogrefe.

Scarr, S. (1992). Developmental Theories for the 1990s. Development and Individual Difference. *Child Development, 63,* 1–19.

Schaarschmidt, U., &. Fischer, A. W. (1996). *AVEM – Arbeitsbezogenes Verhaltens- und Erlebensmuster (Manual)*. Frankfurt am Main: Swets Test Services.

Schachter, St. (1964). The Interaction of Cognitive and Physiological Determinants of Emotional State. In: P. H. Leiderman & D. Sharpio (Eds.), *Psychobiological Approaches to Social Behavior*. Stanford: Stanford Univ. Press.

Schallberger, U. (2000). Berufliche Tätigkeit als „Determinante" interindividueller Differenzen. In: M. Amelang (Hrsg.), *Determinanten individueller Unterschiede*. (Enzyklopädie der Psychologie, Themenbereich C, Serie VIII, Bd. 4, 407–454.) Göttingen: Hogrefe.

Schanz, G., Gretz, C., Hanisch, D., & Justus, A. (1995). *Alkohol in der Arbeitswelt. Fakten, Hintergründe, Maßnahmen*. München: Beck.

Schaper, N. (1997). Gestaltung beruflichen Lernens im Kontext moderner Arbeitsstrukturen. Ein Vergleich handlungstheoretischer und konstruktivistischer Ansätze. In: H. Mandl. (Hrsg.), *Bericht über den 40. Kongreß der Deutschen Gesellschaft für Psychologie in München 1996*. Göttingen: Hogrefe.

Schaper, N. (2007). Persönliche Verhaltens- und Leistungsdispositionen. In: H. Schuler & Kh. Sonntag (Hrsg.), *Handbuch der Arbeits- und Organisationspsychologie*. (219–229.) Göttingen: Hogrefe.

Schaper, N., Hochholdinger, S., & Sonntag, Kh. (2004). Förderung des Transfers von Diagnosestrategien durch computergestütztes Training mit kognitiver Modellierung. *Zeitschrift für Personalpsychologie, 3,* 51–62.

Schaper, N., Schmitz, A. P., Graf, B., & Grube, C. (2003). Gestaltung und Evaluation von simulatorgestützten Trainings in der Anästhesie. In: T. Manser (Hrsg.), *Komplexes Handeln in der Anästhesie*. (229–260.) Lengerich: Pabst.

Schaper, N., & Sonntag, Kh. (1995). Lernbedarfsanalyse bei komplexen Aufgabenstellungen. Eine inhaltsbezogene und methodenkritische Studie. *Zeitschrift für Arbeits- und Organisationspsychologie, 39,* 168–178.

Schaper, N., & Sonntag, Kh. (1997). Kognitive Trainingsmethoden zur Förderung diagnostischer Problemlösefähigkeiten. In: Kh. Sonntag & N. Schaper (Hrsg.), *Störungsmanagement und Diagnosekompetenz*. (193–210.) Zürich: Verein der Fachverlage.

Schaper, N., & Sonntag, Kh. (1998). Analysis and Training of Diagnostic Expertise in Complex Technical Domains. *European Journal of Work and Organizational Psychology, 7,* 479–499.

Schaper, N. & Sonntag; Kh. (1999). Personalförderung durch anspruchsvolle Lehr- und Lernarrangements. In: W. Schöni & Kh. Sonntag (Hrsg.), *Personalförderung in Unternehmen* (S. 47-64). Zürich: Rüegger.

Schaper, N., Sonntag, Kh., Zink, T., & Spenke, H. (2000). Authentizität und kognitive Modellierung als Gestaltungsprinzipien eines Diagnose-CBT. *Zeitschrift für Arbeits- und Organisationspsychologie, 44,* 209–228.

Schaufeli, W. B. & Bakker, A. B. (2010). Defining and measuring work engagement: Bringing clarity to the concept. In: A. B. Bakker & M. P. Leiter (eds.). *Work engagement*. A handbook of essential theory and research. New York: Psychology Press.

Schaufeli, W. B., Bakker, A. B., & Rhenen, W. van (2009). How change in job demands and resources predict burnout, work engagement and sickness absenteeism. *Journal of Organizational Behavior, 30,* 893–917.

Schaufeli, W. B., & Buunk, B. P. (2003). Burnout: An overview of 25 years of research and theorizing. In: M. J. Schabracq, J. A. M. Winnubst & C. L.

Cooper, (Eds.), *The handbook of work and health psychology*. (383–428.) Chichester: John Wiley & Sons.

Scheele, B., & Groeben, N. (1984). *Die Heidelberger Struktur-Lege-Technik (SLT). Eine Dialog-Konsens-Methode zur Erhebung subjektiver Theorien mittlerer Reichweite.* Weinheim: Beltz.

Scheffer, D., & Kuhl, J. (2010). Volitionale Prozesse der Zielverfolgung. In: U. Kleinbeck & K.-H. Schmidt (Hrsg.), *Arbeitspsychologie.* (Enzyklopädie der Psychologie. Themenbereich D, Serie III, Bd. 1, 89–157.) Göttingen: Hogrefe.

Schettgen, P. (1996). *Arbeit, Leistung, Lohn. Analyse und Bewertungsmethoden aus sozioökonomischer Perspektive.* Stuttgart: Enke.

Scheuch, K. (2008). Arbeitsphysiologie. In: G. Triebig, M. Kentner & R. Schiele (Hrsg.), *Arbeitsmedizin.* (435–480.) Stuttgart: Gentner.

Schieber, F. (2006). Vision and Aging. In: J. E. Birren & K. W. Schaie (Hrsg.), *Handbook of the Psychology of Aging.* (129–161.) Amsterdam: Elsevier.

Schiedel, Ch. (1993). *Alkoholprävention im Betrieb. Konzept für ein Maschinenbauunternehmen in Baden-Württemberg.* Konstanz: Hartung-Gorre.

Schierz, C. H., & Krueger, H. (1996). Beleuchtung. In: J. Konietzko & H. Dupuis (Hrsg.), *Handbuch der Arbeitsmedizin. Arbeitsphysiologie, Arbeitspathologie, Prävention.* (Kap. II-3.5, 1–40.) Landsberg: ecomed.

Schlesinger, G. (1920). *Betriebswissenschaft und Psychotechnik.* Leipzig: Hirzel.

Schlick, C. M., Bruder, R., & Luczak, H. (2010). *Arbeitswissenschaft.* Heidelberg: Springer.

Schmale, H. (1983). *Psychologie der Arbeit.* Stuttgart: Klett-Cotta.

Schmid, M. M. (2005). *Standards in der manuellen Automobilmontage – Akzeptanz und Reaktanz gegenüber Arbeitsvorschriften.* (VDI-Fortschrittsberichte, Reihe 22 MMS, Nr. 19.) Düsseldorf: VDI-Verlag.

Schmidt, F. L., & Hunter, J. E. (1983). Individual Differences in Productivity. An Empirical Test of Estimates Derived from Studies of Selection Procedure Utility. *Journal of Applied Pycology, 68,* 407–414.

Schmidt, F. L., & Hunter, J. E. (1998a). The validity and utility of selection methods in personnel psychology – Practical and theoretical implications of 85 years of research findings. *Psychological Bulletin, 124,* 262–274.

Schmidt, F. L., & Hunter, J. E. (1998b). Measurable personal characteristics. Stability, variability and validity for predicting future job performance and job related learning. In: M. Kleinmann & B. Strauß (Hrsg.), *Potentialfeststellungsinstrumente und Personalentwicklungssysteme.* (15–43.) Göttingen: Hogrefe.

Schmidt, F. L., & Hunter, J. E. (2001). Meta-analysis. In: N. Anderson, D. S. Ones, H. K. Sinangil & C. Viswesvaran (Eds.), *Handbook of industrial, work & organizational psychology. Vol. 1: Personnel psychology.* (51–70.) London: Sage.

Schmidt, K.-H. (2010). Leistungsbeurteilung, Feedback und Feedbackwirkung. In: U. Kleinbeck & K.-H. Schmidt (Hrsg.), *Arbeitspsychologie.* (Enzyklopädie der Psychologie, 139–176.) Göttingen: Hogrefe.

Schmidt, K.-H. (1996). Wahrgenommenes Vorgesetztenverhalten, Fehlzeiten und Fluktuation. *Zeitschrift für Arbeits- und Organisationspsychologie, 40,* 54–62.

Schmidt, K.-H., & Daume, B. (1996). Beziehungen zwischen Aufgabenmerkmalen, Fehlzeiten und Fluktuationen. *Zeitschrift für Arbeits- und Organisationspsychologie, 40,* 181–189.

Schmidt, K.-H., Hollmann, S., & Sodenkamp, D. (1998). Psychometrische Eigenschaften und Validität einer deutschen Fassung des Commitment-Fragebogens von Allen und Meyer (1990). *Zeitschrift für Differentielle und Diagnostische Psychologie, 19,* 93–106.

Schmidt, K.-H., & Kleinbeck, U. (1996). Experimentelles und quasi-experimentelles Vorgehen im Feld und Labor. In: L. v. Rosenstiel, C. M. Hockel & W. Molt (Hrsg.), *Handbuch der Angewandten Psychologie.* (1–9.) Landsberg: ecomed.

Schmidt, K.-H., & Kleinbeck, U. (1999). Job Diagnostic Survey (JDS – deutsche Fassung). In: H. Dunckel (Hrsg.), *Handbuch psychologischer Arbeitsanalyseverfahren.* (205–230.) Zürich: vdf.

Schmidt, K.-H., Kleinbeck, U., Ottmann, W., & Seidel, B. (1985). Ein Verfahren zur Diagnose von Arbeitsinhalten. Der Job Diagnostic Survey (JDS). *Zeitschrift für Arbeits- und Organisationspsychologie, 29,* 162–172.

Schmidt, L. (1986). *Alkoholkrankheit und Alkoholmißbrauch. Definition – Ursachen – Folgen – Behandlung.* Stuttgart: Kohlhammer.

Schmidt, R. F. (Hrsg.) (1995). *Neuro- und Sinnesphysiologie.* Berlin: Springer.

Schmidtke, H. (1976). *Ergonomische Beurteilung von Arbeitssystemen.* München: Hanser.

Schmidtke, H. (Hrsg.) (1981). *Lehrbuch der Ergonomie.* München: Hanser.

Schmidtke, H. (Hrsg.) (1993). *Ergonomie*. München: Hanser.

Schmidtke, H., Bubb, H., Rühmann, H., & Schaefer, P. (1991). *Lärmschutz im Betrieb* (3. Aufl.). München: Bayerisches Staatsministerium für Arbeit, Familie und Sozialordnung.

Schmidtke, H., & Hoyos, C. Graf (1970). Psychologische Aspekte der Arbeitsgestaltung in Mensch-Maschine-Systemen. In: A. Mayer & B. Herwig (Hrsg.), *Betriebspsychologie*. (94–145.) Göttingen: Hogrefe.

Schmidtke, H., & Rühmann, H. (1989). Körperkräfte. In: H. Schmidtke (Hrsg.), *Handbuch der Ergonomie*. (Bd. 3, Kap. B4). Koblenz: Bundesamt für Wehrtechnik und Beschaffung.

Schmidtke, H., Rühmann, H., & Ostertag, D. (1993). *Lüftung am Arbeitsplatz. Ein Ratgeber für die Praxis*. München: Bayrisches Staatsministerium für Arbeit, Familie und Sozialordnung.

Schnauber, H., & Zerlett, E. (1984). *Beanspruchungsmethoden*. Köln: TÜV Rheinland.

Schneewind, K. A., & Graf, J. (1998). *Der 16-Persönlichkeits-Faktoren-Test, revidierte Fassung (16 PFR)*. Göttingen: Hogrefe.

Schneider, B., & Konz, A. M. (1989). Strategic job analysis. *Human Ressource Management, 28*, 51–63.

Schneider, K., & Schmalt, H. D. (1994). *Motivation*. Stuttgart: Kohlhammer.

Schönfeld, J. W. (1992). *Gebäudelehre*. Stuttgart: Kohlhammer.

Schöni, W., Wicki, M., & Sonntag, Kh. (1996). *Arbeit und Bildungsqualität. Evaluationsstudien in der Textil- und der Chemieindustrie*. Zürich: Ruegger.

Schönpflug, W. (1987). Beanspruchung und Belastung bei der Arbeit – Konzepte und Theorien. In: U. Kleinbeck & I. Rutenfranz (Hrsg.), *Arbeitspsychologie*. (Enzyklopädie der Psychologie, Themenbereich III, Serie 1, 130–184.) Göttingen: Hogrefe.

Schönpflug, W. (1993). Feldforschung, Simulation, Experiment. Methodenvariation als Mittel der Theorieentwicklung. In: W. Bungard & T. Herrmann (Hrsg.), *Arbeits- und Organisationspsychologie im Spannungsfeld zwischen Grundlagenorientierung und Anwendung*. (Schriften zur Arbeitspsychologie 54. 207–222.) Bern: Huber.

Schott, F. (1991). Instruktionsdesign, Instruktionstheorie und Wissensdesign. Aufgabenstellung, gegenwärtiger Stand und zukünftige Herausforderungen. *Unterrichtswissenschaft, 19*, 195–217.

Schraagen, J. M., Chipman, S. F., & Shalin, V. L. (Eds.) (2000). *Cognitive Task Analysis*. Mahwah, NJ: Erlbaum.

Schraub, E., Stegmaier, R., & Sonntag, Kh. (2010). Evaluation und Nutzenbestimmung von betrieblichem Gesundheitsmanagement. In: Kh. Sonntag, R. Stegmaier & U. Spellenberg (Hrsg.), *Arbeit – Gesundheit – Erfolg: Betriebliches Gesundheitsmanagement auf dem Prüfstand – das Projekt Big*. (16–34.) Kröning: Asanger.

Schreyögg, G. (2003). *Organisation*. (4. Aufl.) Wiesbaden: Gabler.

Schröer, A., & Sochert, R. (1994). Gesundheitsförderung durch Gesundheitszirkel. Das Konzept des BKK BV. In: G. Westermeyer & B. Bähr (Hrsg.), *Betriebliche Gesundheitszirkel*. (62–71.) Göttingen: Hogrefe.

Schüler, J., & Brandstätter, V. (2010). Zielbildung und Zielbindung. In: U. Kleinbeck & K.-H. Schmidt (Hrsg.), *Arbeitspsychologie*. (Enzyklopädie der Psychologie, Themenbereich D, Serie III, Bd. 1, 39–88.) Göttingen: Hogrefe.

Schüpbach, H., & Zölch, M. (2007). Analyse und Bewertung von Arbeitssystemen und Arbeitstätigkeiten. In:: H. Schuler (Hrsg.), *Lehrbuch Organisationspsychologie*. (4. Aufl., 197–220.) Bern: Huber.

Schüren, P. (1996). Gleitzeitsysteme. Inhaltsschranken der Zeitsouveränität. *Arbeit und Recht, 10*, 381–386.

Schütze, F. (1977). *Die Technik des narrativen Interviews in Interaktionsfeldstudien, dargestellt an einem Projekt zur Erforschung von kommunalen Machtstrukturen (MS)*. (Arbeitsberichte und Forschungsmaterialien Nr. 1.) Fakultät für Soziologie, Universität Bielefeld.

Schuler, H. (1991). Leistungsbeurteilung. Funktionen, Formen und Wirkungen. In: H. Schuler (Hrsg.), *Beurteilung und Förderung beruflicher Leistung*. (11–40.) Stuttgart: Verlag für Angewandte Psychologie.

Schuler, H. (2000). *Psychologische Personalauswahl*. (3. Aufl.) Göttingen: Hogrefe.

Schuler, H. (2002). *Das Einstellungsinterview*. Göttingen: Hogrefe.

Schuler, H. (Hrsg.) (2006a). *Lehrbuch der Personalpsychologie*. (2. Aufl.) Göttingen: Hogrefe.

Schuler, H. (2006b). Arbeits- und Anforderungsanalyse. In: H. Schuler (Hrsg.), *Lehrbuch der Personalpsychologie*. (45–68.) Göttingen: Hogrefe.

Schuler, H. (Hrsg.) (2007a). *Assessment Center zur Potentialanalyse*. Göttingen: Hogrefe.

Schuler, H. (Hrsg.) (2007b). *Lehrbuch Organisationspsychologie*. (4. Aufl.) Bern: Huber.

Schuler, H., & Funke, U. (1993). Diagnose beruflicher Eignung und Leistung. In: H. Schuler (Hrsg.),

Lehrbuch Organisationspsychologie. (235–284.) Bern: Huber.

Schuler, H., & Görlich, Y. (2006). Ermittlung erfolgsrelevanter Merkmale von Mitarbeitern durch Leistungs- und Potenzialbeurteilung. In: Kh. Sonntag (Hrsg.), *Personalentwicklung in Organisationen.* (235–269.) Göttingen: Hogrefe.

Schuler, H., & Höft, S. (2006). Konstruktorientierte Verfahren der Personalauswahl. In: H. Schuler (Hrsg.), *Lehrbuch der Personalpsychologie.* (101–144.) Göttingen: Hogrefe.

Schuler, H., & Höft, S. L. (2007). Diagnose beruflicher Eignung und Leistung. In: H. Schuler (Hrsg.), *Lehrbuch Organisationspsychologie.* (289–343.) Bern: Huber.

Schuler, H., & Klingner, Y. (2005). *Arbeitsprobe zur berufsbezogenen Intelligenz. Büro- und kaufmännische Tätigkeiten (AZUBI-BK).* Göttingen: Hogrefe.

Schuler, H., & Marcus, B. (2004). Leistungsbeurteilung. In: H. Schuler (Hrsg.), *Organisationspsychologie – Grundlagen und Personalpsychologie.* (Enzyklopädie der Psychologie. Themenbereich D, Serie III, Bd. 3, 947–1006). Göttingen: Hogrefe.

Schuler, H., & Marcus, B. (2006). Biografieorientierte Verfahren der Personalauswahl. In: H. Schuler (Hrsg.), *Lehrbuch der Personalpsychologie.* (189–230.) Göttingen: Hogrefe.

Schuler, H., & Sonntag, Kh. (Hrsg.) (2007). *Handbuch der Arbeits- und Organisationspsychologie.* Göttingen: Hogrefe.

Schulte-Fortkamp, B., Genuit, B., & Fiebig, A. (2006). *New Approach for the Delevopment of Vehicle Target Sounds.* Honolulu: Internoise.

Schulze, R., & Holling, H. (2004). Strategien und Methoden der Versuchsplanung und Datenerhebung in der Organisationspsychologie. In: H. Schuler (Hrsg.), *Organisationspsychologie – Grundlagen und Personalpsychologie* (Enzyklopädie der Psychologie, Themenbereich D, Serie III, Bd. 3, S. 131–179.) Göttingen: Hogrefe.

Schwager, T., & Udris, I. (1995). Der mühsame Weg zur Gruppenarbeit. Eine qualitative Rekonstruktion eines betrieblichen Reorganisationsprozesses. *Arbeit, 2,* 121–141.

Schwartz, S. H., & Bilsky, W. (1987). Toward a universal psychological structure of human values. *Journal of Personality and Social Psychology, 53,* 550–562.

Schwarze, S., Notbohm, G., Gärtner, C. (2005). *Hochtonaudiometrie und lärmbedingter Hörschaden. Ein Beitrag zur Früherkennung eines vulnerablen Gehörs.* Dortmund, Berlin, Dresden: Bundesanstalt für Arbeitsschutz und Arbeitsmedizin.

Schwarzer, R. (1983). Befragung. In: H. Feger & J. Bredenkamp (Hrsg.), Messen und Testen (*Enzyklopädie der Psychologie, Themenbereich B, Serie I, Bd. 3,* S. 302–320.) Göttingen: Hogrefe.

Schweizerische Lichttechnische Gesellschaft (Hrsg.) (1992). *Handbuch für Beleuchtung.* Landsberg: ecomed.

Scotter, J. R. van, & Motowidlo, S. J. (1996). Interpersonal facilitation and job dedication as separate facets of contextual performance. *Journal of Applied Psychology, 81,* 525–531.

Seaman, F. J. (1981). The etiology of problem drinking in the work place. *Drug and Alcohol Dependence, 7,* 285–293.

Seidel, T., & Prenzel, M. (2010). Beobachtungsverfahren. Vom Datenmaterial zur Datenanalyse. In: H. Holling & B. Schmitz (Hrsg.), *Handbuch Statistik, Methoden und Evaluation.* (139–152.) Göttingen: Hogrefe.

Seidel, T., Prenzel, M., & Kobarg, M. (Eds.) (2005). *How to run a video study. Technical report of the IPN Video Study.* Münster: Waxmann.

Seligman, M. E. P. (1983). *Erlernte Hilflosigkeit.* München: Urban & Schwarzenberg.

Selye, H. (1983). The stress concept today. Past, present, and future. In: C. L. Cooper (Ed.), *Stress Research-Issues for the Eighties.* (1–20.) Chichester: Wiley.

Semmer, N. K. (1984). *Streßbezogene Tätigkeitsanalyse.* Weinheim: Beltz.

Semmer, N. K. (2003). Individual differences, work stress and health. In: M. J. Schabracq, J. A. M. Winnubst & C. L. Cooper (Eds.), *The handbook of work and health psychology.* (83–120.) Chichester: Wiley.

Semmer, N. K., Baillod, J., Stadler, R., & Gail, K. (1996). Fluktuation bei Computerfachleuten. Eine follow-up Studie. *Zeitschrift für Arbeits- und Organisationspsychologie, 4,* 190–199.

Semmer, N. K., & Berset, M. (2007). Fehlzeiten und Fluktuation. In: H. Schuler & Kh. Sonntag (Hrsg.), *Handbuch der Arbeits- und Organisationspsychologie.* (280–286.) Göttingen: Hogrefe.

Semmer, N. K., Grebner, S., & Elfering, A. (2010). Psychische Kosten von Arbeit: Beanspruchung und Erholung, Leistung und Gesundheit. In: U. Kleinbeck & K.-H. Schmidt (Hrsg.), *Arbeitspsychologie.* (Enzyklopädie der Psychologie, Themenbereich D, Serie III, Bd. 1, 325–370.) Göttingen: Hogrefe.

Semmer, N. K., McGrath, J. E., & Beehr, T. A. (2005). Conceptual Issues in Research on Stress and Health. In: C. L. Cooper (Ed.), *Handbook of Stress Medicin and Health*. (1–43.) Boca Raton: CRC Press.

Semmer, N. K., Tschan, F., Hunziker, S., & Marsch, S. U. (2011). Leadership and minimally invasive training enhance performance in medical emergency driven teams: Simulator studies. In: V. G. Duffy (Ed.), *Advances in Human Factors and Ergonomics in Healthcare* (180–190). Boca Raton, FL: Taylor & Francis.

Semmer, N. K., & Zapf, D. (2004). Gesundheitsbezogene Interventionen in Organisationen. In: H. Schuler (Hrsg.), *Organisationspsychologie – Gruppe und Organisation*. (Enzyklopädie der Psychologie, Themenbereich D, Serie III, Bd. 4, 773–843.) Göttingen: Hogrefe.

Senghaas-Knobloch, E., Nagler, B., & Dohms, A. (1996). Industrielle Gruppenarbeit aus der Erlebnisperspektive. Herausforderung an die beruflichen Selbstbilder. *Arbeit. Zeitschrift für Arbeitsforschung, Arbeitsgestaltung und Arbeitspolitik, 1*, 80–100.

Sengpiel, M. (2010). Zum Einfluss einiger Merkmale älterer Benutzer auf ihre Effektivität im Umgang mit Fahrkartenautomaten. In: Gesellschaft für Arbeitswissenschaft (GfA) (Hrsg.), *56. Kongress der Gesellschaft für Arbeitswissenschaft. Neue Arbeits- und Lebenswelten gestalten*. (813–817.) Dortmund: GfA-Press.

Sengpiel, M., Struve, D., Dittberner, D., & Wandtke, H. (2008). Entwicklung von Trainingsprogrammen für ältere Benutzer von IT-Systemen. *Wirtschaftspsychologie, 10*, 94–105.

Shadish, W. R., Cook, T. D., & Campbell, D. T. (2002). *Experimental and quasi-experimental designs for generalized causal inference*. Boston, MA: Houghton Mifflin.

Sharit, J. (1997). Allocation of Functions. In: G. Salvendy (Ed.), *Handbook of Human Factors and Ergonomics*. (302–337.) New York: John Wiley & Sons.

Shepherd, A. (1985). Hierarchical Task Analysis and Training Decisions. *Programmed Learning and Educational Technology, 22*, 162–176.

Shepherd, C. (2006). Constructing enterprise resource planning: A thoroughgoing interpretivist perspective on technological change. *Journal of Occupational and Organizational Psychology, 79*, 357–376.

Shimokawa, K., Jürgens, U., & Fujimoto, T. (Eds.) (1997). *Transforming Automobile Assembly. Experience in Automation and Work Organization*. Berlin: Springer.

Shippman, J. S., Ash, R. A., Carr, L., Hesketh, B., Pearlman, K., Battista, M., et al. (2000). The practice of competency modelling. *Personnel Psychology, 53*, 703–740.

Shneiderman, B., & Plaisant, C. (2004). *Designing the user interface: Strategies for effective human-computer-interaction*. (4th ed.) Reading, Mass.: Addison Wesley.

Silbernagl, S., & Despopoulos, A. (2007). *Taschenatlas der Physiologie*. (7. Aufl.) Stuttgart: Thieme.

Singley, M. K., & Anderson, J. R. (1989). *The Transfer of Cognitive Skill*. Cambridge: Cambridge University Press.

Six, B., & Felfe, J. (2004). Einstellungen und Werthaltungen im organisationalen Kontext. In: H. Schuler (Hrsg.), *Organisationspsychologie – Grundlagen und Personalpsychologie*. (Enzyklopädie der Psychologie, Themenbereich D, Serie III, Bd. 3, 597–672). Göttingen: Hogrefe.

Skell, W. (1980). Erfahrungen mit Selbstinstruktionstraining beim Erwerb kognitiver Regulationsgrundlagen. In: W. Volpert (Hrsg.), *Beiträge zur psychologischen Handlungstheorie*. (50–70.) Bern: Huber.

Slesina, W. (1994). Gesundheitzirkel. Der „Düsseldorfer Ansatz". In: G. Westermayer & B. Bähr (Hrsg.), *Betriebliche Gesundheitszirkel*. (25–34.) Göttingen: Hogrefe.

Slesina, W. (2008). Betriebliche Gesundheitsförderung in der Bundesrepublik Deutschland. *Bundesgesundheitsblatt – Gesundheitsforschung – Gesundheitsschutz* (51), 3, 296–304.

Smith, P. J. (2003). Workplace Learning and Flexible Delivery. *Revisions of Education Research, 73*, 53–58.

Snow, R. E., & Swanson, J. (1992). Instructional Psychology. Aptitude, Adaptation, and Assessment. *Annual Review of Psychology, 43*, 583–626.

Sommer, D. (Hrsg.) (1987). *Industriebauten gestalten*. Wien: Picus.

Sommer, D. (Hrsg.) (1993). *Industriebau. Die Vision der Lean Company*. (Praxisreport.) Basel: Birkhäuser.

Sommer, D., & Günak, C. (1989). *Design Guide. System Engineering für den Industriebau*. Wien: Österreichische Studiengemeinschaft für Industriebau.

Sommer, D., Weißer, L., & Holletschek, B. (1995). *Architektur für die Arbeitswelt. Neue Bauten für Industrie und Gewerbe in Österreich*. Basel: Birkhäuser.

Sommer, D., & Wojda, F. (Hrsg.) (1987). *Industriebau. Anregungen zum Mitgestalten.* Wien: Verlag des Österreichischen Gewerkschaftsbundes.

Sonnentag, S. (1995). Excellent software professionals. Experience, work activities, and perception by peers. *Behaviour & Information Technology, 14,* 289–299.

Sonnentag, S. (2000). Expertise at work: Experience and excellent performance. In: C. L. Cooper & I. T. Robertson (Eds.), *International review of industrial and organizational psychology.* (223–264.) Chichester: Wiley.

Sonnentag, S. (2001). Work, recovery activities and individual well-being: A diary study. *Journal of Occupational Health Psychology, 6,* 196–210.

Sonnentag, S. (2003). Recovery, work engagement and proactive behavior: A new look at the interface between non-work and work. *Journal of Applied Psychology, 88,* 518–528.

Sonnentag, S., & Bayer, U. (2005). Switching off mentally: Predictors and consequences of psychological detachment from work during off-job time. *Journal of Occupational Health Psychology, 10,* 393–414.

Sonnentag, S., & Frese, N. (2003). Stress in Organizations. In: W. C. Borman, D. R. Ilgen & R. J. Klimoski (Eds.), *Handbook of Psychology. Vol. 12, Industrial and Organizational Psychology.* (453-491.) Chichester: Wiley.

Sonnentag, S., & Fritz, C. (2010). Arbeit und Privatleben: Das Verhältnis von Arbeit und Lebensbereichen außerhalb der Arbeit. In: U. Kleinbeck & K.-H. Schmidt (Hrsg.), *Arbeitspsychologie.* (Enzyklopädie der Psychologie, Themenbereich D, Serie III, Bd. 1, 669–704). Göttingen: Hogrefe.

Sonnentag, S., Niessen, C., & Ohly, S. (2004). Learning at work: Training and development. In: C. L. Cooper & I. T. Robertson (Eds.), *International Review of Industrial and Organizational Psychology.* (249–289.) Chichester: Wiley.

Sonntag, Kh. (1980). Die Quantifizierung des Nutzens psychologischer Eignungsverfahren. Anwendung und Diskussion eines entscheidungstheoretischen Modells bei der betrieblichen Eignungsauslese. *Zeitschrift für Arbeitswissenschaft, 3,* 158–160.

Sonntag, Kh. (1990). Geschichte der Arbeitspsychologie. In: E. G. Wehner (Hrsg.), *Geschichte der Psychologie.* (188–218.) Darmstadt: Wissenschaftl. Buchgesellschaft.

Sonntag, Kh. (1993). Kognitive Trainingsverfahren in der Berufsbildung. In: Ch. K. Friede & Kh. Sonntag (Hrsg.), *Berufliche Kompetenz durch Training.* (47–70.) Heidelberg: Sauer.

Sonntag, Kh. (1996). *Lernen im Unternehmen. Effiziente Organisation durch Lernkultur.* München: Beck.

Sonntag, Kh. (1997a). Übung und Erfahrung. In: H. Luczak & W. Volpert (Hrsg.), *Handbuch Arbeitswissenschaft.* (464–467.) Stuttgart: Schäffer-Poeschel.

Sonntag, Kh. (1997b). Real life tasks and authentic contents in learning as a potential for transfer. Commentary on „Dilemmas in training for transfer and retention" by Beryl Hesketh. *Applied Psychology, 46,* 344–349.

Sonntag, Kh. (2004). Personalentwicklung. In: H. Schuler (Hrsg.), *Organisationspsychologie – Grundlagen und Personalpsychologie.* (Enzyklopädie der Psychologie, Themenbereich D, Serie III, Bd. 3, 827–892.) Göttingen: Hogrefe.

Sonntag, Kh. (2006a). Personalentwicklung – ein Feld psychologischer Forschung und Gestaltung. In: Kh. Sonntag (Hrsg.), *Personalentwicklung in Organisationen.* (17–38.) Göttingen: Hogrefe.

Sonntag, Kh. (2006b). Ermittlung tätigkeitsbezogener Merkmale. Qualifikationsanforderungen und Voraussetzungen menschlicher Aufgabenbewältigung. In: Kh. Sonntag (Hrsg.), *Personalentwicklung in Organisationen.* (206–234.) Göttingen: Hogrefe.

Sonntag, Kh. (2007). Theorien der Arbeitstätigkeit. In: H. Schuler & Kh. Sonntag (Hrsg.), *Handbuch der Arbeits- und Organisationspsychologie.* (35–42.) Göttingen: Hogrefe.

Sonntag, Kh. (2009). Kompetenztaxonomie und -modelle: Orientierungsrahmen und Referenzgröße beruflichen Lernens bei sich verändernden Umweltbedingungen. In: U. M. Staudinger & H. Heidemeier (Hrsg.), *Altern in Deutschland. Band 2: Altern, Bildung und lebenslanges Lernen.* (Nova Acta Leopoldina, NF, Bd. 100, Nr. 364, 249–265.) Stuttgart: Wissenschaftliche Verlagsgesellschaft.

Sonntag, Kh. (2010). Ressourcenorientiertes Gesundheitsmanagement – eine arbeits- und organisationspsychologische Perspektive. In: Kh. Sonntag, R. Stegmaier & U. Spellenberg (Hrsg.), *Arbeit, Gesundheit, Erfolg. Betriebliches Gesundheitsmanagement auf dem Prüfstand – das Projekt Big.* (243–258.) Kröning: Asanger.

Sonntag, Kh. (2012). Arbeitsplatzgestaltung für ältere Arbeitnehmer und Arbeitnehmerinnen. In: H.-W. Wahl, C. Tesch-Römer, J. Ph. Ziegelmann (Hrsg.), *Angewandte Gerontologie.* (486–491.) Stuttgart: Kohlhammer.

Sonntag, Kh., Benz, D., Edelmann, M., & Kipfmüller, K. (2001). Gesundheit, Arbeitssicherheit und Motivation bei innerbetrieblichen Restrukturierungen. In: M. Kastner (Hrsg.), *Gesundheit und Sicherheit in Arbeits- und Organisationsformen der Zukunft.* (329–399.) Bremerhaven: Wirtschaftsverlag NW.

Sonntag, Kh., Büch, V., & Stegmaier, R. (2010). Entwicklung des Modells eines nachhaltigen Gesundheitsmanagements. In: Kh. Sonntag, R. Stegmaier & U. Spellenberg (Hrsg.), *Arbeit – Gesundheit – Erfolg: Betriebliches Gesundheitsmanagement auf dem Prüfstand – das Projekt Big.* (35–37.) Kröning: Asanger.

Sonntag, Kh., & Lohbeck, B. (1995). Software-ergonomische Entwicklung eines computerunterstützten Lernprogramms zur Störungsdiagnose. *Zeitschrift für Arbeits- und Organisationspsychologie, 39,* 188–193.

Sonntag, Kh., Lohbeck, B., & Thomas, M. (1997). Computer-based-Training zur Bewältigung komplexer Diagnoseaufgaben. In: Kh. Sonntag & N. Schaper (Hrsg.), *Störungsmanagement und Diagnosekompetenz.* (211–234.) Zürich: Verein der Fachverlage.

Sonntag, Kh., Rothe, H.-J., & Schaper, N. (1994). Wissenserfassung bei diagnostischen Tätigkeiten in komplexen Fertigungssystemen als Grundlage für die Gestaltung beruflichen Trainings. *Unterrichtswissenschaft, 3,* 215–232.

Sonntag, Kh., & Schäfer-Rauser, U. (1993). Selbsteinschätzung beruflicher Kompetenzen bei der Evaluation von Bildungsmaßnahmen. *Zeitschrift für Arbeits- und Organisationspsychologie, 37,* 163–171.

Sonntag, Kh., Schäfer-Rauser, U., & Nenner, A. (1993). Suggestopädie in der betrieblichen Ausbildung. In: Ch. K. Friede & Kh. Sonntag (Hrsg.), *Berufliche Kompetenz durch Training.* (127–142.) Heidelberg: Sauer.

Sonntag, Kh., & Schaper, N. (1988). Kognitives Training zur Bewältigung steuerungstechnischer Aufgabenstellungen. *Zeitschrift für Arbeits- und Organisationspsychologie, 32,* 128–138.

Sonntag, Kh., & Schaper, N. (1993). Strategies and trainings for maintenance personnel. Optimizing fault diagnosis activities. In: M. J. Smith & G. Salvendy (Eds.), *Human Computer Interaction.* Vol. 1. (90–95.) New York: Elsevier.

Sonntag, Kh., & Schaper, N. (Hrsg.) (1997a). *Störungsmanagement und Diagnosekompetenz.* (Schriftenreihe Mensch – Technik – Organisation.) Zürich: Verein der Fachverlage.

Sonntag, Kh., & Schaper, N. (1997b). Aufgaben- und Wissensanalysen zur Ermittlung des Lernbedarfs bei komplexen Diagnoseaufgaben. In: Kh. Sonntag & N. Schaper (Hrsg.), *Störungsmanagement und Diagnosekompetenz.* (95–118.) Zürich: Verein der Fachverlage.

Sonntag, Kh., & Schaper, N. (2006a). Förderung beruflicher Handlungskompetenz. In: Kh. Sonntag (Hrsg.), *Personalentwicklung in Organisationen.* (270–311.) Göttingen: Hogrefe.

Sonntag, Kh., & Schaper, N. (2006b). Wissensorientierte Verfahren der Personalentwicklung. In: H. Schuler (Hrsg.), *Lehrbuch der Personalpsychologie.* 2. Aufl. (255–280.) Göttingen: Hogrefe.

Sonntag, Kh., Schaper, N., & Benz, D. (1999). Leitfaden zur qualitativen Personalplanung bei technisch-organisatorischen Innovationen. In: H. Dunckel (Hrsg.), *Handbuch psychologischer Arbeitsanalyseverfahren.* (285–319.) Zürich: vdf.

Sonntag, Kh., Schaper, N., & Friebe, J. (2005). Erfassung und Bewertung von Merkmalen unternehmensbezogener Lernkulturen. In: Arbeitsgemeinschaft Betriebliche Weiterbildungsforschung e. V. (Hrsg.), *Kompetenzmessung in Unternehmen.* (19–340.) Münster: Waxmann.

Sonntag, Kh., & Schmidt-Rathjens, C. (2004). Kompetenzmodelle – Erfolgsfaktoren im HR-Management? Ein strategie- und evidenzbasierter Ansatz der Kompetenzmodellierung. *Personalführung, 10,* 18–26.

Sonntag, Kh., & Schneider, R. (1983). Bestimmung ähnlicher Berufe im Berufsfeld Metalltechnik. Zur Anwendung des Fragebogens zur Arbeitsanalyse (FAA) in der Berufs(feld)forschung. *Psychologie und Praxis. Zeitschrift für Arbeits- und Organisationspsychologie, 27,* 119–125.

Sonntag, Kh., & Spellenberg, U. (2005). *Erfolgreich durch Veränderungen – Veränderungen erfolgreich managen.* Vaihingen: IPa-Verlag.

Sonntag, Kh., & Stegmaier, R. (1996). *Konstruktivistische Ansätze für die Lernerfolgsüberprüfung im handlungsorientierten Unterricht.* (Studie im Auftrag des Landesinstituts für Schule und Weiterbildung NRW. Schriftenreihe des Landesinstituts.) Soest.

Sonntag, Kh., & Stegmaier, R. (2006a). Verhaltensorientierte Verfahren der Personalentwicklung. In: H. Schuler (Hrsg.), *Lehrbuch der Personalpsychologie.* (281–304.) Göttingen: Hogrefe.

Sonntag, Kh. & Stegmaier, R. (2006b). Personalentwicklung und Unternehmensperformance – Eine Evaluationsperspektive für das Human Ressource

Management. In: Kh. Sonntag (Hrsg.). *Personalentwicklung in Organisationen* (389–410). Göttingen: Hogrefe.

Sonntag, Kh., & Stegmaier, R. (2007a). *Arbeitsorientiertes Lernen. Zur Psychologie der Integration von Lernen und Arbeit*. Stuttgart: Kohlhammer.

Sonntag, Kh., & Stegmaier, R. (2007b). Personale Förderung älterer Arbeitnehmer. In: H. Schuler & Kh. Sonntag (Hrsg.), *Handbuch der Arbeits- und Organisationspsychologie*. (662–667.) Göttingen: Hogrefe.

Sonntag, Kh., & Stegmaier, R. (2007c). Verhaltensorientierte Verfahren der Personalentwicklung. In: H. Schuler & Kh. Sonntag (Hrsg.), *Handbuch der Arbeits- und Organisationspsychologie*. (613–624.) Göttingen: Hogrefe.

Sonntag, Kh., & Stegmaier, R. (2010a). Benchmarking in einem Gesundheitsnetzwerk: Das Projekt Big. In: Kh. Sonntag, R. Stegmaier & U. Spellenberg (Hrsg.), *Arbeit – Gesundheit – Erfolg: Betriebliches Gesundheitsmanagement auf dem Prüfstand – das Projekt Big*. (7–14.) Kröning: Asanger.

Sonntag, Kh., & Stegmaier, R. (2010b). Trainingsgestaltung. In: U. Kleinbeck & K.-H. Schmidt (Hrsg.), *Arbeitspsychologie*. (Enzyklopädie der Psychologie, Themenbereich D, Serie III, Band 1, 821–868.) Göttingen: Hogrefe.

Sonntag, Kh., Stegmaier, R., & Schaper, N. (2006). Ermittlung organisationaler Merkmale: Organisationsdiagnose und Lernkultur. In: Kh. Sonntag (Hrsg.), *Personalentwicklung in Organisationen*. (179–205.) Göttingen: Hogrefe.

Sonntag, Kh., Stegmaier, R., Schaper, N., & Friebe, J. (2004). Dem Lernen in Unternehmen auf der Spur: Operationalisierung von Lernkultur. *Unterrichtswissenschaft, 32*, 104–128.

Sonntag, Kh., Stegmaier, R., Schaupeter, H., & Schaper, N. (1996). Struktur-Lege-Verfahren als Lehr- und Lernmedien im Kontext arbeitsplatzgebundener Veränderungen. In: H. Holz & D. Schemme (Hrsg.), *Medien selbst erstellen für das Lernen am Arbeitsplatz*. (157–184.) Berlin: Bundesinstitut für Berufsbildung.

Sonntag, Kh., Stegmaier, R., Müller, B., Baumgart, C. (2000). *Leitfaden zur Implementation arbeitsintegrierter Lernumgebungen*. Bielefeld: Bertelsmann.

Sparrow, J., Patrick, J., Spurgeon, P., & Barwell, F. (1982). The use of job component analysis and related aptitudes in personnel selection. *Journal of Occupational Psychology, 55*, 155–164.

Spath, D. (2009). Grundlagen der Organisationsgestaltung. In: H.-J. Bullinger, D. Spath, H.-J.

Warnecke & E. Westkämper (Hrsg.), *Handbuch Unternehmensorganisation – Strategien, Planung, Umsetzung*. (3–24.) Berlin, Heidelberg: Springer.

Spath, D., & Kern, P. (Hrsg.) (2003). *Office 21 – Mehr Leistung in innovativen Arbeitswelten*. Köln, Stuttgart: Egmont.

Spector, P. E. (2008). *Industrial and Organizational Psychology: Research and Practice*. New York: John Wiley & Sons.

Spence, J. T., Helmreich, R. L., & Pred, R. S. (1987). Impatience versus achievement strivings in the type A pattern. Differential effects on students' health and academic achievement. *Journal of Applied Psychology, 75*, 522–528.

Spence, J. T., & Robbins, A. (1992). Workaholism. Definition, measurement, and preliminary results. *Journal of Personality Assessment, 58*, 160–178.

Spielrein, I. N. (1933). Zur Theorie der Psychotechnik. *Zeitschrift für angewandte Psychologie, 44*, 31.

Spiro, R. J., Feltovich, P. J., Jacobson, M. J., & Coulson, R. L. (1991). Cognitive Flexibility, Constructivism and Hypertext. Random Access Instruction for Advanced Knowledge Acquisition in Instructured Domains. *Educational Technology, 31*, 24–33.

Spitzley, H. (2007). Theorie und Empirie der Arbeitszeitflexibilisierung – Leitlinien zur Qualitätsverbesserung der betrieblichen Arbeitszeitgestaltung. In: A. Dilger, I. Gerlach & H. Schneider (Hrsg.), *Betriebliche Familienpolitik. Potenziale und Instrumente aus multidisziplinärer Sicht*. (125–140.) Wiesbaden: VS-Verlag.

Spreckelmeyer, K. N., & Münte, T. F. (2008). Auditives System und auditive Wahrnehmung. In: S. Gauggel & M. Herrmann (Hrsg.), *Handbuch der Neuro- und Biopsychologie*. (375–386.) Göttingen: Hogrefe.

Stäudel, Th. (1987). *Problemlösen, Emotionen und Kompetenz. Die Überprüfung eines integrativen Konstrukts*. Regensburg: Roderer.

Standfest, E. (1991). Suchtverhalten in der Arbeitswelt. Vorbeugen und Helfen aus der Sicht der Gewerkschaft. In: Landesstelle gegen die Suchtgefahren für Schleswig-Holstein (Hrsg.), *Alkohol am Arbeitsplatz*. Kiel: LSSH.

Stangel-Meseke, M. (1994). *Schlüsselqualifikationen in der betrieblichen Praxis. Ein Ansatz in der Psychologie*. Wiesbaden: Deutscher Universitäts-Verlag.

Stangel-Meseke, M., Akli, H., & Schnelle, J. (2005). Lernförderliches Feedback im modifizierten Lernpotenzial-Assessment-Center. Umsetzung der Forschungsergebnisse in einer betrieblichen Studie. *Zeitschrift für Personalpsychologie, 4*, 187–194.

Stanton, J. M., & Rogelberg, S. G. (2001). Using internet/intranet web pages to collect organizational research data. *Organizational Research Methods, 4* (3), 200–217.

Staudinger, U. M. (2007). Lebensspannen-Psychologie. In: M. Hasselhorn & W. Schneider, (Hrsg.), *Handbuch der Entwicklungspsychologie.* (71–84.) Göttingen: Hogrefe.

Staudinger, U. M., & Heidemeier, H. (Hrsg.) (2009). *Altern, Bildung und lebenslanges Lernen.* (Nova Acta Leopoldiner. N. F. Bd. 100, Nr. 364.) Stuttgart: Wissenschaftliche Verlagsgesellschaft.

Staufenbiel, T., & König, C. J. (2010). A model for the effects of job insecurity on performance, turnover intention and absenteeism. *Journal of Occupational and Organizational Psychology, 83,* 101–117.

Steel, R. P., & Rentsch, J. R. (1997). The dispositional model of job attitudes revisited: Findings of a 10year study. *Journal of Applied Psychology, 82,* 873–879.

Stegmaier, R. (2007). Kompetenzentwicklung in der Arbeit. In: H. Schuler & Kh. Sonntag (Hrsg.), *Handbuch der Arbeits- und Organisationspsychologie.* (126–133.) Göttingen: Hogrefe.

Stegmaier, R., Noefer, K., Molter, B., & Sonntag, Kh. (2006). Die Bedeutung von Arbeitsgestaltung für die innovative und adaptive Leistung älterer Berufstätiger. *Zeitschrift für Arbeitswissenschaft, 60,* 246–55.

Stegmaier, R., Noefer, K., & Sonntag, Kh. (2008). Innovations- und Anpassungsfähigkeit von Mitarbeitern: Altersneutrale und altersdifferenzierte Effekte der Arbeitsgestaltung und Personalentwicklung. *Wirtschaftspsychologie, 10,* 72–82.

Steinmann, H., Richter, B., & Großmann, S. (1984). *Arbeitssucht im Unternehmen.* Diskussionsbeiträge des Lehrstuhls für Allg. BWL und Unternehmensführung. Erlangen–Nürnberg: Universitätsdruck.

Stemmler, G., Hagemann, D., Amelang, M., & Bartussek, D. (2010). *Differentielle Psychologie und Persönlichkeitsforschung.* (7. Aufl.) Stuttgart: Kohlhammer.

Stengel, M. (1997). *Psychologie der Arbeit.* Weinheim: Beltz.

Stern, J. A., Boyer, D., & Schroeder, D. (1994). Blinkrate: A Possible Measure of Fatigue. *Human Factors, 36,* 285–297.

Stern, W. L. (1903/1904). Angewandte Psychologie. In: Stern (Hrsg.), *Beiträge zur Psychologie der Aussage.* (4–45.) Leipzig: Ambrosius Barth.

Stern, W. L. (1921). Richtlinien für die Methodik der

psychologischen Praxis. *Zeitschrift für angewandte Psychologie, 29,* 1–16.

Stern, W. L. (1933). Der personale Faktor in Psychotechnik und praktischer Psychologie. *Zeitschrift für angewandte Psychologie, 44,* 53–63.

Sternberg, R. J., & Dettermann, D. K. (Eds.) (1993). *Transfer on Trial. Intelligence, Cognition and Instruction.* Norwood: Ablex.

Sternberg, R. J., & Kaufmann, J. C. (1998). Human abilities. *Annual Review of Psychology, 49,* 479–502.

Sterns, H. L., & Doverspike, D. D. (1989). Aging and the training and learning process. In: I. L. Goldstein (Ed.), *Training and development in organizations.* (299–332.) San Francisco: Jossey-Bass.

Stoffert, G. (1985). Analyse und Einstufung von Körperhaltungen bei der Arbeit nach der OWAS-Methode. *Zeitschrift für Arbeitswissenschaft, 39,* 31–38.

Stork, J., Schrader, J., Lüden, S., Mann, H., Nöring, R., Saake, P., & Spallek, M. (1995). Die arbeitsassoziierte Hypertonie. *Arbeitsmedizin, Sozialmedizin, Umweltmedizin, 30,* 407–413.

Strasser, H. (1982). Arbeitswissenschaftliche Methoden der Beanspruchungsermittlung. *Zeitschrift für Arbeitswissenschaft, 4,* 201–206.

Strasser, H. (1993). Lärm. In: Th. Hettinger & G. Wobbe (Hrsg.), *Kompendium der Arbeitswissenschaft.* (243–274.) Ludwigshafen: Kiehl.

Strasser, H. (Hrsg.) (1995). *Arbeitswissenschaftliche Beurteilung von Umgebungsbedingungen. Anspruch und Wirklichkeit des präventiven Arbeitsschutzes.* Landsberg: ecomed.

Strasser, H. (Hrsg.) (2007). *Assessment of the Ergonomic Quality of Hand-Held Tools and Computer Input Devices.* Amsterdam, Berlin: IOS press.

Strasser, H. (2009). Dosismaxime und Energie-Äquivalenz bei der Beurteilung von Lärm sowie physiologische Kosten von Schallbelastungen. Physikalische versus ergonomische Paradigmen des Arbeits- und Gesundheitsschutzes. In: Gesellschaft für Arbeitswissenschaft (Hrsg.), *55. Kongress der Gesellschaft für Arbeitswissenschaft. Arbeit, Beschäftigungsfähigkeit im 21 Jahrhundert.* (31–41.) Dortmund: GfA-Press.

Strauß, B., & Kleinmann, M. (1995). *Computersimulierte Szenarien in der Personalarbeit.* (Schriftreihe Wirtschaftspsychologie.) Göttingen: Verlag für Angewandte Psychologie.

Strohm, O. (1996). *Produktionsplanung und steuerung im Industrieunternehmen aus arbeitspsychologischer Sicht.* Zürich: Verein der Fachverlage.

Strohm, O., & Ulich, E. (Hrsg.) (1997). *Unternehmen*

arbeitspsychologisch bewerten. Zürich: Verein der Fachverlage.

Susen, B., Niedermeier, R., & Mahltig, G. (1996). Gesundheitszirkel im Betrieb. Kritische Betrachtung eines neuen Instrumentes des betrieblichen Arbeits- und Gesundheitsschutzes. *Zeitschrift für Personalforschung, 10,* 135–156.

Susman, G. (1976). *Autonomy at Work. A Socio-Technical Analysis of Participative Management.* New York: Praeger.

Sust, C. A., & Lazarus, H. (2002). *Bildschirmarbeit und Geräusche.* Dortmund: Bundesanstalt für Arbeitsschutz und Arbeitsmedizin.

Sydow, J. (1985). *Der soziotechnische Ansatz der Arbeits- und Organisationsgestaltung.* Frankfurt: Campus.

Szadowski, D. (1997). Arbeitsmedizin. In: H. Luczak & W. Volpert (Hrsg.), *Handbuch Arbeitswissenschaft.* (152–156.) Stuttgart: Poeschel.

Tanaka, H., Monahan, K., & Seals, D. (2001). Age predicted maximal heart rate revisited. *Journal of the American College of Cardiology., 37,* 153–159.

Tannenbaum, S. I., & Yukl, G. (1992). Training and development in work organizations. *Annual Review of Psychology, 43,* 399–441.

Tashakkorie, J. (Ed.) (2003). *Handbook of mixed methods in the social and behavioral research.* Thousand Oaks: Sage.

Taylor, F. W. (1919). *Die Grundsätze wissenschaftlicher Betriebsführung.* (Deutsche autorisierte Ausgabe von Rudolf Roesler. Das Original erschien 1911 u. d. T.: The Principles of Scientific Management.) München: Oldenbourg.

Taylor, H. (1984). Workaholism. *Canadian Manager, 9,* 19–20.

Taylor, P. J., Russ-Eft, D. F., & Chan, D. W. L. (2005). A meta-analytic review of behavior modeling training. *Journal of Applied Psychology, 90,* 692–709.

Tett, R. P., Guternamn, H. A., Bleier, A. & Murphy, P. J. (2000). Development and content validation of a «hyperdimensional» taxonomy of managerial competence. *Human Performance, 13,* 205–251.

Theerkorn, U. (1991). *Ein Betrieb denkt um.* Berlin: Springer.

Thierau-Brunner, H., Wottawa, H., & Stangel-Meseke, M. (2006). Evaluation von Personalentwicklungsmaßnahmen. In: Kh. Sonntag (Hrsg.), *Personalentwicklung in Organisationen.* (329–354.) Göttingen: Hogrefe.

Thomas, R. F (1993). *Chefsache Mobbing. Souverän gegen Psychoterror am Arbeitsplatz.* Wiesbaden: Gabler.

Thompson, C. A., Beauvais, L. L., & Lyness, K. S. (1999). When work-family benefits are not enough: The influence of work-family culture on benefit utilization, organizational attachment, and work-family conflict. *Journal of Vocational Behavior, 54,* 392–415.

Thompson, L. F., Surface, E. A. , Martin, D. G., & Sanders, M. G. (2003). From paper to pixels: Moving personnel surveys to the web. *Personnel Psychology, 56* (1), 197–227.

Thorndike, E. L. (1914). *The Psychology of Learning.* New York: Teachers College.

Thornton, G., & Cleveland, J. (1990). Developing Managerial Talent Through Simulation. *American Psychologist, 43,* 399–441.

Timpe, K.-P., Rothe, H.-J., & Seifert, R. (1994). Wissenspsychologische Beiträge zur Entwicklung von Unterstützungssystemen für die Störungsdiagnose. In: B. Bergmann & P. Richter (Hrsg.), *Die Handlungsregulationstheorie. Von der Praxis einer Theorie.* (32–55.) Göttingen: Hogrefe.

Tisdale, T. (1993). Selbstreflexion und seine Bedeutung für die Handlungsregulation. In: S. Strohschneider & R. v. d. Weth (Hrsg.), *Ja, mach nur einen Plan. Planen und Fehlschläge – Ursachen, Beispiele und Lösungen.* (111–125.) Bern: Huber.

Tomaszewski, T. (1978). *Tätigkeit und Bewußtsein.* Weinheim: Beltz.

Tramm, K. A. (1932). Angriffe gegen psychologische und psychotechnische Untersuchungsverfahren. *Industrielle Psychotechnik, 9,* 92–94.

Tramm, K. A. (1933a). Die Psychotechnik vor neuen Aufgaben. *Industrielle Psychotechnik, 10,* 162–165.

Tramm, K. A. (1933b). Unbegründete Angriffe gegen die Psychotechnik. *Industrielle Psychotechnik, 10,* 188–190.

Trapmann, (2007). Messung von Motivation und Interessen. In: H. Schuler & Kh. Sonntag (Hrsg.), *Handbuch der Arbeits- und Organisationspsychologie.* (459–467.) Göttingen: Hogrefe.

Triebig, G. Kentner, M., & Schiele, R. (2008). *Arbeitsmedizin – Handbuch für Theorie und Praxis.* Stuttgart: Gentner.

Trist, E. (1990). Sozio-technische Systeme: Ursprünge und Konzepte. *Organisationsentwicklung, 4,* 10–25.

Trist, E. L., & Bamforth, K. W. (1951). Some social and psychological consequences of the longwall method of coal getting. *Human Relations, 4,* 3–38.

Tubre, T. C., & Collins, J. M. (2000). Jackson and Schuler (1985) revisited: A meta-analysis of the relationship between role ambiguity, role conflict and job performance. *Journal of Management, 26,* 155–169.

Tucker, S., Chmiel, N., Turner, N., Hershcovis, M. S., & Stride, C. B. (2008). Perceived organizational support for safety and employee safety voice: The mediating role of coworker support for safety. *Journal of Occupational Health Psychology, 13,* 319–330.

Turgut, S., Michel, A. & Sonntag, Kh. (2012). Mehrebenengestaltung betrieblicher Gesundheitsforderung. In: Dokumentation des 58. Arbeitswissenschaftlichen Kongresses in Kassel 22.2.–24.2. *Gestaltung nachhaltiger Arbeitssysteme.* Dortmund: GfA Press.

Turner, N., Chmiel, N., & Walls, M. (2005). Railing for Safety: Job Demands, Job Control, and Safety Citizenship Role Definition. *Journal of Occupational Health Psychology, 10* (4), 504–512.

Uchino, B. N., Cacioppo, J. T., & Kiecolt-Glaser, J. K. (1996). The relationship between social support and physiological processes: A review with emphasis on underlying mechanisms and implications for health. *Psychological Bulletin, 119,* 488–531.

Udovicic, L., Janssen, M., Ott, G., & Mainusch, F. (2009). Risikobewertung von Licht emittierenden Dioden (LED). In: Gesellschaft für Arbeitswissenschaft (Hrsg.), *55. Kongress der Gesellschaft für Arbeitswissenschaft. Arbeit. Beschäftigungsfähigkeit im 21. Jahrhundert.* (573–576.) Dortmund: GfA-Press.

Udris, I. (1981). Streß aus arbeitspsychologischer Sicht. In: J. R. Nitsch (Hrsg.), *Stress. Theorien, Untersuchungen, Maßnahmen.* (391–440.) Bern: Huber.

Udris, I., & Alioth, A. (1980). Fragebogen zur „Subjektiven Arbeitsanalyse" (SAA). In: E. Martin, I. Udris, U. Ackermann & K. Oegerli (Hrsg.), *Gruppenarbeit in der Motorenmontage.* (Humanisierung des Arbeitslebens. Bd. 3, 101–141.) Frankfurt: Campus.

Udris, I., & Frese, M. (1988). Belastung, Stress, Beanspruchung und ihre Folgen. In: D. Frey, C. Graf Hoyos & D. Stahlberg (Hrsg.), *Angewandte Psychologie. Ein Lehrbuch.* (427–447.) München: Psychologie Verlags-Union.

Udris, I., & Rimann, M. (1999). SAA und SALSA: Zwei Fragebögen zur subjektiven Arbeitsanalyse. In: H. Dunckel (Hrsg.), *Handbuch psychologischer Arbeitsanalyseverfahren.* (Mensch, Technik, Organisation. Bd. 14. 397–419.) Zürich: Verein der Fachverlage.

Uexküll, J. v. (1920). *Theoretische Biologie.* Berlin: o. Verl.

Ulich, E. (1964). *Schicht- und Nachtarbeit im Betrieb.* Köln: Westdeutscher Verlag.

Ulich, E. (1970). Periodische Einflüsse auf die Arbeit. In: A. Mayer & B. Herwig (Hrsg.), *Betriebspsychologie.* (Handbuch der Psychologie, Bd. 9, 270–301.) Göttingen: Hogrefe.

Ulich, E. (1972). Arbeitswechsel und Aufgabenerweiterung. *REFA-Nachrichten, 25,* 265–275.

Ulich, E. (1994). Geleitwort. In: S. Greif & E. Bamberg (Hrsg.), *Die Arbeits- und Organisationspsychologie.* (S. 16.) Göttingen: Hogrefe.

Ulich, E. (1997). Differentielle und dynamische Arbeitsgestaltung. In: H. Luczak & W. Volpert (Hrsg.), *Handbuch Arbeitswissenschaft.* (796–800.) Stuttgart: Schäffer-Poeschel.

Ulich, E. (2005). *Arbeitspsychologie.* Stuttgart: Schäffer-Poeschel.

Ulich, E. (2006). Lern- und Entwicklungspotentiale in der Arbeit – Beiträge der Arbeits- und Organisationspsychologie. In: Kh. Sonntag (Hrsg.), *Personalentwicklung in Organisationen.* (3. Aufl., 138–176.) Göttingen: Hogrefe.

Ulich, E. (2010). Aufgabengestaltung. In: U. Kleinbeck & K. H. Schmidt (Hrsg.), *Arbeitspsychologie.* (Enzyklopädie der Psychologie, Themenbereich D, Serie III, Bd. 1, 581–622.) Göttingen: Hogrefe.

Ulich, E., & Wülser, M. (2009). *Gesundheitsmanagement in Unternehmen. Arbeitspsychologische Perspektiven.* (3.Aufl.) Wiesbaden: Gabler.

Utzmann, M. (1985). Das neue Klinikum Bamberg aus der Sicht der Architekten. In: J. Eisenbach & J. Werner (Hrsg.), *Krankenhausbau und Krankenhaushygiene. 3. Medizinische Fachgespräche Bamberg.* (50–59.) Erlangen: perimed Fachbuch-Verlagsgesellschaft.

UVV Lärm. (1997). *Berufsgenossenschaftliche Vorschrift für Sicherheit und Gesundheit bei der Arbeit, BG-Vorschrift Lärm (BGV B3) vom 1. Januar 1990 in der Fassung vom 1. Januar 1997* (Hauptverband der gewerblichen Berufsgenossenschaften, ed.). Köln: Carl Heymanns Verlag.

Vahs, D. (2005). *Organisation.* Stuttgart: Schäffer-Poeschel.

Valcour, M. (2007). Work-based resources as moderators of the relationship between work hours and satisfaction with work-family balance. *Journal of Applied Psychology, 92,* 1512–1523.

Valentin, M. (1983). Geschichte der Arbeitsmedizin. In: J.-C. Sournia & M. Martiny (Hrsg.), *Illustrierte Geschichte der Medizin.* Salzburg: Andreas.

Vandenberghe, C., & Bentein, K. (2009). A closer look at the relationship between affective commitment to supervisors and organizations and turnover. *Journal of Occupational and Organizational Psychology, 82,* 331–348.

Vartia, M. (1993). Psychological harrassment (bullying, mobbing) at work. In: K. Kauppinen-Toropainen (Ed.), *OECD Panel Group on Women, Work and Health.* (149–152.) Helsinki: Ministerium für soziale Angelegenheiten und Gesundheit.

Vartia, M. (1996). The source of bullying. Psychological work environment and organisational climate. *European Journal of Work and Organizational Psychology, 5,* 203–214.

Velters, A., & Lomothe, M. J. (1979). *Das Buch vom Werkzeug.* Genf: Weber.

Verband der Automobilindustrie e. V. – VDA. (Hrsg.) (1996). *Qualitätsmanagement – Systemaudit – Materielle Produkte. Grundlage DIN EN ISO 9001 und DIN EN ISO 9004-1.* Frankfurt: VDA.

Verein Deutscher Ingenieure – VDI (1981). *Beurteilung von Lärm am Arbeitsplatz unter Berücksichtigung unterschiedlicher Tätigkeiten.* (VDI-Richtlinie 2058 Blatt 3.) Düsseldorf: Beuth.

Verein Deutscher Ingenieure – VDI (1988). *Beurteilung von Lärm hinsichtlich Gehörgefährdung.* (VDI-Richtlinie 2058 Blatt 2.) Düsseldorf: Beuth.

Verein Deutscher Ingenieure – VDI (1990). *Software-Ergonomie in der Bürokommunikation.* (VDI-Richtlinie 5005.) Berlin: Beuth.

Vernon, H. M. (1921). *Industrial fatigue and efficiency.* London: Routlege.

Verordnung zum Schutz der Beschäftigten vor Gefährdung durch Lärm und Vibrationen: (Lärm-VibrationsArbSchV) vom 06. März 2007. BGBl. I, 2007.

Verordnung zum Schutz vor Gefahrstoffen (Gefahrstoffverordnung - GefStoffV) vom 18. Dezember 2008. BGBl. I S. 2768.

Verwaltungsberufsgenossenschaft (VBG) (2010). *Gesundheit im Büro – Fragen und Antworten.* VBG-Fachinformation BGI 5018: Version 2.0/2010-09. Hamburg: VBG.

Vischer, J. C. (2007), The effects of the physical environment on job performance: towards a theoretical model of workspace stress. *Stress and Health, 23,* 175–184.

Viswesvaran, C., Sanchez, J., & Fisher, J. (1999). The role of social support in the process of work stress: A meta-analysis. *Journal of Vocational Behavior, 54,* 314–334.

Viswesvaran, C., Sinangil, H. K., Ones, D. S., & Anderson, N. (2001). Where we have been, where we are (and where we could be). In: N. Anderson, D. S. Ones, H. K. Sinangil & C. Viswesvaran (Eds.), *Handbook of Industrial, Work and Organizational Psychology, Vol. 1: Personnel Psychology.* (1–9.) London: Sage.

Vittur, E. (1996). *Einführung der CAD-Technik im Bauwesen und der Wandel der Anforderungen an die Berufsschule. Eine empirische Studie zur beruflichen Erstausbildung bei BauzeichnerInnen – Entwicklung und Evaluation eines prospektiven Curriculumkonstruktes.* Unveröff. Dissertation, Universität Gh Kassel.

Vögele, C. (2008). Elektrodermale Aktivität. In: S. Gauggel & M. Herrmann (Hrsg.), *Handbuch der Neuro- und Biopsychologie.* (157–163.) Göttingen: Hogrefe.

Vogel, J., Kindlund, H., & Diderichsen, F. (1992). *Arbetsförhållanden ohälsa och sjuk Frånvaro 1975–1989.* Stockholm: Statistika Centralbyran.

Vollmer, G. R. (1974). *Risikoverhalten im innerbetrieblichen Transport. Kranführer – Kran.* (Bericht 120.) Dortmund: Bundesanstalt für Arbeitsschutz und Unfallforschung.

Volpert, W. (1974). *Handlungsstrukturanalyse als Beitrag zur Qualifikationsforschung.* Köln: Pahl Rugenstein.

Volpert, W. (1975). Die Lohnarbeitswissenschaft und die Psychologie der Arbeitstätigkeit. In: P. Groskurth & W. Volpert (Hrsg.), *Lohnarbeitspsychologie.* (13–196.) Frankfurt: Fischer.

Volpert, W. (1979). Der Zusammenhang von Arbeit und Persönlichkeit aus handlungspsychologischer Sicht. In: P. Groskurth (Hrsg.), *Arbeit und Persönlichkeit.* (21–46.) Reinbek: Rowohlt.

Volpert, W. (1985). Pädagogische Aspekte der Handlungsregulationstheorie. In: H. Passe-Tietjen & H. Stiehl (Hrsg.). *Betriebliches Handlungslernen und die Rolle des Ausbilders.* (109–123.) Wetzlar: Werner von Siemens Schule.

Volpert, W. (1987). Psychische Regulation von Arbeitstätigkeiten. In: U. Kleinbeck & J. Rutenfranz (Hrsg.), *Arbeitspsychologie.* (Enzyklopädie der Psychologie, Themenbereich D, Serie III, Bd. 1, 1–42.) Göttingen: Hogrefe.

Volpert, W. (1989). Entwicklungsförderliche Aspekte von Arbeits- und Lernbedingungen. *Zeitschrift für Berufs- und Wirtschaftspädagogik,* Beiheft 8, 117–134.

Volpert, W. (1992). *Wie wir handeln – was wir können. Ein Disput als Einführung in die Handlungspsychologie.* Heidelberg: Asanger.

Volpert, W. (2003). *Wie wir handeln – was wir können. Ein Disput als Einführung in die Handlungspsychologie.* Sottrum: Artefact.

Voss, K., Löhnert, G., Herkel, S., Wagner, A., & Wambsgans, M. (2006). *Bürogebäude mit Zukunft.* Karlsruhe: Fachinformationszentrum.

Vroom, V. H. (1964). *Work and Motivation.* New York: Wiley.

Wächter, H., Modrow-Thiel, B., & Roßmann, G. (1999). *Verfahren zur Analyse von Tätigkeitsstrukturen und prospektive Arbeitsgestaltung bei Automatisierung (ATAA).* In: H. Dunckel (Hrsg.), *Handbuch psychologischer Arbeitsanalyseverfahren.* (31–53.) Zürich: vdf.

Wagner, D. (1995). *Arbeitszeitmodelle.* Göttingen: Verlag für Angewandte Psychologie.

Wagner, J. A., Leana, C. R., Locke, E. A., & Schweiger, D. M. (1997). Cognitive and motivational frameworks in U. S. research on participation: A meta-analysis of primary effects. *Journal of Organizational Behavior, 18,* 49–65.

Wagner, R., & Weigand R. (1994). Evaluation of an outdoor-based training program. In: D. L. Kirkpatrick (Ed.), *Evaluating Training Programs: The four levels.* (118–133.) San Francisco, LA: Berrett-Koehler.

Wahren, H.-K. (1994). *Gruppen- und Teamarbeit in Unternehmen.* Berlin: de Gruyter.

Walden, R. (2008). *Architekturpsychologie: Schule, Hochschule und Bürogebäude der Zukunft.* Lengerich: Pabst.

Waldmann, D. A., & Avolio, B. J. (1986). A meta-analysis of age differences in job performance. *Journal of Applied Psychology, 71,* 33–38.

Walster, E., Berscheid, E., & Walster, G. W. (1973). New directions in equity research. *Journal of Personality and Social Psychology, 25,* 151–176.

Walster, E., Berscheid, E., & Walster, G. W. (1976). New directions in equity research. In: L. Berkowitz (Hrsg.), *Advances in Experimental Social Psychology* (Vol. 9, pp. 1-42). New York: Academic Press.

Walter, H. (1993). *Mobbing. Kleinkrieg am Arbeitsplatz.* Frankfurt: Campus.

Walther, L. (1950). *Arbeitspsychologie. Technopsychologie der industriellen Arbeit.* Luzern: Caritas.

Wanberg, C. R., & Banas, J. T. (2000). Predictors and outcomes of openness to change in a reorganizing workplace. *Journal of Applied Psychology, 85,* 132–142.

Wang, M., Liu, S. Q., Zhan, Y. J., & Shi, J. (2010). Daily work-family conflict and alcohol use: Testing the cross-level moderation effects of peer drinking norms and social support. *Journal of Applied Psychology, 95,* 377–386.

Warnecke, H. J. (1995). *Aufbruch zum fraktalen Unternehmen.* Berlin: Springer.

Warr, P. (1994). Age and employment. In: H. C. Triandis, M. D. Dunnette & L. M. Hough (Eds.), *Handbook of industrial and organizational psychology.* Vol. 4. (485–550.) Palo Alto, CA: Consulting Psychologist Press.

Warr, P. (1995). In what circumstances does job performance vary with age? In: J. M. Peiró, F. Prieto, J. L. Meliá & O. Luque (Eds.), *Work and Organizational Psychology: European Contributions of the nineties.* (11–13.) Erlbaum (UK): Taylor and Francis.

Warr, P. (2002). *Psychology at Work.* London: Penguin Books.

Warr, P., Allan, C. & Birdi, K. (1999). Predicting three levels of training outcomes. *Journal of Occupational and Organizational Psychology, 72,* 351-373.

Weber, A. (1921). *Der Kampf zwischen Kapital und Arbeit.* Tübingen: Mohr.

Weber, M. (1908). Zur Psychophysik der industriellen Arbeit I. *Archiv für Sozialwissenschaft und Sozialpolitik, 27,* 730–770.

Weber, M. (1909). Zur Psychophysik der industriellen Arbeit. *Archiv für Sozialwissenschaft und Sozialpolitik, 29,* 513–542.

Weber, W. G. (1997). *Analyse von Gruppenarbeit. Kollektive Handlungsregulation in soziotechnischen Systemen.* Bern: Huber.

Wechsler, D. (1952). *The Range of Human Capacities.* Baltimore: Williams & Wilkins.

Wegge, J. (2000). *Die Wirkung von Zielen auf das Handeln in Arbeitsgruppen.* Unveröff. Habilitationsschrift, Universität Dortmund.

Wegge, J. (2004). Emotionen in Organisationen. In: H. Schuler (Hrsg.), *Organisationspsychologie – Grundlagen und Personalpsychologie.* (Enzyklopädie der Psychologie, Themengebiet D, Bd. 3, 673–749.) Göttingen: Hogrefe.

Wegge, J. (2007). Emotionen und Arbeitszufriedenheit. In: H. Schuler & Kh. Sonntag (Hrsg.), *Handbuch der Arbeits- und Organisationspsychologie.* (272–279.) Göttingen: Hogrefe.

Wegge, J., Roth, C., & Schmidt, Kh. (2008). Eine aktuelle Bilanz der Vor- und Nachteile altersgemischter Teamarbeit. *Wirtschaftspsychologie, 10,* 30–43.

Wehner, Th., & Rauch, K.-P. (1994). Evaluation von Gruppenarbeit in der Automobilindustrie. Qualitative Befunde zu Reaktionen und Meinungen. *Arbeit. Zeitschrift für Arbeitsforschung, Arbeitsgestaltung und Arbeitspolitik, 3,* 132–149.

Weick, K. E. (2007). *Der Prozess des Organisierens.* Frankfurt am Main: Suhrkamp.

Weick, K. E., & Roberts, K. H. (1993). Collective mind in organizations: Heedful interrelating on flight decks. *Administrative Science Quarterly, 38*, 357–381.

Weick, K. E., & Sutcliffe, K. M. (2007). *Managing the unexpected: Assuring high performance in the age of complexity.* San Francisco, CA: John Wiley.

Weinert, A. B. (2004). *Organisations- und Personalpsychologie.* (5. Aufl.) Weinheim: Beltz.

Weinert, F. E. (1999). *Konzepte der Kompetenz.* Paris: OECC.

Weinert, F. E. (2001). Concept of competence. A conceptual clarification. In: D. S. Rychen & L. H. Salganik (Eds.), *Defining and selecting key competencies.* Seattle: Hogrefe & Huber.

Weiss, H. M., & Cropanzano, R. (1996). Affective events theory: A theoretical discussion of the structure, causes and consequences of affective experiences at work. *Research in Organizational Behavior, 18*, 1–74.

Weizsäcker, V. v. (1940). *Der Gestaltkreis.* Stuttgart: Thieme.

Weller, J., Wilson, L., & Robinson, B. (2003). Survey of change in practice following simulation-based training in crisis management. *Anaesthesia, 58*, 471–479.

Westermayer, G., & Bähr, B. (Hrsg.) (1994). *Betriebliche Gesundheitszirkel.* Göttingen: Hogrefe.

Westman, M., & Eden, D. (1997). Effects of a respite from work on burnout: Vacation relief and fadeout. *Journal of Applied Psychology, 82*, 516–527.

Westman, M., & Etzion, D. (2002). The impact of short overseas business trips on job stress and burnout. *Applied Psychology: An International Review, 51*, 582–592.

Westmeyer, H. (1993). Psychologie als Grundlagenwissenschaft und als angewandte Disziplin. Eine strukturalistische Analyse der technologischen Sichtweise. In: W. Bungard & Th. Herrmann (Hrsg.), *Arbeits- und Organisationspsychologie im Spannungsfeld zwischen Grundlagenorientierung und Anwendung.* (49–64.) Bern: Huber.

Wever, R. A. (1979). *The Circadian System of Man.* Berlin: Springer.

Weyerer, S., & Zimber, A. (1997). Viel Streß und wenig Anerkennung. *Altenheim, 3*, 14–21.

Wickens, C. D. (1984). *Engineering Psychology and Human Performance.* Columbus: Merill.

Wickens, C. D., Lee, J. D., Liu, Y., & Gordon Becker, S. E. (2004). *An introduction to human factors engineering.* (2nd ed.) Upper Saddle River, NJ: Prentice Hall.

Wickler, W. (1991). Jane L. Goodall. Die Feldstudien an Schimpansen. Verhaltensbeobachtung von Tieren in freier Wildbahn. In: U. Flick, E. v. Kardorff, M. Keupp, L. v. Rosenstiel & S. Wolff (Hrsg.), *Handbuch Qualitative Sozialforschung.* (142–147.) München: Psychologie Verlags-Union.

Widuckel, W. (2006). Gestaltung des demokratischen Wandels als unternehmerische Aufgabe. In: U. Prager & A. Schleiter (Hrsg.), Länger leben, arbeiten und sich engagieren. Chancen werteschaffender Beschäftigung bis ins Alter. (117–132.) Bielefeld: Bertelsmann-Stiftung.

Wieland, R. (2009). *Barmer Gesundheitsreport 2009.* Wuppertal: BEK.

Wieland, R. (2010). Gestaltung gesundheitsförderlicher Arbeitsbedingungen. In: U. Kleinbeck & K. H. Schmidt (Hrsg). *Arbeitspsychologie.* (Enzyklopädie der Psychologie, Themenbereich D, Serie III, Bd. 1, S. 869-922). Göttingen: Hogrefe.

Wiendahl, H. P. (2000). Grundlagen der Fabrikplanung. In: E. Eversheim & G. Schuh (Hrsg.). *Produktion und Management* (Bd. 1 und 2) (9-31—9-39). Berlin: Springer.

Wiesenthal, H., Offe, C., Hinrichs, K., & Engfer, U. (1983). Arbeitszeitflexibilisierung und gewerkschaftliche Interessenvertretung. *WSI-Mitteilungen, 10*, 585–595.

Wilkens, U., & Pawlowsky, P. (1997). Human Resource Management im Vergleich. In: E. Frieling (Hrsg.), *Automobil-Montage in Europa.* (55–90.) Frankfurt: Campus.

Willingstorfer, B., Schaper, N., & Sonntag, Kh. (2002). Mobbingmaße und –faktoren sowie bestehende Zusammenhänge mit sozialen Arbeitsplatzbedingungen. *Zeitschrift für Arbeits- und Organisationspsychologie, 46*, 111–125.

Wilson, M. G., Holman, P. B., & Haminock, A. (1996). A comprehensive review of the effects of worksite health promotion on health-related behaviors. *American Journal of Health Promotion, 10*, 429–435.

Wimmer, E., Schneider, M. C., & Blum, P. (2010). *Antrieb für die Zukunft. Wie VW und Toyota um die Pole-Position ringen.* Stuttgart: Schäffer/Poeschel.

Windlinger, L., & Zäch, N. (2007). Wahrnehmung von Belastungen und Wohlbefinden bei unterschiedlichen Büroformen. *Zeitschrift für Arbeitswissenschaft, 61* (2), 77–85.

Winkler, S., & Stein, F. (1994). Outdoor-Training. Ein Erfahrungsbericht. In: L. M. Hofmann & E. Regnet (Hrsg), *Innovative Weiterbildungskonzepte.*

(329–334.) Göttingen: Verlag für Angewandte Psychologie.

Wiswede, G. (2007). *Einführung in die Wirtschaftspsychologie.* (4 Aufl.) München: Reinhardt/UTB.

Woehr, D. J., & Arthur, W. (2002). The construct related validity of assessment center ratings: A review and meta-analysis of the role of methodological factors. *Journal of Management, 29,* 231–258.

Wöltje, J. (1995). Weiterbildung für neue Technologien. Eine arbeitswissenschaftliche Erhebung in Industriebetrieben. In: P. Knauth (Hrsg.), *Arbeitswissenschaft in der betrieblichen Praxis.* Frankfurt: Lang.

Wolmerath, M. (Hrsg.) (2012). *Werkbuch Mobbing: Offensive Methoden gegen psychische Gewalt am Arbeitsplatz.* Frankfurt: Bamel Verlag.

Woll, A., Tittelbach, S., Schott, N., & Bös, K. (2004). *Diagnose körperlich-sportlicher Aktivität, Fitness und Gesundheit.* Berlin: dissertation.de – Verlag im Internet.

Womack. J. P., Jones, D. T., & Roos, D. (1990). *The Machine that Changed the World.* New York: Macmillan.

World Health Organisation (1993). *Ottawa-Charta zur Gesundheitsförderung.* (Nachdruck der autorisierten Fassung von 1986.) Gamburg: Verlag für Gesundheitsförderung.

Wottawa, H. (2007). Mehr Pluralismus in der akademischen Psychologie – Ein kognitives Problem oder einfach eine Machtfrage? *Psychologische Rundschau, 58,* 263–266.

Wrenn, K. A., & Maurer, T. J. (2004). Beliefs about older workers' learning and development behavior in relation to beliefs about malleability of skills, age-related decline and control. *Journal of Applied Social Psychology, 34,* 223–242.

Yagyu, S. (2007). *Das synchrone Managementsystem. Wegweiser zur Neugestaltung der Produktion auf Grundlage des synchronen Produktionssystems.* Heidelberg: mi-Fachverlag.

Youndt, M. A., Snell, S. A., Dean, J. W. & Lepak, D. P. (1996). *Human resource management, manufacturing strategy and firm performance.* Academy of Management Journal, 39, 836–866.

Zander, E., & Wagner, D. (Hrsg.) (2005). *Handbuch Entgeltmanagement.* München: Vahlen.

Zapf, D. (1997). *Organizational, Work Group Related and Personal Causes of Mobbing at Work.* Beitrag zum 8. Europäischen Kongress für Arbeits- und Organisationspsychologie, Verona.

Zapf, D. (1999). Mobbing in Organisationen – Überblick zum Stand der Forschung. *Zeitschrift für Arbeits- und Organisationspsychologie, 43,* 1–25.

Zapf, D. (2002). Emotion work and psychological strain. A review of the literature and some conceptual considerations. *Human Resource Management Review, 12,* 237–268.

Zapf, D., & Dormann, C. (2006). Gesundheit und Arbeitsschutz. In: H. Schuler (Hrsg.), *Lehrbuch der Personalpsychologie.* (699–728.) Göttingen: Hogrefe.

Zapf, D., & Gross, C. (2001). Conflict escalation and copying with workplace bullying: A replication and extension. *European Journal of Work and Organizational Psychology, 10,* 497–522.

Zapf, D., & Holz, M. (2006). On the positive and negative effects of emotion work in organizations. *European Journal of Work and Organizational Psychology, 15,* 1–28.

Zapf, D., & Holz, M. (2009). Emotionen in Organisationen. In: V. Brandstätter & J. H. Otto (Hrsg.), *Handbuch der Allgemeinen Psychologie – Motivation und Emotion.* (755–762.) Göttingen: Hogrefe.

Zapf, D., Knorz, C., & Kulla M. (1996). On the relationship between mobbing factors and job content, social work environment and health outcomes. *European Journal of Work and Organisational Psychology, 5,* 215–237.

Zapf, D., & Semmer, N. (2004). Stress und Gesundheit in Organisationen. In: H. Schuler (Hrsg.), *Organisationspsychologie – Grundlagen und Personalpsychologie.* (Enzyklopädie der Psychologie, Themenbereich D, Serie III, Bd. 3, 1007–1112.) Göttingen: Hogrefe.

Zapf, D., Vogt, C., Seifert, C., Mertini, H., & Isic, A. (1999). Emotion work as a source of stress. The concept and development of an instrument. *European Journal of Work and Organizational Psychology, 8,* 371–400.

Zegers, D., & van den Berg, V. (1988). Ergonomische Forschung der Beleuchtungseinflüsse auf Selektionsarbeiten bei Pflanzkartoffeln. *Zeitschrift für Arbeitswissenschaft, 42,* 106–112.

Ziefle, M., Düsch, E., & Wischniewski, K. (1997). Was beeinträchtigt die Leseleistung am Bildschirm. Der Einfluß der Zwangshaltung am Bildschirmarbeitsplatz. *Zeitschrift für Arbeits- und Organisationspsychologie, 2,* 74–81.

Ziegler, E., Udris, J., Büssing, A., Boos, M., & Bauman, U. (1996). Ursachen des Absentismus: Alltagsvorstellungen von Arbeitern und Meistern und psychologische Erklärungsmodelle. *Zeitschrift für Arbeits- und Organisationspsychologie, 4,* 204–208.

Ziegler, H. (1996). *Alkohol und Medikamente am Arbeitsplatz. Probleme und Lösungen* [Broschüre]. Hamburg: Deutsche Angestellten-Krankenkasse (DAK).

Zimber, A. (1997). Abgespannt und ausgebrannt. Arbeitsbelastungen des Altenpflegepersonals und die Einführung der Pflegeversicherung. *Altenpflege Forum, 5*, 115–126.

Zimmerman, R. D. (2008). Understanding the impact of personality traits on individual's turnover decisions: A meta-analytic path model. *Personnel Psychology, 61*, 309–348.

Zimolong, B., & Konradt, U. (Hrsg.) (2006). *Ingenieurpsychologie.* (Enzyklopädie der Psychologie.) Göttingen: Hogrefe

Zink, K. J. (Hrsg.) (2000). *Ein Memorandum der Gesellschaft für Arbeitswissenschaft e. V. zum Strukturwandel der Arbeit.* Dortmund: GfA.

Zober, A. (1982). Ergebnisse einer Studie zum Alkoholkonsum in der Brauindustrie. In: Bayerische Akademie für Arbeits- und Sozialmedizin (Hrsg.), *Alkohol am Arbeitsplatz.* (31–43.) München.

Zohar, D. (1980). Safety climate in industrial organizations: Theoretical and applied implications. *Journal of Applied Psychology, 65*, 96–102.

Zülch, G., Kiparski, R. v., & Grießer, K. (1997). *Messen, Beurteilen und Gestaltung von Arbeitsbedingungen. Handbuch für die betriebliche Praxis zur Umsetzung ergonomischer Erkenntnisse.* Heidelberg: Haffner.

Zuschlag, B. (2001). *Mobbing. Schikane am Arbeitsplatz.* (3. Aufl.) Göttingen: Verlag für Angewandte Psychologie.

Autorenverzeichnis

Prof. Dr. Karlheinz Sonntag

Studium der Wirtschaftswissenschaften und der Psychologie an den Universitäten Augsburg und München (LMU). Seit 1993 Professor für Arbeits- und Organisationspsychologie an der Universität Heidelberg. Gastprofessuren an den Universitäten Bern, Wirtschaftsuniversität Wien und der Université de Fribourg. Seit 2009 Prorektor der Universität Heidelberg.

Forschungsschwerpunkte: Anforderungsanalyse und Kompetenzmodelle; Personalentwicklung und Trainingsforschung; Veränderungen in Organisationen; Analyse psychischer Belastungen, Gesundheitsförderung und Work-Life-Balance.

Prof. Dr. Ekkehart Frieling

Studium der Psychologie, Promotion und Habilitation an den Universitäten München (LMU und TU). 1982 Ruf auf die Professur *Arbeitswissenschaft für Technikstudiengänge* an die Universität Kassel. Bis zur Emeritierung 25 Jahre Forschung und Lehre im Fach Arbeitspsychologie. 2003 bis 2004 Präsident der Gesellschaft für Arbeitswissenschaft (GfA). 2005 bis 2007 Vizepräsident der Universität Kassel.

Forschungsschwerpunkte: Arbeitsanalyse und Arbeitsgestaltung; Kompetenzentwicklung, Wandel der Arbeitswelt, Altersdifferenzierte Arbeitssysteme.

Prof. Dr. Ralf Stegmaier

Studium der Psychologie an der Universität Heidelberg. Promotion und Habilitation an der Universität Heidelberg. Seit 2009 Professor für Wirtschaftspsychologie an der Hochschule Osnabrück in der Fakultät Wirtschafts- und Sozialwissenschaften.

Arbeitsschwerpunkte: Innovation und Kreativität in Organisationen, Change Management, Betriebliches Gesundheitsmanagement, Führung in Unternehmen, Trainingsforschung und Personalentwicklung.

Sachwortregister